INTRODUÇÃO À
Psicologia

6ª EDIÇÃO

INTRODUÇÃO À Psicologia

6ª EDIÇÃO

Charles G. Morris

Albert A. Maisto

Tradução
Ludmilla Teixeira Lima
Marina Sobreira Duarte Baptista

Revisão Técnica
José Fernando Bitencourt Lomônaco
Professor Associado (Livre Docente) do Instituto de Psicologia
da Universidade de São Paulo
Membro Titular da Academia Paulista de Psicologia

© 2004 by Pearson Education do Brasil
Título original: *Understanding Psychology, 6th edition*
© 2003 by Prentice Hall
Tradução autorizada a partir da edição original em inglês,
publicada pela Prentice Hall, uma empresa do grupo Pearson Education.
Todos os direitos reservados. Nenhuma parte desta publicação poderá ser reproduzida
ou transmitida de qualquer modo ou por qualquer outro meio, eletrônico ou mecânicco,
incluindo fotocópia, gravação ou qualquer outro tipo de sistema de armazenamento
e transmissão de informação, sem prévia autorização, por escrito,
da Pearson Education do Brasil.

Gerente de Produção: Heber Lisboa
Editora de Texto: Patrícia Carla Rodrigues
Preparação: Bete Abreu e Juliana Takahashi
Revisão: Thelma Guimarães, Adriana Cristina Bairrada
e Alessandra Miranda de Sá
Capa: Marcelo Françozo (sobre o projeto original)
Diagramação: ERJ Composição Editorial e Artes Gráficas Ltda.

Dados Internacionais de Catalogação na Publicação (CIP)
(Câmara Brasileira do Livro, SP, Brasil)

Morris, Charles G.
   Introdução à psicologia / Charles G. Morris, Albert A. Maisto; tradução Ludmilla Lima, Marina Sobreira Duarte Baptista. — São Paulo: Prentice Hall, 2004.

   Título original: Understanding psycology
   Bibliografia.
   ISBN: 978-85-87918-68-0

   1. Psicologia I. Maisto, Albert A. II. Título.

03-5991   CDD-150

Índice para catálogo sistemático:

1. Psicologia 150

Printed in Brazil by Reproset RPPA 224012

Direitos exclusivos cedidos à
Pearson Education do Brasil Ltda.,
uma empresa do grupo Pearson Education
Avenida Santa Marina, 1193
CEP 05036-001 - São Paulo - SP - Brasil
Fone: 11 2178-8609 e 11 2178-8653
pearsonuniversidades@pearson.com

Distribuição
Grupo A Educação
www.grupoa.com.br
Fone: 0800 703 3444

SUMÁRIO

Prefácio xi

1 A CIÊNCIA DA PSICOLOGIA 1

O que é psicologia? 2
As áreas da psicologia 3
Questões permanentes 6
A psicologia como ciência 7

O crescimento da psicologia 9
A "nova psicologia": uma ciência da mente 9
Redefinindo a psicologia: o estudo do comportamento 12
A revolução cognitiva 13
Novas direções 15
Onde estão as mulheres? 16

Diversidade humana 17
Gênero 19
Raça e etnia 20
Cultura 21

Métodos de pesquisa em psicologia 23
Observação natural 23
Estudos de caso 24
Levantamentos 24
Pesquisa correlacional 25
Pesquisa experimental 26
Pesquisa de múltiplos métodos 28
A importância da amostragem 28
Diversidade humana e pesquisa 29

Ética e psicologia: pesquisa com seres humanos e com animais 29

Carreiras em psicologia 33

2 A BASE BIOLÓGICA DO COMPORTAMENTO 40

Neurônios: os mensageiros 42
O impulso nervoso 42
A sinapse 45
Plasticidade neuronal e neurogênese 47

O sistema nervoso central 50
A organização do sistema nervoso 50
O cérebro 51
Especialização hemisférica 56
Ferramentas para o estudo do cérebro 59
A medula espinhal 61

O sistema nervoso periférico 63

O sistema endócrino 65

Genes, evolução e comportamento 67
Genética 68
Genética comportamental 69
Psicologia evolucionista 72
Implicações sociais 74

3 SENSAÇÃO E PERCEPÇÃO 80

A natureza das sensações 82
Limiares sensoriais 82
Percepção subliminar 84

Visão 86
O sistema visual 86
Visão de cores 92

Audição 94
O som 94
O ouvido 95
Teorias sobre a audição 96

Os outros sentidos 99
Olfato 100
Paladar 100
Sentidos cinestésicos e vestibulares 101
As sensações da pele 102
Dor 103

Percepção 104
Organização perceptiva 107
Constâncias perceptivas 109
Percepção de distância e profundidade 111
Percepção de movimento 114
Ilusões visuais 114
Características do observador 116

4 ESTADOS DE CONSCIÊNCIA 123

A experiência consciente 125
Devaneios e fantasias 125

O sono 126
Ciclos circadianos: o relógio biológico 127
Os ritmos do sono 128
Sono inadequado 129
Distúrbios do sono 131

Sonhos 132
Por que sonhamos? 132

Consciência alterada por drogas 135
Uso, abuso e dependência de substâncias químicas 136
Depressivos: álcool, barbitúricos e opiáceos 139
Estimulantes: cafeína, nicotina, anfetaminas e cocaína 144
Alucinógenos e maconha 146
Explicando o abuso e a adicção 148

Meditação e hipnose 150
Meditação 150
Hipnose 151

5 APRENDIZAGEM 156

Condicionamento clássico 157
Elementos do condicionamento clássico 158
Estabelecendo uma resposta condicionada de modo clássico 159
Condicionamento clássico em seres humanos 160
O condicionamento clássico é seletivo 161

Condicionamento operante 161
Elementos do condicionamento operante 162
Estabelecendo uma resposta condicionada de modo operante 164
Um exame mais detalhado do reforçamento 166
Um exame mais detalhado da punição 168
Desamparo aprendido 169

Fatores comuns ao condicionamento clássico e ao condicionamento operante 170
A importância das contingências 171
Extinção e recuperação espontânea 173
Controle generalização e discriminação do estímulo 175
Nova aprendizagem baseada na aprendizagem original 176
Resumindo 177

Aprendizagem cognitiva 178
Aprendizagem latente e mapas cognitivos 179
Insight e contextos de aprendizagem 180
Aprendizagem por observação 181

6 MEMÓRIA 191

Os registros sensoriais 192
Registros visuais e auditivos 192
Atenção 192

Memória de curto prazo 194
Codificação na MCP 195
Mantendo a MCP 196

Memória de longo prazo 196
Capacidade da MLP 197
Codificação na MLP 197
Efeito de posição serial 197
Mantendo a MLP 197
Tipos de MLP 199
Memória explícita e implícita 200

A biologia da memória 202
Como as memórias são formadas? 202
Onde as memórias são armazenadas? 202

Esquecimento 204
A biologia do esquecimento 204
Experiência e esquecimento 205
Melhorando sua memória 206

Tópicos especiais em relação à memória 209
Influências culturais 209
Memória autobiográfica 211
Amnésia infantil 211
Memórias instantâneas 212
Memórias recuperadas 212

7 COGNIÇÃO E CAPACIDADES MENTAIS 218

Alicerces do pensamento 220

Linguagem 220
Imagens 221
Conceitos 222

Linguagem, pensamento e cultura 223

Solução de problemas 224
A interpretação de problemas 225
Criando estratégias e avaliando progressos 227
Obstáculos à solução de problemas 228

Tomada de decisão 230
Tomada de decisão lógica 231
Heurística da tomada de decisão 232
Explicando nossas decisões 233

Inteligência e capacidades mentais 234
Teorias da inteligência 235
Testes de inteligência 237
O que faz com que um teste seja bom? 239

Hereditariedade, ambiente e inteligência 243
Hereditariedade 243
Ambiente 244
O debate sobre o QI: um modelo útil 245
Capacidades mentais e diversidade humana: gênero e cultura 246
Extremos de inteligência 247

Criatividade 250
Inteligência e criatividade 251
Testes de criatividade 251

Respostas para os problemas propostos ao longo do capítulo 252

Respostas para as questões do teste de inteligência 256

8 MOTIVAÇÃO E EMOÇÃO 261

Perspectivas com relação à motivação 263
Instintos 263
Teoria da redução de impulsos 263
Teoria da ativação 263
Motivação intrínseca e extrínseca 264
Uma hierarquia de motivos 265

Fome e sede 267
Fatores biológicos e emocionais 267
Fatores culturais e sociais 268
Distúrbios alimentares 268
Controle de peso 271

Sexo 271
Fatores biológicos 271
Fatores culturais e ambientais 272
Orientação sexual 273

Outros motivos importantes 274
Exploração e curiosidade 274
Manipulação e contato 275
Agressão 275
Realização 279
Afiliação 280

Emoções 281
Emoções básicas 281
Teorias da emoção 283

Comunicando emoções 285
Timbre de voz e expressão facial 285
Linguagem corporal, espaço pessoal e gestos 286
Gênero e emoção 287
Cultura e emoção 288

9 O DESENVOLVIMENTO AO LONGO DA VIDA 295

Questões permanentes e métodos da psicologia do desenvolvimento 295

Desenvolvimento pré-natal 297

O recém-nascido 298
Reflexos 298
Temperamento 299
Capacidades perceptivas 300

Infância 302
Desenvolvimento físico 302
Desenvolvimento motor 302
Desenvolvimento cognitivo 304
Desenvolvimento moral 307
Desenvolvimento da linguagem 308
Desenvolvimento social 310
A televisão e as crianças 314

Adolescência 315
Mudanças físicas 315

Mudanças cognitivas 318
Personalidade e desenvolvimento social 318
Alguns problemas da adolescência 322

Vida adulta 324
Amor, parceiros e filhos 324
O mundo do trabalho 327
Mudanças cognitivas 329
Mudanças de personalidade 329
A "mudança de vida" 330

Terceira idade 331
Mudanças físicas 332
Desenvolvimento social 332
Mudanças cognitivas 333
Lidando com o fim da vida 334

10 PERSONALIDADE 342
O caso Jaylene Smith 344

Teorias psicodinâmicas 344
Sigmund Freud 345
Carl Jung 348
Alfred Adler 349
Karen Horney 350
Erik Erikson 351
Uma visão psicodinâmica de Jaylene Smith 353
Avaliando as teorias psicodinâmicas 353

Teorias humanistas da personalidade 355
Carl Rogers 355
Uma visão humanista de Jaylene Smith 356
Avaliando as teorias humanistas 356

Teorias de traços 357
Os Cinco Grandes 358
Uma visão de Jaylene Smith segundo as teorias de traços 358
Avaliando as teorias de traços 358

Teorias da aprendizagem cognitivo-social 360
Lócus de controle e auto-eficácia 360
Uma visão de Jaylene Smith segundo a teoria da aprendizagem cognitivo-social 361
Avaliando as teorias da aprendizagem cognitivo-social 361

Avaliação da personalidade 362
Entrevista pessoal 363
Observação direta 363
Testes objetivos 364
Testes projetivos 365

11 ESTRESSE E PSICOLOGIA DA SAÚDE 372

Fontes de estresse 374
Mudança 374
Transtornos da vida cotidiana 374
O estresse auto-imposto 377
O estresse e as diferenças individuais 377

Enfrentando o estresse 379
Enfrentamento direto 379
Enfrentamento defensivo 381
Diferenças de gênero e de nível sócio-econômico no enfrentamento do estresse 383

Como o estresse afeta a saúde 385
O estresse e as doenças cardíacas 386
O estresse e o sistema imunológico 387
Mantendo-se saudável 388

Fontes de estresse extremo 389
Distúrbio do estresse pós-traumático 391

A pessoa bem ajustada 394

12 DISTÚRBIOS PSICOLÓGICOS 400

Perspectivas sobre os distúrbios psicológicos 401
Visões históricas dos distúrbios psicológicos 403
O modelo biológico 403
O modelo psicanalítico 403
O modelo cognitivo-comportamental 404
O modelo diátese-estresse e a teoria sistêmica 404
Classificando o comportamento anormal 404
A prevalência dos distúrbios psicológicos 405

Distúrbios de humor 406
Depressão 406
Suicídio 406
Mania e distúrbio bipolar 409
Causas dos distúrbios de temperamento 409

Distúrbios de ansiedade 410
Fobias específicas 411
Distúrbio do pânico 411

Outros distúrbios de ansiedade 411
Causas dos distúrbios de ansiedade 412

Distúrbios psicossomáticos e somatoformes 414

Distúrbios dissociativos 415

Distúrbios sexuais e de identidade de gênero 417

Distúrbios de personalidade 418

Distúrbios esquizofrênicos 421

Distúrbios na infância 424

Diferenças culturais e de gênero no comportamento anormal 425

13 TERAPIAS 432

Terapias de insight 433
Psicanálise 433
Terapia centrada no cliente 435
Gestalt terapia 436
Desenvolvimentos recentes 438

Terapias comportamentais 438
Usando técnicas de condicionamento clássico 438
Terapias baseadas no condicionamento operante 439
Terapias baseadas na modelação 440

Terapias cognitivas 440
Terapia de inoculação do estresse 441
Terapia racional-emotiva 441
Terapia cognitiva de Beck 441

Terapias de grupo 442
Grupos de auto-ajuda 443
Terapia familiar 443
Terapia de casal 444

Eficácia da psicoterapia 445

Tratamentos biológicos 447
Terapia com medicamentos 447
Terapia eletroconvulsiva 449
Psicocirurgia 450

Tratamento e prevenção de distúrbios graves 451
Desinstitucionalização 451
Formas alternativas de tratamento 452
Prevenção 452

Diversidade de cliente e tratamento 454
Gênero e tratamento 454
Cultura e tratamento 455

14 PSICOLOGIA SOCIAL 461

Cognição social 462
Formando impressões 463
Atribuição 464
Atração interpessoal 466

Atitudes 469
A natureza das atitudes 469
Preconceito e discriminação 470
Mudando atitudes 475

Influência social 478
Influências culturais 478
Conformidade 479
Concordância 480
Obediência 482

Ação social 482
Desindividuação 483
Comportamento de ajuda 484
Grupos e tomada de decisão 486
Comportamento organizacional 488

APÊNDICE 493

Escalas de medida 493

Medidas de tendência central 494
Diferenças entre média, mediana e moeda 494

A curva normal 497

Distribuições assimétricas 497

Medidas de variação 498
Intervalo 498
Desvio padrão 498

Medidas de correlação 500

Usando a estatística para fazer previsões 501
Probabilidade 501

Glossário 503

Referências 515

Índice 541

PREFÁCIO

Foco na compreensão dos conceitos básicos

Este livro tem os seguintes objetivos: apresentar uma visão científica, precisa e meticulosa da psicologia numa linguagem atraente que o estudante médio seja capaz de compreender com facilidade, ser atual sem ser tendencioso e escrever claramente sobre a psicologia e suas aplicações sem ser condescendente.

A pedagogia que torna o material mais acessível

Tendo em vista que nosso público final consiste em estudantes universitários, percebemos que era essencial fazer um livro-texto tão acessível e útil quanto possível. Então incluímos várias características pedagógicas desenvolvidas para ajudar os estudantes a entender o material e como ele se aplica à vida deles. O resultado é que os estudantes, em vez de apenas processar listas de fatos não-relacionados, têm um mapa cognitivo com o qual contextualizar, entender melhor e relacionar e lembrar com mais eficácia conceitos.

- A seção "Compreendendo a nós mesmos" fornece informações práticas sobre como os estudantes podem aplicar a psicologia a sua própria vida. Exemplos incluem "Aumento de peso: um inimigo lento porém persistente" (Capítulo 8), "O estresse traumático: a recuperação após desastres e outros acontecimentos graves" (Capítulo 11) e "Reconhecimento da depressão" (Capítulo 12).

- A seção "Compreendendo o mundo que nos cerca" ajuda os estudantes a usar a psicologia para entender os acontecimentos que ocorrem no mundo ao redor deles. Exemplos incluem "Testemunha ocular: podemos confiar nela?" (Capítulo 6), "O que motiva o estupro?" (Capítulo 8) e "Garotos que matam" (Capítulo 9).

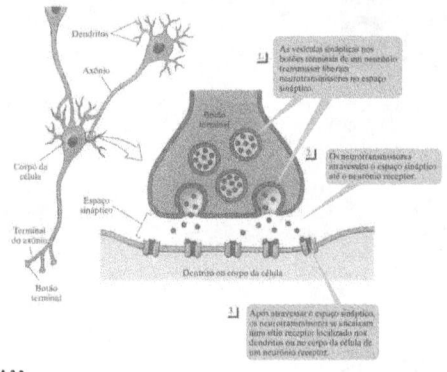

FIGURA 2.3
Transmissão sináptica — comunicação entre neurônios. Quando um impulso neuronal chega ao terminal de um axônio, pequenos sacos ovais, chamados vesículas sinápticas, existentes na extremidade da maioria dos axônios, liberam diversas quantidades de substâncias químicas chamadas neurotransmissores. Essas substâncias atravessam o espaço sináptico e atingem o neurônio seguinte.

- As figuras esclarecem complexos processos com explicações detalhadas, particularmente nas áreas de neurociência (Capítulo 2), sensações e percepções (Capítulo 3) e memória (Capítulo 6).

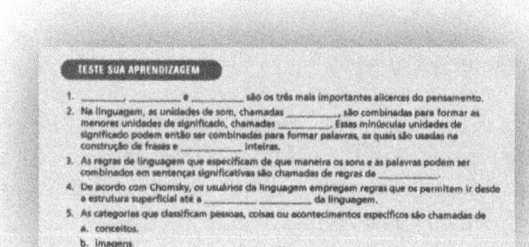

- O quadro "Teste sua aprendizagem" no final de cada seção ajuda os estudantes a revisar e reter conceitos antes de passar para outro tópico.

- A **Visão geral**, na abertura dos capítulos, oferece aos estudantes um roteiro de cada capítulo,
- As **Perguntas** que seguem os subtítulos encorajam os estudantes a ser leitores ativos e a avaliar com pensamento crítico o material que vem em seguida.
- A **Tabela-resumo** oferece revisões concisas dos conceitos mais importantes.
- As **Palavras-chave** aparecem em negrito e são listadas no final dos capítulos.
- A **Revisão do capítulo** oferece um resumo abrangente dos conceitos-chave.
- As questões do **Pensamento crítico** aparecem no final de cada capítulo e encorajam os estudantes a considerar as implicações mais amplas dos conceitos principais.

Diversidade humana

Para os estudantes e professores de psicologia de hoje, a diversidade é mais do que apenas um tema de discussão e debate — ela é uma realidade diária. O desafio que qualquer autor de livros escolares enfrenta é satisfazer a um público heterogêneo sem ser tendencioso ou cientificamente impreciso. Além do mais, durante os últimos anos, o número de pesquisas que examinam temas relacionados à diversidade tem aumentado significativamente. Portanto, damos grande atenção à diversidade nesta edição, inclusive quanto às culturas do mundo todo.

Agradecimentos

Somos gratos à ajuda que recebemos das pessoas que avaliaram a edição anterior e sugeriram melhorias para esta. Seus comentários atenciosos ajudaram enormemente a direcionar nossos esforços a áreas que necessitavam de atenção especial. Os revisores desta edição foram:

Cheryl Bluestone, Queensborough Community College
Dixon A. Bramblett, Lindewood University
Jack Hartnett, Virginia Commonwealth University

Joseph Lao, Borough of Manhattan Community College
Laura Madson, New Mexico State University
Jennifer P. Peluso, Mercer University

Revisores das edições anteriores:
Bobby Hutchinson, Modesto Junior College
Cheryl McFadden, York Technical College
Anita Rosenfield, DeVry Institute of Technology
Denys deCatanzaro, McMaster University
John Jahnke, Miami University
Philip S. Lasiter, Florida Atlantic University
Stephen Mayer, Oberlin College
Ronald Nowaczyk, Clemson University
Wesley Schultz, California State University, San Marcos
Steve Arnold, Northeast Community College
Susan K. Johnson, University of North Carolina, Charlotte
Don McCoy, University of Kentucky
Jerald S. Marshall, University of Central Florida
Michael Ruchs, Baker College
Morgan Slusher, Essex Community College
Harold G. Souheaver, East Arkansas Community College

Gostaríamos de expressar nossa imensa gratidão à equipe da Prentice Hall, que nos deu uma enorme contribuição. Somos imensamente gratos a Roberta Meyer, que atuou como editora de desenvolvimento. Os bons julgamentos e o olho para detalhes de Roberta foram de um valor inestimável para nós durante o processo de revisão. Nossos agradecimentos especiais a Wendy Dunn do Coe College, que nos consultou em vários capítulos e cujas sugestões resultaram em melhorias significantes nesta edição. Stephanie Johnson, gerente de projeto, ajudou a direcionar a revisão, e sua assistente editorial, Catherine Fox, cuidou dos vários detalhes administrativos envolvidos neste projeto. A assistente de Albert Maisto, Cortney Hedman, ofereceu uma ajuda inestimável em muitas tarefas de pesquisa. A produção desta sexta edição foi gerenciada por Fran Russello e diretamente supervisionada por Bruce Hobart. Agradecemos também a Tricia Kenny. Leslie Osher, diretor de criação, e Kathryn Foot, diretora de arte, fizeram um grande trabalho no design do interior e da capa do livro. Agradecimentos especiais a Jeff Hester, gerente de marketing, por dirigir a campanha de marketing para esta edição. Por fim, nossos sinceros agradecimentos à equipe de vendas da Prentice Hall por seu entusiástico apoio a nosso texto e ao excelente serviço junto àqueles que o adotaram.

A Ciência da Psicologia

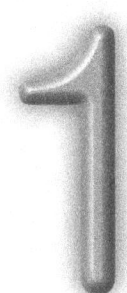

VISÃO GERAL

O que é psicologia?
- As áreas da psicologia
- Questões permanentes
- A psicologia como ciência

O crescimento da psicologia
- A "nova psicologia": uma ciência da mente
- Redefinindo a psicologia: o estudo do comportamento
- A revolução cognitiva
- Novas direções
- Onde estão as mulheres?

Diversidade humana
- Gênero
- Raça e etnia
- Cultura

Métodos de pesquisa em psicologia
- Observação natural
- Estudos de caso
- Levantamentos
- Pesquisa correlacional
- Pesquisa experimental
- Pesquisa de múltiplos métodos
- A importância da amostragem
- Diversidade humana e pesquisa

Ética e psicologia: pesquisa com seres humanos e com animais

Carreiras em psicologia

REY RAMOS, contrariando todas as expectativas, graduou-se pela Universidade de Harvard, com o título *magna cum laude*, e foi aceito na Harvard Medical School. Ele cresceu no South Bronx, um gueto em que é mais provável os jovens irem para a prisão do que terminarem o Ensino médio e no qual a morte violenta e precoce não é incomum. Tudo o que se pedia a Rey era que ficasse longe dos problemas e permanecesse vivo. Na infância, ele foi considerado uma criança problemática e descontrolada. Quando estava na oitava série, o diretor informou à sua mãe que ele seria expulso e enviado para um programa para alunos com problemas de aprendizagem.

Rey: "Minha mãe começou a chorar na frente dele e eu vi tudo. Senti vergonha de mim mesmo".

Rey passou para a série seguinte determinado a mudar de vida. O professor de matemática percebeu sua mudança de atitude e também sua habilidade com os números.

Professor de matemática: "Quando ele chegou aqui, eu sabia que não estava mais brincando. Ele sabia que esse era o caminho. Era aqui que ele começaria do zero, recomeçaria sua vida".

Rey: "Comecei a me sentir bem com esse professor que dizia coisas boas a meu respeito e fazia com que eu me sentisse bem".

Rey também sobressaiu em ciências. Mas a escola que ele freqüentava, considerada uma das piores da cidade de Nova York e que agora está fechada, não oferecia muitas condições. Rey matriculou-se em um programa especial de ciências em uma faculdade local e formou-se em primeiro lugar. Sua professora de biologia foi a primeira pessoa que sugeriu para Rey que ele poderia entrar em Harvard.

Professora de biologia: "Eu estava tentando fazer com que ele acreditasse nele mesmo e fizesse alguma coisa, pois sentia que ele era incrível".

Rey aceitou o desafio. Em seu pedido para ingressar em Harvard ele escreveu: "Os quatro anos que vou investir em Harvard serão, provavelmente, os mais importantes de minha vida. Não vou perder tempo enquanto estiver estudando na Universidade de Harvard". Fiel à sua palavra, Rey manteve média de pontos alta, alistou-se no Centro de Preparação de Oficiais da Reserva (equivalente ao CPOR brasileiro), associou-se a uma fraternidade latina e arrumou um trabalho de meio período. Após formar-se, fez uma avaliação.

Rey: "Meu pai sempre dizia que você não pode mudar nada: seu destino já está escrito. E eu disse a ele que não. Fui contra aquilo e disse a ele que eu mesmo faria meu destino; desde então, nunca mais ele me disse aquelas palavras".

Rey planejou várias coisas: casar-se naquele verão com Maiysha, sua namorada de infância, entrar na Harvard Medical School no outono e realizar seu antigo sonho de retornar ao South Bronx como médico.

A história de Rey Ramos é o sonho americano. De fato, ele foi escolhido para representar o "Espírito Americano" no programa *NBC Nightly News* de 13 de junho de 1997. Como Rey Ramos passou das ruas perigosas para uma faculdade de renome, concretizando seu futuro como médico? O que a psicologia pode nos dizer sobre sua história de sucesso? O que ela diz sobre motivação e inteligência em geral e sobre os muitos fatores que moldam quem nos tornamos?

O que é psicologia?

"A maioria dos psicólogos estuda problemas mentais e emocionais e trabalha como psicoterapeuta." Essa afirmação é verdadeira ou falsa?

A **psicologia** é o estudo científico do comportamento e dos processos mentais. Algumas pessoas poderiam pensar que os psicólogos estão interessados apenas em comportamentos anormais. Na verdade, eles estão interessados em todos os aspectos do pensamento e do comportamento humanos.

No final do século XX, a psicologia cresceu surpreendentemente. Surgiram novas tecnologias de pesquisa, novos campos de investigação e novas abordagens para o estudo do comportamento e dos processos mentais. Esses avanços levaram a uma maior especialização dentro da psicologia, maior colaboração com outras ciências — e ao equivalente acadêmico de uma "crise de identidade". Como resultado, a psicologia está constantemente redefinindo a si mesma (Evans, 1999). Talvez a melhor maneira de apresentar a psicologia seja examinar os temas que interessam aos psicólogos. Uma maneira de compreender a amplitude e a profundidade dos tópicos em psicologia é observar as diversas subdivisões do campo (veja a Tabela 1.1).

As Áreas da Psicologia

Quais são as principais áreas de estudo dentro do campo da psicologia?

TABELA 1.1 DIVISÕES DA AMERICAN PSYCHOLOGICAL ASSOCIATION — EM 2001

As duas maiores organizações de psicólogos dos Estados Unidos são a American Psychological Association (APA — Associação Norte-Americana de Psicologia), fundada há mais de cem anos, e a American Psychological Society (APS — Sociedade Norte-Americana de Psicologia), fundada em 1988. Membros dos dois grupos trabalham em diversas áreas. A seguinte lista de divisões da APA reflete a enorme diversidade do campo da psicologia.

Divisão[1]

1. Psicologia Geral
2. Ensino de Psicologia
3. Psicologia Experimental
5. Avaliação, Medidas e Estatística
6. Neurociência Comportamental e Psicologia Comparada
7. Psicologia do Desenvolvimento
8. Psicologia Social e da Personalidade
9. Estudo Psicológico de Questões Sociais
10. Psicologia e Artes
12. Psicologia Clínica
13. Consultoria Psicológica
14. Psicologia Industrial e Organizacional
15. Psicologia Educacional
16. Psicologia Escolar
17. Aconselhamento Psicológico
18. Psicologia no Serviço Público
19. Psicologia Militar
20. Desenvolvimento do Adulto e Envelhecimento
21. Psicologia Experimental Aplicada e Engenharia Psicológica
22. Psicologia da Reabilitação
23. Psicologia do Consumidor
24. Psicologia Teórica e Filosófica
25. Análise Experimental do Comportamento
26. História da Psicologia
27. Pesquisa e Ação Comunitária
28. Psicofarmacologia e Abuso de Substâncias Químicas
29. Psicoterapia
30. Hipnose Psicológica
31. Questões Psicológicas de Estado
32. Psicologia Humanista
33. Retardamento Mental e Distúrbios do Desenvolvimento
34. Psicologia Populacional e Ambiental
35. Psicologia da Mulher
36. Psicologia da Religião
37. Serviços para a Infância, a Juventude e a Família
38. Psicologia da Saúde
39. Psicanálise
40. Neuropsicologia Clínica
41. Psicologia Jurídica
42. Psicólogos Autônomos
43. Psicologia da Família
44. Estudo Psicológico de Questões Ligadas a Lésbicas, Gays e Bissexuais
45. Estudo Psicológico de Questões Ligadas às Minorias Étnicas
46. Psicologia dos Meios de Comunicação
47. Psicologia dos Esportes e dos Exercícios
48. Estudo da Paz, do Conflito e da Violência
49. Psicologia de Grupo e Psicoterapia de Grupo
50. Adicções
51. Estudo Psicológico do Homem e da Masculinidade
52. Psicologia Internacional
53. Psicologia da Criança Clínica
54. Psicologia Pediátrica
55. Sociedade Norte-Americana para o Avanço da Farmacoterapia

---

[1] Não existem as divisões de número 4 e 11.
Para informações a respeito de uma divisão específica, envie um e-mail para a APA (division@apa.org) ou acesse o site http://www.apa.org/about/division.html.
Fonte: American Psychological Association Divisions (2000). Copyright © 2002 American Psychological Association. Reprodução autorizada.

Psicologia do desenvolvimento Os psicólogos do desenvolvimento estudam o crescimento físico e mental dos seres humanos desde o período pré-natal, passando pela adolescência, a idade adulta e a velhice. Os *psicólogos infantis* concentram-se em bebês e crianças. Preocupam-se em saber se os bebês nascem com personalidades e temperamentos distintos, de que maneira se apegam a seus pais e a suas babás, como as crianças aprendem uma língua e desenvolvem sua moral, a idade na qual surgem as diferenças sexuais no comportamento, além dos mudanças no significado e na importância da amizade durante a infância. Os *psicólogos da adolescência* especializam-se nesse período do desenvolvimento humano; interessam-se em saber de que modo a puberdade, as mudanças nos relacionamentos com colegas e com os pais e a busca de identidade podem tornar esse período da vida bastante difícil para alguns jovens. Os *psicólogos da maturidade* preocupam-se com a idade adulta e as diferentes maneiras por meio das quais os indivíduos ajustam-se aos parceiros, ao papel dos pais, à meia-idade, à aposentadoria e, por fim, à perspectiva da morte.

Os psicólogos do desenvolvimento verão a mudança de perspectiva de Rey Ramos em parte como um reflexo do seu nível de desenvolvimento emocional e cognitivo. Na infância, a mesma experiência não teria tido o mesmo impacto. Aos três anos, ele provavelmente teria se apavorado com o choro da mãe. Se tivesse sido designado para uma classe mais fraca aos oito anos, provavelmente teria sabido que tinha sido "mau", mas não teria entendido como ou por quê. Aos 12 anos, sua capacidade de analisar a conexão entre ações e conseqüências estava muito mais aguçada. Agora, já adulto, Rey parece possuir um senso de identidade e de propósito forte; ele está pronto para se comprometer com a namorada. Mas o desenvolvimento não pára de repente nesse ponto. Muitos capítulos da história de sua vida — estabelecer-se na profissão, experimentar a paternidade, avaliar o que fez da sua vida na meia-idade e enfrentar os desafios da velhice — ainda não foram escritos.

Psicologia fisiológica Os *psicólogos fisiologistas* investigam a natureza biológica do comportamento, dos pensamentos e das emoções humanos. Os *neuropsicólogos* estão interessados principalmente no cérebro e no sistema nervoso. Por que você não consegue sentir o gosto da comida quando seu nariz está entupido? O que acontece quando uma pessoa tem um ataque cardíaco? Os *psicobiólogos* se especializam na bioquímica do corpo e na forma como os hormônios, os medicamentos psicoativos (como os antidepressivos) e as "drogas sociais" (como o álcool, a maconha e a cocaína) afetam as pessoas. Será que mudanças nos níveis hormonais — na puberdade, antes da menstruação, na menopausa — provocam alterações de ânimo? Como exatamente o álcool age no cérebro? Os *geneticistas comportamentais* investigam o impacto da hereditariedade tanto nos traços normais quanto nos traços anormais do comportamento. Até que ponto a inteligência é hereditária? E a timidez? Doenças como alcoolismo e depressão são de família, estão no sangue? Será que as diferenças na maneira pela qual homens e mulheres pensam, agem e respondem a situações são biologicamente determinadas?

Alguns dos trabalhos mais interessantes da psicobiologia contemporânea diz respeito aos efeitos do estresse na saúde do indivíduo. Sabemos que Rey Ramos cresceu em um lugar perigoso; podemos imaginar que ele experimentou muitas frustrações em sua luta para mudar suas perspectivas de adolescente e teve de se adaptar a um ambiente novo e totalmente diferente em Harvard, passando por todo tipo de estresse. Será que esse estresse prejudicará sua saúde? Pesquisas mostram que alguns grupos étnicos e raciais estão mais vulneráveis a determinadas condições do que outros. Por exemplo, os afro-americanos correm um risco maior de hipertensão (pressão sangüínea alta). Essa tendência existe devido a uma fraqueza genética (como é a anemia falciforme, também mais comum entre os afro-americanos)? Ou porque, em comparação com outros grupos dos Estados Unidos, os afro-americanos estão mais propensos a ser pobres e morar em lugares perigosos como Rey? Ou, ainda, porque até os profissionais afro-americanos da classe média são vistos com suspeita e têm sofrido preconceito direto — de insultos menores à brutalidade policial —, muitos vivendo sob constante vigilância?

Psicologia experimental Os psicólogos experimentais conduzem pesquisas sobre processos psicológicos básicos, entre eles a aprendizagem, a memória, as sensações, a percepção, a cognição, a motivação e as emoções. Eles estão interessados em responder a perguntas do tipo: de que maneira as pessoas se lembram das coisas, e o que faz com que elas se esqueçam? De que modo tomamos decisões e resolvemos problemas? Será que homens e mulheres abordam problemas complexos de maneiras diferentes? Por que algumas pessoas são mais motivadas que outras?

Rey Ramos aparentemente possui um talento para números e também sobressai em ciências. Psicólogos experimentais podem estar interessados em descobrir exatamente de que maneira o estilo de pensamento de Rey difere do das outras pessoas. Ele processa informações matemáticas e científicas de maneira incomum? Será que ele possui uma memória fora do comum para tais informações e, se possuir, como essa memória difere da sua e da minha? Durante a infância e a adolescência, Rey provavelmente foi submetido a uma série de testes de inteligência, de aptidão e de escolaridade. Será que esses testes realmente medem habilidades cognitivas importantes, tais como a capacidade de tomar decisões e resolver problemas, ou eles são mais uma medida de conhecimento cultural? E, por fim: o que motiva Rey a se desenvolver e a se superar?

Psicologia da personalidade Os psicólogos da personalidade estudam as diferenças que existem entre os indivíduos com relação a traços como ansiedade, sociabilidade, auto-estima, motivo de realização e agressividade. Os psicólogos dessa área tentam determinar as causas pelas quais algumas pessoas são temperamentais e nervosas enquanto outras são alegres e despreocupadas, e por que algumas são tranqüilas e precavidas, e outros, inquietas e impulsivas. Eles também buscam saber se há diferenças consistentes entre homens e mulheres membros de diferentes grupos culturais e raciais, relativas a características como ansiedade, sociabilidade e consciência.

Com base em nossa breve introdução sobre Rey Ramos, podemos deduzir que ele é sociável: em Harvard, fez amigos e aprofundou seu relacionamento com noiva, Maiysha. Ele parece possuir grande necessidade de realização e um nível saudável de auto-estima. De onde vieram essas características? De suas experiências na infância? A compreensão, na nona série, de que ele podia controlar "seu destino"? Ele é tão competitivo nos esportes quanto academicamente? Tão autoconfiante em uma galeria de arte como é em um laboratório? Se ele realizar seu sonho de voltar ao Bronx com seu diploma de médico e passar anos tentando lidar, por um lado, com as urgentes necessidades de seus pacientes e, por outro, com a falta de financiamento adequado e instalações modernas, será que permanecerá um otimista? Uma questão crucial para os psicólogos da personalidade é se uma dada característica é um traço estável da personalidade ou simplesmente uma resposta à situação social.

Psicologia clínica e aconselhamento psicológico Quando pedimos a descrição do que é um "psicólogo", algumas pessoas pensam em um terapeuta que atende pacientes (ou "clientes") em seu escritório, sua clínica ou em um hospital. Por um lado, essa visão popular é verdadeira. Cerca de metade dos psicólogos se especializa em psicologia clínica ou em aconselhamento psicológico. Os *psicólogos clínicos* estão interessados principalmente no diagnóstico, nas causas e no tratamento das desordens psicológicas. Os *psicólogos de aconselhamento* se preocupam com problemas "normais" de adaptação a um contexto, que a maioria de nós enfrenta em algum momento da vida, como, por exemplo, escolher uma carreira ou lidar com problemas no casamento. Os psicólogos clínicos e de aconselhamento geralmente dividem seu tempo entre o tratamento de pacientes e a realização de pesquisas sobre as causas das desordens psicológicas e a eficácia de diferentes tipos de psicoterapia e aconselhamento.

Psicologia social Os psicólogos sociais estudam de que maneira as pessoas influenciam umas às outras. Eles investigam assuntos como a primeira impressão e a atração interpessoal; de que modo as atitudes são formadas, mantidas ou alteradas; o preconceito; a conformidade; e se as pessoas que fazem parte de um grupo ou estão em meio a uma multidão se comportam de maneira diferente de quando estão sozinhas.

Como um adolescente vivendo em um bairro perigoso, Rey Ramos sem dúvida passou por pressão considerável por parte dos moradores do lugar para se tornar membro de uma gangue. As gangues parecem representar uma instituição nas vizinhanças pobres. Por quê? Muitos dos contemporâneos de Rey provavelmente cederam a essa pressão; Rey, não. E por que não? Como um latino em uma das universidades norte-americanas mais prestigiadas, ele provavelmente sofreu preconceito. Os colegas de turma podem ter imaginado que porque ele era membro de um grupo minoritário fora admitido em Harvard como parte de um programa de ação afirmativa, e não devido a suas realizações acadêmicas. A fraternidade latina à qual Rey se associou provavelmente o ajudou a manter o orgulho étnico em face de tal preconceito. Será que as organizações sociais de base étnica promovem a tolerância mútua ou, ao contrário, contribuem para manter a distância social?

Psicologia industrial e organizacional (I/O) Psicólogos que trabalham para indústrias e empresas (isto é, industriais e organizacionais, I/O) preocupam-se com questões práticas como, por exemplo, selecionar e treinar funcionários, melhorar a produtividade e as condições de trabalho, e o impacto da informatização e da automação nos trabalhadores. É possível determinar com antecedência quem será ou não um bom vendedor ou piloto aéreo? Será que as empresas tendem a funcionar de maneira diferente caso estejam sob a liderança de um homem ou de uma mulher? Pesquisas mostram que grupos de trabalho cujo moral é alto geralmente são mais produtivos que os pouco motivados; existem estratégias específicas que os gerentes podem adotar para melhorar o moral dos grupos?

Na faculdade de medicina, Rey Ramos passará muito tempo em hospitais, cumprindo turnos, como interno e, finalmente, como residente. Hospitais e outras grandes organizações freqüentemente contratam psicólogos como consultores para ajudá-los a aumentar a eficiência, a humanizar um ambiente estéril, a levantar o moral dos pacientes e da equipe, e assim por diante.

Questões permanentes

Tendo em vista essa ampla variedade de carreiras e interesses, o que conserva unida a psicologia?

O que os psicólogos que estudam organizações, desordens psicológicas, memória e cognição, genética comportamental ou apego de crianças têm em comum? Todos os psicólogos partilham um interesse comum em cinco questões permanentes, que perpassam suas áreas de especialização e desvendam a essência do que significa ser humano.

Pessoa-situação Até que ponto o comportamento é resultado de processos internos a qualquer pessoa (como pensamentos, emoções, motivações, atitudes, valores, personalidade e genes)? Em contrapartida, até que ponto o comportamento é causado ou incitado por fatores externos à pessoa (como, por exemplo, incentivos, características do ambiente e a presença de outras pessoas)? Em outras palavras, somos senhores de nosso destino ou vítimas das circunstâncias? Vamos deparar diretamente com essas perguntas quando abordarmos a genética comportamental, a aprendizagem, as emoções e as motivações, a personalidade e a psicologia social.

Natureza-criação A pessoa que nos tornamos é produto de tendências inatas ou um reflexo de nossas experiências e da maneira como somos educados? Esse é o famoso debate "natureza *versus* criação". Durante décadas, os psicólogos discutiram o grau de influência que a hereditariedade (ou os genes) tem sobre nossos pensamentos e nosso comportamento em comparação à influência do ambiente ou das experiências de vida. Essa questão está presente em nossas discussões a respeito da genética comportamental, da inteligência, do desenvolvimento humano, da personalidade e da psicopatologia, embora também toque a outras questões.

Estabilidade-mudança Será que as características que desenvolvemos durante a infância são mais ou menos permanentes e fixas, ou será que as pessoas mudam de maneira previsível (ou imprevisível) ao longo da vida? O menino é "pai do homem"? Ou será possível ensinar "novos truques a cachorros velhos"? Seria o self um constructo cognitivo, um "personagem fictício" que criamos para manter um sentido de continuidade interior frente a diversas experiências, às vezes até mesmo imprevisíveis? Os psicólogos do desenvolvimento estão particularmente interessados nessas questões, bem como os psicólogos especializados em personalidade, adaptação, psicopatologia e terapia, entre outras áreas.

Diversidade-universalidade Até que ponto toda pessoa é (a) igual a qualquer outra pessoa em relação a certos aspectos, (b) igual a algumas pessoas, ou (c) igual a ninguém? (Adaptado da obra de Kluckhohn, Murray e Schneider, 1961, p. 53.) A diversidade humana é a principal preocupação dos psicólogos. Ao longo deste livro, depararemos com as seguintes questões: nosso entendimento aplica-se igualmente bem para todo ser humano? Ou apenas para homens ou mulheres, ou ainda só para certas raças, grupos étnicos ou culturas particulares (principalmente nossa própria cultura)? Será que às vezes necessitamos de "psicologias diferentes" para dar conta da ampla diversidade dos comportamentos humanos?

Mente-corpo Por fim, de que maneira a mente e o corpo estão conectados? Muitos psicólogos são fascinados pela relação que existe entre aquilo que experimentamos (como pensamentos e sentimentos) e os processos biológicos (como a atividade do sistema nervoso). O tema mente-corpo aparecerá com mais evidência em nossas discussões a respeito da natureza biológica do comportamento, sensação e percepção, estados alterados de consciência, emoções e motivações, adaptação/psicologia da saúde e desordens/terapia.

Essas cinco questões têm sido tema permanente na história da psicologia — e o mesmo acontecerá ao longo deste livro. Dependendo da época e do ambiente intelectual, uma ou outra questão assumem destaque especial na história da psicologia. Dependendo do assunto que estejam estudando, os psicólogos de uma área ou escola de pensamento podem enfatizar a pessoa ou a situação, a hereditariedade ou o ambiente, a estabilidade ou a mudança, a diversidade ou a universalidade, a experiência subjetiva ou os processos biológicos. Os filósofos pensaram sobre essas questões durante séculos; em contrapartida, os psicólogos abordam tais questões sob o prisma científico.

A psicologia como ciência

O que a psicologia tem em comum com as outras ciências?

Anteriormente, definimos a psicologia como a ciência do comportamento e dos processos mentais. A palavra-chave dessa definição é *ciência*. Os psicólogos se baseiam no **método científico** quando buscam respostas para suas perguntas. Eles coletam dados por meio de observação cuidadosa e sistemática; tentam explicar o que observaram por meio do desenvolvimento de teorias; fazem novas previsões com base nessas teorias e, então, testam sistematicamente tais previsões por meio de observações e experimentos adicionais, a fim de determinar se estão corretos. Assim, como todos os cientistas, os psicólogos utilizam o método científico para descrever, compreender, prever e, finalmente, alcançar algum nível de controle sobre o assunto que estão estudando.(Você pode aplicar os princípios do pensamento científico em sua própria vida. Veja "Compreendendo a nós mesmos".)

Tomemos, por exemplo, o tema relativo a homens, mulheres e agressão. Muitas pessoas acreditam que os homens são naturalmente mais agressivos que as mulheres. Outras afirmam que os garotos aprendem a ser agressivos porque nossa sociedade e nossa cultura encorajam — na verdade exigem — que os homens sejam combativos e até mesmo violentos. De que maneira os psicólogos abordariam esse tema? Primeiramente, tentariam descobrir se homens e mulheres *realmente* diferem quanto ao comportamento agressivo. Uma série de estudos e pesquisas já tratou dessa questão, e as provas parecem ser conclusivas: os homens são mais agressivos que as mulheres, principalmente quando falamos de agressões físicas (Knight, Fabes e Higgins, 1996; Wright, 1994). As meninas e as mulheres podem até fazer insinuações maldosas e gritar, mas os meninos e os homens são muito mais propensos à briga. Tendo estabelecido que existem diferenças sexuais nos níveis de agressão física e após descrever tais diferenças, o próximo passo consiste em explicá-las. Diversas explicações são possíveis. Os psicólogos fisiologistas provavelmente atribuiriam essas diferenças à genética ou à química corporal; já os psicólogos do desenvolvimento observariam as maneiras por meio das quais uma criança é ensinada a se comportar "como um menino" ou "como uma menina"; e os psicólogos sociais explicariam essas diferenças com base nas normas culturais, as quais exigem que os homens "se defendam" e sustentam que a agressão física "não é coisa de mulher".

Cada uma dessas explicações funciona como uma **teoria** sobre as causas das diferenças do nível de agressividade relacionado ao sexo; cada uma delas tenta destilar alguns princípios a partir de uma grande quantidade de fatos. E cada teoria nos permite produzir uma série de novas **hipóteses**, ou previsões, acerca do fenômeno em questão. Caso os diferentes níveis de agressividade surjam devido ao fato de que os homens possuem maior quantidade de testosterona que as mulheres, poderíamos prever que homens extremamente violentos têm níveis de testosterona ainda mais elevados do que os homens pouco violentos. Caso as diferenças do nível de agressividade relacionado ao sexo tenham origem na aprendizagem dos primeiros anos de vida, poderíamos então prever que essas diferenças seriam menores em famílias nas quais os pais não ressaltam a diversidade de gênero. Por fim, caso as diferenças do nível de agressividade relacionado ao sexo sejam reflexo de normas culturais, poderíamos então prever que, em sociedades que não proíbem práticas de luta para meninas e mulheres ou que consideram a agressão física algo anormal ou impróprio para ambos os sexos, as diferenças deveriam ser menores.

Cada uma dessas previsões ou hipóteses pode ser testada por meio de pesquisa, e os resultados deverão indicar se uma teoria é melhor que outra para explicar fatos conhecidos e prever novos fatos. Caso uma ou mais teorias sejam comprovadas por provas derivadas de pesquisas, deverá ser possível controlar o comportamento agressivo de modo mais eficaz do que se fazia antes. Por exemplo: se as normas culturais constituírem parte da causa das diferenças o nível de agressividade, então essas diferenças deveriam ser menores em situações nas quais os indivíduos não sentem que estão sendo avaliados quanto à sua masculinidade ou feminilidade. Uma equipe de pesquisa testou essa hipótese com um joguinho de guerra para computador (Lightdale e Prentice, 1994). Quando o pesquisador apresentou os participantes de uma maneira que tornava claro quem era homem e quem era mulher, as mulheres jogaram de modo menos agressivo que os homens; contudo, quando informadas de que eram anônimas para os pesquisadores e outros participantes, as mulheres jogaram tão agressivamente quanto os homens.

COMPREENDENDO A NÓS MESMOS

Pensamento crítico: um benefício a mais do estudo da psicologia

- Crianças superdotadas são menos bem ajustadas do que outras crianças.
- Os opostos se atraem.
- Mensagens subliminares de auto-ajuda gravadas em fitas cassete têm efeito benéfico.

Você concorda com essas afirmações? Muitas pessoas respondem "sim", sem hesitar nem por um momento, com base no fato de que "todo mundo sabe disso". Pensadores críticos, entretanto, questionam o conhecimento comum.

O que é exatamente o pensamento crítico? É o processo de examinar a informação que possuímos e então, com base nesse questionamento, fazer julgamentos e tomar decisões. Quando pensamos criticamente, definimos problemas, examinamos evidências, analisamos suposições, consideramos alternativas e por fim encontramos razões para apoiar ou rejeitar um argumento. Para pensar criticamente, você precisa adotar um certo estado de espírito, caracterizado por objetividade, cautela, desejo de desafiar as opiniões de outras pessoas e — talvez esta seja a parte mais difícil — desejo de submeter suas crenças mais profundas à crítica minuciosa. Em outras palavras, você precisa pensar como um cientista.

Os psicólogos utilizam uma série de estratégias para questionar suposições e examinar dados. Aqui, utilizamos as regras da investigação psicológica para julgar se a segunda das afirmações acima, "os opostos se atraem", é verdadeira.

- *Defina o problema ou a questão que você está investigando.* Será mesmo verdade que opostos se atraem?

- *Sugira uma teoria ou uma explicação razoável para o problema.* As pessoas que não são iguais se equilibram em um relacionamento.

- *Reúna e examine todas as evidências disponíveis.* Ao fazer isso, seja cético quanto a testemunhos pessoais, pois podem ser subjetivamente tendenciosos. Caso os dados sejam conflitantes entre si, tente encontrar mais evidências. Pesquisas sobre o tema não apóiam a idéia de que opostos se atraem, enquanto muitos estudos confirmam que pessoas de aparência, interesses, idade, histórico familiar, religião, valores e atitudes semelhantes buscam umas às outras.

- *Analise suposições.* Porque o equilíbrio entre pontos fortes e fracos de pessoas diferentes é uma boa maneira de formar um grupo, é provavelmente uma boa base também para relacionamentos pessoais, e é por isso que pessoas de temperamentos opostos são naturalmente atraídas umas às outras. No entanto, pesquisas mostram que essa suposição é falsa. Por que os similares deveriam se atrair? Uma importante razão é que eles freqüentemente pertencem aos mesmos círculos sociais. A pesquisa sugere que a proximidade é um fator relevante na atração.

- *Evite simplificações exageradas.* Mesmo as pessoas de temperamento semelhante acham que viver juntas é bastante difícil em certos aspectos. Por exemplo, viver com alguém que é tão tenso quanto você pode ser mais difícil do que viver com alguém de temperamento calmo — o seu oposto.

- *Tire conclusões com cautela.* Parece seguro concluir que, em geral, opostos não se atraem, mas esteja atento à possibilidade de que existem exceções específicas às quais essa regra geral não se aplica.

- *Considere todas as interpretações possíveis.* As pessoas podem citar casos que entrem em conflito com sua conclusão. Lembre-se, no entanto, de que os argumentos delas baseiam-se em observações subjetivas e em um banco de dados muito mais estreito que o usado pelos pesquisadores.

- *Reconheça a relevância da pesquisa para eventos e situações.* Se você estiver pensando em namorar alguém cujo temperamento parece muito diferente do seu, você pode decidir, com base no que sabe agora, ir devagar no relacionamento, comparando suas próprias observações com seu conhecimento de descobertas das pesquisas.

Aliás, as pesquisas em psicologia demonstraram que as outras duas afirmações presentes no início desta seção também são falsas.

TESTE SUA APRENDIZAGEM

1. Relacione cada um dos principais temas da psicologia com sua descrição apropriada.

   ___ pessoal-social
   ___ hereditariedade-ambiente
   ___ estabilidade-mudança
   ___ diversidade-universalidade
   ___ mente-corpo

   a. À medida que nos desenvolvemos, até que ponto permanecemos os mesmos e até que ponto mudamos?
   b. De que maneira as pessoas diferem em termos de como pensam e agem?
   c. Qual é a relação entre nossas experiências internas e nossos processos biológicos?
   d. Seria o comportamento mais influenciado por traços internos ou por situações externas?
   e. De que maneira os genes e as experiências interagem de modo a influenciar as pessoas?

2. Indique se as afirmações abaixo são verdadeiras (V) ou falsas (F).
   ___ a. Os psicólogos reúnem dados por meio de observações cuidadosas e sistemáticas.
   ___ b. Os psicólogos tentam explicar suas observações desenvolvendo teorias.
   ___ c. Os psicólogos formulam hipóteses ou predições com base em teorias.
   ___ d. Os psicólogos apelam para o senso comum em seus argumentos.
   ___ e. Os psicólogos testam as hipóteses sistematicamente.
   ___ f. Os psicólogos baseiam suas conclusões em valores amplamente partilhados.

Respostas: 1. pessoal-social [d]; hereditariedade-ambiente [e]; estabilidade-mudança [a]; diversidade-universalidade [b]; mente-corpo [c]. 2. [a] V; [b] V; [c] V; [d] F; [e] V; [f] F.

O crescimento da psicologia

"A psicologia possui um longo passado, mas uma curta história." O que isso significa?

No Ocidente, desde os tempos de Platão e Aristóteles, as pessoas se questionavam sobre o comportamento humano e os processos mentais. Mas foi somente no final do século XIX que começou a ser aplicado o método científico às questões que intrigaram os filósofos durante séculos. Só então a psicologia se tornou uma disciplina formal e científica, separada da filosofia. A história da psicologia pode ser dividida em três fases principais: seu surgimento como uma ciência da mente, as décadas do behaviorismo e a "revolução cognitiva".

A "nova psicologia": uma ciência da mente

Como Wundt ajudou a definir a psicologia como uma ciência da mente? Por que James acreditava que a sensação e a percepção sozinhos não explicavam o comportamento? Por que a teoria do inconsciente de Freud causou tanto espanto na virada do século XX?

No início do século XX, a maioria dos cursos de psicologia localizava-se nos departamentos de filosofia. Mas os fundamentos da "nova psicologia" — a ciência da psicologia — já haviam sido lançados.

Wilhelm Wundt e Edward Bradford Titchener: estruturalismo Há concordância geral de que a psicologia nasceu em 1879, ano em que Wilhelm Wundt fundou o primeiro laboratório de psicologia na Universidade de Leipzig, na Alemanha. Aos olhos do público, um laboratório identificava um ramo de investigação como "ciência" (Benjamin, 2000). A princípio, Wundt não atraiu muita atenção; apenas quatro alunos assistiram à sua primeira aula. Na metade da década de 1890, contudo, as aulas ministradas por ele estavam sempre lotadas.

Wilhelm Wundt

Wundt pôs-se a tentar explicar a experiência imediata e a desenvolver maneiras de estudá-la cientificamente, embora também acreditasse que alguns processos mentais não pudessem ser explicados por meio de experimentos científicos (Blumenthal, 1975). Wundt deu importância central à atenção seletiva — processo por meio do qual determinamos em que vamos prestar atenção em um determinado momento. Para ele, a atenção é ativamente controlada por intenções e motivações. Por outro lado, a atenção controla outros processos psicológicos, como percepções, pensamentos e memórias. Examinaremos o papel da atenção mais detalhadamente nos Capítulos 4 ("Estados de consciência") e 6 ("Memória"), mas por enquanto é suficiente observar que, ao estabelecer um laboratório e insistir na mensuração e na experimentação, Wundt fez com que a psicologia passasse do domínio da filosofia para o mundo da ciência (Benjamin, 2000).

Um dos importantes produtos do laboratório de Leipzig foram seus alunos, que levaram a nova psicologia científica para universidades de outros países, inclusive os EUA. G. Stanley Hall, que estabeleceu o primeiro laboratório de psicologia norte-americano na Universidade Johns Hopkins, em 1883, estudou com Wundt, assim como J. M. Cattell, o primeiro norte-americano a ser chamado de "professor de psicologia" (na Universidade da Pensilvânia, em 1888). Também outro aluno, Edward Bradford Titchener, nascido na Grã-Bretanha, seguiu para a Universidade Cornell. Em vários aspectos, as idéias de Titchener se diferenciavam muito das de seu mentor. Titchener estava impressionado com os recentes avanços da química e da física, alcançados ao analisar os compostos complexos (moléculas) quanto a seus elementos básicos (átomos). Da mesma forma, pensou Titchener, os psicólogos deveriam analisar experiências complexas quanto a seus componentes mais simples. Por exemplo: quando as pessoas olham para uma banana, pensam imediatamente: "Aqui temos uma fruta, algo para comer". Mas essa percepção se baseia em associações de experiências passadas; quais são então os elementos mais fundamentais, os "átomos", do pensamento?

Titchener dividiu a consciência em três elementos básicos: sensações físicas (o que vemos), sentimentos (como gostar ou não de bananas) e imagens (lembranças de outras bananas). Até mesmo os mais complexos pensamentos e sentimentos, argumentou ele, podem ser reduzidos a esses elementos simples. Titchener via o papel da psicologia como sendo o de identificar esses elementos e mostrar o modo como eles podem ser combinados e integrados — uma abordagem conhecida como **estruturalismo**. Embora a escola estruturalista da psicologia tenha tido vida relativamente curta e poucos efeitos de longo prazo, o estudo da percepção e da sensação continua a ser parte importante da psicologia contemporânea (veja o Capítulo 3, "Sensação e percepção").

William James

William James: funcionalismo Um dos primeiros acadêmicos a desafiar o estruturalismo foi um norte-americano, William James (filho do filósofo transcendentalista Henry James e irmão do romancista Henry James). Quando jovem, James, pai, se graduou em fisiologia e estudou filosofia por conta própria, sem ser capaz de decidir o que lhe interessava mais. Na psicologia ele encontrou a relação entre as duas coisas. Em 1875, James ministrou uma aula de psicologia em Harvard. Mais tarde, ele comentou que a primeira conferência que ouviu sobre o assunto foi a sua própria.

James afirmava que os "átomos da experiência" de Titchener — sensações em seu estado puro, sem associações — simplesmente não existiam na vida real. Nossa mente estaria constantemente fazendo associações, revendo experiências, iniciando, interrompendo e movendo-se para a frente e para trás no tempo. Percepções, emoções e imagens não podem ser separadas, argumentou James; a consciência flui continuamente. Se não pudéssemos reconhecer uma banana, teríamos de descobrir o que é uma banana sempre que víssemos uma. As associações mentais permitem que nos beneficiemos de nossas experiências anteriores.

Quando nos levantamos pela manhã, vestimo-nos, abrimos a porta e caminhamos pela rua, não precisamos pensar sobre o que estamos fazendo; agimos guiados pelo hábito. James sugeriu que, quando repetimos uma ação, nosso sistema nervoso é modificado de maneira que cada repetição se torna mais fácil que a anterior.

James desenvolveu uma **teoria funcionalista** dos processos mentais e do comportamento, que levantava questões ainda bastante atuais a respeito da aprendizagem, da complexidade da vida mental, do impacto que as experiências têm sobre o cérebro e do lugar que a humanidade ocupa no mundo natural. Embora não tivesse muita paciência com experimentos, James, assim como Wundt e Titchener, acreditava que o objetivo da psicologia era analisar a experiência. Wundt não se surpreendeu. Após ler o livro de James *Os princípios da psicologia* (1890), ele comentou: "É literatura, é lindo, mas não é psicologia" (*apud*: Hunt, 1994, p. 139).

Sigmund Freud: psicologia psicodinâmica De todos os pioneiros da psicologia, Sigmund Freud é de longe o mais conhecido — e o mais controverso. Doutor em medicina, ao contrário dos outros nomes que apresentamos anteriormente, Freud era fascinado pelo sistema nervoso central. Ele passou muitos anos pesquisando no laboratório de psicologia da Universidade de Viena e somente com muita relutância se tornou um médico praticante. Após uma viagem a Paris, onde estudou com um neurologista que estava utilizando a hipnose no tratamento de desordens do sistema nervoso, Freud abriu um consultório particular em Viena. Seu trabalho com pacientes o convenceu de que diversas doenças nervosas tinham origens psicológicas em vez de fisiológicas. As observações clínicas o levaram a desenvolver uma ampla teoria da vida mental, que se diferenciava radicalmente das visões de seus predecessores.

Freud sustentava que os seres humanos não são tão racionais quanto imaginam e que o "livre-arbítrio", que era tão importante para Wundt, é uma grande ilusão. Em vez disso, somos motivados por instintos e impulsos inconscientes que não estão disponíveis na parte racional e consciente de nossa mente. Outros psicólogos haviam se referido ao inconsciente

Sigmund Freud

apenas brevemente, como um depósito empoeirado de velhas experiências e informações que poderíamos recordar sempre que necessário. Em contraste, Freud via o inconsciente como um dinâmico caldeirão de impulsos sexuais e agressivos primitivos, desejos reprimidos, medos e vontades inomináveis e memórias traumáticas da infância. Embora *reprimidos* (ou escondidos da percepção), os impulsos inconscientes exercem pressão sobre a mente consciente e se expressam de maneiras disfarçadas ou alteradas, o que inclui sonhos, manias, lapsos de linguagem e sintomas de doenças mentais, bem como por meio de atividades socialmente aceitáveis como a arte e a literatura. A fim de desvendar o inconsciente, Freud desenvolveu a técnica da *associação livre*, na qual o paciente deita-se em um sofá, relembra sonhos e diz o que lhe vier à mente.

A teoria psicodinâmica de Freud foi tão controversa no começo do século XX quanto a teoria da evolução de Charles Darwin havia sido 25 anos antes. Seus contemporâneos vitorianos ficaram em estado de choque, não apenas devido à ênfase que ele dava à sexualidade, mas também por sua sugestão de que freqüentemente não estamos conscientes de nossos verdadeiros motivos e, assim, não estamos inteiramente no controle de nossos pensamentos e comportamentos. Apesar de (ou talvez por causa de) sua notoriedade, as conferências e os escritos de Freud atraíram considerável atenção tanto nos EUA quanto na Europa; ele exerceu um impacto profundo nas artes e na filosofia, bem como na psicologia. Entretanto, as teorias e os métodos de Freud continuam a inspirar um debate acalorado.

A **teoria psicodinâmica**, conforme expandida e revista pelos colegas e sucessores de Freud, lançou os fundamentos do estudo da personalidade e das desordens psicológicas, conforme discutiremos mais adiante neste livro (capítulos 10, 12 e 13). Sua noção revolucionária do inconsciente e sua descrição de que os seres humanos estão em constante guerra consigo mesmos são aceitas como verdadeiras hoje em dia, pelo menos nos meios artísticos e literários. Entretanto, as teorias de Freud nunca foram totalmente aceitas pelas principais correntes da psicologia e, nas últimas décadas, sua influência sobre a psicologia clínica e a psicoterapia diminuiu (Robins, Gosling e Craik, 1999; veja também Westen, 1998).

Redefinindo a psicologia: o estudo do comportamento

No que a abordagem de Watson sobre o comportamento humano se diferenciava da freudiana? Como Skinner expandiu o behaviorismo?

Até o começo do século XX, a psicologia via-se como o estudo dos processos mentais, conscientes ou inconscientes (psicologia psicodinâmica), tidos como pequenas unidades e componentes (estruturalismo) ou como um fluxo em constante mudança (funcionalismo). O principal método de coleta de dados era a introspecção ou a auto-observação, em laboratório ou no divã de um analista. Entretanto, no início do século XX, uma nova geração de psicólogos se rebelou contra essa abordagem "amena". Quem liderou essa postura desafiadora foi o psicólogo norte-americano John B. Watson.

John B. Watson

John B. Watson: behaviorismo John B. Watson argumentou que a idéia da existência de uma vida mental era superstição, um resquício da Idade Média. No ensaio "A psicologia como um behaviorista a vê" (1913), Watson afirmava que você não pode ver nem definir a consciência, assim como não pode observar uma alma. E, se não é possível localizar ou medir determinada coisa, ela não pode ser objeto de estudo científico. Para Watson, a psicologia era o estudo de comportamentos observáveis, mensuráveis — e nada mais.

A visão que Watson tinha da psicologia, conhecida como **behaviorismo**, baseava-se nos trabalhos do fisiologista russo Ivan Pavlov, que ganhou um prêmio Nobel por sua pesquisa sobre digestão. Enquanto fazia seus experimentos, Pavlov percebeu que os cães de seu laboratório começavam a salivar assim que escutavam seu tratador se aproximando, antes mesmo de que pudessem ver seu jantar. Ele decidiu descobrir se a salivação, um reflexo automático, poderia ser modelada pela aprendizagem. Começou, então a emparelhar repetidamente o som de uma campainha com a presença de comida. O passo seguinte foi observar o que acontecia quando se tocava a campainha sem a presença do alimento. Esse experimento demonstrou claramente o que Pavlov havia percebido por acidente: depois de repetidas associações, os cães salivavam em resposta unicamente ao som da campainha. Pavlov batizou de *condicionamento* esse modo de treinamento simples. Assim, uma nova escola da psicologia foi inspirada por uma observação casual — seguida por rigorosos experimentos.

Watson acreditava que todas as experiências mentais — pensamento, sentimento, percepção do self — não passavam de mudanças fisiológicas em resposta a experiências acumuladas de condicionamento. Uma criança, disse ele, é uma tábua rasa sobre a qual suas experiências podem escrever praticamente qualquer coisa.

> Dê-me uma dúzia de crianças saudáveis, bem formadas e meu próprio mundo especializado para que eu as eduque, e eu garanto que escolherei qualquer uma delas aleatoriamente, treinando-a para que se torne qualquer tipo de especialista que eu escolha — médico, advogado, artista, comerciante e, claro, até mesmo mendigo e ladrão, independentemente de seus talentos, preferências, tendências, capacidades, vocações e raça (Watson, 1924, p. 104).

Watson tentou demonstrar que todos os fenômenos psicológicos — até as motivações inconscientes de Freud — são resultado do condicionamento (Rilling, 2000). Em um dos experimentos mais infames da história da psicologia, Watson tentou criar em um garoto de 11 meses uma resposta de medo condicionada. O "pequeno Albert" era um bebê protegido e feliz que adorava novos lugares e experiências. Em sua primeira visita ao laboratório de Watson, Albert ficou encantado com um dócil ratinho branco, mas ficou visivelmente assustado quando Watson deu uma martelada violenta em uma barra de ferro bem atrás da cabeça do menino. Em sua segunda visita, Watson colocou o rato perto de Albert e, no momento em que o menino esticou o braço e alcançou o animal, bateu o martelo. Após meia dúzia de associações, o pequeno Albert começava a chorar assim que via o rato, sem que houvesse nenhuma martelada. Experimentos adicionais mostraram que Albert tinha medo de qualquer coisa que fosse branca e peluda — um coelho, um cachorro, um casaco de pele de foca, algodão e até mesmo Watson mascarado de Papai Noel (Watson & Rayner, 1920). Freud denominava "deslocamento" a transferência de emoções de um indivíduo ou objeto para outro, uma resposta neurótica que ele atribuía ao inconsciente. Próximo da visão de Pavlov, Watson chamou o mesmo fenômeno de "generalização", uma simples questão de condicionamento (Rilling, 2000). Até onde lhe dizia respeito, a teoria psicodinâmica e a psicanálise eram "feitiçaria".

Watson também estava interessado em mostrar que os medos poderiam ser eliminados por condicionamento. Uma das alunas de pós-graduação de Watson, Mary Cover Jones (1924), foi bem-sucedida ao recondicionar um garoto que tinha medo de coelhos (que não havia sido causado por condicionamento em laboratório) a perder o medo. Sua técnica, que envolvia apresentar o coelho a uma grande distância e depois, gradualmente, trazer o animal cada vez mais para perto enquanto a criança estava comendo, é similar às técnicas de condicionamento utilizadas pelos psicólogos hoje em dia.

Mary Cover Jones

B. F. Skinner: o behaviorismo revisto B. F. Skinner tornou-se um dos líderes da escola behaviorista da psicologia. Assim como Watson, Skinner acreditava fervorosamente que os psicólogos deveriam estudar apenas o comportamento observável e mensurável (Skinner, 1938, 1987, 1989, 1990). Ele também estava interessado principalmente em alterar o comportamento por meio do condicionamento — e em descobrir as leis naturais do comportamento durante esse processo. Mas Skinner adicionou um novo elemento ao repertório behaviorista: o reforço. Ele dava recompensas às cobaias de seus experimentos por se comportarem da maneira que ele queria. Por exemplo: um animal (ratos e pombos eram as cobaias preferidas de Skinner) era colocado em uma caixa especial e permitia-se que ele explorasse o local. Por fim o bichinho fazia um esforço e pressionava uma alavanca ou bicava um disco colocado na parede, de onde uma bolinha de comida caía dentro da caixa. Gradualmente, o animal aprendia que, pressionando a barra ou bicando o disco, sempre conseguiria comida. Por que o animal aprendeu isso? Porque ele foi reforçado, ou recompensado, por fazê-lo. Dessa maneira, Skinner fez do animal um agente ativo em seu próprio condicionamento. O behaviorismo dominou a psicologia acadêmica dos Estados Unidos até os anos 60.

A revolução cognitiva

Como os psicólogos da Gestalt influenciaram a forma como encaramos a percepção? Como a psicologia existencial poderia nos ajudar a nos sentirmos menos alienados? Quais aspectos da vida os psicólogos humanistas enfatizam?

Nos anos 60, o behaviorismo começou a perder sua influência. Por um lado, as pesquisas sobre percepção, personalidade, desenvolvimento infantil, relações interpessoais e outros tópicos que os behavioristas ignoraram levantavam questões que eles não eram capazes de explicar prontamente. Por outro lado, pesquisas em outras áreas (especialmente antropologia, lingüística, neurobiologia e ciência da computação) começavam a lançar novas luzes nos trabalhos realizados sobre a mente. Os psicólogos passaram a ver o behaviorismo não como uma teoria abrangente ou um paradigma, mas apenas como uma das peças de um quebra-cabeça (Robins *et al.*, 1999). Eles começaram a olhar *dentro* da caixa-preta e a colocar mais ênfase nos seres humanos (e outros animais) como seres "sencientes" — conscientes, perceptivos e alertas —, aprendizes ativos, e não recebedores passivos das lições da vida.

B. F. Skinner

Os precursores: Gestalt e psicologia humanista Nem todos os psicólogos aceitaram a doutrina behaviorista. Duas escolas que abriram caminho para a revolução cognitiva foram a Gestalt e a psicologia humanista.

Durante o período em que o behaviorismo reinou supremo na psicologia norte-americana, um grupo de psicólogos na Alemanha vinha atacando o estruturalismo em outra direção. Max Wertheimer, Wolfgang Köhler e Kurt Koffka estavam todos interessados na percepção, mas particularmente em certos truques que a mente aplica em si mesma. Por exemplo: quando vemos uma série de imagens paradas fotografadas a um intervalo de tempo constante (como filmes ou anúncios de néon que "se movem"), por que as imagens parecem estar se movendo?

Fenômenos como esses deslancharam uma nova escola de pensamento, a **psicologia da Gestalt**. Traduzida grosseiramente do alemão, a palavra *Gestalt* significa "todo" ou "forma". Quando aplicado à percepção, o termo se refere à nossa tendência de enxergar padrões, de distinguir um objeto do seu fundo, de completar uma figura com base em algumas pistas. Assim como William James, os psicólogos da Gestalt rejeitaram a tentativa de dividir a percepção e pensar em termos de seus elementos constituintes. Quando olhamos para uma árvore, vemos apenas uma árvore e não uma série de folhas e galhos isolados. A psicologia da Gestalt lançou os fundamentos do estudo moderno da percepção (veja o Capítulo 3).

Durante o mesmo período, o psicólogo norte-americano Abraham Maslow, que havia sido aluno do psicólogo gestaltista Max Wertheimer e da antropóloga Ruth Benedict, desenvolveu uma abordagem mais holística da psicologia, na qual os sentimentos e anseios assumiam um papel principal. Maslow se referia à **psicologia humanista** como uma "terceira força" — além da teoria freudiana e do behaviorismo. Os psicólogos humanistas enfatizaram o potencial humano e a importância do amor, do sentimento de fazer parte de algo, da auto-estima e da expressão pessoal, das experiências de pico (quando uma pessoa se torna tão envolvida em uma atividade que sua autoconsciência se desvanece) e auto-atualização (a espontaneidade e criatividade que resultam do ato de se concentrar em problemas externos ao self de uma pessoa e de olhar além das fronteiras das convenções sociais). Em vez de doenças mentais, eles salientaram a saúde mental e o bem-estar, a autocompreensão e o auto-aperfeiçoamento.

A **psicologia existencial** fez importantes contribuições para o estudo das motivações e emoções (ver o Capítulo 8), bem como para as subáreas da personalidade e da psicoterapia (capítulos 10 e 13). Mas ela nunca foi totalmente aceita pelas principais correntes da psicologia. Devido ao fato de a psicologia humanista se interessar por questões como significados, valores e ética, muitas pessoas — inclusive seus próprios seguidores — vêem essa escola muito mais como um movimento cultural e espiritual do que como um ramo da ciência (Rabasca, 2000). Entretanto, recentemente os psicólogos positivos (apresentados a seguir) voltaram a investigar as questões que os psicólogos humanistas haviam levantado meio século antes.

O surgimento da psicologia cognitiva Nos anos 60, a psicologia voltou ao ponto de partida. A área retornou de um período em que a consciência era considerada inacessível à pesquisa científica e começou a investigar e teorizar sobre a mente — mas agora com novos métodos de pesquisa e com o compromisso behaviorista com a objetividade e o empirismo. Até mesmo a definição de psicologia foi alterada: ela continuou sendo o estudo do "comportamento" humano, mas o conceito que os psicólogos tinham de "comportamento" passou a abranger também os pensamentos, sentimentos e estados de consciência.

O termo *revolução cognitiva* refere-se a uma mudança geral de um enfoque limitado ao comportamento a um amplo interesse em relação aos processos mentais. Esse novo enfoque é válido tanto para as novas áreas da psicologia quanto para aquelas preexistentes. Na psicologia do desenvolvimento, por exemplo, a idéia de que uma criança é uma "folha em branco", cujo desenvolvimento é moldado totalmente pelo ambiente em que ela vive, foi substituída por uma nova visão que considera os bebês e as crianças seres sociais conscientes e competentes. Segundo essa nova concepção, as crianças buscam ativamente aprender e dar sentido ao seu mundo. Além disso, todas as crianças saudáveis estão "equipadas" com características tão distintivamente humanas como a capacidade de adquirir a linguagem por meio da exposição a ela, sem educação formal. A psicologia do desenvolvimento é apenas uma das subáreas que tanto contribuíram para o surgimento da psicologia cognitiva quanto se beneficiaram dela.

A **psicologia cognitiva** é o estudo de nossos processos mentais no sentido mais amplo: pensar, sentir, aprender, recordar, tomar decisões, fazer julgamentos e assim por diante. Se o modelo behaviorista de aprendizagem se assemelhava a uma antiquada central telefônica (uma chamada ou estímulo é recebido, retransmitido pelos vários circuitos do cérebro e uma resposta é, então, produzida), o modelo cognitivo faz lembrar um computador rápido e moderno. Os psicólogos cognitivos se interessam pela maneira como as pessoas "processam informações" — isto é, o modo como adquirimos informações, processamos ou transformamos partes de informações em "programas" e utilizamos esses "programas" para solucionar problemas.

Ao contrário dos behavioristas, os psicólogos cognitivos acreditam que os processos mentais podem e devem ser estudados cientificamente. Embora não possamos observar memórias e pensamentos diretamente, podemos observar o comportamento e fazer inferências sobre os processos cognitivos subjacentes a ele. Por exemplo: podemos ler uma longa história para algumas pessoas e depois observar os itens dos quais elas se lembram, o modo como suas lembranças mudam ao longo do tempo e os tipos de lapsos de memória que elas estão propensas a cometer. Apoiados em pesquisas sistemáticas desse tipo, podemos adquirir conhecimentos sobre os processos cognitivos que formam a base da memória humana. Além do mais, com o advento das novas técnicas de produção de imagens do cérebro (que discutiremos no Capítulo 2), os psicólogos cognitivos começaram a propor questões sobre os mecanismos neurológicos subjacentes a processos cognitivos, tais como a aprendizagem, a memória, a inteligência e as emoções, dando início à área da *neurociência cognitiva*, que se expande rapidamente (D'Esposito, Zarahn e Aguirre, 1999; Schacter, 1999).

Em pouco tempo, a psicologia cognitiva exerceu um enorme impacto sobre quase todas as áreas da psicologia (Sperry, 1988, 1995) e se tornou uma das mais proeminentes áreas da psicologia científica contemporânea (Johnson e Erneling, 1997; Robins *et al.*, 1999).

Novas direções

Onde os psicólogos evolucionistas procuram as raízes do comportamento humano?
Que novo foco a psicologia positiva está trazendo para o estudo desse comportamento?
Há uma perspectiva única dominando a psicologia hoje?

Durante grande parte do século XX, a psicologia esteve dividida em escolas teóricas que competiam entre si. Atravessar fronteiras teóricas era considerado uma heresia. Entretanto, hoje em dia os psicólogos estão mais flexíveis em considerar os méritos de novas abordagens, em combinar elementos de diferentes perspectivas quando seus interesses e resultados de pesquisas assim exigem. Conseqüentemente, novas teorias e iniciativas estão surgindo.

Psicologia evolucionista Conforme o nome indica, a **psicologia evolucionista** se preocupa com as origens evolucionárias dos padrões de comportamento e processos mentais, investigando qual valor adaptativo eles têm ou tiveram e a quais funções eles servem ou serviram em nossa emergência como uma espécie distinta (DeKay e Buss, 1992; Wright, 1994). Todas as visões teóricas que discutimos até agora buscam explicar o homem moderno, ou *Homo sapiens*. Em contrapartida, os psicólogos evolucionistas se perguntam de que modo os seres humanos chegaram a ser o que são hoje. Eles estudam temas tão diversos quanto percepção, linguagem, ajuda ao próximo (altruísmo), cuidados com os filhos, felicidade, atração sexual e seleção do parceiro, ciúme e violência (Buss, 2000; Buss e Shackelford, 1997). Ao estudar tais fenômenos em espécies, habitat, períodos de tempo e culturas diferentes, bem como entre homens e mulheres, machos e fêmeas, os psicólogos evolucionistas buscam compreender os programas básicos que orientam o pensamento e o comportamento (Archer, 1996; Buss e Malamuth, 1996; DeKay e Buss, 1992; Scarr, 1993).

Os psicólogos cognitivos tendem a enxergar a mente humana como um computador para "propósitos gerais" que necessita de softwares (experiências) para processar informações. Em contrapartida, muitos psicólogos evolucionistas vêem a mente como "programada", de modo que os seres humanos já estão predispostos a pensar e agir de determinadas maneiras (Cosmides, Tooby & Barkow, 1992; Goode, 2000). Além disso, eles afirmam que esses programas fixos surgiram há centenas de milhares de anos, quando nossos ancestrais viveram como caçadores/coletores e que as estratégias de solução de problemas que beneficiaram os primeiros humanos podem ser ou não adequadas na era moderna. Resta saber se os psicólogos evolucionistas encontram seu espaço dentre as principais áreas da psicologia ou permanecem à margem dela, esperando ser notados.

Psicologia positiva Outra perspectiva emergente é a **psicologia positiva**, a visão de que a psicologia deveria dar maior atenção à "vida saudável": dedicar-se ao estudo dos sentimentos subjetivos de felicidade e bem-estar; ao desenvolvimento de traços individuais tais como intimidade, integridade, liderança, altruísmo e sabedoria; e descobrir que tipos de famílias, ambientes de trabalho e comunidades encorajam os indivíduos a se desenvolver (Seligman e Csikszentmihalyi, 2000).

Os psicólogos positivos argumentam que seus colegas já aprenderam bastante sobre as origens, o diagnóstico e o tratamento de doenças mentais, porém aprenderam relativamente pouco a respeito das origens e da manutenção do bem-estar mental. Conseguimos compreender bastante sobre como os indivíduos sobrevivem e resistem a condições de extrema adversidade, mas muito pouco sobre como pessoas normais se sentem realizadas sob condições favoráveis. Sabemos mais sobre a inteligência do que sobre a sabedoria; mais sobre a conformidade do que sobre a originalidade; e mais sobre o estresse do que sobre a tranqüilidade. Existem muitos estudos sobre preconceito e hostilidade intergrupal, por exemplo, mas poucos sobre tolerância e harmonia. Em décadas recentes, os psicólogos fizeram grandes avanços na compreensão da neurologia da depressão, da esquizofrenia e outras desordens.

Os psicólogos positivos atuais não sugerem que a psicologia deve abandonar seu papel como uma ciência da cura. Ao contrário, eles apóiam os esforços que promovam o uso melhor e mais difundido de tudo o que os psicólogos já aprenderam. Mas afirmam que a psicologia chegou a um ponto em que a construção de qualidades positivas deve receber ênfase igual à que é dada ao reparo dos "estragos".

Perspectivas múltiplas da psicologia hoje Como verificamos, os psicólogos de hoje tendem a enxergar diferentes perspectivas como complementares, cada uma delas contribuindo para nossa compreensão do comportamento humano (Friman, Allen, Kerwin e Larzelere, 1993). Quando estudam a agressividade, por exemplo, os psicólogos não limitam mais suas explicações à visão behaviorista (o comportamento agressivo é aprendido como conseqüência de recompensas e castigos) ou à perspectiva freudiana (a agressividade é uma expressão da hostilidade inconsciente em relação ao pai ou à mãe). Em vez disso, a maioria dos psicólogos contemporâneos relaciona a agressividade a uma série de fatores, incluindo as adaptações permanentes ao ambiente (psicologia evolucionista) e as influências da cultura, do gênero e do status socioeconômico sobre como as pessoas percebem e interpretam eventos — "Esse cara está rindo de mim" ou "Ela está procurando sarna para se coçar" — (psicologia cognitiva). Da mesma maneira, os psicólogos fisiologistas não se limitam mais a identificar as raízes genéticas e bioquímicas da agressividade; agora eles estudam de que modo a hereditariedade e o ambiente interagem entre si.

Às vezes, essas perspectivas teóricas são articuladas de maneira exemplar, fazendo com que cada uma delas realce as outras; outras vezes, os seguidores de uma abordagem desafiam seus pares, afirmando um ponto de vista como superior a todos os outros. Mas todos os psicólogos concordam que a área avança apenas com o acréscimo de novas evidências que confirmam ou contestam as teorias existentes.

Margaret Floy Washburn

Onde estão as mulheres?

Nos primeiros anos da psicologia, por que poucas mulheres foram aceitas na área?

Ao ler a breve história da psicologia moderna, você pode ter concluído que os fundadores dessa nova disciplina eram todos homens. Mas será mesmo que a psicologia só teve pais, e não mães? Caso tenham existido mulheres pioneiras, por que razão seus nomes e suas realizações não constam dos dados históricos?

Na verdade, a psicologia se beneficiou das contribuições de mulheres desde que nasceu. Elas apresentaram teses e fizeram parte da associação profissional dos EUA desde sua criação em 1892. Contudo, elas freqüentemente eram discriminadas. Alguns colegas de profissão e universidades não concediam diploma às mulheres, os jornais profissionais relutavam em publicar seus trabalhos e os cargos de professores eram geralmente negados a elas (O'Connell e Russo, 1990; Russo e Denmark, 1987; Stevens e Gardner, 1982). Apesar dessas barreiras, um grande número de psicólogas pioneiras fez uma série de contribuições importantes e obteve reconhecimento, pelo menos, por alguns de seus colegas na nova disciplina da psicologia.

Em 1906, James McKeen Cattell publicou o livro *Homens da ciência americanos*, que, apesar do título, incluiu uma série de mulheres, entre elas 22 psicólogas. Cattell colocou três dessas mulheres entre os mil cientistas mais importantes do país: Mary Whiton Calkins (1863-1930), por seu trabalho sobre a teoria da percepção das cores; Christine Ladd-Franklin (1847-1930), por sua análise de como aprendemos o material verbal e suas contribuições para a autopsicologia; e Margaret Floy Washburn (1871-1939), por sua pesquisa pioneira sobre o papel da visualização mental nos processos de pensamento. Além disso, Christine Ladd-Franklin foi a primeira mulher a ser eleita presidente da Associação Norte-Americana de Psicologia, em 1905, uma posição também ocupada por Margaret Floy Washburn em 1921. No entanto, uma vez que as portas para uma carreira acadêmica permaneciam fechadas, outras psicólogas encontraram posições na área terapêutica e em ambientes não-acadêmicos; buscaram carreiras em profissões similares, tais como desenvolvimento infantil e educação, campos considerados aceitáveis para mulheres; ou ganharam reconhecimento ao colaborar em projetos de pesquisa e livros de seus maridos (Evans, 1999).

Elizabeth Loftus

Atualmente as mulheres recebem mais da metade dos títulos de Ph.D. concedidos na área de psicologia (Pion *et al.*, 1996) e desenvolvem pesquisas-chave em todas as subáreas da psicologia. No decorrer deste livro você encontrará referência aos trabalhos realizados por elas. Terry Amabile estudou a criatividade, em particular os efeitos positivos que a exposição a modelos de papéis criativos pode ter nas pessoas. A pesquisa de Elizabeth Loftus sobre a memória indicou como podem ser falíveis os relatos de uma testemunha ocular sobre um crime. Carol Nagy Jaklin estudou o papel que as expectativas dos pais podem desempenhar nas percepções dos filhos sobre o valor da matemática. A pesquisa de Judith Rodin examina o comportamento com relação à comida, em particular a bulimia e a obesidade. Eleanor Maccoby, Alice Eagly e Jacqueline Eccles estão entre o crescente número de pessoas que estudam as diferenças de sexo em uma variedade de áreas, como emocionalidade, capacidade matemática e verbal e comportamento de ajuda. No decorrer deste livro examinaremos esse trabalho para verificar que papel a biologia e a sociedade desempenham nas diferenças de comportamento entre homens e mulheres.

A aparente ausência de mulheres na história da psicologia é apenas um dos aspectos de uma preocupação muito maior e inquietante: a relativa falta de atenção em relação à diversidade humana que caracterizou a psicologia ao longo da maior parte do século XX. Apenas recentemente, os psicólogos atentaram para as maneiras como a cultura, o gênero, a raça e a etnia são capazes de afetar praticamente todos os aspectos do comportamento. Na próxima seção, começaremos a examinar esse importante tópico.

Diversidade humana

Por que devemos aprender sobre a diversidade humana?

Para os estudantes de hoje — os futuros cidadãos do mundo — compreender a diversidade humana é essencial. A razão disso está ao redor de todos nós. Nas nossas grandes cidades vivem lado a lado pessoas de históricos diferentes, com valores e objetivos diferentes. Mas essa proximidade nem sempre produz harmonia; às vezes leva à agressividade, ao preconceito e ao conflito. Compreender as diferenças culturais, raciais e étnicas quanto ao pensamento e ao comportamento nos fornece as ferramentas necessárias para minimizar algumas dessas tensões interpessoais. No passado, homens e mulheres levavam vidas bastante diferentes. Hoje em dia, em diversas sociedades as mulheres possuem oportunidades iguais às dos homens de conseguir completar sua educação superior, trabalhar em tempo integral, construir uma carreira e abrir seu próprio negócio, além de ser politicamente ativas. Por sua vez, os homens estão tendendo a ser pais mais presentes e dedicados aos afazeres domésticos do que seus pais eram no passado. Ainda assim, os estereótipos sobre como o "macho típico" é ou age ou sobre os "papéis socialmente aceitos" para mulheres continuam a gerar confusão e desentendimento entre os sexos. Observar a diversidade humana sob uma perspectiva diferente permitirá a você separar a realidade da ficção nas suas interações diárias com as pessoas. Além disso, uma vez que compreenda como e por que grupos diferem quanto a valores, comportamentos, visão do mundo, processos de pensamento e respostas a situações, você estará mais apto a desfrutar a diversidade que o cerca. Por fim, quanto mais você compreender a diversidade humana, mais você apreciará as muitas características universais da humanidade.

No começo do século XX, a psicologia era uma profissão para homens brancos com forte sotaque norte-americano (Strickland, 2000). A grande maioria dos estudos de pesquisa era conduzida por professores brancos do sexo masculino em universidades dos EUA, utilizando estudantes universitários brancos e do sexo masculino como cobaias. Não era uma decisão consciente ou deliberada de estudar apenas determinado grupo. Assim como outras ciências e profissões de prestígio na Europa e nos EUA, a psicologia admitia que o que era verdadeiro para os homens ocidentais e brancos seria verdadeiro para outras pessoas também. Uma história crítica da psicologia durante esse período intitulava-se *Even the rat was white!* (*Até o rato era branco!*, Guthrie, 1976).

TESTE SUA APRENDIZAGEM

1. Foi só a partir do final do _____ que a psicologia tornou-se uma disciplina separada das outras.

2. Relacione as seguintes escolas de pensamento da psicologia com a descrição apropriada.

   ____ estruturalismo
   ____ funcionalismo
   ____ behaviorismo
   ____ psicologia psicodinâmica
   ____ psicologia existencial
   ____ psicologia humanista
   ____ psicologia da Gestalt
   ____ psicologia cognitiva
   ____ psicologia evolucionista

   a. Explora as origens do comportamento humano e estabelece ligações com o comportamento de outros animais.
   b. Acentua o padrão total da percepção.
   c. Concentra-se na alienação da vida moderna e nos problemas psicológicos dela decorrentes.
   d. Estuda apenas comportamentos observáveis e mensuráveis.
   e. Enfatiza os elementos básicos da experiência e mostra o modo como eles se combinam.
   f. Enfatiza a realização de todo o potencial humano de uma pessoa.
   g. Estuda os processos mentais em sentido amplo.
   h. Postula que os motivos ocultos e os desejos inconscientes regem muito do nosso comportamento.
   i. Preocupa-se com a maneira como um organismo usa suas capacidades perceptivas para funcionar no ambiente.

3. Relacione os famosos psicólogos abaixo com suas realizações.

   ____ Wilhelm Wundt
   ____ William James
   ____ Sigmund Freud
   ____ John B. Watson
   ____ B. F. Skinner

   a. Desenvolveu a psicanálise e explorou os conflitos do inconsciente.
   b. Instituiu uma cadeira de psicologia em Harvard e desenvolveu uma teoria funcionalista.
   c. Estabeleceu o primeiro laboratório de psicologia.
   d. Estudou extensivamente os efeitos das recompensas no comportamento.
   e. Utilizou princípios de condicionamento para demonstrar o condicionamento do medo.

Respostas: 1. século XX. **2.** estruturalismo [e] ; funcionalismo [i]; behaviorismo [d]; psicologia psicodinâmica [h]; psicologia existencial [c]; psicologia humanista [f]; psicologia da Gestalt [b]; psicologia cognitiva [g]; psicologia evolucionista [a]. **3.** Wundt [c]; James [b]; Freud [a]; Watson [e]; Skinner [d].

A análise e a superação de suposições e vieses passados têm sido um processo lento e desigual, mas uma nova apreciação da diversidade humana está tomando forma (Phinney, 1996). Os psicólogos começaram a questionar explicitamente suposições baseadas em gênero, raça e cultura. Será que as mulheres têm mais predisposição a ajudar uma pessoa em dificuldades do que os homens? Será que os afro-americanos são mais vulneráveis a certos tipos de doenças mentais que os norte-americanos de origem européia, ou vice-versa? Será que os japoneses vêem a capacidade de aprendizagem na infância da mesma maneira que os norte-americanos? Será que os homossexuais possuem motivações e emoções distintas das dos heterossexuais? Pesquisas indicam que freqüentemente a resposta para essas perguntas é "não".

Gênero

De que maneira os psicólogos estão nos ajudando a compreender a diferença entre homens e mulheres?

Há muitos significados para gênero. Os termos *macho* e *fêmea* dizem respeito à constituição biológica de uma pessoa, os fatos físicos e genéticos que fazem com que alguém seja de um sexo ou de outro. Alguns cientistas utilizam o termo *sexo* para se referir exclusivamente às diferenças biológicas de anatomia, genética ou funcionamento físico, e **gênero** para aludir aos significados psicológicos e sociais que estão associados ao fato de uma pessoa ser biologicamente macho ou fêmea. Devido ao fato de ser praticamente impossível distinguir entre o que é produzido biologicamente e o que é influenciado socialmente, em nossa discussão sobre esses tópicos utilizaremos os termos *sexo* e *gênero* como sinônimos.

Estereótipos de gênero "As mulheres falam demais; os homens são fortes e silenciosos." "Os homens têm amigos; as mulheres têm confidentes." "As mulheres se preocupam com a aparência e com os filhos; os homens, com seu emprego e sua conta bancária." "Os homens monopolizam o controle remoto da TV; as mulheres monopolizam o espelho do banheiro." A lista de estereótipos de gênero — características consideradas típicas de cada sexo — é interminável. Em geral, nossa cultura afirma que os homens são dominadores, fortes e agressivos, enquanto as mulheres são acomodadas, emocionais e afetuosas. Como resultado, muitos meninos aprendem a esconder suas emoções, a negar para si mesmos o sentimento de fraqueza e a brigar, enquanto muitas meninas aprendem a esconder suas ambições, a negar para si mesmas seus talentos e pontos fortes e a dar-se por vencidas. Os estereótipos raramente são benignos. Conforme veremos no Capítulo 9 ("O desenvolvimento ao longo da vida"), esses estereótipos têm grandes efeitos negativos sobre meninos e meninas.

Além de nossos estereótipos sobre como são "tipicamente" os homens e as mulheres, temos crenças gerais sobre os papéis de gênero, isto é, as expectativas culturais que dizem respeito ao comportamento aceitável de homens e mulheres, respectivamente. Via de regra, as normas culturais mudam mais lentamente que os padrões de comportamento. Embora, hoje em dia, a maioria das famílias norte-americanas dependa do salário de ambos os cônjuges, a visão de que o marido sustenta a família e de que a esposa deve colocar a casa e os filhos em primeiro lugar mantém sua força. Esposas e mães que trabalham fora enfrentam uma "segunda jornada" de trabalho em seu lar (cuidar da casa e dos filhos) — tanto porque elas acham que isso é sua responsabilidade e sua área de especialidade, quanto porque seus maridos ainda esperam que elas assumam essas tarefas (Hochschild e Machung, 1989).

O estudo das similaridades e diferenças de gênero já faz parte das principais correntes da psicologia. Psicólogos de praticamente todas as subáreas conduzem pesquisas para determinar se suas descobertas são igualmente aplicáveis a homens e mulheres e, caso não o sejam, descobrir por quê. Conforme veremos adiante, a **teoria feminista** não serve somente às mulheres.

Psicologia feminista Nas últimas décadas, o número de mulheres que obtiveram Ph.D. em psicologia cresceu espantosamente (veja a **Figura 1-1**). Na verdade, as mulheres começaram a ultrapassar, em número, os homens no campo da psicologia. De acordo com a pesquisa mais recente da Associação Norte-Americana de Psicologia, as mulheres recebem

Carol Gilligan

três quartos dos diplomas de bacharelado concedidos na área, representam quase três quartos dos alunos de graduação e obtiveram dois de cada três diplomas de doutorado concedidos em 1997 (APA, 2000).

À medida que o número de psicólogas aumentava, cresciam também suas preocupações quanto a teorias, pesquisas e práticas clínicas da psicologia tradicional. As psicólogas feministas ressaltaram três pontos. Primeiramente, grande parte das pesquisas que apoiavam teorias psicológicas fundamentais, tais como a do desenvolvimento moral, baseava-se em amostras totalmente masculinas. Comparadas aos padrões do "homem universal", as mulheres freqüentemente eram consideradas "inferiores". Em segundo lugar, os relatórios sobre diferenças de gênero tendem a enfocar extremos, exagerar a importância de pequenas diferenças e ignorar similaridades muito maiores (Tavris, 1992). Terceiro, as perguntas feitas pelos psicólogos e os tópicos estudados por eles refletem o que esses psicólogos consideram importante.

Além de pesquisas e teorias, a psicologia feminista contemporânea começou a influenciar cada uma das facetas da prática da psicologia ao buscar mecanismos para fortalecer as mulheres na comunidade, ao advogar ações para estabelecer políticas que aumentem a igualdade e a justiça social e ao defender ações que aumentem a representação das mulheres em meio a lideranças globais. As feministas também tomaram a dianteira ao insistir para que outros psicólogos reconhecessem a orientação sexual como sendo simplesmente mais um aspecto da diversidade humana.

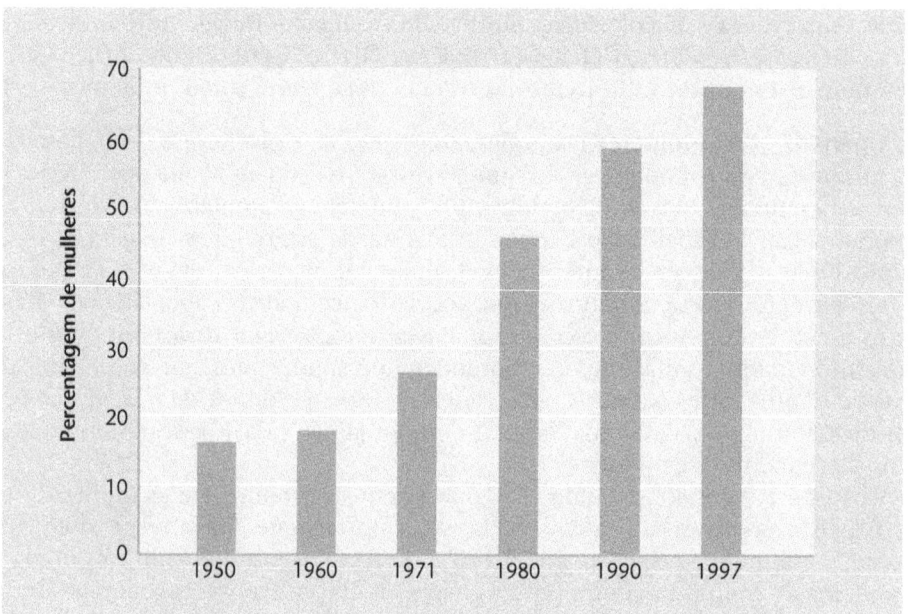

Figura 1-1
Porcentagem de mulheres que obtiveram Ph.D. em psicologia entre 1950 e 1997
Fonte: Summary report: doctorate recipients from United States universities (selected years). National Research Council. Elaborado pelo APA Research Office. Copyright © 2000 American Psychological Association. Reprodução autorizada.

Orientação sexual O termo orientação sexual define se uma pessoa é sexualmente atraída por membros do sexo oposto (heterossexualidade), do mesmo sexo (homossexualidade) ou de ambos os sexos (bissexualidade). A Divisão 44 da Associação Norte-Americana de Psicologia, a Society for the Psychological Study of Lesbian, Gay and Bisexual Issues, foi fundada em 1985 para promover a pesquisa e o ensino relativos à orientação sexual, tanto para psicólogos quanto para o público em geral. Os psicólogos estão apenas começando a investigar os vários tópicos importantes associados a essa característica da diversidade humana — entre eles, tópicos como a origem da orientação sexual (LeVay e Hamer, 1994), diferenças cerebrais entre homens hetero e homossexuais (Swaab e Hoffman, 1995) e o impacto da admissão de gays e lésbicas nas forças armadas (Jones e Koshes, 1995).

Raça e etnia

Por que os psicólogos estão interessados nas diferenças étnicas e raciais?

Uma das primeiras coisas que percebemos em uma pessoa (juntamente com o sexo) é sua raça ou etnia (Omi e Winant, 1994). **Raça** é um termo biológico utilizado para se referir a uma subpopulação cujos membros se reproduziram apenas entre si e, portanto, são geneticamente similares entre si e distintos de outros membros da mesma espécie (Betancourt e López, 1993; Diamond, 1994; Macionis, 1993). A maioria das pessoas simplesmente adota a idéia de que a espécie humana pode ser dividida em uma série de raças distintas (asiáticos, africanos, caucasianos, indeigenas e assim por diante). Entretanto, os seres humanos migraram, mesclaram-se e se acasalaram com tanta freqüência ao longo do tempo que é impossível identificar biologicamente raças diferentes. Em maior ou menor grau, todos os seres humanos são "híbridos raciais". Além do mais, os critérios utilizados pelas pessoas para distinguir raças diferentes são arbitrários. Nos EUA, separamos pessoas em raças diferentes primordialmente com base na cor da pele e nos traços faciais. Na África Central, os membros das tribos tutsi e hutu vêem a si mesmos como membros de raças diferentes, embora sejam semelhantes quanto à cor da pele e à fisionomia. Apesar dessas diferentes definições, a maioria das pessoas continua a *acreditar* que as categorias raciais são importantes e, conseqüentemente, que a raça molda as identidades sociais dos indivíduos, sua percepção do self, as experiências que vivem em sua própria sociedade bem como em outras, e até mesmo sua saúde.

Enquanto as categorias raciais são baseadas em diferenças físicas, as **categorias étnicas** baseiam-se em características culturais. Um grupo étnico é formado por pessoas que migraram para outros países, mas ainda se consideram — e são considerados pelos outros — como sendo diferentes pelo fato de possuir uma terra natal e uma história comuns, além da mesma língua, religião, crenças culturais e práticas sociais. Por exemplo: os hispano-americanos podem ser negros, brancos ou ter uma tonalidade de pele que varie entre essas duas possibilidades. O que os une é sua língua e sua cultura. Na metade dos anos 80, havia entre os psicólogos suficiente interesse em etnicidade para que a Associação Norte-Americana de Psicologia criasse uma divisão dedicada ao estudo psicológico de questões ligadas às minorias étnicas (Divisão 45). Atualmente, um crescente número de psicólogos está estudando por que a etnia é tão importante nos EUA (bem como em outros países) e como os indivíduos selecionam ou criam uma identidade e respondem aos estereótipos étnicos.

Minorias raciais e étnicas na psicologia Grande parte das minorias étnicas ainda está sub-representada nas fileiras da psicologia. De acordo com a APA, estudantes oriundos de minorias étnicas representam cerca de 25 por cento dos ingressos na faculdade, mas compõem apenas 16 por cento dos graduados em psicologia, 14 por cento das pessoas que se inscrevem na pós-graduação, 12 por cento de mestres e 9 por cento de doutores em psicologia (Sleek, 1999). Por quê? Uma possível resposta seria que, quando estudantes negros, hispânicos, indígenas, entre outros, atentam para a história da psicologia ou para o corpo docente das faculdades de psicologia das universidades hoje em dia, eles encontram poucos modelos nos quais se espelhar; da mesma maneira, quando examinam a pesquisa em psicologia, encontram muito pouco sobre eles mesmos e sua realidade (Strickland, 2000). Nos anos 90, um levantamento nas revistas de psicologia descobriu que menos de dois por cento dos artigos publicados focalizavam as minorias raciais e étnicas dos EUA (Iwamasa & Smith, 1996). Apesar disso, esses números ínfimos não impediram que tais estudos fossem proeminentes e fizessem importantes contribuições ao campo da psicologia. Por exemplo: Kenneth Clark, ex-presidente da Associação Norte-Americana de Psicologia, recebeu reconhecimento nacional nos EUA pela importância do trabalho que ele e sua mulher, Mamie Clark, realizaram sobre os efeitos da segregação em crianças negras. Esse estudo foi citado pela Corte Suprema dos EUA na decisão *Brown* versus *Conselho de Educação* de 1954, que condenou a segregação racial nas escolas daquele país.

Num esforço para remediar a sub-representação das minorias étnicas, o Office of Ethnic Minority Affairs da APA está patrocinando programas para atrair estudantes oriundos de minorias étnicas para a psicologia (Rabasca, 2000). Essa iniciativa inclui cursos de verão para alunos de segundo grau, recrutamento entre alunos de segundo grau e faculdades, programas monitorados e outros programas de orientação, além de bolsas de estudo para alunos que preencherem os requisitos de programas de pós-graduação.

Os psicólogos também estão trabalhando para revelar e superar vieses na pesquisa psicológica relacionados a gênero, raça e etnicidade. A psicologia está expandindo seu alcance para examinar a grande variedade e riqueza da diversidade humana, e este texto espelha essa abordagem expansiva e inclusiva. Verificaremos o problema do viés na pesquisa em psicologia ainda neste capítulo.

Cultura

De que forma a cultura contribui para a diversidade humana?

Uma definição clássica de **cultura** é dizer que ela é a maneira como as pessoas vivem (Kluckhohn, 1949). Uma cultura fornece modos de pensar, agir e se comunicar; idéias sobre como o mundo funciona e sobre a razão do comportamento das pessoas; crenças e ideais que moldam nossas aspirações e nossos desejos individuais; informações sobre como utilizar e aperfeiçoar tecnologias; e, talvez o mais importante, critérios para avaliar o significado dos eventos naturais, das ações humanas e da vida em si mesma. Todas as sociedades modernas grandes e complexas também incluem subculturas — grupos cujos valores, atitudes, comportamentos e vocabulário ou sotaque característicos os distinguem da cultura predominante. A maioria dos norte-americanos faz parte de diversas subculturas, bem como da cultura predominante.

Muitos dos traços que cremos que nos definem como seres humanos — especialmente a língua, a moral e a tecnologia — são elementos da cultura. Até mesmo a percepção do self de uma pessoa depende da cultura e da subcultura (Segall, Lonner e Berry, 1998). Assim, a psicologia deve levar em conta as diferenças culturais. Por exemplo: a pesquisa transcultural sobre motivação e emoções, personalidade e autoestima, chamou atenção para uma ampla distinção entre culturas individualistas (que valorizam a independência e a realização pessoal) e coletivistas (que valorizam a interdependência, a adaptação mútua e os relacionamentos harmônicos) (Kagitcibasi, 1997). Além disso, os estudos transculturais exerceram impacto significativo no estudo do gênero. O clássico trabalho da antropóloga Margaret Mead, *Sexo e temperamento em três sociedades primitivas* (1935), ainda é citado por feministas, dentre outras pessoas, como revelador de que as definições de masculinidade e feminilidade não se dão biologicamente, sendo, na verdade, constructos culturais aprendidos e, portanto, sujeitos a mudanças. Por fim, em nossa sociedade cada vez mais multicultural, os psicólogos estarão lidando com uma diversidade de clientes, participantes de pesquisa e estudantes (Hall, 1997). A fim de estar preparada para esse futuro, a psicologia deve começar a educar e treinar profissionais "culturalmente competentes".

Ao longo deste livro, exploraremos as similaridades e diferenças entre indivíduos e entre grupos de pessoas. Por exemplo: examinaremos as diferenças entre características de personalidade, inteligência e níveis de motivação; observaremos as semelhanças entre o funcionamento biológico e os estágios de desenvolvimento. Em quase todos os capítulos, examinaremos pesquisas feitas com homens e mulheres, membros de diferentes grupos raciais e étnicos, e estudos transculturais.

TESTE SUA APRENDIZAGEM

1. Indique se as seguintes razões para o estudo da diversidade humana são verdadeiras (V) ou falsas (F).
   ____a. Porque nossa sociedade é composta de vários tipos diferentes de pessoas.
   ____b. Como uma forma de ajudar a solucionar tensões interpessoais baseadas em mal-entendidos.
   ____c. Para ajudar a definir o que os humanos têm em comum.
   ____d. Porque a psicologia da diversidade é uma das maiores subdivisões da psicologia.

2. "Uma subcultura é um grupo dentro de uma sociedade mais ampla que compartilha um determinado conjunto de valores, crenças, perspectivas e normas de comportamento." Essa afirmação é verdadeira (V) ou falsa (F)?

3. Quais das seguintes subculturas contribuem para a diversidade em nossa própria sociedade?
   ____a. negros
   ____b. homossexuais (homens e mulheres)
   ____c. adolescentes
   ____d. loiras de olhos azuis
   ____e. sem-teto

4. Diz-se que as pessoas que possuem ancestrais da mesma região do mundo e compartilham uma língua, uma religião e um conjunto de tradições sociais comuns fazem parte de um mesmo grupo _____.

5. "Grupos minoritários são muito mal representados entre os psicólogos." Essa afirmação é verdadeira (V) ou falsa (F)?

Respostas: 1. a, b, c. 2. (V). 3. a, b, c e. 4. étnico. 5. (V).

Métodos de pesquisa em psicologia

Quais são os métodos de pesquisa que os psicólogos utilizam?

Todas as ciências — psicologia, sociologia, economia, ciências políticas, biologia e física — exigem provas empíricas baseadas na realização de cuidadosas observações e experimentos. A fim de coletar dados sistemática e objetivamente, os psicólogos utilizam diversos métodos de pesquisa, entre eles a observação natural, os estudos de caso, os levantamentos, as pesquisas correlacionais e experimentais.

Observação natural

Por que às vezes um ambiente natural é melhor do que um laboratório para observar o comportamento?

Os psicólogos utilizam a **observação natural** para estudar o comportamento animal ou humano em seu contexto preoprio. Um psicólogo com essa orientação para a vida real pode observar o comportamento em uma escola ou em uma fábrica; outro poderá se infiltrar em uma família a fim de estudar o comportamento de seus membros; um outro poderá observar macacos vivendo na natureza em vez de examiná-los em cativeiro. A vantagem primordial da observação natural é a de que o comportamento observado na vida cotidiana será provavelmente mais espontâneo e variado do que aquele observado em laboratório.

Por exemplo: a observação natural foi utilizada em um estudo recente (Hammen, Gitlin e Altshuler, 2000) que tinha por objetivo compreender por que alguns pacientes com *desordem bipolar* (uma desordem mental que será discutida mais detalhadamente no Capítulo 12, "Desordens psicológicas") têm maior tendência do que outros a se adaptar bem ao local de trabalho. Por meio do estudo minucioso de 52 indivíduos vivendo em seu ambiente natural durante um período de dois anos, os pesquisadores descobriram que as pessoas que demonstravam melhor nível de adaptação ao trabalho eram aquelas que também possuíam fortes relações sociais de apoio com outras. Surpreendentemente, acontecimentos da vida altamente estressantes pareciam não ter um papel importante em relação a quão bem essas pessoas se adaptavam ao trabalho. Devido ao fato de que teria sido extremamente difícil simular um ambiente profissional em laboratório (em especial durante um longo período de tempo), a observação natural forneceu uma alternativa prática para a exploração desse tema.

A observação natural também tem seus inconvenientes. Os psicólogos que se utilizam dela têm de aceitar o comportamento à medida que ele acontece. Não podem de repente gritar "Parem!", quando querem estudar em mais detalhes o que está ocorrendo. Também não podem dizer às pessoas que parem o que estão fazendo porque não era aquilo o que eles estavam interessados em pesquisar. Além do mais, descrever simplesmente as impressões de uma pessoa a respeito de "um dia na vida" de um determinado grupo ou sobre quão diferente pode ser o comportamento das pessoas em um mesmo ambiente não é ciência. Os observadores devem mensurar o comportamento sistematicamente, por exemplo planejando uma maneira que os permita checar o que as pessoas estão fazendo em determinados intervalos de tempo.

A principal desvantagem da observação natural é o **viés do observador.** Conforme veremos no Capítulo 6 ("Memória"), testemunhas oculares de um crime são geralmente fontes não confiáveis de informação. Até mesmo psicólogos que são experientes observadores são capazes de distorcer sutilmente o que vêem, a fim de fazer com que isso se encaixe naquilo que eles desejam ver. Por essa razão, os pesquisadores contemporâneos geralmente utilizam gravações em vídeo que podem ser analisadas e avaliadas por outros cientistas, que não sabem o que o estudo em questão busca descobrir. Outro problema em potencial é o de que os psicólogos podem não observar ou não registrar comportamentos que pareçam irrelevantes. Para corrigir isso, muitos estudos de observação empregam uma equipe de observadores experientes que reúnem suas anotações no final. Essa estratégia geralmente proporciona uma descrição mais completa do que aquela que seria produzida por um pesquisador, apenas.

Ao contrário dos experimentos de laboratório que podem ser repetidos quantas vezes forem necessárias, cada situação natural é um evento único. Por essa razão, os psicólogos preferem não fazer afirmações gerais com base apenas em estudos naturalistas. Em vez disso, eles testam em laboratório e sob condições controladas as informações obtidas a partir da observação natural, antes de aplicar tais informações a situações diferentes da situação original.

Apesar dessas desvantagens, a observação natural é uma ferramenta valiosa. Afinal de contas, o comportamento da vida real é o principal assunto de interesse da psicologia. Com freqüência a observação natural fornece novas idéias e sugere novas teorias, as quais podem ser então estudadas sistemática e detalhadamente em laboratório. Esse método também auxilia os pesquisadores a manter seu distanciamento, fazendo com que eles sempre se lembrem do vasto mundo que existe fora do laboratório.

Estudos de caso

Quando um estudo de caso pode ser mais útil?

Outro método de pesquisa é o **estudo de caso**: uma descrição detalhada de uma (ou algumas) pessoa(s). Embora às vezes se pareça com a observação natural, o estudo de caso utiliza uma variedade de métodos de coleta de informações que leva a uma descrição detalhada e aprofundada do indivíduo. Um estudo de caso geralmente consiste em observações da vida real, entrevistas, pontuações em vários testes psicológicos e qualquer outra avaliação que o pesquisador considere adequada. Por exemplo: o psicólogo suíço Jean Piaget desenvolveu uma abrangente teoria sobre o desenvolvimento cognitivo por meio do estudo cuidadoso de cada um de seus três filhos, à medida que eles iam crescendo e mudando durante a infância. Outros pesquisadores testaram a teoria de Piaget com experimentos que contaram com um número maior de crianças, em nossa cultura ou em culturas diferentes (veja o Capítulo 9, "O desenvolvimento ao longo da vida").

Assim como a observação natural, os estudos de caso podem fornecer inúmeras idéias, mas com desvantagens significativas. O viés do observador representa um problema tão grande para o estudo de caso quanto o é para a observação natural. Além disso, pelo fato de cada pessoa ser única, não podemos ser tão confiantes ao tirar conclusões gerais a partir de um único caso. Apesar disso, os estudos de caso são muito importantes para a pesquisa em psicologia. Por exemplo: o famoso caso de Phineas Gage, que sofreu danos cerebrais graves e incomuns, levou os pesquisadores a identificar a parte frontal do cérebro como igualmente importante para o controle das emoções e para a capacidade de planejar e executar tarefas complexas (veja o Capítulo 2, "A base biológica do comportamento"). O estudo de caso de outro paciente que sofria de danos cerebrais (Milner, 1959), chamado "H. M.", que era capaz de lembrar eventos anteriores ao dano que sofreu, mas não se lembrava de nada que houvesse acontecido posteriormente, inspirou os psicólogos a sugerir que possuímos vários tipos de memória distintos (veja o capítulo 6, "Memória").

Levantamentos

Quais são os benefícios dos levantamentos de pesquisa?

Em certos aspectos, os levantamentos compensam as deficiências da observação natural e dos estudos de caso. No **levantamento de pesquisa**, perguntas pré-determinadas são feitas por meio de entrevistas pessoais ou questionários a um grupo de pessoas cuidadosamente selecionado. Os levantamentos, até mesmo aqueles com baixa taxa de resposta, podem gerar grande quantidade de informações interessantes e úteis a um custo relativamente baixo, mas, para que sejam precisos, suas perguntas devem ser claras e

A partir de estudos de caso com crianças, Jean Piaget elaborou sua teoria do desenvolvimento cognitivo.

não conter ambigüidade, os participantes da pesquisa devem ser selecionados com grande cuidado e precisam estar motivados a responder ao levantamento de modo sério e meticuloso (Krosnick, 1999). Por exemplo: se perguntarmos a pais e mães, "Alguma vez você utiliza punição física para disciplinar seus filhos?", poderemos estimular a resposta socialmente correta: "Não". Já ao perguntarmos: "Qual foi a última vez que você bateu no seu filho?" ou "Em quais situações você acha necessário bater no seu filho?", provavelmente estimularemos respostas honestas, porque as perguntas são específicas e implicam admitir que a maioria dos pais e mães faz uso de punições físicas; o pesquisador está meramente perguntando quando e como eles o fazem. Ao mesmo tempo, os pesquisadores devem tomar cuidado para não fazer perguntas que induzam a uma resposta, como, por exemplo: "A maioria dos norte-americanos aprova a punição física, e você?" Garantir o anonimato dos participantes também pode ser importante.

Observações naturais, estudos de caso e levantamentos podem fornecer uma série de dados brutos que descrevem comportamentos, crenças, opiniões e atitudes. Mas esses métodos de pesquisa não são ideais para prever, explicar ou determinar as causas do comportamento. Para tais propósitos, os psicólogos utilizam ferramentas de pesquisa mais poderosas, conforme veremos nas duas próximas seções.

Pesquisa correlacional

Qual é a diferença entre correlação e causa e efeito?

Um psicólogo, contratado pela força aérea dos EUA, é solicitado a prever quais candidatos a um programa de treinamento de pilotos seriam bons pilotos. Uma excelente abordagem a esse problema seria a **pesquisa correlacional**. O psicólogo deverá selecionar centenas de candidatos, aplicar-lhes uma série de testes de personalidade e aptidão, e comparar os resultados com o desempenho desses candidatos na escola preparatória. Essa abordagem mostraria ao psicólogo se algumas características ou grupos de características estão estreitamente relacionados, ou são correlacionados, ao eventual sucesso final como piloto.

Suponha que ele descubra que os candidatos mais bem-sucedidos fazem mais pontos que os candidatos mal-sucedidos em testes de aptidão mecânica e também são pessoas cautelosas, que não gostam de assumir riscos desnecessários. O psicólogo descobriu que existe uma *correlação*, ou relação, entre essas características e o sucesso na carreira de piloto: alta pontuação em testes de aptidão mecânica e cautela prevêem sucesso para o candidato. Caso essas correlações sejam confirmadas em novos grupos de candidatos, o psicólogo poderia então recomendar, com alguma certeza, que a força aérea dos EUA considere o uso desses testes na seleção de futuros candidatos.

Dados correlacionados são utilizados para inúmeros propósitos, mas não permitem que o pesquisador explique causa e efeito. Essa importante distinção é geralmente deixada de lado. Correlação significa que dois fenômenos parecem estar relacionados: quando um deles aumenta, o outro também aumenta (ou diminui). Por exemplo: jovens com elevado QI geralmente têm notas melhores na escola do que estudantes com QI médio ou abaixo do normal. Essa correlação permite que os pesquisadores prevejam que as crianças dotadas de elevado QI se sairão bem em provas e outros trabalhos realizados em classe. Mas a correlação não identifica a direção da influência. Um QI elevado pode ser o motivo ou permitir que uma criança seja boa aluna. Mas o contrário também pode ser verdadeiro: empenhar-se bastante na escola pode fazer com que as crianças obtenham uma alta pontuação em testes de QI. Por exemplo: crescer em uma família de classe média que valoriza bastante a educação pode, ao mesmo tempo, fazer com que uma pessoa obtenha uma pontuação mais elevada em testes de QI e melhores notas na escola (veja o Apêndice para saber mais sobre correlação).

É o que acontece com o nosso exemplo. Esse psicólogo *descreveu* a relação entre a habilidade como piloto e duas outras características e, conseqüentemente, ele é capaz de utilizar essas relações para prever, com alguma precisão, quais são os candidatos que irão ou não se tornar pilotos competentes. Mas o psicólogo não tem base para tirar conclusões a respeito das causas e dos efeitos. Será que a tendência de evitar assumir riscos faz de um candidato um bom piloto? Ou será que acontece o oposto: aprender a ser um piloto competente torna as pessoas cautelosas? Ou existiria ainda algum fator desconhecido que faz com que as pessoas sejam ao mesmo tempo cautelosas e capazes de adquirir as várias habilidades necessárias na cabine de comando?

Apesar das limitações, a pesquisa correlacional geralmente lança luzes sobre importantes fenômenos psicológicos. Neste livro, você encontrará muitos exemplos de pesquisa correlacional: pessoas que estão passando por situações de muito estresse são mais propensas a desenvolver doenças físicas do que pessoas que não estejam estressadas; crianças cujos pais têm esquizofrenia tem maior tendência a sofrer dessa mesma desordem do que outras crianças; e quando alguém precisa de ajuda, quanto mais essa pessoa está cercada de outras, menor é a possibilidade de que alguma dessas pessoas se prontifique a oferecer ajuda.

Essas interessantes descobertas permitem fazer algumas previsões, mas os psicólogos desejam ir além de simplesmente fazer previsões. A fim de explicar as causas dos fenômenos psicológicos, a maioria dos estudiosos utiliza a pesquisa experimental.

Pesquisa experimental

Quais tipos de perguntas são mais bem respondidos pela pesquisa experimental?

Uma professora de psicologia percebe que, nas manhãs de segunda-feira, a maioria dos alunos de sua aula não se lembra tão bem das matérias quanto o fazem ao fim da semana. Ela descobriu uma correlação entre o dia da semana e a memória para as matérias relativas ao curso que ministra. Com base nessa correlação, ela poderia prever que na próxima segunda-feira (e em todas as segundas-feiras seguintes) os alunos de sua aula não apreenderão a matéria tão bem quanto nos outros dias. Mas ela deseja ir além de simplesmente prever o comportamento de seus alunos; ela quer compreender ou explicar a razão pela qual a memória deles é mais fraca nas segundas-feiras do que em outros dias da semana.

Com base em sua própria experiência e algumas entrevistas informais com os alunos, ela suspeita que eles ficam acordados até tarde nos finais de semana e sua dificuldade em se lembrar de fatos e idéias apresentados nas segundas-feiras se deve à falta de horas de sono. Essa hipótese parece fazer sentido, mas a psicóloga quer provar que ela está correta. A fim de reunir provas de que a falta de horas de sono realmente gera falta de memória, a psicóloga recorre ao **método experimental.**

Seu primeiro passo é selecionar **participantes**, pessoas que ela pode observar para descobrir se sua hipótese está correta. Ela decide utilizar alunos voluntários. Para evitar que seus resultados sejam influenciados pelas diferenças entre sexos ou entre níveis de inteligência, ela forma um grupo composto por um número igual de homens e mulheres, todos com pontuações entre 520 e 550 na prova oral da escola.

Em seguida, planeja um teste de memória. Ela necessita de algo que nenhum dos participantes conheça com antecedência. Caso escolha um capítulo de um livro de história, por exemplo, correrá o risco de que alguns dos participantes sejam apaixonados por história. Dadas as várias possibilidades, a psicóloga decide imprimir em uma página figuras geométricas, cada uma legendada com uma palavra que não faz sentido. Círculos são "glicks", triângulos são "rogs" e assim por diante. Ela dá aos participantes meia hora para aprender os nomes contidos nessa página, em seguida a recolhe e pede que eles nomeiem com aquelas mesmas palavras as figuras geométricas mostradas em uma nova página.

A psicóloga também precisa descobrir quais são os estudantes que estão dormindo pouco. Simplesmente perguntar se dormiram não é o ideal: alguns podem dizer que "não" e assim terão uma desculpa caso não tenham bons resultados no teste, e outros podem dizer que "sim" porque não querem que a psicóloga pense que eles são tão inquietos que não conseguem dormir. E se duas pessoas disserem que "dormiram bem", elas podem não querer dizer a mesma coisa com essa frase. Então a psicóloga decide intervir — ou seja, controlar a situação mais de perto. Ela decide que todos os participantes do experimento passarão a noite no mesmo dormitório. Serão mantidos acordados até as quatro horas da manhã e se levantarão pontualmente às sete. Ela e seus colegas fiscalizarão a sala a fim de garantir que ninguém adormeça antes do horário programado. Ao manipular a quantidade de tempo que os participantes irão dormir, a psicóloga está introduzindo e controlando um elemento essencial do método experimental: uma variável independente. A psicóloga acredita que a capacidade dos alunos de aprender e se lembrar das legendas das figuras geométricas dependerá do fato de eles dormirem bem durante a noite. O desempenho no teste de memória (o número de respostas corretas) torna-se, assim, a variável dependente. De acordo com a hipótese, alterar a **variável independente** (a quantidade de horas de sono) deveria alterar também a **variável dependente** (o desempenho no teste de memória). Sua previsão é de que esse grupo de participantes, que terá não mais do que três horas de sono, deverá ter um desempenho ruim no teste de memória.

A essa altura, a pesquisadora começa a buscar possíveis deficiências no planejamento de seu experimento. De que maneira ela poderá ter certeza de que resultados ruins no teste significam que os participantes se saíram pior do que teriam se saído caso tivessem dormido mais? Por exemplo: o mau desempenho deles poderia ser simplesmente a conseqüência do fato de eles saberem que estão sendo observados de perto. A fim de garantir que seu experimento mensure apenas os efeitos de se dormir mal, a pesquisadora cria dois grupos, compostos por um número igual de homens e mulheres da mesma idade e com as mesmas médias no boletim. Um dos grupos, o **grupo experimental**, será mantido acordado, conforme descrito, até as quatro horas da manhã. Isto é, eles estarão sujeitos à manipulação que a pesquisadora fará da variável independente — a quantidade de horas de sono. Será permitido que os membros do outro grupo, o **grupo de controle**, durmam na hora em que quiserem. Caso a única diferença entre os dois grupos seja a quantidade de horas que eles dormem, a pesquisadora poderá ter mais certeza de que, se os grupos obtiverem resultados distintos no teste de memória, tal diferença será resultado do tempo que eles dormiram na noite anterior.

Por fim, a psicóloga questiona sua própria objetividade. Ela acredita que dormir pouco inibe a capacidade de aprendizagem e memorização dos alunos, mas não quer que isua crença prejudique os resultados do experimento; ou seja, ela deseja evitar a atuação do **viés do pesquisador**. Ela decide, então, pedir a uma pessoa neutra, a alguém que não saiba quais participantes dormiram bem ou não durante a noite, para avaliar os testes.

O método experimental é uma ferramenta poderosa, mas ele também tem suas limitações. Primeiramente, muitas das intrigantes variáveis psicológicas, como o amor, o ódio ou a tristeza, não se deixam manipular pela experimentação. Ainda que fosse possível induzir emoções tão fortes quanto essas como parte de um experimento psicológico, isso levantaria sérias questões éticas. Em alguns casos, os psicólogos

TABELA-RESUMO

MÉTODOS BÁSICOS DE PESQUISA

Método de pesquisa	Vantagens	Limitações
Observação natural O comportamento é observado no ambiente em que ocorre naturalmente.	Fornece grande quantidade de informações de primeira mão com maior probabilidade de serem precisas do que relatos posteriores ao fato. O comportamento do participante é mais natural, espontâneo e variado do que comportamentos que ocorrem em laboratório. É também uma rica fonte de hipóteses.	A presença de um observador pode alterar o comportamento dos participantes; o registro que o observador faz do comportamento pode refletir um viés preexistente; e freqüentemente não fica claro se as observações podem ser generalizadas para outros ambientes e outras pessoas.
Estudos de caso O comportamento de uma pessoa ou de algumas pessoas é estudado em profundidade.	Produz uma grande quantidade de informações descritivas e detalhadas. É útil para a formulação de hipóteses.	O caso — ou casos — estudado pode não ser uma amostra representativa. O método pode consumir tempo e se tornar caro. O viés do observador é um problema potencial.
Levantamentos Um conjunto padronizado de perguntas é feito a um grande número de participantes.	Permite que uma imensa quantidade de dados seja coletada rapidamente e com baixos custos.	Vieses da amostragem podem "deturpar" os resultados. Perguntas mal elaboradas podem gerar respostas ambíguas, portanto os dados não serão claros. A precisão depende da capacidade e boa vontade dos participantes em responder às perguntas com clareza.
Pesquisa correlacional Emprega métodos estatísticos para examinar a relação entre duas ou mais variáveis.	É capaz de esclarecer relações entre variáveis que não podem ser examinadas por meio de outros métodos de pesquisa. Permite que se preveja o comportamento.	Não permite que os pesquisadores tirem conclusões sobre relações de causa e efeito.
Pesquisa experimental Uma ou mais variáveis são sistematicamente manipuladas, e o efeito dessa manipulação sobre outras variáveis é estudado.	O controle rigoroso das variáveis oferece aos pesquisadores a oportunidade de tirar conclusões sobre relações de causa e efeito.	A artificialidade do ambiente de laboratório pode influenciar o comportamento dos participantes da pesquisa; variáveis inesperadas e incontroláveis podem confundir os resultados; muitas variáveis não podem ser controladas ou manipuladas.

podem utilizar animais em vez de seres humanos nos experimentos. Mas alguns temas, tais como a emergência da linguagem em crianças ou a expressão de emoções, não podem ser estudados em outras espécies. Em segundo lugar, devido ao fato de esses experimentos serem conduzidos em ambiente artificial, os participantes — sejam eles seres humanos ou outros animais — poderão se comportar de modo diferente do que costumam fazer na vida real.

A tabela-resumo, na página anterior, descreve as mais importantes vantagens e desvantagens de cada um dos métodos de pesquisa que discutimos. Já que cada método possui desvantagens, os psicólogos geralmente utilizam mais de um método ao estudar um único problema.

Pesquisa de múltiplos métodos

O que a pesquisa de múltiplos métodos permite aos psicólogos?

Suponha que uma psicóloga estivesse interessada em estudar a criatividade. Ela poderia começar sua pesquisa aplicando um teste de criatividade que ela criou para um grupo de alunos universitários, a fim de medir sua capacidade de descobrir ou produzir algo novo. Em seguida, ela poderia comparar os resultados dos estudantes com sua pontuação em testes de inteligência e com suas notas na escola, para saber se existe uma *correlação* entre esses dados. Depois ela passaria várias semanas *observando* uma aula em uma universidade e *entrevistando* professores, alunos e pais a fim de correlacionar o comportamento em sala de aula e as avaliações dos adultos com os resultados dos alunos no teste de criatividade. Ela seguiria adiante, testando algumas de suas idéias por meio de um *experimento* que utilizasse um grupo de estudantes como participantes. Por fim, suas descobertas poderiam levá-la a rever o teste, ou poderiam sugerir a professores e pais novas idéias a respeito de determinados alunos.

A importância da amostragem

De que forma a amostragem afeta os resultados de um estudo?

Uma óbvia desvantagem de qualquer tipo de pesquisa é que geralmente é impossível, ou pelo menos pouco prático, medir todas as ocorrências de uma característica. Ninguém poderia esperar medir a memória de todo ser humano, estudar as reações de todos os indivíduos que sofrem de fobias (medos irracionais) ou registrar o comportamento materno de todas as fêmeas de macacos. Não importa qual o método de pesquisa utilizado, toda vez que pesquisadores conduzem um estudo, eles examinam apenas um número de pessoas ou animais relativamente pequeno comparado à população que desejam compreender. Em outras palavras, os pesquisadores quase sempre estudam uma amostra e depois utilizam os resultados desse estudo limitado para fazer generalizações a respeito de uma população mais numerosa. Por exemplo: a professora de psicologia que estudou o efeito da falta de sono sobre a memória partiu do pressuposto de que seus resultados seriam aplicáveis a outros alunos seus (no passado e no futuro), bem como a alunos de outras turmas e de outros professores.

Até que ponto essas suposições são realistas? Até que ponto os pesquisadores podem estar seguros de que os resultados de uma pesquisa realizada com uma amostra relativamente pequena de pessoas são aplicáveis ao resto da população da qual a amostra foi retirada (veja "Compreendendo o mundo que nos cerca")? Cientistas sociais desenvolveram várias técnicas para lidar com os erros de amostragem. Uma delas diz respeito à seleção aleatória de participantes a partir da população total. Por exemplo: o pesquisador que estava estudando os candidatos a piloto poderia começar por uma lista de nomes em ordem alfabética e, então, escolher um a cada três ou cinco nomes para formar o grupo de participantes do estudo. Esses participantes constituiriam uma **amostra aleatória** formada a partir do grupo total de candidatos, porque cada um deles teve chances iguais de ser escolhido para fazer parte do estudo.

Outra maneira de assegurar que as conclusões de um estudo se aplicam a uma população mais numerosa se dá a partir da escolha de uma **amostra representativa** da população que está sendo estudada. Por exemplo: pesquisadores que busquem por um perfil representativo dos norte-americanos gostariam de ter certeza de que a proporção de homens e mulheres presentes no estudo fosse a mesma existente na população real, que o número de participantes provenientes de cada estado fosse equivalente à distribuição da população pelo território do país, e assim por diante. Entretanto, mesmo tomando todos esses cuidados, vieses não-intencionais podem influenciar a pesquisa em psicologia. Esse assunto recebeu muita atenção recentemente, em particular em relação às mulheres e aos afro-americanos, conforme discutido anteriormente.

Diversidade humana e pesquisa

Podemos generalizar a respeito das descobertas de pesquisas de um grupo a outro?

Historicamente, a maior parte dos pesquisadores na área da psicologia tem sido homens norte-americanos e brancos; e a maior parte dos pesquisados tem sido universitários norte-americanos e brancos. Durante décadas, quase ninguém pensou na pressuposição subjacente de que os resultados desses estudos também se aplicariam a mulheres, a pessoas de outros grupos raciais e étnicos e a pessoas de diferentes culturas. Os psicólogos começaram a questionar essa pressuposição de forma explícita. Na realidade, pesquisas indicam que o gênero, a raça, a etnia e a cultura das pessoas geralmente têm efeito profundo em seu comportamento. Estudos realizados encontraram diferenças culturais consistentes na agressividade (Triandis, 1994), na memória (Mistry e Rogoff, 1994), em algumas formas de comunicação não-verbal (Johnson, Ekman e Friesen, 1975) e em outros comportamentos. De maneira similar, homens e mulheres exibem diferenças em uma variedade de traços, incluindo agressividade (Eagly e Steffen, 1986) e sua capacidade de compreender ou ler as expressões de emoção de outras pessoas (Hall, 1984).

Vieses involuntários em pesquisa O gênero, a raça ou a etnia do pesquisador podem gerar vieses involuntários e sutis. Por exemplo, algumas pesquisas realizadas concluíram que as mulheres eram mais propensas a se adaptar à pressão social no laboratório do que os homens (por exemplo, Crutchfield, 1955). Quando o pesquisador é do sexo feminino (Eagly e Carli, 1981), no entanto, a pesquisa revela que não há diferença de gênero nessa área. De maneira similar, a evidência sugere que os resultados da pesquisa com participantes afro-americanos podem ser significativamente afetados pela raça do pesquisador (Graham, 1992). Dados sobre raça e pontuação de QI foram amplamente interpretados de maneira errônea como "demonstradores" de uma inferioridade racial inata. Os defensores desse ponto de vista raramente observam que os afro-americanos têm pontuação maior de QI e em outros testes quando a pessoa que administra o teste é também afro-americana (Graham, 1992). Assim, será que as teorias feministas, desenvolvidas por e testadas com mulheres brancas e instruídas, aplicam-se às mulheres negras? (Yoder e Kahn, 1993)?

Ética e psicologia: pesquisa com seres humanos e com animais

Existem orientações éticas para conduzir a pesquisa psicológica? Quais objeções foram levantadas com relação à pesquisa com animais?

Caso sua escola possua facilidades de pesquisa, você certamente terá a chance de participar de um experimento em psicologia. O mais provável é que lhe ofereçam uma pequena quantia em dinheiro ou créditos escolares pela sua participação. Mas, talvez, você não seja informado do verdadeiro propósito do experimento até que ele termine. Será que essa omissão é mesmo necessária? O que aconteceria se o experimento lhe causasse desconforto? Antes de responder, lreflita sobre o debate ético desencadeado em 1963, quando Stanley Milgram publicou os resultados de diversos experimentos que ele havia conduzido.

Milgram utilizou anúncios em jornais locais para contratar pessoas que participariam de um "experimento de aprendizagem". Quando um participante chegava ao laboratório, era recebido por um pesquisador sisudo vestido com um jaleco; outro homem, com roupas normais, ficava sentado na sala de espera. O pesquisador explicava que estava estudando os efeitos da punição na aprendizagem. Os dois homens "tiravam a sorte" de maneira que o participante caísse com o papel de "professor". O professor observava enquanto o "aluno" era amarrado a uma cadeira com um eletrodo preso ao pulso. Depois o professor era levado a uma sala próxima e sentava-se atrás de um impressionante "aparelho gerador de choques", cujas chaves variavam entre 15 e 450 volts, etiquetadas como "choque leve", "choque muito forte" até "perigo: choque grave", e por fim "XXX". A tarefa do professor era ler uma lista de palavras em pares, as quais o aluno teria de tentar memorizar e repetir. O professor fora instruído para liberar um choque toda vez que o aluno desse uma resposta errada e para aumentar a intensidade do choque à medida que o aluno cometesse erros. Com 90 volts, o aluno começava a resmungar; com 120 volts ele gritava: "Ei! Isso dói mesmo!"; com 150 volts, ele pedia para ser solto; e com 270 volts suas reclamações eram gritos de agonia. Acima dos 330 volts, o aluno parecia ter desmaiado. Se o professor ficasse preocupado e pedisse para parar, o pesquisador respondia educadamente, porém de maneira firme, que deveria continuar, e que o experimento estava sendo conduzido para o bem da ciência.

COMPREENDENDO O Mundo que Nos Cerca

Usuários de Internet: um estudo falho?

- Um mundo triste e solitário no ciberespaço.
- O isolamento aumenta com o uso da Interne.
- On-line e deprimido.

O que há por trás dessas manchetes que apareceram em várias publicações durante o outono de 1998? Os pesquisadores descobriram que — como as publicações informavam — "usar a Internet poderia provocar isolamento, solidão e depressão"; que "a Internet é realmente prejudicial para o bem-estar psicológico de algumas pessoas"; e que "o uso descontrolado da Internet leva à diminuição do apoio social e da felicidade" (Kraut *et al.*, 1998).

Como pensador crítico, você faria uma série de perguntas sobre essas manchetes. Quem foi estudado? Como os pesquisadores determinaram o uso da Internet? Como mediram coisas como isolamento, solidão, depressão, apoio social e felicidade? Os pesquisadores realmente conduziram um experimento genuíno, manipulando a variável independente do uso da Internet e observando seu efeito nas variáveis dependentes, ou utilizaram algum outro modelo de pesquisa menos eficiente? Se um modelo menos eficiente foi utilizado, como eles sabem que foi o uso da Internet que provocou quaisquer mudanças que possam ter observado?

As respostas deveriam fazer com que você fosse mais cauteloso que os autores das manchetes sobre o que a pesquisa realmente mostrou. Em primeiro lugar, os pesquisadores estudaram 256 pessoas de apenas 93 famílias de Pittsburgh — 20 das famílias e 87 pessoas haviam abandonado o estudo antes de concluí-lo. As famílias foram selecionadas ou porque possuíam filhos matriculados em cursos de jornalismo ou porque um adulto fazia parte de um conselho de diretores de uma organização de desenvolvimento comunitária. Foram excluídos os domicílios com conexões de Internet preexistentes.

Assim, para a maior parte dos domicílios, aquela era a primeira experiência com um computador doméstico. Você consideraria isso uma amostra representativa da população? Você acredita que os resultados dessa amostra possam ser generalizados tão amplamente quanto o fez a mídia? É possível que os usuários já estivessem solitários, isolados ou deprimidos? Caso assim fosse, como o uso da Internet poderia afetar esses indivíduos?

> O que pode ser dito é que os usuários mais constantes da Internet mostraram apenas uma ligeira diminuição em alguns aspectos do envolvimento social.

Indo mais além, os pesquisadores realmente rastrearam o uso da Internet por meio de um software no computador. Para medir o envolvimento social e o bem-estar psicológico, no entanto, eles basearam-se inteiramente em *medidas auto-relatadas*; isto é, os próprios participantes forneceram todos os dados relevantes. Foi pedido aos participantes que estimassem a quantidade de tempo que passavam se comunicando com outros membros da família, assim como o número de pessoas com quem mantinham contato social, conversavam, ou ainda visitavam durante cerca de um mês. Além disso, preencheram questionários que falavam sobre apoio social, solidão, estresse e depressão.

Será que essa confiança nos relatórios auto-relatados faria com que você fosse cauteloso sobre os resultados da pesquisa? Como saber se esses relatórios são precisos? Por exemplo, será que a solidão realmente aumentou como resultado do uso da Internet ou as pessoas simplesmente tornaram-se mais propensas a *dizer* que se sentiam solitárias à medida que o tempo passava? Será que a depressão real aumentou ou os *relatos* das pessoas sobre depressão aumentaram? Será que o uso da Internet provoca "isolamento, solidão e depressão" ou faz com que as pessoas digam que estão mais "isoladas, solitárias e deprimidas"?

Se você confiasse apenas nas manchetes, poderia concluir que o estudo encontrou diferenças gritantes entre usuários e não-usuários da rede. Na realidade, as mudanças nas variáveis dependentes *não* foram muito grandes. O que pode ser dito é que os usuários mais constantes da Internet mostraram apenas uma ligeira diminuição em alguns aspectos do envolvimento social e apenas pequenas mudanças nos sentimentos de solidão e depressão auto-relatados.

Finalmente, você pode se perguntar se algo aconteceu durante o período de março de 1995 a março de 1997 que pudesse ter aumentado o uso da Internet e também que tivesse feito com que as pessoas relatassem mais solidão, isolamento e depressão. Por exemplo, alguns dos participantes eram adolescentes. É possível que eles fizessem uso maior da Internet e também se afastassem de alguma forma de suas famílias simplesmente como parte do crescimento? Em outras palavras, poderia outra variável ter provocado *tanto* o crescimento do uso da Internet *quanto* o aumento do afastamento social? Não sabemos a resposta para essa pergunta, mas isso deveria ser explorado.

Esses são os tipos de perguntas que você deveria se fazer quando lê relatos de pesquisas em psicologia na mídia de massa. E — justiça seja feitta — elas estão entre as questões que os próprios pesquisadores levantaram no artigo.

TESTE SUA APRENDIZAGEM

1. Um método de pesquisa conhecido como _____ permite que os psicólogos estudem o comportamento à medida que ele ocorre na vida real.
2. Os psicólogos utilizam a pesquisa _____ para examinar as relações entre duas ou mais variáveis sem manipular nenhuma delas.
3. O método experimental está associado com tudo o que está relacionado abaixo, exceto:
   a. hipóteses
   b. variáveis
   c. viés do pesquisador
   d. participantes
4. "A dificuldade para generalizar a partir de observações é a principal falha do método de estudo de caso." Essa afirmação é verdadeira (V) ou falsa (F)?
5. O método de pesquisa mais indicado para explicar o comportamento é a pesquisa _____.
6. A variável _____ em um experimento é manipulada para ver como afeta uma segunda variável; a variável _____ é aquela observada para quaisquer efeitos possíveis.
7. Para assegurar que os resultados de um estudo em particular se aplicam a uma população maior, os pesquisadores utilizam amostras _____ ou _____.

Respostas: 1. observação natural. 2. correlacional. 3. [c]. 4. [V]. 5. experimental. 6. independente, dependente. 7. aleatórias, representativas.

Na verdade, Milgram estava estudando a obediência, não a aprendizagem. Ele queria descobrir se pessoas comuns obedeceriam a ordens a ponto de causar dor a outras pessoas. Como parte de sua pesquisa, Milgram (1974) descreveu o experimento para 110 psiquiatras, estudantes universitários e adultos de classe média e perguntou-lhes em que ponto eles achavam que os participantes parariam. Membros dos três grupos acharam que a maioria das pessoas se recusaria a continuar o experimento após uma carga de 130 volts e que ninguém iria além dos 300 volts. Os psiquiatras estimaram que apenas uma pessoa em mil continuaria até que se chegasse à chave etiquetada com um XXX no painel. Espantosamente, 65 por cento dos participantes de Milgram chegaram até o nível mais intenso de choques, embora muitas pessoas expressassem claramente sua preocupação de que os choques pudessem estar causando sérios danos aos aprendizes.

A fim de descobrir o que queria saber, Milgram teve de enganar os participantes. A razão apresentada para o experimento — testar a aprendizagem — era mentira. Os "alunos" eram cúmplices de Milgram e foram treinados para se comportar como se estivessem sendo feridos, as máquinas eram de mentira, e os alunos não recebiam choque algum (Milgram, 1963). Mas os críticos argumentaram que os "professores" — os participantes reais do experimento — se sentiram agredidos. Muitos não apenas expressaram sua preocupação, mas também mostraram sinais claros de estresse: suavam, mordiam os lábios, tremiam, gaguejavam e em alguns casos desatavam a gargalhar, incontrolavelmente nervosos. Os críticos também se preocuparam com o efeito que o experimento teria sobre a auto-estima dos participantes. Você gostaria de ser comparado às pessoas que comandavam os campos de concentração na Alemanha nazista?

Embora o planejamento desse experimento não seja típico da grande maioria dos experimentos em psicologia, ele causou tamanha comoção pública que a Associação Norte-Americana de Psicologia reavaliou suas diretrizes éticas, publicadas pela primeira vez em 1953 (APA, 1953). Foi aprovado um novo código de ética sobre experimentos em psicologia. Esse código é avaliado a cada ano e periodicamente revisto, a fim de assegurar que ele proteja adequadamente os participantes de estudos de pesquisa. Além de traçar as linhas gerais dos princípios éticos que devem orientar a pesquisa e o ensino, o código detalha um conjunto de padrões éticos para psicólogos que prestam serviços te- rapêuticos, entre outros, como testes psicológicos.

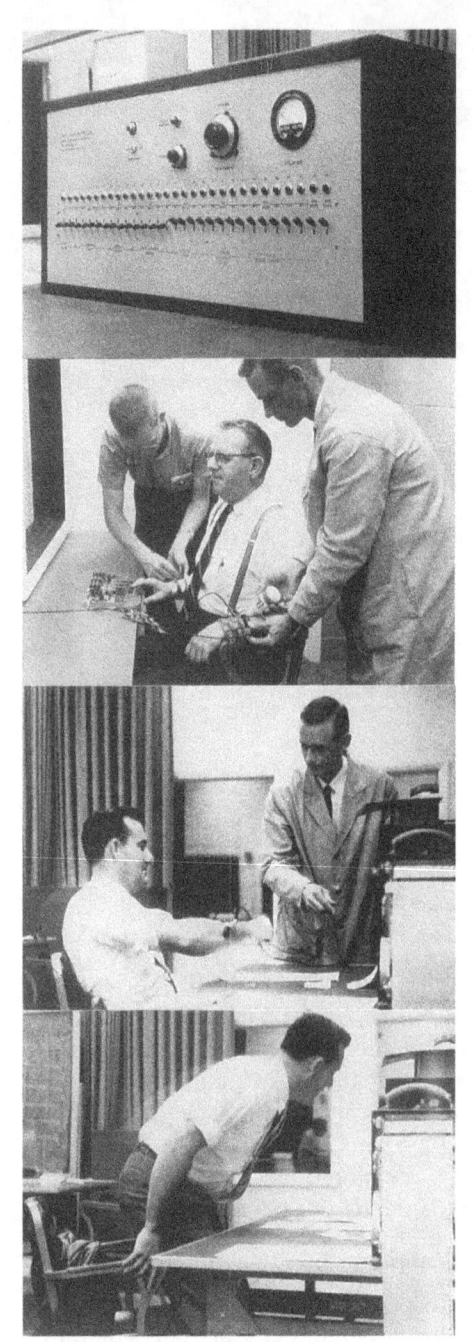

Experimento de obediência de Stanley Milgram. (A) O aparelho gerador de choques utilizado no experimento. (B) Com eletrodos presos a seus pulsos, o aluno responde apertando interruptores que acendem luzes em uma caixa de respostas. (C) O participante descarrega choques no aluno. (D) O participante interrompe o experimento. O estudo de Milgram gerou resultados interessantes, mas também levantou sérias questões sobre a ética desse tipo de experimento.

O código de ética da APA requer que os pesquisadores obtenham o consentimento informado dos participantes de um experimento e estipula que:

- Os participantes devem ser informados sobre a natureza do experimento em uma linguagem clara e compreensível.
- O consentimento informado deve ser documentado.
- Riscos, possíveis efeitos adversos e limitações de confidencialidade devem ser expressos antecipadamente.
- Caso a participação no experimento seja uma condição para a concessão de créditos do curso, atividades alternativas equivalentes devem ser oferecidas aos alunos.
- Os participantes não podem ser enganados quanto aos aspectos da pesquisa que afetariam seu desejo em participar dela, tais como riscos ou experiências emocionais desagradáveis.
- A omissão quanto aos objetivos da pesquisa somente pode ser utilizada quando for absolutamente necessária para a integridade da pesquisa.

Além disso, pede-se que os psicólogos pesquisadores sigam o Código de Regulamentações Federais do governo dos EUA, o qual inclui uma extensa lista de regras a respeito da proteção dos participantes humanos em todo e qualquer tipo de pesquisa. Caso um pesquisador falhe no cumprimento dessas regras, o financiamento que ele recebe do governo federal norte-americano pode ser suspenso e a instituição de pesquisa onde ele trabalha pode ser penalizada.

Apesar dessas orientações éticas e legais formais, ainda há fortes controvérsias quanto à pesquisa em psicologia realizada com seres humanos. Algumas pessoas afirmam que os procedimentos de pesquisa capazes de causar sofrimento emocional ou físico deveriam ser proibidos (Baumrind, 1985); outras asseguram que as orientações são muito rígidas e podem acabar prejudicando futuras pesquisas (Gergen, 1973; Sears, 1994). Alguns sustentam que a psicologia, como ciência, deve basear seu código de ética nas provas documentadas a respeito dos efeitos dos procedimentos de pesquisa sobre os participantes, e não em conjecturas quanto ao que seria "provavelmente" uma boa maneira de conduzir pesquisas (Trice, 1986). Há ainda o ponto de vista de que as explicações necessárias para produzir o consentimento informado podem gerar uma melhor compreensão dos objetivos e métodos de pesquisa (Blanck *et al.*, 1992).

Recentemente, também foram levantadas questões sobre a ética no uso de animais não-humanos nas pesquisas em psicologia (Herzog, 1995; Plous, 1996; Rowan e Shapiro, 1996; Shapiro, 1991).

Os psicólogos estudam o comportamento animal a fim de lançar luz sobre o comportamento humano. Amontoar camundongos em uma gaiola pequena, por exemplo, já gerou valiosas idéias sobre o efeito de multidões sobre seres humanos. Os pesquisadores utilizam animais em experimentos nos quais seria claramente antiético envolver pessoas, tais como estudos quase implicam lesões cerebrais (realizando incisões no cérebro) ou estimulação elétrica de partes do cérebro. De fato, muito do que sabemos sobre sensação, percepção, drogas, apego emocional e base neural do comportamento é derivado de pesquisas realizadas com animais (Domjan e Purdy, 1995). No entanto, os defensores dos direitos dos animais questionam se é ético utilizar animais não-humanos, que não podem dar seu consentimento para servir como cobaias em uma pesquisa psicológica.

Seus opositores afirmam que os objetivos da pesquisa científica — essencialmente reduzir ou eliminar o sofrimento humano — justificam os meios, embora concordem que se deve cuidar para que os animais sofram o mínimo possível (Gallistel, 1981; Novak, 1991). Eles argumentam que os procedimentos empregados hoje em dia, incluindo a anestesia em muitos experimentos, já minimizam o sofrimento do animal.

A APA já se referiu a esse assunto no conteúdo de suas orientações éticas, ressaltando que os psicólogos que utilizam animais em suas pesquisas devem assegurar que exista "a devida preocupação com o conforto, a saúde e o tratamento humanitário (do animal)" (APA, 1992).

TESTE SUA APRENDIZAGEM

1. "A controvérsia com relação a padrões éticos na psicologia quase desapareceu." Essa afirmação é verdadeira (V) ou falsa (F)?
2. "O código de ética da Associação Norte-Americana de Psicologia é o mesmo utilizado desde 1953." Essa afirmação é verdadeira (V) ou falsa (F)?
3. As questões éticas na pesquisa psicológica se aplicam apenas a experimentos de laboratório." Essa afirmação é verdadeira (V) ou falsa (F)?
4. "Obter o consentimento dos participantes nos estudos é crucial para a ética de se pesquisar seres humanos." Essa afirmação é verdadeira (V) ou falsa (F)?
5. "Pesquisadores que não seguem o Código de Regulamentações Federais estão sujeitos a penalidades." Essa afirmação é verdadeira (V) ou falsa (F)?
6. "Os psicólogos estão muito menos preocupados com as orientações éticas pertinentes à pesquisa animal." Essa afirmação é verdadeira (V) ou falsa (F)?

Respostas: 1. (F). 2. (F). 3 (F). 4 (V). 5. (V). 6. (F).

Carreiras em psicologia

O que você pode fazer com uma formação em psicologia ou com um diploma avançado?

Alguns leitores podem estar estudando psicologia apenas como assunto de interesse geral; outros podem estar pensando em seguir carreira no campo da psicologia. Que tipos de carreiras existem para os graduandos de psicologia? Pessoas com diploma de bacharel em psicologia podem trabalhar como psicólogos assistentes em centros de saúde mental, reabilitação vocacional e centros correcionais. Podem trabalhar também como assistentes de pesquisa, professores de psicologia do Ensino Médio ou como estagiários em órgãos do governo ou empresas.

Graduados de universidades comunitárias norte-americanas detentores de diplomas afins em psicologia possuem boa qualificação para atuar em hospitais públicos, centros de saúde mental e outros ambientes de assistência social. As responsabilidades de trabalho podem incluir a triagem e a avaliação de novos pacientes, a manutenção de registros e a assistência em sessões de consulta.

Muitas carreiras fora da psicologia exigem que a pessoa tenha conhecimento de psicologia, sem a necessidade de estudos de pós-graduação. Por exemplo: gerentes de pessoal lidam com relações de trabalho; conselheiros de reabilitação vocacional ajudam deficientes a encontrar trabalho; diretores de serviços de voluntariado recrutam e treinam voluntários; agentes da condicional acompanham ex-presidiários em sua readaptação e supervisores de creches orientam os cuidados prestados a crianças de idade pré-escolar, enquanto os pais delas trabalham. De fato, empregadores das áreas de finanças e negócios buscam diplomados em psicologia devido ao seu conhecimento dos princípios do comportamento humano e suas habilidades em planejamento experimental e na coleta e análise de dados.

Para aqueles que buscam obter diplomas avançados em psicologia — um mestrado ou doutorado —, as oportunidades de carreira são amplas. Muitos doutores em psicologia compõem o corpo docente de faculdades ou universidades. Outros trabalham com a psicologia aplicada, tais como a psicologia escolar, da saúde, industrial, comercial e educacional. Quase a metade dos doutores em psicologia trabalha como clínico ou conselheiro, tratando pessoas com problemas mentais, emocionais ou de adaptação. Mestres em psicologia geralmente trabalham como pesquisadores, coletando e analisando dados, em universidades, órgãos do governo ou para empresas privadas. Outros trabalham com saúde, indústria e educação. Os padrões da APA exigem que os mestres que trabalham em ambientes clínicos, de aconselhamento, escolares ou com testes e medidas, sejam supervisionados por um psicólogo com diploma de doutor.

Muitos estudantes de psicologia desejam tornar-se terapeutas. Para esses alunos, há cinco caminhos principais. Psiquiatras são médicos que, além dos quatro anos de estudos em medicina, completaram outros três anos de residência em psiquiatria, a maior parte deles gasta em prática clínica supervisionada. Os psiquiatras se especializam no diagnóstico e tratamento de comportamentos anormais. Eles são os únicos profissionais de saúde mental autorizados a prescrever remédios, além de fornecer psicoterapia. *Psicanalistas* são psiquiatras ou psicólogos clínicos que tiveram treinamento especializado adicional em teoria e prática psicanalíticas, geralmente em algum instituto que exigiu que eles se submetessem à psicanálise antes de praticá-la.

Psicólogos clínicos examinam e tratam desordens mentais, emocionais e comportamentais, desde crises de curta duração até desordens crônicas como a esquizofrenia. Esses profissionais possuem diplomas avançados em psicologia emitidos após quatro ou seis anos de estudos de pós-graduação, somados a um ano de estágio em avaliação psicológica e psicoterapia, e pelo menos outro ano de prática supervisionada*.

Psicólogos de aconselhamento ajudam pessoas a lidar com problemas cotidianos, como estudantes universitários que estejam encontrando dificuldades de adaptação, pessoas procurando orientação vocacional, com problemas conjugais ou sofrendo com a perda de um ente querido.

TESTE SUA APRENDIZAGEM

1. "As carreiras em psicologia são praticamente limitadas às pessoas com Ph.D." Essa afirmação é verdadeira (V) ou falsa (F)?
2. "Quase todas as carreiras relacionadas a um conhecimento da psicologia encontram-se no campo da saúde mental." Essa afirmação é verdadeira (V) ou falsa (F)?
3. Quais dos profissionais abaixo são também médicos?
    ___ a. psiquiatras
    ___ b. alguns psicanalistas
    ___ c. psicólogos clínicos
4. Os psicólogos podem ser encontrados trabalhando em quais dos seguintes ambientes?
    ___ a. laboratórios de pesquisa
    ___ b. escolas
    ___ c. governo
    ___ d. corporações e outras empresas
    ___ e. hospitais e clínicas

Respostas: 1. (F), 2. (F), 3. [a], [b], 4. [b], [c], [d], [e].

---

* No Brasil, o profissional de psicologia, registrado no Conselho Regional de Psicologia de sua região, está legalmente habilitado a exercer a especialidade clínica, embora seja altamente desejável que ele próprio submeta-se à psicoterapia e exerça seu trabalho, no início de suas atividades, sob a supervisão de um profissional mais experiente (N. do R.T.).

Por fim, os assistentes sociais também podem oferecer tratamento para problemas psicológicos. Normalmente eles têm um diploma de mestrado ou doutorado. Geralmente trabalham ajudando psiquiatras ou psicólogos clínicos, embora, nos EUA, em alguns estados eles possam obter licença para trabalhar de maneira independente.

A APA tem um site (http://www.apa.org) que contém informações atualizadas sobre oportunidades de trabalho, bem como uma vasta gama de material relacionado interessante para estudantes de psicologia.

PALAVRAS-CHAVE

O que é psicologia?
psicologia, p. 2
método científico, p. 7
teoria, p. 7
hipóteses, p. 7

O crescimento da psicologia
estruturalismo, p. 10
teoria funcionalista, p. 11
teoria psicodinâmica, p. 11
behaviorismo, p. 12
psicologia da Gestalt, p. 14
psicologia humanista, p. 14
psicologia existencial, p. 14

psicologia cognitiva, p. 15
psicologia evolucionista, p. 15
psicologia positiva, p. 16

Diversidade humana
gênero, p. 19
teoria feminista, p. 19
raça, p. 21
categorias étnicas, p. 21
cultura, p. 22

Métodos de pesquisa em psicologia
observação natural, p. 23
viés do observador, p. 23

estudo de caso, p. 24
levantamento de pesquisa, p. 25
pesquisa correlacional, p. 25
método experimental, p. 26
participantes, p. 26
variável independente, p. 26
variável dependente, p. 26
grupo experimental, p. 27
grupo de controle, p. 27
viés do pesquisador, p. 28
amostra aleatória, p. 28
amostra representativa, p. 29

REVISÃO DO CAPÍTULO

O que é psicologia?

"A maioria dos psicólogos estuda problemas mentais e emocionais e trabalha como psicoterapeuta." Essa afirmação é verdadeira ou falsa? A psicologia é o estudo científico do comportamento e dos processos mentais. Busca tanto descrever como explicar todos os aspectos do pensamento, das emoções, das percepções e das ações humanas.

Quais são as principais áreas de estudo dentro da psicologia? A psicologia possui muitas subdivisões. A psicologia do desenvolvimento preocupa-se com os processos de crescimento e mudança ao longo da vida, desde o período pré-natal até a terceira idade e a morte. A psicologia fisiológica concentra sua atenção nos sistemas neurais e químicos do corpo, estudando de que maneira eles afetam o pensamento e o comportamento. A psicologia experimental investiga os processos psicológicos básicos, tais como aprendizagem, memória, sensação, percepção, cognição, motivação e emoção. A psicologia da personalidade atenta para as diferenças que as pessoas apresentam com relação a traços tais como ansiedade, agressividade e auto-estima. A psicologia clínica e o aconselhamento psicológico é especializado no diagnóstico e no tratamento de desordens psicológicas, enquanto a psicologia social busca descobrir de que modo as pessoas influenciam-se mutuamente em termos de pensamentos e ações. Por fim, a psicologia industrial e organizacional estuda problemas existentes em ambientes de trabalho e outros tipos de organizações.

Questões permanentes

Tendo em vista essa ampla variedade de carreiras e interesses, o que conserva unida a psicologia? Uma série de questões fundamentais perpassa várias subáreas da psicologia, unificando-as por meio de temas similares. Algumas dessas questões fundamentais são: (1) Seria o comportamento mais influenciado por traços internos ou por situações externas? (2) De que maneira os genes e as experiências interagem de modo a influenciar as pessoas? (3) À medida que nos desenvolvemos, até que ponto permanecemos os mesmos e até que ponto mudamos? (4) De que maneiras as pessoas diferem em termos de como pensam e agem? (5) Qual é a relação entre nossas experiências internas e nossos processos biológicos?

O que a psicologia tem em comum com as outras ciências? Como ciência, a psicologia utiliza-se do método científico para encontrar respostas às suas perguntas. Esse método envolve observação cuidadosa e coleta de dados, esforços para explicar o que foi observado por meio do desenvolvimento de teorias sobre relações e causas; e testes sistemáticos das hipóteses (ou previsões) a fim de descartar as teorias que não são válidas.

O crescimento da psicologia

"A psicologia possui um longo passado, mas uma curta história." O que isso significa? Como assunto de interesse, a psicologia possui um longo passado, porque as pessoas se questionavam sobre o comportamento humano e os processos mentais desde os tempos antigos. Como disciplina científica, no entanto, a psicologia tem uma história curta, datando do final do século XIX.

Como Wundt ajudou a definir a psicologia como uma ciência da mente? Por que James acreditava que a sensação e a percepção sozinhas não explicavam o comportamento? Por que a teoria do inconsciente de Freud causou tanto espanto na virada do século XX? Dois pesquisadores de renome foram Wilhelm Wundt e Edward Titchener. Wundt criou o primeiro laboratório e psicologia, na Universidade de Leipzig, na Alemanha. Lá, o uso de experimentos e medições marcou o surgimento da psicologia como ciência. Um dos alunos de Wundt, Edward Titchener, criou uma perspectiva batizada de estruturalismo, baseada na crença de que o papel da psicologia era o de identificar os elementos básicos da experiência e descobrir de que modo eles se combinavam.

O psicólogo norte-americano William James criticou o estruturalismo, afirmando que não era possível dissociar as sensações e as associações mentais que nos permitem tirar proveito de nossas experiências passadas. Nosso rico repertório de idéias e memórias é o que nos possibilita viver em nosso ambiente, dizia James. Sua perspectiva ficou conhecida como teoria funcionalista.

As teorias de Sigmund Freud acrescentaram uma nova dimensão à psicologia: a idéia de que grande parte do nosso comportamento é controlada por conflitos, motivações e desejos inconscientes. As idéias de Freud deram origem às teorias psicodinâmicas.

No que a abordagem de Watson sobre o comportamento humano se diferenciava da freudiana? Como Skinner expandiu o behaviorismo? John B. Watson, porta-voz da escola de pensamento chamada behaviorismo, argumentou que a psicologia deveria preocupar-se apenas com comportamentos possíveis de ser observados e medidos. Grande parte do trabalho de Watson se baseou nos experimentos de condicionamento de Ivan Pavlov.

B. F. Skinner concordava com o pensamento de Watson, mas acrescentou a ele o conceito de reforço ou recompensas. Dessa maneira, ele fazia com que o aprendiz se tornasse um agente ativo no processo de aprendizagem. A visão de Skinner dominou a psicologia norte-americana até os anos 60.

Como os psicólogos da Gestalt influenciaram a forma como encaramos a percepção? Como a psicologia existencial poderia nos ajudar a nos sentirmos menos alienados? Quais aspectos da vida os psicólogos humanistas enfatizam? De acordo com a psicologia da Gestalt, a percepção depende da tendência humana de ver padrões, de distinguir figuras de seu fundo e de completar imagens a partir de umas poucas pistas. Com sua ênfase na totalidade, a escola gestáltica diferenciou-se radicalmente do estruturalismo.

A psicologia existencial é uma escola de pensamento que atribui problemas psicológicos a sentimentos de alienação na vida moderna. O objetivo da psicologia existencialista é guiar as pessoas em direção a uma identidade interior e à liberdade de exercer sua vontade pessoal. A psicologia humanista é outra perspectiva, que destaca como objetivo atingir o potencial total de uma pessoa.

A psicologia cognitiva é o estudo dos processos mentais em seu sentido mais amplo, com destaque para o modo como as pessoas percebem, interpretam, armazenam e recordam informações. Ao contrário dos behavioristas, os psicólogos cognitivos acreditam que os processos mentais podem e devem ser estudados cientificamente. Essa visão distanciou bastante a psicologia norte-americana do seu foco behaviorista anterior.

Onde os psicólogos evolucionistas procuram as raízes do comportamento humano? Que novo foco a psicologia positiva está trazendo para o estudo desse comportamento? Há uma perspectiva única dominando a psicologia hoje? A psicologia evolucionista se preocupa com as funções e os valores adaptativos de diversos comportamentos humanos, tentando compreender de que maneira eles se desenvolveram. A psicologia positiva dedica-se ao estudo dos senti- mentos subjetivos de felicidade e bem-estar; ao desenvolvimento de traços individuais tais como integridade e liderança; e a descobrir que ambientes encorajam os indivíduos a se desenvolver. Assim, ela busca acrescentar uma nova dimensão às pesquisas em psicologia. A maioria dos psicólogos contemporâneos pertence a mais de uma escola de pensamento. Eles acreditam que diferentes teorias podem freqüentemente ser complementares umas às outras e, juntas, enriquecer nossa compreensão.

Nos primeiros anos da psicologia, por que poucas mulheres foram aceitas na área? Apesar de suas contribuições à disciplina, as psicólogas enfrentaram constantemente a discriminação nos primeiros anos de existência da psicologia. Algumas faculdades e universidades não concediam diplomas a mulheres, e muitas instituições não as contratavam como professoras.

Diversidade humana

Por que devemos aprender sobre a diversidade humana? Existe uma rica diversidade de comportamentos e pensamentos na espécie humana, tanto entre indivíduos quanto entre grupos. Um conhecimento dessa diversidade pode ajudar a reduzir as tensões que surgem quando as pessoas não se entendem. Também pode ajudar a definir o que os seres humanos têm em comum.

De que maneira os psicólogos estão nos ajudando a compreender a diferença entre homens e mulheres? Uma das áreas de pesquisa sobre a diversidade consiste nas diferenças de pensamento e comportamento entre os dois sexos ou gêneros. As crenças populares quanto a essas diferenças são chamadas de estereótipos de gênero. Os psicólogos estão tentando definir as causas das diferenças de gênero — tanto em termos de contribuição da hereditariedade quanto dos papéis culturalmente aprendidos. Eles também começaram a explorar as questões sensíveis associadas à orientação sexual.

Por que os psicólogos estão interessados nas diferenças étnicas e raciais? Raça e etnia são duas dimensões tradicionais da diversidade nos seres humanos. Porque é tão difícil definir raça, a maior parte dos psicólogos abandonou o termo como um conceito científico. A etnicidade e a identidade étnica, no entanto, permanecem significativas. Envolvem uma herança cultural compartilhada, baseada na ancestralidade comum, e que pode afetar normas de comportamento.

De que forma a cultura contribui para a diversidade humana? Os aspectos intangíveis da cultura — as crenças, os valores, as tradições e as normas de comportamento compartilhados por um povo em particular — oferecem uma importante contribuição à diversidade humana. Em uma sociedade tão ampla e diversa como a nossa, existem muitos subgrupos culturais que possuem sua própria identidade cultural.

Métodos de pesquisa em psicologia

Quais são os métodos de pesquisa que os psicólogos utilizam? Os psicólogos utilizam uma série de métodos para estudar o comportamento e os processos mentais. Entre eles estão a observação natural, os estudos de caso, os levantamentos, a pesquisa correlacional e os experimentos. Cada um desses métodos possui suas vantagens e limitações.

Por que às vezes um ambiente natural é melhor do que um laboratório para observar o comportamento? Os psicólogos utilizam a observação natural a fim de estudar o comportamento em seu ambiente natural. Uma vez que interferência mínima do pesquisador, o comportamento observado será provavelmente mais preciso, espontâneo e variado do que o comportamento estudado em um laboratório. Pesquisadores que utilizam esse método devem tomar cuidado e evitar o viés do observador.

Quando um estudo de caso pode ser mais útil? Os pesquisadores que realizam um estudo de caso investigam em profundidade o comportamento de uma ou poucas pessoas. Esse método é capaz de gerar grandes quantidades de informações detalhadas e descritivas, que são úteis para a formulação de hipóteses.

Quais são os benefícios dos levantamentos de pesquisa? Um levantamento de pesquisa produz rapidamente e com pouco custo uma grande quantidade de dados, ao se fazer um conjunto padronizado de perguntas a um grande número de pessoas. Deve ser tomado muito cuidado, contudo, com a maneira de se formular tais perguntas.

Qual é a diferença entre correlação e causa e efeito? A pesquisa correlacional é empregada para investigar a relação, ou *correlação*, existente entre duas ou mais variáveis. Mas, mesmo que duas variáveis estejam *relacionadas* uma com a outra, isso não implica que uma *provoca* a outra.

Quais tipos de perguntas são mais bem respondidos pela pesquisa experimental? Um experimento é solicitado quando um pesquisador deseja formular conclusões sobre causa e efeito. Em um experimento, o impacto de um fator pode ser estudado enquanto todos os outros fatores permanecem constantes. O fator cujos efeitos estão sendo estudados é chamado de variável independente, porque o pesquisador está livre para manipulá-lo à vontade. O outro fator é chamado de variável dependente. Normalmente um experimento inclui tanto um grupo experimental de participantes quanto um grupo de controle para fins de comparação. Em geral, uma pessoa neutra registra os dados e avalia os resultados, para que o viés do pesquisador não distorça as descobertas.

O que a pesquisa de múltiplos métodos permite aos psicólogos? Já que cada método de pesquisa oferece tanto benefícios quanto limitações, muitos psicólogos empregam múltiplos métodos para estudar um único problema. Juntos, esses métodos podem produzir respostas muito mais completas às perguntas dos psicólogos.

De que forma a amostragem afeta os resultados de um estudo? Independentemente do método de pesquisa utilizado, os psicólogos quase sempre estudam uma pequena amostra de participantes e depois generalizam os resultados da pesquisa para o conjunto total da população. Amostras aleatórias, nas quais os participantes são escolhidos ao acaso, e amostras representativas, nas quais são selecionados de modo a representar características gerais da população como um todo, são duas maneiras de fazer isso.

Podemos generalizar a respeito das descobertas de pesquisas de um grupo a outro? Devido às diferenças entre as pessoas baseadas em idade, sexo, etnia, cultura etc., as descobertas realizadas a partir de estudos com universitários norte-americanos brancos não podem ser generalizadas em relação a outros grupos. Além disso, o gênero, a raça e a etnia de um psicólogo podem ter um impacto tendencioso no resultado da pesquisa.

Ética e psicologia: pesquisa com seres humanos e com animais

Existem orientações éticas para conduzir a pesquisa psicológica? Quais objeções foram levantadas com relação à pesquisa com animais? A Associação Norte-Americana de Psicologia possui um código de ética que orienta as pesquisas realizadas com seres humanos ou com animais. Uma parte essencial do código de ética da APA quanto à pesquisa com seres humanos é a exigência de que os pesquisadores obtenham o consentimento dos participantes de seus estudos. Os participantes devem ser informados com antecedência sobre a natureza da pesquisa e os possíveis riscos envolvidos nela. As pessoas não devem se sentir pressionadas a participar caso não queiram fazê-lo.

Embora muito do que sabemos sobre certas áreas da psicologia seja resultado de pesquisa animal, a prática de experimentação com bichos encontra forte oposição. A APA e regulamentos federais orientam para que seja dado um tratamento humanitário às cobaias de laboratório nos EUA, mas os defensores dos direitos dos animais afirmam que a única pesquisa ética feita com animais é a observação natural.

Carreiras em psicologia

O que você pode fazer com uma formação em psicologia ou com um diploma avançado? A psicologia é uma das disciplinas mais populares nas faculdades e universidades. Possuir conhecimentos de psicologia é útil para um grande número de áreas de atuação, porque muitos empregos envolvem o conhecimento básico do comportamento humano. As carreiras que existem para pessoas com diplomas avançados em psicologia incluem trabalhar como professor, pesquisador, funcionário do governo ou de empresas privadas, além de uma série de oportunidades na área de saúde mental. As oportunidades em saúde mental dependem do diploma de formação obtido. Entre essas oportunidades estão o trabalho como psiquiatra, psicólogo clínico — que exige um diploma de doutorado — e trabalhos de aconselhamento psicológico e assistência social.

PENSAMENTO CRÍTICO E APLICAÇÕES

1. O que queremos dizer quando afirmamos que a psicologia é uma ciência?

2. Escolha um aspecto do comportamento humano tal como a bondade, a inteligência ou a agressividade, e em seguida descreva como um psicólogo contemporâneo poderia utilizar perspectivas múltiplas para compreendê-lo.

3. Você percebe que alguns alunos em sua aula de psicologia tomam mais notas do que outros e fica imaginando se a quantidade de anotações afeta as notas obtidas nas provas. Quais métodos de pesquisa você poderia utilizar para descobrir? O que cada um desses métodos diria a você sobre o problema? Quais são as desvantagens de cada um? Seja específico com relação aos procedimentos que sugerir.

4. Como você se sente a respeito das pesquisas e dos experimentos com animais em psicologia? Em que situação você acha que a pesquisa animal é justificável? Você aprova as regulamentações atuais com relação ao assunto? Justifique.

2 A Base Biológica do Comportamento

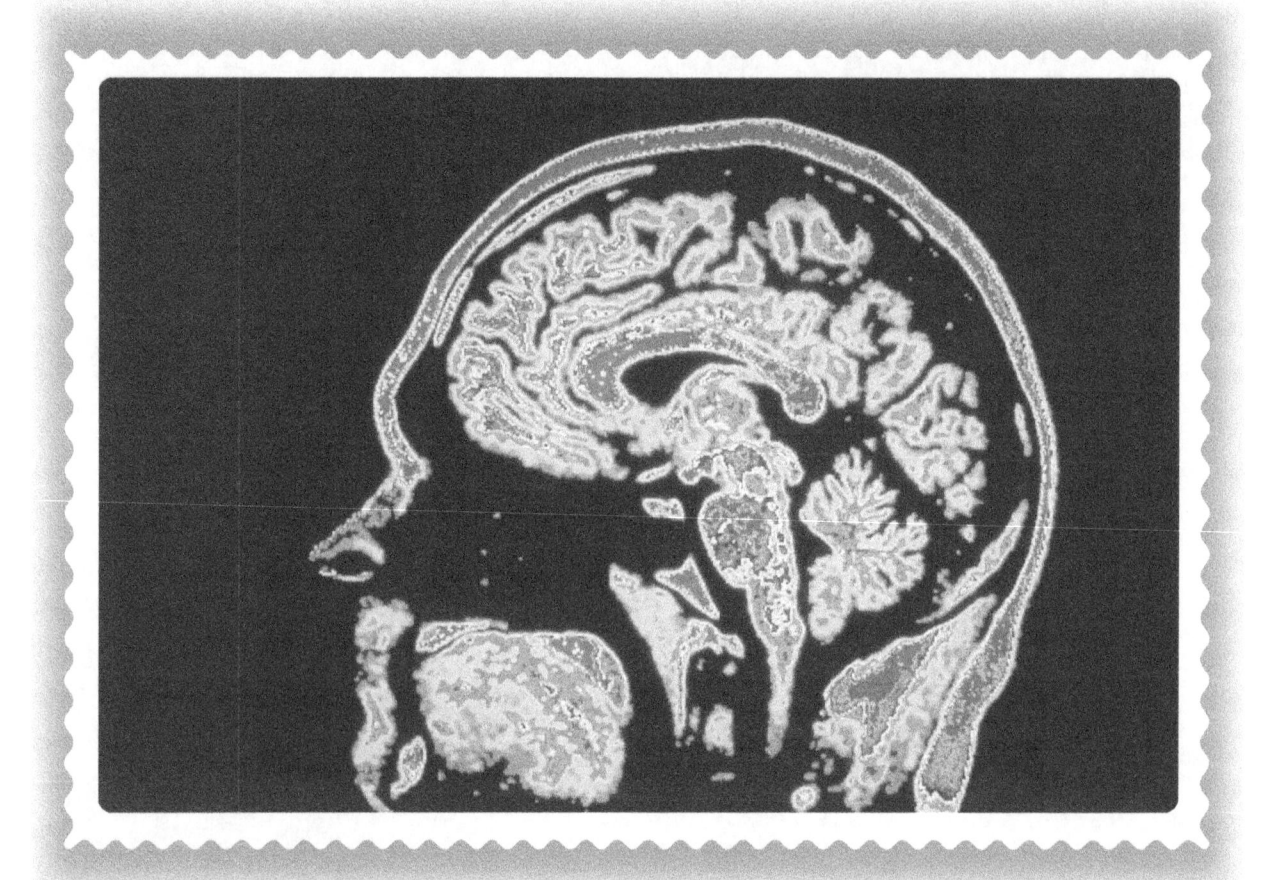

VISÃO GERAL

Neurônios: os mensageiros
- O impulso nervoso
- A sinapse
- Plasticidade neuronal e neurogênese

O sistema nervoso central
- A organização do sistema nervoso
- O cérebro
- Especialização hemisférica
- Ferramentas para o estudo do cérebro
- A medula espinhal

O sistema nervoso periférico

O sistema endócrino

Genes, evolução e comportamento
- Genética
- Genética comportamental
- Psicologia evolucionista
- Implicações sociais

QUANDO ALEX NASCEU, O LADO ESQUERDO DE SEU CÉREBRO, QUE normalmente controlaria a fala, foi asfixiado por um emaranhado de veias sangüíneas anormais que deixaram o garoto mudo, parcialmente cego, semiparalisado e com propensão a ataques epilépticos. À medida que ele crescia, os ataques ficavam cada vez mais freqüentes e fortes. Incapazes de controlar sua epilepsia com medicamentos, os médicos de Alex recomendaram a realização de uma cirurgia para a retirada completa da parte esquerda de seu cérebro. Eles estavam razoavelmente seguros de que esse procedimento diminuiria os ataques, mas alertaram aos pais do garoto que não esperassem muitas melhoras além dessa. Há muito ele já havia passado da idade em que uma criança muda consegue aprender a falar.

A operação foi um sucesso; os ataques cessaram. Então, dez meses depois, Alex estarreceu a todos quando começou a falar, no começo apenas palavras soltas e depois frases completas. Aos 11 anos ele ainda pronunciava algumas palavras incorretamente, como se tivesse sotaque estrangeiro; hoje, aos 16, fala fluentemente. Até o presente momento, mais de 50 crianças epilépticas já passaram por uma *hemisferectomia* (retirada da parte esquerda ou direita do cérebro) bem-sucedida. A expectativa é de que todas elas sejam capazes de levar uma vida normal.

O cérebro é o centro mestre de controle de tudo o que falamos e fazemos. Algumas pessoas podem pensar que a remoção de metade do cérebro de uma criança a deixaria com uma grave deficiência. Mas Alex e outros pacientes demonstraram exatamente o contrário. As crianças saem da cirurgia com sua memória, personalidade e senso de humor intactos. Tal como Alex, algumas apresentam uma surpreendente melhora na fala, na coordenação e em outros aspectos. Como isso é possível?

Primeiramente, o cérebro humano — resultado de milhões de anos de evolução — é um órgão extremamente complexo. Nosso cérebro contém bilhões de células, dispostas sob a forma de inúmeros caminhos e redes superpostos, dotados de diversos sistemas de armazenamento — muito mais "equipamento mental" do que necessitamos. Além disso, os dois hemisférios do cérebro são parecidos, mas não idênticos, assim como nossas mãos esquerda e direita. Normalmente, os dois trabalham juntos. Mas, se o hemisfério esquerdo for removido, o direito assume a maior parte de suas funções, como no caso de Alex.

Em segundo lugar, o cérebro humano apresenta uma extraordinária *plasticidade*, isto é a capacidade de se adaptar a novas condições do ambiente. Embora ele seja o centro de comando do nosso corpo, também é responsável por nossos sentidos e nossas reações ao ambiente externo e, como conseqüência disso, sofre alterações. Um dos motivos pelos quais crianças como Alex apresentam melhora após passar por uma hemisferectomia é o de que o ambiente se altera quando seus ataques param de ocorrer e elas não precisam mais tomar medicamentos por causa deles (no caso, fortes sedativos que deixam as crianças tontas). Antes da operação, o ambiente interno de seus corpos é caótico, e sua reação ao ambiente externo é lenta. Após a operação, seu ambiente interno encontra-se mais calmo e a consciência que elas têm do ambiente externo é acentuada. Todos os órgãos do nosso corpo — e nosso comportamento, como um todo — dependem de complexos padrões de feedback* e controle. Vivemos cercados por objetos e acontecimentos, e nossos sistemas biológicos estão equipados a fim de realizar ajustes que nos mantenham em sintonia com o ambiente à nossa volta.

Este capítulo apresenta a **psicobiologia**, o ramo da psicologia que lida com as bases biológicas do comportamento e dos processos mentais. Começaremos pelas unidades básicas que constituem o cérebro e o sistema nervoso: as células nervosas ou *neurônios*. Depois estudaremos os dois principais sistemas que integram e coordenam nosso comportamento, mantendo-nos em constante sintonia com o que acontece ao nosso redor. Um deles é o *sistema nervoso*, que está dividido em sistema nervoso central (cérebro e medula espinhal) e sistema nervoso periférico. O outro é o *sistema endócrino*, formado por glândulas que secretam mensagens químicas no sangue. Por fim, examinaremos a influência da hereditariedade e da evolução humana no comportamento.

---

* Embora o termo "feedback" seja eventualmente traduzido como "retroalimentação", preferiu-se manter o vocábulo em inglês com o significado que lhe dá o *Dicionário Houaiss da língua portuguesa* de "...informação que o emissor obtém da reação do receptor à sua mensagem, e que serve para avaliar os resultados da transmissão" (N. do R. T.).

Neurônios: os mensageiros

Que tipos de célula são encontrados no sistema nervoso?

O cérebro de um ser humano médio contém mais de cem bilhões de células nervosas, ou **neurônios**. Outros bilhões de neurônios são encontrados em outras partes do sistema nervoso. Entretanto, um único neurônio possui muitos dos segredos do comportamento e da atividade mental. Os neurônios variam bastante de tamanho e forma, mas são todos especializados em receber e transmitir informações. Um neurônio típico é mostrado na Figura 2.1. Assim como outras células, a célula do neurônio possui um núcleo, que abrange um conjunto completo de cromossomos e genes; o citoplasma, que mantém a célula viva; e uma membrana celular, que contém o conjunto da célula. O que torna um neurônio diferente das outras células são as pequenas fibras que se projetam a partir de seu corpo, permitindo que ele desempenhe uma função especial: receber e transmitir mensagens. As pequenas fibras que se ramificam ao redor do neurônio são os **dendritos** (palavra que deriva de "árvore" em grego). A fibra mais longa e única que se prolonga a partir do corpo da célula é o **axônio** (palavra que deriva de "eixo" em grego). A função do axônio é transmitir as mensagens que saem de um neurônio para os neurônios vizinhos, para um músculo ou uma glândula. Os axônios variam de comprimento: de um ou dois milímetros a até quase um metro (por exemplo, os axônios dos adultos, que vão desde o cérebro até a base da medula espinhal ou da medula espinhal até a ponta do dedo polegar). Embora cada neurônio possua apenas um axônio, em sua terminação o axônio se divide em muitos ramos terminais. Quando falamos em **nervo**, estamos nos referindo a um conjunto de axônios agrupados em um feixe, como fios de um cabo elétrico.

O axônio da Figura 2.1 está cercado por uma cobertura branca e espessa chamada **bainha de mielina**. A bainha de mielina é "comprimida" em diversos pontos, o que faz com que ela se pareça com um cordão de salsichas microscópicas enfileiradas. Nem todos os axônios possuem essa cobertura, mas os axônios mielinizados são encontrados em todas as partes do corpo. (Devido a essa cobertura branca, tecidos compostos primordialmente por axônios mielinizados são conhecidos como "substância branca", ao passo que tecidos compostos basicamente por axônios não-mielinizados são conhecidos como "substância cinzenta".) A bainha de mielina possui duas funções: a primeira é fornecer isolamento, para que os sinais dos neurônios adjacentes não interfiram entre si; a segunda é aumentar a velocidade de transmissão desses sinais.

Os neurônios que recebem as mensagens provenientes dos órgãos dos sentidos e as transmitem até a medula espinhal ou ao cérebro são chamados de **neurônios sensoriais** (ou **aferentes**). Os neurônios que transmitem mensagens provenientes da medula espinhal ou do cérebro para os músculos e as glândulas são chamados de **neurônios motores** (ou **eferentes**). E os neurônios que transmitem mensagens de um neurônio a outro são chamados de **interneurônios** (ou **neurônios associados**).

O sistema nervoso também contém um grande número de **células gliais**, ou células **glias** (termo que deriva da palavra "cola" em grego). As células gliais mantêm os neurônios agrupados, fornecem nutrientes, removem detritos, impedem que substâncias nocivas passem da corrente sangüínea para o cérebro e formam a bainha de mielina que isola e protege os neurônios. Provas recentes sugerem que elas desempenham um papel importante nos processos de aprendizagem e memorização, influenciando, assim, as reações do cérebro a novas experiências (Featherstone, Fleming e Ivy, 2000; Roitbak, 1993).

O impulso nervoso

Que "língua" os neurônios falam?

Como os neurônios falam uns com os outros? Que forma suas mensagens assumem? Os neurônios falam uma linguagem que todas as células do corpo compreendem: simples impulsos eletroquímicos do tipo "sim-não" ou "liga-desliga".

Quando um neurônio está em repouso, a membrana que o envolve forma uma barreira parcial entre os fluidos dentro e fora dele. Ambas as soluções possuem partículas dotadas de cargas elétricas, ou **íons** (veja a Figura 2.2). Devido ao fato de existirem mais íons negativos dentro do neurônio que fora dele, há uma pequena carga elétrica (chamada **potencial de repouso**) ao longo da membrana celular. Por isso se diz que o neurônio em repouso está em estado de **polarização**. Um neurônio em repouso ou polarizado é como uma mola comprimida ou uma corda de guitarra que foi tensionada mas não liberada. Tudo o que é necessário para gerar um sinal neuronal é a liberação dessa tensão.

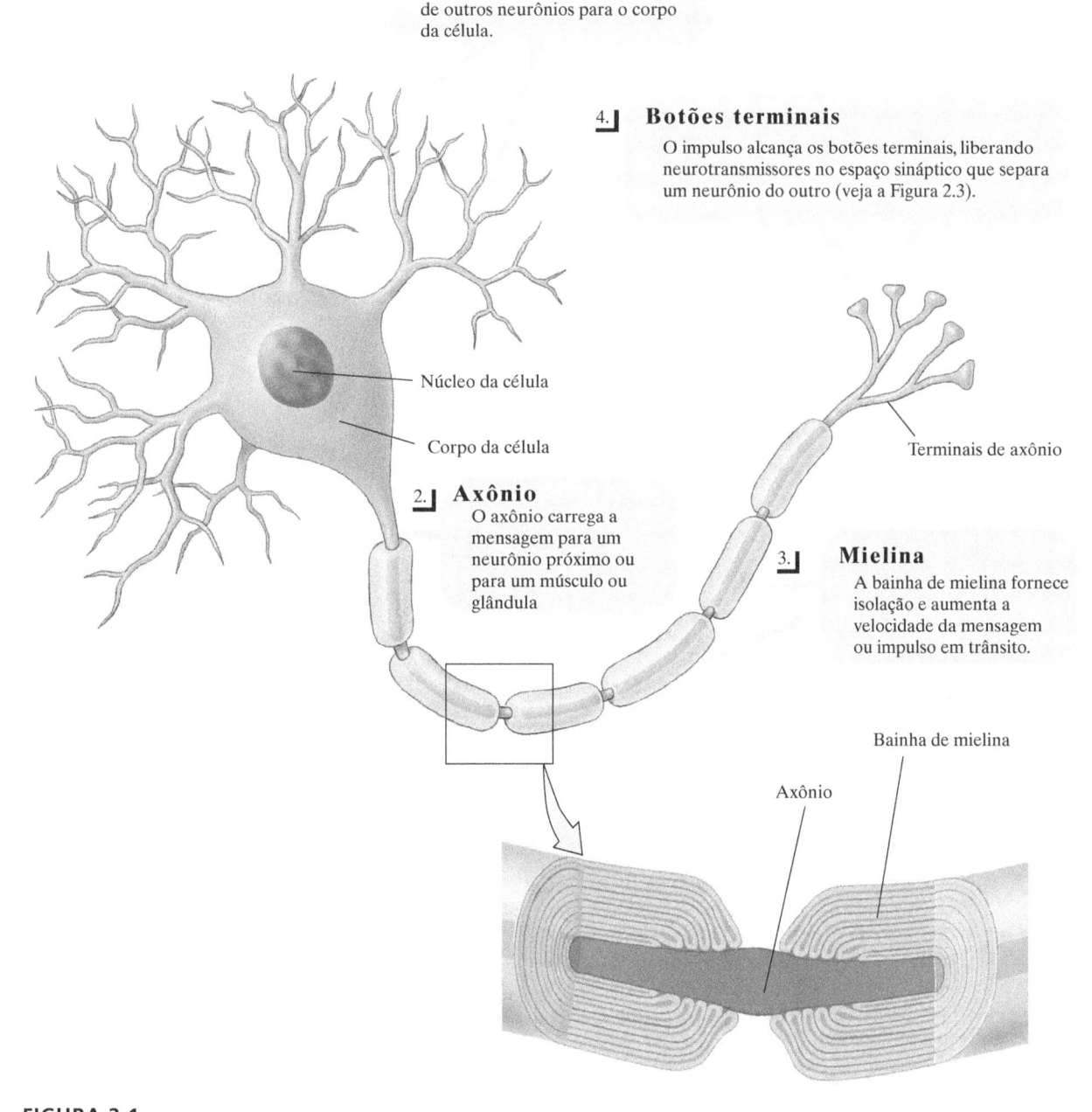

1. **Dendritos**
Os dendritos transmitem mensagens de outros neurônios para o corpo da célula.

4. **Botões terminais**
O impulso alcança os botões terminais, liberando neurotransmissores no espaço sináptico que separa um neurônio do outro (veja a Figura 2.3).

Núcleo da célula

Corpo da célula

Terminais de axônio

2. **Axônio**
O axônio carrega a mensagem para um neurônio próximo ou para um músculo ou glândula

3. **Mielina**
A bainha de mielina fornece isolação e aumenta a velocidade da mensagem ou impulso em trânsito.

Bainha de mielina

Axônio

FIGURA 2.1
Ilustração de um neurônio mielinizado típico, mostrando o corpo da célula, dendritos, axônio, bainha de mielina e botões terminais.
Fonte: adaptado de Brian Kolb e Ian Q. Whishaw. *Fundamentals of human neuropsychology*. 4. ed. Copyright © 1980, 1985, 1990, 1996 por W. H. Freeman and Company. Reprodução autorizada.

Quando uma pequena área da membrana celular é estimulada adequadamente por uma mensagem entrante, os poros (ou canais) da membrana localizados na área estimulada se abrem, permitindo que entre repentinamente na célula um fluxo de íons de sódio carregados positivamente. Esse processo se chama *despolarização*; agora o interior do neurônio está carregado positivamente em relação ao seu exterior. A despolarização inicia uma reação em cadeia. Quando a membrana permite que o sódio entre no neurônio por um determinado local, outra parte dela se abre. Por esse outro ponto, mais íons de sódio entram no neurônio e despolarizam essa parte da célula, e assim por diante, em toda a extensão do neurônio. Como conseqüência, uma carga elétrica, chamada de **impulso nervoso** ou **potencial de ação**,

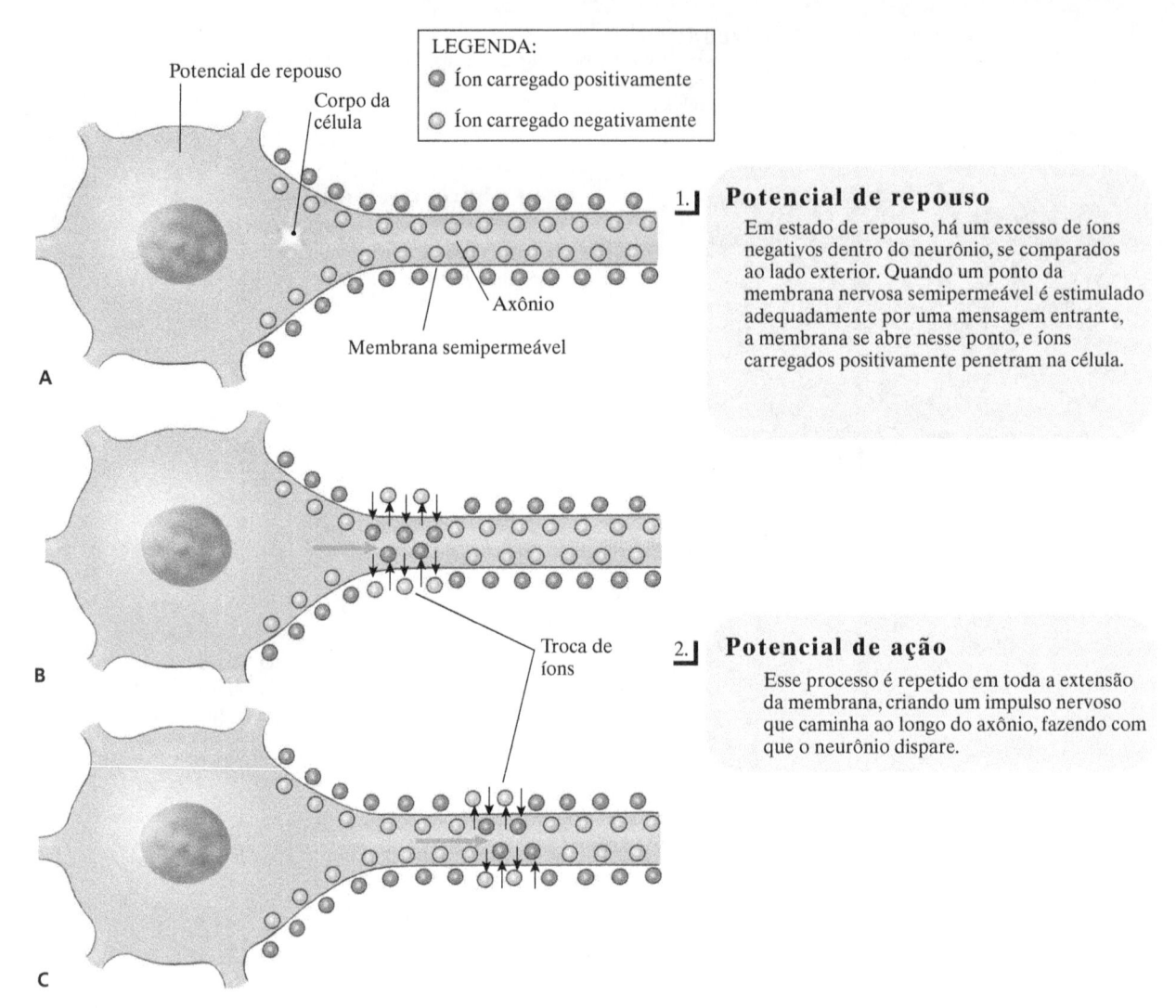

FIGURA 2.2
O impulso nervoso: comunicação dentro do neurônio.

1. Potencial de repouso
Em estado de repouso, há um excesso de íons negativos dentro do neurônio, se comparados ao lado exterior. Quando um ponto da membrana nervosa semipermeável é estimulado adequadamente por uma mensagem entrante, a membrana se abre nesse ponto, e íons carregados positivamente penetram na célula.

2. Potencial de ação
Esse processo é repetido em toda a extensão da membrana, criando um impulso nervoso que caminha ao longo do axônio, fazendo com que o neurônio dispare.

caminha ao longo do axônio, como se fosse um estopim queimando de uma extremidade à outra (veja a Figura 2.2). Quando isso acontece, dizemos que o neurônio "disparou". A velocidade com que os neurônios transportam impulsos varia bastante, indo de aproximadamente 120 metros por segundo nos axônios muito mielinizados a mais ou menos um metro naqueles sem nenhuma mielina.

Como regra geral, um único impulso recebido de neurônios adjacentes não é capaz de fazer com que um neurônio dispare. A mensagem entrante causa uma alteração pequena e temporária na carga elétrica, chamada de **potencial de gradação**, que é transmitido ao longo da membrana celular e pode simplesmente desaparecer, deixando o neurônio em seu estado normal de polarização. Para que um neurônio dispare, os potenciais de gradação gerados por impulsos provenientes de muitos neurônios — ou por um outro neurônio que esteja se disparando repetidamente — devem ultrapassar um **limiar de excitação** mínimo. Da mesma maneira que um interruptor de luz necessita que seja empregada uma certa quantidade de pressão para que se ative, uma mensagem entrante precisa ultrapassar o limiar de excitação a fim de fazer com que o neurônio dispare.

Os neurônios podem ou não disparar, e cada disparo de um neurônio em particular produz um impulso com a mesma intensidade. Chamamos isso de **lei do tudo ou nada**. Contudo, é provável que o neurônio dispare com *mais freqüência* quando estimulado por um sinal intenso. O resultado disso é uma descarga neuronal rápida que envia uma mensagem do tipo: "Existe um estímulo muito forte por aí!" Imediatamente após a descarga, o neurônio entra em um período refratário absoluto: durante aproximadamente um milésimo de segundo, ele não dispara novamente, não importando quão intensas as mensagens entrantes possam ser. No período refratário relativo, quando a célula está voltando ao estado de repouso, o neurônio pode disparar, mas apenas se a mensagem entrante for consideravelmente mais intensa do que o nível normalmente necessário para fazer com que ele dispare. Por fim, o neurônio retorna a seu estado de repouso, pronto para se ativar novamente.

Um único neurônio pode ter muitas centenas de dendritos, e seu axônio é capaz de se ramificar em diversas direções, a fim de que o neurônio possa estar em contato com centenas ou milhares de células tanto no terminal de entrada (os dendritos) quanto no terminal de saída (o axônio). A qualquer momento, um neurônio pode estar recebendo mensagens de outros neurônios, algumas das quais são primordialmente ativadoras e outras, primordialmente inibidoras. A constante atuação recíproca de ativação e inibição determina se o neurônio está prestes a disparar ou não.

A sinapse

O que acontece quando as informações se movem de um neurônio para o seguinte?

Os neurônios não estão diretamente conectados como os elos de uma corrente. Em vez disso, estão separados por um pequeno espaço vazio, chamado **espaço sináptico** ou **fenda sináptica**, em que o ramo terminal do axônio de um neurônio *quase* toca os dendritos ou o corpo dos outros. O total da área composta pelos ramos terminais do axônio de um neurônio, o espaço sináptico e os dendritos ou o corpo da célula do próximo neurônio é chamado de **sinapse** (veja a Figura 2.3).

Para que o impulso neuronal se mova até o próximo neurônio, ele deve atravessar o espaço sináptico de alguma maneira. É tentador imaginar que o impulso neuronal simplesmente salta ao longo desse espaço vazio como se fosse uma faísca elétrica, mas na verdade a transferência é feita por substâncias químicas. O que acontece, de fato, é: quando um neurônio dispara, um impulso caminha ao longo do axônio, passa pelos ramos terminais e entra em uma pequena protuberância chamada **botão terminal** ou **nó sináptico**. A maioria dos ramos terminais dos axônios contém uma série de minúsculos sacos ovais chamados **vesículas sinápticas** (veja a Figura 2.3). Quando o impulso neuronal chega ao fim dos ramos terminais, ele faz com que essas vesículas liberem várias quantidades de substâncias químicas, chamadas **neurotransmissores**, no espaço sináptico. Cada neurotransmissor possui **sítios receptores** específicos situados do outro lado do espaço sináptico. Os neurotransmissores se encaixam em seus sítios receptores correspondentes, da mesma maneira que uma chave se encaixa em uma fechadura. Esse sistema de encaixe garante que os neurotransmissores sigam um caminho ordenado, em vez de apenas estimular outros neurônios aleatoriamente.

Uma vez que sua tarefa é realizada, os neurotransmissores se desprendem do sítio receptor. Na maioria dos casos, são reabsorvidos pelos ramos terminais dos axônios para ser reutilizados, destruídos e reciclados na fabricação de novos neurotransmissores, ou eliminados pelo corpo como dejetos. A sinapse então é limpa e volta a seu estado normal.

Neurotransmissores Nas últimas décadas, os psicobiólogos identificaram centenas de neurotransmissores; suas funções exatas ainda estão sendo estudadas (veja a Tabela-resumo: "Principais neurotransmissores e seus efeitos). Entretanto, algumas substâncias químicas presentes no cérebro já são bem conhecidas.

A *acetilcolina* (ACh) age no encontro entre os neurônios e os músculos esqueletais. Parece que ela também desempenha um papel essencial nos processos de excitação, atenção, memorização e motivação (Panksepp, 1986). O mal de Alzheimer, que implica perda de memória e sérios problemas na linguagem, está relacionado com a degeneração de células do cérebro que produzem e reagem à ACh.

A *dopamina* geralmente afeta os neurônios associados aos movimentos voluntários, à aprendizagem, à memória e às emoções. Os sintomas do mal de Parkinson — tremores, espasmos musculares e crescente rigidez muscular — foram relacionados à perda de células cerebrais que produzem dopamina. Ela pode também ter uma participação na esquizofrenia.

A *serotonina*, popularmente conhecida como a "molécula do temperamento", é um exemplo de um neurotransmissor que tem efeitos amplos. Ela funciona como uma chave-mestra que abre muitas fechaduras — isto é, ela se encaixa em mais ou menos uma dúzia de sítios receptores. A serotonina está freqüentemente envolvida em experiências emocionais e pode ser um dos fatores de alguns casos de depressão.

Outro grupo de substâncias químicas do cérebro regula a sensibilidade de um grande número de sinapses; de fato, elas "aumentam" ou "diminuem" o nível de atividade de porções inteiras do sistema nervoso. Um exemplo primordial disso são as *endorfinas*, cadeias de aminoácidos que aparentemente

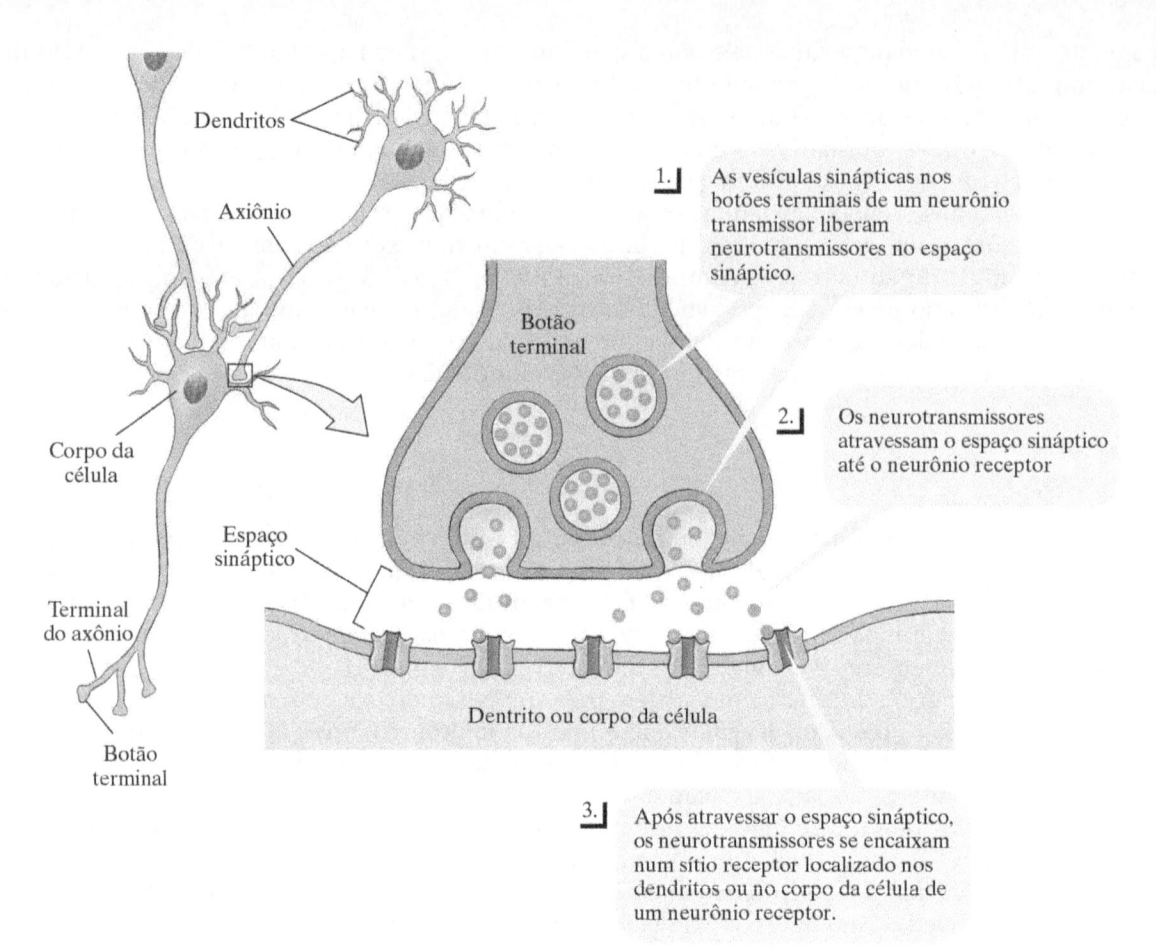

FIGURA 2.3

Transmissão sináptica — comunicação entre neurônios. Quando um impulso neuronal chega ao terminal de um axônio, pequenos sacos ovais, chamados vesículas sinápticas, existentes na extremidade da maioria dos axônios, liberam diversas quantidades de substâncias químicas chamadas neurotransmissores. Essas substâncias atravessam o espaço sináptico e atingem o neurônio seguinte.

1. As vesículas sinápticas nos botões terminais de um neurônio transmissor liberam neurotransmissores no espaço sináptico.
2. Os neurotransmissores atravessam o espaço sináptico até o neurônio receptor.
3. Após atravessar o espaço sináptico, os neurotransmissores se encaixam num sítio receptor localizado nos dendritos ou no corpo da célula de um neurônio receptor.

TABELA-RESUMO

PRINCIPAIS NEUROTRANSMISSORES E SEUS EFEITOS

Acetilcolina (ACh)	Amplamente distribuída ao longo do sistema nervoso central, está envolvida na excitação, atenção, memória, motivação e movimento. Quando presente nas junções neuromusculares (tipo especializado de sinapse no qual os neurônios se conectam a células musculares), interfere nas funções musculares. A degeneração dos neurônios que produzem ACh tem sido relacionada com o mal de Alzheimer. O excesso da mesma substância pode levar a espasmos e tremores, e sua falta provoca paralisia ou torpor.
Dopamina	Envolvida em uma grande quantidade de comportamentos e emoções, inclusive o prazer. Relacionada com a esquizofrenia e o mal de Parkinson.
Serotonina	Envolvida com a regulação do sono, os sonhos, o temperamento, a alimentação, a dor e o comportamento agressivo. Relacionada com a depressão.
Noradrenalina	Afeta a excitação, a vigília, a aprendizagem, a memória e o temperamento.
Endorfinas	Relacionadas à inibição da dor. Liberadas durante a prática de exercícios extenuantes. Podem ser responsáveis pelo "barato do corredor".

reduzem as dores por meio da inibição ou da "diminuição" dos neurônios que transmitem mensagens de dor ao cérebro. Descobriu-se que a endorfina chega a ser 48 vezes mais potente que a morfina quando injetada no cérebro, e três vezes mais potente quando injetada na corrente sangüínea (S. H. Snyder, 1977).

As endorfinas foram descobertas no começo dos anos 70. Os pesquisadores Candace Pert e Solomon Snyder (1973) estavam tentando explicar os efeitos dos *opiáceos* — drogas analgésicas tais como a morfina e a heroína que derivam da papoula — quando descobriram que o sistema nervoso central possuía sítios receptores para essas substâncias. Eles concluíram que esses sítios receptores não existiriam a não ser que o corpo produzisse seus próprios analgésicos naturais. Pouco tempo depois, pesquisadores descobriram as endorfinas. A morfina e outros narcóticos se encaixam nos receptores das endorfinas e produzem os mesmos efeitos analgésicos. A pesquisa sobre endorfinas forneceu indícios sobre os motivos pelos quais as pessoas se viciam no uso de morfina, heroína e outros opiáceos. Quando a pessoa toma qualquer uma dessas drogas repetidamente, o corpo desacelera a produção de analgésicos *naturais*. Conseqüentemente, o viciado necessita de muito mais doses da droga artificial para que se sinta "normal".

Desequilíbrios nos neurotransmissores parecem contribuir para a existência de muitos tipos de doenças mentais. A esquizofrenia, por exemplo, foi relacionada à superabundância de dopamina ou à hipersensibilidade a ela. Do mesmo modo, baixas quantidades de serotonina e de adrenalina estão relacionadas à depressão e outras desordens. Assim como no caso das endorfinas, o planejamento e o teste de drogas ajudou os psicobiólogos a identificar as funções dos neurotransmissores.

Drogas e comportamento A maioria das drogas psicoativas e toxinas (ou venenos) age bloqueando ou reforçando a transmissão de substâncias químicas durante as sinapses. Por exemplo: o *botulismo* (causado por bactérias existentes em comida enlatada ou congelada de maneira imprópria) impede a liberação de ACh, que transmite mensagens para os músculos. O resultado é uma paralisia e, às vezes, morte rápida. O *curare*, veneno que alguns nativos da América do Sul utilizam tradicionalmente na extremidade de suas flechas, provoca tonteira instantânea e às vezes mata presas e inimigos. O curare bloqueia a ação dos *receptores* de ACh — isto é, tem o mesmo efeito que o botulismo, mas age do outro lado da sinapse. Da mesma maneira, medicamentos antipsicóticos à base de *cloropromazina* (nome comercial: *Thorazine*) e *clozapina* impedem que a dopamina se encaixe nos sítios receptores; essa redução na estimulação aparentemente reduz as alucinações esquizofrênicas.

Outras substâncias fazem exatamente o contrário: reforçam a atividade dos neurotransmissores. Algumas o fazem aumentando a liberação de um transmissor. Por exemplo: o veneno da aranha negra faz com que jorre ACh nas sinapses do sistema nervoso. Como resultado, os neurônios disparam repetidamente, provocando espasmos e tremores. Fazendo um caminho muito mais complexo, a cafeína aumenta a liberação de neurotransmissores excitativos ao bloquear a ação da adenosina, um transmissor que inibe a liberação dessas substâncias (Nehlig, Daval e Debry, 1992). Duas ou três xícaras de café contêm quantidade suficiente de cafeína para bloquear metade dos receptores de adenosina durante várias horas, produzindo um estado de alta excitação e, em alguns casos, ansiedade e insônia.

Existem ainda outras substâncias que interferem na remoção de neurotransmissores da sinapse depois que eles cumprem sua tarefa, a fim de que eles continuem a estimular os neurônios receptores. A *cocaína*, por exemplo, evita que a dopamina seja absorvida. Como resultado, quantidades excedentes de dopamina se acumulam nas sinapses, gerando uma alta excitação de todo o sistema nervoso.

Os mesmos processos são empregados por medicamentos antidepressivos que reduzem os sintomas de desespero e impotência da depressão profunda, e por medicamentos antipsicóticos que aliviam as alucinações da esquizofrenia. Falaremos mais a respeito dessas "drogas milagrosas" no Capítulo 12, "Distúrbios psicológicos", e no Capítulo 13, "Terapias".

Plasticidade neuronal e neurogênese

Como a experiência muda o cérebro?

Em uma série de experimentos clássicos, M. R. Rosenzweig (1984) demonstrou no laboratório a importância que as experiências que vivenciamos têm para o desenvolvimento neuronal. Rosenzweig dividiu ratos em diversos grupos. Os membros de um grupo foram isolados em jaulas quase vazias (um ambiente empobrecido); já os do segundo grupo foram criados com outros ratos em jaulas equipadas com vários brinquedinhos e, portanto, várias oportunidades de exploração, manipulação e interação social (um ambiente enriquecido). Ele descobriu que os ratos criados em ambientes enriquecidos possuíam neurônios mais longos e com mais conexões sinápticas que os criados em ambientes empobrecidos (veja a Figura

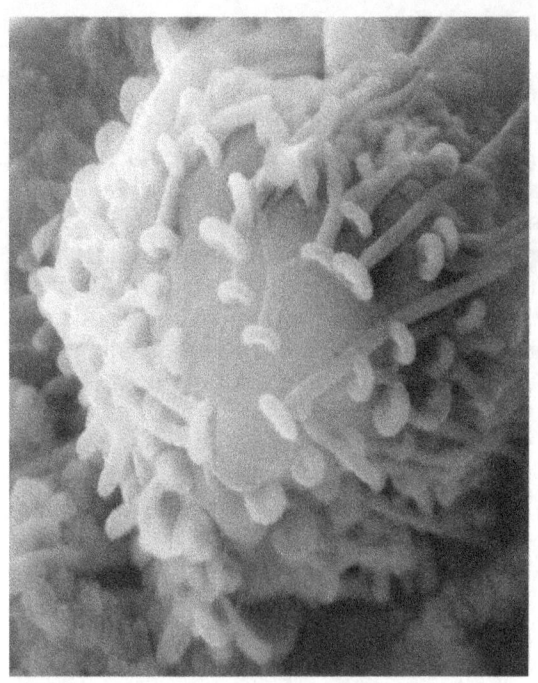

Fotografia tirada com um microscópio eletrônico de varredura mostrando os nós sinápticos na extremidade dos axônios. Dentro dos nós estão as vesículas que contêm os neurotransmissores.

2.4). Em experimentos mais recentes, Rosenzweig (1996) mostrou que alterações similares ocorrem em ratos de qualquer idade. Outros pesquisadores descobriram que ratos criados em ambientes estimulantes apresentam melhor desempenho em uma série de testes cognitivos e desenvolvem mais sinapses quando se exige que eles realizem tarefas mais complexas (Kleim, Vig, Ballard e Greenough, 1997). Esses resultados combinados sugerem que o cérebro muda em resposta às experiências que o organismo tem, um princípio chamado de **plasticidade neuronal**. Além disso, eles demonstram que a plasticidade neuronal é um *loop* de feedback: a experiência vivenciada leva a mudanças no cérebro, que, por sua vez, facilitam novas aprendizagens, o que leva a mais modificações neurais, e assim por diante (Nelson, 1999).

A reorganização do cérebro como resultado da experiência não se limita aos ratos. Por exemplo: violinistas, violoncelistas e outros músicos que tocam instrumentos de cordas levam anos desenvolvendo a perfeita sensibilidade e destreza da mão esquerda. Pesquisadores descobriram que a área do cérebro dos músicos associada à sensibilidade da mão esquerda é maior que a área que representa a mão direita (a qual os músicos que tocam instrumentos de cordas utilizam apenas para o arco) e maior que a área da mão esquerda para pessoas que não tocam nenhum instrumento (Elbert, Pantev, Wienbruch, Rockstroh e Taub, 1995). Em pessoas surdas, a área do cérebro geralmente responsável pela audição acaba por se especializar em ler lábios e linguagem de sinais (Bosworth e Dobkins, 1999).

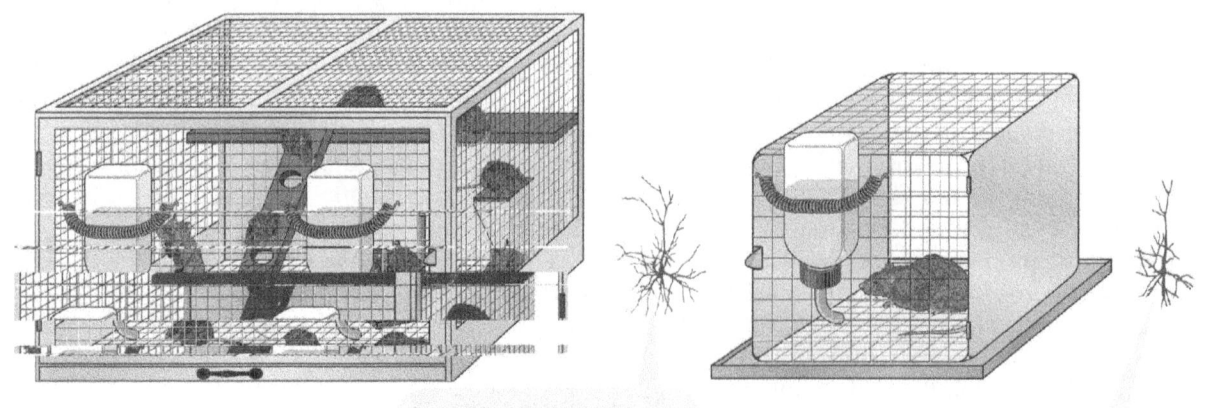

Os dendritos de ratos que vivem em gaiolas "enriquecidas" mostraram mais conexões sinápticas

Dendritos de ratos vivendo em gaiolas vazias

FIGURA 2.4
Crescimento do cérebro e experiência. No experimento de Rosenzweig, ratos jovens foram criados em dois tipos de jaulas: "empobrecidas", desprovidas de objetos que pudessem ser manipulados ou explorados, e "enriquecidas", nas quais havia diversos objetos. Quando o pesquisador examinou o cérebro dos ratos, descobriu que o grupo que viveu em ambiente enriquecido desenvolveu neurônios mais longos e com mais conexões sinápticas (mostradas como dendritos na figura) que o habitante das jaulas desprovidas de objetos. Assim, provou-se que a experiência é realmente capaz de afetar a estrutura do cérebro.

Fonte: M. R. Rosenzweig, E. L. Bennett e M. C. Diamond. "Brain changes in response to experience". Copyright © 1972 Scientific American, Inc. Todos os direitos reservados. Adaptado com permissão do estado de Bunji tagawa.

COMPREENDENDO A NÓS MESMOS

Podem o cérebro e o sistema nervoso se auto-recuperar?

Após um derrame cerebral em 1993, Sylvia Elam perdeu a maior parte da sensibilidade e dos movimentos da parte direita de seu corpo (Pollack, 2000). Em 1999 submeteu-se a uma cirurgia reparadora e, tão logo chegou à sala de recuperação percebeu, que havia valido a pena. Quando almoçou, conseguiu sentir o sabor da comida pela primeira vez em anos. Em seguida já conversava sem gaguejar, caminhava sem bengala durante algum tempo e era até capaz de dirigir um automóvel. "Isso estava muito além de nossas melhores expectativas", disse o marido, Ira (p. F1).

Tradicionalmente, lesões causadas ao cérebro e à medula espinhal eram consideradas permanentes; os tratamentos se limitavam a estabilizar o estado do paciente a fim de prevenir lesões futuras, tratar infecções relacionadas e utilizar a reabilitação para maximizar as aptidões remanescentes (McDonald, 1999). Alguns indivíduos com lesões cerebrais se recuperavam ao longo do tempo, mas eram uma exceção. Novas descobertas alteraram esse prognóstico. Pode-se levar anos para desenvolver tratamentos específicos, mas as pessoas que sofrem de desordens neurológicas tais como os males de Parkinson e de Alzheimer, bem como as vítimas de lesões na medula espinhal e de crises, agora têm uma esperança (Baringa, 2000a; Gage, 2000; McMillan, Robertson e Wilson, 1999).

A descoberta da neurogênese — produção de novos neurônios — em adultos cria novas possibilidades. As células adultas precursoras desenvolvidas em laboratório podem ser transplantadas para pacientes com lesões neurológicas? Sylvia Elam foi uma das primeiras voluntárias a esse processo. Nem todas as tentativas foram bem-sucedidas como a dela; vários meses após a cirurgia, porém, ela sofreu um novo derrame não-relacionado com o processo.

> Era como se as células-tronco se movessem através do cérebro, indo de um neurônio a outro em busca de lesões.

Há muito tempo os cientistas sabem que os embriões contêm células-tronco: pré-células indiferenciadas, que, sob condições ideais, são capazes de gerar qualquer célula especializada do nosso corpo — do fígado, dos rins, do sangue, do coração ou ainda os neurônios (Bjornson, Rietze, Reynolds, Magli e Vescovi, 1999). Surpreendentemente, em testes realizados com animais, as células-tronco transplantadas para o cérebro ou para a medula espinhal migraram espontaneamente para áreas danificadas e começaram a produzir neurônios substitutos especializados (McKay, 1997). Era como se as células-tronco se movessem através do cérebro, indo de um neurônio a outro em busca de lesões. Caso encontrassem algum problema, começavam a se dividir e produzir neurônios especializados próprios para aquela área do cérebro.

Em tentativas clínicas feitas com pacientes que sofrem do mal de Parkinson, transplantes de células nervosas fetais melhoraram a coordenação motora por períodos que iam de cinco a dez anos (Baringa, 2000a). Mas as reservas de tecido fetal são limitadas, e sua coleta e utilização levantam questões éticas.

Outro uso potencial das novas descobertas é estimular as próprias células-tronco do cérebro para que proporcionem "auto-reparos". À medida que as substâncias químicas que controlam a neurogênese forem mais bem compreendidas, será possível aumentar as quantidades dessas substâncias em áreas do sistema nervoso central nas quais é necessário o crescimento neuronal (Gage, 2000). Alguns pesquisadores já começaram a identificar substâncias promissoras em estimular a regene-ração neuronal (Rasika, Alvarez-Buylla e Nottebohm, 1999).

A fim de fazer com que essas descobertas passem a constituir um tratamento de fato, os cientistas precisam aprender mais sobre o que causa (ou bloqueia) a produção de células-tronco adultas e o que leva suas "células-filhas" a se tornar neurônios maduros e especializados, que migram para diferentes áreas do cérebro (Gage, 2000). Mas a base de tais estudos já está lançada.

Vimos que a experiência pode levar a notáveis alterações no número e na complexidade das conexões sinápticas do cérebro; isto é, nas conexões existentes entre os neurônios. Será que as experiências também produzem novos neurônios? Durante muitos anos, os psicólogos acreditaram que os organismos vivos nasciam dotados de todas as células cerebrais que teriam pelo resto de suas vidas. Novas pesquisas parecem estar revolucionando essa visão tradicional. Uma série de estudos realizados nos anos 90 mostrou que cérebros adultos são capazes de realizar a **neurogênese**, ou seja, produzir novas células cerebrais. Na metade dos anos 90, alguns pesquisadores demonstraram que o tecido cerebral humano (extraído de pacientes submetidos a cirurgias devido a sérios casos de epilepsia) cultivado em um ambiente favorável no laboratório produzia neurônios funcionalmente maduros (L. K. Altman, 1995), mas a maioria dos cientistas da época duvidou que isso pudesse ocorrer na vida real. Um importante avanço se deu em novembro de 1998, quando um grupo de pesquisadores norte-americanos e suecos publicou os resultados de autópsias feitas nos cérebros de pacientes idosos que haviam morrido de câncer. Uma substância injetada em seus tumores para monitorar a velocidade com que eles cresciam revelou que os cérebros dos pacientes continuaram a produzir novos neurônios até o fim de suas vidas (Eriksson *et al.*, 1998). A descoberta de que a neurogênese acontece durante toda a vida tem amplas implicações para o tratamento de desordens neurológicas (veja "Compreendendo o mundo que nos cerca").

O sistema nervoso central

A organização do sistema nervoso

Como o sistema nervoso está organizado?

Cada uma das partes do sistema nervoso está conectada a todas as outras. Entretanto, para compreender sua anatomia e suas funções é útil analisar o sistema nervoso quanto às divisões e subdivisões mostradas

---

TESTE SUA APRENDIZAGEM

Relacione cada item com a definição adequada.

____ neurônio
____ plasticidade neuronal
____ dendritos
____ axônios
____ impulso neuronal
____ potencial de repouso
____ período refratário absoluto
____ neurogênese
____ sinapse
____ neurotransmissores
____ dopamina
____ serotonina
____ lei do tudo ou nada

a. crescimento de novos neurônios
b. fibras celulares longas que emitem mensagens
c. quando uma célula nervosa não pode "disparar" novamente
d. afeta as emoções, o despertar e o sono
e. célula que transmite informações
f. a experiência muda o cérebro
g. substância química que transmite mensagens através das sinapses
h. fibras celulares curtas que recebem mensagens
i. neurotransmissor que tem participação na esquizofrenia e no mal de Parkinson
j. potencial de ação
k. um neurônio ou "dispara" com toda a força ou com nenhuma
l. botão terminal, espaço sináptico e dendrito de um neurônio adjacente
m. carga elétrica ao longo de uma membrana neuronal em repouso

Respostas: neurônio (e); plasticidade neuronal (f); dendritos (h); axônios (b); impulso neuronal (j); potencial de repouso (m); período refratário absoluto (c); neurogênese (a); sinapse (l); neurotransmissores (g); dopamina (i); serotonina (d); lei do tudo ou nada (k).

na Figura 2.5. O **sistema nervoso central** inclui o cérebro e a medula espinhal, os quais, juntos, contêm mais de 90 por cento dos neurônios do corpo. O **sistema nervoso periférico** consiste nos nervos que conectam o cérebro e a medula espinhal a cada uma das partes do corpo, transmitindo mensagens de ida e volta entre o sistema nervoso central e os órgãos dos sentidos, músculos e glândulas. O sistema nervoso periférico está subdividido em *sistema nervoso somático*, que transmite informações sobre os movimentos do corpo e o ambiente externo, e *sistema nervoso autônomo*, que transmite informações entre os órgãos internos e glândulas. (Falaremos sobre o sistema endócrino, que trabalha em conjunto com o sistema nervoso, mais adiante neste capítulo.)

O cérebro

Quais são as principais estruturas e áreas do cérebro e a que funções estão ligadas?

O cérebro é o centro da consciência e da razão, o local em que a aprendizagem, a memória e as emoções estão centralizadas. É a parte do nosso corpo que decide o que fazemos e se essa decisão foi certa ou errada, além de imaginar o modo como as coisas poderiam ter acontecido caso tivéssemos agido de outra maneira. A medula espinhal recebe menor atenção, mas nem por isso é menos importante para a compreensão do comportamento e dos processos mentais.

O cérebro humano — nossa "glória coroada" — é o produto de milhões de anos de evolução. Quando estruturas novas e mais complexas eram adicionadas a ele, as velhas estruturas eram mantidas. Uma maneira de compreender o cérebro é olhar para três camadas que se desenvolveram em diferentes etapas da evolução: (1) o *núcleo central* primitivo; (2) o *sistema límbico*, que se desenvolveu mais tarde; e (3) os *hemisférios cerebrais*, responsáveis pelos processos mentais superiores (veja a Figura 2.6). Ainda utilizamos essas três divisões básicas para descrever as partes do cérebro, o que elas fazem e o modo como interagem para influenciar nosso comportamento (veja a "tabela-resumo: "partes do cérebro e suas funções").

O núcleo central Quando a medula espinhal entra no crânio, ela se torna o cérebro posterior (*hindbrain*). Devido ao fato de o cérebro posterior ou rombencéfalo ser encontrado até mesmo nos vertebrados mais primitivos, acredita-se que ele tenha sido a primeira parte do cérebro a se desenvolver. A parte do rombencéfalo que fica mais próxima da medula espinhal é a *medula*, uma estrutura estreita que mede cerca de quatro centímetros. A medula é também o lugar em que muitos dos nervos do corpo se cruzam no trajeto de ida e volta dos centros superiores do cérebro; os nervos da parte esquerda do corpo seguem para a parte direita do cérebro e vice-versa (assunto ao qual voltaremos). Próximos da medula estão os *pons*, produtores de substâncias químicas que ajudam a manter nosso ciclo de sono (discutido no Capítulo 4, "Estados de consciência"). Tanto a medula quanto os *pons* transmitem mensagens para as partes superiores do cérebro.

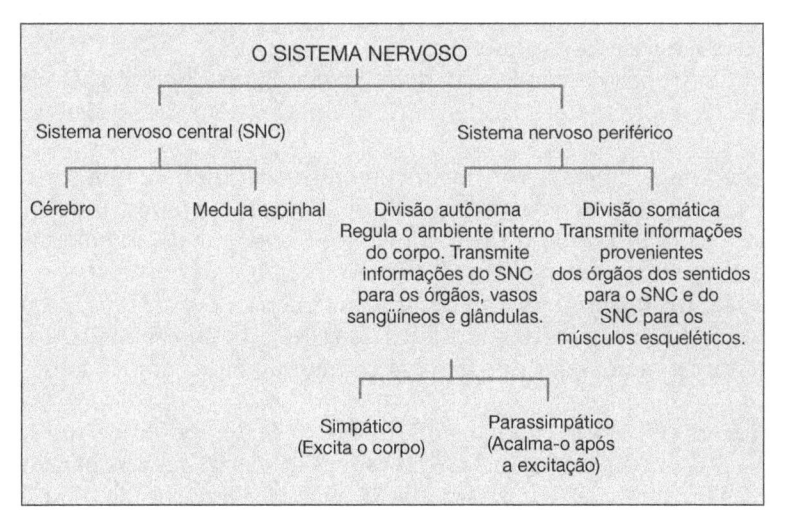

FIGURA 2.5
Um diagrama esquemático das divisões do sistema nervoso e suas várias subpartes.

TABELA-RESUMO

PARTES DO CÉREBRO E SUAS FUNÇÕES

Núcleo central	Medula	Controla a respiração, os batimentos e a pressão sangüínea
	Pons	Regula o ciclo sono-vigília
	Cerebelo	Controla os reflexos e o equilíbrio Coordena os movimentos
	Tálamo	Principal centro de retransmissão sensorial Controla os centros superiores do cérebro e o sistema nervoso periférico
	Hipotálamo	Influencia as emoções e a motivação Controla as reações ao estresse
	Formação reticular	Regula a atenção e a vigilância
	Hipocampo	Regula a formação de novas memórias
	Amígdala	Controla as emoções relacionadas à auto-preservação
Córtex cerebral	Lobo frontal	Comportamento dirigido para objetivos Concentração Controle emocional e temperamento Projeção motora e áreas de associação Coordena mensagens provenientes de outros lobos Solução de problemas complexos Envolvido em vários aspectos da personalidade
	Lobo parietal	Projeção sensorial e associação Capacidades visuais e espaciais
	Lobo occipital	Recebe e processa informações visuais
	Lobo temporal	Olfato Audição Estabilidade e equilíbrio Emoções e motivação Alguma compreensão da linguagem Processamento visual complexo e reconhecimento de rostos

Na parte superior e atrás do tronco cerebral encontra-se uma estrutura convoluta chamada **cerebelo** (ou "pequeno cérebro"), responsável pelo sentido de equilíbrio e pela coordenação das ações do corpo, que assegura movimentos conjuntos em seqüências eficientes. Danos ao cerebelo causam sérios problemas de movimento, como espasmos e gagueira.

Acima do cerebelo, o tronco cerebral se alarga e forma o **mesencéfalo**. O mesencéfalo é especialmente importante para a audição e a visão. É também um dos diversos locais do cérebro que reconhecem a dor.

Mais ou menos diretamente acima do tronco cerebral encontram-se duas estruturas ovais que formam o **tálamo**. Em geral, o tálamo é descrito como uma estação de retransmissão: quase todas as informações sensoriais das partes inferiores do sistema nervoso central passam pelo tálamo no seu caminho em direção aos níveis superiores do cérebro. O tálamo integra e dá forma aos sinais entrantes. Exatamente abaixo dele está o **hipotálamo**, bem menor e que exerce enorme influência sobre vários tipos de motivação. Partes do hipotálamo controlam a fome, a sede, o desejo sexual e a temperatura do corpo (Winn, 1995) e estão diretamente relacionadas com comportamentos emocionais, como a raiva, o medo e o prazer.

A **formação reticular** (FR) é um sistema em forma de rede de neurônios que se entrelaça em meio a todas essas estruturas. Sua principal função é enviar "sinais de alerta" para as partes superiores do cérebro em resposta às mensagens recebidas. Entretanto, a FR pode ser amortecida. Enquanto dormimos, ela é "desligada"; substâncias anestésicas trabalham fundamentalmente desligando esse sistema temporariamente; e lesões permanentes à FR podem induzir ao coma.

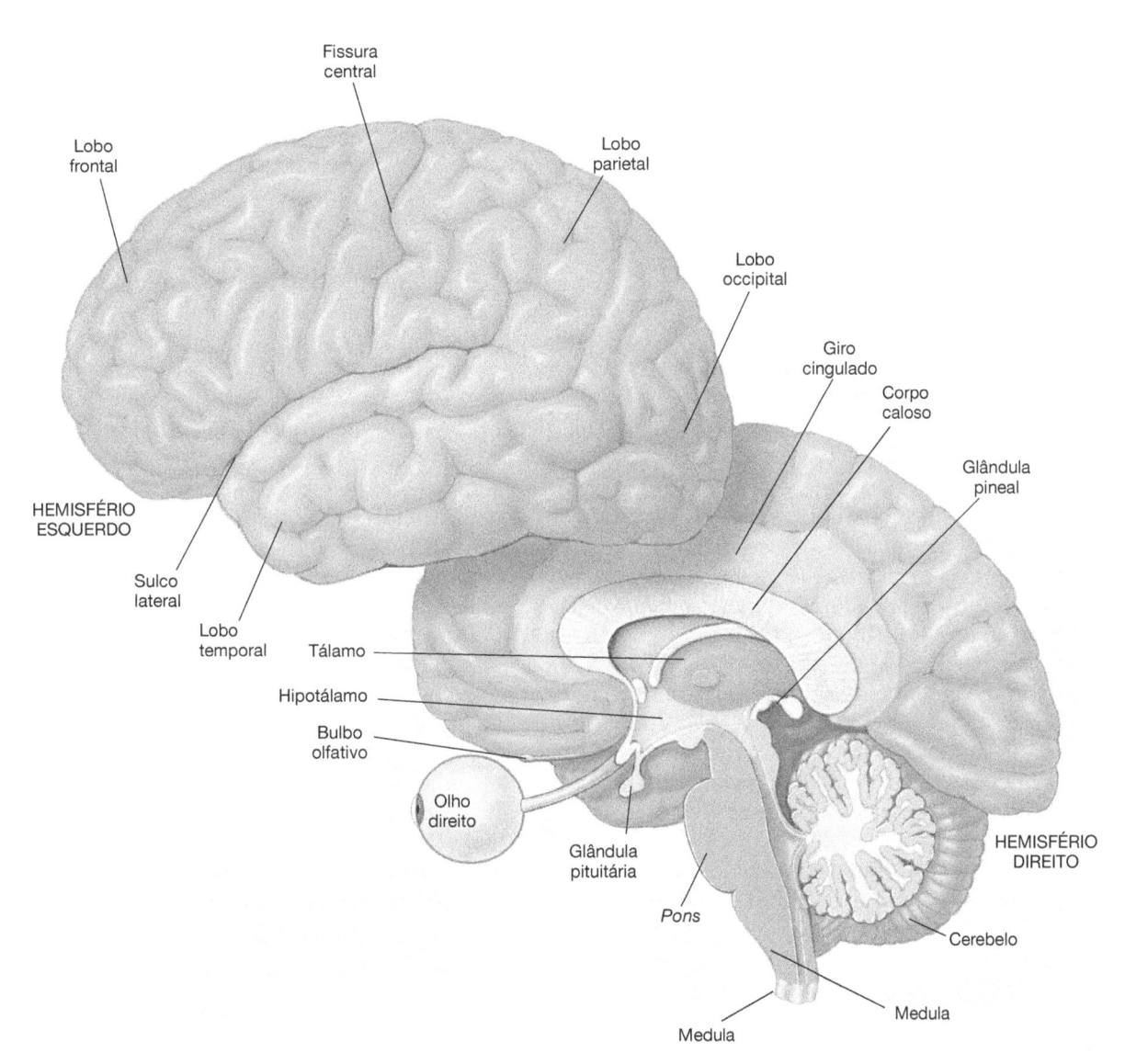

FIGURA 2.6
Partes do cérebro.

O córtex cerebral Cobrindo e revestindo o núcleo central e o sistema límbico, quase escondendo-os, está o *cérebro*. O cérebro está divido em dois hemisférios e coberto por uma estreita camada de substância cinzenta (células não-mielinizadas) chamada de **córtex cerebral**. É nele que a maioria das pessoas pensa quando fala sobre "o cérebro"; é a parte do cérebro que processa os pensamentos, a visão, a linguagem, a memória e as emoções. O córtex cerebral ocupa a maior parte do espaço no interior do crânio, sendo responsável por 80 por cento do cérebro humano e contendo cerca de 70 por cento dos neurônios presentes no sistema nervoso central.

O córtex cerebral, a parte mais recentemente evoluída do sistema nervoso central, é mais desenvolvido nos seres humanos que em qualquer outro animal. Desdobrado, cobriria uma área equivalente a quase um metro quadrado e teria cerca de dois centímetros de espessura. Mas um caminho complexo de dobras, montanhas e vales, chamado de *convoluções*, permite que os hemisférios cerebrais caibam dentro de nossa cabeça. Em cada pessoa, essas convoluções formam um padrão tão único quanto uma impressão digital.

Diversos pontos de referência presentes no córtex permitem que identifiquemos suas áreas funcionais. O primeiro deles é uma fenda profunda, que vai da parte frontal à parte posterior do cérebro, dividindo-o em dois *hemisférios*, *direito* e *esquerdo*. Conforme pode ser visto na Figura 2.6, cada um desses hemisférios pode ser subdividido em quatro *lobos* (descritos a seguir), separados entre si por fissuras. Uma *fissura cen-*

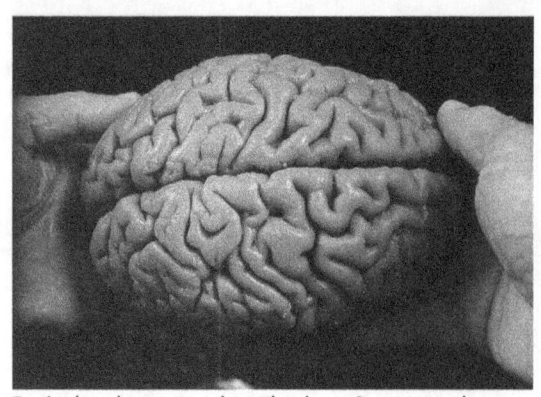

O cérebro humano visto de cima. Seu tamanho relativamente pequeno oculta sua enorme complexidade.

tral, situada lateralmente, mais ou menos de orelha a orelha, separa o *córtex somatossensorial primário*, que recebe mensagens sensoriais provenientes de todas as partes do corpo, do *córtex motor primário*, que envia mensagens do cérebro para vários músculos e glândulas. Além disso, existem grandes áreas no córtex de todos os quatro lobos chamadas **áreas de associação**. Em geral, os cientistas acreditam que as informações provenientes de diversas partes do córtex são integradas nessas áreas e que nelas ocorrem os processos mentais de aprendizagem, pensamento, memória, recordação e compreensão e uso da linguagem.

Os diferentes lobos dos hemisférios cerebrais são especializados para diferentes funções (veja a Figura 2.7). O **lobo frontal**, localizado logo atrás da testa, responde por cerca da metade do volume do cérebro. Ainda assim, ele permanece como a parte mais misteriosa do órgão. O lobo frontal recebe e coordena as mensagens provenientes de todos os outros três lobos do córtex e parece ocupar-se dos movimentos passados e futuros do corpo. Essa capacidade de monitorar e integrar tarefas complexas que acontecem no resto do cérebro levou alguns pesquisadores a hipotetizar que o lobo frontal funcionaria como um "centro de controle executivo" do cérebro (Kimberg, D'Esposito e Farah, 1997; Waltz *et al.*, 1999). Pesquisas recentes também indicam que o córtex lateral pré-frontal (situado mais ou menos acima da borda de nossas sobrancelhas) é a parte do cérebro mais envolvida em uma vasta quantidade de tarefas de resolução de problemas, incluindo a de responder a questões verbais e espaciais de testes de QI (Duncan *et al.*, 2000). A seção do lobo frontal conhecida como **córtex motor primário** desempenha papel essencial nas ações voluntárias. Aparentemente, o lobo frontal também é importante para os comportamentos que associamos à personalidade, entre eles a motivação, a persistência, o afeto (reações emocionais) e até mesmo o caráter (julgamento moral e social).

Até recentemente, nosso conhecimento a respeito dos lobos frontais se baseava em pesquisas realizadas com animais não humanos, cujos lobos frontais são relativamente pouco desenvolvidos, e em estudos de casos raros de pessoas com lesões no lobo frontal. Um caso famoso, envolvendo um bizarro acidente, foi relatado em 1848. Phineas Gage, encarregado de um grupo de trabalhadores ferroviários, cometeu um erro enquanto manuseava dinamite. Uma barra de ferro de um metro de comprimento e meio centímetro de espessura perfurou sua face e lesionou seriamente seus lobos frontais. Para surpresa daqueles que presenciaram o acidente, Gage permaneceu consciente, andou durante parte do caminho até o médico e sofreu poucos efeitos físicos posteriores. Sua memória e suas habilidades pareciam perfeitas. Entretanto, Gage passou por grandes alterações de personalidade. Ele, antes considerado um trabalhador amigável e um companheiro de trabalho atencioso e sensato, tornou-se cada vez mais desrespeitoso e irreverente, perdeu o interesse pelo trabalho e mudava constantemente de emprego. As mudanças de personalidade de Gage foram tão radicais que, na opinião de seus amigos, ele já não era mais a mesma pessoa.

Um século depois, a maioria dos psicobiólogos concorda que a mudança de personalidade — especialmente a perda de motivação e a capacidade de concentração — é a maior conseqüência das lesões provocadas ao lobo frontal. Aparentemente, os lóbulos frontais favorecem e antecipam comportamentos dirigidos para objetivos e a capacidade de levar uma vida emocionalmente madura. Quando adultos sofrem pancadas ou traumas no córtex pré-frontal, sua capacidade de realizar julgamentos se deteriora. Geralmente, essas pessoas acumulam dívidas, traem os cônjuges, abandonam os amigos e/ou perdem seus empregos. Testes de laboratório mostram que eles sabem a diferença entre certo e errado, mas não seguem essas regras com coerência em sua vida diária.

É necessário pesquisar muito mais até que os psicólogos compreendam de que modo essa parte do córtex contribui para uma variedade tão ampla e sutil de atividades mentais (veja a tabela-resumo "Partes do cérebro e suas funções").

O **lobo occipital**, localizado na parte mais posterior dos hemisférios cerebrais, recebe e processa informações visuais. Lesões causadas a esse lobo podem gerar cegueira, mesmo que os olhos e suas conexões neurais com o cérebro estejam perfeitamente saudáveis e intactas (veja a Figura 2.7).

O **lobo parietal** situa-se acima dos lobos temporal e occipital e ocupa metade da parte superior posterior de cada hemisfério. Esse lobo recebe informações sensoriais de todo o corpo — provenientes de receptores sensoriais localizados na pele, nos músculos, nas juntas, nos órgãos internos e nas papilas

Fissura central
Separa o córtex somatossensorial primário do córtex motor primário

Córtex motor primário
Parte do lobo frontal; envia mensagens para músculos e glândulas; desempenha papel-chave no movimento voluntário

Córtex somatossensorial primário
Registra mensagens sensoriais provenientes do corpo inteiro

Lobo frontal
Coordena mensagens dos outros lobos cerebrais; está envolvido na tarefa de resolução de problemas complexos

Lobo parietal
Recebe informações de receptores sensoriais localizados por todo o corpo (pele, músculos, juntas, órgãos internos e papilas gustativas); também está envolvido nas habilidades espaciais

Lobo temporal
Envolvido em tarefas visuais complexas e no equilíbrio; controla as emoções; tem importante papel na compreensão da linguagem

Lobo occipital
Recebe e processa informações visuais

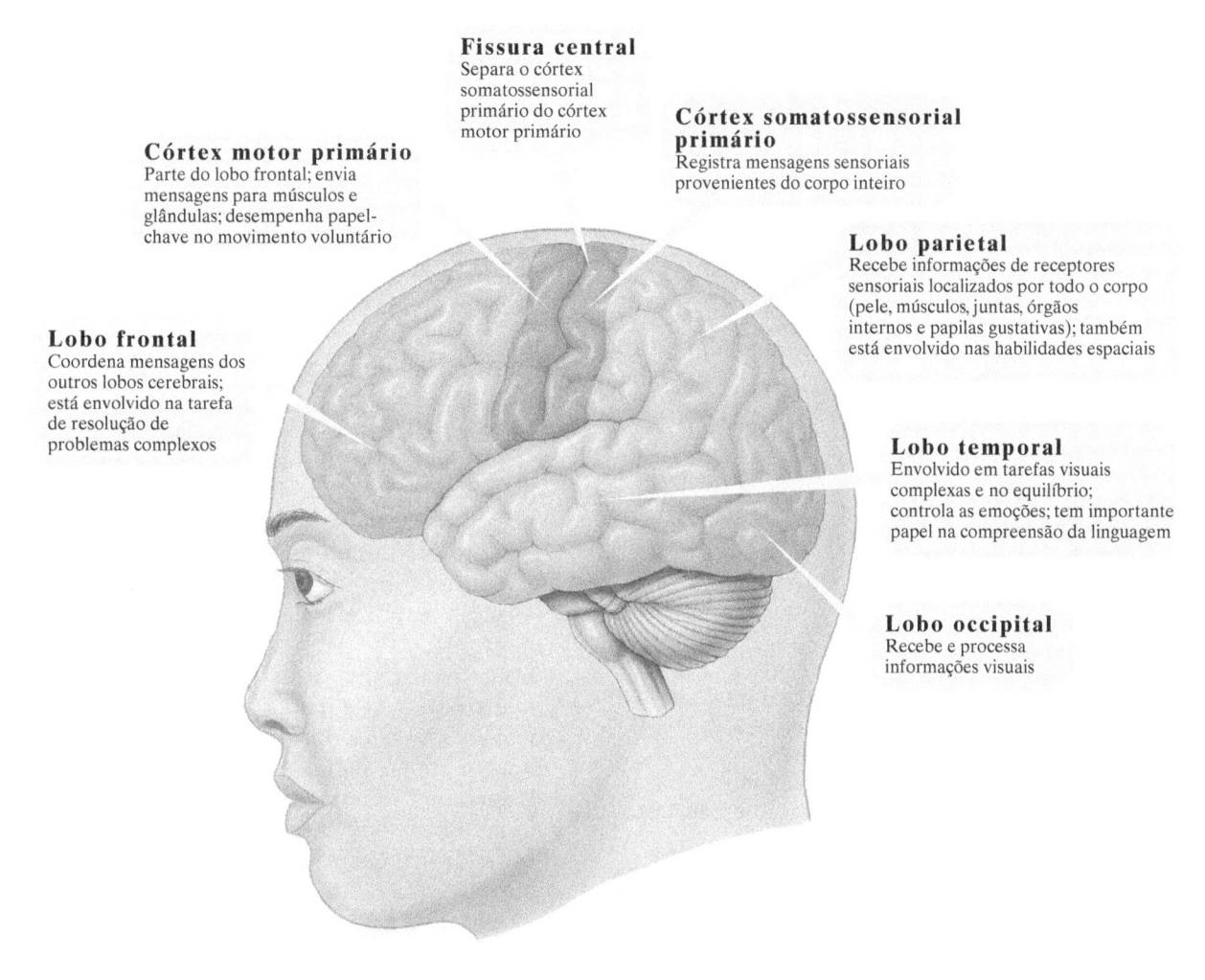

FIGURA 2.7
Os quatro lobos do córtex cerebral. Fissuras profundas do córtex separam essas áreas ou lobos. Também são mostradas as áreas somatossensorial primária e motora.

gustativas. As mensagens que chegam desses receptores são armazenadas no **córtex somatossensorial primário**. O lobo parietal também parece supervisionar nossas capacidades espaciais, tais como a de seguir um mapa ou dizer a alguém como ir de um lugar a outro (A. Cohen e Raffal, 1991).

O **lobo temporal**, localizado na frente do lobo occipital, mais ou menos atrás das têmporas, desempenha um importante papel em tarefas visuais complexas, como o reconhecimento de rostos. Ele também recebe e processa informações auditivas, contribui para a estabilidade e o equilíbrio e controla emoções e motivações como a ansiedade, o prazer e a raiva. Além disso, acredita-se que a capacidade de aprender e compreender línguas concentre-se na parte posterior dos lobos temporais, embora parte da compreensão lingüística também possa ocorrer nos lobos parietal e frontal (Ojemann, Ojemann, Lettich e Berger, 1989).

O sistema límbico O **sistema límbico** é um conjunto de estruturas frouxamente conectadas localizado entre o núcleo central e os hemisférios cerebrais (veja a Figura 2.8) Em termos evolutivos, o sistema límbico é mais recente que o núcleo central e apenas nos mamíferos se apresenta completamente desenvolvido. Animais dotados de sistemas límbicos primitivos, como peixes e répteis, possuem um repertório comportamental limitado: seus padrões de alimentação, ataque ou acasalamento são imutáveis. Os mamíferos (inclusive os seres humanos) são mais flexíveis em suas respostas ao ambiente, o que sugere que o sistema límbico reprime alguns comportamentos instintivos.

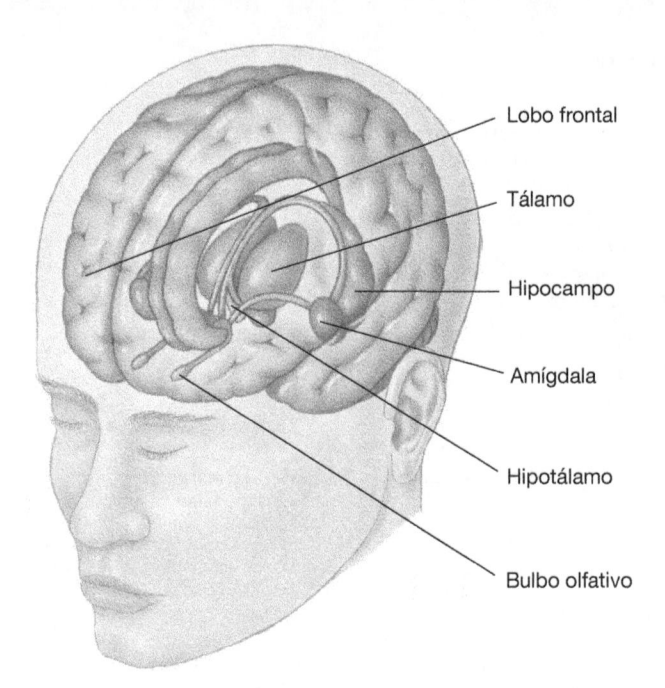

FIGURA 2.8
O sistema límbico. Sistema de estruturas cerebrais incluindo o tálamo, o hipocampo, a amígdala, o hipotálamo e o bulbo olfativo. Esse sistema é primariamente envolvido em comportamentos regulatórios relacionados com a motivação e a emoção.

Uma parte desse sistema, o *hipocampo*, desempenha um papel essencial na formação de novas memórias. Pessoas com severas lesões nessa área ainda são capazes de se lembrar de nomes, rostos e acontecimentos que já estavam armazenados na memória antes da lesão, mas não conseguem se lembrar de nada novo. Outra estrutura, a *amígdala*, juntamente com o hipocampo, controla as emoções relacionadas à autopreservação (MacLean, 1970). Quando partes dessas estruturas são lesionadas ou removidas, animais agressivos se tornam mansos e dóceis. Em contrapartida, a estimulação de algumas partes dessas estruturas faz com que os animais mostrem sinais de medo e pânico, enquanto a estimulação de outras dá início a ataques sem um motivo claro.

Outras estruturas límbicas intensificam a sensação de prazer. Quando têm diante de si a oportunidade de pressionar uma barra que estimula eletricamente partes do septo, os animais o fazem sem parar, ignorando comida e bebida. Os seres humanos também sentem prazer quando algumas áreas do septo são eletricamente estimuladas, embora aparentemente isso não aconteça com a mesma intensidade (Kupfermann, 1991; Olds e Forbes, 1981). Voltaremos a falar do sistema límbico no Capítulo 8, "Motivação e emoção". Por fim, o sistema límbico parece desempenhar um papel central quando estamos estressados, coordenando e integrando a atividade do sistema nervoso.

Especialização hemisférica

Como os hemisférios esquerdo e direito são especializados em diferentes funções?

O cérebro, conforme observado anteriormente, consiste de dois hemisférios cerebrais separados. Literalmente, os seres humanos possuem uma "metade direita" e uma "metade esquerda" do cérebro. A principal conexão entre os dois hemisférios é uma tira espessa de fibras nervosas, dispostas como uma fita, localizada abaixo do córtex e denominada **corpo caloso** (Figura 2.9).

Sob condições normais, os hemisférios esquerdo e direito estão em constante comunicação por meio do corpo caloso e trabalham juntos como uma unidade coordenada (Banich, 1998; Hellige, 1993; Hoptman e Davidson, 1994; Semrud-Clikeman e Hynd, 1990). Mas pesquisas sugerem que, na verdade, eles não são equivalentes entre si (veja a Figura 2.9).

A mais impressionante prova vem de pacientes com "cérebro dividido". Em alguns casos de severa epilepsia, os cirurgiões cortam o corpo caloso, a fim de evitar que os ataques epilépticos migrem de um hemisfério para o outro. Em geral, esse procedimento é bem-sucedido: os ataques dos pacientes diminuem e às vezes são totalmente eliminados. Mas seus dois hemisférios ficam funcionalmente isolados: na prática, o lado direito do cérebro não sabe o que o lado esquerdo está fazendo (e vice-versa). Surpreendentemente, no dia-a-dia os pacientes com cérebro dividido parecem viver normalmente. Foi necessária uma série de experimentos engenhosos para revelar o que acontece quando os dois hemisférios não são capazes de se comunicar entre si.

Em 1981, Roger Sperry recebeu o Prêmio Nobel por seus estudos pioneiros sobre pacientes com cérebro dividido (Sperry, 1964, 1968, 1970).

Em um dos experimentos de Sperry, pedia-se que esses pacientes olhassem fixamente para um ponto em uma tela de projeção. Quando as imagens de vários objetos eram projetadas à *direita* daquele ponto, eles conseguiam reconhecer e dar nome aos objetos, além de ser capazes de distinguir tais objetos com a mão direita, em meio a um grupo de objetos escondidos (veja a Figura 2.10A). Entretanto, quando as

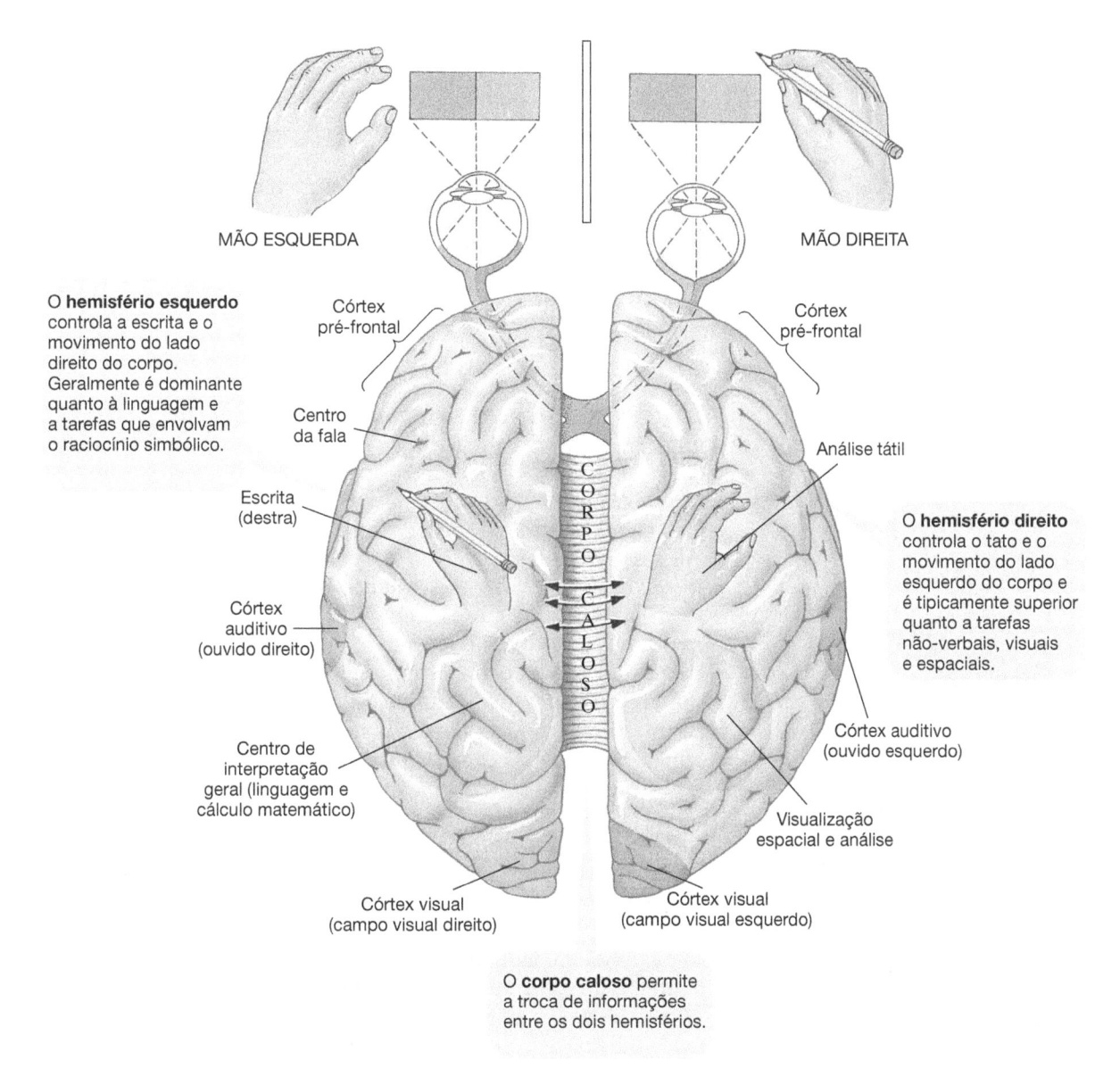

FIGURA 2.9

Os dois hemisférios cerebrais. Cada hemisfério se especializa em processar tipos específicos de informações, como mostrado no diagrama.

imagens eram mostradas do lado *esquerdo* da tela, ocorria uma mudança. Os pacientes eram capazes de selecionar os objetos por meio do tato com a mão esquerda, mas não podiam dizer que objetos eram! Na verdade, quando perguntados sobre os objetos que viam no lado esquerdo da tela, os pacientes geralmente diziam que não viam "nada" (veja a Figura 2.10B).

Parte da explicação para esses estranhos resultados reside em como cada hemisfério do cérebro funciona. Quando o corpo caloso é cortado, o *hemisfério esquerdo* recebe informação apenas do lado direito do corpo e da metade direita do campo visual. Assim, é capaz de combinar um objeto mostrado no campo visual direito com as informações recebidas pelo tato da mão direita, mas não pode perceber (e portanto é incapaz de identificar) objetos mostrados do lado esquerdo do campo visual ou tocados pela mão esquerda (e, conseqüentemente, é incapaz de identificá-los). Em contrapartida, o *hemisfério direito* recebe informações provenientes apenas do lado esquerdo do campo visual e do corpo. Assim, é capaz de combinar um objeto mostrado no campo visual esquerdo com as informações recebidas pelo tato da mão esquerda, mas não se dá conta dos objetos mostrados no campo visual direito ou tocados com a mão direita.

Mas por que os pacientes com cérebro dividido não conseguem reconhecer um objeto quando ele é mostrado do lado esquerdo do campo visual? A resposta parece ser que, para a grande maioria das

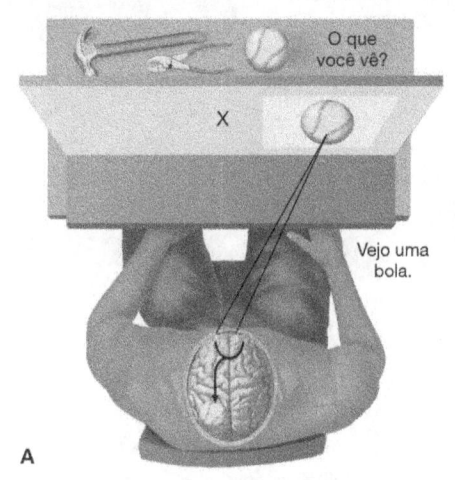

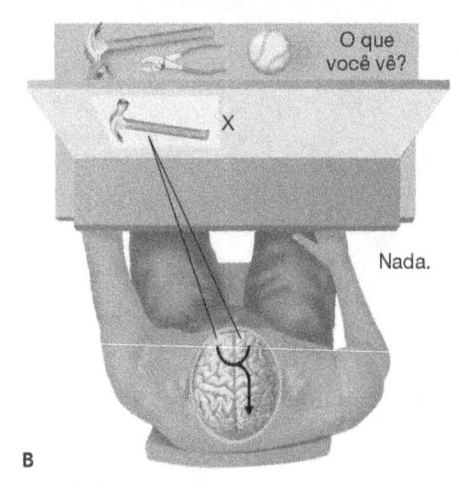

FIGURA 2.10
(A) Quando pacientes com cérebro dividido olham para o ponto X localizado no centro da tela, a informação visual projetada no lado direito chega até o hemisfério cerebral esquerdo do paciente, que controla a linguagem. Quando questionados sobre o que viam, os pacientes respondiam corretamente.
(B) Quando pacientes com cérebro dividido olham para o ponto X localizado no centro da tela, a informação visual projetada no lado esquerdo chega até o hemisfério cerebral direito do paciente, que não exerce controle sobre a linguagem. Quando questionados sobre o que viam, os pacientes não conseguiam dar nome aos objetos, mas eram capazes de distingui-los por meio do tato da mão esquerda.
Fonte: adaptado da obra de Carol Ward, © Discover Publications, 1987.

pessoas, a capacidade de falar está concentrada no córtex esquerdo do cérebro (Hellige, 1990, 1993). Na maioria dos pacientes com cérebro dividido, o hemisfério direito do cérebro não é capaz de identificar verbalmente o objeto que está sendo "visto" pelo campo visual esquerdo, mesmo que o objeto possa ser tocado pela mão esquerda. Os resultados desses e de outros testes indicam que os dois hemisférios cerebrais não apenas estão conectados aos lados opostos do corpo, mas também se especializam em diferentes funções. Por exemplo: lesões provocadas ao hemisfério esquerdo geralmente resultam em sérios problemas na fala, enquanto lesões similares no direito raramente têm esse efeito.

Linguagem A noção de que a linguagem humana é controlada primordialmente pelo hemisfério esquerdo do cérebro foi proposta inicialmente na década de 1860 pelo médico francês Paul Broca. As idéias de Broca foram modificadas dez anos mais tarde pelo cientista Karl Wernicke. Dessa maneira, não nos surpreende que as duas maiores áreas do cérebro dedicadas à linguagem sejam tradicionalmente chamadas de área de Broca e área de Wernicke (veja a Figura 2.11).

A área de Wernicke encontra-se na parte de trás do lobo temporal. É extremamente importante para o processamento e a compreensão do que as outras pessoas estão falando. Em contrapartida, a área de Broca, situada no lobo frontal, é considerada essencial para a nossa capacidade de falar. Para simplificar, a área de Wernicke é aparentemente importante para a audição, e a de Broca para a fala. Evidências que sustentam essa distinção vêm de pacientes que sofreram pancadas no hemisfério esquerdo do cérebro e conseqüente lesão cerebral. Tais pancadas geralmente provocam problemas previsíveis de fala, chamados *afasias*. Se a lesão cerebral afetar a área de Broca, a afasia tende a ser "expressiva". Isto é, as dificuldades lingüísticas dos pacientes incidirão predominantemente sobre a produção e seqüenciação da linguagem (fala). Se a lesão afetar a área de Wernicke, a afasia tende a ser "receptiva", e os pacientes geralmente têm profundas dificuldades para compreender a linguagem (audição).

Sally Shaywitz, da Escola de Medicina da Universidade de Yale, descobriu que, enquanto lêem, os homens utilizam uma parte do cérebro próxima à área de Broca, ao passo que as mulheres utilizam tanto essa área quanto uma região semelhante localizada no lado direito do cérebro (Shaywitz *et al.*, 1995). Esse estudo fornece provas diretas de que homens e mulheres utilizam áreas diferentes do cérebro para a função da fala. O uso que as mulheres fazem do hemisfério direito para algumas funções da fala também pode ajudar a explicar por que elas, mais freqüentemente que eles, recuperam suas capacidades de linguagem após sofrer pancadas no lado esquerdo do cérebro.

Esses dados, juntamente com a constatação de que os cérebros de homens e mulheres diferem também quanto a outros aspectos (veja Breedlove, 1994), suscitam uma série de questões. Será que todos os homens possuem as áreas de Broca e de Wernicke separadas para a linguagem? Caso isso seja verdade, é possível distinguir entre a maneira como homens e mulheres compreendem e falam uma língua? De modo mais genérico, será que os cérebros dos dois sexos são "programados" de modo a pensar diferente? Será que a experiência e a cultura modelam formas "masculinas" e "femininas" de pensar e falar? Ou será que nossos padrões de pensamento e linguagem estão baseados em diferenças individuais, e não de gênero? Os cientistas sabem que os cérebros de homens e mulheres diferem de certa maneira. Mas para saber se essas diferenças físicas constituem necessariamente a base para diferenças comportamentais são necessárias mais pesquisas.

Uma concepção errônea, porém muito comum, é a de achar que a especialização hemisférica tem que ver com o fato de a pessoa ser destra ou canhota. Entretanto, pesquisas demonstram que o centro da linguagem geralmente se localiza no hemisfério esquerdo tanto nos destros quanto nos canhotos, embora seja mais provável para estes que para aqueles que o centro das capacidades lingüísticas esteja localizado no hemisfério direito do cérebro (Hellige, 1993; Hellige *et al.*, 1994).

Ferramentas para o estudo do cérebro

Que métodos foram desenvolvidos para estudar o cérebro?

Durante séculos, nossa compreensão do cérebro dependia inteiramente da observação de pacientes que sofriam lesões cerebrais ou do exame de cérebros de cadáveres. Outra abordagem (ainda em uso) era a de remover ou lesionar os cérebros de animais não humanos e estudar os efeitos disso. Mas o córtex cerebral humano é muito mais complexo que o de qualquer outro animal. Como os cientistas podem estudar um cérebro humano vivo que funcione em sua totalidade? Os neurocientistas de hoje possuem quatro técnicas básicas — microeletrodos, macroeletrodos, representação estrutural e representação funcional. Técnicas mais novas e apuradas surgem praticamente todo ano e são empregadas tanto em diagnóstico quanto em pesquisa.

Técnicas com o uso de microeletrodos   As técnicas de registro por meio de *microeletrodos* são utilizadas no estudo das funções de neurônios isolados. Um microeletrodo é um minúsculo tubo ou pipeta feito de vidro ou de fibra (cujo diâmetro é menor que o de um fio de cabelo), preenchido com líquido condutor. Quando os técnicos inserem a extremidade desse eletrodo em um neurônio, é possível estudar as alterações das condições elétricas desse neurônio. As técnicas com o uso de microeletrodos têm sido empregadas na compreensão da dinâmica dos potenciais de ação, dos efeitos que drogas ou toxinas têm sobre os neurônios e até mesmo para processos que ocorrem na membrana neuronal.

Córtex motor

A **área de Broca** está envolvida na produção da fala. Lesões nessa região afetam a habilidade de falar, mas a compreensão da linguagem oral ou escrita quase não é afetada.

A **área de Wernicke** está envolvida em nossa compreensão da linguagem oral ou escrita. Lesões nessa região afetam a compreensão da linguagem, mas a fala quase não é afetada.

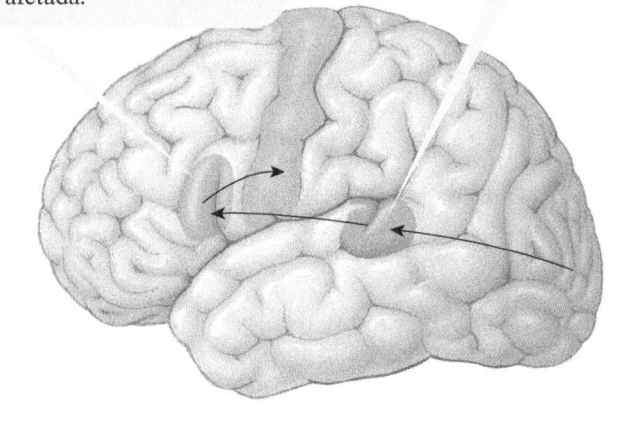

Córtex visual

FIGURA 2.11
Processamento da fala e da linguagem.   As áreas de Broca e de Wernicke, geralmente encontradas apenas no lado esquerdo do cérebro, trabalham juntas, capacitando-nos a produzir e compreender a fala e a linguagem.

Técnicas com o uso de macroeletrodos As técnicas de registro por meio de *macroeletrodos* são utilizadas na obtenção de uma imagem geral da atividade em determinadas regiões do cérebro, que podem conter milhões de neurônios. O primeiro desses aparelhos — o *eletroencefalógrafo* (EEG) desenvolvido por Hans Berger em 1929 — ainda é utilizado hoje em dia. Eletrodos planos, fixados na cabeça, são ligados por fios a um equipamento que traduz a atividade elétrica em linhas traçadas sobre um rolo de papel que gira (ou, mais recentemente, para imagens em uma tela de computador). As chamadas ondas cerebrais fornecem uma indicação tanto da intensidade quanto do ritmo da atividade neuronal. Sua forma e padrão variam de acordo com o que a pessoa estiver fazendo no momento. As *ondas alfa* são comuns quando relaxamos com os olhos fechados. Elas mudam para ondas de freqüência superior, as *ondas beta*, quando estamos acordados, imóveis, mas nossos olhos estão abertos. No outro extremo estão as *ondas delta*, de baixa freqüência, que ocorrem quando estamos dormindo profundamente. Conforme veremos no Capítulo 4, "Estados de consciência", essa técnica já forneceu aos pesquisadores valiosas indicações quanto às alterações das ondas cerebrais durante o sono e os sonhos.

Os macroeletrodos permitem que os pesquisadores "ouçam" o que está acontecendo dentro do cérebro, mas não possibilita que eles *vejam* através do crânio e *enxerguem* o que está acontecendo. Algumas técnicas mais recentes são capazes disso.

Representação estrutural Quando os pesquisadores desejam mapear as estruturas de um cérebro humano vivo, empregam duas novas técnicas. A *tomografia axial computadorizada* (CAT ou CT) permite que os cientistas produzam imagens tridimensionais de um cérebro humano sem necessidade de cirurgia. Para realizar um exame CAT, uma unidade de fotografias de raio X gira em torno da pessoa, movendo-se desde o topo até a base da cabeça; depois, um computador reúne e combina as imagens produzidas. O método de *imagens com ressonância magnética* (MRI) é ainda mais eficaz na produção de imagens das regiões internas do cérebro, com seus sulcos, dobras e fissuras. Nessa técnica, a cabeça do paciente é envolta em um campo magnético, e o cérebro é exposto a ondas radioativas, que fazem com que os átomos de hidrogênio emitam energia. A energia liberada por diferentes estruturas do cérebro gera uma imagem que aparece em uma tela de computador.

Representação funcional Em muitos casos, os pesquisadores estão interessados em algo que vai além da estrutura; eles querem ver a *atividade* do cérebro, o quanto ele realmente reage a estímulos sensoriais tais como dor, sons e palavras. Esse é o objetivo de vários métodos de representação funcional. O *exame de EEG*, já visto, mede a atividade cerebral "a cada milésimo de segundo" (Fischman, 1985, p. 18). Nessa técnica, mais de duas dúzias de eletrodos são fixados em pontos importantes da cabeça. Esses eletrodos registram as atividades cerebrais que um computador então converte em imagens coloridas mostradas em um televisor. Tais imagens mostram a distribuição das ondas alfa, beta e outras atividades. Essa técnica tem sido extremamente útil na identificação de atividades corticais anormais como, por exemplo, as observadas durante um ataque epiléptico.

Duas técnicas relacionadas, chamadas de *magnetoencefalografia* (MEG) e *representação por fonte magnética* (MSI), constituem um passo a mais em relação a esse procedimento. Em um EEG padrão, sinais elétricos são distorcidos à medida que atravessam o crânio, e sua origem exata é difícil de determinar. Entretanto, esses mesmos sinais elétricos geram campos magnéticos que não são influenciados pelos ossos. Tanto o MEG quanto o MRI medem a intensidade do campo magnético e identificam sua origem com considerável precisão. Ao empregar esses procedimentos, os neurocientistas começaram a determinar com exatidão quais partes do cérebro são mais ativas durante os processos de memória (Gabrieli *et al.*, 1996), processamento da fala (Tulving *et al.*, 1994) e leitura. Assim, essas pesquisas estão começando a trazer novas esperanças para desordens como a amnésia e a dislexia (um distúrbio de leitura).

Outra família de técnicas de representação funcional — *exame de tomografia por emissão de pósitrons (PET), PET radioativo e tomografia computadorizada por emissão de um fóton único (SPECT)* — emprega a energia radioativa para mapear a atividade cerebral. Em todas essas técnicas, a pessoa recebe primeiro uma injeção de uma substância radioativa. As estruturas cerebrais que estão especialmente ativas logo após a injeção absorvem a maior parte do produto. Quando o efeito da substância começa a decair, ela emite partículas subatômicas. Ao estudar a origem da maior parte das partículas, os cientistas são capazes de determinar com precisão quais porções do cérebro estavam mais ativas. Algumas das descobertas produzidas por essas técnicas são surpreendentes. Por exemplo: um estudo descobriu que, em geral, os cérebros das pessoas de alto QI são menos ativos que os das pessoas de baixo QI, talvez porque elas processem informações de modo mais eficiente (Haier, 1993). Também foram produzidos avanços quanto à localização da região do cérebro lesionada no mal de Parkinson. Outros pesquisadores utilizaram essas técnicas para investigar como nossas lembranças de palavras e imagens são armazenadas no cérebro (Cabeza e Nyberg, 2000; Craik *et al.*, 1999). Essas técnicas também aumentam nosso conhecimento sobre os efeitos de drogas psicoativas, tais como antidepressivos.

Uma das mais novas e poderosas técnicas para o registro da atividade cerebral chama-se *representação por ressonância magnética funcional* (fMRI). O MRI funcional mede o movimento das moléculas sangüíneas no cérebro, permitindo que os neurocientistas identifiquem com precisão a localização específica e os detalhes da atividade neuronal. Ao comparar a atividade cerebral de alunos normais à de crianças com problemas de aprendizagem, os pesquisadores começaram a identificar as origens biológicas da falta de atenção e da desordem da hiperatividade (ADHD) (Vaidya *et al.*, 1998); da dislexia (Shaywitz *et al.*, 1998); e de dificuldades com matemática (Dehane, Spelke, Stanescu, Pinel e Tsivkin, 1999). A fMRI é um novo instrumento de pesquisa especialmente promissor porque permite a coleta rápida de imagens extremamente precisas e, além disso, não requer que o paciente receba injeções de substâncias químicas radioativas (o que a torna menos invasiva) (Esposito, Zarahn e Aguirre, 1999; Nelson *et al.*, 2000).

Pela combinação dessas várias técnicas, os neurocientistas são capazes de observar simultaneamente estruturas anatômicas (por meio do CAT e do MRI), locais de uso de energia (PET, SPEC e MEG), o movimento do sangue e da água (fMRI) e áreas de atividade elétrica no cérebro (EEG e ERP). Como resultado, os cientistas começaram a estudar, com um sucesso nunca antes obtido, o impacto que as drogas têm sobre o cérebro, a formação da memória (Craik *et al.*, 1999) e os locais em que ocorrem muitas outras atividades mentais (Sarter, Berntson e Cacioppo, 1996).

A medula espinhal

O que a medula espinhal faz? Como ela trabalha junto com o cérebro para perceber os estímulos e reagir a eles?

Falamos do cérebro e da medula espinhal como se fossem duas estruturas diferentes, mas na verdade não existe fronteira exata que os separe; em sua extremidade superior, a medula espinhal se dilata e forma a base do cérebro (veja a Figura 2.12).

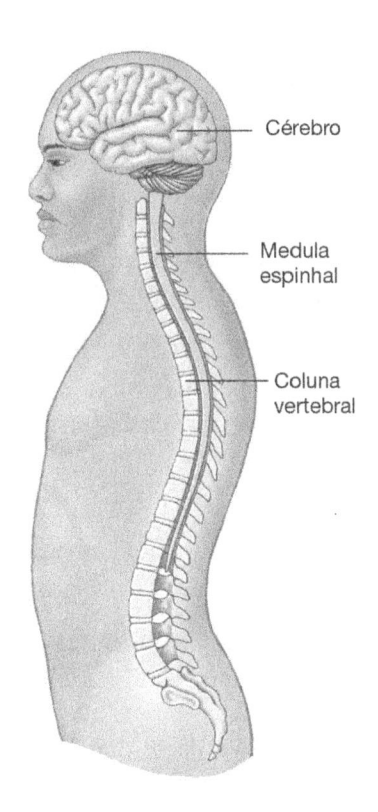

FIGURA 2.12

Cérebro e medula espinhal. A medula espinhal é um complexo cabo de neurônios que desce pela espinha, ligando o cérebro à maior parte do resto do corpo.

Fonte: Human physiology, an integrated approach, de Silverthorn, © 1989. Reprodução autorizada pela Pearson Education, Inc., Upper Saddle River, NJ.

TESTE SUA APRENDIZAGEM

1. Que estrutura cerebral é um centro vital para o controle da temperatura, dos atos de comer e beber e do comportamento sexual?
    a. córtex cerebral
    b. *pons*
    c. cerebelo
    d. hipotálamo
2. Relacione os lobos do córtex cerebral com suas funções.
    ___ frontais   a. processam a linguagem e as informações recebidas pelos ouvidos
    ___ occipitais   b. processam as sensações do corpo e as informações espaciais
    ___ temporais   c. planejam comportamento direcionado para metas
    ___ parietais   d. processam informações visuais
3. Os reflexos simples são controlados pelo
    a. córtex frontal
    b. cerebelo
    c. medula espinhal
    d. córtex somatossensorial

Respostas: 1. d. 2. frontais (c); occipitais (d); temporais (a); parietais (b). 3. c.

A **medula espinhal** é a nossa super-rodovia de comunicação, que conecta o cérebro à maior parte do resto do corpo. Sem ela, estaríamos completamente desamparados. Mais de 400 mil norte-americanos sofrem de paralisias parciais ou totais — cerca da metade delas é resultado de traumas súbitos provocados à medula espinhal (geralmente como conseqüência de acidentes de carro, ferimentos à bala, quedas ou lesões sofridas durante a prática de esportes); a outra metade se originou de tumores, infecções e desordens como a esclerose múltipla (McDonald, 1999). Quando a medula espinhal é lesionada, partes do corpo ficam literalmente desconectadas do cérebro. As vítimas perdem todas as sensações nas partes que não conseguem mais enviar informações para as áreas superiores do cérebro, ficando incapazes de controlar os movimentos de tais partes. Em alguns casos, as lesões à medula espinhal provocam problemas no controle dos intestinos e da bexiga, ou baixa pressão sangüínea, o que torna difícil manter uma temperatura corporal adequada.

A medula espinhal é formada por feixes macios e gelatinosos de longos axônios, revestidos por mielina isolante (substância branca), cercados e protegidos pelos ossos vertebrais. Existem dois caminhos neuronais principais na coluna vertebral. Um deles consiste dos neurônios motores, que parte do cérebro e controla os órgãos internos e músculos, além de ajudar a modular o sistema nervoso autônomo (descrito adiante). O outro consiste de neurônios sensoriais ascendentes, que transmitem informações provenientes das extremidades do corpo e dos órgãos internos para o cérebro. Além disso, a medula espinhal contém circuitos neuronais que realizam movimentos reflexos (e controlam alguns aspectos do ato de caminhar). Esses circuitos não necessitam de estímulos do cérebro: as mensagens entrantes produzem uma reação instantânea que é a mesma o tempo todo. A maioria dos reflexos da medula espinhal é protetora: eles permitem que o corpo se safe de sérias lesões, além de manter o tônus muscular e a posição adequada.

Para entender como a medula espinhal funciona, consideremos o simples ato de queimar seu dedo no fogão (veja a Figura 2.13). Você afasta a mão sem pensar, mas essa reação rápida foi o último evento de uma série de reações ocorridas no seu sistema nervoso. Primeiramente, células sensoriais especiais captam a mensagem de que seu dedo sofreu uma queimadura. Elas transmitem essa informação ao longo dos *interneurônios* situados na medula espinhal. Os interneurônios, por sua vez, comunicam-se com os neurônios motores, dando início ao movimento de afastamento rápido de sua mão. (Uma reação similar acontece quando o médico bate de leve no seu joelho com um taco de borracha.) Ao mesmo tempo, a mensagem está sendo enviada a outras partes de seu sistema nervoso. Seu corpo fica em estado de "alerta

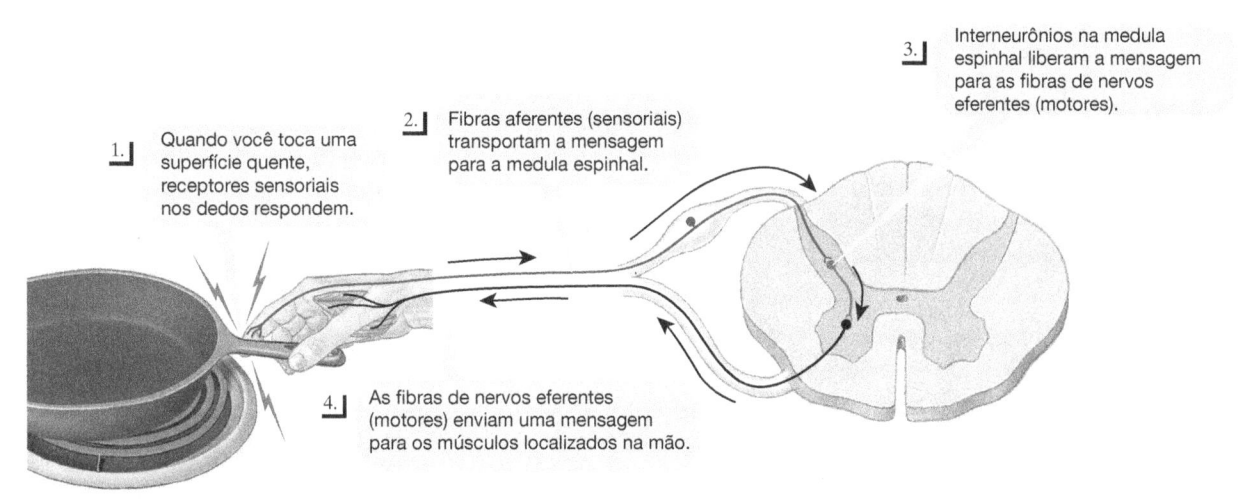

FIGURA 2.13
A medula espinhal e a ação reflexa.

emergencial": você respira mais rapidamente, seu coração dispara e o corpo inteiro (inclusive o sistema endócrino) se mobiliza contra o ferimento. Enquanto isso, seu cérebro está interpretando as mensagens que recebe: você sente dor, olha para a queimadura e coloca a mão debaixo de água corrente e fria. Dessa maneira, uma simples e pequena queimadura dá início a uma seqüência complexa e coordenada de atividades. Essa reação começou no sistema nervoso periférico.

O sistema nervoso periférico

Como o cérebro se comunica com o resto do corpo? Como a parte autônoma do sistema nervoso periférico está envolvida no controle das emoções?

O sistema nervoso periférico liga o cérebro e a medula espinhal ao resto do corpo, inclusive aos receptores sensoriais, glândulas, órgãos internos e músculos esqueléticos (veja a Figura 2.5). Ele consiste tanto nos **neurônios aferentes**, que transportam mensagens *para* o sistema nervoso central, e os **neurônios eferentes**, que transportam mensagens *do* sistema nervoso central. Os neurônios aferentes transportam informações sensoriais. Todas as coisas registradas por seus sentidos — visões, sons, odores, temperatura, pressão etc. — viajam para seu cérebro via neurônios aferentes. Os neurônios eferentes, por sua vez, transportam sinais do cérebro para os músculos e as glândulas do corpo.

Alguns neurônios pertencem a uma parte do sistema nervoso periférico chamada de **sistema nervoso somático**. Os neurônios nesse sistema estão envolvidos nos movimentos voluntários dos músculos esqueléticos. Cada ação deliberada que você faz, de pedalar uma bicicleta a unhar algo, envolvem os neurônios do sistema nervoso autônomo. Outros neurônios pertencem a uma parte do sistema nervoso periférico chamada de **sistema nervoso autônomo**; eles governam atividades involuntárias de seus órgãos internos, desde as batidas de seu coração até as secreções hormonais de suas glândulas.

O sistema nervoso autônomo é de especial interesse para psicólogos porque está envolvido não apenas nas funções vitais do corpo, como a respiração e o fluxo sangüíneo, mas também em emoções importantes. Para compreender o funcionamento desse sistema, você precisa conhecer suas duas partes: as divisões *simpática* e *parassimpática* (veja a Figura 2.14).

As fibras nervosas da **divisão simpática** trabalham mais quando você está amedrontado, com raiva ou excitado. Elas enviam mensagens que avisam o corpo: "Isso é uma emergência! Prepare-se para agir agora!" Como resultado, seu coração bate acelerado, você respira mais rapidamente, suas pupilas se dilatam e sua digestão é interrompida. O sistema nervoso simpático também avisa ao sistema endócrino que ele deve começar a bombear substâncias químicas na corrente sangüínea, a fim de intensificar essas reações (conforme descrito mais adiante). As fibras nervosas simpáticas conectam-se a cada órgão interno do corpo, e isso explica por que a reação física ao estresse é tão generalizada. Entretanto, a divisão simpática também é capaz de agir seletivamente em um órgão isolado.

Embora as reações simpáticas sejam freqüentemente mantidas mesmo após o perigo ter passado, até mesmo a mais intensa reação da divisão simpática acaba, e o corpo então se acalma, voltando ao normal.

Esse efeito calmante é promovido pela **divisão parassimpática** do sistema nervoso autônomo. As fibras nervosas parassimpáticas conectam-se aos mesmos órgãos aos quais estão conectadas as fibras nervosas simpáticas, porém provocam efeitos opostos. A divisão parassimpática diz: "OK, acabou, de volta ao normal". Então o coração volta a bater em seu ritmo habitual, os músculos do estômago se descontraem, a digestão recomeça, a respiração se desacelera e as pupilas dos olhos se contraem. Assim, a divisão simpática excita o corpo em resposta a situações de estresse; depois, a parassimpática acalma todo o sistema uma vez que o perigo tenha passado.

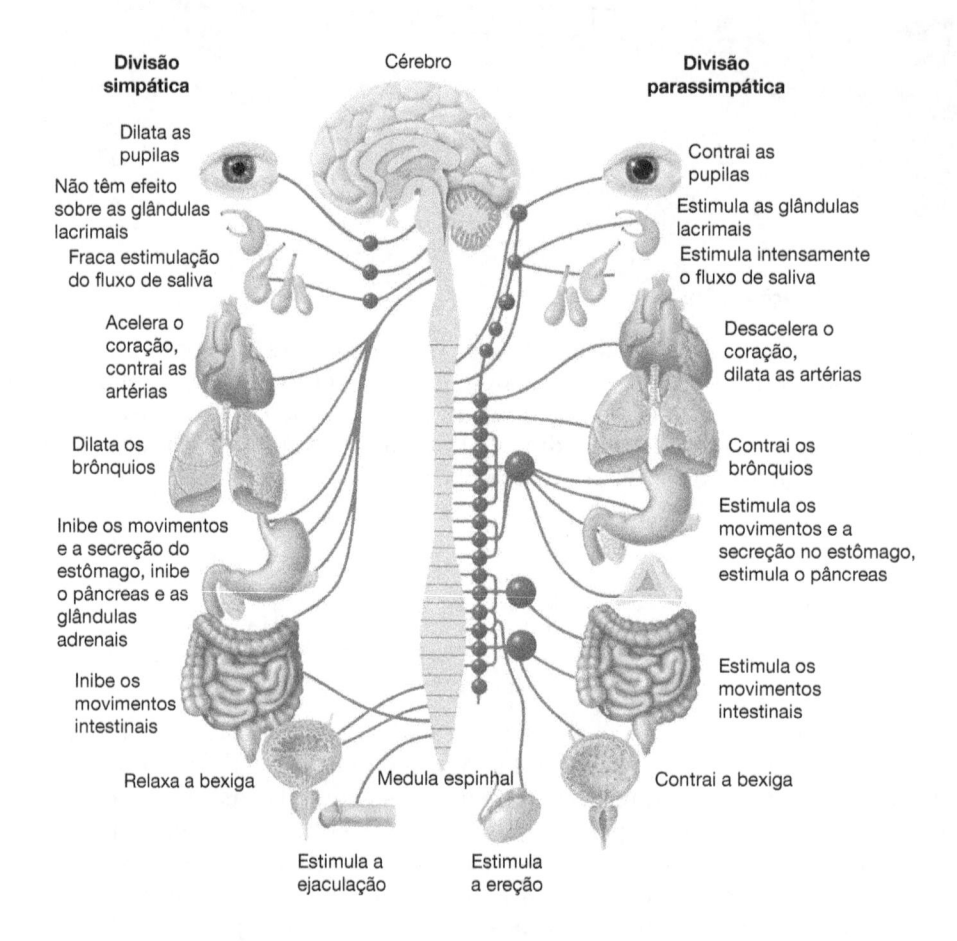

FIGURA 2.14
As divisões simpática e parassimpática do sistema nervoso autônomo. A divisão simpática geralmente atua na excitação do corpo, preparando-o para "lutar ou fugir". A divisão parassimpática envia mensagens de relaxamento.
Fonte: adaptado da obra de Willis Johnson, Richard A. Laubengayer e Louis E. Delanney. *General biology*. Edição revisada. Copyright © 1961. Reproduzido com autorização da Brooks/Cole, um selo da Wadsworth Group, uma divisão da Thomson Learning.

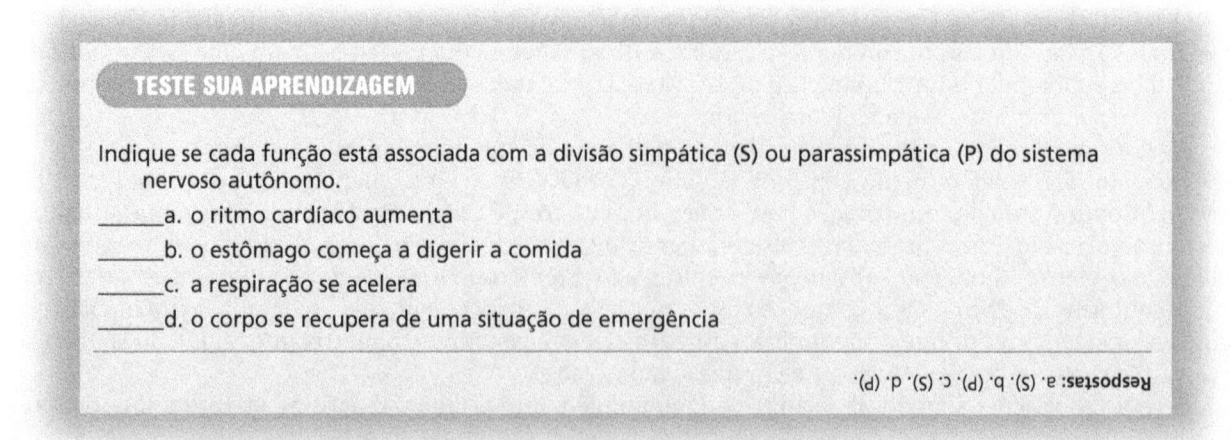

TESTE SUA APRENDIZAGEM

Indique se cada função está associada com a divisão simpática (S) ou parassimpática (P) do sistema nervoso autônomo.

_____ a. o ritmo cardíaco aumenta
_____ b. o estômago começa a digerir a comida
_____ c. a respiração se acelera
_____ d. o corpo se recupera de uma situação de emergência

Respostas: a. (S), b. (P), c. (S), d. (P).

Tradicionalmente, o sistema nervoso autônomo era considerado a parte "automática" dos mecanismos de reação do corpo (daí seu nome). Acreditava-se que o ser humano não era capaz de avisar a seu próprio sistema nervoso autônomo quando ele deveria acelerar ou desacelerar os batimentos cardíacos ou quando deveria parar ou iniciar os processos digestivos. Contudo, estudos realizados nos anos 60 e 70 mostraram que os seres humanos (e os animais) possuem certo controle sobre o sistema nervoso autônomo. Por exemplo: as pessoas podem aprender a moderar a gravidade da alta pressão sangüínea ou das enxaquecas, e até mesmo controlar seus próprios batimentos cardíacos e ondas cerebrais por meio do *biofeedback*, um assunto que detalharemos no Capítulo 5, "Aprendizagem".

O sistema endócrino

Por que os psicólogos estão interessados nos hormônios?

O sistema nervoso não é o único mecanismo que controla o funcionamento do nosso corpo. O sistema endócrino desempenha um papel fundamental, ajudando a coordenar e a integrar complexas reações psicológicas. De fato, conforme mencionamos ao longo deste capítulo, o sistema nervoso e o sistema endócrino trabalham juntos em uma constante "conversa química". As **glândulas endócrinas** liberam substâncias químicas chamadas **hormônios**, que são enviadas a todo o corpo por meio da corrente sangüínea. Os hormônios realizam uma função semelhante à dos neurotransmissores: enviam mensagens. Na verdade, uma mesma substância — por exemplo, a noradrenalina — pode fazer o papel tanto de neurotransmissor quanto de hormônio. A principal diferença entre o sistema nervoso e o sistema endócrino é a velocidade. Um impulso neuronal é capaz de viajar pelo corpo durante alguns centésimos de segundo. Viajar por meio da corrente sangüínea é um processo mais lento: os hormônios podem levar segundos, até mesmo minutos, para atingir seu objetivo.

Os psicólogos se interessam pelos hormônios por dois motivos. Primeiramente, em certos estágios de desenvolvimento, os hormônios *organizam* o sistema nervoso e os tecidos do corpo. Durante a puberdade, por exemplo, o aumento dos níveis hormonais dá início ao desenvolvimento das características sexuais secundárias, incluindo os seios nas mulheres, uma voz mais grave nos homens e pêlos públicos e nas axilas em ambos os sexos. Em segundo lugar, os hormônios *ativam* o comportamento. Eles influenciam estados de atenção ou de sonolência, a excitabilidade, o comportamento sexual, a capacidade de concentração, a agressividade, as reações ao estresse e, até mesmo, o desejo de companhia. Os hormônios também podem exercer intensos efeitos sobre o temperamento, as reações emocionais, a capacidade de aprender e de resistir a doenças. Mudanças radicais nos níveis de alguns hormônios podem também contribuir para sérias desordens psicológicas, tais como a depressão. Os pontos de localização das glândulas endócrinas são mostrados na Figura 2.15. Aqui destacamos aquelas glândulas cujas funções são mais conhecidas e que exercem maior impacto sobre o comportamento e os processos mentais.

A **glândula tireóide** localiza-se exatamente abaixo da laringe ou aparelho fonador. Ela produz um hormônio primário, a *tiroxina*, que controla a taxa de metabolismo do corpo e, portanto, define o quão alertas e cheias de energia as pessoas são e o quão gordas ou magras tendem a ser. Uma tireóide hiperativa pode provocar uma série de sintomas: superexcitabilidade, insônia, atenção reduzida, fadiga, agitação, dissimulação de caráter e tomada brusca de decisões, bem como perda de concentração e dificuldade de manter a atenção em uma determinada tarefa. Baixas quantidades de tiroxina levam a outro extremo: o desejo constante de dormir e ainda assim sentir sono. Não é de surpreender que as disfunções da tireóide sejam erroneamente diagnosticadas como depressão ou apenas como "problemas comuns da vida diária".

Dentro da glândula tireóide estão as **paratireóides** — quatro pequenos órgãos que controlam e equilibram os níveis de cálcio e fosfato no corpo, os quais, por sua vez, influenciam os níveis de excitabilidade.

Do tamanho de uma ervilha, a **glândula pineal** está localizada no centro do cérebro. Ela secreta o hormônio *melatonina*, que ajuda a regular o ciclo do sono. Distúrbios relativos à quantidade de melatonina são responsáveis, em parte, pelo *jet lag* (alteração do ritmo biológico que acontece devido a uma mudança brusca de fuso horário após longas viagens de avião). Falaremos a respeito do relógio biológico com mais detalhes no Capítulo 4, "Estados de consciência".

O **pâncreas**, situado em uma dobra entre o estômago e o intestino delgado, controla o nível de açúcar presente no sangue por meio da secreção de dois hormônios: a *insulina* e o *glucagon*. Esses dois hormônios trabalham em oposição mútua, a fim de manter o nível de açúcar no sangue adequadamente equilibrado. A baixa produção de insulina leva ao *diabetes mellitus*, uma desordem crônica caracterizada pela presença de elevados níveis de açúcar no sangue e na urina; em contrapartida, a secreção de altas quantidades de insulina leva à fadiga crônica da *hipoglicemia*, situação em que existe muito pouco açúcar no sangue.

A **glândula pituitária**, localizada na porção inferior do cérebro, está conectada ao hipotálamo. Entre as glândulas, a pituitária é a que produz o maior número de hormônios; exerce, portanto, efeitos muito mais variados sobre as funções do corpo. Ela influencia, por exemplo, a pressão corporal, a sede, a contração do útero durante o parto, a produção de leite, o comportamento e o interesse sexual, o crescimento do corpo e a quantidade de água nas células. É freqüentemente chamada de "glândula mestra" devido a sua influência na regulação de outras glândulas endócrinas.

As **gônadas** — *testículos*, nos homens, e *ovários*, nas mulheres — secretam hormônios que têm sido tradicionalmente classificados como masculinos (os *androgênios*) e femininos (os *estrogênios*). (Ambos os sexos produzem os dois tipos de hormônios, mas os androgênios são predominantes nos homens, ao passo que os estrogênios são mais abundantes nas mulheres.) Esses hormônios desempenham uma série de importantes papéis na organização do desenvolvimento humano. Por exemplo: nos seres humanos, se o hormônio *testosterona* estiver presente durante o terceiro e o quarto meses posteriores à concepção, o feto se desenvolverá como um macho; do contrário, ele se desenvolverá como uma fêmea (Kalat, 1988).

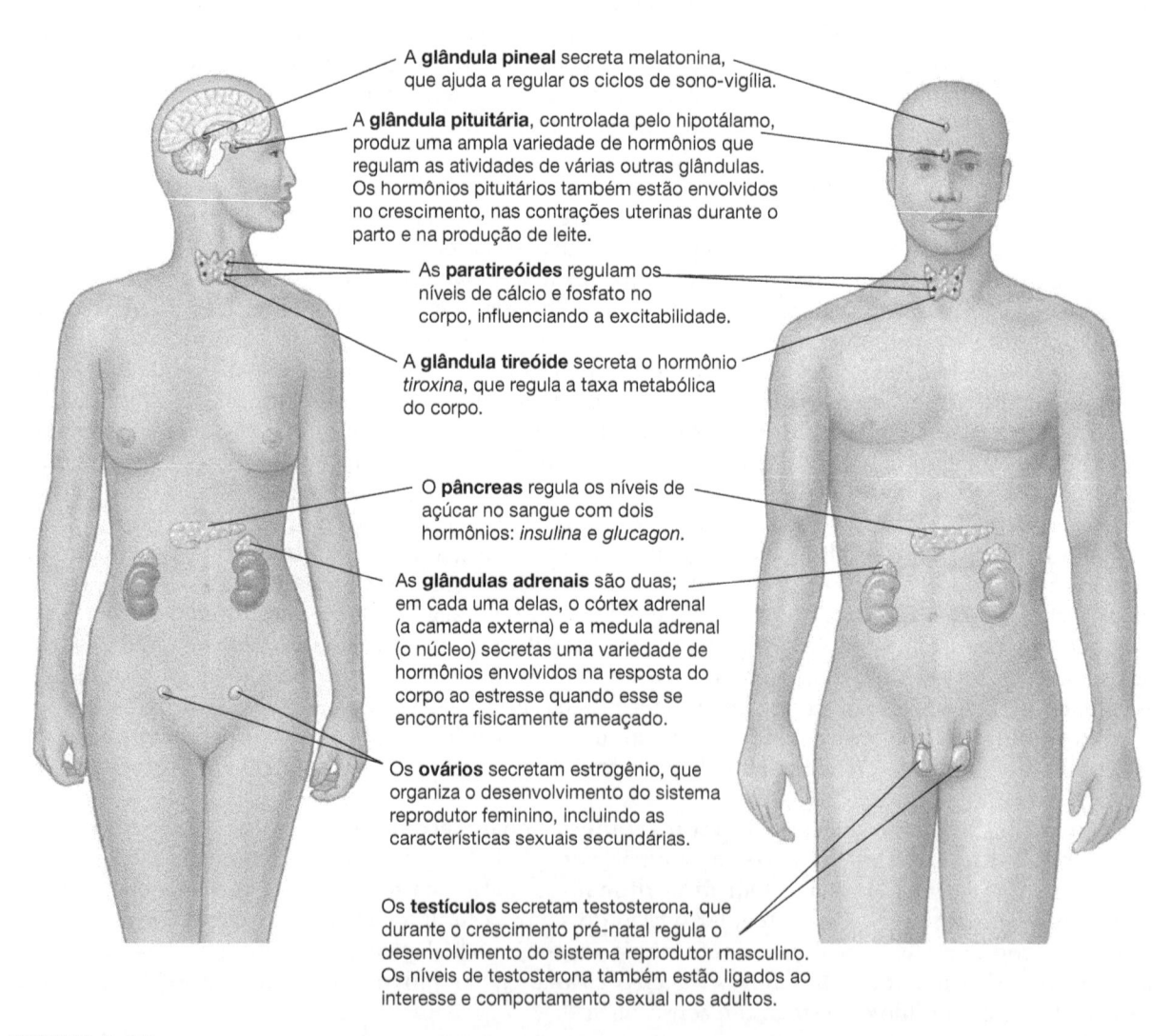

FIGURA 2.15

As glândulas do sistema endócrino. As glândulas endócrinas secretam hormônios que produzem amplos efeitos no corpo.

Há muito tempo a testosterona vem sendo relacionada ao comportamento agressivo. Por exemplo: a violência é maior entre os homens com idades que vão dos 15 aos 25 anos, período em que os níveis desse hormônio estão em seu ápice. Entretanto, estudos recentes sugerem que o estrogênio também pode estar ligado ao comportamento agressivo tanto em homens como em mulheres (Angier, 1995; Ogawa *et al.*, 1997). Ele também pode ter relação com as habilidades cognitivas, como destreza manual, capacidades verbais e rapidez de percepção.

Durante a fase ovulatória de seus ciclos menstruais, as mulheres tendem a obter melhores resultados em certos testes de destreza manual, habilidades verbais e rapidez perceptiva. Além disso, em fase pós-menopausa elas apresentam melhora nessas tarefas quando fazem um tratamento de reposição de estrogênio (E. Hampson e Kimura, 1992; Kimura e Hampson, 1994). Por fim, o estrogênio pode ter uma função "protetora" nas mulheres, uma vez que sua taxa de derrame cerebral e infarto aumenta em relação à dos homens após a menopausa, quando os níveis de estrogênio declinam.

As duas **glândulas adrenais** estão situadas logo acima dos rins. Cada uma possui duas partes: um centro, chamado de *medula adrenal*, e uma camada externa, o *córtex adrenal*. Tanto o córtex quanto a medula adrenal influenciam as reações do corpo ao estresse. Estimulado pelo sistema nervoso autônomo, o córtex adrenal secreta diversos hormônios na corrente sangüínea. Um deles, a *adrenalina*, ativa o sistema nervoso simpático, fazendo o coração bater mais rápido, a digestão parar, as pupilas dos olhos dilatarem e enviando mais açúcar para a corrente sangüínea, preparando o sangue para coagular rapidamente, se necessário. Outro hormônio, a *noradrenalina* (que também é um neurotransmissor), não apenas aumenta a pressão sangüínea fazendo com que as veias se contraiam, mas também é enviado pela corrente sangüínea até a pituitária anterior, onde dá início à secreção de quantidades ainda maiores do hormônio ACTH, prolongando a reação ao estresse. É por isso que demora tanto tempo até que o corpo volte a seu estado normal após extrema agitação emocional. (Veremos outros exemplos dessa interação no Capítulo 8, "Motivação e emoção".)

Genes, evolução e comportamento

Nosso cérebro, nosso sistema nervoso e nosso sistema endócrino nos informam sobre o que está acontecendo fora (e dentro) de nosso corpo; capacitam-nos a utilizar a fala, a pensar e a solucionar problemas; afetam nossas emoções; e dessa maneira orientam nosso comportamento. Para entender por que eles funcionam desse modo, precisamos observar nossa herança genética, como indivíduos e como membros da espécie humana.

Dois campos diferentes, porém relacionados entre si, tratam da influência da hereditariedade sobre o comportamento humano. A **genética comportamental** preocupa-se com o grau em que a hereditarie-

---

TESTE SUA APRENDIZAGEM

1. A comunicação no sistema endócrino depende de _____, que são substâncias químicas secretadas diretamente na corrente sangüínea.

2. Relacione cada glândula com sua função principal.

    ___ glândula tireóide   a. equilibrar o cálcio e o fosfato no corpo
    ___ glândulas paratireóides   b. controlar o nível de açúcar no sangue
    ___ glândula pineal   c. relação com a resposta ao estresse
    ___ pâncreas   d. produzem androgênios e estrogênios
    ___ glândula pituitária   e. regula a taxa de metabolismo
    ___ gônadas   f. controla outras glândulas endócrinas
    ___ glândulas adrenais   g. controla o ciclo diário de níveis de atividade

Respostas: 1. hormônios. 2. glândula tireóide (e); glândulas paratireóides (a); glândula pineal (g); pâncreas (b); glândula pituitária (f); gônadas (d); glândulas adrenais (c).

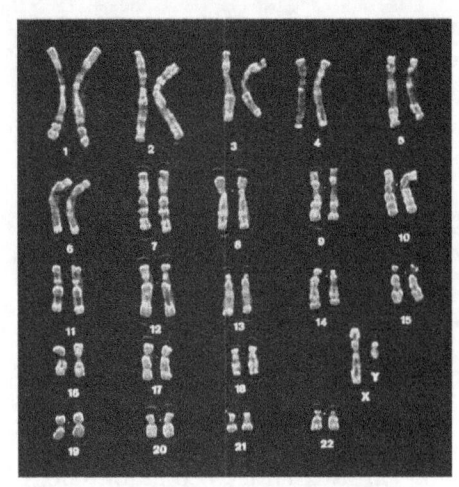

The 23 pairs of chromosomes found in every normal human cell. The two members of 22 of these pairs look exactly alike. The two members of the 23rd pair, the sex chromosomes, may or may not look alike. Females have equivalent X chromosomes, while males have one X and one Y chromosome (see above).

dade explica as diferenças individuais de comportamento e pensamento. A **psicologia evolucionista**, por sua vez, estuda as raízes evolucionárias de comportamentos e de processos mentais comuns a todos os seres humanos.

Genética

Como os traços são passados de uma geração para outra?

A **genética** é o estudo da maneira pela qual os seres vivos transferem suas características de uma geração para a seguinte. Os filhos não são cópias carbonadas ou clones de seus pais, ainda que alguns traços reapareçam de geração em geração segundo padrões previsíveis. Na virada do século XX, os cientistas chamaram de **genes** as unidades básicas da herança. Mas eles não sabiam o que eram os genes e o que eles transmitiam.

Hoje em dia, sabemos muito mais a respeito desses elementos e de como eles atuam. Os genes são transportados pelos **cromossomos**, pequenas estruturas em forma de filete encontradas no núcleo de todas as células. Os cromossomos variam em forma e tamanho e, geralmente, ocorrem aos pares. Cada espécie possui um número constante: os ratos possuem 20 pares, os macacos, 27 e as ervilhas, 7. Os seres humanos possuem 23 pares de cromossomos em cada célula normal. As exceções são as células sexuais, que possuem apenas metade do conjunto de cromossomos. Durante a fertilização, os cromossomos do esperma do pai se ligam aos cromossomos do óvulo da mãe, criando uma nova célula chamada *zigoto*. Essa única célula e todos os bilhões de células do corpo que derivam dela (exceto o espermatozóide e o óvulo) contêm 46 cromossomos, dispostos em 23 pares.

O principal ingrediente dos cromossomos é o **ácido desoxirribonucléico (DNA)**, uma complexa molécula que tem a aparência de duas correntes enroladas uma na outra, no formato de uma dupla hélice. O DNA é a única molécula conhecida capaz de se replicar ou reproduzir-se, o que ocorre a cada vez que a célula se divide. Um gene é um pequeno pedaço de DNA que contém instruções para uma característica particular ou um grupo de características. Cada cromossomo humano contém milhares de genes dispostos em posições fixas. O **genoma humano** (soma total de todos os genes dos cromossomos humanos) contém cerca de cem mil genes.

Os genes, assim como os cromossomos, apresentam-se em pares. Em alguns casos, como o da cor dos olhos, um deles pode ser um **gene dominante** (B para olhos castanhos) e o outro, um **gene recessivo** (b para olhos azuis). Uma criança que recebe o gene para olhos azuis tanto do pai quanto da mãe (bb) terá olhos azuis (veja a Figura 2.18). Um irmão que herda o gene para olhos castanhos tanto do pai quanto da mãe (BB) terá olhos castanhos; o mesmo acontecerá para um filho que herda um gene para olhos castanhos de um dos pais e um gene para olhos azuis do outro (Bb ou bB).

Entretanto, exemplos de um gene que controla sozinho uma única característica são raros. Na **herança poligênica**, um único gene contribui para a definição de mais de uma característica; logo, cada característica depende da ação de vários genes. Peso, altura, pigmentação da pele e inúmeras outras características são poligênicas. Da mesma maneira que cada instrumento de uma orquestra sinfônica contribui com notas distintas para compor o som que chega até a platéia, cada um dos genes de um sistema poligênico contribui separadamente para o efeito total (McClearn *et al.*, 1991).

A hereditariedade não precisa ser imediata ou totalmente aparente. Em alguns casos, a expressão de um traço acontece apenas no fim da vida. Por exemplo: muitos homens herdam a "calvície masculina paterna", que não se manifesta até que atinjam a meia-idade. Além do mais, é normal que os genes predisponham a pessoa a desenvolver uma característica em particular, mas a expressão plena da característica dependa dos fatores do ambiente. Por exemplo: pessoas com tendência hereditária de ganhar peso podem se tornar obesas ou não, dependendo de sua dieta alimentar, dos exercícios que praticam e de sua saúde em geral. Em outras palavras, os genes estabelecem uma gama de resultados possíveis. A altura (e diversas outras características) depende da interação de diversos genes com o ambiente. Em um mesmo ambiente, uma pessoa que herda genes para ser "alta" será alta, e uma pessoa que herda genes para ser "baixa" será baixa. Mas, se a primeira pessoa passar por subnutrição na infância e a segunda tiver sido uma criança bem nutrida, ambas poderão ter a mesma altura na idade adulta. Em média, hoje em dia os

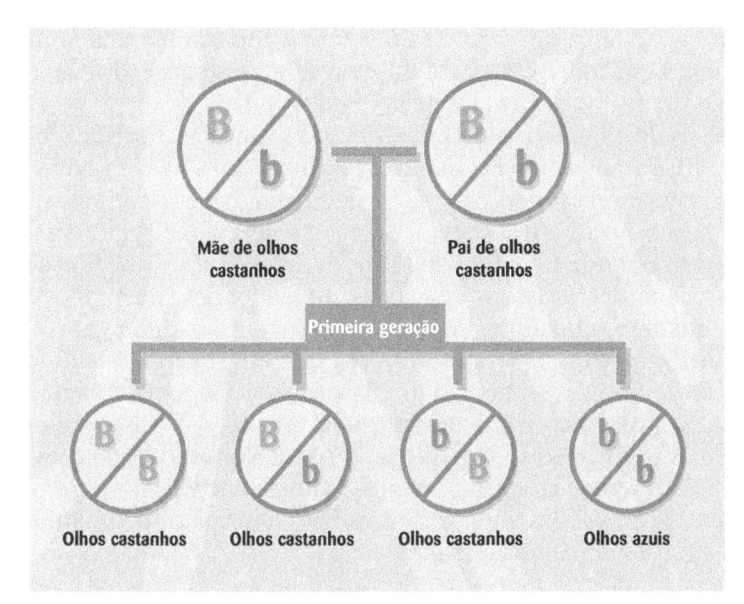

FIGURA 2.16

A transmissão da característica da cor dos olhos por genes dominantes (B) e recessivos (b). Essa figura representa as quatro combinações possíveis dos genes da cor dos olhos para os filhos de um casal. Devido ao fato de que três das quatro combinações resultam em crianças com olhos castanhos, a chance de que os filhos tenham olhos castanhos é de 75 por cento.

norte-americanos são mais altos que seus avós e bisavós, cujos genes lhes foram transmitidos. Isso acontece porque eles se alimentaram melhor na infância e tiveram menores tendências de contrair doenças que paralisassem o crescimento.

Até agora, utilizamos características físicas como exemplos. Os geneticistas comportamentais aplicam esses mesmos princípios às características *psicológicas*.

Genética comportamental

Que métodos os psicólogos usam para estudar os efeitos dos genes sobre o comportamento?

Os geneticistas comportamentais estudam tópicos que interessam a todos os psicólogos — percepção, aprendizagem e memória, motivação e emoções, personalidade e desordens psicológicas —, mas o fazem a partir de uma perspectiva genética. Seu objetivo é identificar quais genes contribuem para a inteligência, o temperamento, as aptidões e outras características, bem como as predisposições genéticas para desordens neurológicas e psicológicas (Brunner, Nelen, Breakfield, Ropers e Van Oost, 1993; D. Johnson, 1990; Loehlin, Willerman e Horn, 1998; Plomin, 1999; Plomin, DeFries e McClearn, 1990; Plomin e Rende, 1991). É claro que os genes não são as causas diretas do comportamento. Em vez disso, influenciam tanto o desenvolvimento quanto o funcionamento do sistema nervoso e do sistema endócrino, os quais, por sua vez, influenciam a probabilidade de que certo comportamento ocorra sob determinadas circunstâncias (Wahlsten, 1999).

No restante deste capítulo, atentaremos para alguns dos métodos empregados pelos geneticistas comportamentais, bem como para algumas de suas descobertas mais interessantes. Começaremos pelos métodos apropriados para estudos realizados com animais não humanos e, em seguida, examinaremos as técnicas utilizadas para estudar a genética comportamental dos seres humanos.

Genética comportamental animal Muito do que sabemos a respeito da genética comportamental foi produzido a partir de estudos realizados com animais não humanos. Os ratinhos são as cobaias preferidas para tais experimentos, porque se reproduzem rapidamente e possuem padrões de comportamento relativamente complexos. Em estudos de linhagem, parentes próximos, como irmãos, são repetidamente cruzados entre si durante muitas gerações, a fim de criar linhagens de animais geneticamente semelhantes uns aos outros e diferentes de outras linhagens. Quando animais de diferentes li-

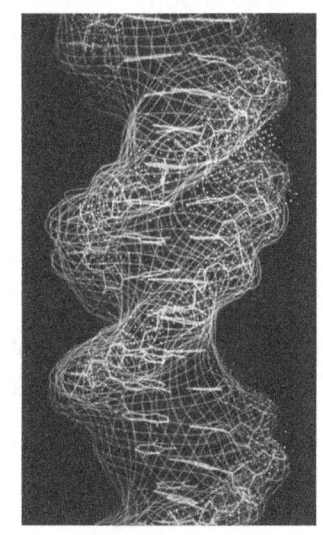

A cadeia retorcida da longa molécula de DNA contém o código genético.

nhagens são criados juntos no mesmo ambiente, as diferenças entre eles refletem amplamente as diferenças genéticas das linhagens. Esse método demonstrou que o desempenho em tarefas de aprendizagem, bem como a sensação olfativa e a suscetibilidade a crises são afetados pela hereditariedade.

Os *estudos da seleção* constituem outra maneira de examinar a *hereditariedade*. Se uma característica for marcadamente controlada por genes, quando cruzarmos animais dotados dessa característica com quaisquer outros, a prole deverá possuir a característica numa proporção maior que a encontrada na população em geral. A hereditariedade é medida quanto à proporção de sucessivas gerações que possuem a característica. Os seres humanos praticaram cruzamentos seletivos durante milhares de anos a fim de criar raças de cães e outros animais domésticos com características desejáveis. As evidências sugerem que os cães eram mais parecidos com lobos há 15 mil anos, quando os seres humanos começaram a estabelecer povoamentos fixos. Por meio da seleção artificial, eles cruzaram cães para que estes servissem como condutores de rebanhos, guardas, animais de carga, caçadores, buscadores da caça abatida e, obviamente, para servir como animais de companhia. Nesse caso, as qualidades psicológicas são tão importantes quanto as físicas: cães de guarda precisam ser agressivos, mas totalmente leais a seus donos; cães de rebanho precisam ter alta capacidade de concentração a fim de controlar animais maiores que eles próprios; e assim por diante. Hoje em dia, com mais de 400 raças, os cães variam mais quanto à forma e ao tamanho que qualquer outra espécie — com a possível exceção dos seres humanos.

Genética comportamental humana Por razões óbvias, os cientistas não podem realizar estudos de linhagem ou de seleção com seres humanos. Mas existem algumas maneiras para estudar a genética comportamental indiretamente.

Os **estudos de família** são baseados na pressuposição de que, se os genes são capazes de influenciar uma característica, parentes próximos têm maior probabilidade de manifestar essa característica que parentes distantes, porque possuem mais genes em comum. Por exemplo: em geral, a esquizofrenia ocorre em apenas um ou dois por cento da população total (Robins e Regier, 1991). As chances de que irmãos de pessoas esquizofrênicas desenvolvam tal desordem são oito vezes maiores que as de uma pessoa escolhida aleatoriamente em meio à população geral — para filhos de pais esquizofrênicos, as chances são dez vezes maiores. Infelizmente, devido ao fato de que os membros de uma família não compartilham apenas alguns dos genes, mas também ambientes similares, os estudos de família não são suficientes para, sozinhos, distinguir os efeitos da hereditariedade e do ambiente (Plomin, DeFries e McClearn, 1990).

A fim de obter uma visão mais clara das influências da hereditariedade e do ambiente, os psicólogos freqüentemente utilizam **estudos de gêmeos**. Os **gêmeos idênticos** se desenvolvem a partir de um único óvulo fertilizado e são, portanto, idênticos em sua constituição genética. Quaisquer diferenças entre eles têm de ser provocadas por influências do ambiente. Os **gêmeos fraternos** (ou não idênticos), entretanto, desenvolvem-se a partir de dois óvulos fertilizados em separado e, portanto, são tão distintos quanto quaisquer irmãos ou irmãs. Caso os pares de gêmeos cresçam em ambientes similares, e caso os gêmeos idênticos sejam tão semelhantes quanto os fraternos no que toca a uma determinada característica, a hereditariedade talvez não seja tão importante para tal característica.

Os estudos de gêmeos já forneceram provas da hereditariedade de uma série de comportamentos, que vão desde as habilidades verbais (Eley, Bishop *et al.*, 1999), passando pela agressividade (Eley, Lichenstein e Stevenson, 1999), até hábitos como, por exemplo, a força de um aperto de mão (Farber, 1981) e a depressão e a ansiedade (Eley e Stevenson, 1999; O'Connor, McGuire, Reiss, Hetherington e Plomin, 1998). Quando um gêmeo idêntico manifesta esquizofrenia, as chances de que o outro desenvolva a mesma desordem são de cerca de 50 por cento. Para gêmeos fraternos, as chances são de cerca de 15 por cento (Gottesman, 1991). Esse elevado índice exibido pelos gêmeos, especialmente se idênticos, sugere que a hereditariedade desempenha um importante papel no caso da esquizofrenia.

No entanto, as semelhanças entre gêmeos, até mesmo entre os idênticos, não podem ser automaticamente atribuídas aos genes; os gêmeos quase sempre crescem juntos. É possível que os pais e as outras pessoas os tratem de modo parecido — ou tentem enfatizar suas diferenças, para que cresçam como indivíduos distintos. Em qualquer um dos casos, os dados de hereditariedade podem ser distorcidos. Para evitar esse tipo de problema, os cientistas tentam localizar gêmeos idênticos que tenham sido separados desde o nascimento ou desde bem pequenos e depois criados em lares diferentes. Uma equipe da Universidade de Minnesota liderada por Thomas Bouchard acompanhou durante mais de dez anos o desenvolvimento de gêmeos separados (Bouchard, 1984, 1996; Bouchard *et al.*, 1990). Eles confirmaram que a genética desempenha um importante papel quanto ao retardamento mental, a esquizofrenia, a depressão e a inteligência. Bouchard e seus colegas também descobriram que traços complexos de personalidade, interesses, talentos e até mesmo a estrutura das ondas cerebrais são orientados pela genética.

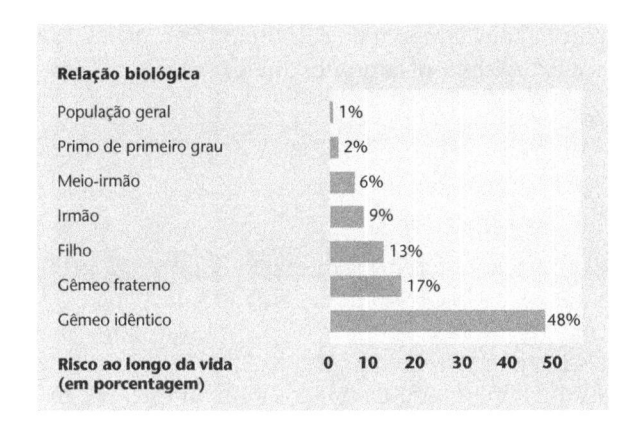

FIGURA 2.17
Risco médio de ocorrência de esquizofrenia entre parentes biológicos dos portadores da doença.

Fonte: adaptado da obra de Irving. I. Gottesman, *Schizophrenia genesis: the origins of madness*. Copyright © 1991 by Irving I. Gottesman. Reimpresso com permissnao de Henry Holt and Company, LLC.

Relação biológica	Risco ao longo da vida (em porcentagem)
População geral	1%
Primo de primeiro grau	2%
Meio-irmão	6%
Irmão	9%
Filho	13%
Gêmeo fraterno	17%
Gêmeo idêntico	48%

Estudos feitos com gêmeos separados também atraem críticas. Por exemplo: o ambiente no útero pode ser mais traumático para um gêmeo que para outro (Phelps, Davis e Schartz, 1997). Em segundo lugar, é provável que gêmeos idênticos criados separadamente cresçam em ambientes semelhantes, porque as agências de adoção geralmente tentam encontrar lares semelhantes para irmãos (Ford, 1993; Wyatt, 1993). Por fim, o número de gêmeos idênticos separados no nascimento é muito pequeno, assim os cientistas às vezes se baseiam em outros tipos de estudo para investigar a influência da hereditariedade.

Os **estudos de adoção** são realizados com crianças que foram adotadas desde o nascimento e criadas por pais geneticamente não relacionados a elas. Os estudos de adoção fornecem provas adicionais quanto à hereditariedade da inteligência e de algumas formas de doenças mentais (Horn, 1983; Scarr e Weinberg, 1983), bem como de comportamentos antes considerados como determinados apenas pelas influências do ambiente, como o ato de fumar (Boomsma, Koopman, Van Doornen e Orlebeke, 1994; Heath e Martin, 1993; Lerman *et al.*, 1999). Um desses estudos localizou 47 filhos de mães esquizofrênicas, adotados logo após o nascimento e criados por pais adotivos. Dessas 47 pessoas, cinco desenvolveram esquizofrenia mais tarde. Em um grupo de controle formado por pessoas adotadas cujos pais não tinham esquizofrenia não ocorreu nenhum caso (Heston, 1966). Ao combinar os resultados de estudos de *gêmeos*, de *adoção* e de *família*, os psicólogos puderam obter uma visão ainda mais precisa do papel que a hereditariedade desempenha quanto à esquizofrenia. Conforme mostrado na Figura 2.17, o risco médio de ocorrência desse distúrbio aumenta de maneira constante em relação direta com a proximidade do parentesco biológico com o portador.

Até agora, falamos do ambiente como se ele fosse algo que estivesse *por aí*, algo que *acontece* com as pessoas e sobre o qual elas possuem pouco controle. Mas os indivíduos também moldam seu ambiente. Por exemplo: as pessoas tendem a buscar ambientes em que se sintam à vontade. Uma criança tímida pode preferir brincar com um grupo mais calmo do que uma criança mais expansiva ia querer. Além disso, nosso próprio comportamento faz com que os outros reajam de determinado modo. A maneira de uma professora corrigir o comportamento de uma criança sensível pode ser bem diferente de como uma criança mais energética seria tratada. Como os genes e o ambiente interagem de vários modos intrincados, tentar separar e isolar os efeitos da hereditariedade e do ambiente é artificial (Collins, Maccoby, Steinberg, Hetherington e Bornstein, 2000, 2001; McGuire, 2001; Plomin,1997).

Genética molecular Até recentemente, os geneticistas comportamentais eram capazes de estudar a hereditariedade apenas indiretamente. Mas as novas técnicas de genética molecular permitem que se estude, e até que se modifique, o código genético humano diretamente. O objetivo do projeto Genoma Humano, lançado em 1990, é mapear todos os 23 pares de cromossomos humanos e determinar quais genes determinam quais características (Johnson, 1990; Plomin e Rende, 1991). (Veja a Seção "Compreendendo o mundo que nos cerca"). Em junho de 2000 — antes do previsto — os pesquisadores anunciaram que o primeiro mapa rudimentar de todo o **genoma humano** estava pronto. Já se identificou, por exemplo, um gene único do cromossomo 19 que está associado com alguns tipos do mal de Alzheimer (Corder *et al.*, 1993) e outros sítios específicos de cromossomos relacionados ao alcoolismo (Uhl, Blum, Nobel e Smith, 1993), à esquizofrenia (Blouin *et al.*, 1998), ao suicídio (Du *et al.*, 1999), ao funcionamento cognitivo (Gécz e Mulley, 2000), à inteligência (Plomin *et al.*, 1994) e até ao envelhecimento (Migliaccio *et al.*, 1999). Por meio desses marcadores genéticos, os pesquisadores esperam ser não apenas capazes de prevenir ou reverter o quadro de doenças genéticas, mas também de compreender o papel que a hereditariedade desempenha até mesmo na manifestação dos comportamentos mais complexos (Plomin, DeFries e McClearn, 1990; Wahlsten, 1999).

Psicologia evolucionista

Como a seleção natural influenciou os comportamentos sociais humanos?

Assim como os geneticistas comportamentais tentam explicar as diferenças individuais no comportamento humano, os psicólogos evolucionistas tentam explicar os traços de comportamento que as pessoas têm em comum. Eles acreditam que a chave para essas características é o processo de evolução por meio da **seleção natural**, descrita pela primeira vez por Charles Darwin em *A origem das espécies* (1859).

De acordo com o princípio da seleção natural, os organismos mais bem adaptados a seu ambiente tendem a sobreviver e se reproduzir. Se os traços que dão a eles uma vantagem de sobrevivência têm base genética, essas características genéticas são passadas para sua prole. Organismos que não possuem os traços adaptativos tendem a morrer antes de se reproduzir e, portanto, as características menos adaptativas não são passadas para gerações futuras.

A seleção natural promove, portanto, a sobrevivência e a reprodução dos indivíduos geneticamente bem adaptados a seu ambiente. Se o ambiente muda ou o indivíduo se muda para um novo ambiente, a sobrevivência e o valor reprodutivo das características herdadas também podem ser mudados, podendo ocorrer o mesmo com a freqüência de genes no conjunto de genes da população.

Conforme descrito no Capítulo 1, os psicólogos evolucionistas estudam a origem dos comportamentos e dos processos mentais, enfatizando o valor adaptativo ou de sobrevivência de tais características. Em vez de se preocupar com as mudanças *estruturais* dos organismos vivos, como fazem os biólogos evolucionistas, os psicólogos evolucionistas tratam do papel que a seleção natural possa ter exercido na formação de *comportamentos* adaptativos, especialmente durante o longo período em que nossos ancestrais viveram como caçadores e coletores. Os psicólogos evolucionistas argumentam que, assim como nossas mãos e nossa postura ereta são fruto da seleção natural, o mesmo acontece com nosso cérebro. Conseqüentemente, ele está "pré-programado" para aprender algumas coisas mais facilmente que outras, para analisar problemas de determinada maneira e para se comunicar de modo distintivamente humano.

Os psicólogos evolucionistas mencionam a linguagem como um exemplo fundamental de suas teorias (Pinker, 1994, 1997, 2000). Conforme veremos no Capítulo 9 ("O desenvolvimento ao longo da vida"), todas as crianças normais aprendem a falar sem nenhuma instrução específica, crianças de culturas diferentes aprendem a falar mais ou menos com a mesma idade e segundo etapas previsíveis, e a estrutura subjacente a todas as línguas humanas (substantivos e verbos, sujeitos e objetos, perguntas e frases condicionais, e assim por diante) é basicamente a mesma. Os psicólogos evolucionistas argumentam que, consideradas como um todo, as provas sugerem fortemente que o cérebro humano possui um "programa" embutido para a linguagem.

Os psicólogos dessa linha citam a seleção do parceiro sexual como outro exemplo. Ao escolher um parceiro, homens e mulheres tendem a perseguir estratégias diferentes. Por quê? A resposta desses pesquisadores é a seguinte: as mulheres geralmente têm apenas um filho por vez; além disso, elas se dedicam mais a cada filho — passando pela gravidez, os cuidados com a criança e o fornecimento de alimentação — que os homens. Aparentemente, seria mais adaptativo se as mulheres buscassem homens capazes de fornecer os melhores genes, recursos e cuidados paternos no longo prazo. Os homens, por sua vez, estão limitados apenas pelo número de possíveis parceiras que são capazes de atrair, porque o esperma é abundante e rapidamente substituído. Seria mais adaptativo para eles, então, procurar emparelhar com o maior número de parceiras possível e competir com outros homens pelo acesso às mulheres. Estudos que analisaram comportamentos humanos associados à seleção natural descobriram que homens e mulheres realmente praticam abordagens diferentes quanto à sexualidade, à escolha de parceiros sexuais e à agressividade, conforme previsto pela psicologia evolucionista (Buss, 1989, 2000; Callahan, 2000; Palwoski, Dunbar e Lipowicz, 2000). Ao comparar as explicações evolucionistas com teses mais tradicionais sobre a aprendizagem social das diferenças entre o comportamento social de ambos os sexos, outro pesquisador concluiu que a psicologia evolucionista realizou um trabalho excelente para explicar padrões gerais (Archer, 1996).

Os psicólogos evolucionistas estão também interessados na razão pela qual a seleção natural não eliminou características aparentemente não adaptativas. Joe Z. Tsien (2000), um dos cientistas que criou ratinhos mais inteligentes, por exemplo, pergunta: "Se uma molécula do cérebro é útil para a aprendizagem e a memória, por que ela se torna menos ativa conforme a idade avança?" Tsien aposta numa hipótese

COMPREENDENDO O Mundo que Nos Cerca

Em busca do genoma humano

O termo *genoma* se refere ao quadro completo do material genético de um organismo. Assim, o genoma de qualquer organismo contém um verdadeiro "manual de instruções" para construir todas as suas estruturas e direcionar todos os processos de sua vida inteira. Os cientistas estimam que o genoma humano é formado por 80 mil a cem mil genes, localizados nos 23 pares de cromossomos que compõem o DNA humano. Esses genes, que estão em cada célula de nosso corpo, distinguem-nos de outras formas de vida. Incrivelmente, variações mínimas no geno-ma humano são responsáveis pelas diferenças individuais nos bilhões de pessoas do mundo. Especialistas acreditam que a variação média no código genético humano para quaisquer duas diferentes pessoas é muito menos que um por cento.

O projeto Genoma Humano, com seus resultados notáveis é uma grande promessa para prevenir e tratar doenças genéticas. Pesquisadores já começaram a identificar genes específicos que contribuem para o desenvolvimento de doenças como a fibrose cística, o retardamento mental e algumas formas de câncer.

> O projeto Genoma Humano, com seus resultados notáveis, é uma grande promessa para prevenir e tratar doenças genéticas.

Embora muito promissor, esse projeto também traz à tona questões sociais e éticas. Por exemplo: a previsão de que um indivíduo terá câncer levaria à discriminação contra ele por parte de empregadores e seguradoras? O conhecimento de que tem 25 por cento de chance de gerar um filho com mal de Parkinson afetaria a decisão da pessoa sobre tornar-se mão ou pai? Como os produtos do projeto Genoma Humano, tais como medicamentos e técnicas de diagnóstico, serão divididos pela comunidade internacional, patenteados e comercializados? Felizmente, comitês formados por especialistas em ética, médicos, pesquisadores e outros profissionais afins já começaram a confrontar muitas dessas questões. Como nossa compreensão da hereditariedade genética humana continua a crescer, ela não vai, esperamos, deixar de acompanhar o ritmo de nossa compreensão de como aplicar esse conhecimento de um modo que seja tanto eficaz como socialmente responsável.

---

evolucionista. Na maioria dos casos, os indivíduos mais velhos já se reproduziram. Portanto, a redução de sua capacidade de competir por comida e outros recursos aumenta a oportunidade de que os indivíduos mais jovens se reproduzam.

Avaliando outro conjunto de genes aparentemente mal adaptado, Nesse (1998, 2000) afirma que, em alguns casos, a depressão é adaptativa. "Se eu tivesse de resumir minha posição em poucas palavras", disse ele, "diria que o temperamento existe para regular as estratégias de investimento, de forma tal que dediquemos mais tempo com coisas que funcionam e menos tempo com coisas que não dão certo" (Nesse, 1998, 2000). Nesse acredita que alguns casos de depressão são o resultado de desequilíbrios neuroquímicos, mas argumenta que receitar medicamentos a todas as pessoas que sofrem de depressão pode interferir com uma estratégia de defesa normal que faz parte de nossa herança evolucionária.

A psicologia evolucionista também é alvo de críticas. Primeiramente, suas explicações soam para muitos como histórias "óbvias": se uma característica (tal como a perda de memória ou a depressão) encontra-se disseminada, então é porque ela deve ter alguma função adaptativa. Em segundo lugar, até certo ponto, a psicologia evolucionista tende a justificar o *status quo*. O fato (ou pressuposição) de que certos comportamentos eram adaptativos no passado distante não significa que eles sejam adaptativos hoje em dia. Ao contrário de outras espécies que reagem instintivamente à maioria das situações, os seres humanos são capazes de se adaptar flexivelmente às circunstâncias que se alteram. Os psicólogos evolucionistas não perdem tempo em esclarecer que seu objetivo não é justificar padrões de comportamento ou modelar políticas sociais, mas compreender as origens do comportamento humano. Eles ressaltam que o comportamento não deve ser visto como justificável ou adaptativo simplesmente porque em algum momento possa ter sido útil a uma importante função adaptativa; "o que é" não deve ser confundido com o que "deveria ser". Mas esse objetivo freqüentemente se perde, especialmente nas explicações populares a respeito das pesquisas científicas.

Por ser uma abordagem relativamente nova da psicologia, a perspectiva evolucionária ainda precisa conquistar seu lugar em meio aos paradigmas teóricos mais respeitados. Somente os resultados de pesquisas empíricas, que comparem as explicações evolucionárias com as explicações teóricas alternativas sobre o comportamento, serão capazes de determinar o destino dessa nova, provocativa e intrigante corrente.

Implicações sociais

Quais questões éticas surgem conforme a sociedade obtém mais controle sobre a genética?

A ciência não é simplesmente um processo que acontece dentro do laboratório; a influência que ela exerce em nossa vida é enorme. Tendo em vista que conseguimos encontrar a origem das diferenças individuais do comportamento humano nos cromossomos e genes, temos biologicamente um potencial para controlar a vida das pessoas. Esse potencial suscita novas questões éticas.

Técnicas modernas de ultrassonografia pré-natal agora tornam possível detectar muitos problemas genéticos mesmo antes de o bebê nascer. A retirada de *amostras do córion* e a *amniocentese* são duas técnicas para obter amostras de células de fetos a fim de analisar seus genes. Na primeira, as células são retiradas de membranas em torno do feto; na segunda, as células são alimentadas com o fluido em que o feto cresce. Com o uso dessas técnicas, problemas genéticos são detectados em cerca de dois por cento das gestações. Nesses casos, a criança, apesar de tudo, tem o direito de viver? Os pais têm o direito de abortar o feto? A sociedade deve proteger todo tipo de vida não importa quão imperfeita ela seja aos olhos de alguém? Em caso negativo, que defeitos são tão inaceitáveis a ponto de justificar o aborto? A maioria dessas perguntas tem uma longa história, mas progressos recentes na genética comportamental e na medicina deram a elas uma nova urgência. Estamos chegando ao ponto em que somos capazes de intervir no desenvolvimento de um feto, substituindo alguns de seus genes por outros. Para quais traços esse procedimento pode ser considerado justificado e quem tem o direito de tomar tais decisões? Se ao misturar genes nós mudamos significativamente o grupo de genes de nossa sociedade, as gerações futuras serão prejudicadas ou favorecidas? Tais questões suscitam grandes dilemas éticos (Baringaga, 2000a).

TESTE SUA APRENDIZAGEM

1. "As diferenças individuais na inteligência, reação emocional e suscetibilidade à esquizofrenia e à depressão podem ser influenciadas pelos genes." Essa afirmação é verdadeira (V) ou falsa (F)?
2. Relacione cada termo com a definição adequada.

   ____ natureza   a. o estudo de como os traços são passados de uma geração para a outra

   ____ criação   b. influências genéticas no desenvolvimento e no comportamento

   ____ DNA   c. influências ambientais no desenvolvimento e no comportamento

   ____ genética   d. quantidade total de material genético em uma célula

   ____ genoma   e. molécula complexa que carrega informações genéticas

Respostas: 1. (V). 2. natureza (b); criação (c); DNA (e); genética (a); genoma (d).

Outra preocupação está relacionada à dificuldade de compreender as complexas tecnologias genéticas e suas implicações. Embora os cientistas sejam cautelosos ao relatar suas pesquisas acuradamente e ao sugerir como os resultados podem ser aplicados, a mídia registra as novas descobertas de maneira simplificada e/ou compartimentada ("os cientistas descobriram um gene para x"). Como resultado, o pêndulo da opinião pública parece ter oscilado de uma posição baseada no ambiente (criação), que sustenta que todos os indivíduos são dotados de um potencial significativo, para uma posição baseada na genética (natureza), segundo a qual a inteligência, o temperamento e outras características são inatos (De Waal, 1999). É importante lembrar que o comportamento humano é resultado da complexa interação *entre* hereditariedade e ambiente.

O estudo da genética comportamental e da psicologia evolucionista incomoda muitas pessoas. Algumas temem que ele nos leve a concluir que a definição de quem somos nós está escrita com algum tipo de tinta permanente antes de nascermos. Outras temem que a pesquisa realizada nessas áreas possa ser utilizada para eliminar movimentos que lutam pela igualdade social. Mas, longe de descobrir que o comportamento humano é determinado geneticamente, trabalhos recentes na área da genética comportamental mostram o quão importante é o ambiente na determinação de quais de nossas predisposições genéticas serão manifestadas ou não (Rutter, 1997). Em outras palavras, podemos até herdar predisposições, mas não herdamos destinos. O quadro atual confirma que tanto a hereditariedade quanto o ambiente (natureza *versus* criação) moldam juntos os nossos comportamentos e traços mais significativos.

PALAVRAS-CHAVE

psicobiologia, p. 48
Neurônios: os mensageiros
neurônios, p. 48
dentritos, p. 48
axônio, p. 48
nervo, p. 48
bainha de mielina, p. 48
neurônios sensoriais (aferentes), p. 48
neurônios motores (eferentes), p. 48
interneurônios (neurônios de associação), p. 48
células gliais/glias, p. 48
íons, p. 48
potencial de repouso, p. 49
polarização, p. 49
impulso nervoso (potencial de ação), p.
potencial de gradação
limiar de excitação, p. 50
lei do tudo ou nada, p. 51
espaço ou fenda sináptica, p. 51
sinapse, 51
botão terminal (nó sináptico), p. 51
vesículas sinápticas, p. 51
neurotransmissores, p. 51
sítios receptores, p. 51
plasticidade neuronal, p. 55

neurogênese, p. 56
sistema nervoso central
sistema nervoso periférico
cérebro posterior (*hindbrain*), p. 57
cerebelo, p. 58
mesencéfalo, p. 58
tálamo, p. 58
formação reticular, p. 59
córtex cerebral, p. 59
áreas de associação, p. 60
lobo frontal, p. 60
córtex motor primário, p. 60
lobo occipital, p. 61
lobo parietal, p. 61
córtex somatossensorial primário, p. 61
lobo temporal, p. 61
sistema límbico, p. 62
corpo caloso, p. 62
medula espinhal, p. 67

Os sistema nervoso periférico
neurônios aferentes, p. 68
neurônios eferentes, p. 68
sistema nervoso somático, p. 69
sistema nervoso autônomo, p. 69
divisão simpática, p. 69
divisão parassimpática, p. 69

Os sistema endócrino
glândulas endócrinas, p. 70

hormônios, p. 71
glândula tireóide, p. 71
paratireóide, p. 71
glândula pineal, p. 71
pâncreas, p. 71
glândula pituitária, p. 71
gônadas, p. 72
glândulas adrenais, p. 73

Genes, evolução e comportamento
genética comportamental, p. 73
psicologia evolucionista, p. 73
genética, p. 74
genes, p. 74
cromossomos, p. 74
ácido desoxirribonucléico (DNA), p. 74
genoma humano, p. 74
gene dominante, p. 74
gene recessivo, p. 74
herança poligênica, p. 74
estudos de família, p. 76
estudos de gêmeos, p. 76
gêmeos idênticos, p. 76
gêmeos fraternos, p. 76
estudos de adoção, p. 77
genoma humano, p. 77
seleção natural, p. 77

REVISÃO DO CAPÍTULO

Este capítulo apresenta a psicobiologia, que trata dos processos biológicos básicos que estão na raiz de nossos pensamentos, emoções e ações. O corpo possui dois sistemas para coordenar e integrar o comportamento: o sistema nervoso e o sistema endócrino.

Neurônios: os mensageiros

Que tipos de célula são encontrados no sistema nervoso? Os bilhões de **neurônios**, ou células nervosas, que constituem a base de todo o sistema nervoso formam uma rede de comunicação que coordena todos os sistemas do corpo e faz com que eles funcionem. Os neurônios geralmente recebem mensagens vindas de outros neurônios por meio de pequenas fibras, chamadas **dendritos**, que captam tais mensagens e as transmitem ao corpo celular do neurônio. Os neurônios que transmitem mensagens provenientes dos órgãos dos sentidos até o cérebro ou à medula espinhal são chamados de **neurônios sensoriais (aferentes).** Os neurônios que transmitem mensagens provenientes do cérebro ou da medula espinhal até os músculos e as glândulas são chamados de **neurônios motores (eferentes).** E os neurônios que transmitem mensagens de um neurônio para outro são chamados de **interneurônios.** Uma longa fibra, o *axônio*, envia mensagens provenientes da célula. Um conjunto de axônios agrupados forma um **nervo**. Alguns axônios estão cobertos por uma **bainha de mielina**, formada de **células glias**. A *bainha de mielina* aumenta a eficiência do neurônio e lhe fornece isolamento.

Que "língua" os neurônios falam? Os neurônios se comunicam por meio de impulsos eletroquímicos. Quando um neurônio está em repouso, ou em seu **potencial de repouso**, existe uma concentração de **íons** negativos dentro da membrana que reveste o corpo da célula ligeiramente mais alta que fora dela; dessa forma existe carga elétrica negativa no interior em relação ao exterior. Em repouso, um neurônio encontra-se em estado de **polarização.** Quando uma mensagem entrante é suficientemente intensa, a carga elétrica é alterada, um **potencial de ação (impulso nervoso)** é gerado e o neurônio é despolarizado. As mensagens entrantes geram **potenciais de gradação** que, quando combinados, podem exceder o **limiar de excitação** mínimo e fazer com que o neurônio dispare. Após disparar, o neurônio passa por um *período refratário absoluto*, durante o qual não disparará novamente, e depois entra em um *período refratário relativo*, durante o qual o disparo somente ocorrerá se a mensagem entrante for muito mais intensa que o normal. De acordo com a **lei do tudo ou nada**, o impulso enviado por um neurônio não varia em intensidade.

O que acontece quando as informações se movem de um neurônio para o seguinte? A **sinapse** é composta pelos ramos terminais do axônio de um neurônio, pelo espaço sináptico e pelos dendritos e o corpo da célula de um neurônio adjacente. As moléculas **neurotransmissoras**, liberadas pelas **vesículas sinápticas**, atravessam o diminuto **espaço sináptico** (ou **fenda sináptica**) existente entre o **botão terminal** (ou **nó sináptico**) do neurônio emissor e o dendrito do neurônio receptor, onde elas se encaixam em um **sítio receptor**, da mesma maneira que uma chave se encaixa em uma fechadura. É assim que os neurônios transmitem suas mensagens ativadoras ou inibidoras. Alguns dos neurotransmissores mais conhecidos são a acetilcolina (ACh), que desempenha um importante papel nos processos de excitação e atenção; a dopamina, que afeta os neurônios associados aos movimentos voluntários; a serotonina, que transmite um sinal emocional; e as endorfinas, que aliviam a sensação de dor "desligando" os neurônios que transmitem os impulsos de dor. Desequilíbrios na quantidade de neurotransmissores contribuem para o surgimento de diversas doenças mentais, e muitas das drogas e toxinas psicoativas atuam afetando a transmissão dos neurotransmissores. Exemplos disso são a toxina do botulismo, que inibe a secreção de ACh; a cafeína, que bloqueia a liberação de adenosina, um neurotransmissor inibidor; e a cocaína, que evita a reabsorção de dopamina, provocando elevada excitação. Medicamentos antidepressivos e antipsicóticos empregam os mesmos processos.

Como a experiência muda o cérebro? Pesquisas demonstram que as experiências vividas em nosso ambiente podem produzir mudanças no cérebro, um princípio chamado de **plasticidade neuronal**. Esse órgão é também capaz de realizar a **neurogênese** — a produção de novas células cerebrais.

O sistema nervoso central

Como o sistema nervoso está organizado? Os bilhões de neurônios do cérebro estão conectados aos neurônios do resto do corpo por meio de trilhões de sinapses. O sistema nervoso está organizado em duas partes: o **sistema nervoso central**, que consiste do cérebro e da medula espinhal, e o **sistema nervoso periférico**, que conecta o sistema nervoso central ao resto do corpo.

Quais são as principais estruturas e áreas do cérebro e a que funções estão ligadas? Fisicamente, o cérebro possui três áreas mais ou menos distintas: o núcleo central, o sistema límbico e o córtex cerebral.

O núcleo central é constituído pelo cérebro posterior, o cerebelo, o mesencéfalo, o tálamo, o hipotálamo e a formação reticular. O **cérebro posterior** é encontrado até mesmo nos vertebrados mais primitivos. É formado pela medula, uma pequena estrutura próxima à medula espinhal que controla a respiração, os batimentos cardíacos e a pressão sangüínea, e os *pons*, que produzem substâncias químicas capazes de manter nosso ciclo de sono. A medula é o local em que muitos dos nervos provenientes da parte esquerda do corpo cruzam para o lado esquerdo do cérebro e vice-versa. O **cerebelo** controla nosso sentido de equilíbrio e coordena as ações do corpo. O **mesencéfalo**, que se localiza acima do cerebelo, é importante para a audição e a visão, sendo também um dos locais que registram a sensação de dor. O **tálamo** funciona como uma estação retransmissora que integra e modela os sinais sensoriais recebidos antes de transmiti-los para os níveis superiores do cérebro. O **hipotálamo** é importante para a motivação e o comportamento emocional. A **formação reticular**, que se encontra entrelaçada em meio a todas essas estruturas, alerta as partes superiores do cérebro para as mensagens entrantes.

O **sistema límbico**, um conjunto de estruturas localizado entre o núcleo central e os hemisférios cerebrais, é um desenvolvimento mais recente que o núcleo central, em termos evolutivos. Consta do hipocampo, essencial para a formação de novas memórias, e da amígdala que, juntamente com aquele, controla as emoções relacionadas à autopreservação. Outras partes do sistema límbico intensificam a sensação de prazer. Em momentos de estresse, o sistema límbico coordena e combina as reações do sistema nervoso.

O cérebro ocupa a maior parte do espaço existente dentro do crânio. O revestimento externo dos hemisférios cerebrais é conhecido como **córtex cerebral**. Quando se fala em cérebro, é nos hemisférios cerebrais que a maioria das pessoas pensa. Eles são a porção do cérebro mais recentemente desenvolvida e controlam nossos comportamentos mais complexos. Cada hemisfério cerebral se divide em quatro lobos, delineados por profundas fissuras na superfície do cérebro. O **lobo occipital** do córtex, localizado na parte de trás da cabeça, recebe e processa informações visuais. O **lobo temporal**, situado mais ou menos atrás das têmporas, ajuda-nos a realizar complicadas tarefas visuais, tais como o reconhecimento de rostos. O **lobo parietal**, que se encontra acima dos lobos temporal e occipital, recebe informações sensoriais provenientes do corpo inteiro e é importante para as capacidades espaciais. As mensagens desses receptores são registradas no **córtex somatossensorial primário**. A capacidade de compreensão da linguagem concentra-se em duas áreas dos lobos parietal e temporal. O **lobo frontal** recebe e coordena mensagens provenientes dos outros lobos e registra os movimentos passados e futuros do corpo. Ele é primordialmente responsável por comportamentos dirigidos para objetivos e é essencial para a capacidade de levar uma vida emocionalmente madura. O **córtex motor primário** é responsável pelos movimentos voluntários.

Cada lobo contém áreas dedicadas a funções motoras e sensoriais específicas bem como **áreas de associação**. As áreas de associação — áreas livres para processar todos os tipos de informação — constituem a maior parte do córtex cerebral e permitem que o cérebro gere comportamentos que exijam a coordenação de muitas áreas cerebrais.

Como os hemisférios esquerdo e direito são especializados em diferentes funções? Os dois hemisférios cerebrais estão conectados pelo **corpo caloso**, por meio do qual se comunicam e se coordenam. Entretanto, aparentemente eles possuem algumas funções separadas. O hemisfério direito se destaca por tarefas não-verbais e espaciais, ao passo que o esquerdo geralmente sobressai por tarefas verbais, tal como a fala e a escrita. O hemisfério direito controla o lado esquerdo do corpo, e o hemisfério esquerdo controla o lado direito. Em termos gerais, a capacidade de falar concentra-se na área de Broca, localizada no lobo frontal esquerdo, e a audição, na área de Wernicke, localizada no lobo temporal esquerdo. Além das funções lingüísticas, o hemisfério esquerdo trabalha de maneira mais analítica, lógica e seqüencial que o direito, enquanto este último se destaca por tarefas visuais e espaciais, imagens, música e pela percepção e expressão das emoções. Nem todas as pessoas apresentam o mesmo padrão de diferenças entre os dois hemisférios e, para a maioria delas, os dois trabalham em estreita comunicação.

Que métodos foram desenvolvidos para estudar o cérebro? Nas últimas décadas, a ciência desenvolveu técnicas cada vez mais sofisticadas para o estudo do cérebro e do sistema nervoso. Entre os instrumentos mais importantes estão as técnicas que empregam microeletrodos, macroeletrodos (EEG), a representação estrutural (exame CAT, MRI) e a representação funcional (exame EEG, MEG, MSI, fMRI e exame PET). Os cientistas geralmente combinam essas técnicas a fim de estudar a atividade cerebral com detalhes jamais vistos.

O que a medula espinhal faz? Como ela trabalha junto com o cérebro para perceber os estímulos e reagir a eles? A **medula espinhal** é um cabo complexo de nervos que conecta o cérebro à maior parte do resto do corpo. Ela é formada por feixes de longas fibras nervosas e possui três funções básicas: enviar impulsos motores para os órgãos internos e músculos; enviar informações provenientes dos órgãos internos e das extremidades do corpo para o cérebro; e permitir alguns movimentos reflexos.

O sistema nervoso periférico

Como o cérebro se comunica com o resto do corpo? Como a parte autônoma do sistema nervoso periférico está envolvida no controle das emoções? O sistema nervoso periférico contém dois tipos de neurônios: os **aferentes**, que transportam mensagens *para* o sistema nervoso central, e os **eferentes**, que transportam mensagens *do* sistema nervoso central. Os neurônios envolvidos nos movimentos voluntários dos músculos esqueléticos pertencem a uma parte do sistema nervoso periférico chamada de **sistema nervoso somático**, enquanto aqueles envolvidos no controle de ações dos órgãos internos pertencem a uma parte chamada **sistema nervoso autônomo**. O sistema nervoso autônomo divide-se em duas partes: a **divisão simpática**, que age principalmente para estimular o corpo quando ele se vê diante de uma ameaça, e a **divisão parassimpática**, que age para acalmar o corpo, fazendo com que volte ao estado normal.

O sistema endócrino

Por que os psicólogos estão interessados nos hormônios? O sistema endócrino — o outro sistema de comunicação de nosso corpo — é constituído por **glândulas endócrinas** as quais produzem **hormônios**, substâncias químicas secretadas na corrente sangüínea para iniciar mudanças de desenvolvimento no corpo ou para ativar certas respostas comportamentais. A **glândula tireóide** secreta a tiroxina, um hormônio capaz de reduzir nossa capacidade de concentração e gerar irritabilidade, quando a tireóide é hiperativa, ou causar sonolência e metabolismo lento quando a glândula é pouco ativa. Dentro da tireóide existem quatro pequenos órgãos do tamanho de ervilhas, as **paratireóides**, que secretam paratormônios a fim de controlar e equilibrar os níveis de cálcio e fosfato no sangue e nos fluidos dos tecidos. Isso, por sua vez, afeta a excitabilidade do sistema nervoso. A **glândula pineal** secreta melatonina, que ajuda a regular o ciclo do sono. O **pâncreas** controla o nível de açúcar presente no sangue secretando insulina e glucagon. A **glândula pituitária** é a que produz o maior número de hormônios, e por isso é responsável pela mais ampla gama de efeitos sobre as funções do corpo. A pituitária posterior é controlada pelo hipotálamo. Ela produz dois hormônios: a vasopressina, que controla a quantidade de água presente nas células do corpo, e a oxitocina, que faz com que o útero se contraia no momento do parto e também dá início à lactação. A pituitária anterior, geralmente chamada de "glândula mestra" reage às mensagens químicas provenientes da corrente sangüínea para produzir diversos hormônios que darão início à ação de outras glândulas endócrinas. Ela produz um hormônio que controla a quantidade de crescimento do corpo e o ritmo em que ocorre esse crescimento. As *gônadas* — testículos nos homens e ovários nas mulheres — secretam androgênios (entre eles a testosterona) e estrogênios, que controlam o desenvolvimento sexual e estão relacionados ao interesse sexual e ao comportamento. As **glândulas adrenais** estão localizadas acima dos rins. Cada uma delas possui duas partes: uma camada externa chamada de córtex adrenal e um centro, chamado de medula adrenal. Ambos produzem vários hormônios importantes, entre eles a adrenalina, que ativa o sistema nervoso simpático, e a noradrenalina (um neurotransmissor), que aumenta a pressão sangüínea e inicia a secreção do hormônio ACTH na pituitária anterior, prolongando assim a reação do corpo ao estresse.

Genes, evolução e comportamento

Como os traços são passados de uma geração para outra? As áreas associadas da **genética comportamental** e da **psicologia evolucionista** estudam as influências da hereditariedade no comportamento humano. Ambas estão ajudando a acabar com o debate natureza *versus* criação sobre as relativas contribuições dos genes e do ambiente para as semelhanças e diferenças entre os seres humanos. A **genética** é o estudo da maneira como os seres vivos transmitem características de uma geração para outra por meio dos **genes**. A transmissão de características é chamada de hereditariedade. Cada gene encontra-se alinhado sobre uma pequena estrutura em forma de filete chamada **cromossomo**, constituída predominantemente de **ácido desoxirribonucléico** (*DNA*). Todos os genes de todos os cromossomos humanos formam o **genoma humano**. Os elementos de um par de genes podem ser tanto **genes dominantes** quanto **genes recessivos**. Na **herança poligênica**, vários genes interagem a fim de produzir uma determinada característica. Em alguns casos, a manifestação de uma característica pode tardar até o fim da vida e depende dos fatores do ambiente.

Que métodos os psicólogos usam para estudar os efeitos dos genes sobre o comportamento? Os psicólogos empregam uma série de métodos para estudar as relações que existem entre os genes e os comportamentos. *Estudos de linhagem* ajudam a determinar a hereditariedade de certas características por meio do cruzamento de animais; os *estudos de seleção* estimam a hereditariedade de uma característica por meio do cruzamento de animais com outros que possuam as mesmas características. Por meio dos **estudos de família**, os cientistas examinam as influências genéticas no comportamento humano, ao passo que os **estudos de gêmeos** testam **gêmeos idênticos** que compartilham a mesma constituição genética, em oposição aos **gêmeos fraternos** que são tão distintos quanto dois irmãos filhos dos mesmos pais. Os **estudos de adoção** são úteis na determinação da influência da hereditariedade e do ambiente no comportamento humano.

Como a seleção natural influenciou os comportamentos sociais humanos? A teoria da evolução por meio da *seleção natural* afirma que organismos mais bem adaptados ao seu ambiente tendem a sobreviver, transmitindo suas características genéticas para as gerações posteriores, enquanto organismos com menos características adaptativas tendem a morrer. A psicologia evolucionista analisa os pensamentos, as características e os comportamentos humanos examinando seu valor adaptativo a partir de uma perspectiva evolucionária. A psicologia evolucionista mostrou-se útil para explicar muitos aspectos comuns do comportamento humano em culturas diferentes.

Quais questões éticas surgem conforme a sociedade obtém mais controle sobre a genética? Manipular genes humanos a fim de mudar o modo como as pessoas se desenvolvem é uma nova tecnologia que deixa muitas pessoas inquietas, mas suas preocupações podem ser exageradas porque os genes não são totalmente poderosos. Tanto a hereditariedade quanto o ambiente participam da modelagem de muitos comportamentos e traços significantes.

PENSAMENTO CRÍTICO E APLICAÇÕES

1. Por que os sintomas da abstinência de cocaína são opostos aos efeitos da droga?
2. O escaneamento do cérebro de homens e mulheres comunicando-se mostra diferentes padrões de atividade. Que impacto essas diferenças podem ter nos relacionamentos entre os dois sexos?
3. Se a divisão simpática do sistema nervoso autônomo está destinada a nos ajudar a lidar com o estresse, por que a longo prazo ele nos causa tantos problemas de saúde?
4. Um psicólogo clínico encaminha um novo cliente para um médico porque os sintomas psicológicos do paciente indicam um problema com a glândula tireóide. De que sintomas os psicólogos podem cuidar?
5. Como estudos de gêmeos ajudam a determinar a contribuição relativa dos genes e do ambiente para as diferenças humanas?

3 Sensação e Percepção

VISÃO GERAL

A natureza das sensações
- Limiares sensoriais
- Percepção subliminar

Visão
- O sistema visual
- Visão de cores

Audição
- O som
- O ouvido
- Teorias sobre a audição

Os outros sentidos
- Olfato
- Paladar
- Sentidos cinestésicos e vestibulares
- As sensações da pele
- Dor

Percepção
- Organização perceptiva
- Constâncias perceptivas
- Percepção de distância e profundidade
- Percepção de movimento
- Ilusões visuais
- Características do observador

EM UMA NOITE CHUVOSA, UM MATEMÁTICO DE 33 ANOS DE IDADE SAIU após o jantar para um passeio trágico. Seus amigos sempre o consideraram o "gourmet dos gourmets" porque ele possuía a capacidade fantástica de provar um prato e citar todos os ingredientes contidos nele. Um dos amigos comentava que ele tinha o "dom perfeito" para a comida. No momento em que o matemático colocou os pés na rua naquela noite, um carro que vinha devagar pela estrada o atropelou e ele caiu na calçada, batendo a cabeça. Quando saiu do hospital descobriu, horrorizado, que havia perdido o sentido do olfato. Devido ao fato de o olfato e o paladar estarem fisiologicamente relacionados, seus dias como gourmet tinham chegado ao fim.

Seus botões gustativos estavam funcionando: ele conseguia dizer se uma comida era salgada, amarga, ácida ou doce. Mas, sem sentir os aromas, ele já não podia mais experimentar as misturas sutis dos sabores que tornavam a comida deliciosa e memorável. O ato de comer agora era uma árdua tarefa.

Alguns anos mais tarde ele processou o motorista do carro, alegando, primeiramente, que seu prazer de viver havia sido lesado sem possibilidade de reparação e, em segundo lugar, que a perda do olfato fazia com que ele corresse risco de vida. De fato, não conseguiu perceber o cheiro de fumaça quando seu apartamento pegou fogo; intoxicou-se por não perceber que estava comendo comida estragada; e não foi capaz de detectar o cheiro de um vazamento de gás. O matemático ganhou a causa na justiça. O termo técnico para a desordem da qual ele sofria é *anosmia* (palavra originária da combinação greco-latina que significa "sem cheiro") (Ackerman, 1995).

Não damos valor ao nosso olfato, assim como ao ar que respiramos. E, na verdade, sentimos odores toda vez que respiramos. Sem o aroma intenso do café recém-preparado, o forte odor da brisa do mar, o cheiro de limpeza da roupa lavada ou até mesmo a atmosfera de um estábulo, a vida seria extraordinariamente chata. Pergunte aos dois milhões de norte-americanos que sofrem de distúrbios do paladar e do olfato. "Sinto-me vazio, em uma espécie de limbo", disse aquele matemático (Ackerman, 1995, p. 41). Uma mulher que havia readquirido seu olfato comparou o dia em que percebeu que era capaz de sentir o sabor da comida novamente com "um momento do filme *O mágico de Oz*, em que o mundo deixa de ser preto e branco-e-passa a ser colorido" (Ackerman, 1995, p. 42). Nosso olfato pode não ser tão aguçado como o de outros animais, como os cães, por exemplo, mas os aromas fazem parte da nossa experiência de vida.

As sensações, que incluem odores, visões, sons, gostos, equilíbrio, tato e dor, são os dados brutos da experiência. Nossos vários órgãos dos sentidos são continuamente bombardeados por informações, todas competindo entre si por atenção, tão pequenas quanto peças de um quebra-cabeça gigante e entrecortado. A percepção é o processo mental de separar, identificar e organizar essas porções para que formem padrões dotados de significado. A sensação e a percepção são os fundamentos da consciência; juntas, elas nos informam o que está acontecendo dentro e fora de nosso corpo.

Começaremos este capítulo analisando os princípios básicos da sensação: de que maneira adquirimos informações provenientes do mundo exterior (e interior). Examinaremos os distintos órgãos dos sentidos do corpo para saber de que modo cada um deles converte a energia física — luz ou ondas sonoras, por exemplo — em impulsos nervosos. Mas a sensação é só uma parte da história. Nossos olhos registram apenas luz, escuridão e cores quando "vemos" uma árvore. Nossos ouvidos captam ondas sonoras e, no entanto, distinguimos entre o choro de um bebê e uma fuga de Bach. Exploraremos tais assuntos na última seção do capítulo, que trata da percepção.

A natureza das sensações

O que causa as experiências sensoriais?
Como a energia, tal como a luz ou o som, é convertida numa mensagem para o cérebro?

A **sensação** começa quando a energia, oriunda de uma fonte externa ou do interior do corpo, estimula uma célula receptora em um dos órgãos sensoriais, tais como o olho ou o ouvido. Cada **célula receptora** envia um sinal por meio dos nervos sensoriais até a área apropriada do córtex cerebral. Conforme foi descrito no Capítulo 2, todos os neurônios se comunicam por meio da mesma "linguagem" eletroquímica. O cérebro fica no crânio, isolado dos acontecimentos externos, embora esteja a todo momento sendo bombardeado por sinais elétricos provenientes de milhões de fibras nervosas. Como o cérebro distingue imagens e sons, sensações de tato e equilíbrio?

A diferenciação sensorial começa nas células receptoras, especializadas para sentir apenas uma forma de energia — ondas luminosas para a visão, ou vibrações para a audição. Por sua vez, as células receptoras estão conectadas a caminhos neurais especializados para cada um dos sentidos. Na prática, as mensagens sensoriais entram no cérebro por meio de diferentes canais: o canal auditivo, o canal tátil, o canal olfativo e assim por diante. Os sinais enviados pelo nervo óptico não são "visuais", bem como os sinais transmitidos pelo nervo auditivo não são audíveis. Mas eles produzem com fidelidade uma experiência que podemos chamar de visão ou de audição quando alcançam as áreas apropriadas do cérebro.

Mesmo se os sinais do nervo óptico forem provocados por algo que não seja luz, ainda assim o resultado será uma experiência visual. Por exemplo: se você fechar os olhos e pressionar suavemente as pálpebras, verá um breve flash de luz. Embora o estímulo tenha sido a pressão, o cérebro interpreta os sinais provenientes do nervo óptico como padrões visuais. Da mesma maneira, tanto a gravação de uma orquestra sinfônica quanto o som de água corrente que entra pelos ouvidos estimulam o nervo auditivo e fazem com que escutemos algo. Johannes Muller, fisiologista alemão do século XIX, descobriu a relação um-a-um existente entre a estimulação de um nervo específico e o tipo de experiência sensorial resultante, uma teoria hoje conhecida como doutrina das *energias específicas de um nervo*.

De que maneira o cérebro identifica variações no *mesmo* tipo de sensação, como a visão ou o olfato? Conforme descrito no Capítulo 2, estímulos diferentes influenciam a *quantidade* de neurônios que vão disparar, *quais* neurônios serão afetados ou inibidos por um sinal e a *razão* em que eles vão disparar. O padrão resultante atua como um código, fornecendo ao cérebro detalhes sobre o tipo de imagem ou som captado pelos sentidos. Por exemplo: uma luz muito intensa pode ser codificada como o rápido disparo de um conjunto de células nervosas, ao passo que uma luz tênue daria início a uma seqüência muito mais lenta de disparos. E ambos esses sinais são transmitidos por canais diferentes e codificados de maneira diferente de um ruído alto e penetrante. Assim, quando os sinais provenientes das células receptoras chegam ao cérebro, o sinal simples — "algo está chegando" — foi transformado em uma mensagem específica que permite que você distinga entre o rosa e o roxo, entre tapas e cócegas, entre uma nota tocada no piano e a mesma nota tocada num trompete.

Limiares sensoriais

Quais são os limites de nossa capacidade de sentir os estímulos em nosso ambiente?

A energia que chega até um receptor deve ser suficientemente intensa para tornar-se perceptível. A intensidade mínima de energia física necessária para produzir qualquer tipo de sensação é chamada de **limiar absoluto**. Qual é a quantidade de estímulo sensorial necessária para produzir uma sensação? Quão alto deve ser um som, por exemplo, para que uma pessoa o escute? Quão intensa deve ser uma piscadela em uma tela de radar para que um operador a veja?

Para responder a esse tipo de pergunta, os psicólogos exibem um estímulo com diferentes intensidades e perguntam às pessoas se elas sentem alguma coisa. Você deve imaginar que, a certa altura, as pessoas digam: "Agora estou vendo a luz" ou "Agora ouço o som". Na verdade, a sensibilidade à luz, ao som, à pressão ou a outros estímulos varia de pessoa para pessoa e, até mesmo, de momento a momento para a mesma pessoa. Por essa razão, os psicólogos concordaram em fixar o limiar absoluto como sendo o ponto em que uma pessoa é capaz de detectar um estímulo em 50 por cento das vezes em que ele for exibido (veja a Figura 3.1).

Embora haja diferenças entre as pessoas — e até mesmo de um momento para outro para a mesma pessoa — o limiar absoluto para cada um de nossos sentidos é notavelmente baixo. Em circunstâncias ideais, os limiares absolutos são aproximadamente os seguintes (McBurney e Collings, 1984):

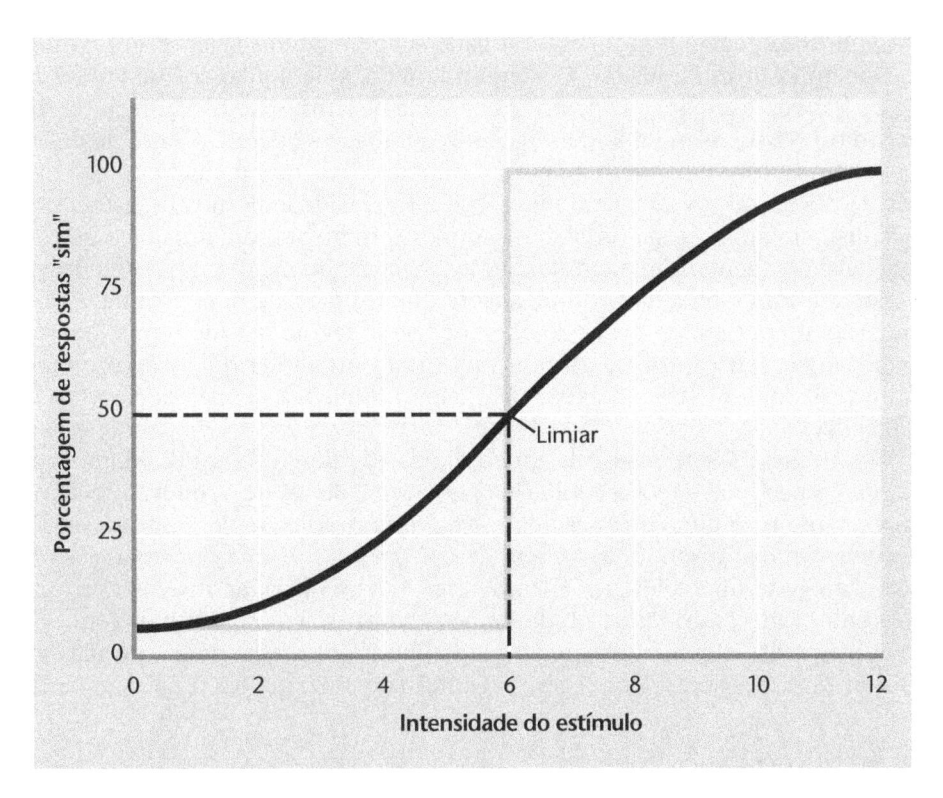

FIGURA 3.1
Determinação do limiar sensorial. A linha vermelha cinza-claro um caso ideal: para todas as intensidades abaixo do limiar, a pessoa não relata nenhuma sensação nem nenhuma mudança de intensidade; para todas as intensidades acima dele, a pessoa relata uma sensação ou uma mudança de intensidade. Entretanto, na prática, nunca chegamos perto do ideal da linha cinza-claro. A linha preta mostra, então, as respostas de uma pessoa típica. O limiar é considerado o ponto em que a pessoa relata uma sensação ou uma mudança de intensidade em 50 por cento das vezes.

- Audição: o tique-taque de um relógio a uma distância de seis metros em condições de bastante silêncio.
- Visão: a chama de uma vela vista a uma distância de 50 quilômetros em uma noite escura e de céu limpo.
- Paladar: um grama de sal de cozinha diluído em 500 litros de água.
- Olfato: uma gota de perfume espalhada em um apartamento de três cômodos.
- Tato: a asa de uma abelha caindo de uma altura de um centímetro sobre sua bochecha.

Em condições normais, os limiares absolutos variam de acordo com o nível e a natureza da estimulação sensorial que estiver ocorrendo. Por exemplo: quando você entra em uma sala de cinema escura, não consegue ver nada além da imagem na tela. Entretanto, gradualmente seus olhos se acostumam com a escuridão. Da mesma maneira, depois de comer um saco de pipoca salgada, seria necessário muito mais que um grama de sal de cozinha diluído em 500 litros de água para que você percebesse um gosto salgado. Esse fenômeno é chamado de **adaptação** sensorial. Nossos sentidos se ajustam automaticamente ao nível geral médio da estimulação existente em um ambiente particular. Quando confrontados com uma grande quantidade de estimulação, eles se tornam muito menos sensíveis. Diante de um mesmo sinal, quando o nível de estimulação cai, nosso aparato sensorial se torna muito mais sensível do que estaria sob condições de alta estimulação. Esse processo de adaptação permite que todos os nossos sentidos se sintonizem com um grande número de indicações do ambiente sem ficar sobrecarregados. Podemos ouvir a respiração de um bebê dormindo quando entramos num quarto silencioso, mas, se estivermos em uma rua urbana no horário do rush, o barulho do tráfego seria ensurdecedor se nossos ouvidos não se tornassem menos sensíveis à estimulação. De maneira similar, podemos sair de uma sala escura e deparar com a luz do sol sem sentir grande dor. (Mais adiante, neste capítulo, vamos examinar melhor a adaptação.)

Imagine agora que você pode ouvir um determinado som. Quão forte ele deve se tornar até que você perceba que ele aumentou de intensidade? A menor quantidade de mudança que você é capaz de detectar em 50 por cento das vezes em que ela ocorre é chamada de **limiar de diferença**, ou **diferença apenas perceptível (dap)**. Assim como o limiar absoluto, o limiar de diferença varia de pessoa para pessoa e de momento a momento para uma mesma pessoa. Além disso, da mesma maneira que os limiares absolutos, os limiares de diferença nos ensinam algo sobre a flexibilidade de nossos sistemas sensoriais. Por exemplo: a adição de meio quilo a uma carga de 4,5 quilos certamente será notada, o que sugere que o limiar de diferença deva ser menor que meio quilo. Mas a adição de meio quilo a uma carga de 45 quilos provavelmente não fará muita diferença, o que sugere que o limiar de diferença deva ser consideravelmente *maior* que meio quilo. Como o limiar de diferença pode ser, ao mesmo tempo, menor e maior que meio quilo? A verdade é que ele varia de acordo com a força ou a intensidade do estímulo original. Em outras palavras, quanto maior o estímulo existente, maior a mudança necessária para produzir uma diferença apenas perceptível.

Na década de 1830, Ernst Weber concluiu que o limiar de diferença é uma *fração* ou *proporção* constante de um estímulo específico — teoria conhecida pelo nome de **lei de Weber**. Os valores dessa fração variam significativamente para diferentes sentidos. A audição, por exemplo, é muito sensível: somos capazes de detectar uma mudança sonora da ordem de 0,3 por cento (uma terça parte de um por cento). Em contrapartida, para gerar uma diferença apenas perceptível no paladar é necessária uma mudança da ordem de 20 por cento. É necessária uma mudança de peso da ordem de dois por cento para gerar uma diferença apenas perceptível. Assim, a adição de meio quilo a uma carga de 22,5 quilos produziria uma diferença perceptível em 50 por cento das vezes; já a adição de meio quilo a uma carga de 45 quilos, não.

Percepção subliminar

Sob quais circunstâncias as mensagens fora de nossa consciência afetam nosso comportamento?

A idéia da existência de limiares absolutos implica que certos acontecimentos do mundo exterior ocorrem *subliminarmente* — sem que os percebamos conscientemente. Será que as mensagens subliminares usadas em propagandas e fitas de auto-ajuda podem mudar nosso comportamento? Durante décadas, circulou uma história de que as vendas de refrigerante e pipoca cresceram notavelmente quando um cinema em Nova Jersey adicionou as mensagens "Beba Coca-Cola" e "Coma pipoca" em meio às imagens de um filme.

De maneira similar, fitas de áudio com mensagens subliminares de auto-ajuda freqüentemente prometem mais do que oferecem. Durante um estudo, voluntários usaram tais fitas por várias semanas. Cerca de metade deles disse ter melhorado após ouvi-las, mas testes objetivos não detectaram nenhuma mudança mensurável. Além do mais, a melhora percebida tinha mais relação com a etiqueta da fita que com seu conteúdo subliminar: cerca de metade das pessoas que receberam a fita "Melhore sua memória" disse que sua memória havia melhorado, embora muitos deles tivessem recebido na verdade uma fita para aumentar a auto-estima, e cerca de um terço das que ouviram fitas com a etiqueta "Aumente sua auto-estima" disse que sua auto-estima havia aumentado, apesar de muitas terem na verdade ouvido fitas destinadas a melhorar a memória (Greenwald *et al.*, 1991).

Contudo, há algumas evidências de que, sob condições cuidadosamente controladas, as pessoas podem ser influenciadas por informações fora de sua consciência. Em um estudo, por exemplo, foi mostrada a um grupo de pessoas uma lista de palavras relacionadas a competição, enquanto um segundo grupo observava uma lista de palavras neutras (Nuberg, 1988). Mais tarde, ao participar de um jogo, as pessoas a que tinha sido mostrada a lista subliminar de palavras com sugestão de competitividade tornaram-se especialmente competitivas. Em outro estudo, um grupo foi subliminarmente exposto a palavras que sugeriam honestidade (uma característica positiva), enquanto outro foi subliminarmente exposto a palavras relativas à hostilidade (uma característica negativa). Subseqüentemente, todos os participantes leram uma descrição de uma mulher cujo comportamento podia ser visto como honesto ou hostil. Quando se pediu que estimassem as características da mulher, as pessoas que tinham sido subliminarmente expostas a palavras relacionadas a "honestidade" classificaram-na como honesta, e aquelas que haviam sido subliminarmente expostas a palavras ligadas a "hostilidade" julgaram-na hostil (Erdley e D'Agostino, 1988).

Estudos como esse indicam que *em um cenário controlado de laboratório*, as pessoas podem processar as informações que ficam fora de sua consciência e reagir a elas. Mas permanece a questão de que não há nenhuma evidência científica independente de que mensagens subliminares em propaganda ou fitas de

COMPREENDENDO O Mundo que Nos Cerca

A percepção extra-sensorial existe?

Algumas pessoas alegam possuir um poder extraordinário de percepção, além dos sentidos normais. Esse poder incomum, conhecido como percepção extra- sensorial, foi definido como "uma resposta a um evento desconhecido não apresentado a nenhum sentido conhecido" (McConnell, 1969). A percepção extra-sensorial se refere a uma ampla variedade de fenômenos, entre eles a *clarividência* — percepção de um objeto ou acontecimento desconhecidos; a *telepatia* — conhecimento dos pensamentos ou sentimentos de outra pessoa; e a *premonição* — conhecimento prévio de acontecimentos futuros. O funcionamento da percepção extra-sensorial e outros fenômenos psíquicos é foco de um campo de estudo chamado *parapsicologia*.

Muitas das pesquisas realizadas sobre percepção extra-sensorial têm sido criticadas por seu pobre planejamento experimental, por falhas no controle da desonestidade, pela publicação seletiva dos resultados ou pela incapacidade de obter resultados replicáveis (Hansel, 1969). Não obstante, os psicólogos continuam a pesquisar a possibilidade da existência de fenômenos psíquicos, empregando procedimentos cada vez mais sofisticados.

Por exemplo: Bem e Honorton (1994), utilizando um procedimento que ficou conhecido como *autoganzfeld*, publicaram resultados animadores de suas investigações iniciais sobre telepatia. Segundo tal procedimento, um "emissor", isolado em uma sala à prova de som, concentra-se em uma imagem ou em um trecho de um filme selecionados aleatoriamente (por

> Os psicólogos continuam a pesquisar a possibilidade da existência de fenômenos psíquicos, empregando procedimentos cada vez mais sofisticados.

computador) a partir de um conjunto de 80 imagens ou 80 trechos de filme. Um "receptor", sozinho em outra sala também à prova de som, dá início a um profundo relaxamento enquanto mantém metade de uma bola de pingue-pongue sobre cada olho e usa fones de ouvido por meio dos quais escuta um som sussurrante (a fim de que receba informações visuais e auditivas de maneira uniforme). Tenta, então, perceber qualquer mensagem ou imagem proveniente do emissor. O experimento termina com um teste no qual um computador mostra quatro fotos ou trechos de filmes para o receptor, que por sua vez os classifica segundo sua semelhança com as impressões ou imagens que recebeu durante a fase de emissão. Embora os receptores não tenham identificado todas as imagens e os vídeos para os quais os emissores estavam olhando, eles se saíram muito melhor do que seria esperado apenas pelo acaso.

Tentativas recentes de replicar as descobertas originalmente feitas por Bem e Honorton em geral não obtiveram sucesso (Milton e Wiseman, 1999). Na verdade, uma ampla análise de 30 estudos, que ao todo testaram 1.100 participantes, concluiu que nenhuma prova convincente do funcionamento psíquico foi produzida pela maioria dos experimentos que empregaram o procedimento *autoganzfeld* (Milton e Wiseman, 1999).

Embora as pesquisas não tenham conseguido demonstrar claramente a existência da percepção extra-sensorial, alguns psicólogos e outros cientistas não descartam totalmente a idéia de que ela possa ser um fenômeno real, mas preferem salientar que os experimentos ainda não lhe conferiram crédito científico.

auto-ajuda tenham um efeito considerável (Beatty e Hawkins, 1989; Greenwald *et al.*, 1991; T. G. Russell, Rowe e Smouse, 1991; Smith e Rogers, 1994; Undewood, 1994). As teorias sobre a percepção extra-sensorial também não foram confirmadas por pesquisa científica.

Até agora falamos sobre as características gerais da sensação, mas cada um dos sistemas sensoriais do corpo funciona um pouco diferente. Esses sistemas sensoriais individuais são dotados de células receptoras que se especializam em converter um determinado tipo de energia em sinais neurais. O limiar no qual essa conversão ocorre varia de sistema para sistema. O mesmo acontece com os mecanismos por meio dos quais os dados sensoriais são processados, codificados e enviados ao cérebro.

> **TESTE SUA APRENDIZAGEM**
>
> Relacione os seguintes termos com a definição adequada.
>
> 1. ____ célula receptora
> 2. ____ limiar absoluto
> 3. ____ limiar de diferença
> 4. ____ dap
> 5. ____ lei de Weber
> 6. ____ percepção subliminar
>
> a. diferença apenas notável
> b. percepção das informações que estão abaixo do limiar da consciência
> c. o menor estímulo detectado 50 por cento do tempo
> d. o limiar de diferença é uma fração constante do estímulo
> e. a menor mudança no estímulo detectável 50 por cento do tempo
> f. converte energia em sinal neural
>
> Respostas: 1. f. 2. c. 3. a ou e. 4. a ou e. 5. d. 6. b.

Visão

Por que os psicólogos têm estudado mais a visão que os outros sentidos?

Diferentes espécies animais dependem mais de alguns sentidos que de outros. Os cães dependem de seu olfato, os morcegos dependem da audição e alguns peixes confiam em seu paladar. Mas, para os seres humanos, a visão é o sentido mais importante, assim recebeu mais atenção dos psicólogos. Para compreendê-la, precisamos examinar primeiro as partes do sistema visual, começando pela estrutura do olho.

O sistema visual

Como a luz cria um impulso nervoso?

A estrutura do olho humano, incluindo o caminho celular que atinge o cérebro, é mostrada na Figura 3.2. A luz entra no olho por meio da **córnea**, camada protetora transparente localizada sobre a parte frontal do olho. Depois, passa pela **pupila**, a abertura situada no centro da **íris**, a parte colorida do olho. Quando a luz é muito intensa, os músculos da íris se contraem para fazer a pupila diminuir de tamanho, o que protege o olho e ao mesmo tempo nos ajuda a enxergar melhor diante de forte luminosidade. Quando a luz é tênue, os músculos relaxam para dilatar a pupila e permitir a entrada da maior quantidade de luz possível.

Dentro da pupila, a luz se move passando pelo **cristalino**, que a direciona para dentro da **retina**, o revestimento interno e sensível à luz que se localiza na parte de trás do globo ocular. O cristalino muda de forma para focalizar objetos que estão próximos ou distantes de nós. Normalmente, seu foco está regulado para uma distância média. A fim de focalizar um objeto que se encontra muito próximo dos olhos, pequenos músculos ao redor do cristalino se contraem e o fazem assumir uma forma mais arredondada. Para algo que se encontra distante, os músculos trabalham a fim de achatar o cristalino. Na retina, exatamente atrás do cristalino, encontra-se um ponto em depressão chamado **fóvea** (veja a Figura 3.3). A fóvea ocupa o centro do campo visual e as imagens estão em melhor foco nesse ponto que em qualquer outro. Quando queremos examinar algo com mais detalhes, trazemos esse objeto para perto da fóvea.

As células receptoras A retina de cada olho contém *células receptoras* responsáveis pela visão. Essas células são sensíveis a apenas uma fração do espectro da energia eletromagnética, que inclui a **luz**, entre outras formas de energia (veja a Figura 3.4). As energias do espectro eletromagnético são chamadas de **comprimento de onda**. Embora recebamos ondas de luz do espectro todo, as ondas mais curtas que podemos ver chegam até nós como as cores violeta/azul, ao passo que as mais longas nos parecem vermelhas.

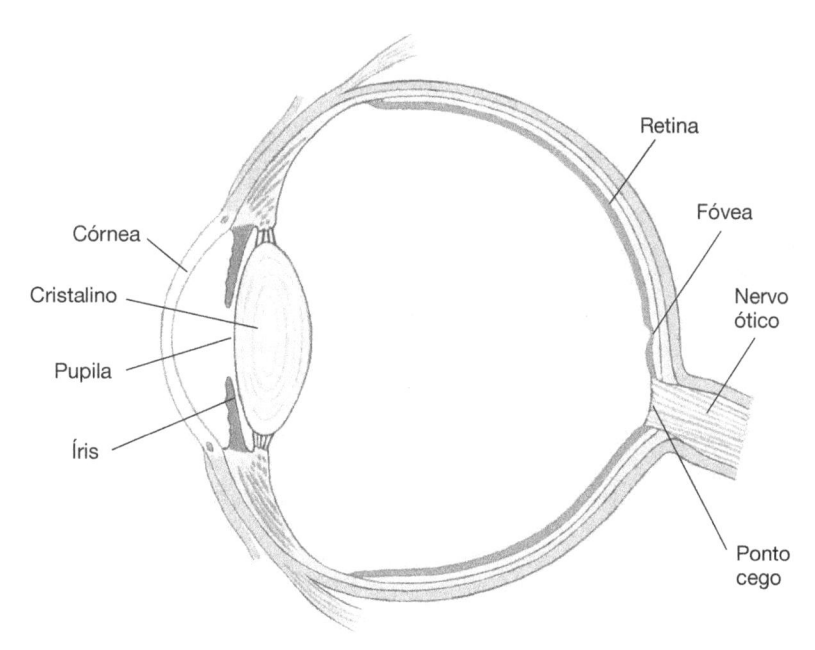

FIGURA 3.2
Corte seccional do olho humano. A luz entra no olho por meio da córnea, passa pela pupila e é direcionada pelo cristalino até a retina.
Fonte: adaptado da obra de Hubel, 1963.

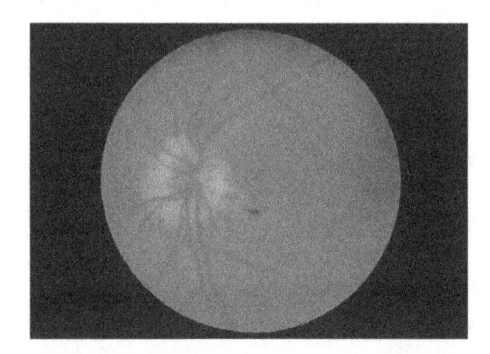

FIGURA 3.3
A retina. Visão da retina por meio de um oftalmoscópio, instrumento utilizado para examinar as veias sangüíneas dos olhos. O pequeno ponto escuro é a fóvea. O círculo claro delimita o ponto cego, em que o nervo ótico sai do olho.

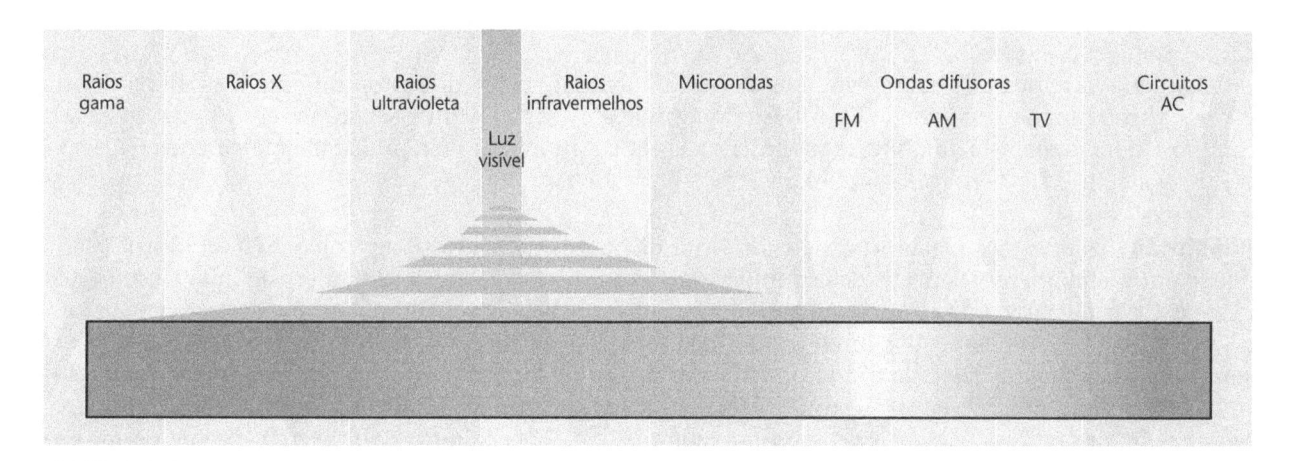

FIGURA 3.4
O espectro eletromagnético. O olho humano é sensível apenas a uma pequena parte do espectro, conhecida como luz visível.

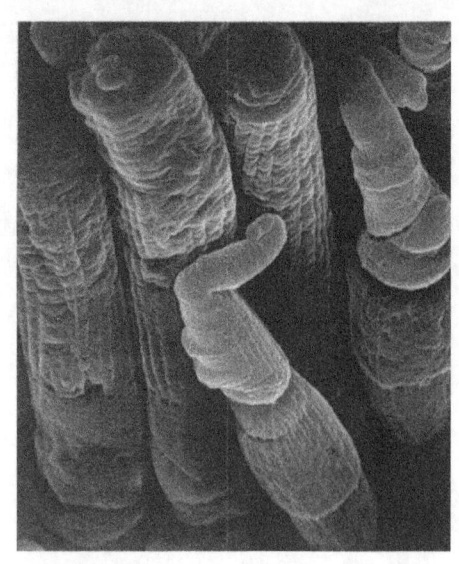

FIGURA 3.5
Bastonetes e cones. Como você pode ver nessa microfotografia, os bastonetes e os cones recebem tal denominação devido a seu formato.
Fonte: E. R. Lewis, Y. Y. Zeevi, F. S. Werblin. *Brain research 15* (1969): 559-562.

A retina contém dois tipos de células receptoras, os **bastonetes** e os **cones**, que recebem esses nomes devido a seu formato específico (veja a Figura 3.6). A retina de cada olho possui cerca de 120 milhões de bastonetes e oito milhões de cones. Os bastonetes reagem a vários graus ou intensidades de luz e escuridão, mas não às cores. Eles são os principais responsáveis pela *visão noturna*. Por sua vez, os cones nos permitem identificar as cores, bem como a luz e a escuridão. Funcionando principalmente durante o dia, são menos sensíveis à luz que os bastonetes (MacLeod, 1978). Os cones, como um filme colorido, funcionam melhor quando expostos à luz relativamente intensa. Já os bastonetes, mais sensíveis, são como um filme preto-e-branco, que reage a níveis de luminosidade bem mais baixos.

Os cones são encontrados principalmente na fóvea, onde não há bastonetes. A maior densidade de cones está no centro da fóvea, local em que as imagens são projetadas na retina com melhor qualidade de foco. Os bastonetes, por sua vez, predominam do lado de fora da fóvea. À medida que nos movimentamos da fóvea para as bordas da retina, tanto os bastonetes quanto os cones se tornam mais esparsos; nas partes mais externas da retina são encontrados apenas alguns bastonetes e quase nenhum cone.

Tanto os bastonetes quanto os cones se conectam a neurônios especializados chamados **células bipolares**, que possuem apenas um axônio e um dendrito (veja a Figura 3.7). Na fóvea, os cones geralmente se conectam a apenas uma célula bipolar — uma espécie de "linha privada" que vai até o nervo ótico. Em todos os outros lugares, bastonetes e/ou cones dividem uma mesma célula bipolar.

Além disso, do lado de fora da fóvea, o número de cones e bastonetes que se conectam a uma única célula bipolar aumenta, e a **acuidade visual** — a capacidade de distinguir visualmente detalhes sutis — diminui. Como resultado, a visão periférica fica um pouco embaçada.

Por outro lado, aquela conexão única entre os cones e as células bipolares na fóvea permite o máximo de acuidade visual. (A palavra *acuidade* tem origem no termo grego para "agudo".) Faça você mesmo o teste: segure este livro a uma distância de mais ou menos 45 centímetros de seus olhos e olhe para o "X" que está no centro da linha abaixo.

Esse teste serve para mostrar como a acuidade **X** visual varia ao longo da retina.

Sua fóvea enxerga o "X" e cerca de quatro letras de cada lado. Essa é a área de maior acuidade visual. Perceba como sua visão diminui para palavras e letras situadas mais à esquerda ou à direita da letra em destaque.

Entretanto, no escuro, a fóvea quase não tem utilidade, já que não possui os bastonetes sensíveis à luz. Para enxergar um objeto temos, então, de olhar para um dos lados até que a imagem recaia fora da fóvea, onde há bastonetes.

Quando queremos examinar algo bem de perto, buscamos a luz do sol ou de uma lâmpada a fim de estimular uma maior quantidade de cones. Para atividades como leitura, costura e escrita, quanto mais luminosidade, melhor: luz mais forte estimula mais cones, aumentando a probabilidade de que células bipolares enviem uma mensagem para o cérebro.

Adaptação A adaptação, conforme descrita anteriormente, é o processo por meio do qual nossos sentidos se ajustam a diferentes níveis de estimulação. No caso da adaptação visual, a sensibilidade dos bastonetes e dos cones muda de acordo com a quantidade de luz disponível (Hood, 1998). Quando você passa de um ambiente iluminado por intensa luz solar para um cinema pouco iluminado e procura um assento, no começo você enxerga muito pouco ou nada. Isso acontece porque tanto os bastonetes quanto os cones são inicialmente pouco sensíveis à luz. Durante os primeiros cinco ou dez minutos no escuro, os cones se tornam cada vez mais sensíveis à luz tênue. Após dez minutos, você será capaz de ver os objetos que estão bem à sua frente; depois de atingir esse ponto, a sensibilidade dos cones não aumenta. Mas os bastonetes continuam a se tornar mais sensíveis à luz durante cerca de mais 20 minutos, atingindo seu ponto máximo de sensibilidade após 30 minutos. O processo por meio do qual os bastonetes e

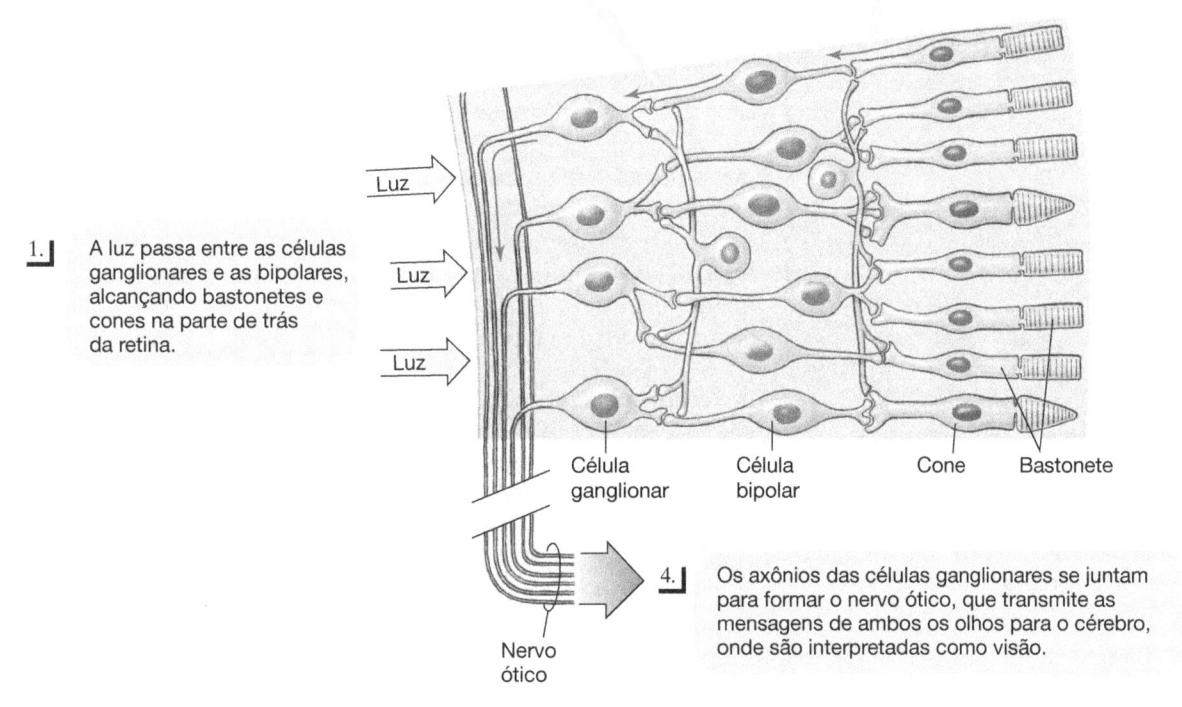

FIGURA 3.6
Imagem aproximada das camadas da retina. A luz precisa passar por entre as *células ganglionares* e as *células bipolares* para chegar até os bastonetes e os cones. Depois, as mensagens sensoriais fazem o caminho de volta a partir das células receptoras, passando pelas células bipolares e chegando às células ganglionares. Os axônios das células ganglionares se agrupam para formar o nervo ótico, que transmite as mensagens provenientes dos dois olhos até o cérebro (veja a Figura 3.2).

os cones se tornam mais sensíveis à luz em resposta a um menor nível de iluminação é chamado de **adaptação ao escuro**. Mesmo assim, quando a luz é muito tênue não existe energia suficiente para estimular os cones a ponto de eles reagirem às cores. Por isso, no escuro você é capaz de ver o mundo apenas em preto, branco e cinza.

Os problemas da adaptação ao escuro constituem uma das razões pelas quais ocorrem mais acidentes de carro à noite que durante o dia (Leibowitz e Owens, 1977). Quando as pessoas dirigem à noite, seus olhos devem mudar várias vezes de situação entre o escuro interior do carro, a estrada iluminada por faróis e as áreas escuras das margens. Ao contrário do que ocorre em uma sala de cinema escura, tais condições de direção noturna — que estão em constante mudança — não permitem que ocorra a adaptação completa nem dos bastonetes nem dos cones; assim, nenhum dos dois sistemas funciona com a máxima eficiência. Como muitos motoristas geralmente não estão conscientes dessa deterioração de sua visão, eles podem superestimar sua capacidade de parar a tempo de evitar um acidente.

Quando você se move de um ambiente escuro em direção a outro iluminado, seus olhos precisam se readaptar. Ao sair do cinema, seus bastonetes e seus cones já estão muito sensíveis. Diante da intensa luz do exterior, todos os neurônios do olho disparam de uma só vez, deixando-o quase cego. Você desvia o olhar e protege os olhos, enquanto suas íris se contraem, reduzindo a quantidade de luz que entra pelas pupilas e chega até a retina. Em cerca de um minuto, tanto os bastonetes quanto os cones estarão totalmente adaptados à luz. Nessa altura, você não precisará mais proteger os olhos. O processo por meio do qual os bastonetes e os cones se tornam menos sensíveis à luz em resposta a um maior nível de iluminação é chamado de **adaptação à luz**.

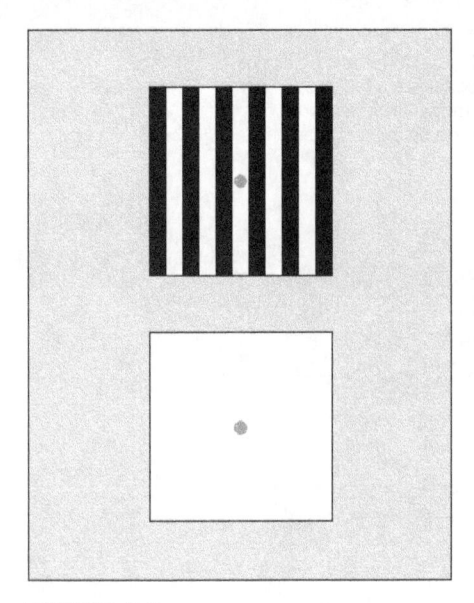

FIGURA 3.7
Uma pós-imagem. Primeiro, olhe fixamente para o centro do quadrado de cima durante cerca de 20 segundos e, depois, olhe para o ponto localizado no quadrado de baixo. Por alguns instantes, uma imagem branca e cinza deverá aparecer no quadrado de baixo.

Esses exemplos mostram que a adaptação visual é um processo parcial, que ocorre em um ritmo de vaivém. Os olhos se ajustam — de estimulação em estimulação, de uma situação de menos estímulos para outra de mais estímulos, e vice-versa —, mas nunca se adaptam completamente. (É por isso que você às vezes enxerga uma **pós-imagem**, conforme explicado na Figura 3.7.)

Caso a estimulação permanecesse constante e os olhos estivessem completamente adaptados, todos os receptores se tornariam, pouco a pouco, totalmente insensíveis e não seríamos capazes de ver absolutamente nada. A razão pela qual isso raramente acontece é porque pequenos movimentos involuntários dos olhos fazem com que a imagem produzida na retina se mova ligeiramente e, em seguida, volte bem rápido para seu lugar de origem. Além disso, os olhos possuem um tremor extremamente rápido, tão diminuto que passa despercebido. Como resultado, a imagem da retina segue movendo-se ligeiramente e as células receptoras nunca têm tempo de se adaptar completamente.

Do olho ao cérebro Na verdade, não "vemos" com os olhos; vemos com o cérebro. As mensagens provenientes dos olhos precisam ser enviadas até o cérebro para que ocorra a visão. Conforme é mostrado na Figura 3.6, as conexões entre o olho e o cérebro são bastante complexas. Para começar, quantidades diversas de bastonetes e cones estão conectadas às células bipolares por meio de diferentes combinações. Além disso, os *interneurônios* ligam as células receptoras entre si, fazendo o mesmo com as células bipolares. Finalmente, essas células bipolares se "agarram" às **células ganglionares**, sendo levadas para a extremidade do olho. Os axônios das células ganglionares se agrupam para formar o **nervo ótico**, que transmite as mensagens provenientes de cada um dos olhos até o cérebro. Embora cada retina possua mais de 125 milhões de bastonetes e cones, o nervo ótico tem somente cerca de um milhão de células ganglionares. Logo, as informações coletadas pelas 125 milhões de células receptoras precisam ser combinadas e reduzidas de alguma maneira, a fim de "caber" em apenas um milhão de "cabos" que ligam cada olho ao cérebro. Pesquisas indicam que a maior parte dessa redução acontece nas interconexões existentes entre as células ganglionares e as receptoras (Hubel e Livingstone, 1990; Livingstone e Hubel, 1988a, 1988b). Para simplificar, o que ocorre aparentemente é que uma única célula ganglionar, conectada a um grande número de células receptoras, "resume" as informações coletadas por estas e, em seguida, envia as mensagens condensadas, ou codificadas, para o cérebro. (Falaremos mais a respeito da codificação na seção sobre percepção, mais adiante neste capítulo.)

O ponto da retina onde os axônios de todas as células ganglionares se juntam para formar o nervo ótico se chama **ponto cego**. Como essa área não contém células receptoras, quando a luz proveniente de um objeto pequeno incide diretamente sobre ela, o objeto não pode ser visto (veja a figura 3.8). Após deixar os olhos, essas fibras que compõem o nervo ótico se separam e algumas delas passam para o outro lado da cabeça, na altura do **quiasma ótico** (veja a Figura 3.9). As fibras óticas da parte direita de cada olho passam para o hemisfério direito do cérebro, e as da parte esquerda de cada olho passam para o hemisfério esquerdo. Assim, conforme mostrado na Figura 3.8, a informação visual a respeito de qualquer objeto que esteja no *campo visual esquerdo*, área à esquerda do observador, passará para o hemisfério direito (caminho traçado pela linha cinza-claro da Figura 3.9). Da mesma maneira, as informações a respeito de qualquer objeto que esteja no *campo visual direito*, área à direita do observador, passarão para o hemisfério esquerdo.

Os nervos óticos enviam suas mensagens para diferentes partes do cérebro. Algumas delas chegam até a área do cérebro que controla os movimentos reflexos capazes de ajustar o tamanho da pupila. Outras seguem em direção à área que orienta os músculos dos olhos para que mudem o formato do cristalino. Mas o principal destino dos sinais provenientes da retina é o córtex cerebral.

Como o cérebro registra e interpreta esses sinais, "traduzindo" a luz em imagens? David H. Hubel e Torsten N. Wiesel (1959, 1979) receberam o Prêmio Nobel por seus experimentos planejados para responder a essa pergunta. Hubel e Wiesel introduziram um eletrodo nas áreas visuais do cérebro de um gato anestesiado. Assim, foram capazes de registrar a atividade de neurônios isolados no momento em

FIGURA 3.8
Encontre seu ponto cego. Para localizar seu ponto cego, segure este livro a uma distância de mais ou menos 30 centímetros de seus olhos. Depois feche seu olho direito, mire fixamente o "X" da figura, e mova lentamente o livro em sua direção, afastando-o em seguida, até que o ponto à esquerda desapareça.

que certos estímulos — tais como uma linha horizontal ou vertical — eram projetados em uma tela posicionada diante dos olhos do gato. Eles descobriram que certas células, chamadas **detectores de características**, são altamente especializadas para reagir a determinados elementos do campo visual como, por exemplo, linhas horizontais e verticais. Acredita-se que outras células coordenam informações de um nível de complexidade ainda mais elevado, como no caso de duas linhas diferentes que formam um ângulo (Maunsell, 1995). Além disso, alguns detectores de características são sensíveis ao movimento: os sapos possuem células "detectoras de insetos" especialmente adaptadas para identificar objetos pequenos, escuros e que se movam. Estudos realizados com macacos mostram que as informações provenientes da retina sobre movimento e profundidade seguem para uma determinada área do córtex visual, ao passo que informações detalhadas sobre cores e formas seguem para áreas próximas, porém distintas, do mesmo córtex visual (Hubel e Livingstone, 1987; Livingstone e Hubel, 1988a; Zeki, 1992, 1993).

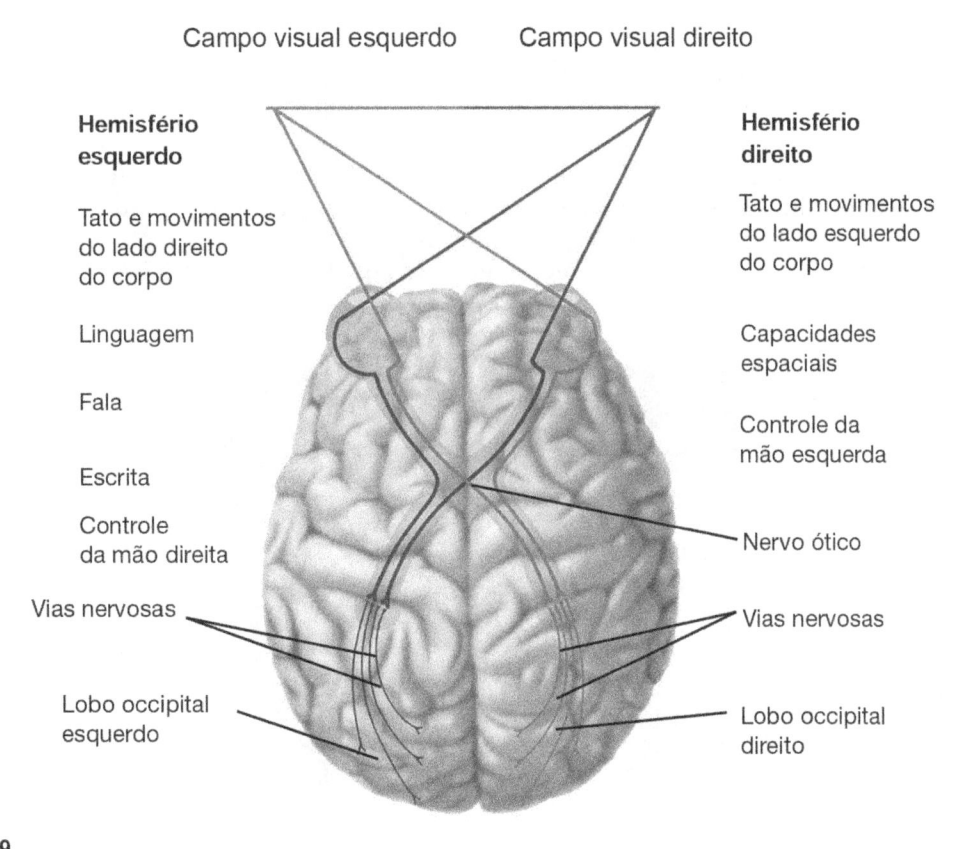

FIGURA 3.9
As conexões nervosas do sistema visual. As mensagens provenientes da área colorida em vermelho no campo visual esquerdo de cada olho seguem para o lobo occipital direito; as informações provenientes da área colorida em azul no campo visual direito seguem para o lobo occipital esquerdo. O ponto de cruzamento é o *quiasma ótico*.
Fonte: adaptado da obra de Michael S. Gazzaniga, *The split of the brain*. Copyright © 1967 Scientific American, Inc.

Visão de cores
Como enxergamos as cores?

Assim como muitos — mas não todos — animais, os seres humanos enxergam cores, pelo menos durante o dia. A visão de cores é altamente adaptativa para um animal que precisa saber quando um fruto está maduro ou como evitar plantas ou frutos venenosos (que tendem a ter uma coloração brilhante), assim como faziam nossos ancestrais.

Propriedades da cor Olhe para o sólido de cores (parte central) da Figura 3.10. O que você vê? A maioria das pessoas diz que vê uma série de cores diferentes: alguns tons de laranja, amarelo, vermelho e assim por diante. Os psicólogos dão a essas diferentes cores o nome de **matizes** e, em grande parte, os matizes que você é capaz de ver dependem do comprimento de onda da luz que chega até seus olhos (veja a Figura 3.4).

Olhe agora para o triângulo com tons de verde que está na parte direita da Figura 3.10. Embora cada trecho possua um único matiz, a cor verde é mais profunda ou mais escura do lado esquerdo do triângulo. Os psicólogos referem-se à intensidade de um matiz por meio do termo **saturação**.

Por fim, perceba que as cores próximas ao topo do triângulo são quase brancas, ao passo que aquelas próximas à base são quase negras. Essa característica, chamada **brilho**, varia bastante dependendo da intensidade de luz que entra nos seus olhos. Se você envesgar os olhos e olhar para o sólido de cores, o brilho aparente de todas as cores será reduzido e muitas delas parecerão se tornar pretas.

Matiz, saturação e brilho são os três aspectos que caracterizam o modo como vemos as cores. A maioria das pessoas é capaz de identificar cerca de 150 matizes distintos (Coren, Porac e Ward, 1984), mas as gradações de saturação e brilho permitem que vejamos muitas variações de tais matizes.

Teorias sobre a visão de cores Se você olhar de perto a tela de uma TV colorida, verá que a imagem está formada de minúsculos pontos vermelhos, verdes e azuis que se misturam para formar todas as cores possíveis. O mesmo princípio é válido para nossa capacidade de ver milhares de cores.

Há séculos, os cientistas sabem que podem produzir todas as 150 tonalidades básicas misturando apenas algumas luzes de diferentes cores. Especificamente, luzes vermelha, verde e azul — as cores primárias para a mistura de luzes — podem ser combinadas para criar qualquer tonalidade. Por exemplo: luzes vermelha e verde se combinam para gerar o amarelo; luzes vermelhas e azul se combinam para criar o magenta. A combinação de luzes vermelha, verde e azul em intensidade igual produz luz branca. O processo da mistura de luzes de diferentes comprimentos de onda é chamado de **mistura aditiva de cores**, porque cada luz *adiciona* mais comprimentos de onda à mistura total.

A mistura de cores feita com tinta segue regras diferentes das seguidas pela mistura de cores com luz.

FIGURA 3.10
O sólido de cores. Na parte central da figura, conhecida como sólido de cores, a dimensão de um matiz está representada ao longo da circunferência. A *saturação* varia ao longo do raio, desde o centro até a extremidade do sólido. O *brilho* varia ao longo do eixo vertical. O desenho (à esquerda) ilustra por meio de um esquema o que acabamos de ver. A ilustração à direita mostra mudanças na saturação e no brilho para um mesmo matiz.

Com a luz, diferentes comprimentos de onda se juntam, mas a cor da tinta não depende de quais comprimentos de onda estão *presentes*, mas sim de quais são *absorvidos* e quais são *refletidos*. Por exemplo: a tinta vermelha absorve luz da extremidade azul do espectro e reflete luz da extremidade vermelha. Uma vez que a mistura de tintas depende de quais cores são absorvidas, ou subtraídas, o processo é chamado de **mistura subtrativa de cores**.

No início do século XIX, o fisiologista alemão Hermann von Helmholtz propôs uma teoria para a visão de cores baseada na mistura aditiva. Helmholtz deduziu que cada olho contém alguns cones sensíveis ao vermelho, outros que captam o verde e ainda outros que reagem mais intensamente ao azul-violáceo. De acordo com essa teoria, a visão de cores resulta da mistura de sinais provenientes desses três receptores. Por exemplo: a luz amarela estimularia os cones vermelhos e verdes um pouco mais intensamente que os cones azuis, resultando em um padrão de disparo de receptores que seria visto como amarelo. A explicação da visão de cores de Helmholtz é conhecida como **teoria tricromática** (ou teoria das três cores).

A teoria tricromática explica como as três cores primárias podem ser combinadas a fim de produzir qualquer outro matiz. Explicca, também, alguns tipos de cegueira a cores. As pessoas que possuem uma visão normal para as três cores são chamadas de **tricromatas**. Os tricromatas enxergam todos os matizes por meio da combinação das três cores primárias. Contudo, cerca de dez por cento dos homens e um por cento das mulheres manifestam algum tipo de **cegueira a cores**. Os **dicromatas** não distinguem entre o vermelho e o verde ou entre o azul e o amarelo. Nos seres humanos, os **monocromatas** — que não enxergam nenhuma cor e reagem apenas a gradações entre claro e escuro — são extremamente raros.

Mas a teoria tricromática não explica adequadamente toda a visão de cores. Por exemplo: por que as pessoas com visão de cores normal nunca enxergam uma luz ou um pigmento que possa ser descrito como "verde-avermelhado" ou "azul-amarelado"? E o que explica as pós-*imagens coloridas*?

No final do século XIX, outro cientista alemão, Edward Hering, propôs uma teoria alternativa à teoria da visão de cores capaz de explicar esses fenômenos. Hering postulou a existência de três *pares* de receptores de cores: um par amarelo-azul e um par vermelho-verde que determinam o matiz que enxergamos; e um par preto-branco que determina o brilho das cores que vemos. O par amarelo-azul é capaz de transmitir mensagens sobre o amarelo *ou* o azul, mas não mensagens sobre a luz amarela *e* a luz azul ao mesmo tempo; o mesmo acontece com os receptores de vermelho-verde. Assim, os membros de cada par trabalham em oposição entre si, o que explica por que nunca vemos um azul-amarelado ou um verde-avermelhado. A teoria de Hering é conhecida hoje como **teoria do processo oponente**. Essa teoria também explica a existência das pós-imagens coloridas.

Atualmente, os psicólogos acreditam que tanto a teoria tricromática quanto a teoria do processo oponente são válidas, mas para diferentes etapas do processo visual. Como a teoria tricromática afirma, há três tipos de cones para cores (alguns são mais sensíveis à luz violeta-azul, outros respondem mais à verde e outros são mais sensíveis à luz amarela — não vermelha, como Helmholtz afirmava). Assim a teoria tricromática corresponde muito aos tipos de receptores de cores que realmente existem na retina. A teoria do processo oponente reflete bem o que acontece ao longo das vias nervosas que conectam o olho e o cérebro. Juntas, as duas teorias explicam a maioria dos fenômenos das cores.

A visão de cores em outras espécies   Muitos animais — incluindo alguns répteis, peixes e insetos (Neitz, Geist e Jacobs, 1989; Rosenzweig e Leiman, 1982) — possuem visão de cores, mas as cores que eles vêem variam. Os seres humanos e a maioria dos outros primatas são tricromatas; assim, enxergamos uma ampla variedade de cores. A maioria dos mamíferos porém é dicromata — enxerga o mundo apenas em tons de vermelho e verde ou em tons de azul e amarelo (Abramov e Gordon, 1994; Jacobs, 1993). Hamsters, ratos, esquilos e outros roedores são completamente cegos às cores, ou monocromatas. O mesmo acontece com as corujas, aves de rapina noturnas que possuem apenas bastonetes nos olhos.

Ao mesmo tempo, contudo, outros animais são capazes de enxergar cores que nós não enxergamos. As abelhas, por exemplo, enxergam a luz ultravioleta (Ackerman, 1995). Para os olhos de uma abelha, as flores de pétalas brancas, que para nós parecem monótonas, brilham como sinais de néon que apontam seu caminho até o néctar. Para os pássaros, morcegos e mariposas, as flores vermelhas são irresistíveis, mas as abelhas nem as notam. Apesar da tradição, os touros também não são capazes de enxergar a cor vermelha; eles são cegos para o vermelho-verde. A capa do toureiro é vermelha para estimular o público, que acha essa cor provocante, talvez exatamente porque as pessoas esperam ver sangue, seja do touro ou do toureiro. Devido ao barulho da platéia, o confinamento na arena e às circunstâncias incomuns, o touro atacaria de qualquer maneira, independentemente da cor da capa.

TESTE SUA APRENDIZAGEM

Relacione os termos a seguir com as definições apropriadas.

1. ____ córnea
2. ____ pupila
3. ____ íris
4. ____ cristalino
5. ____ fóvea
6. ____ retina
7. ____ bastonete
8. ____ cone

a. parte colorida do olho
b. centro do campo visual
c. célula receptora responsável pela visão de cores
d. camada protetora sobre a parte frontal do olho
e. parte que contém as células receptoras que respondem à luz
f. parte que focaliza a luz na retina
g. célula receptora mais responsável pela visão à noite
h. abertura na íris pela qual a luz entra

9. O lugar na retina em que os axônios de todas as células ganglionares se juntam para deixar o olho chama-se _____ _____.
10. Os tricromatas podem misturar luzes _____, _____, e _____ para criar virtualmente qualquer tonalidade.

Respostas: 1. d. 2. h. 3. a. 4. f. 5. b. 6. e. 7. g. 8. c. 9. ponto cego. 10. vermelhos, verdes e azuis.

Audição

Se uma árvore cai na floresta e não há ninguém lá, a árvore provoca um som?

Um psicólogo responderia à pergunta do filósofo sobre a árvore caindo na floresta deste modo: "Há ondas sonoras, mas não há som ou barulho". Sons e barulho são experiências psicológicas criadas pelo cérebro em resposta à estimulação. Nesta seção, consideraremos os tipos de estímulo que nos fazem ouvir sons. Depois nos concentraremos em como esses estímulos são convertidos em sinais neurais.

O som

Como as características das ondas sonoras nos fazem ouvir sons diferentes?

A sensação que chamamos de **som** é a interpretação que nosso cérebro faz do fluxo e refluxo das moléculas de ar "batucando" em nossos tímpanos. Quando algo se move no ambiente, gera-se uma pressão na medida em que as moléculas de ar ou fluido colidem entre si e depois se afastam novamente. Essa pressão transmite energia a cada colisão, criando as **ondas sonoras**. A onda sonora mais simples — que ouvimos como um som puro — pode ser representada em forma de *seno* (veja a Figura 3.11). O diapasão vibra, fazendo com que as moléculas de ar primeiro se contraiam e em seguida se expandam. A **freqüência** da onda é medida em ciclos por segundo, expressos em uma unidade chamada **Hertz** (Hz). A freqüência determina primordialmente o **volume** de um som — quão alto ou baixo ele é. O ouvido humano reage a freqüências que vão de 20 a 20 mil Hz. Um contrabaixo produz um som de no mínimo 50 Hz e um piano pode chegar a cinco mil Hz.

A altura da onda representa sua **amplitude** (Figura 3.11) e, juntamente com a freqüência, determina a *altura* percebida do som. A altura é medida em **decibéis** (veja a Figura 3.12). À medida que envelhecemos, perdemos parte da capacidade de escutar sons de baixa intensidade. Entretanto, continuamos capazes de escutar sons de alta intensidade tão bem quanto antes. É por isso que as pessoas idosas às vezes pedem para que você fale mais alto e, quando você as obedece falando *bem mais alto*, elas respondem: "Não precisa gritar!"

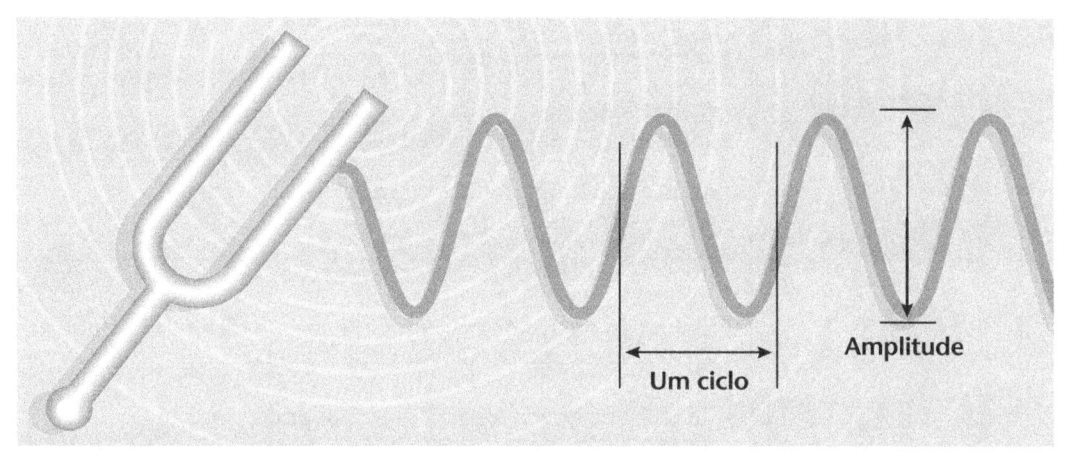

FIGURA 3.11
Ondas sonoras. À medida que o diapasão vibra, ele comprime e expande alternadamente as moléculas de ar, criando uma onda sonora.

Os instrumentos musicais são construídos para produzir ondas sonoras. Ao contrário de um diapasão, que é capaz de produzir um som quase puro, os instrumentos produzem **harmonias** — ondas sonoras adicionais que são múltiplos diferentes da freqüência do tom básico. Devido a diferenças físicas em sua construção, um violino e um piano que toquem um mesmo tom estarão "em sintonia", mas produzirão harmonias diferentes. Assim, os dois instrumentos podem tocar uma mesma melodia e ainda manter seus sons característicos. Da mesma maneira, dois vocalistas podem cantar uma mesma nota, mas, como possuem cordas vocais e formas corporais distintas, suas vozes soarão de modo diferente. Esse complexo padrão de harmonias determina o **timbre**, ou "textura", de um som. Sintetizadores musicais imitam eletronicamente diversos instrumentos por meio da produção não apenas de sons puros, mas também das harmonias ou dos timbres desses instrumentos.

Assim como todos os nossos sentidos, a audição passa por uma adaptação a fim de que possa funcionar extremamente bem diante de uma ampla variedade de condições. Os habitantes de cidades que viajam para o campo, por exemplo, no início podem estranhar a aparente quietude de tudo ao redor. Contudo, depois de um ou dois dias, o campo pode começar a parecer muito barulhento, porque eles já terão se adaptado ao ambiente mais silencioso.

O ouvido

Que caminho o som segue do ouvido até o cérebro?

A audição tem início quando as ondas sonoras são apanhadas pelo ouvido *externo* (veja a Figura 3.17) e passam pelo tímpano, fazendo com que ele vibre. A vibração do tímpano faz com que três minúsculos ossos presentes dentro do ouvido *médio* — o *martelo*, a *bigorna* e o *estribo* — se choquem em seqüência e assim enviem vibrações para o ouvido *interno*. O último desses três ossos, o estribo, encontra-se preso a uma membrana chamada **janela oval**. As vibrações da janela oval, por sua vez, são transmitidas para o fluido presente em uma estrutura espiralada chamada **cóclea**. A cóclea é dividida longitudinalmente pela **membrana basilar**, que é dura nas proximidades da janela oval, mas gradualmente se torna mais flexível em direção à sua outra extremidade. Quando o fluido da cóclea começa a se mover, a membrana basilar reage ondulando-se.

No topo da membrana basilar está o **órgão de Corti**, que se move em sintonia com ela. Nele, as mensagens provenientes das ondas sonoras finalmente alcançam as células receptoras do sentido da audição: milhares de células ciliares (*hair cells*) embutidas no órgão de Corti (Spoendlin e Schrott, 1989). Conforme é possível ver na Figura 3.18, no topo de cada célula ciliar há um feixe de fibras. Essas fibras são pressionadas e esticadas pelas vibrações da membrana basilar. Quando essas fibras se movem, as células receptoras, mandam uma mensagem pelo **nervo auditivo** para o cérebro. O cérebro, então, coleta informações provenientes de milhares dessas células a fim de perceber os sons.

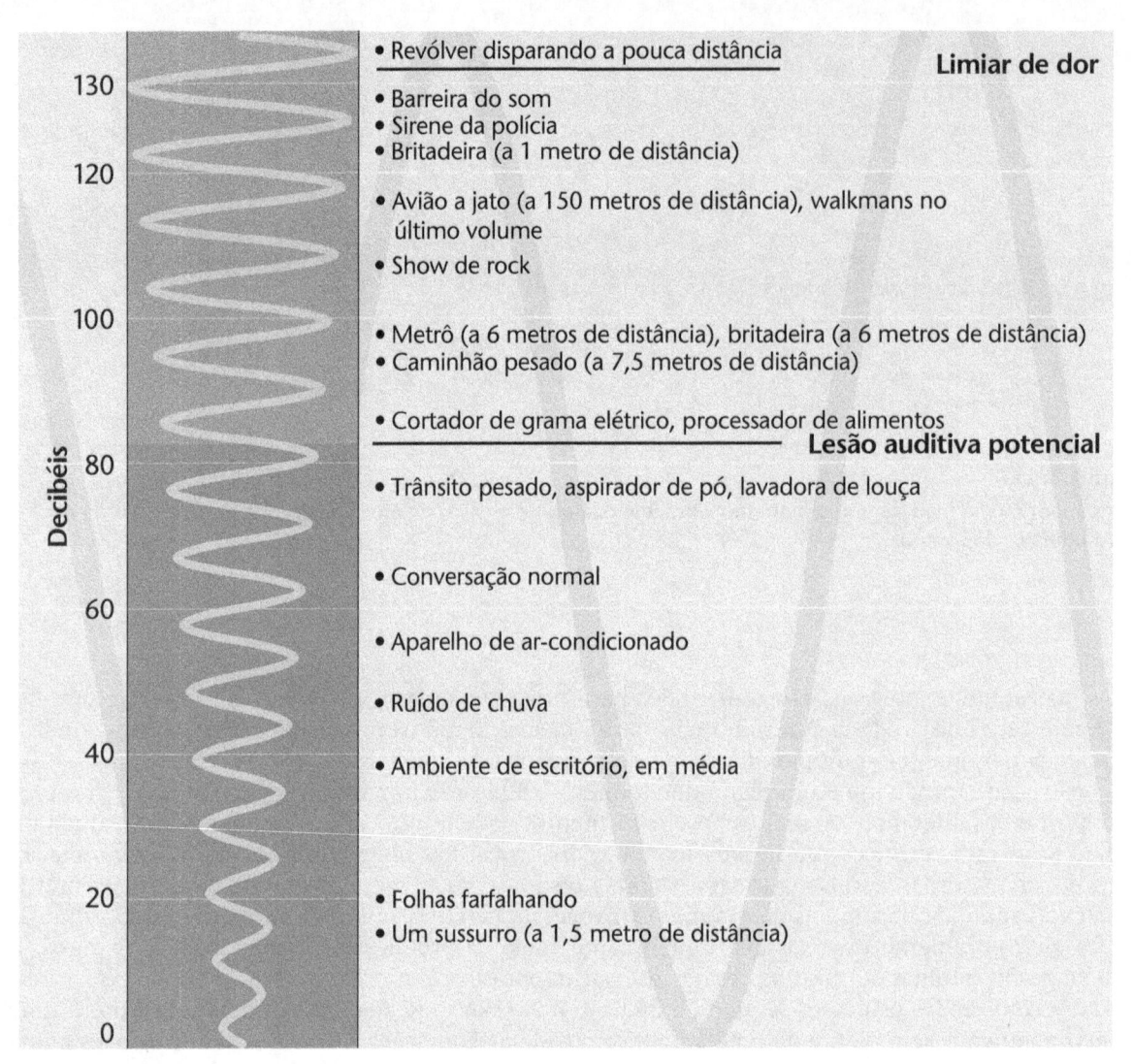

FIGURA 3.12
Escala de decibéis para diversos sons comuns. A exposição prolongada a sons acima da faixa de 85 decibéis pode provocar lesões permanentes aos ouvidos, da mesma forma que breves exposições a sons próximos ao limiar de dor.
Fonte: adaptado de Dunkle, 1982.

Decibéis:
- 130 — Revólver disparando a pouca distância — **Limiar de dor**
- Barreira do som
- Sirene da polícia
- Britadeira (a 1 metro de distância)
- 120 — Avião a jato (a 150 metros de distância), walkmans no último volume
- Show de rock
- 100 — Metrô (a 6 metros de distância), britadeira (a 6 metros de distância)
- Caminhão pesado (a 7,5 metros de distância)
- Cortador de grama elétrico, processador de alimentos — **Lesão auditiva potencial**
- 80 — Trânsito pesado, aspirador de pó, lavadora de louça
- Conversação normal
- 60 — Aparelho de ar-condicionado
- Ruído de chuva
- 40 — Ambiente de escritório, em média
- 20 — Folhas farfalhando
- Um sussurro (a 1,5 metro de distância)
- 0

Conexões neurais O sentido da audição é genuinamente bilateral: cada ouvido envia mensagens para ambos os hemisférios cerebrais. A caminho dos lobos temporais, as mensagens auditivas passam por pelo menos quatros centros cerebrais inferiores — uma rota muito menos direta que a seguida pelas mensagens visuais. O local em que as fibras nervosas provenientes dos ouvidos se cruzam fica na medula, parte do cérebro posterior (veja a Figura 2.6). A partir da medula, outras fibras nervosas transmitem mensagens provenientes dos ouvidos até as partes superiores do cérebro. O principal destino dessas mensagens são as áreas auditivas presentes nos lobos temporais dos dois hemisférios cerebrais. Em cada etapa do caminho, a codificação da informação auditiva se torna mais precisa.

Teorias sobre a audição

Como distinguimos os sons de baixa freqüência dos de alta freqüência?

Uma das características do som, a altura, parece depender da quantidade de neurônios ativada: quanto mais células disparam, mais alto será o som, aparentemente. A codificação de uma mensagem quanto ao volume já é mais complicada. Existem duas visões básicas para o reconhecimento do volume: a teoria de lugar e a teoria da freqüência. De acordo com a **teoria de lugar**, o cérebro determina o volume ao perceber qual é o *local* da membrana basilar em que a mensagem é mais forte. Essa teoria afirma que para toda e qualquer onda sonora existe um ponto na membrana basilar em que as vibrações são mais intensas. Assim, sons de alta freqüência provocam maior vibração na base rígida da membrana basilar; sons de baixa freqüência ressonam com mais força no extremo oposto (Zwislocki, 1981). O cérebro detecta onde as células nervosas estão vibrando mais intensamente e utiliza essa informação para determinar o volume do som.

A **teoria da freqüência** para a diferenciação do volume, por sua vez, afirma que a *freqüência* das vibrações da membrana basilar *como um todo*, e não de apenas *partes* dela, é traduzida como uma freqüência equivalente de impulsos nervosos. Assim, se um feixe de fibras da membrana for puxado ou empurrado rapidamente, sua célula ciliar envia uma mensagem de alta freqüência para o cérebro. Entretanto, uma vez que os neurônios não são capazes de disparar tão rápido quanto a freqüência do máximo volume de som que se consegue escutar, os teóricos modificaram a teoria da freqüência a fim de incluir um **princípio de disparo**. De acordo com essa visão, os neurônios auditivos são capazes de disparar em seqüência: quando um neurônio dispara, em seguida um segundo também dispara e depois um terceiro. A essa altura, o primeiro neurônio já terá tido tempo para se recuperar e disparar novamente. Dessa maneira, diversos neurônios, juntos, disparando em seqüência, são capazes de enviar uma série mais rápida de impulsos ao cérebro do que qualquer neurônio sozinho seria capaz.

Como nenhuma das duas teorias explica totalmente a discriminação de volume, é necessário combinar um pouco as duas. A teoria da freqüência aparentemente explica as respostas do ouvido para freqüências de até quatro mil Hz; acima desse valor, a teoria de lugar é mais adequada para descrever o que ocorre.

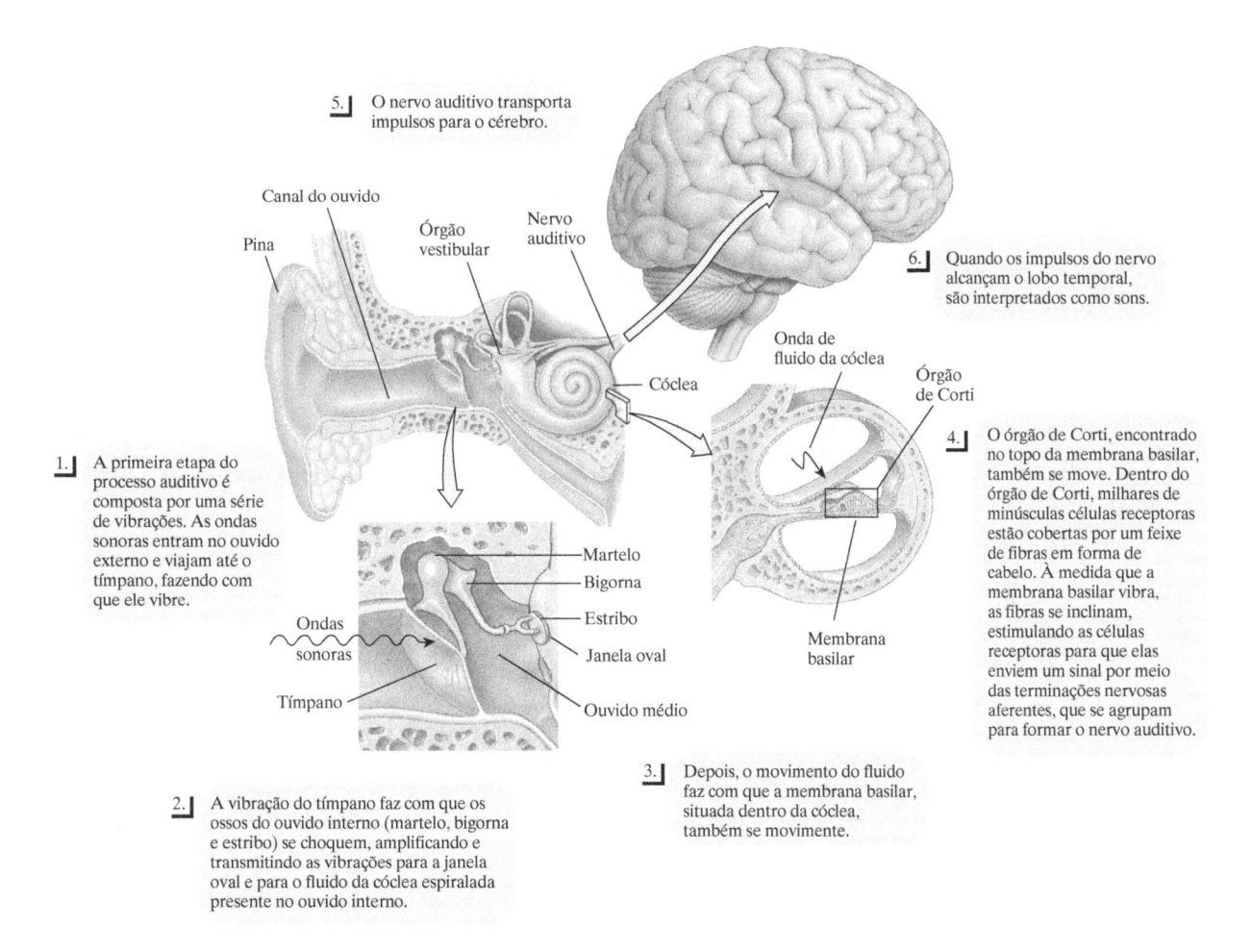

FIGURA 3.13
Como ouvimos.

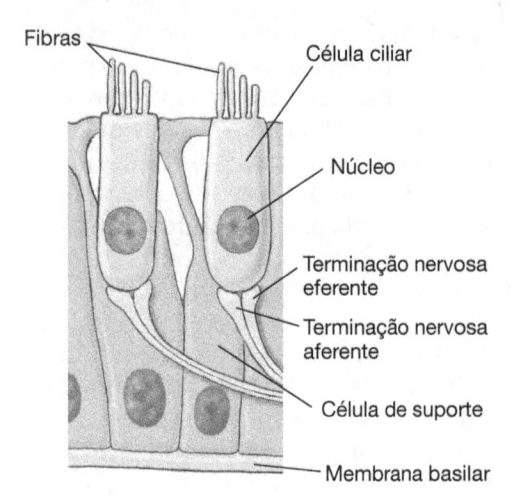

FIGURA 3.14
Ilustração detalhada de uma célula ciliar localizada no órgão de Corti. Na parte superior da célula ciliar está um feixe de fibras. Caso as fibras se inclinem bastante, chegando a 100 trilhonésimos de metro, as células receptoras transmitirão uma mensagem sensorial para o cérebro.

Fonte: adaptado de A. J. Hudspeth. "The hair cells of the inner ear". Copyright © 1983. Ilustrado por Bunji Tagawa para Scientific American. Adaptado com permissão do Estado de Bunji Tagawa.

Distúrbios auditivos Pelo fato de nosso sistema auditivo ser tão sutil e complicado, os distúrbios auditivos são relativamente comuns.

Aproximadamente 28 milhões de norte-americanos sofrem de surdez total ou parcial. Lesões, infecções, tabagismo, explosões e — obviamente — longas exposições a sons altos são capazes de danificar o ouvido e provocar surdez total ou parcial. Cerca de dez milhões de pessoas nos EUA apresentam lesões auditivas irreversíveis devido à exposição a ruídos, e 30 milhões estão expostas a níveis de ruído danosos todos os dias, no trabalho ou dentro de casa. Os principais culpados são os varredores de folhas elétricos, as motosserras, os automóveis para neve, os aviões a jato e os walkmans (volte à Figura 3.12) (Goldstein, 1999; Leary, 1990).

A boa notícia é que, em muitos casos, a perda auditiva pode ser prevenida ou retrasada. Pessoas entre 45 e 65 anos são mais suscetíveis a problemas auditivos. Com a idade, é quase inevitável a perda de um pouco da acuidade auditiva, mas da surdez é possível escapar. A maioria dos casos de surdez na velhice é resultado de infecções auditivas mal detectadas na infância, exposição ao barulho ou fumo.

TESTE SUA APRENDIZAGEM

Numere os termos a seguir na ordem em que uma onda sonora os alcançaria ao ir do ouvido externo para o ouvido interno.

____ 1. janela oval   ____ 4. nervo auditivo
____ 2. bigorna   ____ 5. tímpano
____ 3. cóclea

Relacione as teorias a seguir com as definições apropriadas.

6. ____ teoria da freqüência
7. ____ princípio de disparo
8. ____ teoria de lugar

a. o volume é determinado por grupos de células receptoras disparando em seqüência, não individualmente
b. o volume é determinado pela taxa em que células ciliares na cóclea disparam
c. o volume é determinado pela localização da maior vibração na membrana basilar

Respostas: 1. 3rd. 2. 2nd. 3. 4th. 4. 5th. 5. 1st. 6. b. 7. a. 8. c.

E, mesmo para quem tem lesões irreversíveis, existem diversas soluções. Novas tecnologias digitais produziram recursos auditivos, tornado mais precisa a percepção da fala e reduzindo ruídos de fundo. A cirurgia, por sua vez, pode ajudar pessoas com problemas de perda de condutibilidade auditiva devido ao enrijecimento das conexões entre os ossos do ouvido médio (martelo, bigorna e estribo).

Os implantes dão esperança a pessoas que são surdas devido a lesões na cóclea (Clark, 1998). Um ou mais eletrodos de platina são inseridos dentro da cóclea de um ouvido. Os eletrodos se desviam das células ciliares lesionadas e transmitem sinais elétricos, a partir de um minúsculo sintetizador de sons, diretamente para o nervo auditivo. Para algumas pessoas totalmente surdas, esse tipo de implante já obteve resultados da ordem de 70 por cento no reconhecimento correto de palavras (Erickson, 1990; Loeb, 1985). Para pacientes com lesões no nervo auditivo, os cientistas começaram a investigar novos procedimentos que se desviam da cóclea por completo e enviam sinais elétricos diretamente para o cérebro (LeVay, 2000). Embora ainda estejam em fase experimental, esses procedimentos são promissores. Existem ainda pesquisadores trabalhando na criação de técnicas de regeneração das células ciliares, por meio da *neurogênese* (veja o Capítulo 2; Stone, Oesterle e Rubel, 1998).

Os outros sentidos

Quais são os sentidos químicos?

Os pesquisadores focalizaram a maior parte de sua atenção na visão e na audição porque os humanos se baseiam primeiramente nesses dois sentidos para colher informações sobre seu ambiente. Entretanto,

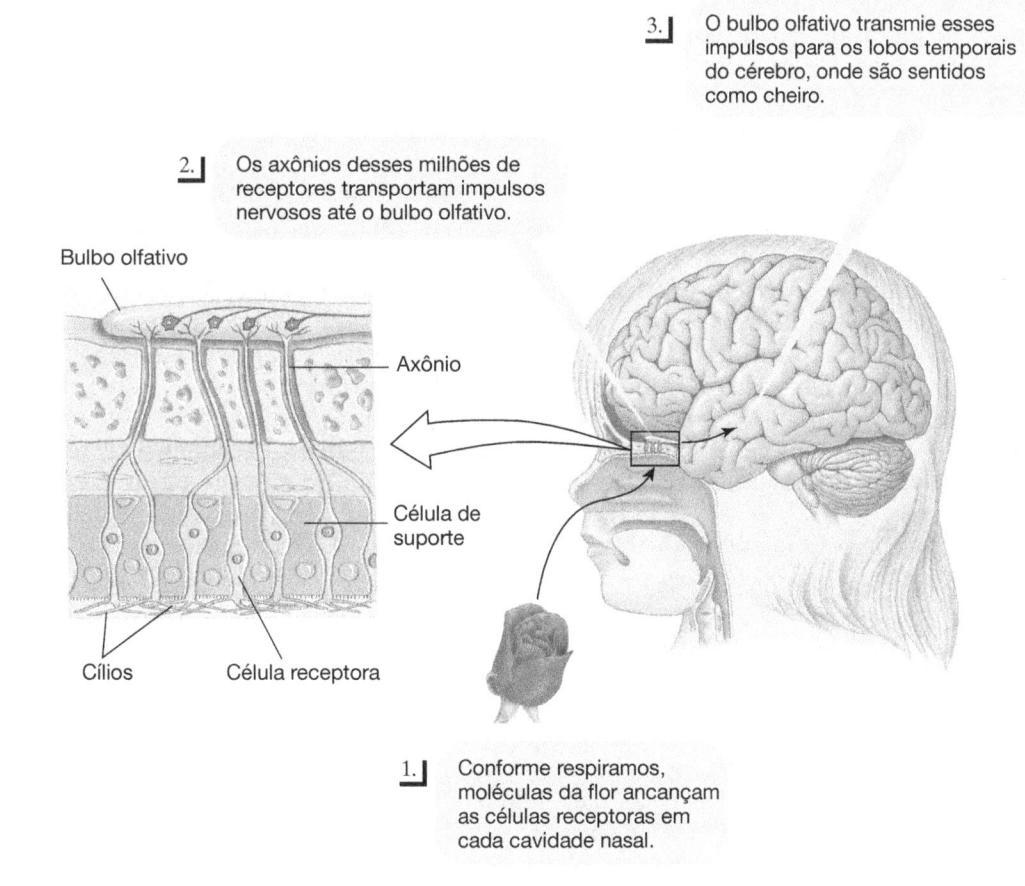

FIGURA 3.15

O sistema olfativo humano. O olfato é acionado quando as moléculas de odor presentes no ar chegam até os receptores olfativos localizados dentro da parte superior do nariz. A inalação e a exalação das moléculas de odor da comida contribuem em muito para o seu "sabor".

Fonte: Anthony J. Gaudin e Kenneth C. Jones. *Human anatomy and physiology*. Copyright © 1989 Holt, Rinehart e Winston, Inc. Reprodução autorizada.

nossos outros sentidos — incluindo o olfato, o paladar, o equilíbrio, o movimento, a pressão, a temperatura e a dor — também atuam o tempo todo, mesmo quando estamos menos conscientes deles. Vamos nos ater primeiro aos sentidos químicos: o olfato e o paladar.

Olfato

O que ativa o olfato?

Embora esse sentido seja mais fraco nos humanos que na maioria dos animais, nosso olfato é cerca de dez mil vezes mais aguçado que nosso paladar (Moncrieff, 1951). Como nossos outros sentidos, o olfato passa por adaptação, assim os odores que no início parecem fortes gradativamente se tornam menos notáveis.

Nosso olfato para odores comuns é ativado por uma proteína complexa produzida numa glândula nasal. Conforme respiramos, uma pequena quantidade dessa proteína, chamada de proteína vinculada a odores, é borrifada por um duto situado na ponta do nariz. A proteína se liga a moléculas presentes no ar, que então ativam os receptores localizados na parte superior de cada cavidade nasal (veja a Figura 3.15). Os axônios desses milhões de receptores seguem diretamente para o **bulbo olfativo**, onde acontece uma parte da recodificação. Por fim, as mensagens são transmitidas para o cérebro, o que resulta na nossa percepção dos odores.

Muitos animais, inclusive os humanos, têm um segundo sistema sensorial destinado ao olfato — que alguns animais usam para comunicar sinais sexuais, agressivos ou territoriais. Receptores localizados na parede superior da cavidade nasal detectam substâncias químicas chamadas **ferormônios**, que podem ter efeitos bem específicos e poderosos no comportamento. Por exemplo: muitos animais, incluindo cachorros e lobos, usam os ferormônios para marcar seu território, identificar parceiros sexualmente receptivos e reconhecer os membros de seu grupo. Os humanos também têm receptores para ferormônios (Takami et al., 1993). Embora o papel exato que esses receptores desempenham no comportamento humano não seja totalmente compreendido, pesquisas recentes mostraram que eles ativam diferente áreas do cérebro de homens e mulheres quando estimulados pelo cheiro da testosterona ou do estrogênio (Savic, Berglund, Gulyas e Roland, 2001).

A teoria da evolução também explica por que nosso olfato é fraco se comparado ao de outros animais (Ackerman, 1995). Os animais que possuem o sentido do olfato mais aguçado geralmente andam por todo tipo de terreno com a cabeça bem próxima ao chão, onde estão os odores mais acres. Os porcos, por exemplo, são capazes de sentir o cheiro de trufas enterradas no solo. Os elefantes são capazes de "lembrar" algo ao mover sua tromba para a frente e para trás sobre alguma trilha utilizada muitos anos antes. Quando nossos ancestrais deixaram de viver nas florestas, seguiram em direção às grandes planícies e começaram a andar eretos, inimigos e presas, plantas comestíveis, pontos de referência e parceiros em potencial — todos ficaram ao alcance da visão. Conseqüentemente, o olfato se tornou menos importante. Os seres humanos modernos possuem cinco milhões de células receptoras dedicadas ao olfato — quantidade mísera, se comprada às 220 milhões de células que um cão pastor possui para a mesma função.

Ainda assim, nossos órgãos olfativos relativamente pequenos são bastante sensíveis — de acordo com uma estimativa, eles são cerca de dez mil vezes mais sensíveis que nosso sentido do paladar.

Paladar

Como detectamos os gostos básicos?

Para compreender o paladar, devemos primeiramente diferenciá-lo do *sabor*. O sabor da comida é formado por uma complexa combinação de paladar e olfato (conforme ilustrado no início deste capítulo). Se você tapar o nariz enquanto come, a maior parte do sabor dos alimentos desaparecerá, embora você ainda seja capaz de reconhecer sabores *amargos*, *salgados*, *ácidos* ou *doces*. Muitos outros sabores são derivados da combinação destes.

As células receptoras para o paladar localizam-se nos **botões gustativos**, em sua maioria presentes na ponta, nos lados e na parte de trás da língua. A ponta da língua é mais sensível ao que é doce e ao que é salgado; a parte de trás é mais sensível aos sabores amargos, e as laterais, aos ácidos (veja a Figura 3.16), embora cada área seja capaz de distinguir, até certo ponto, todos os quatro tipos de sabores (Bartoshuk e Beauchamp, 1994). Um adulto possui cerca de dez mil botões gustativos (Bartoshuk, 1993). Esse número diminui à medida que envelhecemos, fato que explica, em parte, por que os idosos geralmente perdem o interesse pela comida.

Os botões gustativos estão embutidos nas papilas gustativas, saliências que podem ser vistas se você olhar sua língua no espelho. Quando comemos algo, as substâncias químicas do alimento se dissolvem na saliva e penetram nas fissuras existentes entre as papilas gustativas, onde entram em contato com os receptores do paladar. A interação química entre as substâncias alimentares e as células do paladar faz com que os neurônios adjacentes disparem, enviando um impulso nervoso para o lobo parietal do cérebro e para o sistema límbico.

O paladar, assim como os outros sentidos, apresenta adaptação. Assim, quando você come amendoins salgados, o sabor salgado é bastante forte no início, mas gradualmente se torna menos notável. Além disso, a exposição a um sabor pode modificar outras sensações gustativas por meio de um processo chamado de transadaptação (Bartoshuk, 1974). Por exemplo: muitas pessoas acham que, depois de comer alcachofras, sentem um gosto adocicado em outras comidas e bebidas, inclusive água pura. Por outro lado, depois que você escovou os dentes de manhã, seu suco de laranja perde o sabor doce.

Sentidos cinestésicos e vestibulares

Como sabemos que lado é o superior e se estamos nos movendo ou estamos parados?

Os **sentidos cinestésicos** nos fornecem informações sobre a velocidade e a direção de nossos movimentos no espaço. Mais especificamente, eles transmitem informações sobre nossos movimentos musculares, mudanças de postura e tensão de músculos e juntas. Terminações nervosas especializadas, chamadas **receptores de distensão**, estão presas às fibras musculares, e outro tipo de terminações nervosas, conhecidas como **órgãos do tendão de Golgi**, estão presas aos tendões, que ligam os músculos aos ossos. Juntos, esses receptores fornecem constante feedback sobre o estiramento e a contração de músculos individuais. Essas informações seguem pela medula espinhal até o córtex dos lobos parietais, a mesma área que percebe o tato.

1. Diferentes áreas da língua são levemente mais sensíveis a diferentes gostos.
2. Quando comemos, substâncias químicas no alimento se dissolvem na saliva e entram em contato com as células do paladar (receptoras) dentro do botão gustativo.
3. Agora, neurônios adjacentes disparam, enviando impulsos nervosos para o lobo parietal do cérebro, onde as mensagens são percebidas como gosto.

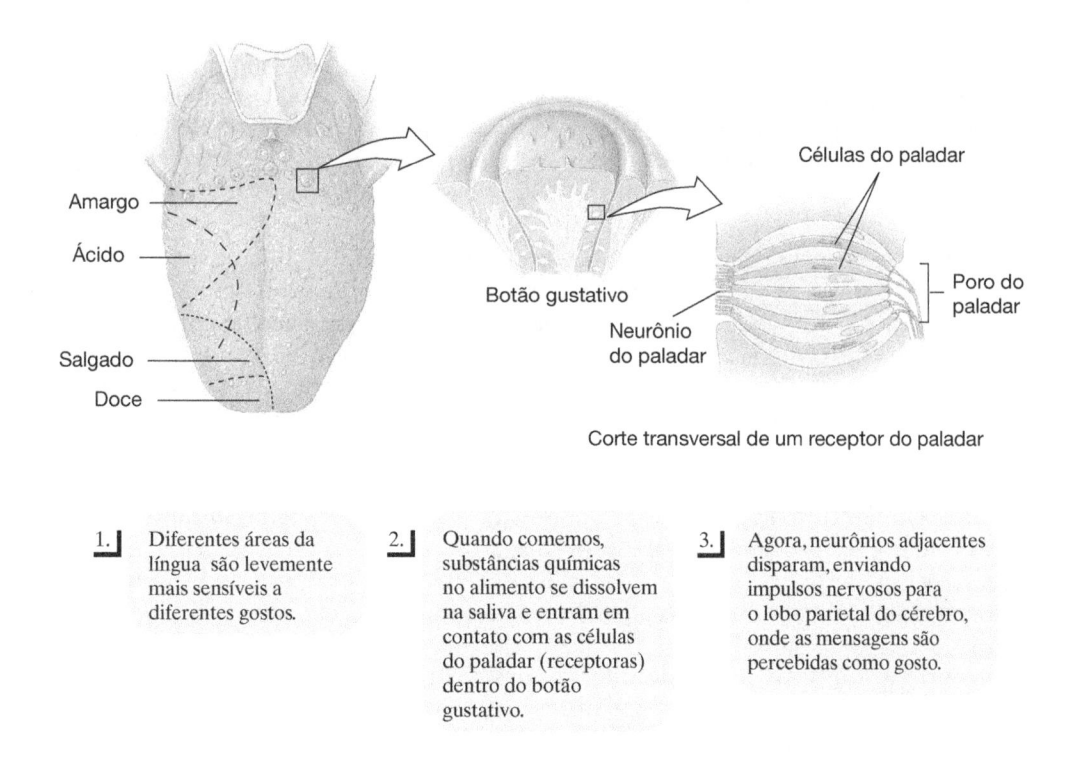

FIGURA 3.16

Estrutura de um botão gustativo. Os receptores sensoriais para o paladar são encontrados principalmente na língua. Embora todas as áreas da língua sejam sensíveis à maioria das qualidades palatáveis, algumas são ligeiramente mais sensíveis a algumas qualidades específicas que outras.

Outros sistemas, os **sentidos vestibulares**, nos dão pistas sobre nossa orientação ou posição no espaço (Leigh, 1994), dizendo-nos qual direção está para cima ou para baixo. Os pássaros e peixes contam com esses sentidos para determinar a direção para a qual estão seguindo quando não conseguem enxergar bem. Assim como a audição, os sentidos vestibulares originam-se no ouvido interno. O movimento do fluido presente nos *canais semicirculares* do ouvido interno envia mensagens a respeito da velocidade e da direção da rotação do corpo; o movimento do fluido presente em dois *sacos vestibulares* nos informa a respeito dos movimentos feitos para trás e para a frente, para cima e para baixo.

Os impulsos nervosos provenientes de ambos os órgãos vestibulares seguem em direção ao cérebro por meio do nervo auditivo, mas seu destino final no cérebro continua sendo um mistério. Certas mensagens provenientes do sistema vestibular vão para o cerebelo, que controla muitos dos reflexos responsáveis pela coordenação dos movimentos. Outras chegam até as áreas que controlam os órgãos internos do corpo, e há ainda algumas mensagens que vão para o lobo parietal do córtex cerebral, onde são analisadas e respondidas.

Talvez fiquemos mais agudamente conscientes de nossos sentidos vestibulares quando sentimos *enjôo* relacionado a um movimento. Certos tipos de movimento, como viagens de navio, carro, avião e até mesmo passeios sobre o lombo de um camelo ou de um elefante, provocam fortes reações em algumas pessoas (Stern e Koch, 1996). Em outras palavras, os sentidos presentes em nossos olhos e em nosso corpo enviam mensagens contraditórias para o cérebro. O mesmo acontece quando assistimos a uma cena de uma perseguição automobilística que tenha sido filmada a partir de um carro em movimento: nossos olhos dizem ao cérebro que estamos nos movendo, mas os órgãos presentes no ouvido interno insistem em "afirmar" que estamos parados. A sensibilidade aos enjôos causados pelo movimento parece estar relacionada tanto com a raça quanto com a genética: as pessoas de ascendência asiática são particularmente sensíveis, característica que também parece ser hereditária (Muth *et al.*, 1994).

As sensações da pele

Que tipos de mensagens sensoriais são enviados da pele para o cérebro?

Na verdade, nossa pele é nosso maior órgão sensorial. Uma pessoa de 1,80 metro de altura possui 6,5 metros quadrados de pele. Além de nos proteger do ambiente, conter os fluidos do corpo e regular nossa temperatura interna, a pele é um órgão sensorial que possui inúmeros receptores nervosos distribuídos em diversas concentrações ao longo de sua superfície. As fibras nervosas de todos esses receptores seguem em direção ao cérebro por dois caminhos. Algumas informações passam pela medula e pelo tálamo, e daí vão para o córtex sensorial do lobo parietal do cérebro — presumivelmente o local em que se origina nossa sensação de tato. Outras informações passam pelo tálamo e depois seguem para a formação reticular, a qual, conforme vimos no capítulo anterior, é responsável tanto por estimular quanto por acalmar o sistema nervoso.

Os vários receptores da pele dão origem a sensações de pressão, temperatura e dor. Mas a relação entre esses receptores e nossa experiência sensorial é sutil. Os pesquisadores acreditam que nosso cérebro recorre a informações complexas sobre os padrões de atividade, recebidas de diversos receptores diferentes, a fim de detectar e discriminar as sensações da pele (Craig e Rollman, 1999). Por exemplo: possuímos fibras sensíveis ao frio que aumentam sua velocidade de disparo à medida que a pele esfria, e diminuem essa velocidade quando a pele aquece. No sentido contrário, possuímos fibras sensíveis ao calor que aceleram sua velocidade de disparo à medida que a pele aquece, e diminuem essa velocidade quando ela esfria. O cérebro deve combinar tais informações provenientes de ambos os grupos de fibras para determinar a temperatura da pele. Caso os dois grupos sejam ativados ao mesmo tempo, o cérebro geralmente interpreta esse padrão combinado de disparos como "quente" (Craig e Bushnell, 1994). Assim, às vezes você pode pensar que está tocando um objeto quente quando, na verdade, está tocando algo morno e algo frio ao mesmo tempo. Esse fenômeno é conhecido como *calor paradoxal* (veja a Figura 3.17).

O cérebro recorre a múltiplas fontes de informações em resposta à estimulação tátil. Por exemplo: quando alguém nos faz cócegas, ficamos repentinamente sensíveis e excitados; mas fazer cócegas em nós mesmos não produz o mesmo efeito (Blakemore, Wolpert e Frith, 1998). O motivo disso parece ser que o cerebelo *antecipa* as conseqüências de experiências sensoriais específicas e pode, de fato, anular algumas delas (avisando: "Esse sou eu, não fique excitado"). É por isso também que somos capazes de ignorar a pressão exercida nas solas de nossos pés enquanto caminhamos, mas percebê-la caso pisemos em um percevejo ou em uma pedrinha.

A pele é extremamente sensível: a remoção de apenas 0,0001016 centímetro de pele é capaz de gerar uma sensação de pressão. Além do mais, várias partes do corpo diferem bastante entre si quanto à sensibilidade à pressão: o rosto e as pontas dos dedos são extremamente delicados, ao passo que as pernas, os pés e as costas são bem menos sensíveis (Weinstein, 1968). Namorados acariciam os rostos um do outro com as mãos e os lábios. Quando examinamos um objeto com as mãos, utilizamos as pontas dos dedos. A notável sensibilidade dessa área possibilita a leitura tátil do braile, que exige o reconhecimento de padrões formados por pontos em relevo.

Assim como os dos outros sentidos, os receptores presentes na pele sofrem adaptação sensorial. No momento em que você se senta em uma banheira de água quente, a temperatura pode parecer quase insuportável, mas dentro de alguns minutos você se adapta ao calor, assim como seus olhos se adaptam à escuridão. Da mesma maneira, ao vestir roupas um pouco justas, você se sente desconfortável no início, mas depois nem percebe mais. O tempo que essa adaptação leva para ocorrer, se é que ocorre, parece depender do tamanho da área da pele que está sendo estimulada e da intensidade da pressão exercida (Geldard, 1972): quanto maior a área e mais intensa a pressão, mais tempo é necessário para que ocorra a adaptação.

Dor

Que diferenças entre as pessoas têm efeito sobre o grau de dor que elas sentem?

A dor serve de sinal de alerta para nos avisar que algo errado está acontecendo. Parece razoável presumir que problemas no corpo causam dor, mas em muitos casos a verdadeira doença física não é acompanhada de dor. Em contrapartida, as pessoas podem sentir dor mesmo sem ter sofrido nenhum ferimento. Podemos também presumir que a dor ocorre quando algum tipo de receptor da dor é estimulado, mas não há nenhuma relação entre os receptores da dor e o sentir dor. Na verdade, os cientistas têm grande dificuldade até em encontrar os receptores da dor, embora pesquisas recentes indiquem que terminações nervosas livres estejam envolvidas (Dubner e Gold, 1998). Em outros casos, as pessoas sentem dor embora não tenham sido machucadas ou só sentem dor depois de o machucado já ter sido curado. Um dos exemplos mais espantosos disso é o *fenômeno dos membros fantasmas* (Sherman, 1996). Quem teve um braço ou uma perna amputados, freqüentemente continua sentindo a presença do membro junto ao corpo. A pessoa pode sentir coceira, cócegas ou câimbras nesse membro; pode até mesmo se esquecer que já não o possui mais e tentar movê-lo. Não raro, o membro ausente constitui fonte de muita dor. A dor de um membro fantasma ocorre em cerca de 85 por cento das pessoas amputadas. Felizmente, na maioria das vezes a dor diminui com o passar do tempo, conforme o cérebro lentamente reorganiza os neurônios associados à parte amputada (Flor, Elbert, Knecht, Weinbruch e Pantev, 1995).

Diferenças individuais Os indivíduos variam imensamente tanto em relação a seu *limiar de dor* (quantidade de estímulo necessária para que sintamos dor) quanto a sua *tolerância à dor* (quantidade de dor que somos capazes de agüentar). A maioria das pessoas sente dor, mas seu grau de sofrimento em relação a uma mesma lesão ou doença é incrivelmente variável. Não existe correspondência absoluta entre a percepção da dor e a quantidade de lesão suportada por um tecido (Irwin e Whitehead, 1991; Piotrowski, 1998; Schiffman, 1982). Como os psicólogos explicam as variações da sensibilidade à dor? Uma visão amplamente aceita é a **teoria do controle do portão de entrada**, (Melzack e1980; Wall e Melzack, 1989) que sugere que um "portão neuro-

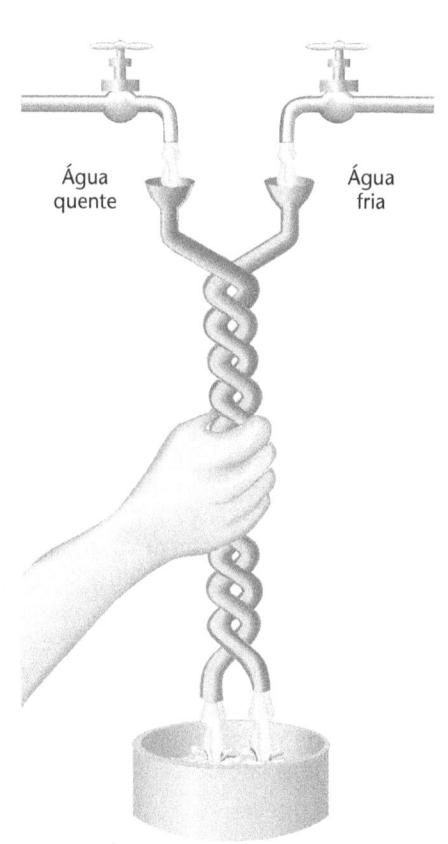

FIGURA 3.17
Calor paradoxal. Quando tocamos em um cano quente e em outro frio ao mesmo tempo, dois grupos de receptores presentes na pele enviam sinais simultâneos para o cérebro. Combinados, esses padrões são interpretados pelo cérebro como "quente", um fenômeno conhecido pelo nome de *calor paradoxal*.

lógico" presente na medula espinhal controla a transmissão dos impulsos de dor que vão para o cérebro. Se esse portão está aberto, sentimos mais dor do que quando ele está fechado. O fato de o portão estar aberto ou fechado depende da interação ou da competição entre dois tipos diferentes de fibras nervosas sensoriais: fibras grandes que tendem a "fechar o portão" quando estimuladas, evitando assim que os impulsos de dor cheguem até o cérebro; e fibras pequenas que "abrem o portão", permitindo que as mensagens de dor sigam seu caminho em direção ao cérebro. Além disso, determinadas áreas do cérebro podem também, de cima, fechar o portão ao enviar, para baixo, sinais para que as fibras da medula espinhal fechem o portão.

As diferenças em como as pessoas sentem a dor pode, então, dever-se à quantidade de fibras pequenas ou fibras grandes que o indivíduo possui. Além disso, algumas pessoas podem ter portões neurológicos imperfeitos, o que faz com que sintam maiores ou menores quantidades de dor.

Alguns psicólogos acham que a teoria do controle do portão de entrada simplifica demais a complexa experiência à qual chamamos "dor". A **teoria biopsicossocial** sustenta que a dor é um processo dinâmico que envolve três mecanismos interrelacionados. Os *mecanismos biológicos* envolvem o grau em que o tecido é ferido e o modo como nossos caminhos da dor se adaptaram. Os *mecanismos psicológicos* envolvem nossos pensamentos, crenças e emoções em relação à dor. Por exemplo: pacientes hospitalizados que ouviram dizer que certo procedimento médico não era doloroso de fato mencionaram ter sentido menos dor, em relação a pessoas que não possuíam tal informação (DiMatteo e Friedman, 1982).

Por fim, os *mecanismos sociais*, como o grau de apoio familiar ou expectativas culturais, podem influenciar a dor que sentimos. Por exemplo: quando as pessoas acreditam que sua dor é administrável e que podem suportá-la, freqüentemente sentem menos dor, talvez porque sua crença positiva faça com que os centros superiores do cérebro reduzam ou bloqueiem os sinais dolorosos (Wall e Melazack, 1996).

Abordagens alternativas Cada vez mais os norte-americanos estão optando pela chamada medicina alternativa para tratar dores insuportáveis. A acupuntura e a hipnose são duas das técnicas mais populares. Será que as pessoas que fazem uso dessas abordagens estão enganando a si mesmas? Diversos estudos mostraram que, se for dada uma pílula quimicamente neutra a pessoas com dor, ou um *placebo*, e essas pessoas forem informadas de que, na verdade, a pílula é um poderoso analgésico, elas geralmente relatam ter sentido algum alívio. Não há dúvida de que muitos remédios caseiros e métodos secretos de cura contam com o **efeito placebo**. Os placebos funcionam, ao menos em parte, promovendo a secreção de endorfinas, os analgésicos naturais do corpo. Quando os pacientes tomam remédios que bloqueiam a ação das endorfinas, os placebos são bem menos eficientes (Coren, Ward e Enns, 1994; He, 1987).

Aparentemente, outras técnicas de administração da dor não têm nada que ver com as endorfinas. Em um estudo recente, realizado com 241 pacientes submetidos a cirurgias, descobriu-se que as pessoas que empregaram a auto-hipnose necessitaram de menos medicação contra a dor, apresentaram sinais vitais mais estáveis e deixaram a sala de cirurgia mais rapidamente que os membros de um grupo de controle (Lang *et al.*, 2000). Outros participantes desse estudo utilizaram exercícios de concentração, tais como os empregados no método Lamaze. Embora essas pessoas tenham relatado mais dor que as hipnotizadas, elas também tomaram menos medicação analgésica (que era controlada pelos pacientes) e se recuperaram mais rapidamente. Curiosamente, a hipnose e as técnicas de concentração são igualmente eficazes quando os bloqueadores de endorfinas são administrados, o que indica que deve existir um segundo sistema de controle da dor que trabalha independentemente dos analgésicos químicos produzidos pelo cérebro (Akil e Watson, 1980; Mayer e Watkins, 1984). É necessário realizar mais pesquisas antes que saibamos se essa hipótese é válida.

Percepção

Como a percepção difere da sensação?

Nossos sentidos nos trazem os dados brutos do ambiente; se não interpretássemos essas informações, o mundo não seria nada além de "uma confusão estrondosa e alvoroçada", nas palavras de William James (1890). O olho capta os padrões da luz e da escuridão, mas não "vê" um pássaro voando de galho em galho. O tímpano vibra de maneira particular, mas não "escuta" uma sinfonia. O ato de decifrar padrões *que façam sentido* em meio a essa mixórdia de informações sensoriais é chamado de percepção. Mas como a **percepção** difere da sensação?

COMPREENDENDO A NÓS MESMOS

A importância do toque

Em muitas sociedades, os "ois" e os "tchaus" são acompanhados por um aperto de mão, um abraço e outros gestos envolvendo o toque. E, em muitas culturas, os casais expressam sua afeição beijando-se, ficando de mãos dadas e acariciando-se. Tocar e ser tocado pelos outros, pelo menos momentaneamente, acaba com nosso isolamento. De todos os nossos sentidos, o toque talvez seja o mais reconfortante.

Na verdade, pesquisas como o clássico experimento do psicólogo Harry Harlow feito com macacos mostram que os macaquinhos privados do contato materno sofrem psicológica e fisicamente (Harlow, 1958; Harlow e Zimmerman, 1959). (Essa pesquisa é apresentada com detalhes no Capítulo 8, "Motivação e emoção".) Estudos mais recentes sugerem que a experiência de ser tocado pode afetar diretamente o crescimento da mente e do corpo infantis e, assim, tem implicações significantes para o cuidado hospitalar de bebês prematuros. Em um estudo, bebês prematuros que eram massageados três vezes ao dia durante 50 minutos adquiriram peso muito mais rápido que os de um grupo de controle que ficou na incubadora sem ser tocado (Field, 1986). Os bebês massageados reagiam mais a rostos e algazarra e geralmente eram mais ativos que os outros. Além disso, devido a seu crescimento comparativamente rápido, os bebês massageados em média receberam alta seis dias antes que os outros. Oito meses depois ainda mantinham a vantagem de peso, enquanto, apresentavam desempenho melhor nos testes de capacidade motora e mental. Significativamente, os bebês massageados não comiam mais que os outros: seu ganho de peso acelerado parecia se dever apenas ao efeito do toque físico sobre o metabolismo.

Por que o toque produz tais efeitos benéficos? Estudos feitos com ratos, cujos sistemas básicos nervoso e do tato são similares aos humanos, indicam que determinado padrão de toque inibe a produção pelo bebê de uma substância química que reduz os níveis do hormônio do crescimento (Schanberg e Field, 1987). Em estudos relacionados, quando ratos e macacos pequenos foram separados da mãe, mostraram uma resposta de estresse que desaparecia quando o contato materno era retomado (S. Levine, Johnson e Gonzales, 1985). De acordo com os pesquisadores, o contato de pele com pele pode reduzir o nível dos hormônios do estresse, acalmando todos os bebês — não apenas os prematuros. Talvez tanto o desenvolvimento mental quanto o físico de todos os bebês possa ser aumentado se eles forem mais tocados (Jacobsen, Edelstein e Hofmann, 1994; Wachs e Smitherman, 1985).

Todos nós diferimos uns dos outros no grau de contato físico que aceitamos. A singularidade de nosso sistema nervoso pode ser responsável por uma parte dessa diferença, mas nossas experiências passadas relacionadas ao toque também têm participação nisso. Os pesquisadores suspeitam que as pessoas que tiveram pouco contato físico podem se tornar hipersensíveis ao toque, a ponto de achar a experiência de tocar fisicamente desconfortável.

> De todos os nossos sentidos, o toque talvez seja o mais confortante.

A percepção ocorre no cérebro. Utilizando a informação sensorial como material bruto, o cérebro gera experiências perceptivas que vão além daquilo que sentimos diretamente. Por exemplo: olhando a Figura 3.18, tendemos a ver um triângulo branco no centro, embora ela consista apenas em três círculos dos quais "fatias" foram retiradas e três ângulos de 60 graus. Ou olhe a Figura 3.19. À primeira vista, a maioria das pessoas vê apenas manchas pretas. Se disserem a você que as manchas representam uma pessoa sobre um cavalo, subitamente sua experiência perceptiva muda. O que era informação sensorial sem significado agora toma forma como um cavalo e alguém sobre ele.

Às vezes, como em determinadas ilusões óticas, você percebe coisas que talvez não existam. O tridente mostrado na Figura 3.20 exemplifica tal "figura" impossível; olhando com mais cuidado, você descobre que o "objeto" que reconheceu não está realmente ali. Em todos esses casos, o cérebro cria e organiza ativamente experiências tiradas de informações sensoriais — às vezes de informações que não estamos cientes de ter recebido. Agora exploraremos como os processos perceptivos organizam a experiência sensorial.

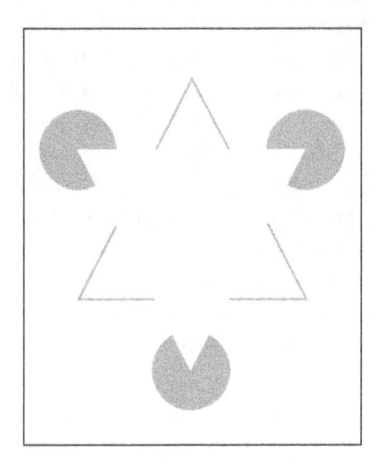

FIGURA 3.18

Um triângulo ilusório. Quando as informações sensoriais estão incompletas, tendemos a criar uma percepção completa fornecendo os detalhes que faltam. Nessa figura preencheremos as linhas que nos levam a perceber um triângulo branco no centro.

FIGURA 3.19

Percebendo um padrão. Saber de antemão que as manchas pretas nessa figura representam uma pessoa sobre um cavalo muda nossa percepção sobre ela.

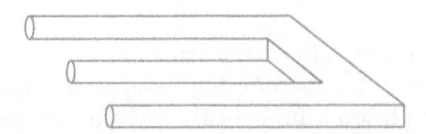

FIGURA 3.20

Uma ilusão de ótica. No caso do tridente, vamos além do que é transmitido (linhas cinza em papel branco) para perceber um objeto tridimensional que não está ali.

> **TESTE SUA APRENDIZAGEM**
>
> Relacione os seguintes sentidos com a descrição adequada.
>
> 1. ____ olfato
> 2. ____ paladar
> 3. ____ cinestésico
> 4. ____ vestibular
> 5. ____ movimento
> 6. ____ sensações da pele
> 7. ____ dor
>
> a. controla a percepção da posição do corpo
> b. detectado em órgãos vestibulares
> c. inclui doce, ácido, salgado e amargo
> d. reage à pressão, à temperatura e à dor
> e. explicada pela teoria do controle do portão de entrada
> f. ativado por moléculas transportadas pelo ar
> g. relacionado com o movimento muscular
>
> **Respostas:** 1. f. 2. c. 3. g. 4. a. 5. b. 6. d. 7. e.

Organização perceptiva

Como organizamos nossas experiências perceptivas?

No começo do século XX, um grupo de psicólogos alemães, que batizaram a si mesmos de *psicólogos gestaltistas*, decidiu descobrir os princípios básicos da percepção. A palavra alemã *Gestalt* não possui tradução precisa em português, mas equivale a "totalidade", "forma" e "padrão". Os gestaltistas acreditavam que o cérebro gera uma experiência perceptiva coerente que é mais do que simplesmente a soma das informações sensoriais disponíveis, e que isso acontece de maneira previsível.

Um aspecto importante da percepção é a distinção de *figuras* separadamente do *fundo* diante do qual elas aparecem. Uma cadeira de estofado colorido sobressai diante das paredes vazias de um quarto. Uma estátua de mármore é vista como um todo separado da parede atrás dela. A distinção entre uma figura e seu fundo é uma característica de todos os nossos sentidos, e não apenas da visão. Somos capazes de distinguir um solo de violino em meio a uma orquestra sinfônica, uma voz específica em meio ao som das conversas em uma festa e o cheiro de rosas em uma floricultura. Em cada um desses casos, percebemos alguns objetos como "imagens" e as outras informações sensoriais como "fundo".

Entretanto, às vezes não existem pistas suficientes em um padrão para permitir que distingamos uma figura de seu fundo. O cavalo e a pessoa em cima dele na Figura 3.19 ilustram esse problema, assim como a Figura 3.21, que mostra um dálmata farejando uma área cheia de sombras. É difícil distinguir a imagem do cachorro porque ela possui poucos contornos visíveis, por isso parece ter uma forma tão indeterminada quanto o fundo. Esse é o princípio que está por trás da camuflagem — fazer com que uma figura se confunda com o ambiente a seu redor.

Às vezes uma figura com contornos claros pode ser vista de dois modos diferentes porque não fica muito evidente qual é a parte do estímulo que constitui a imagem e qual compõe o fundo ao redor (veja as figuras 3.22A e 3.22B). À primeira vista, você percebe imagens contra um fundo específico, mas, quando fixa o olhar nas ilustrações, as imagens finalmente se confundem com o fundo e surgem novas imagens. O trabalho artístico ou o estímulo não mudaram, mas a percepção que se tem deles, sim.

A Figura 3.23 demonstra alguns outros princípios importantes de organização perceptiva. Como essas figuras provam, usamos as informações sensoriais para criar uma percepção que é mais do que apenas a soma das partes. Embora às vezes esse processo possa causar problemas, a tendência perceptiva de "preencher as lacunas" geralmente amplia nosso entendimento do mundo. Como criaturas em busca de significado, temos um cérebro que tenta completar as informações faltantes, para agrupar vários objetos, para ver objetos inteiros e ouvir sons com significado, em vez de apenas pedaços aleatórios de informações sensoriais.

**FIGURA 3.21
Pontos aleatórios ou algo mais?**
Esse padrão de imagem não nos fornece pistas suficientes para distinguir facilmente entre a figura do dálmata e o fundo atrás dele.
Fonte: Gregory, 1970.

FIGURA 3.22A
A figura e o fundo reversíveis dessa xilogravura de autoria de M.C. Escher nos leva a ver primeiro os demônios negros e depois os anjos brancos em cada um dos círculos.
Fonte: M. C. Escher "Circle limit IV" © 1998 Cordon Art B. V., Baarn, Holland. Todos os direitos reservados.

Constâncias perceptivas

Por que percebemos as coisas como imutáveis, a despeito de alterações na informação sensorial?

Quando o antropólogo Colin Turnbull (1961) estudou os pigmeus mbuti do Zaire, a maioria nunca havia saído da densa floresta tropical Ituri e raramente havia visto objetos que estivessem a mais de poucos metros distantes de si. Em uma ocasião, Turnbull levou um guia pigmeu chamado Kenge para uma viagem ao longo das planícies africanas. Quando Kenge olhou ao longe e avistou uma distante manada de búfalos, ele perguntou que tipo de inseto era aquele. Ele se recusava a acreditar que os pequenos pontos negros que via à distância eram búfalos. À medida que ele e Turnbull se aproximavam da manada, Kenge achava que os animais estavam aumentando de tamanho devido a um efeito mágico. Por nunca haver visto objetos distantes, ele não era capaz de perceber que os búfalos possuíam um tamanho constante.

A **constância perceptiva** diz respeito à tendência de perceber objetos como sendo relativamente estáveis e inalteráveis apesar das alterações das informações sensoriais. Uma vez que constituímos uma percepção estável de um objeto, somos capazes de reconhecê-lo em quase qualquer posição, distância e sob qualquer tipo de iluminação. Uma casa branca parece uma casa branca de dia, de noite e a partir de qualquer ângulo. Nós a vemos como sendo a mesma casa. A informação sensorial pode mudar conforme se alteram a iluminação e a perspectiva, mas o objeto é visto como constante. Sem essa capacidade, acharíamos o mundo muito confuso (assim como aconteceu com Kenge).

FIGURA 3.22B
Relação entre figura-fundo ... De que maneira você vê essa figura? Você enxerga um vaso ou os perfis de um homem e de uma mulher? Ambas as interpretações são possíveis, mas não ao mesmo tempo. Figuras reversíveis como essa produzem esse efeito porque não fica claro qual parte do estímulo é a figura e qual parte é o fundo neutro contra o qual ela é percebida.

A memória e a experiência desempenham um papel importante na constância perceptiva, como mostrado na Figura 3.24. Por exemplo, tendemos a perceber os objetos que nos são familiares com seu verdadeiro tamanho, independentemente do tamanho da imagem projetada dentro da retina. Conforme mostra a Figura 3.25, quanto mais longe um objeto está do cristalino dos olhos, menor a imagem que a retina capta. Podemos adivinhar que uma mulher que esteja a uma determinada distância de nós tenha cerca de 1,60 metro de altura quando, na verdade, sua altura é de 1,70 metro, mas dificilmente alguém acharia que sua altura seria de 90 centímetros, independentemente da distância em que ela se encontrasse. Sabemos, a partir de nossa experiência vivida, que pessoas adultas raramente são dessa altura. A **constância de tamanho** depende, por um lado, da experiência — constitui-se das informações que a memória armazena a respeito do tamanho relativo dos objetos — e, por outro, das dicas que as distâncias nos dão.

Os objetos que nos são familiares tendem a ser vistos como possuidores de uma forma constante, embora as imagens deles projetadas sobre a retina variem dependendo do ângulo pelo qual são vistos (isso recebe o nome de **constância de forma**). Um prato de jantar é visto como tendo a forma de um círculo, mesmo que ele esteja em uma posição inclinada e a imagem captada pela retina seja oval. Uma porta retangular projetará uma imagem retangular sobre a retina somente quando for vista de frente. A partir de qualquer outro ângulo, ela projeta uma imagem trapezoidal, mas nem por isso achamos que a porta subitamente passou a ter esse formato (veja a Figura 3.26).

De maneira semelhante, quando percebemos objetos que nos são familiares, eles tendem a manter as suas cores, não importando a informação que chega a nossos olhos. Caso seja dono de um carro vermelho, você o verá com a mesma cor, seja em uma rua bastante iluminada, seja em uma garagem escura, em que a baixa quantidade de luz envia aos seus olhos uma mensagem de que a cor do carro está mais próxima do marrom ou do preto que do vermelho. Mas a constância da cor nem sempre se mantém verdadeira. Quando os objetos não nos são familiares ou não existem as costumeiras pistas de cor, a **constância de cor** pode ser distorcida — como, por exemplo, quando você compra uma calça em uma loja bem iluminada e depois descobre que sob a luz comum ela não é da cor que você pensava.

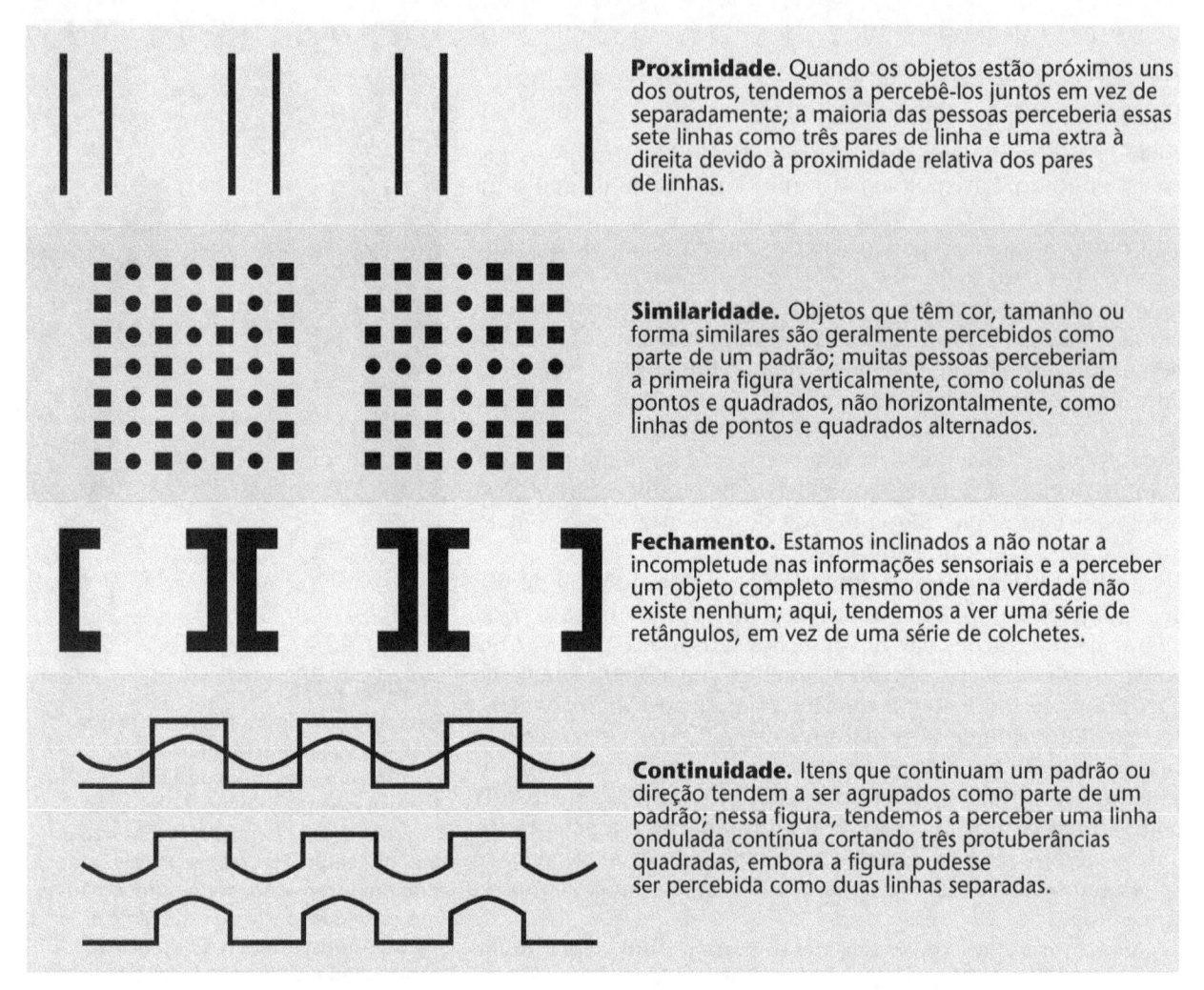

Proximidade. Quando os objetos estão próximos uns dos outros, tendemos a percebê-los juntos em vez de separadamente; a maioria das pessoas perceberia essas sete linhas como três pares de linha e uma extra à direita devido à proximidade relativa dos pares de linhas.

Similaridade. Objetos que têm cor, tamanho ou forma similares são geralmente percebidos como parte de um padrão; muitas pessoas perceberiam a primeira figura verticalmente, como colunas de pontos e quadrados, não horizontalmente, como linhas de pontos e quadrados alternados.

Fechamento. Estamos inclinados a não notar a incompletude nas informações sensoriais e a perceber um objeto completo mesmo onde na verdade não existe nenhum; aqui, tendemos a ver uma série de retângulos, em vez de uma série de colchetes.

Continuidade. Itens que continuam um padrão ou direção tendem a ser agrupados como parte de um padrão; nessa figura, tendemos a perceber uma linha ondulada contínua cortando três protuberâncias quadradas, embora a figura pudesse ser percebida como duas linhas separadas.

FIGURA 3.23
Princípios da Gestalt de organização perceptiva. Constância de tamanho.

A **constância de luminosidade** significa que, embora a quantidade de luz disponível para seus olhos varie muito no decorrer de um dia, a luminosidade percebida de objetos familiares varia pouco. Na nossa percepção, uma folha de papel branca é tão luminosa quanto um pedaço de carvão quer vejamos esses objetos à luz de uma vela ou sob a luz do sol. A constância de luminosidade ocorre porque um objeto reflete a mesma porcentagem da luz que incide sobre ele, seja essa luz a de uma vela ou do sol. Em vez de basear nosso julgamento de luminosidade na quantidade absoluta de luz que o objeto reflete, estimamos como sua reflexão se compara com a dos objetos ao redor.

FIGURA 3.24
Olhe novamente! O contexto, o estilo de penteado e o formato da cabeça nos fazem acreditar que essa é uma foto do ex-presidente dos EUA, Bill Clinton, junto de seu vice, Al Gore, quando, na verdade, o rosto de Clinton foi superposto ao rosto de Gore.
Fonte: APA Monitor, 1997.

FIGURA 3.25
Relação entre a distância e o tamanho da imagem projetada na retina. Os objetos A e B são do mesmo tamanho, mas A, por estar mais próximo do olho, projeta uma imagem muito maior sobre a retina.

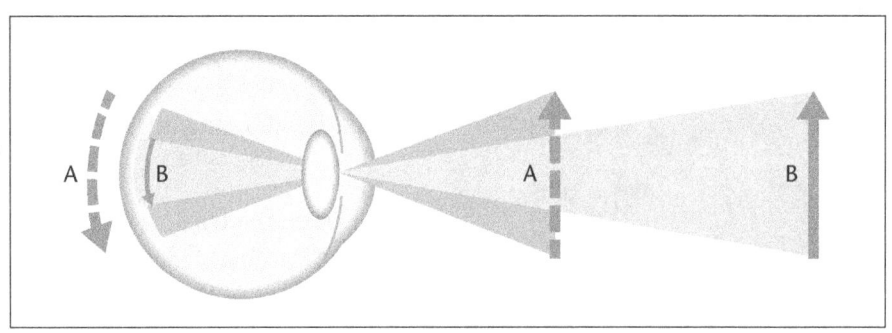

Percepção de distância e profundidade

Como sabemos se algo está perto ou longe de nós?

Estamos constantemente calculando a distância entre nós e outros objetos. Quando você caminha por uma sala, sua percepção de distância o ajuda a evitar que você se choque com os móveis. Se esticar o braço para pegar um lápis, calculará automaticamente até que ponto deverá esticá-lo. É natural que você também avalie a profundidade dos objetos — o espaço total que eles ocupam. Esse processo é muito mais importante do que a maioria das pessoas imagina, porque a imagem do mundo projetada na retina é essencialmente plana ou bidimensional e, ainda assim, enxergamos o mundo em três dimensões! Para fazer isso, utilizamos várias pistas sutis a fim de determinar a distância, a profundidade e o formato dos objetos. Algumas dessas pistas dependem das mensagens visuais que um olho é capaz de transmitir sozinho; elas são chamadas de **pistas monoculares**. Já as **pistas binoculares** exigem o emprego dos dois olhos. Ter dois olhos nos permite fazer julgamentos mais precisos sobre a distância e a profundidade, particularmente quando os objetos estão relativamente próximos. Mas em geral as pistas monoculares são suficientes, como veremos nas próxima seção.

Pistas monoculares Uma importante pista monocular que nos fornece informações sobre a posição relativa chama-se **interposição**. A interposição ocorre quando um objeto bloqueia um segundo. O primeiro é percebido como estando mais perto, e o segundo, mais distante (veja a Figura 3.29).

Como estudantes de artes aprendem, há vários modos pelos quais a perspectiva pode ajudar a estimar a distância e a profundidade. Na **perspectiva linear**, duas linhas paralelas que se estendem no espaço parecem se juntar em algum ponto do horizonte. Na **perspectiva aérea** os objetos distantes possuem uma aparência pouco clara e contornos mal definidos. Em um dia claro, as montanhas geralmente parecem estar muito mais próximas que em um dia de pouca luz, quando seus contornos ficam pouco definidos. A *elevação* de um objeto também serve de pista de perspectiva para a profundidade: um objeto situado em um plano horizontal mais alto parece mais distante que outro situado num plano mais baixo (veja a Figura 3.28).

FIGURA 3.26
Exemplos de constância de forma. Embora a imagem da porta projetada sobre a retina mude bastante à medida que a porta se abre, ainda a percebemos como retangular.
Fonte: Boring, Langfeld e Weld, 1976.

FIGURA 3.27
Sobreposição. Devido ao fato de o rei de paus parecer ter sido sobreposto ao rei de espadas, nós o percebemos mais próximo de nós.

Outra pista monocular útil quanto à distância e a profundidade é o **gradiente de textura**. Um objeto próximo parece ter uma textura mais grosseira ou detalhada). À medida que a distância aumenta, a textura se torna mais e mais sutil, até que não se consiga mais distingui-la claramente, se é que é possível distinguir qualquer coisa. Por exemplo: quando você está em uma praia pedregosa, consegue distinguir as pedras cinzas do cascalho diante de seus pés. Entretanto, conforme você olha em direção ao mar, as pedras parecem se tornar menores e mais sutis, até que você acaba não as distinguindo mais. O *sombreamento*, outra importante pista para a distância, a profundidade e a solidez de um objeto, está ilustrado na Figura 3.29.

As pessoas que viajam de ônibus ou de trem geralmente percebem que os troncos das árvores ou as cabines telefônicas, situados à beira da estrada ou da linha de trem parecem passar rapidamente pela janela, enquanto os prédios e outros objetos mais distantes parecem mover-se lentamente. Essas diferenças entre as velocidades com as quais as imagens passam pela retina à medida que você se move fornecem uma pista importante em relação à distância e à profundidade. É possível observar o mesmo efeito caso você se mantenha parado e mova a cabeça de um lado para o outro enquanto fixa a visão em algum objeto não muito distante: os objetos que estiverem próximos parecerão estar se movendo na direção oposta à do movimento de sua cabeça, ao passo que os mais distantes parecerão estar se movendo no mesmo sentido desse movimento. Esse fenômeno é conhecido como **movimento paralaxe**.

Pistas binoculares Muitos animais, como cavalos, cervos e peixes, apóiam-se totalmente em pistas monoculares para perceber distância e profundidade. Embora possuam dois olhos, seus dois campos visuais não se interceptam porque cada olho está localizado de um dos lados da cabeça, em vez de estar na parte frontal. Os primatas superiores (macacos, chimpanzés e seres humanos), bem como animais predadores (leões, tigres e lobos), possuem uma vantagem distintiva. Seus dois olhos estão localizados na parte frontal da cabeça, de modo que seus campos visuais se interceptam. A **visão estereoscópica**, resultado da combinação das duas imagens das retinas, faz com que a percepção de distância e profundidade seja mais exata.

FIGURA 3.28
Elevação. Devido à grande elevação e à sugestão de profundidade fornecida pela estrada, a árvore da direita parece estar mais distante e ser aproximadamente do mesmo tamanho que a que se encontra no canto inferior esquerdo. Na verdade, ela é bastante menor, conforme você poderá comprovar caso meça as duas árvores.

Uma vez que nossos olhos estão separados por uma distância de cerca de seis centímetros, cada um possui uma visão ligeiramente diferente das coisas. A diferença entre as duas imagens que os olhos recebem é chamada de **disparidade retiniana**. O olho esquerdo recebe mais informações sobre o lado esquerdo de um objeto, e o olho direito, mais informações sobre o lado direito. Para testar isso, feche um olho e alinhe um de seus dedos com um eixo vertical, como a quina de uma porta. Depois, abra esse olho e feche o outro. Você terá a impressão de que seu dedo se moveu bastante. Entretanto, quando olhar para seu dedo com os dois olhos, essas duas imagens diferentes vão se tornar uma só.

Uma importante pista binocular referente à distância vem dos músculos que controlam a **convergência** dos olhos. Quando olhamos para objetos que se encontram relativamente perto de nós, nossos olhos tendem a convergir — eles se movem ligeiramente um ao encontro do outro. Assim, as sensações dos músculos que controlam o movimento dos olhos fornecem outra pista de distância. Caso o objeto esteja muito próximo, como a ponta do nariz, por exemplo, os olhos não conseguem convergir, e são vistas duas imagens em separado. Se o objeto estiver a alguns metros de distância, ao contrário, as linhas de visão estarão mais ou menos paralelas, e não haverá convergência.

Não há dúvidas de que a visão estereoscópica desempenhou um importante papel na evolução dos primatas. Nossos ancestrais habitantes de árvores passavam de uma copa a outra saltando ou se balançando — um modo de locomoção arriscado, que exigia calcular com precisão a distância existente até o galho ou cipó seguinte, e até que ponto esse apoio suportaria o peso do corpo. Bastaria um escorregão e haveria poucas chances de que os genes individuais fossem passados às gerações futuras.

Localizando sons Assim como utilizamos pistas monoculares e binoculares para determinar a profundidade e a distância visuais, utilizamos **pistas monauriculares** (a partir de um só ouvido) e **biauriculares** (a partir dos dois ouvidos) a fim de localizar as fontes sonoras (veja a Figura 3.30). Em uma pista monauricular, os sons intensos são percebidos como mais próximos que os fracos, sendo as alterações de intensidade interpretadas como alterações de distância. As pistas biauriculares, por sua vez, funcionam porque os sons de um lado da cabeça chegam até um dos ouvidos ligeiramente antes de chegar ao outro (a diferença é da ordem de um milésimo de segundo). A diferença de tempo entre as ondas sonoras que chegam até os dois ouvidos fica registrada no cérebro e nos ajuda a fazer julgamentos precisos sobre a localização.

Em uma segunda pista biauricular, os sinais sonoros que chegam de uma fonte localizada de um lado também são ligeiramente mais intensos no ouvido que estiver mais próximo a essa fonte. De fato, nossa cabeça bloqueia o som de um dos lados, diminuindo a intensidade da onda que chega ao outro ouvido. Essa diferença relativa de intensidade permite que o cérebro localize a fonte do som e avalie a que distância ela se encontra. Os engenheiros de som geralmente colocam microfones em vários locais diferentes de um estúdio de gravação. Durante a reprodução sonora, as caixas de som ou fones de ouvido projetarão os

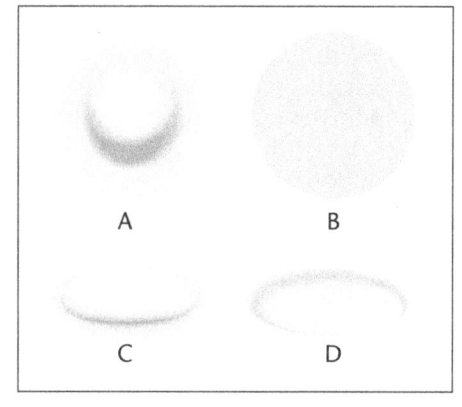

FIGURA 3.29
Sombreamento. O sombreamento das bordas externas de um objeto esférico, tal como uma bola ou um globo, fornece a ele uma qualidade tridimensional (A). Sem o sombreamento (B), ele pode ser visto como um disco plano. O sombreamento também pode afetar nossa percepção sobre a direção da profundidade. Na ausência de outras pistas, tendemos a supor a existência de iluminação proveniente do alto, de modo que a figura (C) parece uma protuberância devido ao fato de sua parte superior estar recebendo mais luz, ao passo que a figura (D) parece uma depressão. Se você virar o livro de cabeça para baixo, a direção de profundidade se reverterá.

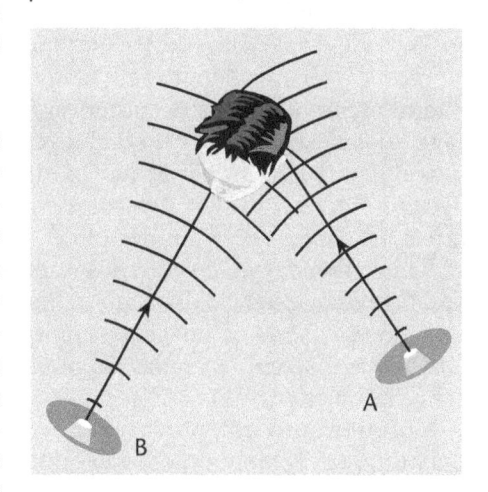

FIGURA 3.30
Pistas utilizadas na localização dos sons. As ondas sonoras provenientes da fonte (B) chegarão aos dois ouvidos simultaneamente. Uma onda sonora proveniente da fonte (A) chega primeiro ao ouvido esquerdo, no qual ela também é mais intensa. A cabeça funciona como uma espécie de "obstáculo" ao outro ouvido, reduzindo assim a intensidade do som, que chega um pouco atrasado até ele.

Fonte: E.G. Boring, H.S. Langfeld e H.P. Weld. *Foundations of psychology.* 1976. Reprodução autorizada por John Wiley e Sons.

sons em instantes ligeiramente distintos, recriando os padrões sonoros que você captaria se estivesse escutando um show ao vivo.

A maioria de nós confia tanto nas pistas visuais que raramente presta atenção ao rico leque de informações auditivas disponíveis no mundo que nos cerca. As pessoas cegas, porém, prestam mais atenção aos sons (Arias, Curet, Moyano, Joekes e Blanch, 1993). Elas são capazes de determinar em que local se encontram os obstáculos presentes em seu caminho ao escutar o eco de sua bengala, de seus passos e de sua própria voz. Muitos cegos podem julgar o tamanho e a distância de um objeto em relação a outro usando nada mais do que pistas sonoras. Também são capazes de diferenciar superfícies contrastantes, como vidro e tecido, ouvindo a diferença do eco produzido quando o som as atinge.

Percepção de movimento

Como percebemos o movimento?

A percepção de movimento envolve tanto as informações visuais da retina quanto as mensagens enviadas pelos músculos situados em volta dos olhos quando eles seguem um objeto. Às vezes, os processos perceptivos nos enganam e pensamos que estamos enxergando um movimento quando, na verdade, os objetos para os quais olhamos estão parados. Por essa razão, os psicólogos fazem distinção entre movimento aparente e real.

O *movimento real* se refere ao deslocamento físico de um objeto de uma posição para outra. A percepção do movimento real depende apenas parcialmente do movimento das imagens ao longo da retina do olho. Se você ficar parado e mover a cabeça para olhar em volta de si mesmo, as imagens de todos os objetos da sala passarão por sua retina. Ainda assim, você provavelmente perceberá que todos eles estão parados. Mesmo que você mantenha a cabeça parada e mova apenas os olhos, as imagens continuarão passando por sua retina. Mas as mensagens provenientes dos músculos dos olhos parecem contrariar aquelas provenientes da retina e, então, os objetos da sala serão percebidos como imóveis.

A percepção do movimento real parece ser determinada menos por imagens que se movem ao longo da retina que pela maneira como a posição dos objetos muda em relação a um cenário percebido como imóvel. Quando você vê um carro que se move ao longo de uma rua, por exemplo, você vê a rua, os prédios e a calçada como um cenário imóvel e o carro, como um objeto em movimento.

O *movimento aparente* é uma ilusão que ocorre quando percebemos movimentos em objetos que, na verdade, estão parados. Há um tipo de movimento aparente conhecido como **ilusão autocinética** — a percepção de movimento causada por apenas um objeto estacionário. Se você estiver em uma sala totalmente escura exceto pela existência de um pequeno ponto luminoso e fixar sua visão nesse ponto durante alguns segundos, começará a ver a luz se mover. Em um quarto escuro, não há nenhuma estrutura visível diante de seus olhos; não existem pistas que indiquem que a luz está realmente imóvel. Então, os ligeiros movimentos dos músculos dos olhos, que na maioria das vezes não são percebidos, fazem com que a luz pareça estar se movendo.

Outro tipo de ilusão, a de **movimento estroboscópico**, é criado por uma rápida série de imagens paradas. O melhor exemplo disso são os filmes de cinema — que não se movimentam em absoluto. O filme consiste de uma série de imagens paradas mostrando pessoas e objetos em posições ligeiramente diferentes. Quando as imagens separadas são projetadas em seqüência em uma tela a uma velocidade específica, as pessoas e os objetos parecem estar se movendo devido à rápida mudança de uma imagem parada para outra.

O **fenômeno phi**, por sua vez, ocorre como resultado do movimento estroboscópico. Quando é incidida uma luz sobre um ponto de uma sala escura, em seguida apagada e uma fração de segundo depois uma segunda luz é incidida sobre um ponto situado a uma pequena distância do primeiro, a maioria das pessoas enxerga essas duas luzes distintas como um único feixe de luz que se move de um ponto a outro. Isso faz com que enxerguemos movimento em sinais de néon ou em cartazes de teatro, nos quais as palavras parecem se mover de um lado para outro à medida que diferentes combinações de luzes estacionárias piscam.

Ilusões visuais

O que provoca as ilusões visuais?

As ilusões visuais provam ainda mais que utilizamos uma série de pistas sensoriais para gerar experiências perceptivas que podem (ou não) corresponder ao que existe no mundo real. Ao compreender o modo como somos "levados" a ver algo que não existe, os psicólogos adquirem conhecimentos sobre como os processos perceptivos funcionam no dia-a-dia, sob circunstâncias normais.

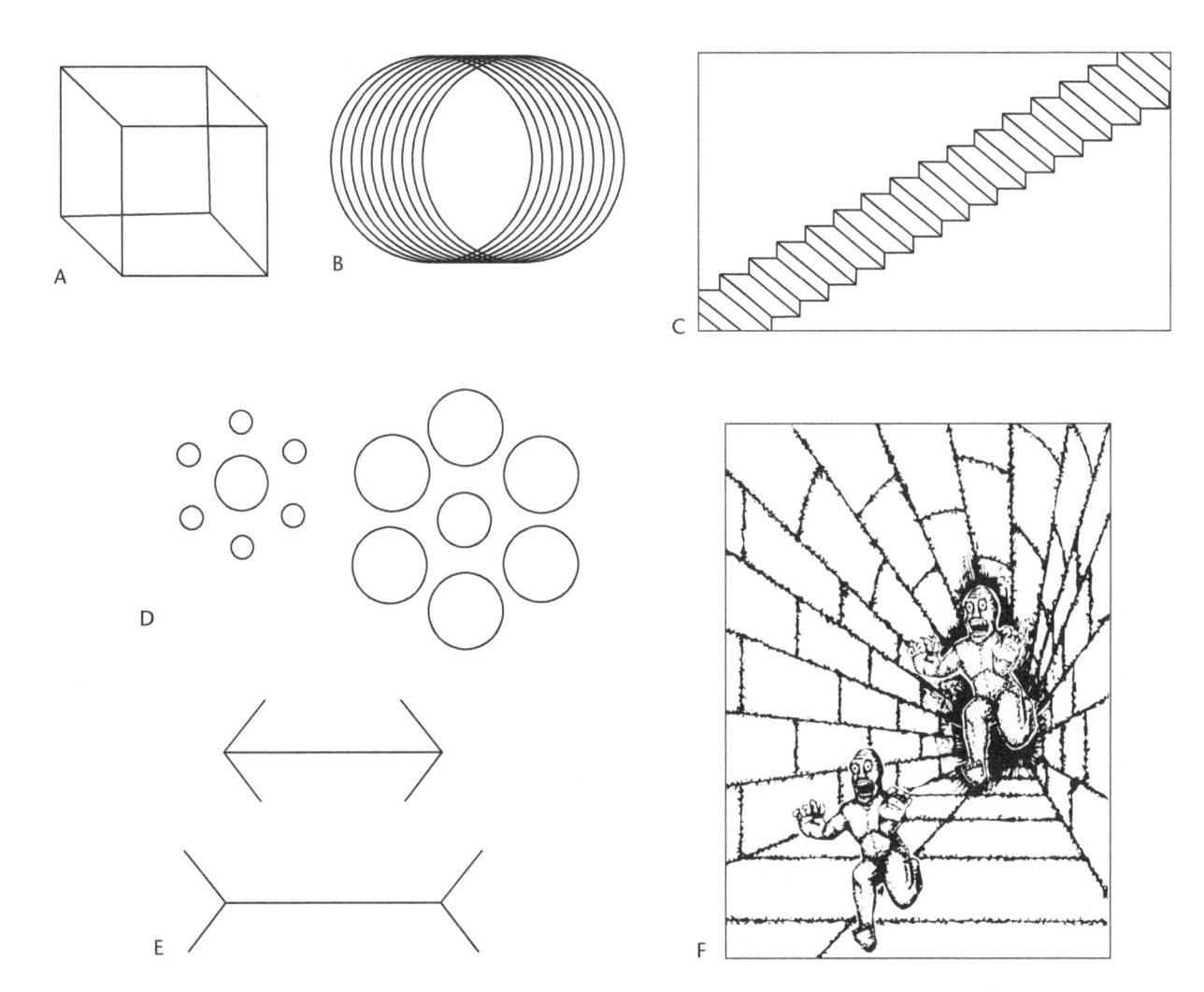

FIGURA 3.31
Figuras reversíveis e pistas de profundidade enganosas. A, B e C são exemplos de figuras reversíveis — desenhos que podemos ver de duas maneiras diferentes, mas não ao mesmo tempo. D, E e F mostram como, ao usar pistas de profundidade enganosas, julgamos incorretamente o tamanho dos objetos. Os círculos do meio na figura D são exatamente do mesmo tamanho, bem como as linhas da figura E e os monstros da figura F.

Os psicólogos geralmente distinguem as ilusões físicas das perceptivas. Um exemplo de *ilusão física* é a aparência inclinada de um palito quando colocado na água — uma ilusão facilmente compreendida porque a água age como um prisma, inclinando as ondas de luz antes que alcancem nossos olhos. As *ilusões perceptivas* ocorrem porque o estímulo contém pistas enganosas, que geram percepções imprecisas ou impossíveis. As ilusões da Figura 3.31 resultam de pistas falsas e enganosas de profundidade. Na Figura 3.31F, por exemplo, os dois monstros projetam uma imagem do mesmo tamanho na retina de nossos olhos, mas a noção de profundidade indicada pelo túnel sugere que estamos olhando para uma cena tridimensional e que, portanto, o monstro da parte superior da imagem está muito mais distante. No mundo real, a experiência nos diz que os objetos aparecem em tamanho menor quando estão distantes. Portanto, nós "corrigimos" a distância e acabamos por perceber o monstro da parte superior como sendo maior, apesar de outras provas em contrário. Sabemos que, na verdade, a imagem é bidimensional, mas ainda assim reagimos como se ela fosse tridimensional.

Há também ilusões do "mundo real" que ilustram como os processos perceptivos funcionam, tal como a ilusão do *movimento induzido*. Quando você está sentado em um trem parado e o trem ao lado começa a se mover para a frente, parece que você está se movendo para trás. Como você não tem nenhum ponto de referência para saber se está parado, fica confuso quanto a que trem está realmente se movendo. Entretanto, se olhar para o chão lá fora, poderá estabelecer um quadro de referência sem ambigüidade e tornar a situação clara.

Os artistas também apóiam-se em muitos desses fenômenos perceptivos tanto para representar a realidade com precisão quanto para distorcê-la deliberadamente. Todos nós sabemos que uma pintura ou uma fotografia é plana e bidimensional; ainda assim, somos fácil e prazerosamente "seduzidos" pelo uso que um artista faz dos princípios que acabamos de descrever. Por exemplo: na arte representativa, os trilhos, as plataformas e os túneis das estradas de ferro são sempre desenhados mais próximos do que na verdade estão. Filmes tridimensionais também funcionam segundo o princípio de que o cérebro pode ser induzido a ver três dimensões, caso apareçam imagens ligeiramente distintas para o olho esquerdo e o olho direito (empregando-se o princípio da disparidade retiniana). Assim, nossa compreensão da ilusão perceptiva nos capacita a manipular imagens para efeitos deliberados — e para apreciar os resultados.

Características do observador

Que fatores pessoais influenciam nossas percepções?

Nós claramente utilizamos experiências passadas e a aprendizagem quando algo atinge nossa percepção, mas nossas próprias motivações, valores, expectativas, estilo cognitivo e idéias culturais preconcebidas também podem afetar nossas experiências perceptivas. Embora o foco desta seção recaia sobre diferenças entre indivíduos, considere como as experiências sensoriais e perceptivas de cada pessoa são afetadas por sua raça, cultura e gênero.

Motivação Nossos desejos e necessidades moldam nossa percepção. Pessoas necessitadas estão mais aptas a perceber algo que elas acham que satisfará sua necessidade. O exemplo mais conhecido disso, pelo menos na ficção, é a *miragem*: as pessoas que se perdem no deserto têm fantasias visuais da existência de um oásis sobre uma duna próxima. Pesquisas descobriram que, quando as pessoas passam algum tempo sem comer (16 horas parecem ser o tempo-limite), percebem imagens vagas como comida (McClelland e Atkinson, 1948; Sanford, 1937).

Valores Em um experimento que revelou o quão fortemente a percepção pode ser afetada pelos valores da pessoa, uma ficha de pôquer foi mostrada a crianças de uma escola maternal. Pediu-se que cada uma comparasse o tamanho da ficha com o tamanho de um círculo de luz ajustável, até que a criança dissesse que a ficha e o círculo tinham o mesmo tamanho. Depois as crianças eram levadas para uma máquina de venda com uma manivela que, quando girada, fornecia doces em troca da introdução de uma fichas. Assim, as crianças foram ensinadas a valorizar as fichas de pôquer muito mais do que faziam antes. Depois que elas eram contempladas com os doces em troca das fichas, pedia-se que comparassem novamente o tamanho das fichas com o tamanho do círculo de luz. Dessa vez, as crianças acharam que as fichas eram maiores (Lambert, Solomon e Watson, 1949).

Expectativas As idéias preconcebidas sobre o que deveríamos perceber também são capazes de influenciar a percepção, fazendo com que *apaguemos, introduzamos, transponhamos*, ou seja, *modifiquemos* o que vemos (Lachman, 1996). Lachman (1984) demonstrou isso pedindo que as pessoas copiassem um grupo de estímulos parecido com o seguinte:

PARIS
NA
A PRIMAVERA

Quando as palavras eram projetadas rapidamente sobre uma tela, a grande maioria das pessoas tendia a omitir o excesso de palavras e dizia ver expressões mais conhecidas (e mais normais), tais como "Paris na primavera". Esse fenômeno de *familiarização perceptiva* ou *generalização perceptiva* reflete uma forte tendência que temos de ver o que esperamos ver, mesmo que nossa expectativa entre em conflito com a realidade externa. Em outras palavras: "É crer para ver!"

Estilo cognitivo À medida que amadurecemos, desenvolvemos um estilo cognitivo — uma maneira pessoal de lidar com o ambiente — e isso também afeta o modo como vemos o mundo. Alguns psicólogos diferenciam entre duas abordagens gerais que as pessoas empregam em sua visão de mundo: a *dependência de campo* e a *independência de campo* (Witkin *et al.*, 1962). Pessoas que são dependentes do campo tendem a ver o ambiente como um todo e não delineiam de maneira clara em suas mentes a forma, a cor, o tamanho e as outras características de itens individuais. Se lhes pedirmos que desenhem uma figura humana, em geral elas o farão de modo que a figura combine com o fundo. Em contrapartida, pessoas independentes do campo têm maior probabilidade de perceber separadamente os elementos do ambiente, distinguir uns dos outros e desenhar cada elemento como destacado do fundo.

Os estilos cognitivos também podem ser vistos como "niveladores" e "aguçadores" — aqueles que nivelam as diferenças entre os objetos e aqueles que as ressaltam. Para investigar as diferenças entre esses dois estilos, G. S. Klein (1951) mostrou a algumas pessoas um conjunto de quadrados de tamanhos variados e pediu que elas julgassem o tamanho de cada um. Os "niveladores" não conseguiram perceber nenhuma diferença entre as figuras; os "aguçadores", contudo, detectaram as diferenças de tamanho e fizeram julgamentos adequados.

Experiência e cultura O meio cultural também influencia as percepções das pessoas. A linguagem que elas falam afeta a maneira como percebem o que está ao seu redor (veja o Capítulo 7, "Cognição e capacidades mentais"). As diferenças culturais na experiência das pessoas também podem determinar o modo como elas fazem uso de pistas de percepção. Por exemplo: os *masai*, pastores da África Oriental que dependem do seu rebanho para sobreviver, tendem a perceber diferenças individuais naquilo que outras pessoas percebem como sendo um rebanho de animais praticamente idênticos. Devido ao fato de os *masai* estarem o tempo todo ao lado do rebanho, eles são rápidos em perceber os sintomas de doença de uma vaca ou em saber se os rebanhos estão pressentindo a presença de um leão. De modo análogo, criadores profissionais de cães são capazes de reconhecer em um filhote qualidades de campeão que um leigo não reconheceria em meio ao restante da ninhada. Músicos ouvem diferenças sutis em uma execução da *Quinta Sinfonia* de Beethoven que um espectador não perceberia.

Personalidade Diversos pesquisadores demonstraram que nossas personalidades individuais influenciam nossa percepção (para uma análise da pesquisa, veja Greenwald, 1992). Por exemplo: a capacidade de estudantes universitários comuns de identificar palavras relacionadas à depressão ou à comida foi comparada à de estudantes deprimidos ou moderadamente anoréxicos (Von Hippel, Hawkins e Narayan, 1994). Nesse estudo, todas as palavras foram projetadas na tela a uma velocidade muito rápida (durante menos de um décimo de segundo). Em geral, as pessoas anoréxicas eram mais rápidas em identificar palavras relativas a alimentos nos quais sempre pensavam que palavras referentes a alimentos em que raramente pensavam. De maneira semelhante, os estudantes deprimidos foram mais rápidos na identificação de adjetivos que descreviam traços de personalidade nos quais sempre pensavam (tais como *quieto*, *retraído*, *hesitante* e *tímido*) que na de adjetivos referentes a traços nos quais eles raramente pensavam (como *extrovertido*, *animado* e *confiante*). Essas descobertas sugerem que não apenas a personalidade, mas possivelmente também a presença de um distúrbio de personalidade, pode influenciar a percepção.

TESTE SUA APRENDIZAGEM

1. O processo pelo qual criamos experiências significativas a partir da mistura de informações sensoriais é chamado de _____.

Relacione os seguintes princípios de percepção com as definições apropriadas.

2. ____ similaridade
3. ____ continuidade
4. ____ proximidade
5. ____ fechamento

a. tendência a perceber um objeto inteiro mesmo onde não existe nenhum.
b. elementos que continuam um padrão tendem a ser vistos como parte do padrão
c. objetos parecidos tendem a ser agrupados
d. elementos próximos tendem a ser percebidos como uma unidade

Respostas: 1. percepção. 2. c. 3. b. 4. d. 5. a.

PALAVRAS-CHAVE

A natureza das sensações
sensação,
célula receptora,
limiar absoluto,
adaptação,
limiar de diferença,
diferença apenas perceptível (dap),
lei de Weber

Visão
córnea,
pupila,
íris,
cristalino,
retina,
fóvea,
comprimento de onda,
bastonetes,
cones,
células bipolares,
acuidade visual,
adaptação ao escuro,
adaptação à luz,
pós-imagem,
células ganglionares,
nervo ótico,
ponto cego,
quiasma ótico,
detectores de características,
matizes,
saturação,
brilho,

mistura aditiva de cores,
mistura subtrativa de cores,
teoria tricromática,
tricromatas,
cegueira a cores,
dicromatas,
monocromatas
teoria do processo oponente,

Audição
som,
ondas sonoras,
freqüência,
Hertz,
volume,
amplitude,
decibéis,
harmonias,
timbre,
janela oval,
cóclea,
membrana basilar,
órgão de Corti,
nervo auditivo,
teoria de lugar,
teoria de freqüência
princípio de disparo,

Os outros sentidos
bulbo olfativo,
ferormônios,
botões gustativos,

sentidos cinestésicos,
receptores de distensão,
órgãos do tendão de Golgi,
sentidos vestibulares,
teoria do controle do portão de entrada,
teoria biopsicossocial,
efeito placebo,

Percepção
percepção,
constância perceptiva,
constância de tamanho,
constância de forma,
constância de cor,
constância de luminosidade,
pistas monoculares,
pistas binoculares,
interposição,
perspectiva linear,
perspectiva aérea,
elevação,
gradiente de textura,
movimento paralaxe,
visão estereoscópica,
disparidade retiniana,
convergência,
pistas monoauriculares,
pistas biauriculares,
ilusão autocinética,
movimento estroboscópico,
fenômeno phi,

REVISÃO DO CAPÍTULO

A natureza das sensações

O que causa as experiências sensoriais?
Os seres humanos têm experiências sensoriais de visão, audição, olfato, paladar, toque, dor e equilíbrio, conhecidas como **sensações**. Essas experiências começam quando os receptores sensoriais do corpo são estimulados. Em cada caso, alguma forma de energia física é convertida em impulsos nervosos que são transportados para o cérebro.

Como a energia, tal como a luz ou o som, é convertida numa mensagem para o cérebro? Em todos os processos sensoriais, algum tipo de energia estimula uma **célula receptora** em algum dos órgãos dos sentidos. A célula receptora transforma essa energia em um sinal neural, depois codificado enquanto é transmitido ao longo dos nervos sensoriais. Quando chega ao cérebro, a mensagem é bastante precisa.

Quais são os limites de nossa capacidade de sentir os estímulos em nosso ambiente? A quantidade de energia física que chega até um receptor sensorial precisa ter uma intensidade mínima para produzir um efeito perceptível. A menor quantidade de energia necessária para produzir qualquer sensação em uma pessoa em 50 por cento das vezes é chamada de **limiar absoluto**. Para a audição, o limiar absoluto é o tique-taque de um relógio de pulso a uma distância de seis metros em uma sala silenciosa e, para a visão, a chama de uma vela vista a 50 quilômetros em uma noite límpida. Os limiares absolutos variam de acordo com a intensidade dos estímulos presentes num dado momento — um processo chamado de **adaptação**. Além disso, somos bastante sensíveis a *mudanças* na intensidade dos estímulos. O **limiar de diferença** ou **diferença apenas perceptível** (*dap*) é a menor alteração do estímulo detectável em 50 por cento das vezes. Em termos gerais, quanto mais forte o estímulo, maior deve ser a alteração para que seja sentida.

Sob quais circunstâncias as mensagens fora de nossa consciência podem afetar nosso comportamento? Quando as pessoas respondem a mensagens sensoriais que estão abaixo de seu limiar de percepção consciente, diz-se que elas estão respondendo subliminarmente. Tal fenômeno pode ocorrer em experiências controladas de laboratório, mas não há nenhuma evidência científica de que mensagens subliminares tenham algum efeito na vida diária.

Visão

Por que os psicólogos têm estudado mais a visão que os outros sentidos? As diferentes espécies animais dependem mais de alguns sentidos que de outros. Nos morcegos a audição é particularmente importante; nos cachorros, o sentido essencial é o olfato. Nos humanos, a visão provavelmente é o sentido mais importante, motivo pelo qual é o mais enfocado nas pesquisas.

Como a luz cria um impulso nervoso? A luz entra no olho por meio da **córnea**, depois passa pela **pupila** (no centro da **íris**) e pelo **cristalino**, o qual direciona a luz para dentro da **retina**. Os impulsos nervosos são gerados na retina pelas células receptoras conhecidas como **bastonetes** e **cones**.
Os bastonetes e os cones conectam-se a células nervosas chamadas **células bipolares**, que por sua vez se conectam a **células ganglionares**, cujos axônios se agrupam para formar o **nervo ótico**, o qual transmite mensagens para o cérebro.

Como enxergamos as cores? Uma teoria da visão das cores, a **teoria tricromática**, tem por base os princípios da **mistura aditiva de cores**. Ela afirma que o olho possui três tipos de receptores de cores, dos quais um reage mais à luz vermelha, outro à verde e outro à azul. Pela combinação de sinais provenientes desses três receptores básicos, o cérebro é capaz de detectar uma ampla gama de cores. Em contrapartida, a **teoria do processo oponente** declara que os receptores são especializados para reagir a qualquer membro dos três pares básicos de cores: vermelho-verde, amarelo-azul e preto-branco (escuridão e luz). As pesquisas dão alguma sustentação às duas teorias. Na verdade há, sim, três tipos de receptores de cores na retina, mas as mensagens que eles transmitem são codificadas por outros neurônios do sistema visual segundo a teoria do processo oponente.

Audição

Se uma árvore cai na floresta e não há ninguém lá, a árvore provoca um som? A resposta de um psicólogo é não; não há um som. Embora sejam produzidas ondas sonoras por uma árvore caindo, não se ouve nenhum som se não há nenhum ouvido para detectá-lo.

Como as características das ondas sonoras nos fazem ouvir sons diferentes? Os estímulos físicos para o sentido da audição são as **ondas sonoras**, que fazem com que o tímpano vibre. A **freqüência**, o número de ciclos por segundo de uma onda, é a principal determinante do **volume** — o quão alto ou baixo um tom parece ser. A **amplitude** é a magnitude de uma onda; ela também determina em grande parte a altura de um som.

Que caminho o som segue do ouvido até o cérebro? Quando as ondas sonoras chegam ao tímpano e fazem com que ele vibre, três ossos do ouvido médio — martelo, bigorna e estribo — são estimulados a vibrar em seqüência. Essas vibrações são amplificadas quando passam pelo ouvido médio a caminho do ouvido interno. No ouvido interno, o movimento da **membrana basilar** estimula os receptores sensoriais no **órgão de Corti**. Essa estimulação das células ciliares produz sinais auditivos transmitidos para o cérebro por meio do **nervo auditivo**.

Como distinguimos os sons de baixa freqüência dos de alta freqüência? A **teoria de lugar** declara que o cérebro distingue os sons de baixa freqüência dos de alta freqüência reconhecendo o local da membrana basilar em que há maior estimulação. Para sons de alta freqüência, essa é a base da membrana; para sons de baixa freqüência, é a extremidade oposta. Há também a **teoria da freqüência**, de acordo com a qual a freqüência das vibrações da membrana basilar como um todo é traduzida em uma freqüência de impulsos nervosos equivalentes que vão até o cérebro. Essa teoria, que está associada com o **princípio de disparo**, pode responder pela detecção do som com freqüência de até 4.000 Hz. Acima disso, a teoria de lugar parece oferecer uma explicação melhor.

Os outros sentidos

Quais são os sentidos químicos? Dois de nossos sentidos estão designados para detectar a presença de várias substâncias químicas no ar e em coisas que comemos. Esses dois sentidos químicos são o olfato e o paladar.

O que ativa o olfato? As substâncias levadas até as cavidades nasais pelas moléculas transportadas pelo ar ativam receptores altamente especializados para o olfato. A partir daí, as mensagens são carregadas diretamente para o **bulbo olfativo** do cérebro, de onde são enviadas para o lobo temporal, resultando no nosso sentido do olfato.

Como detectamos os gostos básicos? O sabor geral de algo é uma mistura complexa de gosto e odor. Quando consideramos o gosto sozinho, há quatro padrões básicos — doce, ácido, salgado e amargo — e outros derivados da combinação destes. Os receptores do sentido do paladar localizam-se nos **botões gustativos** da língua. Quando esses receptores são ativados por substâncias químicas presentes na comida, provocam o disparo dos neurônios adjacentes, enviando um impulso nervoso ao cérebro.

Como sabemos que lado é o superior e se estamos nos movendo ou estamos parados? Os **sentidos vestibulares** fornecem informações sobre nossa orientação ou posição no espaço, como, por exemplo, se estamos de cabeça para baixo ou eretos. Os receptores desses sentidos estão localizados em dois órgãos vestibulares no ouvido interno — os canais semicirculares e os sacos vestibulares. Os **sentidos cinestésicos**, por sua vez, fornecem informações sobre a velocidade e a direção de nossos movimentos. Eles dependem do feedback fornecido por dois conjuntos de terminações nervosas: os **receptores de distensão**, que estão presos às fibras musculares, e os **órgãos do tendão de Golgi**, presos aos tendões.

Os órgãos vestibulares são responsáveis pelo enjôo relacionado ao movimento, o qual pode ser provocado por discrepâncias entre as informações visuais e as sensações vestibulares.

Que tipos de mensagens sensoriais são enviados da pele para o cérebro? A pele é o maior órgão dos sentidos, e as sensações que se originam dos receptores presentes nela produzem nossas sensações de toque, que incluem pressão, temperatura e dor. As pesquisas ainda não descobriram uma relação direta entre essas três sensações distintas e os diversos tipos de receptores presentes na pele cujas fibras nervosas conduzem ao cérebro.

Que diferenças entre as pessoas têm efeito sobre o grau de dor que elas sentem? As pessoas apresentam graus variados de sensibilidade à dor com base em parte na sua composição psicológica, mas também em seu atual estado mental e emocional, suas expectativas quanto ao que vão experimentar e suas crenças e valores culturais. Uma explicação comumente aceita para a dor é a **teoria do controle do portão de entrada**, que afirma que um "portão neurológico" presente na medula espinhal controla a transmissão dos impulsos de dor a caminho do cérebro. Já a **teoria biopsicossocial** propõe que a dor resulta da interação de mecanismos biológicos, psicológicos e sociais.

Percepção

Como a percepção difere da sensação? A sensação se refere às informações sensoriais que o cérebro recebe dos sentidos da visão, audição, olfato, paladar, equilíbrio, toque e dor. A **percepção**, que ocorre no cérebro, é o processo de organizar, interpretar e dar significado para essas informações a fim de compreender o que acontece ao redor.

Como organizamos nossas experiências perceptivas? No início do século XX, um grupo de psicólogos gestaltistas na Alemanha se empenhou em descobrir os princípios por meio dos quais interpretamos as informações sensoriais. Eles acreditavam que o cérebro cria uma experiência perceptiva coerente que é mais do que simplesmente a soma de informações sensoriais disponíveis. O cérebro põe em ordem as informações parciais que recebe, distinguindo padrões como figuras e fundo, proximidade, similaridade, fechamento e continuidade.

Por que percebemos as coisas como imutáveis, a despeito de alterações na informação sensorial? A **constância perceptiva** é a tendência que temos de perceber os objetos como inalteráveis diante de mudanças do estímulo sensorial. Uma vez formada uma percepção estável de um objeto, somos capazes de reconhecê-lo a partir de praticamente qualquer ângulo. Assim, as constâncias de **tamanho**, de **forma**, de **cor** e de **luminosidade** nos ajudam a compreender o mundo e a nos relacionarmos melhor com ele. A memória e a experiência desempenham importante papel na constância perceptiva, compensando a existência de estímulos confusos.

Como sabemos se algo está perto ou longe de nós? Somos capazes de perceber distância e profundidade por meio de **pistas monoculares**, provenientes de um só olho, ou **pistas binoculares**, que dependem da interação dos dois olhos. Exemplos de pistas monoculares são a **interposição** (na qual um objeto cobre parcialmente outro), a **perspectiva linear**, a **elevação** (ou proximidade de algo do horizonte), o **gradiente de textura** (do mais espesso ao mais sutil dependendo da distância), o **sombreamento** e o **movimento paralaxe** (diferenças no movimento relativo de objetos próximos e distantes conforme mudamos de posição). Uma importante pista binocular é a **visão estereoscópica**, derivada da combinação de duas imagens da retina para produzir um efeito tridimensional. Duas outras pistas binoculares são a **disparidade retiniana** (o fato de que cada olho recebe uma imagem diferente) e a **convergência** dos olhos conforme a distância do que se vê diminui. Assim como usamos as pistas monoculares e binoculares para calcular a profundidade e a distância, usamos as **pistas monauriculares** (um ouvido) e **biauriculares** (dois ouvidos) para localizar o som.

Como percebemos o movimento? A percepção de movimento é um processo complicado que envolve tanto as mensagens visuais provenientes da retina quanto as mensagens enviadas pelos músculos situados em volta dos olhos enquanto eles seguem um objeto em movimento. Às vezes, os processos perceptivos nos enganam e pensamos que estamos enxergando um objeto em movimento quando, na verdade, ele está parado. Por essa razão, há uma distinção entre movimento aparente e real.

A **ilusão autocinética**, percepção de movimento criada por um único objeto estacionário, o **movimento estroboscópico**, resultante da projeção sucessiva e rápida de imagens paradas, e o **fenômeno phi**, que ocorre quando luzes acesas em seqüência são vistas como se estivessem em movimento, são exemplos de movimento aparente.

O que provoca as ilusões visuais? As ilusões visuais ocorrem quando empregamos diversas pistas sensoriais para gerar experiências perceptivas que, na verdade, não existem. Algumas são *ilusões físicas*, como a aparência inclinada de um palito na água. Outras são *ilusões perceptivas*, que ocorrem porque um estímulo contém pistas enganosas que levam a percepções imprecisas.

Que fatores pessoais influenciam nossas percepções? Além das experiências passadas e da aprendizagem, vários outros fatores individuais influenciam nossa percepção. Por exemplo: a familiaridade que temos com um símbolo ou objeto afeta nossa expectativa sobre como deveria ser a aparência desse objeto, mesmo que ela sofra mudanças sutis. Nossa percepção também é influenciada por nossa maneira individual de nos relacionarmos com o ambiente que nos cerca e por nossa cultura, valores, motivação, personalidade e estilo cognitivo.

PENSAMENTO CRÍTICO E APLICAÇÕES

1. As pesquisas sobre a efetividade das percepções subliminares são inconsistentes. Sugira várias explicações para essas inconsistências.

2. Quando olhamos um objeto diretamente, a imagem está focalizada em cada fóvea do olho. Por que essa habilidade é conveniente?

3. Quando estamos lendo ou estudando, freqüentemente estamos bem cientes dos movimentos ao nosso lado. Por que é tão fácil percebê-los?

4. Por que você obtém diferentes cores quando mistura luzes coloridas em comparação a quando mistura tintas coloridas?

5. Qual é a diferença entre o sentido vestibular e o sentido cinestésico? Que atividades requerem ambos?

6. O "sabor" é considerado a combinação do sentido do paladar com o do olfato. Como se pode demonstrar a diferença entre sabor e gosto?

7. Por que as pessoas apresentam diferenças na tolerância à dor?

8. De que modo os fatores emocionais ou motivacionais afetam a intensidade da dor que sentimos?

9. Analise alguns trechos de sua canção preferida. Explique como os princípios de organização da Gestalt (proximidade, similaridade, fechamento etc.) operam na percepção da música.

10. Em que princípios os artistas se baseiam para fazer o retrato de alguém?

Estados de Consciência

4

VISÃO GERAL

A experiência consciente
- Devaneios e fantasias

O sono
- Ciclos circadianos: o relógio biológico
- Os ritmos do sono
- Sono inadequado
- Distúrbios do sono

Sonhos
- Por que sonhamos?

Consciência alterada por drogas
- Uso, abuso e dependência de substâncias químicas
- Depressivos: álcool, barbitúricos e opiáceos
- Estimulantes: cafeína, nicotina, anfetaminas e cocaína
- Alucinógenos e maconha
- Explicando o abuso e a adicção

Meditação e hipnose
- Meditação
- Hipnose

No dia 18 de agosto de 1993, um avião cargueiro militar caiu a apenas 400 metros de distância da pista de decolagem localizada na baía de Guantánamo, em Cuba. Os três membros da tripulação ficaram gravemente feridos; o cargueiro DC-8 que eles estavam pilotando foi totalmente destruído pelo impacto e pelo fogo que se seguiu a ele. A visibilidade era boa e o avião estava obedecendo à sua rota até o último minuto. O que causou o acidente? Após uma análise detalhada, a National Transportation Safety Board concluiu que o acidente não resultou de falhas mecânicas nem de erros do piloto, e sim de seu cansaço.

Essa foi a primeira (e única) vez que um acidente aéreo foi oficialmente atribuído ao cansaço do piloto. Mas o problema é mais comum do que a maioria de nós imagina. De acordo com a Nasa e com especialistas de aviação, um a cada sete pilotos cochila na cabine de comando. O problema é mais sério em viagens aéreas noturnas e internacionais. Confidencialmente, muitos pilotos admitem que de repente acordam e não sabem onde estão. Essa situação não é perigosa se o co-piloto estiver acordado. Mas assistentes de vôo relatam que, por vezes, chegam à cabine e encontram os dois pilotos cochilando, motivo pelo qual os assistentes regularmente batem à porta e oferecem comida a eles. Nos anos 80, um avião cargueiro deixou de pousar no aeroporto de Los Angeles por engano e voou sobre o Oceano Pacífico durante quase uma hora até que os controladores aéreos conseguissem acordar os pilotos que dormiam e fazer com que eles voltassem. Mesmo quando os pilotos permanecem acordados, ficam muito "grogues" para reagir de maneira eficiente em uma emergência — foi o que aconteceu na baía de Guantánamo. Calcula-se que o cansaço dos pilotos contribua para a ocorrência de cerca de um terço dos acidentes aéreos.

Ironicamente, os avanços tecnológicos que tornaram os vôos de longa distância em aeronaves de grande porte mais seguros são responsáveis também pelo cansaço dos pilotos. Os atuais aviões a jato de passageiros praticamente voam sozinhos. Uma vez que o avião alcança altitude de autonomia de vôo e liga o piloto automático, os pilotos enfrentam uma jornada de longas horas sem ter muito o que fazer. O tédio e a inatividade levam à sonolência e aos devaneios. Um psicólogo que estuda o cansaço de pilotos avisa: "Se ignorarmos isso, tudo só tende a piorar" (Merzer, 1998, p. 4).

Dormir e acordar são estados de **consciência**. Em conversas diárias, utilizamos a palavra consciência para descrever o estado de estar alerta. Os psicólogos definem a consciência de modo mais amplo, como o estar ciente de vários processos mentais. Todos os dias, nós nos envolvemos em uma série de atividades cognitivas — concentrar-se, tomar decisões, planejar, memorizar, devanear, refletir, dormir e sonhar são apenas algumas delas. Essas atividades cognitivas variam em relação ao grau de ciência que temos de nossos processos mentais e se subdividem em dois grandes grupos. A **consciência desperta** abrange todos os pensamentos, sentimentos e percepções que ocorrem quando estamos acordados e razoavelmente alertas. Geralmente, a consciência desperta é orientada por ações ou planos e ocorre em sintonia com o ambiente externo. Os **estados alterados de consciência** diferem de nossa consciência desperta normal na medida em que nos desprendemos, em diversos graus, de nosso ambiente externo. Certos estados alterados — como dormir, devanear e sonhar — acontecem rotineiramente, até mesmo de modo espontâneo. Outros são induzidos por drogas que afetam a mente, como o álcool, e outros, por meio de meditação e hipnose.

Neste capítulo, apresentaremos os tipos de consciência humana, a começar pela consciência desperta. Em seguida, saberemos de que maneira os psicólogos estudam e tentam explicar um estado natural de consciência alterada, o sono e os sonhos. Passaremos, então, ao modo pelo qual as pessoas buscam estados alterados de consciência. Começaremos pelas drogas psicoativas, da cafeína ao crack, com especial atenção para o álcool. O que essas drogas fazem às pessoas? O que fazem pelas pessoas? Por fim, analisaremos a meditação e a hipnose do ponto de vista científico.

A experiência consciente

Que problemas poderiam surgir caso estivéssemos constantemente conscientes de nossas sensações externas e internas?

Mesmo quando estamos totalmente acordados e alertas, somos conscientes de apenas uma pequena parte de tudo o que acontece ao nosso redor. A qualquer momento, somos expostos a uma enorme variedade de sons, imagens e odores provenientes do mundo externo. Ao mesmo tempo, experimentamos todo tipo de sensações internas, como calor e frio, tato, pressão, dor e equilíbrio, bem como uma série de pensamentos, memórias, emoções e necessidades. Normalmente, contudo, não estamos conscientes de todos esses estímulos que competem entre si. A fim de compreender nosso ambiente, devemos selecionar apenas as informações mais importantes, prestar atenção a elas e filtrar todo o resto. Às vezes, prestamos tanta atenção ao que estamos fazendo que nos esquecemos do que está acontecendo ao nosso redor. O modo de funcionamento do processo de atenção será explicado no Capítulo 6, "Memória". Por ora, é suficiente perceber que a marca registrada da consciência desperta normal é a natureza altamente seletiva da atenção.

A natureza seletiva da atenção pode ser notada na quantidade de processos que ocorrem sem chamar nossa atenção consciente. Raramente percebemos a ocorrência de processos vitais como a pressão sanguínea e a respiração, por exemplo, e somos capazes de caminhar por uma rua ou andar de bicicleta sem termos de pensar conscientemente em cada movimento que fazemos. De fato, tarefas como a de assinar nosso nome são mais bem desempenhadas quando *não* prestamos tanta atenção consciente à realização de cada movimento. De maneira semelhante, quando dirigimos ou caminhamos por um trajeto que nos é familiar e que sempre tomamos para ir ao trabalho ou à escola, o processo pode ser tão automático a ponto de permanecermos bastante distraídos quanto ao que nos cerca.

Muitos psicólogos acreditam que alguns dos principais processos mentais, como o reconhecimento de uma palavra ou do rosto de um amigo, também ocorrem separadamente da consciência desperta normal. Conforme vimos no primeiro capítulo, Sigmund Freud pensava que muitas das mais importantes influências sobre o comportamento — como os sentimentos eróticos por nossos pais — estão "escondidos" da consciência e podem ser acessadas apenas por meio de estados como o sonho. Exploraremos o conceito de processos mentais inconscientes à medida que considerarmos diversos estados alterados de consciência, a começar pelos que ocorrem de maneira natural, como os devaneios, e retornaremos a esse tema quando abordarmos os distúrbios de comportamento no Capítulo 11.

Devaneios e fantasias

Sonhar acordado tem alguma função útil?

No clássico conto de James Thurber, "The secret life of Walter Mitty" (1942), o humilde e terrivelmente tímido personagem central gasta grande parte de seu tempo a tecer fantasias elaboradas, nas quais ele aparece como um aventureiro corajoso e arrojado. Os devaneios são a sua realidade — e o que experimenta por meio de sua consciência desperta parece um pesadelo. Poucas pessoas vivem tanto da imaginação como o faz Walter Mitty. Thurber fez uso deliberado do exagero para explorar a vida secreta da qual todos nós compartilhamos, mas que poucos discutem: nossas fantasias. Todos têm **devaneios**: mudanças de atenção que executamos aparentemente com espontaneidade e sem esforço, durante as quais nos afastamos da realidade e entramos em um mundo privado de faz-de-conta.

O desejo de devanear parece surgir sob a forma de ondas, aproximadamente a cada 90 minutos, e atinge seu ápice entre meio-dia e 14 horas (Ford-Mitchell, 1997). De acordo com algumas estimativas, uma pessoa normal devaneia durante metade das horas em que está acordada, embora essa proporção varie de pessoa para pessoa e de situação para situação. Normalmente, devaneamos quando gostaríamos de estar em outro lugar ou fazer algo diferente do que estamos fazendo, de modo que o devaneio é uma fuga momentânea.

Seriam os devaneios caminhos aleatórios pelos quais nossa mente viaja? De modo algum. Estudos mostram que a maioria dos devaneios consiste em variações a respeito de um tema central: pensamentos e imagens de objetivos e desejos não realizados, acompanhados por emoções que afloram de uma estimativa da situação em que nos encontramos em comparação com a situação na qual gostaríamos de estar (Baars & McGovern, 1994). Os devaneios — e os devaneadores — se subdividem em categorias distintas: positivos, negativos, dispersos e intencionais (Singer, 1975). Algumas pessoas — os "devaneadores felizes" — imaginam situações agradáveis e divertidas, sem complicadores de culpa ou preocupação. Em contrapartida, pessoas extremamente orientadas para a realização tendem a experimentar constantemente temas ligados à frustração, à culpa, ao medo ou à falha e à hostilidade, o que reflete sua dúvida sobre si mesmas e a inveja competitiva que acompanha grandes ambições. Pessoas que demonstram altos níveis de ansiedade geralmente têm devaneios efêmeros, vagos e angustiantes, que lhes são pouco prazerosos. Por fim, as pessoas que apresentam altos níveis de curiosidade tendem a utilizar os devaneios para resolver seus problemas, pensar no futuro e se inspirar.

Sonhar acordado tem alguma função útil? Alguns psicólogos consideram que sonhar acordado nada mais é do que uma fuga do mundo real, especialmente quando esse mundo não está correspondendo às nossas expectativas. Sendo assim, os devaneios são capazes de interferir em atividades produtivas e fazer com que os problemas fiquem ainda piores (a "síndrome de Walter Mitty"). É claro que as pessoas que têm dificuldade de distinguir entre fantasia e realidade e começam a substituir os relacionamentos da vida real por uma família e amigos imaginários precisam de ajuda profissional.

Outros psicólogos ressaltam o valor positivo dos devaneios e das fantasias (Klinger, 1990). Afinal, eles podem oferecer um momento de descanso em um dia estressante e servir para que nos lembremos de necessidades pessoais antes negligenciadas. Teóricos freudianos tendem a ver os devaneios como uma maneira inofensiva de vencer sentimentos hostis ou de satisfazer desejos proibidos. Os psicólogos cognitivos salientam que os devaneios podem produzir soluções para problemas e desenvolver habilidades interpessoais, bem como encorajar a criatividade. Além disso, os devaneios ajudam as pessoas a atravessar situações difíceis: foi por meio deles que prisioneiros de guerra sobreviveram à tortura e às privações. Assim, os devaneios e fantasias podem fornecer um alívio bem-vindo em uma realidade desagradável e reduzir a tensão interna e a agressão externa.

O sono

De que maneira os psicólogos evolucionistas explicam a necessidade que temos de dormir?

Os seres humanos passam cerca de um terço da vida imersos em um estado alterado de consciência conhecido como sono: um estado natural de repouso, caracterizado pela redução dos movimentos voluntários do corpo e menor percepção do ambiente que nos cerca. Ninguém que tenha tentado ficar acordado por mais de 20 horas duvida da necessidade que temos de dormir. Algumas pessoas dizem que nunca dormem, mas quando observadas em condições de laboratório, verifica-se que, na verdade, elas dormem profundamente sem se dar conta disso. Quando as pessoas ficam sem dormir, desejam o sono tanto quanto desejariam comida ou água após um período de privação. O mero repouso não nos satisfaz.

Todas as aves e mamíferos dormem e, embora os cientistas não estejam muito seguros quanto aos répteis, os sapos, peixes e até mesmo insetos permanecem em "estados de repouso" similares ao sono. De fato, as moscas de fruta do gênero *Drosophila*, um dos animais preferidos dos geneticistas em virtude de sua rápida reprodução, são incrivelmente parecidas com os seres humanos: são muito ativas durante o dia e sonolentas à noite; quando ficam sem dormir, precisam de longos cochilos para recuperar as energias; e a cafeína as deixa agitadas, ao passo que os anti-histamínicos as tornam sonolentas (Shaw, Cirelli, Greenspan & Tononi, 2000). A duração do sono dos organismos vivos, o local onde dormem e as posições em que o fazem, entre outros detalhes, variam de espécie para espécie. Em geral, animais de grande porte dormem menos do que animais de pequeno porte, talvez porque precisem ficar mais tempo acordados a fim de comer o suficiente para manter seu tamanho.

Ninguém sabe exatamente o motivo pelo qual precisamos dormir. Os psicólogos evolucionistas entendem que o sono é um mecanismo adaptativo que evoluiu a fim de permitir que os seres vivos conservem e recuperem suas energias (Tobler, 1997). Em apoio a essa teoria, pesquisadores demonstraram que as pessoas gastam menos energia quando estão dormindo do que quando estão acordadas (Madsen, 1993). Outra possibilidade é a de que alguma substância vital do sistema nervoso seja sintetizada novamente durante o sono. Mas que substância seria essa ainda é um mistério (Tobler, 1997). A adenosina, substância produzida naturalmente, parece dar início ao processo de sonolência (Porkka-Heiskanen *et al.*, 1997). Em um grupo de estudos, descobriu-se que gatos mantidos acordados durante uma quantidade de tempo muito longa e incomum tiveram seus níveis de adenosina no cérebro aumentados, durante esse período de privação de sono. Quando os gatos finalmente puderam dormir, os níveis de adenosina baixaram. Para determinar se o armazenamento de adenosina realmente provocava sonolência, os pesquisadores injetaram a substância em gatos que haviam descansado bastante. Esses gatos adormeceram rapidamente e passaram a exibir no encefalograma padrões típicos do estado de sonolência. Não se sabe o motivo exato pelo qual o alto nível de adenosina parece dar início ao estado de sonolência, mas pesquisas adicionais realizadas nessa linha poderão rapidamente fazer com que compreendamos melhor os processos neurológicos que geram a necessidade de sono.

Ciclos circadianos: o relógio biológico

O que é o relógio biológico e o que ele tem que ver com o *jet lag*?

Assim como muitas outras funções biológicas, os atos de dormir e acordar ocorrem segundo um ciclo diário, ou circadiano (termo proveniente da expressão latina *circa diem*, que significa "relativo ao dia") (Moore-Edea, Czeisler & Richardson, 1983). Os ritmos circadianos constituem uma antiga e fundamental adaptação ao ciclo solar de 24 horas, divididas em luminosidade e escuridão, encontrada não apenas nos animais, mas também em plantas e em organismos unicelulares (Moore, 1999). Na verdade, o relógio biológico humano é um pequeno agrupamento de neurônios do hipotálamo responsáveis pelos níveis de proteínas existentes no corpo. Quando o suprimento de proteína está baixo, esses neurônios "começam a trabalhar" e a estimular a produção de mais proteínas. Quando estas atingem um determinado nível, os neurônios novamente "param de funcionar" (Young, 2000). As proteínas, por sua vez, são a matéria que constitui os hormônios, os neurotransmissores e outras substâncias químicas essenciais ao corpo.

Ao longo do dia, o metabolismo, a acidez estomacal, o estado de alerta, a temperatura interna, a pressão sangüínea e o nível da maioria dos hormônios também variam de maneira previsível. Mas nem todos os ciclos do corpo seguem o mesmo padrão. Por exemplo: o nível do hormônio adrenalina (que provoca excitação e deixa o corpo em estado de alerta) atinge seu pico nas últimas horas da manhã e em seguida decresce de modo constante até aproximadamente meia-noite, quando subitamente cai para níveis muito baixos e se mantém assim até a manhã seguinte. Em contrapartida, os níveis de melatonina (substância que promove o sono) aumentam à noite e diminuem durante o dia. Normalmente, o ritmo e a composição química de todos esses ciclos interagem sutilmente entre si, de modo que a alternância de um deles acarreta uma mudança correspondente em outros ciclos (Moore-Edea *et al.*, 1983).

O relógio biológico se auto-regula e continua a funcionar mesmo na ausência de estímulos externos do ciclo do dia e da noite. Por exemplo: Czeisler, Duffy e Shanahan (1999) estudaram voluntários que aceitaram viver em um ambiente artificial durante três semanas. As únicas noções de tempo que eles tinham eram um débil ciclo de luz que durava 28 horas e um sinal para dormirem. Mesmo nesse ambiente enganador, a temperatura do corpo, os níveis de hormônios e outros processos biológicos mostraram que seus corpos continuavam trabalhando segundo seu próprio ciclo interno de 24 horas.

Raramente percebemos a presença dos ciclos circadianos, até que eles sofram alterações. O *jet lag* é um exemplo conhecido. Viajantes que passam por vários fusos horários em um só dia geralmente se sentem "fora de ritmo" por diversos dias. Na verdade, o *jet lag* não tem muito a ver com a falta de sono, e sim com a *dessincronização*. Os ciclos que regulam os atos de dormir e acordar se adaptam rapidamente, mas os hormônios, a temperatura do corpo e os ciclos digestivos mudam mais lentamente. Como resultado, as funções corporais ficam fora de sincronia. De maneira semelhante, pessoas que trabalham em regime de turnos geralmente perdem peso, ficam mais irritadiças, sentem insônia e extrema sonolência durante algum tempo após mudar de turno (Richardson, Miner & Czeisler, 1989-1990).

Felizmente, os pesquisadores podem ter encontrado uma maneira para ajustar nossos relógios biológicos. A luz inibe a produção de melatonina, cuja quantidade aumenta à medida que o sol se põe. Uma pequena dose de melatonina tomada pela manhã (horário em que a quantidade desse hormônio geralmente está diminuindo) atrasa ou reduz o ritmo do relógio biológico (Liu *et al.*, 1997). Tomada pela tarde, a melatonina acelera o relógio biológico, fazendo com que a pessoa adormeça antes do normal (Lewy, 1992). Aplicando esse conhecimento, a melatonina tem sido empregada com sucesso no auxílio a pessoas com cegueira, que às vezes não conseguem perceber os ciclos de luminosidade e escuridão, o que gera insônia ou sonolência durante o dia. A administração cuidadosa e periódica dessa substância aparentemente "zera" o relógio biológico dessas pessoas, permitindo que elas durmam melhor à noite e se mantenham acordadas durante o dia (Sack, Brandes, Kendall e Lewy, 2000).

Os ritmos de sono

Que mudanças físicas caracterizam os ritmos do sono?

Dizer que os psicólogos sabem mais sobre o sono do que sobre a consciência desperta não seria um exagero muito grande. Ao longo dos anos, os pesquisadores acumularam uma enorme quantidade de observações sobre o que acontece com nosso corpo e nosso cérebro durante o sono. Em um estudo típico, pesquisadores recrutam voluntários que passam uma noite ou mais em um "laboratório do sono". Com eletrodos presos a seus crânios — sem que isso lhes cause dor —, os voluntários dormem confortavelmente enquanto suas ondas cerebrais, seus movimentos oculares, suas tensões musculares e outras funções fisiológicas são monitoradas. Os dados levantados em estudos desse tipo mostram que, embora existam diferenças individuais significativas, quase todas as pessoas passam pelos mesmos estágios de sono (Anch *et al.*, 1988). Cada etapa é marcada por padrões característicos de ondas cerebrais, atividade muscular, pressão sangüínea e temperatura do corpo (Carlson, 2000). A Figura 4.1 ilustra a atividade elétrica relativa ao cérebro, ao coração e aos músculos faciais em cada estágio.

"Ir dormir" significa perder a consciência e deixar de responder a estímulos que produziriam reação se estivéssemos acordados. Conforme foi medido por encefalogramas, durante esse estágio "crepuscular", as ondas cerebrais são caracterizadas por ondas alfa irregulares e de baixa voltagem. Esse padrão de ondas cerebrais é um reflexo da vigilância relaxada que sentimos quando nos deitamos em uma praia, em uma rede de dormir ou quando descansamos após uma farta refeição. Nesse estágio crepuscular e com os olhos fechados, as pessoas geralmente dizem ver luzes que piscam e cores, linhas geométricas e imagens de paisagens. Às vezes também têm a sensação de estar flutuando ou caindo, seguida por um rápido solavanco que as faz voltar à consciência.

Após essa fase de crepúsculo inicial, a pessoa que dorme entra no Estagio 1 do sono. As ondas cerebrais desse estágio são escassas e sua amplitude (altura) é baixa, assemelhando-se àquelas registradas quando uma pessoa está alerta ou em estado de excitação. Mas, ao contrário da consciência desperta normal, o Estágio 1 do ciclo de sono é caracterizado pela diminuição dos batimentos cardíacos, pelo relaxamento dos músculos e por movimentos dos olhos de um lado para o outro — sendo essa última a indicação mais confiável desse primeiro estágio do sono (Dement, 1974). O Estágio 1 geralmente dura apenas alguns momentos. Nessa fase a pessoa acorda facilmente e, uma vez acordada, é capaz de nem se lembrar de que havia dormido.

Os Estágios 2 e 3 são caracterizados por um sono progressivamente mais profundo. Durante o Estágio 2, curtas explosões rítmicas de atividade, chamadas de *fusos do sono*, manifestam-se periodicamente. No Estágio 3, as *ondas delta* — ondas lentas cujos picos são elevados — começam a surgir. Durante esses estágios, torna-se difícil acordar a pessoa, e ela não reage a estímulos tais como ruídos ou luzes. Os batimentos cardíacos, a pressão sangüínea e a temperatura continuam a baixar.

FIGURA 4.1
Ondas do sono. As séries impressas ilustram a atividade elétrica do cérebro, do coração e dos músculos faciais durante os vários estágios do sono. Observe a presença das ondas delta, que começam a surgir durante o Estágio 3 e se tornam mais acentuadas no Estágio 4.

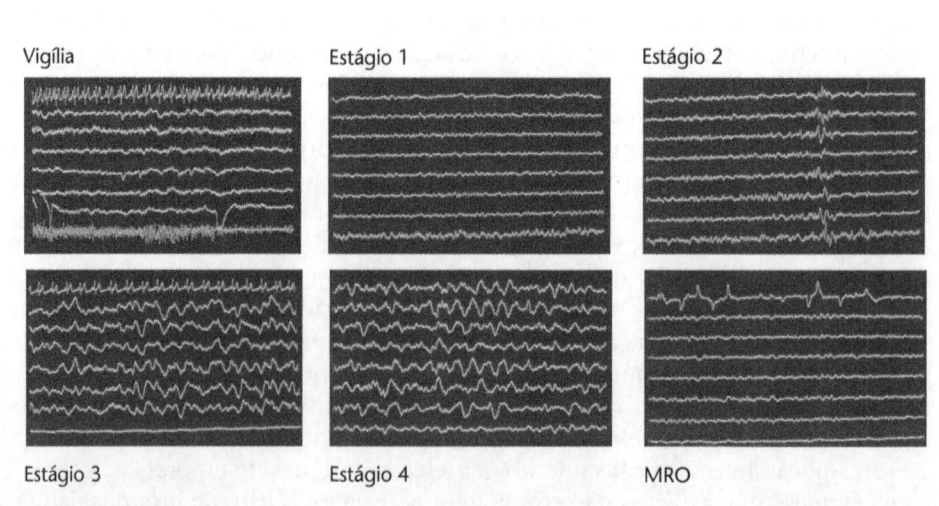

No Estágio 4 do sono, o cérebro emite ondas delta muito lentas. Os batimentos cardíacos, a pressão sangüínea e a temperatura do corpo encontram-se em um nível muito baixo e continuarão assim durante toda a noite. Em adultos jovens, o sono delta acontece em segmentos que vão de 15 a 20 minutos — intercalados por um sono mais leve — que, em sua maioria, ocorrem na primeira metade da noite. A duração do sono delta diminui à medida que a idade avança, mas continua a ser o primeiro estágio de sono a ser recuperado quando perdemos o sono.

Cerca de uma hora após adormecer, a pessoa começa a retornar do Estágio 4 de sono para os Estágios 3, 2 e 1, em um processo que dura mais ou menos 40 minutos. Retornam as ondas cerebrais de baixa amplitude e os dentes cerrados, aparência típica do Estágio 1 e do estado de alerta. Os batimentos cardíacos e a pressão sangüínea também aumentam, ainda que os músculos estejam mais relaxados do que em qualquer outro momento do ciclo de sono e seja muito difícil acordar a pessoa. Os olhos movem-se rapidamente sob as pálpebras fechadas. Esse estágio do sono, chamado de **movimento rápido dos olhos (MRO)**[1], diferencia-se de todos os outros estágios do sono (chamados de **não-MRO** ou **NMRO**)[1] que o precedem ou a sucedem.

O sono MRO é chamado também de **sono paradoxal**, porque, embora as medições da atividade cerebral, batimentos cardíacos, pressão sangüínea e outras funções fisiológicas sejam muito próximas daquelas registradas durante a consciência desperta, no estágio de sono paradoxal a pessoa parece estar dormindo profundamente e é incapaz de se mover; os músculos voluntários do corpo estão essencialmente paralisados. Algumas pesquisas sugerem que o sono MRO é também o momento em que a maioria dos sonhos acontece, ainda que eles também ocorram durante o sono NMRO (Stickgold, Rittenhouse e Hobson, 1994). O Estágio 1 do sono MRO dura cerca de dez minutos e é seguido pelos estágios 2, 3 e 4 do sono NMRO. Essa seqüência de estágios de sono se repete durante toda a noite, tendo uma duração média de 90 minutos entre o Estágio 1 do sono MRO e o Estágio 4, para depois retornar ao Estágio 1 do sono MRO. Normalmente, uma noite de sono consiste de quatro ou cinco ciclos de sono desse tipo. Mas o padrão de sono muda durante a noite. A princípio, os estágios 3 e 4 são predominantes; mas, à medida que o tempo passa, os períodos do Estágio 1 gradualmente se tornam mais longos, e os estágios 3 e 4 ficam mais curtos, chegando até a desaparecer por completo. Assim, ao longo da noite, cerca de 45 a 50 por cento do tempo é gasto no Estágio 2, ao passo que o sono MRO ocupa outros 20 a 25 por cento do tempo total.

Entretanto, os requisitos e padrões do sono variam consideravelmente de pessoa para pessoa. Alguns adultos quase não precisam dormir. Pesquisadores documentaram o caso de um professor da Universidade de Stanford que dormia apenas cerca de três a quatro horas por noite e assim o fez durante 50 anos, e de uma mulher que levava uma vida saudável dormindo apenas uma hora por noite (Rosenzweig e Leiman, 1982). Os padrões de sono também mudam de acordo com a idade (Sadeh, Raviv e Gruber, 2000) (veja a Figura 4.2). As crianças dormem muito mais do que os adultos — de 13 a 16 horas durante o primeiro ano de vida — e a maior parte do seu sono é do tipo MRO (veja a Figura 4.3).

Sono inadequado

Quais são as conseqüências da privação de sono?

O sono inadequado tornou-se uma "epidemia nacional" nos EUA (Angier, 1990). Entre um terço e metade dos adultos não consegue dormir o suficiente. Os estudantes de Ensino Médio relatam que dormem em sala de aula cerca de uma vez por semana (Maas, 1998). Além do mais, o número de clínicas credenciadas para o tratamento de desordens do sono nos EUA aumentou de 25, em 1980, para mais de 337 em 1997, e muitas outras ainda estão por vir (Grady, 1997).

Pesquisas extensivas mostram que a perda de uma ou duas horas de sono toda noite, uma semana após a outra, mês após mês, faz com que seja mais difícil para as pessoas se concentrarem (especialmente em tarefas monótonas) e se lembrarem das coisas. O tempo de reação fica mais lento, o comportamento se torna imprevisível e os acidentes e erros de decisão aumentam, ao passo que a produtividade e a capacidade de tomar decisões diminuem (Babkoff *et al.*, 1991; Blagrove e Akehurst, 2000; Webb e Levy, 1984). Essas descobertas têm importantes aplicações. Por exemplo: especialistas estimam que a perda de sono é um fator que contribui para a ocorrência de cerca de 200 mil a 400 mil acidentes de carro por ano, o que resulta em aproximadamente 1500 mortes. Pesquisas sugerem que dirigir quando se está com sono é tão perigoso quanto dirigir embriagado (Powell *et al.*, 2001).

---

[1] A sigla em inglês para esse estágio é REM e para os demais, non-REM ou NREM (N. do R.T.).

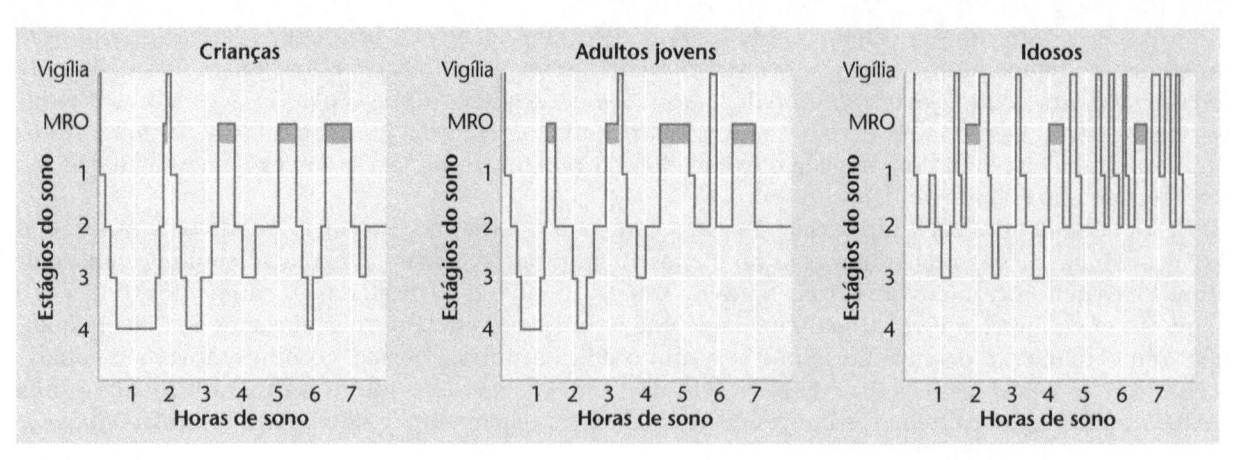

FIGURA 4.2
Análise de uma noite de sono ao longo da vida. Os padrões de sono se alteram desde a infância até a maturidade e a velhice. As áreas em cinza-escuro representam o sono MRO, estágio que mais varia entre os grupos etários.
Fonte: Adaptado com permissão de *The New England Journal of Medicine*, 290, 1974, p. 487. Copyright © 1974 Massachusetts Medical Society. Todos os direitos reservados.

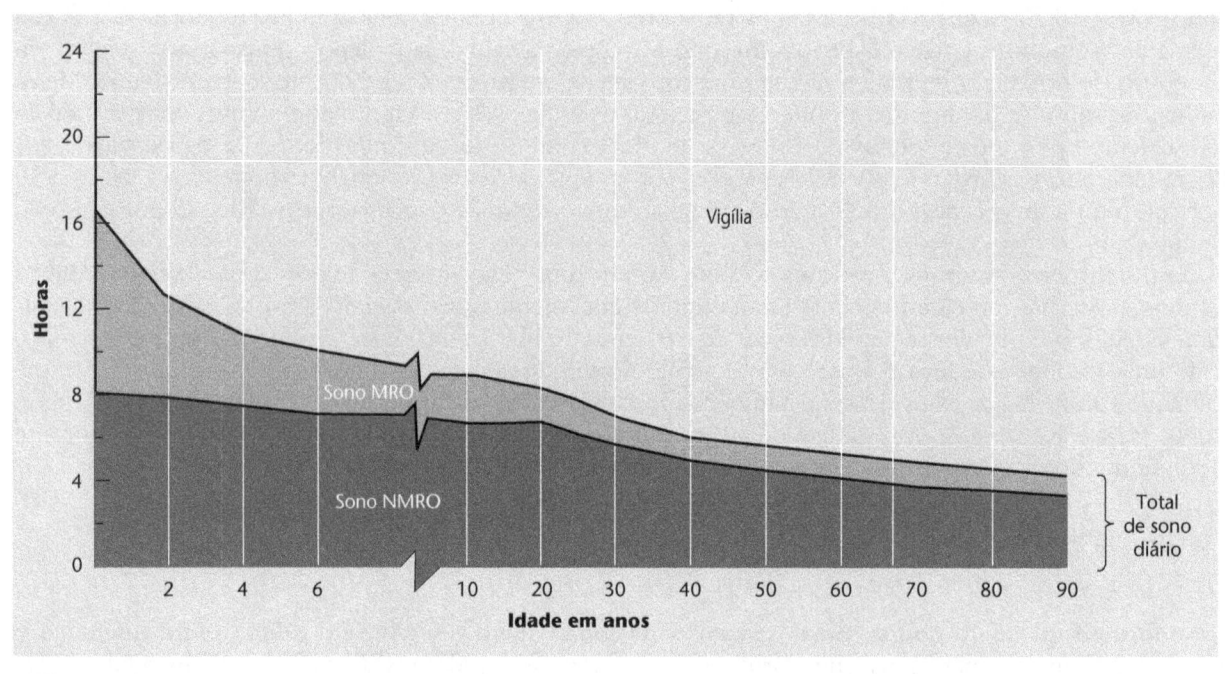

FIGURA 4.3
Alterações do sono MRO e do sono NMRO. A quantidade de sono MRO da qual as pessoas precisam diminui notadamente durante os primeiros anos de vida. Os recém-nascidos necessitam de cerca de oito horas de sono MRO, ou quase metade de seu tempo de sono total, ao passo que crianças mais velhas e adultos gastam apenas uma ou duas horas com esse tipo de sono, o equivalente a cerca de 20 a 25 por cento do total.
Fonte: Adaptado com permissão de H. P. Hoffwarg, "Ontogenetic development of the human sleep-dream cycle", *Science*, 152, p. 604. Copyright © 1966 da American Association for the Advancement of Science.

A privação de sono também é capaz de afetar com freqüência o desempenho das pessoas que trabalham em cargos de alto risco, como os pilotos (conforme vimos na abertura deste capítulo). Funcionários de hospitais e operadores de usinas de energia nuclear, que geralmente precisam tomar decisões importantes em pouco tempo, também correm riscos. Em 1979, houve um acidente na usina de energia nuclear de Three Mile Island, no estado norte-americano da Pensilvânia, quando um erro humano transformou um pequeno contratempo em um desastre nuclear de grandes proporções.

Sabendo-se da existência da relação entre a privação de sono e os acidentes, foram feitas mudanças nos padrões de trabalho de pessoas cujas atividades podem ter conseqüências letais. Diversos estados norte-americanos diminuíram a duração dos turnos dos residentes em hospitais, a fim de prevenir erros provocados pela privação de sono. De maneira semelhante, o órgão que regula a aviação nos EUA restringiu o número de horas que um piloto pode voar sem períodos de descanso durante os quais possa dormir.

Infelizmente, as pessoas nem sempre sabem que não estão dormindo o suficiente. A maioria dos motoristas de caminhão que se envolve em acidentes provocados pelo fato de terem cochilado no volante alega que se sentia "descansada" na ocasião (Wald, 1995). Em um estudo de laboratório, um grupo de universitários saudáveis, que dormia de sete a oito horas por noite, não demonstrou sinais aparentes de privação de sono. Mesmo assim, 20 por cento deles adormeciam imediatamente quando eram colocados em uma sala escura, o que é um sintoma de perda crônica de horas de sono. Durante um certo período de tempo, outro grupo ia dormir cerca de 60 a 90 minutos mais cedo do que estava habituado a fazer. Esses estudantes relataram que se sentiam muito mais vigorosos e alertas — de fato, eles obtiveram um desempenho bem melhor em testes de acuidade psicológica e mental (Carskadon e Dement, 1982).

De acordo com um pesquisador do sono muito conhecido, o doutor William Dement, uma das maneiras de reduzir o nosso débito de sono é tirar sonecas rápidas. Infelizmente, enquanto muitas culturas consideram o período do meio-dia como a hora da *siesta*, nos EUA as pessoas geralmente tomam uma xícara de café para seguir adiante. Até mesmo um cochilo de 20 minutos é capaz de intensificar o estado de alerta, reduzir a irritabilidade e melhorar a eficiência.

Distúrbios do sono

Será que os remédios vendidos sob prescrição médica são a melhor maneira de tratar a insônia ocasional?

O estudo científico dos padrões típicos de sono produziu descobertas acerca dos distúrbios do sono, entre eles o sonambulismo e os terrores noturnos, a insônia, a apnéia e a narcolepsia.

Fala durante o sono, sonambulismo e terrores noturnos *Falar* e *caminhar durante o sono* geralmente ocorrem no Estágio 4. Ambos são mais comuns entre crianças do que entre adultos: cerca de 20 por cento das crianças passaram por pelo menos um episódio no qual falaram ou caminharam enquanto dormiam. Os meninos são mais propensos ao sonambulismo do que as meninas. Ao contrário da crença popular, não é perigoso acordar um sonâmbulo, mas, pelo fato de o sonambulismo ocorrer durante um estágio de sono muito profundo, acordar um sonâmbulo não é tarefa fácil (Hobson, 1994).

Algumas pessoas também têm *terrores do sono*, ou *terrores noturnos*, um tipo de medo noturno que faz com que elas subitamente se sentem na cama, em geral gritando de medo. Os terrores noturnos são completamente diferentes dos pesadelos (Zadra e Donderi, 2000). Geralmente, não se consegue acordar pessoas que sofrem desses terrores: elas empurram qualquer pessoa que tente confortá-las. Ao contrário dos pesadelos, não é possível se lembrar dos terrores noturnos na manhã seguinte. Eles também ocorrem com mais freqüência se a pessoa está muito cansada. Embora se manifestem mais em crianças com idade entre quatro e 12 anos, eles podem persistir na idade adulta (Hartmann, 1983). Adultos que apresentam esse problema têm mais tendência a sofrer também distúrbios de personalidade (Kales *et al.*, 1980) ou a usar drogas e álcool de maneira abusiva. Os danos cerebrais associados à epilepsia também podem contribuir para a ocorrência de terrores noturnos entre adultos.

Nem os pesadelos nem os terrores noturnos por si só são indicativos de problemas psicológicos. Pessoas ansiosas têm tantos pesadelos quanto outras. E, assim como os terrores noturnos, os pesadelos cessam à medida que a idade avança (Wood & Bootzin, 1990). Entretanto, aqueles que se originam de uma experiência traumática podem perdurar durante anos.

Insônia, apnéia e narcolepsia A **insônia** — incapacidade de dormir ou de permanecer dormindo — aflige cerca de 35 milhões de norte-americanos. Em geral, casos de insônia se originam de acontecimentos estressantes e são temporários (veja a Seção "Compreendendo a nós mesmos"). Mas, para algumas pessoas, a insônia é um distúrbio constante. Os tratamentos também podem trazer problemas. Alguns dos medicamentos para insônia vendidos sob prescrição médica podem provocar ansiedade, perda de memória, alucinações e comportamento violento.

As causas da insônia variam (Lichstein, Wilson e Johnson, 2000). Para algumas pessoas, ela é parte de um problema psicológico maior, como a depressão; por isso, sua cura exige o tratamento da desordem principal. Para outras, é resultado de um sistema biológico superexcitado. Uma predisposição física à insônia pode combinar-se à aflição pela falta de sono crônica para criar um ciclo no qual fatores biológicos e emocionais se reforçam mutuamente. As pessoas são capazes de se preocupar tanto com sua falta de sono que seus rituais noturnos, como escovar os dentes ou vestir-se antes de dormir, "se tornam prenúncios de frustração, em vez de servir de estímulo para o relaxamento" (Hauri, 1982). Além disso, maus hábitos de sono — como ter vários horários para dormir — e locais que distraem a pessoa do ato de dormir podem agravar ou até mesmo provocar a insônia.

Outro distúrbio do sono, a **apnéia**, afeta entre 10 e 12 milhões de norte-americanos, para muitos dos quais essa condição é hereditária (Kadotani *et al.*, 2001). A apnéia está associada a dificuldades respiratórias durante a noite; em casos graves, o paciente realmente pára de respirar após adormecer (Vgontzas e Kales, 1999). Quando o nível de dióxido de carbono no sangue aumenta até determinado ponto, as pessoas que sofrem de apnéia são levadas a um estado de excitação muito próximo ao da consciência desperta. Uma vez que esse processo pode ocorrer centenas de vezes durante uma mesma noite, elas geralmente se sentem cansadas e cochilam várias vezes ao longo do dia.

Quem sofre de insônia e apnéia pode até invejar aquelas que não têm problemas para dormir. Mas o sono em demasia também traz sérias conseqüências. A **narcolepsia** é um distúrbio hereditário em que as vítimas, sem se dar conta, cabeceiam de sono no meio de uma conversa ou de qualquer outra atividade do estado desperto. As pessoas que sofrem de narcolepsia geralmente sentem uma repentina perda de tônus muscular referente à expressão de qualquer tipo de emoção. Uma anedota, a raiva ou um estímulo sexual — todos desencadeiam a paralisia muscular associada ao sono profundo. Súbita e inadvertidamente, as pessoas dormem. Outro sintoma desse distúrbio é cair imediatamente no sono MRO, o que produz alucinações assustadoras, que são, na verdade, sonhos que a pessoa tem enquanto ainda está meio acordada. Acredita-se que a narcolepsia se origina de uma falha do sistema nervoso central (Bassetti e Aldrich, 1996).

Sonhos

O que são os sonhos?

Toda cultura, inclusive a nossa, atribui significados aos sonhos. Algumas pessoas acreditam que eles contêm mensagens dos deuses; outras, que predizem o futuro. Os psicólogos definem os **sonhos** como experiências visuais e auditivas que nossas mentes criam durante o sono. Uma pessoa comum tem de quatro a cinco sonhos em uma noite, responsáveis por cerca de uma a duas horas do tempo total de sono. Pessoas que são acordadas durante o estágio de sono MRO relatam sonhos gráficos entre 80 e 85 por cento das vezes (Berger, 1969). Experiências de sonho menos surpreendentes e mais parecidas com o que ocorre durante a consciência desperta normal são relatadas em 50 por cento das vezes ao longo do sono NMRO.

A maioria dos sonhos dura tanto quanto durariam os mesmos eventos na vida real; eles não surgem em nossa tela mental um pouco antes do despertar, como se acreditava. Em geral, os sonhos consistem de uma história seqüencial ou de uma série de histórias. Os estímulos, tanto externos (como um apito de trem ou um avião em vôo rasante) quanto internos (dores abdominais em virtude da fome), são capazes de alterar o curso de um sonho, mas não dão início a ele. Normalmente, os sonhos são tão vívidos que é difícil distingui-los da realidade.

Por que sonhamos?

Há muito tempo os psicólogos são fascinados pelos sonhos e seu conteúdo, e uma série de explicações tem sido proposta.

Sonhos como desejos inconscientes Sigmund Freud (1900), o primeiro teórico moderno a investigar esse tópico, dizia que os sonhos eram "a estrada real para o inconsciente". Ao acreditar que representavam desejos frustrados no campo da realidade, ele afirmava que os sonhos das pessoas refletiam os motivos que norteavam seu comportamento — motivos dos quais elas poderiam não estar conscientes. Freud distinguia entre o *conteúdo manifesto* ou superficial dos sonhos e seu *conteúdo latente* — pensamentos ou desejos ocultos e inconscientes que ele acreditava serem expressos indiretamente por meio dos sonhos.

COMPREENDENDO A NÓS MESMOS

Enfrentando a insônia ocasional

Assim como a maioria das pessoas, você já deve ter passado por pelo menos algumas noites nas quais foi difícil dormir. Até mesmo casos de insônia temporária ou ocasional podem prejudicar nossa capacidade de trabalhar bem durante o dia. Sendo assim, o que você pode fazer se, de repente, estiver passando por um período no qual não consegue ter uma boa noite de sono? Seguem algumas dicas que podem lhe ser úteis:

- Mantenha horários regulares para se deitar; não durma tarde durante os finais de semana.
- Estabeleça hábitos noturnos regulares para seguir toda a noite antes de se deitar, como tomar um banho quente, seguido de uma breve leitura ou do ato de escrever cartas.
- Abstenha-se de drogas (inclusive álcool, cafeína e nicotina, bem como do uso contínuo de pílulas para dormir). O triptofano, uma substância que induz ao sono, deve ser ingerido para esse fim acompanhado de leite morno, o que confirma a prescrição popular contra a insônia.
- Ajuste a temperatura do quarto, caso esteja muito alta ou baixa.
- Evite comer alimentos que causem insônia, como chocolate.
- Estabeleça um programa regular de atividades físicas a serem desenvolvidas ao longo do dia, mas nunca as desempenhe durante as horas que devem ser dedicadas ao sono.
- Evite pensamentos que tragam ansiedade quando estiver na cama. Separe algumas horas do dia — muito antes da hora de se deitar — para pensar nos problemas. Essa técnica pode ser complementada por um treinamento de relaxamento, utilizando métodos como o *biofeedback*, a auto-hipnose ou a meditação (Morin *et al.*, 1994).
- Não lute contra a insônia no momento em que ela acontecer. "Se não conseguir dormir, eu esfrego o chão da cozinha" é um velho ditado que faz sentido para os pesquisadores do sono, que aconselham seus pacientes a sair da cama e se ocupar de alguma atividade durante cerca de uma hora, até que sintam sono novamente.

De acordo com Freud, nos sonhos as pessoas se permitem expressar desejos primitivos relativamente livres de controles morais. Por exemplo: alguém que não esteja consciente de seus sentimentos hostis em relação a uma irmã pode sonhar que a está assassinando. Entretanto, mesmo em um sonho, esses sentimentos hostis podem ser censurados e transformados em algo simbólico. Por exemplo: o desejo de matar a irmã (o conteúdo latente) pode ser remodelado sob a forma de uma imagem onírica em que ela é vista no final de uma linha férrea (o conteúdo manifesto). Segundo Freud, esse processo de censura e de transformação simbólica é responsável pela natureza bastante ilógica de muitos sonhos. Decifrar os diferentes significados dos sonhos é uma das principais tarefas dos psicanalistas (Hill *et al.*, 2000; Mazzoni, Lombardo, Malvagia e Loftus, 1999). O trabalho pioneiro de Freud, que se concentrava na busca do significado dos sonhos, abriu caminho para as modernas investigações acerca de seu conteúdo (Domhoff, 1996).

Sonhos e processamento de informações Outra explicação para o ato de sonhar afirma que, em nossos sonhos, nós reprocessamos informações coletadas ao longo do dia a fim de fortalecer a lembrança daquelas que são essenciais à nossa sobrevivência (Carpenter, 2001; Winson, 1990). Enquanto estamos acordados, nossos cérebros são bombardeados com dados sensoriais. Precisamos de uma "pausa" para decidir quais dessas informações são valiosas, se elas devem ser armazenadas na memória permanente, em que local devem ser registradas (ao lado de quais memórias antigas, idéias, desejos e ansiedades), e quais informações devem ser apagadas para que não obstruam os caminhos neurais (Crick e Mitchison, 1995). De acordo com essa visão, os sonhos parecem ser ilógicos porque o cérebro examina rapidamente velhos arquivos e os compara com os recortes novos e que ainda não foram classificados.

Em apoio a essa visão, pesquisas demonstraram que tanto os seres humanos quanto os animais passam mais tempo em sono MRO depois de aprender algo difícil; além disso, interferir no sono MRO imediatamente após a aprendizagem prejudica severamente a lembrança do conteúdo recentemente recebido (Smith, 1985; Smith e Kelly, 1988; Smith e Lapp, 1986). A partir de imagens do cérebro, também se descobriu que a área desse órgão mais ativa durante a aprendizagem de algo novo é a mesma que também permanece ativa durante o sono MRO subseqüente (Maquet *et al.*, 2000).

Outros psicólogos consideram os sonhos uma forma de processamento emocional. Neles, acontecimentos emocionalmente significativos podem ser integrados com experiências anteriores (Farthing, 1992). Por exemplo: a primeira vez que as crianças pulam o carnaval ou vão a um parque de diversões geralmente representa uma mistura de medo e entusiasmo. Anos mais tarde, toda vez que passarem por experiências emocionantes, mas também um pouco assustadoras, as imagens de desfiles de carnaval podem ser predominantes em seus sonhos. Alguns psicólogos (Cartwright, 1996) sugerem que nós trabalhamos nossos problemas nos sonhos — na verdade, que os sonhos são parte de um processo saudável após um divórcio, a morte de uma pessoa amada ou outras crises emocionais. Mas os críticos argumentam que esses avanços são muito mais o resultado da reflexão sobre o passado do que dos sonhos em si (Domhoff, 1996).

Sonhos e vida real Uma outra teoria afirma que os sonhos são a extensão das preocupações conscientes da vida diária, sob uma forma alterada (mas não disfarçada) (Domhoff, 1996). Pesquisas mostraram que as coisas com as quais as pessoas sonham em geral se parecem com aquilo que elas pensam e fazem quando estão acordadas. Isto é, o conteúdo dos sonhos normalmente reflete as idéias, as preocupações e os interesses únicos de um indivíduo. Por exemplo: um pai que esteja passando por problemas com um filho poderá sonhar com os confrontos que ele mesmo teve com seus próprios pais enquanto era criança. O conteúdo dos sonhos também parece ser relativamente "coerente" para a maioria das pessoas, apresentando temas semelhantes durante anos e até mesmo décadas (Domhoff, 1996). Além do mais, muitos de nossos sonhos parecem realistas e coerentes tanto no momento em que sonhamos quanto depois que estamos acordados (Squire e Domhoff, 1998).

TESTE SUA APRENDIZAGEM

1. Quando estamos cientes dos processos mentais que ocorrem em nossa vida diária, esse estado é chamado de _____.
2. Inovações tecnológicas tais como o _____ (_____) permitem que os cientistas estudem a atividade cerebral durante vários estados de consciência.
3. A principal característica da consciência desperta é _____.
4. Para os seres humanos, os atos de acordar e dormir obedecem a um ciclo _____.
5. Os sonhos mais vívidos acontecem durante o estágio de sono ____.
6. A cada noite, normalmente gastamos cerca de _____ horas sonhando.
7. Freud distinguia entre o conteúdo _____ e _____ dos sonhos.
8. Indique se as afirmações abaixo são verdadeiras (V) ou falsas (F).
    _____ a. Na verdade, nós não precisamos sonhar.
    _____ b. A privação de sono tem sido relacionada tanto a acidentes de carro quanto industriais.

Relacione os termos abaixo com sua definição correta:

9. _____ ciclo circadiano   a. estado desperto relaxado
10. _____ ondas alfa   b. significado oculto
11. _____ conteúdo latente   c. ciclo diário
12. _____ privação de sono   d. dificuldade de dormir ou de continuar dormindo
13. _____ insônia   e. dormir de repente durante o dia
14. _____ narcolepsia   f. epidemia nacional nos EUA

Respostas: 1. consciência. 2. eletroencefalograma (EEG). 3. a atenção seletiva. 4. circadiano. 5. MRO. 6. duas. 7. manifesto, latente. 8. a (F), b (V). 9. c. 10. a. 11. b. 12. f. 13. d. 14. e.

Sonhos e atividade neuronal   Por meio de técnicas avançadas de produção de imagens cerebrais, novas pesquisas indicaram que o sistema límbico, relacionado às emoções, motivações e memórias, é altamente ativo durante os sonhos; o mesmo acontece, porém em menor grau, com as áreas visuais e auditivas da parte anterior do cérebro que processam informações sensoriais. Contudo, as áreas da parte anterior do cérebro relacionadas ao funcionamento da memória, da atenção, da lógica e do autocontrole ficam relativamente inativas durante os sonhos (Braun, 1998). Esse fato explicaria o conteúdo altamente emocional de nossos sonhos, bem como as fantasias estranhas, a perda da visão, da lógica e da auto-reflexão crítica. Essa mistura não-censurada de desejos, medos e memórias é muito parecida com o conceito psicanalítico dos desejos inconscientes, o que sugere que Freud pode ter se aproximado mais do significado dos sonhos do que muitos psicólogos modernos reconhecem.

Consciência alterada por drogas

De que modo o problema das drogas hoje é diferente do uso de drogas em outras sociedades e em outras épocas?

A consciência alterada por drogas não é algo novo. Em quase todas as culturas conhecidas ao longo da história, as pessoas buscaram maneiras de alterar a consciência desperta. O uso de **drogas psicoativas** — substâncias que alteram o humor, a percepção e o funcionamento mental ou o comportamento — é quase universal. Muitas das drogas disponíveis hoje, legal ou ilegalmente, vêm sendo usadas há milhares de anos. Por exemplo: a maconha é mencionada no livro de receitas herbáceas de um imperador chinês, datado do ano 2737 a.C. Os habitantes nativos da cordilheira dos Andes, na América do Sul, mascam folhas de coca (que contêm cocaína) como estimulante — um costume que remonta, no mínimo, ao império inca do século XV.

No século XIX, os europeus começaram a adicionar a coca ao vinho, ao chá e às pastilhas (Platt, 1997). Nos EUA, o *láudano* — ópio dissolvido em álcool — era o principal ingrediente de vários remédios (ou marcas) disponíveis nas farmácias. Seguindo essa tendência, em 1886, um farmacêutico de Atlanta combinou folhas trituradas de coca dos Andes, nozes de cola da África ricas em cafeína, xarope de cana-de-açúcar e água carbonada; assim, criou um remédio que ele registrou com o nome de "Coca-Cola".

De todas as substâncias psicoativas, o álcool é a que tem a mais longa história de uso generalizado. Evidências arqueológicas sugerem que grupos da Idade da Pedra começaram a produzir hidromel (mel fermentado, condimentado com seivas ou frutas) há cerca de dez mil anos. Egípcios, babilônios, gregos e romanos consideravam o vinho como uma "dádiva dos deuses". O produto da uva também é freqüentemente elogiado na Bíblia — e o ato de beber água quase nunca é mencionado. Aliás na Idade Média o álcool recebeu o título de *aqua vitae*, ou "água da vida" — e com razão (Vallee, 1998), pois, onde quer que o povo se assentasse, os suprimentos de água rapidamente se contaminavam com dejetos. Até o século XIX a maioria dos ocidentais bebia álcool como acompanhamento em todas as refeições (inclusive o café da manhã) e entre elas, como bebida estimulante, além de servi-lo em ocasiões sociais e religiosas.

Será que o problema das drogas hoje em dia é diferente do uso de drogas em outras sociedades e em outras épocas? Sob diversos aspectos, a resposta é "sim". Primeiramente, os motivos para o uso de drogas psicoativas mudaram. Na maioria das culturas, as substâncias eram usadas como parte de rituais religiosos, como remédios ou tônicos, bebidas nutritivas ou estimulantes culturalmente aceitos (da mesma maneira que tomamos café). Hoje em dia, o uso de álcool e outras drogas em nossa sociedade é primordialmente recreativo. Na maioria das vezes, as pessoas não fazem um brinde em louvor a Deus ou inalam alucinógenos para entrar em contato com o mundo espiritual; elas o fazem para relaxar, divertir-se com amigos (ou desconhecidos) e inebriar-se. Além disso, os norte-americanos geralmente bebem ou inalam substâncias em locais especialmente designados para tal fim: bares, clubes, festas regadas a cerveja, coquetéis, *raves* (grandes festas dançantes que duram a noite inteira) e nas chamadas casas de crack. Ainda por cima, as pessoas usam e abusam das drogas dentro de suas casas, privada e secretamente, às vezes sem o conhecimento da família nem dos amigos — o que as leva a viver a dependência escondidas. Seja de modo social ou individual, o uso de substâncias psicoativas nos dias atuais está extremamente distante de tradições religiosas e familiares.

Em segundo lugar, as próprias drogas mudaram. Hoje, as substâncias psicoativas são em geral mais fortes do que aquelas utilizadas em outras culturas e em outras épocas. Durante a maior parte da história do Ocidente, o vinho (contendo 12 por cento de álcool) era geralmente diluído com água. Licores fortes (com cerca de 40 a 75 por cento de álcool) surgiram apenas no século X d.C. E a heroína disponível no mercado atualmente é mais forte e provoca maior dependência do que aquela comprada nas décadas de 30 ou 40.

Além disso, novas drogas sintéticas surgem continuamente, com conseqüências imprevisíveis. Nos anos 90, o National Institute for Drug Abuse (Instituto Nacional para o Uso Abusivo de Drogas) dos EUA criou uma nova categoria: a das "drogas de clubes noturnos", que corresponde a substâncias psicoativas cada vez mais populares, fabricadas em pequenos laboratórios e até mesmo em cozinhas domésticas (a partir de receitas disponíveis na Internet). Como a fonte, os ingredientes psicoativos e as possíveis impurezas dessas drogas são desconhecidos, os sintomas, a toxicidade e as conseqüências de curto e longo prazo também são ignorados — o que torna esse tipo de droga especialmente perigoso. O fato de elas serem em geral consumidas juntamente com o álcool multiplica os riscos. Entre os exemplos dessas drogas estão o *ecstasy* (metileno-dioximetanfetamina, ou MDMA), uma combinação do estimulante anfetamina e de um alucinógeno; o *Grievous Bodily Harm* (gama-hidroxibutirato, ou GHB), uma combinação de sedativos e de um estimulante do hormônio de crescimento; o *Special K* (quetamina), um anestésico aprovado para uso veterinário que, ingerido por seres humanos, induz a estados oníricos e a alucinações; e os *Roofies* (flunitrazepam), um sedativo e anestésico inodoro e insípido que pode provocar amnésia temporária, motivo pelo qual é também conhecido como "pílula do esquecimento" e está associado a ocorrências de estupro.

Por fim, os cientistas e o público sabem mais sobre os efeitos de drogas psicoativas do que sabiam no passado. O caso dos cigarros é um exemplo óbvio. O relatório Surgeon General's Report publicado em 1964 confirmou a relação direta entre o hábito de fumar e o desenvolvimento de doenças cardíacas, bem como de câncer do pulmão. Pesquisas posteriores demonstraram que o cigarro faz mal não apenas aos fumantes, mas também às pessoas que os cercam (fumo passivo) e aos fetos (Ness *et al.*, 1999), o que transformou uma decisão de saúde pessoal em uma questão moral. Entretanto, dezenas de milhões de norte-americanos ainda são fumantes, e milhões de outros fazem uso de drogas que sabem ser nocivas.

Uso, abuso e dependência de substâncias químicas

De que maneira podemos distinguir se uma pessoa é dependente química?

Se definirmos as drogas de maneira ampla, como fizemos anteriormente, a fim de incluir a cafeína, o tabaco e o álcool, então a maioria das pessoas, no mundo inteiro, utiliza ocasional ou regularmente algum tipo de droga. A maioria dessas pessoas usa tais drogas com moderação e não sofre efeitos colaterais. Mas, para muitas outras, o uso passa a ser considerado **abuso de substâncias** — um padrão que diminui a capacidade do usuário de cumprir suas responsabilidades, o que resulta no uso repetido da droga em situações perigosas, ou leva a problemas de ordem legal relacionados a esse uso. Por exemplo: pessoas cujo hábito de beber provoca problemas de saúde a familiares ou em seu ambiente de trabalho estão abusando do álcool (D. Smith, 2001). O abuso de substâncias é o principal problema de saúde nos EUA (Martin, 2001).

O abuso contínuo de drogas, inclusive do álcool, pode levar ao uso compulsivo da substância, ou **dependência** (também chamada de adicção) (veja a Tabela 4.1). Embora nem todos que abusam de substâncias desenvolvam a dependência, esse estado geralmente segue o período de abuso. A dependência em geral inclui a *tolerância*, fenômeno em que doses cada vez mais elevadas da droga são necessárias para produzir seus efeitos originais ou para evitar os *sintomas de abstinência*, isto é, os efeitos físicos e psicológicos desagradáveis que ocorrem quando o uso da substância é interrompido.

As causas do abuso de substâncias e da dependência são uma combinação complexa de fatores biológicos, psicológicos e sociais, que variam de pessoa para pessoa e de acordo com a substância. Além disso, o desenvolvimento da dependência não acontece de acordo com um período pré-estabelecido. Uma pessoa pode beber socialmente durante muitos anos antes de fazer abuso de álcool, ao passo que outra pode se viciar em cocaína em questão de dias. Antes de examinar drogas específicas e seus efeitos, falaremos primeiro sobre como os psicólogos estudam os comportamentos relacionados ao uso de drogas.

De que maneira os efeitos da droga são estudados Os efeitos de drogas específicas são estudados sob condições científicas cuidadosamente controladas. Na maioria dos casos, os pesquisadores comparam o comportamento das pessoas antes da administração da droga com o comportamento que elas demonstram em seguida, tomando especial cuidado para garantir que quaisquer mudanças observadas se devam exclusivamente ao uso da droga.

TABELA 4.1 SINAIS DE DEPENDÊNCIA QUÍMICA

A definição clínica mais recente do termo dependência (American Psychiatric Association, 1994) descreve um amplo padrão de comportamentos relacionados ao uso de drogas, caracterizado por pelo menos três dos sete sintomas abaixo durante um período de 12 meses:

1. Desenvolver tolerância, isto é, necessitar de quantidades cada vez maiores da substância para atingir o efeito desejado, ou sentir a diminuição do efeito quando se utiliza a mesma quantidade da substância. Por exemplo: a pessoa teria de beber um engradado inteiro de cerveja para sentir o mesmo efeito que sentia antes ao ingerir apenas uma ou duas cervejas.
2. Sentir sintomas de abstinência, isto é problemas físicos e psicológicos que ocorrem quando a pessoa tenta parar de usar a substância. Os sintomas de abstinência vão desde ansiedade e náusea até convulsões e alucinações.
3. Usar a substância por um período mais longo ou em quantidades maiores do que antes se pretendia.
4. Ter um desejo persistente de interromper o uso, ou fazer repetidos esforços para tanto.
5. Dedicar grande parte do tempo à obtenção ou ao uso da substância.
6. Desistir de ou reduzir as atividades sociais, ocupacionais ou recreativas como resultado do uso de drogas.
7. Continuar o uso mesmo diante da existência ou da volta de problemas físicos ou psicológicos provavelmente provocados ou agravados pela substância.

A fim de eliminar erros de pesquisa baseados nas expectativas dos participantes ou dos pesquisadores, a maioria dos experimentos realizados com drogas emprega o **procedimento duplo**, **cego**, em que alguns participantes recebem doses da droga ativa, enquanto outros recebem doses de uma substância neutra e inativa chamada **placebo**. Nem os pesquisadores nem os participantes sabem quem ingeriu a droga ativa e quem tomou placebo. Caso o comportamento dos participantes que, de fato, receberam a droga seja diferente do comportamento dos outros, a causa disso provavelmente será o ingrediente ativo da substância.

O estudo da consciência alterada por drogas se complica pelo fato de que a maioria das drogas não apenas afeta pessoas diferentes de maneiras distintas, mas também produz efeitos diversos em uma mesma pessoa em períodos e locais diferentes. Por exemplo: algumas pessoas são intensamente afetadas até mesmo pela menor quantidade de álcool, e outras, não. E o ato de ingerir álcool em ambiente de convívio familiar produz efeitos um pouco diferentes daqueles provocados pelo consumo de álcool diante dos olhos atentos de um cientista.

Recentemente, sofisticados procedimentos de neuroimagens provaram a utilidade de se estudar os efeitos das drogas. Técnicas como a dos exames de tomografia do tipo PET permitiram que os pesquisadores isolassem diferenças específicas entre os cérebros de pessoas dependentes e não-dependentes. Descobriu-se, por exemplo, que o cérebro de um dependente difere qualitativamente do de uma pessoa não-dependente sob uma série de aspectos, como o metabolismo e a reação aos estímulos do ambiente (Leshner, 1996). Pesquisadores também se concentraram no papel desempenhado pelos neurotransmissores no processo de dependência — observando que toda droga que provoca dependência faz com que aumentem os níveis de dopamina no cérebro (Glassman & Koob, 1996). Resultados como esse podem levar não apenas a uma melhor compreensão da natureza biológica da dependência, como também ao desenvolvimento de tratamentos mais eficazes.

Ao analisar as drogas e o uso que se faz delas, é conveniente agrupar as substâncias psicoativas em três categorias: depressivas, estimulantes e alucinógenas (veja a Tabela-Resumo: "Drogas: características e efeitos"). (Analisaremos uma quarta categoria os medicamentos utilizados no tratamento de doenças mentais, no Capítulo 12, "Terapias".) As categorias não são rígidas (uma mesma droga pode ter múltiplos efeitos ou efeitos diferentes em usuários diferentes), mas essa divisão ajuda a organizar nosso conhecimento a respeito das drogas.

TABELA-RESUMO

DROGAS: CARACTERÍSTICAS E EFEITOS

	Efeitos típicos	Efeitos da overdose	Tolerância/dependência
Depressivas			
Álcool	Bifásico; tensão-redução da excitação, seguido por funcionamento físico e psicológico deprimido.	Desorientação, perda da consciência; morte, quando há níveis muito elevados de álcool no sangue.	Tolerância; dependência física e psicológica; sintomas de abstinência.
Barbitúricos, tranqüilizantes	Reflexos lentos e funções motoras prejudicadas, redução da tensão.	Respiração ofegante, pele fria e úmida, pupilas dilatadas, ritmo do pulso fraco e rápido, coma, possível morte.	Tolerância; alta dependência física e psicológica de barbitúricos; dependência física que vai de baixa a moderada no caso de tranqüilizantes como o Valium, embora a dependência psicológica seja alta; sintomas de abstinência.
Opiáceos	Euforia, sonolência, aumento súbito da sensação de prazer, poucos danos às funções psicológicas.	Respiração ofegante e lenta, pele fria e úmida, náusea, vômitos, pupilas contraídas, convulsões, coma, possível morte.	Alta tolerância; dependência física e psicológica; severos sintomas de abstinência.
Estimulantes			
Anfetaminas, cocaína, cafeína, nicotina	Aumento do estado de alerta, excitação, euforia, aumento do ritmo do pulso e da pressão sangüínea, falta de sono.	Para as anfetaminas e a cocaína: agitação e, em doses altamente crônicas, alucinações (exemplo: as "idéias fixas" provocadas pelo uso de cocaína), delírios paranóicos, convulsões, morte. Para a cafeína e a nicotina: inquietude, insônia, divagações, arritmia cardíaca, possível falha do sistema circulatório. Para a nicotina: aumento da pressão sangüínea.	Para as anfetaminas, a cocaína e a nicotina: tolerância, dependência física e psicológica. Para a cafeína: dependência física e psicológica; sintomas de abstinência.
Alucinógenas			
LSD	Ilusões, alucinações, distorções na percepção de tempo, perda de contato com a realidade.	Reações psicóticas.	Não há dependência física no caso do LSD; o grau de dependência psicológica do LSD é desconhecido.
Maconha	Euforia, inibições relaxadas, aumento do apetite, possível sensação de desorientação.	Cansaço, comportamento desorientado, possível psicose.	Dependência psicológica.

Depressivos: álcool, barbitúricos e opiáceos

Por que o álcool, que é um depressivo, leva a altos índices de violência?

Os **depressivos** são substâncias químicas que retardam o comportamento e o pensamento por meio da aceleração ou desaceleração dos impulsos nervosos. De modo geral, o álcool, os barbitúricos e os opiáceos possuem efeitos depressivos.

Álcool A droga psicoativa utilizada com maior freqüência nas sociedades ocidentais é o **álcool**. Seus efeitos dependem da pessoa, do contexto social e das atitudes culturais — mas também da quantidade consumida e a que velocidade (veja Tabela 4.2).

Apesar de legalizado e socialmente aprovado — ou talvez por isso mesmo —, o álcool representa o principal problema que os EUA enfrentam em termos de drogas. Mais de 50 por cento de estudantes do Ensino Médio relatam que ficam bêbados. E as bebedeiras se tornaram uma perigosa "tradição" nos campi das universidades (veja a Seção "Compreendendo o mundo que nos cerca"). O álcool é uma droga que pode gerar forte dependência, com efeitos de longo prazo potencialmente devastadores. Pelo menos 14 milhões de norte-americanos (mais de sete por cento da população maior de 18 anos) têm problemas com a bebida, o que inclui mais de oito milhões de alcoólatras, isto é, dependentes do álcool. O número de homens que tem problemas com a bebida é três vezes maior que o de mulheres. Para ambos os sexos, o nível de abuso e dependência de álcool é mais elevado entre os 18 e os 29 anos de idade (veja a Figura 4.4) (National Institute on Alcohol Abuse and Alcoholism, 2000b). (Veja a Seção "Compreendendo a nós mesmos".)

O ato de beber pesada e cronicamente pode debilitar quase todos os órgãos do corpo, a começar pelo cérebro. O uso crônico e excessivo de álcool está associado à piora das capacidades perceptivas e motoras, do processamento visual e espacial, da resolução de problemas e do raciocínio abstrato (Nixon, 1999). O álcool é a principal causa de doenças do fígado e de lesões aos rins; é um importante gerador de doenças cardiovasculares; aumenta o risco de ocorrência de certos tipos de câncer e pode levar à disfunção sexual e à infertilidade. O álcool é particularmente prejudicial ao sistema nervoso durante a adolescência. Áreas do cérebro que ainda não estão completamente desenvolvidas até os 21 anos são mais suscetíveis a lesões por intoxicação alcoólica (Ballie, 2001). Aproximadamente cem mil norte-americanos morrem a cada ano em razão do uso de álcool combinado com outras drogas e de problemas relacionados ao álcool, o que faz com que ele seja a terceira maior causa de mortes que podem ser evitadas, atrás apenas do tabaco e dos padrões de dieta e atividade (Van Natta, Malin, Bertolucci & Kaelbert, 1985).

TABELA 4.2 NÍVEL DE ÁLCOOL NO SANGUE *VERSUS* COMPORTAMENTO

Nível de álcool no sangue	Efeitos no comportamento
0,05%	A pessoa se sente bem; fica menos alerta.
0,10%	Maior lentidão das reações; a pessoa fica menos cuidadosa.
0,15%	O tempo de reação é muito lento em todos.
0,20%	As capacidades sensório-motoras são suprimidas.
0,25%	A pessoa "cambaleia" (capacidades motoras severamente prejudicadas); a percepção também fica limitada.
0,30%	Estado de semiletargia.
0,35%	Estado de anestesia; há possibilidade de morte.
0,40%	A morte é provável (geralmente como resultado de deficiência respiratória).

Fonte: Dados retirados da obra de Oakey Ray, *Drugs, society and human behavior*. 3. ed. St. Louis: The C.V. Mosby Co., 1983.

Os custos sociais do abuso de álcool são altos. O álcool está relacionado a uma proporção substancial de mortes violentas e acidentais, incluindo casos de suicídio, o que faz com que essa substância seja o principal fator a contribuir para a morte de pessoas jovens (atrás apenas da Aids). O álcool está associado a mais de dois terços dos acidentes de automóvel fatais, dois terços dos assassinatos, dois terços dos casos de espancamento de esposas e mais da metade dos casos de abuso sexual de crianças e de violência contra elas. Além do mais, a ingestão de álcool durante a gravidez está ligada a uma série de defeitos congênitos, sendo a síndrome alcoólica fetal o mais notável deles (veja o Capítulo 8, "O desenvolvimento do ciclo vital"). Mais de 40 por cento de todas as pessoas que bebem excessivamente morrem antes dos 65 anos (comparados a menos de 20 por cento entre as pessoas que não bebem). Há ainda o custo não mencionado do trauma psicológico sofrido por aproximadamente 30 milhões de filhos de pais que bebem.

O que torna o álcool tão poderoso? Ele afeta primeiro os lobos frontais do cérebro (Adams e Johnson-Greene, 1995), que são os principais responsáveis pelas inibições, pelo controle de impulsos, pelo raciocínio e julgamento. À medida que se prolonga o consumo, o álcool prejudica as funções do cerebelo, centro do controle motor e do equilíbrio (Johnson-Greene *et al.*, 1997). Finalmente, o consumo de álcool afeta a medula espinhal e a medula, que regulam funções involuntárias como a respiração, a temperatura do corpo e os batimentos cardíacos. Um nível de álcool no sangue da ordem de 0,25% ou mais é capaz de deprimir essa parte do sistema nervoso central e pode prejudicar severamente seu funcionamento; níveis ligeiramente mais elevados que esse podem levar à morte por envenenamento alcoólico (veja Tabela 4.2).

Até mesmo em quantidades moderadas, o álcool afeta a percepção, os processos motores, a memória e o julgamento. Diminui a capacidade de enxergar com clareza, de perceber profundidades, de distinguir a diferença entre luzes e entre cores, além de afetar as funções espaciais e cognitivas — todas elas claramente necessárias para dirigir um carro com segurança (Matthews, Best, White, Vandergriff e Simson, 1996). O álcool interfere também no armazenamento de memória: pessoas que bebem excessivamente podem ter um "branco", que faz com que elas sejam incapazes de recordar tudo o que aconteceu enquanto estavam bebendo; mas até mesmo alcoólatras veteranos apresentam melhora da memória, da atenção, do equilíbrio e das funções neurológicas após três meses de sobriedade (Sullivan, Rosenbloom, Lim & Pfefferbaum, 2000).

Quem bebe em excesso tem dificuldade de prestar atenção em informações relevantes e ignorar as que são imprecisas e irrelevantes, o que leva a conclusões inadequadas (Nixon, 1999). Por exemplo: dezenas de estudos demonstram que o álcool está correlacionado ao aumento dos casos de agressão, hostilidade, violência e comportamento ofensivo (Bushman, 1993; Bushman e Cooper, 1990; Ito, Miller e Pollock, 1996). Assim, a intoxicação torna as pessoas menos conscientes e menos preocupadas quanto às conseqüências negativas de suas ações. O mesmo princípio se aplica às vítimas em potencial. Um estudo recente demonstrou que, quando as mulheres ficam bêbadas, sua capacidade de detectar uma situação de perigo com um homem potencialmente agressor diminui, de modo que o risco de serem estupradas aumenta (Testa, Livingston e Collins, 2000). De maneira semelhante, pessoas bêbadas são mais propensas a praticar sexo sem proteção do que se estivessem sóbrias (MacDonald, Fong, Zanna e Martineau, 2000; MacDonald, MacDonald, Zanna e Fong, 2000).

As mulheres são particularmente vulneráveis aos efeitos do álcool (National Institute on Alcohol Abuse and Alcoholism, 2000c). Pelo fato de as mulheres geneticamente pesarem menos do que os homens, uma mesma dose de álcool produz um efeito mais forte em uma mulher com peso médio do que em um homem com peso médio (York e Welte, 1994). Além disso, a maioria das mulheres possui baixos níveis de uma enzima estomacal que regula o metabolismo do álcool. Quanto menor a quantidade dessa enzima no estômago, maior a quantidade de álcool que passa para a corrente sangüínea e se espalha pelo corpo. (Esse é o motivo pelo qual beber com o estômago vazio produz efeitos mais fortes do que beber enquanto comemos — Frezza *et al.*, 1990.) Grosso modo, um drinque teria supostamente em uma mulher os mesmos efeitos que dois drinques em um homem.

Apesar dos perigos do álcool, ele continua a ser popular em razão de seus rápidos efeitos. Por ser um depressivo, acalma o sistema nervoso de maneira semelhante à de um anestésico geral (McKim, 1997). Assim, as pessoas bebem para relaxar ou estimular o humor (Steele e Josephs, 1990). O álcool é freqüentemente utilizado como estimulante porque inibe centros do cérebro que regem o julgamento crítico e o comportamento impulsivo. Ele faz com que as pessoas se sintam mais corajosas, menos inibidas, mais espontâneas e divertidas (Steele & Josephs, 1990). Para quem bebe, as conseqüências negativas do alcoolismo no longo prazo perdem o significado diante de tais efeitos positivos no curto prazo.

COMPREENDENDO O Mundo que Nos Cerca

A bebedeira nas universidades

Hoje em dia, um dos poucos lugares onde a bebedeira é tolerada, e até mesmo esperada, é nos campi das universidades dos EUA. Pesquisas realizadas no país, em cerca de 140 faculdades e universidades, em 1993 e novamente em 1997 e 1999, descobriram que quase metade dos estudantes universitários é adepta da "bebedeira"; esta é definida como o ato de tomar cinco ou mais drinques seguidos no caso dos homens, e quatro ou mais no caso das mulheres (Weschler, Dowdall, Davenport & DeJong, 2000). O alcance desse comportamento em diferentes escolas variou entre 1 e 70 por cento dos alunos, o que indica que o ambiente do campus é uma importante influência para os padrões do uso de álcool. Muitos campi estão divididos em duas subculturas: uma que enfatiza a responsabilidade pessoal e social e considera a bebedeira um comportamento divergente, e outra que glamoriza a perda de controle e vê a abstinência como um comportamento desviante.

A pesquisa identificou uma série de fatores que tornam mais provável a possibilidade de um estudante vir a ser adepto das bebedeiras. Um dos mais importantes é se o estudante já era um adepto delas no Ensino Médio. Os outros fatores são os seguintes:

- *Raça-etnicidade:* estudantes brancos tinham uma probabilidade duas vezes maior de ser adeptos das bebedeiras se comparados a outros grupos raciais e étnicos.
- *Religião:* estudantes que diziam que a religião não era muito importante tinham uma probabilidade duas vezes maior de aderir às bebedeiras.
- *Esporte:* estudantes para quem a prática de esportes era importante ou muito importante apresentavam quase duas vezes mais probabilidade de abusar do álcool.

Os bebedores apresentam mais problemas, bem como problemas mais sérios, que os outros estudantes.

- *Residência em associações estudantis masculinas e femininas:* quem vivia nesse tipo de residência tinha probabilidade quatro vezes maior de participar de bebedeiras.

Cerca de metade dos alunos que bebem muito — um em cada cinco, no total — haviam participado de bebedeiras cerca de três ou mais vezes nas duas semanas que antecederam a pesquisa e sofrido intoxicação por três ou mais vezes ao longo do mês anterior. A maioria desses estudantes mencionou que "ficar bêbado" era o motivo principal pelo qual bebia. Independentemente da quantidade que bebiam, pouquíssimos deles (menos de um por cento) achavam que tinham "problemas com a bebida".

Não é de surpreender que pessoas que participam de bebedeiras com freqüência apresentem mais problemas, bem como problemas mais sérios, do que outros estudantes. Muitos faltavam às aulas, ficavam atrasados nas matérias escolares, praticavam sexo sem planejamento nem proteção, arrumavam confusão com a polícia do campus, praticavam vandalismo ou acabavam sendo feridos ou machucados. Além disso, esses bebedores apresentavam maior probabilidade de usar outras drogas do que outros estudantes, especialmente cigarros e maconha. Eles eram dez vezes mais propensos a dirigir um carro após beber e demonstravam uma possibilidade mais de 15 vezes maior de ter estado dentro de um carro cujo motorista estava bêbado.

Os efeitos das bebedeiras não se limitam aos estudantes que participam delas. Em escolas nas quais a freqüência às bebedeiras é alta, a maioria dos alunos relata ter sido incapaz de estudar ou dormir em virtude delas. Muitos jovens que não bebem cuidaram de amigos bêbados, sofreram insultos e rejeitaram propostas sexuais indesejadas. Mesmo assim, muitos relutam em trazer esses fatos ao conhecimento do campus e de outras autoridades.

Os pesquisadores ressaltam que a maioria dos alunos de instituições que ministram cursos com duração de quatro anos — 56 por cento das instituições dos EUA — não bebe ou bebe com moderação, o que é uma forte base para uma mudança de comportamento. Apesar disso, as bebedeiras são um problema sério, que não apenas interfere na aprendizagem como também traz consigo altos riscos de doenças, danos e morte. No Capítulo 14, "Psicologia social", falaremos a respeito de maneiras para mudar o pensamento que os estudantes têm das bebedeiras.

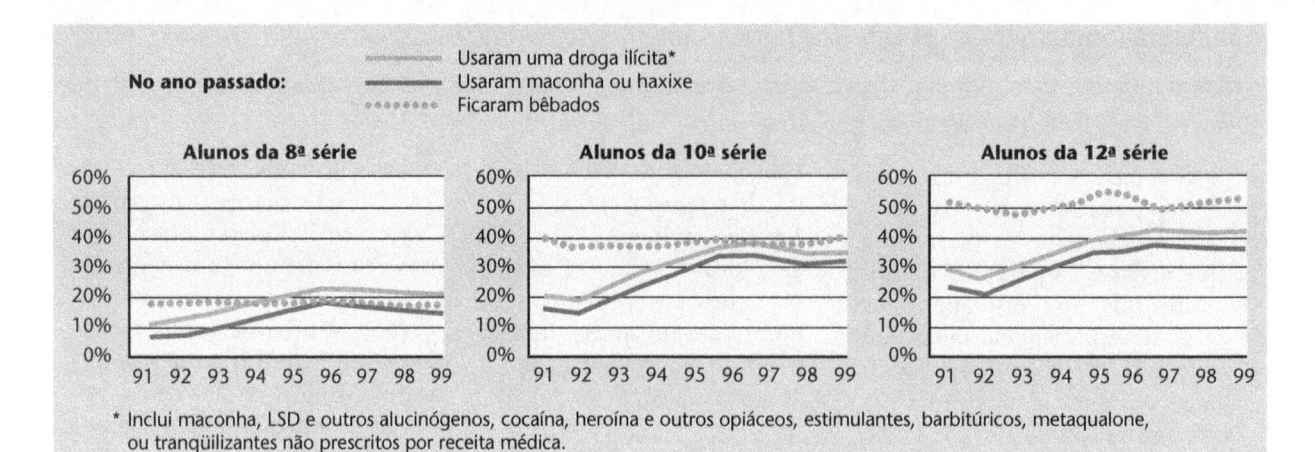

FIGURA 4.4

Uso de drogas entre adolescentes. Uma pesquisa nacional realizada nos EUA descobriu que o uso de drogas ilegais e álcool pelos adolescentes norte-americanos se manteve razoavelmente constante no ano de 1999. Antes disso, esse uso havia diminuído ligeiramente, após anos de crescimento. Entre os alunos do Ensino Médio, 42 por cento relataram ter utilizado alguma droga ilegal no ano anterior à pesquisa. Mais de 20 por cento dos alunos da 8ª série admitiram usar drogas, número maior que os 12 por cento registrados em 1991, porém um pouco menor que o do ano anterior. Nesse grupo, 18,5 por cento das pessoas admitiram ter ficado bêbadas no ano anterior; entre os alunos doa 12ª série, esse número foi de 53 por cento.

Fonte: L. D. Johnston, P. M. O'Malley e J. G. Bachman, *Drug trends in 1999 are mixed*. University of Michigan News and Information Services: Ann Arbor, MI, dez. 1999. Disponível na Internet em: http://www.monitoringthefuture.org; acessado em 14.01.2000. Reprodução autorizada.

COMPREENDENDO A NÓS MESMOS

Quais são os sinais de alcoolismo?

O teste a seguir é um trecho extraído de outro mais amplo, publicado pelo National Council on Alcoholism (Conselho Nacional sobre Alcoolismo) dos EUA. Ele o ajudará a determinar se você ou alguém que você conhece precisa saber mais sobre o alcoolismo, mas não deve ser utilizado para fazer diagnósticos.

1. Você costuma beber muito quando está desapontado, sob pressão ou quando briga com alguém?
2. Você é capaz de suportar maiores quantidades de álcool hoje do que quando começou a beber?
3. Você já foi incapaz de se lembrar de parte da noite anterior, ainda que seus amigos não tenham percebido que você havia perdido a consciência?
4. Quando bebe com outras pessoas, você tenta tomar alguns drinques a mais sem que os outros saibam?
5. Algum membro de sua família ou amigo seu já demonstrou preocupação ou reclamou a respeito de como você bebe?
6. Você tem tido "brancos" de memória?
7. Em geral, você deseja continuar bebendo depois que seus amigos dizem que você já bebeu demais?
8. Em geral, você tem algum motivo para as ocasiões em que bebe em excesso?
9. Quando está sóbrio, você às vezes se arrepende das coisas que fez ou disse enquanto estava bebendo?
10. Você já tentou trocar de marcas, mudar o tipo de bebida ou usou outras estratégicas para controlar seu gosto por beber?
11. Alguma vez você já deixou de cumprir promessas que fez a si mesmo quanto a se controlar ou a parar de beber?

Caso sua resposta a qualquer uma dessas perguntas seja "sim", você pode estar correndo o risco de se tornar um alcoólatra. Mais de uma resposta positiva pode ser um sinal de que existe um problema relacionado ao álcool e há necessidade de consultar um conselheiro especialista em alcoolismo. Para saber mais a respeito, entre em contato com a autoridade ou entidade responsável por ajudar alcoólatras em seu país ou região.

Barbitúricos A classe dos **barbitúricos**, comumente conhecidos como "desaceleradores", inclui medicamentos como Amytal, Nembutal e Seconal. Descobertos há cerca de um século, esses depressivos foram prescritos pela primeira vez em virtude de suas qualidades sedativas e anticonvulsivas. Mas depois que se percebeu, nos anos 50, que eles produziam efeitos potencialmente letais — especialmente se combinados com o álcool —, seu uso entrou em declínio, embora eles ainda sejam prescritos no tratamento de estados tão diversos quanto insônia, ansiedade, artrite e incontinência urinária (Reinisch e Sanders, 1982). Apesar de serem barbitúricos como Amytal, Nembutal e Seconal e o fenobarbital serem geralmente prescritos para ajudar as pessoas a dormir, eles na verdade quebram os padrões naturais de sono e provocam dependência quando usados durante longos períodos. Freqüentemente prescritos para pessoas idosas, que tendem a ingeri-los de maneira continuada, juntamente com outros medicamentos, os barbitúricos podem produzir efeitos colaterais significativos tais como confusão e ansiedade (Celis, 1994).

Os efeitos gerais dos barbitúricos são bastante similares aos do álcool: se ingeridos com o estômago vazio, uma pequena dose causa suave tontura, atitudes ridículas e perda de coordenação motora (McKim, 1986, 1997), ao passo que doses maiores podem fazer com que a fala fique ininteligível, provocar perda da inibição e aumentar a agressividade (Aston, 1972). Quando ingeridos durante a gravidez, os barbitúricos, assim como o álcool, produzem defeitos congênitos como a fenda palatina e malformações do coração, esqueleto e sistema nervoso central (Wilder e Bruni, 1981).

Opiáceos Substâncias psicoativas derivadas ou similares à semente da papoula, os **opiáceos** têm uma longa história de uso — embora nem sempre de abuso. Uma tábua suméria datada de 4000 mil anos a.C. faz referência à "planta da alegria". Originário da Turquia, o ópio se expandiu para o Ocidente em torno do Mediterrâneo e para o Oriente, passando pela Índia e chegando até a China, onde era usado sob a forma de pílulas ou líquido em remédios populares há milhares de anos. Mas mudanças na maneira de utilizar o ópio e a morfina, um de seus derivados, abriram as portas para o uso abusivo da substância. Em meados do século XVII, quando o imperador da China baniu o tabaco e os chineses começaram a fumar ópio, logo surgiram casos de dependência. Durante a Guerra Civil norte-americana, os médicos empregaram uma nova invenção, a agulha hipodérmica, para administrar morfina, um anestésico do qual os soldados necessitavam muito. Sob essa forma, a morfina provoca muito mais dependência do que o fumo do ópio. A heroína — apresentada em 1898 como uma cura para a dependência de morfina — gerava um vício ainda maior.

Compostos à base de morfina ainda são utilizados em anestésicos e outros medicamentos, tais como os xaropes de codeína contra a tosse. Quando a distribuição em caráter não medicinal de opiáceos foi banida no início do século XX, desenvolveu-se um mercado negro de heroína. Na opinião pública, os viciados em heroína passaram a ser sinônimo de "endemoniados", a encarnação do demônio na sociedade.

A heroína e outros opiáceos se parecem com as endorfinas, que são os anestésicos naturais produzidos pelo corpo, e ocupam muitos dos mesmos sítios receptores nos nervos (veja o Capítulo 2, "A natureza biológica do comportamento"). Os usuários de heroína relatam o surgimento de euforia imediatamente após o uso da droga, seguido por um período de sonolência e funcionamento confuso da mente. O uso regular leva à tolerância, e a tolerância pode levar à dependência física. Em estágios avançados do vício, a heroína se torna principalmente um anestésico que ajuda a eliminar os sintomas de abstinência. Tais sintomas, que podem começar horas após a última dose, incluem a transpiração excessiva, alternância entre estados de calor e calafrios, saliências dérmicas que lembram a textura da pele de um peru depenado (daí o termo *cold turkey*, literalmente "peru frio" em inglês, para designar o período de abstinência da droga); fortes câimbras, vômitos e diarréia, além de tremores e excitação.

O abuso de heroína está associado a sérias condições de saúde, inclusive a overdose fatal, aborto espontâneo, danificações de veias, problemas pulmonares e doenças infecciosas, especialmente a Aids e a hepatite como resultado do compartilhamento de agulhas (Bourgois, 1999). A taxa de mortalidade entre os usuários de heroína é quase 15 vezes maior do que entre as pessoas que não usam a droga (Inciardi & Harrison, 1998). Nos EUA, a heroína deixou de ser um problema do centro das cidades: seu uso está crescendo nos subúrbios e entre jovens e mulheres, que em geral cheiram ou fumam a droga ao acreditar, erroneamente, que ela não é prejudicial sob essas duas formas (Kantrowitz, Rosenberg, Rogers, Beachy & Holmes, 1993; National Institute on Drug Abuse, 2000c).

Estimulantes: cafeína, nicotina, anfetaminas e cocaína

Como é que as pessoas geralmente se sentem depois que o efeito dos estimulantes acaba?

As drogas classificadas como **estimulantes** — cafeína, nicotina, anfetaminas e cocaína — têm usos legítimos, mas pelo fato de produzir a sensação de otimismo e de energia ilimitada, a possibilidade de que sejam utilizadas com abuso é grande.

Cafeína A cafeína, que existe naturalmente no café, no chá e no chocolate, pertence a uma classe de drogas conhecidas como *estimulantes de xantina*. Sendo o ingrediente principal dos estimulantes lícitos, acredita-se popularmente que a cafeína mantém a pessoa acordada e alerta, mas muitos de seus efeitos estimulantes são ilusórios. Em um estudo, participantes que realizavam tarefas motoras e perceptivas pensavam que seu desempenho era melhor quando consumiam cafeína; na verdade, seu desempenho não se alterava nem um pouco, com ou sem o uso da substância. Quanto a ficar acordado, a cafeína reduz o número total de minutos de sono e aumenta o tempo que se leva para dormir. É interessante notar que esse é o único estimulante que parece não alterar os estágios de sono ou provocar redução do sono MRO, o que faz o uso da cafeína muito mais seguro do que o das anfetaminas.

A cafeína é encontrada em muitas bebidas e medicamentos que não necessitam de prescrição médica, incluindo os analgésicos e remédios contra gripe e alergias (veja a Figura 4.5). Em geral, ela é considerada uma droga benigna, embora doses maiores — mais do que cinco ou seis xícaras de café forte, por exemplo — possam provocar cafeinismo, isto é, a intoxicação por cafeína, que deixa a pessoa nervosa, ansiosa, com dores de cabeça, palpitações cardíacas, insônia e diarréia. A cafeína interfere na ação de medicamentos utilizados sob prescrição médica, como tranqüilizantes e sedativos, e parece agravar os sintomas de muitos problemas psiquiátricos. Ainda não se sabe com certeza qual é a porcentagem dos bebedores de café que são dependentes de cafeína. Os que são dependentes — não importa se tomam a substância em refrigerantes, café ou chá — passam por tolerância, dificuldade de parar de ingerir a droga, além de angústia física e psicológica, com dores de cabeça, letargia e depressão (Blakeslee, 1994).

Nicotina A nicotina, ingrediente que provoca dependência do tabaco, é provavelmente o estimulante mais perigoso e viciador em uso hoje em dia. Estudos recentes descobriram que as propriedades neuroquímicas da nicotina são similares às da cocaína, das anfetaminas e da morfina (Glassman e Koob, 1996; Pontieri, Tanda, Orzi e DiChiara, 1996). Quando fumada, a nicotina tende a chegar ao cérebro de uma só

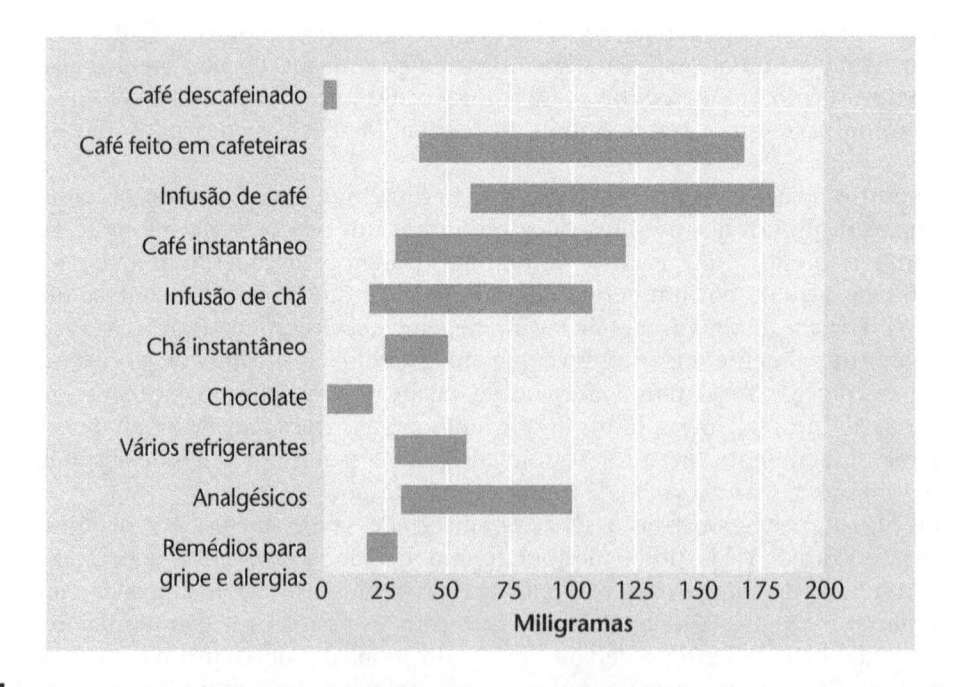

FIGURA 4.4
Quantidade de cafeína presente em alguns produtos comuns. A cafeína está presente, em quantidades diferentes, no café, no chá, nos refrigerantes e em vários medicamentos que não necessitam de prescrição médica. Em média, os norte-americanos consomem cerca de 200 miligramas de cafeína por dia.
Fonte: Copyright © 2001 do New York Times. Reprodução autorizada.

vez a cada baforada — estado semelhante à "excitação" sentida pelos usuários de heroína. O batimento cardíaco do fumante aumenta e as veias sangüíneas se contraem, o que deixa a pele sem brilho e as mãos frias, além de acelerar o surgimento de rugas e o processo de envelhecimento (Daniell, 1971). A nicotina influencia o nível de vários neurotransmissores, entre eles a noradrenalina, a dopamina e a serotonina, e, dependendo do tempo, da quantidade que se fuma e de outros aspectos, pode ter efeitos sedativos ou estimulantes. Entre os sintomas de abstenção da nicotina estão o nervosismo, a dificuldade de concentração, a insônia e a sonolência, as dores de cabeça, a irritabilidade e a intensa ansiedade, que duram semanas e podem ressurgir meses ou anos após uma pessoa ter parado de fumar (Brandon, 1994). Embora conheçam muito bem os riscos e a fortes pressões sociais, milhões de norte-americanos continuam fumando, seja pelo prazer da combinação dos efeitos sedativos e estimulantes ou para evitar os efeitos de ansiedade e abstinência. O número de adolescentes que começa a fumar a cada ano quase não mudou provoca especial preocupação. Jovens com idade entre 12 e 17 anos que fumam têm probabilidade 12 vezes maior de usar drogas ilícitas e 16 vezes mais chances de beber excessivamente do que seus colegas não-fumantes, além de estar mais propensos à depressão (National Household Survey on Drug Abuse, 1998; D. Smith, 2001).

Anfetaminas As anfetaminas são estimulantes sintéticos poderosos, comercializados pela primeira vez em 1930 sob a forma de spray nasal para aliviar os sintomas da asma. Quanto às características químicas, as **anfetaminas** se assemelham à adrenalina, hormônio que estimula o sistema nervoso simpático (veja o Capítulo 2, "A natureza biológica do comportamento"). Durante a Segunda Guerra Mundial, era comum que os exércitos servissem aos militares anfetaminas sob a forma de comprimidos para aliviar o cansaço. Depois do fim da guerra, a demanda pelas "pílulas do vigor" aumentou entre trabalhadores noturnos, motoristas de caminhão, estudantes e atletas. Em razão da tendência que as anfetaminas têm de eliminar o apetite, elas foram amplamente prescritas como "pílulas emagrecedoras".

As anfetaminas não apenas intensificam o estado de alerta, mas também produzem uma sensação de competência e de bem-estar. Quem as usa por meio intravenoso relata "aumento súbito" de um estado de euforia. Entretanto, depois que acabam os efeitos da droga, os usuários podem cair em um estado de exaustão e depressão (Gunne e Anggard, 1972). As anfetaminas geram hábito: os usuários podem vir a acreditar que não conseguem viver bem sem elas. Altas doses podem provocar suor, tremores, palpitações cardíacas, ansiedade e insônia — o que pode fazer com que se tomem barbitúricos ou outras drogas para combater esses efeitos. O uso excessivo e crônico de anfetaminas pode provocar mudanças de personalidade, que incluem a paranóia, os pensamentos homicidas e suicidas e o comportamento violento e agressivo (Leccese, 1991). Ao longo do tempo, os usuários crônicos podem desenvolver uma psicose anfetamínica, que se assemelha à esquizofrenia paranóica e se caracteriza por ilusões, alucinações e paranóia. O termo "endemoniado" descreve melhor o comportamento dos dependentes de anfetaminas que o de usuários de heroína!

A *metanfetamina* — conhecida no mercado como "speed" e "fogo", e em sua forma cristalina e fumável como "gelo", "cristal" ou "crank" — é facilmente produzida em laboratórios clandestinos a partir de ingredientes vendidos legalmente. Uma de suas variações, o cada vez mais popular *ecstasy* (metileno-dioximetanfetamina, ou MDMA), age tanto como estimulante quanto como alucinógeno. O nome *ecstasy* (êxtase) reflete a crença que os usuários têm de que a droga faz com que as pessoas se amem e confiem umas nas outras, colocando-as em contato com suas próprias emoções e aumentando o prazer sexual. Os efeitos físicos de curto prazo incluem o ranger de dentes involuntário (motivo pelo qual os usuários geralmente usam chupetas penduradas no pescoço ou chupam pirulitos), vontade de desmaiar, calafrios ou suores. Até mesmo o uso recreativo do MDMA por pouco tempo pode trazer conseqüências nocivas de longo prazo, que afetam o sono, o temperamento, o apetite e a impulsividade em virtude do fato de danificar as conexões neurais existentes entre os centros inferiores do cérebro e o córtex (Kish, Furukawa, Ang, Vorce e Kalasinsky, 2000; McCann, Slate & Ricaurte, 1996; McCann, Szabo, Scheffel, Dannals e Ricaurte, 1998). Além disso, o uso do *ecstasy* durante a gravidez tem sido associado ao surgimento de defeitos congênitos (McElhatton, Bateman, Evan, Pughe e Thomas, 1999). Um estudo recente também descobriu que o uso recreativo do *ecstasy* pode levar a queda nos resultados de testes de inteligência (Gouzoulis-Mayfrank *et al.*, 2000). Pesquisas realizadas com animais há mais de 20 anos mostram que altas doses de metanfetamina danificam os axônios terminais dos neurônios que contêm dopamina e serotonina, talvez permanentemente (National Institute on Drug Abuse, 2000b). As únicas aplicações médicas legítimas das anfetaminas são destinadas ao tratamento da narcolepsia e do transtorno do déficit de atenção (paradoxalmente, as anfetaminas possuem um efeito calmante sobre a hiperatividade de crianças).

Cocaína Isolada das folhas de coca pela primeira vez em 1885, a **cocaína** passou a ser utilizada em larga escala como anestésico tópico em pequenas cirurgias (e ainda o é em anestésicos dentais como a Novocaína, por exemplo). Por volta da virada do século XIX para o século XX, muitos médicos acreditavam que a cocaína era benéfica como estimulante genérico, bem como para a cura do uso excessivo de álcool e da dependência de morfina. Entre os usuários de cocaína mais famosos está Sigmund Freud. Quando descobriu o quanto ela provocava dependência, Freud passou a fazer campanha contra a droga, assim como muitos de seus contemporâneos, e a ingestão da cocaína caiu em descrédito.

A substância voltou à tona na década de 70, usada em lugares tão impensáveis quanto Wall Street, entre banqueiros investidores que achavam que a droga não apenas provocava excitação, mas também permitia que eles trabalhassem mais e driblassem o relógio sem necessidade de dormir muito (Califano, 1999). Em forma de pó branco para inalação, ela se tornou uma droga de status, a anfetamina da fortuna. Nos anos 80, uma forma mais barata, fumável e cristalizada, conhecida como crack (feita de subprodutos da extração de cocaína), apareceu nos bairros centrais das cidades. O crack atinge o cérebro em menos de dez segundos, gerando uma excitação que dura de cinco a 20 minutos, seguida de rápida e igualmente intensa depressão. Usuários relatam que o crack leva a uma dependência quase imediata. A dependência de cocaína em pó, que produz efeitos mais duradouros, não é inevitável, mas é provável. Bebês de mulheres viciadas em crack e cocaína geralmente são prematuros ou nascem com peso abaixo do normal; podem apresentar sintomas de abstinência e apresentam sutis deficiências quanto à inteligência e à fala na escola (Inciardi, Surratt e Saum, 1997).

Em termos bioquímicos, a cocaína bloqueia a reabsorção do neurotransmissor dopamina, que está associado aos estados de alerta, motivação e principalmente ao prazer (Swan, 1998). A partir de uma perspectiva evolutiva, a dopamina recompensa atividades necessárias à sobrevivência, como comer, beber e fazer sexo. O excesso de dopamina intensifica e prolonga os sentimentos de prazer — daí o fato de o usuário de cocaína entrar em estado de euforia. Normalmente, a dopamina é reabsorvida, provocando sentimentos de saciedade ou satisfação; a reabsorção de dopamina impõe limites ao corpo. Mas a cocaína desorienta esse sentimento de satisfação, fazendo com que o corpo exija cada vez mais. Em termos estruturais, o crack e a cocaína afetam um centro de prazer do cérebro que controla as emoções. Estudos realizados a partir de imagens do cérebro (Volkow *et al.*, 1997) mostram que, quando os usuários de cocaína relatam sentir euforia, todas as áreas do cérebro estão ativadas; quando terminam os efeitos da droga, um pequeno número de circuitos neurais do interior do cérebro permanece ativado, daí o desejo arrebatador por mais cocaína.

Alucinógenos e maconha

De que maneira a maconha afeta a memória?

A classe dos alucinógenos inclui o **ácido lisérgico dietilamida** (*lysergic acid diethylamide* — LSD —, também conhecido simplesmente como "ácido"), a mescalina, o peiote e a psilocibina. Mesmo em doses pequenas, essas drogas podem provocar experiências perceptivas surpreendentes que se assemelham às alucinações, daí o termo *alucinógeno*. Às vezes a maconha é incluída nesse grupo, embora seus efeitos sejam geralmente menos poderosos. Em doses muito altas, diversas outras drogas produzem experiências ilusórias ou alucinógenas, parecidas com aquelas sofridas por pessoas com graves doenças mentais; os alucinógenos, ainda que administrados em pequenas doses, fazem o mesmo, normalmente sem produzir efeitos tóxicos.

Alucinógenos Os **alucinógenos** são drogas naturais ou sintéticas que provocam alterações de percepção do mundo exterior ou, em alguns casos, sensações de paisagens imaginárias, cenários e seres que podem parecer mais reais do que o mundo exterior. Não se sabe quantas culturas fizeram uso de alucinógenos. Historiadores acreditam que os nativos das Américas usaram durante pelo menos oito mil anos a mescalina, uma substância psicodélica encontrada em chapéus de cogumelos ou em "botões" do cacto peiote.

Por outro lado, a história do LSD, droga que deu início ao atual interesse pelos alucinógenos, começa no século XX. Em 1943, um farmacologista norte-americano sintetizou o LSD e, após ingeri-lo, contou ter sentido "um fluxo ininterrupto de imagens fantásticas e formas extraordinárias com jogos de cores intensos e caleidoscópicos". Seu relato fez com que outras pessoas, na década de 50, experimentassem o ácido como meio artificial de produzir a psicose, analgésico para pacientes de câncer e cura para o alcoolismo (Ashley, 1975). O LSD chamou a atenção do público na década de 60, quando Timothy Leary, psicólogo de Harvard, experimentou a psilocibina (um alucinógeno relacionado) e passou a divulgar o lema "Turn on, tune in, drop out" ("Fique ligado, entre em sintonia, solte-se!") do movimento hippie. O uso do LSD e da maconha (veja adiante) declinou de modo constante nos anos 70, mas voltou a ser popular nos anos 90, especialmente entre alunos do Ensino Médio e universitários (Janofsky, 1994).

Cerca de uma hora após ingerir LSD, as pessoas começam a experimentar uma intensificação de sua percepção sensorial, a perda de controle sobre seus pensamentos e emoções, além de sentimentos de despersonalização e desprendimento, como se estivessem observando a si mesmas de longe. Alguns usuários de LSD dizem que, para eles, o mundo nunca havia parecido ter cores, sons e odores tão bonitos e agradáveis; outros têm visões terríveis, dignas de um pesadelo. Alguns usuários vivenciam uma extraordinária lucidez mental; outros ficam tão confusos que temem estar perdendo a cabeça. Os efeitos do LSD são altamente variáveis, até mesmo para uma mesma pessoa em ocasiões diferentes.

As "bad trips", ou experiências desagradáveis, talvez sejam desencadeadas por uma alteração na dosagem ou por uma mudança de cenário ou temperamento. Durante uma "bad trip", o usuário pode não perceber que as sensações são provocadas pela droga e, conseqüentemente, entrar em pânico. *Flashbacks*, que são alucinações recorrentes, podem ocorrer semanas após a ingestão de LSD. Outras conseqüências do uso freqüente incluem ainda a perda de memória, os ataques de pânico, os pesadelos e a agressividade (Gold, 1994; Seligmann *et al.*, 1992).

Ao contrário dos depressivos e dos estimulantes, o LSD e outros alucinógenos aparentemente não produzem efeitos de abstinência. Se o LSD for ingerido continuamente, a tolerância se desenvolve de maneira rápida: após alguns dias, a pessoa sente que as quantidades que toma da droga nunca são suficientes para produzir seus efeitos típicos, a menos que seu uso seja suspenso durante cerca de uma semana (McKim, 1997). Esse efeito serve como um "freio embutido" para evitar o uso contínuo, o que ajuda a explicar por que, em geral, o LSD é tomado periodicamente, e não freqüentemente. Depois de algum tempo, os usuários parecem se cansar da experiência e então diminuem ou interrompem a ingestão da droga, pelo menos durante algum tempo.

Maconha A **maconha** é uma mistura de flores e folhas secas e trituradas do cânhamo *Cannabis sativa* (também fonte de uma fibra utilizada na produção de cordas e tecidos). Diferentemente do LSD, a maconha tem uma longa história. Na China, o cânhamo é cultivado há pelo menos cinco mil anos. Os antigos gregos conheciam seus efeitos psicoativos, e a planta foi usada como tóxico na Índia durante muitos séculos. Mas foi apenas no século XX que a maconha se tornou popular nos EUA. Hoje em dia, a maconha é a droga ilegal utilizada com maior freqüência nesse país, e é a quarta droga mais popular entre os estudantes, depois do álcool, da cafeína e da nicotina (Treaster, 1994). A Figura 4.6 mostra o aumento do uso de maconha entre os adolescentes norte-americanos nos últimos anos.

Embora o ingrediente ativo da maconha, o *tetraidrocanabinol* (THC), tenha algumas propriedades químicas em comum com alucinógenos como o LSD, ele é muito menos potente. Quem fuma maconha diz ter uma sensação de relaxamento; maior prazer pela comida, por música e sexo; perda da noção de tempo; e, às vezes, experiências oníricas. Assim como no caso do uso de LSD, as sensações são variadas. Muitos usuários experimentam uma sensação de bem-estar, alguns se sentem eufóricos, mas outros se tornam desconfiados, ansiosos e deprimidos.

A maconha produz efeitos fisiológicos diretos, como a dilatação das veias sangüíneas dos olhos, o que faz com que eles pareçam ter sido injetados com sangue; boca seca e tosse (porque em geral a droga é fumada); aumento da sede e da fome; e uma suave fraqueza muscular, normalmente sob a forma de inclinação das pálpebras (Donatelle e Davis, 1993). Os principais perigos fisiológicos da maconha são os potenciais danos respiratórios e cardiovasculares, incluindo a ocorrência de ataques cardíacos (Mittleman, 2000; Sridhar, Ruab e Weatherby, 1994). Entre os efeitos psicológicos da droga está a distorção do tempo, confirmada por meio de condições experimentais (Chait e Pierri, 1992): a sensação de que os minutos transcorrem em câmera lenta ou de que as horas passam em segundos são muito comuns. Além disso, a maconha pode, em pouco tempo, produzir alterações na memória e na atenção.

Quando estão sob os efeitos da maconha, as pessoas geralmente perdem a capacidade de se lembrar de informações e coordená-las, fenômeno conhecido como *desintegração temporal*. Por exemplo: alguém que esteja 'viajando' sob o efeito da droga é capaz de esquecer o assunto sobre o qual está falando antes de terminar uma frase. Esses lapsos de memória podem desencadear ansiedade e pânico (Hollister, 1986; Leccese, 1991). Ainda sob os efeitos da droga, os usuários passam por períodos de atenção reduzida e reações lentas, o que contribui para que existam preocupações acerca de sua capacidade em dirigir um automóvel ou de estudar e trabalhar eficientemente (Chait e Pierri, 1992; National Institute on Drug Abuse, 1998).

A maconha é uma "droga perigosa"? Essa pergunta é tema de muitos debates em círculos científicos, bem como em fóruns públicos. De um lado, estão aqueles que sustentam que ela pode provocar dependência psicológica e não fisiológica; que o uso freqüente e de longo prazo possui um impacto negativo sobre a aprendizagem e a motivação; e que as proibições legais contra a maconha devem continuar existindo. As evidências sobre danos cognitivos e psicológicos se confundem. Um estudo realizado com universitários mostrou que habilidades críticas relacionadas à atenção, memória e aprendizagem são prejudicadas em quem fuma maconha excessivamente, mesmo depois de interrompido o uso por pelo menos 24 horas (National Institute on Drug Abuse, 2000a). De outro lado, estão aqueles que afirmam que a maconha é menos perigosa que as drogas legalizadas, isto é, o álcool e a nicotina. Essas pessoas argumentam que a criminalização da maconha obriga os usuários a comprar de fontes ilegais e, assim, a droga não passa por nenhum tipo de controle, o que significa que eles podem estar fumando maconha contaminada por substâncias ainda mais nocivas. Além disso, algumas provas indicam que a maconha é capaz de aliviar alguns dos efeitos colaterais desagradáveis da quimioterapia e pode reduzir o sofrimento de pacientes terminais de câncer. Em suma, considerações a esse respeito não faltam, e o debate sobre a maconha promete não terminar tão cedo.

Até aqui, falamos sobre os efeitos das drogas individualmente. Na verdade, a maioria das pessoas que fazem uso abusivo de drogas o faz com mais de uma droga, e a maioria dos dependentes é polidependente (Califano, 2000). Normalmente, as pessoas mais jovens que abusam das "drogas de clubes noturnos" também bebem e fumam; de maneira semelhante, os universitários que bebem em excesso também fumam maconha e cigarros. O mesmo comportamento vale para usuários veteranos. Além do mais, pessoas que utilizam uma (como os estimulantes anfetamina e cocaína) em geral também usam alguma outra droga (depressivos como o álcool, barbitúricos ou tranqüilizantes de menor importância), a fim de combater os efeitos da primeira. Essa prática não apenas multiplica os riscos das drogas individualmente, como também dificulta as tentativas de diagnóstico e tratamento dos problemas gerados por esse abuso.

Explicando o abuso e a adicção

Qual combinação de fatores aumenta a probabilidade de que alguém venha a abusar das drogas?

Algumas pessoas bebem socialmente e nunca desenvolvem problemas com o álcool, ao passo que outras se tornam dependentes ou viciadas. Algumas experimentam o crack, conhecido por provocar dependência quase instantânea, ou usam "drogas de clubes noturnos", conhecidas como perigosas, ao passo que outras simplesmente as recusam. A cada ano, milhões de norte-americanos param de fumar cigarros. Sabendo-se dos riscos do fumo, por que é que grande parte dessas pessoas acaba tendo uma recaída após meses, e até mesmo anos, sem fumar?

As causas do abuso e da dependência de substâncias químicas são complexas, pois resultam de uma combinação de fatores biológicos, psicológicos, sociais e culturais, que variam de acordo com a pessoa e com a droga (ou as drogas) psicoativa(s) que está(ão) sendo usada(s) (Finn, Sharkansky, Brandt e Turcotte, 2000; Zucker e Gomberg, 1990). Não existe uma regra geral que explique todos os casos. Mas os psicólogos identificaram diversos fatores que, especialmente se combinados, aumentam a probabilidade de que uma pessoa venha a usar drogas em excesso.

Fatores biológicos Será que algumas pessoas são biologicamente vulneráveis ao uso de drogas em excesso em virtude de fatores hereditários? Há evidências de natureza genética para o alcoolismo. Pessoas cujos pais biológicos têm problemas relacionados ao alcoolismo têm maior probabilidade de se tornar alcoólatras também — mesmo que elas tenham sido adotadas e educadas por pessoas que não fazem uso abusivo do álcool. Gêmeos idênticos têm uma chance muito maior de apresentar padrões semelhantes no consumo de álcool, tabaco e maconha que os gêmeos fraternos (Gordis, 1996; Lerman *et al.*, 1999; McGue, 1993; National Institute on Drug Abuse, 2000a).

Os psicólogos não chegaram a um consenso sobre o papel exato que a hereditariedade desempenha na predisposição ao alcoolismo (ou ao abuso de outras substâncias). Alguns ressaltam diferenças hereditárias no nível de uma enzima estomacal mencionada anteriormente, o que leva à dedução de que as pessoas que nascem com níveis mais elevados dessa enzima necessitam beber maiores quantidades de álcool para sentir os mesmos efeitos psicológicos que outras pessoas com níveis mais baixos da enzima. Aparentemente, as pessoas também se diferenciam geneticamente em termos da tolerância quanto à presença de álcool no sangue, bem como na maneira como reagem ao álcool (Bolos *et al.*, 1990; Gordis, 1996).

A dependência é uma doença, como a diabetes ou a pressão sangüínea elevada? Os Alcoólicos Anônimos (AA), a mais antiga e talvez mais bem-sucedida organização de auto-ajuda dos EUA, há muito tempo endossam essa visão. De acordo com a definição de doença, o alcoolismo não é um assunto moral, mas médico, e o abuso de álcool não é sinal de defeito de caráter, mas um sintoma de uma condição fisiológica. Além do mais, o AA afirma que aceitar o alcoolismo como doença é parte essencial do tratamento.

O modelo de doença tem sido aplicado a vários vícios. Por exemplo: uma nova organização dos EUA, chamada *Tabagistas Anônimos*, que se dedica a ajudar fumantes a vencer o vício, hoje em dia funciona com mais de 450 grupos ativos em todo o país (Lichtenstein, 1999). Até certo ponto, o modelo de doença passou a ser parte do senso comum: muitos norte-americanos vêem o abuso de drogas como um problema biológico, que em geral resulta de genes "ruins" e requer tratamento médico. Muitos profissionais de saúde compartilham esse ponto de vista. Miller e Brown (1997) ressaltam que os psicólogos clínicos tendem a ver o abuso de drogas como um problema médico, que vai além de sua área de conhecimento, e encaminham os clientes para programas relacionados ao abuso de drogas ou pedem que eles pensem nas conseqüências do abuso, em vez de tratar do vício em si.

Fatores psicológicos, sociais e culturais O fato de uma pessoa usar uma droga psicoativa e quais os efeitos que essa droga produzirá também dependem das expectativas dessa pessoa, do seu contexto social, crenças e valores culturais.

Uma série de estudos demonstrou que as pessoas usam ou abusam do álcool porque acham que beber fará com que elas se sintam melhor (Cooper, Frone, Russell e Mudar, 1995). Durante as décadas de 60 e 70, membros da contracultura tinham expectativas semelhantes em relação à maconha, assim como uma grande quantidade de jovens hoje em dia.

O contexto no qual as drogas são utilizadas é outro determinante importante de seus efeitos. Todos os anos, milhares de pacientes hospitalizados fazem uso, antes e após cirurgias, de analgésicos produzidos a partir de opiáceos. Talvez eles sintam algo que os usuários de heroína ou cocaína chamariam de "viagem", mas é mais provável que eles achem que os analgésicos lhes proporcionam mais confusão mental que prazer. Nesse contexto, as substâncias psicoativas são definidas como remédios, a dosagem administrada é supervisionada por médicos e os pacientes as ingerem para que sua saúde melhore, não para ficar "doidões". Em contrapartida, nas *raves* freqüentadas por adolescentes, em festas universitárias regadas a álcool e em clubes que funcionam a noite toda, as pessoas bebem especificamente para ficar bêbadas e tomam outras drogas para ficar "doidonas". Mas, mesmo nesses contextos, há quem participe sem tomar drogas nem fazer uso abusivo delas, e as razões que levam ao uso variam. Pessoas que bebem ou que fumam maconha por acha que precisam de uma droga para vencer sua timidez social e ser aceitas têm mais chances de partir para o abuso de drogas que quem usa as mesmas substâncias em quantidades iguais, mas para aumentar sua diversão.

O contexto familiar no qual uma criança cresce também molda suas atitudes e crenças a respeito das drogas. Por exemplo: crianças cujos pais não usam álcool tendem a não beber ou a beber apenas moderadamente; crianças cujos pais bebem abusivamente tendem a beber em excesso (Chassin, Pitts, Delucia e Todd, 1999; Gordis, 1996; Harburg, Gleiberman, DiFranceisco, Schork e Weissfeld, 1990). Essas crianças têm mais chances de abusar do álcool caso suas famílias sejam tolerantes quanto a divergências em geral ou encorajem a busca do prazer e da excitação (Finn *et al.*, 2000). Além disso, adolescentes que sofreram agressão física ou abuso sexual em casa sofrem riscos ainda maiores de fazer uso abusivo de drogas (Kilpatrick *et al.*, 2000). Os pais não são a única influência familiar; algumas pesquisas indicam que as atitudes e o comportamento dos irmãos e dos primos de idades parecidas têm impacto tão ou mais importante sobre os jovens que os pais (Ary, Duncan, Duncan e Hops, 1999; veja também Harris, 1998).

A cultura também pode fazer com que as pessoas sigam ou não o caminho do alcoolismo. Pais e cônjuges podem apresentar à pessoa padrões de excesso de bebida. O álcool também é mais aceito em algumas culturas étnicas que em outras — por exemplo: os judeus ortodoxos desaprovam o uso de álcool e os muçulmanos o proíbem.

Muitos pesquisadores acreditam que a total compreensão das causas do alcoolismo e outros vícios em drogas apenas será alcançada se dermos valor a uma ampla diversidade de fatores: hereditariedade, personalidade, contexto social e cultura (Zucker e Gomberg, 1990). No Capítulo 13, "Psicologia social", trataremos das influências sociais atuantes no caso das bebedeiras, que são uma grande preocupação nas universidades dos EUA.

TESTE SUA APRENDIZAGEM

1. _____ _____ são substâncias químicas que alteram o humor e as percepções.
2. As três principais substâncias classificadas como depressivos são _____, _____ e _____.
3. As quatro principais substâncias classificadas como estimulantes são _____, _____, _____ e _____.
4. Indique se as afirmações abaixo são verdadeiras (V) ou falsas (F).
   ____ a. O álcool está relacionado a mais de dois terços dos acidentes de carro.
   ____ b. A cafeína não provoca dependência.
   ____ c. Muitos usuários se tornam dependentes de crack e cocaína quase imediatamente após ingerir essas drogas.
   ____ d. Alucinações recorrentes são comuns em meio aos usuários de alucinógenos.
   ____ e. A maconha interfere na memória de curto prazo.
5. Embora o álcool seja um _____, para algumas pessoas ele às vezes age como um _____.

Relacione as seguintes categorias de drogas e suas descrições apropriadas:

6. ____ álcool
7. ____ anfetaminas
8. ____ barbitúricos
9. ____ opiáceos
10. ____ cocaína
11. ____ alucinógenos

a. geram sensações de otimismo e de energia ilimitada
b. são drogas que provocam dependência e entorpecem os sentidos
c. podem gerar euforia, seguida de ansiedade, depressão e o desejo por mais quantidades da droga
d. seu uso é associado ao problema de drogas mais sério existente hoje nos EUA
e. afetam profundamente a percepção visual e auditiva
f. são depressivos que afetam a memória e a noção de tempo

Respostas: 1. drogas psicoativas. 2. álcool, barbitúricos, opiáceos. 3. cafeína, nicotina, anfetaminas e cocaína. 4. a (V), b (F), c (V), d (V), e (V). 5. depressivo, estimulante. 6. d. 7. a. 8. f. 9. b. 10. c. 11. e.

Meditação e hipnose

Seria a hipnose capaz de ajudá-lo a resolver um problema, como fumar ou comer demais?

Houve um tempo no qual os cientistas ocidentais viam a meditação e a hipnose com grande ceticismo. Entretanto, pesquisas mostraram que ambas as técnicas são capazes de produzir alterações na consciência, que podem ser medidas por meio de métodos sofisticados, tais como a produção de imagens cerebrais.

Meditação

Quais são os efeitos da meditação?

Durante muitos séculos, as pessoas utilizaram diversas formas de **meditação** para sentir suas consciências alteradas (Benson, 1975). Cada forma de meditação concentra-se na atenção do meditador de maneira ligeiramente distinta. A *meditação zen* enfatiza a respiração, por exemplo, ao passo que o *sufismo* tem por base uma dança frenética e a oração (Schwartz, 1974). Na *meditação transcendental* (MT), os praticantes entoam um mantra, que é um som especialmente selecionado para cada pessoa, a fim de manter distantes todos os problemas e imagens, o que permite que o meditador relaxe mais profundamente (Deikman, 1973; Schwartz, 1974).

Em todas as suas formas, a meditação interrompe a atividade do sistema nervoso simpático, que é a parte do sistema nervoso que prepara o corpo para atividades árduas durante uma emergência (veja o Capítulo 2). A meditação também abaixa a taxa de metabolismo, reduz os batimentos cardíacos e a velocidade da respiração, além de diminuir o nível de lactato, uma substância química relacionada ao estresse. As ondas alfa do cérebro (que ocorrem quando estamos acordados e relaxados) aumentam notavelmente durante a meditação.

A meditação vem sendo empregada no tratamento de certos problemas médicos, especialmente das chamadas queixas funcionais (aquelas para as quais não é possível detectar causas físicas). Por exemplo: o estresse geralmente faz com que os músculos fiquem tensionados e, às vezes, pressionem os nervos — o que provoca dor. Em outros casos, a dor leva à tensão muscular, o que aumenta o sofrimento. Técnicas de relaxamento como a meditação podem trazer alívio para casos assim (Blanchard *et al.*, 1990). Diversos estudos também descobriram pessoas que pararam de usar drogas após praticar a meditação (Alexander, Robinson e Rainforth, 1994).

Além dos benefícios fisiológicos, as pessoas que praticam regularmente algum tipo de meditação relatam progressos emocionais e até mesmo espirituais, entre eles um aumento da percepção sensorial e uma sensação de eternidade, bem-estar e paz consigo mesmas e com o universo (Hameroff, Kaszniak e Scott, 1996; Lantz, Buchalter e McBee, 1997).

Hipnose

Quais são os usos clínicos já descobertos para a hipnose?

Na Europa da metade do século XVIII, Anton Mesmer, um médico de Viena, fascinou platéias inteiras ao colocar seus pacientes em transe a fim de curar suas doenças. O mesmerismo — conhecido hoje em dia como **hipnose** — foi inicialmente depreciado por uma comissão francesa presidida por Benjamin Franklin. Mas alguns respeitáveis médicos do século XIX fizeram ressurgir o interesse pela hipnose quando descobriram que ela poderia ser empregada no tratamento de certas doenças mentais. Apesar disso, ainda hoje persiste uma enorme discordância sobre como definir a hipnose e até mesmo quanto ao fato de ela ser ou não um estado alterado de consciência válido.

Um dos motivos para a controvérsia é que, partindo de um ponto de vista comportamental, não existe definição simples sobre o que significa ser hipnotizado. Diferentes pessoas que, acredita-se, estiveram hipnotizadas descrevem suas experiências de maneira bastante diferente (Farthing, 1992, p. 349):

"A hipnose é simplesmente algo que vai te levando, como um fio de linha... voltado para uma direção única da existência de uma pessoa..."

"Eu me senti como se estivesse 'dentro' de mim mesmo; nenhuma parte de meu corpo tocava coisa alguma..."

"Eu estava muito consciente da divisão que minha consciência sofreu. Uma parte de mim era mais analítica e escutava você (o hipnotizador). A outra parte sentia aquilo que a parte analítica decidiu que eu teria de sentir."

Sugestões hipnóticas As pessoas também variam quanto à susceptibilidade à hipnose. Uma medida de susceptibilidade é verificar se as pessoas respondem à sugestão hipnótica. Quando escutam alguém lhes dizer que não podem mover os braços ou que sua dor acabou, algumas pessoas realmente sentem uma paralisia ou anestesia; caso alguém lhes diga que elas estão ouvindo certa obra musical ou são incapazes de escutar qualquer coisa, elas podem sentir alucinações ou ficar temporariamente surdas (Montgomery, DuHamel e Redd, 2000). Quando se diz a pessoas hipnotizadas: "Você não se lembrará de nada que acontecer durante a hipnose até que eu lhe conte", algumas delas sofrem amnésia. Mas, ao contrário do que se ouve dizer, a sugestão hipnótica não é capaz de forçar as pessoas a fazer algo absurdo e embaraçoso — ou perigoso — contra sua vontade.

Outra maneira de medir o sucesso da hipnose é verificar se as pessoas reagem aos *comandos pós-hipnóticos*. Sob efeito da hipnose, uma pessoa que sofre de dor nas costas, por exemplo, pode ser ordenada a fazer o seguinte: toda vez que sentir uma pontada, deve imaginar que está flutuando em uma nuvem e que seu corpo não tem peso, e assim a dor passará — técnica chamada de *imaging*. Pode-se dizer a uma corredora que, quando ela puxar suas orelhas, bloqueará o ruído da multidão e dos corredores que estão a seu lado, para que isso aumente sua concentração — uma forma de *auto-hipnose*. Conforme sugere o último exemplo, a hipnose se tornou cada vez mais popular em meio a atletas, tanto os profissionais como os de fim de semana (Liggett, 2000).

Aplicações clínicas da hipnose Pelo fato de a susceptibilidade hipnótica variar significativamente de uma pessoa para outra, seu valor em contextos clínicos e terapêuticos é difícil de ser avaliado. Apesar disso, a hipnose é empregada em uma enorme variedade de situações médicas e de aconselhamentos

(Rhue, Lynn e Kirsch, 1993). Algumas pesquisas indicam que essa técnica pode acentuar a eficácia de métodos tradicionais de psicoterapia (Kirsch, Montgomery e Sapirstein, 1995), mas os psicólogos não concordam com essa informação. A hipnose mostrou ser eficaz no controle de certos tipos de dores físicas (Patterson e Ptacek, 1997). Alguns dentistas, por exemplo empregaram-na como método anestésico durante muitos anos. A hipnose também foi usada para aliviar a dor de crianças que sofriam de leucemia e precisavam se submeter a repetidas biópsias da medula óssea (Hilgard, Hilgard e Kaufmann, 1983).

Será a hipnose capaz de fazer com que uma pessoa mude ou elimine maus hábitos? Em alguns casos, os comandos pós-hipnóticos reduzem temporariamente o desejo de fumar ou de comer demais (Green e Lynn, 2000; Griffiths e Channon-Little, 1995). Mas mesmo hipnotizadores diplomados concordam que esse tipo de tratamento somente é eficaz se as pessoas estiverem motivadas a mudar seu comportamento. A hipnose pode ser um sustentáculo da vontade delas, mas o mesmo resultado pode ser alcançado por meio da participação em algum grupo de apoio, como os Tabagistas Anônimos ou os Vigilantes do Peso.

TESTE SUA APRENDIZAGEM

Relacione os termos a seguir com a descrição apropriada:
1. _____ meditação
2. _____ hipnose
3. _____ susceptibilidade hipnótica
    a. varia extraordinariamente ao longo do tempo
    b. é um estado alterado de consciência controverso
    c. interrompe a ação do sistema nervoso simpático
4. Muitos psicólogos acreditam que os efeitos da hipnose podem ser explicados pela variável _____.

Respostas: 1. c. 2. b. 3. a. 4. susceptibilidade.

PALAVRAS-CHAVE

A experiência consciente
Consciência
Consciência desperta
Estados alterados de consciência
Devaneios

O sono
Sono MRO (ou paradoxal)
Sono não-MRO (NMRO)
Insônia
Apnéia
Narcolepsia

Sonhos
Sonhos

Consciência alterada por drogas
Drogas psicoativas
Abuso de substâncias
Dependência química
Procedimento duplo, cego
Placebo
Depressivos
Álcool
Barbitúricos

Opiáceos
Estimulantes
Anfetaminas
Cocaína
Alucinógenos
Acido lisérgico dietilamida (LSD)
Maconha

Meditação e hipnose
Meditação
Hipnose

REVISÃO DO CAPÍTULO

A experiência consciente

Que problemas poderiam surgir caso estivéssemos constantemente conscientes de nossas sensações externas e internas? Para compreendermos o ambiente complexo em que vivemos, nós escolhemos o que absorver em meio à infinidade de acontecimentos à nossa volta e "filtramos" o resto. Esse processo se aplica tanto aos estímulos externos, como sons, luzes e odores, quanto às sensações internas, como calor, frio, pressão e dor. Até mesmo nossos pensamentos, memórias, emoções e necessidades estão sujeitos a esse processo seletivo. Também executamos tarefas que nos são familiares, como assinar nosso próprio nome, sem atenção deliberada. Contudo, muitos psicólogos acreditam que processos mentais importantes ocorrem fora da **consciência desperta**.

Sonhar acordado tem alguma função útil? O **devaneio** acontece sem esforço, em geral quando buscamos escapar momentaneamente das exigências do mundo real. Alguns psicólogos não vêem valores positivos nem práticos nos devaneios. Outros, porém, afirmam que essas fantasias nos permitem expressar nossos desejos ocultos e lidar com eles sem culpa ou ansiedade. Há ainda psicólogos que acreditam que os devaneios desenvolvem habilidades cognitivas e criativas que nos ajudam a passar por situações difíceis — e servem como útil substituto da realidade ou uma maneira benéfica de aliviar as tensões.

O sono

De que maneira os psicólogos evolucionistas explicam a necessidade que temos de dormir? Os psicólogos evolucionistas vêem o sono como uma adaptação que permite que os organismos vivos conservem e restaurem energias.

O que é o relógio biológico e o que ele tem que ver com o *jet lag*? O relógio biológico humano é um pequeno agrupamento de neurônios do hipotálamo responsáveis pelos níveis de proteínas existentes no corpo. Quando os níveis estão baixos, esses neurônios estimulam a produção de mais proteínas. Tais proteínas são a matéria constitutiva das substâncias que controlam funções biológicas como o metabolismo e os estados de alerta. Normalmente, os ritmos e a composição química dos ciclos do corpo interagem facilmente, mas quando passamos por vários fusos horários em apenas um dia, os ciclos hormonais, digestivos e de temperatura ficam fora de sincronia.

Que mudanças físicas caracterizam os ritmos do sono? O sono normal é constituído de vários estágios. Durante o *Estágio 1*, o pulso se desacelera, os músculos relaxam e os olhos se movem de um lado para o outro. É muito fácil acordar uma pessoa nessa fase. Nos *Estágios 2 e 3*, é mais difícil acordar a pessoa e ela não responde a estímulos de som ou luz. Os batimentos cardíacos, a pressão sangüínea e a temperatura continuam a baixar. Durante o *Estágio 4*, o ritmo do coração e da respiração, a pressão sangüínea e a temperatura encontram-se em seus níveis mais baixos de toda a noite. Cerca de uma hora após adormecer, a pessoa começa a retornar ao Estágio 1 — um processo que leva 40 minutos. A essa altura de ciclo do sono, os batimentos cardíacos e a pressão sangüínea aumentam, os músculos ficam mais relaxados que em qualquer outro momento do ciclo e os olhos se movem rapidamente sob as pálpebras fechadas. É esse **movimento rápido dos olhos (MRO)** que dá nome a esse estágio do sono.

Será que os remédios vendidos sob prescrição médica são a melhor maneira de tratar a insônia ocasional? Os distúrbios do sono incluem o ato de falar durante o sono, o sonambulismo, os terrores noturnos, a **insônia**, a **apnéia** e a **narcolepsia**. A maioria dos episódios em que se fala ou caminha durante o sono ocorre durante um estágio de sono profundo. Ao contrário dos pesadelos, os terrores noturnos (que são comuns tanto entre crianças quanto entre adultos) tornam difícil acordar a pessoa e são raramente lembrados na manhã seguinte. A insônia é caracterizada pela dificuldade de adormecer ou de permanecer dormindo ao longo da noite. Alguns remédios vendidos sob prescrição médica podem provocar ansiedade, perda de memória, alucinações e comportamento violento.

Sonhos

O que são os sonhos? Os **sonhos** são experiências visuais ou auditivas que ocorrem principalmente durante os períodos de sono MRO. As experiências menos vívidas que se assemelham ao pensamento consciente tendem a ocorrer durante o sono NMRO.

Por que sonhamos? Foram desenvolvidas diversas teorias a fim de explicar a natureza e o conteúdo dos sonhos. Segundo Freud, os sonhos possuem dois tipos de conteúdo: manifesto (o conteúdo superficial do próprio sonho) e latente (seu significado oculto e inconsciente). Uma hipótese recente sugere que os sonhos se originam do reprocessamento que a mente faz de informações absorvidas durante o dia — informações que são importantes para a sobrevivência do organismo. Portanto, de acordo com essa teoria, sonhar fortalece nossa memória com dados relevantes.

Consciência alterada por drogas

De que modo o problema das drogas hoje é diferente do uso de drogas em outras sociedades e em outras épocas? Embora muitas das **drogas psicoativas** disponíveis hoje em dia já venham sendo utilizadas ao longo de milhares de anos, a motivação para seu uso agora é diferente. Tradicionalmente, essas drogas eram utilizadas em rituais religiosos, sob a forma de bebidas nutritivas ou ainda como estimulantes culturalmente aceitos. Hoje em dia, a maior parte do uso de drogas psicoativas é recreativo, desassociado de tradições religiosas ou familiares.

De que maneira podemos distinguir se uma pessoa é dependente química? O **abuso de substâncias** é um padrão de uso de drogas que diminui a capacidade do usuário de cumprir responsabilidades em casa, no trabalho ou na escola, o que resulta no uso repetido da droga em situações perigosas ou leva a problemas legais relacionados a esse uso. O abuso contínuo ao longo do tempo pode levar à **dependência**, um padrão de uso compulsivo muito mais sério que o abuso da substância. É geralmente caracterizado pela tolerância, isto é, a necessidade de ingerir doses maiores da droga a fim de produzir os efeitos originais ou para prevenir os sintomas de abstinência. Os sintomas de abstinência são efeitos físicos ou psicológicos desagradáveis, que ocorrem quando a ingestão da substância psicoativa é interrompida.

Por que o álcool, que é um depressivo, leva a altos índices de violência? Os **depressivos** são substâncias químicas que retardam o comportamento ou os processos cognitivos. O **álcool** acalma o sistema nervoso, funcionando como um anestésico geral. Contudo, muitos o percebem como estimulante, porque inibe os centros do cérebro que controlam o julgamento crítico e o comportamento impulsivo. É por isso que o álcool está envolvido em grande parte das mortes acidentais e violentas.

Como é que as pessoas geralmente se sentem depois que o efeito dos estimulantes acaba? Os **estimulantes** são drogas como a cafeína, a nicotina, as **anfetaminas** e a **cocaína**, que estimulam o sistema nervoso simpático e produzem sensações de otimismo e energia ilimitada, o que aumenta seu abuso potencial.

A cafeína é encontrada naturalmente no café, no chá e no chocolate; a nicotina é encontrada naturalmente apenas no tabaco. A cafeína é considerada uma droga benigna, mas grandes doses dela podem provocar ansiedade, insônia e outros estados desagradáveis. Embora a nicotina seja um estimulante, ela age como um depressivo quando utilizada em doses elevadas. As **anfetaminas** são estimulantes que a princípio produzem um "aumento súbito" do estado de euforia, que em geral desaparece rapidamente, sendo seguido, às vezes, de depressão. A cocaína proporciona uma sensação de euforia por estimular o sistema nervoso simpático, mas pode também provocar ansiedade, depressão e uma enorme necessidade de usar a droga. Sua forma cristalina — o crack — provoca enorme dependência.

De que maneira a maconha afeta a memória? No grupo dos **alucinógenos** estão drogas como o **LSD**, a psilocibina e a mescalina, que distorcem a percepção visual e auditiva. A **maconha** é um alucinógeno brando capaz de produzir sensações de euforia, bem-estar e alterações de humor que vão da alegria à paranóia, passando por estágios de relaxamento. Embora se assemelhe aos alucinógenos quanto a determinadas características, a maconha é muito menos potente e seus efeitos sobre a consciência são bem menos profundos. Ela pode danificar a memória, fazendo com que os usuários se esqueçam do assunto sobre o qual estão falando antes mesmo de terminar a frase.

Qual combinação de fatores aumenta a probabilidade de que alguém venha a abusar das drogas? Diversos fatores aumentam a probabilidade de uma pessoa fazer uso abusivo de drogas. Entre eles está a possível predisposição genética, as expectativas do indivíduo, seu contexto social, crenças e valores culturais.

Meditação e hipnose

Quais são os efeitos da meditação? O termo **meditação** se refere a quaisquer dos diversos métodos de concentração, reflexão ou direcionamento de pensamentos cujos objetivos são interromper a atividade do sistema nervoso simpático. A meditação não apenas abaixa o nível do metabolismo como também reduz os batimentos cardíacos e a velocidade da respiração. A atividade mental que ocorre durante a meditação se assemelha àquela que acontece durante estágios de vigilância relaxada, e a diminuição do lactato no sangue reduz o estresse.

Quais são os usos clínicos já descobertos para a hipnose? A **hipnose** é um estado de transe durante o qual uma pessoa reage prontamente a sugestões. A susceptibilidade das pessoas à hipnose depende de quanto elas respondem a sugestões. A hipnose possui diversas aplicações práticas; ela é capaz de, por exemplo, aliviar a dor em certas situações médicas e pode ajudar pacientes a parar de fumar ou romper com outros hábitos.

5 Aprendizagem

VISÃO GERAL

Condicionamento clássico
- Elementos do condicionamento clássico
- Estabelecendo uma resposta condicionada de modo clássico
- Condicionamento clássico em seres humanos
- O condicionamento clássico é seletivo

Condicionamento operante
- Elementos do condicionamento operante
- Estabelecendo uma resposta condicionada de modo operante
- Um exame mais detalhado do reforço
- Um exame mais detalhado da punição
- Desamparo aprendido

Fatores comuns ao condicionamento clássico e ao condicionamento operante
- A importância das contingências
- Extinção e recuperação espontânea
- Controle generalização e discriminação do estímulo
- Nova aprendizagem baseada na aprendizagem original
- Resumindo

Aprendizagem cognitiva
- Aprendizagem latente e mapas cognitivos
- Insight e contextos de aprendizagem
- Aprendizagem por observação

PARECE IMPOSSÍVEL, MAS TODAS AS AÇÕES A SEGUIR TÊM ALGO EM COMUM: andar de bicicleta, pegar uma bola ou passar em um teste de álgebra. Sentir-se mal só de pensar em comer pizza de anchovas ou vestir luvas de cozinha antes de pegar uma caçarola quente. Ensinar um esquilo a praticar esqui aquático ou um cachorro a dar a pata.

O que há de comum entre todos esses comportamentos é a **aprendizagem**, assunto deste capítulo. Embora a maioria das pessoas associe aprendizagem às salas de aula ou ao ato de estudar para provas, os psicólogos a definem de maneira mais ampla. Para eles, a aprendizagem ocorre toda vez que a experiência ou a prática resultam em uma mudança relativamente permanente no comportamento efetivo ou potencial. Essa definição inclui todos os exemplos acima, além de muitos outros. Quando você se lembra de como colocar a chave na fechadura da porta de frente de sua casa, de como estacionar o carro ou de onde está o bebedouro da biblioteca, você está demonstrando apenas uma pequena parte de sua enorme capacidade de aprender.

A vida humana seria impossível sem a aprendizagem. Ela está presente em praticamente tudo o que fazemos. Você não seria capaz de se comunicar com outras pessoas, reconhecer-se como um ser humano ou até mesmo saber quais as substâncias adequadas para comer caso você não fosse capaz de aprender nada. Neste capítulo, falaremos sobre vários tipos de aprendizagem. Um deles diz respeito a aprender a associar um evento a outro. Quando os lagartos associam o ato de pular ao de obter comida ou quando uma pessoa associa um certo lugar a uma forte emoção, ambos estão adotando dois tipos de aprendizagem, chamados de *condicionamento operante* e *clássico*. Pelo fato de os psicólogos terem estudado amplamente esses dois tipos de aprendizagem, grande parte deste capítulo será dedicada a falar sobre eles. Mas a aprendizagem humana não se limita a fazer associações. Ela também envolve a formação de conceitos, teorias, idéias e outras abstrações mentais. Os psicólogos dão a isso o nome de aprendizagem cognitiva, sobre a qual falaremos no final do capítulo.

Nossa viagem ao mundo da aprendizagem começa em outro tempo e espaço: voltaremos à virada do século XX, para o laboratório de um cientista russo, ganhador de um prêmio Nobel. Seu nome é Ivan Pavlov e ele ajudou a revolucionar o estudo sobre a aprendizagem. Ele descobriu o condicionamento clássico.

Condicionamento clássico

De que modo Pavlov descobriu o condicionamento clássico?

Pavlov (1849-1936) descobriu o **condicionamento clássico** quase por acidente. Ele estava estudando a digestão, que tem início quando a saliva se mistura à comida ainda na boca. Quando media a quantidade de saliva que os cães produziam quando eram alimentados, Pavlov percebeu que eles começavam a salivar mesmo antes de provar a comida. A simples visão do alimento fazia com que eles salivassem. Na verdade, eles começavam a salivar ainda antes, ao ouvir os passos do cientista. Isso despertou a curiosidade de Pavlov. O que provocava aquelas reações? Como os cães haviam aprendido a salivar diante da visão e dos sons?

Para responder a essa pergunta, Pavlov tocou uma campainha imediatamente antes de dar comida aos cães. Em geral, ouvir uma campainha não faz com que um cão fique com água na boca, mas depois de escutar a campainha por diversas vezes antes de ser alimentados, os cães de Pavlov começavam a salivar assim que ouviam o som. Era como se eles tivessem aprendido que a campainha anunciava a chegada de comida, e essa pista lhes dava água na boca mesmo que o alimento não lhes fosse servido. Os cães foram condicionados a salivar em resposta a um novo estímulo — a campainha — que, normalmente, não provocaria a salivação (Pavlov, 1927). A Figura 5.1 mostra um dos procedimentos de Pavlov, no qual a campainha foi substituída por um toque na perna do cão imediatamente antes de a comida ser servida.

Elementos do condicionamento clássico

Como você pode condicionar de modo clássico um animal de estimação?

A Figura 5.2 representa um diagrama dos quatro elementos básicos do condicionamento clássico: (1) o estímulo não-condicionado, (2) a resposta não-condicionada, (3) o estímulo condicionado e (4) a resposta condicionada. O **estímulo não-condicionado (ENC)** é um evento que automaticamente evoca um certo reflexo, a **resposta não-condicionada (RNC)**. Nos estudos de Pavlov, a comida na boca era o estímulo não-condicionado e a salivação diante da comida era a resposta não-condicionada. O terceiro elemento do condicionamento clássico, o **estímulo condicionado (EC)**, é um evento que é repetidamente emparelhado com o estímulo não-condicionado. Como estímulo condicionado, Pavlov quase sempre utilizava uma campainha. A princípio, o estímulo condicionado não provoca a reação desejada. Mas, em algum momento, após ter sido emparelhado diversas vezes com o estímulo não-condicionado, é capaz de, sozinho, gerar um reflexo similar à resposta não-condicionada. Esse reflexo aprendido é a **resposta condicionada (RC)**.

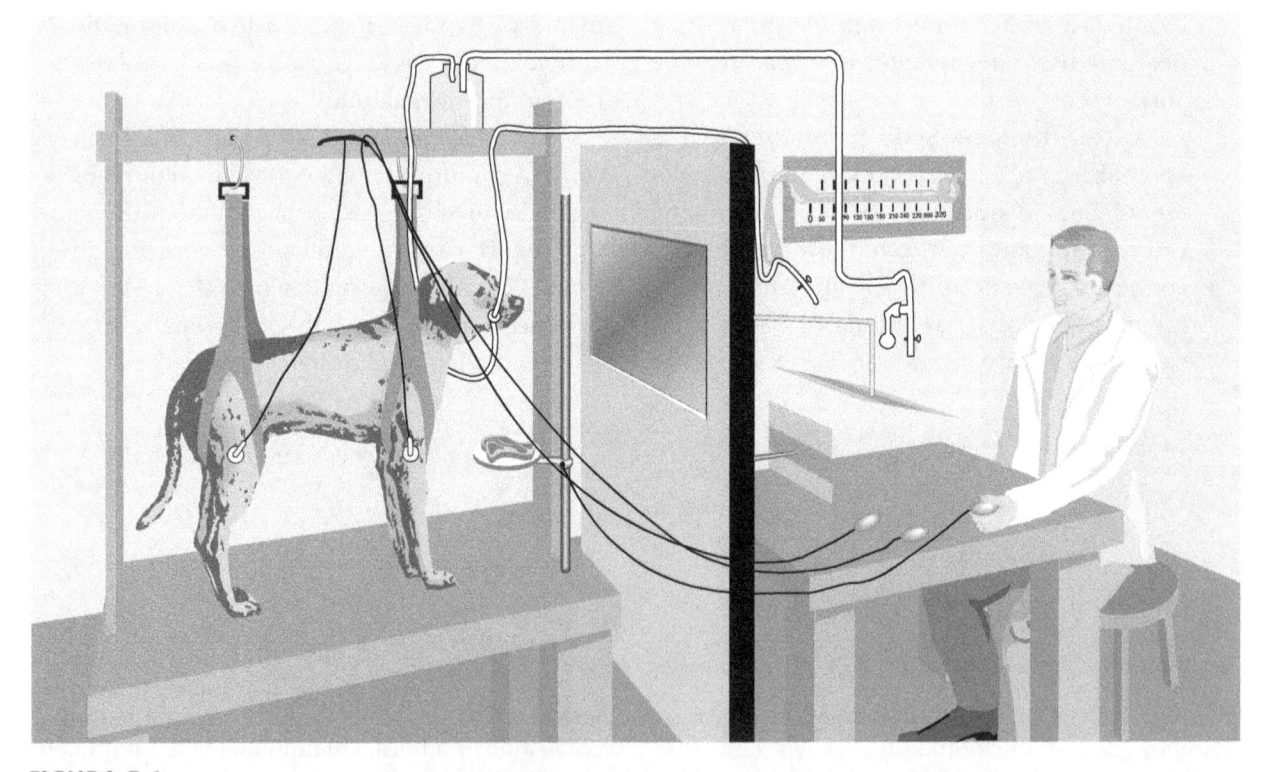

FIGURA 5.1
Aparelho de Pavlov para condicionar de modo clássico um cão. O cientista se senta atrás de um espelho de visão unilateral e acompanha a apresentação do estímulo condicionado (um toque aplicado à perna) e do estímulo não-condicionado (a comida). O tubo vai das glândulas salivares do cão até um pequeno frasco, no qual as gotas de saliva são coletadas para medir a intensidade da resposta.

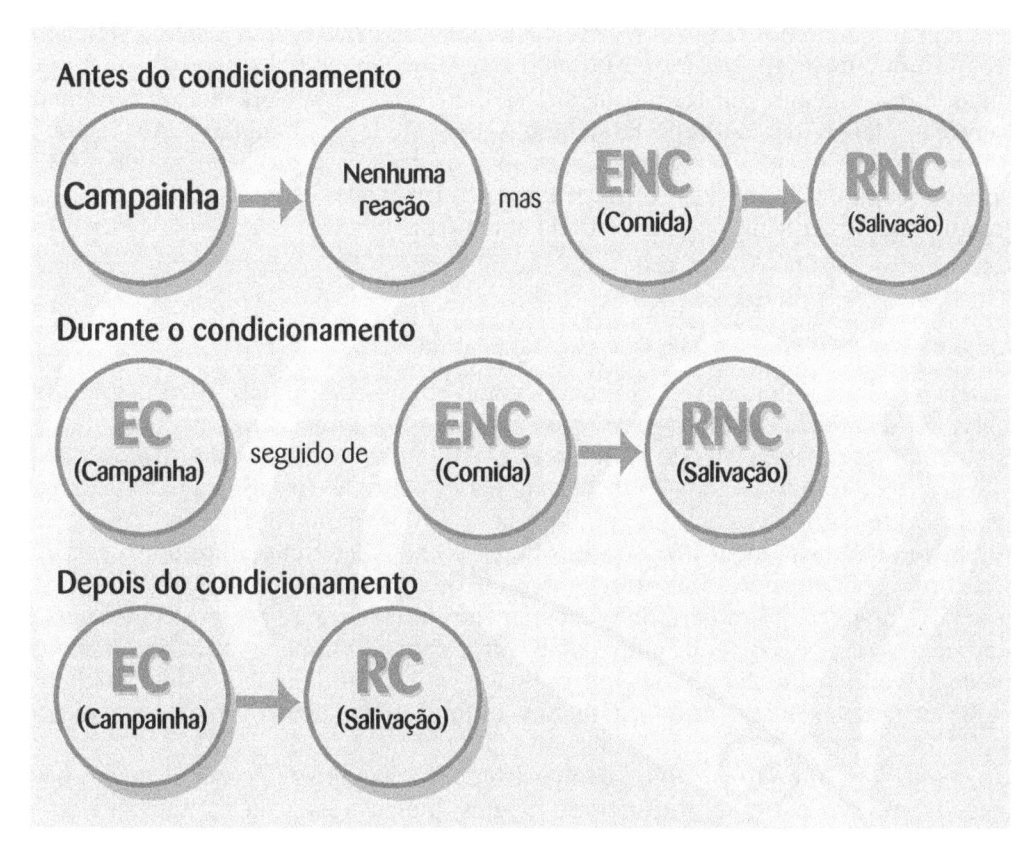

FIGURA 5.2
Um modelo do processo de condicionamento clássico.

Antes do condicionamento: Campainha → Nenhuma reação, mas ENC (Comida) → RNC (Salivação)

Durante o condicionamento: EC (Campainha) seguido de ENC (Comida) → RNC (Salivação)

Depois do condicionamento: EC (Campainha) → RC (Salivação)

O condicionamento clássico já foi demonstrado em quase todas as espécies de animais, até mesmo em lulas e aranhas (Krasne e Glanzman, 1995). Até mesmo você, sem saber, pode ter aplicado o condicionamento clássico a algum de seus animais de estimação. Por exemplo: você deve ter percebido que seu gato começa a ronronar toda vez que escuta o som do abridor de latas em ação. Para um gato, o sabor e o cheiro da comida representam o estímulo não-condicionado para a resposta de ronronar. Mas, ao emparelhar repetidamente o som do abridor de latas com o fornecimento de comida, você transformou esse som em um estímulo condicionado que dá início a uma resposta condicionada.

Estabelecendo uma resposta condicionada de modo clássico

Se você queimou seu dedo com um fósforo no momento em que escutava determinada música, por que essa música não faz agora com que você mova a mão bruscamente como reflexo?

Certos procedimentos facilitam o estabelecimento de uma resposta condicionada de modo clássico. Um desses procedimentos é emparelhar sucessivamente o estímulo não-condicionado com a pista, que finalmente passará a ser o estímulo condicionado. A probabilidade ou a intensidade da resposta condicionada aumenta a cada vez que esses dois estímulos são emparelhados. Contudo, essa aprendizagem finalmente atinge um ponto de retorno decrescente. Cada aumento de probabilidade ou intensidade se torna cada vez menor, até que, por fim, já não ocorre nenhuma aprendizagem. A resposta condicionada está agora totalmente estabelecida.

Ainda bem que, em geral, são necessários repetidos emparelhamentos para que ocorra o condicionamento clássico (Schwartz, 1989). Afinal, existem — e sempre existirão — vários estímulos do ambiente onde quer que um estímulo não-condicionado provoque uma resposta não-condicionada; se o condicionamento ocorresse com base em emparelhamentos únicos, todos esses estímulos que normalmente são irrelevantes gerariam algum tipo de resposta condicionada. Em pouco tempo, estaríamos dominados por associações aprendidas. Pelo fato de ser necessário um determinado número de emparelhamentos para que se produza uma reação condicionada, em geral somente uma pista consistentemente relacionada ao estímulo não-condicionado se torna um estímulo condicionado.

O intervalo entre os emparelhamentos também é importante para estabelecer uma resposta condicionada de modo clássico. Caso os emparelhamentos do EC e do ENC ocorram com um intervalo de tempo muito curto — ou muito longo —, a aprendizagem da associação será mais lenta. Será, ao contráro, mais rápida se o intervalo entre os emparelhamentos for moderado — nem tão longo, nem tão curto. Também é importante que o EC e o ENC raramente ocorram sozinhos — se ocorrerem. O ato de emparelhar o EC e o ENC apenas de vez em quando, chamado de **emparelhamento intermitente**, reduz tanto a velocidade de aprendizagem quanto a intensidade final da resposta aprendida.

Condicionamento clássico em seres humanos

O que seria um exemplo de condicionamento clássico em sua própria vida?

O condicionamento clássico é tão comum em seres humanos como em outros animais. Algumas pessoas aprendem a sentir fobias por meio dele. As fobias são medos intensos e irracionais de coisas ou situações em particular, tais como aranhas, cobras, viajar de avião ou estar em lugares fechados (claustrofobia). No Capítulo 1, falamos a respeito do estudo em que John Watson e sua assistente Rosalie Rayner empregaram o condicionamento clássico para fazer com que, pouco a pouco, o pequeno Albert, um bebê de um ano de idade, sentisse medo de ratos brancos (Watson & Rayner, 1920). Eles começaram por mostrar a Albert um rato branco, com o qual ele tentava brincar, contente. Porém, toda vez que ele se aproximava do ratinho, os pesquisadores produziam um barulho estridente com uma barra de aço posicionada atrás da cabeça do bebê. Após algumas experiências de emparelhar o rato com o barulho assustador, Albert começou a chorar de medo ao ver o bicho. Por ter sido emparelhado com o estímulo não-condicionado representado pelo barulho estridente, o rato passou a ser um estímulo condicionado para uma reação condicionada de medo.

Muitos anos depois, a psicóloga Mary Cover Jones demonstrou uma maneira de perder os medos pelo mesmo método (Jones, 1924). Seu paciente, um menino de três anos chamado Peter, também tinha medo de ratos brancos. Jones emparelhou, então, o ato de ver o rato com uma experiência intrinsecamente agradável — comer doces. Enquanto Peter estava sentado sozinho em uma sala, um rato branco era trazido dentro de uma gaiola e colocado a uma distância suficiente para que o garoto não sentisse medo. Nesse momento, Peter ganhava um monte de doces para comer. Dia após dia, a gaiola era trazida cada vez mais para perto de Peter, que em seguida recebia os doces. Em determinado momento, ele parou de demonstrar medo do rato, mesmo sem ganhar os doces. Por ter sido repetidamente emparelhado com um estímulo que gerava uma resposta emocional agradável, o rato passou a ser um estímulo condicionado de prazer.

Mais recentemente, o psiquiatra Joseph Wolpe (1915-1997) adaptou o método de Jones para o tratamento de certos tipos de ansiedade (Wolpe, 1973, 1982). Wolpe deduziu que, uma vez que os medos irracionais são aprendidos ou condicionados, eles também poderiam ser desaprendidos por meio do condicionamento. Ele percebeu que não é possível ter medo e sentir-se relaxado ao mesmo tempo. Desse modo, se as pessoas pudessem ser ensinadas a relaxar diante de situações de medo e ansiedade, seu nervosismo desapareceria. A **terapia de dessensibilização** de Wolpe começa pelo ensinamento de um sistema de profundo relaxamento muscular. Em seguida, a pessoa elabora uma lista de situações que instigam diversos graus de medo ou de ansiedade, que vão desde intensamente até pouco assustadoras. Uma pessoa que tenha medo de altura, por exemplo, pode fazer uma lista que se inicie pela situação de ficar à beira do Grand Canyon e termine com a subida de dois degraus de uma escada. Quando está relaxada, a pessoa primeiro imagina a situação menos angustiante da lista. Se conseguir se manter relaxada, passa para o próximo item e assim por diante, até que não sinta nenhuma ansiedade, mesmo quando imaginar a situação mais amedrontadora. Dessa maneira, o condicionamento clássico é empregado para modificar uma reação indesejada: um pensamento que desperta medo é repetidamente emparelhado com um estado muscular que gera uma sensação de calma até que, finalmente, o pensamento que antes era assustador não produza mais ansiedade.

O condicionamento clássico e o sistema imunológico Em outro exemplo de condicionamento clássico em seres humanos, pesquisadores elaboraram uma nova maneira de tratar distúrbios auto-imunes, os quais fazem com que o sistema imunológico ataque órgãos e tecidos sadios. Embora possam ser empregadas drogas potentes para conter o sistema imunológico e assim reduzir o impacto do distúrbio auto-imune, tais drogas geralmente produzem efeitos colaterais perigosos e, por isso, precisam ser administradas moderadamente. Assim, o desafio era encontrar um tratamento que fosse capaz de conter o sistema imunológico sem provocar danos a órgãos vitais. Os pesquisadores descobriram que poderiam empregar estímulos, antes neutros, tanto para intensificar quanto para conter a atividade do sistema imunológico (Ader e Cohen, 1975; Hollis, 1997; Markovic, Dimitrijevic e Jankovic, 1993). Vejamos como isso funciona: os pesquisadores utilizam drogas de contenção do sistema imunológico no papel de ENCs e as emparelham com um EC específico, como um odor ou sabor característico. Depois de alguns poucos emparelhamentos da droga (ENC) com o odor ou sabor (EC), o EC consegue conter, sozinho, a atividade do sistema imunológico (RC) sem que ocorra nenhum efeito colateral perigoso! Nesse caso, o condicionamento clássico funciona na mente e, por fim, afeta o corpo.

O condicionamento clássico é seletivo

Por que existe maior probabilidade de as pessoas desenvolverem fobia a cobras que a flores?

Se as pessoas são capazes de desenvolver fobias a partir do condicionamento clássico, como aconteceu com o pequeno Albert, por que não adquirimos fobias de praticamente tudo que está emparelhado com o que nos provoca algum mal? Por exemplo: muitas pessoas levam choques em tomadas elétricas, mas quase ninguém desenvolve fobia a tomadas. Por que isso ocorre? Por que razão os carpinteiros não têm fobia dos martelos, já que muitos deles machucaram seus dedos com eles?

O psicólogo Martin Seligman apresentou uma resposta a essas perguntas. O segredo, diz ele, reside no conceito de **predisposição**. Algumas coisas imediatamente se tornam estímulos condicionados a reações de medo porque estamos biologicamente predispostos para aprender essas associações. Entre os motivos comuns de fobias estão a altura, as cobras e a escuridão. Isso porque, em nosso passado evolutivo, o medo desses perigos em potencial nos forneceu uma vantagem de sobrevivência, e aptidão para criar tais medos pode ter ficado "armazenada" em nossa espécie.

A predisposição também subjaz à **aversão condicionada ao sabor**, uma associação aprendida entre o sabor de uma determinada comida e uma sensação de náusea e revulsão. As aversões condicionadas ao sabor são adquiridas de maneira muito rápida. Geralmente é necessário apenas um emparelhamento de um sabor característico e um subseqüente mal-estar para que se desenvolva uma aversão aprendida a tal sabor. Seligman chama essa aversão de "efeito *sauce béarnaise*", porque certa vez ele sentiu uma forte náusea depois de comer *sauce béarnaise* e desde então abomina o sabor do molho. Em um estudo, mais da metade dos estudantes universitários pesquisados relatou pelo menos um caso de aversão condicionada ao sabor (Logue, Ophir & Strauss, 1981). A aprendizagem rápida de conexões entre determinados sabores e uma sensação de mal-estar tem benefícios óbvios. Se formos capazes de aprender rapidamente quais comidas são venenosas e pudermos evitá-las no futuro, aumentamos muito nossas chances de sobrevivência. Outros animais que possuem o sentido do paladar muito desenvolvido, como os ratos e camundongos, também desenvolvem com rapidez a aversão condicionada ao sabor, exatamente como acontece com os seres humanos.

Mesmo sabendo que o emparelhamento de uma certa comida com a náusea não é a causa do mal-estar, não deixamos de desenvolver a aversão. Seligman, por exemplo, sabia que sua náusea decorria de uma gripe estomacal, e não de algo que ele comesse, mas adquiriu aversão a *sauce béarnaise* mesmo assim. De maneira semelhante, é comum que pacientes de câncer desenvolvam forte aversão aos sabores de comidas ingeridas imediatamente antes de sessões de quimioterapia, as quais lhes provocam náuseas, embora saibam que o responsável por tais reações é a droga. Esses pacientes não conseguem evitar a aprendizagem automática de uma associação que estão biologicamente preparados para aprender (Jacobsen *et al.*, 1994).

Condicionamento operante

De que maneira os comportamentos operantes diferem das respostas envolvidas no condicionamento clássico?

Na virada do século XIX para o século XX, enquanto Pavlov estava ocupado com seus cães, o psicólogo norte-americano Edward Lee Thorndike (1874-1949) utilizava uma "caixa-problema", ou uma caixa simples de madeira, para estudar a maneira como os gatos aprendiam (Thorndike, 1898). Conforme ilustrado na Figura 5.3, Thorndike confinou um gato faminto na caixa e colocou a comida do lado de fora, de modo que o bichano pudesse vê-la e sentir seu odor. Para conseguir comida, o gato teria de descobrir a

TESTE SUA APRENDIZAGEM

1. O tipo mais simples de aprendizagem é chamado de _____ _____. Ele diz respeito ao estabelecimento de um comportamento razoavelmente previsível diante de um estímulo bem definido.

2. Relacione as respostas a seguir, referentes ao experimento de Pavlov com cães:

    ___ estímulo não-condicionado a. campainha
    ___ resposta não-condicionada b. comida
    ___ estímulo condicionado c. salivação em razão da campainha
    ___ resposta condicionada d. salivação em razão da comida

3. Qual das seguintes alternativas é exemplo de condicionamento clássico?
    a. comer quando não se tem fome apenas porque sabemos que é hora do almoço
    b. um odor específico que faz surgir uma memória ruim
    c. um gato que corre para a cozinha quando escuta o som do abridor de latas
    d. todas as respostas anteriores são exemplos de condicionamento clássico

4. Os medos intensos e irracionais aos quais chamamos fobias podem ser aprendidos por meio do condicionamento clássico. Essa afirmação é verdadeira (V) ou falsa (F)?

5. Você tem um gato que corre para a cozinha só de ouvir o som do armário se abrindo. O som do armário é:
    a. o ENC
    b. o EC
    c. a RC

6. Aprender uma associação entre o sabor de determinada comida e uma sensação de náusea é chamado de _____ _____ _____.

7. Ensinar alguém a relaxar mesmo diante de uma situação angustiante é chamado de _____ _____.

8. No experimento realizado com o pequeno Albert, o estímulo não-condicionado era _____ _____.

Respostas: 1. condicionamento clássico. 2. estímulo não-condicionado (b); resposta não-condicionada (d); estímulo condicionado (a); resposta condicionada (c). 3. d. 4. V. 5. b. 6. aversão condicionada ao sabor. 7. terapia de dessensibilização. 8. barulhos estridentes.

---

maneira de abrir o trinco da caixa, um processo que foi cronometrado por Thorndike. No começo, o gato demorou um bom tempo para descobrir como abrir a porta. Mas, a cada tentativa, demorava menos tempo, até conseguir escapar da caixa quase instantaneamente. Thorndike foi pioneiro no estudo desse tipo de aprendizagem, que diz respeito à emissão de uma determinada resposta em razão das conseqüências que ela traz. Esse modo de aprendizagem passou a ser chamado de **condicionamento operante** ou **instrumental**.

Elementos do condicionamento operante

Quais são os dois elementos essenciais do condicionamento operante?

Um dos elementos essenciais do condicionamento operante e que o diferem do clássico é o *comportamento emitido*. No condicionamento clássico, uma resposta é automaticamente desencadeada por algum estímulo. A comida dentro da boca dá início automaticamente à salivação; um ruído estridente gera automaticamente medo. Nesse sentido, o condicionamento clássico é passivo. O comportamento é provocado por um estímulo. Esse processo não ocorre com os comportamentos envolvidos no condicionamento operante. Os gatos de Thorndike tentavam abrir o trinco da porta da caixa *espontaneamente*. Você balança a mão *espontaneamente* ao fazer sinal para que um táxi ou um ônibus pare. Você estuda as tarefas passadas

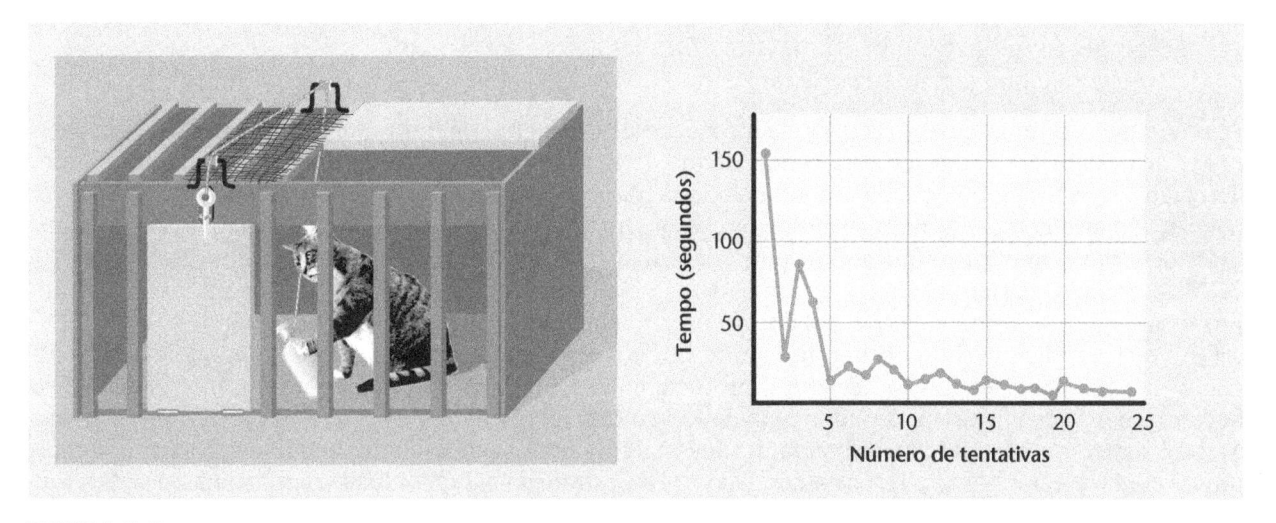

FIGURA 5.3
Um gato dentro da "caixa problema" de Thorndike. O gato pode escapar e conseguir comida se destravar o ferrolho da porta. Conforme mostra o gráfico, os gatos de Thorndike aprenderam a gerar a resposta necessária mais rapidamente após um número cada vez maior de tentativas.

por sua professora *por livre escolha*, em um esforço para conseguir melhores notas. Você *voluntariamente* coloca dinheiro em máquinas em troca de comida, refrigerantes, entretenimento ou de uma chance de ganhar um prêmio. Essas e outras ações semelhantes são chamadas de **comportamento operante**, porque implicam "operar" sobre o ambiente.

O segundo elemento essencial do condicionamento operante é a *conseqüência* que se segue a um comportamento. Os gatos de Thorndike adquiriam a liberdade e um pedaço de peixe quando escapavam das caixas; seu cão deve receber comida como recompensa por obedecer ao comando de se sentar; uma criança pode receber elogios ou ter a permissão de assistir à televisão depois de ajudar a limpar a mesa. Conseqüências como essas, que aumentam a probabilidade de repetição de um comportamento, são chamadas de **reforçadoras**. Em contrapartida, as conseqüências que *reduzem* as probabilidades de que um comportamento venha a se repetir são chamadas de **punidoras**. Imagine o modo como os gatos de Thorndike teriam reagido se escapassem da caixa e deparassem com um enorme cachorro, que lhes mostrasse os dentes rosnando. Ou pense no que acontecerá se um cachorro que obedece ao comando de se sentar seja repreendido ao fazê-lo, ou ainda se uma criança que ajude a limpar a mesa seja obrigada a ficar sentada sozinha em um canto da casa. Thorndike resumiu as influências das conseqüências em sua **lei do efeito**: é provável que o comportamento que produz um efeito satisfatório (reforço) seja realizado novamente, ao passo que o comportamento que produz um efeito negativo (punição) provavelmente será eliminado. Os psicólogos contemporâneos geralmente se referem a essa lei como o **princípio do reforçamento**.

O que é punição? Não sabemos se algo é um reforçador ou um punidor até que vejamos se seu efeito é o aumento ou a diminuição da ocorrência de uma resposta. Poderíamos supor que doces, por exemplo, são reforçadores para as crianças, mas algumas crianças não gostam de doces. Poderíamos supor também que ter de brincar sozinho em vez de brincar em meio a um grupo de amigos seria um punidor, mas algumas crianças preferem brincar sozinhas. Os professores precisam compreender seus alunos individualmente, antes de decidir como recompensá-los ou puni-los. De maneira semelhante, aquilo que é um reforçador para os homens pode não significar o mesmo para as mulheres, e o que é um reforçador para pessoas de uma determinada cultura pode não surtir o mesmo efeito para pessoas de outras culturas.

Além disso, um evento ou objeto pode não ser uma recompensa ou um castigo consistente o tempo todo. Assim, ainda que os doces sejam, a princípio, um reforço para algumas crianças, se elas os comerem em grandes quantidades, a partir de certo momento eles produzirão um efeito neutro ou até mesmo punidor. Portanto, devemos ser muito cuidadosos ao classificar itens ou eventos como reforçadores ou punidores.

Estabelecendo uma resposta condicionada de modo operante
De que modo um fonoaudiólogo poderia ensinar o som do esse a uma criança que ceceia?

Pelo fato de os comportamentos relacionados ao condicionamento operante serem voluntários, nem sempre é fácil estabelecer uma resposta condicionada de modo operante. Primeiramente, o comportamento desejado deve ser desempenhado espontaneamente para que seja recompensado e intensificado. Às vezes pode-se simplesmente esperar até que essa ação ocorra. Thorndike, por exemplo, esperava até que seus gatos destravassem o trinco que abria a porta das caixas. Só então os recompensava com peixe.

Mas, quando existem muitas oportunidades de ocorrer respostas irrelevantes, esperar pode ser um processo lento e tedioso. Se você fosse um treinador de animais de circo, imagine o quanto teria de esperar até que um tigre decidisse saltar através de um aro em chamas para que você então pudesse recompensá-lo. Uma das maneiras de acelerar o processo é aumentar a motivação, conforme fez Thorndike ao deixar que os gatos ficassem famintos para depois colocar um pedaço de peixe do lado de fora da caixa. Mesmo sem ver a comida, um animal faminto é mais ativo que um animal alimentado; portanto, é mais provável que ele apresente a resposta desejada. Outra estratégia é a de reduzir as oportunidades de ocorrer respostas irrelevantes, conforme fez Thorndike ao construir caixas pequenas e desprovidas de quaisquer itens. Muitos pesquisadores fazem o mesmo, utilizando caixas de Skinner quando treinam animais pequenos. Uma **caixa de Skinner**, cujo nome se deve a B. F. Skinner, outro pioneiro no estudo do condicionamento operante, é uma pequena gaiola de paredes sólidas vazia, exceto pela presença de um pote de comida e de um dispositivo ativador, como uma barra ou um botão (veja a Figura 5.4). Nesse ambiente simples, não demora muito até que um pombo ou um ratinho faminto e ativo pressionem a barra ou o botão e façam com que a comida caia dentro do pote, reforçando, desse modo, o comportamento.

Entretanto, em geral o ambiente não pode ser controlado tão facilmente, e uma abordagem diferente se faz necessária. Outra maneira de acelerar o condicionamento operante é reforçar aproximações sucessivas do comportamento que se deseja alcançar. Essa abordagem se chama **modelagem**. Em uma caixa de Skinner, por exemplo, deveríamos primeiramente recompensar o rato quando ele se vira para a barra, depois por ir ao encontro dela, por tocar a barra com a pata e assim por diante, até que ele desempenhe o comportamento desejado. O circo é um lugar excelente para se observar os resultados da modelagem. Para ensinar um tigre a saltar através de um arco em chamas, um treinador deve primeiro recompensar o animal simplesmente por ter pulado para o alto de um pedestal. Depois que esse comportamento for aprendido, o tigre deve ser recompensado apenas por ter saltado de um pedestal para outro. Em seguida, deve-se exigir que o tigre salte através de um arco posicionado entre um pedestal e outro para que seu comportamento seja premiado. Por fim, incendeia-se o arco e o tigre deverá saltar através dele para receber a recompensa. Seguindo basicamente o mesmo processo, um fonoaudiólogo deve recompensar uma criança que ceceia, à medida que ela se aproximar cada vez mais do som correto do esse.

FIGURA 5.4
Um rato numa caixa de Skinner.
Ao pressionar a barra, o rato faz com que caiam bolinhas de comida; esse processo reforça o comportamento de pressionar a barra.

COMPREENDENDO A NÓS MESMOS

Modificando seu próprio comportamento

Será que você é capaz de modificar seus próprios comportamentos indesejáveis empregando técnicas de condicionamento operante? Sim, mas primeiro você precisa observar suas próprias ações, pensar a respeito de suas implicações e planejar uma estratégia de intervenção.

Comece por *identificar o comportamento que você deseja adquirir*. Ele é chamado de "comportamento-alvo". Você obterá melhores resultados ao se concentrar em alcançar um novo comportamento em vez de pensar em eliminar um já existente. Por exemplo: em vez de estabelecer como alvo ser menos tímido, você deve determinar como comportamento-alvo tornar-se mais expansivo ou sociável. Outros comportamentos que também podem ser objetivados são o de ser mais assertivo, o de estudar mais e o de conviver melhor com seus colegas de quarto. Em cada um desses casos, você colocou em foco o comportamento que deseja adquirir em vez de pensar naquele que deseja eliminar.

O próximo passo é *definir com precisão o comportamento-alvo*: o que você quer dizer exatamente com ser "assertivo" ou "sociável"? Imagine situações nas quais o comportamento-alvo poderia ocorrer. Depois escreva uma descrição da maneira como você reage a essas situações hoje em dia. No caso de timidez, por exemplo, você pode escrever: "Quando estou sentado em um auditório esperando o começo da aula, não converso com as pessoas ao meu redor". Depois, escreva como você gostaria de agir naquela situação: "Quando estiver no auditório, antes da aula, quero conversar com pelo menos uma pessoa. Eu poderia perguntar à pessoa sentada a meu lado se ela gosta daquela aula ou do professor, ou simplesmente comentar algum aspecto do curso".

O terceiro passo é *monitorar seu comportamento atual*: você deve fazer isso mantendo um registro diário das atividades relacionadas ao comportamento-alvo. Isso estabelecerá sua "taxa básica" e lhe fornecerá um dado concreto a partir do qual estimar melhorias. Ao mesmo tempo, tente descobrir se seu comportamento atual e indesejável está sendo reforçado de alguma maneira. Por exemplo: se estiver sendo incapaz de estudar, lembre-se do que você está fazendo quando não está estudando (comendo um biscoito? assistindo a TV?) e determine se, mesmo sem querer, você está premiando sua falha (não estudar).

O próximo passo — que é o princípio básico da automodificação — é *fornecer a si mesmo um reforçador positivo vinculado a melhorias específicas do comportamento-alvo*: você poderá empregar o mesmo reforçador que atualmente mantém o seu comportamento indesejável, ou escolher um novo reforçador. Por exemplo: caso deseje aumentar seu tempo de estudo, você deve premiar a si mesmo simbolicamente com uma ficha a cada 30 minutos de estudo. Daí, se o seu passatempo preferido for assistir a filmes, poderá estabelecer para si mesmo que três fichas equivalem a uma hora de televisão, ao passo que o privilégio de ir ao cinema poderá lhe custar seis fichas.

Lembre-se de que esse comportamento novo e desejado não precisa ser aprendido de uma só vez. Você pode empregar técnicas de modelagem ou de aproximações sucessivas para alterar seu comportamento aos poucos. Uma pessoa que deseja se tornar mais sociável deve se premiar pelo simples ato de se sentar ao lado de outra pessoa em uma sala de aula, em vez de escolher uma cadeira isolada. A pessoa poderá, então, manejar as recompensas à medida que o comportamento se torna mais sociável, como primeiro dizer "oi" a uma pessoa e, em seguida, dar início a uma conversa.

Se você quiser experimentar um programa de auto-aperfeiçoamento, o livro *Self-directed behavior: self-modification for personal adjustment* (1997), de David Watson e Roland Tharp, é um bom começo. Ele contém instruções passo a passo e exercícios que, juntos, constituem um guia útil.

Assim como no condicionamento clássico, a aprendizagem de uma resposta condicionada de modo operante chega a um ponto sem volta. Se olhar de novo para a Figura 5.3, você verá que os primeiros reforços produziram melhoras bastante significativas do desempenho, conforme indicado pela rápida queda do tempo necessário para que o gato escapasse da caixa. Mas cada reforço subseqüente produzia menos efeito, até que, em determinado momento, o reforço contínuo já não produzia sinais de maior aprendizagem. Após 25 tentativas, por exemplo, os gatos de Thorndike estavam escapando das caixas no mesmo tempo que levavam para escapar depois de 15 tentativas. A resposta condicionada de modo operante já estava totalmente estabelecida. Será que o condicionamento operante é capaz de influenciar o comportamento humano? Veja a seção "Compreendendo a nós mesmos" (p. 174) para descobrir se você pode utilizar o condicionamento operante a fim de condicionar o seu próprio comportamento.

Um exame mais detalhado do reforçamento

Qual é a diferença entre reforço positivo e negativo? Quais são os efeitos não-intencionais do reforço?

Temos falado do reforçamento como se todos os reforçadores fossem iguais, mas isso não é verdade. Pense nos tipos de conseqüências que encorajariam você a desempenhar determinado comportamento. Entre elas certamente estarão conseqüências que resultam em algo positivo, como elogios, reconhecimento ou dinheiro. Mas a ausência de alguns estímulos negativos também representa um bom reforçador do comportamento. Quando pais de primeira viagem descobrem que embalar um bebê fará com que seu choro persistente pare, eles se sentam e embalam o bebê até altas horas da noite; a ausência do choro do bebê é um poderoso reforçador.

Esses exemplos mostram que há dois tipos de reforçadores. Os **reforçadores positivos**, como comida, elogios ou dinheiro, acrescentam algo recompensador a uma situação, ao passo que os **reforçadores negativos**, como fazer com que um ruído incômodo pare, eliminam algo desagradável da situação. Talvez você ache útil escrever um sinal de adição (+) quando se referir a um reforçador positivo que *acrescente* algo recompensador a uma situação, e um sinal de subtração (–) quando se referir a um reforçador negativo que *subtraia* algo nocivo dela. Os animais aprendem a pressionar barras e a abrir portas não apenas quando desejam obter comida e água (reforço positivo), mas também quando desejam desligar uma campainha elétrica estridente ou evitar um choque elétrico (reforço negativo).

Tanto o reforço positivo quanto o negativo resultam na aprendizagem de novos comportamentos ou na intensificação de comportamentos preexistentes. Lembre-se: nas conversas cotidianas, quando dizemos que "reforçamos" algo, isso significa que intensificamos, fortalecemos algo. O "concreto reforçado" é fortalecido pelo acréscimo de hastes ou de uma malha de aço; generais fortalecem seus exércitos enviando "reforços" para batalhas; argumentos são fortalecidos quando são "reforçados" por fatos. De maneira semelhante, no condicionamento operante, o reforço — seja positivo ou negativo — sempre intensifica ou fortalece um comportamento. Uma criança poderá tocar piano pelo fato de receber elogios (reforço positivo) ou porque isso representa para ela um intervalo em meio às tediosas tarefas de casa (reforço negativo), mas em ambos os casos o resultado final é o fato de ela tocar piano mais vezes.

E, se um determinado comportamento for reforçado apenas *acidentalmente*, porque, por coincidência, ele é seguido de um incidente recompensador? Será que ainda assim o comportamento ocorrerá novamente? B. F. Skinner demonstrou que sim (1948). Ele pôs um pombo em uma caixa Skinner e, em intervalos aleatórios, colocou alguns grãos no pote de comida. O pombo começou a repetir o que quer que estivesse fazendo no momento imediatamente anterior ao fornecimento de comida: ficar em um pé só, saltitar ou pavonear-se esticando o pescoço. É claro que nenhuma dessas ações tinha que ver com a obtenção de comida. Ainda assim, o pássaro as repetia à exaustão. Skinner chamou de superstição o comportamento do pássaro, porque foi aprendido de modo parecido ao das superstições humanas. Se por acaso você estiver vestindo uma camiseta estampada com o rosto de Albert Einstein quando tirar sua primeira nota alta em uma prova, você poderá passar a acreditar que o motivo disso foi vestir a camiseta. Embora a conexão seja pura coincidência, você poderá continuar a vestir sua "camiseta da sorte" sempre que tiver uma prova para fazer.

Modelando a mudança comportamental por meio do *biofeedback* Patrick, um garoto de oito anos que está na terceira série, recebeu um diagnóstico de distúrbio do déficit de atenção (DDA). Ele era inquieto e incapaz de se concentrar na escola. Um eletroencefalograma mostrou uma enorme quantidade de ondas cerebrais lentas. Após um curso composto por 40 sessões de treinamento, durante o qual um computador permitia que o garoto monitorasse a atividade de suas ondas cerebrais, Patrick aprendeu a gerar uma quantidade maior das ondas rápidas, que estão associadas aos estados de calma e atenção. Como resultado, Patrick se tornou muito mais "detalhista" a respeito do que estava acontecendo ao seu redor, o que diminuiu suas chances de ficar frustrado quando as coisas não aconteciam à sua maneira (Fitzgerald, 1999).

Pesquisadores que realizavam estudos com mulheres portadoras de disfunções sexuais identificaram um ciclo de feedback que envolvia tanto funções cognitivas quanto fisiológicas. Eles foram capazes de ajudar essas mulheres a acentuar suas reações fisiológicas aos estímulos sexuais, bem como a aumentar suas expectativas cognitivas de gratificação sexual (Palace, 1995). Os resultados sugerem que talvez seja possível que as mulheres aprendam como reverter respostas de disfunção sexual.

O treinamento por *biofeedback* é uma técnica de condicionamento operante, na qual são empregados instrumentos que fornecem aos pacientes informações a respeito da intensidade da resposta biológica sobre a qual eles desejam ter controle. Um aparelho de *biofeedback* registra informações sobre uma resposta biológica particular — contrações musculares, pressão sangüínea, batimentos cardíacos, ondas cerebrais — que em geral ocorre fora do alcance de nossa percepção consciente. As variações na intensidade da resposta são transmitidas sob a forma de luz, som ou algum outro sinal que varie de acordo com o nível de resposta medido. Com a ajuda da informação do feedback — o som ou a luz — a resposta é aprendida aos poucos, assim como ocorre com outras técnicas de modelagem. Patrick, o garoto de oito anos portador de DDA, aprendeu a controlar o movimento de um ícone do Super-Homem na tela do computador.

O treinamento por *biofeedback* tem sido empregado para uma ampla variedade de distúrbios. Recentemente, pesquisadores desenvolveram técnicas de *biofeedback* para tratar problemas intestinais dolorosos em crianças (Cox *et al.*, 1994), incontinência em adultos (Keck *et al.*, 1994), bem como enxaqueca (Wauquier *et al.*, 1995) e dores de cabeça pós-traumáticas (Ham & Packard, 1996).

O *biofeedback* se tornou um tratamento de sucesso para uma série de desordens médicas, entre elas as dores de cabeça decorrentes de tensões e enxaqueca, bem como asma e úlceras pépticas.

A técnica também tem sido utilizada por atletas, músicos e outros artistas, a fim de controlar a ansiedade que pode interferir no desempenho de suas atividades. Maratonistas utilizam o *biofeedback* para evitar a tensão nos ombros e a respiração superficial, que podem impedi-los de chegar ao fim das corridas. Embora a maior parte dos relatos sobre a eficiência do *biofeedback* nos esportes tenha sido extraída de casos individuais e não de estudos controlados, essas histórias e evidências sugerem que o método oferece benefícios reais (Peper & Crane-Cochley, 1990). A técnica já foi utilizada até no espaço: a Nasa combinou um programa de *biofeedback* à terapia cognitiva (como mensagens mentais, por exemplo) para reduzir os enjôos que os astronautas sentem quando estão sob efeito da gravidade zero.

Apesar dos resultados positivos, algumas pessoas ainda consideram o *biofeedback* charlatanismo (National Institute of Health Consensus Development Conference, 1996). Para os críticos, o rigor científico dos estudos que avaliaram o método e a competência profissional dos técnicos que operaram vários instrumentos nele utilizados são duvidosos (Middaugh, 1990). Além disso, algumas condições, como pressão sangüínea alta, nem sempre reagem bem ao treinamento por *biofeedback* (McGrady, 1996; Weaver & McGrady, 1995). A realização de mais estudos deverá revelar outras condições para as quais esse tipo de tratamento não é apropriado. Os defensores da técnica, porém, argumentam que, quando o *biofeedback* é encarado de maneira adequada — como uma maneira de aprender a ter autocontrole dos processos biológicos, e não como uma terapia — e avaliado segundo esses termos, é capaz de satisfazer até ao mais rigoroso escrutínio científico (P. A. Norris, 1986).

No caso da formação de superstições, o reforço produz um efeito ilógico sobre o comportamento, mas tal efeito é geralmente inofensivo. Existem ainda quaisquer outros tipos de resultados que, às vezes, as recompensas inadvertidamente podem provocar? Alguns psicólogos consideram que sim. Eles acreditam que oferecer certos tipos de reforçadores (doces, dinheiro, tempo livre) a princípio recompensadores para uma tarefa pode, de fato, minar a motivação de realizar tal tarefa. As pessoas podem começar a pensar que estão se esforçando apenas pelo prêmio e perder o entusiasmo pelo que estão fazendo. Elas podem deixar de ver seu esforço como um desafio intrinsecamente interessante, no qual deveriam investir sua criatividade e seu empenho por excelência. Em vez disso, podem passar a ver seu esforço como uma tarefa que deve ser realizada a fim de receberem alguma recompensa tangível. Essa advertência pode se aplicar a muitas situações, como oferecer recompensas concretas a estudantes por seu empenho em sala de aula, ou dar aos funcionários um "pagamento relativo ao desempenho" para incentivá-los a atingir os objetivos da empresa (Kohn, 1993; Tagano, Moran e Sawyers, 1991). Entretanto, as preocupações a respeito de reforçadores tangíveis podem estar sendo exageradas. Embora o uso de recompensas possa, às vezes, produzir resultados negativos, na maioria dos casos isso não ocorre. Na verdade, uma ampla análise de mais de cem estudos indicou que, quando empregadas adequadamente, as recompensas não comprometem a motivação intrínseca e podem até mesmo encorajar o uso da criatividade (Eisenberger e Cameron, 1996).

Um exame mais detalhado da punição

Que problemas a punição pode gerar?

Embora todos nós odiemos nos sujeitar a ela, a **punição** é um poderoso instrumento controlador do comportamento. O recebimento de uma multa alta por deixar de declarar rendimentos extras para a Receita Federal diminui a probabilidade de que cometamos esse equívoco novamente. A recusa grosseira de uma pessoa a quem pedimos um favor diminui a probabilidade de que lhe peçamos outro favor. Em ambos os casos, uma conseqüência desagradável reduz a probabilidade de que venhamos a repetir um comportamento. Essa é a definição de punição.

A punição é diferente do reforço negativo. O reforço de qualquer tipo *fortalece* (reforça) o comportamento. O reforço negativo fortalece o comportamento ao remover algo desagradável do ambiente. Em contrapartida, a punição adiciona algo desagradável ao ambiente e, como resultado, tende a *enfraquecer* o comportamento que gerou conseqüências indesejáveis. Se você for esquiar no fim de semana em vez de ficar em casa estudando e acabar tirando uma nota baixa em uma prova, a nota baixa é uma conseqüência indesejada (um punidor) que diminui a probabilidade de que você volte a dar mais importância ao esqui que aos estudos.

A punição é um método eficaz? Funciona sempre? Todos nós podemos nos lembrar de situações em que não foi bem assim. Por vezes as crianças voltam a se portar mal, mesmo que já tenham sido punidas diversas vezes por um comportamento em particular. Alguns motoristas insistem em dirigir de modo imprudente a despeito de receber repetidas multas. O cão da família poderá dormir à noite no sofá, apesar de ser punido todas as manhãs por fazê-lo. Por que existem essas aparentes exceções à lei do efeito? Por que, nesses casos, a punição não está produzindo o resultado esperado?

Para que a punição seja eficaz, deve ser imposta de modo apropriado. Primeiramente, deve ser *rápida*. Se demorar, não funciona tão bem. Mandar uma criança malcomportada imediatamente para o castigo (mesmo quando não é conveniente fazê-lo) é muito mais eficaz que esperar uma "hora melhor" para puni-la. A punição também deve ser *suficiente*, sem ser cruel. Se um pai repreende brevemente um filho por bater em outras crianças, o efeito disso provavelmente será menos pronunciado do que se a criança ficasse de castigo no quarto durante um dia inteiro. Ao mesmo tempo, a punição precisa ser *consistente*. Deve ser imposta para todos os casos de infração a uma regra, e não apenas para alguns. Se os pais permitirem que alguns atos agressivos fiquem impunes, é provável que seus filhos continuem a maltratar outras crianças.

A punição é particularmente útil em situações nas quais um comportamento é perigoso e deve ser mudado rapidamente. Crianças que gostam de enfiar coisas nas tomadas elétricas devem ser impedidas de fazê-lo imediatamente, e por isso a punição será a melhor ação recomendada. De maneira semelhante, a punição deve ser empregada para impedir que crianças extremamente agitadas batam com a cabeça contra paredes ou no próprio rosto com os punhos. Uma vez que esse comportamento autodestrutivo estiver sob controle, outros tipos de terapia podem ser mais eficazes.

Mas, mesmo em situações como essas, a punição tem desvantagens (Skinner, 1953). Em primeiro lugar, ela apenas *suprime* o comportamento indesejado; não ajuda a desaprender o comportamento e nem ensina outro, mais desejável. Se a ameaça de punição for removida, é provável que o comportamento negativo se repita. Os resultados são visíveis nas estradas de rodagem. Quando vêem um carro de polícia (ameaça de punição), os motoristas "apressadinhos" desaceleram, mas voltam a acelerar o carro assim que a ameaça desaparece. Assim, a punição raramente funciona quando se deseja alterações duradouras de comportamento. Em segundo lugar, a punição em geral provoca sentimentos negativos (frustração, ressentimento, dúvida), os quais podem impedir a aprendizagem de comportamentos novos e desejáveis. Por exemplo: se uma criança que está aprendendo a ler é repreendida a cada palavra mal pronunciada, poderá se sentir muito frustrada e mostrar-se hesitante. A frustração e a dúvida quanto à sua capacidade podem fazer com que ela pronuncie cada vez mais palavras de modo errado, o que levará a mais repreensões. Com o tempo, os sentimentos negativos provocados pela punição podem se tornar tão desagradáveis que a criança evitará a leitura. Uma terceira desvantagem da punição, quando ela é severa, é a lição não intencional que ela ensina: a punição severa pode encorajar a pessoa punida a reproduzir o mesmo comportamento severo e agressivo em relação a outras pessoas. Em estudos de laboratório, macacos severamente punidos tenderam a atacar outros macacos — o mesmo aconteceu com pombos e assim por diante

(B. Schwartz, 1989). Além disso, em geral a punição faz com que as pessoas fiquem nervosas e, conseqüentemente, mais agressivas e hostis.

Em virtude dessas desvantagens, a punição deve ser usada com cautela, e sempre acompanhada por um reforçador do comportamento desejado. Uma vez estabelecida uma resposta mais desejável, ela deve ser cessada a fim de reforçar negativamente o novo comportamento. O reforço positivo (elogios, prêmios) também deve ser empregado para intensificar o comportamento desejado. Essa abordagem é mais produtiva que apenas punir, pois ensina que um comportamento alternativo pode substituir o comportamento punido. O reforço positivo também faz com que o ambiente de aprendizagem seja menos ameaçador.

Às vezes, após a punição ter sido empregada algumas vezes, não é necessário dar continuidade a ela, porque a mera ameaça é suficiente para induzir ao comportamento desejado. Os psicólogos chamam isso de **treinamento de esquiva** porque a pessoa está aprendendo a evitar a possibilidade de uma conseqüência punitiva. O treinamento de esquiva é responsável por muitos de nossos comportamentos diários. É ele que faz com que você carregue uma sombrinha quando parece que vai chover, a fim de evitar o "castigo" de ficar molhado; também faz com que você mantenha sua mão distante de um ferro de passar, para não correr o risco de uma queimadura. Entretanto, o treinamento de esquiva nem sempre funciona a nosso favor. Por exemplo: uma criança que tenha sido repetidamente criticada por suas notas baixas em matemática poderá aprender a evitar problemas matemáticos difíceis para afastar a possibilidade de ser punida. Infelizmente, em razão dessa atitude de esquiva, a criança deixa de desenvolver habilidades matemáticas e, portanto, não consegue melhorar algumas de suas capacidades inatas; assim, um círculo vicioso se instala. Nesse caso, a atitude de esquiva deve ser desaprendida por meio de algumas experiências positivas com a matemática, para que esse círculo seja quebrado.

Desamparo aprendido

De que maneiras alguns estudantes demonstram o desamparo aprendido?

Por meio do treinamento de esquiva, as pessoas tentam evitar que sejam punidas, mas o que acontece quando não é possível, por alguma razão, evitar a punição? Geralmente, a resposta é uma desistência, que pode se generalizar a outras situações. Essa reação é chamada de **desamparo aprendido**.

Martin Seligman e seus colegas estudaram pela primeira vez o desamparo aprendido em experimentos realizados com cães (Maier, Seligman e Soloman, 1969). Eles colocaram dois grupos de cães em câmaras que davam uma série de choques elétricos nas patas dos animais a intervalos aleatórios. Os cães do grupo de controle podiam desligar os choques (escapar deles) ao pressionar um painel com o focinho. Os cães do grupo experimental não podiam desligar os choques — eram, de fato, impotentes. Em seguida, ambos os grupos foram colocados em situações diferentes: poderiam escapar dos choques saltando sobre um anteparo móvel. Os choques eram administrados a cada 50 segundos e uma luz de advertência se acendia sempre dez segundos antes de cada choque. Os cães do grupo de controle rapidamente aprenderam a saltar sobre o anteparo assim que a luz piscava, mas os cães do grupo experimental, não. Esses cães, que antes levaram choques que não conseguiam evitar, não saltaram sobre anteparo *nem mesmo* depois que os choques começaram a ocorrer. Eles apenas se deitavam e aceitavam a dor. Além disso, muitos desses cães ficaram apáticos, perderam apetite e passaram a apresentar outros sintomas associados à depressão.

Muitos estudos subseqüentes mostraram que o desamparo aprendido pode ocorrer tanto em animais quanto em seres humanos (Maier e Seligman, 1976). Uma vez estabelecido, ele se generaliza para novas situações e pode se tornar bastante persistente, mesmo quando é evidente que a circunstância desagradável pode ser evitada (Peterson, Maier e Seligman, 1993). Por exemplo: quando depara com uma série de problemas insolúveis, um poderá, em algum momento, desistir de tentar resolvê-los e fazer apenas esforços pouco entusiasmados de solucionar novos problemas, mesmo quando os novos problemas tenham solução. Além do mais, o êxito na resolução de novos problemas surtirá pouco efeito sobre o comportamento da pessoa. Ela continuará a fazer apenas tentativas desinteressadas, como se *nunca* tivesse obtido *êxito* em nada do que fizesse. De maneira semelhante, crianças educadas em uma família violenta, em que a punição não está relacionada ao comportamento, em geral desenvolvem a sensação de desamparo. Até mesmo em contextos relativamente normais e externos às suas famílias, é comum que elas se sintam apáticas, passivas e indiferentes. Elas fazem poucas tentativas para buscar recompensas ou evitar incômodos.

TESTE SUA APRENDIZAGEM

1. Relacione os termos a seguir com sua definição adequada:
   ___ reforço
   ___ reforço positivo
   ___ reforço negativo
   ___ punição

   a. qualquer evento cuja redução ou eliminação aumenta a probabilidade de que um comportamento atual venha a se repetir
   b. qualquer evento cuja ocorrência aumenta a probabilidade de que um comportamento atual venha a se repetir
   c. qualquer coisa que reduza a probabilidade de que um comportamento se repita
   d. qualquer coisa que aumente a probabilidade de que um comportamento se repita

2. Um tipo de aprendizagem que envolve o reforçamento das respostas desejadas é conhecido como _____ _____.
3. Quando uma ameaça de punição induz a uma mudança em direção a um comportamento mais desejável, isso se chama _____ ___ _____.
4. O comportamento supersticioso pode ocorrer quando um comportamento é recompensado por puro _____.
5. Qual das seguintes alternativas não é um exemplo de comportamento aprendido de modo operante?
   a. o piscar dos olhos diante de uma rajada de luz
   b. uma criança que estuda a fim de ser aprovada pela professora
   c. um rato que pressiona uma barra após receber comida em virtude de seu comportamento.
   d. um rato que pressiona uma barra a fim de evitar levar um choque em virtude de seu comportamento
6. Qualquer estímulo que se segue a um comportamento e diminui a probabilidade de que tal comportamento se repita é chamado de _____.
   a. pista
   b. estímulo situacional
   c. punição
   d. condicionador de ordem superior
7. Qual dos problemas a seguir pode resultar do treinamento de esquiva?
   a. A pessoa pode continuar a evitar algo que não precisa mais ser evitado.
   b. Os efeitos do treinamento de esquiva tendem a durar apenas por um período curto.
   c. O treinamento de esquiva pode resultar em aprendizagem latente.
   d. O treinamento de esquiva tende a fazer efeito quando já é tarde demais para evitar a situação problemática.

Respostas: 1. reforço (d); reforço positivo(b); reforço negativo(a); punição(c). 2. condicionamento operante. 3. treinamento de esquiva. 4. acaso. 5. a. 6. c. 7. a.

Fatores comuns ao condicionamento clássico e ao condicionamento operante

Você é capaz de pensar nas semelhanças entre o condicionamento clássico e o condicionamento operante?

Apesar das diferenças existentes entre o condicionamento clássico e o condicionamento operante, essas duas maneiras de aprendizagem têm muito em comum. Primeiramente, ambas são feitas por associação. No condicionamento clássico, a associação ocorre entre dois estímulos (a comida e a campainha, por exemplo), ao passo que no condicionamento operante aprende-se a associação entre uma ação e uma conseqüência. Em segundo lugar, as respostas geradas tanto pelo condicionamento clássico quanto pelo operante estão sob o controle dos estímulos do ambiente. Um medo condicionado de modo clássico pode ser desencadeado pelo fato de vermos um rato branco; um salto condicionado de modo operante pode ter ocorrido após o piscar de uma luz vermelha. Acima de tudo, em ambos os casos as respostas aprendidas com uma pista podem se generalizar diante de estímulos semelhantes a essa pista. Em terceiro lugar, nenhum dos dois tipos de respostas condicionadas (clássico ou operante) durará para sempre se não for renovado periodicamente. Contudo, isso não significa necessariamente que tais respostas sejam totalmente esquecidas. Mesmo quando você pensa que elas já desapareceram há muito tempo, qualquer uma delas poderá reaparecer de repente no momento oportuno. E, em quarto lugar, em ambos os tipos de aprendizagem — condicionamento clássico e operante — novos comportamentos podem ser construídos a partir dos previamente existentes.

A importância das contingências

Como mudanças no momento de apresentação de um estímulo condicionado podem levar a uma aprendizagem inesperada? Por que o reforço intermitente resulta em um comportamento tão persistente?

Pelo fato de ambos os condicionamentos — clássico e operante — serem tipos de aprendizagem associativa, ambos envolvem contingências percebidas. Uma **contingência** é uma relação na qual um evento *depende* de outro. Graduar-se em uma faculdade *depende* do fato de obter êxito em determinado número de cursos. Receber um contracheque *depende* do fato de ter um trabalho. Tanto no condicionamento clássico quanto no operante, as contingências percebidas são muito importantes.

As contingências no condicionamento clássico No condicionamento clássico, a contingência é percebida entre o EC e o ENC. O EC passa a ser visto como um aviso de que o ENC está prestes a acontecer. É por isso que, no condicionamento clássico, o EC não apenas deve ocorrer muito próximo do ENC, mas também deve preceder o ENC e fornecer informações preditivas sobre ele (Rescorla, 1966, 1967, 1988).

Imagine um experimento no qual animais são expostos a um som (EC) e a um fraco choque elétrico (ENC). Um grupo de animais sempre escuta o som uma fração de segundo antes de levar o choque. O outro grupo às vezes escuta o som antes, mas há vezes em que o som é ouvido uma fração de segundo *após* o choque, e há ainda outras vezes em que o som e o choque ocorrem ao mesmo tempo. Em pouco tempo, o primeiro grupo demonstrará uma resposta de medo após ouvir o som, mas o segundo grupo, não. Isso acontece porque o primeiro grupo aprendeu a relação de dependência existente entre o som e o choque. Para os animais desse grupo, o som sempre precedeu o choque, então passou a significar que o momento do choque se aproximava. Para o segundo grupo, ao contrário, o som dizia muito pouco ou nada a respeito do choque. Às vezes, significava que o momento doloroso estava próximo; outras vezes, marcou o exato instante do choque, e houve ainda vezes em que avisou que o choque já havia terminado. Em virtude de o significado do som ser ambíguo para os membros desse grupo, eles não desenvolveram uma resposta de medo condicionada a ele.

Embora os cientistas tivessem acreditado que nenhum condicionamento ocorreria quando o EC era mostrado *após* o ENC, essa crença se mostrou falsa. A explicação está, mais uma vez, na aprendizagem da contingência. Imagine uma situação na qual o som (EC) sempre ocorra depois do choque (ENC). Esse processo é chamado de *condicionamento invertido*. Após algum tempo, quando o som soar sozinho, o animal não demonstrará uma resposta condicionada de medo. Afinal de contas, o som nunca anunciou que o choque estava prestes a ocorrer. Mas o que o animal *de fato* demonstrará será uma resposta condicionada de *relaxamento* ao escutar o som, uma vez que ele serviu para avisar que o choque terminara e não voltaria a ocorrer durante algum tempo. Aqui vemos novamente a importância da aprendizagem da contingência: o sujeito responde ao som com base na informação que o som dá a respeito do que vai acontecer a seguir.

Dessa mesma maneira, outros estudos mostram que a informação preditiva é essencial no estabelecimento de uma resposta condicionada de modo clássico. Em um experimento realizado com ratos, por exemplo, um ruído era repetidamente emparelhado com um breve choque elétrico, até que passasse a ser um estímulo condicionado para uma resposta condicionada de medo (Kamin, 1969). Então, um segundo estímulo — uma luz — era adicionado ao experimento imediatamente antes do ruído. Esperava-se que o rato viesse a sentir medo da luz também, uma vez que ela também precedia o choque. Mas não foi isso o que aconteceu. Aparentemente, a relação de dependência entre o ruído e o choque que o rato já havia aprendido possuía um efeito **bloqueador** sobre qualquer aprendizagem adicional. Uma vez que o rato aprendera que o ruído indicava o início do choque, a adição de mais uma pista (a luz) não fornecia nenhuma informação preditiva a mais sobre a proximidade da dor, de modo que ele prestava pouca atenção à luz. Então, o condicionamento clássico ocorre apenas quando um estímulo comunica ao sujeito algo *novo* ou *adicional* a respeito da probabilidade de ocorrência do ENC.

As contingências no condicionamento operante As contingências também desempenham um papel importante no condicionamento operante. O animal que está sujeito ao condicionamento precisa perceber uma conexão entre a realização de determinada ação voluntária e o recebimento de certa recompensa ou punição. Caso nenhuma contingência seja percebida, não há razão para intensificar ou enfraquecer o comportamento.

Mas, uma vez que a contingência for percebida, será que importa a freqüência com que ela ocorre? Quando se trata de recompensas, a resposta é "sim". Em geral, é melhor dar recompensas em menor quantidade que em excesso. Na linguagem do condicionamento operante, o *reforço parcial* ou *intermitente* resulta em um comportamento mais duradouro que o produzido por *reforço contínuo*. Por que isso acontece? A resposta está relacionada às expectativas. Quando as pessoas recebem um reforço apenas ocasional, elas aprendem a não esperar por ele a cada resposta e assim continuam a responder, na esperança de que, finalmente, recebam a recompensa desejada. As máquinas de vendas automáticas e os caça-níqueis ilustram esses diferentes efeitos do reforço contínuo *versus* reforço intermitente. Uma máquina de vendas automáticas oferece o reforço contínuo. Cada vez que você insere a quantidade correta de dinheiro, recebe o que deseja em troca (reforço). Se uma máquina de vendas automáticas quebrar e você não receber nada em troca das moedas que gastou, é pouco provável que você coloque mais dinheiro nela. Em contrapartida, uma máquina caça-níqueis de cassino faz pagamentos intermitentes; você consegue algo em troca de seu investimento apenas ocasionalmente. Esse pagamento intermitente tem um efeito "compelidor" sobre o comportamento. É provável que você continue colocando moedas em uma máquina dessas durante um longo tempo, mesmo que não esteja ganhando nada em troca.

TABELA 5.1 EXEMPLOS DE REFORÇO NA VIDA DIÁRIA

Reforço contínuo (aquele que ocorre toda vez que a resposta se manifesta)	Colocar dinheiro na máquina do estacionamento a fim de evitar uma multa de trânsito. Colocar moedas em uma máquina de vendas automáticas em troca de doces e refrigerantes.
Esquema de razão fixa (reforçamento que ocorre após um determinado número de respostas)	Ser pago de acordo com a produção. Na indústria de vestuário, por exemplo, os trabalhadores devem receber determinado valor a cada cem peças de roupa costuradas.
Esquema de razão variável (reforçamento que ocorre após um número variável de respostas)	Jogar em uma máquina caça-níqueis. A máquina está programada para fazer pagamentos após ter sido realizado um certo número de ações, mas esse número é sempre alterado. Esse tipo de plano cria um padrão constante de respostas, porque os jogadores sabem que, se jogarem durante muito tempo, ganharão um prêmio. Comissões de vendas. É necessário conversar com vários clientes antes de realizar uma venda, e nunca é possível saber se o próximo cliente é aquele que efetuará a compra. É o número de chamadas telefônicas de vendas que você faz, e não tempo transcorrido, que determina se seu comportamento será reforçado por uma venda — e esse número é variável.
Esquema de intervalos fixos (reforçamento da primeira resposta após um período fixo de tempo)	Uma prova se aproxima e, à medida que o tempo passa, você não estuda; porém, em algum momento você terá de fazê-lo, o que significa que estará então abarrotado de atividades. Receber um pagamento, algo que ocorre toda semana ou a cada duas semanas.
Esquema de intervalos variáveis (reforçamento da primeira resposta após períodos de tempo variáveis)	Provas aplicadas de surpresa durante um curso geram um padrão constante de estudo porque nunca se sabe quando elas vão acontecer; o aluno tem de estar sempre preparado. Assistir a uma partida de futebol, esperando que ocorra um gol. Isso pode acontecer a qualquer momento. Se você sair da sala, pode ser que você perca o lance, então é preciso assistir ao jogo continuamente.

Fonte: De Landy, 1987, p. 212. Adaptação autorizada..

Os psicólogos chamam de **esquema de reforço** o padrão de pagamentos de recompensa. Os esquemas de reforço parcial ou intermitente, que podem ser fixos ou variados, devem basear-se no número de respostas corretas ou no tempo transcorrido entre as respostas corretas. A Tabela 5.1 fornece alguns exemplos rotineiros de diferentes esquemas de reforço.

Em um **esquema de intervalos fixos**, a primeira resposta dos sujeitos é reforçada após um determinado intervalo de tempo após o momento em que outra resposta foi recompensada. Ou seja, eles têm de esperar durante um tempo determinado antes de o comportamento ser reforçado novamente. Com o esquema de intervalos fixos, o desempenho tende a declinar imediatamente após cada reforço e, em seguida, tende a melhorar de novo à medida que se aproxima o momento do próximo reforço. Por exemplo: quando provas são aplicadas por intervalos fixos — como provas semestrais e de fim de ano —, os estudantes tendem a diminuir seu ritmo de estudos logo que terminam uma prova e depois voltam a aumentar esse ritmo à medida que se aproxima a outra (veja a Figura 5.5).

Em um **esquema de intervalos variáveis** uma resposta correta é reforçada após períodos de tempo variáveis, que se seguem ao último reforço aplicado. Um reforço pode ser dado após seis minutos, o próximo em quatro minutos, seguido de outros após cinco minutos e ainda outro depois de três minutos. Nesse esquema, é comum que o sujeito apresente um padrão lento e constante de respostas, mantendo cuidado para não ser tão lento a ponto de não merecer as recompensas. Por exemplo: caso as provas sejam aplicadas em intervalos imprevisíveis durante um semestre, os estudantes terão de estudar sempre em um ritmo constante, uma vez que um teste pode ser aplicado em qualquer dia.

Em um **esquema de razão fixa**, um certo número de respostas corretas deve ocorrer antes que se aplique o reforço, o que resulta em um alto coeficiente de respostas, uma vez que apresentar mais respostas em um curto espaço de tempo gera mais recompensas. Ser pago por produção é um exemplo de um plano de razão fixa. Por exemplo: agricultores deverão receber US$ 3 a cada cesto de cerejas que colherem. Quanto mais colherem, mais dinheiro receberão. Em um esquema de razão fixa, uma pausa breve após o reforço é seguida por um padrão rápido e constante de respostas, até que ocorra o próximo reforço (veja a Figura 5.5).

Já em um **esquema de razão variável**, o número necessário de respostas corretas para que haja reforço não é constante. A máquina caça-níqueis é um bom exemplo: às vezes ela recompensa o jogador, mas ninguém sabe quando isso acontece. Pelo fato de sempre haver a possibilidade de tirar a sorte grande, é enorme a tentação de continuar jogando. Sujeitos que estejam sob o esquema de razão variável tendem a não fazer pausas após o reforço e apresentam um elevado padrão de respostas durante um longo período de tempo. O fato de não saber quando ocorrerá o próximo reforço faz com que continuem tentando ganhar uma recompensa.

Extinção e recuperação espontânea

É possível livrar-se de uma resposta condicionada? Em quais circunstâncias associações aprendidas há muito tempo podem ser recuperadas?

Outro fator comum entre condicionamento clássico e operante é que as respostas aprendidas às vezes enfraquecem, podendo até mesmo desaparecer. Se um EC e um ENC nunca mais forem emparelhados, ou se uma conseqüência sempre deixa de seguir-se a determinado comportamento, a associação aprendida começará a desaparecer gradualmente até que, em algum momento, os efeitos da aprendizagem não serão mais vistos. Esse resultado é chamado de **extinção** de uma resposta condicionada.

Extinção e recuperação espontânea no condicionamento clássico Para falar de um exemplo de extinção no condicionamento clássico, voltemos aos cães de Pavlov, que tinham aprendido a salivar sempre que escutavam soar uma campainha. O que você acha que aconteceu ao longo do tempo quando os cães escutavam o sino tocar (EC), mas a comida não era mais servida (ENC)? A resposta condicionada à campainha — a salivação — se tornou cada vez menos freqüente até desaparecer por completo. Os cães não salivavam mais quando escutavam o som. A resposta havia se extinguido. A extinção de respostas condicionadas de modo clássico também acontece em nossa própria vida. Se as músicas de suspense dos filmes (EC) não forem mais emparelhadas com a mostra de eventos amedrontadores na tela (ENC), você provavelmente irá parar de ficar tenso e ansioso (RC) toda vez que escutar esse tipo de música. Sua resposta condicionada à música será extinta.

Quando esse tipo de resposta é extinto, será que o que foi aprendido se perdeu para sempre? Pavlov treinou seus cães para que salivassem ao escutar a campainha e depois extinguiu essa resposta condicionada. Poucos dias depois, os animais foram expostos ao sino novamente no ambiente de laboratório.

Assim que o escutaram, ficaram com água na boca. A resposta que havia sido aprendida e depois extinta reapareceu por si só, sem necessidade de treinamento. Esse fenômeno é chamado de **recuperação espontânea**. A resposta dos cães, no entanto, apresentava apenas metade da intensidade que tinha antes da extinção, e seria muito fácil extingui-la mais uma vez. Apesar disso, o simples fato de que a resposta tinha ocorrido indica que a aprendizagem original não havia sido completamente esquecida. De maneira semelhante, se você parar de ir ao cinema durante algum tempo, descobrirá que, da próxima vez que for, aquela música de suspense voltará a fazer com que você se sinta tenso e ansioso. Uma resposta que havia sido extinta retorna espontaneamente com o passar do tempo.

De que maneira o comportamento extinto desaparece e depois volta a se manifestar? De acordo com Mark Bouton (1993, 1994), a explicação é a de que a extinção não apaga o que foi aprendido. Em vez disso, ela ocorre porque uma nova aprendizagem interfere na resposta aprendida anteriormente. Novos estímulos em outros contextos vêm a ser emparelhados com o estímulo condicionado, e esses novos elementos podem causar respostas diferentes da resposta condicionada original — e às vezes incompatíveis com ela. Por exemplo: se você parar de assistir aos lançamentos dos filmes de terror no cinema e, em vez disso, passar a ver filmes clássicos de terror na TV, tais filmes parecerão ter qualidade tão amadora que farão você morrer de rir em vez de amedrontá-lo. Nesse momento, você estará aprendendo a associar a música de suspense à gargalhada, o que, na verdade, se opõe à sua resposta original de medo. O resultado é a interferência na resposta original e sua extinção. A recuperação espontânea consiste na superação dessa interferência. Por exemplo: se você for ao cinema assistir ao último filme de Stephen King, a resposta condicionada de medo frente à música de suspense poderá reaparecer subitamente. É como se o estímulo não-condicionado de assistir a filmes de terror atuais agisse como um "lembrete" de sua aprendizagem anterior e renovasse sua antiga resposta condicionada de modo clássico.

Extinção e recuperação espontânea no condicionamento operante   A extinção e a recuperação espontânea também ocorrem no condicionamento operante. Nesse caso, a extinção acontece como resultado da suspensão do reforço. Em geral, o efeito não é imediato. Na verdade, quando o reforço é descontinuado, é comum que ocorra um breve *aumento* de intensidade ou freqüência da resposta antes de ela parar de ocorrer. Por exemplo: se você inserir moedas em uma máquina de vendas automáticas e ela fa-

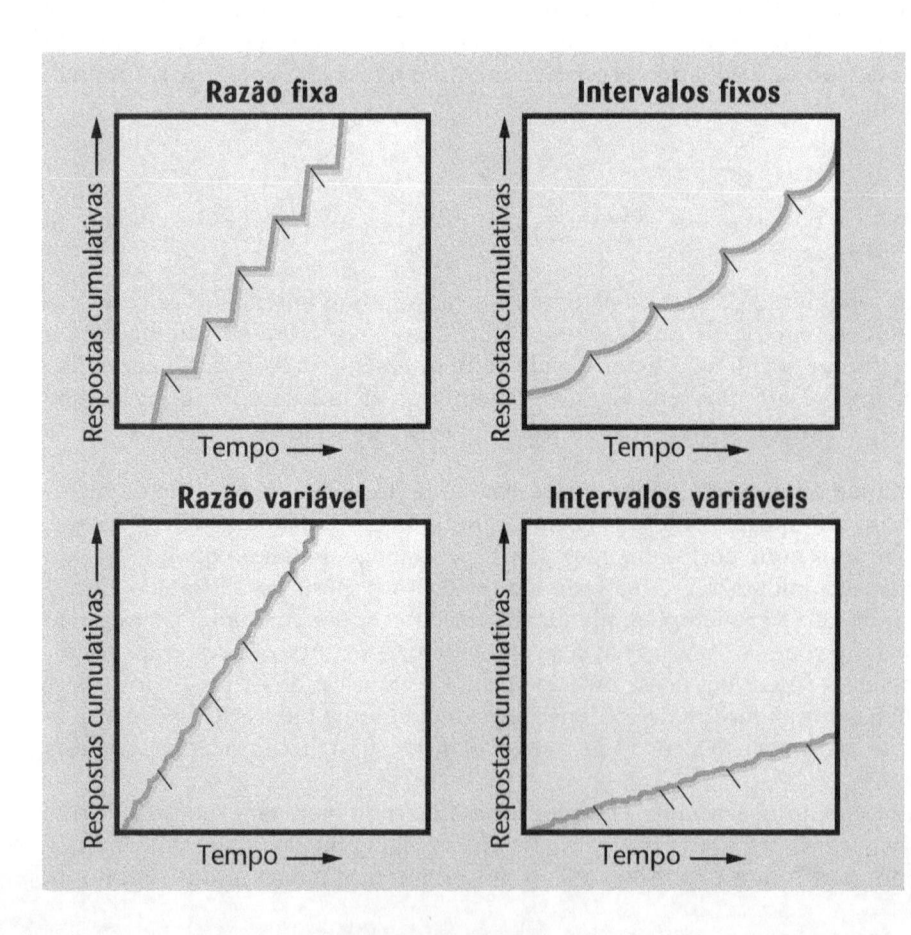

FIGURA 5.5
Padrões de resposta a esquemas de reforçamento. Em um esquema de intervalos fixos, à medida que se aproxima o momento do reforçamento, aumenta o número de respostas e a inclinação se acentua. Em um esquema de intervalos variáveis, o ritmo de respostas é moderado e relativamente constante. Observe que cada pequeno traço do gráfico representa a ocorrência de um reforço. O esquema de razão fixa se caracteriza por um elevado ritmo de respostas e por uma pausa que ocorre após cada reforço. Um esquema de razão variável, por sua vez, produz um elevado ritmo de respostas seguido de poucas ou de nenhuma pausa após cada reforçamento.

lhar em entregar-lhe os produtos, é possível que você mova a alavanca com mais força por várias vezes seguidas antes de finalmente desistir.

Assim como ocorre no condicionamento clássico, a extinção no condicionamento operante não elimina por completo o que foi aprendido. Mesmo que se passe muito tempo desde a última vez que um comportamento foi recompensado e tal comportamento pareça extinto, ele poderá reaparecer subitamente. Essa recuperação espontânea pode também ser compreendida como a interferência de novos comportamentos. Se um rato não for mais recompensado ao pressionar uma barra, ele passará a fazer outras coisas — irá se afastar da barra, morderá os cantos da caixa de Skinner, tentará escapar e assim por diante. Esses novos comportamentos vão interferir na resposta operante de pressionar a barra, fazendo com que ela se extinga. A recuperação espontânea é uma vitória breve da aprendizagem original sobre as respostas de interferência: o rato decide fazer mais uma tentativa na barra que antes era sinônimo de recompensa, como se estivesse fazendo um teste para ver se consegue o prêmio.

A extinção de uma resposta condicionada de modo operante pode ser mais ou menos difícil, segundo uma série de fatores. Um deles é a intensidade da aprendizagem original. Quando mais intensa ela tenha sido, mais tempo demorará para que a resposta seja extinta. Se você gastar muitas horas treinando um cachorrinho a obedecer a um comando para que se sente, você não precisará reforçar esse comportamento com muita freqüência depois que ele crescer. Contudo, o padrão de reforçamento também é importante, conforme você aprendeu anteriormente. Respostas que são reforçadas apenas ocasionalmente após serem estabelecidas são, em geral, mais resistentes à extinção que as reforçadas sempre que ocorrem. Outro fator importante é a diversidade de contextos nos quais a aprendizagem original acontece. Quanto maior a variedade de contextos, mais difícil será extinguir a resposta. Ratos treinados para percorrer diversos tipos de caminhos para encontrar comida continuarão a buscar por ela durante muito tempo depois de ela ter sido retirada do labirinto — mais que ratos treinados a percorrer um caminho único para chegar à recompensa. Um comportamento complexo também é muito mais difícil de ser extinto que um comportamento simples. O comportamento complexo consiste de muitas ações postas em conjunto, e cada uma delas precisa ser eliminadas para que o todo se extinga. Por fim, comportamentos aprendidos por meio de punição em vez de reforço são especialmente difíceis de ser extintos. Se você evita fazer *jogging* em uma determinada rua porque nela há um cão feroz que já o atacou, é provável que você nunca mais se aventure a passar de novo por essa rua; assim, sua atitude de evitá-la poderá nunca se extinguir.

A fim de acelerar o processo de extinção de uma resposta condicionada de modo operante, pode-se colocar o sujeito em uma situação diferente daquela em que a reação foi originalmente aprendida. É provável que a resposta seja mais fraca nesse novo contexto e, portanto, se extinga mais rapidamente. É claro que, quando o sujeito retorna ao contexto original de aprendizagem depois de a extinção ter ocorrido em outro contexto, a resposta poderá ser recuperada espontaneamente, da mesma maneira que ocorre no condicionamento clássico. Mesmo assim, a resposta deverá ser menos intensa que e será relativamente fácil extingui-la de uma vez por todas. Você talvez tenha passado por isso caso tenha voltado para a casa da sua família após ter vivido algum tempo sozinho. Um hábito do qual você pensava ter se livrado na escola pode reaparecer subitamente. O ambiente familiar funciona como um "estímulo-lembrete", que promove a ocorrência da resposta, da mesma maneira já mencionada quando falamos a respeito da recuperação no condicionamento clássico. Entretanto, pelo fato de você já ter extinguido o hábito em um contexto diferente, não será difícil fazê-lo novamente.

Controle, generalização e eiscriminação do estímulo

De que maneira a ansiedade com relação à matemática na escola primária pode afetar um estudante universitário? Por que as pessoas, em jogos de perguntas e respostas, geralmente erram perguntas simples?

O fato de o ambiente familiar agir como um "estímulo-lembrete" é apenas um exemplo que mostra como as respostas condicionadas são influenciadas pelo que está no ambiente à nossa volta. Isso é chamado de **controle do estímulo** e acontece tanto no condicionamento clássico quanto no operante. No condicionamento clássico, a resposta condicionada (RC) está sob o controle do estímulo condicionado (EC), que dá início a ela. A salivação, por exemplo, pode ser controlada pelo som da campainha. No condicionamento operante, a resposta aprendida está sob o controle de qualquer estímulo que venha a ser associado com a recompensa ou a punição. Um movimento brusco a fim de evitar um choque elétrico pode ficar sob o controle de uma luz que pisca, por exemplo. Além disso, tanto no condicionamento clássico quanto no operante o sujeito deverá responder a sinais que são apenas similares (mas não idênticos) àqueles que prevaleceram durante a aprendizagem original. Essa tendência de reagir a sinais similares é conhecida pelo nome de **generalização do estímulo**.

Generalização e discriminação no condicionamento clássico Existem muitos exemplos de generalização do estímulo no condicionamento clássico. Um deles é o caso do pequeno Albert, condicionado a sentir medo de ratos brancos. Mais tarde, quando os pesquisadores lhe mostraram um coelho branco, ele chorou e tentou engatinhar para longe — apesar de não ter sido ensinado a temer coelhos. Ele também demonstrou sentir medo de outros objetos brancos e felpudos — bolas de algodão, um casaco de pele e até mesmo uma máscara de Papai Noel com barba. De maneira semelhante, Pavlov percebeu que, depois que seus cães eram condicionados a salivar ao som da campainha, eles freqüentemente ficavam com água na boca ao ouvir uma buzina ou o tiquetaque de um metrônomo. Tanto os cães de Pavlov quanto o pequeno Albert passaram a generalizar as respostas que haviam aprendido a ter em relação à campainha e aos ratos, respectivamente, para estímulos semelhantes. De modo parecido, uma pessoa que tenha aprendido a se sentir ansiosa em relação à matemática na escola primária pode vir a ficar ansiosa quanto a qualquer tarefa relacionada a números, até mesmo para conferir o talão de cheques.

Entretanto, a generalização de um estímulo não é inevitável. Por meio de um processo chamado **discriminação do estímulo**, os sujeitos podem ser treinados para manifestar uma resposta condicionada apenas diante de um tipo específico de estímulo, sem que ocorra generalização. Esse processo consiste em apresentar diversos estímulos semelhantes, mas associar o estímulo não-condicionado a apenas um deles. Por exemplo: poderiam ter sido apresentados ao pequeno Albert um rato, um coelho, bolas de algodão e outros objetos brancos e felpudos, mas apenas o rato seria acompanhado por um ruído estridente (ENC). Por meio desse procedimento, o menino teria aprendido a diferenciar o rato de outros objetos, e a resposta de medo não teria se generalizado conforme ocorreu.

Aprender a perceber diferenças é essencial na vida diária. Preferimos lidar com crianças que não têm medo de *qualquer* ruído estridente, de *todos* os insetos, de *todos* os cachorros e assim por diante, mas apenas daqueles que são potencialmente perigosos. Por meio da discriminação do estímulo, o comportamento fica mais ajustado às demandas do ambiente.

Generalização e discriminação no condicionamento operante A generalização do estímulo também ocorre no condicionamento operante. Um bebê que é abraçado e beijado quando diz "mamãe" ao ver sua mãe, poderá começar a chamar todas as pessoas de "mamãe" — homens e mulheres. Embora a pessoa que o bebê vê — o estímulo — seja diferente, ele reage pronunciando a mesma palavra. De maneira semelhante, as habilidades que você adquire ao jogar tênis podem ser generalizadas para esportes como a peteca, o tênis de mesa e o *squash*.

No condicionamento operante, as respostas também podem ser generalizadas, não apenas os estímulos. Por exemplo: um bebê que chama a todos de "mamãe" poderá também se referir às pessoas como "nana". Sua aprendizagem terá se generalizado para sons parecidos com a resposta correta, "mamãe". Isso é chamado de **generalização da resposta**. A generalização da resposta não ocorre no condicionamento clássico. Se um cão for ensinado a salivar quando escutar um som alto, ele salivará menos quando escutar um som mais baixo, mas a resposta continuará sendo a salivação.

A discriminação é tão útil no condicionamento operante quanto o é no condicionamento clássico. Aprender *o que fazer* tem pouco valor quando você não sabe *quando fazê-lo*. Aprender que uma resposta é desencadeada não faz sentido quando não se sabe qual a resposta correta. O treinamento de discriminação no condicionamento operante consiste no reforço de *apenas* uma resposta específica e desejada, a qual deverá ocorrer *apenas* na presença de um estímulo específico. Por meio desse procedimento, pombos foram treinados para dar uma bicada em um disco vermelho, e não em um verde. Primeiramente, eles são ensinados a dar uma bicada em um disco. Em seguida, dois discos lhes são mostrados: um vermelho e outro verde. Eles ganham comida quando bicam o disco vermelho, mas não ganham nada quando bicam o disco verde. Em determinado momento, eles aprenderão a diferenciar as duas cores e darão bicadas apenas nos discos vermelhos. De maneira semelhante, as crianças aprendem a ouvir atentamente o que a professora está perguntando antes de levantar as mãos para responder.

Nova Aprendizagem baseada na aprendizagem original

De que maneira você poderia gerar uma resposta condicionada para criar uma forma ainda mais complexa de aprendizagem? Por que o dinheiro é um reforçador tão bom para a maioria das pessoas?

Existem outras maneiras, além da generalização e da discriminação do estímulo, de fazer a aprendizagem servir como base para novas aprendizagens. No condicionamento clássico, um estímulo condicionado que já existe pode ser emparelhado com um novo estímulo para produzir uma nova resposta condicionada. Isso é chamado de **condicionamento de ordem superior**. No condicionamento operante, objetos que não têm qualquer valor intrínseco podem, apesar disso, tornar-se reforçadores, em virtude de sua associação a outros reforçadores mais básicos. Esses reforçadores aprendidos são chamados de *reforçadores secundários*.

Condicionamento de ordem superior Pavlov demonstrou o condicionamento de ordem superior com seus cães. Depois que eles haviam aprendido a salivar quando ouviam a campainha, o cientista usou a campainha (*sem* a comida) para lhes ensinar a salivar quando viam um quadrado preto. Em vez de mostrar o quadrado aos cães e em seguida alimentá-los, ele mostrava o quadrado seguido pelo som da campainha, até que os cães aprendessem a salivar ao ver apenas o quadrado. De fato, a campainha serviu de estímulo não-condicionado substituto, e o quadrado preto passou a ser o novo estímulo condicionado. Esse procedimento é conhecido por condicionamento de ordem superior não por ser mais complexo que outros tipos de condicionamento ou incorporar princípios novos; é de ordem superior simplesmente porque se baseia em um aprendizado prévio.

É difícil realizar o condicionamento de ordem superior, uma vez que ele tem de lutar contra a extinção da resposta condicionada original. O estímulo não-condicionado não acompanha mais o estímulo condicionado original — e é exatamente assim que se extingue uma resposta condicionada de modo clássico. Durante o condicionamento de ordem superior, os cães de Pavlov viam o quadrado e escutavam a campainha em seguida, mas não eram alimentados. Assim, o quadrado passou a ser um sinal de que a campainha iria tocar sem que houvesse comida e, por isso, em pouco tempo a salivação cessava. Para que o condicionamento de ordem superior obtenha êxito, o estímulo não-condicionado deve ser reintroduzido em algum momento do processo. A comida deve ser servida de vez em quando após a campainha tocar, para que os cães continuem a salivar quando a escutarem.

Reforçadores secundários Alguns reforçadores, como comida, água e sexo, são intrinsecamente recompensadores por si mesmos. Eles são chamados de **reforçadores primários**. A aprendizagem prévia não é necessária para fazer com que eles sejam reforçadores. Outros reforçadores não têm valor intrínseco; passam a significar algo somente por meio de uma associação com reforçadores primários. São os **reforçadores secundários**, já mencionados no texto. Eles são chamados de secundários não por ser menos importantes, mas porque a aprendizagem prévia é necessária para que atuem como reforçadores. Suponha que os ratos aprendam a obter comida pressionando uma barra; então, uma buzina soa toda vez que a comida cair no prato. Mesmo que o rato pare de receber comida, ele vai continuar pressionando a barra durante algum tempo, para ouvir a buzina. Embora a buzina em si não tenha valor intrínseco para o rato, ela passou a ser um reforçador secundário por ter sido associada à comida, um reforçador primário.

Perceba de que modo o condicionamento clássico está relacionado à criação de um reforço secundário. Pelo fato de ter sido emparelhado com um estímulo intrinsecamente prazeroso, um estímulo que antes era neutro passa a provocar a sensação de prazer também. Esse estímulo pode então servir como reforçador para estabelecer uma reação condicionada de modo operante.

Para os seres humanos, o dinheiro é um dos melhores exemplos de reforçador secundário. Embora seja feito apenas de papel ou metal, torna-se um poderoso reforçador em razão de seu valor de troca por comida, roupas e outros reforçadores primários. As crianças passam a valorizar o dinheiro somente depois de aprender que ele é capaz de comprar coisas, como doces (reforçador primário). Só então ele passa a ser um reforçador secundário. E por meio dos princípios do condicionamento de ordem superior, os estímulos que são emparelhados com um reforçador secundário são capazes de adquirir propriedades reforçadoras. Cheques e cartões de crédito, por exemplo, estão a um passo atrás do dinheiro, mas também podem ser altamente reforçadores.

Resumindo

Há momentos em que o condicionamento operante se parece com o condicionamento clássico?

Tanto o condicionamento clássico quanto o operante acarretam a criação de associações entre estímulos e respostas e as contingências percebidas entre dois eventos. Ambos estão sujeitos à extinção e à recuperação espontânea, bem como ao controle, à generalização e à discriminação do estímulo. A principal diferença entre os dois é a de que, no condicionamento clássico, o sujeito é passivo e o comportamento em questão é geralmente involuntário, ao passo que, no condicionamento operante, o sujeito é ativo e o comportamento é, em geral, voluntário. Contudo, alguns psicólogos subestimam essas diferenças, sugerindo que os condicionamentos clássico e operante são simplesmente duas maneiras diferentes de realizar o mesmo tipo de aprendizagem. Por exemplo: uma vez que a resposta operante está relacionada a um estímulo, ela fica muito parecida com a resposta condicionada do condicionamento clássico. Caso você tenha sido repetidamente reforçado a pisar no freio quando o sinal de trânsito estiver vermelho, a luz vermelha passa a fazer com que você freie, da mesma maneira que o som da campainha fazia com que os cães de Pavlov salivassem. Então, os condicionamentos clássico e operante podem ser apenas dois procedimentos diferentes para que se atinja o mesmo objetivo final (Hearst, 1975). Se assim for, os psicólogos podem ter supervalorizado as diferenças entre eles e negligenciado suas semelhanças.

TESTE SUA APRENDIZAGEM

1. Identifique os esquemas de reforço abaixo como de intervalos fixos (IF), intervalos variáveis (IV), de razão fixa (RF) ou de razão variável (RV).
   a. O reforço acontece logo após a primeira resposta correta que ocorrer após transcorridos 2 minutos desde o último reforço. _____
   b. O reforço acontece sempre após a sexta resposta correta. _____
   c. O reforço acontece após quatro respostas corretas, em seguida após seis, e então após cinco respostas. _____
   d. O reforço acontece após períodos variados desde o último reforço. _____
2. Para extinguir uma resposta condicionada de modo clássico, você deve romper a associação existente entre qual par?
   a. EC e ENC
   b. ENC e RNC
   c. ENC e RC
3. Após a extinção e um período de repouso, uma resposta condicionada pode reaparecer subitamente. Esse fenômeno é chamado de _____ _____.
4. O processo por meio do qual uma resposta aprendida para um estímulo específico passa a ser associada a outro diferente, mas similar ao primeiro, chama-se _____ _____ _____.
5. Classifique os reforçadores abaixo como primários (P) ou secundários (S).
   a. comida _____
   b. dinheiro _____
   c. diploma universitário _____
   d. sexo _____

Respostas: 1. a. (IF). b. (RF). c. (RV). d. (IV). 2. a. 3. recuperação espontânea. 4. generalização do estímulo. 5. a. (P). b. (S). c. (S). d. (P).

Aprendizagem cognitiva

De que maneira você estudaria o tipo de aprendizagem que ocorre quando você memoriza as posições de um jogo de xadrez?

Alguns psicólogos insistem em afirmar que, pelo fato de podermos *observar* e *mensurar* os condicionamentos clássico e operante, eles são os únicos tipos legítimos de aprendizagem a ser estudados cientificamente. Mas outros sustentam que as atividades mentais são essenciais para a aprendizagem e por isso não podem ser ignoradas. De que modo você compreende como é a fachada de um prédio a partir da descrição que alguém faz dela? Como você sabe o modo de segurar uma raquete de tênis só de assistir a uma partida? Como você guarda na memória conceitos abstratos como *condicionamento* e *reforço*? Você faz tudo isso e muitas outras coisas por meio da **aprendizagem cognitiva** — processos mentais internos que ocorrem quando aprendemos algo. É impossível observar e mensurar diretamente a aprendizagem cognitiva, mas podemos *inferi-la* do comportamento, de um tópico e assim legitimá-la como estudo científico.

Aprendizagem latente e mapas cognitivos

Você aprendeu a andar em seu bairro apenas por condicionamento operante (recompensas por virar na rua certa, punições para as ruas erradas) ou havia algo mais envolvido?

O interesse pela aprendizagem cognitiva começou pouco depois da realização dos primeiros trabalhos com condicionamento clássico e operante. Nos anos 30, Edward Chace Tolman, um dos pioneiros no estudo da aprendizagem cognitiva, argumentou que não é necessário que exibamos nossa aprendizagem para que ela tenha ocorrido. Tolman batizou de **aprendizagem latente** a aprendizagem que não é aparente porque ainda não foi demonstrada.

Ele estudou a aprendizagem latente em um famoso experimento (Tolman & Honzik, 1930). Dois grupos de ratos famintos foram colocados em um labirinto no qual eles podiam realizar um percurso, que ia de um ponto de partida inicial até o final da caixa. O primeiro grupo encontrou bolinhas de comida (uma recompensa) no final da caixa; o segundo grupo não encontrou nada lá. De acordo com os princípios do condicionamento operante, o primeiro grupo deveria aprender a caminhar no labirinto mais rapidamente que o segundo — o que de fato aconteceu. Mas, quando Tolman começou a servir comida no final da caixa a alguns ratos do segundo grupo, que não haviam recebido nenhum tipo de reforço, eles passaram a atravessar o labirinto tão bem quanto os ratos do primeiro grupo, e quase que imediatamente (veja a Figura 5.6). Tolman afirmou que, na verdade, os ratos que não haviam sido recompensados aprenderam bastante sobre o labirinto enquanto perambulavam dentro dele. Eles podem ter aprendido até *mais* que os que haviam recebido recompensas, mas sua aprendizagem era *latente* — encontrava-se armazenada internamente e ainda não se refletia em seu comportamento. Esses ratos colocaram em prática sua aprendizagem latente somente quando lhes foi dada uma motivação para atravessar o labirinto.

Desde a época de Tolman, foram feitos muitos estudos sobre a natureza da aprendizagem latente, da disposição espacial e das relações. A partir de estudos sobre a maneira com que animais ou os seres humanos encontram o caminho dentro de um labirinto, um edifício ou com um bairro, repletos de rotas alternativas, os psicólogos propuseram que esse tipo de aprendizagem fica armazenado sob a forma de uma imagem mental, ou **mapa cognitivo**. Quando chega o momento adequado, o sujeito é capaz de se lembrar da imagem armazenada e colocá-la em uso.

Em resposta à teoria de Tolman sobre a aprendizagem latente, Thorndike propôs um experimento para testar se um rato era capaz de aprender a percorrer um labirinto e armazenar uma imagem cognitiva desse labirinto sem originalmente estar nele. Ele imaginou a seguinte situação: pesquisadores dentro do labirinto carregariam cada rato em uma caixa feita de tela de arame e, em seguida, iria recompensá-lo ao fim de cada tentativa, como se o animal tivesse percorrido o labirinto sozinho. Ele previu que o rato demonstraria pouca ou nenhuma evidência de aprendizagem se comparado a ratos que haviam aprendido a percorrer o mesmo labirinto sozinhos, pelo método de tentativa e erro. Nem ele nem Tolman conduziram o experimento.

Entretanto, duas décadas depois, na Universidade de Kansas, pesquisadores levaram adiante a idéia de Thorndike (McNamara, Long e Wike, 1956). Mas, em vez de carregar ratos passivos ao longo de um caminho "correto", eles percorreram o mesmo caminho que um ratinho, que estava solto, fazia dentro do labirinto. Ao contrário do que havia previsto Thorndike, os ratos passivos aprenderam a se orientar tanto quanto os ratos que corriam soltos. Entretanto, eles precisavam de pistas visuais para aprender de que maneira o labirinto estava disposto. Caso fossem transportados no escuro acabavam por demonstrar pouca aprendizagem adquirida.

Uma pesquisa mais recente confirma essa descrição da aprendizagem cognitiva espacial. Os animais demonstram muito mais flexibilidade ao superar obstáculos como labirintos que o condicionamento clássico pode explicar (Domjan, 1987). Em uma série de estudos realizados com ratos em um labirinto de caminhos radiais, os animais sempre se lembravam de quais caminhos eles já haviam explorado e quais permaneciam inexplorados, até mesmo quando as pistas olfativas eram removidas e havia uma recompensa em todos os caminhos. Esses ratos desenvolveram um mapa cognitivo não apenas da disposição do labirinto, mas também daquilo que já haviam vivido nele (Olton e Samuelson, 1976). Até mesmo para os ratos, a aprendizagem consiste em muito mais que apenas um novo comportamento "selado" por meio da técnica de reforço. Ela também envolve a formação de novas imagens mentais e constructos que poderão se refletir em um comportamento futuro.

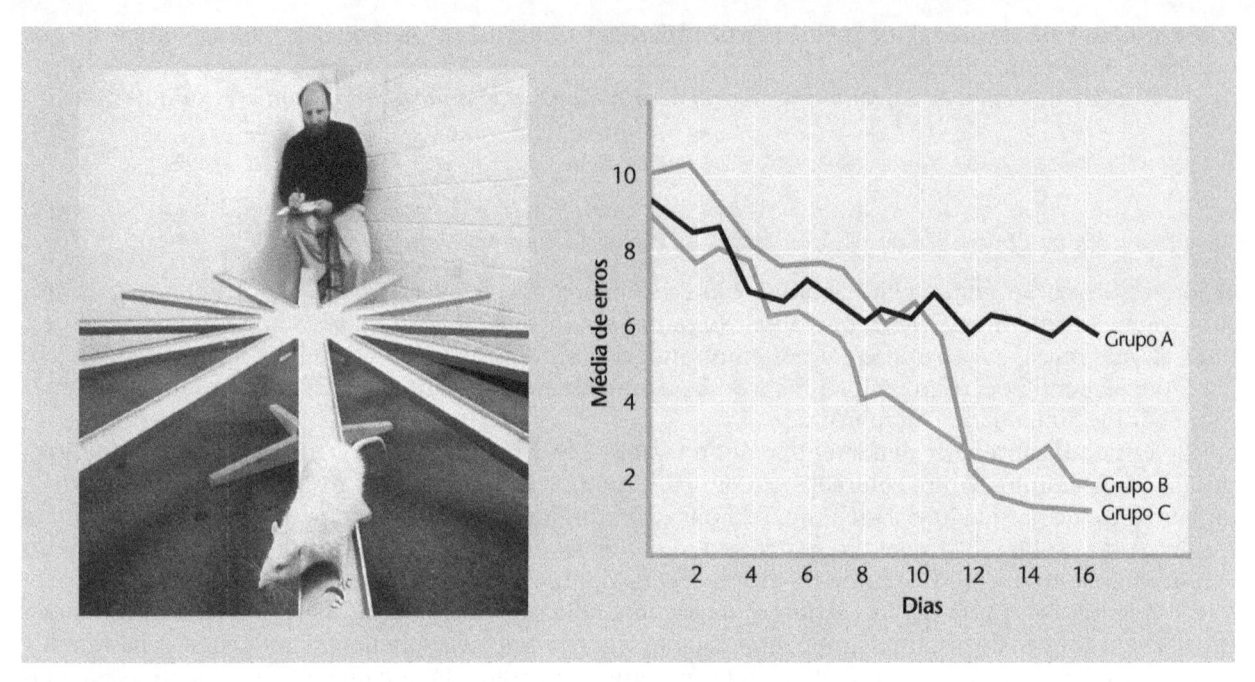

FIGURA 5.6
Labirinto utilizado no estudo de aprendizagem latente de ratos. Os resultados do clássico estudo de Tolman-Honzik estão mostrados no gráfico. O Grupo A nunca recebeu comida como recompensa. O Grupo B era recompensado todos os dias. O Grupo C não havia sido recompensado até o 11º dia, mas uma significativa alteração de comportamento dos ratos pode ser percebida no 12º dia. Os resultados sugerem que o Grupo C estava aprendendo durante todo o tempo, embora essa aprendizagem não estivesse se refletindo em seu desempenho, até o momento em que ele foi recompensado com comida por ter demonstrado o comportamento desejado.
Fonte: Tolman & Honzik, 1930.

Insight e contextos de aprendizagem

Você estabeleceu um contexto de aprendizagem para fazer uma prova final?

Durante a Primeira Guerra Mundial, o psicólogo gestaltista alemão Wolfgang Köhler conduziu uma série de estudos sobre outro aspecto da aprendizagem cognitiva — o súbito **insight** na resolução de um problema. Do lado de fora da jaula de um chimpanzé, Köhler pôs uma banana no chão, fora do alcance do animal. Quando o chimpanzé percebeu que não era capaz de pegar a fruta, demonstrou frustração. Mas depois começou a olhar para o que havia dentro da jaula, incluindo um graveto colocado por Köhler. Algumas vezes, pegava repentinamente o graveto, movia-o por entre as barras de ferro da jaula e arrastava a banana para perto de si. O mesmo tipo de insight repentino acontecia quando a banana estava presa ao teto da jaula, dependurada a uma altura inalcançável para o chimpanzé. Dessa vez, a jaula continha algumas caixas, as quais o primata rapidamente aprendeu a empilhar na direção da banana e escalar para pegar a fruta. Estudos subseqüentes mostraram que até mesmo pombos são capazes de solucionar o problema "banana-e-caixa" se forem devidamente motivados, providos de instrumentos adequados e ensinados sobre como utilizá-los (R. Epstein *et al.*, 1984).

A aprendizagem anterior pode ser freqüentemente utilizada para ajudar a solução de problemas por insight. Isso foi demonstrado por Harry Harlow em uma série de estudos com macacos rhesus (Harlow, 1949). O cientista apresentava duas caixas a cada macaco — por exemplo, uma caixa redonda e verde que ficava à esquerda de uma bandeja e uma quadrada e vermelha que ficava à direita. Um punhado de comida era colocado sob uma das caixas. Ao macaco era permitido levantar apenas uma delas; caso escolhesse a caixa correta, ficava com a comida. Na tentativa seguinte, a comida era colocada sob a mesma caixa (movida para uma nova posição), e novamente o macaco teria de escolher apenas uma. Cada macaco tinha seis oportunidades para descobrir que a comida estava sempre sob a mesma caixa, independentemente da posição em que ela era colocada. Então, um novo conjunto de escolhas era apresentado aos macacos — uma caixa triangular azul e outra, oval e alaranjada —, e outras seis tentativas eram dadas, e assim por diante com outras caixas de diferentes formatos e cores. A solução era sempre a mesma: a comida ficava invariavelmente apenas sob uma das caixas. Inicialmente, os macacos escolhiam as caixas de maneira aleatória, às vezes encontrando comida, outras vezes, não. Entretanto, após algum tempo, o comportamento deles mudou: em apenas uma ou duas tentativas, eram capazes de descobrir a caixa correta, a qual passavam a escolher sempre, até que o pesquisador mudasse as caixas. Eles pareciam ter aprendido o princípio subjacente do experimento — o de que a comida estaria sempre sob a mesma caixa — e empregavam essa aprendizagem para resolver quase que imediatamente o problema que enfrentavam a cada vez que as caixas mudavam.

Harlow concluiu que os macacos "aprenderam a aprender", ou seja, que haviam estabelecido um **contexto de aprendizagem** relacionado ao problema: considerando a limitada amplitude de opções que possuíam, eles descobriram uma maneira de saber qual caixa lhes apresentaria uma recompensa. De maneira semelhante, pode-se dizer que os chimpanzés de Köhler estabeleceram um contexto de aprendizagem relacionado à maneira de obter a comida antes fora de alcance. Quando lhes era apresentada uma nova versão do problema, eles simplesmente recuperavam de sua memória o que haviam aprendido antes em uma situação ligeiramente diferente (exemplo: alcançar uma banana no chão ou dependurada no teto). Tanto nos estudos de Harlow quanto nos de Köhler, os animais pareciam ter aprendido mais que apenas comportamentos específicos — aparentemente, eles tinham *aprendido a aprender*. Se isso significa que os animais são capazes de pensar ainda constitui um tema de debate.

Insight humano A aprendizagem por insights é particularmente importante para os seres humanos, que precisam aprender não apenas onde conseguir comida e como escapar de predadores, mas também idéias éticas e culturais tão complexas quanto o valor do trabalho árduo, a ajuda ao próximo, a superação de vícios ou a lidar com uma crise na vida. No Capítulo 7 ,"Cognição e capacidades mentais", exploraremos o papel que o insight desempenha na solução criativa de problemas. Conforme veremos, há momentos em que todas as técnicas conhecidas não são capazes de produzir uma solução; em casos assim, não raro a solução simplesmente "pipoca" em um momento de insight. Além disso, uma vez que as pessoas adquiram insights a respeito de seu próprio comportamento, elas serão capazes de mudar significativamente ao longo de suas vidas (Bornstein & Masling, 1998). De fato, conforme veremos no Capítulo 12, "Terapias", o objetivo comum de várias terapias de insight, como a psicanálise, é o de fazer com que as pessoas conheçam e compreendam melhor seus sentimentos, motivações e ações na esperança de que isso leve ao seu bem-estar (Pine, 1998).

Aprendizagem por Oobservação

Por que seria mais difícil aprender a dirigir se você nunca tivesse entrado em um carro antes?
Por que é difícil para as crianças surdas aprender a linguagem falada, embora elas possam facilmente ser reforçadas a produzir sons corretos?

Na primeira vez que dirigiu um carro, você obtêve êxito ao girar a chave na ignição, engrenar a marcha e pisar no acelerador sem nunca ter feito nada disso antes. Como você foi capaz de fazê-lo sem uma preparação passo a passo dos comportamentos corretos? A resposta é que você sempre via outras pessoas dirigindo, uma prática que fez toda a diferença. Existem inúmeras coisas que aprendemos a fazer apenas observando outras pessoas e ouvindo o que elas dizem. Esse processo se chama **aprendizagem por observação** ou **aprendizagem vicária**, porque, embora estejamos aprendendo, não precisamos executar logo de início o comportamento aprendido; nós apenas observamos ou escutamos. A aprendizagem por observação é uma forma de "aprendizagem social" porque consiste na interação com outras pessoas. Os psicólogos que a estudam são conhecidos como **teóricos da aprendizagem social**.

A aprendizagem por observação é muito comum. Ao observarmos outras pessoas que servem de modelo para novos comportamentos, somos capazes de aprender coisas como, por exemplo, ligar um cortador de grama ou serrar madeira. Também aprendemos como demonstrar nosso amor, respeito ou preocupação, bem como nossa hostilidade e agressão. Podemos até mesmo aprender maus hábitos, como o de fumar. Quando a Comissão Federal de Comunicação dos EUA (Federal Communications Commission — FCC) proibiu a veiculação de propagandas de cigarro na TV, baseou-se na crença de que a divulgação de fumantes como modelos de comportamento faria com que as pessoas imitassem o ato de fumar. A FCC proibiu tais modelos a fim de desencorajar o comportamento.

É claro que não imitamos *tudo* o que as outras pessoas fazem. Por que razão somos seletivos com relação ao que imitamos? Existem várias razões (Bandura, 1977, 1986). Primeiramente, não somos capazes de prestar atenção a tudo o que acontece à nossa volta. Os comportamentos que temos a maior probabilidade de imitar são aqueles formulados por alguém que chama nossa atenção (como fazem, por exemplo, pessoas famosas, atraentes ou especialistas em um assunto). Em segundo lugar, devemos nos lembrar daquilo que o modelo faz para que então possamos imitá-lo. Se um comportamento não for memorável, não será aprendido. Em terceiro lugar, devemos nos esforçar a fim de transformar aquilo que vemos em ação. Se não tivermos nenhuma motivação para desempenhar um comportamento observado, provavelmente não demonstraremos o que aprendemos. Essa é uma das diferenças entre *aprendizagem* e *desempenho*, crucial para os teóricos da aprendizagem social: somos capazes de aprender sem que haja mudanças no nosso comportamento visível que demonstrem o que aprendemos. Agir ou não vai depender da motivação que tivermos.

Uma importante motivação para a ação são as conseqüências associadas a um comportamento observado — as recompensas ou punições que ele parece acarretar. Essas conseqüências não precisam necessariamente acontecer com o observador. Podem, simplesmente, acontecer com pessoas observadas por ele. Isso recebe o nome de **reforço vicário** ou **punição vicária**, porque as conseqüências não são sentidas diretamente pela pessoa que aprende e, sim, *por meio de* outras pessoas. Se um jovem adolescente vir adultos bebendo e lhe parecer que essas pessoas estão se divertindo muito, ele estará sob efeito do reforço vicário da bebida e terá mais chances de imitar esse comportamento.

O principal propositor da teoria da aprendizagem social é Albert Bandura, que se refere a sua perspectiva como *Teoria Cognitiva Social* (Bandura, 1986). Em um clássico experimento, o cientista (1965) demonstrou que as pessoas são capazes de aprender um comportamento sem que sejam diretamente reforçadas por ele, e que a aprendizagem de um comportamento e seu desempenho não são a mesma coisa. Três grupos de crianças em idade pré-escolar assistiram a um filme no qual um modelo adulto andava em direção a um boneco inflável em tamanho natural e ordenava que ele saísse do caminho. Vendo que o boneco não o obedecia, o adulto ficava agressivo, agarrava o brinquedo, dava-lhe um soco no nariz, batia nele com um taco de borracha, chutava-o diversas vezes empurrava-o pela sala e atirava bolas de borracha nele. Entretanto, cada grupo de crianças assistiu a um filme com final diferente. As crianças que presenciaram a *condição de recompensa do modelo* viram o agressor coberto de doces e refrigerantes e sendo elogiado por outro adulto (reforço vicário). As crianças que presenciaram a *condição de punição do modelo* viram um segundo adulto apontando o dedo para o agressor, repreendendo-o e batendo

O experimento de Bandura sobre o comportamento agressivo aprendido.

Após ver um adulto maltratando um boneco inflável, as crianças imitaram muitas das atitudes agressivas do modelo adulto.

nele (punição vicária). As crianças do terceiro grupo, que presenciaram uma *condição de conseqüência zero*, não viram nada acontecer ao modelo como resultado de seu comportamento agressivo.

Imediatamente após assistir ao filme, as crianças foram levadas individualmente para outra sala, onde encontraram o mesmo boneco grande e inflável, bolas e tacos de borracha, bem como muitos outros brinquedos. Cada criança brincou sozinha durante dez minutos, enquanto observadores posicionados atrás de um espelho de visão unilateral registravam a quantidade de comportamentos agressivos imitados que a criança desempenhava espontaneamente na ausência de qualquer reforço direto para tais ações. Após dez minutos, um pesquisador entrava na sala e oferecia à criança um presente como recompensa pelo fato de ela ter imitado ações do modelo. O experimento mediu o quanto a criança havia aprendido antes, observando o modelo, mas que ainda não havia demonstrado.

As barras cinza-escuro da Figura 5.7 mostram que *todas* as crianças aprenderam atitudes agressivas ao observar o modelo, embora não tivessem sido abertamente reforçadas para tal aprendizagem. Mais tarde, quando receberam presentes para que imitassem as atitudes do modelo, todas elas o fizeram com bastante precisão. Além disso, as barras cinza-claro da figura mostram que as crianças tendiam a suprimir sua tendência a imitar espontaneamente o modelo quando viam que ele era punido em virtude da agressão. Esse resultado foi constatado especialmente nas meninas. Aparentemente, a punição vicária forneceu às crianças informações sobre o que poderia acontecer a elas caso imitassem o "mau" comportamento. De maneira semelhante, o reforço vicário fornece informações sobre prováveis conseqüências, embora nesse

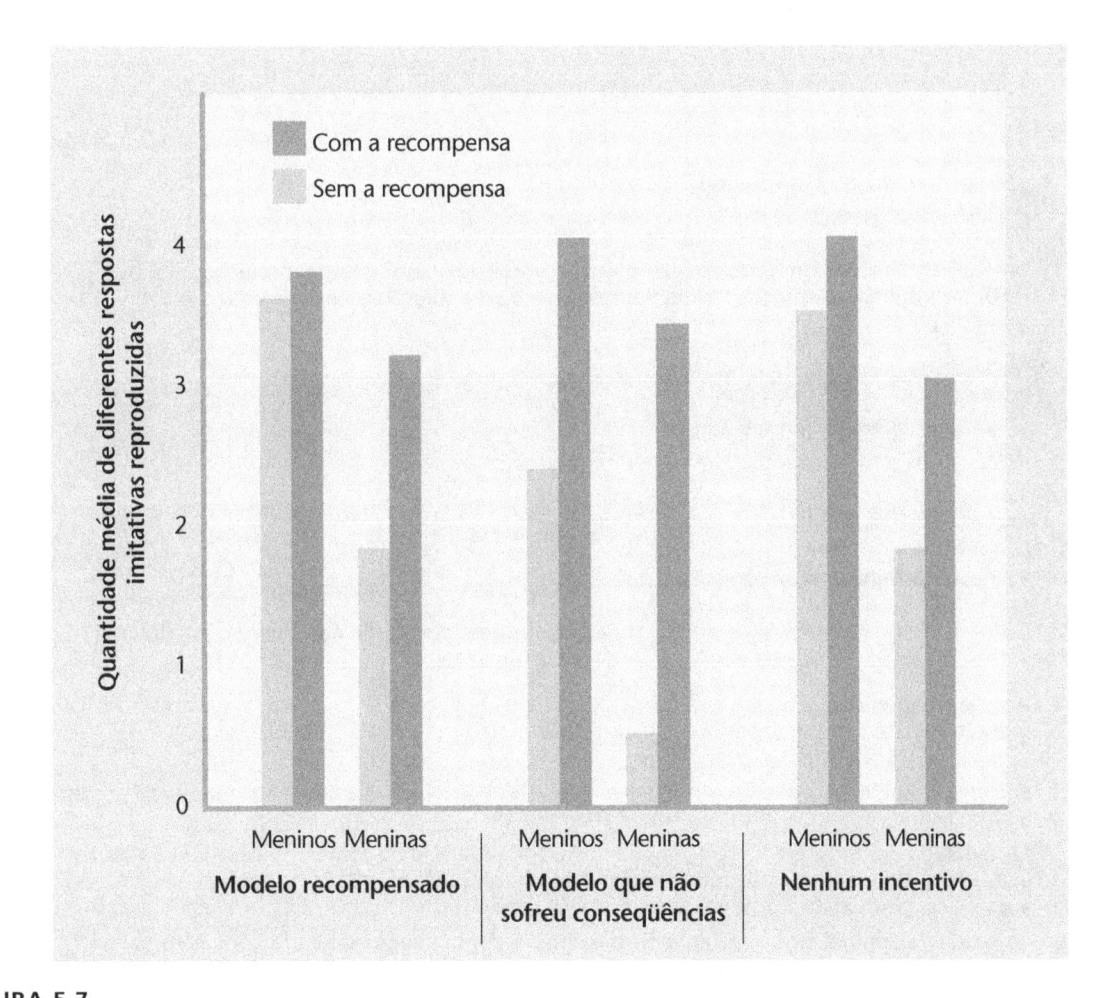

FIGURA 5.7
Resultados do estudo de Bandura. Conforme mostra o gráfico, embora todas as crianças tivessem aprendido o comportamento do modelo, elas tinham desempenho diferente quando viam o modelo sendo recompensado ou punido.

Fonte: A. Bandura. "Influence of model's reinforcement contingencies on acquisition of imitative responses", *Journal of personality and social psychology*, 1, 592. Copyright © 1965 da American Psychological Association. Reprodução autorizada.

estudo, seus efeitos não tenham sido muito grandes. Para crianças dessa idade (pelo menos para aquelas que não estavam preocupadas com a punição), imitar um comportamento agressivo em relação a um boneco era uma "diversão" por si só, mesmo sem a associação com elogios e doces. Esse resultado foi constatado especialmente nos meninos.

Esse estudo tem implicações importantes a respeito de como não devemos ensinar, de forma não intencional, a agressão para as crianças. Suponhamos que você queira fazer com que uma criança pare de agredir outras. Você poderá pensar que bater nela como forma de punição mudaria seu comportamento e provavelmente o eliminaria. Mas bater na criança também mostra que a pancada é um meio efetivo de conseguir o que se quer. Assim, bater não apenas proporciona um modelo de agressão; também apresenta um modelo associado ao reforço vicário. Seria melhor para você e para ela se a punição para o ato de bater não constituísse uma forma de agressão similar e, também se a criança fosse recompensada por demonstrar interações adequadas com outras pessoas (Bandura, 1973, 1977).

A ênfase que a teoria da aprendizagem social dá às expectativas, aos insights e às informações amplia nossa compreensão sobre como as pessoas aprendem. De acordo com ela, os seres humanos empregam sua capacidade de observação e pensamento para interpretar suas próprias experiências, bem como as de outras pessoas, ao decidir seu modo de agir (Bandura, 1962). Essa importante perspectiva pode ser aplicada à aprendizagem de muitas coisas diferentes, desde habilidades e tendências comportamentais até atitudes, valores e idéias.

TESTE SUA APRENDIZAGEM

1. Um macaco examina um problema e os instrumentos de que dispõe para solucioná-lo. De repente, o animal se anima e rapidamente chega a uma solução bem-sucedida. Isso é um exemplo de
    a. insight
    b. condicionamento operante
    c. aprendizagem por ensaio-e-erro

2. Relacione os termos a seguir com sua definição correta.

    ____ aprendizagem latente
    ____ insight
    ____ aprendizagem por observação

    a. idéia nova que ocorre subitamente para a resolução de um problema
    b. aprendizagem que ocorre por meio da observação de um modelo
    c. aprendizagem que ainda não foi demonstrada no comportamento

3. A visão de aprendizagem que enfatiza a capacidade de aprender por meio da observação daquilo que acontece a outras pessoas ou por ouvir determinado assunto é chamada de _____ _____ _____.

4. Se uma pessoa fortalece seu comportamento por ter visto alguém sendo recompensado por esse mesmo comportamento, a recompensa é chamada de _____ _____.

5. "A teoria da aprendizagem social amplia nossa compreensão de como as pessoas aprendem e adquirem habilidades enfatizando expectativas, insight, informação, auto-satisfação e a autocrítica." Essa afirmação é verdadeira (V) ou falsa (F)?

6. "A teoria da aprendizagem social apóia a palmada como uma maneira efetiva de ensinar as crianças a não bater em outras." Essa afirmação é verdadeira (V) ou falsa (F)?

Respostas: 1. a. 2. aprendizagem latente(c); insight(a); aprendizagem por observação(b). 3. teoria da aprendizagem social. 4. reforço vicário. 5. (V). 6. (F).

PALAVRAS-CHAVE

Aprendizagem
Condicionamento clássico (ou plavloviano)

Condicionamento clássico
Estímulo não-condicionado (ENC)
Resposta não-condicionada (RNC)
Estímulo condicionado (EC)
Resposta condicionada (RC)
Emparelhamento intermitente
Terapia de dessensibilização
Predisposição
Aversão condicionada ao sabor

Condicionamento operante
Condicionamento operante (ou instrumental)
Comportamento operante
Reforçador
Punidor
Lei do efeito (princípio do reforço)

Caixa de Skinner
Modelagem
Reforçador positivo
Reforçador negativo
Biofeedback
Punição
Treinamento de esquiva
Desamparo aprendido

Fatores comuns ao condicionamento clássico e ao condicionamento operante
Contingência
Bloqueador
Esquema de reforço
Esquema de intervalos fixos
Esquema de intervalos variáveis
Esquema de razão fixa
Esquema de razão variável
Extinção

Recuperação espontânea
Controle do estímulo
Generalização do estímulo
Discriminação do estímulo
Generalização da resposta
Condicionamento de ordem superior
Reforçador primário
Reforçador secundário

Aprendizagem cognitiva
Aprendizagem cognitiva
Aprendizagem latente
Mapa cognitivo
Insight
Contexto de aprendizagem
Aprendizagem por observação (ou vicária)
Teóricos da aprendizagem social
Reforço vicário (ou punição vicária)

REVISÃO DO CAPÍTULO

Condicionamento clássico

De que modo Pavlov descobriu o condicionamento clássico? A **aprendizagem** é o processo por meio do qual a experiência e a prática geram uma alteração relativamente permanente no comportamento efetivo ou potencial. Uma das formas básicas de aprendizagem consiste em aprender a associar um evento a outro. O **condicionamento clássico** é um tipo de aprendizagem associativa que Pavlov descobriu quando estudava a digestão. Esse estudioso condicionou um cão a salivar ao som de uma campainha toda vez que ele, Pavlov, tocasse-a antes de alimentá-lo. O cão aprendeu a associar a campainha à comida e passou a salivar quando escutava o som sem que a comida fosse servida.

Como você pode condicionar de modo clássico um animal de estimação? Suponha que você quisesse condicionar de modo clássico a salivação de seu próprio cão. Você sabe que a comida é um **estímulo não-condicionado (ENC)** que provoca automaticamente a **resposta não-condicionada (RNC)** de salivação. Por meio de emparelhamentos constantes da comida com um estímulo inicialmente neutro (como uma campainha, por exemplo) que, a princípio, não provoca sali-

vação, esse segundo estímulo torna-se um **estímulo condicionado (EC)** para provocar a **resposta condicionada (RC)** de salivação.

Se você queimou seu dedo com um fósforo no momento em que determinada música, por que essa música não faz agora com que você mova a mão bruscamente como reflexo? Em geral, é mais fácil estabelecer uma resposta condicionada de modo clássico se o ENC e o EC forem emparelhados entre si repetidamente, em vez de serem emparelhados uma só vez, ou apenas de vez em quando (**emparelhamento intermitente**). É por isso que, geralmente, queimar o dedo uma só vez não é suficiente para provocar uma resposta condicionada de modo clássico. Também é importante que os emparelhamentos não ocorram em intervalos muito pequenos nem muito grandes.

O que seria um exemplo de condicionamento clássico em sua própria vida? John Watson condicionou um garotinho, Albert, a ter medo de ratos brancos, produzindo ruídos estridentes toda vez que mostrava um rato ao menino. De maneira semelhante, em sua própria vida você também deve ter adquirido algum medo ou ansiedade condicionados de modo clássico (medo do som da broca do dentista, por exemplo). Talvez você também tenha deixado de sentir um medo condicionado por meio de repetidos emparelhamentos do objeto temido com algo agradável. Mary Cover Jones foi pioneira nesse procedimento, ao emparelhar a temida imagem de um rato (posicionado a distâncias gradualmente menores) com o agradável ato de comer doces. Esse procedimento gerou a **terapia de dessensibilização**.

Por que existe maior probabilidade de as pessoas desenvolverem fobia a cobras que a flores? Martin Seligman utilizou o conceito de **predisposição** para explicar o fato de certas respostas condicionadas serem adquiridas tão facilmente. A facilidade com a qual desenvolvemos a **aversão condicionada ao sabor** ilustra a ocorrência da predisposição. Pelo fato de os animais serem biologicamente preparados para aprendê-la, a aversão condicionada ao sabor pode ocorrer depois de um único emparelhamento do sabor de uma comida suspeita com um posterior mal-estar, até mesmo quando há um longo intervalo de tempo entre a ingestão e a náusea. O medo de cobras também deve ser uma das coisas que os seres humanos estão biologicamente preparados para aprender a sentir.

Condicionamento operante

De que maneira os comportamentos operantes diferem das respostas envolvidas no condicionamento clássico? O **condicionamento operante** ou **instrumental** consiste em aprender a emitir ou a inibir uma certa resposta em razão das conseqüências que ela pode ter. Os **comportamentos operantes** são diferentes das respostas envolvidas no condicionamento clássico porque são emitidos voluntariamente, ao passo que estas são produzidas por estímulos.

Quais são os dois elementos essenciais do condicionamento operante? Um dos elementos essenciais do condicionamento operante é o comportamento operante, ou comportamento desempenhado pela vontade própria de alguém enquanto "operando" sobre o ambiente. O segundo elemento essencial é a conseqüência associada a esse comportamento operante. Quando uma conseqüência aumenta a probabilidade de ocorrência de um comportamento operante, é chamada de **reforçadora**. Quando diminui essa probabilidade é chamada de **punidora**. Essas relações constituem a base da **lei do efeito**, ou **princípio do reforçamento**: comportamentos sempre recompensados têm grande probabilidade de se repetir, ao passo que comportamentos sempre punidos tendem a ser eliminados.

De que modo um fonoaudiólogo deveria ensinar o som do esse a uma criança que ceceia? A fim de acelerar o estabelecimento de uma resposta condicionada de modo operante em laboratório, o número de respostas em potencial deve ser reduzido por meio da limitação do ambiente, como acontece em uma **caixa de Skinner**. Para comportamentos que ocorrem fora do ambiente de laboratório, os quais não podem ser controlados de maneira tão conveniente, o processo de **modelagem** é, em geral, muito útil. Na modelagem, o reforço ocorre por meio de aproximações sucessivas em relação à resposta desejada. Um fonoaudiólogo deveria empregar a técnica da modelagem para ensinar uma criança a pronunciar determinado som de maneira correta.

Qual é a diferença entre reforço positivo e negativo? Quais são os efeitos não-intencionais do reforço? Existem diversos tipos de reforçadores, e todos eles fortalecem o comportamento. Os **reforçadores positivos** (comida, por exemplo) aumentam a probabilidade de ocorrência de um comportamento por adicionar algo recompensador à situação. Os **reforçadores negativos** (parar de levar choques elétricos, por exemplo) provocam o mesmo efeito ao subtrair da situação algo desagradável. Quando uma ação é imediatamente seguida de um reforçador, tendemos a repeti-la, mesmo que ela não tenha, na verdade, produzido esse reforço. Tal comportamento é chamado de supersticioso.

Que problemas a punição pode gerar? A **punição** é caracterizada por qualquer evento que diminua a probabilidade de nova ocorrência do comportamento que o precede. Se de um lado o reforço negativo fortalece o comportamento, a punição o enfraquece. Embora possa ser efetiva, ela também tem desvantagens, como trazer à tona sentimentos negativos e às vezes até mesmo produzir comportamentos agressivos. Além disso, a punição não ensina a pessoa a responder da maneira mais desejável; ela apenas suprime uma resposta indesejada. Às vezes, depois que a punição é aplicada algumas vezes, não é necessário continuá-la porque a simples ameaça de que ela venha a ocorrer é suficiente. Esse processo é chamado de **treinamento de esquiva**.

De que maneiras alguns estudantes universitários demonstram o desamparo aprendido? Quando as pessoas ou outros animais são incapazes de escapar de uma situação de punição, é possível que eles apresentem uma resposta de desistência, chamada de desamparo aprendido. O **desamparo aprendido** pode ser generalizado para novas situações, gerando a resignação diante de resultados desagradáveis, até mesmo quando tais resultados podem ser evitados. Um universitário que desiste de tirar notas boas na escola depois de obter alguns resultados ruins nas provas está apresentando o desamparo aprendido.

Fatores comuns ao condicionamento clássico e ao condicionamento operante

Você é capaz de pensar nas semelhanças entre o condicionamento clássico e o condicionamento operante? Diversos fatores caracterizam tanto o condicionamento clássico quanto o operante: (1) ambos consistem em associações aprendidas; (2) em ambos os casos, as respostas ocorrem sob o controle de estímulos do ambiente; (3) nos dois casos, as respostas desaparecerão gradualmente se não forem periodicamente reforçadas; e (4) em ambos os casos novos comportamentos podem ser gerados a partir de outros, previamente estabelecidos.

Como mudanças no momento de apresentação de um estímulo condicionado podem levar a uma aprendizagem inesperada? Por que o reforço intermitente resulta em um comportamento tão persistente? Tanto no condicionamento clássico quanto no operante existe uma relação de contingência, seja entre dois estímulos ou entre um estímulo e uma resposta. Em ambos os tipos de aprendizagem, as contingências percebidas são muito importantes.

No condicionamento clássico, a contingência existe entre o EC e o ENC. O EC passa a ser o sinal que anuncia que o ENC está prestes a acontecer. Por essa razão, o EC deve ocorrer não apenas bastante próximo do ENC, mas também deve precedê-lo e prevê-lo. Se o EC ocorrer *depois* do ENC, ele passará a ser um sinal de que o ENC terminou, e não de que o ENC é iminente.

No condicionamento operante, as contingências ocorrem entre as respostas e as conseqüências. As contingências entre respostas e recompensas são chamadas de **esquemas de reforço**. O *reforço parcial*, em que as recompensas são dadas para algumas respostas corretas, mas não para todas, gera um comportamento mais duradouro do que aquele aprendido por meio do reforço contínuo. Isso acontece porque o esquema parcial encoraja o sujeito a continuar "testando" a possibilidade de que haja uma recompensa. O tipo de reforço parcial aplicado também é importante. **Um esquema de intervalos fixos**, em que o reforço é dado para a primeira resposta correta que ocorrer depois de um período fixo de tempo, tende a resultar em um alto padrão de respostas no momento imediatamente anterior ao da recompensa. Já um **esquema de intervalos variáveis**, que reforça a primeira resposta correta depois de um período indeterminado de tempo, tende a resultar em um padrão lento, porém constante, de respostas na medida em que o sujeito continua testando a ocorrência da próxima recompensa. Em **um esquema de razão fixa**, o comportamento é recompensado após a ocorrência de uma quantidade fixa de respostas corretas, o que resulta em um alto padrão de respostas, uma vez que responder mais rápido gera recompensas mais rapidamente. Por fim, **um esquema de razão variável** fornece o reforço após a ocorrência de uma quantidade variável de respostas corretas. Esse esquema gera um padrão de respostas corretas elevado e particularmente duradouro, uma vez que a pessoa tem a esperança de que a próxima resposta venha a ser recompensada.

É possível livrar-se de uma resposta condicionada? Em quais circunstâncias associações aprendidas há muito tempo podem ser recuperadas? Outro fator comum entre os condicionamentos clássico e operante é o de que as respostas aprendidas às vezes diminuem sua intensidade e podem até mesmo desaparecer, em um fenômeno chamado de **extinção**. Entretanto, a aprendizagem não é necessariamente esquecida por completo. Às vezes ocorre a **recuperação espontânea**, isto é, a reaparição súbita da resposta, sem que um novo treinamento tenha sido feito.

A extinção é produzida no condicionamento clássico por meio do não-emparelhamento contínuo do EC e do ENC. O EC deixa então de ser um sinal que avisa a iminência do ENC, e por isso a resposta condicionada desaparece. Um importante fator que contribui para a extinção é a interferência entre as novas associações aprendidas e as antigas. Em situações nas quais você é relembrado da velha associação, pode ocorrer a recuperação.

A extinção acontece no condicionamento operante quando o reforço é suprimido até que a resposta aprendida não seja mais emitida. A facilidade de extinção de uma resposta condicionada de modo operante varia de acordo com diversos fatores: a força da aprendizagem original, a diversidade de contextos nos quais ocorreu a aprendizagem e o esquema de reforço empregado durante o condicionamento. Comportamentos especialmente difíceis de serem extintos são aqueles aprendidos por meio de punição.

De que maneira a ansiedade com relação à matemática na escola primária pode afetar um estudante universitário? Por que as pessoas, em jogos de perguntas e respostas, geralmente erram perguntas simples? Quando as respostas condicionadas são influenciadas por pistas presentes no ambiente, ocorre o **controle do estímulo**. A tendência de reagir a pistas que são similares, mas não idênticas, àquelas que prevaleceram durante o processo de aprendizagem original é chamada de **generalização do estímulo**. A **discriminação do estímulo**, por sua vez, permite que as pessoas percebam diferenças entre as pistas para que não respondam a todas elas.

No condicionamento clássico, a resposta condicionada (RC) é controlada pelo estímulo condicionado (EC) que a desencadeia. Eis um exemplo de generalização do estímulo no condicionamento clássico: um estudante se sente ansioso durante o estudo de matemática na faculdade, em virtude da sua má experiência com matemática na pré-escola.

No condicionamento operante, a resposta aprendida é controlada por quaisquer pistas que venham a ser associadas com uma recompensa ou punição. As pessoas sujeitas ao condicionamento quase sempre generalizam seu comportamento diante dessas pistas, reagindo também a outras pistas similares. As pessoas também podem generalizar suas respostas, ao desempenhar comportamentos semelhantes aos originalmente reforçados. Esse resultado é chamado de **generalização da resposta**. A discriminação no condicionamento operante é ensinada reforçando apenas uma determinada resposta e somente na presença de um determinado estímulo.

De que maneira você poderia gerar uma resposta condicionada para criar uma forma ainda mais complexa de aprendizagem? Por que o dinheiro é um reforçador tão bom para a maioria das pessoas? A aprendizagem original serve como alicerce para novas aprendizagens tanto no condicionamento clássico como no operante. No clássico, um estímulo previamente condicionado pode ser empregado como estímulo não-condicionado em treinamentos futuros. Por exemplo: Pavlov utilizou a campainha para condicionar seus cães a salivar quando vissem um quadrado preto. Esse efeito, chamado de **condicionamento de ordem superior**, é difícil de ser adquirido em virtude da extinção. A menos que o estímulo não-condicionado original seja apresentado de vez em quando, a resposta condicionada inicial desaparecerá.

No condicionamento operante, estímulos inicialmente neutros podem se tornar reforçadores ao ser associados a outros reforçadores. Um **reforçador primário** é aquele que, assim como comida e água, é recompensador por si só. Um **reforçador secundário** é aquele cujo valor é aprendido por meio de sua associação com reforçadores primários ou outros reforçadores secundários. O dinheiro é um excelente reforçador secundário porque pode ser trocado por diversas recompensas primárias e secundárias.

Há momentos em que o condicionamento operante se parece com o condicionamento clássico? Apesar das diferenças, os condicionamentos clássico e operante têm muito em comum: ambos consistem em associações entre estímulos e respostas; ambos estão sujeitos à extinção e à recuperação espontânea, bem como à generalização e à discriminação; em ambos, novas aprendizagens podem surgir a partir da aprendizagem original. Hoje em dia, muitos psicólogos se perguntam se os condicionamentos clássico e operante não seriam apenas duas maneiras de produzir o mesmo tipo de aprendizagem.

Aprendizagem cognitiva

De que maneira você estudaria o tipo de aprendizagem que ocorre quando você memoriza as posições de um jogo de xadrez? A **aprendizagem cognitiva** se refere aos processos mentais que acontecem dentro de nós quando aprendemos algo. Alguns tipos de aprendizagem, tal como memorizar as posições de um jogo de xadrez, parecem ser puramente cognitivos, uma vez que quem aprende não parece estar se "comportando" enquanto ocorre a aprendizagem. Entretanto, a aprendizagem cognitiva sempre pode afetar o comportamento futuro, como quando se reproduz a disposição de um jogo de xadrez que foi memorizada após ela ter sido desfeita. É a partir desse tipo de comportamento observado que se infere a existência da aprendizagem cognitiva.

Você aprendeu a andar apenas por condicionamento operante (recompensas por virar na rua certa, punições para as ruas erradas) ou havia algo mais envolvido? **Aprendizagem latente** é qualquer conhecimento adquirido que ainda não foi demonstrado no nosso comportamento. Seu conhecimento de psicologia é latente caso ainda não tenha sido apresentado nas coisas que você diz, escreve e faz. Um dos tipos de aprendizagem latente é o conhecimento da disposição espacial e das relações, que geralmente fica armazenado sob a forma de um **mapa cognitivo**. Recompensas e punições não são essenciais para que ocorra a aprendizagem latente. Você não precisou ser recompensado nem punido para aprender a disposição dos prédios da faculdade em que estuda, por exemplo. Você construiu esse mapa cognitivo simplesmente por meio do armazenamento de suas percepções visuais.

Você estabeleceu um contexto de aprendizagem para fazer uma prova final? Um **contexto de aprendizagem** é um conceito ou procedimento que nos fornece a chave para a resolução de um problema, mesmo quando as exigências do problema sejam ligeiramente diferentes das exigências daqueles que já resolvemos no passado. Como estudante, você provavelmente já estabeleceu um contexto de aprendizagem para fazer uma prova final, que permite que você desenvolva com êxito vários tópicos diferentes. Às vezes, um contexto de aprendizagem pode gerar um insight, isto é, a percepção súbita de uma solução até mesmo para um problema que a princípio pareça ser totalmente novo. Nesse caso, você percebe similaridades entre problemas antigos e novos as quais, inicialmente, não eram visíveis.

Por que seria mais difícil aprender a dirigir se você nunca tivesse entrado em um carro antes? Por que é difícil para as crianças surdas aprender a linguagem falada, embora elas possam facilmente ser reforçadas a produzir sons corretos? Os **teóricos da aprendizagem social** argumentam que nós aprendemos muito por meio da observação de outras pessoas que nos servem de modelos de comportamento ou simplesmente escutando algo. Esse processo é chamado de **aprendizagem por observação** (ou **vicária**). Seria muito mais difícil aprender a dirigir um carro sem nunca ter estado dentro de um, porque faltaria a você um modelo de "comportamento de direção". As crianças surdas sentem dificuldade em aprender a linguagem falada porque elas não possuem um modelo auditivo da fala correta.

Nosso grau de imitação de comportamentos aprendidos por meio da observação depende muito de nossa motivação para fazê-lo. Uma motivação importante consiste em qualquer recompensa ou punição que tenhamos visto associada ao comportamento. Quando uma conseqüência não ocorre para nós, mas apenas para outras pessoas, é chamada de **reforço vicário** ou **punição vicária**.

PENSAMENTO CRÍTICO E APLICAÇÕES

1. Imagine-se mordendo uma fatia de limão. Sua boca provavelmente começará a ficar enrugada e você começará a salivar, embora na verdade não esteja sentindo o gosto amargo do limão. Aplique os princípios do condicionamento clássico para explicar essa reação.

2. Imagine que você deseje evitar que seu cão lata e incomode os vizinhos. Que tipo de reforço você empregaria para alcançar esse resultado?

3. Pense em seus horários diários. O que você faz todos os dias que pode ser chamado de comportamento operante?

4. Os reforçadores secundários são os mesmos para todas as pessoas? Explique sua resposta.

5. Que atitudes referentes à psicologia você aprendeu ao observar seu professor? Com base no capítulo que acaba de ler, você recomendaria o *biofeedback* para alguém que sofra de enjôos ou dores de cabeça provocados pelo movimento? Por quê?

6 Memória

VISÃO GERAL

Os registros sensoriais
- Registros visuais e auditivos
- Atenção

Memória de curto prazo
- Codificação na MCP
- Mantendo a MCP

Memória de longo prazo
- Capacidade da MLP
- Codificação na MLP
- Efeito de posição serial

- Mantendo a MLP
- Tipos de MLP
- Memória explícita e implícita

A biologia da memória
- Como as memórias são formadas?
- Onde as memórias são armazenadas?

Esquecimento
- A biologia do esquecimento

- Experiência e esquecimento
- Melhorando sua memória

Tópicos especiais em relação à memória
- Influências culturais
- Memória autobiográfica
- Amnésia infantil
- Memórias instantâneas
- Memórias recuperadas

O MUNDIALMENTE RENOMADO MAESTRO ARTURO TOSCANINI memorizou cada uma das notas escritas para cada instrumento de cerca de 250 sinfonias, além de todas as letras e músicas de mais de cem óperas. Uma vez, quando não conseguia encontrar uma partitura do Quarteto nº 5 de Joachim Raff, ele se sentou e o reescreveu por completo, com base apenas em sua memória — embora não houvesse visto ou tocado aquela partitura durante décadas. Quando uma cópia da partitura apareceu, as pessoas se assombraram ao descobrir que, com exceção de uma única nota, Toscanini a havia reproduzido perfeitamente (Neisser, 1982).

Um garçom chamado John Conrad costumava servir de 6 a 8 pessoas de uma vez em um agitado restaurante no Colorado, lembrando-se de cada pedido, de sopas a porções de salada, sem precisar anotar nada. Certa vez, ele atendeu 19 pessoas, servindo 19 jantares completos a seus clientes sem cometer nenhum equívoco (Singular, 1982).

Antes de ser afetada por uma enfermidade viral, uma mulher de 29 anos conhecida como MZ disse a pesquisadores que era capaz de se lembrar "do dia exato da semana em que ocorreram eventos passados ou ocorreriam eventos futuros de quase qualquer coisa importante de minha vida... dos telefones de todas as pessoas... das cores do interior das casas e das roupas que as pessoas vestiam... das músicas... lembrar-me de um quadro, como uma pintura no museu, é como estar em frente a essa pintura novamente" (Klatzky, 1980).

Exemplos de pessoas cuja memória é extraordinária suscitam diversas questões quanto à natureza da **memória** em si (veja Wilding e Valentine, 1997): por que algumas pessoas são capazes de se lembrar muito melhor das coisas que outras? Elas simplesmente nasceram com essa capacidade ou qualquer um de nós pode aprender a recordar-se das coisas tanto quanto essas pessoas o fazem? E por que às vezes é tão fácil se lembrar das coisas (pense na facilidade com que os fãs de beisebol se lembram do desempenho de seus batedores preferidos) e outras vezes tão difícil (como a dificuldade de lembrar informações em uma prova)? Por que consideramos tão difícil nos lembrar de algo que ocorreu há apenas alguns meses, ainda que sejamos capazes de nos lembrar, com vívidos detalhes, de um acontecimento ocorrido há 10, 20 ou até mesmo 30 anos? De que maneira funciona a memória e o que faz com que ela falhe?

Uma das primeiras pessoas a buscar respostas científicas para essas questões foi o psicólogo alemão do século XIX Hermann Ebbinghaus. Sendo ele mesmo o sujeito de seus experimentos, Ebbinghaus compôs listas de "sílabas sem sentido", combinações de letras que não resultavam em um significado, como PIB, WOL ou TEB. Ele memorizava listas de 13 sílabas sem sentido cada uma. Então, depois de muito tempo, reaprendia cada uma das listas de sílabas. Ebbinghaus descobriu que, quanto mais ele esperava para aprender uma lista novamente, mais demorada era essa aprendizagem. A maioria das informações se perdia nas primeiras horas. As contribuições de Ebbinghaus dominaram as pesquisas feitas sobre a memória durante muitos anos.

Hoje em dia, muitos psicólogos consideram melhor pensar na memória como uma série de passos por meio dos quais processamos informações, assim como um computador armazena e recupera dados (Massaro e Cowan, 1993). Juntos, esses passos formam aquilo que conhecemos como **modelo de processamento de informação** da memória. Neste capítulo, você encontrará termos como *codificação*, *armazenamento* e *recuperação*, que são conceitos convenientes para comparar a memória humana com a de um computador. Mas vamos também considerar os fatores sociais, emocionais e biológicos que nos tornam humanos e distinguem nossa memória da de uma máquina.

Nossos sentidos são bombardeados por uma quantidade de informações muito maior do que conseguimos processar; assim, o primeiro estágio do processamento de informação consiste na seleção de parte desse material para que possamos pensar nele e nos lembrar dele. Portanto, falaremos primeiro dos registros sensoriais e da atenção, processo que nos permite selecionar as informações entrantes para futuro processamento.

Os registros sensoriais

Que papel desempenham os registros sensoriais?

Olhe lentamente para a sala ao seu redor. Cada relance capta uma enorme quantidade de informação visual, como cores, formas, texturas, brilho relativo e sombras. Ao mesmo tempo, você registra sons, odores e outros tipos de dados sensoriais. Toda essa informação bruta vai dos seus sentidos até aquilo que conhecemos pelo nome de **registros sensoriais**. Esses registros são como salas de espera nas quais as informações entram e permanecem apenas por um curto período de tempo. O fato de nos lembrarmos ou não dessas informações vai depender do tipo de operação que realizarmos sobre elas, conforme você verá ao longo deste capítulo. Embora existam registros para cada um de nossos sentidos, os registros visuais e auditivos são os mais amplamente estudados.

Registros visuais e auditivos

O que aconteceria se a informação auditiva desaparecesse tão rapidamente quanto a informação visual?

Embora os registros sensoriais tenham capacidade praticamente ilimitada (Cowan, 1988), as informações desaparecem desses registros muito rapidamente. Um experimento simples é capaz de demonstrar a quantidade de informações visuais que captamos — e a rapidez com que elas se perdem. Leve uma câmera para uma sala escura e tire uma fotografia utilizando um flash. Durante a fração de segundo em que a sala é iluminada pelo flash, seu registro visual absorverá uma surpreendente quantidade de informações a respeito da sala e dos objetos que nela se encontram. Tente fixar essa imagem visual, ou *ícone*, o máximo de tempo que puder. Você verá que em poucos segundos ela desaparecerá. Depois, compare a imagem da sala que você tem na memória com aquilo que você realmente viu e foi captado pela foto. Você descobrirá que, em apenas alguns segundos, seu registro visual captou muito mais informação do que você foi capaz de reter.

Experimentos realizados por George Sperling (1960) demonstram a rapidez com que a informação desaparece do registro visual. Sperling projetou em uma tela grupos de letras, organizados em três fileiras, durante apenas uma fração de segundo. Depois, ele produziu um sinal sonoro para dizer aos participantes de qual fileira de letras eles deveriam se lembrar: um tom alto indicava que eles deveriam tentar se lembrar da primeira fileira, um tom baixo aludia à última fileira e um tom médio indicava a fileira do meio como alvo da memorização. Empregando essa *técnica de relato parcial*, Sperling descobriu que, se ele executasse o som imediatamente após as letras serem projetadas na tela, as pessoas conseguiam, em geral, lembrar-se de três ou quatro das letras em quaisquer das três fileiras; isto é, elas aparentemente retinham pelo menos nove das doze letras em seus registros visuais. Mas, se ele demorasse um segundo para fazer soar o sinal, os participantes eram capazes de se lembrar de apenas uma ou duas letras de qualquer uma das fileiras — em apenas um segundo, portanto, nada menos que quatro ou cinco letras do conjunto original de 12 haviam desaparecido de seus registros visuais.

A informação visual pode desaparecer do registro visual até mais rapidamente do que Sperling pensava (Cowan, 1988). Na vida diária, novas informações visuais entram continuamente no registro e substituem as informações antigas quase que imediatamente, um processo freqüentemente chamado de *mascaramento*. Isso é normal, porque do contrário as informações visuais iriam simplesmente se acumular no registro sensorial e ficariam inevitavelmente desordenadas. Em condições normais de visão, a informação visual é apagada do registro sensorial em cerca de um quarto de segundo, enquanto é substituída por uma nova informação.

A informação auditiva desaparece mais lentamente que a visual. O equivalente sonoro do ícone, o *eco*, tende a durar vários segundos em virtude da natureza da fala. Isso é certamente positivo para nós; do contrário, a frase "*Você* fez isso!" seria exatamente igual a "Você *fez* isso!", uma vez que não conseguiríamos nos lembrar da ênfase dada às primeiras palavras quando as últimas fossem pronunciadas.

Atenção

Por que algumas informações captam nossa atenção, ao passo que outras passam despercebidas?

Se a informação desaparece tão rapidamente de nossos registros sensoriais, como somos capazes de nos lembrar de *qualquer coisa* por mais de um ou dois segundos? Uma das explicações é que nós selecionamos por meio da **atenção** parte das informações entrantes para futuro processamento (veja a Figura 6.1). A

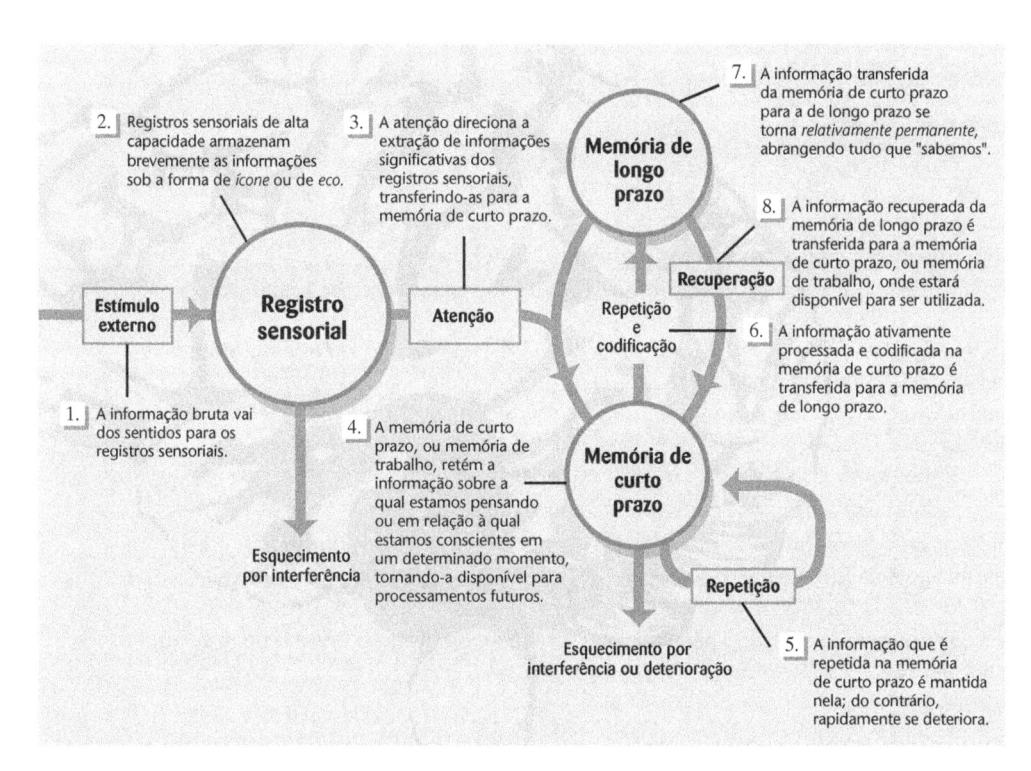

FIGURA 6.1
A seqüência do processamento de informação.

atenção é o processo de olhar, ouvir, cheirar, saborear e sentir de maneira *seletiva*. Ao mesmo tempo em que selecionamos as informações entrantes, atribuímos significados a elas. Olhe para a página que está diante de você. Antes que você reconheça essas linhas como um conjunto de letras e palavras, elas são apenas sinais sem significado. Para compreender essa confusão de dados, você processa as informações nos registros sensoriais de significado.

Como selecionamos aquilo a que vamos prestar atenção em determinado momento, e de que modo atribuímos significado às informações? Donald Broadbent (1958) sugeriu que um processo de filtragem na entrada do sistema nervoso permite a passagem apenas daqueles estímulos que atendem a certas exigências. Os estímulos que passam pelo filtro são comparados a tudo o que já sabemos, para que possamos reconhecê-los e descobrir o que eles significam. Se você e um amigo estiverem conversando em um restaurante, vocês filtrarão todas as outras conversas que estão acontecendo ao redor, processo conhecido pelo nome de *fenômeno do coquetel* (Cherry, 1966; Wood e Cowan, 1995). Embora mais tarde vocês sejam capazes de descrever certas características das outras conversas, como, por exemplo, se as pessoas que estavam conversando eram homens ou mulheres e se usavam voz alta ou suave, de acordo com Broadbent, normalmente se lembrarão do assunto que estava sendo discutido, mesmo nas mesas vizinhas. Pelo fato de vocês terem filtrado aquelas outras conversas, suas informações não foram suficientemente processadas a ponto de vocês compreenderem o que estavam ouvindo.

A teoria da filtragem de Broadbent ajuda a explicar algumas características da atenção, mas, às vezes, estímulos aos quais não estamos atentos chamam a nossa atenção. Voltando ao exemplo do restaurante, se alguém próximo falasse seu nome, sua atenção provavelmente passaria para aquela conversa. Anne Treisman (1960, 1964) modificou a teoria da filtragem a fim de explicar fenômenos como esse. Ela afirmou que o filtro não é um mero interruptor capaz de ser ligado e desligado, mas um controle variável, assim como o controle de volume de um rádio, que pode "reduzir" a intensidade dos sinais indesejados sem rejeitá-los inteiramente. De acordo com essa visão, embora possamos estar prestando atenção a apenas algumas informações entrantes, monitoramos os outros sinais em volume baixo. Dessa maneira, somos capazes de mudar nossa atenção caso percebamos algo particularmente significativo. Esse processamento automático funciona até mesmo quando estamos dormindo: os pais geralmente acordam de imediato quando escutam seu bebê chorando, mas dormem em meio a outros barulhos mais estridentes.

TESTE SUA APRENDIZAGEM

1. Informações brutas captadas pelos sentidos alcançam os _____ _____ antes de desaparecer ou ser futuramente processadas.
2. A informação auditiva desaparece dos registros mais lentamente que a _____.
3. O processo de seleção que nos permite reter a informação que vem dos sentidos é chamado de _____.
4. Somos capazes de prestar atenção a algumas informações ao mesmo tempo em que ignoramos outras. Esse processo é chamado de fenômeno _____ _____.
5. Tendemos a redirecionar nossa atenção quando percebemos algo que nos parece particularmente _____.
6. Indique se as afirmações a seguir são verdadeiras (V) ou falsas (F).
   a. ____ Os registros sensoriais têm capacidade praticamente ilimitada.
   b. ____ Alguns tipos de informação são armazenados permanentemente nos registros sensoriais.
   c. ____ Novas informações visuais substituem as antigas quase que imediatamente por meio de um processo conhecido como mascaramento.
   d. ____ A teoria da filtragem modificada por Treisman afirma que a atenção é como um interruptor que pode ser ligado e desligado.

Respostas: 1. registros sensoriais. 2. visual. 3. atenção. 4. do coquetel. 5. significativo. 6. [a] V; [b] F; [c] V; [d] F.

Em suma, nós atentamos conscientemente a bem poucas informações de nossos registros sensoriais; em vez disso, selecionamos alguma informação e processamos mais tarde aqueles sinais quando nos esforçamos para reconhecê-los e compreendê-los. Entretanto, as informações às quais não estamos atentos recebem pelo menos algum processamento inicial, a fim de que possamos redirecionar nossa atenção a qualquer elemento à nossa volta que se mostre potencialmente significativo. As informações às quais prestamos atenção entram na memória temporária.

Memória de curto prazo

Quais são as duas tarefas primordiais da memória de curto prazo?

A **memória de curto prazo (MCP)** contém as informações nas quais estamos pensando ou das quais estamos plenamente conscientes (Stern, 1985). Quando você ouve uma conversa ou uma canção no rádio; quando assiste a um programa de TV ou a uma partida de futebol; quando sente uma câimbra na perna ou uma dor de cabeça — em todos esses casos você está usando a MCP tanto para reter dados quanto para pensar em novas informações vindas dos registros sensoriais. A MCP possui duas tarefas primordiais: armazenar novas informações por um período breve e administrar essas (e outras) informações. Às vezes, a MCP é chamada de *memória de trabalho* para que seja enfatizado o componente ativo ou administrativo desse sistema de memória (Baddeley, 1986; Baddeley & Hitch, 1994).

Uma pessoa fanática por *videogames* se esquece do mundo exterior. Durante os campeonatos, os jogadores de xadrez pedem que se faça total silêncio enquanto examinam suas próximas jogadas. Você se tranca em uma sala silenciosa quando precisa estudar para as provas finais. Conforme ilustram esses exemplos, ela é capaz de trabalhar com apenas uma certa quantidade de informações em determinado momento. Pesquisas sugerem que ela é capaz de administrar a mesma quantidade de informações que pode ser repetida ou analisada em um período de 1,5 a 2 segundos (Baddeley, 1986; Schweickert & Boruff, 1986).

Para ter uma idéia melhor dos limites da MCP, leia apenas uma vez a primeira seqüência de letras da lista a seguir. Depois feche os olhos e tente se lembrar dela na ordem correta. Repita esse procedimento para cada uma das outras seqüências.

1. C X W
2. M N K T Y
3. R P J H B Z S
4. G B M P V Q F J D
5. E G Q W J P B R H K A

Assim como a maioria das pessoas, você provavelmente deve ter considerado as linhas 1 e 2 bastante fáceis, a linha 3 um pouco mais difícil, a linha 4 extremamente difícil e a linha 5 impossível de ser lembrada após uma única leitura. Você acaba de testemunhar a capacidade relativamente limitada da MCP.

Agora tente ler o seguinte conjunto de 12 letras apenas uma vez e veja se consegue repeti-lo.

TJSFEVNOFKIB

Quantas letras você foi capaz de recordar? Provavelmente não todas. Mas que tal se fosse pedido que você se lembrasse das 12 letras seguintes?

TV FBI JFK SENO

Você foi capaz de se lembrar delas? É quase certo que a resposta seja positiva. Essas 12 letras são as mesmas de antes, mas aparecem agrupadas sob a forma de quatro "palavras" diferentes. Essa maneira de agrupar e organizar informações para que elas formem unidades significativas é chamada de **agrupamento**. As 12 letras foram agrupadas em quatro elementos significativos que podem ser facilmente administrados pela MCP — podem ser repetidos em menos de dois segundos. Agora tente se lembrar dessa seqüência de números:

106619451812

Lembrar-se de 12 números seguidos é geralmente muito difícil, mas tente transformar a lista em três grupos de quatro números:

1066 1945 1812

Para as pessoas que se interessam pela história do exército, esses três grupos de números (que representam datas de batalhas importantes) serão lembrados com muito mais facilidade do que 12 dígitos que não se relacionam entre si.

Por meio do agrupamento de frases ou de fragmentos de frases, somos capazes de processar uma quantidade ainda maior de informações na MCP (Aaronson e Scarborough, 1976, 1977; Baddeley, 1994). Suponha que você queira se lembrar, por exemplo, da seguinte lista de palavras: *árvore, canção, chapéu, pardal, caixa, lilás* e *gato*. Uma estratégia seria agrupar o máximo de palavras possível em frases ou sentenças: "O pardal que está na árvore canta uma canção"; "um chapéu lilás em uma caixa"; "o gato dentro do chapéu". Mas não existiria um limite para essa estratégia? Será que, durante um curto período, cinco frases seriam tão facilmente lembradas quanto cinco palavras isoladas? Não. À medida que o tamanho de cada agrupamento aumenta, diminui a quantidade de agrupamentos que a MCP é capaz de reter (Simon, 1974). Ela pode reter de uma só vez cinco palavras ou letras que não guardam relação entre si, mas cinco sentenças não relacionadas entre si são muito mais difíceis de ser lembradas.

Lembre-se de que a MCP geralmente precisa realizar mais de uma tarefa simultaneamente (Baddeley e Hitch, 1994). Durante os breves momentos que gastou memorizando as seqüências de letras anteriores, você provavelmente dedicou a elas sua total atenção. Mas normalmente você precisa prestar atenção a novas informações entrantes enquanto lida com o que está presente na memória de curto prazo. A competição entre essas duas tarefas pelo limitado espaço de trabalho da MCP significa que nenhuma das tarefas será tão bem feita quanto seria se fosse realizada isoladamente.

Codificação na MCP

Será que armazenamos os materiais na memória de curto prazo da mesma maneira como se apresentam auditiva ou visualmente?

Codificamos fonologicamente as informações verbais para que sejam armazenadas na MCP — isto é, de acordo com a maneira como soam. Isso acontece mesmo se virmos uma palavra, uma letra ou um número em uma página, em vez de os escutarmos (Baddeley, 1986). Diversos experimentos demonstraram que, quando as pessoas tentam se recordar de materiais armazenados na MCP, elas em geral misturam itens que possuam semelhança sonora (Sperling, 1960). Por isso, uma lista de palavras como *gato, rato, tato* e *mato* é muito mais difícil de ser lembrada que uma lista como *cova, dia, vaca* e *bar* (Baddeley, 1986).

Mas nem tudo que está na MCP é armazenado fonologicamente. Pelo menos uma parte é armazenada visualmente, e outras informações são retidas com base em seu significado (Cowan, 1988; Matlin, 1989). Por exemplo: não precisamos converter dados visuais como mapas, diagramas e pinturas em sons antes de codificá-los na MCP e pensarmos neles. E as pessoas surdas apóiam-se basicamente em formas, e não em sons para reter informações na MCP (Conrad, 1972; Frumkin e Ainsfield, 1977). Na verdade, parece que a capacidade de codificação visual da MCP é superior à de codificação fonológica (Reed, 1992).

Mantendo a MCP

De que modo conseguimos reter informações na MCP?

Conforme já dissemos, as memórias de curto prazo são efêmeras — geralmente duram alguns segundos. Entretanto, somos capazes de reter informações na MCP durante períodos mais longos por meio da **repetição mecânica**, também chamada de *ensaio de manutenção* (Greene, 1987). A repetição mecânica consiste em repetir a informação indefinidamente, em silêncio ou em voz alta. Embora essa possa não ser a maneira mais eficiente de se lembrar permanentemente de alguma coisa, pode ser bastante eficaz por um curto período de tempo.

Memória de longo prazo

Que tipos de informação são retidos na MLP?

Tudo o que aprendemos fica armazenado na **memória de longo prazo (MLP)**: a letra de uma canção famosa; os resultados das últimas eleições; o significado da palavra *justiça*; o fato de George Washington ter sido o primeiro presidente dos EUA; o significado de abreviações como TV, FBI, JFK e SENO; o que você comeu no jantar da noite passada; os presentes que ganhou na sua festa de aniversário de seis anos; como andar de patins ou desenhar um rosto; seu gosto por ópera ou o fato de não gostar de ostras cruas; e o que você deverá fazer amanhã às quatro horas da tarde.

TESTE SUA APRENDIZAGEM

1. A memória _____ _____ consiste naquilo em que estamos pensando em determinado momento. Sua função é armazenar brevemente e administrar as novas informações, bem como as informações antigas.
2. O _____ nos permite reunir itens que passam a compor unidades significativas.
3. Séries de números e letras são codificadas _____ na memória temporária.
4. A MCP é capaz de reter, no máximo, cerca de dois segundos de informação. Essa afirmação é verdadeira (V) ou falsa (F)?
5. A repetição _____, que consiste na mera repetição indefinida de informações, é uma maneira eficaz de reter dados por apenas um ou dois minutos.

Respostas: 1. de curto prazo. 2. agrupamento. 3. fonologicamente. 4. (V). 5. mecânica.

Capacidade da MLP
Qual é o limite da MLP?

Você viu que a memória de curto prazo é capaz de reter apenas alguns itens, normalmente durante apenas alguns segundos, a menos que esses itens sejam mantidos pela repetição mecânica. Em contrapartida, a memória de longo prazo é capaz de armazenar uma vasta quantidade de informações por muitos anos. Em um estudo, por exemplo, adultos que haviam se graduado no Ensino Médio há mais de 40 anos ainda eram capazes de se lembrar dos nomes de 75 por cento de seus colegas de classe (Bahrick, Bahrick & Wittlinger, 1974). E algumas pessoas conseguem se lembrar do espanhol que aprenderam no Ensino Médio depois de 50 anos, ainda que tenham tido poucas oportunidades de praticar a língua (Bahrick, 1984).

Codificação na MLP
De que maneira a maioria das lembranças é codificada na MLP?

Você consegue se lembrar do formato do estado da Europa? Você sabe como é o som de um trompete? Você é capaz de imaginar o cheiro da rosa ou o sabor do café? Quando atende ao telefone, você é capaz de às vezes identificar imediatamente quem está telefonando, apenas pela voz? Sua capacidade de fazer a maioria dessas coisas significa que ao menos alguns itens da memória de longo prazo estão codificados como imagens não-verbais: formas, sons, odores, sabores e assim por diante (Cowan, 1988).

Entretanto, a maior parte das informações da MLP parece ser codificada em termos de *significado*. Caso o material seja bastante conhecido e familiar (a letra do hino nacional, a abertura de um programa de TV famoso), é provável que você o tenha armazenado literalmente como é na MLP, e poderá sempre se lembrar desse item, palavra por palavra, quando precisar. Entretanto, de modo geral, não utilizamos o armazenamento literal na MLP. Se alguém lhe contar uma história muito longa e desconexa, você escutará cada palavra, mas certamente não tentará se lembrar da história exatamente como ela foi contada. Em vez disso, você irá extrair os pontos principais e tentar se lembrar apenas deles. Até mesmo frases simples são codificadas com base em seu significado. Assim, quando pedimos que as pessoas se lembrem de que "o Mário ligou para o Roberto", mais tarde elas geralmente consideram impossível lembrar se alguém lhes disse que "o Mário ligou para o Roberto" ou que "o Roberto recebeu uma ligação do Mário". Elas normalmente se lembram do significado da mensagem, mas não das palavras exatas (Bourne, Dominowski, Loftus & Healy, 1986).

Efeito de posição serial
Que itens de uma lista são mais difíceis de ser lembrados?

Quando recebem uma lista de itens dos quais devem se lembrar (como a lista do supermercado), as pessoas tendem a se lembrar melhor dos primeiros (*efeito de primazia*) e dos últimos (*efeito de recentidade*). Os itens que estão no meio da lista, por sua vez, são facilmente esquecidos (veja a Figura 6.2).

A explicação para esse **efeito de posição serial** está na compreensão de como as memórias de curto e longo prazo trabalham em conjunto. O *efeito de recentidade* ocorre porque os últimos itens da lista ainda estão presentes na MCP e, portanto, disponíveis para recuperação. Por outro lado, o *efeito de primazia* reflete a oportunidade de repetir os primeiros itens — o que aumenta a probabilidade de que eles sejam transferidos para a MLP.

Os itens do meio da lista são pouco lembrados porque foram lidos há muito tempo para ainda estar na MCP; além disso, foram apresentados tantos itens que necessitavam de atenção antes e depois deles que faltou oportunidade para que eles fossem repetidos. Os fatos demonstram que o efeito de posição serial ocorre em uma ampla variedade de condições e situações (Neath, 1993). Uma versão do efeito de posição serial foi demonstrada até mesmo em macacos (Wright, 1998).

Mantendo a MLP
Quais são as três maneiras de reter informações na MLP?

Repetição mecânica   A repetição mecânica, a principal ferramenta de retenção de informações na MCP, também é útil para a manutenção da MLP. O velho ditado que diz que a prática leva à perfeição tem seu mérito. Milhões de estudantes aprendem o alfabeto e a tabuada por meio da persistente repetição das letras e dos números. Aliás, a repetição mecânica talvez seja o método padrão de armazenamento de gran-

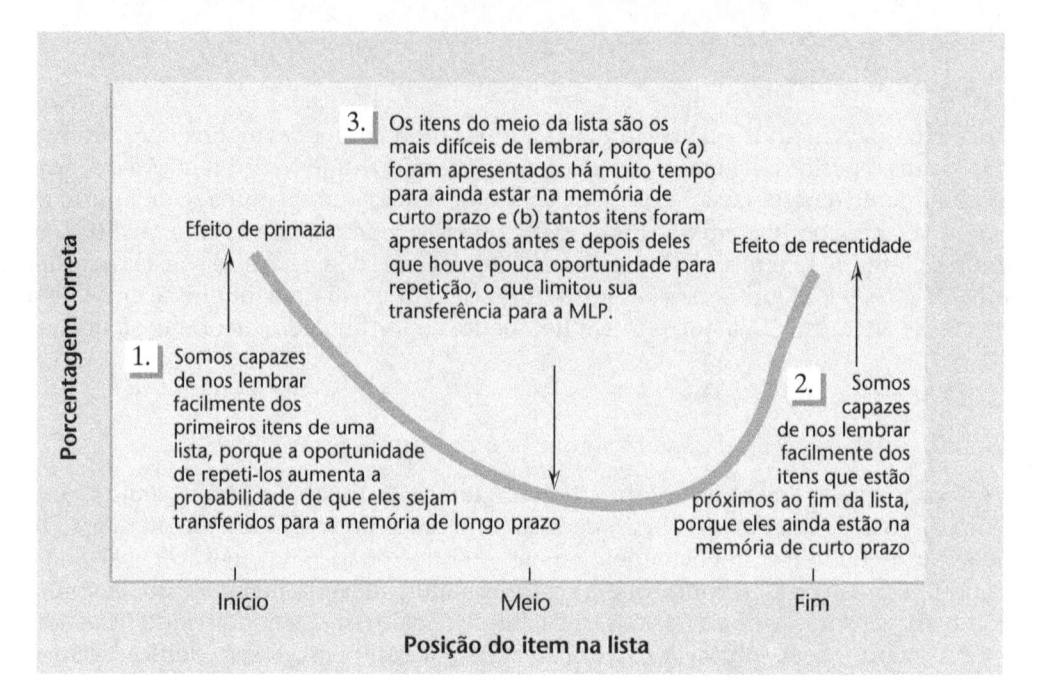

FIGURA 6.2
O efeito de posição serial. O efeito de posição serial demonstra como as memórias de curto e longo prazo trabalham em conjunto.

Gráfico: Porcentagem correta × Posição do item na lista (Início, Meio, Fim)

1. Somos capazes de nos lembrar facilmente dos primeiros itens de uma lista, porque a oportunidade de repeti-los aumenta a probabilidade de que eles sejam transferidos para a memória de longo prazo — **Efeito de primazia**.

2. Somos capazes de nos lembrar facilmente dos itens que estão próximos ao fim da lista, porque eles ainda estão na memória de curto prazo — **Efeito de recentidade**.

3. Os itens do meio da lista são os mais difíceis de lembrar, porque (a) foram apresentados há muito tempo para ainda estar na memória de curto prazo e (b) tantos itens foram apresentados antes e depois deles que houve pouca oportunidade para repetição, o que limitou sua transferência para a MLP.

---

des quantidades de material sem significado, tais como números de telefone, números de cadastro na Previdência Social, códigos de segurança, senhas de computador, datas de aniversário e nomes de pessoas.

De fato, embora todo mundo odeie exercícios rotineiros, parecemos não ter escolha em virtude de sua utilidade no domínio de diversas habilidades, da memorização do alfabeto à execução de uma obra de Mozart no piano, ou de um salto mortal a partir de um trampolim. Dominar uma habilidade significa atingir sua *automaticidade*, palavra que os pesquisadores utilizam para descrever o desempenho que se dá de maneira fluida e imediata. Digitar profissionalmente, por exemplo, significa ser capaz de pressionar as teclas exatas sem ter de ficar pensando a cada movimento. A automaticidade só é alcançada após exercícios longos e difíceis.

Entretanto, pesquisas sugerem que a repetição feita sem nenhuma intenção de aprender produz efeitos pequenos na subseqüente recordação (Greene, 1987). Provavelmente você poderá comprovar esse fenômeno sozinho: pare e tente se lembrar, de memória, a face frontal de uma moeda de um centavo. A maioria das pessoas considera essa tarefa incrivelmente difícil: apesar de já ter visto milhares de centavos, não é capaz de desenhar a moeda corretamente, nem mesmo de escolher entre opções semelhantes (Nickerson e Adams, 1979).

Repetição elaborativa Conforme já vimos, o hábito de repetir com a intenção de aprender às vezes é útil para o armazenamento de informações na MLP. Mas, em geral, um procedimento ainda mais eficaz é o da **repetição elaborativa** (Postman, 1975), isto é, o ato de relacionar novas informações com outras que já sabemos. Por meio da repetição elaborativa, você extrai o significado da nova informação e, em seguida, relaciona-o à maior quantidade possível de material já presente na MLP. Quanto mais relações ou associações forem feitas, maiores as chances de que a nova informação seja relembrada posteriormente, da mesma maneira que é mais fácil encontrar um livro em uma biblioteca se ele estiver catalogado sob diversos tópicos em vez de apenas um ou dois. Assim, tendemos a nos lembrar melhor de materiais significativos que de fatos arbitrários, pois: somos capazes de conectar materiais significativos a mais itens que já estejam na MLP.

É claro que a repetição elaborativa exige um processamento mais profundo e significativo de novos dados do que o simples hábito de repetir (Craik & Lockhart, 1972). Contudo, se não guardamos os dados dessa maneira, é comum que logo nos esqueçamos deles. Por exemplo: você já participou de grupos em que as pessoas se revezavam ao falar — talvez no primeiro dia de aula ou no começo de um debate, quando se pede que todos os presentes se apresentem brevemente? Você percebeu que se esquece de praticamente tudo o que foi dito pela pessoa que falou imediatamente antes de você? De acordo com pesquisas, você não foi capaz de se lembrar porque não repetiu elaborativamente o que aquela pessoa estava falando (Bond, Pitre & Van Leeuwen, 1991). Os comentários da pessoa simplesmente "entraram por um ouvido e saíram pelo outro" enquanto você estava preocupado, pensando em seus próprios comentários.

Esquemas   Uma das variações da idéia de repetição elaborativa é o conceito de **esquema**. Um esquema é como um roteiro que começou a ser escrito por suas experiências passadas, cujos detalhes devem ser preenchidos por suas experiências presentes. É uma representação mental de um acontecimento, um objeto, uma situação, uma pessoa, um processo ou um relacionamento que está armazenado em sua memória e faz com que você espere que suas experiências sejam organizadas de determinadas maneiras. Por exemplo: é possível que você tenha um plano (esquema) de ir ao shopping, comer em um restaurante, dirigir um carro ou assistir a uma aula. O esquema da aula provavelmente contém uma sala ampla, cadeiras organizadas em fileiras, um espaço na frente da sala onde ficará o professor ou palestrante, um tablado, um quadro-negro, uma tela, entre outras características comuns à nossa experiência de assistir a aulas. Você entra, se senta, abre o caderno e espera que o professor ou palestrante entre e dê a aula na frente da sala.

Esquematizações como essa nos fornecem uma estrutura dentro da qual novas informações serão encaixadas. A esquematização é capaz de confirmar as coisas das quais você se lembra, sugerindo a elaboração de estereótipos, ou seja, a atribuição de certas características a todos os membros de determinado grupo. (O processo de estereotipagem será analisado no Capítulo 14, "Psicologia social".) Por fim, a esquematização pode ajudar você a preencher informações perdidas ou a tirar conclusões. Suponha que um dia Roberto estivesse muito mal-humorado e você descobrisse, mais tarde, que um pneu do carro dele havia furado quando ele estava indo a um compromisso importante vestido com suas melhores roupas. O esquema ou a representação mental que você tem de como é ter de trocar um pneu em uma situação como essa o ajudaria a compreender a razão pela qual Roberto, naquele dia, não estava tão alegre como de costume.

Em suma, vimos que a memória de longo prazo oferece um vasto espaço de armazenamento para informações das quais podemos nos lembrar de diversas maneiras. Sua capacidade é imensa e o material armazenado nela pode resistir durante décadas. Em comparação, a memória de curto prazo tem capacidade bastante limitada; as informações podem desaparecer da MCP porque são abandonadas ou simplesmente porque o espaço de armazenamento está todo preenchido. Para manter informações na MCP, devemos renová-las constantemente por meio da repetição. Se quisermos reter as informações por mais tempo, devemos transferi-las para a memória de longo prazo, geralmente por meio da repetição elaborativa. Os registros sensoriais são capazes de captar um enorme volume de informações efêmeras, mas não são capazes de processar essas lembranças. Juntos, esses três estágios — os registros sensoriais, a MCP e a MLP — constituem o processamento de informações da memória.

Tipos de MLP

Quais são as diferenças entre os tipos de MLP?

A informação armazenada na MLP pode assumir uma infinidade de formas. Ainda assim, a maioria das memórias de longo prazo pode ser classificada em alguns tipos.

As **memórias episódicas** (Tulving, 1985) são lembranças de acontecimentos presenciados em um momento e lugar específicos. Essas memórias são *pessoais*, não são fatos históricos. Caso você consiga se lembrar do que jantou ontem à noite, quais os presentes que ganhou no seu aniversário de 16 anos, ou como aprendeu a andar de bicicleta quando era pequeno, você estará se lembrando de memórias episódicas. Podemos considerá-las como um diário ou um jornal, que nos ajuda a "voltar no tempo" (Wheeler, Stuss & Tulving, 1997).

As **memórias semânticas**, por sua vez, são fatos e conceitos que não estão ligados a um determinado período de tempo. Se a memória episódica funciona como um jornal, a memória semântica seria um dicionário ou uma enciclopédia repletos de fatos e conceitos, como o significado da palavra *semântica*, o nome do inventor da lâmpada, a localização do Empire State Building, quanto são dois vezes sete e quem foi George Washington.

As **memórias de procedimento** são as habilidades e os hábitos motores. Não são memórias *sobre* habilidades e hábitos; são *precisamente* essas habilidades e hábitos. As memórias de procedimento dizem respeito ao conhecimento de *como fazer algo*: como andar de bicicleta, nadar, tocar violino, digitar uma carta, fazer café, escrever seu nome, pentear o cabelo, caminhar em uma sala ou pisar no freio do carro. Normalmente, a informação presente nesses procedimentos constitui uma seqüência precisa de movimentos coordenados, geralmente difíceis de descrever com palavras. A repetição e, em muitos casos, a prática deliberada são exigências constantes para o domínio de habilidades e hábitos, mas, uma vez que estes são aprendidos, raramente se perdem por completo. O ditado que diz que "ninguém esquece como andar de bicicleta" ilustra a durabilidade das memórias de procedimentos.

As **memórias emocionais** são respostas emocionais aprendidas em relação a diversos estímulos: todos os nossos amores e ódios, nossos medos racionais e irracionais, nossos sentimentos de repulsa e ansiedade. Se você tem medo de insetos voadores, fica furioso quando vê uma bandeira nazista ou sente vergonha de algo que fez, você tem memórias emocionais.

Memória explícita e implícita

Quais são as diferenças entre memória explícita e implícita?

Em razão das diferenças entre os tipos de memórias, os psicólogos fazem distinção entre a **memória explícita**, que inclui as memórias episódica e semântica, e a **memória implícita**, que abrange as memórias de procedimentos e emocionais (Nelson, 1999). Esses termos refletem o fato de que às vezes estamos conscientes de que sabemos algo (memória explícita) e, outras vezes, não estamos (memória implícita).

O interesse mais sério na distinção entre memória explícita e implícita começou como resultado de experimentos feitos com portadores de amnésia. Esses pacientes padeciam de uma lesão cerebral que, pensava-se, evitava que eles acumulassem memórias de curto prazo. Eles eram capazes de se lembrar de coisas que haviam acontecido antes de sofrer a lesão, mas não do que havia ocorrido depois.

Por exemplo: Brenda Milner (Milner, Corkin e Teuber, 1968) estudou o caso, hoje famoso, do paciente H. M., um jovem que tinha severos e incontroláveis ataques epilépticos. Os ataques passaram a ameaçar-lhe a vida, e então, como último recurso, os cirurgiões removeram grande parte da área danificada de seu cérebro. A cirurgia reduziu bastante a freqüência e a severidade dos ataques, mas criou um novo problema: H. M. não conseguia mais acumular novas lembranças. Ele poderia se encontrar diversas vezes com a mesma pessoa e cada vez parecer a primeira. Poderia ler a mesma revista todos os dias e não se lembrar de já tê-la visto. As memórias antigas, porém, permaneciam intactas: ele era capaz de se lembrar de coisas que havia aprendido muito tempo antes da operação, mas não conseguia aprender nada novo. Ao menos era o que parecia.

Então, um dia, Milner pediu que H. M desenhasse o contorno de uma estrela enquanto olhava para o espelho. Essa tarefa aparentemente simples é bastante difícil, mas, com um pouco de prática, a maioria das pessoas demonstra um progresso constante. Surpreendentemente, H. M. também demonstrou. A cada dia ele desenhava a estrela melhor, assim como faria qualquer pessoa de cérebro normal — mesmo assim, todos os dias ele não se lembrava de já haver realizado a tarefa antes. O desempenho de H. M. demonstrou não apenas que ele era capaz de aprender, mas também que existem diferentes tipos de memória. Algumas são explícitas: sabemos coisas e sabemos disso. E algumas são implícitas: sabemos coisas, mas esse conhecimento é inconsciente (veja a Tabela 6.1 para um resumo sobre memória explícita e implícita).

TABELA 6.1 TIPOS DE MEMÓRIA

Explícita		Implícita	
Semântica	Episódica	De procedimentos	Emocional
Lembranças de fatos e conceitos	Lembranças de acontecimentos presenciados pessoalmente	Habilidades e hábitos motores	Respostas emocionais aprendidas
Exemplo: lembrar-se de que Assunção é a capital do Paraguai	*Exemplo*: lembrar-se de uma viagem ao Paraguai	*Exemplo*: patinar no gelo	*Exemplo*: recuar ao ver um rato

Pesquisas sobre um fenômeno chamado *imprimadura* também demonstram as diferenças entre memória explícita e implícita. Durante a imprimadura, a pessoa é exposta a um estímulo, em geral uma palavra ou imagem. Depois, mostra-se à pessoa um fragmento do estímulo (algumas letras da palavra ou uma parte da imagem) e pede-se que ela o complete. O resultado típico desse experimento é que as pessoas têm mais chances de encaixar fragmentos de itens que já viram anteriormente que fragmentos de outros itens igualmente plausíveis. Por exemplo: uma lista de palavras que inclui a palavra *excursão* é mostrada a você. Mais tarde, mostram-lhe uma lista de fragmentos de palavras, entres os quais figura "__cur__", e pedem que você complete os espaços em branco para formar uma palavra. Se comparado a outras pessoas que não sofreram imprimadura pela visão da palavra *excursão*, você tem mais chances de escrever a palavra correta do que escrever outra cuja segunda sílaba seja coincidente. A exposição que você já havia tido à palavra *excursão* o leva a escrever a palavra correta.

A diferença que existe entre as memórias explícita e implícita indica que alguns conhecimentos são totalmente inconscientes. Além disso, conforme veremos em breve, aparentemente as memórias explícita e implícita também estão relacionadas a diferentes estruturas e caminhos neurais. Entretanto, é comum que elas trabalhem em conjunto. Quando nos lembramos de uma ocasião em que fomos a um restaurante chinês, não nos recordamos apenas de onde e quando comemos e das pessoas que nos acompanhavam (memória episódica), mas também do tipo de comida servida (memória semântica), das habilidades que adquirimos, como utilizar os pauzinhos para comer (memória de procedimento) e do constrangimento que sentimos quando derramamos o chá (memória emocional). Quando nos lembramos de acontecimentos, não recuperamos esses tipos de memória como coisas distintas e separadas; em vez disso, eles estão integralmente conectados, assim como as experiências originais estavam. O fato de continuarmos nos lembrando ou não dessas experiências com precisão no futuro vai depender, em grande parte, do que acontecer ao nosso cérebro.

TESTE SUA APRENDIZAGEM

Relacione os termos a seguir com as definições apropriadas.

1. ____ efeito de primazia
2. ____ efeito de recentidade
3. ____ efeito de posição serial

a. motivo pelo qual nos lembramos de itens posicionados no final de uma lista
b. motivo pelo qual nos lembramos de itens posicionados no começo de uma lista
c. motivo pelo qual não conseguimos nos lembrar de itens posicionados no meio de uma lista

4. Se a informação for aprendida por meio de repetição, esse processo é o da repetição _____; se for aprendida por meio da relação que se estabelece com outras memórias, esse processo é o da repetição _____.

5. Um esquema é uma estrutura da memória na qual se encaixam novas informações. Essa afirmação é verdadeira (V) ou falsa (F)?

Relacione os termos a seguir com as definições apropriadas.

____ 6. memórias de procedimentos
____ 7. memórias episódicas
____ 8. memórias emocionais
____ 9. memórias semânticas

a. memórias específicas que se referem às experiências pessoais de alguém
b. memórias de fatos e conceitos
c. memórias de habilidades e hábitos motores
d. medo, amor ou ódio, por exemplo, associados a acontecimentos específicos

10. As memórias implícitas consistem em memórias _____ e _____, ao passo que as memórias explícitas são formadas de memórias _____ e _____.

11. Uma exposição inicial a uma palavra da qual você terá de lembrar depois é um procedimento empregado para demonstrar a _____.

Respostas: 1. b. 2. a. 3. c. 4. mecânica; elaborativa. 5. (V). 6. c. 7. a. 8. d. 9. b. 10. de procedimentos e emocionais; episódicas e semânticas. 11. imprimadura.

A biologia da memória

Como e onde as memórias são armazenadas?

Pesquisas sobre a biologia da memória se concentram principalmente na seguinte questão: "Como e onde as memórias são armazenadas?" Uma pergunta aparentemente simples, mas que tem se mostrado difícil de responder. Entre as ferramentas utilizadas na busca da resposta estão estudos com pessoas que sofreram lesões neurológicas por meio de cirurgias, doenças ou ferimentos, além de estudos experimentais com animais. Exames que utilizam imagens para o estudo do sistema nervoso (veja o Capítulo 2, "A natureza biológica do comportamento"), especialmente a tomografia por emissão de pósitrons (PET) e a ressonância magnética (MRI), também são úteis. Enfim, embora nossa compreensão da natureza biológica da memória ainda não seja completa, um considerável progresso foi realizado nas últimas duas décadas.

Como as memórias são formadas?

Que papel os neurônios desempenham na memória?

Segundo as pesquisas atuais, as memórias são formadas por alterações nas conexões sinápticas existentes entre os neurônios (Squire & Kandel, 1999). Tudo o que você aprende é gravado no cérebro como alterações de tamanho, forma, funcionamento químico e conectividade dos neurônios. Quando aprendemos coisas novas, novas conexões são formadas; quando recapitulamos ou praticamos coisas que já aprendemos, as antigas conexões são reforçadas. A natureza dessas conexões modificadas parece envolver tanto alterações químicas quanto estruturais que aumentam o número de conexões entre os neurônios e a probabilidade de que as células se ativem mutuamente por meio de descargas elétricas (veja a Figura 2.3). Essas alterações nos neurônios são chamadas de *consolidação*. Embora a aprendizagem geralmente ocorra de modo rápido, a consolidação das memórias é um processo mais lento.

Onde as memórias são armazenadas?

As memórias de curto e longo prazo são encontradas nas mesmas partes do cérebro?

Nem todas as memórias são armazenadas em um só lugar (Brewer, Zhao, Desmond, Glover e Gabriel, 1998). Entretanto, essa característica não significa que elas estejam distribuídas aleatoriamente dentro do cérebro. Na verdade, diferentes partes do cérebro são especializadas no armazenamento de diferentes memórias (Rolls, 2000).

As memórias de curto prazo, por exemplo, parecem estar localizadas principalmente no córtex pré-frontal e no lobo temporal (Fuster, 1997; Rao, Rainer e Miller, 1997; Rolls, Tovee & Panzeri, 1999; veja a Figura 6.3). Lesões nas áreas subcorticais, conhecidamente importantes na formação da memória de longo prazo, parecem não afetar a memória de curto prazo. Essa descoberta foi exemplificada por H. M., o paciente que sofria de amnésia de quem falamos anteriormente. Embora H. M. não conseguisse reconhecer os médicos que via todos os dias, sua memória para acontecimentos do passado continuava normal.

As memórias de longo prazo, por outro lado, parecem contar com a participação tanto das estruturas corticais quanto das subcorticais, ao menos durante a fase de consolidação. Porções do lobo temporal são especialmente importantes para a formação de novas memórias permanentes. O hipocampo também desempenha um papel central na formação de memórias de longo prazo semânticas e episódicas. Se ele for lesionado, a pessoa será capaz de se lembrar de acontecimentos recentes, que acabaram de ocorrer (e que estão na MCP), mas sua capacidade de recordar esses mesmos acontecimentos no longo prazo é prejudicada. A remoção ou destruição total do hipocampo elimina a capacidade de se lembrar de novas experiências. Por exemplo: a cirurgia a que H. M. se submeteu para curar sua epilepsia lesionou seu hipocampo.

Mas o fato de que as estruturas subcorticais (tais como o hipocampo) são essenciais para a formação de memórias de longo prazo não significa, necessariamente, que essas memórias estão armazenadas em tais estruturas. A remoção do hipocampo, por exemplo, impede a formação de novas memórias semânticas, mas não impossibilita a recordação de memórias antigas; portanto, essas memórias estão armazenadas ao menos parcialmente fora do hipocampo. Então, onde é que o cérebro "coloca" as memórias que processa? Pesquisas sugerem que as memórias estão amplamente dispersas dentro do órgão; contudo, diferentes tipos de memória tendem a estar concentrados em locais distintos.

As memórias semânticas se localizam principalmente nos lobos frontais e temporais do córtex (veja a Figura 6.3). Pesquisas mostram o aumento da atividade cerebral em uma determinada área do lobo temporal esquerdo, por exemplo, quando se pede que as pessoas se lembrem dos nomes das pessoas que conhecem. Em uma área próxima há um aumento de atividade quando recordam elas nomes de animais, e outra área vizinha fica ativa quando se pede que elas se lembrem de nomes de ferramentas (Damasio, Grabowski, Tranel, Hichawa e Damásio, 1996). Assim, parece que as memórias semânticas têm seu lugar específico, embora tais informações também possam ser parcialmente gravadas nas áreas subcorticais, especialmente no hipocampo, ao menos nos primeiros estágios da consolidação.

Assim como as memórias semânticas, as memórias episódicas se concentram nos lobos frontais e temporais, os quais, curiosamente, também parecem desempenhar um papel importante com relação à consciência e à percepção (Wheeler, Stuss & Tulving, 1997). Mas algumas evidências mostram que as memórias episódicas e semânticas abrangem diferentes áreas do cérebro. Wood e colegas (1980) compararam o fluxo de sangue existente no cérebro quando as pessoas executavam dois tipos de tarefas (o fluxo de sangue existente em uma área está associado à atividade dessa área). Algumas pessoas realizaram uma tarefa relacionada à memória episódica, ao passo que outras realizaram uma associada à memória semântica. Os pesquisadores descobriram que os dois tipos de tarefas resultaram no aumento do fluxo de sangue em áreas ligeiramente distintas do cérebro.

As memórias de procedimentos estão primordialmente localizadas no cerebelo (área envolvida no equilíbrio e na coordenação motora) e no córtex motor (veja a Figura 6.4; Gabrieli, 1998). Quando as pessoas seguem o movimento de um objeto traçando sua trajetória com um lápis, a atividade de seu córtex motor aumenta (Grafton *et al.*, 1992). Mais uma vez o hipocampo também parece ser importante para esse tipo de memória.

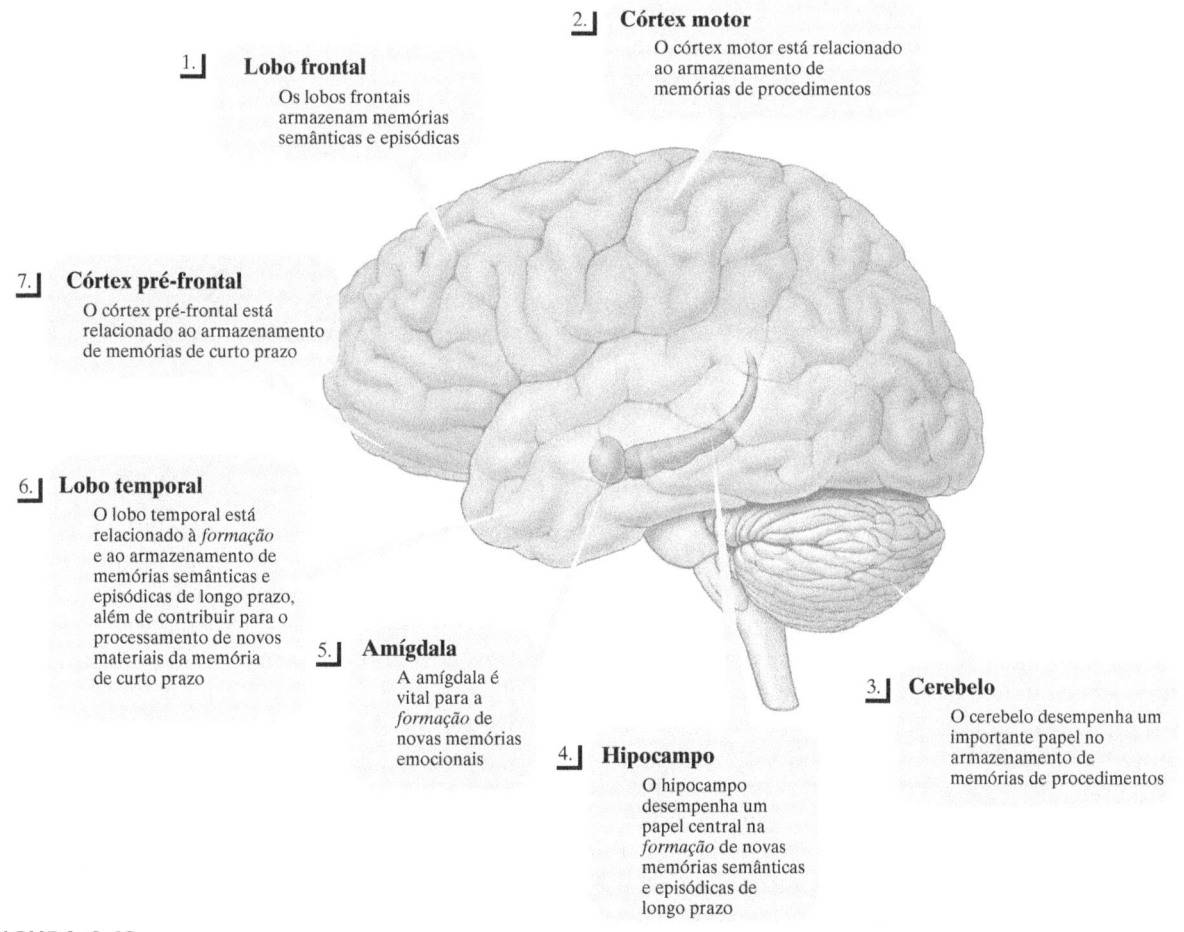

1.| Lobo frontal
Os lobos frontais armazenam memórias semânticas e episódicas

2.| Córtex motor
O córtex motor está relacionado ao armazenamento de memórias de procedimentos

7.| Córtex pré-frontal
O córtex pré-frontal está relacionado ao armazenamento de memórias de curto prazo

6.| Lobo temporal
O lobo temporal está relacionado à *formação* e ao armazenamento de memórias semânticas e episódicas de longo prazo, além de contribuir para o processamento de novos materiais da memória de curto prazo

5.| Amígdala
A amígdala é vital para a *formação* de novas memórias emocionais

3.| Cerebelo
O cerebelo desempenha um importante papel no armazenamento de memórias de procedimentos

4.| Hipocampo
O hipocampo desempenha um papel central na *formação* de novas memórias semânticas e episódicas de longo prazo

FIGURA 6.43
A base biológica da memória. Diferentes partes do cérebro são especializadas no armazenamento de diferentes memórias.

> **TESTE SUA APRENDIZAGEM**
>
> 1. A consolidação de memórias de longo prazo ocorre quase instantaneamente. Essa afirmação é verdadeira (V) ou falsa (F)?
> 2. Aparentemente, a consolidação de novas memórias relaciona-se ao crescimento de novas terminações nos dendritos dos neurônios. Essa afirmação é verdadeira (V) ou falsa (F)?
>
> Relacione os seguintes tipos de memória aos locais do cérebro em que elas parecem estar armazenadas.
>
> 3. ____ memórias de curto prazo
> 4. ____ memórias semânticas e episódicas de longo prazo
> 5. ____ memórias de procedimentos
> 6. ____ memórias emocionais
>
> a. lobos frontais e temporais
> b. cerebelo e córtex motor
> c. amígdala
> d. córtex pré-frontal e lobo temporal
>
> Resposta: 1. (F). 2. (V). 3. d. 4. a. 5. b. 6. c.

As memórias emocionais, por sua vez, dependem da amígdala (Cahill e McGaugh, 1998; Vazdarjanova e McGaugh, 1999), uma estrutura localizada nas proximidades do hipocampo. A amígdala parece desempenhar para as memórias emocionais um papel similar ao que o hipocampo desempenha para as episódicas, semânticas e de procedimentos. Por exemplo: lesões na amígdala reduzem a capacidade de recordação de novas experiências emocionais, mas não impedem que uma pessoa se lembre de episódios emocionais anteriores à lesão (veja Nadel e Jacobs, 1998).

Esquecimento

Por que às vezes nos esquecemos das coisas?

Por que as memórias, uma vez formadas, não permanecem para sempre no cérebro? Parte da resposta tem que ver com a biologia da memória, e outra parte está relacionada às experiências que temos antes e depois da aprendizagem.

A biologia do esquecimento

Como a deterioração do cérebro ajuda a explicar a ocorrência de esquecimento?

A informação armazenada na MLP também pode ser perdida quando o processo de consolidação é interrompido. Lesões na cabeça freqüentemente resultam em **amnésia retroativa**, condição na qual as pessoas não conseguem se lembrar do que lhes aconteceu pouco antes de sofrer a lesão. Em tais casos, o esquecimento pode acontecer pelo fato de as memórias não estarem totalmente consolidadas no cérebro. O problema é análogo a algo que todo computador já apresentou: um breve momento de interrupção no fornecimento de energia elétrica resulta na perda de informações que ainda não haviam sido salvas no disco rígido. Em um instante, a informação está diante de você e é prontamente acessível; no instante seguinte, ela se perdeu.

A perda severa de memória remonta invariavelmente a lesões cerebrais provocadas por acidentes, cirurgias, má alimentação ou doenças. Por exemplo: o alcoolismo crônico pode levar a um tipo de amnésia chamado de *síndrome de Korsakoff*, provocada por uma deficiência vitamínica decorrente da má alimentação, em geral de pessoas que consomem álcool abusivamente (Baddeley, 1987). Outros estudos mostram a importância do hipocampo para a formação da memória de longo prazo. Pesquisas realizadas com pessoas idosas que têm problemas para se lembrar de novas informações, por exemplo, mostram que seu hipocampo é menor que o normal (Golomb *et al.*, 1994). Exames cerebrais também revelam a existência de hipocampo reduzido nas pessoas que sofrem do mal de Alzheimer, distúrbio neurológico que causa severa perda de memória (Bennett e Knopman, 1994; veja o Capítulo 9, "O desenvolvimento do ciclo vital", para mais informações sobre o mal de Alzheimer).

O mal de Alzheimer pode estar relacionado também a níveis baixos do neurotransmissor acetilcolina no cérebro. De fato, algumas pesquisas sugerem que drogas e procedimentos cirúrgicos que aumentam os níveis de acetilcolina podem ser eficazes para tratar problemas de memória relativos à idade (Li e Low, 1997; Parnetti, Senin e Mecocci, 1997; D. E. Smith, Roberts, Gage e Tuszynski, 1999).

Experiência e esquecimento

Que fatores do ambiente contribuem para nossa incapacidade de lembrar algo?

Embora às vezes seja provocado por fatores biológicos, o esquecimento também pode resultar de aprendizagem inadequada. A distração, ou seja, falta de atenção a detalhes essenciais, por exemplo, é um dos motivo para o esquecimento (Schacter, 1999). Por exemplo: caso você não consiga se lembrar de onde estacionou seu carro, é bem provável que não tenha prestado atenção ao lugar.

O esquecimento também acontece porque, embora estivéssemos atentos à informação a ser relembrada, ela não passou por repetições suficientes. Realizar uma repetição meramente "mecânica" não adianta muito. A prática prolongada e intensiva resulta em menos esquecimento que algumas poucas repetições desmotivadas. A repetição elaborativa também pode fazer com que as novas memórias sejam mais duradouras. Por exemplo: quando estaciona seu carro na vaga G-47, você terá mais chances de se lembrar disso se pensar: "G-47. Meu tio *Gregório* tem 47 anos". Em suma, não podemos achar que vamos nos lembrar das informações durante muito tempo caso não as tenhamos aprendido bem, em primeiro lugar.

Interferência A aprendizagem inadequada é responsável por muitas falhas de memória, mas a aprendizagem em si também pode provocar o esquecimento. Isso acontece porque a aprendizagem de uma coisa pode interferir na aprendizagem de outra. As informações se misturam ou são postas de lado pela presença de outras informações e, assim, tornam-se mais difíceis de ser lembradas. Diz-se que esse tipo de esquecimento ocorre em virtude da *interferência*. Existem dois tipos de interferência. Na **interferência retroativa**, as novas informações intervêm em informações que já estão na memória de longo prazo. A interferência retroativa acontece todos os dias. Por exemplo: assim que você aprende seu novo número de telefone, será difícil lembrar-se de seu antigo número, mesmo que ele tenha sido utilizado por muitos anos.

No segundo tipo de interferência, informações antigas intervêm nas que estão sendo aprendidas no mento; isso é chamado de **interferência proativa**. Assim como a retroativa, a interferência proativa é um fenômeno diário. Suponha que você sempre estacione seu carro no estacionamento que fica atrás do prédio em que trabalha, mas um dia todas as vagas estão ocupadas e você precisa, então, estacionar na rua. Quando sair do trabalho, é provável que você se dirija ao estacionamento que fica atrás do prédio — e poderá até se surpreender quando vir que seu carro não está lá. A aprendizagem que faz com que você vá buscar o carro atrás do prédio interferiu na lembrança de que hoje você estacionou o carro na rua.

O fator mais importante na determinação do grau de interferência é a similaridade entre os itens que competem entre si. Aprender a movimentar um taco de golfe pode interferir em sua capacidade de rebater no beisebol, mas provavelmente não afetará sua capacidade de fazer um lance livre na quadra de beisebol. Quanto menor a similaridade entre uma coisa e outras que você já aprendeu, menores as chances de que elas se misturem e interfiram em outras informações presentes na memória (Bower e Mann, 1992).

Fatores situacionais Toda vez que tentamos memorizar algo, involuntariamente também captamos informações relativas ao contexto no qual a aprendizagem ocorre. Essas informações se tornam úteis mais tarde, quando tentamos nos lembrar das informações correspondentes na MLP. Se esses detalhes do ambiente estão ausentes quando tentamos nos lembrar daquilo que aprendemos, esse esforço de recordação em geral redunda em fracasso. Os efeitos de memória dependentes do contexto tendem a ser pequenos; portanto, estudar na mesma sala em que você terá de fazer uma prova não ajudará muito a melhorar sua nota. Apesar disso, os detalhes contextuais são ocasionalmente utilizados pela polícia, que às vezes leva as vítimas de volta à cena do crime na esperança de que elas se lembrem de detalhes cruciais para a investigação.

Além de ser influenciada por detalhes do ambiente, nossa capacidade de recordar com precisão é afetada por fatores internos. Esse fenômeno é chamado de *memória dependente do estado*. Esse tipo de memória está relacionado à descoberta de que pessoas que aprendem algo quando se encontram em determinado estado fisiológico tendem a se lembrar melhor de tais informações caso voltem ao mesmo estado em que se encontravam durante o processo de aprendizagem.

O processo reconstrutivo O esquecimento também ocorre em razão do que se convencionou chamar de natureza "reconstrutiva" da lembrança. Anteriormente, falamos sobre como a esquematização é utilizada no armazenamento de informações na memória permanente. Bartlett sugeriu que as pessoas também empregam a esquematização para "reconstruir" as memórias (Bartlett, 1932; Schacter, Norman e Koutstaal, 1998). Esse processo reconstrutivo pode levar a enormes equívocos. De fato, tendemos a nos lembrar mais de acontecimentos que jamais ocorreram que de fatos reais (Brainerd e Reyna, 1998)! A lembrança original não é destruída; em vez disso, às vezes as pessoas são incapazes de distinguir entre o que realmente aconteceu e aquilo que meramente ouviram falar ou imaginaram (Garry e Polaschek, 2000; Lindsay e Johnson, 1989; Reyna e Titcomb, 1997; Taylor, Pham, Rivkin e Armor, 1998). Em outras palavras, às vezes as pessoas combinam elementos referentes tanto a acontecimentos reais quanto a imaginados (Henkel, Franklin & Johnson, 2000). Além disso, "reescrevem", sem saber, acontecimentos passados, a fim de adequá-los à imagem que têm de si mesmas atualmente ou à imagem que desejam ter de si e de suas decisões passadas (Lyubomirsky & Ross, 1999; Mather, Shafir & Johnson, 2000).

Podemos também reconstruir lembranças a fim de realizarmos nossa autodefesa social e pessoal. A cada vez que você conta a alguém a história de um incidente, é possível que esteja fazendo, inconscientemente, algumas alterações nos detalhes, e o resultado disso é que tais detalhes passam a fazer parte da lembrança que você tem do acontecimento. Quando uma experiência não se enquadra em nossa visão de mundo ou de nós mesmos, tendemos a, inconscientemente, ajustá-la ou apagá-la totalmente da memória (Bremmer & Marmar, 1998). Tais distorções se tornam essencialmente importantes em julgamentos de criminosos, nos quais a culpa ou a inocência de uma pessoa pode depender do relato de uma testemunha ocular — tópico do qual falaremos na Seção "Compreendendo o mundo que nos cerca".

Melhorando sua memória

O que você pode fazer para melhorar sua memória?

Os passos a seguir podem ajudar a melhorar sua memória:

1. **Desenvolva a motivação.** Você provavelmente não conseguirá aprender nada se não tiver um forte desejo de fazê-lo ou de se lembrar do que aprende. Se encontrar uma maneira de se manter alerta e estimulado, será mais fácil aprender coisas e lembrar-se delas.

2. **Exercite as habilidades da memória.** A fim de se manter precisas, as habilidades de memória, assim como todas as outras, devem ser praticadas e utilizadas. Especialistas em memória recomendam jogos como palavras cruzadas, acrósticos, anagramas e *bridge*. Pode-se ainda aprender uma nova língua ou então propor-se a discutir temas atuais regularmente com os amigos.

3. **Confie em sua capacidade de se lembrar das coisas.** Se estiver convencido de que não vai se lembrar de algo, você provavelmente não irá mesmo. A insegurança em geral leva à ansiedade, a qual, por sua vez, interfere na capacidade de recobrar informações presentes na memória. Especialistas concordam que exercícios de relaxamento são capazes de aumentar sua capacidade de se lembrar.

4. **Minimize as distrações.** Embora algumas pessoas consigam estudar para uma prova e escutar rádio simultaneamente, a maioria considera que distrações externas interferem tanto na aprendizagem quanto na memória. Se estiver sendo distraído, procure um lugar quieto, até mesmo isolado, antes de tentar se lembrar de algo.

5. **Mantenha-se concentrado.** Prestar atenção redobrada aos detalhes e concentrar-se no ambiente, nas emoções e em outros elementos associados a um acontecimento é algo que o ajudará na hora de se lembrar dele com clareza.

COMPREENDENDO O Mundo que Nos Cerca

Testemunha ocular: podemos confiar nela?

Eu sei o que eu vi! Quando uma testemunha ocular depõe diante de um tribunal, seu relato por vezes elimina a força de qualquer prova em contrário. Diante de depoimentos ambíguos ou conflitantes, os jurados tendem a acreditar em pessoas que testemunharam o acontecimento com os próprios olhos. Entretanto, hoje existem fortes evidências de que essa crença deve ser relativizada (Brodsky, 1999; McCloskey & Egeth, 1983; Wells & Bradfield, 1999). Embora os relatos de uma testemunha ocular sejam essenciais em um julgamento, estudos mostram claramente que as pessoas que dizem que "sabem o que viram", em geral, não sabem.

Durante mais de 20 anos, Elizabeth Loftus (1993a; Loftus & Hoffman, 1989; Loftus & Pickrell, 1995) foi a mais influente pesquisadora da memória de testemunhas oculares. Em um clássico estudo, Loftus e Palmer (1974) mostraram aos participantes um filme que descrevia um acidente de trânsito. A alguns era feita a seguinte pergunta: "Qual era a velocidade dos carros quando eles bateram?" A mesma pergunta era feita a outros participantes, porém com algumas palavras diferentes: "chocar", "colidir", "dar de cara" e "tocar" substituíram o verbo "bater". Os pesquisadores descobriram que os relatos que as pessoas faziam a respeito da velocidade dos carros dependia da palavra inserida. Aqueles que foram perguntados sobre a velocidade com a qual os carros se "chocaram" relatavam uma velocidade maior que aqueles aos quais se perguntou a velocidade com a qual os carros se "tocaram". Em outro experimento, os participantes também assistiam a um filme sobre uma colisão e depois eram feitas as seguintes perguntas: "Qual era a velocidade dos carros quando eles bateram?" ou "Qual era a velocidade dos carros quando eles se chocaram?" Uma semana depois, eram feitas algumas perguntas adicionais sobre o acidente visto. Uma dessas per-

> Pessoas que dizem que "sabem o que viram" frequentemente não sabem

guntas foi: "Você viu algum vidro quebrado?" Entre os participantes que haviam sido perguntados sobre a velocidade com a qual os carros "se chocaram", uma quantidade maior de pessoas disse ter visto vidros quebrados. Essas descobertas ilustram de que maneira a polícia, os advogados e outros investigadores podem, em geral inconscientemente, manipular as testemunhas e influenciar os depoimentos sub-seqüentes. Com base em experimentos como esses, Loftus e Palmer concluíram que não era possível confiar em depoimentos de testemunhas oculares.

Por que razão essas testemunhas cometem erros? Algumas pesquisas sugerem que o problema possa ser de *erro da fonte*: às vezes, as pessoas são incapazes de perceber a diferença entre o que testemunharam e aquilo que simplesmente "ouviram falar" ou imaginaram (Garry & Polaschek, 2000; Lindasay & Johson, 1989; Reyna & Titcomb, 1997; Taylor, Pham, Rivkin & Armor, 1998). Todos sabemos como é imaginar um acontecimento de maneira especialmente vívida e depois sentir dificuldades de se lembrar se aquilo realmente ocorreu ou se simplesmente foi imaginado por nós. De fato, estudos mostraram que, às vezes, imaginar um acontecimento faz com que as pessoas realmente acreditem que ele aconteceu (Gary & Polaschek, 2000; Henkel, Franklin & Johnson, 2000). De maneira semelhante, se você ouvir informações a respeito de um acontecimento que testemunhou, é possível que confunda a memória que tem dessa informação com a memória que possui do acontecimento original. Por exemplo: estudos mostraram que, se uma testemunha ocular receber um feedback de confirmação após participar de uma sessão de reconhecimento de suspeitos promovida pela polícia, essa informação geralmente aumenta a *certeza* relatada quanto ao reconhecimento que fizeram (Wells & Bradfield, 1999).

Ainda mais perturbador é o fato de que o feedback positivo após sessões de reconhecimento provou ser capaz de alterar subseqüentes afirmações feitas por testemunhas oculares a respeito de "como a visão delas era boa", ou sobre "o grau da atenção que elas prestaram ao crime" (Wells & Bradfield, 1998, 1999). O impacto provocado por informações subseqüentes parece ser particularmente forte quando tais informações são repetidas diversas vezes (Zaragoza & Mitchell, 1996), como geralmente acontece com grandes reportagens da mídia. Muitos psicólogos (Lindsay, 1993; Zaragoza, Lane, Ackil & Chambers, 1997) afirmam que, se as pessoas prestassem mais atenção à fonte de suas memórias, os relatos de testemunhas oculares seriam mais confiáveis.

Qualquer que seja o motivo que leve a equívocos das testemunhas oculares, existem provas de que tais erros podem mandar inocentes para a cadeia. Cada vez mais, os tribunais estão percebendo os limites desse tipo de relato (Kassin, Tubb, Hosch & Memon, 2001). Por exemplo: os juízes recomendam que os jurados sejam céticos com relação às testemunhas oculares e avaliem de modo crítico os relatos feitos por elas. Mas ainda há muito por fazer: um estudo com mais de mil casos de inocentes que foram condenados concluiu que os equívocos cometidos por testemunhas oculares eram o principal elemento persuasivo que levava a condenações errôneas (Wells, 1993). Considere o caso de Bernard Pagano, um padre católico apostólico romano que se viu acusado de cometer uma série de assaltos à mão armada na cidade de Wilmington, no estado norte-americano de Delaware. Após uma testemunha ter dito à polícia que o padre era parecido com o homem do retrato-falado mostrado pela imprensa local, nada menos que sete testemunhas oculares o identificaram como o criminoso. Na metade do processo, entretanto, outro homem — que não era sequer semelhante ao padre Pagano — confessou o crime.

6. **Estabeleça conexões entre novas informações e outras que já estejam armazenadas na memória de longo prazo.** Uma das maneiras de melhorar a memória consiste em organizar e codificar eficazmente as informações assim que elas entram pela primeira vez na MLP. Converse com outras pessoas a respeito daquilo que você deseja se lembrar. Pense em maneiras — ou coloque-as no papel — por meio das quais as novas informações estão relacionadas a coisas que você já sabe. Quanto mais relações você forjar entre as novas informações e aquelas que já estão na MLP, maiores as chances de que se lembre do novo material.

Em algumas situações, técnicas especiais chamadas de **mnemônicas** podem ajudar você a relacionar novas informações àquelas que já estão na MLP. Entre as técnicas mais simples de mnemonização estão as rimas e as melodias que geralmente utilizamos para lembrar datas ou outros fatos. "30 dias tem setembro, abril, junho e novembro..." Essa rima nos ajuda a lembrar a quantidade de dias que têm esses meses. Também estamos acostumados a outros truques mnemônicos simples, por meio dos quais inventamos palavras ou frases de acordo com o material a ser lembrado. Somos capazes de nos lembrar das cores do espectro visível — vermelho, alaranjado, amarelo, verde, azul, anil e violeta — utilizando as iniciais para formar a sigla VAAVAAV. Além disso, diversos estudos mostraram que, quando você é capaz de relacionar a mnemônica a uma informação pessoal, tal como seus gostos ou interesses, as chances de que você venha a se lembrar dela mais tarde são maiores (Symons & Johnson, 1997). Utilize a mnemônica sempre que puder.

7. **Utilize a imagética mental.** A imagética faz maravilhas na recuperação de informações da memória. Sempre que possível, forme imagens mentais de itens, pessoas, palavras ou atividades das quais deseja se lembrar. Caso tenha uma seqüência de paradas a fazer, imagine-se saindo de um lugar e indo em direção a outro. Para memorizar discursos longos, os oradores gregos e romanos atravessavam as salas de um edifício que conheciam bem, fixando em diferentes pontos uma seqüência de imagens relativas ao que eles deveriam se lembrar. Durante um discurso, os oradores imaginavam a si mesmos atravessando as salas de maneira ordenada, e por meio da associação eram capazes de lembrar cada parte do discurso.

8. **Use pistas de recuperação.** Quanto mais pistas você tiver, maiores as chances de se lembrar de algo. Uma das maneiras de estabelecer dicas de memorização automáticas é criar rotinas e estruturas. Por exemplo: quando entrar em casa, coloque as chaves do carro e da casa sempre no mesmo lugar. Assim, quando você se perguntar onde deixou as chaves, o fato de ter um lugar especial para elas serve de dica de memorização. Às vezes, algo que claramente não representa uma rotina nem uma estrutura pode servir de dica de memorização. Por exemplo: se você quiser se lembrar de fazer algo antes de dormir, deixe um objeto incomum sobre a cama (talvez um sapato ou uma meia); quando chegar a hora de dormir, você verá o objeto e isso o ajudará a se lembrar do que você queria fazer.

9. **Conte com algo mais além da memória.** Utilize outras ferramentas. Escreva as coisas das quais você tem de se lembrar e depois fixe essa lista em um local óbvio, como seu quadro de avisos ou a porta da geladeira. Marque em um calendário todas as datas das quais precisa se lembrar e depois coloque-o em um local visível.

10. **Tenha consciência de que seu esquema pessoal pode distorcer sua recordação dos acontecimentos.** Como vimos, algumas pessoas às vezes "reescrevem", sem saber, os acontecimentos passados, a fim de adequá-los à imagem que têm de si mesmas atualmente ou à imagem que desejam ter de si e de suas decisões passadas (Lyubomirsky & Ross, 1999; Mather, Shafir & Johnson, 2000). Estar sempre atento a esse tipo de distorção poderá ajudar você a evitá-los.

Para saber mais sobre como melhorar sua memória, veja a Seção "Compreendendo a nós mesmos".

TESTE SUA APRENDIZAGEM

Relacione os termos a seguir com suas definições apropriadas:

1. _____ amnésia retroativa
2. _____ interferência retroativa
3. _____ interferência proativa

a. esquecimento provocado por novas informações que dificultam a recuperação de informações já existentes na memória
b. esquecimento provocado por informações antigas que já estão na memória e dificultam a aprendizagem das novas
c. pode resultar de lesões na cabeça ou de eletroconvulsoterapia

4. "A mnemônica é um auxílio à memória que faz com que alguns tipos de materiais, tais como listas, tornem-se mais fáceis de ser lembrados." Essa afirmação é verdadeira (V) ou falsa (F)?

Respostas: 1. c. 2. b. 3. a. 4. (V).

Tópicos especiais em relação à memória

Que fatores podem influenciar sua capacidade de se lembrar de um incidente específico com precisão?

Influências culturais

Será que as tarefas de memória nas escolas ocidentais são diferentes das realizadas em culturas que passam adiante tradições orais?

A memória gera conseqüências práticas em nossa vida diária e ocorre em um determinado contexto. Portanto, não é de surpreender que muitos pesquisadores acreditem que os valores e costumes de uma determinada cultura tenham um efeito profundo em relação ao que as pessoas lembram e à facilidade com

COMPREENDENDO A NÓS MESMOS

Melhorando sua memória para os conteúdos dos livros

Você pode empregar todos os princípios discutidos neste capítulo para se lembrar da maioria das matérias que estuda. Para armazenar novas informações na memória de longo prazo, o mais importante é estabelecer relações entre esse novo material e as informações já presentes na MLP. Se você simplesmente relê o capítulo sem parar e de maneira passiva, não há muitas chances de que você armazene e retenha as informações nem se recorde delas de maneira suficiente (McDaniel, Waddill & Shakesby, 1996). Destacar ou sublinhar passagens do texto ajudam um pouco, uma vez que assim você está pensando em quais informações são importantes.

Uma técnica mais eficiente consiste em esboçar as linhas gerais do capítulo antes de lê-lo. Alguns livros (inclusive este) já oferecem uma visão geral pronta no início dos capítulos, mas fazer uma sozinho fará você pensar sobre o conteúdo do capítulo e como uma seção se relaciona com outra. Depois, à medida que avançar na leitura, escreva comentários logo abaixo dos títulos de seu esboço geral. Seu resumo pessoal não apenas irá ajudá-lo a se lembrar das informações enquanto você lê o capítulo, mas também será útil quando você estiver revisando a matéria para uma prova.

Outra técnica de aperfeiçoamento da memória é repetir as informações enquanto lê o capítulo. Você pode escrever na margem do livro à medida que avança na leitura, deixando registradas suas reações, perguntas e idéias sobre como as novas informações se relacionam a outras, pensamentos a respeito de como aplicar o que você está aprendendo à sua própria vida e assim por diante. Tente relacionar as novas informações a todo tipo de coisas que você já conhece, expressando essa relação com suas próprias palavras. Você também pode estudar com um amigo, revezando-se com ele para fazer perguntas em diferentes seções ou parágrafos do texto. Qualquer que seja seu desempenho, enxergar o material de maneira unificada e detalhada o forçará a processá-lo e criar novas associações entre as partes de informação que você está armazenando.

A repetição elaborativa oferece dois benefícios diferentes: ela confere unidade entre o novo material e a informação que já se encontra na memória e gera um amplo contexto de dicas de memorização que o ajudarão a se lembrar de todo esse material quando precisar dele. Mesmo que você já se sinta bem preparado, a repetição contínua pode melhorar a retenção de informações. De fato, estudos demonstraram que, se você aprender muito bem determinado assunto na escola, como uma língua estrangeira, será capaz de se lembrar de grande parte desse aprendizado pelo resto de sua vida (Bahrick, 1984; Bahrick & Hall, 1991).

Um sistema de estudo ainda mais eficaz é conhecido pela sigla formada pelas iniciais de suas cinco etapas: PPLRR.

1. **Pesquisa.** Antes de começar a leitura, dê uma olhada geral no capítulo, nos títulos das várias seções e no resumo do capítulo. Isso ajuda a organizar e a ter uma idéia unificada da matéria à medida que você lê.

2. **Pergunta.** Em seguida, transforme cada um dos títulos das seções em perguntas sobre o texto que virá em seguida. Antes de ler este capítulo, por exemplo, você deveria ter transformado o título "Memória de curto prazo" na seguinte pergunta: "Por que esse tipo de memória é chamado de curto prazo?" Ou ainda: "Existe algum outro tipo de memória mais duradouro?"

3. **Leitura.** Comece então a ler a primeira seção do capítulo, buscando responder às perguntas que você propôs. Caso descubra pontos importantes que não estejam diretamente relacionados às suas perguntas, reelabore-as para que fiquem mais abrangentes em relação a todo o material novo ou crie novas perguntas.

4. **Recitação.** Após a leitura de uma seção, feche o livro e responda às suas perguntas. Você também pode anotar as respostas na forma de um resumo. Depois confira suas respostas a fim de garantir a abrangência de todos os pontos importantes levantados pela seção. Repita os passos 3 e 4 para cada uma das seções do capítulo.

5. **Revisão.** Após ler o capítulo inteiro, revise suas anotações e depois repita, em voz alta ou mentalmente, suas perguntas e respostas com a ajuda da memória. Relacione esse material com outras idéias, bem como com experiências pelas quais você já tenha passado. Tente pensar em exemplos particularmente bons, exemplos de pontos importantes ou ainda de conceitos presentes no capítulo. Envolva-se nessa atividade.

O método PPLRR faz com que você estabeleça um diálogo com o texto. Essa interação faz com que o material fique mais interessante e significativo, além de melhorar suas chances de se lembrar dele. Além disso, também serve para organizar as informações e relacioná-las a outras que você já conhece. Esse método certamente toma um pouco mais de tempo no começo que a simples leitura do capítulo, mas você economizará tempo quando precisar estudar para as provas mais adiante.

a qual se lembram (Mistry & Rogoff, 1994). Em muitas culturas ocidentais, por exemplo, ser capaz de recitar uma longa lista de palavras ou números, repetir detalhes de uma cena e de fornecer dados ou números sobre acontecimentos históricos são sinais de "uma boa memória". Na verdade, tarefas como essas são comumente utilizadas para testar a capacidade de memória das pessoas. O que deveríamos perceber é que esse tipo de tarefas reflete o tipo de aprendizagem, de memorização e de habilidades de categorização ensinados nas escolas ocidentais. Pessoas de outras culturas freqüentemente obtêm resultados ruins nesse tipo de teste porque tais exercícios são muito estranhos para elas.

Em contrapartida, considere as habilidades de memória de uma pessoa que viva em uma sociedade cuja informação cultural seja transmitida de geração a geração por meio de uma rica tradição oral. Nessa sociedade, um indivíduo poderá ser capaz de recitar em versos as façanhas dos heróis de uma cultura ou citar rapidamente toda a árvore genealógica das famílias, de grupos inteiros de pessoas e dos mais velhos. Ou talvez possua um repertório de informações sobre a migração dos animais ou o ciclo de vida das plantas, e tais informações ajudem sua comunidade a conseguir comida e a saber quando colher as plantações.

Memória autobiográfica

Que tipos de acontecimento têm maior probabilidade de ser lembrados?

A *memória autobiográfica* refere-se às recordações que temos de eventos que aconteceram em nossa vida e do momento em que eles ocorreram (Koriat, Goldsmith & Pansky, 2000); desse modo, ela é uma espécie de memória episódica. As memórias autobiográficas são de importância fundamental. De fato, Conway (1996) afirma que a "memória autobiográfica é central para a identidade, a experiência emocional e todos aqueles atributos que definem um indivíduo" (p. 295).

Em geral, é evidente que os acontecimentos mais recentes da vida são mais fáceis de ser lembrados do que aqueles que ocorreram há mais tempo. Em um clássico estudo sobre a memória autobiográfica, os pesquisadores pediram a jovens adultos que relatassem a memória pessoal mais recente que lhes viesse à mente quando vissem cada uma das 20 palavras de uma lista e depois calculassem há quanto tempo cada acontecimento havia ocorrido. As palavras eram substantivos comuns, como *saguão* ou *forno*, para os quais as pessoas conseguem criar imagens facilmente. Em geral, a maioria das memórias pessoais se relacionava a acontecimentos relativamente recentes: quanto mais distante um acontecimento estivesse no tempo, menores as chances de que o relatassem (Crovitz & Schiffman, 1974). Entretanto, uma outra pesquisa mostra que pessoas com mais de 50 anos de idade têm mais chances de se lembrar de acontecimentos ocorridos nos primeiros anos de vida que as mais jovens, provavelmente porque muitas das decisões essenciais que tomamos na vida ocorrem no final da adolescência e no início da idade adulta (Holland & Rabbitt, 1990; Mackavey, Malley & Stewart, 1991).

Ainda não se compreende por completo a maneira como a vasta quantidade de informações autobiográficas armazenadas na memória é organizada, mas pesquisas realizadas nessa área apontam para duas teorias interessantes. É possível que armazenemos informações autobiográficas de acordo com a importância que os acontecimentos têm em nossas vidas, como o fato de entrar para a universidade, casar ou enfrentar a morte de uma pessoa querida. Essa visão explica por que sempre conseguimos nos lembrar de acontecimentos quando eles se relacionam a esses momentos marcantes de nossa vida (Shum, 1998). Também é possível que armazenemos informações autobiográficas em *grupos de acontecimentos*, isto é, conjuntos de memórias relativas a um tema específico ou que a determinado período de tempo (Brown & Schopflocher, 1998).

Amnésia infantil

Por que nos lembramos tão pouco de nossos dois primeiros anos de vida?

Apesar da riqueza de detalhes de nossa memória autobiográfica, raramente somos capazes de lembrar os acontecimentos ocorridos antes que completássemos dois anos de idade. Às vezes, esse fenômeno é chamado de **amnésia infantil**.

Ainda não se compreende muito bem por que as pessoas têm dificuldades de recordar-se dos acontecimentos de seus primeiros anos, embora diversas explicações tenham sido propostas. Uma hipótese afirma que a amnésia infantil resulta do fato de o cérebro da criança ainda não estar totalmente desenvolvido no momento do nascimento. Uma estrutura cerebral imatura, como um córtex pré-frontal, por exemplo, seria incapaz de processar e armazenar eficientemente as informações na memória. De fato, o hipocampo, tão importante para a formação das memórias episódicas e semânticas, ainda não está totalmente formado até os dois anos de idade (Jacobs & Nadel, 1998).

A amnésia infantil também pode ocorrer pelo fato de as crianças pequenas não terem uma nítida compreensão de si mesmas como indivíduos (Wheeler *et al.*, 1997). De acordo com essa teoria, sem que haja essa compreensão, crianças muito pequenas consideram difícil organizar e unificar suas experiências sob a forma de um esquema de memória autobiográfica coerente. Entretanto, com o surgimento do conceito do "self" e da consciência de si mesmo ao final do segundo ano de vida, a expectativa é de que a amnésia infantil diminua — o que de fato acontece (Howe & Courage, 1993). A amnésia infantil pode também estar relacionada a habilidades da linguagem: as crianças pequenas não possuem as habilidades de linguagem necessárias para que as experiências dos primeiros anos de vida sejam intensificadas e consolidadas (Hudson & Sheffield, 1998).

Em uma oposição a essas duas teorias, Patricia Bauer (1996) demonstrou que crianças de apenas 13 meses são capazes de construir e manter memórias de acontecimentos específicos. Bauer afirma que a presença de informações e repetições apropriadas é a principal influência da memória eficiente, e não a idade. A amnésia infantil tem a ver com a incapacidade dos *adultos* recordarem as experiências do início de suas vidas, especialmente antes dos dois anos de idade. E isso, segundo afirmam muitos psicólogos, é um fenômeno real que precisa ser explicado (Eacott, 1999; Newcombe *et al.*, 2000).

Memória instantâneas

Como podemos explicar a vivacidade duradoura das memórias instantâneas?

"Eu estava jantando perto do fogão; meu marido entrou e me contou." "Eu estava consertando a cerca. O Sr. W. veio e me disse. Deviam ser nove ou dez horas da manhã." "Foi antes do almoço; estávamos trabalhando na estrada perto da usina K: um homem que passava por ali de carro nos contou." Essas foram três das respostas à pergunta: "Você se lembra de onde estava quando ficou sabendo do assassinato de Abraham Lincoln?" Outros relatos eram ainda mais detalhados. Na verdade, das 179 pessoas entrevistadas, 127 diziam se lembrar exatamente da hora e do local em que estavam quando ficaram sabendo do assassinato. Essa porcentagem é muito alta, considerando que o pesquisador fez a pergunta 33 anos após o acontecimento (Colegrove, 1982).

Memória instantânea é a experiência de se lembrar vividamente de determinado acontecimento e dos incidentes relacionados a ele mesmo depois de passado muito tempo. É comum que nos lembremos de acontecimentos que provoquem comoção ou sejam significativos. A morte de um parente próximo, um nascimento, uma graduação ou um dia de casamento são capazes de trazer à tona memórias instantâneas. O mesmo acontece com acontecimentos dramáticos nos quais não estivemos envolvidos pessoalmente, como o ataque ao World Trade Center em Nova York, no dia 11 de setembro de 2001.

As suposições de que as memórias instantâneas sejam precisas, de que sejam formadas no momento em que ocorre o acontecimento e de que nos lembramos delas em razão de seu conteúdo emocional foram todas questionadas. Primeiro, certamente as memórias instantâneas não são sempre precisas. Embora essa seja uma afirmação difícil de ser testada, consideremos apenas um caso. O psicólogo Ulric Neisser se lembrava vividamente do que estava fazendo no dia do ano de 1941 em que os japoneses bombardearam Pearl Harbor. Ele se lembrava com clareza de que estava escutando uma partida de beisebol profissional pelo rádio, que foi interrompida pela chocante notícia. Mas não se joga beisebol profissional em dezembro, mês em que o ataque ocorreu, portanto essa memória instantânea precisa estava simplesmente incorreta (Neisser, 1982).

Mesmo que um acontecimento seja registrado corretamente, ele pode passar por revisões periódicas, da mesma maneira que outras memórias permanentes (Schmolck, Buffalo & Squire, 2000). Estamos destinados a discutir e a repensar um acontecimento importante diversas vezes, e provavelmente também escutamos grande quantidade de informações adicionais sobre o tal acontecimento durante as semanas e os meses que se seguem a ele. Como resultado disso, a memória instantânea pode passar por uma reconstrução e se tornar menos precisa ao longo dos anos, até que passe a ter pouca ou nenhuma semelhança com o que aconteceu de fato.

Memórias recuperadas

As pessoas podem ser persuadidas a "criar" novas memórias a respeito de acontecimentos que jamais ocorreram?

Recentemente, veio à tona uma controvérsia, tanto no meio acadêmico quanto na sociedade como um todo, sobre a validade das *memórias recuperadas*. A idéia é de que as pessoas presenciam um acontecimento, perdem todas as memórias referentes a ele e depois voltam a recuperá-las, em geral durante tratamento psicoterápico ou hipnose. Freqüentemente, as memórias recuperadas dizem respeito à violência física ou ao abuso sexual durante a infância. O assunto é importante não apenas por razões teóricas, mas também porque pessoas foram presas por ter cometido abusos com base apenas nas memórias recuperadas de suas "vítimas". Ninguém nega a existência do abuso infantil nem dos traumas que tais experiências acarretam. Mas será que as memórias recuperadas existem? Será que o abuso do qual alguém se lembra realmente aconteceu?

A resposta nunca é óbvia. Existem diversas evidências de que as pessoas podem ser induzidas a "se lembrar" de acontecimentos que nunca ocorreram. Loftus e seus colegas conduziram experimentos em que se pedia que adultos se lembrassem de acontecimentos que um parente próximo havia mencionado (Loftus, Coan & Pickrell, 1996; Loftus & Pickrell, 1995). Três desses acontecimentos realmente ocorreram, e o outro (que fazia referência a estar perdido em um shopping center ou em um espaço público qualquer aos cinco anos de idade), não. Vinte e cinco por cento dos participantes finalmente "se lembraram" do acontecimento fictício.

Outras pesquisas confirmam que é relativamente fácil estabelecer memórias referentes a um acontecimento que jamais ocorreu simplesmente ao perguntar por ele. Quanto mais as pessoas são perguntadas a respeito, maiores as chances de que elas "se lembrem" dele. Às vezes, essas memórias se tornam bastante reais para o participante do experimento. Em um deles, 25 por cento dos adultos "se lembraram" de acontecimentos fictícios na terceira vez em que foram entrevistados a respeito. Um dos acontecimentos fictícios consistia em derrubar uma poncheira sobre os pais da noiva em uma festa de casamento. Na primeira entrevista, uma participante disse que não se lembrava de nada a respeito do acontecimento; na segunda entrevista, ela "se lembrou" que a festa acontecera ao ar livre e que ela havia derrubado a poncheira enquanto corria pra lá e pra cá. Algumas pessoas até mesmo "se lembraram" de detalhes, como a aparência das pessoas e o que elas estavam vestindo. Não obstante, os pesquisadores registraram o fato de que esses acontecimentos jamais ocorreram (Hyman, Husband & Billings, 1995). Outra pesquisa demonstra que as pessoas podem até ser convencidas de que se lembram de fatos ocorridos durante sua infância (Spanos, 1996; Spanos, Burgess, Burgess, Samuels & Blois, 1997).

A suposição dessa e de outras pesquisas semelhantes é a de que é plenamente possível que as pessoas "se lembrem" de experiências de abuso que nunca aconteceram. Aliás algumas das pessoas que "recuperaram" memórias referentes a abusos mais tarde perceberam que tais acontecimentos jamais ocorreram. Algumas até processaram os terapeutas que, segundo elas, recuperaram tais memórias. Em um caso, uma mulher venceu um processo no valor de US$ 850 mil (Imrie, 1999).

TESTE SUA APRENDIZAGEM

1. As memórias das pessoas e o modo como elas se lembram delas variam muito pouco de uma cultura para outra. Essa afirmação é verdadeira (V) ou falsa (F)?
2. Quando se pede que adultos mais velhos se lembrem de fatos importantes de suas vidas, eles tendem a se lembrar daqueles que ocorreram durante o _____.
3. O fenômeno que faz com que nós raramente nos lembremos de fatos que ocorreram antes dos dois anos de vida é chamado de _____ _____.
4. Uma memória duradoura e vívida de um certo acontecimento e de incidentes relacionados a ele é chamada de _____.
5. Pesquisas demonstram que é quase impossível alterar uma lembrança depois que ela já tiver sido armazenada. Essa afirmação é verdadeira (V) ou falsa (F)?

Respostas: 1. (F). 2. final da adolescência ou começo da vida adulta. 3. amnésia infantil. 4. memória instantânea. 5. (F).

Ainda assim, há razões para acreditar que nem todas as memórias recuperadas sejam meramente produtos de sugestão. Existem diversos estudos de caso de pessoas que passaram por experiências traumáticas, entre elas desastres naturais, acidentes, guerras, assaltos e estupro, aparentemente se esqueceram de tais acontecimentos durante muitos anos e só se lembraram deles mais tarde (Arrigo & Peszdek, 1997). Por exemplo: Wilbur J. Scott, um sociólogo, alegou que não se lembrava de nada a respeito da viagem que fez a serviço ao Vietnã entre os anos de 1968 e 69, mas durante seu divórcio em 1983, ele encontrou suas medalhas e suvenires daquele país, e só então as memórias voltaram à sua mente (Arrigo & Pezdek, 1997).

É necessário que haja uma maneira confiável de separar as memórias reais das falsas, mas até hoje não existe um teste que faça isso. A sinceridade e a convicção da pessoa que "se lembra" de abusos cometidos durante a infância e que estavam esquecidos há muito tempo não é indicação segura de que esses abusos sejam reais. Resta-nos concluir que as memórias recuperadas não são, em si mesmas, suficientemente confiáveis como justificativas para condenações por crimes. É preciso que haja também provas que corroborem essas informações, uma vez que sem elas nem mesmo o mais experiente profissional é capaz de separar as memórias reais das falsas (Loftus, 1997). (Veja a Seção "Compreendendo o mundo que nos cerca; Testemunha ocular: podemos confiar nela?" para mais discussões a respeito das distorções de memória.)

PALAVRAS-CHAVE

Memória
Modelo de processamento de informação

Os registros sensoriais
Registros sensoriais
Atenção

Memória de curto prazo
Memória de curto prazo (MCP)
Agrupamento
Repetição mecânica

Memória de longo prazo
Memória de longo prazo (MLP)
Efeito de posição serial
Repetição elaborativa
Esquema
Memórias episódicas
Memórias semânticas
Memórias de procedimentos
Memórias emocionais
Memória explícita

Memória implícita

Esquecimento
Amnésia retroativa
Interferência retroativa
Interferência proativa
Mnemônica

Tópicos especiais em relação à memória
Amnésia infantil
Memória instantânea

REVISÃO DO CAPÍTULO

Os registros sensoriais

Que papel desempenham os registros sensoriais? Muitos psicólogos consideram que a **memória** consiste em uma série de passos por meio dos quais codificamos, armazenamos e recuperamos informações, assim como faz um computador. Isso se chama modelo de **processamento de informação** da memória. O primeiro passo do modelo consiste em inserir dados, por meio de nossos sentidos, em depósitos temporários chamados de **registros sensoriais**. Esses registros nos proporcionam um breve momento para que decidamos se alguma coisa merece nossa atenção.

Registros visuais e suditivos

O que aconteceria se a informação auditiva desaparecesse tão rapidamente quanto a informação visual? As informações captadas por um registro sensorial desaparecem muito rapidamente se não passarem por novos processamentos. As informações contidas nos registros visuais duram apenas cerca de um quarto de segundo antes de ser substituídas por novas informações. Se os sons desaparecessem de nossos registros sonoros com essa mesma rapidez, seria mais difícil compreendermos a linguagem falada. As informações dos registros sonoros se mantêm ali durante alguns segundos.

Por que algumas informações captam nossa atenção, ao passo que outras passam despercebidas? O próximo passo no processo da memória é a **atenção** — a maneira seletiva de olhar, ouvir, cheirar, saborear ou sentir o que julgamos ser importante. Aparentemente, o sistema nervoso filtra de maneira automática as informações periféricas, o que permite que nós nos concentremos no que for essencial em cada momento. Entretanto, as informações que não recebem nossa atenção passam por pelo menos algum nível de processamento, a fim de que possamos rapidamente transferir para elas o foco de nossa atenção caso nos pareçam significativas.

Memória de curto prazo

Quais são as duas tarefas primordiais da memória de curto prazo? A **memória de curto prazo (MCP)** retém qualquer informação à qual estejamos ativamente atentos, a qualquer momento. Suas duas tarefas primordiais são armazenar novas informações por períodos breves de tempo e "administrar" as informações que já estão em nossa mente. Essa última função dá à MCP também o nome de *memória de trabalho*.

Será que armazenamos os materiais na memória de curto prazo da mesma maneira como se apresentam auditiva ou visualmente? Uma informação pode ser armazenada na MCP de acordo com o som, a imagem ou o significado. As informações verbais são codificadas de acordo com o som, mesmo que vejamos as palavras escritas, sem que as escutemos. O curioso é que a capacidade da MCP para a codificação visual parece ser maior que para a codificação sonora.

De que modo conseguimos reter informações na MCP? Por meio da **repetição mecânica,** ou repetição de manutenção, retemos as informações na MCP durante cerca de um ou dois minutos, repetindo-as indefinidamente. Entretanto, a memorização mecânica não promove a memória de longo prazo.

Memória de longo prazo

Que tipos de informação são retidos na MLP? A **memória de longo prazo (MLP)** é relativamente duradoura e armazena tudo o que "sabemos".

Qual é o limite da MLP? A memória de longo prazo é capaz de armazenar uma vasta quantidade de informações que podem persistir por muitos anos.

De que maneira a maioria das lembranças é codificada na MLP? A maioria das informações da MLP parece ser codificada de acordo com seu significado.

Que itens de uma lista são mais difíceis de ser lembrados? As memórias de curto e longo prazo trabalham juntas na explicação do **efeito de posição serial**, que descreve o que acontece quando as pessoas vêem uma lista de itens dos quais devem se recordar: elas tendem a se lembrar mais dos primeiros e dos últimos, e menos dos que estão no meio da lista. O *efeito de recentidade* explica-se pelo fato de que as palavras do final da lista ainda estão presentes na MCP, ao passo que o *efeito de primazia* descreve a repetição extra realizada com os primeiros itens da lista.

Quais são as três maneiras de reter informações na MLP? A repetição mecânica é útil para manter as informações na MLP, especialmente dados sem significado, como números de telefone. Por meio da **repetição elaborativa**, extraímos o significado da informação e o relacionamos à maior quantidade possível de material que já esteja presente na MLP. A repetição elaborativa processa novos dados de maneira mais profunda e significativa que a simples repetição mecânica. A maneira por meio da qual codificamos os dados a ser armazenados na MLP afeta a facilidade com a qual eles serão lembrados mais tarde.

Um **esquema** é uma representação mental de um objeto ou acontecimento que está armazenada na memória. O esquema nos proporciona uma estrutura na qual as informações entrantes se encaixam. Tais esquemas podem ajudar na formação de estereótipos e na extração de inferências.

Quais são as diferenças entre os tipos de MLP? As **memórias episódicas** são lembranças de acontecimentos que presenciamos em dia e local específicos. As **memórias semânticas** são fatos e conceitos que não se relacionam a um determinado período no tempo. Já as **memórias de procedimentos** são nossas habilidades e hábitos motores. Por fim, as **memórias emocionais** são reações emocionais aprendidas que se manifestam em relação a diversos estímulos.

Quais são as diferenças entre memória explícita e implícita? A **memória explícita** se refere às lembranças das quais estamos conscientes, incluindo as memórias episódicas e semânticas. Já a **memória implícita** se refere às lembranças que temos de informações que não foram intencionalmente transferidas para a MLP ou que foram recuperadas não intencionalmente dela, incluindo as memórias de procedimentos e emocionais. A diferença entre elas é exemplificada pelas pesquisas sobre imprimadura, que descobriram que as pessoas têm mais chances de encaixar fragmentos de itens que já viram anteriormente que de outros itens, igualmente plausíveis.

A biologia da memória

Como e onde as memórias são armazenadas? As memórias são armazenadas em diversas regiões do cérebro por meio de um processo chamado consolidação.

Que papel os neurônios desempenham na memória? As memórias consistem em alterações químicas e estruturais dos neurônios. O processo por meio do qual essas alterações ocorrem, chamado de consolidação, é geralmente muito lento.

As memórias de curto e longo prazo são encontradas nas mesmas partes do cérebro? Não existe um lugar único no qual todas as memórias são armazenadas, mas pesquisas mostraram que diferentes partes do cérebro são especializadas no armazenamento de memórias. Aparentemente, as memórias de curto prazo estão localizadas primordialmente no córtex pré-frontal e nos lobos temporais, enquanto as de longo prazo parecem estar presentes nas estruturas subcorticais e corticais. As memórias semânticas e episódicas estão localizadas principalmente nos lobos frontais e temporais do córtex, e as de procedimentos parecem se concentrar no cerebelo e no córtex motor. Uma estrutura cerebral chamada hipocampo parece ser especialmente importante na consolidação de memórias semânticas, episódicas e de procedimentos. As memórias emocionais, por sua vez, dependem da atuação da amígdala.

Esquecimento

Por que às vezes nos esquecemos das coisas? Tanto fatores ambientais quanto biológicos podem contribuir para nossa incapacidade de lembrar informações.

Como a deterioração do cérebro ajuda a explicar a ocorrência de esquecimento? Severas perdas de memória podem estar relacionadas a lesões cerebrais causadas por acidentes, cirurgias, má alimentação ou doenças. Lesões na cabeça podem provocar a **amnésia retroativa**, isto é, a incapacidade que as pessoas têm de lembrar o que aconteceu imediatamente antes de sofrerem a lesão. Alguns estudos se preocuparam com o papel do hipocampo na formação da memória de longo prazo. Outras pesquisas enfatizaram o papel dos neurotransmissores, especialmente da acetilcolina, no processo de memorização.

Que fatores do ambiente contribuem para nossa incapacidade de lembrar algo? Os pesquisadores atribuem a aparente perda de informações da MLP à aprendizagem inadequada ou à interferência de informações que competem entre si. A interferência pode vir de duas direções: na **interferência retroativa**, novas informações interferem em informações antigas que já estão na MLP; na **interferência proativa** as informações que já estão na MLP interferem nas novas informações.

Quando detalhes do ambiente que estavam presentes durante a aprendizagem estão ausentes no processo de recordação, pode ocorrer o esquecimento dependente do contexto. A capacidade de se lembrar de informações também é afetada pelo estado psicológico da pessoa no momento da aprendizagem da informação; esse processo é conhecido pelo nome de *memória dependente do estado*.

Às vezes, "reconstruímos" as memórias a fim de realizar nossa autodefesa social e pessoal, conforme demonstrou uma pesquisa sobre testemunhas oculares.

O que você pode fazer para melhorar sua memória? Uma série de etapas pode ser realizada para aprimorar a memória. Desenvolver a motivação. Exercitar as habilidades da memória. Confiar em sua capacidade de se lembrar das coisas. Minimizar as distrações. Manter-se concentrado. Estabelecer relações entre as novas informações e as que já estão armazenadas na memória permanente, por meio de técnicas como a **mnemônica**. Utilizar tanto imagens mentais quanto dicas de memorização. Confiar em algo além da memória. Estar consciente de que seus esquemas pessoais são capazes de distorcer a lembrança que você tem dos fatos.

Tópicos especiais em relação à memória

Que fatores podem influenciar sua capacidade de se lembrar de um incidente específico com precisão? Os valores e costumes de uma determinada cultura têm um profundo efeito sobre o que as pessoas se lembram e a facilidade com a qual isso ocorre. Isso também acontece com as emoções que relacionamos a uma lembrança, o que faz com que acontecimentos acompanhados de forte emoção sejam lembrados por toda a vida. As estratégias que empregamos para o armazenamento e a recuperação de informações também afetam a memória.

**Será que as tarefas de memória nas escolas ocidentais são diferentes das realizadas em culturas que passam adiante tradições orais? Muitas escolas do ocidente enfatizam a capacidade que os alunos têm de se lembrar de longas listas de palavras, fatos e dados que não estão relacionados à vida diária. Em contrapartida, as sociedades em que as informações culturais são transmitidas de geração em geração por meio de uma rica tradição oral podem enfatizar a memória de acontecimentos que afetam a vida das pessoas de maneira direta.

Que tipos de acontecimento têm maior probabilidade de ser lembrados? A memória autobiográfica se refere à lembrança dos acontecimentos da vida de uma pessoa. É evidente que nem todos esses acontecimentos são lembrados com igual clareza, e alguns nem são lembrados. As memórias autobiográficas são geralmente mais intensas para acontecimentos que tiveram um impacto importante em nossas vidas ou que provocaram fortes emoções.

Por que nos lembramos tão pouco de nossos dois primeiros anos de vida? As pessoas geralmente não se lembram do que aconteceu durante os dois primeiros anos de vida (fenômeno chamado de **amnésia infantil**). A amnésia infantil pode ser resultado do desenvolvimento incompleto das estruturas cerebrais antes dos dois anos de idade; da falta de consciência que a criança tem de si mesma; da falta de habilidades lingüísticas que são utilizadas na consolidação das experiências; ou então a amnésia infantil pode estar mais relacionada à incapacidade que os adultos têm de recuperar memórias que, de fato, foram armazenadas durante os dois primeiros anos de vida.

Como podemos explicar a vivacidade duradoura das memórias instantâneas? Anos após a ocorrência de um evento dramático ou significativo, as pessoas em geral ainda têm lembranças vívidas daquele acontecimento, bem como dos incidentes relacionados a ele. Essas memórias são conhecidas pelo nome de **memórias instantâneas**. Pesquisas recentes desafiaram a suposição de que as memórias instantâneas são sempre precisas e estáveis.

As pessoas podem ser persuadidas a "criar" novas memórias a respeito de acontecimentos que jamais ocorreram? Existem muitos casos de pessoas que passam por experiências traumáticas, perdem todas as memórias relativas a elas, e depois conseguem recuperá-las. Essas memórias recuperadas são altamente controversas, uma vez que pesquisas mostram que as pessoas podem ser "induzidas" a se lembrar de acontecimentos que jamais aconteceram. Até hoje não existe uma maneira clara de distinguir memórias recuperadas verdadeiras e falsas.

PENSAMENTO CRÍTICO E APLICAÇÕES

1. De que modo nosso estado psicológico pode influenciar nossa atenção?
2. Cite três exemplos de repetição elaborativa das matérias do curso as quais você precisa aprender?
3. Que impacto o fenômeno da memória reconstrutiva pode ter no sistema judiciário? Você acha que as memórias recuperadas deveriam ser aceitas nos julgamentos? Por quê?

7 Cognição e Capacidades Mentais

VISÃO GERAL

Alicerces do pensamento
- Linguagem
- Imagens
- Conceitos

Linguagem, pensamento e cultura

Solução de problemas
- A interpretação de problemas
- Criando estratégias e avaliando progressos
- Obstáculos à solução de problemas

Tomada de decisão
- Tomada de decisão lógica
- Heurística da tomada de decisão
- Explicando nossas decisões

Inteligência e capacidades mentais
- Teorias da inteligência
- Testes de inteligência
- O que faz com que um teste seja bom?

Hereditariedade, ambiente e inteligência
- Hereditariedade
- Ambiente
- O debate sobre o QI: um modelo útil

- Capacidades mentais e diversidade humana: gênero e cultura
- Extremos de inteligência

Criatividade
- Inteligência e criatividade
- Testes de criatividade

Respostas para os problemas propostos ao longo do capítulo

Respostas às questões do teste de inteligência

"Foi na Escola Braefield para surdos que conheci Joseph, um garoto de 11 anos que estava indo para a escola pela primeira vez — um garoto de 11 anos que não falava nada. Ele nasceu surdo, mas isso não havia sido percebido até seu quarto ano de vida. Sua incapacidade de falar e de compreender a fala na idade apropriada foi classificada como 'retardamento', depois como 'autismo', e tais diagnósticos ficaram estreitamente relacionados a ele. Quando sua surdez finalmente se tornou aparente, ele foi considerado 'surdo-mudo' — mudo não apenas literalmente, mas também metaforicamente e nunca houve nenhuma tentativa de ensinar-lhe uma linguagem.

"Joseph queria se comunicar, mas não conseguia. Falar, escrever e cantar — nada disso era acessível a ele: apenas gestos, pantomimas e uma notável capacidade de desenhar. 'O que havia acontecido com ele?', eu me perguntava. O que se passava dentro dele, como ele havia chegado àquela situação? Ele parecia estar vivo e animado, mas profundamente frustrado: seus olhos eram atraídos por bocas que falavam e mãos que escreviam — acompanhavam rapidamente os movimentos de nossas bocas e de nossas mãos, de maneira inquisitiva, sem compreender o que se passava e, para mim, ansiosamente ele percebia que alguma coisa 'estava acontecendo' entre nós, mas não conseguia entender o que era. Ele ainda não tinha quase nenhum conhecimento sobre comunicação simbólica, do que significava possuir uma 'moeda' simbólica para trocar conhecimentos..."

"Joseph era incapaz de, por exemplo, dizer como passara o final de semana... Não lhe faltava apenas a linguagem: era evidente que não existia um senso de passado, da diferença entre o que significava 'um dia atrás' e 'um ano atrás'. Havia uma estranha falta de sentido histórico, a sensação de uma vida que não tinha dimensões autobiográficas nem históricas... uma vida que apenas existia naquele momento, no presente..."

"Joseph era capaz de ver, distinguir, classificar e utilizar coisas; ele não tinha problemas no que se referia à classificação ou à generalização perceptiva, mas parecia que ele não conseguia ir muito mais além — reter na mente idéias abstratas, refletir, agir, planejar. Ele era completamente literal — incapaz de lidar com imagens, hipóteses ou possibilidades, incapaz de adentrar em um âmbito imaginativo ou figurativo. Mesmo assim, havia gente que considerava que ele tinha uma inteligência normal, apesar das visíveis limitações de suas funções intelectuais. Não era o caso de que ele não raciocinasse, mas sim de que ele não estava utilizando a capacidade total de sua mente..." (Sacks, 2000, pp. 32-34.)

Conforme sugere Sacks, a linguagem e o pensamento estão entrelaçados. Consideramos difícil imaginar a existência de um sem o outro e entendemos que ambos fazem parte do que significa ser humano. Os psicólogos utilizam o termo **cognição** para se referir a todos os processos que empregamos para adquirir e administrar informações. Neste livro, já falamos a respeito dos processos cognitivos de percepção, aprendizagem e memória. Nos capítulos anteriores, analisamos a relação crucial da cognição com a habilidade de enfrentar situações e ajustar-se a elas, o comportamento anormal e as relações interpessoais. Neste capítulo, falaremos sobre três processos cognitivos que consideramos tipicamente humanos: pensamento, solução de problemas e tomada de decisões. Também discutiremos duas capacidades mentais que os psicólogos tentaram mensurar: inteligência e criatividade.

Alicerces do pensamento

Quais são os três alicerces mais importantes do pensamento?

Quando você pensa em uma amiga próxima, é possível que tenha em mente considerações complexas sobre ela, como por exemplo: "Gostaria de falar com ela rapidamente" ou "Gostaria de ser mais parecida com ela". Pode ter em mente também uma imagem dela — provavelmente do rosto, mas talvez ainda o som de sua voz. Ou você poderá pensar em sua amiga empregando diversos conceitos ou categorias, tais como *mulher*, *bondosa*, *forte*, *dinâmica*, *gentil*. Quando pensamos, fazemos uso de tudo isso — linguagem, imagens e conceitos — quase sempre simultaneamente. Esses são os três alicerces mais importantes do pensamento.

Linguagem

Por quais etapas passamos para que um pensamento se torne uma afirmação?

A **linguagem** humana é um conjunto flexível de símbolos que nos permite comunicar nossas idéias, pensamentos e sentimentos. Embora todos os animais se comuniquem entre si, a linguagem humana é um sistema muito mais complexo. É uma capacidade exclusiva que nos distingue dos outros animais (Savage-Rumbaugh e Brakke, 1996). Os chimpanzés — nossos parentes mais próximos no reino animal — se comunicam por meio de cerca de 36 vocalizações diferentes somadas a uma série de gestos, posturas e expressões faciais, em um sistema muito mais simples que a fala de uma criança de três anos de idade.

Uma das maneiras para se compreender o sistema de linguagem exclusivamente humano é levar em consideração sua estrutura básica. A linguagem falada baseia-se em unidades de som chamadas **fonemas**. Os sons de *t*, *th* e *k*, por exemplo, são fonemas do inglês. Existem cerca de 45 fonemas na língua inglesa e perto de 85 em algumas outras línguas (Bourne, Dominowski, Loftus e Healy, 1986). Sozinhos, os fonemas não têm significado e raramente nos ajudam a pensar. O som de *b*, por exemplo, não possui significado inerente. Mas os fonemas podem ser agrupados para formar palavras, prefixos (como *in-* e *pre-*) e sufixos (como *-ado* e *-ndo*). Essas combinações significativas de fonemas são conhecidas como **morfemas**, que são as menores unidades de significado das palavras. Os morfemas desempenham um papel-chave no pensamento humano. Eles podem representar idéias importantes como "vermelho", "calmo" ou "quente". O sufixo *-ado* capta a idéia de algo que ocorreu no passado (*visitado*, *gostado*). O prefixo *pre-* transmite a idéia de algo que ocorreu "antes de" ou que é "anterior a" (*previsão*, *predeterminação*).

Podemos combinar morfemas para criar palavras que representem idéias bastante complexas, como *pre-exist-ente*, *psico-logia*. As palavras, por sua vez, agrupam-se em pensamentos ainda mais complexos. Da mesma maneira que existem regras para a combinação de fonemas e morfemas, existem regras para a estruturação de sentenças e seus significados. Essas regras são o que os lingüistas chamam de **gramática**. Os dois principais componentes da gramática são a *sintaxe* e a *semântica*.

A *sintaxe* é o sistema de regras que controla o modo como combinamos as palavras para formar frases e sentenças que sejam significativas. Por exemplo: em inglês e em muitas outras línguas, o significado de uma sentença é geralmente determinado pela ordem das palavras. "Sally atingiu o carro" significa uma coisa; "o carro atingiu Sally" significa outra bem diferente; e "atingiu carro o Sally" não significa nada.

A *semântica* descreve a maneira como atribuímos significado aos morfemas, às palavras, às frases e às sentenças — em outras palavras, o conteúdo da linguagem. Quando pensamos em alguma coisa — no oceano, por exemplo —, em geral nossas idéias consistem em frases e sentenças, tais como: "O oceano está estranhamente calmo hoje à noite". As sentenças têm tanto uma *estrutura superficial* — as palavras e frases em particular — quanto uma *estrutura profunda* — seu significado subjacente. Uma mesma estrutura profunda pode ser comunicada por meio de diversas estruturas superficiais:

O oceano está estranhamente calmo esta noite.

Hoje à noite o oceano está particularmente calmo.

Comparado à maioria das outras noites, hoje o oceano está calmo.

A sintaxe e a semântica permitem que os falantes e ouvintes façam o que o lingüista Noam Chomsky chama de *transformações* entre a estrutura superficial e a profunda. Segundo Chomsky, quando desejamos comunicar uma idéia, começamos com um pensamento, depois escolhemos as palavras e frases que ex-

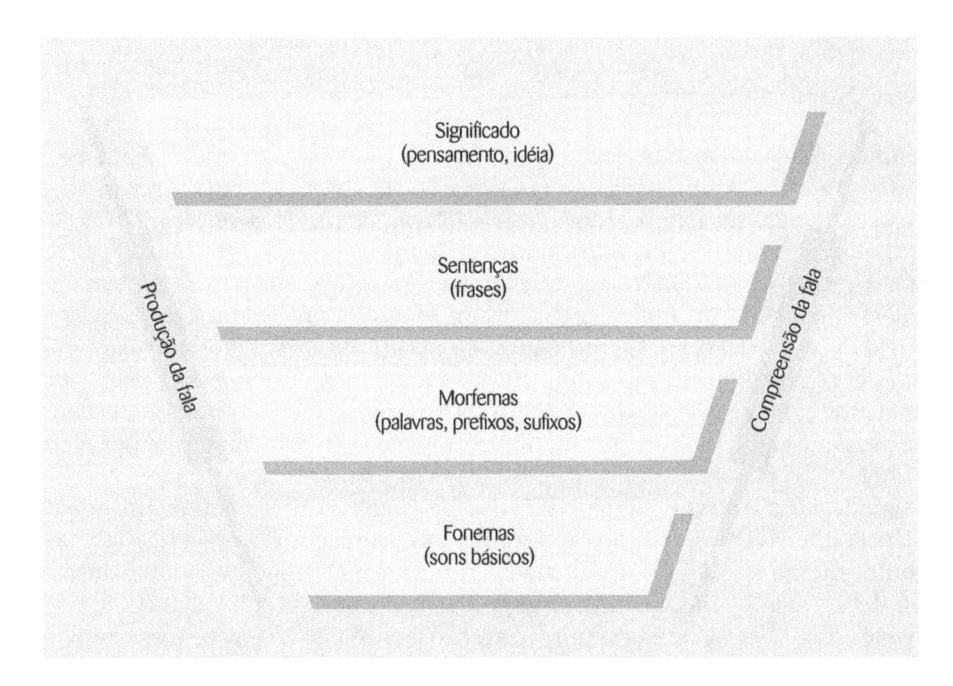

FIGURA 7.1
A direção do movimento que ocorre na produção e na compreensão da fala.

Produzir uma sentença consiste no movimento de pensamentos e idéias que assumem a forma de sons básicos; compreender uma sentença, por sua vez, exige que o movimento parta dos sons básicos e retorne aos significados subjacentes dos pensamentos e idéias.

pressarão a idéia e, por fim, produzimos os sons da fala que formam aquelas palavras e frases. A fala exige um *processamento de cima para baixo*, e você poderá ver que, de acordo com a seta esquerda da Figura 7.1, esse movimento realmente ocorre de cima para baixo. Quando queremos compreender uma sentença, revertemos o sentido em que ocorre a tarefa. Devemos começar pelos sons da fala até chegar aos significados desses sons. Esse método se chama *processamento de baixo para cima*, conforme indicado pela seta direita da Figura 7.1.

Imagens

Que papel as imagens desempenham no pensamento?

Pense em Abraham Lincoln por um momento. Depois, pense em estar na rua durante uma tempestade de verão repleta de raios e trovoadas. Seus pensamentos sobre Abraham Lincoln possivelmente incluíram frases como "escreveu o *Gettysburg Address*", "presidente durante a Guerra Civil" e "assassinado por John Wilkes Booth". Provavelmente você também tenha pensado em algumas imagens mentais referentes a ele: rosto barbado, corpo franzino ou uma cabana de madeira. Ao pensar na tempestade, você provavelmente construiu imagens mentais de vento, chuva e raios — talvez até mesmo o cheiro de folhas e terra molhadas. Uma **imagem** é uma representação mental de algumas experiências sensoriais e pode ser usada para que pensemos sobre as coisas. Somos capazes de visualizar a Estátua da Liberdade ou uma árvore de Natal; sentir o cheiro da ceia de Natal; ouvir a voz de Martin Luther King Jr. dizendo: "Eu tenho um sonho!" Em suma, podemos pensar por meio de imagens.

As imagens nos possibilitam pensar nas coisas de maneira não-verbal. Albert Einstein confiava imensamente em seus poderes de visualização para compreender os fenômenos que, mais tarde, ele descreveria por meio de complexas fórmulas matemáticas. Einstein acreditava que sua extraordinária genialidade era, em parte, resultado de sua capacidade de visualizar possibilidades (Shepard, 1978). Embora poucos de nós possam alcançar o brilhantismo de Einstein, todos utilizamos imagens para pensar em problemas e resolvê-los. Todos nós já vimos uma professora explicar um conceito difícil por meio de um desenho simples e rápido no quadro-negro. Muitas vezes, quando as palavras fazem com que um significado se torne ainda mais complicado, uma imagem gráfica desenhada em um papel resolve a confusão. As imagens também nos permitem utilizar formas concretas para representar idéias complexas e abstratas, como, por exemplo, quando os jornais lançam mão de diagramas e gráficos para ilustrar o resultado de uma eleição.

Experimentos que se utilizam de técnicas de produção de imagens mentais, sobre os quais falamos no Capítulo 2, mostram que geralmente, quando pensamos com imagens, utilizamos os mesmos centros do cérebro que são ativados para a percepção visual (Kreiman, Koch e Freid, 2000; Mosovich, Behrmann e Winocur, 1994). Essa pesquisa sustenta a idéia de que nós não somente recordamos imagens; também pensamos de maneira pictórica.

Conceitos

De que maneira os conceitos nos ajudam a pensar mais eficientemente?

Os **conceitos** são categorias mentais usadas para classificar pessoas, coisas ou acontecimentos (Komatsu, 1992). *Cães*, *livros* e *montanhas* são conceitos empregados na classificação de coisas, ao passo que *rápido*, *bonita* e *interessante* são conceitos que podem ser empregados na classificação de coisas, acontecimentos ou pessoas. Quando você pensa em algo específico — digamos, o Monte Everest —, você geralmente pensa nos conceitos que se aplicam a ele, como o *mais difícil e perigoso de escalar*. Os conceitos também podem ser usados para criar e organizar hierarquias ou grupos de categorias subordinadas. Por exemplo: o conceito geral de *plantas* pode ser subdividido em categorias subordinadas, como *árvores*, *arbustos* e *gramados*, da mesma maneira que o conceito de *árvores* pode se subdividir em *carvalhos*, *bordos*, *pinheiros* e assim por diante (Reed, 1996). Se não fôssemos capazes de formar conceitos, precisaríamos ter um nome diferente para cada objeto. Assim, os conceitos nos ajudam a pensar de maneira eficiente a respeito das coisas e de como elas se relacionam entre si.

Os conceitos também dão significado a novas experiências. Isso não significa que criamos um novo conceito para cada nova experiência que vivemos. Nós nos aproximamos de conceitos que já estão formados e classificamos o novo acontecimento na categoria adequada. Ao fazer isso, podemos modificar alguns de nossos conceitos a fim de enquadrar melhor nossas experiências. Consideremos o conceito de entrevista de trabalho. É provável que você já tenha algum conceito a respeito desse processo antes de fazer sua primeira entrevista, mas esse conceito pode mudar após você sair à procura de um emprego. Uma vez que você tiver formado um conceito de *entrevista de trabalho*, não será necessário reagir a cada entrevista como se fosse uma experiência totalmente nova; você saberá o que esperar e também como esperam que você se comporte. Criar conceitos, seja sobre uma *entrevista de trabalho* ou qualquer outra coisa, é uma maneira de organizar as experiências vividas.

TESTE SUA APRENDIZAGEM

1. _____, _____, e _____ são os três mais importantes alicerces do pensamento.
2. Na linguagem, as unidades de som, chamadas _____, são combinadas para formar as menores unidades de significado, chamadas _____. Essas minúsculas unidades de significado podem então ser combinadas para formar palavras, as quais são usadas na construção de frases e _____ inteiras.
3. As regras de linguagem que especificam de que maneira os sons e as palavras podem ser combinados em sentenças significativas são chamadas de regras de _____.
4. De acordo com Chomsky, os usuários da linguagem empregam regras que os permitem ir desde a estrutura superficial até a _____ _____ da linguagem.
5. As categorias que classificam pessoas, coisas ou acontecimentos específicos são chamadas de
   a. conceitos.
   b. imagens.
   c. fonemas.
   d. morfemas.
6. Indique se as afirmações abaixo são verdadeiras (V) ou falsas (F).
   ___ a. As imagens nos ajudam a pensar sobre as coisas, uma vez que utilizam formas concretas para representar idéias complexas.
   ___ b. As pessoas decidem quais são os objetos que se enquadram em determinado conceito por meio da comparação entre características dos objetos e um modelo ou protótipo do conceito.
   ___ c. Os conceitos nos ajudam a atribuir significados a novas experiências.

Respostas: 1. linguagem, imagem, conceitos. 2. fonemas, morfemas, sentenças. 3. gramática. 4. estrutura profunda. 5. a. 6. a. (V); b. (V); c. (V).

Embora seja cômodo pensar que os conceitos são simples e claros, na maioria das vezes eles são bastante "vagos": eles se sobrepõem uns aos outros e freqüentemente são mal definidos. Por exemplo: a maioria das pessoas é capaz de distinguir um camundongo de um rato, mas consideraria difícil enumerar as diferenças essenciais entre os dois animais (Rosch, 1973, 1978).

Se não somos capazes de explicar a diferença existente entre um camundongo e um rato, como conseguimos utilizar esses *conceitos vagos* em nosso pensamento? Precisamos construir um modelo, ou **protótipo**, que represente um camundongo e outro que represente um rato, para então utilizar esses protótipos em nosso pensamento (Rosch, 1978). Nosso conceito do que seja um pássaro, por exemplo, não consiste em uma lista de atributos-chave que um pássaro deve ter, como *penugem, asas, duas patas* e *habitar em árvores*. Em vez disso, a maioria de nós tem um modelo de pássaro, ou protótipo, em mente — como um tordo ou um pardal — que capta para nós a essência do que é um *pássaro*. Quando encontramos novos objetos, nós os comparamos a esse protótipo para determinar se eles são, de fato, pássaros. E, quando pensamos em pássaros, geralmente pensamos em nosso pássaro prototípico.

Então, os conceitos, assim como as palavras, ajudam-nos a formular pensamentos. Mas a cognição humana abrange muito mais que apenas pensar passivamente a respeito das coisas. Ela também consiste em empregar ativamente as palavras, as imagens e os conceitos a fim de modelar uma compreensão do mundo, resolver problemas e tomar decisões. Nas próximas três seções, veremos como isso é feito.

Linguagem, pensamento e cultura

Como a linguagem, o pensamento e a cultura se influenciam mutuamente?

A linguagem está intimamente ligada à expressão e compreensão dos pensamentos. Palavras — como *amigos, família, avião* e *amor* — correspondem a conceitos, que são os blocos de construção do pensamento. Por meio da combinação de palavras em frases, podemos relacionar conceitos entre si e expressar idéias complexas. Será que a linguagem pode também influenciar a maneira como pensamos e o conteúdo de nossos pensamentos? Benjamin Whorf (1956) acreditava piamente que sim. De acordo com a **hipótese da relatividade lingüística** de Whorf, a língua que falamos determina nosso padrão de pensamento e nossa visão de mundo. Para Whorf, se determinada expressão não existe em uma língua, o pensamento ao qual ela corresponde provavelmente não passará pela cabeça dos falantes dessa língua. Por exemplo: os hopi, nativos do sudoeste dos EUA, têm apenas dois substantivos para objetos que voam. Um deles se refere aos pássaros, e o outro é utilizado para todas as outras coisas. Um avião e uma libélula, por exemplo, recebem o mesmo nome. Segundo Whorf, os hopi não veriam grandes diferenças entre aviões e libélulas — como nós vemos — porque sua língua classifica ambos de maneira igual.

A hipótese da relatividade lingüística tem apelo intuitivo — faz sentido pensar que os limites da linguagem produzirão limites no pensamento. Entretanto, pesquisadores descobriram diversas restrições na teoria de Whorf.

Por exemplo: o povo dani da Nova Guiné dispõe de apenas duas palavras para cores — "escuro" e "claro" — e, apesar disso, é capaz de ver e facilmente aprender a classificar outras cores, como vermelho, amarelo e verde. Eles também julgam a similaridade das cores de uma maneira muito parecida à que é feita pelos falantes da língua inglesa (E. R. Heider, 1972; E. R. Heider e Oliver, 1972; Rosch, 1973). Assim, a capacidade de pensar a respeito das cores é bastante parecida entre as culturas, mesmo quando suas línguas têm termos muito diferentes para se referir às cores.

Outros críticos dizem que a necessidade de pensar sobre as coisas de maneira diferente modifica uma língua; não é a língua que muda o modo como pensamos (Berlin e Kay, 1969). Por exemplo: os esquiadores que falam inglês, por perceber que diferentes texturas de neve podem atrapalhar sua trajetória de descida, referem-se à neve como *pó, grão* e *gelo*. Da mesma maneira, o crescimento do uso de computadores pessoais e da Internet inspirou o surgimento de um vocabulário próprio, como *hard drive, memória RAM, gigabytes, software, on-line* e *CD-ROM*. Em suma, as pessoas criam novas palavras quando precisam delas — a experiência molda a língua.

Os psicólogos não descartaram totalmente a hipótese de Whorf, mas abrandaram-na, reconhecendo que a linguagem, o pensamento e a cultura estão entrelaçados (Matsumoto, 1996). Essa descoberta nos levou a analisar mais cuidadosamente a maneira como utilizamos a língua. Tradicionalmente, a língua inglesa empregou termos masculinos como "homem" e "ele" para descrever pessoas de ambos os gêneros — "todos os 'homens' são criados de maneira igual". Entretanto, pesquisas demonstraram que, quando se pede que as pessoas teçam comentários referentes a alguém descrito como "ele" e, outras vezes, descrito como "ela", a palavra utilizada *influenciou* o comportamento delas (Greenwald e Banaji, 1995; Hyde, 1984). Descobertas como essas fizeram com que muitas pessoas (inclusive os autores de livros!) se referissem às outras por meio de uma linguagem neutra quanto ao gênero (inserindo no texto expressões como "ele ou ela", por exemplo).

As pessoas criam palavras para captar aspectos importantes de suas experiências e, até certo ponto, as palavras moldam a maneira como os falantes pensam e o conteúdo de seus pensamentos. As pessoas também podem pensar em coisas para as quais não existem palavras. Por fim, tanto a linguagem quanto o pensamento são influenciados pela cultura.

Solução de problemas

Quais são os três aspectos gerais do processo de solução de problemas?

Resolva os seguintes problemas:

Problema 1 Você tem três colheres de medidas (veja a Figura 7.2). Uma delas está cheia com oito colheres de chá de sal; as outras duas estão vazias, mas cada uma tem capacidade para duas colheres de chá. Divida o sal entre as colheres de modo que apenas quatro colheres de chá de sal permaneçam na colher maior.

Problema 2 Você tem uma ampulheta de cinco minutos e outra de nove minutos (veja a Figura 7.3). De que maneira você pode utilizá-las para cronometrar um churrasco de 14 minutos? (Adaptado da obra de Sternberg, 1986.)

A maioria das pessoas considera esses problemas muito fáceis. Mas agora tente resolver versões mais elaboradas desses mesmos problemas (as respostas estão no final deste capítulo):

Problema 3 Você tem três colheres de medidas (veja a Figura 7.4). Uma delas (colher A) está cheia com oito colheres de chá de sal. A segunda e a terceira colheres estão vazias. A segunda colher (colher B) tem capacidade para cinco colheres de chá e a terceira (colher C) tem capacidade para três colheres de chá. Divida o sal de modo que as colheres A e B tenham exatamente quatro colheres de chá de sal cada uma e a colher C fique vazia.

TESTE SUA APRENDIZAGEM

1. De acordo com a hipótese da _____ _____ de Whorf, a língua que falamos molda nosso pensamento.
2. Qual das alternativas seguintes não sustenta a hipótese de Whorf?
    a. Quando é difícil dar nome a uma cor, também é difícil lembrar-se dela.
    b. Quando a sociedade muda, a linguagem também muda.
    c. As pessoas fazem julgamentos distintos quando outra pessoa é descrita como "ele" ou como "ela".
3. Indique se as seguintes afirmações são verdadeiras (V) ou falsas (F).
    ____ a. Muitas palavras de nossa língua correspondem a conceitos.
    ____ b. Quanto mais complexa uma sociedade, maior a quantidade de palavras que sua língua terá.
    ____ c. Os pensamentos são limitados pelas palavras existentes na língua falada pela pessoa.

Respostas: 1. relatividade linguística. 2. b. 3. a. (V). b. (V). c. (F).

Problema 4 Você tem uma ampulheta de cinco minutos e outra de nove minutos (veja a Figura 7.3). De que modo você pode utilizá-las para cronometrar um churrasco de 13 minutos? (Adaptado da obra de Sternberg, 1986.)

A maioria das pessoas considera esses dois problemas muito mais difíceis que os dois primeiros. Por quê? A resposta está na interpretação, na estratégia e na avaliação. Os problemas 1 e 2 são considerados triviais porque é muito fácil interpretar o que se pede, as estratégias de resolução são simples e você consegue verificar sem qualquer esforço que cada passo dado o deixa mais próximo da solução. Em contrapartida, os problemas 3 e 4 exigem um pouco de raciocínio na interpretação do que é pedido, as estratégias de resolução não estão imediatamente aparentes e é mais difícil avaliar se cada passo dado vai em direção ao objetivo final. Esses três aspectos da resolução de problemas — interpretação, estratégia e avaliação — fornecem uma estrutura útil para a investigação desse tópico.

FIGURA 7.2

A interpretação de problemas

Por que a representação dos problemas é tão importante para que se encontre uma solução efetiva?

O primeiro passo para solucionar um problema se chama **representação do problema**, que significa interpretar ou definir o problema. É tentador pular adiante e tentar solucionar um problema com base apenas no modo como ele é apresentado, mas esse impulso geralmente leva a soluções ruins. Por exemplo: se sua empresa está perdendo dinheiro, talvez você pense que o problema consiste em encontrar maneiras de cortar custos. Mas, ao raciocinar de modo tão estreito, você deixou de lado outras opções. Uma melhor representação desse problema seria tentar descobrir maneiras de aumentar os lucros — por meio do corte de custos, do aumento da renda, ou de ambos.

A fim de perceber a importância da representação do problema, considere estas duas situações:

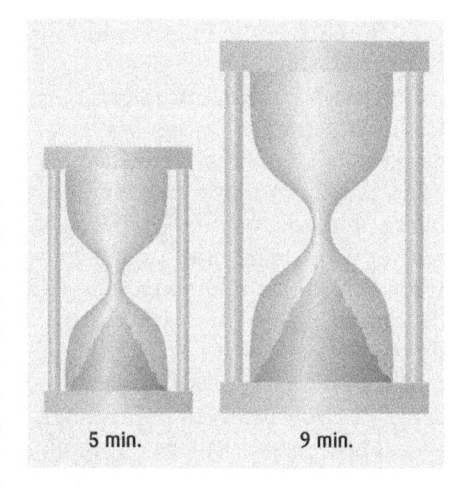

FIGURA 7.3

Problema 5 Você tem quatro pedaços de corrente, cada um com três elos (veja a Figura 7.5). No começo, todos os elos estão fechados. Abrir um elo custa dois centavos e fechar um elo custa três. De que maneira você pode juntar todos os elos e formar um círculo contínuo sem gastar mais de 15 centavos?

Problema 6 Disponha seis fósforos de cozinha sob a forma de quatro triângulos eqüiláteros (veja a Figura 7.6). Cada lado de cada triângulo deverá ter apenas um fósforo de comprimento.

Esses dois problemas são difíceis porque as pessoas tendem a representá-los de maneiras que impedem o vislumbre de soluções. Por exemplo: no problema 5, a maioria das pessoas imagina que a melhor maneira de proceder é abrir e fechar os elos das extremidades. Enquanto insistirem nesse tipo de "alicerce conceitual",

FIGURA 7.4

serão incapazes de solucionar o problema. Caso o problema seja representado de outro jeito, a solução fica praticamente óbvia. De maneira semelhante, para o problema dos fósforos de cozinha, a maioria das pessoas considera que pode resolvê-lo em apenas duas dimensões — isto é, que os triângulos têm de ser "desenhados" sobre uma superfície plana ou que um fósforo não pode servir de lado para dois triângulos. Quando o problema é representado de maneira diferente, a solução se torna muito mais fácil. (As soluções para esses dois problemas estão no final deste capítulo.)

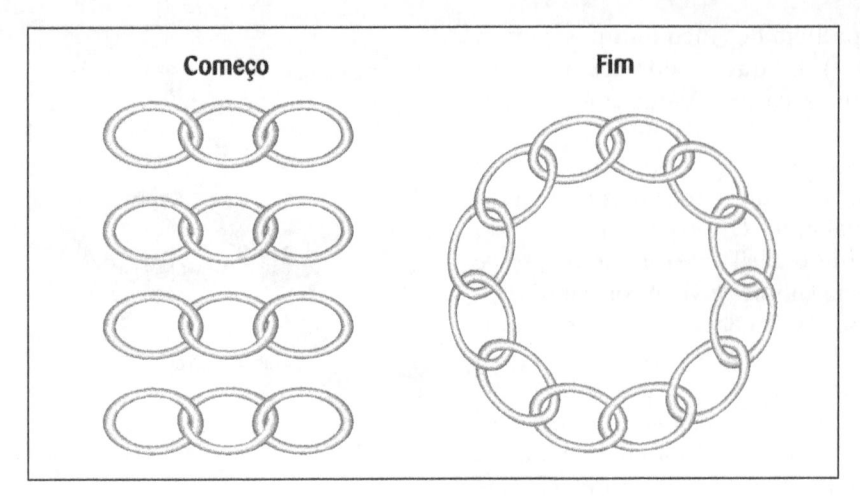

FIGURA 7.5

Caso você tenha interpretado corretamente os problemas 5 e 6, tente o 7:

Problema 7 Um monge deseja fazer um retiro religioso no alto de uma montanha. Ele começa a subir a montanha quando o sol se levanta e chega ao topo quando o sol se põe, no mesmo dia. Durante a subida, ele avança com várias velocidades e sempre pára para descansar. Ele passa a noite meditando. No dia seguinte, começa a descer quando o sol se levanta, seguindo exatamente o mesmo caminho que utilizou para subir. Assim como antes, ele caminha com diversas velocidades e sempre pára para descansar. Pelo fato de ele tomar muito cuidado para não se descuidar e cair morro abaixo, a descida leva o mesmo tempo da subida e o monge não chega à base da montanha antes de o sol se pôr. Prove que há um lugar do caminho pelo qual o monge passa exatamente no mesmo horário do dia tanto na subida quanto na descida.

Esse problema é extremamente difícil de ser resolvido se for representado verbalmente ou matematicamente. Mas fica consideravelmente mais fácil se representado visualmente, conforme você poderá ver na explicação ao final deste capítulo.

Outro aspecto da representação bem-sucedida de um problema consiste em decidir a que categoria pertence ele. A categorização adequada de um problema poderá fornecer pistas para solucioná-lo. De fato, uma vez que o enigma estiver adequadamente representado, sua solução poderá ser muito fácil. Freqüentemente, pessoas bem-sucedidas na solução de problemas são, na verdade, muito habilidosas em categorizá-los. Os grandes jogadores de xadrez, por exemplo, são capazes de prontamente categorizar uma situação do jogo por meio da comparação entre essa situação e diversas outras situações-padrão já armazenadas em suas memórias permanentes. Essa estratégia os ajuda a interpretar o padrão atual das peças de xadrez com maior rapidez e precisão do que jogadores novatos. De maneira semelhante, um técnico de futebol experiente é capaz de rapidamente pedir que seja feita uma jogada, uma vez que ele já interpretou a situação do jogo em termos de categorias que ele já conhece. O ganho de experiência em qualquer ramo, do futebol à física, consiste primeiramente em aumentar sua capacidade de representar e categorizar os problemas para que eles possam ser resolvidos de maneira rápida e eficaz (Haberlandt, 1997).

FIGURA 7.5
O problema dos seis fósforos. Disponha os seis fósforos de modo que eles formem quatro triângulos eqüiláteros. A solução está na Figura 7.12.

Criando estratégias e avaliando progressos

Por que um algoritmo é, em geral, muito melhor para a solução de um problema que o processo de tentativa e erro?

Uma vez que você tenha representado apropriadamente um problema, os próximos passos são a seleção de uma estratégia e a avaliação dos progressos que levam ao objetivo final. As estratégias de solução são: tentativa e erro, recuperação de informações baseadas em problemas semelhantes, estabelecimento de procedimentos "passo a passo" que realmente funcionem (chamados de algoritmo) ou abordagens por aproximação (chamadas de heurística).

Tentativa e erro Essa estratégia que funciona melhor quando existem apenas escolhas limitadas. Por exemplo: se você tem de escolher uma entre apenas três ou quatro chaves, o método de tentativa e erro é a melhor maneira de descobrir qual delas abre a garagem de seu amigo. Contudo, na maioria dos casos, esse método leva muito tempo, uma vez que existem muitas opções para ser testadas. Nesse caso, é melhor eliminar as abordagens improdutivas e recomeçar com uma que funcione. Consideremos algumas estratégias alternativas.

Recuperação de informações Uma das abordagens possíveis é recuperar, a partir da memória permanente, informações sobre a solução de um problema similar no passado. A recuperação de informações é uma opção especialmente importante quando se necessita de uma solução rápida. Por exemplo: os pilotos simplesmente memorizam a menor velocidade em que um avião é capaz de voar antes que o motor afogue.

Algoritmos Problemas mais complexos exigem estratégias também mais complexas. Um **algoritmo** é um método de resolução de problemas que, se utilizado de maneira adequada, garante que a solução seja alcançada. Por exemplo: para calcular o produto de 323 e 546, multiplicamos os números de acordo com as regras da multiplicação (o algoritmo). Se realizarmos esse procedimento com precisão, teremos a garantia de chegar à resposta correta. De maneira semelhante, para convertermos temperaturas de Fahrenheit a Celsius, utilizamos o algoritmo $C = 5/9 (F - 32)$.

Heurística Pelo fato de não possuir algoritmos para todos os tipos de problemas, freqüentemente adotamos a **heurística**, ou seja, as abordagens por aproximação. A heurística não garante uma solução, mas pode aproximar-se dela. Parte da resolução consiste em decidir qual a heurística mais apropriada para determinado problema (Bourne *et al.*, 1986).

Uma heurística bem simples é a da **escalada**: tentamos nos aproximar cada vez mais do nosso objetivo sem precisar voltar atrás. A cada passo que damos, avaliamos "a altura" da montanha a que chegamos, a distância que ainda devemos percorrer e o próximo passo. Em um teste de múltipla escolha, por exemplo, uma estratégia útil de escalada consiste em eliminar primeiro as alternativas obviamente incorretas. Ao tentar equilibrar um orçamento, cada redução de custos faz com que você se aproxime de seu objetivo e diminui seu déficit.

Uma outra heurística é criar **subobjetivos**. Ao estabelecer subobjetivos, dividimos o problema em partes menores e mais administráveis, cada uma mais fácil de resolver que o problema como um todo (Reed, 1996). Considere o problema dos hobbits e orcs:*

Problema 8 Três hobbits e três orcs estão na margem de um rio. Todos desejam atravessar para o outro lado, mas seu barco leva apenas duas criaturas por vez. Além disso, caso o número de orcs supere o de hobbits, os orcs atacarão os hobbits. De que maneira é possível que todos atravessem o rio sem risco para os hobbits?

A solução para esse problema pode ser encontrada ao pensar nele como uma série de subobjetivos. O que tem de ser feito para que apenas uma ou duas criaturas atravessem o rio com segurança, deixando temporariamente de lado o objetivo principal de fazer com que todas elas atravessem o rio? Primeiramente, enviaríamos dois orcs e voltaríamos com um deles. Isso resulta em um orc do outro lado do rio. Agora podemos pensar na próxima travessia. É claro que não podemos enviar um único hobbit junta-

---

* Os autores se referem a seres criados pelo escritor J. R. R. Tolkien, autor da trilogia *O senhor dos anéis* (N. do R. T.).

mente com outro orc, porque o hobbit estaria em desvantagem assim que o barco chegasse à outra margem do rio. Portanto, temos de enviar dois orcs ou dois hobbits. Ao lidar com o problema dessa maneira — concentrando-se em subobjetivos —, podemos alcançar o objetivo de fazer com que todas as criaturas atravessem o rio.

Uma vez resolvido o problema 8, tente solucionar o 9, que é consideravelmente mais difícil (as respostas para ambos os problemas se encontram no final do capítulo):

Problema 9 Esse problema é idêntico ao problema 8, exceto pelo fato de que agora existem cinco hobbits e cinco orcs, e o barco é capaz de levar apenas três criaturas por vez.

Freqüentemente, os subobjetivos são úteis na resolução de uma série de problemas cotidianos. Por exemplo: um estudante cujo objetivo é escrever um trabalho de avaliação final deverá estabelecer subobjetivos dividindo seu projeto em uma série de tarefas separadas: escolher um tema, fazer pesquisas e anotações, preparar um esboço, escrever o primeiro rascunho, editá-lo, reescrevê-lo e assim por diante. Até mesmo os subobjetivos podem, às vezes, subdividir-se em tarefas separadas: a tarefa de escrever o primeiro rascunho do trabalho pode ser dividida nos subobjetivos de escrever a introdução, descrever a abordagem a ser tomada, sustentar essa abordagem por meio de provas, definir conclusões, escrever um resumo e listar a bibliografia. Os subobjetivos tornam a resolução de problemas muito mais administrável, porque nos livram do fardo de "ter de levar para o outro lado do rio" tudo de uma vez. Embora o propósito total do método de estabelecer subobjetivos continue sendo o alcance do objetivo final, essa tática permite que miremos possibilidades mais próximas de nós, objetivos mais administráveis.

Uma das heurísticas mais freqüentemente utilizadas, chamada de **análise de meios e fins**, combina a escalada e os subobjetivos. Assim como na escalada, a análise de meios e fins consiste em analisar a diferença existente entre a situação atual e o fim desejado e, em seguida, fazer algo para reduzir tal diferença. Mas, ao contrário do que ocorre na escalada — que não permite desvios em relação ao objetivo final para que o problema seja resolvido —, a análise de meios e fins leva em conta a situação do problema como um todo. São estipulados subobjetivos de maneira que possamos, temporariamente, dar um passo aparentemente retroativo para que o nosso objetivo seja alcançado no final.

Mas a análise de meios e fins também pode fazer a pessoa se afastar tanto do objetivo final que ele deixa de existir por completo. Uma maneira de evitar essa situação é empregar a heurística de **retroação** (Bourne et al., 1986). Por meio dessa estratégia, a busca da solução começa pelo objetivo e retroage até a situação presente. A retroação é freqüentemente utilizada quando o objetivo fornece mais informações que a situação presente e quando as operações envolvidas podem funcionar em duas direções. Por exemplo: caso você quisesse gastar exatamente $ 100 em roupas, seria difícil atingir esse objetivo simplesmente comprando alguns itens na esperança de que eles totalizassem precisamente essa quantia. Uma estratégia melhor seria a de comprar um item, subtrair seu preço do montante de $ 100 para determinar quanto dinheiro você ainda tem, comprar outro item em seguida, subtrair o preço dele do montante que resta e assim por diante, até que você tenha gasto $ 100.

Obstáculos à solução de problemas

Como uma "predisposição mental" pode tanto ajudar quanto atrapalhar a solução de problemas?

No dia-a-dia, diversos fatores são capazes tanto de ajudar quanto de atrapalhar a solução de um problema. Um deles é o nível de motivação, ou "despertar emocional", da pessoa. Geralmente, precisamos provocar um certo aumento do nível de excitação para que nos motivemos a solucionar um problema, ainda que o excesso de estímulos possa estorvar nossa capacidade de encontrar uma solução (veja o Capítulo 8, "Motivação e emoção").

Outro fator que pode tanto ajudar quanto atrapalhar a resolução de um problema é a **predisposição mental** — tendência que temos de perceber e abordar problemas de determinadas maneiras. A predisposição determina quais informações tendemos a recuperar da memória e que nos ajudarão a encontrar uma solução. A predisposição pode ser útil caso conheçamos operações que podem ser aplicadas à situação presente. Grande parte de nossa educação formal consiste em predisposições de aprendizagem e maneiras de solucionar problemas (ou seja, aprender heurísticas e algoritmos). Mas essas predisposições também podem gerar obstáculos, especialmente quando é necessária uma abordagem original. As pessoas mais bem-sucedidas na resolução de problemas têm diferentes predisposições entre as quais escolher e são capazes de julgar o momento adequado para mudar a predisposição ou abandoná-la por completo. Grandes idéias e invenções surgem a partir desse tipo de flexibilidade.

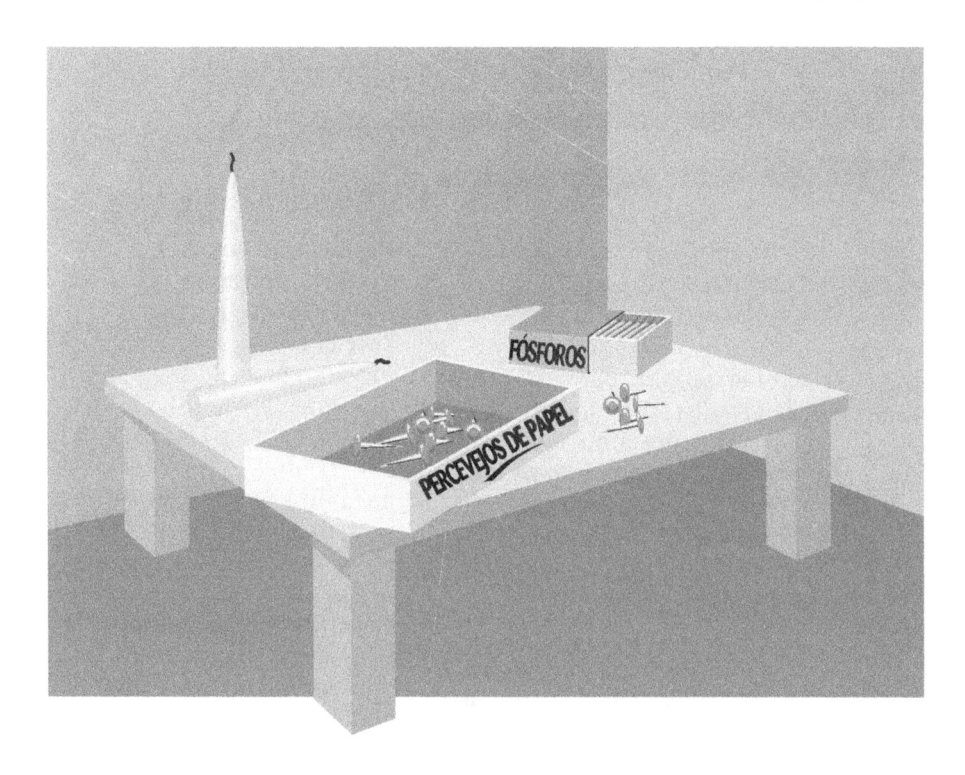

FIGURA 7.7
Para verificar os efeitos da fixação funcional, os participantes recebem os itens mostrados sobre a mesa e pede-se que eles coloquem uma vela na parede. Veja a Figura 7.15 para descobrir a solução.

Um tipo de situação que pode atrapalhar seriamente a resolução de problemas se chama **fixação funcional**. Considere a Figura 7.7. Você percebe alguma maneira de prender a vela na parede? Se não, você está sendo impedido pela fixação funcional. Quanto mais você utiliza um objeto de apenas uma maneira, mais difícil se torna perceber novos modos de usá-lo, porque você lhe designou uma função fixa ao objeto. Até certo ponto, parte do processo de aprendizagem consiste em atribuir funções corretas aos objetos — é dessa maneira que formamos os conceitos. Mas precisamos estar abertos para perceber que um objeto pode ser utilizado para uma função completamente diferente. (A solução para esse problema se encontra no final do capítulo.) Veja a Seção "Compreendendo a nós mesmos" para saber mais a respeito de técnicas que aperfeiçoarão suas habilidades para a resolução de problemas.

Pelo fato de a resolução criativa de problemas exigir a elaboração de idéias originais, estratégias deliberadas nem sempre ajudam. A solução de diversos problemas se baseia em um insight, que freqüentemente se mostra como um clarão arbitrário que "sai do nada". (Veja o Capítulo 5, "Aprendizagem".) Apenas recentemente os psicólogos começaram a investigar os processos espontâneos e não planejados de resolução de problemas, tais como o insight e a intuição (Bechara *et al.*, 1997; veja também Underwood, 1996).

Porém, não é sempre que se pode sentar em uma cadeira e esperar até que um insight surja. Quando se necessita de uma solução rápida, é possível fazer algumas coisas que proporcionem respostas criativas. Às vezes nos perdemos tanto nos detalhes de um problema que deixamos de enxergar o óbvio. Se pararmos de pensar na questão durante algum tempo, será possível voltarmos a ele a partir de uma nova perspectiva (H. G. Murray e Denny, 1969). Então seremos capazes de redefinir o problema, o que evita uma situação mental improdutiva.

O valor da busca por novas maneiras de representar um problema difícil não pode ser enfatizado em excesso. Pergunte-se: "Qual é o verdadeiro problema? O problema pode ser interpretado de outras maneiras?" Esteja também aberto para soluções em potencial que, a princípio, parecem improdutivas. Elas podem se mostrar mais eficazes ou sugerir novos caminhos. Esse é o raciocínio que está por trás da técnica chamada **brainstorming**: para solucionar um problema, produz-se uma grande quantidade de idéias antes de revisá-las e avaliá-las (Haefele, 1962).

Por fim, as pessoas geralmente se tornam mais criativas quando estão ao lado de colegas e professores também criativos (Amabile, 1983). Embora algumas pessoas criativas trabalhem bem quando estão sozinhas, outras são estimuladas pelo trabalho em equipe com gente também.

COMPREENDENDO A NÓS MESMOS

Tornando-se um hábil solucionador de problemas

Até mesmo os melhores solucionadores de problemas às vezes ficam confusos, mas você poderá fazer algumas coisas que o ajudarão a encontrar uma solução. Essas táticas o encorajam a descartar abordagens improdutivas e descobrir estratégias mais eficazes.

1. **Elimine as más escolhas**. Quando estamos seguros com relação ao que vai funcionar e ao que não vai, a *tática de eliminação* pode ser muito útil. Primeiramente, enumere todas as soluções que você puder imaginar e depois descarte aquelas que parecem levar à direção errada. Agora examine a lista mais atentamente. Algumas soluções parecem ineficazes, mas podem se tornar eficazes sob uma análise cuidadosa.

2. **Visualize a solução**. Às vezes, as pessoas que estão confusas em razão de um problema podem encontrar uma solução ao empregar um dos alicerces básicos do pensamento: as imagens visuais. A *visualização* freqüentemente consiste em ações de representação gráfica (J. L. Adams, 1980). Por exemplo: para o problema dos hobbits e orcs, faça um desenho do rio e mostre as criaturas em cada etapa da solução, à medida que forem sendo transportadas para o outro lado. Desenhar um diagrama pode ajudá-lo a compreender o que o problema exige. Você também poderá fazer visualizações mentais.

3. **Aumente seus conhecimentos específicos**. As pessoas ficam confusas com os problemas porque não têm o conhecimento necessário para encontrar uma solução rápida. Os especialistas não só conhecem mais a respeito de um assunto em particular, como também organizam seus conhecimentos em "blocos" maiores e amplamente interconectados, ao estilo dos sistemas de referências cruzadas existentes em bibliotecas.

4. **Pense de maneira flexível**. Esforçar-se para ser mais flexível e criativo é uma excelente tática para se tornar um bom solucionador de problemas. Muitos problemas exigem idéias originais. Por exemplo: quantos usos incomuns você é capaz de imaginar para um tijolo? Problemas que não têm uma solução correta única e que exigem abordagens flexíveis e inventivas necessitam de um **pensamento divergente** — ou seja, um raciocínio que consiste em gerar uma grande quantidade de respostas possíveis e diferentes. Em contrapartida, o **pensamento convergente** é aquele que estreita seu enfoque em uma direção particular, supondo que exista apenas uma solução ou, no máximo, um número limitado de soluções corretas (Guilford, 1967). Muitas empresas e escolas de engenharia enfatizam as capacidades de raciocínio divergente a fim de proporcionar resoluções de problemas mais criativas (Kaplan e Simon, 1990).

Tomada de decisão

De que maneira a tomada de decisão difere da resolução de problemas?

A tomada de decisão é um tipo especial de solução de problemas, em que já conhecemos todas as soluções ou escolhas possíveis. Sua tarefa não é apresentar novas soluções, mas identificar a melhor disponível com base no critério que esteja sendo usado. Pode parecer um processo bem simples, mas às vezes precisamos equilibrar um amplo e complexo conjunto de critérios, bem como muitas opções possíveis. Por exemplo: suponha que você esteja procurando um apartamento e existam centenas disponíveis. Para você, um valor do aluguel razoável é importante, bem como uma boa vizinhança, uma boa localização, níveis baixos de ruído e um bom arejamento. Se você encontrar um apartamento barulhento com uma vizinhança indesejável, porém com um aluguel barato, você decidiria por ele? Seria essa uma escolha melhor que a de um apartamento com melhor localização, menos barulho e um aluguel um pouco mais caro? Como é possível ponderar vários critérios e fazer a melhor escolha?

> **TESTE SUA APRENDIZAGEM**
>
> 1. Relacione cada uma das estratégias de solução de problemas com sua definição apropriada.
>   algoritmo ____
>   heurística ____
>   escalada ____
>   análise de meios e fins ____
>   retroação ____
>   criação de subobjetivos ____
>
>   a. abordagem por aproximação que ajuda a simplificar e a solucionar problemas, embora não garanta uma solução correta
>   b. estratégia em que cada passo tomado se aproxima da solução
>   c. método gradual que garante uma solução
>   d. estratégia em que nos movemos do objetivo em direção ao ponto de partida
>   e. estratégia que visa reduzir a discrepância entre uma situação presente e o objetivo desejado em uma série de pontos intermediários
>   f. divisão da solução de um problema grande em passos menores e mais administráveis
>
> 2. Qual das alternativas seguintes pode configurar, às vezes, um obstáculo à resolução de problemas?
>   a. predisposições mentais
>   b. excesso de excitação
>   c. fixação funcional
>   d. todas as anteriores
>
> 3. Relacione cada modo de pensamento com sua definição e com o tipo de problema para o qual é adequado.
>   ____ pensamento divergente
>   ____ pensamento convergente
>
>   a. adequado para problemas que têm uma única solução correta ou um número limitado de soluções
>   b. pensamento que consiste em gerar muitas idéias diferentes
>   c. adequado para problemas que não têm uma única solução correta e exigem abordagem inventiva
>   d. pensamento que estreita seu enfoque a uma direção específica
>
> 4. O primeiro passo para a resolução de um problema é a _____ do problema.
>
> 5. _____ e _____ é uma estratégia de resolução de problemas que se baseia na sucessiva eliminação de soluções incorretas.
>
> 6. A produção de uma grande quantidade de idéias sem avaliá-las previamente é chamado de _____.
>
> 7. Os especialistas pensam de maneira diferente dos iniciantes porque organizam seus conhecimentos em blocos menores e mais detalhados. (V ou F)
>
> **Respostas:** 1. algoritmo(c); heurística(a); escalada(b); análise de meios e fins(e); retroação(d); criação de subobjetivos(f). 2. d. 3. pensamento divergente(b) e (c); pensamento convergente(a) e (c). 4. representação (ou interpretação). 5. tentativa e erro. 6. brainstorming. 7. F

Tomada de decisão lógica

Como você faria para tomar uma decisão verdadeiramente lógica?

A maneira lógica de se tomar uma decisão é avaliar cada uma das alternativas disponíveis de acordo com todos os critérios que você estiver empregando e chegar a uma medida global que indique até que ponto cada possibilidade se encaixa em seus critérios. Para cada alternativa, as características atrativas podem contrabalançar ou compensar as características sem atrativos. Assim, essa abordagem da tomada de decisão é chamada de **modelo compensatório**.

A Tabela 7.1 ilustra um dos mais úteis modelos compensatórios, aplicado à tomada de decisão para a compra de carros. O comprador tem três critérios, que são ponderados em termos de importância: preço (que não possui um peso muito grande), a milhagem e estado em que se encontra (ambos com peso bem maior). Cada carro é avaliado em uma escala que vai de 1 (ruim) a 5 (excelente) para cada um dos critérios. Você pode ver que o Carro 1 tem um preço excelente (5), mas uma milhagem (2) e estado (1) ruins; o Carro 2 tem um preço menos desejável, mas sua milhagem e seu estado são bem melhores. Cada avaliação é então multiplicada pelo peso que tem o respectivo critério (exemplo: para o Carro 1, a avaliação de preço 5 é multiplicada pelo peso 4, e o resultado é colocado entre parênteses ao lado da avaliação). Depois, as avaliações são somadas a fim de que se chegue a um valor total para cada carro. É evidente que o Carro 2 representa a melhor escolha: seu preço é menos desejável, mas essa desvantagem é compensada pelo fato de sua milhagem e sua folha de serviços serem melhores, e para esse comprador esses dois critérios são mais importantes que o preço.

Utilizar uma tabela como essa permite que as pessoas avaliem uma quantidade maior de possibilidades de escolha segundo um maior número de critérios. Se os critérios e as alternativas forem avaliados adequadamente, a opção que tiver a maior pontuação total será a escolha mais racional, com base nas informações disponíveis. Será que esse resultado significa que a maioria das tomadas de decisão cotidianas é racional? Não necessariamente. Muitas decisões, senão a maioria delas — escolher uma faculdade, decidir com quem se casar — envolvem um alto grau de ambigüidade (Mellers, Schwartz e Cooke, 1998). Freqüentemente, devemos confiar em nossa intuição para tomar a decisão correta, adotando uma abordagem heurística em vez de outra inteiramente lógica.

Heurística da tomada de decisão

Como as abordagens heurísticas podem nos levar a tomar decisões ruins?

Pesquisas identificaram uma série de heurísticas comuns que as pessoas utilizam para tomar decisões. Fazemos uso delas porque, em grande parte, elas funcionaram no passado e também porque simplificam a tomada de decisão, mesmo que nos levem a decisões menos favoráveis.

Utilizamos a heurística da **representatividade** sempre que tomamos decisões com base em determinadas informações que se encaixam em nosso modelo do que seja um típico membro de uma categoria. Por exemplo: se a cada vez que fosse às compras você adquirisse os itens menos caros, e se todos esses itens apresentassem um acabamento ruim, em algum momento você decidiria não comprar mais nada que pareça pertencer à categoria dos itens "muito baratos". Outra heurística comum é a da **disponibilidade**. Na ausência de informações completas e precisas, freqüentemente baseamos nossas decisões em qualquer informação que esteja mais disponível em nossa memória, mesmo que ela não seja precisa.

Um exemplo conhecido da heurística da disponibilidade é o chamado *efeito metrô* (Gilovich, 1991). Parece ser uma lei da natureza o fato de que, se você estiver em uma estação de metrô, os trens passarão sempre em direções contrárias àquela em que você deseja ir. De maneira semelhante, se você tiver pressa em pegar um táxi, é inevitável que haja uma longa fila de táxis ocupados ou fora de serviço. O problema aqui é que, quando o metrô ou o táxi vêm, saímos de cena. Assim, nunca veremos a situação oposta: diversos trens de metrô indo na direção desejada por nós antes que surja um vindo em outra direção, ou uma longa fila de táxis livres. Como resultado, tendemos a supor que tais situações são raras ou nunca acontecem, e tomamos decisões de acordo com isso.

Outra heurística, estreitamente relacionada à da disponibilidade, é o **viés de confirmação** — tendência a se lembrar de provas que sustentem nossas crenças e ignorar as que as contradizem (Myers, 1996). Por exemplo: indivíduos que acreditam que a Aids só ataca "outras pessoas" (homens homossexuais e usuários de drogas intravenosas, e não heterossexuais de classe média) têm uma tendência maior se lembrar de textos que tratem dos níveis da infecção por HIV nesses grupos ou em países do Terceiro Mundo que de textos que falem sobre casos de Aids entre pessoas semelhantes a eles (Fischhoff e Downs, 1997). Convencidos de que o HIV é algo com o que eles, pessoalmente, não precisam se preocupar, tais indivíduos ignoram as provas em contrário.

TABELA 7.1 TABELA DE DECISÃO COMPENSATÓRIA PARA A COMPRA DE UM CARRO

	Preço (Peso = 4)	Milhagem (Peso = 8)	Folha de serviços (Peso = 10)	Peso total
Carro 1	5 (20)	2 (16)	1 (10)	(46)
Carro 2	1 (4)	4 (32)	4 (40)	(76)

Avaliação: 5 = excelente; 1 = ruim

Um fenômeno relacionado a isso é a nossa tendência de enxergar *conexões* ou *padrões de causa e efeito* onde não há nenhum (Kahneman e Tversky, 1996; Rottenstreich e Tversky, 1997). Por exemplo: muitas pessoas ainda acreditam que o chocolate provoca acne nos adolescentes suscetíveis a ele, mesmo que esse mito tenha sido refutado há mais de 50 anos; a acne é uma infecção bacteriana, ainda que a tendência a ter acne tenha um importante fator genético (Kolata, 1996). Muitos pais acreditam piamente que o açúcar possa provocar a hiperatividade em crianças — apesar de pesquisas provarem o contrário. A lista de crenças de senso comum que persistem apesar de provas em contrário é longa.

Explicando nossas decisões

De que maneira explicamos a nós mesmos as decisões que tomamos?

Enquadramento Em sua maioria, as pessoas estão razoavelmente satisfeitas com as decisões que tomam no mundo real (Kleinmuntz, 1991). Contudo, essas decisões podem variar, intencionalmente ou não, pela maneira como é apresentada, ou *enquadrada*, a informação fornecida para a tomada de decisão. Os psicólogos utilizam o termo **enquadramento** para se referir à perspectiva ou ao fraseamento da informação utilizada para a tomada de decisão. Numerosos estudos demonstraram que sutis alterações na maneira como uma informação é apresentada podem afetar radicalmente a decisão final (Detweiler, Bedell, Salovey, Pronin e Rothman, 1999; Mellers, Schwartz e Cooke, 1998; Slovic, 1995; Wolsko, Park, Judd e Wittenbrink, 2000). Um estudo clássico ilustra a maneira como o enquadramento pode influenciar uma decisão de caráter médico. Nesse estudo, pedia-se que os participantes escolhessem entre realizar uma cirurgia ou uma terapia radioativa para tratar seu câncer de pulmão. Entretanto, o enquadramento da informação fornecida para que os pacientes fizessem a escolha foi manipulado. No *enquadramento de sobrevivência*, os participantes receberam dados sobre ambos os procedimentos sob a forma de estatísticas de sobrevivência que, portanto, enfatizavam o número de pessoas que sobreviveriam depois de um e cinco anos a partir do tratamento. No *enquadramento de mortalidade*, os participantes recebiam a mesma informação, embora dessa vez ela fosse apresentada (ou enquadrada) segundo o número de pessoas que *morreriam* depois de um e cinco anos. O interessante é que, embora o número real de mortos ou sobreviventes associados a cada procedimento fosse igual nos dois casos, a porcentagem de participantes que escolheiam um procedimento em detrimento do outro variava bastante dependendo do modo como a informação era formulada. Ainda mais surpreendente foi o fato de que esse efeito foi identificado até mesmo nos 424 médicos experientes e especialistas em radiologia que também participaram do experimento!

Percepção tardia Seja uma escolha excepcionalmente boa, extraordinariamente insensata, ou algo intermediário, a maioria das pessoas só pensa a respeito de suas decisões depois que as tomam. O termo **viés da percepção tardia** se refere à tendência de considerarmos os resultados como inevitáveis e previsíveis depois que já os conhecemos e, ainda, acreditarmos que poderíamos ter previsto o que aconteceu ou, talvez, que previmos (Azar, 1999; Fischhoff, 1975). Por exemplo: os médicos se lembram de estar mais confiantes a respeito de seus diagnósticos quando descobrem que estavam corretos que no momento em que efetivamente realizaram tais diagnósticos.

Há muito tempo os psicólogos consideram que o viés da percepção tardia é uma falha cognitiva — uma maneira de atenuar, por meio de explicação, nossas decisões ruins e manter nossa confiança (veja Louie, Curren e Harich, 2000). Uma equipe de pesquisadores de Berlim, entretanto, argumenta que o viés da percepção tardia tem uma função útil (Hoffrage, Hertwig e Gigerenzer, 2000). "Corrigir" a memória é uma maneira rápida e eficiente de substituir as informações erradas ou suposições imperfeitas de modo que nossas decisões e julgamentos futuros se aproximem de seu objetivo. De certa maneira, a percepção tardia funciona como a ferramenta de "busca e substituição" em um programa processador de palavras, o que evita que se gaste tempo pressionando teclas a mais e realizando esforço mental.

"Se eu tivesse" Todo mundo às vezes imagina alternativas para a realidade e representa, mentalmente, as conseqüências. A esses pensamentos que nunca aconteceram, os psicólogos dão o nome de **pensamento contrafactual** — pensamentos que vão contra os fatos (Roese, 1997; Spellman e Mandel, 1999). O pensamento contrafactual geralmente é expresso por frases que começam com "se eu tivesse", nas quais reexaminamos mentalmente os acontecimentos ou ações que levaram a um resultado específico: "Se eu tivesse estudado mais"; "Se eu tivesse dito não"; "Se eu tivesse ido direto para casa". Pesquisas mostram que o pensamento contrafactual freqüentemente se concentra em torno de um pequeno nú-

> **TESTE SUA APRENDIZAGEM**
>
> 1. Daniel está tentando decidir entre acampar no litoral ou fazer uma caminhada pela montanha. Para realizar a escolha, ele estabelece alguns critérios para definir o que seriam "boas férias" e depois avalia as duas alternativas de acordo com cada critério para saber como é que elas se comportam frente a frente. Daniel está empregando um modelo _____ de tomada de decisão.
> 2. Relacione cada uma das heurísticas de tomada de decisão com a definição apropriada.
>
>   _____ heurística da representatividade
>
>   _____ heurística da disponibilidade
>
>   _____ viés de confirmação
>
>   a. fazer julgamentos com base em qualquer informação que possa ser recuperada rapidamente da memória
>   b. levar em consideração as provas que sustentam suas crenças já existentes e ignorar outras provas
>   c. tomar decisões com base em informações que se encaixam em seu modelo para aquilo que é "típico" de determinada categoria
>
> 3. A maneira como uma questão é formulada geralmente não afeta a resposta. Essa afirmação é verdadeira (V) ou falsa (F)?
> 4. A namorada de Júlio leva uma multa por excesso de velocidade e ele se culpa, dizendo: "Se eu não tivesse emprestado o carro a ela". O pensamento dele é um exemplo de _____ _____ _____ _____.
>
> **Respostas:** 1. compensatório. 2. heurística da representatividade(c); heurística da disponibilidade(a); viés de confirmação(b). 3. (F). 4. viés da percepção tardia.

mero de assuntos: reverter o desfecho de acontecimentos que levaram a uma experiência negativa; explicar acontecimentos incomuns atribuindo a responsabilidade a alguém ou a alguma coisa; e recuperar a sensação de controle pessoal (Roese, 1997).

Inteligência e capacidades mentais

Que tipo de pergunta é usado para medir a inteligência?

Responda às seguintes perguntas:

1. Descreva a diferença entre *preguiça* e *ociosidade*.
2. Para que lado você deveria olhar para que sua orelha direita estivesse virada para o norte?
3. O que significa *obliterar*?
4. Qual é a semelhança entre uma hora e uma semana?
5. Escolha o bloco que melhor completa o padrão da seguinte figura.

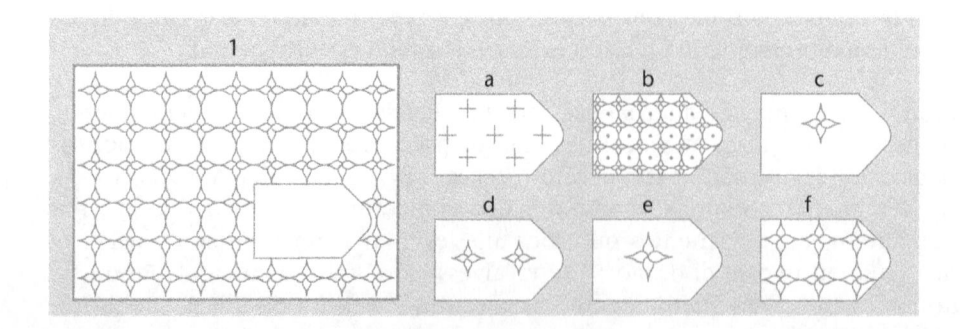

6. Se três lápis custam 25 centavos, quantos lápis você pode comprar com 75 centavos?
7. Selecione o par de palavras que melhor expressa uma relação semelhante à expressa pelo par original:
   MULETA: LOCOMOÇÃO
   [a] remo: canoa
   [b] herói: reverência
   [c] cavalo: carruagem
   [d] óculos: visão
   [e] afirmação: controvérsia
8. Decida de que maneira os primeiros dois itens da figura a seguir estão relacionados entre si. Em seguida, descubra o item da direita que se encaixa com o terceiro item da mesma maneira que o segundo se encaixa com o primeiro.

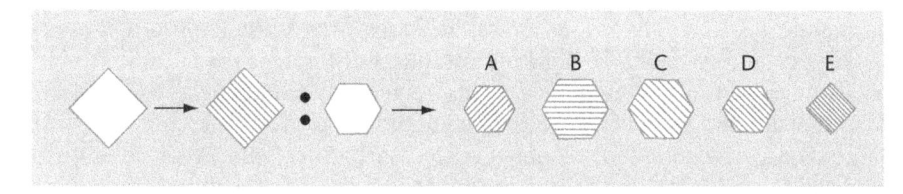

9. Para cada item da figura a seguir, decida se é possível cobri-lo completamente por meio do uso de alguma ou de todas as peças fornecidas sem que elas sejam sobrepostas.

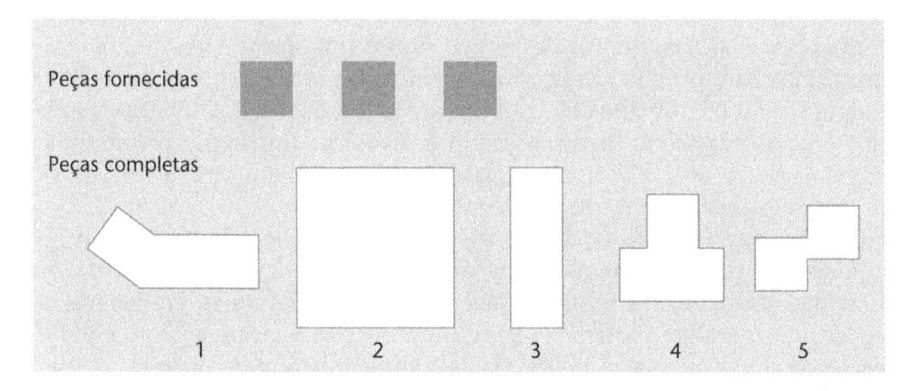

Esses itens foram retirados de diversos testes de **inteligência**, ou de capacidade mental geral (as respostas se encontram no final do capítulo). Pelo fato de a inteligência ser uma capacidade fundamental do ser humano, há muito tempo ela é assunto de interesse da psicologia.

Teorias da inteligência

Quais são algumas das principais teorias da inteligência?

Durante mais de um século, os psicólogos debateram sobre o que constitui a inteligência geral — ou até mesmo se a inteligência "geral" realmente existe. Uma das perguntas mais básicas é se a inteligência é uma capacidade mental geral única ou se é composta de muitas capacidades separadas (veja Lubinski, 2000).

Primeiros teóricos Charles Spearman, um psicólogo britânico do início do século XX, afirmava que a inteligência é bastante geral — uma espécie de manancial, ou fonte, de energia mental que flui ao longo de cada ação. Spearman acreditava que as pessoas brilhantes em uma área freqüentemente eram brilhantes em outras áreas também. Segundo essa visão, a pessoa inteligente compreende as coisas rapidamente, toma decisões sólidas, entabula conversas interessantes e tende a se comportar inteligentemente em diversas situações.

O psicólogo norte-americano L. L. Thurstone discordava de Spearman. Ele argumentava que a inteligência estava composta de sete tipos diferentes de capacidades mentais (Thurstone, 1938): *capacidade espacial, memória, velocidade de percepção, fluência verbal, capacidade numérica, raciocínio* e *significado verbal*. Ao contrário de Spearman, Thurstone acreditava que essas capacidades eram relativamente independentes entre si. Portanto, uma pessoa dotada de excepcional capacidade espacial (capacidade de perceber distâncias, reconhecer formas e assim por diante) podia ter pouca fluência verbal. Para Thurstone, essas capacidades mentais primárias, consideradas em conjunto, compunham a inteligência geral.

Contrapondo-se a Thurstone, o psicólogo norte-americano R. B. Cattell (1971) identificou apenas dois grupos de capacidades mentais. O primeiro grupo — *inteligência cristalizada* — incluiria capacidades como o raciocínio e as capacidades verbais e numéricas. Esses são os tipos de capacidades às quais a escola dá muita importância e tendem a ser bastante afetadas pela experiência e pela educação formal. O segundo grupo de capacidades de Cattell — *inteligência fluida* — estaria constituído de capacidades como as de imaginação espacial e visual, a percepção de detalhes visuais e a capacidade para prender de cor. Pontuações em testes de inteligência fluida são bem menos influenciadas pela experiência e pela educação formal.

Teóricos contemporâneos Recentemente, dois psicólogos norte-americanos propuseram teorias alternativas de inteligência. A **teoria triárquica da inteligência**, de Robert Sternberg, conclui que a inteligência humana abrange uma variedade muito mais ampla de capacidades que aquelas descritas pelos primeiros teóricos e, ainda, que as capacidades necessárias para um desempenho eficaz no mundo são tão importantes quanto as capacidades mais limitadas avaliadas pelos testes de inteligência tradicionais (Sternberg, 1985, 1986). O psicólogo ilustra sua teoria por meio da comparação entre três estudantes universitárias com as quais ele trabalhou na Universidade de Yale — Alice, Barbara e Celia. Alice se enquadra perfeitamente na definição padrão de inteligência: sua pontuação foi alta nos testes de inteligência e ela obteve notas altas na faculdade. Suas capacidades analíticas eram excelentes. Alice se superou durante o primeiro ano da universidade, mas no segundo ano teve dificuldades em desenvolver idéias próprias de pesquisa, passando de primeira aluna da classe para a metade final da lista. Em contraposição, as notas de Barbara na faculdade eram baixas e sua pontuação de admissão estava muito abaixo dos padrões de Yale. Contudo, os professores que a conheceram na faculdade a descrevem como uma pessoa altamente criativa e capaz de realizar boas pesquisas. Barbara provou ainda ser a colaboradora que Sternberg tanto queria. Na verdade, ele acredita que alguns de seus trabalhos mais importantes foram realizados com a ajuda dela. A terceira universitária, Celia, encontrava-se em uma posição intermediária: tinha boas recomendações e notas de admissão razoavelmente boas. Ela realizou pesquisas engenhosas (porém não excelentes), e não foi difícil para ela encontrar um emprego após terminar a faculdade.

Essas três estudantes representam os três aspectos da teoria triárquica de inteligência de Sternberg. Alice tinha grande *inteligência componencial*, que se refere às capacidades mentais enfatizadas pela maioria das teorias de inteligência, tais como a capacidade de aprender a fazer coisas, adquirir novos conhecimentos e realizar tarefas de maneira eficaz. Barbara era particularmente forte no que Sternberg chama de *inteligência experiencial*, que é a capacidade de se adaptar a novas tarefas, empregar novos conceitos, reagir eficazmente a novas situações, ter idéias novas e pensar de maneira criativa. Quanto a Celia, foi fácil para ela arranjar um emprego em virtude da sua grande *inteligência contextual* — sua capacidade de capitalizar seus pontos fortes e compensar seus pontos fracos. Pessoas como Celia exploram seus talentos ao máximo buscando situações que combinam com suas capacidades, moldando tais situações a fim de utilizar-se dessas capacidades com o máximo de resultados e sabendo o momento de mudar de situação para aproveitar melhor seus talentos.

Uma influente alternativa à teoria de inteligência de Sternberg é a **teoria das inteligências múltiplas**, elaborada por Howard Gardner e seus colegas na Universidade de Harvard (Gardner, 1983a, 1993, 1999). Assim como Thurstone, Gardner argumenta que a inteligência é formada por diversas capacidades separadas, cada uma delas relativamente independente das outras. Ele enumera sete: *inteligência lógico-matemática, inteligência verbal, inteligência espacial, inteligência musical, inteligência corporal cinestésica, inteligência interpessoal e inteligência intrapessoal* (Gardner, 1993). As duas primeiras estão inclusas em outras teorias de inteligência já discutidas aqui. A inteligência espacial, que é a capacidade de imaginar a localização relativa de objetos no espaço, é particularmente proeminente em pessoas que têm talentos artísticos. Pessoas dotadas de um talento notável para a música demonstram uma inteligência musical excepcional, ao passo que atletas e bailarinos de destaque demonstram grande inteligência corporal cinestésica. Pessoas extraordinariamente talentosas para compreender os outros e se comunicar com eles, como os pais e professores exemplares, têm grande inteligência interpessoal. A inteligência intrapessoal, por fim, reflete o antigo provérbio: "Conhece-te a ti mesmo". Pessoas dotadas desse tipo de inteligência são capazes de compreender a si mesmas e empregar esse conhecimento para atingir seus objetivos.

Recentemente, o psicólogo Daniel Goleman (1997) propôs a nova teoria da **inteligência emocional**, que se refere à eficácia com a qual as pessoas percebem e compreendem suas próprias emoções e as emoções dos outros, sendo capazes de administrar seu comportamento emocional. Goleman estava intrigado com o fato de que pessoas dotadas de um QI alto às vezes não eram bem-sucedidas na vida, ao passo que aquelas cujas capacidades intelectuais eram mais modestas prosperavam. Ele afirma que uma das razões pelas quais os testes de QI falham ao prever o êxito de alguém com precisão é o fato de que eles não levam em conta a competência emocional.

Cinco traços são amplamente reconhecidos como fatores que contribuem para a inteligência emocional (Goleman, 1997; Mayer e Salovey, 1997):

1. **Conhecer as próprias emoções.** A capacidade de monitorar e reconhecer seus próprios sentimentos tem importância central para a consciência de si mesmo e todas as outras dimensões da inteligência emocional.

2. **Administrar as próprias emoções.** Capacidade de controlar impulsos; lidar de maneira eficaz com a tristeza, a depressão e outros contratempos menores, bem como controlar a duração das emoções.

3. **Utilizar as emoções para se motivar.** Capacidade de conduzir suas emoções na direção da conquista de objetivos pessoais.

4. **Reconhecer as emoções de outras pessoas.** Capacidade de compreender pistas sutis e não-verbais que revelam o que os outros realmente querem e do que necessitam.

5. **Administrar relacionamentos.** Capacidade de reconhecer e demonstrar precisamente suas emoções, bem como ser sensível às emoções alheias.

Pelo fato de o conceito de inteligência emocional ser relativamente novo, os pesquisadores começaram a avaliar seu mérito científico há pouco tempo (Mayer, 1999; Sternberg e Kaufman, 1998). Alguns estudos demonstraram resultados promissores. Por exemplo: Mayer e Gehr (1996) descobriram que a capacidade de identificar com precisão as emoções alheias se relaciona com SAT scores. E, conforme você deve imaginar, a capacidade de administrar e controlar as próprias emoções no ambiente de trabalho também parece ser importante (Grandey, 2000).

Outros pesquisadores, entretanto, continuam céticos, argumentando que a inteligência emocional não se diferencia em nada das características que já são avaliadas por meio de medições mais tradicionais de inteligência e personalidade (Davies, Stankov e Roberts, 1998). São necessárias mais pesquisas antes que possamos avaliar a validade científica e a utilidade dessa intrigante e potencialmente importante nova teoria de inteligência (Mayer, 1999).

Cada uma dessas teorias contribuiu para o desenvolvimento de técnicas de medição da inteligência, assunto ao qual nos voltaremos a seguir.

Testes de inteligência

Quais são os tipos de testes de inteligência utilizados atualmente?

A Escala de Inteligência Stanford-Binet O primeiro teste desenvolvido para medir a inteligência foi criado por dois franceses, Alfred Binet e Theodore Simon. O teste, empregado pela primeira vez em Paris no ano de 1905, foi planejado para identificar crianças que pudessem ter dificuldades na escola.

A primeira *Escala Binet-Simon* consistia de 30 testes organizados em ordem de dificuldade crescente. O examinador começava pelos testes mais fáceis e seguia adiante até que a criança não conseguisse mais responder às perguntas. Por volta de 1908, já haviam sido avaliados indivíduos em número suficiente para que se pudesse prever como seria o desempenho de uma criança normal a cada faixa etária. A partir desses números, Binet desenvolveu o conceito de *idade mental*. Uma criança cujos resultados são semelhantes ao padrão para quatro anos tem idade mental 4; uma criança cujos resultados sejam tão bons quanto os de uma criança de 12 anos tem idade mental 12.

Uma adaptação bastante conhecida da *Escala Binet-Simon*, a *Escala de Inteligência Stanford-Binet*, foi preparada na Universidade de Stanford por L. M. Terman e publicada em 1916. Terman apresentou o hoje famoso conceito de **quociente de inteligência (QI)** a fim de estabelecer um valor numérico para a inteligência, determinando um valor igual a 100 para uma pessoa de inteligência média. A Figura 7.8 mostra uma distribuição aproximada dos resultados de testes de QI em meio à população.

Na mais recente versão da Escala de Stanford-Binet, lançada em 1986, itens neutros substituíram itens que se descobriu serem tendenciosos contra membros de determinados grupos étnicos ou contra homens ou mulheres. Por outro lado, foram adicionados novos itens que permitem que os examinadores identifiquem pessoas mentalmente retardadas ou intelectualmente talentosas, bem como portadores de desordens específicas de aprendizagem (Sattler, 1992).

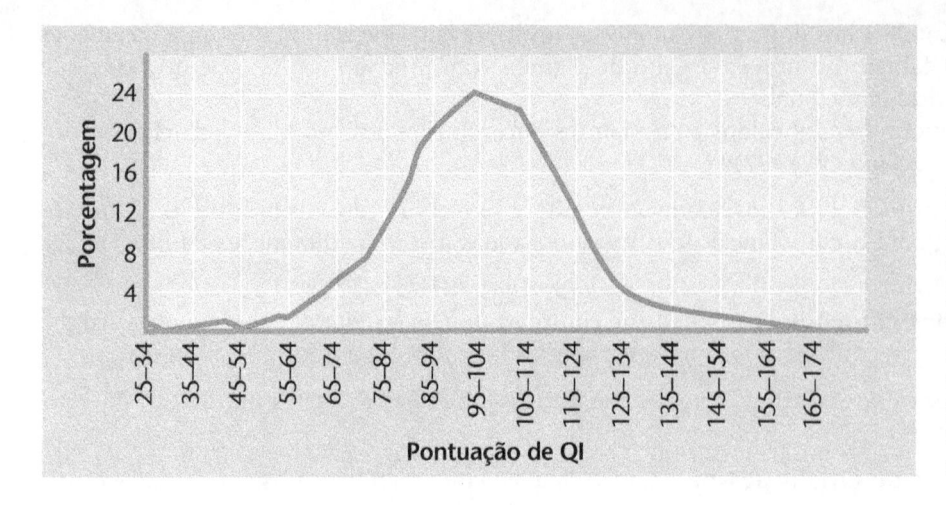

FIGURA 7.8
Distribuição aproximada das pontuações de QI na população. Perceba que a maior porcentagem de pontos recai sobre a faixa de 100. Porcentagens muito pequenas de pessoas marcam pontos nos extremos da curva.

A atual Escala de Inteligência Stanford-Binet foi planejada para medir quatro capacidades mentais que são quase universalmente consideradas partes constituintes da inteligência: *raciocínio verbal*, *raciocínio abstrato/visual*, *raciocínio quantitativo* e *memória de curto prazo*. Os itens do teste variam de acordo com a idade da pessoa avaliada. Por exemplo: pode-se pedir que uma criança de três anos de idade explique para que serve uma xícara e nomeie objetos como cadeira e chave. Pode-se pedir que uma criança de seis anos defina palavras como *laranja* e *envelope* e complete frases como: "Um centímetro é curto; um quilômetro é ____". A uma criança de 12 anos, por sua vez, pode-se perguntar a definição de palavras como *habilidade* e *malabarista*, além de pedir que complete a frase: "Os riachos estavam secos ____ tem chovido pouco" (Cronbach, 1990).

O teste de Stanford-Binet é administrado individualmente por um examinador preparado. É indicado para crianças, adolescentes e adultos bem jovens.

As Escalas de Inteligência Wechsler O teste individual de inteligência mais utilizado para adultos é a **Escala de Inteligência Wechsler para Adultos — terceira edição (WAIS-III)**, originalmente desenvolvida na década de 30 por David Wechsler, um psicólogo. O Stanford-Binet enfatiza capacidades verbais, e Wechsler, por sua vez, acredita que a inteligência adulta consiste mais na capacidade de lidar com as situações da vida que na de solucionar problemas verbais e abstratos.

O WAIS-III é dividido em duas partes, uma que enfatiza as habilidades verbais e outra que ressalta as habilidades de desempenho. A escala verbal inclui testes de informação ("Quem escreveu *Paraíso perdido*?); testes de aritmética simples ("Sam tinha três pedaços de doce e Joe deu a ele mais quatro. Com quantos pedaços de doce ficou Sam?"); e testes de compreensão ("O que você deveria fazer se visse alguém esquecendo um livro dentro do ônibus?"). A escala de desempenho também mede tarefas rotineiras. Pede-se que as pessoas encontrem a "parte que falta" (uma casa para botões em um casaco, por exemplo), copiem padrões e organizem de três a cinco figuras de modo que a seqüência conte uma história.

Embora o conteúdo do WAIS-III seja um pouco mais sofisticado que o do Stanford-Binet, a principal inovação de Wechsler foi a pontuação. Seu teste fornece pontuações separadas para habilidades verbais e de desempenho, bem como uma pontuação geral de QI. Em alguns itens, podem ser ganhos um ou dois pontos extras, dependendo da complexidade da resposta dada. Esse sistema único de pontuação dá crédito às qualidades reflexivas que esperamos encontrar nos adultos inteligentes. Em algumas questões, tanto a rapidez quanto a precisão da resposta influenciam a pontuação.

Wechsler também criou um teste de inteligência semelhante para ser aplicado a crianças em idade escolar. Assim como o WAIS-III, a versão de 1991 da **Escala de Inteligência Wechsler para Crianças — terceira edição (WISC-III)** apresenta pontuações separadas para habilidades verbais e de desempenho, bem como uma pontuação geral de QI.

Testes grupais Stanford-Binet, WISC-III e WAIS-III são testes individuais. O examinador leva pessoa para uma sala isolada, espalha os materiais sobre a mesa e gasta de 30 a 90 minutos para administrar o teste. Em seguida, ele pode levar até uma hora para corrigir o teste de acordo com as instruções detalhadas no manual. Essa é uma operação que demanda tempo e custos, e o comportamento do examinador pode, em determinadas circunstâncias, influenciar a pontuação. Por essas razões, os especialistas planejaram **testes grupais**. São testes escritos que um único examinador pode aplicar a um grupo de pessoas ao mesmo tempo. Em vez de sentar-se à mesa diante de uma pessoa que faz perguntas, você recebe um livreto contendo as perguntas que devem ser respondidas em determinado tempo.

Quando a maioria das pessoas fala sobre testes de "inteligência", geralmente está se referindo a testes grupais, porque geralmente é essa a maneira pela qual elas próprias foram avaliadas na escola. Nos EUA, as escolas estão entre os maiores usuários desse tipo de teste. Da quarta série até o Ensino Médio, testes como o *Teste Califórnia de Maturidade Mental* (*TCMM*) são empregados para medir as capacidades gerais dos estudantes. Os testes grupais também são amplamente usados em diferentes ramos da indústria, no serviço social e no exército.

Os testes grupais têm algumas vantagens em relação aos testes individuais. Eles eliminam a possibilidade de que o examinador seja tendencioso. Além disso, as folhas de respostas podem ser corrigidas de maneira rápida e objetiva. E, pelo fato de as pessoas poderem ser avaliadas dessa maneira, é mais fácil estabelecer as normas. Mas os testes grupais também têm algumas desvantagens. É menos provável que o examinador perceba se um participante está cansado, passando mal ou confuso com as instruções do teste. As pessoas que não estão acostumadas a passar por avaliações tendem a apresentar resultados inferiores nos testes grupais que nos individuais. Por fim, crianças dotadas de distúrbios emocionais e crianças com dificuldades de aprendizagem geralmente apresentam resultados melhores em testes individuais que nos testes em grupo (Anastasi e Urbina, 1997).

Testes de desempenho e testes culturalmente justos   Para obter bons resultados nos testes de inteligência sobre os quais já falamos, as pessoas precisam falar a língua em que o teste é feito. Testes padrão simplesmente não podem avaliar com precisão as capacidades cognitivas de crianças e adultos que não falam a língua fluentemente. De que maneira, então, podemos avaliar essas pessoas? Os psicólogos elaboraram dois tipos gerais de testes para situações como essas: testes de desempenho e testes culturalmente justos.

Os **testes de desempenho** são compostos por problemas que minimizam ou eliminam o uso de palavras. Um dos primeiros testes de desempenho, o *Tabuleiro de Seguin*, foi elaborado em 1866 para avaliar pessoas portadoras de retardamento mental. O tabuleiro é essencialmente um quebra-cabeça. O examinador remove recortes especificamente desenhados, agrupa-os em uma ordem predeterminada e pede que as pessoas substituam as peças o mais rápido possível. Um teste de desempenho mais recente, o *Labirinto de Porteus*, consiste em uma série de labirintos impressos cada vez mais difíceis. As pessoas marcam seus trajetos ao longo do labirinto sem levantar o lápis do papel. Tais testes exigem que se preste muita atenção a uma determinada tarefa durante um longo período e façam planos com antecedência de modo contínuo, a fim de realizar as escolhas corretas.

Os **testes culturalmente justos** são elaborados para medir a inteligência de pessoas que não têm suas origens na cultura em que o teste foi originalmente concebido. Assim como os testes de desempenho, os culturalmente justos minimizam ou eliminam o uso da língua; também não atribuem muita importância às habilidades e aos valores — tais como a necessidade de ser rápido — que variam de cultura para cultura. No *Teste de Desenho Goodenough-Harris*, pede-se que as pessoas desenhem a melhor figura de uma pessoa que elas sejam capazes. Os desenhos são avaliados segundo a proporção, a representação correta e completa das partes do corpo, o detalhe das roupas e assim por diante. Um exemplo de item culturalmente justo, extraído do *Teste de Matrizes Progressivas*, é a questão 5 da página 244. Esse teste consiste em 60 desenhos, em cada um dos quais falta uma parte. São apresentadas de seis a oito alternativas para que a pessoa substitua a parte que falta. O teste abrange diversas relações lógicas, requer discriminação e pode ser aplicado individualmente ou em grupo. O *Teste Culturalmente Justo de Inteligência de Cattell* emprega questões semelhantes.

O que faz com que um teste seja bom?
Quais são as características importantes de um bom teste?

Como podemos saber se os testes de inteligência produzirão resultados consistentes, independentemente de quando são aplicados? E como saber se eles realmente medem o que dizem ser capazes de medir? Os psicólogos fazem essas perguntas referindo-se à precisão e à validade do teste. Os resultados de precisão e validade se aplicam igualmente a todos os testes psicológicos, não apenas aos testes de capacidades mentais. No Capítulo 10, por exemplo, reexaminaremos esses resultados com relação à avaliação de personalidade.

Precisão Com o termo **precisão**, os psicólogos expressam a segurança e a consistência dos resultados que um teste produz. Se seu despertador estiver programado para 8h15 da manhã e soar todas as manhãs exatamente nesse horário, ele é confiável. Mas, se estiver programado para 8h15 e soar às 8h em um dia, e às 8h40 no outro, você não pode confiar nele, pois é impreciso. De maneira semelhante, um teste é preciso quando produz resultados consistentes.

Como sabemos se um teste é preciso? A maneira mais simples de descobrir é aplicar o teste a um grupo e então, depois de algum tempo, aplicar o mesmo teste às mesmas pessoas. Caso os resultados sejam aproximadamente iguais nas duas vezes, o teste é preciso.

Entretanto, existe uma desvantagem. Como saber se o resultado similar não ocorreu simplesmente porque as pessoas se lembraram das respostas que deram no primeiro experimento e então as repetiram no segundo? Para evitar essa possibilidade, os psicólogos preferem aplicar dois testes equivalentes, ambos planejados para avaliar a mesma coisa. Caso as pessoas obtenham a mesma pontuação nos dois testes, eles são considerados precisos. Uma das maneiras de criar testes alternativos é dividir um único teste em duas partes — por exemplo, atribuir os itens ímpares a uma das partes e os pares à outra. Caso exista concordância entre as pontuações obtidas das duas partes, o teste tem **precisão das metades**. De fato, a maioria dos testes de inteligência dispõe de formas equivalentes e alternativas, assim como cada teste de admissão na faculdade geralmente tem diversas versões.

Até que ponto os testes de inteligência são precisos? Em geral, os resultados de QI das pessoas na maioria dos testes de inteligência são bastante estáveis (veja Meyer *et al.*, 2001). Testes de desempenho e testes culturalmente justos são um pouco menos precisos. Entretanto, até mesmo os resultados dos melhores testes variam um pouco de um dia para o outro. Por causa disso, muitos serviços de testagem agora informam a pontuação de uma pessoa juntamente com uma amplitude de pontuações que admite alguma variação diária.

Validade Geralmente, os testes de inteligência são bastante confiáveis, mas será que eles realmente medem a "inteligência"? Quando os psicólogos fazem essa pergunta, estão preocupados com a validade dos testes. O termo **validade** se refere à capacidade que um teste tem de medir aquilo que se propõe a medir. Como saber se um determinado teste realmente mede o que diz medir?

Uma das maneiras de determinar a validade é conhecida como **validade de conteúdo** — que mostra se um teste contém uma amostra adequada das habilidades ou do conhecimento que supostamente deve mensurar. Os testes de inteligência mais empregados, como aqueles dos quais foram extraídas as questões presentes no início deste capítulo, aparentemente medem ao menos algumas das capacidades mentais que acreditamos fazer parte da inteligência. Entre elas estão o planejamento, a memória, a compreensão, o raciocínio, a concentração e o uso da linguagem. Embora possam não conter de maneira adequada amostras igualmente boas de todos os aspectos da inteligência, os testes parecem ter ao menos alguma validade de conteúdo.

Outra maneira de medir a validade de um teste é saber se a pontuação de uma pessoa no tal teste é bastante parecida com a pontuação que a mesma pessoa obtém em outro teste que meça a mesma coisa que o primeiro. As duas pontuações diferentes precisam ser bastante semelhantes caso ambas avaliem a mesma capacidade. Na verdade, vários testes de inteligência têm uma boa relação entre si, apesar de suas diferenças de conteúdo: as pessoas que possuem pontuação elevada em um teste tendem a repetir o resultado em outros.

Ainda assim, esse resultado não significa necessariamente que ambos os testes medem a inteligência. Pode ser que ambos estejam avaliando a mesma coisa, e essa coisa não seja a inteligência. Para demonstrar que um testes é válido, precisamos de uma medida independente de inteligência com a qual comparar os resultados desse teste. Essa maneira de determinar a validade é chamada de **validade de critérios**. Desde que Binet inventou o teste de inteligência, o principal critério com o qual os resultados vinham sendo comparados era o desempenho escolar. Até mesmo os críticos mais ferozes concordam que os testes de QI prevêem o desempenho escolar de modo eficaz (Aiken, 1988; Anastasi & Urbina, 1997).

Críticas aos testes de QI O que há com os testes de QI que os torna controvertidos? Uma crítica importante se faz a seu conteúdo limitado. Muitos críticos acreditam que os testes de inteligência avaliam apenas um conjunto muito limitado de capacidades: compreensão verbal passiva, capacidade de seguir instruções, senso comum e, na melhor das hipóteses, aptidão escolar (Ginsberg, 1972; Sattler, 1975). Um crítico observa: "Os testes de inteligência medem a rapidez com a qual as pessoas são capazes de solucionar problemas relativamente sem importância cometendo a menor quantidade de erros possível, em vez de medir a maneira como as pessoas se atrapalham com problemas relativamente importantes, cometendo quantos erros produtivos forem necessários sem que pese o fator tempo" (Blum, 1979, p. 83).

Se existe algo que todos os testes de inteligência medem é a capacidade de submeter-se a testes. Esse fato poderia explicar por que quem obtém bons resultados em um teste de QI tendem a obter resultados igualmente bons em outros testes. E poderia explicar também o porquê de os resultados de testes de inteligência estarem estreitamente relacionados ao desempenho escolar: as notas acadêmicas também dependem muito da capacidade de submeter-se a testes.

Outros críticos afirmam que o conteúdo e a aplicação de testes de QI nos EUA discriminam as minorias. Uma pontuação elevada exige um domínio considerável do padrão da língua, o que tende a fazer com que os testes favoreçam os brancos das classes média e alta (Blum, 1979). Além disso, os examinadores brancos de classe média podem não estar familiarizados com os padrões de fala das crianças negras de baixa renda ou de crianças provenientes de lares nos quais o inglês não é a primeira língua, uma complicação capaz de impedir o bom desempenho (Sattler, 1992). Por fim, determinadas questões podem ter significados muito diferentes para crianças de diferentes classes sociais. O WISC-III, por exemplo, pergunta: "O que você deve fazer se uma criança mais nova que você lhe bater?" A resposta "correta" é: "Virar as costas". Mas, para uma criança que vive em um ambiente no qual a sobrevivência depende da valentia, a resposta "correta" poderia ser: "Bater nela também". Entretanto, essa resposta recebe nota zero.

Até mesmo os testes que acreditamos ser culturalmente justos podem acentuar as fortes diferenças culturais que deveriam minimizar, em detrimento de alguns participantes (Linn, 1982). Por exemplo: quando recebeu uma foto de uma cabeça na qual faltava a boca, um grupo de crianças norte-americanas de origem asiática disse que faltava o corpo e por isso não marcou pontos. Para essas crianças, a ausência do corpo abaixo da cabeça era mais importante que a ausência da boca (Ortar, 1963). Embora alguns pesquisadores argumentem que os testes mais amplamente usados e mais arduamente estudados não possuem um viés injusto contra minorias (Herrnstein e Murray, 1994; Reschly, 1981), outros afirmam que ainda é necessário fazer um estudo adequado do viés cultural dos testes (Helms, 1992).

A questão de saber se os testes são injustos com as minorias nos acompanhará por algum tempo no texto. Se os testes de QI fossem empregados apenas para propósitos obscuros de pesquisa, seus resultados não seriam tão importantes, mas pelo fato de ser utilizados para fins tão significativos, é essencial que compreendamos seus pontos fortes e fracos.

O QI e o sucesso Alfred Binet desenvolveu o primeiro teste de QI para ajudar o sistema de ensino público de Paris a identificar aqueles alunos que precisavam ser colocados em turmas especiais. Mas a prática de utilizar tais testes para fazer com que a pessoa siga um determinado "caminho" ou fique presa a um determinado "padrão" escolar pode se voltar contra si mesma. Se as crianças apresentam uma pontuação baixa em um teste de QI em virtude de vieses embutidos no teste, de distúrbios de linguagem ou até mesmo de sua falta de interesse em fazê-lo, o fato de colocá-las em turmas especiais separadas dos alunos "normais" pode fazer com que elas acreditem menos em suas capacidades. O sucesso em testes de QI pode também surtir o efeito contrário. Como em uma profecia auto-realizadora, essas crianças poderão passar a acreditar que são altamente capazes, e essa expectativa poderá se refletir de maneira proeminente em seu subseqüente sucesso (Dahlström, 1993). Os professores também poderão vir a esperar que determinados alunos apresentem resultados piores em função da pontuação obtida por estes nos testes de QI e, por isso, encorajar ou negligenciar tais alunos. Portanto, as pontuações de testes de QI podem não apenas prever a realização ou o fracasso futuros de alguém, como também contribuir para isso.

É claro que profecias auto-realizadoras não são os únicos motivos pelos quais os testes de QI são capazes de prever o futuro desempenho escolar. Não é de surpreender que os resultados desses testes tenham uma estreita relação com o desempenho escolar, uma vez que ambos abrangem alguma atividade intelectual e destacam a capacidade verbal. Além do mais, tanto o desempenho escolar quanto uma alta pontuação nos testes requerem tipos semelhantes de motivação, atenção, perseverança e capacidade de fazer testes.

Qualquer que seja a razão, os resultados de testes de QI realmente são capazes de prever o êxito escolar com alguma precisão. Além disso, as pessoas cuja pontuação nesses testes é alta tendem a ocupar posições de elevado status: médicos e advogados tendem a ter QI mais elevado que motoristas de caminhão e zeladores, por exemplo. Contudo, os críticos ressaltam que esse padrão pode ser explicado de diversas maneiras. De um lado, pelo fato de que as pessoas com QI elevado tendem a obter melhores notas na escola, estudam por mais tempo e conquistam diplomas superiores, o que acaba por abrir-lhes as portas de empregos de elevado status. Além disso, as crianças de famílias abastadas têm maiores probabilidades de ter o dinheiro necessário para cursar pós-graduação e se preparar mais para sua profissão. Elas também tendem a ter conexões familiares adequadas. Talvez a mais importante seja o fato de que elas crescem em ambientes que encorajam o êxito escolar e premiam o bom desempenho nas provas (Blum, 1979; Ceci e Williams, 1997).

Seja como for, o fato é que, as notas elevadas e os bons resultados em testes de inteligência são capazes de prever o sucesso profissional e o bom desempenho no trabalho (Barret e Depinet, 1991; Ree e Earles, 1992). Em resposta a essas descobertas, alguns psicólogos propuseram que o desempenho no trabalho deve ser previsto de maneira mais precisa por meio de testes de conhecimento tácito — o tipo de conhecimento prático do qual as pessoas necessitam para estar aptas a desempenhar suas funções profissionais de maneira eficaz.

Embora ainda exista muito o que pesquisar, parece razoável que capacidades além daquelas medidas pelos testes de inteligência contribuem para o êxito tanto no trabalho quanto na escola. Uma das abordagens para expandir a utilidade dos testes de inteligência nas escolas sugere que os resultados de QI sejam empregados juntamente com outros tipos de informações que nos ajudam a interpretar o significado desses resultados. Uma dessas abordagens é o Sistema de Adaptação Multicultural Pluralístico (SAMP). O SAMP consiste na coleta de uma ampla quantidade de dados sobre uma criança, tais como as condições de saúde em geral e o padrão socioeconômico, que são utilizados para criar um contexto dentro do qual os resultados de testes de inteligência possam ser interpretados.

Em qualquer situação, o QI não é a mesma coisa que inteligência. Os testes medem nosso nível de capacidade em determinado momento. Os resultados do teste não nos informam o motivo pelo qual alguém se saiu bem ou mal. Além disso, conforme já vimos, hoje em dia a maioria dos psicólogos acredita que a inteligência não é uma entidade única, mas uma combinação de capacidades necessárias para que vivamos de maneira eficaz no mundo real (Anastasi e Urbina, 1997; Sternberg, 1985, 1986, 1999). É claro que essas capacidades variam, até certo ponto, de cultura para cultura e de acordo com a idade da pessoa (Berry, Portinga, Segall e Dasen, 1992).

Por fim, um resultado de teste é uma maneira muito simplista de resumir um conjunto de capacidades tão complexas. Maloney e Ward (1976) ressaltam que nós não descrevemos a personalidade de uma pessoa por meio de um número com dois ou três dígitos. Por que, então, perguntam eles, deveríamos tentar resumir algo tão complexo quanto a inteligência rotulando alguém com os números "90" ou "110"?

TESTE SUA APRENDIZAGEM

1. Indique se as afirmações a seguir são verdadeiras (V) ou falsas (F).
   ____ a. Inteligência é sinônimo de capacidade de solucionar problemas.
   ____ b. Cattell afirmava que as capacidades visuais e espaciais faziam parte da inteligência cristalizada.
   ____ c. A inteligência interpessoal se espelha no ditado: "Conhece-te a ti mesmo".
   ____ d. Tanto a teoria de inteligência de Sternberg como a de Gardner enfatizam capacidades práticas.
2. Em 1916, o psicólogo L. M. Terman, da Universidade de Stanford, criou o termo _____ _____ ou ____, e estabeleceu a pontuação de ____ para uma pessoa de inteligência média.
3. Os testes de _____ eliminam ou minimizam o uso de palavras na avaliação das capacidades mentais. Assim como eles, os testes _____ _____ minimizam o emprego da língua, além de incluir questões que minimizam habilidades e valores que mudam de cultura para cultura.
4. Se você fizer um teste várias vezes e atingir mais ou menos a mesma pontuação todas as vezes, seus resultados sugerem que o teste tem _____.
5. _____ é a capacidade que um teste possui de medir aquilo que foi planejado para medir.
6. O teste que inclui informações sobre a saúde e o ambiente familiar de uma criança juntamente com os resultados do teste de QI é chamado de _____.

Respostas: 1. a. (F); b. (F); c. (V); d. (V); 2. quociente de inteligência ou QI, 100. 3. desempenho, culturalmente justos. 4. precisão. 5. validade. 6. SAMP.

Hereditariedade, ambiente e inteligência

O que determina diferenças individuais na inteligência?

Será que a inteligência é herdada ou é resultado do ambiente que nos cerca? Estabelecer a importância de cada fator segundo sua contribuição para a inteligência é uma tarefa complexa.

Hereditariedade

Por que as pesquisas com gêmeos são úteis para o estudo da inteligência?

Conforme vimos no Capítulo 2, "A natureza biológica do comportamento", os cientistas podem utilizar estudos feitos com gêmeos idênticos para medir o efeito da hereditariedade em seres humanos. Os estudos de inteligência realizados com gêmeos começam pela comparação dos resultados de testes de QI de gêmeos idênticos que tenham sido criados juntos. Como mostra a Figura 7.9, a correlação entre suas pontuações de QI é bastante alta. Além dos genes idênticos, esses gêmeos cresceram em ambientes muito semelhantes: com os mesmos pais, na mesma casa, com os mesmos professores, mesmo período de férias e, provavelmente, os mesmos amigos também. Essas experiências em comum poderiam explicar a semelhança da pontuação do QI deles. A fim de comprovar a veracidade dessa possibilidade, pesquisadores realizaram testes com gêmeos idênticos que haviam sido separados no começo de suas vidas — geralmente antes de completar seis meses de idade — e crescido em famílias diferentes. Conforme mostra a Figura 7.9, mesmo quando os gêmeos idênticos são criados em famílias distintas, eles tendem a apresentar resultados muito semelhantes nos testes; de fato, as similaridades são muito maiores que as existentes entre irmãos de idades diferentes que crescem no *mesmo* ambiente.

Essas descobertas representam um forte exemplo de hereditariedade da inteligência. Entretanto, por razões indicadas no Capítulo 2, os estudos realizados com gêmeos não constituem uma "prova cabal"; nesse caso, porém, outras evidências também revelam o papel da hereditariedade. Por exemplo: descobriu-se que crianças adotadas têm QI mais parecido com o de sua mãe biológica que com o da adotiva (Loehlin, Horn e Willerman, 1997). O pesquisador John Loehlin considera esses resultados particularmente interessantes porque "refletem a semelhança genética na ausência de ambientes compartilhados: essas mães naturais não tiveram contato com os filhos logo após o nascimento deles..." (Loehlin *et al.*, 1997, p. 113). Então, será que os psicólogos concluíram que a inteligência é uma característica hereditária e que o ambiente desempenha um papel muito pequeno nesse caso, se é que tem algum?

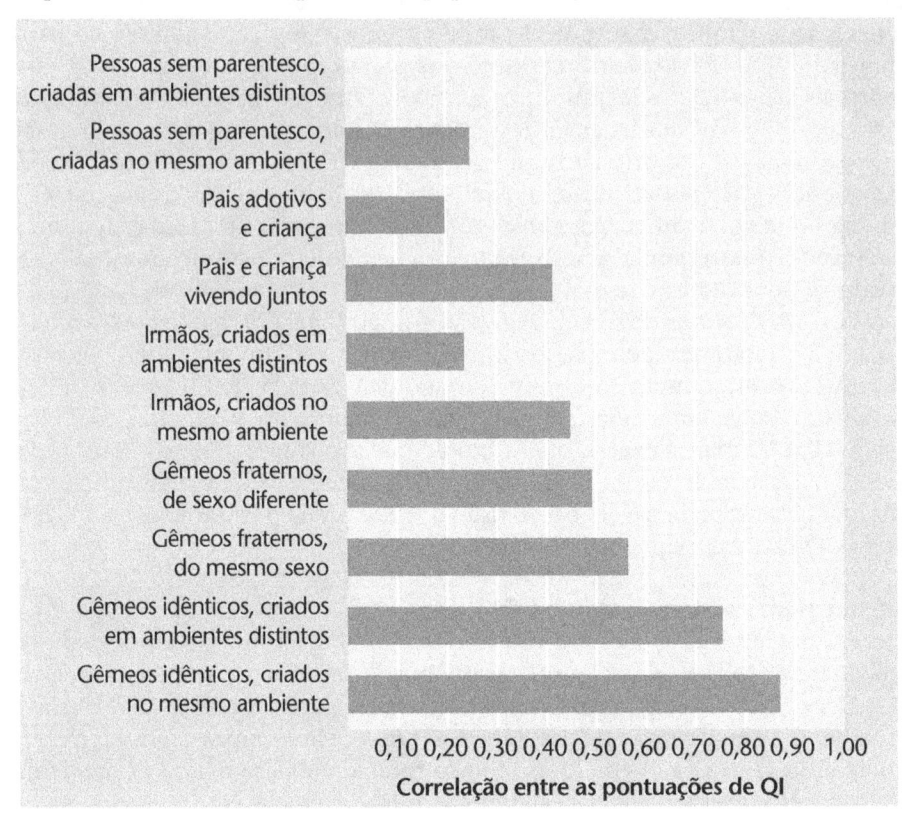

FIGURA 7.9
Correlações entre as pontuações de QI e as relações familiares.
Gêmeos idênticos que crescem no mesmo ambiente familiar apresentam pontuações de QI quase idênticas entre si. Mesmo quando crescem em ambientes distintos, o QI de um permanece altamente relacionado com o do outro.

Fonte: Adaptado da obra de Erienmeyer-Kimling e L.F. Jarvik. "Genetics and intelligence: a review", *Science, 142*, pp. 1477-79. Copyright © 1963 da American Association for the Advancement of Science. Reprodução autorizada pelo autor.

Ambiente

O que os programas de intervenção precoce nos ensinam a respeito da influência do ambiente sobre o desenvolvimento intelectual?

Provavelmente, nenhum psicólogo nega que os genes desempenham um papel na determinação da inteligência, mas muitos acreditam que esse papel consiste em apenas estabelecer a base ou o alicerce da inteligência. Cada um de nós herda dos pais uma certa compleição física, mas nosso peso real é, em grande parte, determinado pelo que comemos e pela quantidade de exercícios que praticamos. De maneira semelhante, embora herdemos certas capacidades mentais, o desenvolvimento dessas capacidades depende daquilo que nos cerca na infância, da maneira como nossos pais reagem às nossas primeiras tentativas de fala, das escolas que freqüentamos, dos livros que lemos, dos programas de TV a que assistimos — até mesmo do que comemos.

O ambiente também influencia as crianças desde antes do nascimento, por meio da nutrição pré-natal (Hack *et al.*, 1991). Em um estudo realizado com mulheres grávidas de baixa renda, metade delas recebeu um suplemento alimentar e a outra metade recebeu placebos. Quando tinham idades entre 3 e 4 anos, os filhos das grávidas que ingeriram o suplemento obtiveram resultados bem mais elevados em testes de inteligência que as outras crianças (Harrell, Woodyard e Gates, 1955). Durante a infância, a subnutrição pode diminuir o QI — segundo um estudo, a média de redução chega a 20 pontos (Stock e Smythe, 1963). Por outro lado, os suplementos vitamínicos podem aumentar os resultados de QI das crianças, possivelmente até mesmo em meio a crianças que não estão subnutridas (Benton e Roberts, 1988; Schoenthaler *et al.*, 1991).

De maneira casual, nos anos 30, o psicólogo H. M. Skeels descobriu evidências de que as pontuações de QI das crianças também dependem dos estímulos do ambiente. Enquanto realizava pesquisas em orfanatos para o estado norte-americano de Iowa, Skeels observou que as crianças viviam em alojamentos superlotados e que os poucos adultos que havia quase não tinham tempo para brincar e conversar com elas e lhes contar histórias. Muitas dessas crianças eram classificadas como "subnormais" no que se referia à inteligência. Skeels acompanhou os casos de duas meninas que, após 18 meses morando em um orfanato, foram enviadas a um alojamento para mulheres com retardamento mental severo. Originalmente, o QI das meninas encontrava-se próximo ao que se considera retardamento, mas depois de um ano no alojamento adulto, como em um passe de mágica, o QI de ambas voltou a níveis normais (Skeels, 1938). Skeels considerou esse fato extraordinário — afinal de contas, as mulheres com as quais as garotas conviveram apresentavam retardamento severo. Quando ele colocou outras 13 crianças "retardadas" como hóspedes de instituições como essa para adultos, dentro de 18 meses o QI médio delas subiu de 64 para 92 (valor que está na média normal) — tudo isso ocorreu porque elas passaram a ter alguém (ainda que estivesse abaixo dos níveis normais de inteligência) que brincava com elas, lia histórias, aplaudia-as quando elas começavam a andar e as encorajava a falar (Skeels, 1942). Durante o mesmo período, o QI médio do grupo de crianças que permaneceu nos orfanatos caiu de 86 para 61. Trinta anos depois, Skeels descobriu que todas aquelas 13 crianças que cresceram nos alojamentos para adultos eram auto-suficientes economicamente, com empregos que variavam de garçom a corretor de imóveis. No outro grupo, metade das pessoas estava desempregada, quatro ainda se encontravam vivendo em instituições e todos os que tinham emprego trabalhavam como lavadores de pratos (Skeels, 1966).

Estudos posteriores reforçaram as descobertas de Skeels relativas à importância de ambientes intelectualmente estimulantes, bem como a importância de uma boa nutrição (Capron e Duyme, 1989). Os pesquisadores descobriram que o status socioeconômico (SSE) dos pais adotivos exerce efeito sobre o QI das crianças adotadas. Independentemente do status socioeconômico dos pais biológicos, as crianças adotadas por pais de elevado SSE apresentavam QI mais elevados que o das adotadas por pais de baixo SSE, uma vez que as famílias de elevado SSE tendem a oferecer à prole melhor padrão de nutrição e mais estímulos. Será que essas descobertas indicam que os programas de intervenção que atuam na promoção dos ambientes de crianças pobres podem ter um impacto positivo no QI delas?

Programas de intervenção: até que ponto podemos elevar o QI? Em 1996, foi lançado nos EUA o Projeto Milwaukee. Seu propósito era descobrir se a intervenção na vida familiar de uma criança poderia compensar os efeitos negativos que a privação cultural e socioeconômica exerce sobre seu QI (Garber e Heber, 1982; Heber *et al.*, 1972). As 40 mulheres que participaram do estudo, todas naturais de Milwaukee, eram pobres, predominantemente negras e estavam grávidas. Em grupo, elas alcançaram uma média menor que 75 na escala de inteligência Wechsler. As mulheres foram então divididas em dois grupos: um deles não recebeu nenhum treinamento ou instrução especial; o outro foi mandado para a escola, recebeu treinamento para o trabalho e foi instruído em relação a cuidados com as crianças, administração do lar e relacionamentos pessoais.

Depois que as 40 mulheres deram à luz, a equipe de pesquisa dirigiu sua atenção às crianças. Desde os três meses de idade até os seis anos de vida, as crianças do grupo experimental — cujas mães receberam treinamento especial — passavam a maior parte do dia em um centro de educação infantil, onde recebiam refeições nutritivas, participavam de um programa educacional e ficavam sob os cuidados de uma equipe de "parapedagogas" que se comportavam como mães ricas que não trabalham. As crianças do grupo de controle — cujas mães não receberam nenhum tipo de treinamento especial — não freqüentavam o centro educacional.

Periodicamente, todas as crianças realizavam testes de QI. As do grupo experimental alcançaram um QI médio de 126 — ou seja, 51 pontos a mais que a média de suas mães. Em contrapartida, as do grupo de controle apresentaram um QI médio de 94 pontos — não tão elevado quanto o do grupo experimental, mas ainda assim bem mais alto que a média de suas mães, talvez em parte porque elas tivessem se acostumado a fazer testes, uma experiência que suas mães nunca haviam tido.

O Head Start, maior programa de intervenção dos EUA, teve início em 1965. Atualmente, ele fornece uma vasta gama de serviços a 739 mil crianças, que duram desde uma tarde até dois anos (Kassebaum, 1994; Ripple, Gilliam, Chanana e Zigler, 1999). O Head Start, cujo alvo são as crianças da pré-escola, com idades entre três e cinco anos, provenientes de famílias de baixa renda, tem dois objetivos principais: desenvolver algumas das habilidades educacionais e sociais das crianças antes de elas irem para a escola e fornecer informações sobre nutrição e saúde tanto para as crianças quanto para suas famílias. O programa conta com o apoio dos pais em todos os seus aspectos, desde as atividades diárias até a própria administração. Esse envolvimento dos pais tem sido crucial para o êxito do *Head Start* (Cronan, Walen e Cruz, 1994).

Diversos estudos que avaliaram os efeitos de longo prazo do Head Start descobriram que ele desenvolve as capacidades cognitivas (Barnett, 1998; B. Brown e Grotberg, 1981; Zigler, 1998; Zigler e Styfco, 2001); porém, alguns especialistas estão preocupados com o fato de que essas melhoras possam ser modestas ou operar apenas em curto prazo. Contudo, as crianças que participaram do programa encontram-se em melhores condições de se beneficiar da vida escolar do que se não tivessem passado por ele (Zigler eStyfco, 1994). Os graduandos que passaram pelo Head Start e foram acompanhados até os 27 anos de idade apresentaram diversos benefícios, incluindo notas acadêmicas mais elevadas (Schweinhart, Barnes e Weikart, 1993), tendência a permanecer por mais tempo na escola e maior probabilidade de graduação universitária. Mesmo se o aumento das pontuações de QI decorrentes do Head Start for temporário, aparentemente o programa ainda gera benefícios práticos no longo prazo.

Acima de tudo, a eficácia da intervenção precoce parece depender da qualidade do programa específico (Collins, 1993; Ramey, 1999; Zigler e Muenchow, 1992; Zigler e Styfco, 1993). Programas de intervenção cujos objetivos são bem definidos, que ensinam com clareza habilidades básicas — como fazer contas, dar nome às cores e escrever o alfabeto — e que levam em conta o amplo contexto do desenvolvimento humano — como cuidados com a saúde e outros serviços sociais — alcançam os melhores e mais duradouros resultados. Além disso, as intervenções que têm início nos anos da pré-escola e contam com alto grau de participação dos pais (a fim de assegurar sua continuidade depois que o programa oficial chegar ao fim) são geralmente mais bem-sucedidas (Cronan *et al.*, 1994; Hart e Risley, 1995; Jaynes e Wlodkowski, 1990).

O debate sobre o QI: um modelo útil

De que maneira o estudo de plantas pode nos ajudar a compreender a relação entre hereditariedade e ambiente?

Tanto a hereditariedade quanto o ambiente produzem importantes efeitos sobre as diferenças individuais de inteligência; mas será que algum desses fatores é mais importante que os demais? A resposta depende das pessoas cujo QI está sendo comparado. Uma analogia útil vem de estudos realizados com plantas (Turkheimer, 1991). Suponha que você cultive um grupo de plantas aleatoriamente selecionadas em solo enriquecido e outro grupo em solo empobrecido. O grupo do solo enriquecido atingirá uma altura maior e será mais resistente que o do solo empobrecido; nesse caso, a diferença entre os dois grupos se deve inteiramente a diferenças ambientais. *Dentro* de cada grupo de plantas, entretanto, as diferenças individuais ocorrerão principalmente em razão da genética, uma vez que todas as plantas de um mesmo grupo compartilham essencialmente do mesmo ambiente. Assim, a altura e a resistência de qualquer planta em particular, refletem a influência tanto da hereditariedade quanto do ambiente.

De maneira semelhante, as diferenças de QI em grupos de pessoas podem ser decorrentes de fatores do ambiente, mas as diferenças existentes entre pessoas que pertencem a um *mesmo grupo* poderiam ser uma conseqüência primordialmente genética. Similarmente, as pontuações de QI de determinadas pessoas seriam reflexos tanto da hereditariedade quanto do ambiente. Robert Plomin, influente pesquisador da inteligência humana, conclui que "a literatura mundial sugere que cerca da metade da variância total nas pontuações de QI pode ser explicada pela variância genética" (Plomin, 1997, p. 89). Essa descoberta significa que o ambiente é responsável pela outra metade. A hereditariedade e o ambiente contribuem conjuntamente para as diferenças entre os seres humanos.

Capacidades mentais e diversidade humana: gênero e cultura

Será que a cultura e o gênero influenciam as capacidades mentais?

Existem diferenças entre as capacidades mentais de homens e mulheres ou entre pessoas de culturas diferentes? Muitas pessoas consideram, por exemplo, que os homens são naturalmente melhores em matemática enquanto as mulheres têm mais habilidades verbais. Outros acreditam que os sexos são basicamente iguais em termos de capacidades mentais. De maneira semelhante, como explicar o desempenho acadêmico superior de estudantes provenientes de certos países e de determinada formação cultural? As pesquisas oferecem alguns insights interessantes sobre esses temas tão controversos.

Gênero Muitas profissões são dominadas por um dos sexos. A engenharia, por exemplo, tem sido um domínio quase exclusivo dos homens. Será que essa e outras diferenças profissionais são reflexos de diferenças nas capacidades mentais inerentes ao sexo?

Em 1974, as psicólogas Eleanor Maccoby e Carol Jacklin publicaram uma revisão de pesquisas psicológicas sobre diferenças de gênero. Elas não descobriram nenhuma diferença entre homens e mulheres na maioria dos estudos que examinaram. Entretanto, algumas poucas diferenças relativas a capacidades mentais realmente surgiram: as meninas tendem a apresentar grande capacidade verbal, e os meninos tendem a exibir melhores capacidades espaciais e matemáticas. Em grande parte em razão dessa pesquisa, as diferenças de gênero relativas a habilidades verbais, espaciais e matemáticas se tornaram tão amplamente aceitas que passaram a ser citadas com freqüência como um dos fatos estabelecidos da pesquisa psicológica (Hyde, Fennema e Lamon, 1990; Hyde e Linn, 1988).

Não obstante, um exame mais detalhado da literatura de pesquisa, incluindo trabalhos mais recentes, indica que as diferenças de gênero relativas a habilidades matemáticas e verbais podem praticamente não existir. Por exemplo: Janet Shibley Hyde e colaboradores analisaram 165 estudos, abrangendo mais de um milhão de pessoas, que examinaram diferenças de gênero relativas à capacidade verbal. Eles concluíram que "não há diferenças de gênero com relação à capacidade verbal, ao menos no momento, na cultura norte-americana, de acordo com as formas padronizadas por meio das quais a capacidade verbal foi medida" (Hyde e Linn, 1988, p. 62). Em uma análise semelhante de estudos que examinaram a capacidade matemática, Hyde e seus colegas concluíram que "as mulheres sobressaíam em relação aos homens em quantidades insignificantes (...): As mulheres são superiores em cálculo, não há diferenças de gênero relacionadas à compreensão de conceitos matemáticos e as diferenças de gênero que favorecem os homens não se manifestam antes do Ensino Médio" (Hyde *et al.*, 1990, pp. 139, 151).

Entretanto, aparentemente, os homens têm uma vantagem em relação às mulheres no que se refere à *capacidade espacial* (Halpern, 1992, 1997; Voyer, Voyer e Bryden, 1995). As tarefas espaciais abrangem a rotação mental de um objeto e o cálculo de suas dimensões horizontais e verticais (veja as figuras no começo deste capítulo). Essas capacidades são particularmente úteis na resolução de certos problemas de engenharia, arquitetura e geometria. Elas também são úteis quando se decide a maneira de dispor os móveis em um apartamento novo ou de colocar volumes no porta-malas do carro!

Os homens também diferem das mulheres de outra maneira: eles têm mais probabilidades de atingir os extremos da variação de inteligência que as elas (Halpern, 1997). Em uma revisão de vários estudos, Hedges e Nowell (1995) descobriram que, de cada oito pessoas com QI extremamente elevado, sete eram homens. Esses autores também relataram que os homens representavam uma quantidade quase igual de níveis de QI próximos ao do retardamento mental.

O que podemos concluir a partir de tais descobertas? Primeiramente, as diferenças cognitivas entre homens e mulheres parecem estar restritas a capacidades específicas (Stumpf e Stanley, 1998) As pontuações obtidas em testes como o Stanford-Binet ou o WAIS não revelam diferenças de gênero com relação à inteligência geral (Halpern, 1992). Em segundo lugar, as diferenças de gênero com relação a capacidades cognitivas específicas são, em geral, muito pequenas, e em alguns casos parecem estar diminuindo — mesmo quando estudadas sob o aspecto transcultural (Skaalvik e Rankin, 1994). Por fim, não sabemos se tais diferenças resultam de fatores biológicos ou de fatores culturais. Um grande número de pesquisas identificou diversos fatores que desencorajam as mulheres a seguir carreiras no ramo da matemática e da ciência. Por exemplo: um estudo descobriu que elas evitam em parte pelo *medo da matemática*. Meninas universitárias têm maiores chances de concordar com a afirmação: "Eu odeio a aula de matemática" que os garotos (Chipman, Krantz e Silver, 1992). Descobertas como essas sugerem que as diferenças de trabalho e carreira podem ser apenas uma conseqüência da maneira como meninos e meninas são educados.

Cultura Muitos educadores, políticos e pais norte-americanos estão preocupados com o fato de que os estudantes dos EUA estão sendo superados pelos de outros países. Seria uma preocupação válida? E, caso seja, de que maneira podemos explicá-la? Será que essas diferenças refletem diferenças relativas às capacidades mentais, ou resultariam de outros fatores (Herrmstein e Murray, 1994; Jensen, 1969)? Veja a Seção "Compreendendo o mundo que nos cerca", para algumas respostas a essas perguntas.

Extremos de inteligência

O que os psicólogos sabem a respeito dos dois extremos da inteligência humana: muito alta e muito baixa?

A pontuação média de QI nos testes é 100. Quase 70 por cento de todas as pessoas têm QI entre 85 e 115 e apenas 5 por cento da população tem QI que varia de 70 a 130. Nesta seção, falaremos a respeito das pessoas cuja pontuação se situa nos dois extremos da inteligência — aquelas com retardamento mental e as que são superdotadas intelectualmente.

Retardamento mental O **retardamento mental** abrange uma vasta série de déficits mentais que decorrem de diversas causas, tratamentos e resultados. A American Psychiatric Association (1994) define retardamento mental como o "funcionamento intelectual geral que se encontra significativamente abaixo da média... que é acompanhado de importantes limitações do funcionamento adaptativo" e que se manifesta antes da idade de 18 anos (p. 39). Existem também vários graus de retardamento mental. O retardamento brando corresponde a uma pontuação de QI na Escala Stanford-Binet que vai de um máximo de 70 pontos a um mínimo de 50. O retardamento moderado corresponde a uma pontuação de 50 a cerca de 35 pontos. Pessoas cuja pontuação de QI vai de 35 até 20 são consideradas severamente retardadas e as profundamente retardadas são aquelas cujo QI está abaixo dos 20 pontos (veja a Tabela 7.2).

Mas um QI baixo não é, em si mesmo, suficiente para o diagnóstico de retardamento mental. A pessoa precisa também ser incapaz de desempenhar tarefas diárias e necessárias para viver de maneira independente (Wielkiewicz e Calvert, 1989). Assim, as avaliações dos portadores de retardamento mental normalmente incluem testes de habilidades motoras e de adaptação social, bem como testes de inteligência. Testes de habilidades motoras, como os amplamente utilizados *Testes Oseretsky de Proficiência Motora*, medem o controle dos músculos faciais, a coordenação de mãos e dedos e a postura. As maneiras de se mensurar a adaptação social, como a *Escala de Comportamento Adaptativo* (*ECA*) e a *Escala Vineland de Comportamento Adaptativo e Maturidade Social*, baseiam-se em observações do comportamento em situações diárias. As pessoas são avaliadas em áreas como linguagem, desenvolvimento, compreensão e uso de conceitos numéricos e de tempo, atividade doméstica, responsabilidade e ação social. Outra parte da ECA enfatiza os comportamentos não-adaptativos, tais como a fuga, a hiperatividade e os distúrbios de comportamentos interpessoais.

O que provoca o retardamento mental? Na maioria dos casos, as causas são desconhecidas (Beirne-Smith, Patton e Ittenbach, 1994) — especialmente em casos de retardamento brando, que representam cerca de 90 por cento de todos os casos de retardamento. Quando é possível identificar as causas, verifica-se que geralmente elas se originam de uma ampla variedade de fatores do ambiente, sociais, nutricionais e outros fatores de risco (Scott e Carran, 1987).

Cerca de 25 por cento dos casos — especialmente as formas mais severas do retardamento — parecem estar relacionados a distúrbios genéticos ou biológicos. Os cientistas identificaram mais de cem formas de retardamento mental provocadas por genes defeituosos específicos (Plomin, 1997). Uma delas é a doença genética chamada *fenilcetonúria*, que se manifesta em uma a cada 25 mil pessoas (Minton e Schneider, 1980). O fígado dos fenilcetonúricos pára de produzir uma enzima necessária para o desenvolvimento inicial do cérebro. Felizmente, a adoção de uma dieta especial a um bebê fenilcetonúrico pode evitar o desenvolvimento do retardamento mental. Outra forma hereditária de retardamento é a *síndrome do X frágil*, que afeta cerca de um a cada 1.250 homens e uma a cada 2.500 mulheres (Plomin, 1997). Um defeito no cromossomo X, passado de geração para geração, é aparentemente provocado por um gene específico (M. Hoffman, 1991). A causa do distúrbio conhecido como *síndrome de Down*, que afeta um a cada 600 recém-nascidos, é uma duplicação do cromossomo 21. A síndrome de Down, que recebeu esse nome em referência ao médico que descreveu pela primeira vez os sintomas da doença, caracteriza-se por retardamento mental que vai de moderado a severo.

O retardamento mental que têm causas biológicas pode ser controlado por meio de educação e treinamento. O prognóstico é ainda melhor para os pacientes sem causas físicas inerentes: as pessoas cujo retardamento se deve a um histórico de privação social e educacional podem reagir de maneira surpreendente a intervenções adequadas. Hoje em dia, a maioria das crianças portadoras de deficiências físicas ou mentais dos EUA é educada no sistema de escolas locais (Lipsky e Gartner, 1996; Schroeder, Schroeder e Landesman, 1987), em um sistema chamado de *acompanhamento*, que ajuda esses alunos a se socializar com seus colegas não-deficientes. O princípio que rege o acompanhamento também já foi aplicado a adultos portadores de retardamento mental, tirando-os de instituições imensas e impessoais e transferindo-os para casas comunitárias menores que proporcionam experiências de vida mais normais (Conroy, 1996; Landesman e Butterfield, 1987; Maisto e Hughes, 1995; Stancliffe, 1997). Embora os benefícios do acompanhamento sejam questionáveis, a maioria dos psicólogos e educadores o apóia (Zigler e Hodapp, 1991). A fim de avaliar por completo os indivíduos e colocá-los sob tratamento apropriado e programas educacionais, os profissionais da saúde mental necessitam de informações relativas à saúde física e à adaptação emocional e social.

Assim como a inteligência, o retardamento mental é um fenômeno altamente complexo. Da mesma maneira que os testes de inteligência não avaliam certas capacidades, como o talento artístico, as pessoas portadoras de retardamento mental às vezes manifestam habilidades excepcionais em áreas distintas daquela da inteligência geral. Provavelmente, o mais impressionante e intrigante exemplo disso seja o desempenho, extraordinário de certos portadores de retardamento mental em alguma área especializada, como os cálculos numéricos, a memória, a arte ou a música (O'Connor e Hermelin, 1987).

Superdotados No outro extremo da escala de inteligência estão as pessoas "superdotadas" — aquelas que apresentam capacidades mentais excepcionais, avaliadas por pontuações em testes padronizados de inteligência. Assim como ocorre com o retardamento mental, as causas da **superdotação** são desconhecidas.

TABELA 7.2 NÍVEIS DE RETARDAMENTO MENTAL

Tipo de retardamento	Amplitude de QI	Nível de habilidade alcançável
Retardamento brando	De 50 a 70	É possível que o portador consiga viver adequadamente em sociedade e aprender habilidades comparáveis às de uma criança da sexta série; mas essa pessoa precisa de ajuda especial em momentos de estresse anormal.
Retardamento moderado	De 30 a menos de 50	Os portador se beneficia de treinamento vocacional e é capaz de fazer viagens sozinho. Aprende em um nível de segunda série e faz trabalhos habilidosos em ambientes fechados e sob supervisão.
Retardamento severo	De 20 a menos de 30	O portador não aprendem a falar nem a fazer sua higiene básica antes dos seis anos de idade. Não é capaz de aprender habilidades vocacionais, mas consegue realizar tarefas simples sob supervisão.
Retardamento profundo	Abaixo de 20 ou 25	Cuidados constantes são necessários. Geralmente o portador tem um diagnóstico de distúrbio neurológico.

Fonte: Baseado na APA, DSM-IV, 1994.

COMPREENDENDO O Mundo que Nos Cerca

Alunos mais inteligentes ou atitudes diferentes? cultura e êxito na escola

Durante anos, os meios de comunicação dos EUA vêm divulgando uma defasagem de resultados, especialmente em matemática, entre alunos norte-americanos e asiáticos. Na última pesquisa mundial, os resultados não apresentaram melhorias: os estudantes asiáticos ocupam o primeiro lugar, ao passo que o desempenho dos norte-americanos caiu para a metade (C. Holden, 2000). Há duas décadas, uma equipe de pesquisadores liderada por Harold Stevenson estava curiosa com relação às diferenças de desempenho acadêmico. Eles começaram a estudar o desempenho de alunos da 1ª e da 5ª série em escolas dos EUA, China e Japão (Stevenson, Lee e Stigler, 1986). Naquela época, os alunos norte-americanos das duas séries ficavam muito atrás em matemática em relação aos outros dois países e ficaram em segundo lugar na leitura. Dez anos depois, quando o estudo foi repetido com um novo grupo de alunos da 5ª série, os pesquisadores descobriram que os estudantes dos EUA tiveram desempenho ainda pior que antes. Em 1990, a equipe também realizou estudos com a primeira turma de alunos da 1ª série das três culturas, que já estava cursando o 11º ano escolar. O resultado? Os alunos norte-americanos mantiveram seu baixo nível em matemática se comparados aos alunos asiáticos (Stevenson, 1992, 1993; Stevenson, Chen e Lee, 1993).

A próxima pergunta a fazer era: por quê? A equipe de Stevenson se perguntava se as atitudes culturais em relação à capacidade e à dedicação poderiam, em parte, explicar as diferenças. Para verificar essa hipótese, os pesquisadores perguntaram aos alunos dos três países, bem como aos pais e professores desses, se eles consideravam que a dedicação e a capacidade exerciam um impacto significativo no desempenho acadêmico. Começando a partir do 11º ano

> A equipe de Stevenson se perguntava se as atitudes culturais em relação à capacidade e ao esforço poderiam, em parte, explicar as diferenças.

escolar, os alunos norte-americanos não concordaram com a afirmação de que "todos na minha sala de aula têm basicamente a mesma capacidade natural em matemática". Em outras palavras, os norte-americanos consideravam que "estudar muito" tinha pouco que ver com o desempenho. As respostas deles pareciam refletir a crença de que a habilidade matemática era inata. As mães norte-americanas expressaram uma visão muito similar. Além disso, 41 por cento dos professores norte-americanos do 11º ano consideravam que a "inteligência inata" era o fator mais importante para o desempenho em matemática. Em contrapartida, os estudantes, pais e professores asiáticos acreditavam que a dedicação e o "estudo árduo" eram determinantes para o bom desempenho em matemática (1993).

Essas visões influenciadas pela cultura acerca da importância relativa da dedicação e da capacidade inata podem ter conseqüências profundas na maneira como as crianças, seus pais e professores abordam a tarefa da aprendizagem. Os estudantes que acreditam que a aprendizagem baseia-se em capacidades naturais dão pouco valor ao esforço árduo como meio de aprender uma matéria difícil. Em contrapartida, os estudantes que acreditam que o êxito acadêmico resulta de muito estudo tendem a se esforçar mais e, assim, obtêm melhores resultados.

Atitudes em relação ao que constitui uma educação suficientemente "boa" também podem afetar o desempenho dos alunos oriundos dessas culturas. Por exemplo: 79 por cento das mães norte-americanas consideravam que as escolas estavam fazendo um "bom" ou "excelente" trabalho na educação de seus filhos. As mães asiáticas eram muito mais críticas em relação ao desempenho das escolas, o que poderia levá-las a exigir currículos escolares muito mais ousados. As mães e os alunos norte-americanos, em geral, estavam satisfeitos com o desempenho acadêmico dos estudantes, embora ele fosse comparativamente inferior. Esse tipo de complacência não contribui para resultados elevados.

Por fim, os três grupos de estudantes atingiram a mesma pontuação em testes que avaliavam a informação que eles aprendiam fora da escola, enfatizando que fatores culturais, e não as diferenças inatas, estavam produzindo níveis diferentes de sucesso escolar.

O primeiro, e hoje clássico, estudo sobre os superdotados foi iniciado por Lewis Terman e colaboradores no início dos anos 20. Eles definiram a superdotação em termos de talento acadêmico e mediram essa capacidade por uma pontuação de QI acima do percentil 2 (1925). Recentemente, alguns especialistas buscaram ampliar a definição de pessoa superdotada para além daquela que considera apenas o elevado valor do QI (Csikszentmihalyi, Rathunde e Whalen, 1993; Subotnik e Arnold, 1994). Uma visão é a de que a superdotação resulta freqüentemente de uma interação entre inteligência geral acima da média, criatividade excepcional e altos níveis de compromisso (Renzulli, 1978).

As pessoas têm utilizado diversos critérios para identificar estudantes superdotados, inclusive pontuação em testes de inteligência, recomendações de professores e notas de provas. Os sistemas de ensino geralmente utilizam testes diagnósticos, entrevistas e avaliações de trabalhos acadêmicos e criativos (Sattler, 1992). Esses métodos de seleção podem identificar alunos que apresentam uma ampla variedade de talentos, mas podem deixar de lado estudantes que tenham capacidades específicas, como o talento para a matemática ou para a música. Esse fator é importante porque as pesquisas sugerem que a maioria dos superdotados apresenta capacidades especiais em apenas algumas poucas áreas. Pessoas "globalmente" superdotadas são raras (Achter, Lubinski e Benbow, 1996; Lubinski e Benbow, 2000; Winner, 1998, 2000).

Uma visão comum do superdotado é de que essas pessoas apresentam habilidades sociais pobres e são emocionalmente mal-ajustadas. Entretanto, as pesquisas não confirmam esse estereótipo (Robinson e Clinkenbeard, 1998). Na verdade, uma análise (Janos e Robinson, 1985) concluiu que "ser bem-dotado intelectualmente, ao menos em graus moderados de capacidade, é uma clara vantagem em termos de adaptação psicossocial na maioria das situações" (p. 181). Apesar disso, as crianças excepcionalmente dotadas às vezes passam por dificuldades "de relacionamento" com seus colegas.

Criatividade

O que é criatividade?

Criatividade é a capacidade de produzir idéias ou objetos novos e socialmente valiosos que vão da filosofia à pintura, da música às ratoeiras (Mumford e Gustafson, 1988; Sternberg, 1996; Sternberg, 2001). Sternberg inclui a criatividade e o insight como elementos importantes do componente experencial da inteligência humana. Entretanto, a maioria dos testes de QI não mede a criatividade e muitos pesquisadores argumentam que inteligência e criatividade não são a mesma coisa. Então, qual a relação entre os dois elementos? As pessoas que atingem alta pontuação em testes de QI seriam provavelmente mais criativas do que aquelas que as de baixo QI?

TESTE SUA APRENDIZAGEM

1. Indique se as seguintes afirmações são verdadeiras (V) ou falsas (F).
   ____ a. Quando gêmeos idênticos crescem separados, suas pontuações de QI não são altamente correlacionadas.
   ____ b. Os estímulos do ambiente têm pouco ou quase nenhum efeito sobre o QI.
   ____ c. Alunos do programa Head Start apresentam probabilidades maiores de se formar que seus colegas.
2. O retardamento mental e o QI muito elevado são (mais/menos) comuns em homens que em mulheres. ____
3. Apenas cerca de ____ por cento da população tem um QI inferior a 70 e superior a 130.
4. À medida que os psicólogos aprenderam mais a respeito dos superdotados, esse conceito se tornou mais (amplo/restrito). ____

Respostas: 1. a. (F); b. (F); c. (V). 2. mais. 3. cinco. 4. amplo.

Inteligência e criatividade

Como a criatividade está relacionada à inteligência?

Os primeiros estudos encontraram pouca ou nenhuma relação entre criatividade e inteligência (por exemplo, Getzels e Jackson, 1962; Wing, 1969), mas esses estudos analisaram apenas alunos inteligentes. Talvez a criatividade e a inteligência realmente estejam relacionadas, mas apenas até o QI alcançar um certo nível limite, a partir do qual a inteligência superior não está associada à criatividade superior. Existem evidências consideráveis para essa teoria do limite (Barron, 1963; Yamamoto e Chimbidis, 1966). Todas as pesquisas que dão sustentação a ela, entretanto, contaram bastante com os testes de criatividade, e talvez a criatividade da vida real não seja a mesma que todos esses testes medem. Ainda assim, faz sentido pensar que um certo nível mínimo de inteligência seja necessário para que a criatividade se desenvolva, mas que outros fatores também estão por trás disso.

É interessante que as pessoas criativas sejam sempre vistas como mais inteligentes que as menos criativas níveis de QI equivalentes. Talvez os criativos compartilhem alguma característica — possivelmente a "eficácia" ou alguma qualidade de aptidão social — que transmita essa impressão de inteligência, ainda que tal característica não seja medida pelos testes de QI (Barron e Harrington, 1981).

Em geral, as pessoas criativas são tanto *descobridoras de problemas* quanto solucionadoras de problemas (Getzels, 1975; Mackworth, 1965). Quanto mais criativas as pessoas são, mais elas gostam de solucionar os problemas que elas estabeleceram para si mesmas. Cientistas criativos (como Charles Darwin e Albert Einstein) geralmente passam anos debruçados sobre um problema que se originou de sua própria curiosidade (Gruber e Wallace, 2001). Além disso, a "grandeza" não está apenas no "talento" ou na "genialidade"; esse tipo de pessoa também demonstra dedicação, ambição e perseverança intensas.

Testes de criatividade

A criatividade pode ser medida?

As opiniões relativas à melhor maneira de testar a criatividade divergem. Pelo fato de a criatividade consistir em respostas originais às situações, perguntas que podem ser respondidas por alternativas como *verdadeiro* ou *falso*, ou *a* ou *b*, não são adequadas para uma boa medida. Testes abertos são melhores. Em vez de esperar por uma resposta predeterminada para um problema, o examinador pede que os participantes soltem a imaginação. A pontuação se baseia na originalidade das respostas em sua e quase sempre em sua quantidade também.

Em um desses testes, o *Teste Torrance de Pensamento Criativo*, os examinados têm de explicar o que está acontecendo em uma figura, de que maneira a cena veio a ocorrer e quais são suas prováveis conseqüências. No *Teste Christensen-Guilford*, têm de enumerar o maior número possível de palavras que comecem por uma determinada letra, nomear objetos que pertençam a uma mesma categoria (tal como líquidos inflamáveis) e escrever sentenças de quatro palavras que comecem com as letras RDLS* — "Dias de chuva parecem tristes", "Cachorros vermelhos gostam de sopa", "Aos dramas renascentistas falta simetria" e assim por diante. Um dos testes de criatividade mais utilizados, o *Teste de Associações Remotas* (TAR) de S. A. Mednick (1962), pede que as pessoas relacionem entre si três palavras aparentemente não relacionadas. Por exemplo: as três palavras-estímulo podem ser *lerdo*, *vai* e *melado*, e uma das respostas deverá ser associá-las por meio da palavra *lento* — "Vai, lerdo, coma o sorvete logo, seu lento, senão você ficará melado". Em um teste mais recente, a *Bateria de Criatividade de Wallach e Kogan*, as pessoas formam agrupamentos associativos. Por exemplo: pede-se que crianças "enumerem todas as coisas redondas das quais se lembrarem" e que encontrem semelhanças entre objetos, como uma batata e uma cenoura.

Embora as pessoas que não tenham QI elevado possam obter um bom desempenho nos Testes de Wallach e Kogan, o Teste de Torrance parece exigir um QI ligeiramente mais alto para um desempenho adequado. Essa descoberta levanta a questão sobre qual dos exames é uma medida válida da criatividade. Em geral, os testes de criatividade atuais não apresentam alto grau de validade (Feldhusen e Goh, 1995), portanto as medições obtidas a partir deles devem ser interpretadas com cuidado.

---

* Os autores estão se referindo obviamente a sentenças em inglês. Exemplo "Rain days like sad". Ou: "Red dogs like soap" (N. do R.T.).

TESTE SUA APRENDIZAGEM

1. A capacidade de produzir idéias ou objetos novos e únicos, que vão da filosofia à pintura, da música às ratoeiras, é chamada de
   a. criatividade
   b. QI
   c. inteligência fluida
   d. inteligência contextual
2. Duas características importantes das pessoas criativas são os que elas
   a. se arriscam e gostam de solucionar problemas que elas mesmas criam para si.
   b. são vistas como menos inteligentes e mais irresponsáveis que outros.
   c. se destacam nas artes mas têm desempenho ruim nas ciências.
3. Os testes _____ são o melhor jeito de medir a criatividade.
4. Indique se as seguintes afirmações são verdadeiras (V) ou falsas (F).
   ___ a. A maioria dos testes de QI não mede criatividade.
   ___ b. Pessoas altamente inteligentes são sempre altamente criativas.
   ___ c. Provavelmente a criatividade exige que haja um nível mínimo de inteligência.
   ___ d. Testes de criatividade recentemente desenvolvidos mostram alto grau de validade.

Respostas: 1. a. 2. a. 3. abertos. 4. a. (V); b. (F); c. (V); d. (F).

Respostas para os problemas propostos ao longo do capítulo

Problema 1 Preencha cada uma das colheres menores com sal proveniente da colher maior. Serão necessárias quatro colheres de chá de sal e sobrarão exatamente quatro colheres de chá de sal na colher maior.

Problema 2 Vire a ampulheta de cinco minutos; quando seu conteúdo terminar, vire a ampulheta de nove minutos. Quando o conteúdo desta terminar, terão se passado 14 minutos.

Problema 3 Conforme mostrado na Figura 7.10, encha a colher C com sal proveniente da colher A (agora A contém cinco colheres de chá de sal e C tem três). Coloque o sal da colher C na colher B (agora A contém cinco colheres de chá de sal e B contém três). Volte a encher a colher C com sal da colher A (o que deixa A com duas colheres de chá de sal e as colheres B e C com três colheres de chá de sal cada uma). Preencha a colher B com o sal da colher C (isso faz com que reste uma colher de chá de sal na colher C, enquanto que a colher B terá cinco colheres de chá de sal e A, apenas duas). Coloque todo o sal da colher B na colher A (agora a colher A tem sete colheres de chá de sal e C contém um). Coloque todo o sal da colher C na colher B e depois preencha a colher C com o sal da colher A (isso faz com que restem quatro colheres de sal em A, uma em B e três em C). Por fim, coloque todo o sal da colher C na colher B (isso faz com que haja quatro colheres de chá de sal em A e B, que é a solução do problema).

Problema 4 Vire as duas ampulhetas. Quando o conteúdo da ampulheta de cinco minutos terminar, vire-a novamente, reiniciando-a. Quando a ampulheta de nove minutos terminar, vire a ampulheta de cinco minutos. Pelo fato de ainda haver um minuto sobrando no momento em que você virar a ampulheta de cinco minutos, ela agora vazará durante apenas quatro minutos. Esses quatro minutos, somados aos nove minutos originais da ampulheta de nove minutos, somam os 13 minutos necessários para se fazer o churrasco.

Cognição e Capacidades Mentais **253**

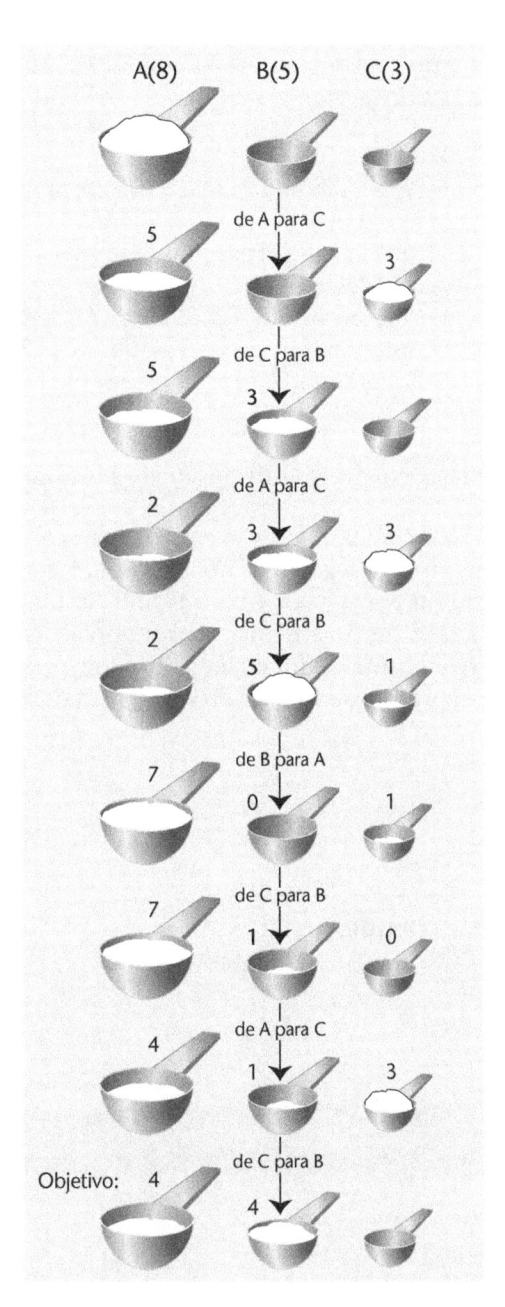

FIGURA 7.10
Resposta do problema 3.

Passo 1: Transforme um dos pedaços de corrente em três elos abertos

Passo 2: Utilize os três elos para unir os três pedaços de corrente restantes

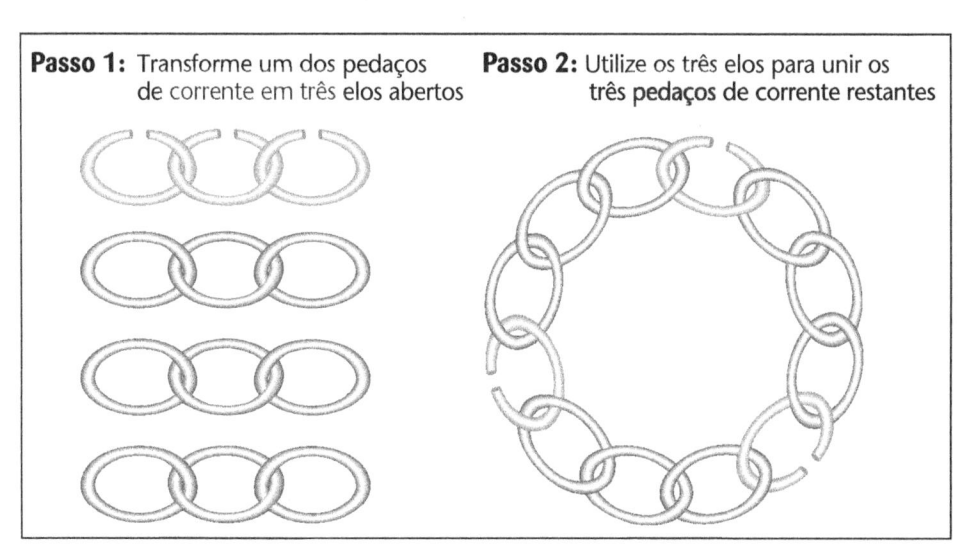

FIGURA 7.11
Resposta do problema 5.

Problema 5 Pegue um dos pedaços de corrente mostrados na Figura 7.11 e abra todos os elos (esse passo gasta seis centavos). Use esses três elos para conectar os pedaços de corrente restantes (fechar os 3 elos custa nove centavos).

Problema 6 Una os palitos de fósforo para construir uma pirâmide, conforme mostra a Figura 7.12.

Problema 7 Uma das maneiras de resolver esse problema consiste em desenhar um diagrama da aurora e do pôr-do-sol, como mostra a Figura 7.13. A partir desse desenho, você pode ver que realmente há um local pelo qual o monge passa exatamente no mesmo horário nos dois dias. Outra abordagem para o problema é imaginar que existam dois monges na montanha: um começa a subi-la às 7 horas da manhã, enquanto o outro começa a descê-la também às 7 da manhã. É óbvio que, em algum momento do dia, os dois monges deverão se encontrar ao longo do caminho.

Problema 8 Esse problema tem quatro soluções possíveis, uma das quais é mostrada na Figura 7.14.

Problema 9 Existem 15 soluções possíveis para esse problema, e esta é uma delas: primeiro, um hobbit e um orc cruzam o rio de barco; o orc fica na outra margem e o hobbit volta. Depois, três orcs cruzam o rio; dois deles ficam do outro lado (o que resulta em um total de três orcs na outra margem) e um orc volta. Agora, três hobbits e um orc voltam no barco. Novamente, os três hobbits cruzam o rio, o que faz com que cinco hobbits estejam na outra margem juntamente com apenas dois orcs. Depois, um dos orcs atravessa o rio de um lado a outro duas vezes para transportar os orcs restantes do outro lado.

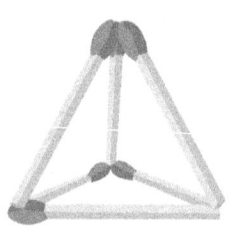

FIGURA 7.12
Resposta do problema 6.

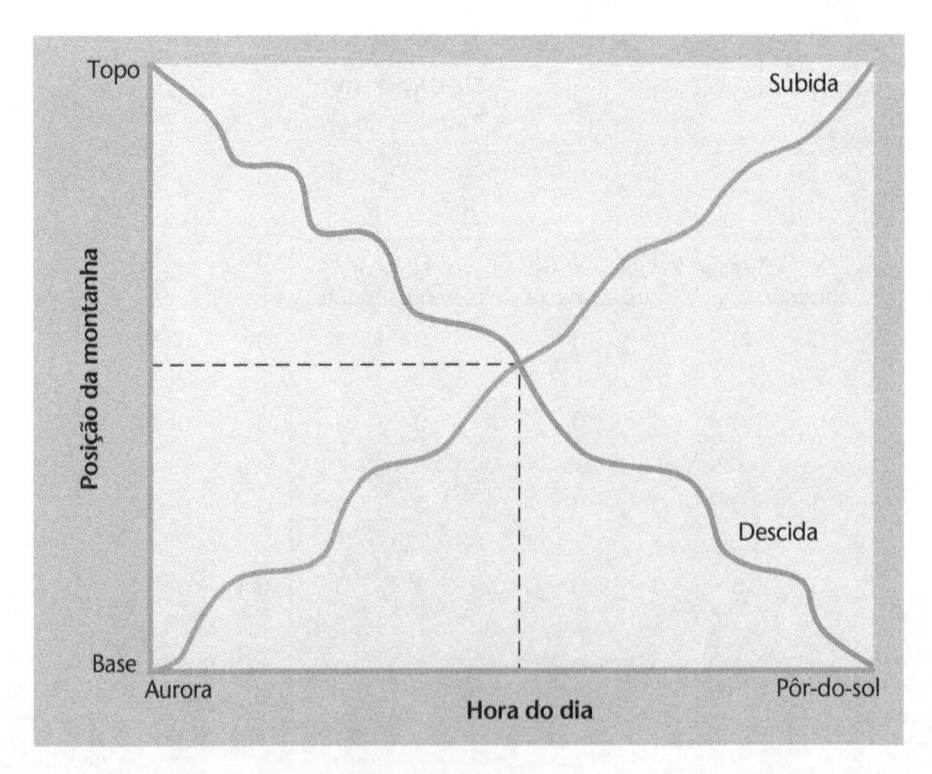

FIGURA 7.13
Resposta do problema 7.

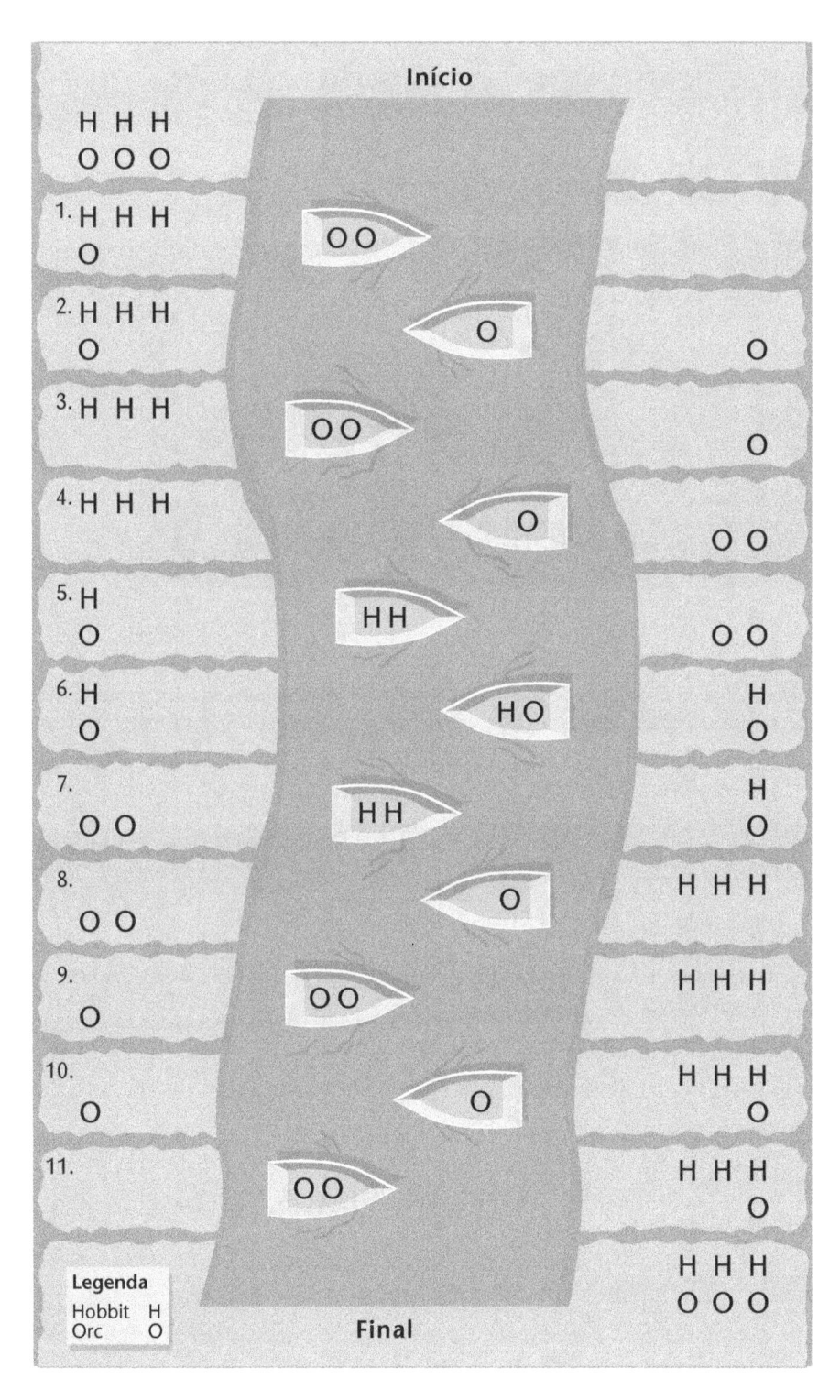

FIGURA 7.14
Resposta do problema 8.

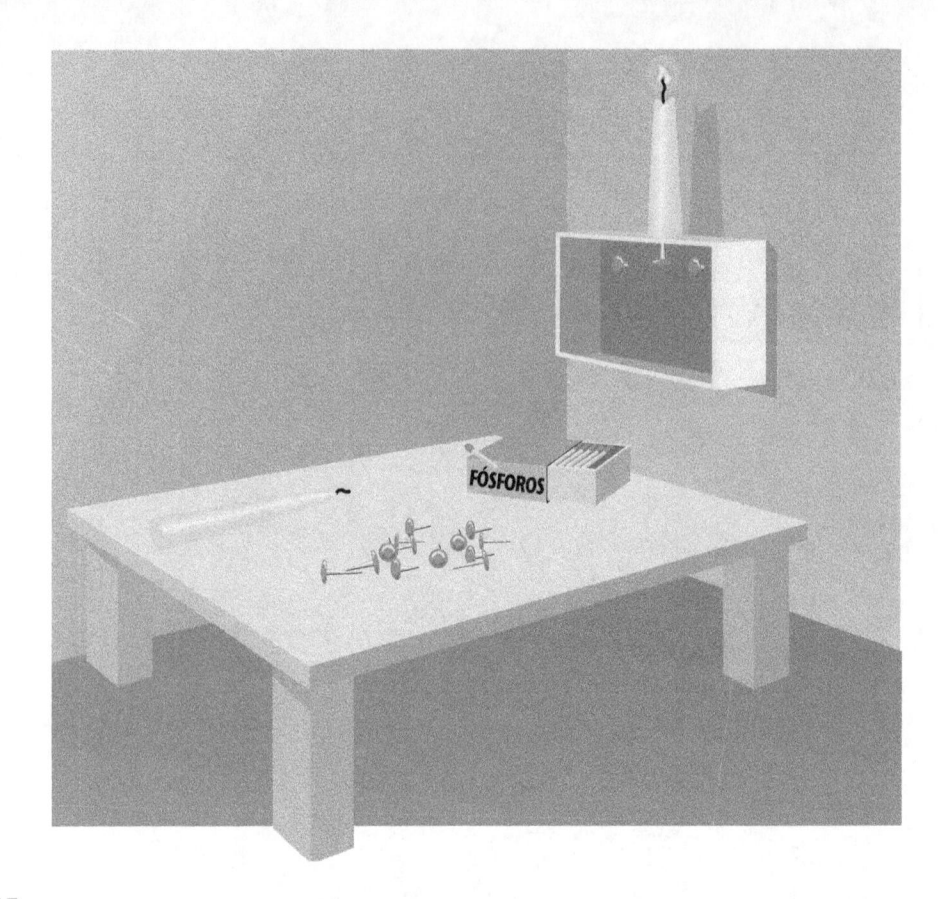

FIGURA 7.15
Resposta para a figura 7.7. Para resolver o problema proposto na Figura 7.7, muitas pessoas sentem dificuldade em perceber que a caixa de percevejos de papel também pode ser utilizada como castiçal, conforme mostra a Figura 7.15.

Respostas às questões do teste de inteligência

1. *Ociosidade* se refere ao fato de estar inativo, desocupado; a *preguiça* significa a falta de ânimo ou a relutância em trabalhar.

2. Se você olhar para o oeste, sua orelha direita estará virada para o norte.

3. *Obliterar* significa apagar ou destruir algo por completo.

4. Tanto uma hora quanto uma semana são medidas de tempo.

5. A alternativa (f) é o padrão correto.

6. 75 centavos compram nove lápis.

7. A alternativa (d) é a correta. A muleta é utilizada por alguém que tenha dificuldades de locomoção; os óculos são usados para ajudar quem tem problemas de visão.

8. A alternativa D é a correta. Essa figura tem a mesma forma e o mesmo tamanho da outra, mas tem listras diagonais que vão da parte superior esquerda à parte inferior direita.

9. As figuras 3, 4 e 5 podem ser totalmente cobertas por meio da utilização de algumas ou todas as peças fornecidas.

PALAVRAS-CHAVE

Cognição
Alicerces do pensamento
Linguagem
Fonemas
Morfemas
Gramática
Imagem
Conceitos
Protótipo
Linguagem, pensamento e cultura
Hipótese da relatividade lingüística
Solução de problemas
Representação do problema
Algoritmo
Heurística
Escalada
Subobjetivos
Análise de meios e fins
Retroação
Predisposição mental

Fixação funcional
Brainstorming
Pensamento divergente
Pensamento convergente
Tomada de decisão
Modelo compensatório
Heurística da representatividade
Disponibilidade
Viés de confirmação
Explicando nossas decisões
Enquadramento
Viés da percepção tardia
Pensamento contrafactual
Inteligência e capacidades mentais
Inteligência
Teoria triárquica da inteligência
Teoria das inteligências múltiplas
Inteligência emocional
Quociente de inteligência (QI)

Escalas de Inteligência Wechsler para Adultos — terceira edição (WAIS-III)
Escala de Inteligência Wechsler para Crianças — terceira edição (WISC-III)
Testes grupais
Testes de desempenho
Testes culturalmente justos
Precisão
Precisão das metades
Validade
Validade de conteúdo
Validade de critérios
Hereditariedade, ambiente e inteligência
Retardamento mental
Superdotação
Criatividade
Criatividade

REVISÃO DO CAPÍTULO

Alicerces do pensamento

Quais são os três alicerces mais importantes do pensamento? Os três alicerces mais importantes do pensamento são a linguagem, as imagens e os conceitos. Qualquer que seja o conteúdo de nossos pensamentos, nós invariavelmente utilizamos palavras, "imagens" sensoriais e categorias que classificam as coisas.

Por quais etapas passamos para que um pensamento se torne uma afirmação? A **linguagem** é um sistema flexível de símbolos que nos permite comunicar idéias a outras pessoas. Quando expressamos pensamentos por meio de frases, precisamos seguir as regras de nossa língua. Cada língua tem regras que definem quais são os sons (ou **fonemas**) que fazem parte dessa língua, como esses sons podem ser combinados para formar unidades de sentido (ou **morfemas**) e como essas unidades de sentido podem ser organizadas em frases e sentenças (regras da **gramática**). Quando queremos comunicar uma idéia, começamos por um pensamento, depois escolhemos sons, palavras e frases que irão expressar a idéia de uma maneira compreensível. Para compreender o que as outras pessoas falam, executa-se essa tarefa ao contrário.

Que papel as imagens desempenham no pensamento? As **imagens** são representações mentais das experiências sensoriais. As imagens visuais, em particular, podem ser uma poderosa ajuda para pensarmos na relação que existe entre as coisas. Visualizar coisas com a nossa mente pode, às vezes, ajudar a solucionar problemas.

De que maneira os conceitos nos ajudam a pensar mais eficientemente? **Conceitos** são categorias usadas na classificação de objetos, pessoas e experiências com base em seus elementos comuns. Sem a capacidade de formular conceitos, precisaríamos dar um nome diferente a cada nova coisa que encontrássemos. Os conceitos também podem nos ajudar a explicar novas experiências, uma vez que somos capazes de nos basear neles para prever como serão tais experiências.

Linguagem, pensamento e cultura

Como a linguagem, o pensamento e a cultura se influenciam mutuamente? De acordo com a **hipótese da relatividade lingüística** de Benjamin

Whorf, o pensamento é bastante influenciado pela língua que a pessoa fala. Mas os críticos afirmam que Whorf, nesse caso, exagerou. O pensamento, dizem eles, é capaz de moldar e modificar uma língua tanto quanto uma língua é capaz de moldar e modificar o pensamento.

Solução de problemas

Quais são os três aspectos gerais do processo de rsolução de problemas? Interpretar um problema, formular uma estratégia e avaliar o progresso que se obtém em direção a uma solução são os três aspectos gerais do processo de solução de problemas. À sua maneira, cada um é essencial para o êxito da tarefa.

Por que a representação dos problemas é tão importante para que se encontre uma solução efetiva? A **representação do problema** — definição ou interpretação do problema — é o primeiro passo para a solução. Devemos decidir se "enxergaremos" o problema de maneira verbal, matemática ou visual, e a qual categoria de problemas ele pertence a fim de termos pistas sobre sua solução. Representar um problema de maneira improdutiva pode bloquear completamente o progresso.

Por que um algoritmo é, em geral, muito melhor para a resolução de um problema que o processo de tentativa e erro? Selecionar uma estratégia de solução e avaliar o progresso em relação ao objetivo também são passos importantes no processo de solução de problemas. Uma estratégia de solução abrange várias abordagens: desde a simples tentativa e erro, passando pela recuperação de informações baseadas em problemas semelhantes, até um conjunto de procedimentos "passo a passo" que levam ao êxito garantido (chamado de **algoritmo**) e abordagens por aproximação conhecidas como **heurística**. Geralmente, é preferível um algoritmo ao processo de tentativa e erro, porque aquele garante uma solução e não leva tempo. Mas, pelo fato de que existem muitas coisas para as quais não existem algoritmos, a heurística é vital para que os seres humanos solucionem problemas. Algumas heurísticas úteis são a da **escalada**, a de criação de **subobjetivos**, a a**nálise de meios e fins** e a **retroação**.

Como uma "predisposição mental" pode tanto ajudar quanto atrapalhar a solução de problemas? Uma **predisposição mental** é a tendência de perceber e abordar um problema de determinada maneira. Embora essas predisposições possam capacitar-nos a aproveitar informações de situações passadas para solucionar problemas, uma predisposição muito forte pode nos impedir de utilizar novas abordagens essenciais. Uma predisposição que pode dificultar seriamente a solução de problemas é a **fixação funcional** — tendência a enxergar apenas os usos tradicionais de um objeto.

Tomada de decisão

De que maneira a tomada de decisão difere da resolução de problemas? A tomada de decisão é um tipo especial de solução de problemas, em que nós já conhecemos todas as soluções ou alternativas possíveis. A tarefa aqui não é propor novas soluções, mas identificar a melhor solução disponível com base nos critérios que estejamos empregando.

Como você faria para tomar uma decisão verdadeiramente lógica? A maneira lógica de tomar uma decisão é ordenar cada uma das alternativas disponíveis segundo os critérios que você pesou, com base no grau de importância que eles têm para você. Depois, some os resultados das ordenações feitas para cada alternativa a fim de chegar à "melhor" opção. Uma vez que as características mais importantes podem compensar outras menos atrativas, essa abordagem de tomada de decisão é chamada de **modelo compensatório**.

Como as abordagens heurísticas podem nos levar a tomar decisões ruins? Quando as pessoas utilizam a heurística ou as abordagens por aproximação como auxílio para a tomada de decisões, elas podem economizar muito tempo e esforço, mas nem sempre tomam as melhores decisões. Exemplos disso são os erros de julgamento baseados na heurística da **representatividade**, que consiste na tomada de decisões com base em informações que se assemelhem ao nosso modelo do que seja um "típico" membro de uma categoria. Outros exemplos são a exagerada confiança na heurística da **disponibilidade** (tomar decisões baseadas em qualquer informação que sejamos capazes de recuperar da memória com facilidade, embora essa informação possa não ser precisa) e o **viés de confirmação** (tendência de buscar evidências que dêem sustentação às nossas crenças e de ignorar as provas em contrário).

De que maneira explicamos a nós mesmos as decisões que tomamos? O **enquadramento**, ou criação de um contexto em que um problema é apresentado, também pode afetar o resultado de uma decisão. E, independentemente da possibilidade de uma decisão se mostrar boa ou ruim, freqüentemente empregamos o **viés da percepção**

tardia para "corrigir" nossa memória, de modo que a decisão pareça boa. O **pensamento contrafactual** consiste em reavaliar nossas decisões por meio da consideração de alternativas possíveis.

Inteligência e capacidades mentais

Que tipo de pergunta é usado para medir a inteligência? Os psicólogos que estudam a **inteligência** se perguntam o que ela implica e como pode ser medida. Eles também se perguntam sobre a relação que há entre inteligência e criatividade.

Quais são algumas das principais teorias da inteligência? As teorias de inteligência se dividem em duas categorias: as que argumentam a favor de uma "inteligência geral", que afeta todos os aspectos do funcionamento cognitivo, e aquelas que afirmam que a inteligência é composta por muitas capacidades distintas, de modo que as pessoas não precisam necessariamente se destacar em todas elas. A teoria de inteligência de Spearman é um exemplo da primeira categoria. As teorias de Thurstone e Cattell são exemplos da segunda, bem como a **teoria triárquica da inteligência** de Sternberg e a **teoria das inteligências múltiplas** de Gardner. A teoria da **inteligência emocional** de Goleman enfatiza as habilidades de relacionamento social e de consciência das emoções próprias e alheias.

Quais são os tipos de testes de inteligência utilizados atualmente? A *Escala Binet-Simon*, desenvolvida na França por Alfred Binet e Theodore Simon, foi adaptada por L. M. Terman, da Universidade de Stanford, para dar origem a um teste de avaliação do **quociente de inteligência (QI)**, a Escala de Inteligência Stanford-Binet. A **Escala de Inteligência Wechsler para Adultos** foi desenvolvida por David Wechsler especialmente para adultos. Ele também criou a **Escala de Inteligência Wechsler para Crianças**. Em contraposição a esses testes individuais de inteligência, existem também **testes grupais**, aplicados por um examinador a muitas pessoas simultaneamente. Além disso, alguns psicólogos, que criticam os testes de QI tradicionais, desenvolveram outras alternativas. Algumas delas são os **testes de desempenho** de capacidades mentais, que não fazem uso da língua, e os **testes culturalmente justos**, que minimizam o viés cultural de diversas maneiras.

Quais são as características importantes de um bom teste? A **precisão** (capacidade de produzir resultados consistentes e estáveis) e a **validade** (capacidade de medir aquilo que se propõe a medir) são as duas características importantes de um bom teste. Embora a precisão dos testes de QI seja raramente questionada, o mesmo não ocorre com sua validade. Os críticos acusam esses testes de avaliarem apenas um conjunto muito limitado de capacidades mentais — por exemplo, a compreensão verbal passiva, a capacidade de seguir instruções e a capacidade de dar respostas corretas em um período de tempo limitado. Eles ressaltam que alguns testes podem apresentar um viés injusto contra membros de alguns grupos minoritários na sociedade. As baixas notas escolares também podem ser o *resultado* — e não a causa — de baixas pontuações nos testes, a exemplo da profecia auto-realizadora. Novos testes estão sendo desenvolvidos tendo em vista essas preocupações.

Hereditariedade, ambiente e inteligência

O que determina diferenças individuais na inteligência? Por que as pesquisas com de gêmeos são úteis para o estudo da inteligência? Embora tenha havido um longo debate sobre até que ponto a hereditariedade e o ambiente contribuem para o QI, estudos que comparam os resultados de QI de gêmeos idênticos e fraternos criados na mesma família e em famílias diferentes indicam que aproxi- madamente 50 por cento das diferenças de inteligência se devem à genética, e a outra metade a diferenças de ambiente e educação.

O que os programas de intervenção precoce nos ensinam a respeito da influência do ambiente sobre o desenvolvimento intelectual? Com tamanha porcentagem de diferenças em resultados de QI atribuíveis ao ambiente e à educação, muitos psicólogos são bastante favoráveis aos programas de educação compensatória para crianças de famílias desfavorecidas. Dois desses programas são o Projeto Milwaukee e o Head Start. Embora não sejam capazes de aumentar consideravelmente as pontuações de QI no longo prazo, tais programas parecem efetivamente gerar benefícios educacionais significativos.

Será que a cultura e o gênero influenciam as capacidades mentais? Muitas pessoas acreditam que homens e mulheres diferem intrinsecamente com relação às capacidades verbais e matemáticas. Outras acreditam que pessoas de determinadas culturas têm tendência natural a se destacar em habilidades acadêmicas. Nenhuma dessas crenças se sustenta diante do escrutínio científico.

O que os psicólogos sabem a respeito dos dois extremos da inteligência humana: muito alta e muito baixa? O QI de cerca de 70 por cento do total da população varia de 85 a 115 pontos, mas cerca de 5 por cento tem QI entre 70 e 130. O **retardamento mental** e a **superdotação** são os dois extremos de inteligência. Cerca de um quarto dos casos de retardamento mental pode ser atribuído a causas biológicas, incluindo a síndrome de Down, mas as causas dos outros 75 por cento não são completamente compreendidas. Assim como também não são compreendidas as razões que levam uma pessoa a ser superdotada. Os superdotados não se destacam necessariamente em todas as capacidades mentais; às vezes, destacam-se apenas em uma área específica.

Criatividade

O que é criatividade? **Criatividade** é a capacidade de produzir idéias ou objetos novos e socialmente valiosos que vão da filosofia à pintura, da música às ratoeiras.

Como a criatividade está relacionada à inteligência? A teoria do limite afirma que é necessário um certo nível mínimo de inteligência para que haja criatividade; mas, acima desse limite, a inteligência elevada não significa, necessariamente, maior criatividade. Aparentemente, há outros fatores, além da inteligência, que contribuem para a criatividade.

A criatividade pode ser medida? Foram desenvolvidos diversos testes de criatividade. A pontuação desses testes é feita com base na originalidade das respostas e, freqüentemente, na quantidade de respostas (pensamento divergente). Entretanto, alguns psicólogos questionam a validade de tais testes.

PENSAMENTO CRÍTICO E APLICAÇÕES

1. Einstein acreditava que sua extraordinária genialidade resultava, em parte, de sua capacidade de visualizar as possibilidades de idéias abstratas. Será que qualquer pessoa poderia se tornar um gênio caso desenvolvesse as capacidades de visualização?

2. Pense por um momento na última vez que você deparou com uma decisão importante. Que abordagem você empregou para fazer sua escolha? Agora que acaba de ler este capítulo, você reagiria de maneira diferente caso deparasse com uma decisão semelhante hoje em dia?

3. Pelo fato de os testes de desempenho não se basearem em capacidades lingüísticas, são necessariamente justos em relação à cultura. Essa afirmação é correta? Por quê?

4. De que maneira as avaliações de inteligência exercem uma profunda influência em nossas vidas? Você considera que essas influências têm sido predominantemente positivas ou negativas? O que poderia ser feito para aprimorar os testes de inteligência e tornar seu impacto mais positivo?

Motivação e Emoção

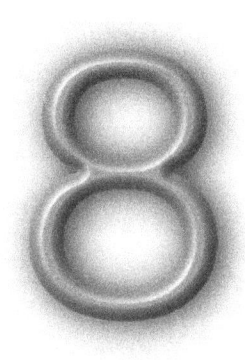

8

VISÃO GERAL

Perspectivas com relação à motivação
- Instintos
- Teoria da redução de impulsos
- Teoria da ativação
- Motivação intrínseca e extrínseca
- Uma hierarquia de motivos

Fome e sede
- Fatores biológicos e emocionais
- Fatores culturais e sociais

- Distúrbios alimentares
- Controle de peso

Sexo
- Fatores biológicos
- Fatores culturais e ambientais
- Orientação sexual

Outros motivos importantes
- Exploração e curiosidade
- Manipulação e contato
- Agressão

- Realização
- Afiliação

Emoções
- Emoções básicas
- Teorias da emoção

Comunicando emoções
- Timbre de voz e expressão facial
- Linguagem corporal, espaço pessoal e gestos
- Gênero e emoção
- Cultura e emoção

HISTÓRIAS CLÁSSICAS DE DETETIVES FREQÜENTEMENTE SÃO RELATOS DE motivação e emoção. No começo, tudo o que sabemos é que foi cometido um assassinato: depois de jantar com a família, a doce velhinha Amanda Jones desmaia e morre envenenada por estricnina. "Por que alguém faria algo assim?", todos se perguntam. A polícia faz a mesma indagação, em outras palavras: "Quem teria um motivo para matar a senhorita Jones?" Em todo bom enigma, a resposta é: "Praticamente todo mundo".

Há, por exemplo, a irmã mais nova — embora tenha 75 anos de idade, ela ainda se arrepia quando pensa no trágico dia em que Amanda roubou seu namorado. E há também o vizinho ao lado, de quem se ouviu dizer que, se o poodle da senhorita Jones esmagasse suas peônias mais uma vez, ele não se responsabilizaria pelos seus atos. Há ainda seu sobrinho esbanjador que será o herdeiro da fortuna da falecida. Por fim, a governanta tinha um segredo comprometedor que a senhorita Jones conhecia e havia ameaçado revelar. Todos os suspeitos estavam na casa na noite do assassinato, tinham acesso ao veneno (que era usado para matar ratos no porão) e alimentavam fortes sentimentos em relação a Amanda Jones. Todos tinham um motivo para matá-la.

Nessa história, a motivação e a emoção estão tão intimamente entrelaçadas que traçar as diferenças entre elas é difícil. Entretanto, os psicólogos procuram separar as duas coisas. Um **motivo** é uma necessidade ou um desejo específico que estimula o organismo e direciona seu comportamento para um objetivo. Todos os motivos são iniciados por algum tipo de estímulo: uma condição física, como baixos níveis de açúcar no sangue ou desidratação; um detalhe do ambiente, como uma propaganda de "liquidação"; ou um sentimento, como a solidão, a culpa ou a raiva. Quando um estímulo induz um comportamento direcionado a um objetivo, dizemos que ele motivou a pessoa.

A **emoção** se refere à vivência de sentimentos como o medo, a alegria, a surpresa e a raiva. Assim como os motivos, as emoções também ativam e afetam o comportamento, embora seja mais difícil prever o tipo de comportamento que uma determinada emoção provocará. Se um homem estiver com fome, podemos ter quase certeza de que ele procurará comida. Contudo, se esse mesmo homem estiver alegre ou surpreso, não é possível saber com certeza como ele agirá.

Uma coisa importante a ser lembrada a respeito dos motivos e das emoções é que eles nos levam a tomar algum tipo de atitude — desde um dramático assassinato até um simples tamborilar de dedos em um mesa quando estamos nervosos. A motivação acontece quer estejamos conscientes dela ou não. Não precisamos pensar que estamos com fome para então ir à geladeira; ou nos concentrar em nosso motivo de realização para estudar para uma prova. De maneira semelhante, não precisamos perceber conscientemente que estamos sentindo medo para então nos afastar de um cachorro que rosna, ou saber que estamos irritados para gritar com alguém. Além disso, uma mesma motivação ou emoção pode provocar comportamentos distintos em pessoas diferentes. A ambição pode motivar alguém tanto a estudar advocacia quanto a fazer parte de uma quadrilha criminosa. Sentir-se triste pode levar uma pessoa a chorar sozinha e outra, a procurar um amigo. Por outro lado, um mesmo comportamento pode se originar a partir de diferentes motivos ou emoções: você pode comprar carne de fígado porque gosta, porque é uma carne barata ou porque sabe que seu corpo necessita de ferro. Você pode ir ao cinema por estar feliz, aborrecido ou sozinho. Em suma, o funcionamento das motivações e emoções é muito complexo.

Neste capítulo, falaremos primeiramente sobre alguns motivos específicos que desempenham um papel importante no comportamento humano. Depois prestaremos atenção às emoções e às várias maneiras por meio das quais elas se expressam. Começaremos nossa discussão com alguns conceitos gerais.

Perspectivas com relação à motivação

Como podemos empregar as motivações intrínseca e extrínseca para obter êxito na faculdade?

Instintos

No início do século XX, os psicólogos geralmente atribuíam o comportamento aos **instintos** — padrões de comportamento específicos e inatos, característicos de toda uma espécie. Da mesma maneira que os instintos motivam os salmões a nadar contra a corrente para desovar e as aranhas a tecer teias, pensava-se que os instintos explicavam grande parte do comportamento humano. Em 1890, William James compilou uma lista de instintos humanos que incluía a caça, a competição, o medo, a curiosidade, a timidez, o amor, a vergonha e o ressentimento. Mas, por volta dos anos 20, a teoria dos instintos deixou de ser usada para explicar o comportamento humano em virtude de três motivos: (1) os comportamentos humanos mais importantes são aprendidos; (2) raramente o comportamento humano é rígido, inflexível, imutável e encontrado em toda a espécie, como é o caso dos instintos; e (3) atribuir todo possível comportamento humano a um instinto correspondente não explica nada (classificar como "instinto anti-social" a propensão que uma pessoa tem de ficar sozinha, por exemplo, simplesmente dá nome ao comportamento ; não aponta com precisão suas origens). Por volta de 1900, os psicólogos começaram a buscar explicações mais críveis para o comportamento humano.

Teoria da redução de impulsos

Há uma visão alternativa da motivação que afirma que as necessidades corporais (como a necessidade de comida ou de água) criam um estado de tensão ou estimulação chamado de **impulso** (como a fome ou a sede). De acordo com a **teoria da redução de impulsos**, o comportamento motivado é uma tentativa de reduzir esse desagradável estado de tensão do corpo e fazer com que ele retorne ao estado de **homeostase**, ou equilíbrio. Quando sentimos fome, procuramos comida a fim de reduzir nosso impulso de fome. Quando estamos cansados, buscamos um lugar para descansar. Quando sentimos sede, queremos algo para beber. Em cada um desses casos, a orientação do comportamento é reduzir o estado de tensão ou estimulação corporal.

De acordo com a teoria da redução de impulsos, geralmente os impulsos podem ser divididos em duas categorias. Os **impulsos primários** são inatos, encontrados em todos os animais (inclusive seres humanos) e motivam comportamentos vitais para a sobrevivência de um indivíduo ou de uma espécie. Entre os impulsos primários estão a fome, a sede e o sexo.

Contudo, nem toda motivação se origina da necessidade de reduzir ou satisfazer impulsos primários. Os seres humanos, em particular, também são motivados por **impulsos secundários**, adquiridos por meio da aprendizagem. Por exemplo: embora ninguém nasça com o impulso de adquirir uma grande fortuna, muitas pessoas são motivadas pelo dinheiro. Entre os impulsos secundários estão também o desejo de obter boas notas na escola e sucesso na carreira.

Teoria da ativação

A teoria da redução de impulsos é convincente, mas não explica todos os tipos de comportamento. Por exemplo: ela leva a subentender que, caso estivessem satisfeitas, as pessoas passariam a maior quantidade possível de tempo descansando. Buscariam comida quando sentissem fome, água quando sentissem sede e assim por diante; porém, uma vez que os impulsos ativos estivessem satisfeitos, as pessoas se aquietariam. Não teriam, literalmente, nenhuma motivação. Obviamente, isso não é verdade. As pessoas trabalham, jogam, conversam umas com as outras e fazem muitas coisas para as quais não se conhecem motivações biológicas que estejam tentando satisfazer.

Alguns psicólogos sugerem que a motivação esteja relacionada com a ativação. A ativação se refere a um estado de alerta. O nível de ativação que ocorre em um determinado momento se apresenta ao longo de um *continuum*. Numa ponta, está o estado de alerta extremo; na outra, está o sono. Às vezes, o comportamento parece ser motivado pelo desejo de reduzir o estado de ativação; em outros momentos, parece ser motivado pelo desejo de intensificar esse mesmo estado. Por exemplo: quando você está cansado, tira um cochilo. Quando está entediado, vê TV.

A **teoria da ativação** sugere que cada um de nós tem um nível ótimo de ativação que varia de uma situação para outra e ao longo do dia. De acordo com essa teoria, o comportamento é motivado pelo desejo de manter um nível ótimo de ativação durante um determinado tempo. Geralmente, após um período de estudo os estudantes desejam ter um momento de descanso e fazer algo mais estimulante. Um aluno pode estudar durante uma hora e depois conversar com um amigo. Outro pode estudar durante três horas ininterruptas e depois passear um pouco. Um "madrugador" pode pular da cama pela manhã e correr pouco mais de um quilômetro e meio antes de se arrumar para ir ao trabalho. Um notívago pode começar o dia bebendo café, lendo o jornal e lutando para se manter acordado. Cada uma dessas pessoas busca atingir seu nível ótimo de ativação em determinada hora e lugar.

Não é de surpreender que o nível de ativação de uma pessoa também influencie a maneira como ela se comporta em diferentes situações. Os psicólogos concordam com o fato de que não existe um nível de ativação "ideal" necessário para o desempenho de todas as tarefas. Pelo contrário; essa é uma questão que varia conforme o grau da estimulação e o grau de complexidade da tarefa. A **lei de Yerkes-Dodson** descreve tal situação da seguinte maneira: quanto mais complexa for uma tarefa, menor o nível de ativação que pode ser tolerado sem que haja interferência no desempenho. Assim, níveis de ativação mais altos são ótimos quando se precisa desempenhar tarefas simples, e níveis de ativação relativamente mais baixos são melhores quando se desempenham tarefas complexas (veja a Figura 8.1).

Mas é possível que a teoria da excitação não explique todas as formas de estimulação. A prática de atividades extremamente estimulantes, como a escalada de rochas, *skydiving*, *bungee jumping* e *hang gliding*, não parece estar relacionada à busca de um nível ótimo de ativação (Zuckerman, 1979). Uma pessoa pode se levantar e fazer uma caminhada quando fica entediada ou inquieta, mas se ela tiver estabelecido que irá praticar *skydiving* na próxima quinta-feira, essa ação não diminuirá o tédio que ela sente hoje. Será que praticar o *skydiving* a cada semana satisfaz, de alguma maneira, a necessidade de ativação que a pessoa tem durante a semana inteira? Zuckerman (1979, 1994) sugere que a *busca de sensações* é, em si mesma, uma motivação básica que varia muito de indivíduo para indivíduo. Pessoas que buscam sensações de maneira intensa procuram atividades de alto risco e emocionantes (o que inclui esportes perigosos e práticas arriscadas ao volante), enquanto as que buscam emoções de maneira menos intensa evitam esse tipo de atividades.

Outros teóricos observam que as coisas que ocorrem externamente ao organismo também são importantes para a motivação. Por exemplo: os aromas que vêm de uma padaria podem nos levar a comer, ainda que tenhamos acabado de fazer uma refeição satisfatória; a amostra grátis de uma revista, uma demonstração de um novo produto ou uma vitrine de loja podem fazer com que compremos algo que, do contrário, não compraríamos. Em outras palavras, os objetos do ambiente — chamados de **incentivos** — também podem motivar o comportamento (Bolles, 1972; Rescorla e Solomon, 1967). Os publicitários conhecem muito bem o fascínio que os incentivos exercem.

Não precisamos estar cientes da existência dos incentivos para que eles influenciem nosso comportamento. Uma pessoa pode comprar algo sem ter consciência de que a compra foi estimulada por um anúncio de jornal ou revista. De maneira semelhante, podemos entrar em uma padaria sem estar conscientes de que o aroma nos atraiu.

Motivação intrínseca e extrínseca

Alguns psicólogos fazem distinção entre a motivação intrínseca e a extrínseca. A **motivação intrínseca** diz respeito às recompensas que se originam da atividade em si. Nesse caso, dizemos que o comportamento é intrinsecamente recompensador. As brincadeiras são um bom exemplo. É comum que as crianças subam em árvores, façam desenhos com os dedos e brinquem com jogos apenas em troca da diversão que deriva da atividade em si. Da mesma maneira, muitos adultos solucionam palavras cruzadas, jogam golfe e participam de workshops em grande parte pelo prazer que sentem em tais atividades. A **motivação extrínseca** se refere às recompensas que não são obtidas da atividade, mas são a *conseqüência* dessa atividade. Por exemplo: uma criança realiza tarefas domésticas para ganhar sua mesada, e um adulto que odeia golfe pode até jogar uma partida com um cliente se esse ato ajudar na realização de uma venda. O fato de o comportamento ser intrínseca ou extrinsecamente motivado pode ter conseqüências importantes. Por exemplo, o National Advisory Mental Health (1995) dos EUA escreve:

> Quando as pessoas buscam atividades em razão de seu interesse intrínseco, é provável que elas fiquem e permaneçam fascinadas e absorvidas por tais atividades e se sintam felizes. Em contrapartida, quando as pessoas se concentram em recompensas externas a determinadas tarefas, elas têm um envolvimento emocional menor e sentem emoções negativas. Estudos também revelaram que uma motivação intrínseca elevada está relacionada a um desempenho escolar melhor e ao ajustamento psicológico de crianças, adolescentes e estudantes universitários (p. 843).

É curioso que a motivação intrínseca possa na verdade ser reduzida pelas recompensas. Por exemplo: se os pais oferecem à filha caçula uma recompensa por escrever aos avós, é menos provável que ela conti-

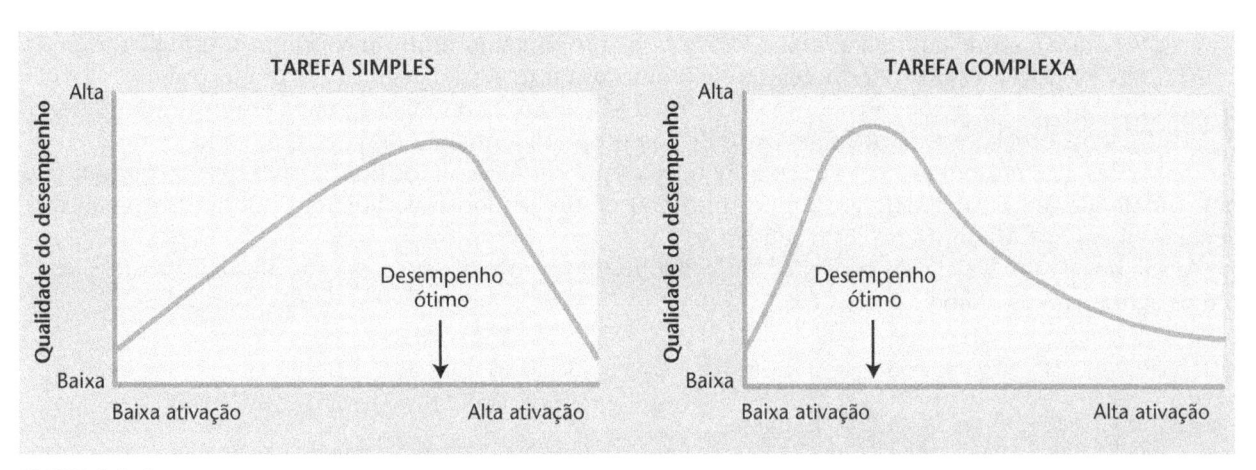

FIGURA 8.1
A lei de Yerkes-Dodson. Uma determinada quantidade de ativação é necessária para o desempenho da maioria das tarefas, mas um nível de ativação muito elevado interfere na realização de atividades complexas. Isto é, o nível de ativação que pode ser tolerado para uma tarefa simples é maior que para uma tarefa complexa.
Fonte: de acordo com Hebb, 1955.

nue lhes enviando cartas quando não houver recompensas. As pesquisas confirmam essa tendência. Entre crianças, adolescentes e adultos, quando recompensas extrínsecas são oferecidas em decorrência de um comportamento, a motivação intrínseca e o senso de responsabilidade pessoal por aquele comportamento tendem a diminuir, pelo menos durante um curto período de tempo (Deci, Koestner & Ryan, 1999). Entretanto, o feedback positivo (o que inclui fazer elogios) pode, de fato, aumentar a motivação intrínseca (Chance, 1992; Deci *et al.*, 1999).

Nem sempre fica claro se um comportamento é motivado intrínseca ou extrinsecamente. Considere uma criança que se senta espontaneamente e escreve uma carta para seus avós. Ninguém pediu que ela fizesse isso nem lhe ofereceu uma recompensa por isso; seria seu comportamento intrinsecamente motivado? Você pode até considerar que sim, mas suponha que ela diga: "Se eu lhes escrever uma carta amável, talvez eles me enviem um presente!" Agora, você pode concluir que o comportamento da criança foi motivado extrinsecamente, mas se ela tivesse se mantido quieta, você não saberia disso. Agora, suponha que a criança não diga nada a respeito de suas motivações, mas você savia que, no passado, todas as vezes que ela escreveu uma carta para os avós, estes retribuíram com um cartão e uma quantia em dinheiro. Ou suponha que os avós da criança simplesmente respondessem à carta — não enviassem dinheiro. Como você pode perceber, às vezes é difícil diferenciar a motivação intrínseca da extrínseca.

Uma hierarquia de motivos

Abraham Maslow (1954), um psicólogo humanista, organizou os motivos em uma hierarquia, dos inferiores aos superiores. Os motivos inferiores originam-se das necessidades corporais que precisam ser saciadas. À medida que subimos na hierarquia das necessidades de Maslow, os motivos passam a ter origens mais sutis: o desejo de viver da maneira mais confortável possível, de lidar com outros seres humanos da melhor maneira que pudermos e de causar a melhor impressão. Maslow acreditava que o mais elevado motivo da hierarquia era a auto-realização — o desejo que uma pessoa tem de desenvolver todo seu potencial. Essa hierarquia de motivos está representada na Figura 8.2.

De acordo com a teoria de Maslow, os motivos superiores surgem somente após a satisfação de todos os motivos mais básicos: uma pessoa que está passando fome não ficará preocupada com o que os outros possam pensar sobre suas maneiras à mesa.

O modelo de Maslow apresenta uma maneira convincente de organizar uma ampla variedade de motivos em uma estrutura coerente. Mas pesquisas recentes desafiam a universalidade das visões de Maslow. Ele criou seu modelo hierárquico a partir da observação de figuras históricas, pessoas famosas e até mesmo amigos que ele admirava imensamente. Entretanto, a maioria dessas pessoas era composta de homens brancos e membros da sociedade ocidental. Em muitas sociedades mais simples, as pessoas freqüentemente vivem no limite da sobrevivência, mas ainda assim formam laços sociais fortes e significativos e possuem um firme senso de auto-estima (Neher, 1991). De fato, a dificuldade em satisfazer necessidades básicas pode na verdade promover a satisfação de necessidades superiores: um casal com dificuldades financeiras para construir uma família pode acabar se aproximando muito mais como resultado dessa vivência. Em nossa discussão sobre o desenvolvimento durante a adolescência e sobre o começo da vida adulta (Capítulo 9, "O desenvolvimento do ciclo vital"), examinaremos algumas pesquisas que indicam que os homens precisam ter um firme senso de sua própria identidade (e, portanto, certo grau de auto-estima) antes que possam estabelecer com êxito relações íntimas com outras pessoas que satisfaçam sua necessidade de fazer parte de algo. Como resultado dessas descobertas, hoje em dia muitos psicólogos vêem o modelo de Maslow com certo ceticismo.

Acabamos de revisar alguns conceitos básicos sobre motivação. Com esses conceitos em mente, passaremos agora para os motivos específicos.

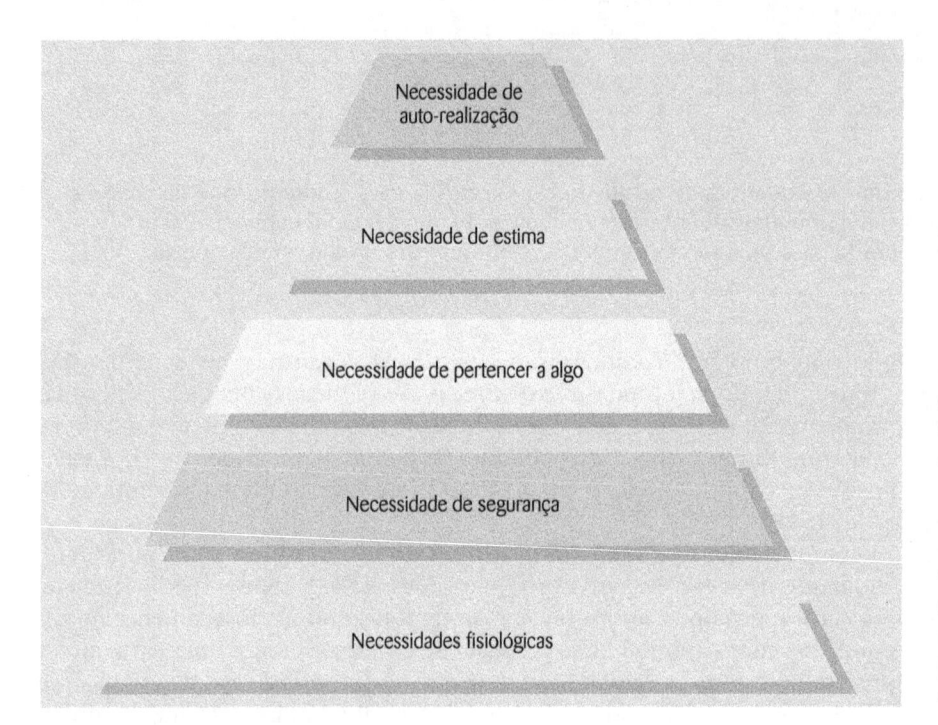

FIGURA 8.2
A pirâmide que representa a hierarquia de necessidades de Maslow. De baixo para cima, os estágios correspondem à importância que o motivo tem para a sobrevivência e o momento em que ele surge, tanto na evolução da espécie quanto na evolução do indivíduo. De acordo com Maslow, as necessidades mais básicas têm de ser amplamente saciadas antes que os motivos superiores possam surgir.
Fonte: de acordo com Maslow, 1954.

TESTE SUA APRENDIZAGEM

Relacione os termos a seguir com a definição apropriada.

___ 1. impulso
___ 2. redução de impulsos
___ 3. homeostase
___ 4. incentivo
___ 5. motivação intrínseca
___ 6. motivação extrínseca

a. estímulo externo que favorece o comportamento direcionado a um objetivo
b. estado de equilíbrio em que o organismo funciona de maneira eficaz
c. teoria que diz que o comportamento motivado tem como objetivo a redução da tensão corporal
d. tendência de realizar um comportamento a fim de receber alguma recompensa externa ou evitar uma punição
e. estado de tensão gerado por necessidades biológicas
f. motivação que surge a partir do próprio comportamento

7. Indique se as afirmações a seguir são verdadeiras (V) ou falsas (F).
___ a. Os comportamentos humanos mais significativos são aprendidos, e não inatos.
___ b. O comportamento humano é rigidamente imutável e característico de nossa espécie.
___ c. A teoria da redução de impulsos explica nossas tentativas de aumentar a ativação quando estamos entediados.

Respostas: 1. e; 2. c; 3. b; 4. a; 5. f; 6. d; 7. a. (V); b. (F); c. (F).

Fome e sede

Por que você geralmente fica com fome na hora das refeições?

Quando sente fome, você come. Se não comer, sua necessidade de comida continuará a aumentar, mas sua fome talvez não. Suponha que você decida pular uma refeição para estudar na biblioteca. Sua necessidade de comida aumentará ao longo do dia, mas sua fome se manifestará esporadicamente. É provável que você sinta fome na hora do almoço; depois, enquanto estiver na biblioteca, a tendência é de que sua fome diminua. Por volta da hora do jantar, outra vez nenhuma preocupação será maior que a de comer. O estado psicológico de fome, portanto, não coincide com a necessidade biológica de comida, embora essa necessidade geralmente desencadeie o estado psicológico.

Assim como a fome, a *sede* é estimulada tanto por fatores internos quanto externos. Com relação a fatores internos, a sede é controlada por dois reguladores que monitoram os níveis de fluidos dentro e fora das células. Quando esses níveis estão muito baixos, ambos os reguladores agem para estimular a sede. Da mesma maneira que a fome é uma resposta a fatores externos, a sede também pode ser influenciada por fatores do ambiente. Podemos sentir sede, por exemplo, ao ver na TV pessoas saboreando grandes copos de bebidas geladas em um ambiente exuberante e tropical. Os costumes sazonais e as condições climáticas também influenciam nosso hábito de saciar a sede: uma limonada bem gelada é item de primeira necessidade no verão, ao passo que o chocolate aquece as noites frias do inverno.

Fatores biológicos e emocionais

Como os fatores externos influenciam nossa vontade de comer?

Pesquisas recentes reforçaram a importância do hipotálamo como centro cerebral relacionado à fome e à alimentação. Inicialmente, pesquisadores identificaram duas regiões do hipotálamo como controladoras da nossa sensação de fome e saciedade (saciedade significa estar completamente satisfeito). Aparentemente, um desses centros atua como um centro de alimentação; em pesquisas com ratos, a estimulação desse centro fazia com que os ratos começassem a comer. Quando esse mesmo centro era destruído, os animais paravam de comer até passar fome. Outra área do hipotálamo foi considerada o centro de saciedade: quando estimulada, os animais paravam de comer; e, quando destruída, os animais comiam até ficar extremamente obesos. O hipotálamo parece ser uma espécie de "interruptor" que liga e desliga o ato de comer — pelo menos nos ratos.

Entretanto, estudos mais recentes desafiaram essa explicação simples de "liga-desliga" para o controle da alimentação, ao demonstrar que diversas outras áreas do cérebro também estão envolvidas no processo (Winn, 1995). Aparentemente, um terceiro centro do hipotálamo influencia a vontade de degustar comidas específicas. Estudos também mostraram que há regiões do córtex e da medula espinhal que desempenham um papel importante no controle da ingestão de alimentos. Além disso, sabe-se que as conexões entre os centros cerebrais que controlam a fome são consideravelmente mais complexas do que se pensava — envolvem mais de uma dúzia de neurotransmissores diferentes (Flier e Maratos-Flier, 1998; Woods, Seeley, Porte e Schwartz, 1998). Alguns neurotransmissores aumentam o apetite por comidas específicas tais como carboidratos ou gorduras, ao passo que outros diminuem o apetite por esses alimentos (Blundell e Halford, 1998; Lin, Umahara, York e Bray, 1998).

De que maneira o cérebro reconhece o momento de estimular a fome? O cérebro monitora os níveis de *glicose* (um açúcar simples utilizado pelo corpo na produção de energia), gorduras e carboidratos no sangue, bem como os níveis de insulina e outros hormônios que são liberados no sangue em resposta a esses nutrientes. As mudanças no nível dessas substâncias indicam a necessidade de alimento (Seeley e Schwartz, 1997).

O cérebro também monitora a quantidade e o tipo de alimento que você ingeriu. Os receptores localizados no estômago identificam não apenas a quantidade de comida presente no órgão, mas também a quantidade de calorias de um alimento. Os sinais provenientes desses receptores são transmitidos ao cérebro. Quando o alimento entra no intestino delgado, um hormônio é liberado na corrente sangüínea e levado até o cérebro, onde serve de fonte adicional de informação a respeito das necessidades nutricionais do corpo (Albus, 1989; Takaki, Nagai, Takaki e Yanaihara, 1990).

Mas, conforme vimos anteriormente, uma necessidade biológica de alimento nem sempre resulta em fome. A sensação de fome é produto não apenas do que ocorre dentro do corpo, mas também daquilo que ocorre fora dele. O aroma de um bolo assando no forno, por exemplo, pode desencadear o desejo de comer, quer o corpo necessite de comida ou não. Às vezes, o simples ato de olhar para o relógio e perceber que já é hora do jantar pode fazer com que sintamos fome. Uma intrigante linha de pesquisa sugere que esse tipo de fator externo dá início a processos biológicos internos que imitam aqueles associados à necessidade de se alimentar. Por exemplo: o mero fato de ver a comida, sentir seu aroma ou pensar nela gera um aumento da produção de insulina que, por sua vez, reduz os níveis de glicose nas células do sangue. Essa redução leva a uma resposta do corpo, que demonstra uma necessidade física de alimento (Rodin, 1985). Assim, o aroma que vem de um restaurante próximo pode representar mais que apenas um incentivo para comer; é capaz de realmente dar início a uma necessidade aparente de alimento.

A sensação de fome está relacionada às emoções de maneira complexa. Algumas pessoas correm para a geladeira sempre que estão deprimidas, chateadas, ansiosas ou com raiva. Outras perdem todo o interesse por comida nessas situações e reclamam que estão "ansiosas demais para comer". Um aluno que esteja estudando para uma prova importante gasta para comer o mesmo tempo que gasta para estudar; outro aluno que esteja estudando para a mesma prova pode viver só de café até que passe a época de exames. Sob condições de ativação emocional, aquilo que uma pessoa deseja comer pode revirar o estômago de outra.

Fatores culturais e sociais

Como sua cultura na qual você é criado influencia sua vontade de comer?

A maneira por meio da qual você reage quando sente fome varia de acordo com suas experiências com o alimento, que são, em sua maioria, determinadas pela aprendizagem e pelo condicionamento social. A maioria dos norte-americanos faz três refeições por dia com intervalos regulares. Uma típica família norte-americana toma o café da manhã às sete horas, almoça por volta do meio-dia e janta perto das 18 horas. Mas na Europa, as pessoas geralmente jantam mais tarde. Os italianos, por exemplo, raramente jantam antes das 21 horas. Diversos estudos realizados tanto com animais quanto com seres humanos mostraram que comer regularmente em determinados horários ao longo do dia faz com que, nesses horários, sejam liberados hormônios e neurotransmissores que provocam a fome (veja Woods, Schwartz, Baskin e Seeley, 2000). Em outras palavras, sentimos fome ao meio-dia em parte porque o corpo "aprende" que, se é meio-dia, é hora de comer.

As situações sociais também influenciam nossa motivação de comer. Digamos que você esteja em um importante almoço de negócios no qual precisa impressionar um cliente em potencial. É provável que você não sinta muita fome, ainda que essa refeição ocorra cerca de uma hora após seu horário de almoço normal. Por outro lado, as situações sociais podem fazer com que você coma mesmo que não esteja com fome. Imagine que, em um dia em que você tenha dormido tarde e tomado um magnífico café da manhã, você também faça uma visita a alguns amigos. Quando chega, descobre que em breve será servida uma maravilhosa refeição. Embora você não sinta fome, é provável que resolva comer como ato de mera cortesia.

A cultura influencia o que escolhemos comer e em que quantidade. Embora a maioria dos norte-americanos não coma carne de cavalo, ela é muito apreciada em vários países europeus. Por outro lado, muitos norte-americanos comem carne de porco, prática que contraria ao mesmo tempo as leis judaicas e islâmicas de dieta alimentar (Scupin, 1995). Assim, embora a fome seja basicamente um impulso biológico, não é simplesmente um estado interno ao qual saciamos quando nosso corpo nos incita a fazê-lo. Ela é resultado de uma complexa interação de forças tanto do ambiente quanto biológicas.

Distúrbios

Que conceito os portadres de anorexia nervosa têm de seus corpos?

"Quando me disseram que eu parecia alguém vindo de Auschwitz (o campo de concentração nazista), eu considerei o maior elogio que alguém poderia me fazer." Essa é a confissão de uma mulher jovem que, durante a adolescência, teve um grave distúrbio alimentar conhecido como **anorexia nervosa**. Ela tinha 18 anos, 1,60 metros e pesava cerca de 30 quilos. Essa jovem teve sorte: conseguiu superar o distúrbio e desde então vem mantendo um peso normal para seu corpo. Outras pessoas foram menos afortunadas. Em 1983, a cantora Karen Carpenter morreu em razão de uma parada cardíaca após uma longa batalha contra a anorexia. Mais recentemente, a ginasta de nível internacional Christy Henrich sucumbiu à doença — quando faleceu, pesava pouco mais de 27 quilos. (Pace, 1994).

Portadores de anorexia nervosa acham que sempre estão acima do peso e se esforçam para emagrecer, geralmente por meio de severas limitações na ingestão de comida. Mesmo depois que se tornam muito magros, constantemente se preocupam com o ganho de peso. Os quatro sintomas a seguir caracterizam a anorexia nervosa (APA, 1994):

1. Medo intenso de engordar, que não diminui à medida que a pessoa perde peso.
2. Sentir-se incomodado com a imagem física (por exemplo: reclamar de se "sentir gordo" mesmo quando se está extremamente magro).
3. Recusar-se a manter um peso corporal igual ou acima ao mínimo considerado normal para sua idade e altura.
4. Nas mulheres, a ausência de pelo menos três ciclos menstruais consecutivos.

Aproximadamente um por cento de todos os adolescentes têm anorexia nervosa; destes, cerca de 90 por cento são mulheres brancas de classe média ou alta (Brumberg, 1988; E. H. Gilbert e DeBlassie, 1984; Romeo, 1984). Antes do desenvolvimento recente de métodos de tratamentos mais bem-sucedidos, talvez cerca de seis por cento dos anoréxicos morriam em virtude da doença (Agras e Kraemer, 1983). Geralmente, as pessoas que têm anorexia vivem uma infância e uma adolescência normais. Em geral, são alunos bem-sucedidos e crianças bem comportadas e cooperadoras. Têm um intenso interesse por comida, mas não gostam de comer. Também possuem uma visão bastante distorcida de seus próprios corpos.

Freqüentemente, a anorexia manifesta-se com outro distúrbio alimentar, chamado **bulimia** (Fairburn e Wilson, 1993; Yanovski, 1993). Os critérios a seguir são usados no diagnóstico da bulimia (APA, 1994):

1. Episódios recorrentes de ingestão compulsiva de comida (consumo rápido de uma grande quantidade de comida, geralmente em menos de duas horas).
2. Comportamentos inadequados recorrentes, tais como o vômito auto-induzido, a fim de tentar evitar um novo ganho de peso.
3. A ingestão compulsiva de comida e os comportamentos compensatórios devem ocorrer ao menos duas vezes por semana ao longo de três meses.
4. A forma do corpo e o peso influenciam excessivamente a auto-imagem da pessoa.
5. Os comportamentos citados acima ocorrem pelo menos algumas vezes na ausência da anorexia.

Cerca de quatro a oito por cento de todas as mulheres adolescentes e dois por cento dos homens adolescentes têm bulimia (Gwirtsman, 1984; Heatherton e Baumeister, 1991; D. W. Johnson, Johnson e Maruyama, 1984).

Esse distúrbio alimentar geralmente inicia-se aos 18 anos, quando os adolescentes enfrentam o desafio de novas situações em suas vidas. Não é de espantar que o fato de morar em um campus universitário esteja associado a incidências mais elevadas de bulimia (Squire, 1983). O grupo socioeconômico que corre mais risco de ter bulimia — as mulheres de classe ou classe média — tem grande representação em um campus universitário. Além disso, os *campi* promovem competição social e acadêmica. Algumas evidências sugerem que a bulimia é mais freqüente nos *campi* em que o namoro tem muita importância que em outros nos quais namorar não é tão importante (Rodin, Striegel-Moore e Silberstein, 1985).

Embora a anorexia e a bulimia aparentemente ocorram mais entre mulheres que entre homens, há muito mais homens com esses distúrbios do que se imaginava. Por exemplo: em uma pesquisa feita em 1992 com pessoas que haviam se graduado na Universidade de Harvard em 1982, os casos relatados de distúrbios da alimentação caíram pela metade entre as mulheres ao longo desses dez anos, mas dobraram entre os homens (Seligman, Rogers e Annin, 1994).

Pelo fato de os estudos sobre distúrbios alimentares terem se concentrado quase que inteiramente em mulheres, sabemos muito pouco a respeito do que poderia predispor um homem adolescente a desenvolver tais distúrbios. Em meio às adolescentes, diversos fatores parecem prováveis (Brooks-Gunn, 1993). A mídia promove a idéia de que a mulher precisa ser magra para ser atraente (Crandall, 1994). Quantas vezes você já viu capas de revistas de moda que mostram mulheres proporcionais (cujo peso é normal para sua altura)? Talvez, em virtude dessa ênfase no peso, as mulheres norte-americanas são propensas a superestimar o tamanho de seus corpos (Bruch, 1980; Fallon e Rozin, 1985). Um estudo descobriu que mais de 95 por cento dos participantes do sexo feminino achavam que estavam cerca de 25 por cento mais largas do que realmente estavam na cintura, nas coxas e no quadril (Thompson e Thompson, 1986).

A incidência de um fenômeno relacionado, chamado dismorfia muscular, parece estar aumentando entre os homens jovens (Pope, 2000). Esse distúrbios resulta de uma preocupação excessiva com o tamanho dos próprios músculos. Homens com dismorfia muscular, muitos dos quais são bastante musculosos, sofrem por se considerar franzinos e, por isso, passam uma enorme quantidade de tempo reclamando do quanto comem e fazendo exercícios para aumentar sua massa muscular.

Fatores psicológicos também contribuem para o risco de ocorrência de distúrbios alimentares (Walters e Kendler, 1995). Uma pessoa que tenha um distúrbio obsessivo-compulsivo (veja o Capítulo 12, "Distúrbios psicológicos"), que se sinta ineficiente e que dependa dos outros tem um perfil semelhante ao de um adolescente distúrbio alimentar (Phelps e Bajorek, 1991). Em geral, as mulheres bulímicas apresentam baixa auto-estima, são hipersensíveis a interações sociais (Steiger, Gauvin, Jabalpurwala, Seguin e Stotland, 1999) e já passaram por algum tipo de depressão clínica antes de desenvolver tal o distúrbio (Klingenspor, 1994). Aparentemente, os sentimentos de vulnerabilidade e desamparo predispõem as pessoas a adotar maneiras inadequadas de controlar o mundo ao seu redor.

COMPREENDENDO A NÓS MESMOS

Aumento de peso: um inimigo lento, porém persistente

Um dos atuais critérios de fome e regulação de peso sugere que um programa de controle de peso deve ser realizado no longo prazo e apoiar-se na tendência normal que o corpo tem de manter o peso — e não ir contra ela. Um programa como esse deve ser empreendido apenas após uma consulta a um médico. Com base em estudos realizados a respeito da fome e da relação entre o ato de comer e o peso corporal, apresentamos a seguinte fórmula para o controle de peso:

1. Primeiramente, consulte seu médico. As pessoas desejam soluções rápidas e, por conta disso, começam a fazer dietas ou exercícios a qualquer custo, às vezes com conseqüências terríveis. Certifique-se de que seu programa de perda de peso é seguro.

3. Aumente o metabolismo de seu corpo por meio de exercícios regulares. O estimulador mais eficaz do metabolismo é a realização de atividades moderadas durante cerca de 20 a 30 minutos, diversas vezes por semana. Embora sejam queimadas apenas cerca de 200 a 300 calorias durante cada sessão (Craighead, 1990), o exercício aumenta a taxa metabólica latente, o que significa que você queima mais calorias quando não está se exercitando. Assim, a prática de atividades físicas é parte importante de um programa de redução de peso (Wadden et al., 1997).

3. Modifique sua dieta alimentar. Uma redução moderada das calorias é benéfica, e a redução no consumo de gorduras (especialmente as gorduras saturadas) e açúcares é ainda mais importante. Os açúcares desencadeiam o aumento do nível de insulina no corpo, e altos níveis de gordura e de insulina no sangue estimulam a fome.

4. Reduza ao máximo os fatores externos que o encorajam a ingerir alimentos indesejáveis. O mero fato de ver uma comida ou de sentir seu aroma é capaz de aumentar a quantidade de insulina no corpo, o que gera a fome. Se possível, não leve para casa alimentos ricos em calorias ou gorduras. Muitas pessoas acreditam que, se forem ao supermercado com o estômago cheio, ficarão menos tentadas a comprar alimentos ricos em calorias e gorduras.

5. Estabeleça objetivos realistas. Equilibre esforços tanto na prevenção do ganho quanto na perda de peso. Se você precisa emagrecer, tente reduzir apenas meio quilo por semana durante dois ou três meses, e depois se concentre em manter esse novo peso por diversos meses antes de recomeçar a emagrecer.

6. Dê recompensas a si mesmo — sempre de maneiras que não se relacionem à comida — por pequenos progressos. Empregue algumas das técnicas de alteração de comportamento descritas no Capítulo 5: recompense a si mesmo não apenas a cada quilo de peso perdido, mas também a cada dia ou semana em que você mantiver essa perda. E lembre-se de que a única maneira de manter o peso é a manutenção de uma dieta razoável e de um plano de exercícios (McGuire, Wing, Klem, Lang & Hill, 1999).

Os distúrbios alimentares são sabidamente difíceis de tratar, e há divergências quanto a qual terapia seria mais eficaz (Garfinkel e Garner, 1982). Na verdade, alguns psicólogos não acreditam que um dia sejamos capazes de eliminar os distúrbios alimentares em meio a uma cultura bombardeada pela mensagem de que "ser magro está na moda". Lamentavelmente, em muitos países em desenvolvimento, como Taiwan, Cingapura e China, nos quais as dietas estão em voga, os distúrbios alimentares, antes pouco comuns, estão se tornando um problema sério (Hsu, 1996).

Controle de peso

Por que as dietas de emagrecimento rápido geralmente falham no longo prazo?

O estudo da fome e da alimentação levou a algumas descobertas interessantes sobre o problema do controle do peso. Sabemos, por exemplo, que o corpo interpreta o emagrecimento como uma ameaça à sobrevivência e age para evitar uma perda maior de peso. Assim, se você fizer uma dieta, poderá perder alguns quilos, mas em seguida seu corpo diminuirá sua taxa metabólica e reduzirá a quantidade de energia que gasta, o que tornará mais difícil a perda adicional de peso (Liebel, Rosenbaum e Hirsch, 1995). Para saber o que fazer para controlar o peso de maneira bem-sucedida, veja a Seção "Compreendendo a nós mesmos".

Sexo

De que maneira o impulso sexual se diferencia de outros impulsos primários?

O sexo é o impulso primário que motiva o comportamento reprodutivo. Assim como outros impulsos primários, pode ser "ligado" e "desligado" por condições biológicas do corpo e por fatores ambientais. A resposta sexual humana também é influenciada pela vivência social e sexual, pela alimentação, pelas emoções — especialmente os sentimentos em relação ao parceiro — e pela idade. De fato, o simples fato de pensar em sexo ou ter fantasias sexuais pode levar os seres humanos à excitação sexual (Laan, Everaerd, Van Berlo e Rijs, 1995; Leitenberg e Henning, 1995). O sexo difere de outros impulsos primários em um ponto importante: a fome e a sede são vitais para a sobrevivência do indivíduo, mas o sexo é vital apenas para a sobrevivência da espécie. O impulso sexual, assim como a fome, resulta tanto de fatores tanto biológicos quanto ambientais.

Fatores biológicos

Em que medida compreendemos a biologia do impulso sexual?

A biologia obviamente desempenha um papel central na motivação sexual. Já se acreditou que os níveis de hormônios, como a *testosterona* — o hormônio sexual masculino —, *determinavam* o impulso sexual. Hoje os cientistas reconhecem que as influências hormonais na estimulação sexual humana são consideravelmente mais complexas. Conforme vimos em capítulos anteriores, a testosterona é importante no iní-

---

TESTE SUA APRENDIZAGEM

1. O nível de _____ no sangue indica a fome.
2. A fome pode ser estimulada tanto por fatores _____ quanto _____.

Relacione os termos a seguir com a definição apropriada.

____ 3. hipotálamo
____ 4. anorexia nervosa
____ 5. bulimia

a. episódios recorrentes de ingestão compulsiva de comida, seguidos de vômito, ingestão de laxantes ou prática excessiva de exercícios
b. contém tanto um centro de fome quanto um centro de saciedade
c. medo intenso de se tornar obeso, incômodo com a imagem do corpo e limitação da ingestão de comida, o que resulta em um peso muito abaixo do mínimo considerado normal

Respostas: 1. glicose, 2. internos, externos, 3. b. 4. c. 5. a.

cio do desenvolvimento sexual (no começo da puberdade, por exemplo), na diferenciação entre o órgão sexual masculino e o feminino e, até certo ponto, no estabelecimento de padrões característicos do comportamento sexual adulto (Kalat, 1988). Mas variações momentâneas nos níveis de testosterona não estão necessariamente relacionadas ao desejo sexual. Na verdade, homens adultos que tenham sido castrados (o que resulta em uma diminuição significativa nos níveis de testosterona) em geral relatam um pequeno decréscimo no impulso sexual (Persky, 1983). Ao contrário de outros animais, cuja atividade sexual é amplamente controlada por hormônios e está relacionada ao ciclo reprodutivo da fêmea, os seres humanos são capazes de se excitar sexualmente em qualquer momento.

Muitos animais secretam substâncias chamadas *feromônios*, que promovem a prontidão sexual em parceiros potenciais (veja o Capítulo 3, "Sensação e percepção"). Algumas evidências indiretas sugerem que os seres humanos também secretam feromônios, nas glândulas sudoríparas das axilas e nos genitais, e que isso influencia sua atração sexual (Michael, Bonsall e Warner, 1974; Wedeking, Seebeck, Bettens e Paepke, 1995). O cérebro também exerce uma poderosa influência sobre o impulso sexual. Em particular, o sistema límbico, localizado na parte central do cérebro, está relacionado com a excitação sexual (veja o Capítulo 2, "A natureza biológica do comportamento") (Heath, 1972; Hyden, 1982).

A biologia do comportamento sexual é mais bem compreendida que a do próprio impulso sexual. Há muito tempo, os pesquisadores do sexo William Masters e Virginia Johnson identificaram a existência de um *ciclo de resposta sexual* que consiste em quatro fases: *excitação*, *platô*, *orgasmo* e *resolução* (Masters e Johnson, 1966). Na *fase de excitação*, os genitais ficam abarrotados de sangue. No homem, isso provoca a ereção do pênis; na mulher, gera o enrijecimento do clitóris e dos mamilos. Esse abarrotamento dos órgãos sexuais continua na *fase de platô*, em que a tensão sexual se estabiliza. Durante essa fase, a respiração se torna mais rápida e aumentam as secreções genitais e a tensão muscular. Durante o *orgasmo*, o homem ejacula e o útero da mulher se contrai ritmicamente; tanto o homem quanto a mulher sentem uma certa perda de controle muscular. A *fase de resolução* é caracterizada pelo relaxamento, em que a tensão muscular diminui e os genitais abarrotados de sangue voltam ao normal. Os batimentos cardíacos, a respiração e a pressão sangüínea também retornam a níveis normais. A Figura 8.3 mostra o padrão das reações sexuais de homens e mulheres.

Fatores culturais e ambientais

Como a cultura influencia o comportamento sexual?

Embora os hormônios e o sistema nervoso sejam componentes do impulso sexual, a motivação sexual humana, especialmente nos primeiros estágios da excitação e da estimulação, depende muito mais das experiências e da aprendizagem que da biologia.

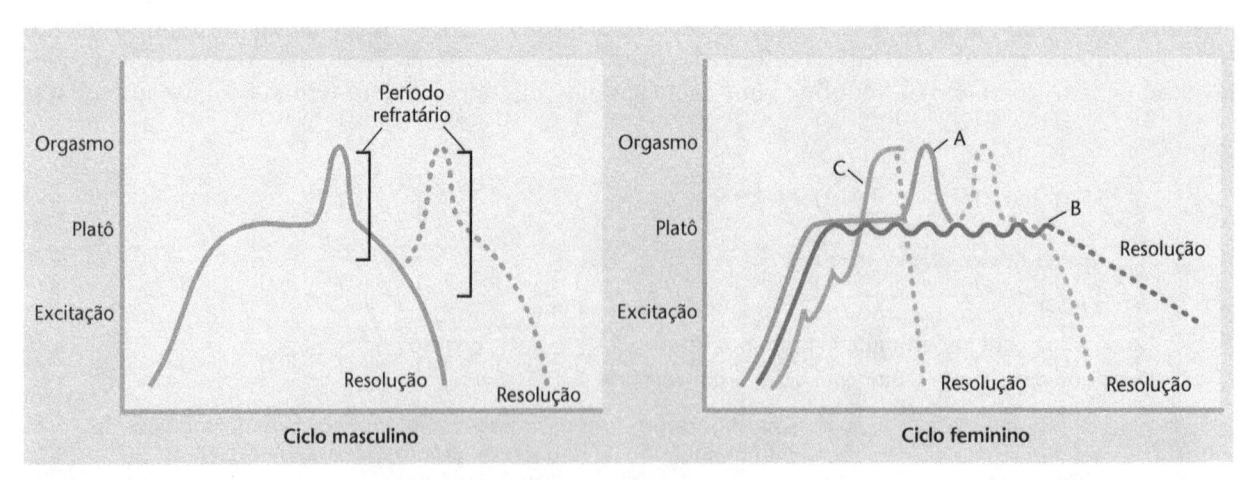

Figura 8.3
O ciclo da resposta sexual em homens e mulheres. Conforme mostra a ilustração, os homens geralmente passam por um ciclo de resposta completo e assim são capazes de ficar excitados novamente após um período refratário. As mulheres apresentam três padrões característicos: um que é semelhante ao ciclo masculino (A); outro que inclui uma fase de platô prolongada e sem orgasmo (B); e um ciclo rápido que inclui variações no aumento e na diminuição da excitação (C).
Fonte: adaptado da obra de Masters e Johnson, 1966. Reprodução autorizada por The Masters and Johnson Institute.

Que tipo de estímulo ativa o impulso sexual? Não precisa ser nada tão imediato quanto um parceiro. Avistar uma pessoa a quem se ama, o aroma de perfume ou de loção pós-barba — tudo isso pode estimular a excitação. Luzes baixas e música freqüentemente também têm efeito afrodisíaco. Uma pessoa pode não sentir nada diante de um filme pornográfico explícito e se excitar ao ver uma história de amor romântica, ao passo que outra pode reagir de maneira exatamente oposta. A concepção do que é moral, apropriado e agradável também influencia nosso comportamento sexual.

Da mesma maneira que a sociedade dita padrões de conduta sexual, a cultura orienta a visão que temos de atratividade. A cultura e a vivência podem influenciar até que ponto consideramos estimulantes determinadas peças de roupa ou formas corporais. Em algumas culturas, a maioria dos homens prefere mulheres com seios bastante fartos, porém em outras, os homens preferem seios pequenos e delicados. Em algumas culturas africanas, lóbulos auriculares alongados são considerados muito atraentes. Em nossa própria cultura, o que consideramos atraente em geral depende dos estilos que vigoram em cada época.

Por sermos seres cujas raízes estão fincadas em culturas e sociedades individualistas, nossos impulsos biológicos primários, entre eles o sexo, são fortemente orientados por fatores do ambiente. Com base nesses mesmos fatores, as disfunções sexuais — inclusive o impulso sexual reduzido ou inexistente — podem estar relacionadas a fatores tanto biológicos quanto psicológicos. Examinaremos em detalhes as disfunções sexuais no Capítulo 12, "Distúrbios psicológicos".

Orientação sexual

Quais são os argumentos favoráveis e contrários a uma explicação biológica da homossexualidade?

O termo *orientação sexual* se refere à direção do interesse sexual de um indivíduo. Pessoas de *orientação heterossexual* são sexualmente atraídas por membros do sexo oposto; pessoas de *orientação homossexual* são sexualmente atraídas por membros do mesmo sexo; e os *bissexuais* são atraídos por membros de ambos os sexos. Estudos recentes indicam que cerca de 2,8 por cento dos homens e 1,4 por cento das mulheres têm orientação homossexual (Laumann, Gagnon, Michaels e Michaells, 1994; Sell, Wels e Wypij, 1995).

A razão pela qual as pessoas apresentam diferentes orientações sexuais foi discutida durante décadas sob a forma do clássico debate que contrapõe a natureza à educação. As pessoas que argumentam a favor da natureza afirmam que a orientação sexual baseia-se na biologia e é primordialmente influenciada pela genética. Elas destacam que os homens e as mulheres homossexuais geralmente sabem que são "diferentes" antes da puberdade e com freqüência permanecem "reprimidos" com relação à sua orientação sexual por medo de ser discriminados. Provas oriundas de estudos realizados com famílias e gêmeos mostram uma incidência maior de homossexualidade em famílias que têm outros homens gays e uma taxa maior de homossexualidade entre homens que têm um irmão gêmeo homossexual, mesmo quando os gêmeos são criados separadamente (LeVay e Hamer, 1994). Essa posição favorável à natureza se apóia também em alguns estudos que sugerem a existência de diferenças entre cérebros de homens homo e heterossexuais (Allen e Gorski, 1992; LeVay, 1991; Swaab e Hoffman, 1995).

É curioso observar que, entre os outros animais, a atividade homossexual parece ocorrer com alguma regularidade. Por exemplo: entre os chimpanzés pigmeus, cerca de 50 por cento de toda a atividade sexual é realizada entre membros do mesmo sexo. Também é comum que os machos das girafas entrelacem seus pescoços até que ambos fiquem sexualmente estimulados. E em algumas espécies de aves, como os gansos selvagens, as uniões homossexuais duram até 15 anos (Bagemihl, 2000).

As pessoas que acreditam na influência da educação, por sua vez, argumentam que a orientação sexual é primordialmente um comportamento aprendido, influenciado pelas primeiras vivências e que se dá sob controle voluntário na ampla maioria dos casos. Elas criticam as pesquisas científicas que apóiam a posição favorável à biologia por considerar sua metodologia imperfeita — uma vez que às vezes confundem as causas da homossexualidade com seus resultados (Byne, 1994). Afirmam, também, que as primeiras experiências de socialização determinam a orientação sexual. Além do mais, sua posição encontra apoio em estudos transculturais que mostram que a freqüência das orientações sexuais difere de cultura para cultura.

Atualmente, nem a teoria biológica nem a da socialização fornecem explicações totalmente satisfatórias para a origem da orientação sexual. A exemplo do que ocorre com outros comportamentos complexos, uma explicação mais provável incluiria uma combinação dessas duas posições (Kelley e Dawnson, 1994).

TESTE SUA APRENDIZAGEM

1. _____ é o impulso primário necessário para a sobrevivência das espécies.
2. A cultura desempenha um papel naquilo que é considerado sexualmente atraente. Essa afirmação é verdadeira (V) ou falsa (F)?
3. Os quatro estágios do ciclo da resposta sexual são ___, ___, ___ e ___.
4. A homossexualidade tem sido observada em outras espécies além dos seres humanos. Essa afirmação é verdadeira (V) ou falsa (F)?

Relacione os termos a seguir com a definição apropriada.

_____ 5. orientação heterossexual   a. centro cerebral relacionado à excitação sexual
_____ 6. feromónios   b. atração sexual por membros do mesmo sexo
_____ 7. orientação homossexual   c. a direção do interesse sexual de um indivíduo
_____ 8. sistema límbico   d. atração sexual por membros do sexo oposto
_____ 9. orientação sexual   e. odores que podem gerar atração sexual

Respostas: 1. sexo. 2. (V). 3. excitação, platô, orgasmo e resolução. 4. (V). 5. d. 6. e. 7. b. 8. a. 9. c.

Outros motivos importantes

De que maneira os motivos de estímulo e sociais diferem dos impulsos primários?

Até agora, passamos dos motivos que dependem de necessidades biológicas (fome e sede) a um motivo muito mais sensível aos fatores externos — o sexo. Agora, falaremos de motivos ainda mais sensíveis a indícios externos, os **motivos de estímulo**, estão a exploração, a curiosidade, a manipulação e o contato. Eles nos levam a investigar e, freqüentemente, a mudar o ambiente à nossa volta.

Exploração e curiosidade

Que motivos levam as pessoas a explorar e a mudar o ambiente à sua volta?

Para onde vai aquela estrada? O que tem dentro daquela lojinha pequena e escura? Como funciona uma televisão? As respostas a essas perguntas não atendem a interesses óbvios: você não espera que a estrada o leve a nenhum lugar a que você deseje chegar ou que na loja tenha algo que você realmente queira comprar. Do mesmo modo, você também não está nem um pouco interessado em montar um serviço de consertos de TV. Você só quer saber. A exploração e a curiosidade são motivos estimulados por tudo aquilo que é novo e desconhecido, e estão direcionados a um objetivo não mais específico do que a simples descoberta. Tais motivos não são exclusivamente humanos. O cão da família correrá ao redor da casa nova, farejando e verificando tudo, antes de sossegar para comer seu jantar. Até mesmo os ratos, quando têm escolha, optam por investigar um labirinto desconhecido em vez de percorrer outro que já conhecem. Mas, embora a curiosidade não seja unicamente humana, talvez ela seja particularmente característica dos seres humanos.

Os psicólogos discordam quanto à natureza e às causas da curiosidade (Loewenstein, 1994). William James a via como uma emoção; Freud a considerava uma expressão socialmente aceitável do impulso sexual. Outros a viam como uma reação ao que é inesperado e como prova da necessidade humana de encontrar um sentido para a vida. Devemos admitir que a curiosidade é um componente essencial da inteligência, embora os estudos que tentem estabelecer uma correlação positiva entre as duas coisas têm sido inconcludentes. Entretanto, a curiosidade tem sido relacionada à criatividade (Loewenstein, 1994).

A curiosidade também pode variar conforme a familiaridade que temos com acontecimentos e circunstâncias. À medida que investigamos e aprendemos continuamente a partir do ambiente que nos cerca, construímos limites para o que é novo e complexo e, em contrapartida, nossas investigações e nossa curiosidade se tornam muito mais ambiciosas. Uma lacuna na compreensão que temos das coisas é capaz de estimular nossa curiosidade. Mas, à medida que essa curiosidade é satisfeita e o que nos é não-familiar se torna familiar, tendemos a ficar entediados. Esse resultado, por sua vez, instiga-nos a explorar ainda mais o ambiente à nossa volta (Loewenstein, 1994).

Manipulação e contato

A necessidade humana por contato é universal?

Por que os museus têm, por todos os lados, plaquinhas nas quais se lê "Não toque"? Porque os funcionários do museu sabem na prática que o desejo pelo toque é quase irresistível. Ao contrário da curiosidade e da exploração, a manipulação se concentra em um objeto específico que precisa ser tocado, manipulado, utilizado e sentido até que estejamos satisfeitos. A manipulação é um motivo restrito aos primatas, que têm os dedos — das mãos e dos pés — ágeis.

As pessoas também têm o desejo de tocar outras pessoas. A necessidade de *contato* é mais universal que a de manipulação. Além disso, não se limita ao contato feito com os dedos — envolve o corpo todo. A manipulação é um processo ativo, mas o contato pode ser passivo.

Em uma clássica série de experimentos, Harry Harlow demonstrou a importância da necessidade de contato (Harlow, 1958; Harlow e Zimmerman, 1959). Macacos recém-nascidos foram separados de suas mães e entregues a "mães substitutas". As duas mães substitutas tinham o mesmo formato, mas uma era feita de tela de arame e não apresentava superfícies macias. A outra era "fofinha" — feita com camadas de espuma de borracha e revestida com pano felpudo. Ambas as mães substitutas foram aquecidas por meio de uma luz elétrica colocada no interior delas, mas apenas a mãe feita de tela de arame foi equipada com uma mamadeira. Assim, a mãe feita de tela de arame satisfazia a duas necessidades biológicas dos bebês macacos: comida e calor. Mas, na maioria das vezes, os macaquinhos ficavam rodeando a mãe feita de pano felpudo, que não lhes fornecia comida: quando sentiam medo, eles corriam e agarravam-se a ela assim como fariam com sua verdadeira mãe. Uma vez que as duas substitutas eram aquecidas, os pesquisadores concluíram que a necessidade de proximidade é mais profunda que a mera necessidade de calor. A importância do contato também foi demonstrada em bebês prematuros. Bebês com baixo peso no nascimento que eram pegos no colo e massageados ganhavam peso mais rapidamente e eram mais calmos que os raramente tocados (Field, 1986).

Agressão

A agressão é uma resposta biológica ou aprendida?

O termo **agressão** abrange todos os comportamentos que têm como intenção infligir danos físicos ou psicológicos a outras pessoas. A intenção é um elemento-chave da agressão (R. Beck, 1983). Atingir um pedestre acidentalmente com seu carro não é um ato de agressão, mas atropelar alguém deliberadamente é.

A partir das estatísticas (que em geral refletem um relato diminuto de certos tipos de crimes), verificamos que a agressão é algo incomodamente comum nos EUA. De acordo com os Relatórios Uniformes de Crimes do FBI, ocorreram cerca de 1,5 milhão de crimes violentos nos EUA em 1998, entre eles 18 mil assassinatos, 96 mil estupros violentos, 446 mil roubos e mais de um milhão de assaltos à mão armada. A vida familiar também apresenta seu lado violento: um quarto das famílias passa por alguma forma de violência. Cerca de três a quatro milhões de mulheres são espancadas por seus parceiros a cada ano; mais de 25 por cento delas procuram atendimento médico em razão dos ferimentos. Além disso, mais de um milhão de casos de abuso infantil são relatados todos os anos (National Research Council Panel on Child Abuse and Neglect, 1993) e mais de mil crianças morrem anualmente como resultado desse abuso.

Por que as pessoas são agressivas? Freud considerava a agressão um impulso inato, semelhante à fome e à sede, que cresce até ser liberado. De acordo com essa visão, uma função importante da sociedade seria direcionar o impulso de agressividade para caminhos socialmente construtivos e aceitáveis, como o esporte, o debate e outras formas de competição. Se a análise de Freud estiver correta, a expressão da agressividade deveria reduzir o impulso agressivo. Entretanto, pesquisas mostram que, sob certas circunstâncias, é mais provável que dar vazão à raiva aumente o número de agressões futuras, em vez de reduzi-lo (Bushman, Baumeister e Stack, 1999).

De acordo com outra visão, a agressividade é um vestígio de nosso passado evolutivo (veja Buss e Shackelford, 1997) que é desencadeado pela dor ou pela frustração (Lorenz, 1968). Algumas evidências mostram que a dor é capaz de incitar o comportamento agressivo. Em um experimento, por exemplo, um par de ratos recebeu choques elétricos que eram transmitidos pela grade do chão de sua gaiola; imediatamente, eles se atacaram. À medida que aumentaram a freqüência e a intensidade dos choques, aumentaram também os ataques (Ulrich e Azrin, 1962).

A frustração também desempenha seu papel em relação à agressão. Em um experimento, os pesquisadores disseram aos participantes que eles poderiam ganhar dinheiro solicitando doações de caridade por telefone (Kulik e Brown, 1979). A alguns dos participantes era dito que pessoas que trabalhavam com isso anteriormente haviam sido bem-sucedidas em conseguir doações; outros eram levadas a esperar não mais que um êxito limitado. Cada grupo recebia uma lista de prováveis doadores — todos aliados dos pesquisadores, que haviam recebido instruções para recusar qualquer pedido. Os pesquisadores supunham que os participantes que consideravam a tarefa fácil passariam por sentimento de frustração maior que aqueles que já previam dificuldades. Os resultados mostraram que os membros do grupo que se mostrava mais frustrado tendiam a discutir com os supostos doadores que não cooperavam até mesmo e a desligar o telefone na cara deles. Eles vivenciaram uma frustração consideravelmente maior que a do outro grupo.

Embora estudos como esse revelem a existência de uma ligação entre a frustração e a agressividade, nem sempre a frustração resulta em agressão. Na verdade, as pessoas apresentam respostas muito diferentes à frustração: algumas procuram ajuda e apoio, outras se afastam da fonte dos problemas, e há ainda aquelas que escolhem as drogas e o álcool como fuga. A frustração parece levar à agressão apenas em pessoas que aprenderam a ser agressivas como maneira de lidar com situações desagradáveis (Bandura, 1973).

Uma das maneiras por meio das quais aprendemos a ser agressivos é pelo contato com modelos de agressividade (Bredemeier e Shields, 1985). No hóquei profissional, as brigas de socos entre os jogadores pode provocar nos torcedores uma excitação comparada à que ocorre quando são marcados gols no futebol.

Mas o que aconteceria se o modelo agressivo não levasse vantagem com isso e fosse punido por seus atos? A antiga prática de execuções públicas e aplicação de punições dolorosas (como as chicotadas e pauladas) basearam-se na idéia de que a punição de uma pessoa por seus atos agressivos impediria que outras viessem a cometer os mesmos atos. Em geral, os observadores evitariam imitar o comportamento de um modelo se ele tivesse conseqüências negativas. Entretanto, conforme vimos no Capítulo 5, "Aprendizagem", as crianças que observavam comportamentos agressivos aprenderam tal comportamento, independentemente de o modelo ter sido recompensado ou punido. Esses mesmos resultados foram obtidos em um estudo no qual crianças assistiam a filmes de comportamentos agressivos. As crianças que viram os modelos de agressividade sendo punidos eram menos agressivas que as que haviam visto o modelo sendo recompensado, mas de qualquer modo os dois grupos se mostravam mais agressivos que as crianças que não haviam sido apresentadas a nenhum modelo agressivo. Esses dados são coerentes com os de pesquisas que mostram que a exposição à violência de qualquer tipo nos filmes gera um aumento — que varia de pequeno a moderado — do comportamento agressivo de crianças e adolescentes (Wood, Wong e Chachere, 1991). Assim, o mero fato de assistir a um modelo agressivo parece aumentar a agressividade entre crianças, mesmo que o modelo seja punido; além do mais, não faz muita diferença se o modelo é real ou está representado em um filme (exemplo: C. A. Anderson, 1997).

Crianças que crescem em lares nos quais a agressão e a violência predominam correm um risco adicional. Conforme mencionamos anteriormente, os números da violência doméstica são altos nos EUA: uma pesquisa descobriu que, em um período de 12 meses, mais de três por cento das mulheres norte-americanas (1,8 milhões) haviam sido severamente agredidas — e muitas dessas agressões haviam ocorrido em casa (Browne, 1993). Crianças que testemunham a violência doméstica aprendem o comportamento agressivo e têm uma tendência maior de se comportar de maneira agressiva no futuro (Feldman *et al.*, 1995).

Agressão e cultura As culturas variam no modo como lidam com a agressão (Moghaddam, Taylor e Wright, 1993; Smith e Bond, 1994; Triandis, 1994). Por exemplo: os semai, habitantes das florestas tropicais da Malásia, os habitantes das ilhas do Taiti no oceano Pacífico, as nações dos zuni e dos pés-pretos na América do Norte, os pigmeus da África e os habitantes do Japão e da Escandinávia dão grande importância à solução pacífica de conflitos. Eles tendem a se afastar de confrontos, em vez de se arriscar em lutas abertas. Em contrapartida, os ianomãs da América do Sul, os truk islanders da Micronésia e os simbu da Nova Guiné encorajam o comportamento agressivo entre seus membros, especialmente entre os homens. Na verdade, não precisamos nos transportar até terras exóticas e distantes para encontrar essa diversidade. Dentro dos EUA, subculturas como os quáquers, os amish, os menonitas e os huteritas valorizam, por tradição, a não-violência e a coexistência pacífica. Essa perspectiva contrasta de maneira expressiva com as atitudes e práticas da maioria na cultura norte-americana.

Diferenças culturais com relação à agressividade se refletem nas estatísticas de índices de atos violentos. Os EUA lutam para combater níveis de crimes violentos assustadores se comparados com os índices de outros países. O índice de assassinatos da Noruega, por exemplo, está estimado em 0,9 para cada cem mil pessoas; na Finlândia e na China, esse índice chega a 1,1 por cem mil. Em contrapartida, nos EUA, o índice de assassinatos é de 8,6 para cada cem mil pessoas — mais de sete vezes mais elevado do que o da China e quase dez vezes maior que o da Noruega (Triandis, 1994). De fato, o índice de assassinatos nos EUA é o mais alto entre as nações industrializadas do mundo (Geen, 1998). Os EUA também revelam índices maiores de estupros e de vandalismo.

Essas surpreendentes diferenças culturais com relação ao comportamento agressivo sugerem que a agressividade é muito influenciada pela aprendizagem que ocorre dentro de um contexto cultural e pelas normas e valores culturais. Consideremos as culturas relativamente não-agressivas que acabamos de descrever. Quase todas são sociedades coletivistas que enfatizam o bem do grupo em detrimento dos desejos individuais. Membros de sociedades coletivistas têm maior tendência a buscar compromissos ou se afastar de relações ameaçadoras, em virtude da preocupação que têm em manter a harmonia do grupo. Em contrapartida, membros de sociedades individualistas têm maior tendência a seguir o ditado "cada um por si".

Individualismo e coletivismo constituem uma característica importante e amplamente empregada para descrever culturas. Culturas altamente individualistas vêem cada pessoa como a unidade básica da sociedade e, portanto, promovem tanto a tomada de decisão quanto a ação individual. Os membros de sociedades individualistas estabelecem relações sociais com muitas pessoas e grupos diferentes. Em contrapartida, culturas altamente coletivistas consideram que o grupo é a unidade básica da sociedade e promovem a coesão e o fortalecimento dos grupos. Os membros de sociedades coletivistas estabelecem relações apenas com quem compartilha das mesmas circunstâncias, objetivos e destinos que eles. Embora haja algumas exceções, os EUA e a maioria das sociedades da Europa enfatizam o individualismo, ao passo que as sociedades da América Latina, Ásia e África tendem a ser coletivistas.

Algumas pesquisas evidenciam ligações entre a orientação individualista/coletivista de uma cultura e o comportamento agressivo (Bond, Wan, Leung e Giacolone, 1985). Em um estudo sobre agressão verbal, estudantes chineses em Hong Kong e estudantes norte-americanos nos EUA escutaram um gerente insultando ou um superior ou um subordinado, que poderiam fazer parte ou não do grupo de trabalho da pessoa. Coerentes com a orientação coletivista de sua cultura, os estudantes chineses apresentavam uma tendência maior em considerar que o gerente de status superior que insultou o subordinado agia legitimamente naquela situação. Além disso, os estudantes chineses eram mais propensos a considerar que um insulto que se limita ao grupo do gerente é mais apropriado do que um insulto direcionado a alguém de outro grupo. Essas descobertas sugerem que a interpretação do que é ou não agressivo depende, em grande parte, da formação cultural de uma pessoa.

Gênero e agressão Em todas as idades e em diversas culturas, os homens são mais propensos a se comportar de maneira agressiva que as mulheres. Particularmente, os homens têm maior tendência a cometer assassinatos, a utilizar a força para atingir seus objetivos e a preferir esportes agressivos como o hóquei, futebol e boxe que as mulheres. De fato, alguns atos de agressão, tais como o estupro, são quase exclusivamente cometidos por homens (veja a Seção "Compreendendo o mundo que nos cerca").

Duas metanálises com mais de cem estudos de agressão concluíram que os homens são mais agressivos tanto verbalmente (escárnios, insultos, ameaças) quanto, e principalmente, fisicamente (golpes, chutes, brigas) que as mulheres (Eagly e Steffen, 1986; Hyde, 1986). Essas diferenças de gênero tendem a ser mais expressivas no ambiente natural que em ambientes controlados em laboratório (Hyde, 1986) e parecem ser bastante estáveis (Knight, Fabes e Higgins, 1996). De fato, até mesmo dados históricos que remontam à Europa do século XVI mostram que os homens cometiam até três vezes mais crimes violentos que as mulheres (veja Ellis e Coontz, 1990).

A diferença de gênero com relação à agressão tem origem biológica ou social? A resposta não é simples. Por um lado, determinados fatores biológicos parecem contribuir para o comportamento agressivo. Conforme vimos no Capítulo 2, "A natureza biológica do comportamento", altos níveis de testosterona e baixos níveis de estrogênio tanto nos homens quanto nas mulheres estão associados à agressividade e à irritabilidade. Além disso, a exposição a altos níveis de testosterona durante o período de desenvolvimento pré-natal está associada ao aumento da agressividade (Reinisch, Ziemba-Davis e Sanders, 1991). Outra pesquisa sugere que a agressividade humana tem raízes na evolução e pode estar atrelada ao comportamento agressivo característico de nossos ancestrais (Buss e Shackelford, 1997).

Ao mesmo tempo, nossa sociedade claramente tolera e até mesmo encoraja uma maior agressividade por parte dos meninos que das meninas (Sommers-Flanagan, Sommers-Flanagan e Davis, 1993). Por exemplo: temos uma tendência maior de presentear os meninos com armas de brinquedo e recompensá-los por se comportar de modo agressivo; é mais provável que as meninas sejam ensinadas a sentir culpa por se comportar agressivamente ou a esperar a desaprovação dos pais por seu comportamento agressivo (Perry, Perry Weiss, 1989). As primeiras experiências de socialização desempenham um papel fundamental na promoção da agressividade em meio aos garotos, mas há outros fatores do ambiente capazes de alterar essas diferenças de gênero. Por exemplo: quando ambos os sexos são submetidos a crescentes provocações, a diferença de agressividade entre homens e mulheres diminui substancialmente (Bettencourt e Miller, 1996).

COMPREENDENDO O Mundo Que Nos Cerca

O que motiva o estupro?

A cada cinco minutos, em algum lugar dos EUA, uma mulher relata ter sido estuprada. Embora os homens possam ser vítimas de violência sexual, na verdade as vítimas são quase todas mulheres. Talvez uma a cada quatro norte-americanas já tenha sido estuprada (Koss e Boeschen, 2000). Cerca de 40 por cento das vítimas de estupro são feridas (sem contar os ferimentos genitais) durante o ataque, e as vítimas correm o risco de sofrer problemas permanentes de saúde, tais como distúrbios gastrintestinais e dores de cabeça relacionadas à tensão (Koss e Boeschen, 2000).

O que motiva a ocorrência desse crime? A mídia sugere que uma mulher é estuprada quando um desconhecido psicopata a rapta, talvez no momento em que ela estiver fazendo cooper em um parque ou viajando à noite em uma estrada escura. Embora alguns estupros realmente se enquadrem nessas situações, elas estão longe de ser as mais comuns. Os fatos são os seguintes:

- Cerca de um terço dos estupros ocorre na casa da vítima.
- Cerca da metade de todos os estupros ocorre durante um encontro marcado.
- Em aproximadamente 80 por cento dos casos, a vítima conhece o estuprador.

O que provoca o estupro? Tentativas recentes de responder a essa pergunta concentraram-se nos estupradores presos. Esses estudos sugeriram que o poder, a raiva e o sadismo eram os principais motivos. Pesquisas mais recentes, baseadas em amostras mais representati-

> Talvez uma a cada quatro norte-americanas já tenha sido estuprada.

vas da população, revelaram um quadro bem diferente. Um estudo (Prentky, Knight & Rosemberg, 1988) descobriu que muitos estupradores desejavam ferir, degradar ou humilhar suas vítimas, freqüentemente para se vingar dos "erros" que outras mulheres teriam cometido contra eles. Mas em quase metade dos casos, a satisfação sexual parecia ser o motivo predominante. Muitos dos estupradores presos recentemente tendiam a ser impulsivos; eles não planejavam estuprar, mas o fizeram quando tiveram oportu- nidade. Aqueles que cometeram estupro por satisfação sexual agiram em decorrência de uma fantasia sexual; muitos desses homens pareciam acreditar que suas víti-

mas no fim gostariam da experiência e talvez até se apaixonassem por eles.

As mulheres precisam ser capazes de reduzir o risco de estupro evitando contato com homens que apresentem certas características: que ajam impulsivamente, em especial se isso se der de maneira agressiva; que acreditem ter sido enganados por mulheres ou que falem ou ajam com desprezo em relação às mulheres; homens manipuladores ou possessivos em relação às mulheres; e homens que tenham um histórico de comportamento agressivo. No entanto, até mesmo as mulheres muito cuidadosas com relação a quem lhes faz companhia devem se lembrar de que fatores situacionais desempenham um papel importante na maioria dos comportamentos. Por exemplo: em um experimento, assistir a filmes que estimulavam o sexo forçado não excitou nem um pouco a maioria dos homens (Barbaree e Marshall, 1991). Mas muitos desses mesmos homens ficaram sexualmente excitados por cenas dsemelhantes quando estavam bebendo ou quando tinham discutido com uma mulher. Assim, embora a maioria dos homens não tenha inclinação para o estupro, certos fatores situacionais podem fazer com que alguns se tornem prováveis estupradores.

Talvez a conclusão mais precisa seja a de que tanto os fatores biológicos quanto os sociais contribuem para a existência de diferenças de gênero com relação ao comportamento agressivo. Assim como na maioria dos comportamentos complexos que temos analisado, a agressividade depende, sem dúvida, da interação entre natureza e educação (Geen, 1998).

Realização

Ser altamente competitivo é importante para uma elevada realização?

Escalar o Monte Everest, enviar foguetes para o espaço sideral, fazer parte da lista para escolha do reitor, chegar ao topo de uma corporação gigantesca — todas essas ações podem conter motivos subjacentes mistos. Mas em todas existe o desejo de se superar, de "vencer obstáculos, exercitar o poder, lutar para realizar algo difícil o melhor e mais rápido possível" (Murray, 1938, pp. 80-81). É o desejo de realização por si só que leva os psicólogos a sugerir que existe um **motivo de realização** em separado.

Assim como ocorre com todos os motivos aprendidos, a necessidade de realização varia muito de pessoa para pessoa. Alguns anos atrás, David McClelland (1958) empregou respostas do Teste de Apercepção Temática (TAT) para medir a motivação de realização. O TAT é um teste de personalidade no qual uma pessoa observa imagens de situações ambíguas e pede-se que ela invente histórias a respeito das imagens (veja o Capítulo 10, "Personalidade"). Por exemplo: uma imagem utilizada no teste mostra um garoto adolescente sentado na escrivaninha de uma sala de aula. Diante dele, há um livro aberto, mas o olhar do garoto se dirige a quem olha a imagem. As histórias que as pessoas inventam sobre esse personagem presumivelmente refletirão suas próprias motivações. Portanto, aquelas pessoas cujas histórias mostram o garoto realizando algo difícil ou único, estabelecendo para si mesmo elevados padrões de excelência ou demonstrando ter muito orgulho do êxito obtido marcariam muitos pontos com relação à necessidade de realização.

Utilizando um questionário de relato pessoal chamado Escala de Orientação de Trabalho e Família (OTF) para estudar a motivação de realização, alguns pesquisadores descobriram três aspectos diferentes porém inter-relacionados do comportamento orientado para a realização: a *orientação para o trabalho*, que é o desejo de trabalhar arduamente e bem; a *maestria*, que é a preferência por tarefas difíceis ou desafiadoras, com ênfase no aperfeiçoamento do desempenho anterior; e a *competitividade*, que é o prazer de fazer com que as própias habilidades superem as de outras pessoas (Helmreich e Spence, 1978).

Como as diferenças individuais relativas aos três aspectos da motivação de realização se relacionam com a obtenção de objetivos? Na verdade, ter alto grau de competitividade pode realmente interferir na realização. Em um estudo, as notas de alunos foram comparadas com a pontuação obtida por eles na escala OTF. Como era de esperar, os alunos que tinham uma pontuação menor relativa ao trabalho, à maestria e à competitividade apresentaram também notas inferiores. Mas os alunos que obtiveram altas pontuações nas três áreas não tinham as maiores notas. Descobriu-se então que os alunos que tinham as maiores notas eram aqueles que apresentaram alta pontuação relativa ao trabalho e à maestria, porém baixa em relação à competitividade. O efeito contraproducente da competitividade reprime a realização de outros grupos de pessoas também, como homens de negócios, alunos do ensino fundamental e cientistas. Qual é a explicação desse fenômeno? Ninguém sabe ao certo, mas alguns pesquisadores especulam que pessoas altamente competitivas acabam por se afastar justamente daquelas pessoas que as ajudariam a atingir seus objetivos; outros sugerem que a preocupação em vencer acaba por atrapalhá-las na tomada de ações necessárias para o alcance de seus objetivos.

A partir de testes psicológicos e histórias pessoais, os psicólogos desenvolveram um perfil de pessoas que têm um alto nível de motivação de realização. Essas pessoas aprendem muito rápido. Elas se satisfazem com a oportunidade de desenvolver novas estratégias para a execução de tarefas únicas e desafiadoras, ao passo que aquelas cuja necessidade de realização é baixa raramente se desviam de métodos que funcionaram no passado. Os motivados pela realização se orientam menos pelo desejo de obter fama e dinheiro, e mais pela necessidade de viver segundo um padrão de desempenho alto e que eles próprias se impõem (Carr, Borkowski e Maxwell, 1991), são autoconfiantes, gostam de assumir responsabilidades e não se curvam facilmente às pressões sociais externas. Embora sejam enérgicos e permitam que poucas coisas se interponham no caminho que os levará ao alcance de seus objetivos, eles também estão propensos a ser tensos e a ter doenças relacionadas ao estresse, como as dores de cabeça. Também podem se sentir impostores até mesmo — ou especialmente — quando atingem seus objetivos.

Afiliação

Como os psicólogos explicam a necessidade humana de estar com outras pessoas?

Geralmente, as pessoas têm necessidade de afiliação — isto é, de estar com outras. Se forem isoladas do convívio social por um longo período de tempo, podem se tornar ansiosas. Por que os seres humanos buscam uns aos outros?

O **motivo de afiliação** é ativado quando as pessoas se sentem ameaçadas. O espírito de grupo — sensação de fazer parte de um grupo amistoso — é essencial entre tropas que vão a uma batalha, da mesma maneira que a conversa encorajadora do técnico de futebol antes do jogo alimenta o espírito de equipe. Ambas as coisas têm como objetivo fazer com que as pessoas sintam que estão trabalhando por uma causa comum ou contra um adversário comum.

Mas o comportamento afiliativo com freqüência resulta inteiramente de outro motivo. Por exemplo: você pode dar uma festa para comemorar a conquista de um novo emprego porque quer ser cumprimentado pelo seu feito. O medo e a ansiedade também podem estar estreitamente relacionados ao motivo de afiliação. Quando ratos, macacos ou seres humanos são colocados em situações que geram ansiedade, a presença de um membro da mesma espécie que permaneça calmo reduzirá o medo dos outros. Da mesma maneira, se, em uma viagem de avião, ficar nervoso durante um vôo turbulento, você pode começar a conversar com a mulher de aparência calma que estiver sentada ao seu lado, especialmente se a agitação do avião não parecer ser um motivo de preocupação para ela.

Alguns teóricos argumentaram que nossa necessidade de afiliação tem base evolutiva (veja Ainsworth, 1989; Baumeister e Leary, 1995; Buss, 1990, 1991). Segundo essa visão, a formação e manutenção de laços sociais forneceram a nossos ancestrais benefícios tanto de sobrevivência quanto de caráter reprodutivo. Grupos sociais podem compartilhar recursos como água e abrigo, gerar oportunidades de reprodução e cuidar dos filhos com carinho e cuidado. As crianças que preferiam a companhia de adultos provavelmente tinham maiores chances de sobrevivência (e, por fim, de se reproduzir) que aquelas que vagavam distantes de seus grupos. Fatores que representavam perigo, como uma doença ou uma catástrofe, também pareciam aumentar nosso desejo de estar ao lado de outras pessoas (Rofe, 1984). Por exemplo: pacientes portadores de doenças crônicas geralmente preferem estar ao lado de pessoas saudáveis que estar sozinhos ou junto de outros pacientes graves (Rofe, Hoffman e Lewin, 1985). O papel que a evolução teria desempenhado no momento em que surge o motivo de afiliação foi resumido por Baumeister e Leary (1995):

TESTE SUA APRENDIZAGEM

1. A categoria de desejos ou necessidades que é ativada por estímulos externos e nos leva a explorar o ambiente à nossa volta é chamada de motivos de _____.
2. _____ é todo comportamento humano que tem como intenção causar danos a outras pessoas.
3. Sociedades _____ enfatizam o bem do grupo, ao passo que sociedades _____ enfatizam o bem do indivíduo.
4. Um elevado grau de _____ pode interferir na realização.
5. Uma pessoa que deseja competir com os altos riscos de uma carreira na área de vendas é provavelmente motivada por um alto motivo de _____.
6. O motivo de _____ às vezes é estimulado quando a pessoa precisa ser consolada ou apoiada pelo grupo.
7. Indique se as afirmações a seguir são verdadeiras (V) ou falsas (F).
    ____ a. A curiosidade tem sido relacionada com a criatividade.
    ____ b. Pesquisas mostram que bebês que nascem com peso abaixo do normal ganham peso mais rapidamente quando passam por contatos físicos freqüentes.
    ____ c. A agressividade pode ser uma reação aprendida frente a diversos estímulos.

Respostas: 1. estímulo; 2. agressão; 3. coletivistas, individualistas; 4. competitividade; 5. realização; 6. afiliação; 7. a. (V); b. (V); c. (V).

O resultado provável dessa seleção evolutiva seria um conjunto de mecanismos internos que levam os seres humanos individualmente a fazer parte de grupos sociais e a manter relacionamentos duradouros. Esses mecanismos incluiriam, presumivelmente, uma tendência de orientar os seres humanos em direção aos outros membros de sua espécie, uma tendência a passar por dificuldades afetivas quando se está privado de contatos sociais ou relacionamentos, e uma tendência de sentir prazer ou afeto a partir do contato social e das relações de parentesco (p. 499).

O comportamento de afiliação (como a maioria dos comportamentos) se origina de uma ação recíproca e sutil de fatores biológicos e do ambiente. Começar uma conversa com a pessoa que está sentada a seu lado em um avião com turbulência depende de sua amabilidade usual, do quanto você está assustado, da calma que a pessoa ao seu lado aparenta, bem como do grau de turbulência do vôo.

Emoções

Quantas emoções básicas existem?

Os racionalistas da Antiga Grécia consideravam que, caso as emoções não fossem mantidas sob controle, seriam descarregadas de maneira devastadora sobre as capacidades mentais superiores, como o pensamento racional e a tomada de decisão (Cacioppo e Gardner, 1999). No passado, os psicólogos também consideravam, com freqüência, que as emoções eram um "instinto básico" — um vestígio de nossa herança evolutiva que precisava ser reprimido.

Recentemente, porém, os cientistas começaram a ver as emoções de uma perspectiva mais positiva. Hoje em dia, elas são consideradas essenciais para a sobrevivência e uma importante fonte para o aperfeiçoamento pessoal (National Advisory Mental Health Council, 1995). As emoções estão relacionadas a variações na função imunológica e, sendo assim, também às doenças (Lazarus, 1999; O'Leary, 1990); veja o Capítulo 11,"Estresse e psicologia da saúde"). Conforme vimos no Capítulo 7, ("Cognição e capacidades mentais"), as emoções também podem influenciar o fato de sermos bem-sucedidos ou não (Goleman, 1997). Portanto, é claro que, se quisermos compreender o comportamento humano, temos de compreender as emoções. Infelizmente, é mais fácil falar que fazer isso. Como veremos em breve, é difícil até mesmo identificar a quantidade de emoções que existem.

Emoções básicas

Existem emoções básicas que todas as pessoas sentem, independentemente de sua cultura?

Muitas pessoas já tentaram identificar e descrever as emoções básicas sentidas pelos seres humanos (Ekman, 1980; Plutchik, 1980; veja também Cornelius, 1996). Há alguns anos, Robert Plutchik (1980), por exemplo, propôs a existência de oito emoções básicas: *medo, surpresa, tristeza, repulsa, raiva, antecipação, alegria* e *aceitação*. Cada uma dessas emoções contribui para que nos adaptemos às demandas do ambiente que nos cerca, embora de diferentes maneiras. O medo, por exemplo, está subjacente ao ato de fugir, o que ajuda a proteger diversos animais de seus inimigos; a raiva, por sua vez, incita os animais ao ataque ou à destruição.

As emoções adjacentes no "círculo" de emoções de Plutchik (veja a Figura 8.4) se assemelham mais, entre si que aquelas distantes ou situadas em extremos opostos. A surpresa está mais intimamente relacionada ao medo que à raiva; a alegria e a aceitação são mais parecidas entre si que com a repulsa. Além disso, de acordo com o modelo de Plutchik, emoções diferentes podem se combinar para produzir um espectro de experiências ainda mais amplo. Por exemplo: quando a antecipação e a alegria ocorrem juntas, elas produzem o otimismo; a alegria e a aceitação se fundem para gerar amor; a surpresa e a tristeza geram desapontamento. Em quaisquer das oito categorias de Plutchik, as emoções variam quanto à intensidade. Alguns cientistas desafiam esse modelo, ressaltando que ele pode ser aplicado apenas às experiências emocionais das pessoas que falam inglês. Os antropólogos relatam a existência de enormes diferenças no modo como outras culturas vêem e classificam as emoções. De fato, algumas línguas não têm ao menos uma palavra correspondente a "emoção" (Russell, 1991). As línguas também diferem quanto ao número de palavras para designar as emoções. A língua inglesa dispõe de mais de duas mil palavras para descrever experiências emocionais, mas o chinês falado em Taiwan dispõe de apenas 750. Uma determinada língua tribal dispõe de apenas sete palavras que poderiam ser traduzidas em categorias de emoções. Algumas culturas não têm palavras para designar "ansiedade", "depressão" e "culpa". Os samoanos, por exemplo, têm apenas uma palavra que significa, ao mesmo tempo, amor, simpatia, compaixão e afeição — emoções diferentes em nossa cultura (Russell, 1991).

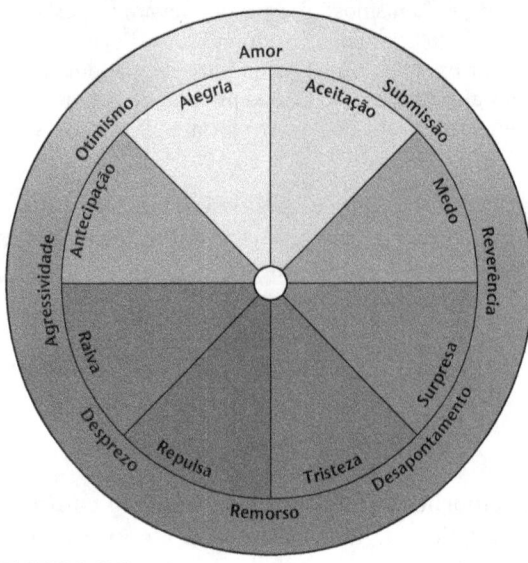

FIGURA 8.4
As oito categorias básicas de emoção de Plutchik.
Fonte: Plutchik, 1980.

O que interessa é que as palavras utilizadas para designar ou descrever uma emoção podem influenciar a maneira como essa emoção é sentida. Por exemplo: na língua do Taiti não existe tradução direta para o conceito de tristeza. Em vez disso, os taitianos sentem a tristeza em termos de doença física. Poderíamos dizer que a tristeza que sentimos em relação à partida de um amigo próximo seria sentida por um taitiano como uma espécie de cansaço.

Em razão das diferenças na distinção das emoções pelas culturas, a tendência hoje em dia é distinguir entre emoções primárias e secundárias. As emoções primárias são aquelas compartilhadas pelas pessoas do mundo inteiro, independentemente da cultura. Isso inclui, no mínimo, o medo, a raiva e o prazer, mas pode também incluir a tristeza, a repulsa, a surpresa e outras. A maioria dos pesquisadores usa quatro critérios para identificar as emoções primárias (veja Plutchik, 1994): a emoção tem de (1) ser evidente em todas as culturas; (2) contribuir para a sobrevivência; (3) estar associada a uma expressão facial distinta; e (4) ser evidente em primatas não-humanos (veja a Figura 8.5). Até agora não existe consenso a respeito de quais emoções se qualificam como primárias, mas seu número é pequeno — provavelmente não mais que uma dúzia.

As emoções secundárias são aquelas encontradas em uma ou mais culturas, mas não em todas. Pode-se considerá-las amalgamações sutis das emoções primárias. Existem muito mais emoções secundárias que primárias, mas também não há consenso sobre quais ou quantas são elas.

Nas tentativas de identificar emoções primárias geralmente foram utilizados estudos transculturais (Ekman *et al.*, 1987; Izard, 1994). Por exemplo: um grupo de pesquisadores pediu que participantes de dez países "interpretassem" fotografias, representando expressões faciais de emoções (Ekman *et al.*, 1987).

FIGURA 8.5
Demonstração de raiva em um animal e em um ser humano. Compare as expressões faciais. A face humana é representada pelo ator de kabuki que está simulando raiva. Observe o modo como o ator mostra os dentes, semelhante à expressão de emoção do macaco mandril.

A porcentagem de participantes de cada país que identificou corretamente as emoções variou entre 60 e 98 por cento (veja a Figura 8.6). Os pesquisadores utilizaram essas e outras evidências para defender a existência de seis emoções primárias — *felicidade, surpresa, tristeza, medo, repulsa* e *raiva* (veja também Cornelius, 1996). Observe que o amor não está incluído nessa lista. Embora Ekman não tenha encontrado uma expressão facial para o amor que fosse reconhecida universalmente, muitos psicólogos afirmam que o amor é uma emoção primária (Hazan e Shaver, 1987). Sua expressão visível, no entanto, deve muito aos estereótipos promovidos pela mídia cultural (Fehr, 1994). Em um estudo no qual se pediu que estudantes universitários norte-americanos fizessem uma expressão facial para o amor, os participantes imitaram os convencionais protótipos hollywoodianos, tais como suspirar profundamente, olhar em direção ao céu e juntar as mãos sobre o coração (veja Cornelius, 1996).

Teorias da emoção

Qual é a relação entre as emoções, as reações biológicas e os pensamentos?

Na década de 1880, o psicólogo norte-americano William James formulou a primeira teoria moderna da emoção, e o psicólogo dinamarquês Carl Lange chegou às mesmas conclusões. De acordo com a **teoria de James-Lange**, os estímulos do ambiente (por exemplo: ver um grande cão rosnando e correndo em nossa direção) provocam alterações físicas em nossos corpos (batimentos cardíacos acelerados, pupilas dilatadas, respiração mais superficial ou mais profunda, transpiração excessiva etc.), e as emoções se originam dessas mudanças fisiológicas. Assim, a emoção do *medo* seria simplesmente uma consciência quase instantânea e automática das mudanças fisiológicas.

Houve algumas provas de apoio a essa teoria (Davidson, 1992; Levenson, 1992; McGeer e McGeer, 1980), mas se você se recordar da biologia do sistema nervoso (Capítulo 2), identificará uma grande falha na teoria de James-Lange. Lembre-se de que as informações sensoriais relativas às mudanças corporais seguem até o cérebro por meio da medula espinhal. Se as mudanças corporais fossem a origem das emoções, as pessoas portadoras de severos danos à medula espinhal deveriam sentir emoções menos intensas e em uma freqüência menor, mas não é o que ocorre (Chwalisz, Diener e Gallagher, 1988). Além disso, a maioria das emoções vem acompanhada de mudanças fisiológicas bastante semelhantes. Assim, as mudanças corporais não provocam emoções específicas e podem nem mesmo ser necessárias para a experiência emocional.

Tristeza: Cantos internos das sobrancelhas levantados, lábios com um formato de "biquinho" virados para baixo.

Interesse: Sobrancelhas levantadas ou juntas, boca levemente arredondada, lábios franzidos.

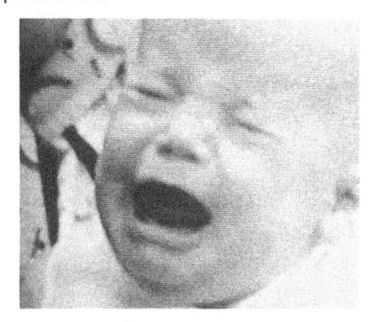

Desgosto: Olhos comprimidos; boca em expressão de raiva, assumindo formato quadrado ou angular.

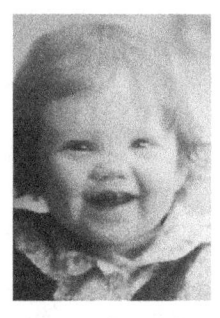

Alegria: Boca configurada em um sorriso, bochechas levantadas, brilho nos olhos.

FIGURA 8.6
Emoções universais de Izard. Trabalhando com a teoria de Charles Darwin, segundo a qual determinadas expressões emocionais e faciais têm bases evolutivas, o psicólogo Caroll Izard acredita ter isolado dez emoções universais que podem ser vistas nas expressões faciais de bebês. Quatro delas estão ilustradas aqui.

Reconhecendo tais fatos, a **teoria de Cannon-Bard** afirma que nós processamos mentalmente as emoções e, ao mesmo tempo, respondemos fisicamente, e não o contrário. Quando vê o cão, você sente medo *e* seu coração se acelera ao mesmo tempo.

Teorias cognitivas da emoção Os psicólogos cognitivos foram um pouco além da teoria de Cannon-Bard. Eles argumentam que nossa experiência emocional depende da percepção que temos de uma situação (Lazarus, 1982, 1991a, 1991b, 1991c). De acordo com a **teoria cognitiva** da emoção, a situação nos dá pistas de como devemos interpretar nosso estado de estimulação. Quando vemos o cão, alterações corporais realmente ocorrem; em seguida, utilizamos informações relativas à situação para saber como reagir a tais alterações. Somente quando percebemos que estamos em perigo sentimos tais alterações corporais sob a forma de medo. (Veja a Figura 8.7 para uma comparação dessas três teorias da emoção.)

Objeções à teoria cognitiva Embora a existência de uma teoria cognitiva da emoção faça sentido, alguns críticos rejeitam a idéia de que os sentimentos sempre se originam das cognições. Citando o poeta E. E. Cummings, Zajonc argumenta que "os sentimentos vêm em primeiro lugar". Ele destaca que os bebês humanos são capazes de imitar expressões faciais desde os 12 dias de idade, bem antes de adquirir a linguagem. Temos a capacidade de reagir instantaneamente a situações sem gastar tempo para interpretá-las e avaliá-las. Mas algumas respostas emocionais não são muito claras. Quando nos sentimos irrequietos, em um misto de medo e excitação, perguntamo-nos: "O que está acontecendo?" Zajonc (1984) acredita que nós inventamos explicações para classificar os sentimentos: de acordo com essa visão, a cognição vem depois da emoção.

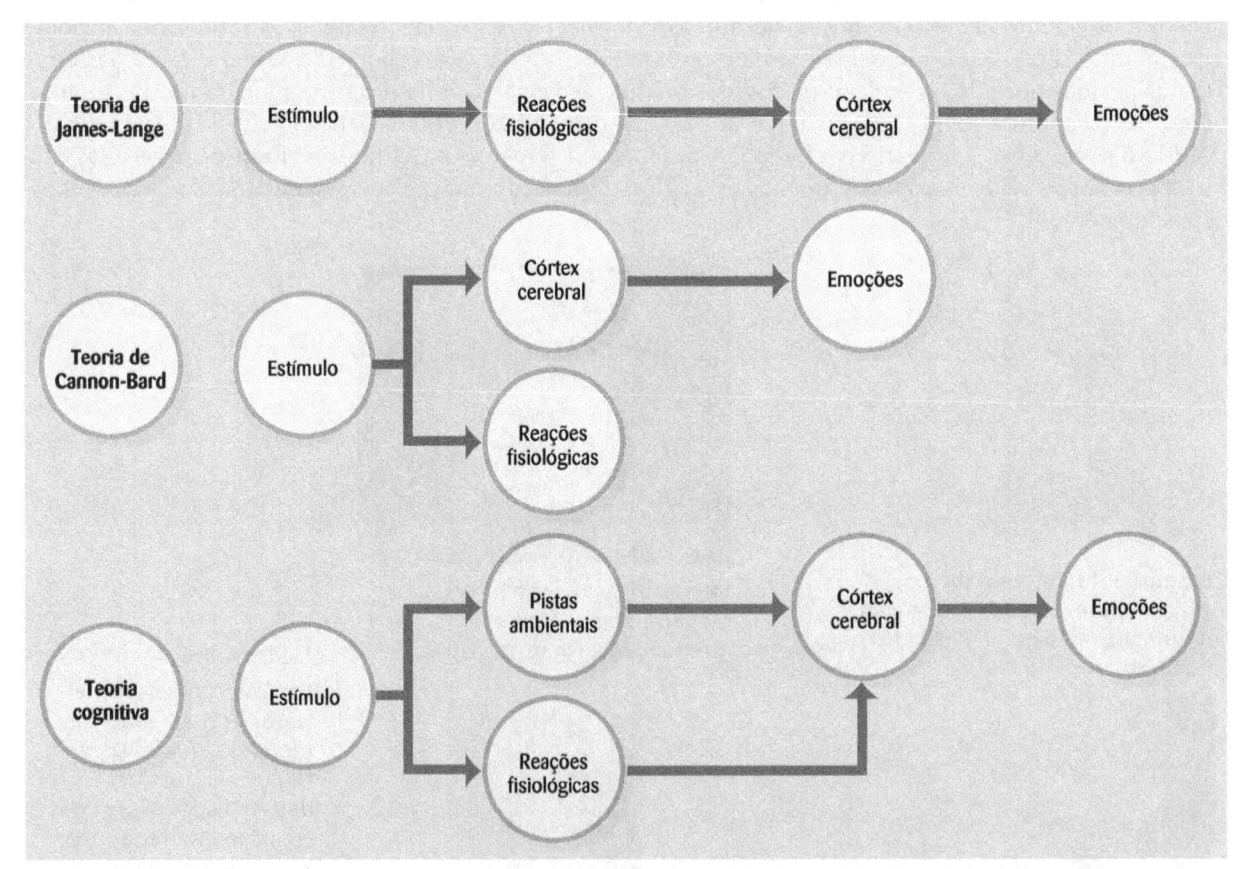

FIGURA 8.7

As três principais teorias da emoção. De acordo com a teoria de James-Lange, primeiro o corpo reage fisiologicamente a um estímulo e depois o córtex cerebral determina a emoção que está sendo sentida. A teoria de Cannon-Bard afirma que os impulsos são enviados simultaneamente ao córtex cerebral e ao sistema nervoso periférico; assim, a resposta a um estímulo e o processamento da emoção ocorrem ao mesmo tempo, porém de maneira independente. Os teóricos cognitivos consideram que o córtex cerebral interpreta as mudanças fisiológicas de acordo com as informações referentes à situação a fim de determinar quais emoções estamos sentindo.

> **TESTE SUA APRENDIZAGEM**
>
> 1. Robert Plutchik declara que as emoções variam quanto à _____, um fato que explica, em parte, a vasta gama de emoções que sentimos.
> 2. A teoria da emoção elaborada por Izard enfatiza a importância de qual elemento?
>   a. cognição
>   b. comportamento expressivo
>
> Relacione as teorias a seguir com a descrição apropriada.
>
> _____ 3. Cannon-Bard   a. afirma que as reações físicas são a causa direta das emoções que sentimos
>
> _____ 4. teoria cognitiva   b. afirma que as emoções e as reações corporais ocorrem simultaneamente
>
> _____ 5. James-Lange   c. diz que a experiência emocional depende da percepção de uma determinada situação
>
> **Respostas:** 1. intensidade. 2. b. 3. b. 4. c. 5. a.

Outra objeção direta à teoria cognitiva deve-se ao fato de que as emoções podem ser sentidas sem a intervenção da cognição (Izard, 1971). Segundo essa visão, uma situação de separação ou de dor gera um padrão único de movimentos faciais e de posturas corporais não-aprendidos que podem ser completamente independentes do pensamento consciente (Trotter, 1983). Quando as informações relativas a nossas expressões faciais e postura chegam ao cérebro, sentimos automaticamente a emoção correspondente. Assim, de acordo com Carroll Izard, a teoria de James-Lange estava essencialmente correta ao sugerir que a experiência emocional é gerada das respostas corporais. Mas a teoria de Izard enfatiza que a expressão facial e a postura corporal são cruciais para que sintamos as emoções, ao passo que a teoria de James-Lange enfatizava o papel dos músculos, da pele e dos órgãos internos.

Evidências consideráveis corroboram a visão de Izard segundo a qual as expressões influenciam as emoções (Adelmann e Zajonc, 1989; Cappella, 1993; Ekman e Davidson, 1993; Zajonc, Murphy e Inglehart, 1989). Se pesquisas futuras confirmarem a teoria de Izard, poderemos dizer com certeza que um dos elementos-chave na determinação de nossa experiência emocional é o nosso próprio comportamento expressivo, assunto ao qual passaremos agora.

Comunicando emoções

Qual é o sinal mais óbvio de uma emoção?

Às vezes você está relativamente seguro de que uma pessoa o faz sentir-se desconfortável. Quando pressionado para que seja mais preciso, é possível que você diga: "Nunca se sabe o que essa pessoa está pensando". Mas você não quer dizer que nunca sabe a opinião de tal pessoa em relação a um filme ou o que ela achou das últimas eleições. Provavelmente você estaria sendo mais preciso ao dizer que não sabe o que tal pessoa está sentindo. Quase todos nós ocultamos nossas emoções até certo ponto, mas geralmente as pessoas são capazes de perceber o que estamos sentindo. Embora as emoções possam freqüentemente ser expressas por palavras, durante grande parte do tempo nós comunicamos nossos sentimentos de modo não-verbal. Dentre outras maneiras, fazemos isso por meio do timbre de voz, da expressão facial, da linguagem corporal, do espaço pessoal e de atos explícitos.

Timbre de voz e expressão facial

Que papel a voz e a expressão facial podem desempenhar na expressão das emoções?

Se seu colega de quarto estiver lavando a louça e disser, de maneira áspera: "Eu *espero* que você esteja gostando da leitura do romance", o significado literal das palavras dele é bastante claro, mas você prova-

Figura 8.8
Pessoas do mundo inteiro levantam as sobrancelhas como forma de cumprimento quando um amigo de aproxima.
Fonte: Eibl-Eibesfeldt, 1972.

velmente perceberá que ele não está expressando preocupação por seu prazer de ler. Na verdade, ele está dizendo: "Estou bravo por você não estar me ajudando na limpeza". De maneira semelhante, se receber um telefonema de uma amiga que sempre traz notícias muito boas ou muito ruins, você provavelmente saberá como ela se sente antes que ela diga o que está acontecendo. Do mesmo modo, somos literalmente capazes de perceber o medo na voz de uma pessoa, por exemplo, quando escutamos um estudante nervoso fazendo uma prova oral. Muitas das informações que transmitimos não estão presentes nas palavras que usamos, mas na maneira como essas palavras são expressas.

As *expressões faciais* são os indicadores emocionais mais óbvios. É possível saber muito a respeito do estado emocional de uma pessoa ao observar se ela está rindo, chorando, sorrindo ou franzindo as sobrancelhas. Muitas expressões faciais são inatas, não-aprendidas (Ekman, 1994). Crianças que nascem surdas ou cegas utilizam as mesmas expressões faciais que outras, para expressar as mesmas emoções. Charles Darwin foi o primeiro a propor a idéia de que a maioria dos animais compartilha um mesmo padrão de movimentos musculares faciais. Por exemplo: cães, tigres e seres humanos mostram os dentes quando ficam enraivecidos. Darwin também observou que os comportamentos expressivos cumprem uma função básica tanto biológica quanto social. A idéia de Darwin de que as emoções têm uma história evolutiva e de que podem ser reconstituídas através das culturas como parte de nossa herança biológica lançou as bases de muitas investigações modernas sobre expressão emocional (Izard, 1992, 1994; veja a Figura 8.8). Os psicólogos que adotam uma abordagem evolutiva acreditam que as expressões faciais cumpriram uma função adaptativa, o que permitiu que nossos ancestrais competissem com êxito por status, por parceiros de acasalamento e por sua própria defesa (Ekman, 1992; Tooby e Cosmides, 1990).

Linguagem corporal, espaço pessoal e gestos

Como a postura e o espaço pessoal comunicam emoções?

A *linguagem corporal* é outro modo pelo qual comunicamos mensagens não-verbais. O modo como posicionamos nossa coluna, por exemplo, transmite muitas mensagens. Quando estamos relaxados, tendemos a nos espreguiçar em uma cadeira; quando estamos tensos, sentamos de maneira mais reservada, com os pés juntos.

A distância que mantemos entre nós e outras pessoas é chamada de *espaço pessoal*. Essa distância varia dependendo da natureza da atividade e das emoções sentidas. O fato de alguém se aproximar mais que o normal de você pode indicar tanto raiva quanto afeição; da mesma maneira, o fato de essa pessoa se afastar mais que o normal pode indicar medo ou aversão. A distância normal entre duas pessoas em uma conversa varia de cultura para cultura. Seria normal que dois suecos ficassem muito mais distantes entre si que dois árabes ou dois gregos.

Os *atos explícitos* podem, obviamente, servir como pistas não-verbais das emoções. Uma porta que bate com estrondo pode nos informar que a pessoa que acaba de sair está irritada. Caso uns amigos apareçam para fazer uma visita e você os convide para a sala de estar, isso indica que você se sente menos à vontade com eles que com amigos que geralmente se sentam à mesa da cozinha com você. Os gestos, como um tapinha nas costas ou um abraço, também podem indicar sentimentos. Um aperto de mão breve ou demorado, forte ou fraco, diz algo sobre o que a pessoa sente em relação a você.

A partir dessa discussão, você percebe que a comunicação não-verbal das emoções é importante. Entretanto, é preciso ser cauteloso. Embora o comportamento não-verbal possa oferecer uma pista relativa aos sentimentos de uma pessoa, tal pista não é *infalível*. As palavras "gargalhar" e "chorar" podem ter terminações parecidas, ainda que chorar possa significar tristeza, alegria, raiva, saudade — ou que você está fatiando uma cebola. Além disso, assim como ocorre nos relatos verbais, as pessoas às vezes "dizem" de maneira não-verbal coisas que não tinham a intenção de dizer. Todos nós já fizemos coisas impensadas — demos as costas a alguém, demonstramos aborrecimento ao pensar em outra coisa, rimos na hora errada — que foram ofensivas, pelo fato de nossas ações terem sido interpretadas como a expressão de uma emoção que, na verdade, não estávamos sentindo.

Muitas pessoas também superestimam a capacidade que temos de interpretar pistas não-verbais. Por exemplo: em um estudo com muitas centenas de "detectores de mentira profissionais" — incluindo membros do serviço secreto dos EUA, especialistas governamentais na detecção de mentiras, juízes, oficiais de polícia e psiquiatras—, todos os grupos, com exceção dos psiquiatras, consideraram sua capacidade de saber se uma pessoa está mentindo acima da média. Não obstante, apenas os agentes do serviço secreto conseguiram identificar pessoas mentirosas em uma taxa superior ao acaso (Ekman e O'Sullivan, 1991). Resultados semelhantes foram obtidos com outros grupos de pessoas (exemplo: DePaulo e Pfeifer, 1986).

Gênero e Emoção

Os homens são menos emotivos do que as mulheres?

Diz-se com freqüência que os homens são menos emotivos que as mulheres. Mas será que os homens sentem menos emoções, ou simplesmente são menos capazes de expressá-las? E será que há emoções que os homens têm maior tendência de expressar que as mulheres?

As pesquisas lançaram algumas luzes sobre esses assuntos. Em um estudo, quando homens e mulheres assistiram a representações de pessoas angustiadas, os homens demonstraram pouca emoção, mas as mulheres expressaram sentimentos de preocupação pelas pessoas em questão (Eisenberg e Lennon, 1983). Entretanto, medidas fisiológicas do estímulo emocional (como a taxa de batimentos cardíacos e a pressão sangüínea) mostraram que, na verdade, os homens que participaram do estudo estavam tão comovidos quanto as mulheres. Eles apenas inibiram a expressão de suas emoções, ao passo que elas demonstraram mais seus sentimentos. Emoções como compaixão, tristeza, empatia e angústia são freqüentemente consideradas "efeminadas" e, tradicionalmente na cultura ocidental, os meninos são ensinados desde cedo a ocultá-las em público (O'Leary e Smith, 1988). O fato de os homens terem menor tendência em buscar ajuda para lidar com assuntos emocionais que as mulheres (Komiya, Good e Sherrod, 2000) é provavelmente resultado desse tipo de educação. Além disso, as mulheres tendem a ter reações emocionais mais fortes em relação a pensamentos próprios e lembranças (Carter, 1998; veja a Figura 8.9).

Homens e mulheres também estão predispostos a reagir a uma mesma situação com emoções muito diferentes. Por exemplo: ser traído ou criticado faz com que os homens fiquem irritados, ao passo que as mulheres tendem a ficar magoadas, tristes ou desapontadas (Brody, 1985). E, quando os homens ficam irritados, eles geralmente exteriorizam sua raiva, contra outras pessoas ou contra a situação em que se encontram. As mulheres têm uma tendência maior de considerar que elas próprias são a fonte do problema e de internalizar a raiva, contra si mesmas. Essas reações específicas de cada gênero são coerentes com o fato de que os homens têm quatro vezes mais chances de se tornar violentos diante de um momento de crise que as mulheres; elas são muito mais propensas à depressão.

Homens e mulheres também diferem com relação à capacidade de interpretar pistas não-verbais de emoção. Elas são mais hábeis na decodificação de expressões faciais, pistas corporais e tons de voz (Hall, 1984). De que modo podemos explicar essas diferenças? Uma das razões seria o fato de as mulheres serem em

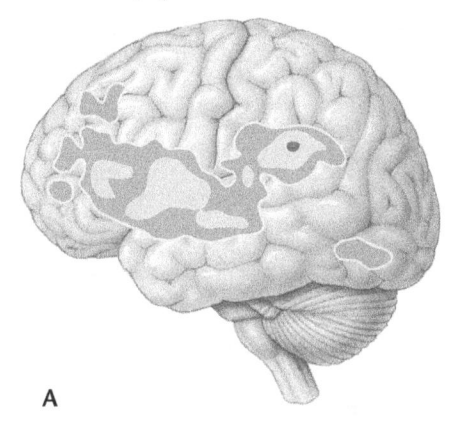

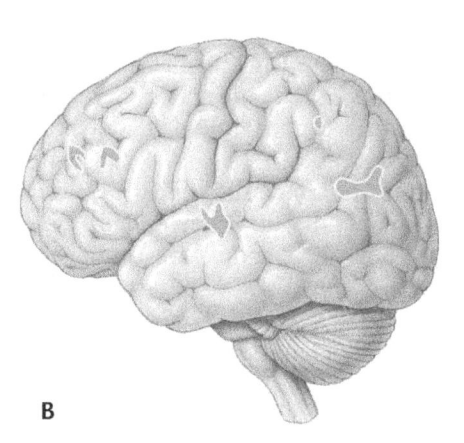

Figura 8.9

Emoção e atividade cerebral em homens e mulheres. Quando pedimos para que pensem em algo triste, as mulheres (A) produzem maior atividade em seus cérebros que os homens (B).

Fonte: Carter, 1998, p. 100. Sombreamento adicionado.

geral as primeiras pessoas a cuidar de crianças em idade pré-verbal — para isso, elas precisam estar sintonizadas com as sutilezas das expressões emocionais. Alguns psicólogos já sugeriram até que essa capacidade feminina pode ser geneticamente programada. Coerentes com essa perspectiva evolutiva, pesquisas mostraram que bebês do sexo masculino e feminino expressam e controlam emoções de maneira diferente (McClure, 2000; Weinberg, Tronick, Cohn e Olson, 1999).

Outra explicação para as diferenças de gênero com relação à sensibilidade emocional se baseia no poder relativo dos homens e das mulheres. Pelo fato de, historicamente, ocupar menos posições de poder, elas podem ter sentido a necessidade de se tornar extremamente sintonizadas com as demonstrações emocionais das outras pessoas, particularmente daquelas que se encontram em posição mais elevada (ou seja, os homens). Essa idéia é apoiada pela evidência de que, independentemente do gênero, os seguidores são mais sensíveis às emoções dos líderes que o contrário (Snodgrass, 1992).

O fato de os homens terem maior probabilidade de ocupar posições de poder que as mulheres pode afetar a experiência emocional também de outras maneiras. Nas profissões tradicionalmente femininas, freqüentemente se pede que as funcionárias controlem, administrem ou até mesmo alterem a expressão de suas emoções. A socióloga Arlie Hochschild (1983) descreveu esse processo como um trabalho emocional. Em um estudo realizado com comissários de bordo, a maioria mulheres, Hochschild descobriu regras claras relativas a quais emoções seriam demonstradas, para quem, por quem e com que freqüência. A maioria das comissárias de bordo sentia que lhes faltavam experiências emocionais genuínas no trabalho: "...No trabalho de comissário de bordo, sorrir é um ato que se separa de sua função habitual — expressar um sentimento pessoal — e se associa a outra — expressar um sentimento da companhia" (p. 127). Hochschild também percebeu que profissões que exigem elevado trabalho emocional — como as de secretárias, enfermeiras, encarregados de caixa, assistentes sociais, caixas de banco — tendem a ser ocupadas por mulheres.

Cultura e emoção

Como a cultura é capaz de influenciar nossa maneira de expressar emoções?

O lugar onde vivemos afeta nossos sentimentos? Se isso for verdade, por que isso ocorre? Para os psicólogos, a pergunta principal é: "Como as culturas ajudam a modelar as experiências emocionais?" Um aspecto importante consiste em saber se uma cultura é predominantemente individualista ou coletivista — sua ênfase está centrada principalmente no indivíduo ou no grupo? Apenas recentemente os psicólogos começaram a estudar de que maneira o individualismo e o coletivismo influenciam a experiência emocional (Scherer e Wallbott, 1994). A maioria das descobertas já estabelecidas no campo da psicologia das emoções provém de estudos sobre expressão emocional dentro de uma única cultura.

Entre os canais não-verbais de comunicação, as expressões faciais parecem transmitir as informações mais específicas. Os gestos manuais ou a postura são capazes de comunicar estados emocionais gerais (por exemplo: sentir-se mal), mas a complexidade dos músculos da face permite que as expressões faciais comuniquem sentimentos bastante específicos (por exemplo: sentir-se triste, irritado ou com medo). Alguns pesquisadores já afirmaram que, mesmo entre culturas, pessoas e sociedades, a face adquire a mesma aparência sempre que determinadas emoções são expressas; esse fenômeno é conhecido como posição *universalista*. Charles Darwin aderiu a essa visão, argumentando que, como parte de nossa herança evolutiva, as pessoas utilizam as mesmas expressões para comunicar as mesmas emoções. Em contrapartida, outros pesquisadores defendem a posição da *cultura aprendida*, segundo a qual os membros de uma cultura aprendem expressões faciais apropriadas para as emoções. Assim, essas expressões podem variar muito de uma cultura para outra. Qual dessas visões é mais precisa?

Conforme vimos anteriormente, Ekman e colaboradores concluíram, a partir de estudos interculturais, que pelo menos seis emoções são acompanhadas de expressões faciais universais: felicidade, tristeza, raiva, surpresa, medo e repulsa. Carroll Izard (1980) conduziu estudos similares na Inglaterra, na Alemanha, na Suíça, na França, na Suécia, na Grécia e no Japão, com resultados semelhantes entre si. Esses estudos parecem apoiar a posição universalista: independentemente da cultura, as pessoas tendiam a concordar a respeito de quais emoções os outros estavam expressando. Entretanto, tal pesquisa não exclui completamente a posição da cultura aprendida. Pelo fato de todos os participantes serem membros de países desenvolvidos cujas culturas provavelmente entraram em contato por meio de filmes, revistas e turismo, eles podem simplesmente ter se familiarizado com as expressões faciais vistas em outras culturas. Era necessário um teste mais rigoroso para reduzir ou eliminar essa possibilidade.

Tal teste foi possível com a descoberta de diversas culturas contemporâneas que estiveram totalmente isoladas da cultura ocidental durante a maior parte de sua existência. Membros das culturas fore e dani da

Nova Guiné, por exemplo, tiveram seu primeiro contato com antropólogos apenas alguns anos antes do início da pesquisa de Ekman. Essas culturas proporcionaram uma oportunidade quase perfeita para que se testasse o debate em torno das posições universalista e da cultura aprendida. Se os membros dessas populações interpretassem as expressões faciais da mesma maneira que ocidentais e produzissem em suas próprias faces essas mesmas expressões, haveria evidências muito mais fortes da universalidade das expressões faciais da emoção. Ekman e seus colegas apresentaram a membros da cultura fore três fotografias de pessoas de outras culturas e pediram que eles indicassem a figura que representasse o modo como eles se sentiriam em uma determinada situação. Por exemplo, quando fosse dito a um participante: "Seu filho morreu e você está muito triste", essa pessoa teria a oportunidade de escolher qual das três fotos correspondia de maneira mais fiel à tristeza. Os resultados indicaram taxas bastante elevadas de concordância quanto às expressões faciais das emoções (Ekman e Friesen, 1971; Ekman, Sorenson e Friesen, 1969). Além disso, quando as fotografias que retratavam as emoções primárias dos fore e dos dani foram mostradas a universitários dos EUA, a mesma concordância elevada foi constatada (Ekman e Friesen, 1975). Essa descoberta sugere que pelo menos algumas expressões emocionais são inatas.

Caso isso seja verdade, por que as pessoas freqüentemente ficam tão confusas com relação às emoções que estão sendo expressas por membro de outras culturas? A resposta reside em um princípio chamado de **regras de apresentação** (Ekman e Friesen, 1975), que diz respeito às circunstâncias apropriadas para que as pessoas demonstrem suas emoções. As regras de apresentação diferem substancialmente de uma cultura para outra. Em um estudo realizado com universitários japoneses e norte-americanos, os participantes assistiram, sozinhos ou na presença de um pesquisador, a filmes mostrando procedimentos cirúrgicos. As expressões faciais dos estudantes foram secretamente filmadas enquanto eles assistiam aos filmes. Os resultados mostraram que, quando os estudantes estavam sozinhos, tanto japoneses quanto norte-americanos mostraram expressões faciais de repulsa, conforme o esperado. Mas, quando assistiam aos filmes na presença de um pesquisador, os dois grupos apresentaram reações diferentes. Os estudantes norte-americanos continuaram demonstrando repulsa em seus rostos, mas os japoneses mostraram expressões faciais mais neutras, até mesmo um pouco agradáveis (Ekman, Friesen e Ellsworth, 1972).

Por que ocorreu essa mudança repentina? A resposta está nas diferentes regras de apresentação das duas culturas. A regra japonesa diz: "Não demonstre emoções negativas fortes na presença de um adulto respeitável" (nesse caso, o pesquisador). Em geral, os norte-americanos não obedecem a essa regra de apresentação; por isso, expressaram as mesmas emoções quando estavam sozinhos e na presença de alguém. Para interpretarmos o que as pessoas estão sentindo, precisamos compreender a expressão universal das emoções e as regras particulares que funcionam em determinada cultura.

TESTE SUA APRENDIZAGEM

1. As diferenças culturais, particularmente a _____, influenciam o modo como sentimos as emoções.
2. Duas importantes pistas não-verbais das emoções são a _____ _____ e a _____ _____.
3. Os homens tendem a considerar que a fonte de sua raiva está em seu _____.
4. Pesquisas mostram que algumas _____ _____ são reconhecidas universalmente.
5. _____ _____ são as circunstâncias culturais apropriadas para a demonstração das emoções na expressão facial.

Indique se as afirmações a seguir são verdadeiras (V) ou falsas (F).

_____ 6. O comportamento em público é um indício infalível das emoções.
_____ 7. As mulheres são melhores para decifrar pistas não-verbais que os homens
_____ 8. As mulheres sentem emoções de maneira mais profunda que os homens.
_____ 9. As mulheres expressam emoções de maneira mais aberta que os homens.
_____10. Os homens têm uma tendência maior de expressar violência diante de crises que mulheres

Respostas: 1. língua. 2. expressão facial, linguagem corporal. 3. ambiente. 4. expressões faciais. 5. regras de apresentação. 6. (F). 7.(V). 8. (F). 9. (V). 10. (V).

PALAVRA-CHAVE

Emoção
Perspectivas com relação à motivação
Instintos
Impulso
Teoria da redução de impulsos
Homeostase,
Impulsos primários
Impulsos secundários
Teoria da ativação

Lei de Yerkes-Dodson
Incentivos
Motivação intrínseca
Motivação extrínseca

Fome e sede
Anorexia nervosa
Bulimia

Outros motivos importantes
Motivos de estímulo

Agressão
Motivo de realização
Motivo de afiliação

Emoções
Teoria de James-Lange
Teoria de Cannon-Bard
Teoria cognitiva

Comunicando emoções
Regras de apresentação

REVISÃO DO CAPÍTULO

Perspectivas com relação à motivação

Como podemos empregar as motivações intrínseca e extrínseca para obter êxito na faculdade? Existem diversas maneiras de interpretar a motivação humana. A idéia de que nossa motivação baseia-se, em grande parte, em **instintos** era popular no começo do século XX, mas desde então vem perdendo apoio. A motivação humana também já foi vista como um esforço que visa à **redução de impulsos** e à **homeostase**, isto é, ao equilíbrio do corpo, bem como procura manter um nível ótimo de estimulação. Outra perspectiva é a de induções motivacionais ou **incentivos**. Quando as induções se originam da própria pessoa, são chamadas de **motivações intrínsecas** e, quando vêm do ambiente externo, são chamadas de **motivações extrínsecas**. As motivações extrínsecas podem certamente ajudá-lo a obter êxito na faculdade, por exemplo, quando seus pais prometem lhe dar um presente caro caso você tire notas altas. Entretanto, desenvolver a motivação intrínseca para obter êxito nos estudos surtirá um efeito maior e mais duradouro.

Abraham Maslow sugeriu que as motivações humanas podem ser dispostas de acordo com uma hierarquia, em que os motivos primitivos baseados em necessidades físicas se posicionam na base e as motivações superiores, tais como a auto-estima, posicionam-se em direção ao topo. Maslow acreditava que os motivos superiores não surgem até que os motivos mais básicos estejam satisfeitos, mas pesquisas recentes desafiam essa visão. Em algumas sociedades, as dificuldades de atender as necessidades básicas podem, na verdade, fomentar a satisfação de motivos superiores.

Fome e sede

Por que você geralmente fica com fome na hora das refeições? Como os fatores externos influenciam nossa vontade de comer? Como sua cultura influencia sua vontade de comer? A fome é controlada por diversos centros cerebrais. Esses centros são estimulados por receptores que monitoram o conteúdo do estômago a condição do sangue, especialmente seus níveis de glicose, gorduras e carboidratos. A fome é estimulada por fatores externos ao corpo, como os aromas da cozinha, e por fatores emocionais, culturais e sociais.

Que conceito os portadores de anorexia nervosa têm de seus corpos? Os distúrbios alimentares, particularmente a **anorexia nervosa** e a **bulimia**, são mais freqüentes entre as mulheres que entre os homens. Eles se caracterizam por uma preocupação extrema com a imagem do corpo e o peso.

Por que as dietas de emagrecimento geralmente falham no longo prazo? O corpo interpreta a perda rápida de peso como uma ameaça à sobrevivência e toma providências para evitar maiores perdas.

Sexo

De que maneira o impulso sexual se diferencia de outros impulsos primários? O sexo é um impulso primário que dá início ao comportamento reprodutivo essencial para a sobrevivência das espécies.

Em que medida compreendemos a biologia do impulso sexual?

Embora os hormônios estejam relacionados às reações sexuais humanas, eles não atuam de maneira tão dominante quanto em outras espécies de animais. Nos seres humanos, o cérebro também exerce uma poderosa influência sobre o impulso sexual.

Como a cultura influencia o comportamento sexual? Pelo fato de vivenciar experiências distintas, as pessoas têm diferentes preferências por estímulos sexualmente estimulantes. A cultura também influencia o que vem a ser considerado sexualmente atrativo.

Quais são os argumentos favoráveis e contrários a uma explicação biológica da homossexualidade? As pessoas que têm orientação heterossexual sentem-se sexualmente atraídas por membros do sexo oposto; as que têm orientação homossexual são sexualmente atraídas por membros do mesmo sexo. É provável que tanto fatores biológicos quanto ambientais expliquem a homossexualidade.

Outros motivos importantes

De que maneira os motivos de estímulo e sociais diferem dos impulsos primários? Ao contrário dos impulsos primários, os motivos de estímulo e sociais estão vinculados de maneira menos óbvia à sobrevivência do organismo ou das espécies, embora eles freqüentemente ajudem os seres humanos a se adaptar ao ambiente de maneira bem-sucedida. Os **motivos de estímulo,** tal como a pressa de explorar e manipular coisas, estão associados à obtenção de informações sobre o mundo. Os **motivos sociais**, como o desejo de se afiliar a outras pessoas, concentram-se nas interações humanas.

Que motivos levam as pessoas a explorar e a mudar o ambiente à sua volta? A exploração e a curiosidade são duas motivações humanas que nos encorajam tanto a explorar o ambiente que nos cerca quanto a mudá-lo.

A necessidade humana por contato é universal? Outro motivo de estímulo importante para os seres humanos e outros primatas é o de buscar várias formas de estimulação táctil. Esse motivo de contato pode ser observado na necessidade que uma criança tem de sentir-se segura e protegida.

A agressão é uma resposta biológica ou aprendida? Qualquer comportamento cuja intenção seja infligir danos físicos ou psicológicos a outras pessoas é um ato de **agressão**. Alguns psicólogos consideram que a agressão é um impulso inato dos seres humanos que precisa ser canalizado para fins construtivos, mas outros consideram que ela é uma reação aprendida muito influenciada pelos modelos. O fato de os níveis de agressividade diferirem de modo expressivo entre culturas tende a corroborar a visão de que os atos violentos são encorajados e modelados pela aprendizagem. A agressividade também apresenta diferenças relativas ao gênero, de maneira que os homens têm maior tendência de atacar outras pessoas e cometer atos de violência que as mulheres. Essas diferenças de gênero provavelmente dependem de uma interação existente entre natureza e educação.

Ser altamente competitivo é importante para uma elevada realização? Pessoas que demonstram o desejo de superação, de vencer obstáculos e de realizar feitos difíceis se destacam no que os psicólogos chamam de **motivo de realização**. Embora tanto o trabalho árduo quanto o forte desejo de vencer desafios contribuam para a realização, freqüentemente a competitividade em relação a outras pessoas não ocorre da mesma maneira. Na verdade, a competitividade pode interferir na realização — talvez por meio da alienação de outras pessoas, talvez por se tornar uma preocupação que as distrai da realização de objetivos.

Como os psicólogos explicam a necessidade humana de estar com outras pessoas? O **motivo de afiliação**, ou necessidade de estar com outras pessoas, é especialmente acentuado quando nos sentimos ameaçados ou ansiosos. A afiliação nesse caso pode neutralizar o medo e animar o espírito.

Emoções

Quantas emoções básicas existem? Existem emoções básicas que todas as pessoas sentem, independentemente de sua cultura?

O sistema de classificação de **emoções** de Robert Plutchik utiliza um círculo para posicionar oito categorias emocionais básicas. Mas nem todas as culturas categorizam as emoções. Algumas nem mesmo têm uma palavra equivalente a "emoção". Outras descrevem os sentimentos de acordo com suas sensações físicas. Uma análise intercultural da expressão emocional fez com que Paul Ekman afirmasse a universalidade de pelo menos seis emoções — felicidade, surpresa, tristeza, medo, repulsa e raiva. Muitos psicólogos também incluem o amor nessa lista.

Qual é a relação entre as emoções, as reações biológicas e os pensamentos? De acordo com a **teoria de James-Lange**, certos estímulos do ambiente são capazes de produzir alterações fisiológicas no corpo e, então, as emoções surgem a partir da consciência que temos dessas alterações. Em contrapartida, a **teoria de Cannon-Bard** afirma que as emoções e as reações do corpo ocorrem de maneira simultânea, e não uma após a outra. Uma terceira perspectiva, a **teoria cognitiva** da emoção, declara que nossas percepções e julgamentos a respeito das situações são essenciais para nossas experiências emocionais. Sem essas cognições, não saberíamos dar nome aos nossos sentimentos. Entretanto, nem todo mundo concorda com essa visão, uma vez que as emoções às vezes parecem surgir rapidamente demais para depender de avaliações mentais. C. E. Izard argumenta que as avaliações mentais podem não ser responsáveis pela origem das emoções, mas sim algumas expressões faciais inatas e posturas corporais, automaticamente acionadas em situações que estimulam as emoções e em seguida identificadas pelo cérebro como esse ou aquele sentimento.

Comunicando emoções

Que papel a voz e a expressão facial podem desempenhar na expressão das emoções? As pessoas às vezes expressam suas emoções verbalmente por meio de palavras, tom de voz, exclamações e outros sons. As expressões faciais são os mais óbvios indicadores não-verbais da emoção.

Como a postura e o espaço pessoal comunicam emoções? Outros indicadores envolvem a linguagem corporal — nossa postura, o modo como nos movemos, a distância pessoal que preferimos ter de outras pessoas quando conversamos com elas, nosso grau de contato visual. Atos explícitos, como bater uma porta, também expressam emoções. As pessoas variam quanto à capacidade de identificar essas pistas não-verbais.

Os homens são menos emotivos que as mulheres? Pesquisas confirmam algumas diferenças de gênero quanto à expressão e à percepção das emoções. Por exemplo: quando estão diante de uma pessoa angustiada, as mulheres têm uma tendência maior a expressar suas emoções que os homens, ainda que os níveis de estimulação fisiológica sejam os mesmos para ambos os sexos. Além disso, em algumas situações de estresse, como ser traído ou criticado, os homens tendem a demonstrar mais raiva e as mulheres, mais desapontamento e mágoa. Também existe uma parcela de verdade no estereótipo muito comum de que as mulheres são geralmente melhores na identificação da emoção alheia. Essa capacidade pode ter sido aguçada pelo papel que elas desempenham ao cuidar de bebês e por seu tradicional status de submissão aos homens.

Como a cultura é capaz de influenciar nossa maneira de expressar emoções? As expressões faciais associadas a certas emoções básicas parecem ser universais: as expressões são as mesmas, independentemente da formação cultural de uma pessoa. Essa descoberta intercultural contradiz a visão da cultura aprendida, que sugere que as expressões faciais das emoções são aprendidas de acordo com cada cultura. No entanto, isso não quer dizer que não existam diferenças culturais na expressão das emoções. Acima da expressão universal estão as **regras de apresentação**, que variam entre as culturas e controlam o momento apropriado de demonstrar uma emoção — para quem, por quem e sob quais circunstâncias. Outras formas de comunicação não-verbal das emoções variam mais entre as culturas que as expressões faciais.

PENSAMENTO CRÍTICO E APLICAÇÕES

1. As pessoas que tiram notas baixas na escola ou apresentam baixo desempenho no trabalho são freqüentemente consideradas desmotivadas. Que outras explicações são possíveis para esse desempenho abaixo dos padrões?

2. O que você recomendaria a alguém que quisesse perder peso, mas já tivesse fracassado muitas vezes?

3. Algumas pesquisas revelam que o tédio inspira a curiosidade; outros estudos mostram que a curiosidade é desencadeada por tudo que é novo e desconhecido. Explique por que essas descobertas não se contradizem. De que maneira você aplicaria tais conceitos em sala de aula?

4. Qual teoria das emoções você prefere e por quê?

5. Pense em como você vivencia e lida com os sentimentos de amor, raiva e tristeza. Você expressa todas essas emoções com igual facilidade e desenvoltura? Alguma delas faz com que você se sinta desconfortável? Suas reações a esses sentimentos são típicas do seu gênero e da sua cultura? Por quê?

9 O Desenvolvimento ao Longo da Vida

VISÃO GERAL

- Questões permanentes e métodos da psicologia do desenvolvimento
- Desenvolvimento pré-natal
- O recém-nascido
  - Reflexos
  - Temperamento
  - Capacidades perceptivas
- Infância
  - Desenvolvimento físico
  - Desenvolvimento motor
- Desenvolvimento cognitivo
- Desenvolvimento moral
- Desenvolvimento da linguagem
- Desenvolvimento social
- A televisão e as crianças
- Adolescência
  - Mudanças físicas
  - Mudanças cognitivas
  - Personalidade e desenvolvimento social
  - Alguns problemas da adolescência
- Vida adulta
  - Amor, parceiros e filhos
  - O mundo do trabalho
  - Mudanças cognitivas
  - Mudanças de personalidade
  - A "mudança de vida"
- Terceira idade
  - Mudanças físicas
  - Desenvolvimento social
  - Mudanças cognitivas
  - Lidando com o fim da vida

A INFÂNCIA DE KAY FOI BASTANTE INCOMUM. QUARTA DAS CINCO crianças de uma família muito rica, ela cresceu em casas suntuosas atendidas por numerosos empregados. Ainda que seja muito estranho, ela não tinha a menor consciência de ser rica. Nunca se falava em dinheiro naquela casa e ela, seu irmão e suas irmãs nunca ganhavam brinquedos caros. Desde muito cedo, ela se considerava tímida, passiva e insegura, desalinhada e quase nunca vestida à altura de sua condição. Ela invejava o jeito rebelde de sua segunda irmã, mas não tinha coragem de se rebelar também. Sua mãe, que nada fez para incutir nela maior autoconfiança, estabeleceu expectativas tão altas para seus filhos que alcançá-las parecia uma meta impossível. O homem com quem Kay se casou era brilhante, espirituoso, encantador e extremamente bem-sucedido. Ele controlava todas as decisões da vida familiar. Ele era o pensador criativo, ela punha as idéias em prática. Ele tornava a vida mais estimulante, ela era uma seguidora obediente. E, apesar disso, depois de sofrer em silêncio com os ataques de bebedeira do marido, sua irritação imprevisível, sua longa luta contra a psicose maníaco-depressiva e seu suicídio violento, ela assumiu os negócios da família e se tornou talentosa e poderosa à frente de um jornal altamente influente. Essa pobre menina rica, tão oprimida por suas próprias dúvidas, era Katharine Graham (1917-2001), antiga editora do jornal *The Washington Post*. Em 1997, aos 80 anos, ela ganhou o Prêmio Pulitzer por sua autobiografia (Graham, 1997).

O estudo de como as pessoas mudam desde o nascimento até a terceira idade é chamado de **psicologia do desenvolvimento**. Pelo fato de uma pessoa mudar com relação a praticamente tudo ao longo da vida, a psicologia do desenvolvimento inclui todos os outros tópicos que os psicólogos estudam, como pensamento, linguagem, inteligência, emoções e comportamento social. Mas os psicólogos do desenvolvimento se concentram apenas nas mudanças que ocorrem à medida que as pessoas amadurecem e envelhecem.

Questões permanentes e métodos da psicologia do desenvolvimento

Quais são algumas limitações dos métodos utilizados no estudo do desenvolvimento?

Na tentativa de compreender tanto o "o que" quanto o "porquê" do desenvolvimento humano, os psicólogos se concentram em três das questões permanentes que apresentamos no Capítulo 1:

1. **Características individuais *versus* traços compartilhados pelos seres humanos**. Embora existam muitos padrões comuns ao desenvolvimento humano, o desenvolvimento de cada pessoa também é, de certo modo, único. A vida de Katharine Graham ilustra bem isso. Como tantas outras

mulheres, ela passou pelas etapas da infância, adolescência e vida adulta; ela se casou, teve filhos, um emprego e se tornou avó. Tudo isso são marcos comuns do desenvolvimento. Ainda que de maneiras distintas, o desenvolvimento de Katharine Graham não foi como o de todas as pessoas. Nem toda mulher nasce em uma família tão rica, sente a timidez e a insegurança que ela sentia, vê-se obrigada a lidar com a morte precoce do marido e atinge postos tão elevados no mundo dos negócios. Essa combinação de elementos compartilhados e diferenciados é típica ao longo de todo o desenvolvimento humano. Todos fazemos essencialmente a mesma trajetória de desenvolvimento, mas cada um de nós trilha caminhos um pouco diferentes e vivencia os fatos de maneira distinta.

2. **Estabilidade *versus* mudança**. O desenvolvimento humano é caracterizado tanto pelas grandes transições de vida quanto pelas continuidades com o passado. A vida de Katharine Graham volta a ser um excelente exemplo disso. A morte de seu marido e o fato de ela ter assumido seu posto no jornal da família foi certamente uma grande mudança em seu desenvolvimento. De esposa obediente e submissa, ela passou a ser a realizada líder de um dos maiores jornais dos EUA. E, apesar de todas as mudanças que essa transição trouxe, ela ainda mantinha laços com a pessoa que havia sido antes. Sua insegurança com relação a seu desempenho atormentava-na incessantemente, mesmo no auge de seu sucesso. Ela passava as noites em claro, revendo o modo como lidava com as situações, perguntando-se como poderia ter feito melhor. A pequena garotinha que tinha medo de nunca ser "boa o suficiente" continuava viva dentro dela.

3. **Hereditariedade *versus* ambiente**. Esse tópico é central para a psicologia do desenvolvimento. O desenvolvimento humano pode ser explicado por uma combinação de forças biológicas e de experiências ambientais. Esses dois elementos interagem constantemente a fim de moldar o crescimento humano. O que fez com que Katharine Graham fosse a pessoa que ela se tornou? Ela própria dizia que lhe faltavam "instintos apropriados" para ser autoconfiante e ousada, que ela era, até certo ponto, resultado do legado que havia herdado. Apesar disso, ela reconhecia a importância crucial do ambiente. Quão diferente ela teria sido se houvesse nascido em uma família diferente, tivesse se casado com um marido diferente ou escolhido um trabalho diferente? As pessoas, ela escreveu, são "moldadas pela maneira como vivem seus dias". Esse é um conceito importante para a psicologia do desenvolvimento.

Você irá deparar freqüentemente com essas três grandes questões neste capítulo, à medida que avançarmos ao longo do curso da vida humana. Quando os psicólogos do desenvolvimento estudam o crescimento e as mudanças que ocorrem ao longo da vida, eles empregam os mesmos métodos de pesquisa utilizados por psicólogos de outras áreas: observação natural, pesquisas correlacionais e experimentos (veja o Capítulo 1). Mas, pelo fato de os psicólogos do desenvolvimento estar interessados nos processos de mudanças que ocorrem com o tempo, eles utilizam tais métodos em três tipos especiais de estudos: transversais, longitudinais e biográficos.

Em um **estudo transversal**, os pesquisadores examinam as mudanças no desenvolvimento observando ou realizando, ao mesmo tempo, testes com pessoas de diferentes faixas etárias. Por exemplo: eles podem estudar o desenvolvimento do pensamento lógico por meio da realização de testes com um grupo formado por crianças de seis anos de idade, outro formado por crianças de nove anos e um terceiro grupo de crianças de 12 anos, e assim buscar diferenças entre os grupos etários. Entretanto, um dos problemas dos estudos transversais é o de que eles não fazem distinção entre as diferenças etárias e as diferenças de coortes. Uma coorte é um grupo de pessoas nascido no mesmo período histórico: todos os norte-americanos nascidos em 1940, por exemplo, formam uma coorte. As diferenças de coortes são aquelas que existem entre indivíduos que nasceram e cresceram em diferentes períodos históricos. Se descobríssemos que pessoas de 40 anos são capazes de resolver problemas matemáticos mais difíceis que pessoas de 80, não saberíamos se essa diferença se deve à capacidade cognitiva superior dos mais jovens (uma diferença etária) ou ao fato de que o ensino da matemática era melhor há 40 anos do que foi há 80 (uma diferença de coorte).

Os **estudos longitudinais** resolvem esse problema ao realizar dois ou mais testes com as mesmas pessoas à medida que elas envelhecem. Por exemplo: os pesquisadores interessados no desenvolvimento do pensamento lógico podem começar suas pesquisas testando grupos de crianças de nove anos de idade e, depois, esperar três anos para testá-las novamente aos 12 anos. No entanto, um problema apresentado pelos estudos longitudinais é que eles não fazem distinção entre as diferenças etárias e as diferenças que surgem em decorrência da melhoria dos instrumentos de avaliação ou medição. Por exemplo: pesquisadores que estejam testando uma coorte de nove anos de idade podem vir a ter acesso a uma medida mais sensível do pensamento lógico do que aquela que usaram com as mesmas crianças aos seis anos. Assim, se eles descobrirem uma melhora significativa do pensamento lógico após esse período de três anos, não saberiam até que ponto isso refletiria o avanço da idade ou a ação de um instrumento de medida mais sensível.

Outra desvantagem de um estudo longitudinal é a de que ele demanda muito tempo, mesmo quando apenas o período da infância é investigado. Quando se investiga todo o período da vida adulta, um estudo longitudinal pode levar 50 anos ou mais. A fim de evitar os enormes gastos em um estudo tão extenso, os pesquisadores planejaram uma terceira maneira de estudar a idade adulta: o **estudo biográfico**. Com essa abordagem, o pesquisador pode começar o estudo com pessoas de 70 anos de idade e examinar a vida delas de maneira retroativa. Isto é, ele tentaria reconstruir o passado dessas pessoas por meio de entrevistas e consultas feitas a diversas outras fontes. Os dados biográficos são menos confiáveis que os transversais e longitudinais, uma vez que a memória que as pessoas têm de seu passado podem ser imprecisas. Juntos, esses métodos de pesquisa fornecem informações preciosas a respeito do desenvolvimento humano, que começa bem antes do nascimento.

Desenvolvimento pré-natal

Por que um organismo ou uma substância pode provocar efeitos devastadores em determinadas fases do desenvolvimento pré-natal, mas não em outros momentos?

Durante o período inicial do **desenvolvimento pré-natal** — estágio de desenvolvimento que vai da concepção ao nascimento —, o óvulo fertilizado se divide e dá início ao processo que o transformará, durante apenas nove meses, de um organismo unicelular em um ser humano complexo. As células que se dividem formam uma esfera côncava, que se fixa na parede do útero. Duas semanas após a concepção, as células começam a se especializar: algumas formarão os órgãos internos do bebê, outras formarão os músculos e ossos e outras formarão ainda a pele e o sistema nervoso. Quando deixa de ser uma massa de células não-diferenciadas, o organismo em desenvolvimento passa a ser chamado de **embrião**.

O estágio embrionário termina três meses após a concepção, quando o *estágio fetal* tem início. A essa altura, embora tenha apenas 2,5 centímetros de comprimento, o **feto** se parece rudimentarmente com um ser humano: tem braços e pernas, uma cabeça grande e um coração que já começou a bater. Embora já movimente várias partes do corpo, ainda é provável que se passe mais um mês até que a mãe sinta esses movimentos.

Um órgão chamado *placenta* nutre o embrião e o feto. Dentro da placenta, as veias sangüíneas da mãe transportam substâncias nutritivas para o novo ser, e retira de lá as excreções. Embora o sangue da mãe na verdade nunca se misture ao do filho, quase tudo o que ela come, bebe ou inala pode ser transmitido por meio da placenta. Se a mãe contrair uma infecção como sífilis, rubéola ou Aids, os microorganismos que provocam essas doenças podem atravessar a placenta e infectar o feto, geralmente com resultados desastrosos. Se a mãe inalar nicotina, beber álcool ou usar outras drogas durante a gravidez, essas substâncias também podem atravessar a placenta e comprometer o desenvolvimento do bebê (Brown, Bakeman, Coles, Sexson e Demi, 1998; Harris e Liebert, 1991).

Muitas substâncias potencialmente prejudiciais têm um **período crítico**, durante o qual elas apresentam maior probabilidade de provocar danos mais graves ao feto. Em outros períodos, essas mesmas substâncias podem não ter efeito algum. Por exemplo: se uma mulher contrair rubéola durante os três primeiros meses de gravidez, os efeitos podem variar da morte do feto ao parto de uma criança natimorta. Entretanto, é pouco provável que a rubéola contraída durante os últimos três meses de gravidez provoque danos severos ao feto, uma vez que o período crítico para a formação das principais partes do corpo já terá passado.

A gravidez tem maiores chances de terminar bem quando a mãe tem acesso a uma boa alimentação e a atendimento médico e quando evita se expor a substâncias que poderiam ser prejudiciais ao bebê, como o álcool. O álcool é a droga mais utilizada em excesso pelas mulheres grávidas — e com conseqüências devastadoras (Steinhausen, Willms e Spohr, 1993). Mulheres grávidas que consomem grandes quantidades de álcool correm o risco de dar à luz uma criança com **síndrome alcoólica fetal**, condição caracterizada por deformidades faciais, crescimento atrofiado e deterioração cognitiva (Mattson, Riley, Gramling, Delis e Jones, 1998; Shaffer, 1999). Até mesmo as menores quantidades de álcool podem provocar problemas neurológicos (Hunt, Streissguth, Kerr e Olson, 1995; Shriver e Piersel, 1994). Por isso, os médicos recomendam que as mulheres grávidas e aquelas que estão tentando engravidar se abstenham totalmente de beber álcool.

As mulheres grávidas também demonstram sensatez quando não fumam. O fumo limita o fornecimento de oxigênio para o feto, desacelera sua respiração e acelera os batimentos cardíacos. Essas alterações estão associadas a um risco significativamente maior de aborto (Ness *et al.*, 1999). Somente nos EUA, o fumo provoca cem mil abortos por ano. Bebês de mães fumantes também têm mais chances de apresentar baixo peso no nascimento, o que faz com que a criança corra o risco de desenvolver outros problemas de desenvolvimento (DiFranza e Lew, 1995).

O aumento do estresse psicológico e a maneira como ele é tratado durante a gravidez também parecem estar relacionados à saúde do recém-nascido. Por exemplo: um estudo (Rini, Dunkel-Schetter, Wadhwa e Sandman, 1999) descobriu que os riscos de um bebê nascer prematuro ou abaixo do peso são maiores quando as mães têm baixa auto-estima e se sentem pessimistas, estressadas e ansiosas durante a gravidez.

As diferenças de acesso a uma boa alimentação e ao atendimento médico explicam por que a taxa de mortalidade infantil nos EUA é mais de duas vezes maior entre os negros que entre os brancos (veja a Figura 9.1; Singh e Yu, 1995). Nesse país, uma porcentagem muito maior de negros vive na pobreza e é muito mais difícil para as mulheres pobres ter acesso a uma alimentação saudável e ir ao médico regularmente durante a gravidez (Aved, Irwin, Cummings e Findeisen, 1993).

TESTE SUA APRENDIZAGEM

1. O estágio de desenvolvimento que vai da concepção até o nascimento é chamado de _____ _____.
2. Durante os primeiros três meses do desenvolvimento pré-natal humano, quando todas as principais partes do corpo estão sendo formadas, o organismo em desenvolvimento é chamado de _____.
3. Durante os últimos seis meses do desenvolvimento pré-natal humano, quando ocorre um rápido aumento no tamanho e no peso e o corpo já está pronto para a vida fora do útero, o organismo em desenvolvimento é chamado de _____.
4. O órgão que nutre o embrião e o feto em desenvolvimento é chamado de _____.
5. O período durante o qual o organismo fica especialmente suscetível às influências do ambiente relacionadas a um aspecto particular do desenvolvimento é chamado de período _____.

Respostas: 1. desenvolvimento pré-natal. 2. embrião. 3. feto. 4. placenta. 5. crítico.

O recém-nascido

Em que medida os recém-nascidos são habilidosos?

As pesquisas invalidaram a velha idéia de que os **neonatos**, ou bebês recém-nascidos, não fazem nada além de comer, dormir e chorar, enquanto permanecem alheios ao mundo. É verdade que os recém-nascidos dormem até 20 horas por dia, mas quando estão acordados são muito mais conscientes e habilidosos do que pode parecer à primeira vista.

Reflexos

Quais reflexos iniciais permitem que os recém-nascidos reajam ao ambiente que os cerca?

Os recém-nascidos são dotados de diversos reflexos importantes. Muitos deles, como os que controlam a respiração, são essenciais para a vida fora do útero. Alguns ajudam o bebê a mamar. A tendência que o bebê tem de virar a cabeça na direção de qualquer coisa que toque sua bochecha é chamada de *reflexo de orientação*. Ele é muito útil para ajudar o bebê a encontrar o mamilo da mãe. O *reflexo de sucção* é a tendência que o bebê tem de sugar qualquer coisa colocada em sua boca, e o *reflexo de deglutição* ajuda o bebê a engolir o leite e outros líquidos sem se sufocar.

Outros reflexos têm propósitos menos óbvios. O *reflexo de preensão* é a tendência de segurar vigorosamente o dedo de um adulto ou qualquer outro objeto colocado nas mãos do bebê. O *reflexo de caminhar* é a tendência que todo bebê tem de mover as pernas como se estivesse caminhando toda vez que é segurado verticalmente e seus pezinhos tocam uma superfície plana. Esses dois reflexos normalmente desaparecem após dois ou três meses de idade, ressurgindo posteriormente como um ato voluntário de agarrar coisas (perto dos cinco meses) e um caminhar real (ao final do primeiro ano de vida).

Bebês muito novos também são capazes de realizar um tipo de comportamento surpreendentemente complexo: o de imitar as expressões faciais dos adultos. Se um adulto abrir a boca ou mostrar a língua, os recém-nascidos em geral respondem abrindo as boquinhas e mostrando suas línguas (McCall, 1979; Meltzoff e Moore, 1985). Quando essa capacidade de imitar foi percebida pela primeira vez, os psicólogos ficaram surpresos. Como os bebês desempenhavam respostas tão complexas em uma idade em que não têm idéia de como é seu próprio rosto, nem muito menos como fazer expressões faciais específicas? Hoje em dia está claro que essa imitação precoce é apenas um reflexo primitivo, como os de agarrar e de caminhar. O comportamento desaparece após algumas semanas e, muitos meses depois, ressurge sob uma forma mais complexa (Bjorklund, 1989; Wyrwicka, 1988).

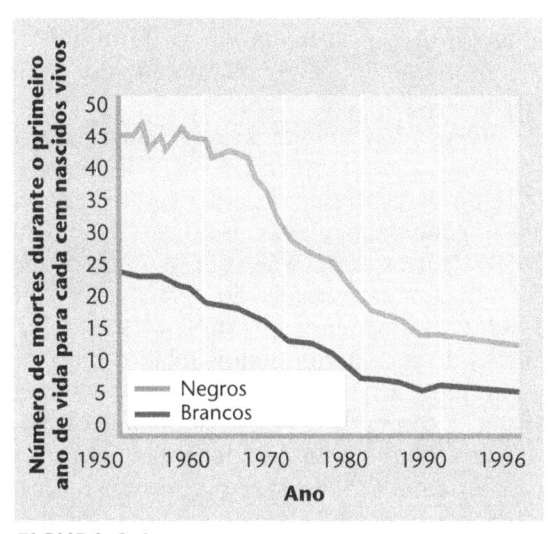

FIGURA 9.1
Índices de mortabilidade entre crianças negras e brancas nos EUA.
Fonte: National Center for Health Statistics, 1995 (até 1990); BlackHealthCare.com, 2000 (1991–1996).

Quase todos os recém-nascidos reagem ao rosto, à voz e ao toque humanos. Esse comportamento aumenta suas chances de sobrevivência. Afinal, os bebês são totalmente dependentes das pessoas que cuidam deles; portanto, é essencial que o início de suas relações sociais seja bom. Desde o início, eles têm um meio de comunicar suas necessidades às pessoas com as quais vivem: eles choram. E rapidamente — em apenas seis semanas — desenvolvem um método de comunicação ainda melhor, que funciona como um agradecimento às pessoas que estão trabalhando tão duro para que eles fiquem felizes: eles sorriem.

Temperamento

Seu temperamento é igual ao que você tinha quando era recém-nascido?

Podemos nos sentir tentados a falar de bebês como se todos fossem iguais, mas eles apresentam diferenças individuais quanto ao **temperamento** (Goldsmith e Harman, 1994; Piontelli, 1989). Alguns choram muito mais que outros; alguns são muito mais ativos. Alguns bebês adoram ser acariciados; outros parecem se contorcer desconfortavelmente quando estão no colo. Alguns são altamente reativos aos estímulos que os cercam, ao passo que outros se mantêm bastante tranqüilos, independentemente do que vejam ou escutem.

Em um estudo clássico sobre o temperamento de bebês, Alexander Thomas e Stella Chess (1977) identificaram três tipos de bebês: "fáceis", "difíceis" e os que são "lentos para aquecer". Os bebês "fáceis" são dóceis e adaptáveis, fáceis de cuidar e agradar. Os bebês "difíceis" são rabugentos e veementes, reagem a novas pessoas e situações de maneira negativa e enérgica. Os bebês "lentos para aquecer" são relativamente passivos, lentos para responder ao que é novo e, quando reagem, suas respostas são brandas. A esses três tipos, Jerome Kagan e seus colegas (Kagan, Reznick, Snidman, Gibbons e Johnson, 1988; Kagan e Snidman, 1991) adicionaram um quarto: o bebê "retraído". Crianças retraídas são tímidas e inibidas, têm medo de tudo o que é novo ou estranho. Seus sistemas nervosos reagem aos estímulos de maneira tipicamente hipersensível (Kagan, 1994). Kagan descobriu diferenças interessantes na freqüência com que vários comportamentos relacionados ao temperamento são demonstrados por bebês de diferentes culturas. Ele e seus colegas pensavam que tais diferenças ocorreriam, em grande parte, em virtude dos efeitos de diferentes conjuntos de genes e predisposições genéticas (Kagan, Arcus e Snidman, 1993).

Entretanto, algumas evidências sugerem que as diferenças de temperamento também podem decorrer de influências pré-natais. Em particular, o estresse da mãe seguramente produz alterações nos batimentos cardíacos e nos movimentos do feto que, por sua vez, estão relacionados ao temperamento da criança. Alguns psicólogos acreditam que a mistura de hormônios que ocorre no útero pode ser tão importante na determinação do temperamento quanto os genes herdados pela criança (Azar, 1997b; DiPietro, Hodgson, Costigan e Johnson, 1996).

Independentemente da razão inicial que dá origem ao temperamento dos bebês, ela geralmente se mantém bastante estável ao longo do tempo. Em um estudo em que se pedia que as mães descrevessem os temperamentos de seus filhos, características como o grau de irritabilidade, flexibilidade e persistência eram relativamente estáveis do nascimento até os oito anos de idade (Pedlow, Sanson, Prior e Oberklaid, 1993). Outros estudos descobriram que crianças nervosas ou difíceis têm chances de se tornarem "crianças problemáticas", que são agressivas e têm dificuldades na escola (Guérin, 1994; Patterson e Bank, 1989; Persson-Blennow e McNeil, 1988). Um estudo longitudinal realizado com crianças retraídas e com alguns de seus pares menos inibidos mostrou que a maioria das crianças retraídas continuou relativamente tímida na metade da infância, assim como a maioria das crianças desinibidas permaneceu extrovertida e confiante (Kagan e Snidman, 1991).

Uma combinação de fatores biológicos e ambientais geralmente contribui para essa estabilidade de comportamento. Por exemplo: se um recém-nascido tem uma predisposição inata de chorar com freqüência e reagir às coisas de maneira negativa, os pais podem se sentir cansados, frustrados e até mesmo irritados. Tais reações dos pais podem reforçar o comportamento difícil do bebê, e assim ele tende a persistir. Mesmo se as crianças nascem com um determinado comportamento, elas não mantêm necessariamente esse temperamento a vida toda. As predisposições de cada criança interagem com suas vivências, e a maneira como a criança muda é resultado dessa interação (Kagan, 1989, 1994; Kagan, Snidman e Arcus, 1992; Maccoby, 2000).

Capacidades perceptivas

Quais são os sentidos mais desenvolvidos no nascimento e quais são os menos desenvolvidos?

Os recém-nascidos podem enxergar, ouvir e compreender muito mais do que as gerações anteriores os julgavam capazes. Seus sentidos funcionam razoavelmente bem quando nascem e desenvolvem-se de maneira rápida para níveis próximos aos dos adultos. Os recém-nascidos começam a captar e processar informações originárias do mundo exterior assim que chegam a ele — ou, em alguns casos, até mesmo antes disso.

Visão Ao contrário dos filhotes de cachorro ou de gato, os bebês humanos nascem de olhos abertos e funcionando, ainda que o mundo lhes pareça um pouco confuso à primeira vista. Eles enxergam com mais clareza quando os rostos ou objetos estão a uma distância de 20 a 25 centímetros. A acuidade visual (clareza de visão) melhora rapidamente, assim como a capacidade de focalizar objetos que estão a diferentes distâncias. Perto dos seis a oito meses de idade, os bebês enxergam quase tão bem quanto um estudante universitário médio, embora seu sistema visual ainda leve de três a quatro anos para se desenvolver por completo (Maurer e Maurer, 1988).

Até mesmo os bebês muito novos já têm suas preferências visuais. Preferem olhar para uma nova imagem ou um novo modelo a olhar para algo que já viram muitas vezes. Se puderem escolher entre duas figuras ou padrões, ambos novos para eles, os bebês geralmente preferem aquele que apresenta contrastes mais definidos. Essa preferência explica o motivo pelo qual eles escolhem olhar para um padrão em preto e branco em detrimento de um colorido, mesmo que sejam capazes de distinguir entre as cores primárias e o cinza. Para um bebê jovem, contudo, o padrão não deve ser demasiadamente complexo: um padrão em branco e preto no estilo de um grande tabuleiro de xadrez é preferido a um outro com campos quadrados pequenos, uma vez que os quadrados menores tendem a ficar embaçados na visão do bebê. À medida que os bebês crescem e sua visão melhora, eles preferem cada vez mais os padrões complexos, o que talvez reflita sua necessidade de um ambiente cada vez mais complexo (Acredolo e Hake, 1982; Fantz, Fagan e Miranda, 1975).

Em geral, os bebês consideram os rostos e as vozes dos humanos particularmente interessantes (veja Flavell, 1999). Eles não apenas gostam de fitar o rosto alheio, como também de seguir o olhar do outro. Hood, Willen e Driver (1998) colocaram a fotografia de um rosto humano em um monitor de vídeo. Às vezes o adulto representado fixava o olhar para a frente, outras vezes para a direita ou para a esquerda. Os pesquisadores descobriram que crianças de apenas três meses de idade percebiam a direção do olhar do adulto e mudavam seu próprio olhar de acordo com isso. Os recém-nascidos também preferem olhar para a própria mãe a olhar para uma pessoa estranha (Walton, Bower e Bower, 1992). Pelo fato de ver a mãe com tanta freqüência, eles memorizam conjuntos com diferentes imagens dela (a partir de diversos ângulos etc.). Essa familiaridade visual gera a preferência pela mãe (Walton e Bower, 1993).

Percepção de profundidade   Percepção de profundidade é a capacidade de ver o mundo em três dimensões, com alguns objetos próximos e outros mais distantes. Embora os pesquisadores não tenham encontrado provas de percepção de profundidade em bebês com idade inferior a quatro meses (Aslin e Smith, 1988), a capacidade de ver o mundo em três dimensões já está bem desenvolvida quando o bebê aprende a engatinhar, entre os seis e os 12 meses de idade.

Essa descoberta foi demonstrada em um experimento clássico que utilizou um dispositivo chamado de *penhasco visual* (Walk e Gibson, 1961). Os pesquisadores dividiram uma mesa em três partes. O centro era uma rampa firme, posicionada cerca de 2,5 centímetros acima do restante da mesa. De um lado dessa rampa estava uma superfície sólida, decorada segundo o padrão de um tabuleiro de xadrez e coberta com uma camada de vidro transparente. O outro lado também estava revestido com uma espessa camada de vidro transparente, mas nesse lado — o do penhasco visual — a superfície de tabuleiro de xadrez não estava diretamente abaixo do vidro, e sim um metro abaixo dele. Um bebê em idade de engatinhar foi colocado no meio da rampa e a mãe ficava de um lado para o outro, encorajando-o a engatinhar sobre o vidro em sua direção. Todos os bebês com idades entre seis e 14 meses se recusaram a engatinhar sobre o penhasco visual, mesmo que estivessem perfeitamente dispostos a atravessar o lado "raso" da mesa. Quando o lado "fundo" separava o bebê e a mãe, algumas crianças choravam; outras examinavam a superfície que estava abaixo do vidro ou tateavam o vidro com as mãos. Esses comportamentos demonstravam claramente que eles eram capazes de perceber a profundidade.

Outros sentidos   Mesmo antes de os bebês nascerem, seus ouvidos funcionam perfeitamente. Dentro do útero, os fetos são capazes de escutar sons e se assustam com ruídos fortes e repentinos que ocorrem no ambiente que cerca a mãe. Após o nascimento, os bebês dão sinais de que se lembram de sons que escutavam quando ainda estavam no útero. Os bebês também nascem com a capacidade de perceber a origem de um som. Eles demonstram isso ao girar a cabeça em direção à fonte que produz o som (Muir, 1985).

Os bebês são especialmente sintonizados com os sons da fala humana. Bebês de apenas um mês de idade são capazes de distinguir entre sons muito parecidos, como "pa-pa-pa" e "ba-ba-ba" (Eimas e Tartter, 1979). Em alguns casos, os bebês novos distinguem os sons da fala muito melhor que as crianças mais velhas e os adultos. À medida que as crianças crescem, freqüentemente perdem a capacidade de perceber a diferença entre dois sons da fala muito parecidos que não sejam distintos em sua língua materna (Werker e Desjardins, 1995). Por exemplo: bebês japoneses muito novos não encontram problemas ao distinguir "ra" e "la", sons que não são diferenciados na língua japonesa. No entanto, quando completam um ano não conseguem mais perceber a diferença entre esses dois sons (Werker, 1989).

TESTE SUA APRENDIZAGEM

1. Quais são os quatro tipos de temperamento?
2. Indique se as afirmações a seguir são verdadeiras (V) ou falsas (F).
   ___a. Os reflexos de preensão e de caminhar geralmente desaparecem depois de dois ou três meses.
   ___b. A capacidade que um bebê recém-nascido tem de imitar expressões faciais é mais bem entendida como um reflexo.
   ___c. O temperamento de um recém-nascido geralmente não tem correspondência com seu comportamento posterior.
   ___d. Os bebês preferem olhar para imagens que lhes são familiares a olhar para novas imagens.
   ___e. Os recém-nascidos preferem olhar para suas mães a olhar para pessoas estranhas.
   ___f. Um bebê jovem pode distinguir melhor os sons da fala que uma criança mais velha.
3. Que dispositivo é utilizado para determinar se os bebês são ou não capazes de perceber a profundidade?

Respostas: 1. fácil, difícil, "lento para aquecer", retraído. 2. a. (V). b. (V). c. (F). d. (F). e. (V). f. (V). 3. penhasco visual.

Em relação ao paladar e ao olfato, os recém-nascidos têm preferências bastante claras. Eles gostam de sabores doces, predileção que persiste durante a infância. Bebês com apenas algumas horas de vida demonstram prazer ao sentir o gosto de água adocicada, mas fazem careta ao provar do suco de limão (Steiner, 1979).

À medida que os bebês crescem, sua percepção do mundo se torna mais aguçada e significativa. Dois fatores são importantes para esse desenvolvimento. Um deles é o amadurecimento físico dos órgãos dos sentidos e do sistema nervoso; o outro é o ganho de experiência a partir da vivência nesse mundo. Os bebês aprendem coisas relativas às pessoas e aos objetos do ambiente que os cerca e são expostos a uma grande variedade de visões, sons, texturas, odores e sabores. Como resultado, um crescente lastro de memórias e interpretações enriquece a percepção dos bebês.

Infância

Que tipos de mudanças ocorrem durante a infância?

Durante mais ou menos os primeiros 12 anos de vida, um bebê indefeso se torna um membro apto da sociedade. Muitos tipos importantes de desenvolvimento ocorrem durante esses primeiros anos. Falaremos agora das mudanças físicas e motoras, bem como das alterações cognitivas e sociais.

Desenvolvimento físico

As crianças crescem em ritmo constante?

No primeiro ano de vida, os bebês crescem em média 25,5 centímetros e engordam cerca de sete quilos. Aos quatro meses de idade, o peso de nascimento dobra e, ao fim de um ano, triplica. Durante o segundo ano, o crescimento físico diminui consideravelmente. Até o começo da adolescência não ocorrem mais aumentos rápidos na altura e no peso.

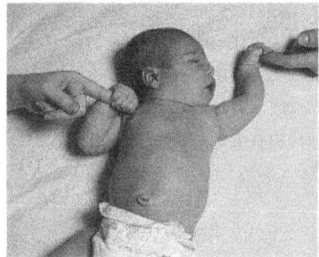

A seqüência normal do desenvolvimento motor. Quando nascem, os bebês têm reflexos de preensão e de caminhar. Aos dois meses, conseguem levantar a cabeça e os ombros. Aos seis meses e meio já se sentam sozinhos e, perto dos nove meses de idade, ficam de pé (quando se apóiam em alguma coisa). Começam a engatinhar, em média, aos dez meses de idade e a andar com um ano de vida.

O crescimento da criança não ocorre de maneira lenta e contínua tal como mostrada nas tabelas de crescimento. Em vez disso, dá-se de maneira intermitente (Lampl, Veidhuis e Johnson, 1992). Quando os bebês são medidos diariamente ao longo dos primeiros 21 meses, a maioria não apresenta crescimento em 90 por cento do tempo, mas eles crescem e muito rápido — às vezes de maneira surpreendente. Parece incrível, mas algumas crianças chegam a crescer 2,5 cm de altura da noite para o dia!

Alterações expressivas nas proporções corporais acompanham mudanças no tamanho do bebê. Durante os dois anos que se seguem ao nascimento, a cabeça das crianças parece grande em relação ao resto do corpo, uma vez que o cérebro passa por um rápido crescimento. O cérebro de uma criança atinge três quartos do seu tamanho adulto perto dos dois anos de idade, quando o crescimento da cabeça desacelera e o corpo passa a crescer mais. O desenvolvimento da cabeça está praticamente completo aos dez anos, mas o corpo continua a crescer por muito mais tempo (veja a Figura 9.2).

Desenvolvimento motor

Andar precocemente indica uma futura capacidade desportiva?

O termo *desenvolvimento motor* se refere à aquisição de habilidades de movimento, como agarrar, engatinhar e andar. As *idades* em que, *em média*, tais habilidades são adquiridas são chamadas de *normas de desenvolvimento*. Próximo aos nove meses, por exemplo, uma criança normal consegue ficar de pé ao se apoiar em alguma coisa. As crianças começam a engatinhar, em média, aos dez meses e a andar com um ano de vida. Entretanto, algumas crianças normais se desenvolvem mais rapidamente que a média, ao passo que outras se desenvolvem mais lentamente. Um bebê cujo crescimento esteja três ou quatro meses atrasado pode ser perfeitamente normal, e outro cujo crescimento esteja três ou quatro meses adiantado não está necessariamente predestinado a ser um atleta famoso. Até certo ponto, os pais podem acelerar a aquisição de habilidades motoras nas crianças, fornecendo-lhes oportunidades de fazer exercícios e encorajando-as. As diferenças relativas a esses fatores parecem ser responsáveis pela maior parte das diferenças interculturais quanto à idade média na qual as crianças atingem certos marcos do desenvolvimento motor (Hopkins e Westra, 1989, 1990).

Um desenvolvimento motor muito precoce consiste em substituir os reflexos pelas ações voluntárias (Clark, 1994). Os reflexos de preensão e de caminhar dos recém-nascidos, por exemplo, são substituídos pelos atos voluntários de agarrar algo e caminhar, observados em bebês mais velhos. O desenvolvimento motor ocorre de maneira *próximo-distal* — isto é, do ponto mais próximo ao centro do corpo (proximal) até o mais distante (distal). Por exemplo: inicialmente, os bebês têm muito mais controle sobre os movimentos do braço que sobre os dos dedos. Começam a dar pequenos golpes em objetos próximos já no primeiro mês, mas não alcançam objetos com precisão até os quatro meses de idade. Eles precisam de ainda um ou dois meses para obter êxito ao agarrar objetos que tentam pegar (Von Hofsten e Fazel-Zandy, 1984). Primeiro, eles agarram com a mão toda, mas ao final do primeiro ano, já pegam objetos pequenos com o polegar e o indicador.

O termo **maturação** se refere aos processos biológicos que se desdobram à medida que a pessoa cresce e contribuem para seqüências metódicas de mudanças provocadas pelo desenvolvimento, como a

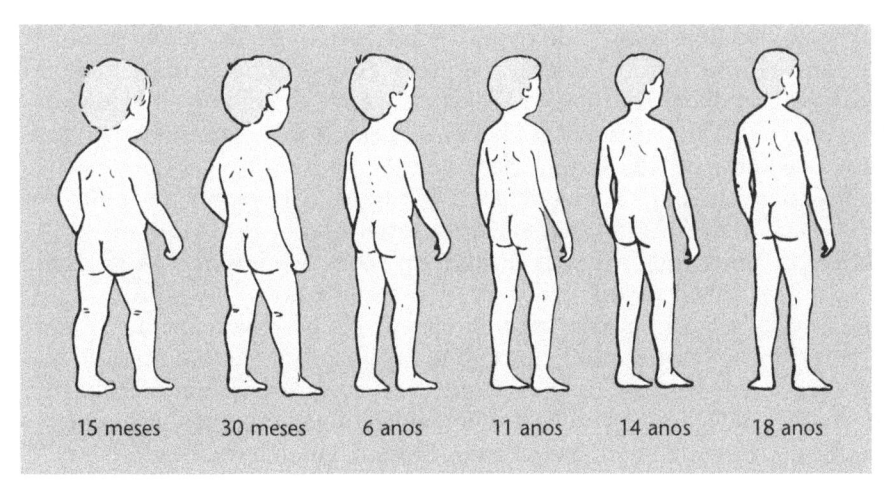

FIGURA 9.2

Proporções corporais em várias idades. Crianças pequenas são "mais pesadas na parte de cima": têm cabeça grande e corpo pequeno. À medida que crescem, o corpo e as pernas ficam mais compridos e a cabeça se torna proporcionalmente menor.

Fonte: da obra de Bailey, *Individual patterns of development*. Copyright © 1956 da Society for Research in Child Development. Adaptação autorizada.

progressão pela qual um bebê passa ao engatinhar, ao caminhar de maneira cambaleante e, por fim, ao andar de maneira segura. Os psicólogos pensavam que o amadurecimento do sistema nervoso central era o principal responsável por muitas mudanças nas primeiras habilidades motoras — e, portanto, o ambiente e a experiência desempenhavam um papel menos importante no surgimento de tais habilidades. Mas essa visão vem mudando (Thelen, 1994, 1995). Atualmente, muitos pesquisadores consideram o desenvolvimento motor precoce o resultado de uma combinação de fatores tanto internos quanto externos. A criança desempenha um papel ativo no processo explorando, descobrindo e escolhendo soluções para as demandas de novas tarefas. Um bebê que esteja aprendendo a engatinhar, por exemplo, precisa descobrir como posicionar o corpo sem encostar a barriga no chão e coordenar os movimentos dos braços e das pernas a fim de manter o equilíbrio para seguir adiante (Bertenthal *et al.*, 1994). O que não funciona deve ser descartado ou adaptado; o que funciona deve ser lembrado e evocado para uso futuro. Esse processo é contrário à idéia de que o bebê começa a engatinhar de um dia para o outro apenas porque atingiu um ponto de "prontidão" maturescente.

À medida que a coordenação se desenvolve, as crianças aprendem a correr, pular e subir nos lugares. Aos três ou quatro anos, começam a usar as mãos para realizar tarefas cada vez mais complexas — aprendem a calçar os sapatos e vestir luvas, abotoar camisas, fechar zíperes, amarrar cadarços e segurar um lápis. Gradualmente, por meio de uma combinação de prática e amadurecimento físico do corpo e do cérebro, as crianças adquirem habilidades motoras cada vez mais complexas e tornam-se capazes de andar de bicicleta, de patins e nadar. Perto dos 11 anos de idade, algumas crianças começam a se tornar muito hábeis nessas tarefas (Clark, 1994).

Desenvolvimento cognitivo

Como a capacidade de raciocínio da criança muda ao longo do tempo?

O desenvolvimento cognitivo na infância consiste, em parte, em mudanças no modo como as crianças pensam sobre o mundo. O teórico mais influente dessa área foi o psicólogo suíço Jean Piaget (1896-1980). A primeira formação de Piaget como biólogo teve importante influência sobre suas visões. Ele se interessou pelo desenvolvimento cognitivo quando estava trabalhando como assistente de pesquisa no laboratório de Alfred Binet e Theodore Simon, criadores do primeiro teste de inteligência padronizado para crianças. Piaget ficou intrigado com as razões que as crianças apresentavam ao responder a certas questões de maneira incorreta (Brainerd, 1996). Mais tarde, ele observou e estudou outras crianças, inclusive seus três filhos. Ele os observava brincando, solucionando problemas e realizando tarefas diárias; fazia-lhes perguntas e elaborava provas a fim de saber como pensavam.

Piaget acreditava que o desenvolvimento cognitivo era um modo de adaptação ao ambiente. Ao contrário de outros animais, as crianças não são dotadas de muitas respostas inatas. Essa característica lhes dá maior flexibilidade de adaptar seu pensamento e seu comportamento, a fim de se "ajustar" ao mundo à medida que o vivenciam em determinada idade. Na visão de Piaget, as crianças são intrinsecamente motivadas a explorar e a compreender as coisas. Elas são participantes ativas na criação de sua própria interpretação do mundo. Essa visão é uma das maiores contribuições de Piaget (Fischer e Hencke, 1996; Flavell, 1996). Outra contribuição é sua proposição da existência de quatro estágios básicos de desenvolvimento cognitivo. Essas etapas estão resumidas na tabela-resumo a seguir.

Estágio sensório-motor (do nascimento aos dois anos) De acordo com Piaget, os bebês passam seus dois primeiros anos de vida no **estágio sensório-motor** do desenvolvimento. Eles simplesmente utilizam as habilidades com as quais já nasceram — primordialmente, a de sugar e a de agarrar — em uma grande variedade de atividades. Os bebês muito novos adoram levar coisas à boca — o seio da mãe, seu próprio polegar ou qualquer outra coisa que esteja a seu alcance. De maneira semelhante, agarram um chocalho por reflexo. Quando percebem que o som vem do chocalho, começam a sacudir tudo que conseguem segurar, em uma tentativa de reproduzir o som. Finalmente, eles distinguem entre coisas que fazem barulho e as que não fazem. Dessa maneira, os bebês começam a organizar suas experiências, colocando-as em categorias rudimentares, tais como "sugável" ou "não-sugável", "barulhento" ou "não-barulhento".

Outro resultado importante do estágio sensório-motor, segundo Piaget, é o desenvolvimento da **permanência do objeto**, isto é, a consciência de que os objetos continuam a existir mesmo que estejam fora de nosso campo de visão. Para um recém-nascido, os objetos que desaparecem simplesmente deixam de existir — "o que os olhos não vêem o coração não sente". Mas, à medida que as crianças adquirem experiência no mundo, desenvolvem a percepção da permanência dos objetos. Quando têm entre 18 e 24

TABELA-RESUMO

ESTÁGIOS DE DESENVOLVIMENTO COGNITIVO DE PIAGET

Estágio	Idade aproximada	Principais características
Sensório-motor	0-2 anos	Permanência do objeto Representações mentais
Pré-operacional	2-7 anos	Pensamento representativo Jogos de fantasia Gestos simbólicos Egocentrismo
Operacional-concreto	7-11 anos	Conservação Classificação complexa
Operacional-formal	Adolescência-idade adulta	Pensamento abstrato e hipotético

meses, conseguem até mesmo imaginar o movimento de um objeto que, na verdade, elas não vêem se mexer. Essa última habilidade depende da capacidade de formar **representações mentais** de objetos e manipular tais representações em sua cabeça. Essa é a conquista mais importante do final do estágio sensório-motor.

No final do estágio sensório-motor, as crianças que começam a andar desenvolveram também a capacidade de auto-reconhecimento — isto é, são capazes de reconhecer a criança que aparece no espelho como "eu mesma". Em um famoso estudo, as mães faziam uma marquinha de tinta vermelha no nariz dos filhos enquanto fingiam estar limpando o rosto deles. Depois, cada criança era colocada em frente ao espelho. Bebês com menos de um ano de idade olhavam fascinados para o bebê de nariz vermelho que aparecia no espelho; alguns deles até mesmo esticavam os braços na tentativa de tocar o reflexo do nariz. Mas os bebês que tinham entre 21 e 24 meses levantavam os braços e tocavam seus próprios narizes vermelhos, mostrando, dessa maneira, que eles sabiam que o bebê de nariz vermelho do espelho era "eu" (Brooks-Gunn e Lewis, 1984).

Estágio pré-operacional (dois a sete anos) Quando as crianças entram no **estágio pré-operacional** do desenvolvimento cognitivo, seu pensamento ainda está muito limitado às suas experiências físicas e perceptivas. Mas sua crescente capacidade de usar representações mentais lança as bases para o desenvolvimento da linguagem — uso de palavras como símbolos que representam acontecimentos, além de descrever e recordar experiências e permitir que se raciocine sobre elas. (Em breve, falaremos muito mais a respeito do desenvolvimento da linguagem.) O pensamento representativo também estabelece os fundamentos de outros dois marcos típicos desse estágio — a participação em *jogos de fantasia* (uma caixa de papelão vira um castelo) e o uso de *gestos simbólicos* (cortar o ar com uma espada imaginária para matar um dragão de mentira).

Embora as crianças dessa idade tenham feito progressos em relação ao pensamento sensório-motor, ainda não pensam da mesma maneira que as crianças mais velhas ou os adultos. Por exemplo: as crianças da pré-escola são **egocêntricas**. Elas têm dificuldade de ver as coisas do ponto de vista de outra pessoa ou de se colocar no lugar dos outros.

As crianças dessa idade também se enganam facilmente pelas aparências (Flavell, 1986). Elas tendem a concentrar sua atenção no aspecto mais saliente de uma exibição ou um acontecimento, ignorando todo o resto. Em um famoso experimento, Piaget mostrou a crianças em idade pré-operacional dois copos idênticos, preenchidos com suco até o mesmo nível. Perguntou-lhes então qual dos copos continha mais suco, e elas responderam (corretamente) que ambos continham a mesma quantidade. Então, Piaget despejou o suco de um dos copos em outro, mais alto e mais estreito. Novamente, perguntou às crianças qual dos copos continha mais suco. Elas olharam para os dois recipientes, viram que o nível de líquido no copo maior e mais estreito era bem mais elevado, e então responderam que esse copo continha mais suco. De acordo com Piaget, as crianças desse estágio não conseguem levar em conta nem o passado (Piaget simplesmente despejou todo o suco de um recipiente no outro), nem o futuro (caso ele tivesse despejado o suco de volta ao copo anterior, os níveis de ambos os copos seriam idênticos). Elas também não são capazes de considerar ao mesmo tempo a altura e a largura de um recipiente. Assim, não entendem como o aumento em uma dimensão (altura) pode ser contrabalançado pela diminuição de outra dimensão (largura).

Estágio operacional-concreto (sete a 11 anos)   Durante o **estágio operacional-concreto**, as crianças ficam mais flexíveis com relação ao seu pensamento. Elas aprendem a levar em conta mais de uma dimensão de um problema ao mesmo tempo e a enxergar uma situação do ponto de vista de outra pessoa. Essa é a idade em que elas se tornam capazes de compreender os **princípios de conservação**, tais como a idéia de que o volume de um líquido continua o mesmo independentemente do tamanho e do formato do recipiente que o contém. Outros princípios de conservação relacionados dizem respeito a quantidade, extensão, área e massa. Todos envolvem a compreensão de que quantidades básicas permanecem constantes independentemente de alterações superficiais na aparência — que quase sempre podem ser revertidas.

Outra conquista desse estágio é a capacidade de compreender complexos esquemas de classificação, como os que envolvem classes superordenadas e subordinadas. Por exemplo: se você mostrar a uma criança em idade pré-escolar quatro cães e dois gatos de brinquedo, e perguntar a ela se há mais cães ou mais animais presentes, quase sempre a criança responderá que há "mais cães". Somente depois dos sete ou oito anos ela conseguirá pensar nos objetos como , simultaneamente, membros de duas classes, uma mais inclusiva que a outra. Mesmo depois de alguns anos na escola, o pensamento das crianças ainda está muito limitado ao "aqui e agora". Freqüentemente, elas são incapazes de solucionar problemas que não tenham pontos de referência concretos que possam manipular ou imaginar estar manipulando.

Estágio operacional-formal (adolescência-idade adulta)   Essa limitação é superada no **estágio operacional-formal** do desenvolvimento cognitivo, geralmente alcançado durante a adolescência. Os jovens dessa idade conseguem pensar de maneira abstrata. São capazes de formular hipóteses, testá-las mentalmente e aceitá-las ou rejeitá-las de acordo com os resultados dessas experimentações mentais. Portanto, são capazes de ir além do "aqui e agora" e compreender as coisas em termos de causa e efeito, considerar as possibilidades bem como as realidades, e desenvolver e utilizar regras, princípios e teorias gerais.

Críticas à teoria de Piaget   O trabalho de Piaget gerou enorme controvérsia. Muitos questionam sua suposição de que existem estágios distintos do desenvolvimento cognitivo que sempre progridem de maneira ordenada e seqüencial, e de que uma criança precisa passar por um estágio antes de entrar em outro (Brainerd, 1978; Siegel, 1993). Alguns consideram o desenvolvimento cognitivo um processo mais gradual, resultante da lenta aquisição de experiência e prática, e não da emergência repentina de níveis de capacidades distintamente superiores (Paris e Weissberg, 1986).

A teoria de Piaget também recebeu críticas por supor que as crianças pequenas compreendem muito pouco a respeito do mundo, como, por exemplo, sobre a permanência dos objetos (veja Gopnik, Meltzoff e Kuhl, 1999; Meltzoff e Gopnik, 1997). Quando se oferece oportunidade para que bebês novos demonstrem sua compreensão sobre a permanência dos objetos sem que se peça que eles procurem um objeto ausente, eles freqüentemente parecem saber que os objetos continuam a existir quando estão escondidos por outros (Baillargeon, 1994). Os bebês também revelam outros conhecimentos bastante sofisticados a respeito do mundo que Piaget pensava que eles não tinham, como uma rudimentar compreensão dos números (Wynn, 1995). Em idades mais avançadas, realizações cognitivas marcantes também parecem ser alcançadas muito antes do que ele acreditava (Gopnik, 1996).

Outros críticos argumentam que Piaget minimizou a importância da interação social sobre o desenvolvimento cognitivo. Por exemplo: o influente psicólogo russo Lev Vygotsky afirmou que pessoas cujo pensamento é mais complexo oferecem oportunidades de desenvolver a capacidade cognitiva das crianças com as quais interagem (Vygotsky, 1978). Essas experiências de aprendizagem dependem muito da cultura de determinada sociedade, outro fator ignorado por Piaget (Daehler, 1994).

Por fim, embora a teoria de Piaget nos forneça um caminho esquematizado do desenvolvimento cognitivo, os interesses e as experiências de cada criança podem influenciar tal desenvolvimento de maneiras não explicadas por essa teoria. Assim sendo, afirmam alguns críticos, a teoria de Piaget não lida adequadamente com a diversidade humana.

Desenvolvimento moral

Como o gênero e os antecedentes étnicos influenciam o desenvolvimento moral?

Uma das mudanças importantes no pensamento que ocorre durante a infância e a adolescência é o desenvolvimento do raciocínio moral. Lawrence Kohlberg (1979, 1981) pesquisou esse tipo de desenvolvimento ao contar histórias que ilustravam tópicos morais complexos aos participantes de seus estudos. O "Dilema de Heinz" é a mais conhecida dessas histórias:

> Na Europa, uma mulher estava quase morrendo, vítima de câncer. Havia uma substância que poderia salvá-la, uma variação do elemento rádio que um farmacêutico da cidade acabara de descobrir. O farmacêutico estava cobrando $ 2 mil, valor dez vezes superior ao custo da produção da droga. O marido da mulher doente, Heinz, procurou todas as pessoas que conhecia para pedir dinheiro emprestado, mas só conseguiu reunir cerca de metade do valor. Ele contou ao farmacêutico que sua esposa estava morrendo e pediu que este lhe vendesse o remédio por um valor mais baixo ou que permitisse que ele o pagasse depois. Mas o farmacêutico disse: "Não". O homem ficou desesperado e invadiu a loja do farmacêutico para roubar o remédio para sua esposa. (Kohlberg, 1969, p. 379).

Às crianças e aos adolescentes que haviam escutado a história era feita a seguinte pergunta: "O marido deveria ter feito o que fez? Por quê?"

Com base nas respostas dos participantes (especialmente à segunda: "Por quê?"), Kohlberg afirmou que o raciocínio moral se desenvolve em etapas, de maneira muito parecida à explicação de Piaget para o desenvolvimento cognitivo. Crianças pré-adolescentes encontram-se no que Kohlberg chamou de *nível pré-convencional* de raciocínio moral: elas tendem a interpretar o comportamento com base em suas conseqüências concretas. Crianças mais novas que estão nesse nível baseiam seus julgamentos do que seja um comportamento "certo" ou "errado" no fato de ele ser recompensado ou punido. Crianças um pouco mais velhas, ainda nesse nível, orientam suas escolhas morais com base no que satisfaz necessidades, especialmente as suas próprias.

Com a chegada da adolescência e a mudança para o pensamento formal-operacional, há condições para que se avance para o nível do raciocínio moral, o *nível convencional*. Nesse nível, o adolescente a princípio define comportamento correto como aquele que satisfaz ou ajuda outras pessoas e é aprovado por elas. Por volta da metade da adolescência, ocorre mais uma mudança: o jovem passa a considerar várias virtudes sociais abstratas, tais como ser um "bom cidadão" e ter respeito à autoridade. Ambas as formas de raciocínio moral convencional exigem uma capacidade de pensar em valores abstratos como, por exemplo, "dever" e "ordem social", de considerar as intenções que estão por trás de um comportamento e de se colocar no lugar de outras pessoas.

O terceiro nível de raciocínio moral, o *nível pós-convencional*, exige uma forma de pensamento ainda mais abstrata. Esse nível se caracteriza por uma ênfase em princípios abstratos como "justiça", "liberdade" e "igualdade". Padrões morais pessoais e intensamente sentidos se tornam indicadores na decisão do que é certo ou errado. O fato de essas decisões corresponderem às regras e leis de uma determinada sociedade em determinado momento é irrelevante. Pela primeira vez, as pessoas se tornam conscientes das discrepâncias que existem entre o que eles consideram ser moral e o que a sociedade determinou como legal.

As visões de Kohlberg têm sido criticadas de diversas maneiras. Primeiramente, as pesquisas indicam que muitas pessoas de nossa sociedade, tanto adultas como adolescentes, nunca foram além do nível convencional de raciocínio moral (Conger e Petersen, 1991). Será que essa descoberta significa que essas pessoas são moralmente "subdesenvolvidas", conforme estaria subentendido na teoria de Kohlberg?

Em segundo lugar, tal teoria não leva em consideração as diferenças culturais dos valores morais. Kohlberg situa as considerações sobre "justiça" no nível mais elevado do raciocínio moral. Entretanto, no Nepal, os pesquisadores descobriram que um grupo de adolescentes budistas situava o mais elevado valor moral no alívio do sofrimento e na demonstração de compaixão, conceitos que não encontram lugar no esquema de desenvolvimento moral de Kohlberg (Huebner, Garrod e Snarey, 1990).

Em terceiro lugar, a teoria de Kohlberg foi considerada sexista — ele descobriu que os meninos geralmente obtinham mais pontos em seu teste de desenvolvimento moral que as meninas. De acordo com Carol Gilligan (1982, 1992), isso acontecia porque os garotos têm maior tendência a basear seus julgamentos morais no conceito abstrato de justiça, ao passo que as garotas tendem a se basear na preocupação com outras pessoas e na importância das relações pessoais. Na visão de Gilligan, não existe motivo válido para supor que alguma dessas perspectivas seja moralmente superior à outra. Embora pesquisas subseqüentes tenham descoberto que as diferenças de gênero quanto ao pensamento moral tendem a diminuir na idade adulta (L. D. Cohn, 1991), as preocupações relacionadas à tendência sexista da teoria de Kohlberg ainda persistem.

Pesquisas mais recentes sobre desenvolvimento moral caminham no sentido de ampliar o enfoque de Kohlberg. Esses pesquisadores estão interessados em pesquisar os fatores que influenciam as escolhas morais na vida diária, e em que medida essas escolhas são realmente postas em prática. Em outras palavras, eles desejam compreender tanto o comportamento moral quanto o pensamento moral (Power, 1994).

Desenvolvimento da linguagem

Como a criança desenvolve as habilidades lingüísticas?

O desenvolvimento da linguagem segue um padrão previsível. Com cerca de dois meses de idade, um bebê começa a emitir ruídos. Depois de mais um ou dois meses, entra no estágio de **balbuciação** e começa a repetir sons como *da*, ou até mesmo sons sem significado que os psicólogos do desenvolvimento chamam de "resmungos"; esses sons são os alicerces para o posterior desenvolvimento da linguagem (Dill, 1994). Alguns meses mais tarde, o bebê pode enfileirar o mesmo som, em seqüências como *dadadada*. Por fim, será capaz de fazer combinações de diferentes sons, como *dabamaga* (Ferguson e Macken, 1983).

Até mesmo os filhos surdos de pais surdos que se comunicam por meio da linguagem de sinais realizam uma espécie de balbuciação (Pettito e Marentette, 1991). Assim como as crianças que ouvem, eles começam a balbuciar antes dos dez meses de idade — mas o fazem com as mãos! Da mesma maneira que os bebês que ouvem emitem sons repetidamente, os bebês surdos realizam movimentos repetitivos com as mãos, parecidos aos da linguagem de sinais.

Gradualmente, a balbuciação vai assumindo determinadas características da linguagem adulta. Quando os bebês têm entre quatro e seis meses, suas vocalizações começam a mostrar sinais de *entonação*, isto é, o aumento e a diminuição de volume que permite que os adultos diferenciem, por exemplo, perguntas ("Você está cansado?") de afirmações ("Você está cansado"). Também por volta dessa idade, os bebês aprendem os sons básicos de sua língua nativa e conseguem distingui-los dos sons de outras línguas (Cheour *et al.*, 1998). Aos seis meses, conseguem reconhecer palavras de uso mais comum, como seus próprios nomes (Kuhl, Williams e Lacerda, 1992; Mandel, Jusczyk e Pisoni, 1995) e as palavras *papai* e *mamãe* (Tincoff e Jusczyk, 1999).

Perto do primeiro aniversário, os bebês começam a utilizar a entonação para indicar comandos e perguntas (Greenfield e Smith, 1976). Mais ou menos com a mesma idade, indicam que compreendem o que lhes é dito e começam não apenas a imitar o que os outros dizem, mas também a usar os sons para chamar atenção. A vocalização também se torna cada vez mais comunicativa e socialmente direcionada. Os pais facilitam esse processo conversando com o bebê em "maternalês". Essa "língua de mãe" é falada lentamente com frases simples, voz em volume elevado, repetições e entonações exageradas — características que chamam a atenção dos bebês e os ajudam a distinguir os sons de sua língua (Hampson e Nelson, 1993).

Toda essa preparação leva à pronuncia da primeira palavra por volta dos 12 meses de idade, que em geral é *dada*. Durante os próximos seis ou oito meses, as crianças montam um vocabulário de frases de uma palavra só, chamadas de **holofrases**: "Lá!"; "Fora!"; "Mais!" As crianças podem também compor uma palavra a partir de duas, como *záfoi* (já foi). A essas holofrases, elas podem agregar palavras usadas para se dirigir a pessoas — *Tchau, tchau* é uma das expressões preferidas — e algumas exclamações, como *Ai!*.

No segundo ano de vida, as crianças começam a distinguir entre elas e as outras. Palavras que indicam posse caracterizam grande parte do vocabulário: "(Esses sapatos são) do papai". Mas a grande paixão de crianças entre 12 e 24 meses é dar nome às coisas. Com pouca ou nenhuma sugestão, elas nomeiam quase tudo o que vêem, embora nem sempre de maneira correta! As crianças dessa idade são fascinadas pelos objetos. Se não souberem o nome de um objeto, elas simplesmente inventam um ou usam outra palavra que é quase a correta. A ajuda corretiva dos pais ("Isso não é um cachorro, é uma vaca") aumenta o vocabulário e as ajuda a compreender quais nomes não podem ser dados a classes de palavras ("cachorro" não é uma palavra usada para dar nome aos animais de quatro patas que vivem nas fazendas e mugem em vez de latir).

Durante o terceiro ano de vida, as crianças começam a formar frases com duas ou três palavras, como "Olha papai", "Neném chora", "Minha bola" e "Cachorro faz au-au". Gravações feitas de conversas entre mães e filhos mostram que as crianças com idades entre 24 e 36 meses omitem de maneira perceptível os verbos auxiliares e as terminações verbais ("Eu [estou] come[ndo] tudo"), bem como as preposições e artigos ("Que[r] subi[r] [no] balanço") (Bloom, 1970). Aparentemente, as crianças dessa idade apoderam-se das partes mais importantes da fala, aquelas que contêm a maior parte do significado.

Após os três anos de idade, as crianças começam a completar suas frases ("Lu escola" passa a ser "Lu vai pra escola"), e a produção da linguagem aumenta de maneira surpreendente. As crianças começam a empregar o pretérito dos verbos, assim como o tempo presente. Às vezes, elas *regularizam* o pretérito, aplicando uma forma regular no lugar da forma irregular correta (dizendo "fazi" no lugar de "fiz", por exemplo). Erros desse tipo são sinais de que a criança compreende de maneira implícita as regras básicas da língua (Marcus, 1996). Crianças em idade pré-escolar também fazem mais perguntas e aprendem a usar com eficácia o "por quê?" (às vezes de maneira até monótona). Aos cinco ou seis anos, a maioria dispõe de um vocabulário com mais de 2.500 palavras e é capaz de elaborar frases de seis a oito palavras.

Teorias do desenvolvimento da linguagem As crianças aprendem rapidamente o vocabulário de sua língua nativa, bem como as complexas regras para a colocação de palavras em sentenças. Duas teorias muito diferentes explicam o desenvolvimento da linguagem. B. F. Skinner (1957) acreditava que os pais e outras pessoas ouvem os ruídos e balbucios dos bebês e reforçam esses sons, que, em sua maioria, são parecidos com os da fala adulta. Se o bebê disser algo como *mama*, a mãe reforçará esse comportamento com sorrisos e atenção. À medida que as crianças crescem, as coisas que elas dizem devem ser cada vez mais parecidas com a fala adulta para serem reforçadas. Crianças que chamam a pessoa errada de "mamãe" têm menores chances de receber um sorriso de volta; elas são elogiadas apenas quando utilizam uma palavra de maneira apropriada. Skinner acreditava que a compreensão da gramática, da construção de palavras e de muitas outras coisas era adquirida de maneira semelhante.

Hoje, a maioria dos psicólogos e lingüistas acredita que, sozinha, a aprendizagem não é capaz de explicar a velocidade, a precisão e a originalidade com que as crianças aprendem a fazer uso da linguagem (Chomsky, 1986; Jenkins, 2000; Pinker, 1994, 1999). Noam Chomsky (1965, 1986) foi o crítico mais influente da idéia de que a linguagem precisa *ser ensinada* às crianças. Em vez disso, ele argumenta que as crianças já nascem com um **dispositivo de aquisição da linguagem**, um mecanismo interno "acoplado" ao cérebro humano, que facilita a aprendizagem da linguagem e torna-a universal (Kuhl, Kuhl e Williams, 1992). Esse dispositivo de aquisição é como um "mapa" interno da linguagem: tudo o que a criança tem de fazer é preencher os espaços em branco com as informações que lhe são fornecidas pelo ambiente. Uma criança norte-americana preenche tais espaços vazios com palavras da língua inglesa, uma criança mexicana os preenche com palavras em espanhol e assim por diante. Uma teoria mais recente, proposta por Steven Pinker (1994, 1999) afirma que, em grande parte, forças evolutivas podem ter moldado a linguagem, dotando os seres humanos do que ele chama de *instinto da linguagem*.

Mas o ambiente precisa fazer mais pelas crianças do que fornecer palavras que preencham os espaços em branco de seu mapa interno da linguagem. Crianças que não têm o estímulo social de pessoas com quem conversar são lentas para assimilar palavras e regras gramaticais. Bebês criados em instituições, que não têm ao seu redor adultos sorridentes que lhes recompensem os esforços, balbuciam como qualquer outra criança, mas demoram muito mais para começar a falar que bebês criados em famílias (Brown, 1958). De maneira análoga, a maior atenção que se dá aos bebês primogênitos de um casal deve explicar por que essas crianças tendem a ser mais adiantadas no desenvolvimento da linguagem que os filhos que nascem depois (Jones e Adamson, 1987).

A importância do ambiente social para o desenvolvimento da linguagem foi documentada em um estudo feito por Betty Hart e Todd Risley (1995; veja Chance, 1997, para um resumo). Esses pesquisadores compararam o ambiente lingüístico fornecido a crianças em idade pré-escolar em casa durante um período de três meses. Eles descobriram que tanto a qualidade quanto a quantidade das experiências lingüísticas variavam de acordo com o nível educacional dos pais. Por exemplo: os pais que tinham recebido uma educação melhor apresentavam a seus filhos três vezes mais palavras que os pais que tinham um nível mais baixo de educação. Os pais mais educados também davam mais explicações, faziam mais perguntas e produziam mais feedback. Além disso, também tinham muito mais reforços positivos, como: "Isso mesmo" ou "Muito bem". Os pais cujo nível de educação era inferior tendiam a fazer mais comentários negativos sobre o comportamento da criança (dizendo "Não" ou "Pare com isso") que positivos. Essas diferenças de ambiente anteciparam diferenças no resultado escolar posterior das crianças, especialmente com relação às habilidades lingüísticas.

Bilingüismo e êxito na escola Para quase dez milhões de crianças em idade escolar nos EUA, o inglês não é a primeira língua.

Como podemos maximizar o êxito escolar dessas crianças? Será que elas deveriam ser educadas apenas em inglês ou será que pelo menos algumas das aulas deveriam ser dadas a elas em sua língua materna? Um relatório sobre educação bilíngüe na cidade de Nova York mostrou que alunos cuja maioria das aulas é ministrada em inglês aprendem melhor a língua inglesa que os estudantes que assistem a aulas de algumas matérias em sua língua materna. Além disso, jovens que pertencem a grupos que valorizam muito a aprendizagem do inglês — como os imigrantes russos, coreanos e chineses — são aprovados nas classes bilíngües muito mais rápido que os provenientes de grupos que não valorizam tanto a aprendizagem do inglês (Dillon, 1994).

Desenvolvimento social

Como os pais podem ajudar seus filhos a se tornar, ao mesmo tempo, pessoas apegadas e independentes?

Aprender a interagir com outras pessoas é um dos aspectos importantes do desenvolvimento na infância. Desde cedo, as relações mais importantes para as crianças são as que elas estabelecem com os pais e outras pessoas que cuidam delas. Mas já aos três anos de idade, seu âmbito de relacionamentos importantes se expande para incluir irmãos, colegas com quem brincam, outras crianças e adultos que não fazem parte da família. Seu mundo social se expande ainda mais quando vão para a escola. Conforme veremos, o desenvolvimento social envolve tanto as relações atuais quanto as relações novas ou que estão em processo de transformação.

Relações entre pais e filhos na infância: desenvolvimento do apego Filhotes de muitas espécies seguem suas mães por todos os lados em virtude da **estampagem**.

Logo depois de nascer, eles desenvolvem uma forte ligação com o primeiro objeto móvel que vêem. Na natureza, esse objeto é geralmente a mãe, primeira fonte de alimentação e proteção. Mas nos experimentos de laboratório, determinadas espécies de animais, como os gansos, foram chocadas em incubadoras e estamparam outros chamarizes — brinquedos mecânicos e até mesmo seres humanos (Hoffman e DePaulo, 1977; Lorenz, 1935). Esses filhotes de ganso seguem sua "mãe" humana, sem demonstrar qualquer interesse nas fêmeas adultas de sua própria espécie.

Os recém-nascidos humanos não estampam o primeiro objeto que vêem em movimento, porém gradualmente desenvolvem um **apego**, ou vínculo emocional, com as pessoas que cuidam deles (independentemente do gênero dessas pessoas). Conforme vimos no Capítulo 8, estudos clássicos realizados com filhotes de macacos sugerem que a sensação de segurança provocada pelo contato físico e pela proximidade é uma importante fonte de apego (Harlow, 1958; Harlow e Zimmerman, 1959).

É claro que nos seres humanos esse apego é formado ao longo de muitas horas de interação, durante as quais os bebês e os pais constroem uma estreita relação. Sinais de apego são evidentes aos seis meses de idade, ou até mesmo antes disso. O bebê reage com sorrisos e ruídos quando vê a pessoa que cuida dele, e com choro e olhares tristes quando essa pessoa vai embora. Por volta dos sete meses de idade, o comportamento de apegar-se torna-se mais intenso. O bebê estende os braços para ser pego pela pessoa que cuida dele e se agarra a ela, especialmente quando está cansado, triste ou amedrontado. O bebê também começa a desconfiar de pessoas estranhas, às vezes reagindo com um choro estridente até mesmo diante da mais amigável aproximação feita por alguém desconhecido. Se mesmo por alguns minutos, o bebê é separado da pessoa que cuida dele em um lugar que não lhe é familiar, ele geralmente fica bastante contrariado.

Freqüentemente, os pais ficam confusos diante desse novo comportamento de seus bebês outrora tão dóceis, mas ele é perfeitamente normal. Na verdade, a ansiedade gerada pela separação da mãe indica que o bebê desenvolveu um senso de "permanência da pessoa" juntamente com seu senso de permanência dos objetos. Para bebês de cinco meses de idade, quando as mães saem do quarto ainda vale a regra que diz que "o que os olhos não vêem, o coração não sente", mas para os bebês de nove meses, a memória da mãe permanece e eles comunicam, a plenos pulmões, que a querem de volta!

De maneira ideal, os bebês aprendem finalmente que podem contar com a presença da mãe e de outras pessoas que cuidam deles sempre que precisarem. O psicólogo Erik Erikson (1902-1994) denominou esse comportamento de desenvolvimento da *confiança básica* (veja o Capítulo 10). Em sua teoria do desenvolvimento psicossocial, que abrange todo o curso da vida (desde o nascimento até a velhice), cada estágio da vida apresenta uma tarefa ou um desafio principal relacionado ao "eu" e aos outros, e com o qual as pessoas devem lidar de alguma maneira, obtendo êxito ou não (Erikson, 1963). O desafio do primeiro estágio, que abrange o primeiro ano de vida, é desenvolver a confiança básica no mundo, especialmente nas pessoas desse mundo. Se em geral as necessidades dos bebês são atendidas, eles desenvolvem a confiança em outras pessoas e em si mesmos. Vêem o mundo como um lugar seguro e com o qual podem contar, e são otimistas com relação ao futuro. Em contrapartida, os bebês cujas necessidades nem sempre são satisfeitas, ou que são cuidados por babás insensíveis ou ausentes, crescem sentindo medo e muita ansiedade com relação à sua própria segurança. Essa visão é apoiada por pesquisas segundo as quais crianças que crescem em famílias equilibradas geralmente constroem vínculos mais fortes com seus pais que as criadas em famílias repletas de rivalidades (Frosch, Mangelsdorf e McHale, 2000). Erikson se referia a esses dois possíveis resultados como *confiança* versus *desconfiança*.

À medida que os bebês desenvolvem a confiança básica, abandonam a preocupação com a disponibilidade da pessoa que cuida dele. Acabam descobrindo que existem outras coisas interessantes no mundo. No início de maneira reticente, depois com mais coragem, eles se afastam dessa pessoa para se aventurar na investigação dos objetos e das outras pessoas que os cercam. Essa investigação é uma primeira indicação do desenvolvimento da **autonomia** da criança, ou de seu senso de independência. Autonomia e apego podem parecer conceitos opostos, mas, na verdade, estão intimamente relacionados. A criança que já construiu um apego seguro com as pessoas que cuidam delas são capazes de explorar o ambiente que as cerca sem medo. Essa criança sabe que quem cuida dela estará por perto quando ela realmente precisar, e assim essa pessoa funciona como uma "base segura" a partir da qual se aventurar (Ainsworth, 1977).

Crianças inseguramente apegadas à mãe têm menor tendência de explorar um ambiente que não lhes é familiar, mesmo quando a mãe está presente. Se deixada em um lugar estranho, a maioria das crianças pequenas chora e se recusa a ser consolada, mas uma criança inseguramente apegada tende a continuar chorando mesmo depois que a mãe retorna, empurrando-a com raiva ou ignorando-a por completo. Em contrapartida, na mesma situação uma criança de 12 meses de idade seguramente apegada tem maior probabilidade de correr em direção à mãe para ganhar um abraço e ouvir palavras de confiança e depois voltar a brincar (Ainsworth, Blehar, Waters e Wall, 1978).

A importância de um apego seguro desde o início da vida torna-se evidente muitos anos depois. Estudos realizados com crianças de um a seis anos de idade mostraram que aquelas que estabeleceram um apego seguro com suas mães até a idade de 12 meses tendiam a ficar mais à vontade com outras crianças, mais interessadas em explorar novos brinquedos e mais entusiastas e persistentes diante de novas tarefas (Harris e Liebert, 1991). Alguns pesquisadores acreditam que um apego seguro gera gradativamente um *modelo positivo de funcionamento interno* de si e dos outros (Belsky, Spritz e Crnic, 1996; Bowlby, 1969, 1982). Essas crianças passam a se ver basicamente como pessoas adoráveis e competentes, e aos outros como confiáveis e colaboradores (Thompson e Gazel, 1994). Esse modelo de funcionamento interno influencia positivamente as respostas das crianças diante da maioria das coisas que conhecerão à medida que crescerem.

Com cerca de dois anos de idade, as crianças começam a afirmar sua crescente independência, comportando-se de maneira negativa diante da interferência dos pais. Elas se recusam a tudo: a se vestir ("Não!"), ir dormir ("Não!"), usar o peniço ("Não!"). O resultado mais comum dessas primeiras mostras de independência é a disciplina que os pais começam a fornecer à criança. Eles lhe dizem que ela tem de comer e ir para a cama em determinado horário, que não deve puxar o rabo do gato nem dar pontapés na irmã e que precisa respeitar as coisas alheias. O conflito entre a necessidade dos pais de paz e ordem e o desejo da criança de autonomia freqüentemente gera dificuldades. Mas ele é o primeiro e essencial passo para a **socialização**, processo por meio do qual as crianças aprendem comportamentos e atitudes apropriados a sua família e sua cultura.

Erikson viu duas saídas possíveis para esse conflito precoce: *autonomia* versus *vergonha e dúvida*. Se um bebê que está aprendendo a andar não consegue adquirir um senso de independência e separação em relação às outras pessoas, uma dúvida interna pode se instalar. A criança pode começar a questionar sua capacidade de agir de maneira eficaz no mundo. Se os pais ou outros adultos subestimam os esforços de uma criança que está aprendendo a andar, ela também pode começar a se sentir envergonhada. Em contrapartida, necessidade de autonomia e de socialização pode ser satisfeita caso os pais permitam que a criança tenha uma quantidade relativa de independência, ao mesmo tempo em que insistam para que ela siga determinadas regras.

Relações entre pais e filhos na infância À medida que as crianças crescem, seu mundo social se expande. Elas brincam com irmãos e amigos, vão para a escola maternal, para a creche ou para o jardim de infância. Para Erikson, o período que vai dos três aos seis anos é um estágio de crescente iniciativa, acompanhada de uma culpa potencial (*iniciativa* versus *culpa*). As crianças dessa idade demonstram atitudes cada vez mais independentes — fazer planos, realizar projetos, dominar novas habilidades — para atingir seus objetivos, que vão desde andar de bicicleta até pôr a mesa, desenhar, pintar e escrever palavras simples. O apoio dos pais nessas iniciativas gera um sentimento de alegria ao assumir novas tarefas. Mas, se as crianças forem repetidamente criticadas e repreendidas pelo que fazem de errado, podem desenvolver fortes sentimentos de inutilidade, ressentimento e culpa. Na visão de Erikson, evitar esses sentimentos negativos é o maior desafio dessa fase.

A influência que o estilo de criação exerce sobre os pontos de vista e o comportamento da criança tem sido tema de extensivas pesquisas. Diana Baumrind (1972) descobriu que *pais autoritários*, que controlam rigidamente o comportamento dos filhos e insistem em uma obediência inquestionável, têm mais chances de formar crianças retraídas e desconfiadas. Mas a criação *permissiva* também pode surtir efeitos negativos: quando os pais exercem muito pouco controle, seus filhos tendem a ser altamente dependentes e sem autocontrole. O estilo de criação mais bem-sucedido é o que Baumrind chama de *autoritativo*. Pais autoritativos fornecem estrutura e orientação firmes sem ser exageradamente controladores. Eles ouvem as opiniões de suas crianças e explicam as decisões que tomam, mas deixam claro que são eles que fazem as regras e as impõem. Pais que empregam essa abordagem têm maiores chances de ter filhos autoconfiantes e socialmente responsáveis.

É claro que os pais não definem sozinhos a relação que terão com seus filhos: as crianças também os influenciam (Collins, Maccoby, Steinberg, Hetherington e Bornstein, 2000). Os pais não agem da mesma maneira com todos os seus filhos (embora possam dizer que tentam fazê-lo), porque cada criança é um indivíduo diferente. Uma criança solícita e responsável tem maiores chances de provocar comportamento autoritativo nos pais, ao passo que uma criança impulsiva e de difícil trato exigirá um estilo de criação autoritário. Por exemplo: crianças com distúrbios de conduta deparam com respostas controladoras de muitos adultos, até mesmo daqueles que não tratam seus próprios filhos de maneira controladora (O'Leary, 1995). Assim, as crianças influenciam as pessoas que cuidam delas tanto quanto estas as influenciam.

Alguns pesquisadores descobriram que as características da criança determinam também se ela será vítima de abuso na infância. Aquelas crianças com as quais, de alguma maneira, é difícil lidar — que nasceram prematuras, sentem muitas cólicas, apresentam problemas físicos e psicológicos, têm temperamento irritável ou são hiperativas —, e cuja mãe é deprimida ou cujo padrasto fica em casa, correm o risco de sofrer abuso (Carlson, 1994; Daly e Wilson, 1996; Knutson, 1995). Isso não significa dizer que as crianças são responsáveis pelos maus-tratos que sofrem; o abuso é de exclusiva responsabilidade dos adultos envolvidos. Mas o comportamento da criança pode ser um estressor que aumenta as chances de ocorrência do abuso. Entre outros fatores que tornam mais difícil os pais cuidarem de maneira adequada de seus filhos estão: o fato de esses pais serem jovens e solteiros (ou de manter um casamento que encobre conflitos), relativamente pouco educados, ter problemas financeiros; viver em condições de superlotação; ter problemas de saúde (físicos ou mentais); e ter sofrido abuso na infância (Carlson, 1994; Melcher, 2000). Em outras palavras, o abuso infantil é, em parte, resultado de um ambiente tenso, razão pela qual os programas de prevenção geralmente enfatizam o oferecimento de apoio a pais de alto risco. Ensinar a esses pais abordagens mais eficazes para a criação de seus filhos é outra tática amplamente usada (Fagot, 1994; Irvine, Biglan, Smolkowski, Metzler e Ary, 1999).

Relações com outras crianças Desde bem novos, os bebês começam a mostrar interesse uns pelos outros, mas as habilidades sociais necessárias para brincarem entre si se desenvolvem de maneira gradual (Pellegrini e Galda, 1994). Primeiramente, as crianças brincam sozinhas; essa atividade é chamada de *brincadeira solitária*. Depois, entre um ano e meio e dois anos de idade, elas começam a se envolver em *brincadeiras paralelas* — ou seja, brincam lado a lado, fazendo coisas iguais ou semelhantes, mas não há muita interação entre elas. Já aos dois anos, a imitação passa a ser uma brincadeira: uma criança atira um brinquedo no ar, a outra faz o mesmo e as duas começam a rir. Perto dos dois anos e meio de idade, as crianças começam a utilizar a linguagem para se comunicar com seus companheiros de jogos e suas brincadeiras se tornam cada vez mais imaginativas. Dos três anos aos três anos e meio, elas se envolvem em *brincadeiras coorporativas*, o que inclui jogos que envolvem imaginação em grupo, como brincar de casinha (Eckerman, Davis e Didow, 1989).

Entre os primeiros pares que as crianças encontram estão seus irmãos. A qualidade das relações entre irmãos pode ter um impacto importante, especialmente na maneira como as crianças aprendem a se relacionar com outras da sua idade. Em geral, as relações entre irmãos são mais agradáveis quando as outras relações familiares também são boas, inclusive a convivência entre marido e esposa e entre os pais e as crianças (Brody, 1995). Os irmãos também influenciam uns aos outros indiretamente, simplesmente por sua ordem de nascimento. Em geral, as crianças primogênitas tendem a ser mais ansiosas e temer ferimentos físicos, mas são também intelectualmente mais capazes e orientadas pela realização que seus irmãos mais novos. Entre os garotos, os primogênitos também tendem a ser mais criativos. Essas diferenças provavelmente têm que ver com a atenção extra (tanto negativa quanto positiva) que os pais tendem a dar aos primogênitos (Eisenman, 1994).

A influência de pares que não fazem parte da família aumenta bastante quando as crianças começam a ir para a escola. A partir desse momento, elas passam a sofrer grandes pressões de seus amigos para fazer parte de um **grupo de pares.** Nesses grupos, as crianças aprendem muitas coisas úteis, como a maneira de realizar atividades cooperativas em direção a objetivos coletivos e como negociar os papéis sociais de líder e de seguidor (Rubin, Coplan, Chen e McKinnon, 1994). A incapacidade de se relacionar bem com os colegas de classe tem conseqüências permanentes. Crianças rejeitadas pelos colegas tendem a abandonar a escola, adotar comportamentos criminosos e se tornar mentalmente desajustadas. Essa tendência é especialmente verdadeira para crianças rejeitadas por ser agressivas (Parker e Asher, 1987).

À medida que as crianças crescem, desenvolvem uma compreensão profunda do significado da amizade (Rubin *et al.*, 1994). Para crianças em idade pré-escolar, um amigo é simplesmente "alguém com quem brincar", mas, por volta dos sete anos de idade, elas começam a perceber que os amigos "fazem coisas uns pelos outros". Entretanto, nessa idade ainda egocêntrica, os amigos são definidos como pessoas que "fazem coisas *para mim*". Mais tarde, aos nove anos, as crianças passam a entender que a amizade é uma via de mão dupla e que, assim como os amigos fazem coisas por nós, também esperam que façamos algo por eles. Durante esses primeiros anos, as amizades freqüentemente iniciam-se e desfazem-se em uma velocidade vertiginosa; elas duram apenas enquanto as necessidades estão sendo atendidas. Somente no final da infância ou começo da adolescência a amizade passa a ser vista como uma relação social estável e duradoura que exige apoio mútuo, lealdade e confiança (Selman, 1981).

Ser bem-sucedido ao fazer amigos é uma das tarefas que Erikson considerava de central importância para crianças com idades de sete a 11 anos, período que representa o estágio da *produtividade* versus *inferioridade*. Nessa idade, as crianças precisam dominar cada vez mais diversas habilidades difíceis — e a interação social com crianças de mesma idade é apenas uma delas. As outras se relacionam com o domínio de habilidades acadêmicas na escola, a satisfação das crescentes responsabilidades designadas a elas em casa e a aprendizagem de diversas tarefas que elas terão de realizar quando forem adultos independentes. Na visão de Erikson, se as crianças forem reprimidas em seus esforços de se preparar para o mundo adulto, elas poderão concluir que são inadequadas ou inferiores e perder a fé em seu poder de se tornar auto-suficientes. Em contrapartida, aquelas cujos esforços são recompensados desenvolvem um senso de aptidão e autoconfiança.

Desenvolvimento do papel sexual Por volta dos três anos de idade, tanto os meninos quanto as meninas já desenvolveram uma **identidade de gênero** — isto é, uma garotinha sabe que é uma menina e um garotinho já sabe que é um menino. A essa altura, no entanto, as crianças compreendem bem pouco o que isso significa. Um garoto de três anos pode pensar que vai crescer e ser mãe, ou que se alguém trajá-lo com um vestido e colocar um laço em seu cabelo ele passará a ser uma garota. Aos quatro ou cinco anos de idade, a maioria das crianças já sabe que o gênero depende do tipo de genital que se tem (Bem, 1989). Elas já têm o que se chama de **constância de gênero**, a percepção de que o gênero não pode ser mudado.

Ainda bem jovens, as crianças também começam a adquirir a **consciência do papel de gênero**, que é o conhecimento de quais comportamentos são esperados de homens e mulheres em sua sociedade (Lewin, 1996). Como resultado, elas desenvolvem os **estereótipos de gênero**, isto é, crenças extremamente simplificadas sobre como são o homem e a mulher "típicos" (Sinnott, 1994). Presume-se que as garotas sejam limpas, elegantes e cuidadosas, ao passo que os garotos devem gostar de atividades agitadas, ruidosas e físicas; as mulheres são gentis, carinhosas e emocionais, ao passo que os homens são fortes, dominantes e agressivos. Existe bastante coerência entre as culturas com relação aos estereótipos de gênero que as crianças desenvolvem (Williams e Best, 1990). Isso acontece, em parte, porque os papéis de gênero tendem a ser semelhantes em diferentes culturas e porque os estereótipos tendem a "combinar" com as tarefas que se consideram adequadas para cada sexo.

Ao mesmo tempo em que as crianças adquirem a consciência do papel de gênero e os estereótipos de gênero, elas também desenvolvem seu próprio **comportamento determinado pelo sexo**: as meninas brincam com bonecas e os meninos com carrinhos; as meninas vestem suas roupas bonitas e se preocupam exageradamente com seus cabelos, e os meninos correm de um lado para o outro e brigam uns com os outros. Embora as diferenças de comportamento entre meninos e meninas sejam pequenas na infância, à medida que as crianças crescem tais diferenças se acentuam (Prior, Smart, Sanson e Oberklaid, 1993). Os garotos se tornam mais ativos e fisicamente agressivos e tendem a brincar com grupos maiores. As garotas conversam mais, brigam menos e tendem a interagir aos pares. Caso seja demonstrada agressividade entre garotas, é mais provável que assuma a forma de palavras maldosas e ameaças de isolamento social (Zuger, 1998). É claro que existem algumas garotas ativas e fisicamente agressivas e alguns garotos quietos e bem-educados, mas eles não são maioria. A fonte de tais comportamentos determinados pelo sexo é uma questão que suscita consideráveis debates.

Pelo fato de as diferenças relacionadas ao gênero referentes aos estilos de interação se manifestarem muito cedo no processo de desenvolvimento (até mesmo antes dos 3 anos de idade), Eleanor Maccoby, uma especialista nessa área, acredita que elas têm origem biológica, ao menos em parte. Além da influência dos genes, algumas evidências sugerem que a exposição pré-natal a hormônios exerce um importante papel (Collaer e Hines, 1995). Mas Maccoby acredita que as diferenças baseadas na biologia são pequenas a princípio e, mais tarde, se tornam acentuadas em virtude dos diferentes tipos de socialização vividos por garotos e garotas. Ela sugere que muitos dos comportamentos típicos de cada gênero são resultado do fato de as crianças brincarem com outras do mesmo sexo (Maccoby, 1998). Indiscutivelmente, a cultura popular — especialmente da maneira como é mostrada pela televisão — também influencia as normas de comportamentos adequados de gênero que se desenvolvem nos grupos de iguais das crianças. E os pais também podem, às vezes, incentivá-los, especialmente durante momentos de transições essenciais da vida da criança quando os pais acham que é melhor que ela se comporte de maneiras mais estereotipadas segundo o sexo (Fagot, 1994). O resultado final é um comportamento substancialmente determinado pelo sexo já na metade da infância. As pesquisas a respeito desse tema continuam sendo realizadas, mas é crescente o consenso de que tanto a biologia quanto a experiência de vida contribuem para as diferenças de gênero no comportamento (Collaer e Hines, 1995).

A televisão e as crianças

Assistir à TV é uma influência boa ou ruim para o desenvolvimento infantil?

As crianças norte-americanas passam mais tempo assistindo à TV que fazendo qualquer outra atividade que não seja dormir (Huston, Watkins e Kunkel, 1989). Em média, crianças com idades entre dois e cinco anos assistem a cerca de quatro horas de TV por dia (Lande, 1993). Não é de surpreender que os psicólogos, educadores e pais estejam muito preocupados com a influência desse meios de comunicação sobre as crianças. De fato, a Academia Norte-Americana de Pediatria (1999) chega a afirmar que crianças com menos de dois anos de idade não deveriam assistir à TV de modo algum e que as mais velhas não deveriam ter aparelhos de TV em seus quartos.

Uma das preocupações é a violência que permeia grande parte da programação (Carter, 1996). Crianças que assistem a duas horas de TV por dia terão visto cerca de oito mil assassinatos e cem mil outros atos de violência quando chegarem aos dez anos (Kunkel et al., 1996). Nas manhãs de sábado, na TV norte-americana, os desenhos animados mostram uma média de mais de 20 atos de violência por hora (Seppa, 1997). Testemunhar essa violência torna as crianças mais agressivas? E, caso isso seja verdade, a violência vista explica, ao menos em parte, o rápido aumento das ocorrências de crimes violentos entre os adolescentes (Lande, 1993)?

As próprias crianças consideram que sim. Em uma pesquisa, a maioria dos jovens entre dez e 16 anos considerava a violência na TV um fator de influência nos atos agressivos de seus pares (Puig, 1995). Contudo, conclusões científicas a respeito dessa influência ainda são incertas, uma vez que as relações causais ainda não estão claras. Embora haja evidências convincentes de que as crianças que assistem à TV com freqüência são mais agressivas que outras (Eron, 1982; Singer e Singer, 1983), essa descoberta pode simplesmente significar que as crianças propensas à agressividade são também atraídas por programas violentos (Aluja-Fabregat e Torrubia-Beltri, 1998).

Talvez a melhor prova de que assistir à violência mostrada na TV pode encorajar o comportamento agressivo venha de um estudo que comparou os níveis de violência em três cidades semelhantes, uma das quais não tinha acesso à TV até 1973 (Will, 1993). Dois anos após a chegada da TV naquela remota comunidade, o nível de agressões físicas subiu para 45 por cento tanto entre os meninos quanto entre as meninas, ao passo que o nível das outras duas cidades que já tinham acesso à TV não havia mudado.

O argumento teórico mais convincente para o fato de o comportamento violento estar relacionado ao que se assiste na TV é baseado na teoria da aprendizagem social, a qual discutimos no Capítulo 5, "Aprendizagem". Essa teoria nos leva a esperar que as crianças que assistem a personagens ficcionais sendo glamorizados ou recompensados por seus comportamentos violentos não apenas vão aprender esses comportamentos como também terão maiores chances de colocá-los em prática assim que tiverem oportunidade. As crianças não precisam ser pessoalmente recompensadas por um comportamento a fim de se sentir encorajadas a imitá-lo. A única coisa de que precisam é ver um modelo a quem admiram sendo recompensado.

Outra preocupação sobre os efeitos da TV em crianças diz respeito ao grau em que ela afeta seu desenvolvimento cognitivo, QI e desempenho acadêmico. Resultados de diversos testes padronizados aplicadas a crianças e adolescentes norte-americanos vêm declinando há anos. Para muitos educadores, a culpa por esse declínio está no fato de as crianças não lerem mais livros; elas assistem à TV (DeWitt, 1991). Mas um estudo feito com alunos da pré-escola não descobriu correlações entre seus QIs e a quantidade de horas que eles passavam diante do aparelho (Plomin, Corley, DeFries e Fulker, 1990). Além disso, apesar do aumento geral na audiência televisiva ao longo das últimas décadas, as pontuações de QI não diminuíram. Pelo contrário: elas aumentaram — no mundo todo (Flynn, 1987, 1999).

Outra preocupação a respeito de crianças que assistem muito à TV refere-se a uma série de distúrbios do sono aos quais esse hábito pode estar associado — incluindo o sonambulismo, a sonolência diurna, o aumento da ansiedade na hora de dormir, a duração do sono reduzida e a dificuldade de dormir. Crianças que assistem à TV antes de dormir ou têm uma televisão no quarto aparentemente têm mais chances de desenvolver distúrbios do sono (Owens *et al.*, 1999).

Mas existem evidências de que as crianças podem aprender coisas úteis com a TV (Anderson, 1998; Wright *et al.*, 1999). Em um estudo de longo prazo, o hábito de assistir à TV entre crianças de cinco anos de idade foi monitorado e gravado por pais e aparelhos eletrônicos. Anos depois, uma análise do desempenho que essas mesmas crianças obtiveram no Ensino Médio revelou que, quanto mais tempo elas haviam passado assistindo a programas educativos como *Vila Sésamo*, mais altas eram suas notas na escola. Em contrapartida, crianças que haviam assistido a uma quantidade maior de programas não-educativos e violentos mais tarde obtinham notas comparativamente mais baixas que os colegas (Anderson, Huston e Collins, 1998).

Em suma, a televisão exerce influência significativa no desenvolvimento das crianças. Ela apresenta modelos tanto "bons" quanto "ruins", que podem ser imitados pelas crianças, e fornece amplas quantidades de informação. E cada momento gasto diante da tela é um momento desperdiçado na realização de outras atividades, como conversar com amigos, jogar ou praticar esportes, que podem ser mais benéficas. Por fim, saber se a influência da TV é amplamente positiva ou negativa vai depender tanto do que as crianças estão vendo como da quantidade de tempo que elas gastam nessa atividade.

Adolescência

A adolescência se caracteriza apenas por mudanças físicas?

A adolescência é o período da vida que se inicia por volta dos dez e termina aos 20 anos de idade, quando a pessoa passa de criança a adulta. Esse período abrange não apenas alterações físicas de um corpo em amadurecimento, como também muitas mudanças cognitivas e sócioemocionais.

Mudanças físicas

Quais são as conseqüências de se entrar na puberdade precoce ou tardiamente?

Uma série de características físicas essenciais indica a fase da adolescência. A mais óbvia é o **estirão de crescimento**, isto é o rápido aumento na altura e no peso que tem início, em média, aos dez anos e meio para as meninas e aos 12 anos e meio para os meninos e chega ao auge aos 12 anos para elas e aos 14 para eles. O adolescente típico atinge sua altura máxima cerca de seis anos após o início do estirão de crescimento (Tanner, 1978).

Esse estirão se inicia com o alongamento das mãos, dos pés, dos braços e das pernas, o que gera o aspecto desajeitado e grandalhão dos adolescentes mais jovens. Esse estágio é seguido pelo crescimento do torso, o que traz o corpo de volta à proporcionalidade. Nos meninos, o estágio final resulta no alargamento do peito e dos ombros e no desenvolvimento de músculos mais fortes. Para as meninas, as mudanças no corpo ocorrem à medida que os quadris se alargam e a gordura se deposita nos seios, na cintura, nas nádegas e nas coxas. Todas essas mudanças se originam de um aumento dos hormônios que, conforme vimos no Capítulo 2, "A natureza biológica do comportamento", são substâncias liberadas pelo sistema endócrino (Dyk, 1993).

Em ambos os sexos, o rosto também passa por alterações. O queixo e o nariz se tornam mais proeminentes, e os lábios, mais carnudos. O aumento de tamanho das glândulas oleosas da pele podem contribuir para o aparecimento da acne; as glândulas sudoríparas produzem uma secreção mais odorante. O coração, os pulmões e o sistema digestivo se expandem.

Desenvolvimento sexual   Os sinais visíveis da **puberdade** — o começo do amadurecimento sexual — ocorrem em seqüências diferentes para meninos e meninas. Nos meninos, a primeira indicação é o crescimento dos testículos, que começa, em média, por volta dos 11 anos e meio de idade, cerca de um ano antes do começo do estirão de crescimento em altura. Juntamente com o estirão vem o alargamento do pênis. O desenvolvimento dos pêlos pubianos ocorre um pouco mais tarde; o surgimento dos pêlos da face, mais ainda. O engrossamento da voz é uma das últimas mudanças perceptíveis do amadurecimento masculino.

TESTE SUA APRENDIZAGEM

1. O desenvolvimento motor precoce em crianças (aquisição e aprimoramento das capacidades de agarrar, engatinhar, caminhar e assim por diante) pode ser mais bem explicado
   a. pelo total amadurecimento biológico dos músculos e do sistema nervoso.
   b. por uma combinação de fatores tanto externos quanto internos à criança.

2. Relacione cada um dos estágios do desenvolvimento cognitivo de Piaget com a(s) descrição(ões) apropriada(s).
   ___ estágio sensório-motor   a. a capacidade de empregar o pensamento representacional se expande
   ___ estágio pré-operacional   b. o pensamento ainda é egocêntrico sob diversos aspectos
   ___ estágio operacional-concreto   c. surge a capacidade de pensar de maneira abstrata
   ___ estágio operacional-formal   d. o estágio tem início com a aplicação de ações reflexas
                                      e. surge a capacidade de considerar duas dimensões simultaneamente
                                      f. surge a capacidade de classificar as coisas de maneira complexa
                                      g. surge a consciência da permanência dos objetos

3. Indique a ordem em que surge cada um dos seguintes desenvolvimentos da linguagem.
   ___ a. holofrases   primeiro
   ___ b. balbuciação   segundo
   ___ c. regularização exagerada dos verbos   terceiro
   ___ d. sentenças de duas ou três palavras   quarto

4. Relacione cada fase da infância com seu maior desafio, de acordo com a teoria de Erik Erikson.
   ___ infância   a. produtividade *versus* inferioridade
   ___ fase do caminhar cambaleante ("toddlerhood")   b. confiança *versus* desconfiança
   ___ anos da pré-escola   c. autonomia *versus* vergonha e dúvida
   ___ anos do ensino básico   d. iniciativa *versus* culpa

Respostas: 1. b. 2. estágio sensório-motor: d e g; estágio pré-operacional: a e b; estágio operacional-concreto: e e f; estágio operacional-formal: c. 3. a. segundo; b. primeiro; c. quarto; d. terceiro. 4. infância: b; fase do caminhar cambaleante: c; anos da pré-escola: d; anos do ensino básico: a.

Nas meninas, o começo do estirão de crescimento é geralmente o primeiro sinal de aproximação da puberdade. Pouco tempo depois, os seios começam a se desenvolver; quase simultaneamente, surgem alguns pêlos pubianos. A **menarca**, ou primeiro ciclo menstrual, ocorre cerca de um ano depois — entre 12 anos e meio e 13 anos de idade em média, para as garotas norte-americanas (Powers, Hauser e Kilner, 1989). A ocorrência da menarca é influenciada pela saúde e pela nutrição: as garotas com peso maior menstruam antes das mais magras. O fumo e a ingestão de bebidas alcoólicas também estão associados à menarca precoce (Danielle, Rose, Viken e Kaprio, 2000).

O início da menstruação não significa necessariamente que a garota seja biologicamente capaz de se tornar mãe. É pouco comum (embora não seja inaudito) que uma garota fique grávida durante seus primeiros ciclos menstruais. A fertilidade feminina aumenta de maneira gradual durante o primeiro ano posterior à menarca. O mesmo vale para a fertilidade masculina. Os garotos conseguem sua primeira ejaculação, em média, aos 13 anos e meio de idade, geralmente durante o sono. Mas as primeiras ejaculações contêm relativamente pouco esperma (Tanner, 1978). Apesar disso, os adolescentes são capazes de gerar bebês muito antes de se tornar capazes de cuidar deles.

Os psicólogos consideravam que o início da atração e do desejo sexual coincidia com as alterações físicas da puberdade, mas pesquisas recentes podem estar mudando essa visão. Centenas de histórias reunidas por pesquisadores tendem a identificar as primeiras excitações decorrentes do interesse sexual já na quarta ou quinta série. A causa disso pode ser o aumento do hormônio sexual adrenal, que tem início aos seis anos de idade e atinge um nível crucial aos dez anos (McClintock e Herdt, 1996). A quantidade de hormônios da puberdade também pode começar a aumentar muito antes do que pensávamos (Marano, 1997). Caso isso seja verdade, o início das mudanças físicas óbvias às quais atualmente chamamos de puberdade pode, na verdade, ser o final de um processo, e não seu princípio.

Desenvolvimento precoce e tardio Os indivíduos se diferenciam bastante com relação à idade em que passam pelas mudanças da puberdade. Algumas garotas de 12 anos e alguns garotos de 14 ainda podem parecer crianças, ao passo que outros da mesma idade já têm aparência de jovens homens e mulheres. Entre os garotos, o amadurecimento precoce tem vantagens psicológicas. Os garotos que amadurecem mais cedo obtêm maior êxito nos esportes e em atividades sociais, além de ser mais respeitados pelos colegas (Conger e Petersen, 1991). Entretanto, pelo menos um estudo (Peskin, 1967) descobriu que o amadurecimento tardio dos garotos desenvolve um senso mais forte de identidade durante os primeiros anos da vida adulta, talvez porque eles não se sintam pressionados a "crescer" tão depressa. Para as garotas, o amadurecimento precoce parece ser uma dádiva confusa. Uma garota que amadurece muito rápido pode até ser admirada pelas outras, mas é provável que esteja sujeita a um tratamento embaraçoso por parte dos garotos, como mero objeto sexual (Clausen, 1975).

Atividade sexual na adolescência O alcance da capacidade de se reproduzir talvez seja o mais importante feito da adolescência. Mas a sexualidade é um tema confuso para os adolescentes de nossa sociedade. 50 anos atrás, esperava-se que os jovens adiassem a expressão de suas necessidades sexuais até o momento em que se tornassem adultos responsáveis e estivessem casados. Desde então, grandes mudanças ocorreram nos costumes. Três quartos de todos os homens e quase metade das mulheres com idades entre 15 e 19 anos já tiveram sua primeira relação sexual; a idade média para a primeira transa é de 16 anos para eles e 17 para elas (Stodghill, 1998).

Garotos e garotas tendem a ver seu comportamento sexual precoce de maneiras significativamente diferentes (Lewin, 1994a). Há menos garotas no Ensino Médio que se dizem satisfeitas com suas experiências sexuais que garotos (46 por cento *versus* 65 por cento). De maneira semelhante, mais garotas disseram que gostariam de ter esperado para fazer sexo com mais idade (65 por cento comparados a 48 por cento).

Gravidez e parto na adolescência Os EUA ainda têm a maior taxa de gravidez na adolescência do mundo industrializado: quase setes vezes a taxa da França e 13 vezes a do Japão. Uma das razões para pode ser o desconhecimento que os jovens têm dos fatos mais básicos acerca da reprodução. Em países como a Inglaterra, Suécia e Holanda, que têm programas extensivos de educação sexual, os índices de gravidez na adolescência são muito menores (Hechtman, 1989). Outra explicação pode ser a tendência que os jovens nessa idade têm de acreditar que "nada acontece com eles". Essa sensação de invulnerabilidade pode fazer com que alguns adolescentes não enxerguem a possibilidade de uma gravidez (Quadrel, Prouadrel, Fischoff e Davis, 1993).

Quaisquer que sejam as causas da gravidez antes do casamento e na adolescência, suas conseqüências podem ser devastadoras. O futuro de uma mãe solteira é de risco, particularmente se ela não conta com o apoio da família ou vive na pobreza. Ela tem menos chances de terminar o Ensino Fundamental, de melhorar seu nível de vida, de se casar e de se manter casada que uma garota que adia a decisão de ter filhos (veja Coley e Chase-Lansdale, 1998). Os filhos de mães adolescentes também podem sofrer conseqüências. Eles têm mais chances de apresentar baixo peso ao nascer, fato associado à incapacidade de aprender e a problemas futuros na escola, doenças infantis e problemas neurológicos (Furstenberg, Brooks-Gunn e Chase-Lansdale, 1989; Moore, Morrison e Greene, 1997). Além disso, os filhos de mães adolescentes correm mais riscos de ser negligenciados e sofrer abusos que os filhos de mães mais velhas (Coley e Chase-Lansdale, 1998; Goerge e Lee, 1997).

Mudanças cognitivas

Quais são as duas falácias comuns que caracterizam o pensamento adolescente?

Assim como os corpos amadurecem durante a adolescência, o mesmo ocorre com os padrões de pensamento. Piaget (1969) via os progressos cognitivos da adolescência como uma capacidade maior de pensar de maneira abstrata, denominada pensamento operacional-formal. Os adolescentes são capazes de compreender e lidar com conceitos abstratos, especular a respeito de possibilidades alternativas e raciocinar em termos hipotéticos. Esse processo permite que eles discutam temas tão problemáticos quanto aborto, comportamento sexual e Aids. É claro que nem todos os adolescentes alcançam o estágio das operações formais e muitos daqueles que o fazem acabam fracassando ao aplicar o pensamento operacional-formal aos problemas que enfrentam no dia-a-dia (Gardner, 1982). Especialmente os adolescentes mais jovens têm pouca probabilidade de ser objetivos com relação a temas que digam respeito a eles próprios e ainda não atingiram uma compreensão profunda das dificuldades envolvidas nos julgamentos morais.

Além disso, para aqueles que alcançam o pensamento operacional-formal, esse avanço tem suas desvantagens, entre elas a exagerada confiança em suas novas capacidades mentais e a tendência de dar muita importância aos próprios pensamentos. Alguns adolescentes também não conseguem perceber que nem todas as pessoas pensam como eles e que pode haver diferentes pontos de vista (Harris e Liebert, 1991). Piaget chamava essas tendências de "egocentrismo das operações formais" (Piaget, 1967).

David Elkind (1968, 1969) utilizou a idéia de egocentrismo adolescente de Piaget para explicar duas falácias de pensamento que percebeu nessa faixa etária. A primeira delas é a **audiência imaginária** — a tendência que os adolescentes têm de achar que estão sendo constantemente observados e que as pessoas sempre os julgam por sua aparência ou comportamento. Essa sensação de estar constantemente "em cima de um palco" pode ser a fonte de tanta consciência de si, preocupação com a aparência pessoal e exibicionismo na adolescência.

A outra falácia do pensamento adolescente é a **fábula pessoal** — a sensação irreal que os adolescentes têm de sua própria singularidade. Por exemplo: um adolescente pode considerar que outras pessoas não são capazes de compreender o amor que ele sente por um namorado ou uma namorada, porque esse amor é único e muito especial. Essa visão está relacionada ao sentimento de invulnerabilidade mencionado anteriormente. Muitos adolescentes acreditam que são tão diferentes das outras pessoas que não serão afetados pelas coisas negativas que acontecem aos outros. Esse sentimento de invulnerabilidade é coerente com os riscos que as pessoas dessa faixa etária assumem de maneira imprudente (Arnett, 1991). É claro que as culturas variam em relação ao grau de imprudência que é permitido aos adolescentes. As culturas que inibem fortemente esse comportamento podem até criar uma sociedade mais segura e organizada, mas também reprimir parte da jovialidade e da espontaneidade da adolescência (Arnett, 1995).

Personalidade e desenvolvimento social

Quais tarefas importantes os adolescentes enfrentam em sua vida pessoal e social?

Os adolescentes são ávidos por estabelecer a independência em relação aos pais, mas, ao mesmo tempo, têm medo das responsabilidades da vida adulta. Eles têm muitas tarefas importantes pela frente e decisões fundamentais a tomar. Especialmente numa sociedade tecnologicamente desenvolvida como a norte-americana, é possível que exista um pouco de estresse nesse período.

Em que medida a adolescência é "agitada e estressante"? No início do século XX, muitas pessoas viam a adolescência como um período de grande instabilidade e fortes emoções. Por exemplo: G. Stanley

Hall (1904), um dos primeiros psicólogos do desenvolvimento, descrevia a adolescência como um período de "agitação e estresse", repleto de sofrimento, paixão e rebeldia contra a autoridade dos adultos. Entretanto, pesquisas recentes sugerem que essa visão exagera muito as experiências vividas pela maior parte dos adolescentes (Arnett, 1999). A grande maioria dos adolescentes não descreve suas vidas comoperturbadas e caóticas (Ecles *et al.*, 1993). A maioria, especialmente aqueles cujo desenvolvimento na infância ocorreu de maneira tranqüila, consegue manter o estresse sob controle e vivencia poucos problemas no dia-a-dia (Bronfenbrenner, 1986; Offer e Offer, 1975).

Ainda assim, a adolescência é acompanhada de um pouco de estresse referente à escola, à família e aos amigos, e às vezes esse estresse pode ser difícil de administrar (Crystal *et al.*, 1994). Algumas pessoas consideram que a adolescência é um período especialmente difícil. Por exemplo: entre 15 e 30 por cento dos adolescentes abandonam a escola no Ensino Médio, muitos fazem uso excessivo de drogas de maneira regular e outros ainda têm problemas recorrentes com a lei (os adolescentes apresentam o maior índice de aprisionamentos entre todas as faixas etárias) (Office of Educational Research and Improvement, 1988). Aqueles indivíduos cujo desenvolvimento anterior foi estressante têm grande probabilidade de viver uma adolescência também estressante.

É claro que as pessoas diferem quanto à capacidade de lidar até mesmo com as piores condições. Alguns jovens são particularmente *resilientes* e capazes de superar grandes dificuldades, em parte em virtude de uma forte crença em sua capacidade de fazer as coisas de maneira melhor (Werner, 1995). Assim, o grau de dificuldade que todo adolescente enfrenta durante seu processo de crescimento se deve a uma interação, de um lado, dos desafios do desenvolvimento e, de outro, dos fatores que promovem a resiliência (Compas, Hinden e Gerhardt, 1995).

Formação de identidade Para realizar a transição entre a dependência dos pais e a dependência de si mesmo, o adolescente precisa desenvolver uma percepção estável de si. Esse processo é chamado de **formação de identidade**, um termo derivado da teoria de Erik Erikson, que vê como maior desafio desse estágio da vida a *identidade* versus *a confusão de papéis* (Erikson, 1968). Para o jovem, a pergunta que não quer calar é: "Quem sou eu?" Na visão de Erikson, a resposta surge da integração de uma série de diferentes papéis — digamos: estudante inteligente de matemática, atleta e artista, ou político liberal e arquiteto aspirante — em um todo coerente que se "encaixe" confortavelmente. A incapacidade de formar esse senso coerente de identidade leva a uma confusão de papéis.

James Marcia (1980) acredita que encontrar uma identidade requer um período de intensa auto-exploração chamado **crise de identidade**. Ele admite quatro resultados possíveis para esse processo. O primeiro é a *realização da identidade*. Os adolescentes que atingiram essa condição passaram pela crise de identidade e foram bem-sucedidos em suas escolhas pessoais com relação a crenças e objetivos. Eles se sentem bem com tais escolhas porque são escolhas próprias. O contrário disso é representado pelos adolescentes que se enveredaram pelo caminho do *"fechamento" da identidade*. Eles se acomodaram de maneira prematura em uma identidade que outras pessoas lhes atribuíram. Tornaram-se assim o que essas pessoas queriam que eles fossem, sem nem precisar passar por uma crise de identidade. Outros adolescentes estão em *moratória* com relação à escolha de uma identidade. Eles estão em um processo de exploração ativa de várias opções de papéis, mas ainda não se comprometeram- com nenhum deles. Por fim, existem os adolescentes que estão passando por uma *difusão de identidade*. Eles evitam considerar conscientemente as opções de papéis. Muitos se encontram insatisfeitos com essa situação, mas não são capazes de começar a "se encontrar". Alguns recorrem a atividades escapistas como o uso de drogas e álcool (Adams e Gullota, 1983). É claro que o status da identidade de qualquer adolescente pode mudar ao longo do tempo, à medida que a pessoa amadurece ou até mesmo à medida que regride. Algumas evidências sugerem que o desenvolvimento da identidade varia de acordo com a classe social ou com o grupo étnico. Por exemplo: adolescentes oriundos de famílias pobres geralmente têm menos chances de passar por um período de moratória, provavelmente porque as dificuldades financeiras tornar mais difícil a exploração dos muitos tipos de papéis (Holmbeck, 1994).

Relacionamentos com colegas da mesma idade Para muitos adolescentes, os grupos de amigos da mesma idade proporcionam uma rede de apoio social e emocional que facilita o movimento em direção à maior independência em relação aos adultos e à busca pela identidade pessoal. Ao escolher se associar a determinado grupo, os adolescentes se definem e criam seu próprio estilo social (P. R. Newman, 1982). Os adolescentes mais jovens sentem uma necessidade quase desesperada de que seus amigos aprovem suas escolhas, opiniões e comportamentos. Freqüentemente, o resultado disso é uma rígida conformidade com os valores do grupo, a qual atinge seu ápice por volta da 8ª série (Perry, 1990).

COMPREENDENDO O Mundo que nos Cerca

Garotos que matam

Redlands, Califórnia... Blackville, Carolina do Sul... Lynnville, Tennessee... Moses Lake, Washington... Bethel, Alaska... Pearl, Mississippi... West Paducah, Kentucky... Stamps, Arkansas... Jonesboro, Arkansas... Springfield, Oregon... Littleton, Colorado...

É difícil imaginar o que comunidades tão longínquas entre si têm em comum, mas elas compartilham de pelo menos uma característica: foram locais de assassinatos cometidos por adolescentes armados entre outubro de 1995 e abril de 1999. Nesses episódios, 40 pessoas morreram e muitas outras foram feridas.

Por que isso aconteceu? O que faz com que garotos de apenas 11 anos de idade matem outras pessoas e, com igual freqüência, cometam suicídio? Será que eles eram geneticamente "maus" ou a culpa foi do ambiente à sua volta? E, caso tenha sido culpa do ambiente, por que outras crianças não se tornam violentas quando expostas aos mesmos acontecimentos? Embora seja tentador buscar respostas simples para essas perguntas, as causas da violência são, na verdade, bastante complexas. Nossos genes podem influenciar a probabilidade de violência. Nossa química cerebral certamente age nessa direção, bem como o ambiente à nossa volta. Todos esses fatores se influenciam mutuamente de maneiras complexas que levam à explosão de violência.

> Na verdade, as causas da violência são bastante complexas.

Os fatores biológicos definitivamente desempenham seu papel, embora sua influência seja muito mais complexa que a mera existência de um "gene assassino". O mais provável é que o componente genético esteja relacionado à falta de compaixão ou à incapacidade de controlar fortes emoções. Além da genética, a constante interação entre o cérebro e o ambiente acaba por "reprogramar" aquele, às vezes com efeitos desastrosos (Niehoff, 1999). Por exemplo: Bruce Perry e seus colegas do Baylor College of Medicine assinalam que o estresse contínuo nos primeiros três anos de vida dá vazão a um fluxo constante de "substâncias químicas estressantes", o que pode ter duas conseqüências. Primeiramente, a reação normal de "lute ou fuja" pode se tornar um "gatilho" que desencadeia agressividade impulsiva. Por outro lado, a pessoa pode ser tornar indiferente e insensível, o que leva a uma falta de empatia ou sensibilidade em relação ao mundo que a cerca, inclusive a indiferença à punição (Perry e Pollard, 1998; Schwarz e Perry, 1994). Em uma linha semelhante, Daniel Amen forneceu provas de que traumas precoces podem fazer com que uma parte do cérebro, chamada giro cingulado, torne-se hiperativa, o que leva as pessoas a ficar obcecadas por um pensamento único (como a violência) ao mesmo tempo em que o córtex pré-frontal se torna menos capaz de controlar os comportamentos impulsivos (Amen, Stubblefield, Carmicheal e Thisted, 1996).

Mas os fatores biológicos são apenas parte da história. A maioria dos psicólogos também acredita que um fator impor-

O relacionamento com colegas da mesma idade se altera durante os anos da adolescência. No começo, os grupos tendem a ser pequenos e formados por amigos do mesmo sexo — as chamadas **panelinhas** —, compostas de três a nove membros. Especialmente entre as meninas, as amizades com pessoas do mesmo sexo se aprofundam cada vez mais e se tornam mutuamente auto-reveladoras, à medida que as adolescentes desenvolvem melhor as capacidades cognitivas que as fazem compreender a si próprias e umas às outras (Holmbeck, 1994). Depois, na metade da adolescência, as panelinhas geralmente se desfazem e formam-se grupos mistos. Estes, por sua vez, são geralmente substituídos por grupos formados por casais. A princípio, os adolescentes tendem a manter curtos relacionamentos heterossexuais com membros do grupo, o que satisfaz necessidades de curto prazo sem exigir o compromisso de "namorar sério" (Sorensen, 1973). Esse tipo de relacionamento não necessita de amor e se dissolve da noite para o dia. Mas, entre os 16 e os 19 anos, a maioria dos adolescentes consolida padrões mais estáveis de namoro.

tante dos assassinatos entre adolescentes seja a "cultura das armas", em meio à qual a maioria foi educada, ao lado da disponibilidade relativamente fácil das armas no ambiente à sua volta (Bushman e Baumeister, 1998; Jones e Krisberg, 1994). A maioria dos assassinos tinha muita experiência no manuseio de armas. Um deles implorou insistentemente a seus pais por uma arma, até que eles finalmente cederam. Outro tinha sobre sua cama um mapa com o lema: "Uma nação sob a minha arma" (Cloud, 1998).

Outro fator oriundo do ambiente mencionado por muitos psicólogos é a negligência ou a rejeição severa. Todos os assassinos demonstraram que se sentiam isolados de suas famílias e das garotas, rejeitados e abandonados por aquelas pessoas que deveriam amá-los. Por sua vez, essa condição levou a sentimentos de impotência e injustiça. A violência se tornou uma forma de afirmação de poder e de dizer: "Eu sou importante". Luke Woodham, um garoto gordo de 16 anos que matou três pessoas (entre elas a própria mãe) e feriu outras sete, disse: "(Minha mãe) sempre me dizia que eu não ia dar em nada. Ela sempre me dizia que eu era gordo, burro e preguiçoso". Outras justificativas incluem o seguinte: "O mundo me enganou e eu não agüentava mais isso". "Matei porque pessoas como eu são maltratadas todo dia. Durante toda a minha vida, sempre me senti isolado, sozinho" (Cloud, 1998, p. 60; Lacayo, 1998, p. 38; Begley, 1999, p. 35). Em outros casos, um fator contribuinte parece ser a falta de supervisão e de apoio por parte de um adulto; geralmente chega ao ponto de não existir nenhum laço com nem sequer um adulto amável e confiável (Garbarino, 1999). O fato de os pais estarem ausentes em virtude do trabalho, do divórcio ou outros motivos, e de não haver nenhum outro parente que possa preencher esse espaço faz com que um número cada vez maior de jovens seja deixado "à mercê de uma cultura de amizades moldada pela mídia, a maior das babás enlouquecidas" (Lacayo, 1998, p. 38).

Muitos assassinos jovens também estiveram expostos a uma cultura de violência que se reflete em jogos de RPG (*role-playing games*), como *Doom* e *Mortal Kombat*, e na música de grupos como Nirvana, Rammstein e Marilyn Manson (Bok, 1999). A Associação Norte-Americana de Psiquiatria concluiu, em 1993, que a violência da mídia pode promover não apenas a dessensibilização e a frieza, mas também a agressividade e o desejo de violência.

Existem sinais de alerta capazes de advertir a família e os amigos para a violência em potencial? Na verdade, existem. Falta de relacionamentos, dissimulação de emoções, isolamento (ser habitualmente calado e anti-social), silêncio, irritabilidade, mentiras cada vez mais freqüentes, problemas com amigos, hipervigilância, crueldade em relação a outras crianças e animais — todos esses fatores devem constituir motivos de preocupação. Isso é especialmente verdadeiro caso eles sejam exibidos por um garoto que venha de uma família com um histórico de violência criminal, que tenha sofrido abuso, pertença a uma gangue, use drogas ou álcool, já tenha sido preso ou tenha apresentado problemas na escola.

Relacionamentos com os pais Enquanto ainda estão em busca de sua própria identidade, em busca de independência e aprendendo a pensar nas conseqüências de suas ações no longo prazo, os adolescentes necessitam que os adultos, especialmente seus pais, forneçam-lhes estrutura e orientação. Em sua busca de independência, questionam tudo e desafiam todas as regras. Ao contrário das crianças pequenas, que acreditam que seus pais sabem tudo e são poderosos e bondosos, os adolescentes conhecem bem os defeitos de seus pais. São necessários muitos anos para que os adolescentes enxerguem seus pais e mães como pessoas reais, que têm suas próprias necessidades, qualidades e fraquezas (Smollar e Youniss, 1989). Na verdade, os adolescentes podem se assustar diante da percepção renovada das qualidades de seus pais. Muitos adultos jovens se surpreendem com o fato de seus pais terem se tornado bem mais inteligentes nos últimos sete ou oito anos!

O pior momento do relacionamento entre pais e filhos acontece no começo da adolescência, quando ocorrem as mudanças físicas da puberdade. Quando a cordialidade do relacionamento retrocede, surgem os conflitos. Relacionamentos cordiais e carinhosos estabelecidos com adultos fora de casa, em ambientes como a escola ou um centro comunitário, são valiosas para os adolescentes durante esse período (Eccles *et al.*, 1993). Entretanto, os conflitos domésticos tendem a se resumir em assuntos pouco importantes e geralmente não são graves (Holmbeck, 1994). Em apenas uma pequena minoria de famílias o relacionamento entre pais e filhos se deteriora drasticamente durante a adolescência (Paikoff e Brooks-Gunn, 1991).

Alguns problemas da adolescência

Quais são alguns problemas enfrentados pelos adolescentes em nossa sociedade?

A adolescência é um período para se experimentar e se arriscar, seja por meio do sexo, das drogas, da cor de cabelo, de piercings ou de muitos outros tipos de quebra de regras (Lerner e Galambos, 1998). É também o período em que certos tipos de problemas de desenvolvimento podem surgir, especialmente os relacionados com a autopercepção, com os sentimentos em relação a si mesmo e as emoções negativas em geral.

Baixas na auto-estima Os adolescentes são bastante conscientes das mudanças que ocorrem em seu corpo. Muitos ficam ansiosos em saber se têm formas ou tamanhos "corretos" e se comparam obsessivamente aos modelos e atores que vêem na TV e nas revistas. Uma vez que poucos conseguem se encaixar nesses padrões ideais, não é de surpreender que, quando se pergunta a adolescentes jovens o que é que eles menos gostam em si mesmos, a aparência física é mencionada com mais freqüência que qualquer outra coisa (Conger e Petersen, 1991). Essas preocupações podem levar a sérios distúrbios da alimentação, conforme vimos no Capítulo 8, "Motivação e emoção". A satisfação que a pessoa tem com sua aparência tende a estar intimamente relacionada à satisfação pessoal; logo os adolescentes que estão menos satisfeitos com sua aparência física têm menor auto-estima (Adams e Gullota, 1983; Altabe e Thompson, 1994).

É claro que ter uma imagem negativa do corpo não é o único fator capaz de fazer com que a auto-estima fique em baixa durante a adolescência. Outro fator é a visão negativa do desempenho escolar. Em um estudo que descobriu uma queda brusca da auto-estima entre garotas durante a adolescência, as meninas disseram que se sentiam assim em grande parte porque eram ignoradas pelos professores, consideravam que não lhes eram oferecidas chances iguais às dos meninos em termos de desafios intelectuais e achavam difícil competir em sala de aula com seus colegas mais seguros do sexo masculino. A auto-estima dos meninos também diminui nessa fase, mas não tanto. Na metade da adolescência, um garoto, em média, tem uma opinião melhor sobre si mesmo que uma garota sobre ela própria (Kling, Hyde, Showers e Buswell, 1999).

Ainda não está claro por que a auto-estima das meninas diminui durante a adolescência.

Depressão e suicídio O suicídio é a terceira maior causa de morte entre adolescentes, depois de acidentes e homicídios (Centers for Disease Control and Prevention, 1999; Hoyert, Kochanek e Murphy, 1999). Embora o suicídio bem-sucedido seja mais comum entre homens que entre mulheres, há mais mulheres que tentam se suicidar (Centers for Disease Control and Prevention, 1991). Há também uma tendência perturbadora em nossa sociedade: o suicídio em idades cada vez mais baixas. Entre 1980 e 1992, o índice de suicídios de adolescentes com idades entre dez e 14 aumentou 120 por cento e foi especialmente alto entre meninos negros (um aumento de 300 por cento) (Leary, 1995). A cultura crescente de violência juvenil e o maior acesso a armas de fogo podem contribuir para tais estatísticas.

O comportamento suicida entre adolescentes (que inclui o ato de pensar em cometer suicídio bem como a tentativa de cometê-lo) está geralmente relacionado a outros problemas psicológicos, como depressão, uso de drogas e comportamento destrutivo (Andrews e Lewinsohn, 1992). O risco é mais alto entre mulheres que já pensaram em cometer suicídio, que têm algum distúrbio mental (como a depressão) e cujo pai tem baixo nível educacional e está freqüentemente ausente de casa. Um histórico de violência física ou sexual e a pouca comunicação em família também estão associados ao suicídio e às tentativas de cometê-lo. As pesquisas ainda não mostram se esses fatores motivam o comportamento autodestrutivo (Wagner, 1997), mas nos permitem, ao menos teoricamente, identificar pessoas que correm esse risco.

Apesar disso, é difícil prever quais dos adolescentes que apresentam risco acima da média de fato tentarão se suicidar. Sozinha, a depressão raramente leva ao suicídio (Connelly, Johnston, Brown, Mackay e Blackstock, 1993). Uma combinação entre ela e outros fatores de risco parece tornar o suicídio mais provável, mas ainda não está claro quais são exatamente os fatores mais importantes e que tipos de intervenção são capazes de diminuir os suicídios entre adolescentes (Wagner, 1997).

Violência juvenil   Em abril de 1999, dois garotos, um de 17 e outro de 18 anos, atiraram contra seus colegas de classe na Columbine High School de Littleton, no estado norte-americano do Colorado. Armados com dois revólveres, um rifle semi-automático e uma pistola semi-automática, eles mataram 13 alunos e um professor e feriram outros 23 antes de se matar. Felizmente, 30 granadas que haviam sido enterradas em volta da escola foram encontradas e desarmadas antes que pudessem explodir. Um dos atiradores chegou à escola naquele dia vestindo uma de suas camisetas preferidas, na qual estava escrito "SERIAL KILLER".

Nos dias que se sucederam às mortes, pessoas de todos os cantos dos EUA expressaram seu assombro e sua indignação e apresentaram diferentes teorias para justificar aquela tragédia. Mas muito antes da ocorrência desses assassinatos, pesquisas mostravam repetidamente que a violência e o crime são temas de grande preocupação entre os norte-americanos. E, apesar de uma diminuição geral da atividade criminal na década de 90, o crime juvenil continuou a crescer (Waldman, 1996), assim como a violência direcionada a crianças. (Veja a Seção "Compreendendo o mundo que nos cerca: Garotos que matam").

TESTE SUA APRENDIZAGEM

1. A indicação mais óbvia do começo da adolescência é o rápido aumento da altura e do peso, conhecido como _____ _____ _____. Isso ocorre juntamente com uma série de mudanças físicas que levam ao amadurecimento sexual, cujo período inicial é chamado de _____.

2. Na visão de Erikson, o maior desafio da adolescência é o da _____ versus _____ _____.

3. Relacione os termos a seguir e seus significados.

   ___ menarca   a. primeiro ciclo menstrual
   ___ audiência imaginária b. grupo social de amigos
   ___ fábula pessoal   c. sensação irreal de singularidade
   ___ panelinha   d. sensação de ser constantemente observado por outras pessoas

4. Relacione cada fase de formação de identidade com sua definição apropriada.

   ___ realização da identidade   a. estabelecimento prematuro de uma identidade definida por outras pessoas
   ___ "fechamento" da identidade b. êxito na tomada de decisões pessoais quanto a crenças e objetivos
   ___ moratória da identidade   c. recusa a pensar nas opções de papéis
   ___ difusão de identidade   d. investigação das opções de papéis sem que ainda se tenha decidido por nenhum deles

Indique se a afirmação a seguir é verdadeira (V) ou (F).

5. O período mais difícil do relacionamento entre pais e adolescentes é geralmente o fim da adolescência, quando o jovem está ansioso para deixar de viver com a família.

Respostas: 1. estirão de crescimento; puberdade. 2. identidade; confusão de papéis. 3. menarca: a; audiência imaginária: d; fábula pessoal: c; panelinha: b. 4. realização da identidade: b; "fechamento" da identidade: a; moratória da identidade: d; difusão da identidade: c. 5. (F).

Vida adulta

A personalidade muda durante a vida adulta?

Comparado ao desenvolvimento que ocorre na adolescência, o desenvolvimento durante a vida adulta é muito menos previsível, acontece em decorrência das decisões do indivíduo, das circunstâncias e até mesmo da sorte. Na vida adulta, diferentemente do que acontece na infância e na adolescência, os marcos de desenvolvimento não ocorrem em estágios definidos. Ainda assim, certas experiências e mudanças têm lugar mais cedo ou mais tarde na vida de quase todas as pessoas, e quase todo adulto tenta preencher certas necessidades, entre elas a união com um parceiro e a satisfação no trabalho.

Amor, parceiros e filhos

Quais são os fatores importantes para a formação de relacionamentos satisfatórios na vida adulta?

Quase todos os adultos estabelecem uma união duradoura e amorosa com outro adulto em algum momento da vida. Esse tipo de relacionamento pode acontecer em qualquer época, mas é especialmente comum na vida adulta. De acordo com Erik Erikson, o principal desafio dos adultos jovens é o da *intimidade* versus *isolamento*. A impossibilidade de estabelecer uma relação íntima com outra pessoa pode fazer com que o adulto jovem se sinta penosamente sozinho e incompleto. Erikson acredita que a pessoa não está apta a se comprometer em um relacionamento íntimo antes de desenvolver um firme senso de identidade pessoal, tarefa a ser concluída no estágio anterior: a adolescência.

Formação de relacionamentos Mais de 90 por cento dos norte-americanos se casam (Doherty e Jacobson, 1982), ainda que hoje levem mais tempo para fazê-lo. Em 1970, apenas 15 por cento dos homens e mulheres com idades entre 25 e 29 anos nunca haviam se casado; por volta de 1988, essa porcentagem subiu para 36 por cento (U. S. Bureau of the Census, 1990). O adiamento do casamento é ainda mais expressivo entre os negros que entre os brancos (Balaguer e Markman, 1994).

A maioria das pessoas se casa com alguém de idade, raça, religião, educação e formação cultural similares às suas (Michael, Gagnon, Laumann e Kolata, 1994). Em parte, essa tendência se dá porque as pessoas de características e formação cultural similares têm maiores chances de se encontrar e, uma vez que isso ocorre, têm mais probabilidade de descobrir interesses comuns e afinidades (Murstein, 1986). A escolha de um parceiro para coabitação (viver junto) parece acontecer praticamente da mesma maneira. Freqüentemente, há entre os casais a pressuposição, declarada ou não, de que "se tudo der certo, nos casaremos". É curioso observar que casais que vivem juntos antes de se casar estão, em geral, menos satisfeitos com suas uniões e têm maior tendência ao divórcio que os casais que passaram a viver juntos somente após o casamento (DeMaris e Rao, 1992). Uma das razões pode ser a de que muitos daqueles que decidem viver juntos antes estão menos confiantes no relacionamento que os que se casam de uma vez (Balaguer e Markman, 1994).

Embora o casamento heterossexual ainda seja a norma estatística de nossa sociedade, outros tipos de relacionamentos estão cada vez mais satisfazendo às necessidades de uma população diversificada. Relacionamentos de coabitação duradouros são um exemplo disso. Ao contrário do que se acredita popularmente, o maior aumento recente dos casais que moram juntos não se deu entre as pessoas mais jovens, e sim entre aquelas acima dos 35 anos (Steinhauer, 1997). Entre viúvos e viúvas mais velhos, a coabitação é cada vez mais considerada uma maneira de desfrutar a vida conjugal sem complicações financeiras e penalidades tributárias.

Os casais homossexuais são outro exemplo de relacionamento íntimo diferente da tradição. Estudos mostram que a maioria dos gays e lésbicas busca o mesmo tipo de relacionamento amoroso, comprometido e significativo, que a maioria dos heterossexuais (Peplau e Cochran, 1990). Além disso, os relacionamentos bem-sucedidos entre eles têm as mesmas características dos relacionamentos heterossexuais bem-sucedidos: altos níveis de confiança mútua, respeito e apreciação; compartilhamento na tomada de decisões; boa comunicação; e habilidade na resolução de conflitos (Birchler e Fals-Stewart, 1994; Edwards, 1995; Kurdek, 1991, 1992). (Veja a Seção "Compreendendo a nós mesmos: Resolução de conflitos nos relacionamentos íntimos".)

Paternidade e maternidade Para a maioria dos pais, amar e ser amado por seus filhos é uma fonte incomparável de satisfação. Entretanto, o nascimento do primeiro filho também é um momento decisivo para o relacionamento do casal e exige muitos ajustes. O romance e a diversão freqüentemente cedem lugar às tarefas e obrigações. Uma vez que as crianças pequenas demandam muito tempo e energia, é possível que os pais tenham pouco tempo e energia um para o outro.

A paternidade e a maternidade também podem aumentar os conflitos entre a busca de uma carreira profissional e as atividades domésticas. É especialmente provável que esse resultado se dê entre mulheres que tenham uma carreira ativa fora do lar. Elas podem se sentir arrasadas com sentimentos de perda e ressentimento diante da perspectiva de deixar seus empregos, e de ansiedade ou culpa em razão da idéia de continuar a trabalhar. Esse conflito se soma às preocupações comuns de ser esposa e mãe dedicada (Warr e Perry, 1982). Não é de espantar que as mulheres sintam de maneira mais intensa a necessidade da cooperação de seu parceiro durante esse período da vida que os homens (Belsky, Lang e Rovine, 1985). Os pais de hoje em dia passam mais tempo com os filhos do que seus próprios pais faziam, mas as mães ainda se encarregam da maior parte da responsabilidade tanto pela educação da criança quanto pelo trabalho doméstico. Embora os casais homossexuais em geral acreditem mais na divisão igualitária das tarefas do lar que os casais heterossexuais, tendem a fazer uma exceção quando se trata da educação das crianças. Após a chegada de uma criança (por meio de adoção ou inseminação artificial), as responsabilidades com relação aos cuidados que ela exigirá tendem a recair com mais força sobre um dos membros, enquanto o outro passa mais tempo em um emprego assalariado (Patterson, 1994, 1995).

Em virtude das demandas que surgem no processo de educação de uma criança, não é de surpreender que a satisfação do casal tenda a declinar após a chegada do primeiro filho (Ruble, Fleming, Hackel e Stangor, 1988; veja a Figura 9.3). Mas, assim que os filhos vão morar sozinhos, muitos pais vivenciam uma renovada satisfação em seu relacionamento de casal. Em vez de lamentar o "ninho vazio", a maioria das mulheres suspira aliviada (Rovner, 1990). Pela primeira vez em muitos anos, marido e mulher poderão ficar a sós e desfrutar a companhia um do outro (Orbuch, Houser, Mero e Webster, 1996).

Terminando um relacionamento Os relacionamentos íntimos freqüentemente chegam a um fim. Embora isso aconteça com todo tipo de casal — casados ou não, hetero ou homossexuais —, a maioria das pesquisas feitas sobre relacionamentos que terminam se concentrou em casais casados e heterossexuais. O nível de divórcios nos EUA aumentou substancialmente a partir dos anos 60, assim como ocorreu em muitos outros países desenvolvidos (Lewin, 1995). Embora o nível de divórcios pareça ter se estabilizado, isso ocorreu em um patamar bastante elevado. Quase metade nos casamentos norte-americanos termina em divórcio (Darnton, 1992).

Raramente a decisão de se separar é feita em conjunto. Na maioria dos casos, um dos parceiros toma a iniciativa de terminar o relacionamento após um longo período de crescente infelicidade. Tomar essa decisão não traz necessariamente um alívio. No início, isso freqüentemente gera confusões, ressentimentos e apreensão. Entretanto, no longo prazo, a maioria dos adultos divorciados relata que a separação foi um passo positivo que acabou resultando em maior contentamento pessoal e funcionamento psicológico mais sadio, embora uma significativa minoria aparentemente sinta os efeitos negativos de longo prazo (Kelly, 1982; Stack, 1994).

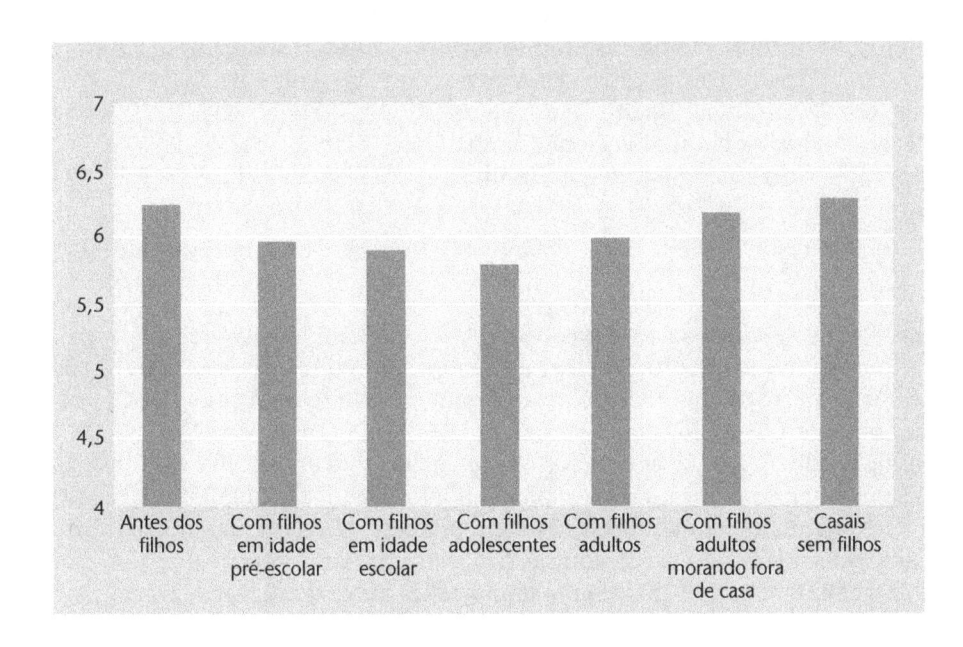

FIGURA 9.3
Satisfação no casamento.
Esse gráfico mostra o momento em que os casais estão mais contentes e o momento em que se encontram menos felizes com seu casamento, em uma escala que vai de 1 (muito infeliz) a 7 (muito feliz).
Fonte: American Sociological Association; adaptado do jornal *USA Today*, 12.08.1997, p. D1.

COMPREENDENDO A nós Mesmos

Resolução de conflitos nos relacionamentos íntimos

Até mesmo os casais mais próximos e apaixonados se desentendem. Afinal, as pessoas são diferentes, com diferentes desejos, modos de ser, prioridades e pontos de vista. Por essas razões, o conflito é inevitável em qualquer relacionamento íntimo. Mas isso não implica necessariamente formas destrutivas de brigar. Os conflitos podem ser solucionados de maneiras construtivas que não levem o casal a se separar. Uma briga construtiva pode, na verdade, acabar aproximando as pessoas na busca de soluções mutuamente satisfatórias.

Os psicólogos que estudaram relacionamentos íntimos freqüentemente sugerem uma série de ações que leva a uma resolução construtiva dos conflitos:

1. *Escolha cuidadosamente hora e lugar para uma discussão*. As pessoas que começam a fazer queixas em um momento inapropriado não devem se sentir surpresas se o resultado não for satisfatório. Tente não começar uma grande discussão quando seu parceiro estiver no meio da realização de uma tarefa importante ou estiver pronto para dormir após um dia longo e cansativo. Mencione o assunto quando houver bastante tempo para discuti-lo por completo.

2. *Seja um bom ouvinte*. Não fique na defensiva assim que seu parceiro expressar uma preocupação ou queixa. Ouça atentamente sem interrompê-lo. Tente compreender o que seu parceiro está dizendo a partir do ponto de vista dele — ou dela. Ouvi-lo calmamente, sem se irritar, fará com que a discussão comece bem. Não permita que seu corpo dê pistas não-verbais que contradigam sua atitude de ouvi-lo. Por exemplo: não continue fazendo tarefas domésticas ou assistindo à TV enquanto seu parceiro estiver falando. Não encolha os ombros nem revire os olhos como se não estivesse levando em consideração o que seu parceiro está dizendo.

3. *Dê à pessoa um feedback que mostre que você compreendeu suas queixas*. Repita, com suas próprias palavras, o que seu parceiro lhe disse. Faça perguntas a respeito de qualquer coisa da qual você não tenha certeza. Por exemplo, se uma esposa falar que está farta da quantidade de tempo que seu marido passa assistindo a esportes na TV, ele deveria responder dizendo: "Eu sei que você não gosta de me ver assistindo tanto aos esportes, mas você espera que eu pare totalmente de fazer isso?" Esse tipo de *feedback* ajuda a esclarecer as coisas e evita desentendimentos.

4. *Seja sincero. Fale de igual para igual com seu parceiro sobre seus sentimentos*. Diga o que você realmente pensa. Se estiver com raiva, não espere que seu parceiro adivinhe seus sentimentos porque você o está tratando com silêncio ou demonstrando essa raiva de maneiras indiretas. É claro que ser sincero não significa ser indelicado ou ofensivo. Não comece a dizer palavrões, a ser sarcástico, zombar ou insultar. Esse tipo de tática é contraproducente.

5. *Use frases que contenham a palavra "eu" em vez de "você"*. Por exemplo, se você estiver irritado com seu parceiro pelo fato de ele/ela estar atrasado/a, diga: "Eu fiquei realmente preocupado e decepcionado durante a última

O divórcio pode gerar efeitos sérios e de longo alcance nas crianças — especialmente sobre seu desempenho escolar, sua auto-estima, seu desenvolvimento de papel de gênero, seu equilíbrio emocional, seus relacionamentos com outras pessoas e suas atitudes em relação ao casamento (Barber e Eccles, 1992; Collins, Maccoby, Steinberg, Hetherington e Bornstein, 2000; Forgatch e DeGarmo, 1999; Vaughn, 1993). E as crianças que enfrentam múltiplos divórcios correm riscos ainda maiores (Kurdek, Fine e Sinclair, 1995). Em qualquer caso, elas se adaptam melhor quando recebem apoio adequado, quando os pais divorciados mantêm um bom relacionamento e quando há recursos financeiros suficientes à disposição delas. Os efeitos do divórcio também variam de acordo com as próprias crianças: aquelas que têm um temperamento mais calmo e que geralmente eram mais bem comportadas antes do divórcio geralmente hora" — em vez de dizer: "Você está uma hora atrasado! Por que não conseguiu chegar aqui na hora certa?" Frases que contenham a palavra "você" soam como acusações e tendem a colocar as pessoas em posição defensiva. Frases com a palavra "eu" soam como tentativas de comunicar seus sentimentos sem julgar o parceiro.

6. *Concentre-se no comportamento, não na pessoa.* Por exemplo: ressalte o atraso de seu parceiro como o problema, sem acusá-lo de ser imprudente e egoísta. As pessoas reagem de maneira defensiva diante de um ataque verbal ao seu caráter, pois esse tipo de ataque ameaça sua auto-estima.

7. *Não exagere ou generalize a freqüência de um problema.* Não diga a seu parceiro que ele está sempre atrasado ou a sua parceira que ela é exatamente como a mãe dela. Esses exageros incomodam e tendem a desviar as discussões das queixas legítimas.

8. *Aborde um número limitado de assuntos específicos.* Não sufoque seu parceiro com inúmeras queixas. Concentre-se nas preocupações atuais e de alta prioridade. Não se distraia com assuntos triviais que consomem energia emocional. Não traga à tona uma longa lista de reclamações do passado.

9. *Não encontre válvulas de escape para toda queixa que for feita em relação a você.* Todos nós temos a tendência de atenuar nossos defeitos culpando as circunstâncias ou, às vezes, colocando a culpa na outra pessoa. Resista à tentação de apresentar desculpas cujo objetivo é "tirar você da mira". Assuma a responsabilidade por suas ações e encoraje seu parceiro a fazer o mesmo.

10. *Sugira mudanças específicas e relevantes para solucionar o problema.* Ambos os participantes de um conflito deveriam propor, no mínimo, uma solução possível. A solução a ser sugerida deve ser razoável e levar em conta o ponto de vista dos dois.

11. *Esteja aberto para chegar a um acordo.* Ser bem-sucedido em disputas geralmente envolve um processo de negociação. As duas partes precisam querer ceder um pouco. Não encoste seu parceiro na parede com um ultimato: "Faça o que eu quero, senão...!" Os parceiros precisam desejar mudar a si mesmos até certo ponto, em resposta aos sentimentos da outra pessoa. Esse desejo é a essência de estar em um relacionamento íntimo. Ser amado por seu parceiro não significa necessariamente ser aceito exatamente como você é.

12. *Não pense em termos de quem perde e quem ganha.* Muitos livros populares foram escritos para ensinar a sempre vencer uma discussão. Essa abordagem competitiva para a resolução de conflitos é desastrosa para os relacionamentos íntimos. Se um parceiro for sempre o vencedor e o outro sempre o perdedor, o relacionamento inevitavelmente sofrerá conseqüências. Busque soluções satisfatórias para ambas as partes. O casal deve ser visto como aliados que enfrentam um problema comum. Dessa maneira, seu relacionamento se fortalecerá.

passam por um período mais tranqüilo de adaptação (Ahrons, 1994; Davies e Cummings, 1994; Edwards, 1995; Hetherington, Bridges e Insabella, 1998; Miller, Kliewer e Burkeman, 1993).

O mundo do trabalho
Quais são as satisfações e os estresses do trabalho adulto?

Para muitos jovens, o período que vai do final da adolescência até os 20 e poucos anos é crucial, porque estabelece o cenário de grande parte da vida adulta. Os progressos educacionais e a especialização obtida durante esses anos de transição geralmente determinam os salários e o status ocupacional para o resto da vida adulta (Arnett, 2000).

Três ou quatro gerações atrás, escolher uma carreira não era preocupação para a maioria dos adultos jovens. Os homens seguiam os passos dos pais ou faziam quaisquer cursos que estivessem disponíveis em suas comunidades. As mulheres se ocupavam de cuidar das crianças, da casa, ajudavam na fazenda da família ou nos negócios, ou seguiam carreiras "femininas" trabalhando como secretárias, enfermeiras e professoras. Hoje em dia, as opções de carreira são muito mais numerosas tanto para eles como para elas. Nos anos 90, por exemplo, as mulheres representavam cerca de 20 por cento do número de médicos e advogados que trabalhavam em tempo integral e quase 40 por cento dos professores universitários. Ao todo, as mulheres respondiam por 39 por cento da força de trabalho (Gilbert, 1994). Contudo, em média, as mulheres recebem salários 30 por cento menores que os homens nas mesmas funções e têm menos chances de assumir posições gerenciais e executivas (Valian, 1998; veja a Figura 9.4). Por exemplo: as mulheres ocupam 53 por cento dos empregos de nível universitário nos EUA, mas a maior parte deles em áreas nas quais os salários são menores, como a da educação. Apenas 28 por cento dos empregos de nível universitário que ofereciam salário de mais de US$ 40 mil em 1998 eram ocupados por mulheres (Doyle, 2000). Além disso, muitas sofrem discriminação e assédio sexual no trabalho (Valian, 1998) e têm menos oportunidades de mudar de emprego ou ser promovidas (Aranya, Kushnir e Valency, 1986).

Famílias em que os dois pais trabalham Ao longo dos últimos 50 anos, o número de mulheres casadas que integram a força de trabalho assalariada aumentou substancialmente: 71 por cento das casadas com filhos em idade escolar e 60 por cento das mulheres com filhos abaixo de seis anos de idade trabalham fora de casa (Gilbert, 1994; Harris e Liebert, 1991). Constituir uma família em que o pai e a mãe trabalham nem sempre é uma questão de escolha. Esse crescente papel das mulheres como provedoras de renda é uma tendência mundial (Lewin, 1995).

Equilibrar as demandas da carreira e da família é um problema comum, especialmente para as mulheres. Quando a esposa trabalha em período integral fora de casa, é provável que ela ainda faça muito mais que metade do trabalho doméstico e dos cuidados com as crianças. Ela também tende a estar consciente desse desequilíbrio e de ficar ressentida com isso (Benin e Agostinelli, 1988). A "jornada dupla" — uma no trabalho remunerado fora de casa e outra não-remunerada em casa — é uma experiência comum para milhões de mulheres do mundo todo (Mednick, 1993). A verdadeira igualdade — o objetivo pretendido pelas mulheres quando começaram a trabalhar fora — ainda precisa ser alcançada (Gilbert, 1994).

Apesar das pressões associadas à dupla jornada, a maioria das mulheres relata melhoras na auto-estima quando têm um trabalho remunerado (Baruch e Barnett, 1986). Elas também tendem a sentir menos ansiedade e depressão que as mulheres sem filhos (Barnett, 1994). A grande maioria diz que continuaria a trabalhar mesmo que não precisasse do dinheiro (Schwartz, 1994). As mulheres mais propensas a se sentir estressadas são aquelas que não encontram satisfação nos vários papéis que desempenham (Barnett, 1994).

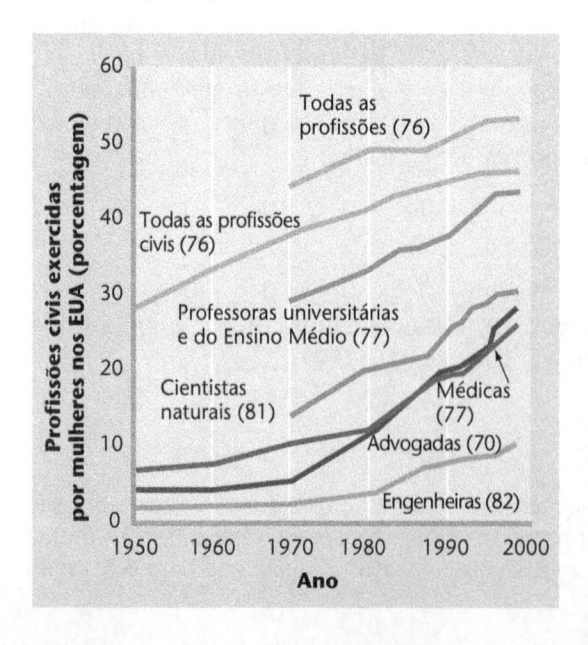

FIGURA 9.4

Porcentagem da presença feminina em profissões prestigiadas, nos EUA, entre 1950 e 2000. Esse gráfico mostra a porcentagem de cada profissão ocupada por mulheres. Os números que aparecem entre parênteses indicam a porcentagem da remuneração dos homens que as mulheres recebem.

Fonte: Scientific American, abril 2000, p. 30; dados do U. S. Bureau of the Census e Bureau of Labor Statistics. © 2000 Rodger Doyle. Reprodução autorizada.

Filhos de pais que trabalham A maioria das famílias em que ambos os pais trabalham precisa deixar seus filhos sob os cuidados de alguma outra pessoa durante grande parte do dia. Nos EUA, mais da metade das crianças, do nascimento à terceira série escolar, passa algum tempo aos cuidados de pessoas que não são seus pais (America's Children: Key National Indicators of Well-Being, 2000). Será que é uma boa idéia deixar bebês e crianças muito pequenas com "pais substitutos"?

Algumas pesquisas mostram benefícios visíveis para os filhos de mães que trabalham, mesmo que as crianças ainda sejam muito pequenas (Greenstein, 1993). Por exemplo: os filhos de mães que trabalham fora tendem a ser mais independentes, auto confiantes e tendem a ter visões menos estereotipadas de homens e mulheres (Harris e Liebert, 1991). Além disso, freqüentam uma creche de qualidade, mesmo muito jovens, têm a mesma probabilidade de apresentar problemas comportamentais ou de auto-estima que as crianças criadas em casa (Harvey, 1999). Apesar disso, existe a preocupação de que o fato de ficar sob os cuidados de uma substituta que não seja relacionada ao núcleo familiar possa interferir no desenvolvimento de apegos seguros e colocar as crianças sob o risco de desequilíbrio emocional (Barglow, Vaughn e Molitor, 1987; Belsky e Rovine, 1988). De acordo com as descobertas de um recente estudo longitudinal de larga escala (NICHD, 1996), o fato de colocar um bebê em uma creche em tempo integral — ainda que nos primeiros meses de vida — não impede o desenvolvimento do apego. Ainda restam aos pais que trabalham fora e a seus bebês muitas oportunidades diárias de dar e receber sentimentos positivos que desenvolverão apegos seguros. Entretanto, quando mãe proporciona um cuidado insensível e indiferente, seu bebê terá probabilidades *ainda maiores* de desenvolver apegos inseguros em relação a ela se também ficar o dia inteiro em uma creche, especialmente em creches de baixa qualidade ou com uma atendente diferente a cada dia. Portanto, uma das conclusões é de que a *qualidade das creches é importante* (Brobert, Wessels, Lamb e Hwang, 1997; Scarr, 1999). Um ambiente seguro, carinhoso e estimulante provavelmente produzirá crianças saudáveis, extrovertidas e que aprendem muito rápido; do mesmo modo, um ambiente em que imperam o medo e a dúvida tenderá a tolher o desenvolvimento.

Mudanças cognitivas

De que maneira o pensamento dos adultos difere do pensamento dos adolescentes?

Apenas recentemente os pesquisadores começaram a investigar as maneiras por meio das quais o pensamento adulto difere do pensamento adolescente. Embora os adolescentes sejam capazes de avaliar alternativas e de chegar ao que consideram ser a solução "correta" para um problema, os adultos gradualmente percebem que não existe somente uma solução correta para todos os problemas — na verdade, pode até não existir uma solução correta, ou existirem muitas. Os adolescentes confiam nas autoridades para que elas lhes digam o que é "verdadeiro", mas os adultos percebem que a "verdade" freqüentemente varia de acordo com a situação e com o ponto de vista adotado. Os adultos também são mais práticos: sabem que a solução para um problema tem de ser tão realista quanto razoável (Cavanaugh, 1990). Não há dúvidas de que essas mudanças no pensamento derivam de maior experiência com o mundo. Lidar com os tipos de problemas complexos que surgem na vida adulta exige que se abandone o pensamento literal, formal e de certa forma rígido da adolescência e dos primeiros anos da vida adulta (Labouvie-Vief, 1986).

Assim como os exercícios físicos são necessários para um excelente desenvolvimento físico, o exercício mental também é necessário para um ótimo desenvolvimento cognitivo. Embora seja inevitável que ocorra certo declínio das capacidades cognitivas à medida que as pessoas envelhecem, esse declínio pode ser minimizado caso elas se mantenham mentalmente ativas (Schaie, 1994).

Mudanças de personalidade

Que mudanças de personalidade ocorrem à medida que os adultos se encaminham para a meia-idade?

A saúde psicológica geralmente aumenta na idade adulta se comparada à da adolescência. E os adolescentes que apresentam melhor saúde psicológica tendem a aprimorá-la ainda mais quando adultos (Jones e Meredith, 2000). Tanto os homens quanto as mulheres tendem a se tornar menos autocentrados e a desenvolver melhores habilidades de interação à medida que envelhecem (Neugarten, 1977). Um estudo longitudinal descobriu que as pessoas são mais simpáticas, solidárias, produtivas e seguras aos 45 anos do que eram aos 20 (Block, 1971). Outro estudo constatou que pessoas de meia-idade sentem um elevado comprometimento e responsabilidade com outras, desenvolvem novas maneiras de adaptação e se sentem mais confortáveis em seus relacionamentos interpessoais (Vaillant, 1977). Tais descobertas sugerem que a maioria das pessoas está atingindo satisfatoriamente aquilo que Erik Erikson considerou ser o principal desafio da metade da vida adulta: *produtividade* versus *estagnação*. Produtividade diz respeito à capacidade de continuar sendo produtivo e criativo, especialmente de maneiras que orientem e encorajem as gerações futuras. Para aqueles que não conseguem atingir esse estágio, a vida se torna uma rotina monótona e sem sentido, e a pessoa se sente estagnada e entediada.

As sensações de tédio e estagnação na metade da vida adulta podem ser parte do que se convencionou chamar de **crise da meia-idade**. A pessoa que atravessa tal crise se sente dolorosamente irrealizada, pronta para uma mudança radical e abrupta na carreira, nas relações pessoais ou no estilo de vida. Pesquisas mostram, entretanto, que a crise da meia-idade não é comum; a maioria das pessoas não estabelece mudanças tão drásticas em sua vida na metade da idade adulta (Martino, 1995). Na verdade, muitas utilizam esse período para renovar seus compromissos com o casamento, o trabalho e a família (B. M. Newman, 1982).

Daniel Levinson, que estudou o desenvolvimento da personalidade de homens e mulheres ao longo da vida adulta (Levinson, 1978, 1986, 1987), preferia o termo **transição da meia-idade** para designar o período em que as pessoas tendem a fazer avaliações sobre suas vidas. Muitos dos homens e das mulheres participantes do estudo, defrontados com os primeiros sinais de envelhecimento, começavam a pensar na natureza finita da vida. Eles percebiam que talvez jamais realizassem tudo aquilo que gostariam e questionavam o valor de algumas coisas que já haviam conquistado, perguntando-se em que medida elas eram realmente significativas. Como resultado disso, alguns gradualmente estabeleceram novas prioridades para suas vidas, determinando novos objetivos com base em suas novas descobertas e sensações.

A "mudança de vida"

O que é menopausa e que mudanças a acompanham?

Durante a meia-idade, ocorre um declínio no funcionamento dos órgãos reprodutivos. Nas mulheres, a quantidade de estrogênio (principal hormônio feminino) produzido pelos ovários se reduz significativamente por volta dos 45 anos, embora a idade exata varie bastante de uma mulher para outra. Os seios, os tecidos genitais e o útero começam a encolher, os ciclos menstruais se tornam irregulares e cessam completamente por volta dos 50 anos de idade. A cessação da menstruação se chama **menopausa**.

As mudanças hormonais que acompanham a menopausa freqüentemente provocam determinados sintomas físicos; os mais perceptíveis são as "ondas de calor". Em algumas mulheres, a menopausa também leva a um sério afinamento dos ossos, que os torna mais vulneráveis a fraturas. Esses dois sintomas

---

TESTE SUA APRENDIZAGEM

1. De acordo dom Erik Erikson, o principal desafio dos primeiros anos da vida adulta é _____ versus _____, ao passo que o maior desafio da meia-idade é _____ versus _____.
2. Indique se as afirmações a seguir são verdadeiras (V) ou falsas (F).
    ____ a. O velho ditado que diz que "os opostos se atraem" é uma descrição precisa de como a maioria das pessoas escolhe seu cônjuge.
    ____ b. A satisfação no casamento geralmente aumenta com a chegada do primeiro filho.
    ____ c. Em comparação com as mulheres que trabalham fora e não têm filhos, as mães que trabalham fora sentem mais ansiedade e depressão.
    ____ d. É inevitável que haja um significativo declínio das capacidades cognitivas após os primeiros anos da vida adulta.
    ____ e. A vasta maioria das pessoas passa pela crise da meia-idade, período durante o qual elas se sentem dolorosamente irrealizadas.
3. A cessação da menstruação nas mulheres de meia-idade é chamada de _____.

Respostas: 1. intimidade, isolamento; produtividade, estagnação. 2. a. (F); b. (F); c. (F); d. (F); e. (F). 3. menopausa.

podem ser prevenidos por meio do tratamento de reposição de estrogênio (sob a fórmula de comprimido ou adesivo dérmico que deve ser prescrito por um médico). Embora esse tratamento possa aumentar ligeiramente o risco de a mulher ter câncer no seio ou no útero (Steinberg *et al.*, 1991), ele aparentemente diminui significativamente o risco de ela ter doenças cardíacas (Barrett-Connor e Bush, 1991). Algumas mulheres ficam apreensivas com relação a essa "mudança de vida", mas outras festejam por não ter de se preocupar com uma possível gravidez.

Os especialistas discordam quanto à existência de uma "menopausa masculina". Os homens nunca passam por uma queda do nível de testosterona (hormônio masculino) tão brusca quanto a de estrogênio nas mulheres. Em vez disso, estudos descobriram que há um declínio mais gradual — talvez de 30 a 40 por cento — de testosterona nos homens entre 48 e 70 anos (Angier, 1992). Evidências recentes também confirmam a crença comum de que, com o avanço da idade, a fertilidade masculina se reduz de maneira lenta (Ford *et al.*, 2000).

Terceira idade

Que fatores estão relacionados à expectativa de vida?

Os adultos de mais idade constituem o segmento que mais cresce na população dos EUA. De fato, durante o século XX, a porcentagem de norte-americanos com idade acima dos 65 anos mais que triplicou, e as pessoas com mais de 85 anos já representam o segmento que mais cresce na população (APA's Task Force on Diversity, 1998). Atualmente, 35 milhões de norte-americanos têm mais de 65 anos; por volta de 2030, deverá haver mais de 70 milhões de pessoas nessa faixa etária (Kolata, 1992). Esse crescimento significativo tem origem no envelhecimento da geração *baby boom*, no aumento da expectativa de vida em razão, principalmente, da melhoria no sistema de saúde e na nutrição (Downs, 1994; veja a Figura 9.5).

Contudo, existe um considerável descompasso entre os gêneros na expectativa de vida. Hoje em dia, uma mulher em geral desfruta sete anos de vida a mais que um homem. As razões para isso ainda não estão claras, mas entre os fatores prováveis estariam diferenças relativas a hormônios, exposição ao estresse, comportamentos relacionados à saúde e constituição genética.

Nos EUA, também há diferença de expectativa de vida entre brancos e negros. Em média, um norte-americano branco deverá viver até os 76 anos, ao passo que um norte-americano negro provavelmente viverá apenas até os 71 anos. Essa diferença parece ser fruto, em grande parte, das disparidades entre as situações socioeconômicas de cada grupo.

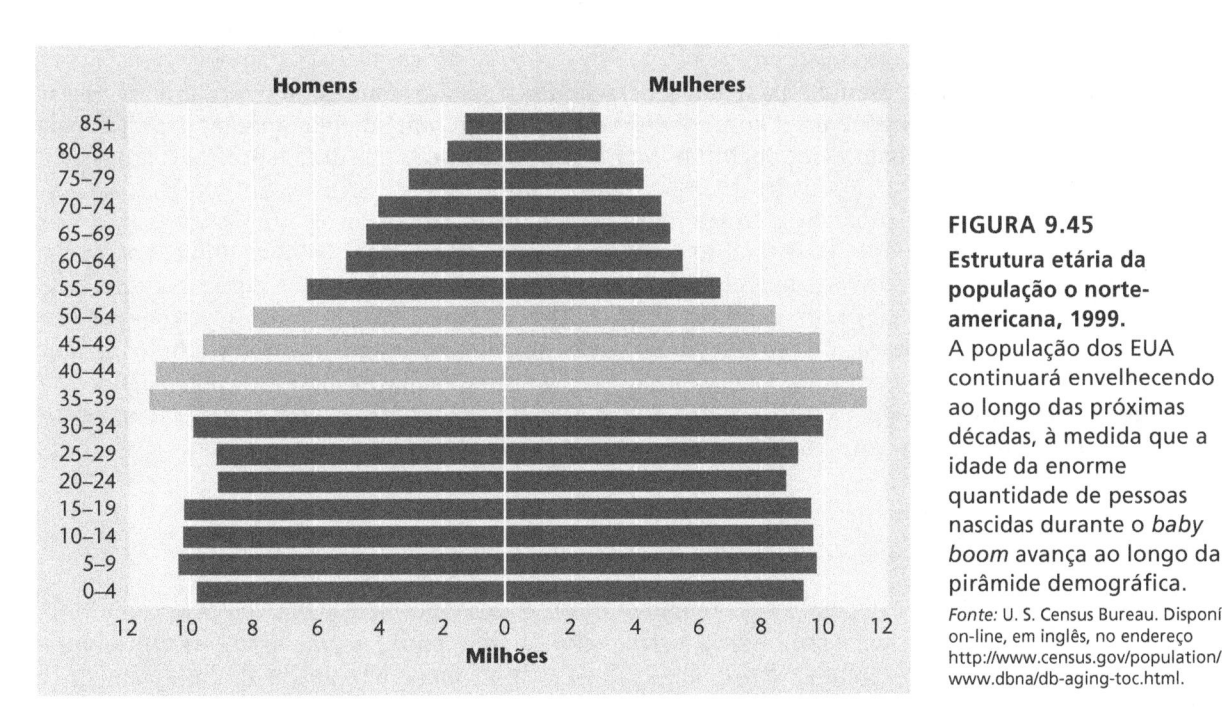

FIGURA 9.45
Estrutura etária da população o norte-americana, 1999.
A população dos EUA continuará envelhecendo ao longo das próximas décadas, à medida que a idade da enorme quantidade de pessoas nascidas durante o *baby boom* avança ao longo da pirâmide demográfica.
Fonte: U. S. Census Bureau. Disponível on-line, em inglês, no endereço http://www.census.gov/population/ www.dbna/db-aging-toc.html.

Pelo fato de os idosos estarem se tornando uma parte cada vez mais significativa da sociedade norte-americana, é importante compreender seu desenvolvimento. Infelizmente, as visões que temos dos mais velhos são em geral carregadas de mitos. Por exemplo: muitas pessoas acreditam que a maioria dos idosos é solitária, pobre e tem problemas de saúde. Até mesmo os profissionais de saúde às vezes pressupõem ser natural que as pessoas idosas fiquem doentes. Como resultado disso, sintomas que apontariam para um problema médico possível de ser tratado em pessoas mais jovens são considerados sinais inevitáveis de envelhecimento nos mais velhos e, por isso, freqüentemente não são tratados. A falsa crença de que a "senilidade" é inevitável é outro mito prejudicial, assim como a idéia de que a maioria dos idosos está desamparada e depende da família para receber cuidados e apoio financeiro. Todas as pesquisas feitas sobre a terceira idade contradizem esses estereótipos. Cada vez mais, pessoas com 65 anos ou mais são saudáveis, produtivas e capazes (Cutler, 2001; Kolata, 1996b; Manton e Gu, 2001).

Mudanças físicas

Por que o corpo se degenera com a idade?

Em um processo que se inicia na metade da idade adulta e continua na terceira idade, a aparência física e o funcionamento de todos os órgãos passam por várias alterações. O cabelo fica mais fino e muda de cor para branco ou cinza. A pele enruga. Os ossos se tornam mais frágeis. Os músculos perdem força e as juntas ficam enrijecidas ou desgastadas. A circulação se torna mais lenta, a pressão sangüínea se eleva e, pelo fato de os pulmões terem capacidade para menos oxigênio, o idoso tem menos energia. O formato do corpo e a postura se alteram, e os órgãos reprodutivos se atrofiam. Dificuldades para dormir e continuar dormindo se tornam mais comuns, e o tempo de reação fica mais lento. Visão, audição e olfato ficam menos apurados (Cavanaugh, 1990; LaRue e Jarvik, 1982). No início, a maioria das pessoas não percebe essas mudanças, uma vez que elas ocorrem de maneira gradual. Mas chega o momento em que as alterações provocadas pela degeneração são inegáveis.

É curioso que ainda não saibamos a razão pela qual o envelhecimento físico ocorre (DiGiovanna, 1994). Há uma teoria segundo a qual os genes programam nossas células para que, em determinado momento, elas se deteriorem e morram. Segundo outra visão, é possível que as instruções genéticas para o funcionamento do corpo sejam capazes de ser lidas apenas por um número limitado de vezes antes de começar a se deteriorar e os erros de instrução (envelhecimento) acontecerem. O papel que a hereditariedade desempenha no processo de envelhecimento é apoiado pela recente descoberta de um gene que parece estar relacionado à longevidade excepcional (Puca *et al.*, 2001). Outra explicação para o envelhecimento é que certas partes do corpo simplesmente se desgastam em virtude do uso repetido, assim como as partes de um carro se desgastam após muitos quilômetros percorridos. É possível que as toxinas às quais o corpo está exposto contribuam para o processo de desgaste: tanto as toxinas externas presentes no ambiente (radiação, poluição, vírus e assim por diante) quanto as que se acumulam como subprodutos inevitáveis das próprias atividades do corpo.

Qualquer que seja a explicação final para a degeneração física, muitos fatores prejudicam o bem-estar físico dos idosos. Alguns deles podem ser controlados pela adoção de uma dieta alimentar especial, pela prática de exercícios, por um bom atendimento de saúde e pela restrição ao fumo, ao uso de drogas e à super exposição ao sol (Levenson e Aldwin, 1994). Atitudes e interesses também são importantes. As pessoas que têm uma sensação permanente de ser úteis, que mantêm velhos laços, que investigam novas idéias, praticam novas atividades e se sentem no controle de suas vidas têm os menores índices de doenças e os maiores índices de sobrevivência (Butler e Lewis, 1982; Caspi e Elder, 1986). De fato, uma pesquisa realizada com 2.724 pessoas com idades entre 25 e 74 anos descobriu que os idosos relatavam ter vivenciado mais emoções positivas durante o último mês em comparação ao relato dos adultos jovens (Mroczek e Kolarz, 1998). Portanto, há uma grande parcela de verdade no ditado: "Você é tão velho quanto pensa que é". Na verdade, os psicólogos estão começando a empregar a idade funcional ou psicológica, no lugar da cronológica, para prever a adaptabilidade dos idosos às exigências da vida.

Desenvolvimento social

Que estilo de vida e vida sexual é possível esperar após os 65 anos?

Longe de sentir-se entediadas e dependentes, a maioria dos homens e mulheres com idades acima dos 65 anos leva uma vida autônoma longe dos filhos e fora das clínicas de repouso, e a maioria está muito satisfeita com seu estilo de vida. Em uma pesquisa feita com pessoas acima de 65 anos, mais da metade disse estar tão feliz quanto era na juventude. Três quartos disseram praticar atividades que lhes pareciam tão interessantes quanto aquelas que praticavam quando mais jovens (Birren, 1983).

Ainda assim, mudanças sociais graduais realmente ocorrem na terceira idade. A ocorrência dessas mudanças foi descrita em três estágios (Cumming e Henry, 1961). O primeiro deles é a redução do espaço de vida: a pessoa mais velha começa a interagir com cada vez menos pessoas e a desempenhar menos papéis sociais. O segundo estágio é o do *aumento da individualidade*: o comportamento se torna menos influenciado por regras e expectativas sociais. O terceiro e último estágio consta da *aceitação* das mudanças dos dois primeiros estágios: a pessoa volta-se para trás e analisa sua vida, percebe que há um limite para sua capacidade de envolvimento social e aprende a viver confortavelmente com essas restrições. Esse processo não implica necessariamente uma "desconexão" psicológica com o mundo social, conforme alguns pesquisadores afirmam. Em vez disso, os idosos podem simplesmente fazer escolhas mais sensatas e mais adequadas à sua limitada disponibilidade de tempo e à sua capacidade física (Carstensen, 1995).

Aposentadoria Outra grande mudança pela qual a maioria das pessoas passa na terceira idade é a saída do mercado de trabalho. As reações diante da aposentadoria diferem bastante, em parte porque a sociedade não tem uma idéia clara do que os aposentados devem fazer. Será que deveriam sentar-se em cadeiras de balanço e ver a vida passar, ou deveriam jogar golfe, adotar uma criança e estudar grego? A vantagem dessa falta de expectativas sociais é que os idosos têm a liberdade de estruturar sua aposentadoria da maneira que desejarem. Homens e mulheres freqüentemente passam por esse processo de maneira distinta. Em geral, eles acreditam que após a aposentadoria eles devem diminuir o ritmo e fazer menos coisas, ao passo que elas acreditam que devem aprender coisas novas e explorar novas possibilidades (Helgesen, 1998). Essa diferença pode gerar problemas óbvios para os casais de aposentados (veja também Moen, Kim e Hofmeister, 2001).

É claro que o tipo e a qualidade de vida após a aposentadoria depende, em parte, da condição financeira. Se a mudança significar uma grande queda no padrão de vida da pessoa, ela terá menos prazer em se aposentar e levará uma vida mais restrita após fazê-lo. Outro fator influente na atitude diante da aposentadoria é a maneira como a pessoa se sente em relação ao trabalho. Quem se sente realizado no trabalho geralmente se interessa menos pela aposentadoria que aqueles cujo emprego não os satisfaz (Atchley, 1982). De maneira semelhante, pessoas muito ambiciosas e de personalidade difícil tendem a querer continuar trabalhando por mais tempo que os mais relaxadas.

Comportamento sexual Uma interpretação incorreta e muito comum a respeito dos idosos é a de que eles duram mais que sua sexualidade. Esse mito reflete nossos estereótipos. Por considerar que as pessoas idosas são fisicamente frágeis e pouco atraentes, não acreditamos que elas sejam sexualmente ativas. Realmente os mais velhos reagem mais lentamente e são menos ativos sexualmente que os mais jovens, mas a maioria dos idosos pode desfrutar sexo e ter orgasmos. Uma pesquisa revelou que 37 por cento das pessoas casadas com idade acima dos 60 anos praticam sexo pelo menos uma vez por semana e 20 por cento praticam sexo fora de casa (Woodward e Springen, 1992). Outro estudo, realizado com pessoas cuja idade variava entre 65 e 97 anos, descobriu que metade dos homens ainda considerava o sexo importante e pouco mais da metade dos homens que tinham relacionamentos sólidos estava satisfeita com a qualidade de sua vida sexual (Mark Clements Research, 1995).

Mudanças cognitivas

A perda de memória é inevitável na velhice?

Pessoas saudáveis que se mantêm intelectualmente ativas conservam um alto nível de funcionamento mental na terceira idade (Schaie, 1984; Shimamura, Berry, Mangels, Rusting e Jurica, 1995). Ao contrário do mito propagado segundo o qual as células do cérebro dos idosos morrem rapidamente, o cérebro de uma pessoa normal reduz seu tamanho em apenas dez por cento entre os 20 e os 70 anos de idade (Goleman, 1996). Essa descoberta significa que, para um grande número de idosos, as capacidades cognitivas continuam intactas em grande parte. É verdade que a mente trabalha de maneira um pouco mais lenta (Birren e Fisher, 1995; Salthouse, 1991), e torna-se difícil armazenar e recuperar determinados tipos de memórias (Craik, 1994), mas essas mudanças não são graves a ponto de interferir na capacidade de desfrutar uma vida ativa e independente. Também, algumas capacidades mentais parecem declinar mais que outras (Schaie, 1994), mas o treinamento e a prática podem reduzir bastante esse declínio de modo geral (Willis, 1985; Willis e Schaie, 1986).

Mal de Alzheimer's Para os portadores do **mal de Alzheimer**, a situação é bem diferente. Eles se esquecem dos nomes dos filhos ou ainda não conseguem voltar para casa sozinhos ao sair de uma loja. Alguns não são capazes nem mesmo de reconhecer seu marido ou sua esposa. Nomeada com o sobrenome do neurologista alemão Alois Alzheimer, a doença provoca perda progressiva da capacidade de se comunicar e raciocinar, em conseqüência de alterações ocorridas no cérebro (Glenner, 1994).

Durante muitos anos, o mal de Alzheimer foi considerado raro e era diagnosticado apenas em pessoas com menos de 60 anos de idade que apresentavam sintomas de perda de memória e confusão. Mas hoje em dia é reconhecido como uma doença comum entre as pessoas idosas que costumavam ser chamadas de "senis". De acordo com estimativas recentes, cerca de dez por cento dos adultos com mais de 65 anos e cerca de metade dos que têm mais de 85 portam o mal de Alzheimer (Bennett e Knopman, 1994). Os fatores que predispõem determinadas pessoas a desenvolver a doença são: ter um histórico de demência (declínio geral das capacidades físicas e cognitivas) na família, como a síndrome de Down ou o mal de Parkinson, ser filho de mulher que o pariu com mais de 40 anos e ter um trauma craniano (especialmente se esse trauma levou a um estado inconsciente) (Kokmen, 1991; Myers, 1996). Além disso, pessoas que não são ativas, tanto física quanto intelectualmente durante a idade adulta, têm mais chances de desenvolver a doença (Friedland *et al.*, 2001).

No início, mal de Alzheimer geralmente manifesta-se por meio de pequenas perdas de memória, como a dificuldade de se lembrar de palavras e nomes ou do lugar onde colocou algo. À medida que a doença progride — e esse processo pode levar de dois a 20 anos —, também é provável que ocorram mudanças de personalidade. Primeiramente, podem se tornar emocionalmente retraídos ou indiferentes. Mais tarde, podem ter delírios, tais como pensar que os parentes o estão roubando. Essas pessoas se tornam confusas e podem não conseguir se localizar no tempo e no espaço. Finalmente, perdem a capacidade de falar, de cuidar de si mesmas e de se reconhecer como membros da família. Se não morrerem por outros motivos, os portadores do mal de Alzheimer serão vitimados pela doença (Wolfson *et al.*, 2001).

O diagnóstico precoce do mal de Alzheimer geralmente se baseia em perguntas que pessoas saudáveis geralmente têm pouca dificuldade em responder, mas que são difíceis para quem se encontra nos primeiros estágios da doença (veja Petersen *et al.*, 2001; Solomon *et al.*, 1998). Atualmente, não existe cura para o mal de Alzheimer, mas os progressos das pesquisas estão ocorrendo com tanta rapidez que, em um futuro próximo, talvez seja desenvolvido algum remédio que desacelere o desenvolvimento da doença ou alguma vacina que a previna (Henry, 1996; Novak, 1999; Pennisi, 1999).

Lidando com o fim da vida

Em que medida as pessoas idosas lidam bem com o fim da vida?

O medo da morte raramente constitui uma preocupação central para as pessoas na terceira idade. De fato, esse medo parece ser um problema maior no começo da vida adulta ou na meia-idade, quando a consciência da morte coincide com um maior interesse pela vida (Kimmel, 1974).

Mas os idosos têm alguns medos importantes em relação à morte. Eles sentem medo da dor, de um tratamento indigno e da despersonalização pela qual podem passar em razão de uma doença terminal, bem como da possibilidade de morrer no isolamento. Eles também têm medo de onerar seus parentes com os gastos de uma hospitalização ou os cuidados de uma enfermeira. Às vezes, os parentes não são capazes de oferecer muito apoio aos idosos à medida que estes envelhecem, seja por viver muito distantes, por ser incapazes de lidar com a dor de ver uma pessoa querida morrer ou pelo medo que eles próprios têm da morte (Kübler-Ross, 1975).

Estágios da morte A psiquiatra Elisabeth Kübler-Ross (1969) entrevistou mais de 200 pessoas — de todas as idades — em estágio terminal para tentar compreender os aspectos psicológicos da morte. A partir dessas entrevistas, ela descreveu a seqüência de cinco estágios pelos quais acreditava que as pessoas passavam à medida que reagiam à sua própria morte iminente.

1. *Negação*: A pessoa nega o diagnóstico, recusa-se a acreditar que a morte está se aproximando, insiste em dizer que foi cometido algum erro e busca outras opiniões ou alternativas mais aceitáveis.

2. *Raiva*: A pessoa aceita a realidade da situação, mas expressa inveja e ressentimento em relação às pessoas que viverão o suficiente para realizar um plano ou um sonho. A pergunta passa a ser: "Por que eu?" A raiva pode ser direcionada ao médico ou aleatoriamente em todas as direções. A paciência e a compreensão das outras pessoas são especialmente importantes nesse estágio.

3. *Barganha*: A pessoa tenta, desesperadamente, ganhar tempo, negociar com médicos, membros da família, padres e até Deus em uma tentativa saudável de lidar com a percepção da morte.
4. *Depressão*: À medida que a barganha não dá certo e o tempo continua passando, a pessoa pode sucumbir à depressão, lamentando falhas e equívocos que já não podem mais ser corrigidos.
5. *Aceitação*: Cansada e enfraquecida, a pessoa finalmente entra um estágio de "calma expectativa", entregando-se a seu destino.

De acordo com Kübler-Ross, os norte-americanos têm mais dificuldade de lidar com a morte que pessoas provenientes de outras culturas. Ela observa que, enquanto algumas culturas são de *afirmação da morte*, a cultura norte-americana é de *negação da morte*: "Somos relutantes em revelar nossa idade; gastamos fortunas para esconder nossas rugas; preferimos enviar os idosos para asilos" (1975, p. 28). Os norte-americanos também protegem as crianças do conhecimento da morte e do ato de morrer. Entretanto, ao tentar protegê-las dessas realidades desagradáveis, podem, na verdade, estar fazendo com que elas sintam ainda mais medo da morte.

Alguns observadores criticam o modelo de morte de Kübler-Ross. A maioria das críticas se concentra na metodologia utilizada por ela. Kübler-Ross estudou apenas uma amostra relativamente pequena da população e forneceu poucas informações sobre a seleção dos participantes e a freqüência das entrevistas. Além disso, todos os seus pacientes tinham câncer. Será que seu modelo se aplica também a pessoas que morrem em razão de outras causas? Por fim, alguns críticos questionam a universalidade do modelo. A morte em si é universal, mas as reações a ela podem ser muito diferentes de uma cultura para outra.

Apesar dessas questões legítimas, há um consenso quase unânime de que Kübler-Ross merece crédito por seu pioneirismo no estudo das transições pelas quais as pessoas passam a caminho da morte. Ela foi a primeira a investigar uma área considerada durante muito tempo um tabu, e sua pesquisa fez da morte uma experiência mais "compreensível" e talvez até mais fácil de manejar.

Viuvez A morte do cônjuge pode ser o desafio mais difícil que as pessoas enfrentam na terceira idade. Especialmente se tal perda é inesperada, as pessoas reagem a ela inicialmente com incredulidade, seguida de insensibilidade. Somente mais tarde o impacto total é sentido, e isso pode ser muito difícil. A incidência de depressão aumenta significativamente após a morte de um cônjuge (Norris e Murrell, 1990). Além disso, um longo estudo realizado com milhares de viúvos de 55 anos ou mais revelou que quase cinco por cento deles morriam seis meses após a morte da cônjuge, um número muito acima da taxa de mortalidade esperada para homens dessa idade. Daí em diante, a taxa de mortalidade desses viúvos diminuiu gradualmente até um patamar considerado mais normal (Butler e Lewis, 1982).

TESTE SUA APRENDIZAGEM

1. Indique se as afirmações a seguir são verdadeiras (V) ou falsas (F).
   ___ a. Em média, o homem vive mais que a mulher.
   ___ b. As mudanças físicas que ocorrem com o envelhecimento são inevitavelmente incapacitantes.
   ___ c. As pessoas mais idosas são dependentes de seus filhos adultos.
   ___ d. Pessoas saudáveis que se mantêm intelectualmente ativas conservam um alto nível de funcionamento mental na terceira idade.
2. Relacione os seguintes estágios da morte com sua definição apropriada.
   ___ negação   a. a pessoa se entrega a seu destino
   ___ raiva   b. a pessoa expressa ressentimento em relação às outras
   ___ barganha   c. a pessoa se recusa a aceitar o diagnóstico
   ___ depressão   d. a pessoa se lamenta dos erros que cometeu
   ___ aceitação   e. a pessoa tenta ganhar tempo

Respostas: 1. a. (F); b. (F); c. (F); d. (V). 2. negação: c; raiva: b; barganha: e; depressão: d; aceitação: a.

Talvez pelo fato de não estar tão acostumados a cuidar de si mesmos, os homens parecem sofrer mais com a viuvez que as mulheres. Mas, pelo fato de elas apresentarem maior expectativa de vida, existem muito mais viúvas que viúvos. Assim, os homens têm mais chances de se casar novamente. Mais da metade das mulheres com idades acima dos 65 anos é viúva, e metade delas viverá ainda mais 15 anos sem se casar novamente. Assim, por razões um pouco diferentes, o fardo da viuvez é pesado tanto para homens quanto para mulheres (Feinson, 1986).

PALAVRAS-CHAVE

Psicologia do desenvolvimento

Questões permanentes e méodos da psicologia do desenvolvimento
Estudo transversal
Coorte
Estudo longitudinal
Estudo biográfico (ou retrospectivo),

Desenvolvimento pré-natal
Desenvolvimento pré-natal
Embrião
Feto
Período crítico
Síndrome alcoólica fetal

O recém-nascido
Neonato (recém-nascido),
Temperamento

Infância
Maturação
Estágio sensório-motor
Permanência do objeto
Representação mental
Estágio pré-operacional
Egocêntrico
Estágio operacional-concreto
Princípios de conservação
Estágio operacional-formal
Balbuciação
Holofrases
Dispositivo de aquisição da linguagem
Estampagem
Apego
Autonomia
Socialização
Grupo de pares
Identidade de gênero
Constância de gênero

Consciência do papel de gênero
Estereótipos de gênero
Comportamento determinado pelo sexo

Adolescência
Estirão de crescimento
Puberdade
Menarca
Audiência imaginária
Fábula pessoal
Formação de identidade
Crise de identidade
Panelinhas

Vida adulta
Crise da meia idade
Transição da meia idade
Menopausa

Terceira idade
Mal de Alzheimer

REVISÃO DO CAPÍTULO

Questões permanentes e métodos da psicologia do desenvolvimento

Quais são algumas limitações dos métodos utilizados no estudo do desenvolvimento? Os **estudos transversais** são feitos com grupos de pessoas de diferentes faixas etárias, ao passo que os **estudos longitudinais** são realizados com um mesmo grupo de pessoas diversas vezes ao longo de suas vidas. Estes últimos consomem mais tempo, mas explicam as diferenças de **coorte** nas vivências dos membros de diferentes gerações. Os **estudos biográficos**, ou **retrospectivos**, consistem na reconstrução do passado de uma pessoa por meio da realização de entrevistas.

Desenvolvimento pré-natal

Por que um organismo vivo ou uma substância pode provocar efeitos devastadores em determinadas fases do desenvolvimento pré-natal, mas não em outros momentos? O período de desenvolvimento que vai da concepção ao nascimento é chamado de **desenvolvimento pré-natal**. Durante esse período, os teratógenos — organismos que provocam doenças ou substâncias potencialmente prejudiciais, como as drogas — podem atravessar a placenta e provocar danos irreparáveis ao **embrião** ou **feto**. O dano será maior se a droga ou outra substância for ingerida no exato momento em que estiver ocorrendo algum processo de desenvolvimento essencial no qual ela interfira. Se a mesma substância é ingerida após esse período crítico, é possível que haja pouco ou nenhum dano como resultado.

O recém-nascido

Em medida os recém-nascidos são habilidosos? Embora os bebês recém-nascidos pareçam indefesos, eles são muito mais habilidosos e conscientes do que se pensa. Os recém-nascidos enxergam e escutam, são capazes de apresentar comportamentos reflexos e apresentam temperamentos claramente diferenciáveis.

Quais reflexos iniciais permitem que os recém-nascidos reajam ao ambiente que os cerca? Os recém-nascidos são dotados de uma série de reflexos que os ajudam a responder ao ambiente que os cerca. Os reflexos que os ajudam a respirar e a se amamentar são essenciais para sua sobrevivência. Por exemplo: o *reflexo de orientação* faz com que os bebês, quando tocados na bochecha, virem a cabeça na mesma direção do toque e comecem a procurar algo com a boca. Isso os ajuda a localizar o mamilo de sua mãe. A amamentação também é facilitada pelo *reflexo de sucção*, que faz com que os recém-nascidos suguem qualquer coisa colocada em suas boquinhas, e o *reflexo de deglutição*, por sua vez, permite que eles engulam líquidos sem se sufocar.

Seu temperamento é igual ao que você tinha quando era recém-nascido? Os bebês nascem com diferenças individuais de personalidade que são chamadas diferenças de **temperamento**. Geralmente, o temperamento de um bebê se mantém bastante estável ao longo do tempo em razão de uma combinação de influências genéticas e do ambiente. Mas essa estabilidade não é fixa; podem ocorrer mudanças. Portanto, seu próprio temperamento pode ser parecido ou diferente do temperamento que você demonstrava quando era recém-nascido.

Quais são os sentidos mais desenvolvidos no nascimento e quais são os menos desenvolvidos? Todos os sentidos do bebê funcionam no momento do nascimento: visão, audição, paladar, olfato e tato. Embora seja difícil dizer exatamente como é o mundo sensorial do bebê, os recém-nascidos parecem reconhecer particularmente as diferenças dos sons de uma língua, o que sugere que a audição deles é bastante aguçada. Seu sentido menos desenvolvido é provavelmente a visão, que leva de seis a oito meses para ficar tão boa quanto a da maioria dos estudantes universitários.

Infância

Que tipos de mudanças ocorrem durante a infância? Durante os primeiros 12 anos de vida, o bebê indefeso se torna uma criança mais velha e habilidosa. Essa transformação abrange vários tipos de mudanças importantes, incluindo o desenvolvimento físico, motor, cognitivo e social.

As crianças crescem em ritmo constante? O crescimento do corpo é mais rápido durante o primeiro ano de vida — um bebê cresce, em média, cerca de 25,5 centímetros e engorda cerca de sete quilos. Depois, o crescimento se desacelera consideravelmente até o começo da adolescência. Quando há crescimento, ele ocorre repentinamente — quase da noite para o dia — e não por meio de pequenas mudanças constantes.

Andar precocemente indica uma futura habilidade desportiva? Essa é uma questão de desenvolvimento motor, isto é, refere-se à aquisição de habilidades relacionadas ao movimento. Os bebês tendem a alcançar os principais marcos do desenvolvimento motor em idades bastante semelhantes, com alguns meses de diferença. As idades em que, em média, isso ocorre são chamadas de normas de desenvolvimento. Os bebês que estejam um pouco adiantados em relação aos outros não estão necessariamente destinados ao sucesso na prática de atividades esportivas. O desenvolvimento motor mais lento ou mais rápido que o normal nos informa pouco ou nada com relação às características futuras da criança. A **maturação**, processo biológico que acarreta mudanças no desenvolvimento, também é influenciada pelo ambiente.

Como da capacidade de raciocínio de criança muda ao longo do tempo? De acordo com o psicólogo suíço Jean Piaget, o pensamento das crianças passa por mudanças qualitativas à medida que elas crescem. Piaget descreveu essas mudanças em uma seqüência de estágios. Durante o **estágio sensório-motor** (do nascimento aos dois anos de idade), as crianças adquirem a **permanência dos objetos**, que é a compreensão de que as coisas continuam existindo mesmo quando não é possível vê-las. No **estágio pré-operacional** (dos dois aos sete anos), as crianças usam cada vez mais representações mentais e a linguagem desempenha um papel importante na descrição, na memorização e no raciocínio relacionados ao mundo que as cerca. Crianças no **estágio operacional-concreto** (dos sete aos 11 anos) conseguem prestar atenção a mais de uma coisa ao mesmo tempo e são capazes de compreender o ponto de vista de outras pessoas. Por fim, no **estágio operacional-formal** (da adolescência à idade adulta), os jovens adquirem a capacidade de pensar de maneira abstrata e testar mentalmente as idéias por meio da lógica. No entanto, nem todos os psicólogos concordam com a teoria de Piaget. A visão dele é uma das muitas perspectivas que existem a respeito do desenvolvimento cognitivo das crianças.

Como o gênero e os antecedentes étnicos influenciam o desenvolvimento moral? Assim como Piaget, Lawrence Kohlberg desenvolveu uma teoria de estágios para o desenvolvimento do pensamento, mas, diferentemente daquele, concentrou-se no pensamento moral. Ele propôs que crianças que apresentam diferentes níveis de raciocínio moral baseiam suas escolhas morais em diferentes fatores: primeiramente, em uma preocupação relacionada às conseqüências físicas, seguida da preocupação com relação ao que as outras pessoas vão pensar e, por fim, na preocupação com princípios abstratos. Contudo, um dos problemas da visão de Kohlberg é que ela não leva em consideração como o gênero e os antecedentes étnicos influenciam o desenvolvimento moral. Os valores culturais associados ao fato de ser mulher, negro, japonês e assim por diante podem influenciar o modo como as pessoas determinam o que é certo ou errado, bom ou ruim.

Como a criança desenvolve as habilidades lingüísticas? Alguns psicólogos acreditam que a infância é um período fundamental para o indivíduo adquirir a linguagem, uma vez que se trata de um período em que é muito mais fácil construir um vocabulário, dominar as regras da gramática e formar sentenças inteligíveis. Caso seja verdade, isso explicaria o motivo pelo qual aprender uma segunda língua é também mais fácil para as crianças que para os adultos.

Como os pais podem ajudar seus filhos a se tornar, ao mesmo tempo, pessoas apegadas e independentes? Desenvolver o senso de independência é apenas uma das tarefas que as crianças têm de enfrentar durante seu desenvolvimento social. Isso fica evidente quando elas estão aprendendo a andar, período em que a crescente consciência que a criança adquire de ser um indivíduo separado desenvolve uma certa autonomia em relação aos pais. Estes podem encorajar a independência dos filhos permitindo que eles façam escolhas e ajam sozinhos dentro de um quadro de limites razoáveis e consistentemente impostos. Outros importantes temas sociais presentes durante a infância incluem a formação de um apego seguro e a aquisição de confiança em outras pessoas (primeira infância), a aprendizagem para tomar iniciativa na realização de novas tarefas (idade pré-escolar) e o domínio de algumas habilidades que serão necessárias na vida adulta (metade e final da infância).

A **socialização**, o processo por meio do qual as crianças aprendem a se comportar e agir de acordo com sua cultura, é uma tarefa importante na infância. As brincadeiras, que se desenvolvem a partir *da brincadeira solitária* (um e dois anos de idade), passam pela *brincadeira paralela* (dois e três anos) e chegam à *brincadeira cooperativa* (três a três anos e meio), têm um importante papel na socialização. As crianças desenvolvem um **comportamento determinado pelo sexo**, isto é, um comportamento adequado para seu gênero, por meio de um processo de **consciência do papel de gênero** e da formação de **estereótipos de gênero** que existem em sua cultura.

Assistir à TV é uma influência boa ou ruim para o desenvolvimento infantil? Assistir à TV pode ser benéfico quando os programas apresentam conteúdo educativo e modelos positivos de papéis sociais. Entretanto, a TV também reduz o tempo que as crianças poderiam usar em outras atividades positivas. Quando apresenta conteúdo agressivo e modelos negativos de papéis sociais, elapode encorajar o comportamento agressivo e talvez até contribuir com a queda das habilidades escolares, especialmente da leitura.

Adolescência

A adolescência se caracteriza apenas por mudanças físicas? As mudanças físicas a adolescência — crescimento rápido e amadurecimento sexual —

são apenas uma parte das transformações que ocorrem durante esse período. A criança se transforma em adulto não apenas fisicamente, mas também no aspecto cognitivo, social e de personalidade.

Quais são as conseqüências de se entrar na puberdade precoce ou tardiamente? Embora a **puberdade**, que é o início do amadurecimento sexual, ocorra antes nas meninas que nos meninos, existem diferenças individuais significativas com relação ao exato momento em que ela se inicia. Garotas que amadurecem muito cedo enfrentam vantagens e desvantagens. Elas podem até gostar de ser admiradas por outras garotas, mas não gostam da atenção embaraçosa que despertam sexualmente nos garotos. Os rapazes que amadurecem mais cedo apresentam melhor desempenho na prática de esportes e atividades sociais e são mais respeitados pelos colegas, o que faz parecer que o amadurecimento precoce é positivo no caso dos meninos. Muitos garotos que amadurecem tardiamente, entretanto, podem desenvolver maior consciência de identidade própria, talvez por não se sentir pressionados a "crescer" tão rápido.

Quais são as duas falácias comuns que caracterizam o pensamento adolescente? Em termos de desenvolvimento cognitivo, os adolescentes geralmente atingem o nível operacional-formal de pensamento, no qual são capazes de raciocinar de maneira abstrata e especular a respeito de novas alternativas. Essas novas capacidades os deixam demasiadamente autoconfiantes e eles passam a acreditar que suas idéias são sempre corretas, o que faz com que a adolescência seja um período de egocentrismo cognitivo. A constante preocupação consigo mesmo faz com que os adolescentes se tornem propensos a se sentir constantemente observados e julgados por outras pessoas, um fenômeno chamado de **audiência imaginária**. Além disso, eles podem se considerar tão únicos que seriam inatingíveis pelas coisas negativas que afetam outras pessoas. Essa **fábula pessoal** pode encorajá-los a se arriscar de maneira desnecessária.

Quais tarefas importantes os adolescentes enfrentam em sua vida pessoal e social? Muitos adolescentes passam por um processo de busca da identidade pessoal no qual, em termos ideais, eles adquirem um sólido sentido de quem são. Na teoria de Erik Erikson, a identidade *versus* a confusão de papéis constitui o maior desafio desse período.

Os adolescentes também desenvolvem interesses românticos que podem se tornar bases de fortes e íntimas relações na idade adulta. Os relacionamentos entre pais e filhos podem se tornar temporariamente atribulados nesse período, à medida que os adolescentes adquirem consciência dos defeitos dos pais e questionam as regras impostas por eles. Esses conflitos são mais comuns no começo da adolescência e tendem a se resolver no final dela.

Quais são alguns problemas enfrentados pelos adolescentes em nossa sociedade? É comum que os problemas de desenvolvimento surjam pela primeira vez na adolescência. Um grande número de adolescentes pensa em cometer suicídio; um número bastante menor tenta cometê-lo. As estatísticas revelam um declínio comum na auto-estima nessa fase, especialmente entre as garotas. Além disso, os adolescentes precisam lidar com as exigências de sua nova sexualidade, a gravidez precoce potencial e a ameaça de violência nos grupos de amigos de mesma idade.

Vida adulta

A personalidade muda durante a vida adulta? O alcance dos marcos de desenvolvimento na idade adulta é muito menos previsível que na adolescência, em decorrência das decisões dos indivíduos, das circunstâncias e até mesmo da sorte. Ainda assim, existem determinadas experiências e mudanças que ocorrem mais cedo ou mais tarde na vida de quase todas as pessoas e determinadas necessidades que quase todo adulto tenta satisfazer.

Quais são os fatores importantes para a formação de relacionamentos satisfatórios na vida adulta? Quase todo adulto estabelece uma relação amorosa duradoura com pelo menos um outro adulto em determinado momento da vida. De acordo com Erik Erikson, a intimidade — e não o isolamento e a solidão — é especialmente importante durante os primeiros anos da vida adulta. Erikson acredita que as pessoas não estão prontas para amar enquanto não constituem um forte senso de identidade. Mas outros psicólogos, como Carol Gilligan, sugerem que a intimidade pode, às vezes, ocorrer antes da identidade, especialmente para as mulheres jovens.

Quais são as satisfações e os estresses do trabalho adulto? A grande maioria dos adultos está moderadamente ou bastante satisfeita com seu trabalho e continuaria a trabalhar mesmo que não houvesse razões financeiras para isso. Equilibrar as demandas do trabalho e da família é sempre difícil, especialmente para as mulheres, uma vez que elas tendem a ser responsáveis pela maior parte do trabalho doméstico e dos cuidados com as crianças. Apesar do estresse da "jornada dupla" de trabalho, ter um emprego remunerado é um fator positivo que aumenta a auto-estima da maioria das mulheres.

De que maneira o pensamento dos adultos difere do pensamento dos adolescentes? O pensamento do adulto é mais flexível e prático que o do adolescente. Enquanto os adolescentes buscam por uma única solução "correta" para um problema, os adultos percebem que podem existir muitas soluções "corretas" ou talvez até nenhuma. Os adultos também confiam menos nas autoridades que os adolescentes.

Que mudanças de personalidade ocorrem à medida que os adultos se encaminham para a meia-idade? Alguns padrões amplos de mudança de personalidade ocorrem na idade adulta. À medida que as pessoas envelhecem, tendem a se tornar menos autocentradas e a se sentir mais à vontade nas relações interpessoais. Elas também desenvolvem mais as habilidades de interação e novas maneiras de adaptação. Por volta da meia-idade, muitos adultos sentem um compromisso cada vez maior com as pessoas e uma igualmente grande responsabilidade por elas. Isso sugere que muitos adultos estão atingindo satisfatoriamente aquilo que Erik Erikson considerou o principal desafio da meia-idade: produtividade (capacidade de continuar sendo produtivo e criativo, especialmente de maneiras capazes de orientar e encorajar as gerações futuras) versus estagnação (sentimento de tédio ou de insatisfação, às vezes chamado de **crise da meia-idade**). Entretanto, a maioria dos adultos não passa por momentos tão conturbados na, e seria melhor considerarmos esse período como o de uma **transição da meia-idade**.

O que é menopausa e que mudanças a acompanham? Na meia-idade, ocorre o declínio do funcionamento dos órgãos reprodutivos. Nas mulheres, ele é caracterizado pela **menopausa**, ou cessação da menstruação, acompanhada por uma acentuada queda nos níveis de estrogênio. Se a mulher não fizer um tratamento de reposição hormonal, podem surgir alguns sintomas físicos desagradáveis, como afinamento dos ossos e "ondas de calor". Os homens passam por um declínio mais lento dos níveis de testosterona.

Terceira idade

Que fatores estão relacionados à expectativa de vida? Ao longo do século XX, a expectativa de vida nos EUA aumentou principalmente em razão de um melhor sistema de saúde e nutrição. Contudo, existe um grande descompasso de gênero, com as mulheres vivendo cerca de sete anos a mais que os homens. Existe também um grande descompasso de raça, com os norte-americanos brancos vivendo cerca de cinco anos a mais do que os negros.

Por que o corpo se degenera com a idade? As mudanças físicas do final da vida adulta influenciam a aparência externa da pessoa e o funcionamento de todos os órgãos. Ainda não sabemos por que essas mudanças acontecem. Talvez nossos genes programem as células para que elas, em determinado momento, deteriorem-se e morram, ou talvez as instruções genéticas simplesmente se degenerem ao longo do tempo. Outra explicação possível é que as partes do corpo se desgastam em virtude do uso repetido e das toxinas do ambiente. Qualquer que seja o motivo, o envelhecimento físico é inevitável, embora possa ser adiado pela adoção de um estilo de vida saudável.

Que estilo de vida e vida sexual é possível esperar após os 65 anos? A maioria dos idosos adota um estilo de vida independente e realiza atividades pelas quais se interessam. Embora suas respostas sexuais sejam mais lentas, a maioria deles continua a desfrutar o sexo após os 60 e 70 anos de idade. Ainda assim, mudanças sociais graduais ocorrem na terceira idade. Os idosos começam a interagir com cada vez menos pessoas e a desempenhar menos papéis sociais. Eles também podem deixar de se influenciar menos pelas regras e expectativas sociais. Ao perceberem que há um limite para sua capacidade de envolvimento social, aprendem a viver levando em conta determinadas restrições.

A perda de memória é inevitável na velhice? A mente envelhecida funciona um pouco mais lentamente, e torna-se mais difícil lembrar e recuperar determinados tipos de memórias, mas essas mudanças geralmente não são amplas o bastante para interferir na maioria das tarefas diárias. Idosos saudáveis que realizam atividades intelectualmente estimulantes normalmente mantêm um alto nível de funcionamento mental.

Em que medida as pessoas idosas lidam bem com o fim da vida? A maioria dos idosos teme menos a morte que as pessoas mais jovens. Na verdade, eles sentem medo da dor, de receber um tratamento indigno, da despersonalização e da solidão associada a uma doença terminal. Eles também se preocupam com o fato de se tornar um fardo financeiro para suas famílias. A morte de um cônjuge pode ser a mudança mais severa que os idosos enfrentam.

PENSAMENTO CRÍTICO E APLICAÇÕES

1. Assistir a programas de TV violentos leva a um comportamento também violento?

2. Em que medida você acha que as pessoas mantêm uma identidade estável e coerente ao longo da vida? Em que medida elas mudam a cada estágio de desenvolvimento?

10 Personalidade

VISÃO GERAL

- Caso Jaylene Smith

Teorias psicodinâmicas
- Sigmund Freud
- Carl Jung
- Alfred Adler
- Karen Horney
- Erik Erikson
- Uma visão psicodinâmica de Jaylene Smith
- Avaliando as teorias psicodinâmicas

Teorias humanistas da personalidade
- Carl Rogers
- Uma visão humanista de Jaylene Smith
- Avaliando as teorias humanistas

Teorias de traços
- Os Cinco Grandes
- Uma visão de Jaylene Smith segundo as teorias de traços
- Avaliando as teorias de traços

Teorias da aprendizagem cognitivo-social
- Lócus de controle e auto-eficácia
- Uma visão de Jaylene Smith segundo a teoria da aprendizagem cognitivo-social
- Avaliando as teorias da aprendizagem cognitivo-social

Avaliação da personalidade
- Entrevista pessoal
- Observação direta
- Testes objetivos
- Testes projetivos

NÓS FALAMOS SOBRE PERSONALIDADE TODO O TEMPO. DESCREVEMOS nosso melhor amigo como "divertido e tranqüilo" ou "do tipo esportista e muito meigo". Descrevemos as pessoas que não conhecemos tão bem de modo generalizado: "Ele é muito arrogante" ou "Ela é esnobe". Entretanto, essas breves caracterizações não definem suas personalidades, uma vez que a personalidade não é composta de uma ou duas características ou capacidades proeminentes, mas de um conjunto delas.

Muitos psicólogos definem a **personalidade** como um padrão singular de pensamentos, sentimentos e comportamentos de um indivíduo que persiste através do tempo e das situações. Observe que há dois pontos muito importantes nessa definição. Por um lado, a personalidade refere-se a *diferenças singulares* — aqueles aspectos que distinguem uma pessoa de todas as outras. Por outro lado, a definição afirma que a personalidade é relativamente *estável* e *duradoura* —, que essas diferenças individuais dificilmente mudam. Se você já teve a oportunidade de se ver em filmes ou vídeos caseiros em idades diferentes, provavelmente percebeu que algumas de suas características são evidentes em todas as idades. Talvez você seja um "ator", sempre se exibindo na frente da câmara, ou talvez um "diretor", que tanto aos quatro como aos 14 anos estava dizendo ao operador da câmera o que fazer. Por esperar que as personalidades das pessoas sejam relativamente consistentes, às vezes suspeitamos que há algo errado com alguém mesmo quando não é o caso.

Os psicólogos abordam o estudo da personalidade de várias maneiras. Alguns tentam identificar suas características mais importantes. Outros procuram entender por que existem diferenças de personalidade. Dentro desse segundo grupo, alguns psicólogos identificam a família como o fator mais importante no desenvolvimento da personalidade de um indivíduo. Outros enfatizam as influências ambientais externas à família, e ainda outros consideram a personalidade o resultado da maneira como aprendemos a pensar a respeito de nós mesmos e de nossas experiências. De todas essas abordagens, surgem as quatro principais categorias de teorias da personalidade:

Teorias psicodinâmicas: consideram que as origens da personalidade estão nas motivações e nos conflitos inconscientes, freqüentemente sexuais.

Teorias humanistas: concentram-se nas motivações positivas para o crescimento e na realização do potencial na formação da personalidade.

Teorias de traços: categorizam as personalidades e descrevem de que maneira elas diferem.

Teorias da aprendizagem cognitivo-social: encontram as raízes da personalidade nos modos como as pessoas pensam o ambiente, agem sobre ele e reagem a ele.

Como você verá neste capítulo, os psicólogos orientados pela biologia estão agora sugerindo uma quinta perspectiva — que enfatiza a *base genética* dos traços da personalidade. Em diferentes graus, as várias teorias contribuem para a nossa compreensão total da personalidade.

Neste capítulo, exploramos as quatro abordagens por meio do exame de algumas teorias representativas que cada uma produziu. Vemos como cada paradigma teórico esclarece a personalidade de Jaylene Smith, uma jovem médica com dificuldade de estabelecer relacionamentos íntimos e duradouros, cujo caso descrevemos a seguir. Finalmente, avaliamos os pontos fortes e fracos de cada abordagem para a compreensão da personalidade.

O caso Jaylene Smith

Jaylene Smith, de 30 anos, é uma médica competente que faz tratamento com um psicólogo em razão das dificuldades que encontra em alguns aspectos de sua vida. Seus amigos a descrevem de modo muito positivo — altamente motivada, inteligente, atraente e encantadora —, mas Jay sente-se terrivelmente insegura e ansiosa. Quando um psicólogo lhe pediu para escolher alguns adjetivos que melhor a descrevessem, ela escolheu "introvertida", "tímida", "incapaz" e "infeliz".

Jay é a primogênita em uma família com dois meninos e uma menina. Seu pai, um pesquisador médico, é uma pessoa calma e amável. Seu trabalho sempre lhe permitiu estudar em casa, o que fez com que ele tivesse muito contato com seus filhos quando eram jovens. Ele amava todos os seus filhos, mas tinha preferência por Jay. Suas ambições e seus objetivos para a filha eram muito grandes e, durante o crescimento da garota, ele sempre atendeu prontamente — e com total convicção — a todas as necessidades e desejos dela. Até hoje, o relacionamento entre os dois continua o mesmo.

A mãe de Jay trabalhava o dia inteiro como gerente de loja e, conseqüentemente, via seus filhos somente à noite ou às vezes nos fins de semana livres. Quando voltava para casa, a sra. Smith estava cansada e tinha pouca energia para qualquer interação que não fosse essencial com seus filhos. Ela sempre se dedicou à carreira e sentia um grande conflito e frustração ao tentar conciliar seus papéis de mãe, dona de casa e provedora da família. Costumava ser amável com todos os seus filhos, mas tendia a brigar mais com Jay; no entanto, as brigas começaram a diminuir quando a menina tinha seis ou sete anos. Atualmente, elas têm um relacionamento cordial, mas sem a proximidade que existe entre Jay e seu pai. As interações entre o sr. e a sra. Smith eram às vezes conturbadas, com brigas explosivas por motivos aparentemente triviais. Esses episódios eram sempre seguidos por um silêncio mútuo que durava vários dias.

Jay tinha ciúmes de seu primeiro irmão, nascido quando ela tinha dois anos de idade. Seus pais lembram-se de que, às vezes, a menina tinha acessos de raiva quando seu irmão, ainda bebê, demandava e recebia atenção de seus pais, especialmente da sra. Smith. Os acessos de raiva se intensificaram quando o segundo irmão nasceu, um ano mais tarde. Com o passar do tempo, os irmãos se uniram para tentar enfraquecer a posição superior que Jay gozava junto ao pai. Ela, no entanto, aproximou-se cada vez mais do pai, e seu relacionamento com os irmãos tornou-se marcado — até hoje é assim — por ciúme e rivalidade acima do normal.

Durante os anos escolares, Jay foi muito popular e saiu-se muito bem academicamente. Ainda cedo, decidiu-se pela carreira em medicina. Mesmo assim, dos oito aos 17 anos, sentia-se às vezes extremamente só, deprimida, insegura e confusa — sentimentos que lhe provocavam muita angústia e, embora sejam comuns em sua idade, manifestavam-se de maneira mais intensa nela que na maioria dos jovens.

O tempo que Jay passou na faculdade foi um período de grande crescimento pessoal, mas os vários envolvimentos românticos malsucedidos a deixaram muito triste. Sua inabilidade em manter um relacionamento estável e duradouro persistiu mesmo após essa fase, o que a preocupava muito. Mesmo sendo uma pessoa equilibrada na maioria das situações, Jay costumava ter acessos de raiva que terminavam todos os seus relacionamentos amorosos. "O que há de errado comigo?", perguntava-se. "Por que é impossível para mim manter um relacionamento sério por muito tempo?"

Na faculdade de medicina, seus conflitos começaram a se infiltrar periodicamente em sua consciência: "Eu não mereço ser médica"; "Eu não vou passar nos exames"; "Quem sou eu, e o que eu realmente quero da vida?"

Como podemos descrever e compreender a personalidade de Jaylene Smith? Como ela se tornou a pessoa que é? Por que ela se sente insegura e incerta apesar de seu evidente sucesso? Por que seus amigos a vêem como uma pessoa atraente e encantadora, apesar de ela descrever-se como introvertida e incapaz? Essas são as perguntas que os psicólogos da personalidade devem fazer a respeito de Jay — e as perguntas que vamos tentar responder neste capítulo.

Teorias psicodinâmicas

Quais são as idéias que todas as teorias psicodinâmicas têm em comum?

As **teorias psicodinâmicas** vêem o comportamento como o produto de forças psicológicas que interagem dentro do indivíduo, freqüentemente fora de seu estado de consciência. Freud baseou-se na física de sua época para cunhar o termo *psicodinâmica*. Assim como a termodinâmica é o estudo do calor, da energia mecânica e da transformação de um em outro, a psicodinâmica é o estudo da energia psíquica e de sua transformação e manifestação no comportamento. Os teóricos dessa linha discordam entre si a respeito da natureza exata de tal energia psíquica. Alguns, como Freud, remontaram-no aos impulsos sexuais e agressivos; outros, como Karen Horney, consideram-na enraizada na luta do indivíduo em lidar com sua dependência. Todos eles, porém, compartilham a idéia de que os processos inconscientes determinam primariamente a personalidade e podem ser mais bem compreendidos dentro do contexto de desenvolvimento do ciclo vital.

Algumas partes da teoria psicodinâmica, especialmente a visão de Freud da sexualidade feminina, estão ultrapassadas. Os cinco pontos a seguir, entretanto, são centrais a todas as teorias psicodinâmicas e sobreviveram a todos os testes do tempo (Westen, 1998).

1. Muito da vida mental é inconsciente e, como resultado, as pessoas podem comportar-se de maneiras que elas próprias não entendem.
2. Os processos mentais, tais como emoções, motivações e pensamentos, agem paralelamente e podem, assim, ocasionar sentimentos conflitantes.
3. Não somente os padrões estáveis de personalidade começam a se formar na infância, como as primeiras experiências também influenciam bastante o desenvolvimento desses padrões.
4. As representações mentais que fazemos de nós mesmos, de outros e de nossos relacionamentos tendem a orientar nossas interações com outras pessoas.
5. O desenvolvimento da personalidade envolve aprender a regular sentimentos sexuais e agressivos, assim como tornar-se socialmente interdependente em vez de dependente.

Como poderemos ver, esses cinco pontos estão implícitos no trabalho da maioria dos teóricos psicodinâmicos.

Sigmund Freud

Quando Freud propôs que o instinto sexual é a base do comportamento, como ele estava definindo "instinto sexual"?

Até hoje, Sigmund Freud (1856-1939) é o mais conhecido e o mais influente de todos os teóricos psicodinâmicos. Como vimos no Capítulo 1, Freud criou uma perspectiva inteiramente nova do estudo do comportamento humano. Até então, a psicologia havia se concentrado no consciente, isto é, nos pensamentos e sentimentos dos quais estamos cientes. Em um movimento radical, Freud ressaltou o **inconsciente** — todas as idéias, os pensamentos e os sentimentos dos quais normalmente não temos consciência. As idéias de Freud formam a base da **psicanálise**, um termo que se refere tanto à teoria da personalidade como à forma de terapia que ele criou.

De acordo com Freud, o comportamento humano baseia-se nos instintos ou impulsos inconscientes. Alguns instintos são agressivos e destrutivos; outros, tais como a fome, a sede, a auto preservação e o sexo, são necessários à sobrevivência do indivíduo e da espécie. Ele utilizava o termo *instintos sexuais* para se referir não somente à sexualidade erótica, mas também ao desejo de obter praticamente qualquer forma de prazer. Nesse sentido mais amplo, Freud considerava o instinto sexual o fator mais crítico no desenvolvimento da personalidade.

Como a personalidade é estruturada Freud afirmou que a personalidade forma-se ao redor de três estruturas: o *id*, o *ego* e o *superego*. O *id*, a única estrutura presente no nascimento, é completamente inconsciente (veja a Figura 10.1). Na visão de Freud, o id consiste de desejos e impulsos que buscam expressar-se permanentemente. Ele age de acordo com o **princípio do prazer**, isto é, procura obter prazer imediato e evitar a dor. Assim que surge o instinto, o id tenta satisfazê-lo. Entretanto, como não está em contato com o mundo real, ele tem apenas duas maneiras de obter gratificação. Uma é por meio de ações reflexas, tais como tossir, que alivia uma sensação desagradável de maneira imediata. A outra é por meio da fantasia, ou o que Freud chamou de *realização do desejo*. Uma pessoa forma uma imagem mental de um objeto ou uma situação que gratifica parcialmente o instinto e alivia a sensação de tensão. Esse tipo de pensamento ocorre com maior freqüência em sonhos e devaneios, mas pode tomar outras formas. Se alguém o insulta, por exemplo, e você passa a meia hora seguinte imaginando como poderia ter respondido a esse insulto de uma maneira inteligente, você está em um processo de realização do desejo.

Imagens mentais dessa natureza oferecem alívio passageiro, mas não podem satisfazer a maioria das necessidades. Apenas pensar em estar com alguém que você ama não é um substituto à altura do estar de fato com essa pessoa. Portanto, o id não é por si só muito eficaz em satisfazer os instintos. Ele deve conectar-se à realidade se quiser aliviar sua tensão. O elo do id com a realidade é o ego.

Freud concebeu o **ego** como o mecanismo psíquico que controla todas as atividades de pensamento e raciocínio. O ego age de maneira parcialmente consciente, pré-consciente e inconsciente. (Pré-consciente refere-se ao conteúdo que não se encontra nível do consciente mas pode ser facilmente recuperado.) O ego aprende a respeito do mundo externo por meio dos sentidos e procura satisfazer os impulsos do id no mundo externo. Porém, em vez de agir de acordo com o princípio do prazer, ele age de acordo com o **princípio da realidade**: por meio do raciocínio inteligente, o ego tenta adiar a satisfação dos desejos do id até poder fazê-lo de maneira segura e bem-sucedida. Se você tiver sede, por exemplo, seu ego tentará determinar a melhor maneira de matar a sua sede com segurança e eficiência (veja a Figura 10.2).

Uma personalidade que consistisse somente do id e do ego seria totalmente egoísta. Iria se comportar de maneira eficaz, mas insociável. Um comportamento inteiramente adulto é governado não somente pela realidade, mas também pela moralidade, isto é, pela consciência do indivíduo ou pelos padrões morais que o indivíduo desenvolve na interação com seus pais e a sociedade. Freud chamou este "cão de guarda" de **superego**.

O superego não está presente ao nascermos. Na verdade, as crianças pequenas são amorais e fazem qualquer coisa que lhes dá prazer. Conforme amadurecemos, porém, assimilamos, ou adotamos como nossas, as opiniões de nossos pais a respeito do que é "bom" e do que é "mau". Com o tempo, a repressão externa aplicada por nossos pais dá lugar a nossa própria auto-repressão. O superego, finalmente agindo como a consciência, assume a tarefa de observar e guiar o ego, assim como os pais um dia observaram e guiaram o filho. Assim como o ego, o superego age consciente, pré-consciente e inconscientemente.

De acordo com Freud, o superego também compara as ações do ego a um **ideal do ego**, um modelo de perfeição, e então gratifica ou pune o ego com base nessa comparação. Infelizmente, o superego às vezes é muito impiedoso em seu julgamento. Um artista dominado por um superego muito punitivo, por exemplo, pode perceber a possibilidade de jamais igualar-se a um Rembrandt e, em desespero, desistir de pintar.

De maneira ideal, o id, o ego e o superego trabalham em harmonia, com o ego satisfazendo as necessidades do id de maneira razoável, moral e aprovada pelo superego. Estamos então livres para amar, odiar e expressar nossas emoções de modo sensato e sem culpa. Quando nosso id é dominante, nossos instintos ficam fora de controle e temos mais probabilidades de colocar a nós e à sociedade em perigo. Quando o

FIGURA 10.1

A relação estrutural formada pelo id, ego e superego. A concepção de Freud da personalidade é freqüentemente retratada como um iceberg para ilustrar como um vasto funcionamento da mente ocorre abaixo da superfície. Observe que o ego é ao mesmo tempo parcialmente consciente, inconsciente e pré-consciente; ele obtém o conhecimento do mundo externo por meio dos sentidos. O superego também age nos três níveis, ao passo que o id é uma estrutura inteiramente inconsciente.

Fonte: adaptado de *New Introductory Lectures on Psychoanalysis*, de Sigmund Freud, 1933, Nova York: Carlton House.

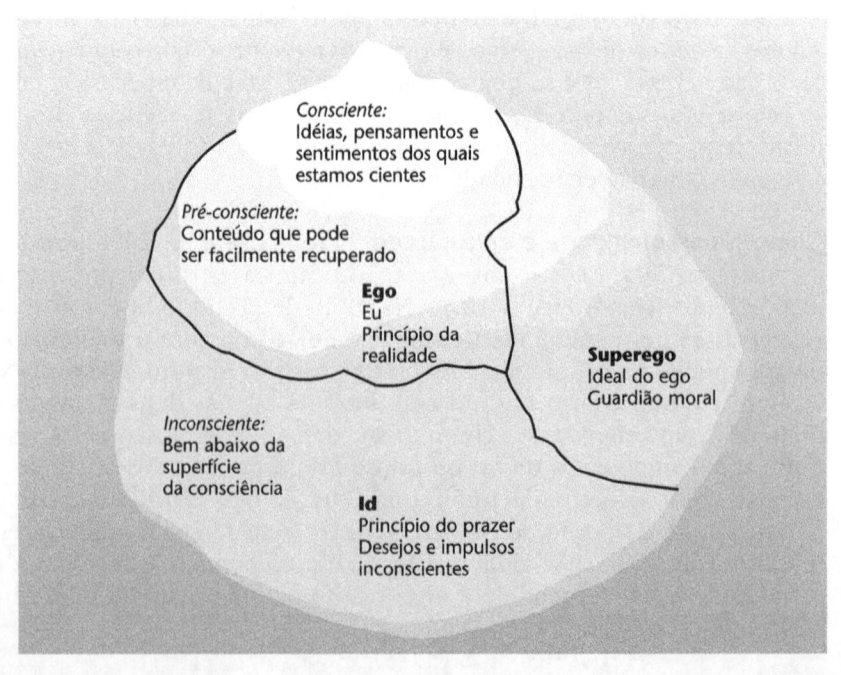

superego é dominante, nosso comportamento é controlado de modo muito rigoroso e nos inclinamos a julgar a nós mesmos de maneira severa ou precipitada, o que prejudica nossa capacidade de agir por nossa própria conta e nos divertir.

Como se desenvolve a personalidade   A teoria de Freud do desenvolvimento da personalidade concentra-se na maneira como satisfazemos o instinto sexual no decorrer da vida. Freud considerava o instinto sexual de maneira ampla, como um forte desejo de obter todos os tipos de prazer sensual. Ele denominava a energia gerada pelo instinto sexual de **libido**. À medida que os bebês crescem, sua libido concentra-se em diferentes regiões sensíveis do corpo. Durante os primeiros 18 meses de vida, a fonte dominante de prazer sensual é a boca. Após os 18 meses, a sexualidade move-se para o ânus; e por volta dos três anos, move-se novamente, mas agora para os genitais. Para Freud, as experiências das crianças em cada umas dessas fases marcam sua personalidade com tendências que permanecem até sua fase adulta. Se uma criança é privada do prazer (ou lhe é permitida muita gratificação) da região do corpo que domina uma determinada fase, parte de sua energia sexual pode permanecer fixada àquela parte do corpo, em vez de seguir sua seqüência normal para permitir ao indivíduo uma personalidade inteiramente integrada. Isso chama-se **fixação**, a qual, como veremos, Freud acreditava levar a formas imaturas de sexualidade e a certos traços característicos de personalidade. Veremos mais atentamente as fases psicossexuais que Freud identificou e sua suposta relação com o desenvolvimento da personalidade.

Na **fase oral** (do nascimento aos 18 meses), os bebês, que dependem completamente de outras pessoas para satisfazer suas necessidades, aliviam sua tensão sexual ao sugar e engolir; quando nascem os primeiros dentes, eles sentem prazer oral ao mastigar e morder. De acordo com Freud, os bebês que recebem muita gratificação oral durante essa fase tornam-se adultos demasiadamente otimistas e dependentes. Aqueles que recebem muito pouca gratificação tornam-se pessimistas e hostis. A fixação nessa fase está relacionada a características de personalidade tais como falta de confiança, gula, sarcasmo e disposição para brigas.

Durante a **fase anal** (aproximadamente dos 18 meses aos três anos e meio), a fonte primária de prazer sexual passa para o ânus. Justamente quando as crianças aprendem a sentir prazer ao reter ou excretar fezes, começa o treino de toalete e elas devem aprender a regular esse novo prazer. Na visão de Freud, se os pais forem muito rígidos com o treino, algumas crianças começam a ter acessos de raiva e podem

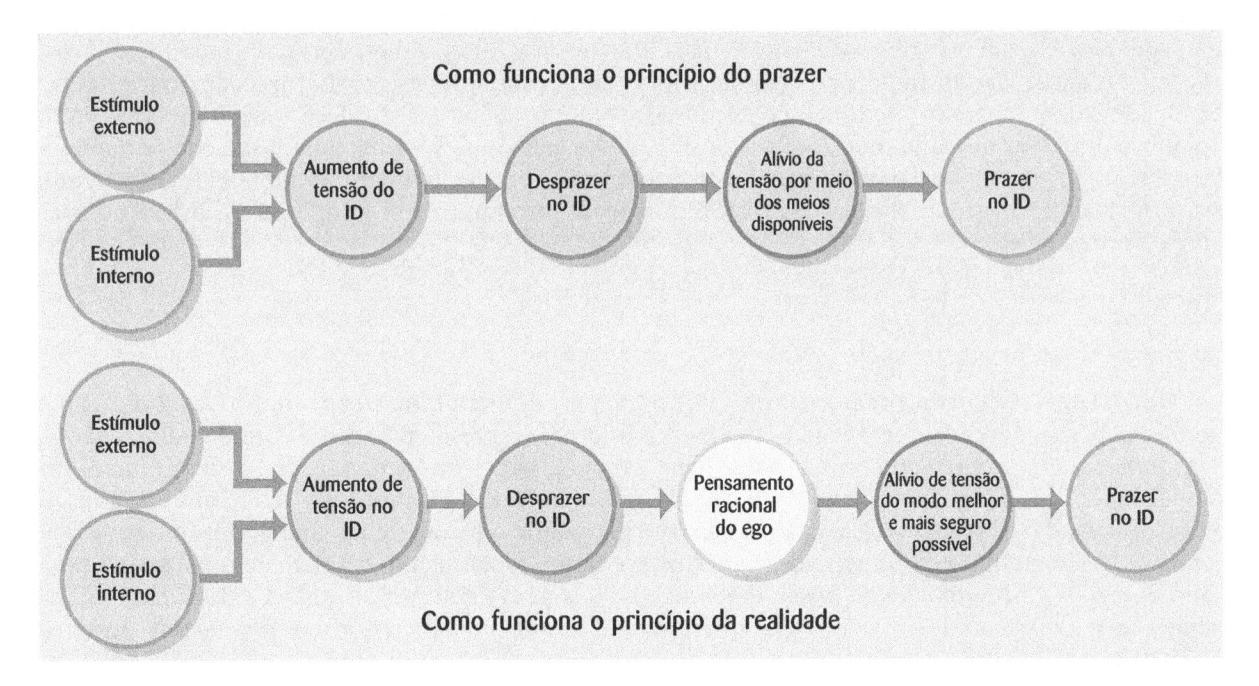

FIGURA 10.2
Como Freud concebeu o funcionamento dos princípios do prazer e da realidade. Observe que, de acordo com o princípio da realidade, o ego utiliza o pensamento racional para adiar a gratificação do id até que seus desejos possam ser satisfeitos com segurança.

levar uma vida auto destrutiva quando adultos. Outras tornam-se obstinadas, avarentas e excessivamente organizadas. Se os pais são muito permissivos, seus filhos podem tornar-se desorganizados, desordenados e pouco asseados.

Quando as crianças entram na **fase fálica** (após os três anos), descobrem seus genitais e desenvolvem uma forte ligação com o genitor do sexo oposto, ao mesmo tempo em que sentem ciúme do genitor do mesmo sexo. No caso dos meninos, Freud chamou esse conflito de **complexo de Édipo**, em homenagem ao personagem da mitologia grega que matou o pai e casou-se com a mãe. As meninas passam pelo equivalente **complexo de Electra**, que envolve o amor possessivo pelo pai e o ciúme da mãe. Um estudo recente encontrou sustentação na idéia de que, em crianças jovens, demonstrações de afeto pelo genitor do sexo oposto e ciúme do genitor do mesmo sexo são mais comuns que a situação inversa (Watson e Getz, 1990). A maioria das crianças finalmente resolve esses conflitos na identificação com o genitor do mesmo sexo. Entretanto, Freud sustentava que a fixação nessa fase leva à vaidade e ao egoísmo na idade adulta: os homens vangloriam-se de suas proezas sexuais e tratam as mulheres com desprezo, e as mulheres tornam-se levianas e promíscuas. A fixação fálica também pode gerar sentimentos de baixa autoestima, timidez e desvalorização.

Freud acreditava que, no final da fase fálica, as crianças perdem o interesse pelo comportamento sexual e entram em um **período de latência.** Durante esse período, que começa por volta dos cinco ou seis anos e termina aos 12 ou 13, os meninos brincam com as meninas, as meninas brincam com os meninos, e nenhum dos sexos demonstra muito interesse pelo outro.

Na puberdade, o indivíduo entra em sua última fase psicossexual, a qual Freud chamou de **fase genital**. Nesse momento, os impulsos sexuais são novamente despertados. Ao fazer amor, o adolescente e o adulto são capazes de satisfazer desejos não realizados na infância. De maneira ideal, a gratificação imediata desses desejos leva à sexualidade madura, da qual fazem parte o adiamento da gratificação, o senso de responsabilidade e o cuidado por outras pessoas.

As feministas atacaram a visão fálica e machista de Freud do desenvolvimento da personalidade, especialmente pelo fato de ele ter formulado a hipótese de que todas as meninas sentir-se inferiores por não possuir pênis. Muitas pessoas atualmente vêem a *inveja do pênis* como muito menos central ao desenvolvimento da personalidade do que Freud imaginava (Gelman, 1990). Na verdade, toda a idéia de que o desenvolvimento das personalidades masculina e feminina segue linhas similares está sendo contestada. Assim, se for esse o caso, as etapas de desenvolvimento singularmente femininas podem deixar as meninas com capacidades e habilidades importantes, subestimadas ou minimizadas na teoria freudiana.

As crenças de Freud, sobretudo sua ênfase na sexualidade, não foram totalmente endossadas nem pelos membros de sua própria escola psicanalítica. Carl Jung e Alfred Adler, dois dos primeiros colaboradores de Freud, acabaram rompendo com ele e formularam suas próprias teorias psicodinâmicas da personalidade. Jung expandiu o alcance do inconsciente muito além das satisfações egoístas do id. Adler acreditava que o ser humano tem objetivos positivos — e conscientes — que guiam seu comportamento. Outros teóricos psicodinâmicos enfatizam o ego e suas tentativas de dominar o mundo. Esses neo freudianos, principalmente Karen Horney e Erik Erikson, concentraram-se na influência da interação social sobre a personalidade.

Carl Jung

Como a visão do inconsciente de Carl Jung difere da de Freud?

Carl Jung (1875-1961) concordava com muitos princípios de Freud, mas expandiu o papel do inconsciente. Jung argumentava que a libido, ou energia psíquica, representa todas as forças vitais, e não somente as sexuais. Tanto Freud como Jung enfatizaram o papel do inconsciente na determinação do comportamento humano. Entretanto, enquanto o primeiro via o id como um "caldeirão fervente" de excitações que devem ser controladas pelo ego, o segundo via o inconsciente como a fonte de energia e vitalidade desse mesmo ego. Jung também acreditava que o inconsciente consiste de uma parte pessoal e outra coletiva. O **inconsciente pessoal** abrange nossos pensamentos reprimidos, nossas experiências esquecidas e idéias não desenvolvidas, os quais podem entrar no consciente se um incidente ou sensação os evocar.

O **inconsciente coletivo**, o conceito mais original de Jung, compreende as memórias e os padrões de comportamento que herdamos de gerações passadas e que, portanto, são compartilhados por todos os seres humanos. Assim como nosso corpo é o produto de milhões de anos de evolução, nossa mente também o é. Através dos milênios, ela desenvolveu "formas de pensamento", ou memórias coletivas, de experiências que as pessoas têm em comum desde os tempos pré-históricos. Jung denominou essas formas de pensamento **arquétipos**. Os arquétipos aparecem em nossos pensamentos como imagens mentais. Pelo fato de todas as pessoas terem mãe, por exemplo, o arquétipo "mãe" é universalmente associado à imagem de nossa própria mãe, à Mãe Terra e a uma presença protetora.

Jung considerava que arquétipos específicos têm um papel especial na formação da personalidade. A **persona** (um arquétipo cujo significado origina-se da palavra latina "máscara") é o elemento de nossa personalidade que projetamos para os outros — uma concha que cresce ao redor de nosso eu interior. No caso de algumas pessoas, o "eu" público prevalece de tal modo que elas perdem o contato com seus sentimentos interiores, o que provoca desajustes de personalidade.

Jung também dividiu as pessoas em dois tipos gerais — os introvertidos e os extrovertidos. Os **extrovertidos** voltam sua atenção para o mundo externo. São pessoas participantes que se interessam ativamente pelas outras e pelos acontecimentos à sua volta. Os **introvertidos** são mais voltados ao seu mundo interior. Tendem a ser insociais e desconfiados. Jung pensava, ainda, que todas as pessoas tinham alguns aspectos de ambos os tipos, mas que um era dominante.

Posteriormente, o psiquiatra suíço dividiu as pessoas em indivíduos *racionais*, que guiam suas ações por meio de pensamentos e sentimentos, e *irracionais*, aqueles que baseiam suas ações em percepções, tanto por meio dos sentidos (percepção) como de processos inconscientes (intuição). A maioria das pessoas exibe as quatro funções psicológicas: pensar, sentir, perceber e intuir. Jung achava, porém, que uma ou mais dessas funções era normalmente dominante. Desse modo, uma pessoa pensante seria racional e lógica e tomaria decisões baseadas em fatos. A pessoa sensível seria sensível ao que estivesse ao seu redor, agiria com tato e teria um senso de valores equilibrado. O tipo perceptivo dependeria fundamentalmente de percepções superficiais e raramente utilizaria a imaginação ou uma compreensão mais profunda. Finalmente, o tipo intuitivo enxergaria além das soluções e dos fatos óbvios para considerar possibilidades futuras.

Enquanto Freud enfatizava a primazia dos instintos sexuais, Jung salientava as qualidades racionais e espirituais das pessoas. E, enquanto aquele considerava que o desenvolvimento era modelado na infância, este acreditava que o desenvolvimento psíquico era alcançado somente na meia-idade. Jung acrescentou um sentido de continuidade histórica às suas teorias, traçando as raízes da personalidade humana através de nosso passado ancestral; além disso, defendeu também que o ser humano move-se constantemente em direção à auto-realização — em direção a um amálgama de todas as partes da personalidade em um todo harmonioso.

Alfred Adler

O que Alfred Adler acreditava ser o principal determinante da personalidade?

Alfred Adler (1870-1937) discordou categoricamente do conceito freudiano do conflito entre o id egoísta e o superego baseado na moralidade. Para Adler, as pessoas têm motivações positivas inatas e lutam pela perfeição pessoal e social. Uma de suas primeiras teorias surgiu de sua experiência pessoal: Adler era uma criança de constituição frágil e quase morreu de pneumonia aos cinco anos. Esse quase encontro com a morte o levou a crer que a personalidade desenvolve-se por meio da tentativa do indivíduo de superar fraquezas físicas, um esforço que ele chamou de **compensação**. A pessoa cega que, como Stevie Wonder, cultiva capacidades auditivas particularmente aguçadas e a criança inválida que, assim como a falecida Wilma Rudolph, supera os efeitos incapacitantes de uma doença para tornar-se uma atleta exemplificam essa teoria da compensação.

Mais tarde, Adler modificou e ampliou suas teorias, sustentando que as pessoas procuram superar *sentimentos* de inferioridade que podem ou não estar fundamentados na realidade. Esses sentimentos podem surgir do sentimento de inferioridade de uma criança em relação aos seus pais, irmãos, professores ou colegas. Para ele, a ordem de nascimento fazia uma diferença crucial no sentimento de inferioridade, isto é, ainda que o segundo e o terceiro filhos não fossem de fato inferiores aos seus irmãos mais velhos em atletismo, eles tenderiam a *acreditar* que o eram. Sob esse ponto de vista, a tentativa de superar tais sentimentos de inferioridade seria a principal força no comportamento humano e o maior determinante da personalidade adulta.

Adler não considerava o sentimento de inferioridade uma característica negativa por si própria. Pelo contrário, ele achava que tais sentimentos geralmente provocavam o desenvolvimento positivo e o crescimento pessoal. Alguns, porém, ficavam tão fixados nos seus sentimentos de inferioridade que se paralisavam e desenvolviam o que Adler chamou de **complexo de inferioridade**.

Karen Horney, uma psicoterapeuta da primeira metade do século XX discordava da ênfase freudiana sobre os instintos sexuais. Para ela, os fatores ambientais e sociais, especialmente os relacionados travados na infância, eram a influência mais importante na formação da personalidade.

Mais tarde, Adler mudou sua ênfase teórica em uma direção mais positiva, quando concluiu que a luta pela superioridade e pela perfeição era mais importante no desenvolvimento da personalidade que a superação dos sentimentos de inferioridade. Ele sugeriu que as pessoas lutam tanto pela perfeição pessoal como pela perfeição da sociedade em que elas vivem. Ao fazê-lo, elas estabelecem objetivos importantes para si próprias que guiam seu comportamento.

Diferentemente de Freud, Adler acreditava que os indivíduos não são controlados pelo seu ambiente; em vez disso, ele argumentava que somos capazes de controlar nosso próprio destino. A ênfase que deu aos objetivos positivos e socialmente construtivos, assim como à luta pela perfeição, contrasta de maneira expressiva com a visão negativa de Freud da pessoa egoísta presa a um conflito eterno com a sociedade. Em razão dessa ênfase, Adler é reconhecido por muitos psicólogos como o pai da psicologia humanista, questão que exploraremos em maior profundidade ainda neste capítulo.

Karen Horney

Quais foram as contribuições mais importantes de Karen Horney à perspectiva psicodinâmica?

Karen Horney (1885-1952) é outra teórica da personalidade que muito deveu a Freud, apesar de discordar de algumas de suas idéias mais proeminentes, especialmente de sua análise das mulheres e de sua ênfase nos instintos sexuais. Baseada em sua experiência como terapeuta na Alemanha e nos Estados Unidos, Horney concluiu que fatores sociais e ambientais eram as influências mais importantes na formação da personalidade. E, entre eles, destacava os relacionamentos que travamos na infância.

Na visão de Horney, Freud superestimou o impulso sexual, o que o levou a apresentar um quadro distorcido dos relacionamentos humanos. Embora ela acreditasse que a sexualidade figurava dentro do desenvolvimento da personalidade, pensava que fatores não sexuais, tais como a necessidade de um sentimento básico de segurança e a reação a ameaças reais ou imaginárias, tinham papel ainda maior. Todas as pessoas, por exemplo, compartilham a necessidade de sentir-se amadas e protegidas por seus pais, independentemente de quaisquer sentimentos sexuais que tenham por eles. Na mão contrária, os sentimentos protetores dos pais pelos filhos surgem não somente de forças biológicas, mas também do valor que a sociedade atribui à criação dos filhos.

Para Horney, a *ansiedade* — a reação a perigos reais ou imaginários — é uma poderosa força motivadora. Enquanto Freud acreditava que a ansiedade normalmente surgia de conflitos sexuais, ela afirmava que os sentimentos de ansiedade originavam-se também em uma variedade de contextos não sexuais. Na infância, a ansiedade surgia porque as crianças dependiam dos adultos para sua sobrevivência. A incerteza de receber ou não proteção e afeto contínuos fazia com que as crianças desenvolvessem proteções ou defesas internas que lhes oferecessem satisfação e segurança. Quando essas defesas eram ameaçadas, elas sentiam mais ansiedade.

De acordo com Horney, os adultos ansiosos adotam uma de três estratégias defensivas, ou **tendências neuróticas,** que lhes ajudam a lidar com problemas emocionais e garantir segurança, ainda que à custa da perda da independência pessoal: eles podem mover-se em direção aos outros (submissão), voltar-se contra eles (agressão), ou afastar-se deles (afastamento). A maneira como as pessoas confiam em uma ou outra dessas estratégias reflete-se em seu modelo de comportamento ou tipo de personalidade. O tipo complacente é um indivíduo que necessita, mais que de qualquer outra coisa, ceder ou submeter-se a outras pessoas; só se sente seguro quando recebe a proteção e orientação destas. De acordo com Horney, esse é um comportamento neurótico, pois a amabilidade resultante é superficial e mascara sentimentos de agressividade e ansiedade. Em contraste, o tipo agressivo mascara seus sentimentos de submissão e relaciona-se com os outros de modo hostil e dominante. O tipo agressivo, contudo, esconde também seus sentimentos básicos de insegurança e ansiedade. Finalmente, o tipo distante lida com sua ansiedade afastando-se dos outros. É como se disesse: "Se eu me afastar, nada poderá me ferir".

As pessoas bem ajustadas também experimentam ansiedade e ameaças a sua segurança básica, mas, pelo fato de ter crescido em um ambiente que lhes permitiu satisfazer suas necessidades emocionais básicas, conseguem se desenvolver sem ficar presas a estilos de vida neuróticos.

Afastando-se de Freud novamente, Horney sustentava que forças culturais — inclusive os papéis sociais e o status social — moldam mais nosso desenvolvimento que os imperativos biológicos. Ela acreditava que os adultos podiam continuar a desenvolver-se e mudar durante toda a vida. E, se a biologia não era determinante, então as diferenças de personalidade entre homens e mulheres estava mais relacionada à cultura que à anatomia. Horney foi pioneira entre os pensadores contemporâneos que crêem que a cultura e a sociedade podem ser modificados e, no processo, transformar também os relacionamentos humanos.

Erik Erikson

A teoria de Erikson se concentrou menos nos conflitos inconscientes e mais em que fatores?

Erik Erikson (1902-1994) estudou com Freud em Viena e fez psicanálise com a filha de Freud, Anna. Ele foi outro teórico psicodinâmico que adotou uma visão mais social do desenvolvimento da personalidade. Erikson concordava com muitos dos pensamentos de Freud sobre o desenvolvimento sexual e a influência das necessidades libidinosas na personalidade. Mas também considerava muito importante a qualidade da relação entre pais e filhos, uma vez que a família constitui o primeiro contato com a sociedade. As crianças desenvolverão um sentido seguro de identidade somente se sentir-se competentes e valorizadas aos seus olhos e aos olhos da sociedade. Desse modo, Erikson mudou o foco da teoria da personalidade de Freud para o desenvolvimento do ego. Estudos recentes dos conceitos de Erikson de identidade, intimidade e produtividade reafirmam a importância dessas idéias centrais no desenvolvimento da personalidade (Bradley, 1997; Marcia, 1994; Orlofsky, 1993).

No capítulo anterior, examinamos como alguns aspectos dessa teoria foram incorporados à visão contemporânea do desenvolvimento humano. Na lista a seguir, apresentamos uma breve descrição dos oito estágios de desenvolvimento da personalidade de Erikson (veja a Figura 10.3). Observe particularmente como os cinco primeiros estágios correspondem aos estágios de desenvolvimento da personalidade de Freud. De acordo com Erikson, o sucesso em cada estágio depende do ajustamento nos estágios anteriores:

Erik Erikson, outro teórico da psicodinâmica, também enfatizava a importância da relação entre pais e filhos na formação da personalidade. Sua teoria do desenvolvimento da personalidade em oito estágios é influente até hoje.

1. *Confiança* versus *desconfiança*. Durante o primeiro ano de vida, os bebês ficam divididos entre confiar ou não confiar nos pais. Se suas necessidades em geral são atendidas, eles começam a confiar no ambiente e em si próprios. Esse processo leva à confiança na previsibilidade do ambiente e ao otimismo em relação ao futuro. Bebês frustrados tornam-se desconfiados, temerosos e demasiadamente preocupados com sua segurança.

2. *Autonomia* versus *vergonha e dúvida*. Durante os primeiros três anos, à medida que se desenvolvem fisicamente, as crianças adquirem autonomia e começam a explorar seu ambiente. Aprendem a andar, agarrar objetos e controlar suas funções excretoras. Se a criança falha sucessivamente em dominar essas habilidades, duvida de si própria. Uma reação à dúvida de sua capacidade é a prática de obedecer de maneira compulsiva a rotinas fixas. No outro extremo, está a rejeição hostil a todos os controles, internos e externos. De modo análogo, os pais ou outros adultos depreciam os esforços da criança, ela pode começar a sentir vergonha e adquirir um sentimento persistente de inferioridade.

3. *Iniciativa* versus *culpa*. Entre os três e os seis anos, as crianças tornam-se cada vez mais ativas: iniciam novos projetos, manipulam coisas no ambiente, fazem planos e superam novos desafios. O apoio e o incentivo dos pais a essas iniciativas levam a uma sensação de alegria ao tomá-los e assim enfrentar novos desafios. Entretanto, se a criança for punida por tais iniciativas, sentimentos fortes de culpa, ressentimento e desmerecimento podem surgir e persistir.

4. *Engenhosidade* versus *inferioridade*. Durante os próximos seis ou sete anos, as crianças encontram uma nova série de expectativas em casa e na escola. Elas devem aprender as habilidades necessárias — incluindo o cuidado pessoal, o trabalho produtivo e a independência social — para tornar-se adultos completos. Se forem tolhidas em seu esforço para tornar-se parte do mundo adulto, podem concluir que são incapazes, medíocres ou inferiores e perder a confiança no seu poder de tornar-se auto-suficientes.

5. *Identidade* versus *confusão de papel*. Na puberdade, a infância chega ao fim e as responsabilidades adultas aparecem logo à frente. O problema crucial nesse estágio é o encontro da própria identidade. Na visão de Erikson, a identidade seria alcançada por meio da integração de vários papéis — de aluno, irmão ou irmã, amigo e assim por diante — em um padrão coerente que daria ao jovem uma sensação de continuidade interior. O insucesso em construir a identidade levaria à confusão de papel e ao desespero.

6. *Intimidade* versus *isolamento*. Durante os primeiros anos da vida adulta, os homens e as mulheres têm de resolver um novo problema crucial: a questão da intimidade. Erikson argumentava que, para amar alguém, precisamos antes de mais nada resolver nossas primeiras crises com sucesso, de modo que nos sintamos seguros em relação à nossa própria identidade. Para estabelecer um relacionamento íntimo, os amantes devem ser confiantes, autônomos e capazes de iniciativa, além de exibir outros indicativos de maturidade. O insucesso com a intimidade leva a uma sensação dolorosa de solidão e incompletude.

Estágios do desenvolvimento da personalidade, segundo Erikson

Estágio	1	2	3	4	5	6	7	8
Oral	Confiança básica vs. desconfiança							
Anal		Autonomia vs. vergonha, dúvida						
Fálico			Iniciativa vs. culpa					
Latência				Engenhosidade vs. inferioridade				
Genital					Identidade vs. confusão de papel			
Início da idade adulta						Intimidade vs. isolamento		
Idade adulta							Produtividade vs. estagnação	
Meia-idade								Integridade do ego vs. desespero

(Eixo vertical: Estágios do desenvolvimento da personalidade segundo Freud)

FIGURA 10.3
Os oito estágios de desenvolvimento da personalidade, segundo Erikson. Cada estágio envolve sua própria crise do desenvolvimento, cuja resolução é crucial ao ajuste nos estágios subseqüentes. Os cinco primeiros estágios correspondem aos propostos por Freud.

7. *Produtividade* versus *estagnação*. Para o adulto que tem aproximadamente entre 25 e 60 anos, o desafio é permanecer produtivo e criativo em todos os aspectos da vida. As pessoas que souberam transpor os seis estágios anteriores com sucesso têm mais probabilidade de encontrar o sentido e a alegria na maioria dos aspectos — carreira, família e comunidade. Para as que não souberam, a vida torna-se uma rotina entediante, e elas sentem-se rancorosas e enfadonhas.

8. *Integridade* versus *desespero*. Com a aproximação da terceira idade, as pessoas devem procurar aceitar a aproximação da morte. Para algumas, esse é um período de desespero pela perda de papéis anteriores, tais como de pai ou profissional. Mesmo assim, de acordo com Erikson, esse estágio representa uma oportunidade para atingir o "eu" pleno. Isso implica a aceitação da vida e um senso de integridade e satisfação. As pessoas que atingem a maturidade total, resolvendo conflitos nos estágios anteriores, têm a integridade para lidar com a morte sem medo.

Uma visão psicodinâmica de Jaylene Smith

Como um teórico psicodinâmico veria a personalidade de Jaylene Smith?

De acordo com Freud, as características de personalidade, tais como insegurança, introversão e sentimentos de incapacidade e desvalorização, costumam se acentuar a partir da fixação no estágio fálico do desenvolvimento. Portanto, se Freud tivesse sido o terapeuta de Jaylene, provavelmente teria concluído que ela não resolveu de maneira efetiva seu complexo de Electra. Trabalhando a partir dessa premissa, ele teria formulado a hipótese de que o relacionamento da moça com seu pai era ou muito distante e insatisfatório, ou próximo e gratificante de maneira fora do comum. Sabemos que a resposta correta é a segunda.

Com toda certeza, o austríaco também teria afirmado que, por volta dos cinco ou seis anos, Jay conscientizou-se de que não poderia se casar com seu pai e eliminar sua mãe, como ela gostaria. Essa possibilidade explica por que as brigas entre ela e a mãe diminuíram quando a menina tinha por volta de seis ou sete anos.

Finalmente, a frieza contínua no relacionamento entre Jay e sua mãe, bem como a incomum proximidade no relacionamento com o pai, teriam provavelmente confirmado a suspeita de Freud de que a médica ainda não tinha resolvido satisfatoriamente seu complexo de Electra. Ele teria previsto, também, a dificuldade que ela teria em progredir para relacionamentos sexuais maduros com outros homens. Jay, é claro, está muito consciente de seu problema em relacionar-se com os homens, principalmente quando o relacionamento torna-se "sério".

E o que diz a teoria de Erikson a respeito da personalidade de Jaylene Smith? Lembre-se de que, para Erikson, o sucesso em lidar com as crises do desenvolvimento depende da eficácia com que a pessoa resolveu suas crises anteriores. Pelo fato de Jay ter grandes dificuldades em lidar com a intimidade (estágio 6), ele teria sugerido que ela continua lutando com problemas de estágios anteriores. Erik teria procurado a origem desses problemas na qualidade dos relacionamento de Jay com outras pessoas. Sabemos que sua mãe comunicava sutilmente aos seus filhos sua própria frustração e insatisfação e dedicava pouco tempo a interações "não essenciais". Esses sentimentos e padrões de comportamento não teriam instilado em uma criança a confiança básica e a sensação de segurança que Erikson acreditava essenciais ao primeiro estágio de desenvolvimento. Além disso, o relacionamento da médica com a mãe e os irmãos continuava a ser pouco satisfatório. Não é de surpreender, então, o fato de Jay ter dificuldades em resolver suas crises subseqüentes de desenvolvimento. Embora tenha mantido um relacionamento próximo e afetuoso com o pai, a moça estava ciente de que o afeto paterno dependia parcialmente da realização dos sonhos, ambições e objetivos que ele havia planejado para ela.

Avaliando as teorias psicodinâmicas

Qual é a opinião dos psicólogos modernos a respeito das contribuições e limitações da perspectiva psicodinâmica?

A ênfase de Freud no fato de que nós não estamos sempre, nem mesmo com freqüência, conscientes das causas reais do nosso comportamento mudou fundamentalmente o modo como as pessoas viam a si próprias e às outras. As idéias desse pioneiro da psicanálse também tiveram um impacto duradouro na história, na literatura e nas artes; no entanto, ele foi um produto de seu tempo e lugar. Os críticos de suas teorias apontaram para o fato de que ele foi aparentemente incapaz de imaginar uma conexão entre o sentimento de inferioridade de suas pacientes femininas e sua posição subordinada na sociedade.

As visões psicodinâmicas também foram criticadas por se basear, em sua maior parte, em depoimentos retrospectivos (mirando o passado) de indivíduos que procuraram tratamento, em vez de pesquisadas em adultos "saudáveis". E, embora seja difícil traduzir as teorias psicodinâmicas de personalidade em hipóteses que possam ser testadas experimentalmente (Cloninger, 1993), as idéias de Freud tiveram confirmação limitada em pesquisas. Por exemplo, as pessoas que comem e bebem demasiadamente tendem a mencionar imagens orais quando interpretam testes de manchas de tinta (Bertrand e Masling, 1969; Masling, Rabie e Blondheim, 1967). Pessoas com fixações orais também parecem depender de outras de maneira intensa, como previu Freud (Fisher e Greenberg, 1985). Além disso, as pesquisas confirmam que há uma associação entre tipos específicos de personalidade na infância e o desenvolvimento subseqüente de problemas psicológicos. Em um estudo longitudinal, por exemplo, as crianças que foram descritas como inibidas até os três anos tinham mais chance de tornar-se depressivas aos 21 que um grupo de controle (Caspi, Moffitt, Newman e Silva, 1996). A eficácia da psicanálise como terapia também foi citada como prova em apoio às teorias de Freud. No entanto, como veremos no Capítulo 13, "Terapias", a psicanálise não parece ser nem mais nem menos eficiente que as terapias baseadas em outras teorias (Stiles, Shapiro e Elliott, 1986).

As teorias de Freud claramente expandiram nosso compreensão da personalidade; do contrário, elas não estariam sendo debatidas com tanto vigor ainda hoje, mais de cem anos após sua formulação. Sejam quais forem os seus méritos como ciência, as teorias psicodinâmicas tentaram explicar as raízes de todo o comportamento humano. A própria magnitude de seu trabalho explica em parte a atratividade de suas idéias.

TESTE SUA APRENDIZAGEM

1. Personalidade é o padrão de pensamentos, sentimentos e comportamentos que persiste através do _____ e de _____ e que distingue uma pessoa da outra.

Relacione os seguintes termos de Freud com suas definições apropriadas:

____2. inconsciente   a. energia que deriva do instinto sexual
____3. superego   b. mediador entre a realidade, o superego e o id
____4. id   c. impulsos inconscientes buscando expressar-se
____5. ego   d. idéias e sentimentos dos quais não estamos normalmente conscientes
____6. libido   e. guardião moral do ego

Relacione os seguintes termos de Jung com suas definições apropriadas:

____7. persona   a. uma imagem mental típica ou representação mítica
____8. inconsciente coletivo   b. memórias e padrões de comportamento herdados de gerações passadas
____9. arquétipo   c. aspecto da personalidade pelo qual uma pessoa é reconhecida por outras

Relacione os seguintes termos de Adler com suas definições apropriadas:

____10. complexo de inferioridade   a. fixação ou crença em uma característica negativa
____11. compensação   b. esforço de um indivíduo para superar suas fraquezas

12. Horney acreditava que a _____ era uma fonte mais forte de distúrbios emocionais que os impulsos sexuais.

13. Erikson tinha uma visão mais _____ do desenvolvimento da personalidade.

Respostas: 1. Tempo, situações. 2. (d) 3. (e). 4. (c). 5. (b). 6. (a). 7. (c). 8. (b). 9. (a). 10. (a). 11. (b). 12. ansiedade. 13. social.

Teorias humanistas da personalidade

Quais são as maiores diferenças entre a teoria humanista da personalidade e as teorias psicodinâmicas?

Freud acreditava que a personalidade surge da resolução de conflitos inconscientes e das crises do desenvolvimento. Muitos de seus seguidores — incluindo alguns que modificaram sua teoria ou abandonaram seu círculo — também aderiram ao seu ponto de vista básico. A teoria de Alfred Adler, porém, apresentava uma visão diferente da natureza humana. Adler concentrou-se nas forças que contribuíam para o crescimento positivo e para uma mudança em direção à perfeição pessoal. Por essas razões, ele é às vezes chamado de o primeiro teórico *humanista* da personalidade.

A **teoria humanista da personalidade** defende que somos positivamente motivados e progredimos em direção a níveis mais altos de funcionamento — em outras palavras, que a existência humana não significa somente lidar com conflitos ocultos. Os psicólogos humanistas crêem que a vida é um processo de abertura de nós mesmos para o mundo à nossa volta e de sentir a alegria de viver. Enfatizam o potencial das pessoas para crescer e mudar, assim como as maneiras como elas vivenciam subjetivamente suas vidas no momento presente, em vez de ficar pensando em como se sentiram ou agiram no passado. Essa abordagem nos torna responsáveis por nossa vida. Finalmente, os humanistas também acreditam que as pessoas se desenvolverão em direções desejáveis se tiverem condições de vida razoáveis (Cloninger, 1993). O conceito de Adler de busca da perfeição preparou o terreno para posteriores teóricos humanistas da personalidade, tais como Abraham Maslow e Carl Rogers. Discutimos a teoria de hierarquia das necessidades de Maslow, que leva à auto-realização, no Capítulo 8, "Motivação e emoção". Agora veremos a teoria de auto-realização de Rogers.

Carl Rogers

De acordo com Rogers, como o fato de um indivíduo se considerar auto confiante pode ajudá-lo a tornar-se auto confiante de fato?

Um dos mais proeminentes teóricos humanistas, Carl Rogers (1902-1987) defendia que os homens e as mulheres desenvolvem suas personalidades a serviço de objetivos positivos. De acordo com ele, cada organismo nascia com determinadas aptidões, capacidades e potencialidades natas — "um tipo de projeto genético ao qual se acrescenta substância no decorrer da vida" (Maddi, 1989, p. 102). Rogers acreditava que o objetivo da vida era realizar esse projeto genético, para que nos tornássemos o melhor que cada um de nós tem a capacidade inerente de ser. Ele denominou esse impulso psicológico de **tendência realizadora**. Embora sustentasse que a tendência realizadora era uma característica de todos os organismos — plantas, animais e humanos —, ele observou que os seres humanos formam também imagens de si próprios, ou *auto conceitos*. Assim como tentamos realizar nosso potencial biológico inato, tentamos também realizar nosso auto conceito, nosso senso consciente do que somos e do que queremos fazer com nossas vidas. Rogers denominou esse esforço de **tendência auto-realizadora.** Se você se vê como uma pessoa "inteligente" e "atlética", por exemplo, procurará viver de maneira consistente com essas auto-imagens.

Quando nosso auto conceito está intimamente relacionado a nossas capacidades inatas, temos mais probabilidade de nos tornar o que Rogers chamou de **pessoas em pleno funcionamento**. Tais pessoas são auto direcionadas: decidem por si mesmas o que querem fazer e tornar-se, mesmo que essas escolhas não sejam sempre as mais acertadas. Elas não são levadas pelas expectativas que os outros têm a respeito delas. As pessoas em pleno funcionamento também estão abertas a experiências — aos seus próprios sentimentos, assim como ao mundo e às outras pessoas à sua volta — e, portanto, "desejam ser, com cada vez mais exatidão e em maior profundidade, o *self* que [elas] mais verdadeiramente [são]" (Rogers, 1961, pp. 175-176).

De acordo com essa teoria, as pessoas tendem a funcionar mais plenamente se são criadas com **consideração positiva incondicional**, ou seja, se são tratadas com afeto, respeito, aceitação e amor, independentemente de seus sentimentos, atitudes e comportamentos.

Porém, os pais e outros adultos freqüentemente tratam as crianças da maneira que Rogers denominou de **consideração positiva condicional**, ou seja, valorizam e aceitam somente alguns aspectos da criança. Nesse modelo, a aceitação, o afeto e o amor que a criança recebe dos outros também dependem da maneira como ela se comporta e da satisfação de determinadas condições. Desse jeito, o auto-conceito torna-se cada vez menos parecido com a capacidade inata, e a vida da criança se desvia de seu projeto genético.

Quando as pessoas perdem de vista seu potencial inerente, tornam-se retraídas, rígidas e defensivas. Sentem-se ameaçadas e ansiosas; sofrem desconforto e inquietação consideráveis. Pelo fato de ter sua vida direcionada ao que os outros querem e valorizam, elas têm menos chances de sentirem-se satisfeitas. Em algum momento, podem perceber que não sabem realmente quem são ou o que querem.

Uma visão humanista de Jaylene Smith

Como os teóricos humanistas veriam o desenvolvimento da personalidade de Jaylene Smith?

A teoria humanista da personalidade se concentraria na discrepância entre o auto conceito de Jay e suas capacidades inatas. Rogers diria que a moça é inteligente e empreendedora; no entanto, sente que "não merece se tornar médica", preocupa-se se será "verdadeiramente feliz", e lembra-se de que, quando tinha 13 anos, não podia ser ela mesma e demonstrar realmente seus sentimentos, mesmo com um bom amigo. Sua infelicidade, seu medo, sua solidão, sua insegurança e outras insatisfações surgem igualmente de sua incapacidade em tornar-se o que "verdadeiramente é". Rogers suspeitaria que outras pessoas também condicionaram a aceitação e o amor por ela à exigência de que Jay vivesse de acordo com o ideal que elas tinham dela. Sabemos que durante grande parte de sua vida, o pai foi sua fonte primária de consideração positiva. Muito possivelmente, seu amor por Jay estava condicionado ao fato de ela atingir os objetivos que ele havia planejado para ela.

Avaliando as teorias humanistas

Qual foi a contribuição das teorias humanistas à nossa compreensão da personalidade?

O princípio central da maioria das teorias humanistas da personalidade — que o propósito maior da condição humana é realizar seu potencial — é difícil, se não impossível, de ser verificado cientificamente. A falta de evidência e, conseqüentemente, de rigor científico é uma das maiores críticas a essas teorias. Além disso, alguns alegam que as teorias humanistas apresentam uma visão excessivamente otimista do ser humano e não levam em conta a maldade inata. Outros argumentam que a visão humanista promove o egocentrismo e o narcisismo, além de refletir valores ocidentais de conquistas individuais, em vez do potencial humano universal.

Na verdade, Maslow e, especialmente, Rogers tentaram de fato testar cientificamente alguns aspectos de suas teorias. Rogers, por exemplo, estudou a discrepância entre a percepção que as pessoas têm de si próprias e o que idealmente querem ser. Ele descobriu que as pessoas cujo "self" real diferia consideravelmente de seu "self" *ideal* tinham mais probabilidade de serem infelizes e insatisfeitas.

TESTE SUA APRENDIZAGEM

1. A teoria humanista da personalidade enfatiza que somos _____ _____, ao passo que a teoria psicodinâmica da personalidade enfatiza os _____ _____.
2. Rogers acreditava que o ser humano esforça-se em viver de maneira consistente com sua auto-imagem e a satisfazê-la; a isso ele chamou de tendência ____-_____.
3. Quando as crianças sentem que são amadas independentemente de seu comportamento, segundo Rogers, elas estão sendo tratadas por outras pessoas com _____ _____ _____.

Indique se as frases a seguir são verdadeiras (V) ou falsas (F).

4. _____ Rogers acreditava que objetivo da vida é tornar-nos o melhor que cada um de nós tem a capacidade inerente de ser.
5. _____ Nosso auto conceito é nosso potencial biológico inato.
6. _____ Quando as pessoas perdem de vista seu potencial inato, elas têm menos chances de sentir-se satisfeitas.

Respostas: 1. positivamente motivados, conflitos ocultos. 2. auto-realizadora. 3. consideração positiva incondicional. 4. (V). 5. (F). 6. (V).

Teorias de traços

Qual é o foco principal das teorias de traços?

As teorias de personalidade que examinamos até agora enfatizam as experiências do começo da infância, e todas tentam explicar as variedades da personalidade humana. Outros teóricos da personalidade concentram-se no presente, descrevendo como as personalidades adultas já desenvolvidas se distinguem uma da outra. Esses teóricos afirmam que as pessoas diferem de acordo com o grau que têm de determinados **traços de personalidade**, tais como dependência, ansiedade, agressividade e sociabilidade. Embora os traços não possam ser observados diretamente, podemos inferi-los a partir do modo como a pessoa se comporta. Se, por exemplo, alguém der festas e participar de grupos regularmente, podemos concluir que essa pessoa tem alto grau de sociabilidade.

O psicólogo Gordon Allport acreditava que os traços — ou "disposições", como os chamava — estão literalmente codificados em nosso sistema nervoso central como estruturas que guiam o comportamento, consistente em uma grande variedade de situações. Allport também acreditava que, enquanto os traços descrevem comportamentos comuns a muitas pessoas, a personalidade individual consiste de um grupo singular de traços (Allport e Odbert, 1936). Utilizando-se de uma técnica estatística denominada **análise fatorial**, Raymond Cattell (1965) demonstrou que vários traços tendem a agrupar-se. Uma pessoa descrita como perseverante ou determinada, por exemplo, tem mais probabilidade de ser vista como responsável, organizada, atenciosa e estável e, provavelmente, não seria descrita como fútil, negligente e volúvel (Cattell e Kline, 1977). De acordo com Cattell, cada personalidade individual consiste de um conjunto relativamente único de 16 ou mais traços básicos.

Outros teóricos consideravam que Cattell utilizava traços demais para descrever a personalidade. Eysenck (1976) argumentou que a personalidade poderia ser reduzida a três dimensões básicas: *estabilidade emocional, introversão-extroversão* e *psicoticismo*. Nessa teoria, a *estabilidade emocional* refere-se à maneira como a pessoa controla suas emoções. Em uma linha contínua, indivíduos em um extremo seriam vistos como calmos, equilibrados e tranqüilos, ao passo que os do outro extremo seriam descritos como ansiosos, nervosos e irritáveis. A *introversão-extroversão* refere-se ao grau em que a pessoa é voltada para dentro ou para fora. Em um extremo dessa dimensão estariam os socialmente comunicativos, faladores e afetuosos, conhecidos como *extrovertidos*. Aqueles geralmente descritos como reservados, calados, tímidos e socialmente retraídos estariam no outro extremo. Eysenck utilizou o termo *psicoticismo* para descrever as pessoas caracterizadas pela insensibilidade e falta de cooperação, em um extremo, e pela cordialidade, ternura e altruísmo na outra ponta.

TABELA 10.1 AS CINCO GRANDES DIMENSÕES DA PERSONALIDADE

Traços	Facetas de cada um dos Cinco Grandes traços
Extroversão	calor humano, sociabilidade, assertividade, atividade, busca de excitação, emoções positivas
Amabilidade	confiança, franqueza, altruísmo, complacência, modéstia, ternura
Responsabilidade/segurança	competência, ordem, obediência, luta por conquistas, auto disciplina, deliberação
Estabilidade emocional	ansiedade, hostilidade, depressão, constrangimento, impulsividade, vulnerabilidade
Abertura a novas experiências/cultura/intelecto	fantasia, estética, sentimentos, ações, idéias, valores

Fonte: adaptado de Jang, K. L. Livesley, W. J., McCrae, R. R., Angleitner, A. e Riemann, R. (1998). "Heretability of facet-level traits in a cross-cultural twin sample: support for a hierachircal model of personality". *Journal of Personality and Social Psychology*, 74, 1556-1565. Tabela 3, p. 1560. Copyright © 1998 da American Psychological Association. Adaptado com permissão.

Os Cinco Grandes

Quais são os cinco traços básicos que melhor descrevem as diferenças de personalidade?

Embora os primeiros estudos nem sempre tenham concordado a respeito do número de traços necessário para descrever a personalidade, recentemente chegou-se a um consenso sobre o modelo de personalidade chamado **"Os Cinco Grandes"** (Botwin e Buss, 1989; Goldberg, 1993; Tupes e Christal, 1961; Wiggins, 1996). De acordo com esse modelo, cinco traços, juntamente com várias outras facetas, representam as cinco dimensões mais importantes da personalidade humana (Funder, 1991; Jang, Livesley, McCrae, Angleitner e Riemann, 1998; McCrae e Costa, 1996).

Essas cinco grandes dimensões da personalidade — *extroversão, estabilidade emocional, amabilidade, responsabilidade* (às vezes chamada segurança) e *a abertura a novas experiências* (às vezes chamada *cultura* ou intelecto) —, juntamente com outras 30 facetas associadas, não são uma lista exaustiva de todos os aspectos da personalidade. Na verdade, elas representam uma mostra abrangente de traços importantes (Costa e McCrae, 1992, 1995). Não obstante, parecem descrever as diferenças individuais de personalidade mais importantes (veja a Tabela 10.1: "As cinco grandes dimensões da personalidade"). O apoio à natureza universal dessa teoria provém de uma variedade de fontes. Parece, inclusive, que os traços existem em todas as culturas (McCrae e Costa, 1997) e têm forte base genética (McCrae, Costa e John, 1998) (veja a Seção "Compreendendo a nós mesmos: a base genética dos traços de personalidade").

É interessante que esses mesmos traços de personalidade aparentemente existem em outras espécies além da humana. Os Cinco Grandes, juntamente com a dominância e a atividade, têm sido utilizados para descrever características da personalidade em gorilas, chimpanzés, macacos da Índia, hienas, cães, gatos e porcos (Gosling e John, 1999).

Finalmente, as Cinco Grandes dimensões de personalidade podem ter importante utilidade na vida real — sobretudo no que se refere a decisões profissionais (Hogan, Hogan e Roberts, 1996). De fato, as dimensões de responsabilidade e estabilidade emocional são indicadores seguros de um bom desempenho profissional em uma variedade de ambientes de trabalho (Ones, Viswesvaran e Schmidt, 1993). E, como se pode imaginar, a simpatia e a mesma estabilidade emocional garantem a eficiência em posições de atendimento ao cliente (McDaniel e Frei, 1994). Desse modo, as cinco grandes dimensões da personalidade talvez possam predizer com segurança o desempenho de empregados no trabalho, especialmente se outros critérios, tais como habilidades técnicas e experiência, também forem considerados (Barrick e Mount, 1991; Hogan *et al.*, 1996).

Uma visão de Jaylene Smith segundo as teorias de traços

Como os teóricos dos traços descreveriam a personalidade de Jaylene Smith?

Um psicólogo que trabalha com a perspectiva de traços poderia inferir alguns aspectos do comportamento de Jay. Quando observamos que ela escolheu a carreira médica muito cedo, teve bom desempenho acadêmico ano após ano e formou-se em primeiro lugar no seu grupo de medicina, parece razoável deduzir que um traço de determinação ou persistência explica tal comportamento. Utilizando a perspectiva das cinco grandes dimensões, pareceria que a personalidade de Jaylene é altamente responsável, mas pouco estável emocionalmente e pouco extrovertida. Esses traços — relativamente poucos — respondem por boa parte do comportamento da moça, além de fornecer uma rápida descrição dela.

Avaliando as teorias de traços

Quais foram as maiores contribuições das teorias de traço à nossa compreensão da personalidade?

Os traços são a linguagem que habitualmente utilizamos para descrever as outras pessoas (por exemplo, timidez, insegurança ou arrogância). Desse modo, a visão da personalidade sob a perspectiva das teorias de traços tem um considerável apelo ao senso comum. Além disso, é mais fácil estudar cientificamente os traços de personalidade que investigar, por exemplo, a auto-realização e as motivações inconscientes. Porém, as teorias de traços apresentam várias falhas (Eysenck, 1993; Kroger e Wood, 1993). Em primeiro lugar, são essencialmente descritivas: procuram descrever as dimensões básicas da personalidade, mas em geral não tentam explicar suas causas (Funder, 1991). Como se pode ver a partir do caso de Jaylene Smith, a teoria de traços nos esclarece muito pouco por que ela é como é.

COMPREENDENDO A NÓS MESMOS

A base genética dos traços de personalidade

Provas recentes mostram que não somente as cinco grandes dimensões, mas também muitas de suas facetas individuais são fortemente influenciadas pela hereditariedade. Embora alguns dos primeiros teóricos (Eysenck, 1947) tivessem sugerido que mecanismos fisiológicos estavam subjacentes aos traços básicos de personalidade, apenas recentemente surgiram provas que começam a sustentar essa idéia (Eaves, Heath, Neale, Hewitt e Martin, 1993; Heath, Cloninger e Martin, 1994; Jang, Livesley, McCrae, Angleitner e Riemann, 1998; Plomin, 1994).

A pesquisa genética do comportamento baseia-se fortemente no estudo de gêmeos para separar a contribuição relativa da hereditariedade e do ambiente. Descobriu-se que as influências genéticas e ambientais são similares tanto em gêmeos canadenses como alemães. Em outras palavras, os genes parecem influenciar a personalidade, e parecem fazê-lo da mesma maneira em duas culturas diferentes (Jang et al., 1998).

Os pesquisadores também descobriram que as cinco grandes dimensões são todas, na mesma medida, essencialmente hereditárias (Loehlin, McCrae, Costa e John, 1998). Nelas a hereditariedade varia de 41 a 61 por cento (Jang, Livesley e Vernon, 1996). Quais são as implicações dessas descobertas? São várias, embora seja importante lembrar que dizer que um traço tal como a extroversão tem um componente genético não significa que os pesquisadores encontraram um gene para a extroversão. E é pouco provável que o encontrem, uma vez que os genes representam um código de proteínas específicas, e não traços complexos de personalidade. Entretanto, significa que os cinco grandes traços e suas facetas podem ser inerentes à espécie humana, em vez de ser um produto da cultura. Também significa, provavelmente, que traços complexos, tais como a extroversão, são influenciados por genes diferentes, e não somente um. Essa possibilidade explica por que traços individuais são normalmente distribuídos por toda a população, como a cor dos olhos ou o tipo de cabelo, em vez de formar tipos distintos. Muitos genes — talvez milhares deles — certamente trabalham em grupos, o que explicaria a complexidade dos traços. Embora o papel exato dos genes na personalidade ainda esteja longe de ser esclarecido, muitos psicólogos concordariam que os fatores biológicos contribuem significativamente para o desenvolvimento da maioria dos traços de personalidade.

TESTE SUA APRENDIZAGEM

1. Os teóricos do conceito de traços defendem que as pessoas diferem de acordo com o grau que têm de determinados _____ ___ _____.
2. Eysenck afirmou que a personalidade poderia ser reduzida a três dimensões básicas: _____, _____-_____ e _____.
3. Quais são os Cinco Grandes traços?
4. As evidências sugerem que a personalidade deve-se quase exclusivamente a fatores ambientais. Essa afirmação é verdadeira (V) ou falsa (F)?

Respostas: 1. traços de personalidade. 2. estabilidade emocional, introversão-extroversão, psicoticismo. 3. extroversão, amabilidade, responsabilidade, estabilidade emocional e abertura a novas experiências. 4. (F).

Além disso, alguns críticos argumentam que é perigoso reduzir a complexidade humana a somente alguns traços (Mischel e Shoda, 1995). E, embora o modelo das cinco grandes dimensões seja bem sustentado por pesquisas, persiste alguma discordância entre os psicólogos com relação ao fato de ele ser a melhor maneira de descrever os traços básicos de personalidade (Almagor, Tillegen e Waller, 1995; Eysenck, 1992; Lubenski, 2000; Mershon e Gorsuch, 1988).

Finalmente, alguns psicólogos questionam se os traços podem realmente descrever ou predizer o comportamento. As pessoas "amáveis" seriam sempre amáveis? Seriam amáveis em todas as situações? Obviamente não. Desse modo, qual é a utilidade de designar uma pessoa de "amável"? A questão da consistência no comportamento humano há muito intriga os teóricos da personalidade que se interessam pela interação dos traços com o ambiente social do indivíduo. Para esse grupo de teóricos, o comportamento é o produto da pessoa *e* da situação. A interação a que nos referimos, a fusão do self e do social, é o foco dos teóricos da aprendizagem cognitivo-social.

Teorias da aprendizagem cognitivo-social

Como as nossas expectativas podem influenciar nossas atitudes e comportamentos atuais?

Lócus de controle e auto-eficácia

Como o lócus de controle de uma pessoa influencia sua auto-eficácia?

Outro modo de ver a personalidade é se concentrar no conjunto de padrões pessoais singulares de cada indivíduo, que surgem de sua própria história de vida.

A **teoria da aprendizagem cognitivo-social** argumenta que o comportamento surge a partir da interação de *cognições* (como pensamos a respeito de uma situação e como vemos nosso comportamento nessa situação), de *experiências passadas e de aprendizagem* (incluindo reforçamento, punição e modelagem) e do *ambiente imediato*. Albert Bandura (1977, 1986, 1997) afirma que as pessoas avaliam uma situação de acordo com determinadas **expectativas** internas, tais como preferências pessoais, e que essas expectativas influenciam seu comportamento. O feedback que elas recebem do ambiente após seu comportamento real por sua vez influencia expectativas futuras. Desse modo, as expectativas guiam o comportamento em dada situação, e os resultados do comportamento naquela situação formam expectativas para situações futuras. Duas mulheres jovens, por exemplo, que jogam um videogame pela primeira vez, podem sentir a experiência de maneiras bem distintas, mesmo que suas pontuações sejam igualmente baixas. Uma pode considerar a experiência divertida e querer adquirir as habilidades necessárias a fim de seguir para os próximos níveis, ao passo que a outra pode desanimar por ter feito poucos pontos e acreditar que nunca aprenderá a jogar videogames e, de fato, nunca mais jogará novamente. Do mesmo modo, uma pessoa para quem problemas matemáticos são vistos como oportunidades para obter sucesso verá o TAS (Teste de Aptidão Escolar) de matemática com uma expectativa diferente da de alguém que vê problemas matemáticos como uma possibilidade de fracassar.

Observe que, em nosso exemplo, as duas mulheres lidam com a experiência com expectativas diferentes. O **lócus de controle** é uma expectativa prevalecente, ou uma estratégia cognitiva, por meio da qual avaliamos situações (Rotter, 1954). As pessoas com *lócus interno* de controle estão convencidas de que podem controlar seu próprio destino. Elas acreditam que por meio de muito trabalho, habilidade e treinamento podem encontrar reforçamento e evitar punições. As pessoas com um *lócus externo* de controle não acreditam que podem controlar seu próprio destino. Ao contrário, estão convencidas de que o acaso, a sorte e o comportamento de terceiros podem determinar seu futuro, e que elas estão impossibilitadas de mudar o curso de suas vidas (Strickland, 1989). Evidências sugerem que o uso de drogas, a falta de atividade entre as pessoas deprimidas e as faltas na escola estão relacionados a um lócus de controle externo (Lefcourt, 1992). Em todos esses casos, os sujeitos não acreditavam que o esforço para tornar-se ativos ou produtivos traria muitas conseqüências positivas.

Dois dos principais teóricos da aprendizagem cognitivo-social, Bandura e Rotter, acreditam que as expectativas tornam-se parte do *estilo explicativo* de uma pessoa, o qual, por sua vez, tem muita influência sobre o comportamento. O estilo explicativo, por exemplo, separa os otimistas dos pessimistas. É o que faz dois iniciantes em videogame com a mesma pontuação reagir de modos tão diferentes.

O estilo explicativo parece desenvolver-se cedo e pode influenciar o comportamento e os resultados da vida de modo significativo (Nolen-Hoeksema, Girgus e Seligman, 1986). Em um caso famoso, pesquisadores localizaram 99 ex-alunos de Harvard das classes de 1939 a 1944. Os homens foram entrevistados a respeito de suas experiências e passaram por vários *check-ups* físicos a cada cinco anos. Quando os pesquisadores analisaram as entrevistas em busca de sinais de otimismo ou pessimismo, descobriram que o estilo explicativo demonstrado nessas entrevistas prognosticou o estado de saúde de um indivíduo décadas mais tarde. Os que eram otimistas aos 25 anos tendiam a ser mais saudáveis aos 65, ao passo que a saúde dos pessimistas começou a deteriorar por volta dos 45 anos (Peterson, Vaillant e Seligman, 1988). Embora os motivos dessas descobertas ainda não estejam claros, outra investigação, que utilizou de uma lista de perguntas a respeito de hábitos de saúde, verificou que os pessimistas eram menos cuidadosos com sua saúde que os otimistas. Eles tendiam a fumar e a beber mais, e tiveram duas vezes mais resfriados e passaram por médicos.

O estilo explicativo encaixa-se perfeitamente com a **auto-eficácia**, o modo como Bandura descreve o grau em que consideramos ser capazes de atingir nossas metas pessoais. Suponhamos que um professor de matemática tenha um filho e uma filha. Digamos que o filho tem pouca aptidão matemática, enquanto a filha é especialmente talentosa na mesma matéria. Digamos também que ambos os jovens desenvolvem uma expectativa, um **padrão de desempenho**, de ser bons em matemática. O filho irá provavelmente sentir-se incapaz de atingir esse padrão, ao passo que a filha irá, quase certamente, sentir-se confiante em atingir o seu. Nos termos de Bandura, o rapaz provavelmente desenvolverá um baixo senso de auto-eficácia — ele se sentirá incapaz de atingir suas metas pessoais. E a garota provavelmente desenvolverá um forte senso de auto-eficácia. Esses estilos explicativos terão provavelmente um profundo efeito no comportamento de ambos. Ao distinguir entre auto-eficácia e lócus de controle, lembre-se de que, enquanto as expectativas de auto-eficácia dizem respeito a se pensamos que podemos realmente executar uma determinada ação, as expectativas de lócus de controle dizem respeito a se pensamos que nossas ações estão ligadas ao reforçamento e à punição.

Se tudo isso soa pessimista e determinista, devemos salientar que Bandura também enfatiza o poder de autodeterminação das pessoas (1986). O filho frustrado do caso anterior, por exemplo, poderia modificar seu comportamento e tentar sobressair em outras áreas. Desse modo, os padrões de desempenho podem ser modificados pela experiência, que influencia o comportamento futuro. Para Bandura, a personalidade humana desenvolve-se a partir da interação contínua entre padrões pessoais (aprendidos pela observação e pelo reforçamento), situações e conseqüências comportamentais.

Uma visão de Jaylene Smith segundo a teoria da aprendizagem cognitivo-social

Como os teóricos da aprendizagem cognitivo-social descreveriam os fatores que moldaram a personalidade de Jaylene Smith?

Jaylene pode ter *aprendido* a ser tímida e introvertida porque foi recompensada por passar bastante tempo sozinha estudando. Seu pai provavelmente incentivou sua dedicação aos livros; certamente ela ganhou o respeito de seus professores. Além disso, as longas horas de estudo a ajudaram a evitar o desconforto que sentia ao estar com outras pessoas. O reforçamento também pode ter moldado sua auto disciplina e sua necessidade de ser bem-sucedida academicamente.

Além disso, ao menos alguns aspectos da personalidade de Jay foram formados por meio da observação de seu pai e seus irmãos e da aprendizagem de lições sutis de suas relações familiares. Seu comportamento agressivo com namorados, por exemplo, pode ser uma conseqüência das brigas que presenciou entre os pais. Ela pode ter observado, ainda quando pequena, que algumas pessoas lidam com conflitos com atitudes explosivas. Além disso, como o conceito de Bandura de auto-eficácia preveria, Jay certamente percebeu que o pai, um pesquisador médico bem-sucedido, desfrutou sua vida familiar e profissional e prosperou em ambas, enquanto os dois trabalhos de sua mãe como dona de casa e gerente de loja a deixaram cansada e frustrada. Esse contraste pode ter contribuído para o interesse de Jay em medicina, assim como para seus sentimentos confusos em relação a estabelecer um relacionamento íntimo que levasse ao casamento.

Avaliando as teorias da aprendizagem cognitivo-social

Quais foram as contribuições das teorias da aprendizagem cognitivo-social à nossa compreensão da personalidade e quais são suas limitações?

As teorias de aprendizagem cognitivo-social parecem ter grande potencial. Elas colocam os processos mentais de volta ao centro da personalidade e enfatizam a experiência e o comportamento consciente. Podemos definir e estudar cientificamente os conceitos-chave dessas teorias, tais como auto-eficácia e lócus de controle; o mesmo não se aplica aos conceitos-chave das teorias humanistas e psicodinâmicas. Além disso, teorias de aprendizagem cognitivo-social ajudam a explicar por que as pessoas agem de maneira inconsistente, uma questão cuja resposta não é satisfeita com a abordagem dos traços. As teorias de aprendizagem cognitivo-social também produziram terapias úteis, que ajudam os pacientes a reconhecer e modificar um sentido negativo de auto-eficácia ou estilo explicativo. Como veremos no Capítulo 13, "Terapias", esses métodos são especialmente úteis para vencer a depressão. A teoria da auto-eficácia também foi adotada por teóricos de gerenciamento, em virtude de suas implicações práticas no desempenho profissional. Muitos estudos conduzidos durante mais de 20 anos mostraram uma correlação positiva entre a auto-eficácia e o desempenho no trabalho, na escola e em ambientes clínico.

Ainda é muito cedo para dizer em que graus as teorias de aprendizagem cognitivo-social explicam a complexidade da personalidade humana. Alguns críticos argumentam que a ajuda de uma visão retrospectiva nos permite explicar qualquer comportamento como produto de certas cognições, mas isso não quer dizer que essas cognições foram as *causas* — ou pelo menos as únicas causas — do comportamento. Do mesmo modo que há uma grande diversidade na maneira como os psicólogos vêem a personalidade, eles também discordam a respeito do melhor método para medi-la ou avaliá-la, questão que veremos a seguir.

TESTE SUA APRENDIZAGEM

1. Os teóricos da aprendizagem cognitivo-social acreditam que as pessoas organizam internamente seus _____ e _____ para guiar seu comportamento.
2. Na visão de Bandura, o que uma pessoa espera de uma situação ou como resultado de uma determinada conduta é chamado de _____.
3. Os teóricos da aprendizagem cognitivo-social acreditam que o lócus de controle é uma estratégia cognitiva por meio da qual as pessoas _____ situações.

Combine os termos a seguir com sua definição apropriada.

___ 4. lócus interno de controle   a. distingue os otimistas dos pessimistas
___ 5. lócus externo de controle   b. em que medida acreditamos que podemos atingir nossas metas
___ 6. estilo explicativo   c. crença de que a sorte controla o destino
___ 7. auto-eficácia   d. crença de que as pessoas controlam seu próprio destino

Respostas: 1. valores, expectativas. 2. expectativa. 3. avaliam. 4. d. 5. c. 6. a. 7. b

---

Avaliação da personalidade

Como os psicólogos avaliam a personalidade?

De certo modo, testar a personalidade é como testar a inteligência. Em ambos os casos, estamos tentando medir algo intangível e invisível. E, também em ambos os casos, um "bom teste" é aquele que é tanto *preciso* como *válido*: dá resultados consistentes e confiáveis e mede o que se propõe a medir (veja o Capítulo 7, "Cognição e capacidades mentais"). Porém, a mensuração da personalidade é especialmente difícil.

Pelo fato de que a personalidade reflete um comportamento *característico*, ao avaliá-la não estamos interessados no *melhor* comportamento da pessoa, mas no seu comportamento *típico*, ou seja, como ela costuma comportar-se em situações ordinárias. Para dificultar ainda mais o processo de mensuração, fatores como a fadiga, o desejo de impressionar o examinador e o medo de ser testado podem influenciar profundamente o comportamento do participante. Para essa complexa tarefa de avaliação da personalidade, os psicólogos utilizam quatro instrumentos básicos: a entrevista pessoal, a observação direta do comportamento os testes objetivos e projetivos. Os métodos de avaliação associados às teorias mais importantes da personalidade são mostrados na tabela-resumo.

TABELA-RESUMO

TEORIAS DA PERSONALIDADE

Teorias	Origens da personalidade	Métodos de avaliação
Psicodinâmica	Pensamentos inconscientes, sentimentos, motivações e conflitos; problemas reprimidos desde a infância.	Testes projetivos, entrevistas pessoais.
Humanista	Impulso em direção ao crescimento pessoal e a níveis mais altos de funcionamento.	Testes objetivos, entrevistas pessoais.
De traços	Disposições relativamente permanentes dentro do indivíduo que fazem com que ele pense, sinta e aja de modo característico.	Testes objetivos.
De aprendizagem social	É determinada pelo reforçamento e pela punição que ocorreram no passado, assim como pela observação do que acontece com outras pessoas.	Entrevistas, testes objetivos, observações.

Entrevista pessoal

Quais são as finalidades das entrevistas estruturadas e não-estruturadas?

Uma entrevista é uma conversa com uma finalidade: obter informação da pessoa que está sendo entrevistada. As entrevistas são habitualmente usadas em ambientes clínicos para descobrir, por exemplo, por que uma pessoa está procurando tratamento e para ajudar a diagnosticar o problema. Essas entrevistas geralmente são *não-estruturadas*, isto é, o entrevistador faz perguntas ao entrevistado a respeito de qualquer assunto que lhe venha à mente e, caso seja conveniente, faz perguntas complementares. O entrevistador também pode prestar atenção no comportamento do outro — modo de falar, postura ou tensão quando alguns assuntos são mencionados. Os entrevistadores mais eficientes são amáveis, interessados no que a pessoa tem a dizer, calmos, relaxados e confiantes (Feshbach e Weiner, 1982).

Ao conduzir pesquisas sistemáticas de personalidade, os investigadores freqüentemente fazem uso de entrevistas *estruturadas*. Nesse caso, a ordem e o conteúdo das perguntas são fixos, e o entrevistador apóia-se em um formato preestabelecido. Embora menos pessoal, esse tipo de entrevista permite ao entrevistador obter informação comparável de todos os entrevistados. De modo geral, as entrevistas estruturadas extraem informação a respeito de assuntos delicados que poderiam não surgir em uma entrevista não-estruturada.

Observação direta

Quais são as vantagens e os limites do método de observação?

Outra maneira de descobrir como uma pessoa normalmente se comporta é observar como ela age em situações rotineiras durante um extenso período de tempo. Os teóricos behavioristas e de aprendizagem social preferem esse método de avaliação porque ele permite observar como a situação e o ambiente influenciam o comportamento, além de verificar a variação de condutas que a pessoa é capaz de exibir.

Na *observação direta*, os pesquisadores observam por conta própria o comportamento dos examinados. Numa situação ideal, os relatos imparciais do comportamento de um indivíduo mostrariam um quadro bem preciso, mas o observador corre o risco de interpretar erroneamente o significado de um ato. Ele pode, por exemplo, pensar que crianças estão sendo hostis quando estão meramente protegendo a si próprias de um colega de classe que as esteja maltratando ou intimidando. Método dispendioso e que consome muito tempo, a observação direta pode também produzir resultados incorretos se, como observamos anteriormente, a presença do observador influenciar o comportamento dos examinados. Qualquer que seja o método utilizado, a observação sistemática permite aos psicólogos observar aspectos da personalidade (por exemplo, traços, disposições ou motivações) que se expressam na vida real (Ozer e Reise, 1994).

Testes objetivos

Por que os teóricos do conceito de traços preferem os testes objetivos?

Para evitar depender da técnica de um entrevistador ou das capacidades interpretativas de um observador ao avaliar a personalidade, os psicólogos criaram os **testes objetivos**, ou inventários de personalidade. Geralmente, trata-se de testes escritos, administrados e avaliados conforme um procedimento padrão. Normalmente são elaborados para que a pessoa responda simplesmente "sim" ou "não", ou selecione uma resposta dentre várias alternativas. Embora sejam os instrumentos mais habitualmente utilizados para avaliar a personalidade, os testes objetivos têm duas grandes desvantagens. Primeiramente, eles se baseiam exclusivamente em auto-relatos. Se as pessoas não se conhecem bem, ou não podem ser inteiramente objetivas a respeito de si próprias, ou querem pintar um quadro específico de si mesmas, os resultados de questionários de auto-respostas têm utilidade limitada (Funder, 1991). Na verdade, algumas pesquisas indicam que as pessoas que nos conhecem bem freqüentemente podem nos caracterizar melhor que nós a nós mesmos (Funder, 1995). Em segundo lugar, se as pessoas testadas já houverem se submetido a outros testes de personalidade, sua familiaridade com o formato do teste pode influenciar suas respostas ao questionário que estão respondendo. Esse é um problema principalmente em universidades, onde os alunos têm mais probabilidade de terem participado de outras pesquisas baseadas em inventários de personalidade (Council, 1993).

Em virtude de seu interesse em medir traços de personalidade com precisão, os teóricos do conceito de traços preferem os testes objetivos. Cattell, por exemplo, desenvolveu um teste de personalidade de 374 perguntas chamado de **Teste dos 16 Fatores da Personalidade** (Sixteen Personality Factor Questionnaire). Como era de esperar, o **16PF**, como é habitualmente denominado, atribui pontos a cada um dos 16 traços originalmente identificados por Cattell. Mais recentemente, testes objetivos como o **NEO-PI-R** foram desenvolvidos para avaliar os cinco principais traços de personalidade (Costa e McCrae, 1992, 1995). O NEO-PI-R divide cada um dos Cinco Grandes traços em seis facetas e atribui pontos para cada faceta e cada traço. Para cada uma de mais de 200 questões, o indivíduo indica em que medida concorda ou não com a afirmação feita. O uso principal do teste é avaliar a personalidade de um adultos.

Entretanto, o teste objetivo de personalidade mais usado e mais exaustivamente pesquisado é o **Inventário Multifásico de Personalidade de Minnesota** (Minnesota Multiphasic Personality Inventory — MMPI) (Butcher e Rouse, 1996). O MMPI foi originalmente desenvolvido para auxiliar no diagnóstico de desordens psiquiátricas (Hathaway e McKinley, 1942). A pessoa submetida ao teste deve responder "verdadeiro", "falso" ou "não sei responder" a perguntas como "Às vezes eu adio para amanhã o que posso fazer hoje", "Às vezes eu tenho vontade de xingar" e "Existem pessoas que estão tentando roubar minhas idéias e pensamentos". Algumas questões repetem idéias semelhantes com palavras diferentes. Por exemplo: "Eu me canso com facilidade" e "Eu me sinto muito fraco na maior parte do tempo". Essa redundância fornece meios de averiguar a existência de respostas falsas ou inconsistentes.

Os pesquisadores derivaram várias escalas de personalidade a partir desse teste, incluindo pontuações para masculinidade-feminilidade, depressão e hipocondria. Esses elementos do MMPI são considerados instrumentos úteis para a diferenciação entre as populações psiquiátricas (Anastasi e Urbina, 1997). O teste também é utilizado para diferenciar dimensões mais normais de personalidade, tais como extroversão-introversão e assertividade, porém com menos sucesso.

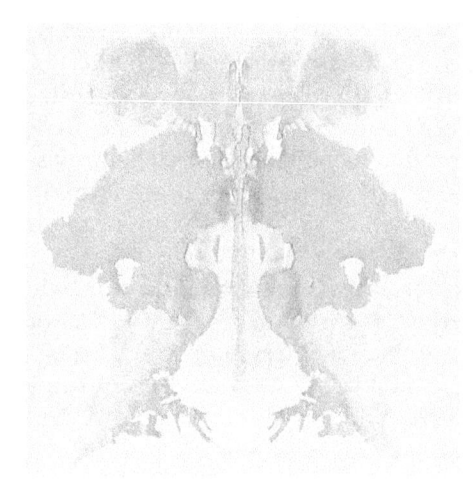

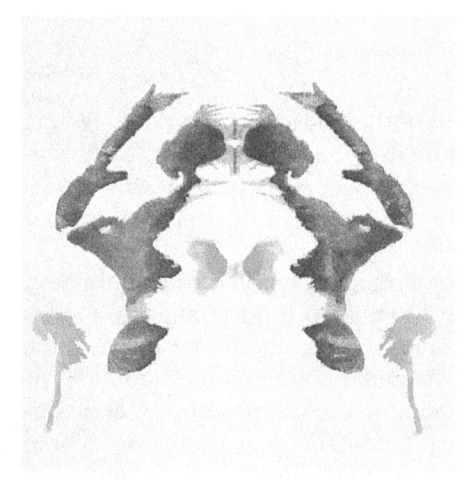

FIGURA 10.4
Manchas de tinta utilizadas no teste projetivo de Rorschach.

Testes projetivos

O que os testes projetivos procuram medir?

Os teóricos psicodinâmicos, que acreditam que as pessoas normalmente não estão conscientes dos fatores determinantes de seu comportamento, tendem a não considerar os testes que se baseiam em auto-relatos. No lugar deles preferem os **testes projetivos** de personalidade. A maioria desses testes consistem de simples estímulos ambíguos dos quais podem ser extraídos um número ilimitado de respostas. A pessoa submetida ao teste olha para um material essencialmente sem significado ou para uma figura vaga e, então, explica o que isso significa para ela. Pode-se pedir ela também que ela complete uma sentença, como "Quando eu me olho no espelho, eu..." Os testes não dão nenhuma indicação de qual a melhor maneira de interpretar o material ou completar a sentença.

Os testes projetivos oferecem várias vantagens. Pelo fato de ser mais flexíveis e poder consistir até mesmo de jogos ou quebra-cabeças, as pessoas podem fazê-los em um ambiente descontraído e sem a tensão e o constrangimento que acompanham os testes objetivos. Freqüentemente, o examinado nem sequer sabe o verdadeiro objetivo do teste e, portanto, torna-se menos provável que dê respostas falsas. Alguns psicólogos acreditam que os testes projetivos podem descobrir pensamentos e fantasias inconscientes, tais como problemas sexuais ou familiares latentes. De qualquer modo, sua precisão e utilidade dependem muito da capacidade do examinador em extrair e interpretar respostas.

O **Teste Rorschach** é o mais conhecido e um dos testes projetivos mais usados (Ball, Archer e Imhof, 1994; C. E. Watkins, Campbell, Nieberding e Hallmark, 1995). Esse teste recebeu o nome de Hermann Rorschach, psiquiatra suíço que publicou em 1921 os resultados de sua pesquisa da interpretação de manchas de tinta como uma decifração da personalidade (veja a Figura 10.4). Cada mancha de tinta é impressa em cartões separados e tem forma, cor, sombreado e espaço branco diferentes. As instruções para os testes são mínimas e, portanto, as respostas são inteiramente formuladas pelas pessoas submetidas ao teste. Após interpretar todas as manchas, as pessoas olham os cartões novamente com o examinador e explicam qual parte de cada mancha induziu a cada resposta. O MMPI parece ser mais válido que o Rorschach (Garb, Florio e Grove, 1998).

Um pouco mais exigente é o **Teste de Apercepção Temática (TAT).** Consiste de 20 cartões com uma ou mais figuras humanas em situações propositadamente ambíguas (veja a Figura 10.5). Os cartões são mostrados um a um às pessoas, e o examinador as convida a escrever uma história completa sobre cada figura, incluindo o que levou à cena mostrada, o que as pessoas da figura estão fazendo naquele momento, quais são seus sentimentos e pensamentos e o que ocorrerá depois.

Embora vários sistemas de pontuação tenham sido criados para os TAT (Hibbard, Farmer, Wells, Difillipo e Barry, 1994), os examinadores costumam interpretar as histórias à luz do conhecimento pessoal que têm da pessoa submetida ao teste. Uma das chaves para a avaliação é constatar se a pessoa se identifica com o herói ou heroína da história ou com um dos personagens menos importantes. O examinador determina então o que as atitudes e os sentimentos da personagem revelam a respeito da pessoa. Avalia também o conteúdo, a linguagem, a originalidade, a organização e a coerência de cada história. Alguns temas, tais como a necessidade de afeto, repetidos fracassos ou dominação paterna ou materna, podem se repetir em várias histórias.

Tanto o teste Rorschach quanto o TAT podem abrir o diálogo entre o clínico e a pessoa que está relutante ou impossibilitada de

FIGURA 10.5

Uma amostra do Teste de Apercepção Temática (TAT). Nessa foto, a examinada está criando uma história para explicar a cena na pintura acima. O examinador então interpreta e avalia a história, procurando o que esta revela a respeito da personalidade da examinada.

Fonte: reimpressa com permissão do editor de Thematic Apperception Test por Henry A. Murray, Cambridge, MA: Harvard University Press, Copyright © 1943 pelo Presidente e Membros do Conselho da Harvard College, © 1971 por Henry A. Murray.

falar a respeito de problemas pessoais. Ambos podem, também, fornecer informações úteis a respeito de motivações, acontecimentos ou sentimentos dos quais a pessoa não está consciente. Contudo, pelo fato de os testes projetivos não serem aplicados de modo padrão, sua validade e precisão já foram questionadas (Dawes, 1994; Wierzbicki, 1993). Como resultado, seu uso tem diminuído desde os anos 70. Mesmo assim, quando interpretados por um examinador habilidoso, esses testes podem ajudar a compreender as atitudes e os sentimentos da pessoa.

TESTE SUA APRENDIZAGEM

1. Os testes _____ exigem que as pessoas preencham questionários, os quais são pontuados de acordo com um procedimento padrão.
2. Nos testes _____, o examinador mostra às pessoas estímulos ambíguos e lhes pede que os descrevam ou inventem uma estória a respeito deles.

Combine os testes com as descrições apropriadas.

___ 3. testes objetivos
___ 4. MMPI
___ 5. Rorschach
___ 6. TAT

a. o teste de personalidade mais amplamente pesquisado e utilizado
b. figura de pessoas em situações ambíguas
c. teste projetivo que se utiliza de manchas de tinta
d. elaborado para eliminar o preconceito do examinador

Respostas: 1. objetivos. 2. projetivos. 3. d. 4. a. 5. c. 6. b.

PALAVRAS-CHAVE

Personalidade, p.366
Teorias psicodinâmicas
Inconsciente, p.367
Psicanálise, p.367
Id, p.368
Princípio do prazer, p. 368
Ego, p. 368
Princípio da realidade, p. 368
Superego, p.369
Ideal do ego, p. 369
Libido, p.370
Fixação, p. 370
Fase oral, p. 370
Fase anal, p. 370
Fase fálica, p. 370
Complexo de Édipo, p. 370
Complexo de Electra, p. 370
Período de latência, p. 370
Fase genital, p. 370
Inconsciente pessoal, p.371
Inconsciente coletivo, p. 371
Arquétipos, p. 371

Persona, p. 371
Extrovertidos, p 371.
Introvertidos, p. 371
Compensação, p. 372
Complexo de inferioridade, p. 372
Tendências neuróticas, p. 373

Teorias humanistas da personalidade
Teoria humanista da personalidade, p. 378
Tendência realizadora, p. 378
Tendência auto-realizadora, p. 378
Pessoas em pleno funcionamento, p. 378
Consideração positiva incondicional, p. 379
Consideração positiva condicional, p. 379

Teorias de traços
Traços de personalidade, p. 380
Análise fatorial, p. 380
Os Cinco Grandes, p. 381

Teorias da aprendizagem cognitivo-social
Teoria da aprendizagem cognitivo-social, p. 384
Expectativas, p. 384
Lócus de controle, p. 384
Auto-eficácia, p. 384
Padrão de desempenho, p. 385

Avaliação da personalidade
Testes objetivos, p. 388
Teste dos 16 Fatores da Personalidade (16PF), p. 388
NEO-PI-R
Inventário Multifásico de Personalidade de Minnesota (MMPI), p. 388
Testes projetivos, p. 388
Teste Rorschach, p. 389
Teste de Apercepção Temática (TAT), p. 389

REVISÃO DO CAPÍTULO

Teorias psicodinâmicas

Quais são as idéias que todas a teorias psicodinâmicas têm em comum? As **teorias psicodinâmicas** de **personalidade** consideram que o comportamento é o resultado das dinâmicas psicológicas internas de cada indivíduo. Freqüentemente, essas dinâmicas são processos **inconscientes**.

Quando Freud propôs que o instinto sexual é a base do comportamento, como ele estava definindo "instinto sexual"? Freud utilizou o termo *instinto sexual* para referir-se a praticamente qualquer forma de prazer. Ele denominou a energia gerada pelo instinto sexual de **libido**. De acordo com essa teoria, à medida que os bebês amadurecem, sua libido concentra-se em diferentes partes sensíveis do corpo. A **fixação** ocorre se a criança é privada do prazer ou o recebe demasiadamente da região que domina uma das cinco fases de desenvolvimento — **oral, anal, fálica, latência** ou **genital** —, e parte de sua energia sexual pode permanecer fixada àquela parte do corpo. Chamam-se **complexo de Édipo** em meninos e **complexo de Electra** em meninas a forte ligação com o genitor do sexo oposto e ciúme do genitor do mesmo sexo durante a fase fálica. No final dessa fase, a criança entra no **período de latência**, caracterizado pela perda de interesse no comportamento sexual. Finalmente, na puberdade, o indivíduo entra na fase genital de sexualidade madura.

Como a visão do inconsciente de Carl Jung difere da de Freud? Freud via o **id** como um "caldeirão fervente" de excitações, mas Jung via o inconsciente como a fonte de energia do **ego**. Este acreditava que o inconsciente consistia de dois componentes distintos: o **inconsciente pessoal**, que abrange nossos pensamentos reprimidos, experiências esquecidas e idéias não desenvolvidas; e o **inconsciente coletivo**, um rio subterrâneo de memórias e padrões de comportamento fluindo em nossa direção a partir das gerações passadas. Nessa teoria, através dos milênios a mente humana desenvolveu determinadas formas de pensamento, os **arquétipos**, os quais originam imagens mentais ou representações mitológicas.

O que Alfred Adler acreditava ser o principal determinante da personalidade? Adler acreditava que as pessoas tinham motivações positivas inatas e lutavam pela perfeição pessoal e social. Ele primeiramente propôs que o principal fator determinante da personalidade era a tentativa do indivíduo de buscar compensação para sua fraqueza física. Mais tarde, modificou sua teoria a fim de ressaltar a importância dos sentimentos de inferioridade, fossem eles justificados ou não. Adler concluiu que a luta pela superioridade e pela perfeição, tanto na vida do indivíduo quanto na própria sociedade em que ele vive, são cruciais para o desenvolvimento da personalidade.

Quais foram as contribuições mais importantes de Karen Horney à perspectiva psicodinâmica? Para Horney, a *ansiedade* — a reação de uma pessoa aos perigos e ameaças reais e imaginários — uma força motivadora mais forte que o impulso sexual ou a libido. Assim, os adultos ansiosos adotam uma de três estratégias defensivas, ou **tendências neuróticas**: podem mover-se em direção aos outros (submissão), voltar-se contra eles (agressão), ou afastar-se deles (afastamento). Com essa ênfase, a cultura, e não a anatomia, determina muitos dos traços de personalidade que diferenciam a mulher do homem. Horney também desafiou a idéia prevalecente de que as imposições biológicas formavam a base das características das personalidades masculina e feminina.

A teoria de Erikson se concentrou menos nos conflitos inconscientes e mais em que fatores? Erikson argumentou que a qualidade do relacionamento entre pais e filhos influencia o desenvolvimento da personalidade porque, a partir dessa interação, a criança pode se sentir competente e valorizada e ser capaz de formar um senso seguro de identidade, ou se sentir incompetente e desvalorizada e não conseguir construir uma identidade segura. Erikson propôs que cada pessoa passa por oito estágios de desenvolvimento e que cada um envolve um ajuste mais bem-sucedido contra um menos bem-sucedido.

Como um teórico psicodinâmico veria a personalidade de Jaylene Smith? Freud provavelmente concluiria que Jay não conseguiu resolver seu complexo de Electra. Erikson poderia sugerir que ela tem dificuldade de alcançar a intimidade (estágio 6) por não haver conseguido desenvolver relacionamentos satisfatórios com outras pessoas na infância.

Qual é a opinião dos psicólogos modernos a respeito das contribuições e limitações da perspectiva psicodinâmica? As teorias psicodinâmicas tiveram um impacto profundo no modo como vemos a nós e a outras pessoas, mas algumas das teorias de Freud têm sido criticadas como não científicas e atreladas a uma cultura, específica além de baseadas em relatos de indivíduos que se sentiram suficientemente perturbados para procurar tratamento. Além disso, as pesquisas não mostram uma relação clara entre os processos inconscientes e a personalidade. Como terapia, a psicanálise tem demonstrado ser benéfica em alguns casos, ainda que seu resultado não seja superior ao de outras abordagens.

Teorias humanistas da personalidade

Quais são as maiores diferenças entre a teoria humanista da personalidade e as teorias psicodinâmicas? Freud e muitos de seus seguidores acreditavam que a personalidade se formava a partir da resolução de conflitos inconscientes e crises de desenvolvimento do passado. A **teoria humanista da personalidade** enfatiza que somos positivamente motivados e progredimos em direção a níveis mais altos de funcionamento além de ressaltar e ressalta o potencial das pessoas para crescer e mudar no presente.

De acordo com Rogers, como o fato de um indivíduo se considerar autoconfiante pode ajudá-lo a tornar-se autoconfiante de fato? Rogers defendia que todas as pessoas nascem com certos potenciais inatos e com a **tendência realizadora** para atingir seu potencial biológico, assim como um senso consciente de si mesmas. Uma **pessoa em pleno funcionamento** é aquela cujo autoconceito coincide com suas capacidades inatas e é criada em um ambiente de **consideração positiva incondicional**.

Como os teóricos Humanistas veriam o desenvolvimento da personalidade de Jaylene Smith? Os teóricos humanistas se concentrariam na diferença entre o autoconceito de Jay e suas reais capacidades. Sua incapacidade em tornar-se o que ela "realmente é" explicaria sua ansiedade, solidão e insatisfação geral. Rogers suspeitaria que, durante toda a vida de Jay, a aceitação e o amor foram obtidos por meio da satisfação das idéias de outras pessoas a respeito do que ela deveria tornar-se.

Qual foi a contribuição das teorias humanistas à nossa compreensão da personalidade? Há falta de provas científicas para sustentar as teorias humanistas da personalidade. Além disso, essas teorias são criticadas por ter uma visão muito otimista da natureza humana e por encorajar o egocentrismo.

Teorias de traços

Qual é o foco principal das teorias de traços? Os teóricos do conceito de traços rejeitam a idéia de que existem somente alguns poucos tipos distintos de personalidade. Em vez disso, eles insistem que cada pessoa possui um conjunto de **traços de personalidade** fundamentais, que podem ser inferidos a partir do comportamento dessa pessoa.

Quais são os cinco traços básicos que melhor descrevem as diferenças em personalidade? Pesquisas recentes sugerem que pode haver somente cinco traços de personalidade universais e abrangentes: extroversão, amabilidade, responsabilidade, estabilidade emocional e abertura a novas experiências (também chamado cultura ou intelecto).

Como os teóricos dos traços descreveriam a personalidade de Jaylene Smith? Os teóricos do conceito de traços provavelmente atribuiriam as grandes realizações de Jay aos seus traços de determinação ou persistência. A sinceridade, motivação, inteligência, ansiedade e introversão também descreveriam a moça. Em termos dos Cinco Grandes fatores, ela seria considerada altamente responsável, mas pouco extrovertida e pouco estável emocionalmente.

Quais foram as maiores contribuições das teorias de traço à nossa compreensão da personalidade? As teorias de traço são essencialmente descritivas e oferecem uma maneira de classificar personalidades, mas não explicam por que aquela personalidade desenvolveu-se de determinada maneira. Entretanto, ao contrário das teorias humanistas e psicodinâmicas, é relativamente fácil realizar testes experimentais com as teorias de traços, e as pesquisas confirmam o valor do modelo de cinco fatores, ao qual se referem como **"Os Cinco Grandes"**, na descrição exata da personalidade. Além disso, embora a maioria das teorias da personalidade suponha que o comportamento é consistente em todas as situações e durante todo o percurso da vida, muitos psicólogos acreditam que variáveis situacionais têm efeito significativo sobre o comportamento.

Teorias da aprendizagem cognitivo-social

Como as nossas expectativas podem influenciar nossas atitudes e comportamentos atuais? As **teorias de aprendizagem cognitivo-social** vêem o comportamento como um produto da interação de cognições, experiências e apredizagem anteriores e o ambiente imediato. Albert Bandura sustenta que determinadas **expectativas** internas determinam como a pessoa avalia uma situação, e que essa avaliação influencia a personalidade dessa pessoa.

Como o lócus de controle de uma pessoa influencia sua auto-eficácia? De acordo com Rotter, as pessoas com **lócus de controle** interno — um tipo de expectativa — acreditam que podem controlar seu próprio destino por meio de seus atos. As expectativas fazem com que as pessoas tenham uma conduta de acordo com padrões de desempenho únicos, que são medidas de excelência determinadas individualmente e por meio da qual elas julgam seu comportamento. Aqueles que são bem-sucedidos em satisfazer seus próprios **padrões de desempenho** internos desenvolvem uma atitude que Bandura denomina **auto-eficácia**.

Como os teóricos da aprendizagem cognitivo-social descreveriam os fatores que moldaram a personalidade de Jaylene Smith? Esses teóricos afirmariam que Jaylene aprendeu a ser tímida porque foi gratificada pelas muitas horas que passou sozinha estudando. O reforçamento também pode ter moldado sua auto disciplina e sua grande necessidade de obter êxito. Ao observar seus pais, ela poderia ter aprendido a reagir a conflitos com explosões agressivas.

Quais foram as contribuições das teorias da aprendizagem cognitivo-social à nossa compreensão da personalidade e quais são suas limitações? As teorias da aprendizagem cognitivo-social evitam as restrições das teorias behavioristas e de traços, assim como a dependência de estudos de caso e provas superficiais que enfraquecem as teorias humanistas e psicodinâmicas. As expectativas e o lócus de controle podem ser testados cientificamente e já provaram ser conceitos úteis no prognóstico da saúde e da depressão. Esses tipos de correlações, todavia, não fornecem evidências das causas do comportamento.

Avaliação da personalidade

Como os psicólogos avaliam a personalidade? Os psicólogos utilizam quatro métodos diferentes para avaliar a personalidade: a entrevista direta, a observação direta do comportamento, **testes objetivos** e **testes projetivos**. Fatores como a vontade de impressionar o examinador, a fadiga e o medo de ser submetido ao teste podem influenciar profundamente a precisão e a validade desses métodos, embora os pesquisadores estejam tentando eliminar os erros que potencialmente possam surgir.

Quais são as finalidades das entrevistas estruturadas e não-estruturadas? Durante uma entrevista não-estruturada, o entrevistador faz perguntas a respeito de qualquer assunto que venha à sua mente, assim como perguntas complementares, caso necessário; seu comportamento pode influenciar os resultados. Em uma entrevista estruturada, a ordem e o conteúdo das perguntas são fixos e o entrevistador não desvia do formato, logo pode não tratar de alguns dos assuntos que vêm à tona em uma entrevista não-estruturada. As entrevistas estruturadas devem ser utilizadas para pesquisas sistemáticas da personalidade, porque obtêm informações mais comparáveis de todos os entrevistados.

Quais são as vantagens e os limites do método de observação? A observação direta de uma pessoa por um período de tempo para determinar a influência do ambiente no seu comportamento tem a vantagem de não depender de auto-relatos dos examinados a respeito de seu comportamento. Contudo, o comportamento da pessoa que está sendo observada pode ser influenciado pela presença do observador ou mal interpretado.

Por que os teóricos do conceito de traços preferem os testes objetivos? Os testes objetivos de personalidade requerem que os examinados respondam "sim" ou "não" a perguntas a respeito de seus próprios pensamentos e comportamentos. O **Teste dos 16 Fatores da Personalidade (16PF)** atribui pontos a cada um dos 16 traços básicos de personalidade, ao passo que o **NEO-PI-R** atribui pontos para cada um dos Cinco Grandes traços e suas facetas associadas. O **Inventário Multifásico de Personalidade de Minnesota (MMPI)** é normalmente utilizado para auxiliar no diagnóstico de desordens mentais e inclui perguntas que averiguam a veracidade das respostas.

O que os testes projetivos procuram medir? Os teóricos psicodinâmicos, que acreditam que muito do comportamento de uma pessoa é determinado por processos inconscientes, tendem a não considerar os testes que se baseiam em auto-relatos. Eles preferem os testes projetivos, que consistem de estímulos ambíguos dos quais pode ser extraído um número ilimitado de interpretações baseadas nesses processos inconscientes. Dois exemplos desse tipo de teste são o **Teste Rorschach** e o **Teste de Apercepção Temática (TAT)**.

PENSAMENTO CRÍTICO E APLICAÇÕES

1. Explique como Jung, Adler, Horney e Erikson modificaram a teoria psicodinâmica da personalidade de Freud.
2. Programas do tipo Alcóolicos Anônimos aceitam ex-participantes de volta sem censurá-los, independentemente do número de vezes que eles já tenham "saído". Essa atitude é compatível com qual conceito da teoria de Carl Rogers? Por quê?
3. Um dos temas-chave tratados pelos teóricos da personalidade é a consistência. As pessoas comportam-se da mesma maneira em uma variedade de situações ou o comportamento varia de acordo com as circunstâncias?
4. Voltemos a analisar o caso de Jaylene Smith. Qual é a teoria ou quais são teorias as que, segundo sua opinião, melhor explicam seu comportamento? Por quê?
5. Quais são as formas mais importantes de avaliar a personalidade? Qual você considera a mais útil e a menos útil? Por quê?

Estresse e Psicologia da Saúde

11

VISÃO GERAL

Fontes de estresse
- Mudança
- Transtornos da vida cotidiana
- O estresse auto-imposto
- O estresse e as diferenças individuais

Enfrentando o estresse
- Enfrentamento direto
- Enfrentamento defensivo
- Diferenças de gênero e de nível sócioeconômico no enfrentamento do estresse

Como o estresse afeta a saúde
- O estresse e as doenças cardíacas
- O estresse e o sistema imunológico

- Mantendo-se saudável

Fontes de estresse extremo
- Distúrbio do estresse pós-traumático

A pessoa bem ajustada

POR VOLTA DE 15 PARA AS NOVE, ANNE PROSSER, DE 29 ANOS, SUBIU NO elevador em direção ao 90° andar da Torre 1 (do World Trade Center) onde ficava a matriz do banco no qual trabalhava. Quando as portas abriram, ela escutou o que parecia uma explosão. Ela não sabia, mas o primeiro avião havia se chocado contra a torre vários andares acima do seu. "Eu fui atirada ao chão antes de entrar no meu escritório", disse ela. "Eu rastejei para dentro. Nem todo mundo tinha chegado". Ela disse que tentou ir embora, mas havia tanto pó e fragmentos no ar que não podia respirar. Finalmente, ela foi resgatada para a escadaria... Uns dez blocos ao norte da torre, a fumaça havia diminuído e começava a se dissipar. As pessoas paravam e viravam-se para olhar em direção ao centro da cidade. À medida que o ar se desanuviava, uma imagem inconcebível se formava: um espaço vazio onde antes havia uma torre de 110 andares. As pessoas tremiam, soluçavam, suspiravam atônitas. "Não pode ser", dizia uma senhora de idade. "Simplesmente não pode ser. Onde ela está? Ó, meu Deus, onde ela está?" Muitos espectadores pararam, congelados pelo horror. Aos poucos, outro pensamento veio à cabeça: a outra torre também pode cair... As pessoas começaram a apressar o passo em direção ao norte até que a premonição tornou-se real — outra horrível erupção parecia explodir um andar após o outro. Outra nuvem gigante, fuligem, fumaça se espalhando pelas avenidas. Novamente muita gente correu. Muitos pararam na Canal Street e assistiram à fumaça se dissipar. As pessoas choravam ao ver o céu vazio e cristalino. "Ó, meu Deus", disse Tim Lingenfelder, "não sobrou nada". Ele então não resistiu e começou a chorar. As pessoas paravam estarrecidas, pasmadas de horror com o que tinha de ser uma miragem. "A única coisa que se podia ver que havia sobrado dos edifícios eram as vigas de aço em formato de vela de barco", disse Ross Milanytch. "A poeira no chão era de quase quatro centímetros. As pessoas se agrupavam, tentando entender o que havia acontecido. Os motoristas dos carros abriam as portas e ligavam o rádio, e os passantes se aglomeravam ao redor para ouvir o que estava acontecendo. Chegou a notícia do avião no Pentágono e do avião em Pittsburgh. "É como Pearl Harbor", disse um homem de meia-idade em um pequeno estacionamento em Canal Street. "É como Pearl Harbor. É guerra. São loucos", disse alguém. "Loucos." "Aqui são os Estados Unidos", disse um homem. "Como pode acontecer isso nos Estados Unidos? Como?" (http://www.nytimes.com/2001/09/12/nyregion/12REAC.html).

Pesadelos/Terrores Diurnos Um sobrevivente de câncer de 40 anos recebeu transplante de medula óssea para tratar sua leucemia. Três anos mais tarde, os testes não encontraram nenhum sinal de que o câncer houvesse voltado. Ainda assim, ele tinha *flashbacks* do tratamento de radioterapia a que havia se submetido sempre que ouvia o som de um gerador. As cores que lhe lembravam o hospital lhe provocavam náusea, suores e calafrios. Ele costumava acordar no meio da noite e não sabia se estava em casa ou internado. Certa vez, proibiu sua família de levar para casa uma árvore de Natal porque o cheiro lhe fazia lembrar da loção de pinho que usava quando estava em tratamento. Assim como outros sobreviventes de câncer, ele foi diagnosticado com o distúrbio do estresse pós-traumático — um diagnóstico que normalmente se aplica a soldados, reféns e outras pessoas que vivenciaram situações extremas e incomuns. (Adaptado de Rabasca, 1999a, p. 28.)

O gueto "Não há nada lá. Eles estão vendendo drogas, fazendo bicos, vivendo à custa das mulheres ou um do outro... Alguns estão tentando sobreviver e estudar, mas para os da minha comunidade, os homens que eu vejo, educação é a última coisa... Eles vêem todas essas coisas na TV e não sabem se têm alguma esperança para o futuro." (Harry, 1995; em Johnson, Levine e Doolittle, 1999, p. 58).

O que as testemunhas do terrorismo, os pacientes que sobrevivem ao câncer e o morador desempregado de um gueto têm em comum? O denominador comum nas suas histórias é o estresse. Quando as pessoas sentem-se ameaçadas física ou psicologicamente, quando se perguntam se podem lidar com as exigências de seu ambiente, quando seu coração acelera e começam a sentir enjôo no estômago, elas estão com estresse. Nesse contexto, o termo **estresse** refere-se à tensão ou pressão psicológica — as desconfortáveis reações físicas e emocionais a situações estressantes. O **ajustamento** é uma tentativa — bem-sucedida ou não — de enfrentar o estresse, de equilibrar nossas necessidades com as exigências do ambiente, de ponderar nossos desejos e nossas possibilidades reais e de viver a nossa vida da melhor maneira possível.

O estresse faz parte da vida. Todos nós nos sentimos estressados quando nosso carro quebra, quando perdemos a carteira, quando o nosso computador pifa ou quando estamos sob pressão para cumprir um prazo e o dia não tem horas suficientes para fazermos tudo. Às vezes, temos de lidar com uma situação de estresse agudo, tal como a morte de um de nossos pais ou de nosso cônjuge. Porém, o estresse não é sempre "ruim"; ele pode ter conseqüências tanto positivas como negativas. Na verdade, as pessoas ficariam muito entediadas com uma existência sem surpresas ou desafios. Além disso, o estresse pode incentivar o esforço e estimular a criatividade. Os prazos nos fazem trabalhar; as emergências fazem com que utilizemos nossos recursos internos e externos (sociais e físicos), incluindo aqueles que não sabíamos ter; e as perdas nos levam à introspecção e ao insight. Mesmo quando não temos mais esperança e final feliz é impossível, as pessoas costumam relatar que amadureceram, adquiriram novas estratégias e recursos e, possivelmente, que passaram por uma transformação espiritual ou religiosa como resultado da experiência estressante (Folkman e Moskowitz, 2000).

Obviamente, as pessoas variam com relação ao nível de estresse que podem suportar. Algumas se sentem melhor quando trabalham sob pressão, com uma oposição forte; outras necessitam de calma e tranqüilidade. O estresse excessivo durante períodos demasiado longos pode contribuir tanto para problemas físicos quanto psicológicos.

A **psicologia da saúde** se concentra na interação entre o corpo e a mente. Especificamente, os psicólogos da saúde procuram entender como os fatores psicológicos influenciam o bem-estar e a doença. Numerosos estudos descobriram que as pessoas com estresse agudo ou crônico são mais vulneráveis a tudo, de um simples resfriado ao câncer (S. Cohen *et al.*, 1998; Spiegel e Kato, 1996). Mas por que alguns permanecem saudáveis sob constante estresse e outros ficam doentes? O que explica as diferenças entre como as pessoas lidam com as doenças, respondem aos tratamentos ou lidam com deficiências? Os traços de personalidade poderiam influenciar na recuperação de cirurgias ou doenças graves? Como podemos ajudar o ser humano a controlar, reduzir ou superar o estresse? Como você verificará, pesquisas recentes estão descobrindo os mecanismos biológicos que relacionam o estresse à imunidade reduzida e à saúde debilitada. O desafio para os psicólogos da saúde é tanto encontrar maneiras de impedir que o estresse seja física e emocionalmente debilitante, como *promover* o comportamento saudável e o bem-estar.

Este capítulo começa por olhar as fontes comuns de estresse em nossa vida cotidiana e a razão pela qual alguns indivíduos parecem particularmente vulneráveis ao estresse e outros mais resistentes. Em seguida, veremos como as pessoas enfrentam as tensões e investigaremos a relação entre o estresse e a reação do nosso corpo a ele. Por último, consideraremos o que os psicólogos querem dizer quando se referem a uma pessoa como bem ajustada.

Fontes de estresse

O que são estressores?

O termo **estressor** refere-se à qualquer exigência do ambiente que cria um estado de tensão ou ameaça e requer mudança ou adaptação. Muitas situações nos levam a mudar nosso comportamento de alguma maneira. Mas somente algumas provocam o estresse. Consideremos, por exemplo, o ato de parar no sinal vermelho. Essa ação normalmente não envolve nenhum estresse. Agora, imaginemos que você está com pressa para ir um compromisso importante e que parar no sinal vermelho vai fazer com que você se atrase. Aqui, o estresse é provocado não somente porque a situação requer uma adaptação, mas também porque produz tensão e angústia. O estresse não está limitado a situações perigosas ou mesmo a situações desagradáveis. As coisas boas também podem provocar estresse porque "requerem mudança ou adaptação se o indivíduo quiser ir ao encontro de suas necessidades" (Morris, 1990, p.72). Uma cerimônia de casamento, por exemplo, é normalmente um acontecimento estressante, mas também emocionante. Uma promoção no emprego é gratificante, mas exige que nos relacionemos com novas pessoas de novas maneiras, que aprendamos a ter mais responsabilidade e que, talvez, trabalhemos durante mais horas.

Alguns acontecimentos, tais como as guerras e os desastres naturais, são inerentemente estressantes. O perigo é real, vidas estão ameaçadas e, freqüentemente, há muito pouco ou nada que as pessoas possam fazer para salvar sua vida. Porém, mesmo em uma situação inerentemente tensa, o momento de grande estresse não consiste naquele em que o perigo é iminente. A *antecipação* do perigo é, de fato, o momento de maior estresse. Os pára-quedistas, por exemplo, sentem mais medo nos momentos que antecedem o salto. Uma vez em linha, quando já não podem voltar, acalmam-se. Durante a parte mais perigosa do salto, quando estão em queda livre esperando o momento de o pára-quedas abrir, sentem pouco medo (Epstein, 1982).

Mudança

Por que as pessoas consideram as mudanças tão estressantes?

Todos os acontecimentos estressantes que vimos até agora envolvem mudança. A maioria das pessoas tem forte preferência pela ordem, continuidade e previsibilidade em suas vidas. Portanto, qualquer coisa, boa ou ruim, que requeira mudança pode ser estressante. Quanto mais mudança implicar, mais estressante é a situação.

Questionários tais como o *Inventário do Estresse na Vida Universitária* — College Life Stress Inventory (CLSI) foram elaborados para medir a quantidade de mudanças e, portanto, de estresse, presente na vida de um indivíduo (Renner e Macklin, 1998). Como você pode ver na Tabela 11.1, tanto os acontecimentos positivos como os negativos podem provocar estresse e, quanto mais acontecimentos desse tipo você estiver vivenciando, maior o seu "índice de estresse".

Embora haja variação individual considerável na maneira como as pessoas se adaptam a mudanças na vida, tais como as representadas no CLSI, geralmente os índices altos correspondem a um risco maior de desenvolver doenças eventualmente iniciadas pelo estresse. No trabalho de Renner e Macklin, os índices dos alunos no CLSI variaram de 182 a 2.571, mas dois terços tiveram índices entre 800 e 1.700. Talvez você se interesse em verificar seu índice para ver em que posição se situa.

Transtornos da vida cotidiana

Como os transtornos do dia-a-dia podem contribuir para o estresse?

Muitos componentes do Inventário do Estresse na Vida Universitária dizem respeito ao estresse que surge a partir de acontecimentos relativamente infreqüentes mas razoavelmente dramáticos. Contudo, muitos psicólogos apontam para o fato de que o estresse é gerado por "transtornos" — irritações, aborrecimentos e frustrações da vida de natureza menos importante (Lazarus, DeLongis, Folkman e Gruen, 1985; Ruffin, 1993; Whisman e Kwon, 1993). Coisas aparentemente de pequena importância, tal como um zíper arrebentado, a espera em filas longas ou uma pequena discussão com um amigo podem acabar pesando. Lazarus acredita que os grandes acontecimentos têm tanta importância porque provocam vários pequenos transtornos que nos deixam dominados pelo estresse. As pessoas que tenham recentemente passado por um trauma muito grande estão mais propensas a ser incomodadas por estresses e transtornos menores (Pillow, Zautra e Sandler, 1996). "Não são os acontecimentos dramáticos que fazem a diferença", observou Lazarus, "mas os acontecimentos do dia-a-dia, sejam provocados ou não por acontecimentos maiores"

TABELA 11.1 INVENTÁRIO DO ESTRESSE NA VIDA UNIVERSITÁRIA

Copie o "índice de estresse" na coluna intitulada "seus componentes" para qualquer acontecimento que tenha acontecido com você no último ano. Em seguida, some todos os pontos para obter o total.

Acontecimento	Índice de estresse	Seus componentes
Ser estuprado(a)	100	
Descobrir que é soropositivo(a)	100	
Ser acusado(a) de estupro	98	
Morte de um(a) amigo(a) íntimo(a)	97	
Morte de um familiar próximo	96	
Contrair doença sexualmente transmissível (que não seja AIDS)	94	
Preocupação a respeito de estar grávida	91	
Exames finais	90	
Preocupação a respeito da possível gravidez de sua parceira	90	
Dormir e perder a hora em um exame	89	
Ser reprovado em um exame	89	
Ser traído(a) pelo(a) namorado(a)	85	
Terminar um namoro estável	85	
Doença grave de um(a) amigo(a) íntimo(a) ou de um familiar próximo	85	
Dificuldades financeiras	84	
Escrever uma monorafia importante	83	
Ser flagrado colando em um exame	83	
Dirigir bêbado(a)	82	
Sensação de excesso de tarefas no trabalho ou na escola	82	
Dois exames no mesmo dia	80	
Trair o(a) namorado(a)	77	
Casar-se	76	
Conseqüências negativas do álcool ou das drogas	75	
Depressão ou crise do(a) melhor amigo(a)	73	
Problemas com os pais	73	
Falar diante de toda a classe	72	
Falta de sono	69	
Mudança de moradia (transtornos, mudanças)	69	
Competir ou representar em público	69	
Envolver-se numa briga física	66	
Problemas com colega de quarto	66	
Mudança de emprego (candidatar-se, novo emprego, transtornos no trabalho)	65	
Decidir sua especialidade ou ter preocupações a respeito de planos para o futuro	65	
Uma aula que você odeia	62	
Beber ou fazer uso de drogas	61	
Confronto com professores	60	
Começo de um novo semestre	58	
Primeiro encontro com(a) namorado(a)	57	
Fazer matrícula	55	
Manter um namoro estável	55	
Mudar de cidade por motivos profissionais ou de estudo, ou ambos	54	
Pressão do grupo	53	
Estar longe de casa pela primeira vez	53	
Adoecer	52	
Preocupação com a aparência	52	
Obter notas máximas	51	
Uma aula difícil que você adora	48	
Fazer novas amizades; dar-se bem com os amigos	47	
Brigas entre grupos na universidade	47	
Dormir durante a aula	40	
Participar de um evento atlético (por exemplo, um jogo de futebol)	20	
Total		

Fonte: Renner, M. J. e Macklin, R. S. (1998). A life stress instrument for classroom use. *Teaching of Psychology*, 25(1), p. 47. Copyright © 1998 por Lawrence Erebaum Associates, Inc. Reimpressa com permissão.

(1981, p. 62). Os acontecimentos maiores assim como os menores são estressantes porque provocam sentimentos de frustração, pressão e conflito.

Pressão A **pressão** ocorre quando nos sentimos forçados a acelerar, intensificar ou mudar a direção de nosso comportamento, ou quando nos sentimos compelidos a melhorar nosso desempenho (Morris, 1990). A pressão no trabalho ou na escola é um exemplo familiar. Os psicólogos que estudam os efeitos da "redução de pessoal" nas empresas, que significa a manutenção do nível de produção com um número menor de funcionários, geralmente verificam que esses funcionários acusam um aumento de depressão e estresse, aumento de acidentes de trabalho e menor satisfação com o emprego. Essa pressão também contribui para o desempenho pior da função (Clay, 1999; Kaminski, 1999). Em nossa vida particular, tentar viver de acordo com as normas sociais e culturais sobre o que *deveríamos* fazer, assim como as expectativas de nossa família e de nossos amigos, também aumenta a pressão em relação asatisfazer nossas necessidades pessoais.

Frustração A **frustração** ocorre quando uma pessoa é impedida de alcançar um objetivo pelo fato de haver alguma coisa ou alguém no caminho. Um exemplo de uma reação muito comum à frustração é a "agressividade no trânsito", que ocorre quando pessoas normalmente não violentas sentem-se frustradas pelos congestionamentos ou por outras pressões. A agressividade no trânsito está se tornando cada vez mais comum e mais fatal: nove de cada dez motoristas já foram "vítimas" dela (James e Nahl, 2000), que contribui para 1.500 a 2.000 acidentes e fatalidades a cada ano (U. S. House of Representatives, 1997). Alguns psicólogos consideram a agressividade no trânsito uma síndrome comportamental, cujas raízes encontram-se nas formas exageradas de normas culturais, especialmente em nossa intolerância com atrasos e na nossa visão de que quem ganha em uma competição recebe todas as vantagens (James e Nahl, 2000).

Morris (1990) identificou cinco fontes de frustração particularmente comuns na vida dos norte-americanos. Os *atrasos* são irritantes porque a cultura norte-americana valoriza muito a idéia de tempo. A *falta de recursos* também é frustrante para os habitantes desse país que têm condições de comprar um carro novo ou sair em férias luxuosas como gostariam. As *perdas*, tais como o final de uma relação amorosa ou a perda de uma amizade querida, são outra fonte de frustração ,porque geralmente nos fazem sentirmo-nos impotentes, desvalorizados ou sem importância. Em nossa sociedade competitiva, o *fracasso* provoca uma intensa frustração acompanhada de culpa. Imaginamos que se tivéssemos feito as coisas de maneira diferente teríamos obtido sucesso; desse modo, costumamos nos sentir pessoalmente responsáveis pelas nossas decepções e tendemos a admitir que as outras pessoas nos culpam por não havermos tentado mais ou termos sido mais inteligentes. ATambém é extremamente frustrante a *discriminação*: a oportunidade e o reconhecimento negados simplesmente em razão do sexo, da idade, da religião ou da raça.

Conflito De todos os problemas da vida, o conflito é, provavelmente, o mais comum. Um menino não quer ir à casa de sua tia para jantar, mas também não quer ouvir seus pais reclamarem se ele ficar em casa. Uma aluna descobre que as duas matérias que queria cursar no semestre são ministradas no mesmo dia e na mesma hora. O **conflito** surge quando deparamos com oportunidades, necessidades, objetivos ou demandas incompatíveis. Nós nunca podemos resolver totalmente um conflito. Temos de abrir mão de nossos objetivos, modificá-los, adiar sua busca ou aceitar o fato de que nunca iremos atingi-los. O que quer que façamos, é inevitável que nos sintamos frustrados e estejamos, conseqüentemente, aumentando o nível de estresse dos conflitos.

Na década de 30, Kurt Lewin descreveu duas tendências opostas de conflito: aproximação e esquiva. Quando algo nos atrai, queremos nos aproximar; quando algo nos amedronta, queremos nos esquivar. Lewin (1935) demonstrou como diferentes combinações dessas tendências criam três tipos básicos de conflito: o conflito de aproximação-aproximação, o conflito de esquiva-esquiva e o conflito de aproximação-esquiva (veja a Tabela-resumo).

O **conflito de aproximação-aproximação** ocorre quando a pessoa se sente simultaneamente atraída por dois objetivos. Um aluno que tenha sido aceito em duas faculdades ou universidades igualmente desejáveis é um exemplo. O estresse oriundo do conflito de aproximação-aproximação está no fato de que, ao escolher uma das opções, deve-se abrir mão da outra.

O oposto é o **conflito de esquiva-esquiva**, no qual nos confrontamos com duas opções indesejáveis ou ameaçadora se nenhuma delas possui atributos positivos. Ao deparar com o conflito de esquiva-esquiva, as pessoas normalmente tentam fugir da situação. Se a fuga é impossível, suas estratégias para lidar com o conflito dependem de quanto ameaçadora é cada alternativa. Com maior freqüência, elas vacilam entre uma ameaça ou a outra, como um jogador de beisebol vacila entre voltar à base ou seguir adiante. Em situações nas quais não há saída, alguns simplesmente optam por esperar que os acontecimentos resolvam o conflito por eles.

O **conflito de aproximação-esquiva**, no qual uma pessoa é ao mesmo tempo atraída e repelida pelo mesmo objetivo, é a forma mais comum de conflito. Quanto mais nos aproximamos de um objetivo com aspectos positivos e negativos, mais forte é o nosso desejo de aproximação e esquiva; porém, a tendência a nos esquivar aumenta de maneira mais rápida que a de nos aproximar. Em um conflito de aproximação-esquiva, portanto, aproximamo-nos do objetivo até chegarmos ao momento em que a tendência de aproximação se iguala à de esquiva. Com medo de nos aproximar, paramos, vacilamos e não fazemos qualquer escolha até que a situação mude.

O estresse auto-imposto

Como criamos o estresse?

Até agora consideramos as fontes de estresse externas ao indivíduo. Entretanto, as pessoas às vezes criam problemas para si mesmas bem além dos acontecimentos estressantes de seu ambiente. Alguns psicólogos argumentam que muitos indivíduos têm um conjunto de crenças irracionais impossíveis de serem realizadas, o que aumenta desnecessariamente os estresses normais da vida (Ellis e Harper, 1975). Alguns, por exemplo, acreditam que "é essencial ser amado ou receber aprovação de quase todos por tudo o que eu faço". Para essas pessoas, qualquer sinal de desaprovação será fonte de um estresse considerável. Outros acreditam que "eu tenho de ser competente, capaz e bem-sucedido em tudo o que eu faço". Para estes, o menor sinal de fracasso ou incompetência indica que eles são seres humanos sem valor. Há ainda quem acredite que "será um desastre se tudo não sair do jeito que eu quero". Pessoas desse último tipo sentem-se aborrecidas, infelizes e miseráveis quando as coisas não saem perfeitas. Como você verá no próximo capítulo, pensamentos impossíveis de se realizar podem contribuir para a depressão (Beck, 1976, 1984).

O estresse e as diferenças individuais

As pessoas resistentes ao estresse compartilham determinados traços?

Assim como algumas pessoas criam mais estresse para si mesmas que outras, algumas lidam bem com os estresses mais importantes da vida, ao passo que outras são abatidas pelos menores problemas. Qual é a explicação para essas diferenças? A quantidade de estresse que sentimos depende em parte da maneira como interpretamos nossa situação. As pessoas autoconfiantes, que se sentem capazes de administrar suas vidas sentirão menos estresse em uma determinada situação que aquelas pouco autoconfiantes (Kessler, Price, e Wortman, 1985). Além disso, o ato de ver um desafio como uma oportunidade para o sucesso em vez de para o fracasso é normalmente associado a emoções positivas, tais como a impetuosidade, o entusiasmo e a confiança (Folkman e Moskovitz, 2000). Os alunos que sabem que podem estudar quando quiserem e que obtiveram bons resultados em seus exames no passado, por exemplo, tendem a se sentir mais calmos na noite anterior a um exame importante que os colegas que tiveram maus resultados.

TABELA RESUMO

TIPOS DE CONFLITO

Tipo	Natureza
aproximação-aproximação	Você se sente atraído ao mesmo tempo por dois objetivos incompatíveis.
esquiva-esquiva	Repelido ao mesmo tempo por duas alternativas igualmente indesejáveis, você tende a fugir, mas outros fatores impedem a fuga.
aproximação-esquiva	Você é ao mesmo tempo repelido e atraído pelo mesmo objetivo.

A visão global do mundo também está relacionada à maneira como as pessoas lidam com o estresse. Os *otimistas* tendem a avaliar os acontecimentos como desafios, não como ameaças e, geralmente, são mais capazes de lidar com eventos estressantes que os *pessimistas*, os quais tendem a enfatizar o fracasso (Peterson, 2000). Do mesmo modo, as pessoas com um *lócus interno de controle* consideram-se capazes de influenciar sua situação. Conseqüentemente, estão mais propensas a ver as dificuldades como desafios, e não como ameaças. As pessoas com *lócus externo de controle* têm mais tendência a avaliar os acontecimentos de modo negativo, uma vez que se vêem como vítimas indefesas de circunstâncias e não acreditam que sejam capazes de influenciar sua situação (Ryan e Deci, 2000).

Resistência e resiliência   As pessoas com o traço denominado *resistência* suportam o estresse excepcionalmente bem — algumas parecem mesmo prosperar com ele (Kobasa, 1979). Elas também sentem que controlam seu destino e têm confiança de ser capazes de lidar com a mudança (veja também Kessler, Price e Wortman, 1985). Por outro lado, as pessoas com pouca confiança em sua capacidade para controlar novas situações e os acontecimentos sentem-se impotentes e apáticas (Peterson, Maier e Seligman, 1993b). (Lembre-se de nossa discussão a respeito do desamparo aprendido no Capítulo 5, "Aprendizagem".) Mesmo quando a mudança oferece novas oportunidades para que tomem conta da situação, elas permanecem passivas.

Os psicólogos também se interessam pela resiliência: a capacidade de "dar a volta por cima": recuperar a autoconfiança, o bom humor e a atitude esperançosa após um período de estresse extremo ou prolongado. A resiliência pode explicar parcialmente por que algumas crianças que crescem em circunstâncias adversas (tais como pobreza extrema, vizinhanças perigosas, pais abusivos e/ou exposição às drogas e ao álcool) tornam-se adultos bem ajustados, ao passo que outras permanecem problemáticas — e freqüentemente se metem em problemas — pelo resto da vida. Segundo uma pesquisa que acompanhou crianças de alto risco até sua vida adulta, programas como Big Brother/Big Sister nos E. U. A., que associam um adulto voluntário a uma criança necessitada, e programas extra-escolares que oferecem uma variedade de atividades parecem estimular a resiliência (Werner, 1996; Brown, mencionado em Huang, 1998).

Por sua vez, *o enfrentamento defensivo* refere-se aos vários modos de uma pessoa enganar a si mesma a fim de preservar sua auto-estima e reduzir o estresse (Cramer, 2000). Ela pode convencer a si mesma, por exemplo, de que não está realmente ameaçada ou de que, na verdade, não quer alguma coisa que não pode obter.

TESTE SUA APRENDIZAGEM

1. Um _____ é qualquer exigência do ambiente que cria um estado de tensão ou ameaça e requer mudança ou adaptação.
2. O _____ é uma tentativa — bem-sucedida ou não — de equilibrar nossas necessidades com as exigências do ambiente, ponderar nossos desejos e nossas possibilidades reais e lidar com nossa vida da melhor maneira possível dentro dos limites de nossa situação.
3. Indique se as frases a seguir são falsas (F) ou verdadeiras (V).
   ___ a. O estresse é sempre uma resposta a acontecimentos negativos em nossa vida.
   ___ b. Os eventos estressantes quase sempre envolvem mudanças em nossa vida.
   ___ c. Os grandes eventos da vida são sempre muito mais estressantes que os transtornos do dia-a-dia.

Relacione os conflitos a seguir com suas definições apropriadas.

___ 4. aproximação-aproximação   ___ a. escolher entre duas alternativas indesejáveis porém inevitáveis
___ 5. esquiva-esquiva   ___ b. ser atraído e repelido pelo mesmo objetivo
___ 6. aproximação-esquiva   ___ c. ser atraído por dois objetivos simultaneamente

Respostas: 1. estressor. 2. ajustamento. 3. a. (F); b. (V); c. (F). 4. c. 5. a. 6. b.

Enfrentando o estresse

Qual é a diferença entre o enfrentamento direto e o defensivo?

Seja qual for a fonte, o estresse requer o enfrentamento, isto é, a realização de esforços cognitivos e comportamentais para lidar com ele (Lazarus, 1993). Os psicólogos distinguem dois tipos de ajustamento: o enfrentamento direto e o enfrentamento defensivo. O enfrentamento direto refere-se a qualquer ação que tomamos com o intuito de modificar uma situação incômoda. Quando nossos desejos ou necessidades são frustrados, por exemplo, tentamos remover os obstáculos entre nós e nossos objetivos, ou desistimos. De maneira semelhante, quando estamos ameaçados, tentamos eliminar a fonte da ameaça, seja atacando-a ou escapando dela.

Enfrentamento direto

Quais são as três estratégias de enfrentamento direto do estresse?

Quando estamos ameaçados, frustrados ou em conflito, temos três opções básicas de enfrentamento direto: a *confrontação*, o *compromisso* e o *afastamento*. Podemos enfrentar diretamente uma situação e intensificar nossos esforços para obter o que queremos (confrontação). Podemos desistir de parte do que queremos e, talvez, persuadir outros a desistir de parte do que eles querem (compromisso). Ou podemos admitir a derrota e parar de lutar (afastamento) (veja a Seção "Compreendendo a nós mesmos: enfrentando o estresse na faculdade").

Analisemos o caso de uma mulher que trabalhou duro no seu emprego durante anos, mas nunca recebeu uma promoção. Ela sabe que o motivo de não haver sido promovida foi sua declarada falta de vontade de se mudar do escritório central da empresa — onde trabalha — para uma sucursal em outra parte do país a fim de adquirir mais experiência. Sua falta de vontade de se mudar se interpõe entre ela e seu objetivo de progredir na carreira. Ela tem várias alternativas, as quais exploraremos a seguir.

Confrontação Reconhecer para si mesmo que existe um problema para o qual se deve encontrar a solução, atacá-lo diretamente e lançar-se com determinação em direção ao objetivo denomina-se **confrontação**. A marca registrada do "estilo confrontante" é a realização de um esforço intenso para enfrentar o estresse e atingir objetivos (Morris, 1990). Isso envolve adquirir habilidades, solicitar a ajuda de terceiros, ou simplesmente esforçar-se mais. Ou pode requerer dar passos para mudar a situação ou a própria pessoa. A mulher que quer progredir em sua carreira pode se dar conta de que, se ela quer ser promovida, terá de se mudar para outra cidade. Ou pode desafiar a idéia de que trabalhar em outra sucursal lhe dará a experiência de que seu supervisor acredita que ela precisa. Ela poderia tentar convencer seu chefe de que, mesmo sem ter trabalhado na sucursal, ela adquiriu a experiência necessária para desempenhar melhor determinada função. Ou pode lembrar o seu supervisor do objetivo da empresa de promover mais mulheres para cargos de alta responsabilidade.

A confrontação pode também incluir expressões de raiva. A raiva pode ser eficaz, especialmente se houvermos sido, de fato, tratados de maneira injusta, e se a expressarmos com moderação em vez de ter uma explosão.

Compromisso O **compromisso** é uma das maneiras mais comuns e eficientes de enfrentar diretamente o conflito ou a frustração. Geralmente, reconhecemos que não podemos ter tudo o que queremos e não podemos esperar que os outros façam somente o que queremos que eles façam. Nesses casos, podemos nos contentar com menos do que originalmente esperávamos. Uma jovem que sempre quis se tornar veterinária pode descobrir na faculdade que tem menos aptidão para a biologia do que imaginava. Ela muda seu plano de carreira, mas decide dedicar mais energia a encontrar lares para animais abandonados, por exemplo.

Afastamento Em algumas circunstâncias, a maneira mais eficaz de enfrentar o estresse é afastar-se da situação. Uma pessoa em um parque de diversões, que fica ansiosa somente de olhar para a montanha-russa, pode simplesmente dirigir-se a um brinquedo menos amedrontador — ou então pode ir embora do parque. A mulher cuja promoção depende de sua mudança temporária pode simplesmente deixar seu emprego e ir trabalhar em outra empresa.

Quando percebemos que nosso adversário é mais forte que nós, que não há uma maneira efetiva de mudar a situação ou a nós mesmos, que não há possibilidade de compromisso e que qualquer forma de agressão seria autodestrutiva, o **afastamento** é uma reação positiva e realista. Em situações igualmente

COMPREENDENDO A NÓS MESMOS

Enfrentando o estresse na faculdade

Você está a duas semanas dos exames finais, tem de redigir duas monografias e estudar para quatro exames. Você está muito preocupado, mas não está sozinho. Há várias técnicas que você pode adotar para enfrentar as pressões da vida na faculdade.

1. Planeje com antecedência, não protele e faça suas tarefas bem antes do prazo final. Comece a trabalhar em projetos mais longos com bastante antecedência.
2. Pratique exercícios; faça qualquer atividade da qual goste.
3. Ouça suas músicas favoritas, assista a um programa de televisão ou vá ao cinema para dar um intervalo nos estudos.
4. Converse com outras pessoas.
5. Medite ou use técnicas de relaxamento.
6. Procure grupos de trabalho de redução de estresse. Muitas faculdades oferecem essa possibilidade.

Uma maneira muito eficaz é fazer uma lista de *tudo* o que você tem de fazer, incluindo lavar a roupa, comprar cartões de aniversário para a família e para os amigos etc. Em seguida, marque com um asterisco as tarefas de maior prioridade — aquelas que você tem de fazer primeiro ou levam mais tempo. Use seu tempo disponível para trabalhar *somente* nessas tarefas. Risque todas as tarefas de maior prioridade que já foram realizadas, acrescente novas tarefas à medida que surjam e ajuste continuamente as prioridades, a fim de que as tarefas mais importantes estejam sempre marcadas com um asterisco.

Essa técnica serve para vários propósitos. Ela remove o medo de que você vai se esquecer de algo importante, uma vez que tudo o que você pode pensar está anotado em um papel. Ela o ajuda a perceber que as coisas não são tão sufocantes quanto poderiam parecer (a lista é finita e, provavelmente, há somente alguns poucos itens verdadeiramente prioritários). Ela permite que você concentre sua energia nas tarefas essenciais e facilita a perda de tempo com coisas menos relevantes que poderiam distrair sua atenção. Finalmente, ela lhe garante que você está fazendo tudo o que está ao seu alcance para realizar as coisas mais importantes de sua vida e, se não consegue fazer tudo, pode dizer sinceramente: "Não havia maneira de fazer melhor do que fiz; simplesmente não havia tempo suficiente". Na verdade, esse raramente é o caso. Normalmente, as tarefas de maior prioridade são realizadas e as de menor prioridade simplesmente podem esperar, às vezes semanas ou meses. Após esse período, você começa a pensar se elas são realmente importantes, uma vez que apareciam sempre no final da lista.

Fazer ioga regularmente é uma estratégia direta para enfrentar o estresse. Tal prática pode aumentar a sensação de bem-estar ao mesmo tempo em que melhora o equilíbrio e a flexibilidade.

sem esperança, como em desastres submarinos ou em minas, pouca gente entra em pânico (Mirtz, 1951). Por acreditar que não há nada que possam fazer para se salvar, as vítimas simplesmente jogam a toalha. de fato, numa situação sem esperança, a resignação pode ser a maneira mais eficaz de enfrentamento.

Talvez o maior perigo da estratégia de afastamento esteja no fato de que o indivíduo passará a evitar situações semelhantes. A pessoa que ficou extremamente ansiosa ao olhar para a montanha-russa pode se recusar a ir novamente a parques de diversão. A mulher que não aceitou o emprego na sucursal de sua empresa pode não somente deixar seu atual emprego, mas também de sair e ao menos procurar por outro. Em tais casos, a estratégia de afastamento pode transformar-se em esquiva não adaptativa. Além disso, as pessoas que desistem de uma situação estão em uma posição fraca para tirar vantagem de uma solução eficaz, caso esta apareça.

O afastamento, em qualquer forma que seja, é uma faca de dois gumes. Embora possa ser um método eficaz de enfrentamento, acarreta alguns perigos. O mesmo se pode dizer do enfrentamento defensivo, do qual passaremos a tratar agora.

Enfrentamento defensivo

Quais são as formas mais importantes de enfrentamento defensivo?

Até agora discutimos o enfrentamento do estresse que surge de fontes reconhecíveis. Porém, às vezes não podemos identificar ou enfrentar diretamente a origem de nosso estresse. Você volta para um estacionamento, por exemplo, e descobre que seu carro foi danificado. Em outros casos, um problema é tão ameaçador emocionalmente que não pode ser enfrentado de maneira direta: talvez alguém muito próximo a você esteja com uma doença terminal, ou após quatro anos de muito estudo, você não consiga entrar na faculdade de medicina e tenha de abandonar seus planos de se tornar médico.

Em tais situações, as pessoas podem voltar-se para **mecanismos de defesa** como uma estratégia de enfrentamento. Os mecanismos de defesa são técnicas para *enganar* a si mesmo a respeito das causas da situação estressante, a fim de diminuir a pressão, a frustração, o conflito e a ansiedade. A natureza autoenganosa de tais ajustamentos levou Freud a concluir que eles são inteiramente inconscientes. Porém, nem todos os psicólogos concordam que eles se originam de conflitos inconscientes sobre os quais temos pouco ou nenhum controle. Geralmente, percebemos que estamos expulsando algo de nossa memória ou então enganando a nós mesmos. Todos nós, por exemplo, já explodimos com uma pessoa *sabendo* que, na verdade, estávamos com raiva de outra. Independentemente de os mecanismos de defesa agirem consciente ou inconscientemente, eles nos permitem lidar com o estresse, o qual, sem eles, poderia ser insuportável (veja a tabela-resumo).

Negação Negação é a recusa em reconhecer uma realidade dolorosa ou ameaçadora. Embora isso constitua seja uma resposta positiva em algumas situações, em outras claramente não o é. Os usuários freqüentes de drogas que insistem que estão meramente "experimentando" tais substâncias estão usando a negação. Do mesmo modo, um estudante pode esperar que um exame seja fácil e que vá tirar nota alta, apesar de não haver estudado e de, inconscientemente, acreditar que não vai ser bem-sucedido.

Repressão O mecanismo mais comum para bloquear sentimentos dolorosos e memórias é a **repressão**, uma maneira de esquecer que exclui pensamentos dolorosos da consciência. Soldados que têm um colapso no campo de batalha geralmente bloqueiam a memória das experiências que os levaram a isso (Grinker e Spiegel, 1945). Muitos psicólogos acreditam que a repressão é um sintoma de que a pessoa está lutando contra impulsos (tais como a agressividade) que estão em conflito com valores conscientes. A maioria de nós, por exemplo, aprendeu durante a infância que a violência e a agressividade são erradas. O conflito entre nossos sentimentos e nossos valores pode gerar o estresse, e uma maneira de enfrentar defensivamente esse estresse é reprimir nossos sentimentos — bloquear totalmente qualquer consciência de nossa raiva e hostilidade subjacentes.

A negação e a repressão são os mecanismos de defesa mais básicos. Com a primeira, bloqueamos situações que não podemos enfrentar; com a segunda, bloqueamos impulsos ou pensamentos inaceitáveis. Essas estratégias psíquicas formam as bases para vários outros modos defensivos de enfrentamento.

Projeção Se um problema não pode ser negado ou totalmente reprimido, talvez possamos distorcer sua natureza, para lidar de maneira mais fácil com ele por meio da **projeção**, isto é, atribuindo a outras pessoas as idéias, os sentimentos ou as motivações reprimidas. Nós atribuímos aos outros sentimentos que não queremos reconhecer como nossos, tornando assim a origem de nosso conflito externa a nós mes-

TABELA RESUMO

MECANISMOS DE DEFESA

Negação	Recusar-se a reconhecer uma realidade dolorosa ou ameaçadora: Rui, cujo melhor amigo morreu recentemente em um acidente de carro, insiste em que houve um erro de identidade e seu amigo continua vivo.
Repressão	Excluir pensamentos desconfortáveis do nível da consciência: Lisa, cuja avó morreu de câncer no seio, tem um risco maior de desenvolver a mesma doença; mesmo assim, ela habitualmente se esquece de fazer mamografia.
Projeção	Atribuir sentimentos, motivações ou desejos a outras pessoas: Marília, injustamente, não é promovida; ela nega que esteja com raiva dessa situação, mas tem certeza de que seu supervisor tem raiva dela.
Identificação	Assimilar características de outra pessoa para evitar se sentir inadequado: Antônio, inseguro a respeito de seus próprios atrativos, imita o modo de se vestir e os maneirismos de um professor popular.
Regressão	Reverter a comportamento e defesas infantis: furioso pelo fato de seu plano de reestruturação de sua divisão ter sido rejeitado, Roberto tem um acesso de raiva.
Intelectualização	Pensar de maneira abstrata a respeito de problemas estressantes como um modo de se distanciar deles: após saber que não foi convidada para uma festa à fantasia de um colega de classe, Tina discute friamente como se formam as "panelinhas" de amigos e como elas regulam e controlam a vida na escola.
Formação reativa	Expressar de maneira exagerada idéias e emoções opostas às crenças ou aos sentimentos reprimidos: no trabalho, Miguel propaga a todos que nunca tiraria vantagem de um funcionário rival, embora seu comportamento assediante indique o contrário.
Deslocamento	Transferir motivos reprimidos do objeto original para outro: enfurecido com seu professor que lhe pediu injustamente que reescrevesse sua monografia final, mas com medo de dizer qualquer coisa que deixe o professor com raiva, Nelson chega em casa e grita com seus pais por lhe dizerem o que tem de fazer.
Sublimação	Redirecionar motivações e sentimentos reprimidos para canais sociais mais aceitáveis: uma criança a quem os pais nunca deram atenção, Mario está se candidatando para um cargo público.

mos. Um executivo que se sente culpado a respeito do modo como chegou ao poder pode projetar sua ambição implacável nos colegas. Ele acredita que está simplesmente fazendo o seu trabalho, ao passo que seus colaboradores têm uma ambição desmedida e são consumidos pelo poder.

Identificação O oposto da projeção é a **identificação**: assimilar características de outra pessoa, para nos sentir triunfantes por meio de seus triunfos e superarmos nossos sentimentos de inadequação; assim, as ações da pessoa admirada tornam-se substitutas das nossas. Um pai ou mãe com ambições profissionais não realizadas pode compartilhar emocionalmente o sucesso profissional de um filho ou filha. Quando o filho ou a filha é promovido, o pai ou a mãe podem se sentir pessoalmente triunfantes. A identificação é muitas vezes usada como forma de autodefesa em situações em que a pessoa se sente totalmente impotente.

Regressão As pessoas sob estresse podem reverter a um comportamento infantil por meio de um processo denominado **regressão**. Por que as pessoas regridem? Alguns psicólogos dizem que é porque um adulto não suporta se sentir impotente. As crianças, por outro lado, sentem-se impotentes e dependentes todos os dias. Portanto, tornar-se mais infantil pode fazer a dependência e a impotência totais mais suportáveis.

A regressão é, às vezes, utilizada também como uma estratégia manipulativa, apesar de imatura e imprópria. Os adultos que choram ou têm acessos de raiva quando seus argumentos falham podem esperar que aqueles à sua volta sejam compreensivos, assim como seus pais o tratavam na infância.

Intelectualização O mecanismo de defesa conhecido como **intelectualização** é uma maneira sutil de negação, com a qual nos afastamos de nossos sentimentos a respeito de nossos problemas ao analisá-los intelectualmente e tratá-los quase como se pertencessem a outras pessoas. Os pais que começam a debater as dificuldades do filho em uma nova escola e se encontram engajados em uma sofisticada discussão sobre filosofia educacional podem estar intelectualizando uma situação muito perturbadora. Eles parecem estar lidando com seus problemas, mas na verdade não estão, uma vez que se distanciam das emoções que lhes incomodam.

Formação reativa O termo **formação reativa** refere-se a uma forma comportamental de negação com a qual as pessoas expressam, com intensidade exagerada, idéias e emoções opostas às suas. A *exageração* é o indício desse comportamento. A mulher que elogia excessivamente sua rival pode estar escondendo a inveja do sucesso dela. A formação reativa pode também ser um modo de convencer a si mesmo de que seus motivos são bons. O homem que se sente ambivalente em relação a ser pai pode dedicar uma quantidade de tempo desproporcional a seus filhos em uma tentativa de provar para *si mesmo* que é um bom pai.

Deslocamento O **deslocamento** envolve o redirecionamento de motivações e emoções reprimidas de seus objetos originais para objetos substitutos. O homem que sempre quis ser pai pode se sentir incapaz ao descobrir que não pode ter filhos. Como resultado, pode se tornar extremamente ligado a um animal de estimação ou a um sobrinho ou sobrinha. Um outro exemplo de deslocamento é uma mulher que deve sorrir e concordar com seu chefe durante todo o dia e que, quando chega em casa, grita com seu marido e seus filhos.

Sublimação A **sublimação** refere-se à transformação de motivações ou sentimentos em formas mais socialmente aceitas. A agressividade, por exemplo, poderia ser canalizada em competitividade nos negócios ou nos esportes. Uma necessidade forte e persistente de atenção pode se transformar em interesse na arte ou na política. Da perspectiva freudiana, a sublimação não é somente necessária, mas também desejável. As pessoas que conseguem transformar seus impulsos sexuais e agressivos em formas socialmente mais bem aceitas encontram-se em melhor situação, uma vez que podem ao menos gratificar parcialmente seus instintos com pouco sentimento de culpa e ansiedade. Além disso, a sociedade beneficia-se da energia e do esforço que essas pessoas canalizam para as artes, a literatura, a ciência e outras atividades sociais úteis.

O enfrentamento defensivo significa que a pessoa é imatura, instável ou esta à beira de um "colapso"? Seria o enfrentamento direto adaptativo, e o defensivo não-adaptativo? Não necessariamente (Cramer, 2000). Em alguns casos de estresse grave e prolongado, as defesas de nível inferior podem não somente contribuir para nossa capacidade de nos ajustar, mas também podem se tornar essenciais para a sobrevivência. As defesas são "essenciais para amenizar o fracasso, aliviando a tensão e a ansiedade, reparando a mágoa emocional e mantendo nossos sentimentos de adequação e valor" (Coleman, Glaros e Morris, 1987, p. 190). As defesas podem também ser adaptativas para enfrentar problemas mais sérios. No curto prazo, especialmente se há poucas opções, podem reduzir a ansiedade e, conseqüentemente, permitir o nível mais alto de adaptação. Com o passar do tempo, contudo, as defesas podem impedir um ajustamento bem-sucedido. Os mecanismos de defesa são não-adaptativos quando interferem na capacidade de lidar diretamente com um problema ou quando criam mais problemas que soluções.

Diferenças de gênero e de nível socioeconômico no enfrentamento do estresse
Quem sente mais estresse?

As pessoas utilizam várias estratégias de enfrentamento em diferentes combinações e lidam com com acontecimentos estressantes de diferentes modos. É tentador concluir que os estilos de enfrentamento, como a personalidade, situam-se dentro do indivíduo. Entretanto, muitas pesquisas indicam que a quantidade de estresse que as pessoas encontram e como elas o enfrentam depende significativamente do ambiente em que vivem (S. E. Taylor e Repetti, 1997).

Consideremos o impacto do status socioeconômico sobre o estresse e seu enfrentamento. Em vizinhanças pobres, tratar mesmo das tarefas mais básicas da vida pode ser estressante. As moradias são freqüentemente lotadas e de padrões inferiores; as poucas lojas que existem oferecem artigos de baixa qualidade; os índices de crime e desemprego são provavelmente altos; e as escolas têm números mais altos de alunos por professor, funcionários que mudam de emprego com freqüência e mais professores que trabalham meio período. Em resumo, as pessoas pobres têm de lidar com mais estresse que as de melhor situação financeira (N. Adler *et al.*, 1994; S. Cohen e Williamson, 1988; Kessler, 1979). Além disso, alguns dados indicam que as pessoas de baixa renda enfrentam o estresse maneira menos efetiva e, como resultado, os acontecimentos estressantes têm um impacto mais duro em sua vida emocional (Kessler, 1979). Os psicólogos já ofereceram várias explicações para esses dados. As pessoas de classes socioeconômicas mais baixas têm, geralmente, menos expedientes para enfrentar as dificuldades e o estresse (Pearlin e Schooler, 1978); têm também menos pessoas para quem se podem voltar e menos recursos comunitários nos quais procurar apoio em momentos difíceis (Liem e Liem, 1978). Por fim, quem vive na pobreza pode acreditar — mais do que outros em melhor situação — que fatores externos são responsáveis pelos seus problemas e que tem pouco controle pessoal de sua vida. Finalmente, provas sugerem que membros de grupos de baixa renda tendem a ter mais baixa auto-estima e a duvidar de suas capacidades de dominar situações difíceis. Todos esses fatores ajudam a explicar por que o estresse pesa mais nas classes socioeconômicas mais baixas.

O modo de enfrentar o estresse difere de acordo com o gênero? No momento, a resposta é "talvez". Um estudo com vítimas do furacão Andrew descobriu que, embora as mulheres tenham indicado haver sentido mais estresse que os homens, quando o nível de estresse foi medido fisiologicamente, observou-se que homens e mulheres haviam sido influenciados de maneira igual (Adler, 1993b). Em outro estudo com 300 casais de homens e mulheres que trabalhavam, ambos sentiram-se igualmente estressados pelo estado de seus casamentos, seus empregos e desempenho dos filhos. Contudo, elas sentiam mais estresse que eles quando os problemas se desenvolviam em relacionamentos duradouros, principalmente pelo fato de estar mais comprometidas com seus relacionamentos pessoais e profissionais que os homens (Barnett, Brennan e Marshall, 1994). Algumas pesquisas indicam que, quando deparados com situações igualmente estressantes, homens e mulheres utilizam em geral estratégias de enfrentamento similares (Porter e Stone, 1995). Porém, outras pesquisas indicam que, ao menos em algumas circunstâncias, os homens e as mulheres podem usar estratégias bem diferentes (Ptacek, Smith e Dodge, 1994; veja também Anshel, Porter e Quek, 1998; Narayanan, Shanker e Spector, 1999). Um estudo recente (Nolen-Hoeksema, 1999), por exemplo, descobriu que, quando os homens estão desanimados ou deprimidos, são mais propensos a recorre ao álcool que as mulheres; quando elas estão abatidas, tristes ou com raiva, são mais propensas a remoer o problema, repassando na cabeça as emoções negativas e os acontecimentos que as provocaram.

Uma nova linha de pesquisas sugere que as diferenças de sexo em reagir ao estresse podem ser o resultado de adaptações evolutivas (S. E. Taylor *et al.*, 2000). Falando de maneira simples, quando nossos ancestrais caçadores/coletores eram ameaçados pela fome, pode ter sido mais adaptativo para a espécie o homem ter reagido com agressividade e a mulher ter cuidado dos filhos. Essa reação feminina pode fornecer uma explicação parcial para o fato de as mulheres sob estresse serem mais propensas a buscar contato e apoio de outras pessoas — em vez de agir com agressividade— que os homens.

TESTE SUA APRENDIZAGEM

1. Existem dois tipos de enfrentamento: _____ e _____.
2. Enfrentar problemas, fazer concessões ou afastar-se totalmente de uma situação podem ser formas de enfrentamento _____.
3. O enfrentamento _____ é uma forma de lidar com situações que as pessoas sentem-se incapazes de resolver.

Relacione os mecanismos de defesa a seguir com suas definições apropriadas:

____ 4. Negação
____ 5. Repressão
____ 6. Projeção
____ 7. Identificação
____ 8. Regressão
____ 9. Intelectualização
____ 10. Formação reativa
____ 11. Deslocamento
____ 12. Sublimação

a. forma de esquecimento
b. afastamento de problemas por meio de análise lógica e racional
c. reverter a comportamento mais imaturo e até infantil
d. expressar de maneira exagerada emoções ou idéias opostas às que realmente sentimos ou nas quais acreditamos
e. redirecionar motivações e emoções para outros objetos
f. recusar-se a reconhecer a existência de uma situação dolorosa ou ameaçadora
g. atribuir motivações e sentimentos próprios a outras pessoas
h. transformar motivações e emoções em formas socialmente mais aceitáveis
i. assimilar características de outra pessoa para compartilhar de seus sucessos e para evitar sentimentos de inadequação pessoal

Respostas: 1. direto, defensivo. 2. direto. 3. defensivo. 4. f. 5. a. 6. g. 7. i. 8. c. 9. b. 10. d. 11. e. 12. h.

Como o estresse afeta a saúde

Com quais efeitos duradouros do estresse devemos nos preocupar?

"Sabemos que 50 por cento das mortes estão diretamente relacionadas com os comportamentos humanos e, mesmo assim, passamos pouco tempo pesquisando e implementando programas relacionados a eles", disse David Satcher, cirurgião-geral (Satcher, 1999, p. 16). Os médicos e os psicólogos concordam que o gerenciamento do estresse é uma parte essencial dos programas de prevenção de doenças e promoção da saúde. Para entender como nosso corpo reage ao estresse, devemos primeiramente examinar como reagimos ao perigo. Suponhamos que você está caminhando sozinho em uma rua desconhecida tarde da noite quando percebe que uma pessoa suspeita está seguindo-o. De repente, seu coração começa a bater mais forte, sua respiração aumenta e você sente um pouco de enjôo. O que está se passando com você? O hipotálamo, um centro presente em seu cérebro, está reagindo a sua percepção de perigo, organizando uma resposta generalizada que afeta vários órgãos do corpo (veja a Figura 11.1). Quase imediatamente, o hipotálamo estimula a divisão simpática do sistema nervoso autônomo e as glândulas endócrinas para liberar no sangue hormônios do estresse, tais como a *adrenalina* e a *norepinefrina*. Esse processo, por sua vez, desencadeia o aumento dos batimentos cardíacos, da pressão sangüínea, da respiração e da transpiração. Outros órgãos também reagem: o fígado, por exemplo, libera as reservas de açúcar para fornecer maior quantidade de energia, e a medula óssea aumenta a quantidade de células brancas para combater infecções. Por outro lado, a intensidade de outras funções do organismo diminui, tal como a da digestão, por exemplo, o que provoca a sensação de enjôo.

O reconhecido fisiologista Walter Cannon (1929) primeiramente descreveu os elementos básicos dessa seqüência de acontecimentos como reação lutar-ou-fugir, porque parecia que sua função primária era preparar o animal para atacar ou escapar como reação às ameaças externas. Cannon observou também que essa mobilização fisiológica ocorria de maneira uniforme, independentemente da natureza da ameaça. A reação lutar-ou-fugir, por exemplo, pode ser iniciada por traumas físicos, medo, excitação emocional ou simplesmente por um incidente *verdadeiramente* ruim na escola ou no trabalho. A importância adaptativa da reação lutar-ou-fugir para as pessoas era óbvia para Cannon, uma vez que havia garantido a sobrevivência dos humanos primitivos em situações de perigo.

Ampliando a teoria de lutar-ou-fugir de Cannon, o fisiologista Hans Selye (1907-1982) defendeu que reagimos ao estresse físico e psicológico em três fases, as quais denominou **síndrome de adaptação geral** (*general adaptation syndrome* — **SAG**) (Selye, 1956, 1976). São elas: reação de alarme, resistência e exaustão.

A fase 1, *reação de alarme*, é a primeira resposta ao estresse. Começa quando o corpo reconhece que deve combater algum perigo físico ou psicológico. As emoções "correm soltas". A atividade do sistema nervoso simpático aumenta, o que resulta na liberação de hormônios a partir das glândulas endócrinas. Tornamo-nos mais sensíveis e alertas, nossa respiração e nossos batimentos cardíacos se aceleram, os músculos se contraem e passa-

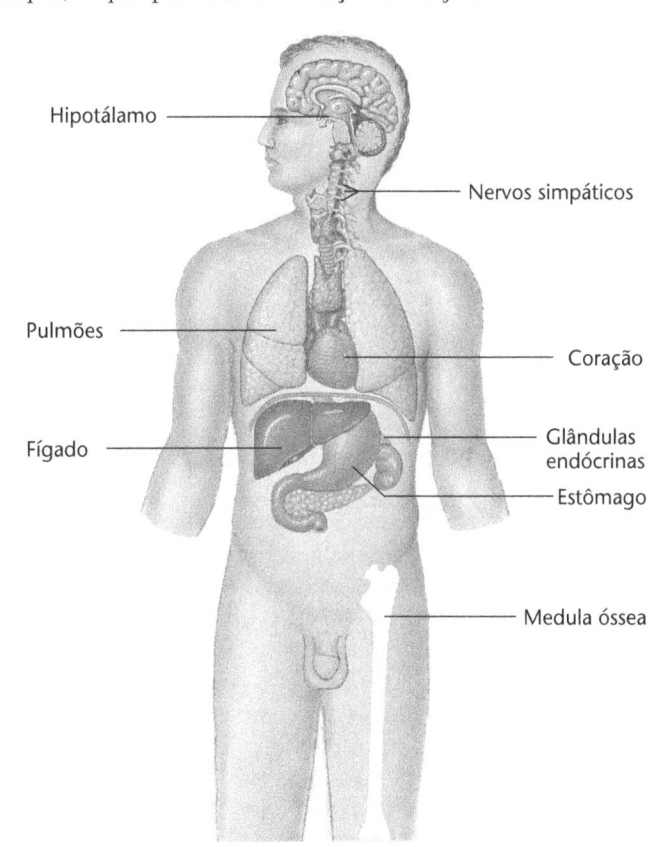

FIGURA 11.1

A resposta fisiológica ao estresse. Quando o corpo se confronta com uma situação estressante, o hipotálamo estimula o sistema nervoso simpático e as glândulas endócrinas para liberar hormônios do estresse. Outros órgãos, incluindo o estômago e o fígado, também apresentam reações.

Fonte: Mollica, R. F. (junho, 2000). "Invisible wounds", *Scientific American*, p. 54. Figura de Laurie Grace. Reimpressa com permissão.

mos por mudanças fisiológicas também. Todas essas mudanças nos ajudam a mobilizar nossos recursos de enfrentamento, a fim de recuperarmos o autocontrole. Durante essa fase, podemos utilizar estratégias de enfrentamento direto ou defensivo. Se nenhuma delas reduzir o estresse, entramos na segunda fase de adaptação.

Durante essa fase, *resistência*, os sintomas físicos e outros sinais de tensão aparecem à medida que lutamos contra uma crescente desorganização psicológica. Intensificamos o uso de estratégias de enfrentamento direto ou defensivo. Se conseguimos reduzir o estresse, retornamos a um estado mais normal. Porém, se ele é extremo ou prolongado, voltamo-nos, em desespero, a técnicas de enfrentamento não apropriadas e nos apegamos rigidamente a elas, apesar da evidência de que não estão funcionando. Quando isso acontece, os recursos físicos e emocionais são ainda mais enfraquecidos, e começam a aparecer sinais de cansaço físico e psicológico.

Na terceira fase, *exaustão*, fazemos uso de mecanismos de defesa cada vez mais ineficazes na tentativa desesperada de controlar o estresse. Nessa fase, algumas pessoas perdem o contato com a realidade e mostram sinais de distúrbio emocional ou doença mental. Outras mostram sinais de 'estafa', que inclui a incapacidade de concentrar-se, a irritabilidade, a protelação e a crença cínica de que nada vale a pena (Freudenberger, 1983; Maslach e Leiter, 1982, 1997). Podem aparecer sintomas físicos, tais como problemas de pele ou estômago, e algumas vítimas de estafa recorrem ao álcool e às drogas para lidar com o estresse. Se ele persistir, a pessoa pode ter danos físicos ou psicológicos irreparáveis ou até mesmo morrer.

A argumentação de Selye de que o estresse está relacionado a doenças físicas tem sido bastante comprovada por pesquisas. Porém, como o estresse psicológico pode levar à doença física ou influenciá-la? Primeiramente, quando uma pessoa está estressada, seu coração, seus pulmões, seu sistema nervoso e outros sistemas fisiológicos são forçados a trabalhar mais. O corpo humano não foi projetado para ser exposto durante longos períodos a fortes mudanças biológicas que acompanham o alarme e a mobilização; portanto, quando o estresse é prolongado, é mais provável que as pessoas passem por algum tipo de distúrbio físico. Em segundo lugar, o estresse gera um efeito negativo poderoso no sistema imunológico, e o estresse prolongado pode destruir a capacidade do corpo de se defender de doenças. O estresse pode, também, levar a comportamentos não saudáveis, tais como fumar, beber, comer em excesso ou pular refeições, não fazer exercícios e evitar check-ups médicos regulares, os quais também podem levar a doenças e saúde debilitada em geral.

O Estresse e as doenças cardíacas

Qual é a relação entre o comportamento Tipo A e as doenças cardíacas?

O estresse é um dos principais fatores para o desenvolvimento de doença cardíaca das coronárias (DCC), a principal causa de morte e deficiência física nos Estados Unidos (McGinnis, 1994). A hereditariedade também influencia a propensão a desenvolver DCC, mas, mesmo entre gêmeos idênticos, a incidência de DCC está intimamente ligada à atitude em relação ao trabalho, aos problemas domésticos e à quantidade de tempo disponível para o lazer (Kringlen, 1981). Geralmente, os estresses da vida e o isolamento social são indicadores significativos de mortalidade entre aquelas pessoas que tiveram ataques cardíacos por qualquer motivo (Ruberman, Weinblatt, Goldberg e Chaudhary, 1984).

O estresse mental no trabalho está relacionado à DCC, assim como a personalidade. Muitas pesquisas foram feitas, por exemplo, com pessoas que apresentam um *padrão de comportamento Tipo A* — isto é, que reagem aos acontecimentos da vida com impaciência, hostilidade, competitividade, urgência e luta constante (M. Friedman e Rosenman, 1959). As pessoas do Tipo A são distintas das pessoas mais despreocupadas do Tipo B. Os dois cardiologistas que identificaram pela primeira vez as características do Tipo A estavam convencidos de que esse padrão de comportamento era mais propenso a vir à tona em situações estressantes.

Diversos estudos mostraram que o comportamento Tipo A é um indicativo de DCC (Booth-Kewley & Friedman, 1987; T. Q. Miller, Tuner, Tindale, Posavac e Dugoni, 1991). Quando personalidades do Tipo A foram avaliadas, por exemplo, sujeitas a críticas ou aborrecimentos, ou jogando vídeogames, seu batimento cardíaco e pressão sangüínea eram muito mais altos que os das pessoas com personalidade do Tipo B sob as mesmas circunstâncias (Lyness, 1993). Sabe-se que tanto o batimento cardíaco quanto a pressão sangüínea altos contribuem para a ocorrência de DCC.

Outros estudos sustentam que a relação entre o comportamento do Tipo A e a DCC é menos direta — esse comportamento poderia influenciar as pessoas a desenvolver certos hábitos, tais como fumar e comer em excesso, os quais contribuem diretamente à ocorrência de doenças cardíacas (K. A. Matthews, 1988). Entretanto, com base na preponderância das provas, parece claro que a *raiva crônica* e a *hostilidade* (ambos componentes do comportamento Tipo A) realmente são indicativos de doenças cardíacas (T. Q. Miller, Smith, Turner, Guijavo e Hallet, 1996). As pessoas com uma pontuação alta em uma escala que mede a raiva têm 2,5 vezes mais chances de ter ataques cardíacos ou mortes súbitas decorrentes de problemas cardíacos que as mais calmas (J. C. Williams *et al.*, 2000). Terapias de aconselhamento criadas para diminuir a intensidade da sensação de urgência e da hostilidade em pacientes com comportamento do Tipo A têm sido moderadamente bem-sucedidas em reduzir a incidência de DCC (Friedman *et al.*, 1996).

A depressão também parece aumentar o risco de doenças cardíacas e morte prematura (McCabe, Schneiderman, Field e Wellens, 2000; Schartzman e Glaus, 2000). Nesse caso, a relação com a doença cardíaca se dá por meio da exposição prolongada a hormônios produzidos pelo estresse, os quais, com o passar do tempo, danificam o coração e as veias sangüíneas. Pelo fato de o estresse aumentar a propensão ao desenvolvimento da DCC, sua redução tornou-se parte do tratamento usado para desacelerar o progresso da arteriosclerose, ou bloqueio das artérias, a qual pode levar ao ataque cardíaco. Tanto uma dieta baixa em gorduras quanto as técnicas de gerenciamento do estresse, tais como ioga e relaxamento profundo, têm sido eficazes no tratamento dessa doença (Ornish, 1990).

O Estresse e o sistema imunológico

Por que muitos alunos ficam doentes durante os exames finais?

Os cientistas há muito suspeitam que o estresse influencia o funcionamento do sistema imunológico. Lembre-se de que o sistema imunológico é fortemente influenciado pelos hormônios e pelos sinais provenientes do cérebro. O campo relativamente novo da **psiconeuroimunologia (PNI)** estuda a interação entre o estresse, de um lado, e a atividade dos sistemas imunológico, endócrino e nervoso do outro (Ader e Cohen, 1993; Azar, 1999a; Maier, Watkins e Fleshner, 1994). Por atrapalhar o bom funcionamento do sistema imunológico, o estresse pode prejudicar a saúde (S. Cohen & Herbert, 1996). O estresse crônico, tal como cuidar de um familiar de idade avançada, viver na pobreza, ter depressão (Oltmanns e Emery, 1998), ou até mesmo o estresse relativo a exames escolares (O'Leary, 1990) foram associados ao funcionamento deprimido do sistema imunológico.

O estresse crescente pode nos tornar mais suscetíveis a infecções respiratórias das vias superiores, como resfriados (Cohen, 1996). Por exemplo, voluntários que relataram estar sob intenso estresse e que haviam passado por dois ou mais acontecimentos estressantes durante o ano anterior eram mais propensos a desenvolver resfriados quando expostos ao vírus (Cohen, Tyrrell, e Smith, 1991). Um grupo de controle de voluntários que relataram níveis mais baixos de estresse estava menos propenso a desenvolver sintomas de resfriado mesmo quando igualmente exposto ao vírus.

Os psiconeuroimunologistas também estabeleceram uma possível relação entre o estresse e o câncer. O estresse não provoca o câncer, mas, aparentemente, debilita o sistema imunológico de maneira que as células cancerosas têm mais condições de se disseminar pelo corpo. As pesquisas atuais em animais estão concentradas em encontrar os mecanismos celulares exatos que relacionam o estresse ao câncer (por exemplo, Ben-Eliyahu, Yirmiya, Shavit e Liebeskind, 1990; Quan *et al.*, 1999).

Estabelecer uma conexão direta entre o estresse e o câncer nos seres humanos é mais difícil. Contudo, as pesquisas demonstram uma correlação entre os dois elementos. As pessoas que desenvolveram o câncer, por exemplo, em geral relatam vários acontecimentos estressantes no ano anterior ao diagnóstico (O'Leary, 1990). Muitas vezes elas também estavam fatigadas e sentindo-se impotentes. Dada a clara relação entre o estresse e outras doenças, uma relação entre ele e o câncer parece provável, mas o júri científico ainda não deu um parecer.

Além de esclarecer a influência do estresse no desenvolvimento do câncer, muitos médicos concordam que os psicólogos também podem ter um papel importante na qualidade de vida dos pacientes de câncer, talvez até prevenir sua morte prematura (McGuire, 1999; Rabasca, 1999a). Ser diagnosticado com câncer por si só é estressante, assim como os tratamentos para a maioria das formas da doença. A quimioterapia e a radioterapia podem suprimir a função imunológica e, assim, os pacientes que estão deprimidos com seu diagnóstico devem lidar com um golpe duplo ao seu sistema imunológico. A terapia para o câncer hoje inclui, freqüentemente, componentes para reduzir o estresse, como a terapia em grupo (Kissane *et al.*, 1997; Spiegel, 1995).

Mantendo-se saudável

Que medidas as pessoas devem tomar para se manter saudáveis?

Evitar completamente o estresse é, obviamente, impossível. Então, o que podemos fazer para gerenciar de maneira efetiva o estresse que sentimos? As pesquisas psicológicas nos fornecem algumas respostas.

Acalmar-se O estresse pode fazer parte da vida, mas há maneiras comprovadas para reduzir seu impacto negativo no corpo e na saúde. O *exercício* é uma. Correr, caminhar, andar de bicicleta, nadar ou qualquer exercício aeróbico que você goste de fazer regularmente diminui seu batimento cardíaco em repouso e abaixa a pressão sangüínea, de modo que seu corpo não reage de maneira tão forte ao estresse e se recupera mais rapidamente. Além disso, numerosos estudos mostram que as pessoas que se exercitam regularmente e têm bom preparo físico tem maior auto-estima que aquelas que não se exercitam, são menos propensas a se sentir ansiosas, deprimidas ou irritadas, têm menos dores, assim como menos resfriados (Biddle, 2000; Sonstroem, 1997).

Relaxar O *treino de relaxamento* é outro "exterminador" do estresse. Alguns estudos indicam que as técnicas de relaxamento melhoram as funções imunológicas (Andersen, Kiecolt-Glaser e Glaser, 1994). O relaxamento, porém, é mais do que simplesmente se jogar no sofá com o controle remoto nas mãos. O relaxamento físico saudável requer deitar-se calmamente e, alternadamente, contrair e relaxar cada músculo voluntário do seu corpo — da cabeça aos pés — para aprender a reconhecer a tensão muscular e relaxar o corpo. Os exercícios respiratórios também produzem o mesmo efeito: se você está tenso, a respiração profunda e compassada é difícil, mas aprender a fazê-la alivia a tensão do corpo. (Veja o Capítulo 4, "Estados de consciência", para uma discussão sobre a meditação, e o Capítulo 5, "Aprendizagem", para uma discussão do *biofeedback* — ambos podem ser úteis no relaxamento e na redução do estresse).

Buscar apoio Um grupo de amigos e familiares que proporcionam apoio social pode ajudar a pessoa a manter uma saúde boa, apesar de não entendermos totalmente o porquê (Uchino, Cacioppo e Kiecolt-Glaser, 1996). A maioria das pessoas pode se lembrar de ocasiões em que outras fizeram diferença em suas vidas, dando-lhes conselhos, ajudando-as a se sentir melhor a respeito de si mesmas, ajudando nas tarefas e responsabilidades ou proporcionando ajuda financeira, ou simplesmente "ficando" ao seu lado (Uchino, Uno e Holt-Lunstad, 1999; R. B. Williams *et al.*, 1992). Alguns pesquisadores defendem que o apoio social pode influenciar diretamente nossa resposta ao estresse e à saúde, produzindo mudanças fisiológicas nas funções cardíaca, endócrina e imunológica (Uchino *et al.*, 1996).

Os psicólogos da saúde também estão investigando o papel que a religião pode ter na redução do estresse e na melhora da saúde (Smith, 2000). Pesquisas recentes, descobriram por exemplo, que as pessoas de idade avançada que rezam e freqüentam cerimônias religiosas regularmente têm melhor saúde e índices acentuadamente mais baixos de depressão que aquelas que não o fazem (Koening, 1997; Koening *et al*, 1997). Apesar disso, os críticos insistem que os estudos sobre saúde e fé no máximo demonstram correlação, mas não causa e efeito: a explicação poderia ser que as pessoas que gozam de boa saúde têm mais probabilidade de rezar e freqüentar cultos (Sloan, Bagiella e Powell, 1999).

Finalmente, o *altruísmo* — estender-se a outras pessoas e ser generoso com elas por isso ser prazeroso *a você* — é uma das maneiras mais eficazes de reduzir o estresse (Vaillant, 2000). Cuidar dos outros ajuda a tirar de nossas mentes nossos próprios problemas, a nos fazer perceber que há outras pessoas com problemas piores que os nossos e a encorajar o sentimento de que estamos envolvidos em algo mais importante do que a "nossa pequena fatia de vida" (Folkman, Chesney e Christopher-Richards, 1994).

Aprender a enfrentar de modo eficiente A maneira com que você avalia os eventos em seu ambiente e sua capacidade em lidar com acontecimentos potencialmente desestabilizantes e imprevisíveis pode minimizar ou maximizar o estresse e seu impacto na saúde.

O *enfrentamento proativo* é o termo da psicologia para o processo de antecipar acontecimentos estressantes e tomar medidas para evitá-los ou minimizar seu impacto (Aspinwall e Taylor, 1997). Enfrentamento proativo não significa "esperar pelo pior"; a vigilância constante, na verdade, aumenta o estresse e pode prejudicar a saúde. Ao contrário, significa "estar preparado". Isso inclui reconhecer o estresse potencial com antecipação e fazer planos realistas. Um viúvo recente pode planejar sair de férias com amigos. Uma mulher que esteja se mudando para uma nova cidade descobre o máximo que pode a respeito da cidade antes de se mudar — se seus amigos têm conhecidos lá, se ela pode participar de atividades de que gosta, quais são os lugares, os grupos ou as organizações nos quais ela pode encontrar pessoas que compartilhem seus interesses e assim por diante.

Mesmo se não puder mudar as circunstâncias estressantes ou escapar delas, você poderá modificar a maneira como pensa a respeito das coisas. A *reavaliação positiva* ajuda as pessoas a tirar o máximo proveito de uma situação tensa ou dolorosa. Uma nota baixa pode ser um sinal de advertência, e não uma catástrofe; um emprego que você detesta pode lhe proporcionar informação a respeito do que você realmente quer da sua carreira.

Finalmente, uma das maneiras de reavaliação mais eficazes e que mais aliviam o estresse é o *humor*. O Rei Salomão dizia: "Coração alegre, bom remédio" (Provérbios, 17: 22). O jornalista Norman Cousins (1981) atribuiu sua recuperação de uma doença que pôs sua vida em risco a "doses" regulares de riso. Ele acreditava que assistir a comédias clássicas reduzia sua dor e a inflamação dos tecidos. Ele escreveu o seguinte:

> O que era tão significativo a respeito do riso... não era só o fato de que proporcionava exercício interior para uma pessoa que estava de cama — um tipo de cooper para as partes internas do corpo — mas também de que criava um estado de ânimo em que outras emoções positivas podiam vigorar. Em resumo, o riso ajuda a permitir que coisas boas aconteçam (pp. 145-146).

Os psicólogos da saúde concordam (por exemplo, Salovey, Rothman, Detweiler e Steward, 2000; Vaillant, 2000): um corpo saudável e o senso de humor andam de mãos dadas.

Fontes de estresse extremo

Quais são algumas fontes de estresse extremo e qual é seu impacto?

O estresse extremo tem uma variedade de fontes, do desemprego ao combate na guerra, de desastres naturais violentos ao estupro. O estresse extremo marca um afastamento radical da vida cotidiana, tal como o caso de uma pessoa que não consegue prosseguir a vida e, em alguns casos, nunca se recupera. Quais são as principais causas desse tipo de estresse? Que efeito elas têm nas pessoas? Como as pessoas enfrentam o estresse extremo?

TESTE SUA APRENDIZAGEM

Relacione os termos a seguir com suas definições apropriadas.

____ 1. Reação de alarme   a. sinais de cansaço psíquico e físico começam a aparecer
____ 2. Resistência   b. o corpo reconhece que deve combater o perigo
____ 3. Exaustão   c. nessa fase pode ocorrer a estafa

4. _____ é o termo dado ao conjunto de características, tais como a hostilidade e a sensação de urgência, que muitos acreditam deixar a pessoa mais suscetível a doenças cardíacas.

5. Indique se as frases a seguir são falsas (F) ou verdadeiras (V).
____ a. Até hoje, as pesquisas não conseguiram estabelecer uma relação entre o estresse e o vigor do sistema imunológico.
____ b. O estresse psicológico prolongado pode piorar algumas doenças.
____ c. O estresse crescente nos torna mais suscetíveis aos resfriados comuns.
____ d. O estresse prolongado provou aumentar a vulnerabilidade ao câncer.
____ e. As pessoas que comparecem a cerimônias religiosas com regularidade não desfrutam saúde melhor que quem não o faz.

Respostas: 1. b. 2. a. 3. c. 4. Padrão de comportamento Tipo A. 5. a (F); b (V); c (V); d (V); e (F)

Desemprego A falta de emprego é a principal fonte de estresse. Na verdade, quando aumenta a taxa de desemprego, aumentam também as primeiras internações nos hospitais psiquiátricos, a mortalidade infantil, as mortes decorrentes de doenças cardíacas e de alcoolismo e os suicídios (Brenner, 1973, 1979; Rayman e Bluestone, 1982). Em um estudo com funcionários de empresas aéreas que perderam seus empregos, muitos deles relataram ter problemas de pressão alta, alcoolismo, tabagismo e ansiedade. Outros estudos descobriram que a tensão familiar aumenta. "As coisas simplesmente desmoronaram", disse um trabalhador depois que ele e sua esposa ficaram desempregados.

Finalmente, dois estudos demonstraram que as taxas de morte sofrem e os sintomas psiquiátricos pioram não somente durante os períodos de desemprego, mas também durante reviravoltas rápidas na economia (Brenner, 1979; Eyer, 1977). Essa descoberta ajuda a sustentar a visão de que a mudança, seja ela boa ou má, provoca o estresse.

Divórcio e separação A deterioração ou o término de um relacionamento íntimo é um dos estressantes mais poderosos e uma das razões mais freqüentes para as pessoas procurarem por psicoterapia (Coleman *et al.*, 1988, p.155). Após a separação, ambas as partes sentem que falharam em um dos maiores empreendimentos da vida. Porém, laços emocionais fortes freqüentemente continuam a manter o vínculo entre as partes. Se apenas um dos cônjuges quer terminar o casamento, aquele que inicia a ação do divórcio pode se sentir triste e culpado por haver magoado seu parceiro; já o cônjuge rejeitado pode sentir raiva, humilhação e culpa por seu papel no fracasso.

Mesmo se a decisão da separação foi de mútuo acordo, os sentimentos ambivalentes de amor e ódio podem provocar turbulência na vida. É claro que os adultos não são os únicos que se estressam em razão do divórcio. Um levantamento sobre o impacto do divórcio nos filhos (Cherlin, 1992), feito em todos os EUA, constatou que a maioria apresentam estresse emocional intenso na época do divórcio; embora uma grande parte se recupere dentro de um ano ou dois (especialmente se o genitor que fica com a custódia dos filhos forma um lar estável e se ambos os pais não brigam a respeito de como criá-los); uma minoria tem problemas mais duradouros (veja também Wallerstein, Blakesley e Lewis, 2000).

Luto Durante décadas, acreditou-se amplamente que, após a morte de um ente querido, as pessoas passam por um período necessário de intensa tristeza, durante o qual elas lidam diretamente com sua perda e, um ano mais tarde, recuperam-se e prosseguem sua vida. Os psicólogos (Janis, Mahl e Holt, 1969) e os médicos, assim como o público em geral, têm endossado essa sabedoria cultural. Porém, alguns desafiaram essa visão da perda (C. G. Davis, Wortman, Lehman e Silver, 2000; Wortman e Silver, 1989).

De acordo com Wortman, o primeiro mito a respeito do luto é que as pessoas deveriam se sentir intensamente angustiadas quando morre um ente querido, o que sugere que, se elas não se sentem arrasadas, não estão agindo de maneira normal — talvez estejam agindo até de maneira patológica. Contudo, as pessoas freqüentemente se preparam para a perda, dizem seu adeus e sentem pouco remorso ou pesar; na verdade, elas podem até se sentir aliviadas pelo fato de seu ente querido não estar mais sofrendo. O segundo mito — de que as pessoas têm de passar pelo processo da perda — pode levar a família, os amigos e até os médicos a, consciente ou inconscientemente, incentivar a pessoa que teve a perda a se sentir arrasada e agir como tal. Além disso, os médicos podem negar a medicação para ansiedade e depressão a esses parentes que se sentem profundamente transtornadas "para seu próprio bem". O terceiro mito afirma que as pessoas que encontram significado na morte, que chegam a uma compreensão espiritual ou existencial da razão de sua ocorrência, enfrentam melhor a morte que as outras. Na verdade ocorre o oposto: as pessoas que não buscam maior compreensão são precisamente as mais bem-ajustadas e menos deprimidas. O quarto mito — de que as pessoas se recuperam da perda dentro de aproximadamente um ano — talvez seja o mais prejudicial. Os pais que enfrentam a morte de seu bebê e o adulto cujo parceiro ou filho morreu de repente em um acidente de carro continuam a ter memórias dolorosas e lutar contra a depressão anos mais tarde. Porém, pelo fato de elas não terem se recuperado "no tempo certo", os membros de seu grupo social podem se tornar menos complacentes. Infelizmente, as pessoas que mais necessitam de apoio podem esconder seus sentimentos porque não querem incomodar os outros, e não procuram tratamento porque também acreditam que deveriam se recuperar sozinhas.

Nem todos os psicólogos concordam com essa "nova" visão. Porém, muitos aceitam que as pesquisas a respeito da perda devem levar em consideração as diferenças individuais (de grupo e culturais), assim como as variações nas circunstâncias que envolvem a perda (Bonanno e Kaltman, 1999; Harvey e Miller, 1998).

Catástrofes As catástrofes, naturais ou não, incluindo inundações, terremotos, tempestades violentas, incêndios e acidentes aéreos, produzem determinadas reações psicológicas comuns a todos os acontecimentos estressantes. Primeiramente, durante a *fase de choque*, "a vítima fica atordoada, entorpecida e apática" e às vezes até "desorientada, estuporada e amnésica com relação ao acontecimento traumático". Na *fase sugestionável*, as vítimas ficam passivas e prontas para fazer qualquer coisa que as pessoas que estão lhe resgatando mandarem. Na *fase de recuperação*, o equilíbrio emocional é recobrado, mas a ansiedade persiste, e a vítimas podem sentir necessidade de contar a sua experiência diversas vezes (Morris, 1990). Em fases posteriores, os sobreviventes podem se sentir irracionalmente culpados por ter sobrevivido enquanto outros morreram.

Combates e outros ataques pessoais ameaçadores As experiências de guerra geralmente provocam nos soldados um estresse de combate intenso e incapacitante que persiste muitos anos após terem deixado o campo de batalha. Reações similares — incluindo explosões de raiva por comentários inofensivos, distúrbios do sono, sustos com barulhos repentinos, confusão psicológica, choro incontrolável e olhar perdido no espaço durante longos períodos — são também freqüentemente vistos em sobreviventes de acidentes graves (especialmente crianças) e vítimas de crimes violentos, tais como estupro e assaltos. A Figura 11.2 mostra os efeitos traumáticos da guerra na população civil com base em estatísticas extraídas após guerras civis recentes (Mollica, 2000).

Distúrbio do estresse pós-traumático

Que experiências podem levar ao distúrbio do estresse pós-traumático?

Acontecimentos extremamente estressantes podem provocar um transtorno psicológico conhecido como **estresse pós-traumático** (posttraumatic stress disorder — **PTSD**). São comuns os pesadelos dramáticos nos quais as vítimas vivenciam a experiência aterrorizadora exatamente como ela aconteceu, assim como os *flashbacks* diurnos durante os quais a vítima revive o trauma. Freqüentemente, os portadores de PTSD afastam-se da vida social e das responsabilidades familiares e profissionais. O distúrbio pode surgir imediatamente após o trauma ou dentro de um período curto de tempo. Às vezes, porém, podem se passar meses ou anos — durante os quais a vítima parece haver se recobrado da experiência — e então, sem aviso prévio, os sintomas psicológicos aparecem para depois desaparecer e voltar a aparecer, repetidamente; algumas pessoas sofrem durante anos (Kessler, Sonega, Bromet, Hughes e Nelson, 1995). A exposição a acontecimentos reminescentes do trauma original intensificam os sintomas de PTSD (Moyers, 1996).

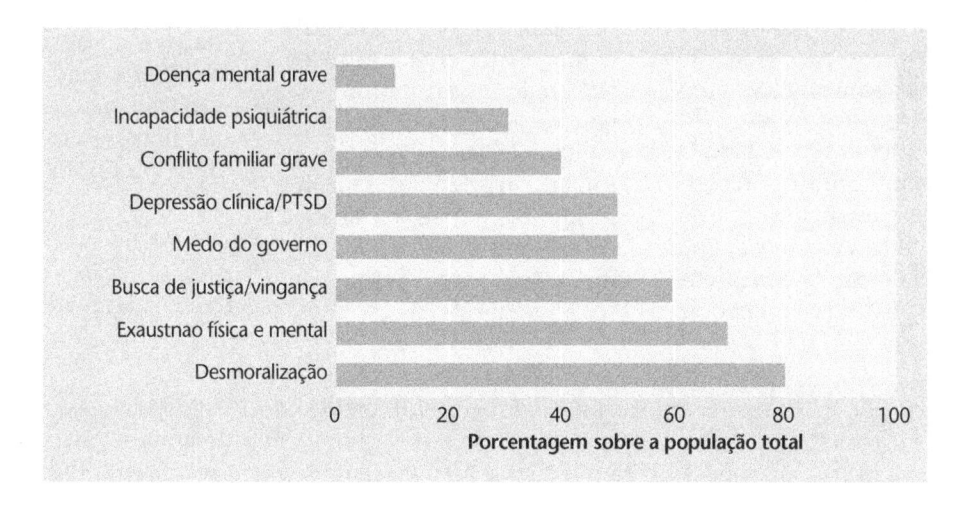

FIGURA 11.2
Trauma mental nas sociedades em guerra. Nas sociedades que enfrentaram o estresse da guerra, praticamente todos sofrem alguma reação psicológica, que vai desde doenças mentais graves até a sensação de desmoralização. Os índices de depressão clínica são altos, em torno de 50 por cento.
Fonte: Mollica, R. F. (Junho, 2000). "Invisible wounds", *Scientific American*, p. 54. Gráfico de Laurie Grace. Reimpressão autorizada por Laurie Grace.

COMPREENDENDO A NÓS MESMOS

O estresse traumático: a recuperação após desastres e outros acontecimentos graves

Os ataques terroristas de 11 de setembro de 2001 nas cidades de Nova York e Washington D. C. foram acontecimentos que nunca pensamos que pudessem acontecer. Como outros desastres, foram inesperados, repentinos e avassaladores. Em alguns casos, não há nenhum sinal aparente de ferimentos físicos, mas há, no entanto, um enorme peso emocional. É comum que as pessoas que viveram situações traumáticas apresentem reações emocionais muito fortes. A compreensão das reações normais a esses acontecimentos anormais pode ajudá-los a lidar de maneira eficaz com seus sentimentos, pensamentos e condutas, assim como ajudá-los no caminho da recuperação.

O que acontece com as pessoas após um desastre ou outro tipo de acontecimento traumático?

O choque e a negação são reações típicas ao terrorismo, aos desastres e a outros tipos de trauma, especialmente logo após o acontecimento. Ambos são reações protetoras normais. O choque é um transtorno repentino e freqüentemente intenso do seu estado emocional, que pode deixá-lo atordoado e entorpecido. A negação envolve não reconhecer que algo muito estressante aconteceu, ou não sentir completamente a intensidade do acontecimento. Você pode se sentir temporariamente paralisado ou desconectado da vida. Com a diminuição do choque inicial, as reações variam de pessoa para pessoa. Porém, as reações a um acontecimento traumático a seguir são normais:

- Os sentimentos tornam-se intensos e, às vezes, imprevisíveis. Você pode se tornar mais irritável que o normal, e seu humor pode oscilar de maneira dramática. Você pode se sentir especialmente ansioso ou nervoso ou até ficar deprimido.

- Os pensamentos e padrões de comportamento são influenciados pelo trauma. Você pode ter memórias vivas e repetidas do acontecimento. Esses *flashbacks* podem ocorrer por nenhum motivo aparente e podem provocar reações físicas, tais como batimento cardíaco acelerado e transpiração excessiva. Você pode ter dificuldade em se concentrar ou tomar decisões, ou se confundir com mais facilidade. Os padrões de sono e de alimentação também podem ser alterados.

- As reações emocionais recorrentes são comuns. Os aniversários do acontecimento, tais como os de um mês ou um ano, assim como lembranças do fato — por exemplo, os tremores após os terremotos ou o barulho de sirenas — podem trazer memórias perturbadoras da experiência traumática. Essas lembranças podem vir acompanhadas pelo medo de que o fato estressante volte a acontecer.

- As relações interpessoais geralmente ficam sob pressão. São comuns os conflitos maiores, tais como discussões freqüentes com familiares ou colegas de trabalho. Por outro lado, você pode se tornar retraído e isolado e evitar suas atividades habituais.

- O estresse extremo também pode ser acompanhado por sintomas físicos, tais como dores de cabeça, náusea e dores no peito, os quais podem requerer atenção médica. Problemas médicos preexistentes podem piorar em virtude do estresse.

Como a reação das pessoas difere em relação ao tempo?

Os veteranos de guerra parecem ser especialmente vulneráveis ao PTSD. Mais de um terço dos homens que participaram em combate intenso no Vietnã mostraram sinais de grave PTSD. Os veteranos da Segunda Guerra Mundial também tiveram o distúrbio; após mais de meio século, muitos ainda têm pesadelos dos quais despertam com suores e tremores (Gelman, 1994). Os terapeutas também relataram que alguns veteranos aparentemente saudáveis e bem ajustados durante toda sua vida pós-guerra começaram, de repente, a desenvolver sintomas de PTSD ao se aposentar (Sleek, 1998). E, claro, os soldados não são as únicas vítimas da guerra. Os psicólogos estão começando a estudar os efeitos dos conflitos nos sobreviventes civis e a descobrir que, às vezes, eles também sofrem de problemas graves e de longa duração, tais como exaustão, ódio, desconfiança e sintomas de PSTD (Mollica, 2000).

É importante ter em mente que não há uma maneira padrão de reagir ao estresse extremo resultante de experiências traumáticas. Algumas pessoas reagem imediatamente, enquanto outras têm reações retardadas — às vezes meses ou até anos depois. Algumas sentem efeitos adversos por muito tempo, ao passo que outras se recuperam rapidamente. E as reações podem variar com o tempo. Algumas pessoas que passam por um trauma são inicialmente energizadas pelo acontecimento, para mais tarde se sentir abatidas ou deprimidas. Diversos fatores tendem a influenciar a quantidade de tempo necessária para a recuperação, tais como:

- *O grau de intensidade e perda.* Os acontecimentos que demoram mais para ser resolvidos são os de maior duração, os que apresentam uma ameaça maior e aqueles nos quais há mortes ou perda substancial de propriedade.
- *A capacidade geral da pessoa de suportar situações emocionalmente desafiadoras.* As pessoas que lidaram bem com outras circunstâncias difíceis e estressantes podem ter mais facilidade em superar o trauma.
- *Outros eventos estressantes anteriores à experiência traumática.* Por outro lado quem já enfrentou ou enfrenta outras situações emocionalmente desafiadoras, tais como problemas graves de saúde ou dificuldades familiares, pode ter reações mais intensas a um novo acontecimento estressante e necessitar de mais tempo para se recuperar.

Como eu poderia ajudar a mim mesmo e a minha família?

Há alguns passos que você pode dar para restaurar o bem-estar emocional e a sensação de controle após um ato terrorista, um desastre ou outro tipo de acontecimento traumático, incluindo os seguintes:

- Dê tempo a si mesmo para se curar. Conscientize-se de que esse vai ser um período difícil na sua vida. Permita-se entristecer pelas suas perdas.
- Peça apoio às pessoas que se importam com você e que vão ouvi-lo e entender sua situação.
- Fale sobre sua experiência do modo que o faça sentir-se melhor — seja conversando com a família, com amigos íntimos ou até escrevendo um diário.
- Procure grupos de apoio locais que freqüentemente estão disponíveis, tais como grupos de pessoas que passaram por desastres naturais ou de mulheres vítimas de estupro.
- Tente encontrar grupos liderados por profissionais bem treinados e experientes.
- Adote condutas saudáveis a fim de aumentar sua capacidade para suportar o estresse excessivo. Se você sentir que sua dificuldade em dormir persiste, pode encontrar alívio em técnicas de relaxamento. Evite o álcool e as drogas.
- Estabeleça ou restabeleça rotinas, tais como alimentar-se em intervalos regulares ou seguir um programa de exercícios.
- Se possível, evite ter de tomar decisões importantes da vida, tais como mudar de carreira ou emprego, porque essas atividades tendem a ser altamente estressantes.

Fonte: http://helping.apa.org/daily/traumaticstress.html

Ainda assim, nem todas as pessoas expostas a acontecimentos gravemente estressantes, tais como combate de guerra ou abuso sexual durante a infância, desenvolvem PSTD. As características individuais — incluindo o gênero (Curle e Williams, 1996; Rabasca, 1999b), a personalidade, os distúrbios mentais na família (Friedman, Schnurr e McDonagh-Coyle, 1994), o abuso de substâncias químicas entre os familiares (Gurvits, Gilbertson, Lasko, Orr e Pittman, 1997) e até mesmo os distúrbios neurológicos preexistentes — parecem predispor ao PSTD. Tanto os homens quanto as mulheres que têm um histórico de problemas emocionais são mais propensos a sofrer um trauma grave e a desenvolver PSTD como conseqüência disso (Breslau, Davis eAndreski, 1995).

A recuperação do distúrbio do estresse pós-traumático depende muito do grau de apoio emocional que os sobreviventes recebem da família, dos amigos e da comunidade. A terapia consiste em ajudar aqueles que passaram por um trauma grave a viver com suas memórias aterrorizantes. O tratamento imediato perto do local do trauma combinado com a expectativa de que o indivíduo vai voltar a sua vida cotidiana, costuma ser eficaz. Reviver o acontecimento traumático em um ambiente seguro também é crucial para a recuperação, pois ajuda a dessensibilizar as pessoas das memórias traumáticas que as perseguem (Oltmanns e Emery, 1995). Na Seção "Compreendendo a nós mesmos: o estresse traumático", concentramo-nos nos efeitos e na recuperação desse tipo de estresse.

A pessoa bem ajustada

Quais são as qualidades que caracterizam uma pessoa bem ajustada?

Observamos no começo do capítulo que o ajustamento é qualquer tentativa de enfrentamento do estresse. Entretanto, os psicólogos discordam a respeito do que constitui um *bom* ajustamento. Alguns crêem que é a capacidade de viver de acordo com as normas sociais. Desse modo, uma mulher que cresce em uma cidade pequena, cursa a faculdade, dá aulas por um ou dois anos e então estabelece uma sossegada vida familiar poderia ser considerada bem ajustada, porque está vivendo de acordo com os valores predominantes de sua comunidade.

Outros psicólogos discordam veementemente dessa visão. Eles argumentam que a sociedade nem sempre está correta. Desse modo, ao aceitar cegamente seus padrões, estamos renunciando ao direito de fazer julgamentos individuais. Barron (1963) argumenta que as pessoas bem ajustadas apreciam as dificuldades e ambigüidades da vida, tratando-as como desafios a ser superados. Tais pessoas estão conscientes de seus pontos fortes e fracos, e essa consciência lhes permite viver em harmonia com seu "eu" interior.

Podemos também avaliar o ajustamento utilizando critérios específicos para julgar uma ação, tais como os seguintes (Morris, 1990):

1. A ação vai ao encontro das exigências da situação de maneira realista, ou simplesmente adia a resolução do problema?
2. A ação vai ao encontro das necessidades do indivíduo?
3. A ação é compatível com o bem-estar das outras pessoas?

TESTE SUA APRENDIZAGEM

1. Indique se as frases a seguir são verdadeiras (V) ou falsas (F).
   ___a. As mudanças que resultam de "bons" acontecimentos, como o casamento ou uma promoção no emprego, não geram estresse.
   ___b. A maioria das crianças cujos pais se divorciam passa por problemas graves e de longa duração.
   ___c. Se as pessoas enlutadas após a morte do cônjuge ou filho não se recuperam ao final de um ano, essa é uma indicação de que não estão reagindo de maneira normal.
2. Em casos extremos, os acontecimentos gravemente estressantes podem provocar um distúrbio psicológico denominado _____ _____.
3. Indique se as frases a seguir são verdadeiras (V) ou falsas (F).
   ___a. As catástrofes, naturais ou não, incluindo inundações, terremotos, tempestades violentas, incêndios e acidentes aéreos, geram reações psicológicas diferentes de outros acontecimentos estressantes.
   ___b. O distúrbio do estresse pós-traumático sempre se torna evidente imediatamente.
   ___c. Os veteranos de guerra parecem ser mais vulneráveis ao PTSD.
   ___d. As pessoas com histórico de problemas emocionais têm mais propensão a desenvolver PTSD.

Respostas: 1. a. (F); b. (F); c. (F). 2. estresse pós-traumático. 3. a. (F); b. (F); c. (V); d. (V).

Abraham Maslow, cuja hierarquia de necessidades foi discutida no Capítulo 8, acredita que as pessoas bem ajustadas tendiam a se realizar, isto é, viviam para aumentar e fortalecer seu amadurecimento e realização, indiferentemente do que os outros podiam pensar. De acordo com Maslow, as pessoas bem ajustadas eram não convencionais e criativas, uma percepção realista dos outros e dos acontecimentos e estabeleciam objetivos para si mesmas. Tinham também tendiam a formar relações próximas com algumas poucas e seletas pessoas.

Como pudemos ver, há muitos critérios para julgar se alguém é bem ajustado. Uma pessoa considerada bem ajustada por um critério pode não ser considerada assim por outros (veja a Seção "Compreendendo o mundo que nos cerca"). O mesmo princípio se aplica quando tentamos especificar quais são os comportamentos "anormais", tópico do próximo capítulo.

COMPREENDENDO O Mundo que Nos Cerca

Por que algumas pessoas são mais felizes que outras?

Qual é a natureza da felicidade? Para os psicólogos, a felicidade é apenas um dos aspectos do bem-estar subjetivo. Além dela, o bem-estar subjetivo inclui a existência de mais emoções positivas que negativas e a sensação de satisfação geral na vida.

Para entender a origem da felicidade e dos sentimentos de bem-estar, os pesquisadores verificaram primeiro os acontecimentos externos e as características demográficas das pessoas felizes. Porém, após décadas de pesquisas e a despeito do que o "senso comum" possa sugerir, os pesquisadores descobriram que os acontecimentos externos e as características demográficas têm muito pouca influência no bem-estar subjetivo (DeNeve e Cooper, 1998; Diener, Suh, Lucas e Smith, 1999). Mais especificamente, eles descobriram que não há correlação entre idade, gênero, inteligência e felicidade (DeNeve e Cooper, 1998; Diener, Suh, 1998; Diener et Al., 1999). Eles também observaram que as pessoas casadas, ricas, saudáveis e com alto nível educacional tendem a ser mais felizes; porém, a diferença com relação ao grau de felicidade freqüentemente é pequena (Breetvelt e Van Dam, 1991; Brickman, Coates e Janof-Bulman, 1978; Diener et al., 1999).

> Personalidade é um prenúncio forte e consistente do bem-estar ao longo de um período de anos.

Se essas variáveis não têm muita influência na felicidade, então qual é a razão do bem-estar subjetivo? Cada vez mais, os pesquisadores estão acreditando que a chave para a felicidade consiste nos objetivos que as pessoas têm, em sua capacidades de adaptação às condições ao seu redor e em sua personalidades. Coerente com essa visão é o fato de que a personalidade é um prenúncio forte e consistente do bem-estar ao longo de um período de anos (DeNeve e Cooper, 1998; Diener et al., 1999). Além disso, as pessoas que são felizes em uma área da vida (como no trabalho) tendem a ser mais felizes em outras. Assim, os pesquisadores acreditam que os fatores de personalidade estáveis predispõem as pessoas a se sentir felizes ou infelizes em uma vasta gama de situações — apesar de os acontecimentos correntes da vida influenciarem de maneira significativa a felicidade em um determinado momento.

Usando o modelo dos Cinco Grandes traços descrito no Capítulo 10, "Personalidade", DeNeve e Cooper (1998) descobriram que as pessoas felizes — e a apresentação de emoções mais positivas que negativas — em geral demonstram alta extroversão e baixa tendência à neurose. Também descobriram que pessoas satisfeitas com suas vidas tendem a ter mais consciência e baixo neuroticismo. Em menor extensão, pessoas bastante afáveis em geral estão mais satisfeitas com suas vidas.

A razão pela qual a personalidade deveria prenunciar a felicidade ainda não é conhecida. Algumas evidências sugerem que as pessoas podem estar predispostas geneticamente a serem felizes ou infelizes (Lykken e Tellegen, 1996). A maneira exata como os genes influenciam a felicidade está sendo investigada (Buss, 2000).

TESTE SUA APRENDIZAGEM

1. A pessoa bem ajustada aprendeu a equilibrar
   ___ a. conformidade e não conformidade
   ___ b. autocontrole e espontaneidade
   ___ c. flexibilidade e estrutura
   ___ d. todos acima
2. As pessoas bem ajustadas conhecem seu _____ _____ e _____ _____.

Respostas: 1. d. 2. pontos fortes, pontos fracos

PALAVRAS-CHAVE

Estresse, p. 397
Ajustamento p. 397
Psicologia da saúde, p. 397
Estressor, p. 397

Fontes de estresse
Pressão, p. 399
Frustração, p. 399
Conflito, p. 399
Conflito de aproximação-aproximação, p. 400
Conflito de esquiva-esquiva, p. 400

Conflito de aproximação-esquiva, p. 400

Enfrentando o estresse
Confrontação, p. 403
Compromisso, p.403
Afastamento, p.405
Mecanismos de defesa, p.405
Negação, p.405
Repressão, p.405
Projeção, p.406
Identificação, p.407
Regressão, p.407

Intelectualização, p. 407
Formação reativa, p.407
Deslocamento, p.407
Sublimação, p.407

Como o estresse afeta a saúde
Síndrome de adaptação geral (SAG), p. 410
psiconeuroimunologia (PNI), p. 412

Fontes de estresse extremo
Distúrbio do estresse pós-traumático (PTSD), p. 417

REVISÃO DO CAPÍTULO

Fontes de estresse

O que são estressores? Nós sentimos **estresse** quando deparamos com uma situação tensa ou ameaçadora que requer mudança ou adaptação de nosso comportamento (um **estressor**). Algumas situações de vida ou morte, como a guerra ou desastres naturais, são inerentemente estressantes. Mesmo os acontecimentos comumente vistos como positivos, como um casamento ou uma promoção no trabalho, podem ser estressantes, uma vez que requerem mudança ou adaptação. A maneira pela qual nos ajustamos aos estresses afeta nossa saúde, uma vez que o estresse grave ou prolongado pode contribuir para a ocorrência de distúrbios físicos e psicológicos. Os psicólogos da saúde procuram maneiras de promover comportamentos saudáveis e, assim, impedir que o estresse se torne debilitante.

Por que as pessoas consideram as mudanças tão estressantes? Pelo fato de a maioria das pessoas ter um forte desejo de manter a ordem em suas vidas, qualquer acontecimento, bom ou ruim, que envolvea mudanças será sentido como estressante.

Como os transtornos do dia-a-dia podem contribuir para o estresse? Muitos psicólogos acreditam que os pequenos aborrecimentos e irritações do dia-a-dia — tais como estar preso em um congestionamento, não encontrar as chaves ou entrar em discussões triviais — são tão estressantes quanto os acontecimentos mais importantes, porque, embora pareçam menores, esses incidentes provocam sentimentos de pressão, frustração, conflito e ansiedade.

Quando sentimos a **pressão** de forças internas ou externas, vemo-nos forçados a intensificar nossos esforços e melhorar nosso desempenho. As forças internas incluem a satisfação de nossas exigências; as externas incluem a competição, os padrões impostos no trabalho, as notas na escola e as exigências dos pais.

Sentimo-nos frustrados quando alguém ou algo fica entre nós e o nosso objetivo. As cinco fontes básicas de **frustração** são os atrasos, a falta de recursos, as perdas, o fracasso e a discriminação.

O **conflito** surge quando deparamos com dois ou mais objetivos, necessidades, oportunidades ou demandas incompatíveis. Uma pessoa que é simultaneamente atraída por dois objetivos incompatíveis vive o **conflito de aproximação-aproximação**, no qual ela tem de fazer uma escolha entre dois objetivos ou oportunidades, ou modificá-los para tirar proveito de ambos. O reverso desse problema é o **conflito de esquiva-esquiva**, no qual a pessoa se confronta com duas possibilidades igualmente indesejáveis ou ameaçadoras. As pessoas tentam, normalmente, fugir desse tipo de conflito, mas, se a fuga é impossível, lidam com ele de alguma maneira, geralmente vacilando entre as duas possibilidades. Também difícil de resolver é o **conflito de aproximação-esquiva**, no qual a pessoa é ao mesmo tempo atraída e repelida pelo mesmo objetivo ou pela mesma oportunidade. Pelo fato de o desejo de se aproximar e o de se esquivar do objetivo aumentarem, à medida que a pessoas e aproxima mais do objetivo, a situação chega a um ponto no qual a tendência de se aproximar é igual à de se esquivar. A pessoa então vacila até que finalmente toma a decisão ou até que a situação muda.

Como criamos o estresse? Às vezes, submetemo-nos ao estresse ao internalizarmo-nos um conjunto de crenças irracionais e impossíveis de realizar, qual aumenta de maneira desnecessária os estresses normais da vida e independe de forças externas.

As pessoas resistentes ao estresse compartilham determinados traços? As pessoas que lidam bem com o estresse tendem a ser autoconfiantes e otimistas. Elas também se vêem como capazes de influenciar sua situação, traço ao qual nos referimos como um lócus interno de controle.

Suzanne Kobasa sugere que as pessoas resistentes ao estresse compartilham um traço denominado *resistência* — uma tendência a compreender as exigências difíceis como desafios, e não como ameaças. As pessoas que sentem que têm algum controle sobre um acontecimento são muito menos suscetíveis ao estresse que aquelas que se sentem impotentes na mesma situação. A *resiliência*, capacidade de "dar a volta por cima" após um acontecimento estressante, também está relacionada com o ajustamento positivo.

Enfrentando o estresse

Qual é a diferença entre o enfrentamento direto e o defensivo? As pessoas geralmente se adaptam ao estresse de duas maneiras: o *enfrentamento direto* descreve qualquer ação tomada para mudar uma situação incômoda, ao passo que o *enfrentamento defensivo* denota as várias maneiras utilizadas pelas pessoas para se convencer — enganando a si mesmas — de que não estão verdadeiramente ameaçadas ou não querem realmente algo que não podem obter.

Quais são as três estratégias de enfrentamento direto do estresse? Quando enfrentamos diretamente uma ameaça ou um conflito o fazemos utilizando uma das três opções a seguir: a **confrontação**, o **compromisso** e o **afastamento**. Quando nos confrontamos com uma situação estressante e admitimos para nós mesmos que há um problema a ser resolvido, podemos fazê-lo adquirindo novas habilidades, solicitando a ajuda de terceiros, ou esforçando-nos mais para atingir nosso objetivo. A confrontação pode também incluir expressões de raiva. O compromisso normalmente requer um ajuste de expectativas e desejos; o conflito é resolvido ao contentar-nos com menos do que originalmente esperávamos. Às vezes, o modo mais eficaz de enfrentar uma situação estressante é afastar-se dela. O perigo do afastamento, contudo, é que ele pode tornar-se um hábito não-adaptativo.

Quais são as formas mais importantes de enfrentamento defensivo? Quando surge uma situação estressante e há pouco que se possa fazer para lidar com ela diretamente, as pessoas geralmente utilizam **mecanismos de defesa** como uma estratégia de enfrentamento. Os mecanismos de defesa são maneiras de enganarmos a nós mesmos a respeito das causas dos acontecimentos estressantes, reduzindo assim o conflito, a frustração, a pressão e a ansiedade. A **negação** é a recusa em reconhecer uma realidade dolorosa ou ameaçadora. A **repressão**

consiste em excluir pensamentos ou impulsos inaceitáveis da consciência. Quando não podemos negar ou reprimir um problema em particular, podemos recorrer à **projeção**, ou seja, atribuímos nossos sentimentos ou motivações a outras pessoas, colocando assim a origem de nosso conflito fora de nós mesmos. A **identificação**, outra forma de enfrentamento defensivo, pode ocorrer em situações nas quais as pessoas se sentem totalmente impotentes. Quem adota essa técnica assimila as características de uma pessoa poderosa para recobrar o senso de controle. As pessoas sob estresse intenso revertem, às vezes, a um comportamento infantil chamado de **regressão**. Pelo fato de os adultos não suportarem se sentir impotentes, tornar-se mais infantil pode fazer a impotência ou a dependência mais toleráveis. Às vezes, as pessoas recorrem à **intelectualização** de seus problemas, a fim de se distanciar emocionalmente de uma situação perturbadora. A **formação reativa** refere-se a uma forma comportamental de negação com a qual as pessoas expressam, de maneira exagerada, idéias e emoções opostas às suas. Por meio do **deslocamento**, os sentimentos e as emoções reprimidos são redirecionados de seus objetos originais para objetos substitutos. A **sublimação** envolve a transformação de emoções reprimidas em formas socialmente mais aceitas.

Embora o enfrentamento defensivo possa contribuir para a nossa capacidade geral de nos adaptar a circunstâncias difíceis, ele pode também levar ao comportamento não-adaptativo se interferir na capacidade de lidar de maneira construtiva com a situação difícil.

Quem sente mais estresse? A maneira das pessoas lidarem com o estresse é determinada significativamente pelo ambiente em que vivem. A população de baixa renda freqüentemente sente mais estresse e tem menos meios de enfrentá-lo, mais baixo autoconceito e lócus externo de controle. Uma visão sugere que a evolução modelou o comportamento de tal maneira que os homens estão mais propensos a enfrentar o estresse com comportamento agressivo, ao passo que as mulheres procuram o contato e apoio de outras pessoas.

Como o estresse afeta a saúde

Com quais efeitos duradouros do estresse devemos nos preocupar? O fisiologista Hans Selye defende que as pessoas reagem ao estresse físico e psicológico em três fases que ele denominou **síndrome de adaptação geral (SAG)**. Na fase 1, *reação de alarme*, o corpo reconhece que deve combater algum perigo físico ou psicológico. Esse reconhecimento resulta na aceleração da respiração e dos batimentos cardíacos, no aumento da sensibilidade e sensação de alerta e em um estado de alta excitação emocional — uma adaptação física que aumenta os nossos recursos e nos ajuda a recuperar o autocontrole. Se nem os mecanismos de defesa diretos nem os defensivos conseguem reduzir o estresse, então passamos à segunda fase de adaptação de Selye. Durante a *resistência*, os sintomas físicos de tensão aparecem à medida que intensificamos o uso de estratégias diretas e defensivas de enfrentamento. Se essas tentativas de recuperar o equilíbrio psicológico falham, a desorganização psicológica foge gradualmente de controle até chegarmos à *exaustão*, a terceira fase de Selye. Nessa fase, utilizamos mecanismos de defesa cada vez menos eficazes para controlar o estresse. A essa altura, algumas pessoas perdem o contato com a realidade, ao passo que outras demonstram sinais de "estafa", tais como dificuldade de concentração, irritabilidade, protelação e apatia geral.

Qual é a relação entre o comportamento Tipo A e as doenças cardíacas? O estresse é conhecido por ser um fator importante no desenvolvimento de doenças coronárias. O padrão de comportamento Tipo A — um conjunto de características que inclui hostilidade, pressa, competitividade e luta constante — foi relacionado a maior propensão para doenças coronárias.

Por que muitos alunos ficam doentes durante os exames finais? O estresse — tal como o vivido por alunos durante o período de exames — pode suprimir o funcionamento do sistema imunológico, e isso é o objeto de estudo da **psico-logia neuroimunológica (PNI)**, um campo relativamente novo. O estresse pode também aumentar a susceptibilidade aos resfriados comuns e parece estar relacionado ao desenvolvimento de algumas formas de câncer.

Que medidas as pessoas devem tomar para se manter saudáveis? Quando o estresse não pode ser evitado, as pessoas podem enfrentá-lo exercitando-se regularmente e aprendendo a relaxar. Ter um grupo sólido de familiares e amigos que proporcionam apoio social também está relacionado a um ajustamento mais saudável. As pessoas religiosas e altruístas, por exemplo, normalmente sentem menos estresse, embora o mecanismo envolvido nesse processo ainda não esteja claro. Finalmente, as pessoas podem melhorar sua capacidade de enfrentar o estresse tomando medidas para minimizar o impacto dos acontecimentos estressantes (enfrentamento proativo) tirando o máximo proveito de situações difíceis (reavaliação positiva), e mantendo o senso de humor.

Causas de estresse extremo

Quais são algumas fontes de estresse extremo e qual é seu impacto? O estresse extremo tem uma variedade de fontes, incluindo o desemprego, o divórcio e a separação, o luto, o combate na guerra e as catástrofes. Um dos obstáculos para enfrentar o estresse ocorre quando a pessoa transtornada sente-se compelida a se ajustar de uma maneira considerada socialmente correta, mas que não oferece alívio efetivo.

Que experiências podem levar ao distúrbio do estresse pós-traumático? Traumas extremos podem resultar no **distúrbio do estresse pós-traumático (PTSD)**, um distúrbio emocional debilitante cujos sintomas incluem ansiedade, insônia e pesadelos. Os veteranos de guerra com um histórico de problemas emocionais são particularmente vulneráveis ao PTSD.

A pessoa bem ajustada

Quais são as qualidades que caracterizam uma pessoa bem ajustada? Os psicólogos têm conceitos distintos a respeito do que constitui uma pessoa bem ajustada. Alguns acreditam que as pessoas bem ajustadas vivem de acordo com as normas sociais, tendo aprendido a controlar impulsos socialmente proibidos e a limitar seus objetivos àqueles que a sociedade permite. Outros discordam e argumentam que as pessoas bem ajustadas gostam de superar desafios, e que essa capacidade leva ao amadurecimento e à auto-realização. Finalmente, alguns psicólogos utilizam critérios específicos para avaliar a capacidade de uma pessoa em ajustar-se, tais como se o ajustamento resolve ou não o problema e se satisfaz tanto as necessidades da pessoa como a dos outros.

PENSAMENTO CRÍTICO E APLICAÇÕES

1. Na medida em que o conflito é considerado uma fonte importante de estresse, quais são as estratégias que podem ajudar a reduzi-lo?
2. Os mecanismos de defesa prejudicam ou promovem o bem-estar? Dê um exemplo de enfrentamento defensivo.
3. Quais são os sinais de fadiga física e psicológica que você demonstra, por exemplo, durante a época de exames finais?
4. Como você ajudaria crianças que vivem em uma comunidade violenta?
5. Em que áreas de sua vida você é bem ajustado e em que áreas poderia melhorar?

12 Distúrbios Psicológicos

VISÃO GERAL

Perspectivas sobre os distúrbios psicológicos
- Visões históricas dos distúrbios psicológicos
- O modelo biológico
- O modelo psicanalítico
- O modelo cognitivo-comportamental
- O modelo diátese-estresse e a teoria sistêmica
- Classificando o comportamento anormal
- A prevalência dos distúrbios psicológicos

Distúrbios de temperamento
- Depressão
- Suicídio
- Mania e distúrbio bipolar
- Causas dos distúrbios de temperamento

Distúrbios de ansiedade
- Fobias específicas
- Distúrbios do pânico
- Outros distúrbios de ansiedade
- Causas dos distúrbios de ansiedade

Distúrbios psicossomáticos e somatoformes

Distúrbios dissociativos

Distúrbios sexuais e de identidade de gênero

Distúrbios de personalidade

Distúrbios esquizofrênicos

Distúrbios na infância

Diferenças culturais e de gênero no comportamento anormal

UANDO UM COMPORTAMENTO É ANORMAL? A RESPOSTA A ESSA QUESTÃO é mais complicada do que parece. Não há dúvida de que o homem na esquina que diz ser Jesus Cristo ou a mulher que insiste que alienígenas do espaço estão tentando matá-la estão apresentando um comportamento anormal. Mas, o que dizer dos membros de um culto religioso que fazem um pacto de suicídio? Um executivo de negócios que toma três martinis diariamente no almoço? Uma jovem que se sente deprimida grande parte do tempo, mas que ainda assim é eficiente no trabalho?

Perspectivas sobre os distúrbios psicológicos

Como o profissional de saúde mental define um distúrbio psicológico?

A sociedade, o indivíduo e profissionais de saúde mental usam padrões diferentes para distinguir o comportamento normal dos distúrbios psicológicos (veja a Tabela 12.1). O principal padrão da sociedade consiste em verificar se o comportamento se adapta à ordem social existente. O critério básico da pessoa é sua própria noção de bem-estar. O profissional de saúde mental, por sua vez, volta-se principalmente para as *características da personalidade*, para o *desconforto pessoal* (o sentimento de angústia) e para a *atuação na vida* (sucesso em atender às expectativas de desempenho no trabalho, na escola ou em relações sociais). O sério desconforto pessoal e o funcionamento inadequado na vida aparecem freqüentemente juntos, o que dificulta a definição de desordem psicológica. Considere o desequilíbrio entre desconforto pessoal e atuação na vida em cada um dos seguintes exemplos:

- Um jovem executivo está em um estado de profunda euforia. Ele se sente radiante, invulnerável e poderoso. De repente decide que está em uma situação de "competição cruel", abandona o emprego, retira suas economias do banco e passa a distribuir dinheiro na esquina, dizendo aos transeuntes espantados que "é apenas papel".
- Uma programadora de computador bem-sucedida, de 40 anos, que mora sozinha sente-se insegura ao se relacionar com os outros. Ela faz pouco contato pelo olhar, raramente inicia uma conversa e quase sempre age com nervosismo. Interiormente, ela se sente tão tensa e inquieta que evita estar com as pessoas. Freqüentemente, tem dificuldade para dormir.
- Um menino de 14 anos é incontrolável em casa e agressivo na escola desde muito pequeno. Usa drogas e álcool e muitas vezes rouba lojas. Como parte de sua iniciação em uma gangue, ele dispara uma pistola semi-automática para o alto enquanto passa dirigindo pelo território de uma gangue rival.

Cada uma dessas breves vinhetas será exemplo de um distúrbio psicológico? A resposta depende, em parte, da perspectiva que você adota. O jovem executivo eufórico certamente sente-se feliz, e o adolescente membro da gangue não considera que tem problema psicológico. Embora a sociedade classifique suas ações como anormais, de suas próprias perspectivas nenhum deles tem o tipo de desconforto pessoal que pode definir o distúrbio psicológico. O oposto é verdadeiro com relação à programadora de computador. A sociedade pode considerar seu comportamento estranho mas "normal", uma vez que ela não viola nenhuma regra social importante e está agindo de maneira adequada. No entanto, ela está sentindo muito desconforto e, da perspectiva dela, algo está muito errado.

TABELA 12.1 PERSPECTIVAS SOBRE OS DISTÚRBIOS PSICOLÓGICOS

	Padrões/valores	Medidas
Sociedade	Um mundo organizado em que as pessoas assumem responsabilidade pelos papéis sociais que lhes são atribuídos (por exemplo, trabalhador, pai), adaptam-se ao costumes prevalecentes e atendem aos requisitos situacionais.	Observações do comportamento, na extensão em que uma pessoa atende às expectativas e medidas da sociedade de acordo com os padrões prevalentes.
Indivíduo	Alegria, gratificação de necessidades.	Percepções subjetivas da auto-estima, aceitação e bem-estar.
Profissional de saúde mental	Sólida estrutura da personalidade caracterizada por amadurecimento, desenvolvimento, autonomia, domínio ambiental capacidade de lidar com o, estresse, adaptação.	Julgamento clínico, auxiliado por observações comportamentais e testes psicológicos de variáveis como autoconceito; noção de identidade; equilíbrio de forças psíquicas; visão geral unificada da vida; resistência ao estresse; auto-regulação; capacidade de lidar com a realidade; ausência de sintomas mentais e comportamentais; adequação no amor, trabalho e diversão; adequação nas relações interpessoais.

Fonte: H. H. Strupp e S. W. Hadley (1977). "A tripartite modal of mental health and therapeutic outcomes with special reference to negative effects on psychoterapy negativos em psicoterapia", in *American Psychologist*, 32, 187-196. Copyright © 1977 pela American Psychological Association. Adaptado com a permissão dos autores.

Embora a perspectiva do indivíduo e a visão da sociedade entrem em conflito nesses casos, os profissionais de saúde mental afirmariam que as três pessoas estão exibindo distúrbios psicológicos. Para os clínicos, um distúrbio psicológico existe quando o comportamento é não-adaptativo para o funcionamento vital ou quando provoca sério desconforto pessoal, ou *ambos*. Mas agora imagine que os casos sejam ligeiramente diferentes. O que dizer se o jovem executivo fizesse uma viagem pelo mundo ou doasse suas economias a uma instituição de caridade em vez de distribuir dinheiro na rua? E se a programadora não estivesse muito ansiosa e preferisse honestamente ser "solitária"? E se o adolescente tivesse sido basicamente um "bom garoto" até se envolver com uma gangue, que o pressiona a fazer coisas que ele sabe que estão erradas?

Essas perguntas nos trazem um segundo ponto essencial sobre a definição de distúrbios psicológicos. O comportamento normal e anormal muitas vezes diferem somente em grau. É tentador dividir a saúde mental e a doença mental em categorias *qualitativamente diferentes* umas das outras — como maçãs e laranjas. No entanto, freqüentemente é mais exato pensar em doença mental como *quantitativamente diferente* (ou seja, diferente em grau) do comportamento normal.

Para entender a distinção entre essas duas abordagens, pense no modo como classificamos o peso das pessoas. Não há linhas divisórias absolutas entre o peso normal e o anormal — entre alguém que esteja abaixo do peso ou acima e alguém com peso normal. Uma vez que a distinção entre peso normal e anormal é uma questão de grau, a linha divisória entre "normal" e "anormal" é um tanto arbitrária. É útil, ainda, dividir a dimensão de peso em categorias como "obeso", "acima do peso", "normal", "magro", e "esquelético". Do mesmo modo, o comportamento anormal difere somente *quantitativamente* do normal, mas freqüentemente convém dividir a dimensão 'normal-anormal' em categorias distintas. No entanto, é importante lembrar que a linha que separa o comportamento normal do anormal é um tanto arbitrária e é sempre muito mais fácil julgar quando os casos se situam no extremo de uma dimensão do que quando se situam próximo à 'linha divisória'. Lembre-se, também, de que os indivíduos, a sociedade e os profissionais de saúde mental nem sempre vêem a anormalidade do mesmo ponto de vista.

Visões históricas dos distúrbios psicológicos

Como a visão dos distúrbios psicológicos tem mudado ao longo do tempo?

Podemos apenas especular sobre o que era considerado um distúrbio emocional milhares de anos atrás. Comportamentos misteriosos provavelmente eram atribuídos a poderes sobrenaturais, e a loucura era um sinal de que os espíritos tinham possuído uma pessoa. Às vezes, as pessoas "possuídas" eram vistas como sagradas; suas visões eram consideradas mensagens dos deuses. Outras vezes, seu comportamento indicava que estavam possuídas pelos espíritos do mal, o que sinalizava perigo para a comunidade. É provável que essa visão sobrenatural dos distúrbios psicológicos tenha dominado todas as primeiras sociedades.

As raízes de uma visão mais naturalista podem ser buscadas na Grécia Antiga. O médico grego Hipócrates (cerca de 450-377 a.C.), por exemplo, sustentava que a loucura provavelmente era outra doença — um acontecimento natural que surgia de causas naturais. As teorias de Hipócrates incentivaram uma busca sistemática das causas da doença mental e deixavam implícito que pessoas perturbadas deveriam ser tratadas com o mesmo cuidado e a mesma compaixão dedicados às vítimas de moléstias físicas.

Durante a Idade Média, os europeus retomaram a visão sobrenatural (embora os relatos mais naturalistas fossem mantidos nas culturas árabes). Aquele que fosse emocionalmente perturbado era considerado bruxo ou possuído pelo demônio. Exorcismos, que variavam de moderados a aterrorizantes, eram realizados, e muitas pessoas suportavam torturas pavorosas. Algumas eram até queimadas em fogueiras.

A abordagem sistemática, naturalista, à doença mental não ressurgiria até o século XVIII, mas no final da Idade Média havia um movimento de distanciamento da visão dos doentes mentais como bruxos e possuídos pelo demônio, e eles começaram a ser cada vez mais confinados em asilos públicos e privados. Embora essas instituições fossem fundadas com boas intenções, a maioria era pouco mais que presídios. Nos piores casos, os internos eram acorrentados e privados de alimento, luz ou ar, para ser "curados".

Pouco foi feito para assegurar padrões humanos em instituições psiquiátricas até 1793, quando Philippe Pinel tornou-se diretor do Hospital Bicêtre, em Paris. Sob sua direção, o hospital foi radicalmente reorganizado: os pacientes foram soltos das correntes e podiam se movimentar pela área hospitalar, os quartos passaram a ser mais confortáveis e a ter banheiro, e os tratamentos médicos violentos e questionáveis foram abandonados. As reformas de Pinel foram seguidas por esforços semelhantes na Inglaterra e, pouco depois, nos Estados Unidos.

A reformadora americana mais notável foi Dorothea Dix (1802-1887), uma professora de Boston que liderou uma campanha nacional pelo tratamento humano dos doentes mentais. Sob sua influência, os poucos asilos que existiam nos Estados Unidos foram gradualmente transformados em hospitais, embora esses hospitais freqüentemente ainda não oferecessem o cuidado compassivo idealizado por Dix.

A razão básica para o fracasso no tratamento — às vezes abusivo — de pessoas mentalmente perturbadas em toda a história tem sido a falta de compreensão a respeito da natureza e das causas dos distúrbios psicológicos. Embora nosso conhecimento ainda seja insuficiente, progressos importantes para compreender o comportamento anormal datam do final do século XIX e início do século XX, quando três modelos influentes mas conflitantes de comportamento anormal surgiram: o modelo biológico, o psicanalítico e o cognitivo-comportamental.

O modelo biológico

Como a biologia pode influenciar o desenvolvimento de distúrbios psicológicos?

O **modelo biológico** sustenta que os distúrbios psicológicos são provocados pelo mau funcionamento fisiológico — por exemplo, do sistema nervoso ou de glândulas endócrinas —, freqüentemente originário de fatores hereditários. Há evidências crescentes de que fatores genéticos estejam envolvidos em distúrbios mentais tão diversos quanto esquizofrenia, depressão e, ainda, ansiedade e que a bioquímica do sistema nervoso esteja relacionada a alguns casos de depressão e esquizofrenia.

O modelo psicanalítico

Para Freud e seus seguidores, quais eram as causas subjacentes dos distúrbios psicológicos?

Freud e seus seguidores desenvolveram o **modelo psicanalítico** no final do século XIX e durante a primeira metade do século XX (veja o Capítulo 10). De acordo com esse modelo, distúrbios do comportamento são expressões simbólicas de conflitos inconscientes, que geralmente podem se originar na infância. Por exemplo, um homem que se comporta diante de mulheres de maneira violenta pode estar expressando inconscientemente a raiva em relação à mãe por não lhe ter dado afeto durante a infância. O modelo psicanalítico argumenta que, para resolver seus problemas de maneira efetiva, as pessoas devem se tornar conscientes de que a origem deles reside em sua infância.

Embora Freud e seus seguidores tenham influenciado profundamente as disciplinas de doença mental e a cultura ocidental, apenas evidências científicas fracas e esparsas apóiam suas teorias psicanalíticas sobre as causas e o tratamento efetivo dos distúrbios mentais.

O modelo cognitivo-comportamental

De acordo com o modelo cognitivo-comportamental, o que provoca o comportamento anormal?

Um terceiro modelo de comportamento anormal surgiu das pesquisas do século XX sobre aprendizagem e cognição. O **modelo cognitivo-comportamental** sugere que distúrbios psicológicos, bem como todo o comportamento, resulta da aprendizagem. Dessa perspectiva, o medo, a ansiedade, os desvios sexuais e outros comportamentos não-adaptativos são aprendidos — e podem ser desaprendidos.

O modelo cognitivo-comportamental enfatiza tanto processos de aprendizagem internos quanto externos no desenvolvimento e tratamento de distúrbios psicológicos. Por exemplo, um estudante brilhante que acredita ser academicamente inferior a seus colegas de classe e que não conseguirá ter um bom desempenho em um teste pode não se empenhar tanto nos estudos. Naturalmente, ele tem um desempenho fraco, e suas notas baixas tanto punem seus esforços mínimos quanto confirmam sua crença de que é academicamente inferior. Esse estudante entra em um ciclo vicioso (Turk e Salovey, 1985). Um terapeuta cognitivo-comportamental poderia tentar modificar tanto o comportamento disfuncional de estudo do jovem quanto seus processos cognitivos não-adaptativos e imprecisos.

O modelo cognitivo-comportamental tem levado a inovações no tratamento de transtornos psicológicos, mas tem sido criticado por sua perspectiva limitada, principalmente por sua ênfase em causas e tratamentos ambientais.

O modelo diátese-estresse e a teoria sistêmica

Por que algumas pessoas com histórico familiar de desordens psicológicas desenvolvem a desordem, enquanto os outros membros da família não?

Cada uma das três principais teorias concorrentes é útil para explicar as causas de determinados tipos de distúrbio. Os desenvolvimentos recentes mais interessantes, no entanto, enfatizam a integração dos vários modelos teóricos para descobrir causas específicas dos diferentes distúrbios mentais e respectivos tratamentos.

O **modelo diátese-estresse** é uma abordagem promissora à integração. Esse modelo sugere que uma predisposição biológica chamada **diátese** deve interagir com algum tipo de circunstância estressante antes de a predisposição ao distúrbio mental atualizar-se como comportamento (D. Rosenthal, 1970). De acordo com esse modelo, algumas pessoas têm tendência biológica a desenvolver um determinado distúrbio sob estresse, ao passo que outras não.

A **abordagem sistêmica** examina como fatores de risco biológicos, psicológicos e sociais interagem para gerar distúrbios. Ela também é conhecida como *modelo biopsicossocial*. De acordo com esse modelo, problemas emocionais são "doenças de estilo de vida" que, como a doença cardíaca e muitas outras doenças físicas, resultam de uma combinação de riscos biológicos, estresses psicológicos, pressões e expectativas sociais. Assim como a doença cardíaca pode resultar de uma combinação de predisposições genéticas, estilos de personalidade, hábitos inadequados de saúde (como fumar) e estresse, na abordagem sistêmica os problemas psicológicos resultam de vários fatores de risco que se influenciam mutuamente. Neste capítulo, adotaremos a abordagem sistêmica no exame das causas e dos tratamentos do comportamento anormal.

Classificando o comportamento anormal

Por que é útil ter um manual de distúrbios psicológicos?

Durante quase 40 anos, a American Psychiatric Association (APA) editou um manual com a descrição e a classificação dos vários tipos de distúrbios psicológicos. Essa publicação, o *Diagnostic and statistical manual of mental disorders* (DSM) passou por quatro revisões. A quarta edição, DSM-IV, foi publicada em 1994.

O DSM-IV fornece uma lista completa de distúrbios mentais — cada categoria é definida exaustivamente em termos de padrões significativos de comportamento de modo que os diagnósticos baseados no manual, sejam confiáveis (Nathan e Langenbucher, 1999). Embora ele forneça descrições cuidadosas de sintomas de diferentes desordens para tornar o diagnóstico mais consistente, geralmente não trata da causa e do tratamento. O DSM tem tido aceitação crescente, uma vez que seus critérios detalhados para diagnosticar distúrbios mentais têm tornado o diagnóstico muito mais confiável. Atualmente, essa é a classificação de distúrbios psicológicos mais usada.

A prevalência dos distúrbios psicológicos

Em que medida as desordens mentais são comuns?

No início de 1980, o National Institute of Mental Health fez um estudo ambicioso e amplo da prevalência de distúrbios psicológicos, que consistiu em entrevistar quase 20.000 pessoas em todos os Estados Unidos. Os resultados foram surpreendentes: no geral, 32 por cento dos americanos apresentam uma ou mais distúrbios mentais sérios durante a vida e, a qualquer momento, mais de 15 por cento da população está com um distúrbio mental (Robins e Regier, 1991). O problema mais comum é o uso de drogas — o uso de álcool é maior que o de todas as demais drogas juntas. Mais de 13 por cento dos adultos acima de 18 anos vivenciaram o alcoolismo em algum momento da vida. Distúrbios de ansiedade são a segunda desordem mais comum. Distúrbios de temperamento, principalmente a depressão, são um problema para quase oito por cento da população em algum momento da vida. Em contraste, a esquizofrenia aflige apenas 1,5 por cento dos norte-americanos (mas observe que isso representa mais de três milhões de pessoas).

TESTE SUA APRENDIZAGEM

1. Para os profissionais de saúde mental, o comportamento que interfere na capacidade de a pessoa _____ ou que provoca sério _____ ou ambos é considerado um sintoma de um distúrbio psicológico.
2. É provável que as pessoas nas sociedades primitivas acreditassem que forças _____ provocavam o comportamento anormal.
3. Há evidências crescentes de que fatores _____ estejam envolvidos em distúrbios mentais tão diversos quanto a esquizofrenia, a depressão e a ansiedade.

Relacione os modelos de comportamento anormal a seguir com suas descrições apropriadas.

____ 4. modelo biológico
____ 5. modelo psicanalítico
____ 6. modelo biopsicossocial
____ 7. modelo cognitivo-comportamental

a. Comportamentos anormais resultam de conflitos internos inconscientes.
b. O comportamento anormal é o produto de fatores de risco biológicos, psicológicos e sociais.
c. O comportamento anormal resulta da aprendizagem e pode ser desaprendido.
d. O comportamento anormal é provocado pela hereditariedade, pelo mau funcionamento do sistema nervoso, ou pela disfunção endócrina.

8. Dois modelos teóricos que tentam integrar os outros para explicar causas e tratamentos específicos de diferentes distúrbios mentais são o modelo _____-_____ e o modelo _____.
9. A linha que separa o comportamento normal do anormal é um pouco arbitrária. Essa afirmação é verdadeira (V) ou falsa (F)?
10. Cerca de um terço dos norte-americanos apresentam um ou mais distúrbios mentais sérios durante sua vida. Essa afirmação é verdadeira (V) ou falsa (F)?

Respostas: 1. funcionar, desconforto pessoal. 2. sobrenaturais. 3. genéticos. 4. d. 5. a. 6. b. 7. c. 8. diátese-estresse, sistêmico. 9. (V). 10 (V).

À medida que você ler sobre esses distúrbios, talvez observe que às vezes sente alguns dos sintomas descritos. Essa é uma resposta normal e natural e não indica que você tenha o distúrbio em questão. Como foi observado antes, o comportamento existe em um contínuo, e o comportamento anormal freqüentemente é apenas um comportamento normal bastante exagerado exibido em situações inadequadas.

Distúrbios de temperamento

Como os distúrbios de temperamento diferem das mudanças comuns no humor?

Os **distúrbios de temperamento** são caracterizados por alterações no humor ou no estado emocional prolongado, às vezes referido como *afeto*. A maioria das pessoas apresenta ampla variação emocional: elas podem estar alegres ou tristes, animadas ou quietas, entusiasmadas ou desanimadas, muito felizes ou infelizes, dependendo das circunstâncias. Em algumas pessoas com distúrbios de temperamento, essa variação é bastante restrita. Elas parecem presas a um ou outro extremo do espectro emocional — seja consistentemente excitadas e eufóricas ou consistentemente tristes — independentemente das circunstâncias de suas vidas. Outras pessoas com distúrbios de temperamento se alternam entre os extremos de euforia e tristeza.

Depressão

Como a depressão clínica difere da tristeza comum?

O distúrbio de temperamento mais comum é a **depressão**, um estado em que a pessoa se sente dominada pela tristeza. Pessoas deprimidas perdem o interesse nas coisas que normalmente lhes agradam. Sentimentos intensos de inutilidade e culpa deixam-nas incapazes de sentir prazer. Elas ficam cansadas e apáticas e às vezes tornam-se incapazes de tomar as decisões mais simples. Muitos deprimidos sentem-se como se tivessem fracassado totalmente na vida e tendem a se culpar por seus problemas. Pessoas seriamente deprimidas freqüentemente têm insônia e perdem o interesse por comida e sexo. Podem ter problemas em pensar ou em se concentrar — podem até considerar difícil a leitura de um jornal. De fato, a dificuldade em se concentrar e as mudanças sutis na memória de curto prazo às vezes são os primeiros sinais de depressão (Williams *et al.*, 2000). Em casos muito sérios, pessoas deprimidas podem ter pensamentos suicidas ou até mesmo colocá-los em prática (Cicchetti e Toth, 1998).

Queremos ressaltar que a *depressão clínica* é diferente do tipo "normal" de depressão que todas as pessoas sentem de vez em quando. É totalmente normal ficar triste quando um ente querido faleceu, quando relacionamentos amorosos acabam, quando você tem problemas no trabalho ou na escola — e mesmo quando o clima está ruim ou você não tem um encontro no sábado à noite. A maioria das pessoas psicologicamente saudáveis também tem "momentos de tristeza" ocasionais, aparentemente sem razão. Mas, em todos esses casos, ou o distúrbio de humor é uma reação normal para um problema do mundo real" (por exemplo, o pesar), ou passa rapidamente. Somente quando a depressão é duradoura e vai muito além da reação típica a um acontecimento de vida estressante, é classificada como distúrbio de temperamento (APA, 1994). (Veja a Seção "Compreendendo a nós mesmos").

O DSM-IV distingue entre duas formas de depressão: o *distúrbio depressivo maior* é um episódio de tristeza intensa que pode durar vários meses; em contraste, a *distimia* envolve uma tristeza menos intensa (e sintomas relacionados), mas persiste com pouco alívio por um período de dois anos ou mais. A depressão é de duas a três vezes mais prevalente em mulheres que em homens (Simpson, Nee e Endicott, 1997; Weissman e Olfson, 1995).

Suicídio

Quais são os fatores relacionados à probabilidade de alguém cometer suicídio?

Mais de 30 mil pessoas nos Estados Unidos cometem suicídio anualmente (Moscicki, 1995). As mulheres tentam mais o suicídio que os homens; porém, mais homens têm êxito — em parte porque eles tendem a escolher meios violentos e letais, como armas.

Embora o maior número de suicídios ocorra entre pessoas brancas, de mais idade, do sexo masculino, desde a década de 60 os índices de tentativa de suicídio têm aumentado entre adolescentes e jovens adultos (veja a Figura 12.1). De fato, os adolescentes respondem por 12 por cento de todas as tentativas de suicídio nos Estados Unidos, e o suicídio é a terceira causa de morte nessa faixa etária (Centers for Disease Control and Prevention, 1999; Hoyert *et al.*, 1999). Não conseguimos explicar o aumento, embora os estresses relacionados a sair de casa, atender a demandas da faculdade ou da carreira, sobreviver à solidão ou romper relações amorosas pareçam ser particularmente enormes nessa fase da vida. Embora problemas externos como desemprego e tensão financeira também possam contribuir para problemas pessoais, o comportamento suicida é mais comum entre os adolescentes com problemas psicológicos. Vários mitos a respeito de suicídio podem ser muito perigosos:

Mito: quem diz que vai cometer suicídio nunca fará isso.

Fato: a maioria das pessoas que se mata, fala sobre isso. Esses comentários devem ser sempre levados a sério.

Mito: quem tentou se suicidar e fracassou não queria se matar.

Fato: qualquer tentativa de suicídio significa que a pessoa está profundamente perturbada e precisa de ajuda imediatamente. Um suicida tentará de novo e escolherá um método mais fatal na segunda ou terceira vez.

Mito: somente as pessoas fracassadas na vida — aquelas que falharam em suas carreiras e em suas vidas pessoais — cometem suicídio.

Fato: muitas pessoas que se suicidaram tinham cargos de prestígio, famílias convencionais e uma boa renda. Os médicos, por exemplo, têm um índice de suicídio muito maior que o da população geral; nesse caso, a tendência ao suicídio pode estar relacionada aos estresses relativos ao trabalho.

As pessoas que pensam em se suicidar estão muito desesperançadas. Consideram que as coisas não podem melhorar e não vêem saída para suas dificuldades. Essa percepção é a depressão ao extremo, e não é um estado mental do qual alguém pode facilmente sair. Dizer a um suicida que as coisas não são realmente tão ruins não ajuda; de fato, a pessoa pode considerar isso apenas outra evidência de que ninguém entende seu sofrimento. Mas a maioria dos suicidas quer ajuda, apesar de muitos não ter esperança de obtê-la. Se um amigo ou membro da família parece ter ímpetos de se matar, deve-se procurar a ajuda de um profissional com urgência. Um centro comunitário de saúde mental é um bom lugar para começar, assim como as linhas de atendimento a suicidas.

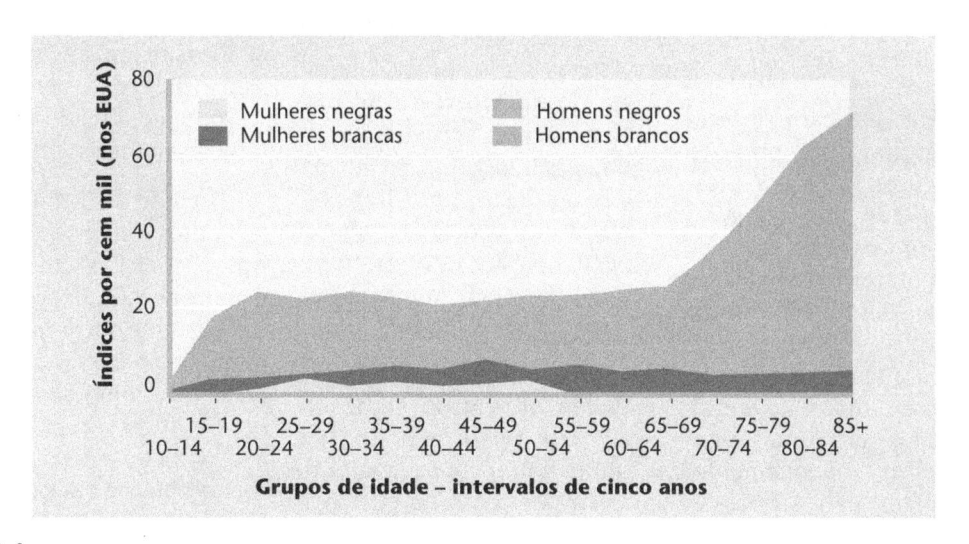

FIGURA 12.1
Diferenças em raça e em gênero na taxa de suicídio durante o tempo de vida. O índice de suicídio para homens brancos, que cometem o maior número de suicídios em todas as idades, indica um aumento acentuado acima de 65 anos. Em contraste, o índice de suicídio entre mulheres negras, o mais baixo para qualquer grupo, permanece relativamente estável durante toda a vida.

Fonte: *Suicide and Life-Threatening* Behavior de Moscicki, E. K. Copyright © 1995 por GUILFORD Publications, Inc. Reprodução permitida por Guilford publications, Inc. no formato de livro-texto pelo Copyright Clearance Center.

COMPREENDENDO A NÓS MESMOS

Reconhecimento da depressão

Quase todos nos sentimos deprimidos. Ser reprovado em um exame importante, romper com um namorado ou namorada e até sair de casa e deixar os amigos para ir freqüentar uma faculdade podem produzir um estado temporário de "tristeza". Acontecimentos mais significativos podem ter um impacto ainda maior: perder o emprego ou um ente querido pode produzir um sentimento de desesperança com relação ao futuro que se parece muito com uma depressão.

Mas essas situações seriam consideradas reações tipicamente "normais" a acontecimentos negativos da vida. Você pode pensar em que ponto essas reações normais cruzam a linha da depressão clínica? Como os clínicos determinam se a desesperança e o desespero que estão sendo expressos por uma pessoa constituem um importante episódio depressivo ou apenas um período de tristeza que finalmente irá melhorar por si mesmo?

O DSM-IV fornece um quadro de referência para se fazer essa distinção. Em primeiro lugar, a depressão clínica é caracterizada por um temperamento deprimido, pela perda de interesse e prazer em atividades usuais, ou ambos. Os clínicos também procuram detectar dificuldades ou angústia significativas nas áreas social, ocupacional ou em outras áreas importantes de funcionamento. Os deprimidos não apenas se sentem tristes ou vazias, mas também têm problemas significativos em levar um estilo de vida normal.

Os médicos procuram também outras explicações para os sintomas: eles poderiam ocorrer em razão do abuso de substâncias ou dos efeitos colaterais de um medicamento que a pessoa está tomando? Poderiam ser o resultado de uma condição médica, como o hipotireoidismo (a incapacidade da glândula tireóide de produzir uma quantidade adequada de hormônios)? Os sintomas poderiam ser mais bem interpretados como uma intensa reação de pesar?

Se os sintomas não podem ser explicados pelas causas que os precedem, como os clínicos fazem um diagnóstico de depressão? O DSM-IV salienta que ao menos cinco dos sintomas a seguir, incluindo pelo menos um dos dois primeiros, devem estar presentes:

1. **Temperamento deprimido**: a pessoa se sente triste ou vazia na maior parte do dia, quase todos os dias — ou os outros observam esses sintomas?

2. **Perda de interesse no prazer**: a pessoa perdeu interesse em desempenhar as atividades normais, como trabalhar ou ir a eventos sociais? A pessoa parece estar "simplesmente levando" a vida diária, sem obter qualquer prazer dela?

3. **Perda ou ganho significativo de peso**: a pessoa ganhou ou perdeu mais de cinco por cento do peso corporal em um mês? A pessoa perdeu o interesse em comer ou reclama que a comida perdeu seu sabor?

4. **Transtornos do sono**: A pessoa está com dificuldades para dormir? Ou, ao contrário, está dormindo demais?

5. **Transtornos nas atividades motoras**: os outros observam uma mudança no nível de atividade da pessoa? A pessoa "fica parada", ou demonstra agitação e inquietação incomuns?

6. **Fadiga**: a pessoa se queixa de estar constantemente cansada e sem energia?

7. **Sentimentos de inutilidade ou de culpa excessiva**: a pessoa expressa sentimentos como "você ficaria melhor sem mim" ou "sou o mal e arruíno tudo para todos que amo"?

8. **Incapacidade para se concentrar**: a pessoa reclama de falta de memória ("simplesmente não consigo me lembrar de mais nada") ou da incapacidade de concentrar a atenção em tarefas simples, como a leitura de um jornal?

9. **Pensamentos recorrentes de morte**: a pessoa fala em cometer suicídio ou expressa o desejo de estar morta?

Quando esses sintomas estão presentes e não se devem a outras condições médicas, um diagnóstico de depressão maior costuma ser o resultado, e o tratamento adequado pode ser prescrito. Como você aprenderá no Capítulo 13, "Terapias", o diagnóstico adequado é o primeiro passo no tratamento efetivo de distúrbios psicológicos.

Fonte: Diagnostic and Statistical Manual of Mental Disorders, 4ª edição.

Mania e distúrbio bipolar

O que é mania e como ela está envolvida no distúrbio bipolar?

Outro distúrbio de temperamento, menos comum que a depressão, é a **mania**, um estado em que a pessoa se torna eufórica ou "super excitada", extremamente ativa, excessivamente falante e se distrai facilmente. Os moníacos podem se sentir grandiosos — ou seja, sua auto-estima é muito inflada. Costumam ter esperanças e planos ilimitados, mas pouco interesse em executá-los de maneira realista. As pessoas em estado maníaco às vezes se tornam agressivas e hostis com os outros, à medida que sua autoconfiança se torna cada vez mais exagerada. No extremo, podem se tornar irascíveis, incompreensíveis ou violentas até que desfaleçam de exaustão.

O distúrbio de temperamento em que tanto a mania quanto a depressão estão presentes é conhecido como bipolar. Em pessoas com **distúrbio bipolar**, períodos de mania e depressão se alternam (cada um com duração de poucos dias até alguns meses), às vezes com períodos de humor normal entre eles. Às vezes o distúrbio bipolar ocorre de maneira amena, com estados de espírito exageradamente eufóricos seguidos de depressão moderada. As pesquisas sugerem que o distúrbio bipolar é muito menos comum que a depressão e, ao contrário desta, ocorre de maneira igual em homens e mulheres. Ele também parece ter um componente biológico mais forte que aquela: está mais relacionado à hereditariedade e é mais freqüentemente tratado com medicamentos (Gershon, 1990).

Causas dos distúrbios de temperamento

O que leva algumas pessoas a experimentar mudanças extremas de temperamento?

A maioria dos psicólogos acredita que os distúrbios de temperamento resultam de uma combinação de fatores de risco. Os fatores biológicos parecem ser os mais importantes em alguns casos — por exemplo, no distúrbio bipolar —, ao passo que fatores psicológicos parecem ser os grandes responsáveis em outros — por exemplo, na depressão após uma experiência de perda (Katz e McGuffin, 1993). Os fatores sociais parecem ser os mais importantes ainda em outros casos — por exemplo, em alguns casos de depressão entre mulheres. No entanto, embora os pesquisadores tenham identificado muitos dos fatores desencadeadores, ainda não sabem exatamente como esses elementos interagem para provocar um distúrbio de temperamento.

Fatores biológicos Os fatores genéticos podem desempenhar um papel importante no desenvolvimento da depressão (Meneka, Watson e Clark, 1998), principalmente no distúrbio bipolar. A evidência mais forte vem de estudos de gêmeos (veja o Capítulo 2, "A natureza biológica do comportamento"). Se um gêmeo idêntico está clinicamente deprimido, é provável que o outro gêmeo (com genes idênticos) também se torne clinicamente deprimido. Entre gêmeos fraternos (que têm apenas a metade dos genes em comum), se um gêmeo está clinicamente deprimido, o risco para o segundo gêmeo é muito mais baixo (McGuffin, Katz, Watkins e Rutherford, 1996).

O que predispõe geneticamente algumas pessoas a um distúrbio de temperamento? As pesquisas têm relacionado tais distúrbios a desequilíbrios químicos no cérebro, principalmente a níveis altos e baixos de determinados neurotransmissores. Esses fatores químicos influenciam a transmissão de impulsos nervosos de uma célula para outra (veja o Capítulo 2) e, quando seus níveis são alterados com medicação, freqüentemente os distúrbios de temperamento podem ser tratados de maneira efetiva (Delgado, Price, Heninger e Charney, 1992).

Apesar das ligações entre biologia e distúrbios de temperamento, os níveis altos e baixos de neurotransmissores podem não resultar da predisposição genética. De fato, o desequilíbrio químico no cérebro, associado com a depressão, poderia ser provocado por acontecimentos estressantes na vida: assim como a biologia afeta a experiência psicológica, esta pode alterar o funcionamento biológico.

Fatores psicológicos Embora se considere que inúmeros fatores psicológicos provoquem a depressão severa, as pesquisas recentes têm se concentrado na contribuição de **distorções cognitivas** não-adaptativas. De acordo com Aaron Beck (1967, 1976, 1984), durante a infância e a adolescência, algumas pessoas passam por experiências penosas como a perda de um pai, as dificuldades severas em ganhar aprovação paterna ou social, ou as críticas humilhantes de professores e de outros adultos. Uma resposta a tais experiências é desenvolver um autoconceito negativo — um sentimento de incompetência ou de invalidez que tem pouca relação com a realidade, mas é mantido por uma interpretação distorcida e ilógica de acontecimentos reais. Quando surge uma nova situação que lembra aquela sob a qual o autoconceito foi aprendido, esses mesmos sentimentos de falta de valor e de incompetência podem ser ativados, o que resulta em depressão.

Embora os críticos apontem que essas respostas negativas possam ser o resultado de depressão em vez de sua causa (Hammen, 1985), um considerável número de pesquisas apóia a visão de depressão de Beck (Alloy, Abramson e Francis, 1999; Alloy, Abramson e Whitehouse, 1999). A terapia baseada nas teorias de Beck tem tido sucesso comprovado no tratamento da depressão (veja o Capítulo 13).

Fatores sociais Muitos fatores sociais têm sido relacionados a distúrbios de temperamento, principalmente dificuldades em relações interpessoais. De fato, alguns teóricos têm sugerido que a ligação entre depressão e relações problemáticas explica o fato de a depressão ser duas a três vezes mais prevalente em mulheres que em homens (Culbertson, 1997; Weissman e Olfson, 1995), uma vez que estas tendem a dar mais importância a relacionamentos que eles em nossa sociedade (Gilligan, 1982). No entanto, nem toda pessoa com problemas de relacionamento se deprime. Como a abordagem sistêmica prenunciaria, parece que uma predisposição genética ou distorção cognitiva é necessária para que um relacionamento conflitivo ou outro fator estressante significativo resulte em distúrbio de humor.

Distúrbios de ansiedade

Como um distúrbio de ansiedade difere da ansiedade comum?

Todos temos medo de vez em quando, mas em geral sabemos por quê. Nosso medo é provocado por algo adequado e identificável e passa com o tempo. No caso de **distúrbios de ansiedade**, entretanto, ou a pessoa não sabe por que está com medo, ou a ansiedade é inadequada às circunstâncias. Em qualquer um dos casos, o medo e a ansiedade simplesmente parecem não fazer sentido.

TESTE SUA APRENDIZAGEM

1. Os dois extremos representados pelos distúrbios de temperamento são _____ e _____.
2. O distúrbio de temperamento mais comum é a _____.
3. _____ é um distúrbio de temperamento em que a pessoa se torna eufórica ou "excitada", extremamente ativa, excessivamente falante e se distrai com facilidade.
4. O distúrbio de temperamento em que a mania e a depressão se alternam é conhecido como _____ _____.
5. Pesquisas biológicas indicam que os distúrbios de temperamento estão relacionados a um _____ _____ no cérebro.
6. De acordo com Beck, a crítica excessiva durante a infância e a adolescência pode levar a um auto-conceito negativo e a _____ _____ típicas da depressão.
7. Indique se as seguintes afirmações são verdadeiras (V) ou falsas (F).
   ____ a. As pessoas com distúrbio de temperamento sempre alternam estados extremos de euforia e de tristeza.
   ____ b. Os homens tentam mais o suicídio, porém mais mulheres se suicidam de fato.
   ____ c. Muitos psicólogos acreditam atualmente que os distúrbios de temperamento resultam de uma combinação de fatores de risco.

Respostas: 1. mania; depressão. 2. depressão. 3. mania. 4. distúrbio bipolar. 5. desequilíbrio químico. 6. distorções cognitivas. 7. a. (F); b. (F); c. (V).

Fobias específicas

As fobias em geral são agrupadas em qual das três categorias?

Uma pesquisa norte-americana recente constatou que os distúrbios de ansiedade são mais comuns que qualquer outra forma de distúrbio mental (Kessler *et al.*, 1994). Eles podem ser subdivididos em várias categorias de diagnósticos, entre elas as **fobias específicas**. Uma fobia específica é um medo intenso, paralisante, de alguma coisa que talvez deva ser temida; porém, nesse caso, o medo é excessivo e irracional. De fato, o medo em uma fobia específica é tão grande que leva a pessoa a evitar a rotina ou as atividades de adaptação e, assim, interfere no funcionamento da vida. Por exemplo, é apropriado ficar um pouco temeroso quando o avião decola ou aterrissa, porém as pessoas com fobia de voar se recusam a entrar — ou mesmo a se aproximar de um avião. Outras fobias comuns se concentram em animais, alturas, lugares fechados, sangue, agulhas e lesões. Cerca de dez por cento dos norte-americanos têm pelo menos uma fobia específica.

A maioria das pessoas sente um pouco de temor ou incerteza em muitas situações sociais, mas quando esses medos interferem de maneira significativa no funcionamento da vida, são considerados **fobias sociais**. O medo intenso de falar em público é uma forma comum de fobia social. Nesse caso, o simples fato de falar com as pessoas ou comer em público provoca uma ansiedade tão intensa que o fóbico fará de tudo para evitar tais situações.

A **agorafobia** é muito mais debilitante que a fobia social. Esse termo origina-se de palavras grega e latina que significam literalmente "medo do mercado"; o distúrbio normalmente envolve medos intensos, diversos, como o medo de estar só, de estar em lugares públicos dos quais poderia ser difícil escapar, de estar na multidão, de viajar em um automóvel ou de passar por túneis ou sobre pontes. O elemento comum em todas essas situações parece ser um grande pavor de estar distante das fontes de segurança, como a casa ou um ente querido com quem a pessoa se sente segura.

A agorafobia pode interferir imensamente no funcionamento vital: algumas vítimas sentem tanto medo que ousarão se distanciar apenas alguns quilômetros de casa, ao passo que outras nem sairão do lar. Embora a agorafobia seja menos comum que a fobia social (atinge cerca de três por cento da população), em virtude da gravidade de seus efeitos é mais provável que leve o indivíduo a procurar tratamento (Robins e Regier, 1991).

Distúrbio do pânico

Como um ataque de pânico difere do medo?

Outro tipo de distúrbio de ansiedade é o **distúrbio do pânico**, caracterizado por episódios recorrentes de um medo ou pavor repentino, imprevisível e incontrolável. Os ataques de pânico ocorrem sem qualquer causa razoável e são acompanhados por sentimentos de fracasso iminente, dor no peito, tontura ou desmaio, sudorese, dificuldade de respirar e medo de perder o controle ou morrer. Em geral duram apenas alguns minutos, mas podem reaparecer sem razão aparente. Por exemplo, considere a descrição a seguir:

> Uma aeromoça de 31 anos de idade... de repente entrou em pânico, sentiu tontura e dificuldade para respirar e começou a suar e a tremer incontrolavelmente. Ela se desculpou e foi se sentar no fundo do avião; dez minutos depois, os sintomas desapareceram. Dois episódios parecidos tinham ocorrido anteriormente: o primeiro, quatro anos antes, quando o avião passou por leve turbulência; o segundo, dois anos antes, durante um vôo sem nenhum contratempo, como nesse episódio (Spitzer *et al.*, 1981, p. 219).

Os ataques de pânico não provocam muito medo enquanto estão ocorrendo, mas também deixam a pessoa com pavor de ter outro ataque e, pavor que pode persistir durante dias ou mesmo semanas depois do episódio original. Em alguns casos, esse temor é tão incontrolável que pode desencadear a agorafobia: para prevenir novos episódios, as vítimas podem evitar qualquer circunstância capaz de provocar ansiedade, apegando-se a pessoas ou a situações que as ajudem a se manter calmas.

Outros distúrbios de ansiedade

Como o distúrbio de ansiedade generalizada e o distúrbio obsessivo-compulsivo diferem das fobias específicas?

Nas várias fobias e nos ataques de pânico, há uma fonte específica de ansiedade, tal como medo de altura, de situações sociais ou multidões. O **distúrbio de ansiedade generalizada**, por sua vez, é definido por medos vagos mas intensos, prolongados, que não estão ligados a qualquer objeto ou circunstância. O distúrbio de ansiedade generalizada talvez seja o que mais se aproxima do significado corrente relacionado ao termo *neurótico*. Seus sintomas incluem incapacidade de relaxar, tensão muscular, batimentos cardíacos acelerados ou fortes, apreensão com relação ao futuro, alerta constante a ameaças potenciais e dificuldade para dormir.

Uma forma muito diferente de ansiedade é o **distúrbio obsessivo-compulsivo**. As *obsessões* são pensamentos ou idéias involuntários recorrentes, apesar das tentativas da pessoa de eliminá-los, ao passo que as *compulsões* são comportamentos repetitivos e ritualísticos que a vítima se sente compelida a realizar (Patrick, 1994). Os pensamentos obsessivos muitas vezes são horríveis e atemorizantes. Uma paciente, por exemplo, relatou que "quando pensava em seu namorado, desejava que ele estivesse morto"; quando sua mãe descia as escadas, "desejava que ela caísse e quebrasse o pescoço"; quando sua irmã falava de ir à praia com a caçula, "esperava que elas se afogassem" (Carson e Butcher, 1992, p. 190). Comportamentos compulsivos podem ser igualmente consternadores. Costumam tomar a forma de lavar ou limpar, como se o comportamento compulsivo fosse a tentativa da pessoa de "lavar" os pensamentos contaminadores. Uma paciente relatou que seus esforços de manter as roupas e o corpo limpos passaram a ocupar seis horas do seu dia e, então, "lavar minhas mãos não bastava mais e eu comecei a esfregar álcool nelas" (Spitzer *et al.*, 1981, p. 137).

Outro tipo comum de compulsão é a comprovação: desempenhar repetidamente o mesmo tipo de comportamento para garantir que algo tenha ou não sido feito. Por exemplo: uma pessoa poderia se sentir compelida a verificar dezenas de vezes se as portas estão trancadas antes de ir dormir.

Os portadores de obsessões e compulsões muitas vezes não parecem particularmente ansiosos; então, por que esse distúrbio é considerado uma desordem de ansiedade? A resposta é que se essas pessoas tentam interromper o comportamento irracional — ou se alguém tenta fazê-lo — sentem uma ansiedade muito forte. Em outras palavras, o comportamento obsessivo-compulsivo parece ter se desenvolvido para manter a ansiedade sob controle.

Finalmente, dois tipos de distúrbios de ansiedade são claramente provocados por algum acontecimento específico, altamente estressante. Algumas pessoas que passaram por incêndios, enchentes, tornados ou desastres — como um desastre de avião — vivenciam episódios repetidos de medo e pavor depois do término do acontecimento. Se a reação ansiosa ocorre logo após o evento, o diagnóstico é de *distúrbio de estresse agudo*. Se ocorre muito tempo depois, o diagnóstico provavelmente será *de distúrbio de estresse pós-traumático*, discutido no Capítulo 11 (Oltmanns e Emery, 1998). O distúrbio de estresse pós-traumático é caracterizado por hiperexcitabilidade, evitar situações que lembram o trauma, e "vivenciar novamente" — reviver o acontecimento traumático em detalhe. Há dois tipos de experiência traumática que provavelmente levem ao distúrbio de estresse pós-traumático ou agudo: combate militar e estupro.

Causas dos distúrbios de ansiedade

O que a perspectiva cognitiva e a biológica podem nos dizer sobre as causas de ansiedade?

Lembre-se do que vimos no Capítulo 5, "Aprendizagem": as fobias são aprendidas freqüentemente após um único acontecimento que provocou medo, é extremamente difícil superá-las, e há uma variedade limitada e previsível de objetos fóbicos. É mais provável que as pessoas sofram lesões em um acidente de automóvel do que por uma picada de cobra ou de aranha; no entanto, as fobias de cobra e de aranha são muito mais comuns do que as de carro. Pode ser que as fobias sejam respostas preparadas; ou seja, por meio evolução podemos ter nos tornado biologicamente predispostos a associar determinados estímulos a medos intensos (Marks e Nesse, 1994; Öhman, 1996). Considere um jovem que seja brutalmente atacado por um grande cão. Em virtude dessa experiência, agora ele tem um medo intenso de todos os cães. Outras crianças que testemunharam o ataque ou apenas ouviram falar sobre ele também podem vir a desenvolver um medo semelhante. Desse modo, um medo realista pode ser transformado em uma fobia.

Da perspectiva cognitiva, é mais provável que as pessoas que se consideram incapazes de controlar acontecimentos estressantes em suas vidas sintam ansiedade que aquelas que acreditam ter controle sobre tais acontecimentos. Por exemplo: os negros norte-americanos que vivem em áreas de alta criminalidade apresentam uma incidência mais alta de distúrbios de ansiedade que outros habitantes do país (Neal e Turner, 1991). No entanto, na mesma situação, algumas pessoas desenvolvem medos irrealistas, ao passo que outras não. Por quê?

Os psicólogos que trabalham de acordo com a perspectiva biológica apontam para a hereditariedade, argumentando que podemos herdar uma predisposição a distúrbios de ansiedade (Eysenck, 1970; Sarason e Sarason, 1987). De fato, tais distúrbios tendem a se desenvolver em famílias (Kendler, Neale, Kessler, Heath e Eaves, 1992; Torgersen, 1983; Weissman, 1993), embora as evidências que relacionam tipos específicos de distúrbios de ansiedade a fatores genéticos sejam menos claras (Oltmanns e Emery, 1998).

Finalmente, precisamos considerar o papel vital que os conflitos psicológicos internos desempenham no desenvolvimento de sentimentos de ansiedade. Da perspectiva freudiana, os mecanismos de defesa nos protegem de impulsos ou pensamentos inaceitáveis (geralmente de natureza sexual ou agressiva), mas geram ansiedade. Por exemplo: teóricos psicanalistas vêem as fobias como o resultado de um deslocamento em que as pessoas redirecionam os sentimentos fortes daquilo que os despertou para outra coisa (veja o Capítulo 11). Assim, uma mulher que tem medo de seu marido mas reprime esses sentimentos poderia redirecionar seu medo para elevadores ou aranhas. Embora possamos duvidar da validade de interpretações psicanalíticas específicas de fobias, os conflitos internos — bem como as defesas e outras distorções internas desses conflitos —, certamente parecem desempenhar um papel no desenvolvimento da ansiedade e dos transtornos associados elas.

TESTE SUA APRENDIZAGEM

Relacione os termos a seguir com suas descrições apropriadas.

___ 1. fobia específica

___ 2. fobia social

___ 3. agorafobia

___ 4. ataque de pânico

___ 5. distúrbio de ansiedade generalizada

___ 6. distúrbio obsessivo-compulsivo

a. grande temor de estar distante de fontes de segurança

b. um medo sem sentido e paralisante de alguma coisa

c. uma experiência repentina, imprevisível e incontrolável de medo intenso ou de terror, sem qualquer causa razoável

d. sentimento impelido para pensamentos perturbadores ou para a realização de rituais sem sentido

e. medos excessivos inadequados, ligados a situações sociais ou ao desempenho diante de outras pessoas

f. medos prolongados, vagos mas intensos, ligados a qualquer objeto ou circunstância específicos

7. Ter uma fobia específica freqüentemente interfere no funcionamento na vida. Essa afirmação é verdadeira (V) ou falsa (F)?
8. Os portadores de obsessões e compulsões parecem ser altamente ansiosos. Essa afirmação é verdadeira (V) ou falsa (F)?
9. As pesquisas indicam que as pessoas que se consideram incapazes de controlar acontecimentos estressantes em sua vida têm mais probabilidade de sentir _____ do que aquelas que acreditam ser capazes de controlar tais acontecimentos.
10. De acordo com a visão psicanalítica, a ansiedade resulta de _____ _____.
11. A crença de que herdamos a tendência para desenvolver algumas fobias mais facilmente que outras afirma que essas fobias são _____ _____.

Respostas: 1. b. 2. e. 3. a. 4. c. 5. f. 6. d. 7. (V). 8. (F). 9. ansiedade. 10. conflitos inconscientes. 11. respostas preparadas.

Distúrbios psicossomáticos e somatoformes

Qual é a diferença entre os distúrbios psicossomáticos e os somatoformes?

O termo *psicossomático* capta perfeitamente a inter-relação de *psique* (mente) e *soma* (corpo), que caracteriza certos distúrbios. Um **distúrbio psicossomático** é uma desordem física e real, mas que tem, ao menos em parte, uma causa psicológica. Dores de cabeça por tensão são um exemplo de um distúrbio psicossomático. São provocadas por contrações musculares que ocorrem em virtude do estresse. A dor de cabeça é real, mas é denominada "psicossomática" porque os fatores psicológicos (como estresse e ansiedade) parecem desempenhar um papel importante como causa dos sintomas. Às pessoas que têm dores de cabeça por tensão, freqüentemente se ensinam técnicas para relaxar o estresse e reduzir a tensão muscular.

Os cientistas costumavam acreditar que os fatores psicológicos contribuíam para o desenvolvimento de algumas doenças físicas, principalmente dores de cabeça, alergias, asma e pressão alta, mas não de outras, como moléstias infecciosas. Hoje, a medicina moderna tende a considerar que todas as doenças físicas são, em alguma extensão, "psicossomáticas" — na medida em que o estresse, a ansiedade e vários estados de excitação emocional alteram a química do corpo, o funcionamento dos órgãos e o sistema imunológico (vital no combate a infecções). Uma vez que praticamente toda doença física pode estar relacionada a estresse psicológico, o DSM-IV não dispõe de uma lista separada de distúrbios psicossomáticos.

Esses distúrbios envolvem doenças físicas verdadeiras, ao passo que nos **distúrbios somatoformes**, os sintomas físicos ocorrem sem qualquer causa física identificável. Queixas comuns são dor nas costas, tontura, dor abdominal e às vezes ansiedade e depressão. Os pacientes acreditam que estão fisicamente doentes e descrevem sintomas que parecem indicar doenças, porém os exames médicos não revelam problemas orgânicos. Na verdade, as pessoas essas não estão buscando conscientemente enganar os outros com relação a suas condições físicas. Para elas os sintomas são reais, e não controlados de maneira voluntária (APA, 1994).

Uma das formas mais dramáticas de distúrbios somatoformes envolve queixas de paralisia, cegueira, surdez, convulsão, perda de sensibilidade, ou gravidez. Nesses **distúrbios de conversão,** as causas físicas não são identificadas, no entanto os sintomas são muito reais. Outro distúrbio somatoforme é a **hipocon-**

TESTE SUA APRENDIZAGEM

Relacione os termos abaixo às suas descrições apropriadas.

____ 1. distúrbio somatoforme
____ 2. distúrbio dismórfico corporal
____ 3. distúrbios de conversão
____ 4. hipocondríase

a. a interpretação feita pela pessoa de um pequeno sintoma como indício de doença grave
b. sintomas físicos recorrentes para os quais não é encontrada causa orgânica
c. feiúra imaginária
d. condição em que os indivíduos têm músculos e nervos saudáveis, no entanto seus sintomas de paralisia, cegueira, surdez, convulsões, perda de sensibilidade ou gravidez são reais

5. Indique se as sentenças a seguir são verdadeiras (V) ou falsas (F).

____ a. A tendência da medicina moderna é considerar que todas as moléstias orgânicas são, em alguma extensão, "psicossomáticas".
____ b. As vítimas de distúrbios somatoformes não procuram enganar de maneira inconsciente os outros com relação à sua condição física.
____ c. Pesquisas têm mostrado que pelo menos alguns distúrbios somatoformes realmente são doenças físicas que foram menosprezadas ou mal diagnosticadas.
____ d. A maioria dos casos de distúrbio de conversão pode ser explicada pela atual ciência médica.

Respostas: 1. b. 2. c. 3. d. 4. a. 5. a (V); b. (V); c. (V); d. (F).

dríase. Nela, a pessoa interpreta alguns pequenos sintomas — talvez uma tosse, uma contusão ou a transpiração — como indício de doença grave. Embora o sintoma possa existir de fato, não há evidências de que se trata de algo maior. Afirmações repetidas de que a pessoa não está doente produzem pouco efeito, e ela provavelmente consultará um médico atrás do outro para encontrar uma autoridade que compartilhe sua convicção.

O **distúrbio dismórfico corporal**, ou feiúra imaginária, é um tipo de desordem somatoforme diagnosticado recentemente e pouco compreendido. Os casos de distúrbios dismórficos corporais podem ser impressionantes. Um homem, por exemplo, acreditava que as pessoas olhavam tanto para suas "orelhas pontudas" e "narinas largas" que passou a acreditar que sua aparência não o deixaria ter uma vida normal. Ironicamente, a maioria das pessoas com distúrbio dismórfico corporal não é feia. Elas podem ter uma aparência comum ou até ser atraentes, mas não são capazes de se avaliar de maneira realista. Muitos portadores buscam tratamento físico (como cirurgia plástica) em vez de psicoterápico.

Os distúrbios somatoformes (principalmente os distúrbios de conversão) representam um desafio para os teóricos da psicologia porque pode ser que envolvam um tipo de processo inconsciente. Freud concluiu que os sintomas físicos muitas vezes estavam relacionados a experiências traumáticas enterradas no passado. Teóricos cognitivo-comportamentalistas procuram identificar de que maneiras o comportamento sintomático está sendo recompensado.

Da perspectiva biológica, as pesquisas têm mostrado que ao menos alguns distúrbios somatoformes diagnosticados na verdade são doenças físicas reais que foram mal diagnosticadas ou menosprezadas. Por exemplo: alguns casos de "distúrbio de conversão" revelaram-se problemas neurológicos como epilepsia ou esclerose múltipla (Shalev e Munitz, 1986). No entanto, a maioria dos casos não pode ser explicada pela atual ciência médica. Esses casos continuam a constituir o mesmo desafio teórico, como eram os distúrbios de conversão para Freud há mais de um século.

Distúrbios dissociativos

O que os distúrbios dissociativos têm em comum?

Os **distúrbios dissociativos** estão entre as formas mais enigmáticas de distúrbios mentais, tanto para o observador quanto para o paciente. *Dissociação* significa que parte da personalidade parece estar separada do resto. Esse distúrbio normalmente implica perda de memória e uma mudança total, embora geralmente temporária, da identidade. De maneira rara, personalidades distintas aparecem na pessoa.

A perda de memória sem causa orgânica pode ocorrer como reação a um acontecimento ou período extremamente estressante. Durante a Segunda Guerra Mundial, por exemplo, alguns soldados hospitalizados não conseguiam se lembrar de seus nomes, suas casas, o lugar onde nasceram ou a situação da batalha. Mas a guerra e seus horrores não estão entre as únicas causas da *amnésia dissociativa*. A pessoa que trapaceia um amigo em um negócio ou a vítima de estupro também podem se esquecer, seletivamente, do que aconteceu. Às vezes, o amnésio sai de casa e assume uma identidade inteiramente nova, embora esse fenômeno, conhecido como *fuga dissociativa*, seja muito raro.

No **distúrbio de identidade dissociativa**, conhecida comumente como *distúrbio de personalidades múltiplas*, personalidades distintas surgem em diferentes momentos. Embora esse distúrbio tenha sido tema de ficção e filmes populares, a maioria dos psicólogos acredita que ele seja extremamente raro, ainda que recentemente o número de casos pareça estar aumentando (Eich, Macaulay, Loewenstein e Dihle, 1997). Na verdadeira personalidade múltipla, as várias personalidades são pessoas distintas, com nomes, identidades, memórias, maneirismos, vozes e até mesmo QIs diferentes. Às vezes as personalidades são tão distintas que elas não sabem que habitam um mesmo corpo com outras "pessoas". Outras vezes, sabem da existência de outras "pessoas" e chegam a fazer comentários disparatados sobre elas. Em geral, as personalidades contrastam bastante umas com as outras, como se cada uma representasse aspectos diferentes da mesma pessoa — uma o lado mais socialmente aceitável e a outra o mais sombrio, inibido ou "mau".

As origens do distúrbio de identidade dissociativa ainda não são compreendidas. Uma teoria sugere que ela se desenvolve como uma resposta ao abuso infantil. A criança aprende a lidar com o abuso por meio de um processo de dissociação — fazendo o abuso acontecer, de fato, a "outra pessoa", ou seja, a uma personalidade inconsciente na maior parte do tempo (Putnam, Guroff, Silberman, Barban e Post, 1986). Em quase todos os casos, uma ou mais personalidades múltiplas são crianças (mesmo quando o paciente é adulto), o que parece apoiar essa idéia; além disso, os clínicos relatam histórias de abuso infantil em mais de três quartos de seus casos de distúrbio de identidade dissociativa (Ross, Norton e Wozney, 1989).

Outros clínicos sugerem que tal distúrbio não é uma desordem real, mas um tipo elaborado de desempenho de papel — falso no início, até que o paciente passa a acreditar verdadeiramente nele (Mersky, 1992; Rieber, 1998). Entretanto, alguns dados biológicos intrigantes mostram que, pelo menos em alguns pacientes, as várias personalidades apresentam diferentes pressões sangüíneas, respostas à medicação, alergias, problemas de visão (precisando de óculos diferentes para cada personalidade) e mãos dominantes — todas as quais seria difícil de fingir. Cada personalidade pode ainda exibir diferentes padrões de onda cerebral (Putnam, 1984).

Um distúrbio dissociativo mais brando (e muito mais comum) é o **distúrbio de despersonalização**, em que a pessoa de repente se sente mudada ou diferente de maneira estranha. Algumas pessoas consideram que saíram de seu corpo, ao passo que outras acham que suas ações de repente se tornaram mecânicas ou como em sonhos. Esse tipo de sentimento é especialmente comum durante a adolescência e o início da fase adulta, quando a idéia que temos de nós mesmos e nossas interações com outros mudam rapidamente. Somente quando a idéia de despersonalização se torna um problema crônico ou de longo prazo, ou quando a alienação impede o funcionamento social normal, isso pode ser classificado como um distúrbio dissociativo (APA, 1994).

Os distúrbios dissociativos, como os de conversão, parecem envolver algum tipo de processo inconsciente. O trauma é um fator psicológico importante no início da amnésia e da fuga e parece desempenhar um papel relevante no desenvolvimento do distúrbio de identidade dissociativa (Oltmanns e Emery, 1998). A perda de memória na amnésia, na fuga e em muitos casos de distúrbios de personalidades múltiplas é real. Os pacientes muitas vezes não têm consciência de sua própria perda de memória e não conseguem superar as dificuldades, apesar de seu desejo e esforço para isso. Os fatores biológicos podem ainda ter influência no quadro. A dissociação e a amnésia, por exemplo, costumam estar associadas à velhice e a moléstias como o mal de Alzheimer, enquanto e as experiências dissociativas são uma conseqüência comum da ingestão de drogas como o LSD. No entanto, todas essas observações são apenas pistas no mistério dos fatores que originam os distúrbios dissociativos.

TESTE SUA APRENDIZAGEM

1. Os _____ _____ normalmente implicam perda de memória e uma mudança de identidade total, embora em geral temporária.

Relacione os termos abaixo às suas descrições apropriadas.

____ 2. amnésia dissociativa   a. perda de memória sem causa orgânica, possivelmente em resposta a experiências intoleráveis

____ 3. fuga dissociativa   b. estado em que a pessoa de repente se sente mudada ou diferente de a maneira estranha, o qual se torna um problema crônico ou de longo prazo.

____ 4. distúrbio de despersonalização   c. uma amnésia muito rara durante a qual a vítima sai de casa e assume uma identidade totalmente nova

5. Os clínicos relatam histórias de abuso infantil em mais de três quartos de seus casos de distúrbios de identidade dissociativa. Essa afirmação é verdadeira (V) ou falsa (F)?

6. Os fatores biológicos podem desempenhar um papel em alguns casos de dissociação e amnésia. Essa afirmação é verdadeira (V) ou falsa (F)?

Respostas: 1. distúrbios dissociativos. 2. a. 3. c. 4. b. 5. (V). 6. (V).

Distúrbios sexuais e de identidade de gênero

Quais são os três principais tipos de distúrbios sexuais?

As idéias sobre o que é normal ou anormal em sexo variam com o tempo — e o indivíduo. Alfred Kinsey e seus colegas mostraram anos atrás que muitos norte-americanos apreciavam uma variedade de atividades sexuais, algumas das quais eram, ou ainda são, proibidas por lei (1948, 1953). À medida que os psicólogos tiveram mais consciência da diversidade de comportamentos sexuais "normais", estreitaram cada vez mais sua definição de comportamento sexual anormal. Atualmente, o DSM-IV reconhece apenas três tipos principais de distúrbios sexuais: disfunção sexual, parafilias e distúrbios de identidade de gênero.

A **disfunção sexual** é a perda ou deterioração das respostas físicas comuns da função sexual. Nos homens, ela geralmente assume a forma de distúrbios de ereção (DE), isto é, a incapacidade de atingir ou manter a ereção. Nas mulheres, costuma assumir a forma de distúrbios de excitação sexual feminina, a incapacidade de se excitar sexualmente ou atingir o orgasmo. (Essas condições foram denominadas respectivamente 'impotência' e 'frigidez', porém os profissionais da área têm rejeitado esses termos por ser negativos ou pejorativos demais.) Problemas ocasionais em atingir ou manter a ereção, no caso dos homens de ou a ausência esporádica de lubrificação ou de orgasmo nas mulheres são comuns. Somente quando a condição é freqüente ou constante e quando o prazer em relacionamentos sexuais é prejudicado, isso deve ser considerado sério. As incidências de DE são muito altas, mesmo entre homens saudáveis. Em uma pesquisa, 25 por cento dos homens entre 40 e 70 anos disseram ter DE moderado. Menos da metade dos homens nessa faixa etária relatou não apresentar DE (Lamberg, 1998). Uma nova medicação — *citrato de sildenafil*, conhecida popularmente como Viagra — é extremamente eficaz no tratamento de DE (Dinsmore *et al.*, 1999; Goldstein *et al.*, 1998; Marks, Duda, Dorey, Macairan e Santos, 1999; veja também Meston e Frohlich, 2000); porém, embora o Viagra ajude o homem a manter a ereção, não a produzirá se o medicado não estiver sexualmente excitado. Por essa razão, alguns especialistas aconselham os médicos primeiro a tratar os fatores psicológicos que podem ser a causa da disfunção sexual, antes de prescrever o Viagra (Lamber, 1998).

Um segundo grupo de transtornos sexuais, conhecidos como **parafilias**, envolve o uso de objetos sexuais ou situações para despertar o desejo. A maioria das pessoas tem fantasias sexuais incomuns em algum momento, e esse tipo de fantasia pode ser um estimulante saudável do prazer sexual normal. Entretanto, o **fetichismo** — o uso regular de um objeto não humano, como um sapato ou uma peça íntima, como o método preferido ou exclusivo de atingir a excitação — é considerado um distúrbio sexual. Os fetiches costumam ser peças de roupas femininas ou itens feitos de borracha ou couro (Junginger, 1997; Mason, 1997). A maioria dos fetichistas é homem, e a fixação começa freqüentemente durante a adolescência. Pelo menos um teórico tem sugerido que os fetiches derivam de experiências de aprendizagem incomuns: à medida que seu impulso sexual se desenvolve durante a adolescência, alguns rapazes aprendem a associar a excitação a objetos inanimados, talvez como resultado das primeiras explorações sexuais enquanto se masturbam ou em razão de dificuldades em relacionamentos sociais (Wilson, 1987).

Uma das parafilias mais sérias é a **pedofilia**, definida tecnicamente como "fantasias recorrentes, que despertam sexualidade intensa, impulsos sexuais, ou comportamentos envolvendo atividade sexual com uma criança pré-púbere" (APA, 1994, p. 528). O abuso sexual infantil é assustadoramente comum nos Estados Unidos, e o agressor em geral é alguém próximo da criança, e não um estranho.

Os pedófilos são quase invariavelmente homens com menos de 40 anos (Barbaree e Seto, 1997). Embora não haja uma única causa para esse distúrbio, algumas das explicações mais comuns são: os pedófilos não conseguem se ajustar ao papel sexual adulto e desde a adolescência têm interesse exclusivamente por crianças como objetos sexuais; agem assim em resposta ao estresse nas relações adultas, nas quais se sentem inadequados; ou têm registros de ajuste social instável e em geral cometem violência sexual contra as crianças, fruto de um temperamento temporariamente agressivo. Os estudos indicam também que a maioria dos pedófilos tem históricos de frustração sexual e fracasso; eles tendem a se perceber como imaturos e são dependentes, não assertivos, solitários e inseguros.

Os **distúrbios de identidade de gênero** envolvem o desejo de se tornar — ou a insistência de que realmente é — um membro do outro sexo. Alguns meninos, quando pequenos, por exemplo, querem ser meninas. Eles rejeitam suas roupas, desejam usar as roupas da irmã e só brincam com meninas e com brinquedos considerados "femininos". Da mesma maneira, algumas meninas usam roupas de meninos e brincam apenas com garotos e "brinquedos masculinos". Quando essas crianças se sentem mal em ser de seu gênero biológico e não estão dispostas a se aceitar como tais, o diagnóstico é de **distúrbio de identidade de gênero em crianças**.

As causas dos transtornos de identidade de gênero não são conhecidas. As pesquisas com animais, aliadas ao fato de que essas desordens freqüentemente são evidentes desde a infância, sugerem que fatores biológicos, como desequilíbrios hormonais no pré-natal, são importantes contribuintes. A dinâmica da família e as experiências de aprendizagem, no entanto, também podem influenciar o desenvolvimento do distúrbio.

Distúrbios de personalidade

Qual distúrbio de personalidade cria os problemas mais significativos para a sociedade?

No Capítulo 10, vimos que a personalidade é o padrão permanente e singular de pensamentos, sentimentos e comportamentos de uma pessoa. Também vimos que, apesar de ter determinadas visões características do mundo e maneiras de fazer as coisas, as pessoas em geral podem ajustar seu comportamento para se adaptar a diferentes situações. Mas alguns, em algum momento — bem cedo — na vida, começam a desenvolver maneiras inflexíveis e não-adaptativas de pensar e se comportar, tão exageradas e rígidas que provocam séria angústia para si mesmas ou problemas aos outros. As pessoas com tais **distúrbios de personalidade** variam de excêntricas inofensivas a assassinas sanguinárias e frias. Um distúrbio de personalidade também pode coexistir com um dos outros problemas já discutidos neste capítulo; ou seja, alguém com um distúrbio de personalidade também pode se tornar deprimido, desenvolver problemas sexuais e assim por diante.

Um grupo de distúrbios de personalidade é caracterizado por comportamento estranho ou excêntrico. Por exemplo, as pessoas que apresentam **distúrbio de personalidade esquizóide** não têm a capacidade ou o desejo de formar relações sociais, tampouco sentimentos de afeto ou carinho pelos outros. Além disso, elas parecem estar freqüentemente aéreas, com o pensamento distante, indecisas ou confusas. Por se retrair tanto, os esquizóides raramente se casam e podem ter problemas para manter empregos em que tenham de se relacionar com os outros (APA, 1994).

As pessoas com **distúrbio de personalidade paranóide** também parecem esquisitas. Embora se vejam freqüentemente como racionais e objetivas, são reservadas, caladas, indiretas, ardilosas e questionadoras. Suspeitam e desconfiam dos outros até quando não há razão para isso; são extremamente sensíveis a qualquer ameaça ou trapaça possível; e se recusam a aceitar culpa ou críticas, mesmo quando merecem.

Um grupo de transtornos de personalidade caracterizado por comportamento ansioso ou de medo inclui o distúrbio de personalidade dependente e o de personalidade esquiva. Pessoas com **distúrbio de**

> **TESTE SUA APRENDIZAGEM**
>
> 1. _____ _____ é a perda ou a deterioração das respostas físicas ordinárias da função sexual.
> 2. Nos homens, o _____ é a incapacidade de atingir ou de manter uma ereção.
> 3. Nas mulheres, o _____ é a incapacidade de se excitar sexualmente ou de atingir o orgasmo.
> 4. As _____ envolvem o uso de objetos sexuais ou situações não convencionais para atingir excitação sexual.
> 5. O uso regular de um objeto não humano como o método preferido ou exclusivo de atingir excitação sexual é conhecido como _____.
> 6. A _____ consiste em fantasias recorrentes e intensas, que despertam sexualidade intensa, impulsos sexuais, ou comportamentos que envolvem a atividade sexual com uma criança pré-púbere.
> 7. Os _____ envolvem o desejo de se tornar — ou a insistência de que se é realmente — membro do outro sexo biológico.
>
> **Respostas:** 1. disfunção sexual. 2. distúrbio de ereção ou disfunção erétil. 3. distúrbio de excitação sexual feminina. 4. parafilias. 5. fetichismo. 6. pedofilia. 7. distúrbios de identidade de gênero.

personalidade dependente são incapazes de tomar decisões sozinhas ou de fazer coisas de maneira independente. Em vez disso, dependem dos pais, do cônjuge, de amigos ou de outros para fazer opções importantes em suas vidas e, em geral, sentem-se extremamente infelizes quando ficam sozinhas. Elas parecem temer ser rejeitadas ou abandonadas por pessoas importantes em suas vidas. No **distúrbio de personalidade esquiva**, a pessoa é tímida, ansiosa e teme a rejeição. Não é de surpreender que essa ansiedade social leve ao isolamento, mas, ao contrário do esquizóide, o portador desse tipo de distúrbio quer ter relações próximas com os outros.

Outro grupo de transtornos de personalidade é caracterizado por comportamento emocional, dramático ou instável. As pessoas com **distúrbio de personalidade narcisista**, por exemplo, exibem uma sensação grandiosa de auto-importância e uma preocupação com fantasias de sucesso ilimitado. Elas pessoas acreditam ser extraordinárias, precisam de atenção e admiração constantes, têm uma noção de direito adquirido e tendem a explorar os outros. Tendem, também, a ter inveja e demonstrar arrogância, al´m de ser incapazes de se importar realmente com outra pessoa (APA, 1994).

O **distúrbio de personalidade limítrofe (borderline)** é caracterizado pela acentuada instabilidade na auto-imagem, no temperamento e nas relações interpessoais. As pessoas com esse transtorno de personalidade tendem a agir de maneira impulsiva e muitas vezes autodestrutiva. Sentem-se mal quando sozinhas e freqüentemente manipulam impulsos autodestrutivos na tentativa de controlar ou consolidar suas relações pessoais.

O distúrbio de personalidade limítrofe é comum e sério. As evidências disponíveis indicam que embora ele possa atingir vários membros de uma mesma família, o fator genético não parece desempenhar um papel importante em seu desenvolvimento (Oltmanns e Emery, 1998). Em vez disso, os estudos apontam para a influência de relações disfuncionais com pais, inclusive a marcada falta de supervisão, a exposição freqüente à violência doméstica e ao abuso físico e sexual (Guzder, Paris, Zelkowitz e Marchessault, 1996).

Um dos transtornos de personalidade mais estudados é **o distúrbio de personalidade anti-social**. Pessoas que exibem esse distúrbio mentem, roubam, trapaceiam e mostram pouca ou nenhuma noção de responsabilidade, embora a princípio freqüentemente pareçam inteligentes e atraentes, no início. O "vigarista" exemplifica muitas das características da personalidade anti-social, bem como quem trapaceia compulsivamente seus sócios porque conhece os pontos fracos deles. Pessoas com personalidade anti-social raramente mostram alguma ansiedade ou culpa com relação ao seu comportamento. De fato, é provável que culpem a sociedade ou suas vítimas pelas ações que cometem.

Os portadores desse distúrbio, como o homem na descrição a seguir, são responsáveis por grande parte do crime e da violência:

> Embora inteligente, [G] era um estudante pobre acusado freqüentemente de roubar seus colegas de classe. Aos 14 anos, roubou um carro e aos 20 foi preso por roubo. Foi solto e depois passou mais dois anos na prisão por dirigir alcoolizado, e então mais 11 anos por uma série de assaltos à mão armada. Solto mais uma vez em 1976, tentou vários empregos, mas não obteve sucesso em nenhum deles. Foi morar com uma mulher que havia conhecido no dia anterior, mas bebeu demais (um hábito que adquiriu aos dez anos) e espancou os filhos dela; ela então o obrigou a sair de casa, sob a mira de uma arma. "Parece que as coisas sempre foram ruins para mim", disse ele mais tarde. "Parece que eu sempre fiz bobagens que só me trouxeram problemas" (Spitzer, Skodal, Gibbon e Williams, 1983, p. 68).

Na avaliação psiquiátrica, verificou-se que esse homem tinha QI superior a 129 e um conhecimento geral considerável. Ele dormia e comia bem e não mostrava mudanças significativas de humor. Admitiu ter "arruinado sua vida", mas acrescentou: "Eu nunca liguei para as coisas que fiz". Gary Gilmore foi executado por assassinato em 1977.

No EUA, aproximadamente três por cento dos homens e menos de um por cento das mulheres têm distúrbio de personalidade anti-social. Não é surpreendente que os presidiários mostrem altos índices desse tipo de distúrbios: um estudo identificou isso em 50 por cento das populações de dois presídios (Hare, 1983). No entanto, nem todos os portadores do transtorno são criminosos convictos. Muitos manipulam os outros para seu próprio benefício, enquanto evitam o sistema de justiça criminal.

O distúrbio de personalidade anti-social parece resultar de uma combinação de predisposição biológica, experiências difíceis de vida e um ambiente social não saudável (Moffitt, 1993). Algumas evidências sugerem que a hereditariedade é um fator de risco para o desenvolvimento posterior do comportamento anti-social (Lyons *et al.*, 1995). A violência e a agressão impulsivas têm sido relacionadas também a níveis anormais de determinados neurotransmissores (Virkkunen, 1983). Embora nenhuma dessas pesquisas seja definitiva, o peso das evidências sugere que algumas pessoas com personalidade anti-social respondem menos ao estresse e, assim, têm mais probabilidade de se engajar em comportamentos arriscados, podem ser prejudiciais a elas mesmas e aos outros (Patrick, 1994). E, uma vez que têm uma resposta menos emocional ao estresse, a punição não as atinge como a outras pessoas (Hare, 1993). Outra explicação intrigante para a causa desse distúrbio é que ele também surge em conseqüência de lesões na região pré-frontal do cérebro durante a infância (Anderson, Bechara, Damásio, Tranel e Damasio, 1999).

Alguns psicólogos consideram que a privação emocional na infância predispõe ao distúrbio de personalidade anti-social. A criança a quem ninguém liga, dizem os psicólogos, não liga para ninguém. O respeito pelos outros é a base de nosso código social, mas quando a pessoa não consegue ver as coisas da perspectiva da outra, as "regras" de comportamento parecem ser nada mais que uma afirmação do poder adulto a ser desafiado.

As influências da família também podem impedir a aprendizagem normal de regras de conduta nos anos pré-escolares e escolares. É improvável que uma criança rejeitada por um dos pais, ou por ambos, desenvolva habilidades sociais adequadas ou um comportamento social apropriado. Além disso, a alta incidência de comportamento anti-social em filhos de um pai anti-social sugere que tal comportamento pode ser parcialmente aprendido e parcialmente herdado. Uma vez que um mau comportamento sério começa na infância, há quase uma progressão previsível: a conduta da criança leva à rejeição pelos colegas e ao fracasso na escola, seguidos pela afiliação com outras crianças de comportamento problemático. No final da infância ou na adolescência, os padrões desviantes — que mais tarde aparecerão como um distúrbio de personalidade anti-social plenamente desenvolvido — já estão bem estabelecidos (Patterson, DeBaryshe e Ramsey, 1989).

Os teóricos cognitivos enfatizam que, além do fracasso em aprender as regras e desenvolver o autocontrole, o desenvolvimento moral pode ser interrompido em crianças rejeitadas emocionalmente e disciplinadas de maneira inadequada. Por exemplo, entre sete e 11 anos, aproximadamente, é provável que todas as crianças reajam ao tratamento injusto comportando-se injustamente com relação a alguém mais vulnerável. Com cerca de 13 anos, quando tem mais capacidade de raciocinar em termos abstratos, a maioria das crianças começa a pensar mais em termos de justiça que de vingança, principalmente se as novas capacidades cognitivas e os conceitos morais são reforçados pelos pais e amigos (M. W. Berkowitz e Gibbs, 1983).

TESTE SUA APRENDIZAGEM

1. Padrões permanentes de comportamentos relativamente "normais" mas rígidos e não-adaptativos são chamados
   ___ a. esquizofrenia
   ___ b. distúrbios de personalidade
   ___ c. distúrbios de ansiedade

Relacione as desordens de personalidade a seguir com suas descrições apropriadas.

___ 2. distúrbio de personalidade esquizóide   a. mostra instabilidade na auto-imagem, no temperamento e nos relacionamentos

___ 3. distúrbio de personalidade paranóide   b. é medroso e tímido

___ 4. distúrbio de personalidade dependente   c. não confia nas pessoas nem mesmo quando não há razão para isso

___ 5. distúrbio de personalidade esquiva   d. mostra pouca noção de responsabilidade

___ 6. distúrbio de personalidade narcisista   e. exibe um comportamento dramático, extremo e autocentrado

___ 7. distúrbio de personalidade limítrofe/borderline   f. não tem capacidade para formar relações sociais

___ 8. distúrbio de personalidade anti-social   g. é incapaz de tomar decisões sozinho

Respostas: 1. b. 2. f. 3. c. 4. g. 5. b. 6. e. 7. a. 8. d.

Distúrbios esquizofrênicos

Como a esquizofrenia difere do distúrbio de personalidades múltiplas?

Uma concepção errônea comum é que a *esquizofrenia* significa "personalidade dividida". Mas, como vimos, a personalidade dividida (ou personalidades múltiplas) na verdade é um distúrbio de identidade dissociativa. A falta de compreensão vem do fato de a raiz *esquizo* derivar do verbo grego que significa "dividir". O que é dividido na esquizofrenia não é tanto a personalidade, mas as ligações entre os pensamentos.

Os **distúrbios esquizofrênicos** são condições severas caracterizadas por pensamentos e comunicações desordenados, emoções inadequadas e comportamento bizarro que dura meses ou mesmo anos. Os esquizofrênicos perdem o contato com a realidade, o que significa dizer que são **psicóticos**. A *psicose* às vezes é confundida com a insanidade, mas os termos não são sinônimos. A **insanidade** é o termo legal para as pessoas que não são responsáveis por suas ações criminais (veja a Seção "Compreendendo o mundo que nos cerca").

As pessoas com esquizofrenia freqüentemente têm **alucinações**, percepções sensoriais falsas que em geral se manifestam por meio de vozes que não existem de fato (alucinações visuais, táteis ou olfativas têm mais probabilidade de indicar abuso de substâncias ou lesão orgânica do cérebro). Elas também apresentam freqüentemente **ilusões** — falsas crenças sobre a realidade sem base factual — que distorcem as relações com seu ambiente e com outras pessoas. Geralmente essas ilusões são *paranóicas*: os esquizofrênicos acreditam que alguém irá prejudicá-los. Podem pensar que um médico deseja matá-los ou que estão recebendo mensagens por rádio de alienígenas invasores. Freqüentemente consideram seus próprios corpos — e também o mundo exterior — hostis e estranhos. Uma vez que seu mundo é totalmente diferente daquele em que a maioria de nós vive, as pessoas com esquizofrenia geralmente não conseguem ter uma vida normal, a menos que o tratamento recebido por elas, com o uso de medicação, seja bem-sucedido (veja o Capítulo 13, "Terapias"). Freqüentemente, são incapazes de se comunicar com os outros, visto que sua fala é incoerente. O caso a seguir ilustra algumas das principais características da esquizofrenia:

> Há muitos anos [uma viúva de 35 anos] ouve vozes que a insultam e lançam suspeitas quanto à sua castidade... As vozes são muito distintas e, na opinião dela, devem ser transmitidas pelo telescópio ou por uma máquina de sua casa. Seus pensamentos são ditados para ela; ela é obrigada a pensar sobre eles e ouve-os repetidamente. Ela... sente todos os tipos de sensações desconfortáveis em seu corpo, ao qual alguma coisa é "feita". Em particular, suas "partes-mãe" são reviradas e as pessoas enviam uma dor pelas suas costas, colocam gelo em sua cabeça, apertam seu pescoço, machucam sua coluna e a agridem. Há também alucinações visuais — figuras negras e pessoas com a aparência alterada — mas estas são bem menos freqüentes (Spitzer *et al.*, 1981, pp. 308-309).

Há vários tipos de distúrbios esquizofrênicos, que apresentam diferentes sintomas característicos.

A **esquizofrenia desorganizada** inclui alguns dos sintomas mais bizarros da doença, como rir, fazer caretas e gesticular de maneira frenética. Os portadores desse distúrbios mostram um desrespeito infantil pelas convenções sociais e podem urinar ou defecar em momentos inadequados. São ativos, mas não têm um objetivo e freqüentemente entabulam conversas incoerentes.

Na **esquizofrenia catatônica**, a atividade motora é gravemente perturbada. As pessoas nesse estado podem permanecer imóveis, mudas e impassíveis. Podem se comportar de modo automatizado quando recebem ordens para se mexer, ou até deixar os médicos colocar seus braços e pernas em posições desconfortáveis — que mantêm durante horas. No extremo oposto, elas podem se tornar excessivamente excitadas, conversando e gritando continuamente.

A **esquizofrenia paranóide** é caracterizada por suspeita extrema e ilusões complexas. As vítimas podem acreditar que são Napoleão ou a Virgem Maria, ou podem insistir que espiões russos com armas a laser estão constantemente no seu encalço porque sabem de algum grande segredo. Visto que é menos provável que sejam incoerentes ou que pareçam ou ajam como "loucas", essas pessoas podem parecer mais "normais" que as portadores de outros transtornos esquizofrênicos, se suas ilusões forem compatíveis com a vida diária. Elas podem, entretanto, reagir com hostilidade ou agressividade com qualquer um que questione seu pensamento ou ilusão. Observe que esse transtorno é bem mais severo que o distúrbio de personalidade paranóide, o qual não envolve ilusões bizarras ou a perda de contato com a realidade.

Finalmente, a **esquizofrenia indiferenciada** é a classificação para pessoas que apresentam vários dos sintomas característicos de esquizofrenia — como ilusões, alucinações ou incoerência — e, no entanto, não mostram os sintomas típicos de qualquer outro subtipo do transtorno.

Uma vez que a esquizofrenia é um distúrbio muito sério, pesquisas consideráveis têm sido direcionadas para tentar descobrir suas causas. Muitos estudos indicam que ela tem um componente genético

(Gottesman, 1991). Esquizofrênicos têm mais probabilidade de ter filhos com esquizofrenia, mesmo que esses filhos convivam com pais adotivos desde cedo. E, se um gêmeo idêntico tem esquizofrenia, as chances de que o outro também desenvolva esse distúrbio são de quase 50 por cento. Em gêmeos fraternos, se um gêmeo tem esquizofrenia, o outro tem cerca de 17 por centro de chances de desenvolvê-la também.

Pesquisas recentes sugerem que a predisposição biológica à esquizofrenia pode estar relacionada a quantidades excessivas do neurotransmissor dopamina no sistema nervoso central. As drogas que aliviam os sintomas de esquizofrenia diminuem a quantidade de dopamina no cérebro e bloqueiam os receptores

COMPREENDENDO O MUNDO QUE NOS CERCA

A defesa da insanidade

Muitas pessoas atribuem crimes hediondos — por exemplo, assassinatos de figuras públicas, chacinas em massa e assassinatos em série — a distúrbios mentais, porque parece que uma pessoa capaz de cometer tais crimes deve estar louca. Mas, se uma pessoa é realmente "louca", o sistema legal tem razões para responsabilizá-la por seus atos criminosos? A resposta legal a essa questão é um sim qualificado. Uma pessoa mentalmente doente é responsável por seus crimes, a não ser que seja considerada insana. Qual é a diferença entre ser "mentalmente doente" e ser "insano"? *Insanidade* é um termo que pertence ao direito, e não à psicologia. Costuma ser aplicado a réus que, quando cometeram a infração da qual são acusados, estavam tão perturbados mentalmente que não puderam distinguir o certo do errado ou não puderam controlar o ato — foi um 'impulso irresistível'.

Quando há suspeita de que um réu seja mentalmente perturbado, outra questão importante deve ser respondida antes de essa pessoa ser levada a julgamento: ele ou ela pode entender as acusações e participar de uma defesa no tribunal? A questão de competência para estar presente no julgamento é determinada por um especialista indicado pelo tribunal. A pessoa considerada insana é enviada a uma instituição psiquiátrica, freqüentemente por um período indefinido. Já o réu considerado são é obrigado a estar presente no julgamento. Nesse caso, pode ser considerado inocente por razões de insanidade afirmação de que na ocasião do crime o réu não tinha capacidade básica de avaliar a ilegalidade de seu ato

> O réu era incapaz de distinguir entre o certo e o errado?

(distinguir o certo do errado) ou de se conformar aos requisitos da lei (controlar seu comportamento).

Quando um réu requisita um pedido de insanidade, o sistema judicial depende bastante do testemunho de psicólogos e de psiquiatras forenses para determinar seu estado mental na ocasião do crime. Visto que na maioria dos julgamentos os especialistas atestam tanto a favor do réu quanto da defesa, o júri freqüentemente fica confuso com relação em quem deve acreditar. Além disso, muitas pessoas não acreditam em profissionais que recebem grandes somas de dinheiro para comparecer ao tribunal e alegar que um réu é ou não é insano. O público, que ignora o jargão profissional, sente freqüentemente que o testemunho de um psicólogo permite que os criminosos perigosos "escapem". Na realidade, aqueles que pedem a comprovação de insanidade e têm sucesso, muitas vezes ficam mais tempo confinados em hospitais psiquiátricos do que ficariam em presídios se tivessem sido condenados por seus crimes. Portanto, a alegação de insanidade não é uma maneira fácil de se livrar da responsabilidade penal.

Theodore J. Kaczynski, o terrorista serial conhecido como Unabomber, foi procurado pelo FBI durante 17 anos. Kaczynski declarou-se culpado por três mortes, para evitar um julgamento em que seus advogados tinham planejado alegar que ele era legalmente insano.

dela. Algumas pesquisas também indicam que patologias em várias estruturas do cérebro podem desencadear o início da esquizofrenia (Weinberger, 1997). Outros estudos relacionam a esquizofrenia a alguma forma de transtorno pré-natal precoce (Wolf e Weinberger, 1996). No entanto, cientistas descobriram apenas diferenças médias na estrutura cerebral e na química entre pessoas esquizofrênicas e saudáveis (Noga, Bartley, Jones, Torrey e Weinberger, 1996). Até agora, nenhum teste de laboratório consegue diagnosticar a esquizofrenia com base em anormalidades cerebrais. De fato, estudos de gêmeos idênticos em que apenas um tem esquizofrenia às vezes têm encontrado mais evidências de anormalidades no cérebro no gêmeo saudável que do irmão doente.

Estudos de gêmeos idênticos também têm identificado habitualmente a importância do ambiente como causa da esquizofrenia. Visto que gêmeos desse tipo são geneticamente idênticos e uma vez que a metade dos gêmeos idênticos de pessoas com esquizofrenia não desenvolve a esquizofrenia, esse distúrbio severo e intrigante não pode ser atribuído apenas a fatores genéticos. Os fatores ambientais — que variam de relações familiares problemáticas à ingestão de drogas a danos biológicos que podem ocorrer em qualquer idade, mesmo antes do nascimento — também devem ser considerados para determinar se a pessoa irá desenvolver esquizofrenia. Lembre-se de que o modelo sistêmico prenunciaria que o ambiente e a experiência podem aumentar ou diminuir os efeitos de qualquer tendência hereditária. Em conseqüência, gêmeos idênticos com distúrbios psicológicos mostrarão modos diferentes de funcionamento.

Finalmente, embora com ênfase muito diferente, as várias explicações dadas para os distúrbios psicológicos não são mutuamente exclusivas. Fatores genéticos são reconhecidos universalmente, mas muitos teóricos acreditam que somente uma combinação de fatores biológicos, psicológicos e sociais gera a esquizofrenia (Gottesman, 1991). De acordo com o modelo sistêmico, os fatores genéticos predispõem algumas pessoas à esquizofrenia, e a interação familiar e o estresse na vida ativam essa predisposição.

TESTE SUA APRENDIZAGEM

1. Distúrbios esquizofrênicos são caracterizados por sintomas _____ ou pela perda de contato com a realidade.
2. A _____ é o termo jurídico para pessoas mentalmente perturbadas que não são consideradas responsáveis por suas ações criminosas.
3. As pessoas com esquizofrenia freqüentemente têm _____, percepções sensoriais falsas que em geral se manifestam por meio de vozes que não existem de fato.

Relacione os termos a seguir às suas descrições apropriadas.

____ 4. esquizofrenia desorganizada

____ 5. esquizofrenia catatônica

____ 6. esquizofrenia paranóide

____ 7. esquizofrenia indiferenciada

a. é caracterizada por suspeita extrema e ilusões complexas

b. tem sintomas bizarros que podem incluir risadas, caretas, gesticulações frenéticas e um desrespeito infantil por convenções sociais

c. é caracterizada por um distúrbio severo da atividade motora

d. é encontrada em pessoas com vários sintomas característicos de esquizofrenia, mas que não apresentam os sintomas típicos de qualquer outro subtipo

8. Indique se as afirmações a seguir são verdadeiras (V) ou falsas (F).

___ a. Esquizofrenia é quase a mesma coisa que a personalidade múltipla.

___ b. Estudos indicam que uma predisposição biológica à esquizofrenia pode ser herdada.

___ c. Testes de laboratório podem ser usados para diagnosticar a esquizofrenia com base em anormalidades cerebrais.

Respostas: 1. psicóticos. 2. insanidade. 3. alucinações. 4. b. 5. c. 6. a 7. d. 8. a. (F); b. (V); c. (F).

Distúrbios na infância

Por que os estimulantes parecem acalmar crianças e adultos hiperativos?

Crianças podem apresentar condições já discutidas neste capítulo — por exemplo, depressão e distúrbios de ansiedade. Mas outros distúrbios são característicos de crianças ou se evidenciam pela primeira vez na infância. O DSM-IV contém uma longa lista de "distúrbios geralmente diagnosticados pela primeira vez na infância ou na adolescência". Dois deles são o distúrbio do déficit de atenção e o distúrbio autista.

O **distúrbio do déficit de atenção/hiperatividade** (attention-deficit/hyperactivity disorder — **ADHD**) era conhecida simplesmente como *hiperatividade*. A nova denominação reflete o fato de que as crianças afetados costumam ter problemas para concentrar sua atenção de maneira sustentada, como as outras crianças o fazem. Em vez disso, elas se distraem facilmente, são inquietas e impulsivas e estão quase constantemente em movimento. Muitos teóricos acreditam que esse distúrbio — que afeta quase cinco por cento de todas as crianças em idade escolar e é muito mais comum em meninos que em meninas — está presente ao nascimento, mas se torna um problema sério apenas depois que a criança ingressa na escola. O ambiente da sala de aula exige que os pequenos permaneçam quietos, sentados, prestem atenção conforme são instruídos a fazer, sigam instruções e inibam necessidades de gritar e de correr. A criança com distúrbio do déficit de atenção simplesmente não consegue atender a essas exigências.

Não sabemos ainda o que provoca o ADHD, mas a maioria dos teóricos acredita que os fatores biológicos sejam muito influentes (veja Filipek *et al.*, 1997; Vaidya *et al.*, 1998). A interação familiar e outras experiências sociais podem ser mais importantes para evitar o distúrbio que para provocá-lo. Ou seja, alguns pais excepcionalmente competentes e pacientes, aliados a professores tolerantes, podem ser capazes de ensinar crianças "difíceis" a se adequar às exigências do aprendizado escolar. Embora alguns psicólogos treinem habilidades dos pais de crianças com ADHD para que controlem essa condição, o tratamento mais freqüente consiste no uso de um tipo de medicamento conhecido como *psicoestimulante*. Os psicoestimulantes não "acalmam" as crianças hiperativas; em vez disso, parecem aumentar a capacidade delas de concentrar sua atenção, de modo que elas possam se voltar inteiramente para a tarefa em questão, o que diminui sua hiperatividade (Barkley, 1990). Infelizmente, os psicoestimulantes produzem benefícios apenas no curto prazo e seu uso é controverso (Panskepp, 1998).

TESTE SUA APRENDIZAGEM

1. As crianças com _____ não têm capacidade para concentrar sua atenção de maneira sustentada, como as outras crianças o fazem.
2. O tratamento mais freqüente para ADHD consiste no uso de um tipo de droga conhecido como _____.
3. Qual das seguintes alternativas não é uma característica de crianças com distúrbio autista?
    a. Elas não formam vínculos normais com os pais.
    b. Elas têm freqüentemente QIs excepcionalmente altos.
    c. Elas costumam mostrar comportamento motor incomum, como movimentos corporais repetidos infinitamente.
    d. À medida que crescem freqüentemente não desenvolvem a fala.
4. Indique se as afirmações a seguir são verdadeiras (V) ou falsas (F):
    ___a. O ADHD é muito mais comum em meninos que em meninas.
    ___b. Os psicoestimulantes "acalmam" crianças hiperativas.
    ___c. A maioria dos teóricos acredita que o autismo resulte quase totalmente de condições biológicas.

Respostas: 1. distúrbio do déficit de atenção/hiperatividade (ADHD). 2. psicoestimulante. 3. b. 4. a. (V); b. (F); c.(V)

Um distúrbio extremamente sério e muito diferente que em geral se torna evidente nos primeiros anos de vida é o **distúrbio autista**. Crianças autistas não conseguem formar os vínculos normais com os pais: permanecem distantes e retraídas em seu próprio mundo. Quando bebês, podem até demonstrar angústia quando estão no colo ou nos braços de alguém. À medida que crescem, não falam, ou desenvolvem um padrão de fala peculiar chamado *ecolalia*, em que repetem as palavras que lhes dizem. As crianças autistas costumam mostrar um comportamento motor incomum, como movimentos corporais repetidos infinitamente, ou andar constantemente na ponta dos pés. Não brincam como as crianças normais; não são sociais e podem usar brinquedos de formas estranhas, girando constantemente as rodas de um caminhão de brinquedo ou rasgando papel em tiras, por exemplo. As crianças autistas exibem freqüentemente os sintomas de retardamento, porém é difícil verificar sua capacidade mental porque em geral elas não falam. Esse distúrbio permanece na fase adulta na grande maioria dos casos (lembre-se do personagem Raymond, no filme *Rain Man*).

Não sabemos o que provoca o autismo, embora a maioria dos teóricos acredite que ele resulta quase totalmente de condições biológicas. Algumas causas de retardamento mental, como a síndrome do X frágil (veja o Capítulo 7), também parecem aumentar o risco de distúrbio autista. Evidências recentes sugerem que a genética também desempenha um papel importante como causa do distúrbio (Bailey *et al.*, 1995; Cook *et al.*, 1998; Lamb, Moore, Bailey e Monaco, 2000; Rodier, 2000).

Diferenças culturais e de gênero no comportamento anormal

Quais fatores complexos contribuem para as diferentes taxas de comportamento anormal em homens e mulheres?

Durante todo o capítulo, raramente examinamos as diferenças entre homens e mulheres, apesar da conclusão bastante simplificada, em muitos estudos, de que as mulheres têm taxa mais alta de distúrbios psicológicos que os homens. Taxas de distúrbios mentais variam de acordo com inúmeros fatores: gênero, idade, raça, etnia, estado civil, renda e tipo de distúrbio. Além disso, como determinamos a "taxa de distúrbios psicológicos"? Contamos apenas pessoas internadas em hospitais psiquiátricos? Aqueles que recebem um diagnóstico formal? Ou contamos todas as pessoas na população geral consideradas portadoras de distúrbios mentais — mesmo que não tenham procurado tratamento nem recebido um diagnóstico formal? Essas perguntas ilustram o quanto é difícil fazer uma generalização segura sobre as diferenças entre os sexos.

Sabemos que as mulheres tratam mais os distúrbios mentais, mas isso não significa que elas tenham mais distúrbios que os homens; apenas indica que em nossa sociedade é muito mais aceitável que as mulheres discutam suas dificuldades emocionais e busquem ajuda profissional (Lerman, 1996). Talvez os distúrbios mentais sejam igualmente comuns entre os homens — ou até mais comuns —, mas estes em geral não procuram terapeutas e, portanto, não são contabilizados nos estudos.

Em nossa cultura, quando os homens exibem um comportamento anormal, é mais provável que eles bebam demais ou ajam de maneira agressiva; já quando as mulheres exibem comportamento anormal, é mais provável que fiquem amedrontadas, passivas, desesperançadas e "doentes" (Basow, 1986).

Vimos no Capítulo 11 que os efeitos do estresse são maiores na medida em que a pessoa se sente alienada, sem poder e desamparada — situações mais freqüentes entre as mulheres que entre os homens. Esses fatores são comuns principalmente entre mulheres pertencentes a minorias, e os distúrbios psicológicos são mais prevalentes entre elas que entre outras (Russo e Sobel, 1981). Uma vez passada a puberdade, as mulheres parecem ter taxas mais altas de distúrbios de ansiedade e depressão que os homens, e é mais provável que elas busquem com mais freqüência ajuda profissional para seus problemas que eles. No entanto, o estresse maior, — em parte em virtude da socialização e do status inferior e não da fraqueza psicológica — aparentemente responde por esses dados estatísticos. O casamento e a vida familiar, associados a taxas inferiores de distúrbios mentais entre os homens, aumentam o estresse na vida das mulheres, particularmente entre mulheres jovens (25-45) e, em alguns casos, esse estresse adicional se traduz em um distúrbio psicológico.

A idéia de que a cultura desempenha um papel na prevalência de distúrbios mentais é apoiada pela evidência de que a freqüência e a natureza de pelo menos alguns distúrbios varia de maneira significativa pelo mundo (Lopez e Guarnaccia, 2000). É interessante que os distúrbios com um forte componente genético (como a esquizofrenia) não diferem muito de uma cultura para outra ou entre homens e mulheres. Já os que parecem mais dependentes de expectativas culturais (como ADHD) mostram variações maiores entre diferentes grupos culturais e entre homens e mulheres (Weisz, McCarty, Eastman, Chaiyasit e Suwanlert, 1997).

As diferenças de gênero e cultura, apóiam a visão sistêmica do comportamento anormal. Os distúrbios psicológicos costumam se manifestar como resultado de fatores biológicos, psicológicos e sociais complexos.

> **TESTE SUA APRENDIZAGEM**
>
> 1. Os distúrbios mentais para os quais parece haver um forte componente _____ são distribuídos igualmente entre os sexos.
> 2. As mulheres tratam mais as desordens mentais que os homens. Essa afirmação é verdadeira (V) ou falsa (F)?
> 3. Há uma variação cultural maior naqueles comportamentos anormais com fortes causas genéticas. Essa afirmação é verdadeira (V) ou falsa (F)?
>
> Respostas: 1. biológico. 2. (V). 3. (F).

PALAVRAS-CHAVE

Perspectivas sobre os distúrbios psicológicos
Modelo biológico, p. 430
Modelo psicanalítico, p. 430
Modelo cognitivo-comportamental, p. 430
Modelo diátese-estresse, p. 431
Diátese
Abordagem mistêmica

Distúrbios de temperamento
Distúrbios de temperamento, p. 432
Depressão, p. 433
Mania, p. 435
Distúrbio bipolar, p. 436
Distorções cognitivas, p. 436

Distúrbios de ansiedade
Distúrbios de ansiedade, p. 437
Fobias específicas, p. 438
Fobias sociais, p. 438
Agorafobia, p. 438
Distúrbio do pânico, p. 438
Distúrbio de ansiedade generalizada, p. 439
Distúrbio obsessivo-compulsivo, p. 439

Distúrbios psicossomáticos e somatoformes

Distúrbio psicossomático, p. 441
Distúrbios somatoformes, p. 442
Distúrbios de conversão, p. 442
Hipocondríase, p. 442
Distúrbio dismórfico corporal, p. 442

Distúrbios dissociativos
Distúrbios dissociativos, p. 443
Distúrbio de identidade dissociativa, p. 443
Distúrbio de despersonalização, p. 444

Distúrbios sexuais e de identidade de gênero
Disfunção sexual, p. 445
Parafilias, p. 445
Fetichismo, p. 445
Pedofilia, p. 446
Distúrbios de identidade de gênero, p. 446
Distúrbio de identidade de gênero em crianças, p. 446

Distúrbios de personalidade
Distúrbios de personalidade, p. 447
Distúrbio de personalidade esquizóide, p. 447
Distúrbio de personalidade paranóide, p. 447

Distúrbio de personalidade dependente, p. 447
Distúrbio de personalidade esquiva, p. 447
Distúrbio de personalidade narcisista, p. 447
Distúrbio de pesonalidade limítrofe (boder line)
Distúrbio de personalidade anti-social, p. 447

Distúrbios esquizofrênicos
Distúrbios esquizofrênicos, p. 450
Psicótico, p. 450
Insanidade, p. 450
Alucinações, p. 450
Ilusões, p. 450
Esquizofrenia desorganizada, p. 450
Esquizofrenia catatônica, p. 450
Esquizofrenia paranóide, p. 451
Esquizofrenia indiferenciada, p. 451

Distúrbios na infância
Distúrbio do déficit de atenção/hiperatividade (ADHD), p. 453
Distúrbio autista, p. 454

REVISÃO DO CAPÍTULO

Perspectivas sobre os distúrbios psicológicos

Como o profissional de saúde mental define um distúrbio psicológico?
Os profissionais de saúde mental definem um distúrbio psicológico como uma condição que prejudica seriamente a capacidade da pessoa de atuar na vida ou cria um alto nível de angústia interior (às vezes ambos). Essa visão não significa que seja sempre fácil distinguir a categoria "perturbado" da categoria "normal". De fato, é muito mais correto ver o comportamento anormal como diferente do normal apenas em termos quantitativos.

Como a visão dos distúrbios psicológicos tem mudado ao longo do tempo? Nas primeiras sociedades, o comportamento anormal era atribuído freqüentemente a poderes sobrenaturais. As raízes de uma visão mais naturalista remontam a Hipócrates, que sustentava que a loucura era como qualquer outra doença, que surgia de causas naturais. Essa abordagem caiu em descrédito na Idade Média, quando estar possuído por demônios tornou-se a explicação predominante dos distúrbios psicológicos. A visão naturalista não voltou à tona até o século XVIII. Nos tempos modernos, três abordagens ajudaram a ampliar nosso entendimento do comportamento anormal: a biológica, a psicanalítica e a cognitivo-comportamental.

Como a biologia pode influenciar o desenvolvimento de distúrbios psicológicos? O **modelo biológico** sustenta que o comportamento anormal é provocado por algum mau funcionamento fisiológico, principalmente do cérebro. Supõe-se que esses maus funcionamentos sejam freqüentemente de origem hereditária. Embora haja evidências de que fatores genéticos/bioquímicos estejam realmente envolvidos em alguns transtornos psicológicos, a biologia por si só não pode responder pela maioria das doenças mentais.

Para Freud e seus seguidores, quais eram as causas subjacentes dos distúrbios psicológicos? O **modelo psicanalítico** de Freud sustenta que o comportamento anormal seja uma expressão simbólica de conflitos inconscientes, os quais em geral remontam à infância.

De acordo com o modelo cognitivo-comportamental, o que provoca o comportamento anormal? O **modelo cognitivo-comportamental** afirma que os distúrbios psicológicos surgem quando as pessoas aprendem maneiras não-adaptativas de pensar e agir. Porém, o que foi aprendido pode ser desaprendido. Os terapeutas cognitivo-comportamentais lutam, portanto, para modificar os comportamentos disfuncionais, e os processos de pensamentos distorcidos e autodestrutivos de seus pacientes.

Por que algumas pessoas com histórico familiar de desordens psicológicas desenvolvem a desordem, enquanto outros membros da família não? O **modelo diátese-estresse** é uma abordagem promissora para responder a essa pergunta. Como uma tentativa de integrar a perspectiva biológica com a ambiental, ele defende que os distúrbios psicológicos se desenvolvem quando uma **diátese** (ou predisposição biológica) é desencadeada por circunstâncias estressantes. Outra tentativa de integrar causas é feita na **abordagem sistêmica**. Esta sustenta que os transtornos psicológicos são "doenças de estilo de vida" que surgem de uma combinação de fatores de risco biológicos, estresses psicológicos e pressões sociais. Essa abordagem também pode ajudar a explicar por que um histórico familiar de distúrbio nem sempre indica que este se desenvolverá.

Por que é útil ter um manual de distúrbios psicológicos? Há quase 40 anos, a American Psychiatric Association publicou o *Diagnostic and statistical manual of mental disorders (DSM)*. A edição atual, conhecida como DSM-IV, fornece descrições cuidadosas dos sintomas de diferentes distúrbios, de modo que os diagnósticos baseados neles sejam confiáveis entre os profissionais de saúde mental. O DSM-IV dispõe de pouco conteúdo sobre causas e tratamentos.

Em que medida as desordens mentais são comuns? De acordo com pesquisas, 32 por cento dos norte-americanos apresentam um ou mais distúrbios mentais durante sua vida e, a qualquer momento 15 por cento da população está afetada. O abuso de drogas é o distúrbio mais comum, seguido de distúrbios de ansiedade e, depois, de temperamento.

Distúrbios de temperamento

Como os distúrbios de temperamento diferem das mudanças comuns no humor? A maioria das pessoas apresenta uma grande variação emocional, mas, nos portadores de **distúrbios de temperamento**, essa variação é bastante restrita. Eles parecem apegadas a um ou outro extremo do espectro emocional, ou podem se alternar entre períodos de mania e depressão.

Como a depressão clínica difere da tristeza comum? O distúrbio de temperamento mais comum é a **depressão**, um estado em que pessoa sente uma tristeza incontrolável, perde o interesse por atividades que lhe davam prazer e exibe outros sintomas, como culpa excessiva ou sentimentos de autodesvalorização. O DSM-IV distingue entre duas formas de depressão clínica. O distúrbio depressivo maior é um episódio de tristeza profunda que pode durar vários meses; por outro lado, a *distimia* envolve tristeza menos intensa, mas persiste com pouco alívio durante um período de dois anos ou mais.

Quais são os fatores relacionados à probabilidade de alguém cometer suicídio? As mulheres tentam mais o suicídio, mas os homens obtêm mais êxito. Os índices de suicídio entre adolescentes norte-americanos e jovens adultos têm aumentado, e o suicídio é a terceira causa de morte entre adolescentes. Um sentimento comum associado ao suicídio é a desesperança, também típica da depressão.

O que é mania e como ela está envolvida no distúrbio bipolar? As pessoas que têm **mania** ficam eufóricas ("superexcitadas"), extremamente ativas, excessivamente falantes e se distraem com facilidade. Elas costumam ter esperanças e planos ilimitados, mas pouco interesse em executá-los de maneira realista. No extremo, podem chegar ao esgotamento. Os episódios de mania raramente aparecem isolados; em vez disso, geralmente se alternam com a depressão. Esse distúrbio de temperamento, em que tanto a mania quanto a depressão estão presentes de maneira alternada sendo às vezes interrompidos por períodos de humor normal, é conhecido como **distúrbio bipolar**.

O que leva algumas pessoas a experimentar mudanças extremas de temperamento? Os distúrbios de temperamento podem resultar de uma combinação de fatores biológicos, psicológicos e sociais. Os fatores biológicos — incluindo a genética e desequilíbrios químicos no cérebro — parecem desempenhar um papel importante no desenvolvimento da depressão e principalmente do distúrbio bipolar. O fator psicológico de distorções cognitivas (visões irrealisticamente negativas sobre o self) ocorre em muitas pessoas deprimidas, embora não se saiba ao certo se essas distorções provocam a depressão ou são provocadas por ela. Finalmente, fatores sociais, como relações problemáticas, também têm sido associados a distúrbios de temperamento.

Distúrbios de ansiedade

Como um distúrbio de ansiedade difere da ansiedade comum? O medo normal é provocado por algo identificável e desaparece com o tempo. No caso do **distúrbio de ansiedade**, entretanto, ou a pessoa não sabe por que tem medo, ou a ansiedade é inadequada às circunstâncias.

As fobias em geral são agrupadas em qual das três categorias? Uma **fobia específica** é um medo intenso e paralisante de algo que não faz sentido. Uma **fobia social** é um medo excessivo, inadequado, relacionado a situações sociais ou ao desempenho diante de outras pessoas. A **agorafobia**, um tipo menos comum e muito mais debilitante de distúrbio de ansiedade, envolve vários medos intensos, como o medo de estar sozinho ou em lugares públicos, ou de outras situações que requeriam o distanciamento de uma fonte de segurança.

Como maneira um ataque de pânico difere do medo? Um **distúrbio do pânico** é caracterizado por ataques de pânico recorrentes, repentinos w imprevisíveis, e por experiências incontroláveis de medo intenso ou de terror sem qualquer causa razoável.

Como o distúrbio de ansiedade generalizada e o distúrbio obsessivo-compulsivo diferem das fobias específicas? O **distúrbio de ansiedade generalizada** é definido por medos vagos mas intensos que, ao contrário das fobias, não estão relacionados a qualquer objeto ou circunstância particular. Em contraste, o distúrbio **obsessivo-compulsivo** envolve pensamentos involuntários recorrentes, apesar da tentativa da pessoa de eliminá-los, ou rituais compulsivos que a vítima se sente compelida a realizar. Dois outros tipos de distúrbios de ansiedade são provocados por acontecimentos altamente estressantes. Se a reação ansiosa ocorre logo depois do acontecimento, o diagnóstico é *distúrbio de estresse agudo*; se ocorre bem depois, o diagnóstico é *distúrbio de estresse póstraumático*.

O que a perspectiva cognitiva e a biológica podem nos dizer sobre as causas de ansiedade? Os psicólogos da perspectiva biológica propõem que uma predisposição a distúrbios de ansiedade pode ser herdada, porque esses tipos de transtornos tendem a ocorrer em famílias. Os psicólogos cognitivos, por sua vez, sugerem que as pessoas que acreditam não ter controle sobre acontecimentos estressantes em suas vidas têm mais probabilidade de ter distúrbios de ansiedade que as outras. Há também visões de distúrbios de ansiedade baseadas nas perspectivas evolucionária e psicanalítica. Os psicólogos evolucionistas sustentam que somos predispostos pela evolução a associar certos estímulos com medos intensos, e essa é a origem de muitas fobias. Já os teóricos psicanalíticos concentram-se nos conflitos psicológicos internos e nos mecanismos de defesa que eles consideram as fontes de desordens de ansiedade.

Distúrbios psicossomáticos e somatoformes

Qual é a diferença entre os distúrbios psicossomáticos e os somatoformes? Os **distúrbios psicossomáticos** são doenças que têm uma base física reconhecida, mas são provocadas amplamente por fatores psicológicos como estresse e ansiedade excessivos. Por outro lado, os **distúrbios somatoformes** são caracterizados por sintomas físicos sem qualquer causa física identificável. Exemplos são o **distúrbio de conversão** (uma incapacidade específica acentuada sem causa orgânica), a **hipocondríase** (insistência, que pequenos sintomas significam doença séria) e o **distúrbio dismórfico corporal** (feiúra imaginada em alguma parte do corpo).

Distúrbios dissociativos

O que os distúrbios dissociativos têm em comum? Nos **distúrbios dissociativos**, alguma parte da personalidade ou da memória está separada do resto. A amnésia dissociativa envolve a perda de pelo menos alguns aspectos significativos da memória. Quando o amnésico sai de casa e assume uma identidade totalmente nova, o distúrbio é conhecido como *fuga dissociativa*. No **distúrbio de identidade dissociativa,** comumente conhecido como *personalidades múltiplas*, a pessoa assume personalidades distintas que surgem em momentos diferentes. No **distúrbio de despersonalização**, a pessoa de repente se sente mudada ou diferente de maneira estranha.

Distúrbios sexuais e de identidade de gênero

Quais são os três principais tipos de distúrbios sexuais? O DSM-IV reconhece três tipos principais de distúrbios sexuais. Um deles é a **disfunção sexual** — a perda ou diminuição da capacidade de funcionar de maneira efetiva durante o sexo. Nos homens ela pode assumir a forma de desordem de ereção (incapacidade de atingir ou de manter uma ereção), e nas mulheres freqüentemente ocorre como desordem de estimulação sexual feminina (incapacidade de se excitar sexualmente ou de atingir o orgasmo). Outra classe importante de distúrbios sexuais consiste nas **parafilias**, em que a pessoa tem interesse sexual em objetos ou situações não convencionais. Um exemplo é o **fetichismo**, ou o uso regular de um objeto para atingir excitação sexual. Outro é a **pedofilia**, ou a excitação sexual que envolve uma criança pré-púbere. Os distúrbios de identidade de gênero compõem o terceiro tipo principal de distúrbios sexuais. Eles envolvem o desejo de se tornar — ou a insistência de que se é — membro do outro sexo.

Distúrbios de personalidade

Qual distúrbio de personalidade cria os problemas mais significativos para a sociedade? Os **distúrbios de personalidade** são maneiras duradouras, inflexíveis e não-adaptativas de pensar e de se comportar, tão exageradas e rígidas que provocam séria angústia interior ou conflitos com os outros. Um grupo de distúrbios de personalidade é caracterizado por comportamento estranho ou excêntrico. Por exemplo: as pessoas que exibem **distúrbio de personalidade esquizóide** não têm capacidade ou desejo de formar relações sociais, tampouco sentimentos afetuosos com os outros; aqueles que têm **distúrbio de personalidade paranóide** levantam suspeitas infundadas. Outro grupo de distúrbios de personalidade é caracterizado por comportamento ansioso ou temeroso. Exemplos são o **distúrbio de personalidade dependente** (a incapacidade de pensar ou agir de maneira independente) e o **distúrbio de personalidade esquiva** (ansiedade social que leva ao isolamento). Um terceiro grupo de distúrbios de personalidade é caracterizado por comportamento instável, emocional e dramático. Por exemplo: pessoas com **distúrbio de personalidade narcisista** têm uma idéia exacerbada de sua importância, ao passo que aquelas com **distúrbio de personalidade limítrofe/borderline** demonstram muita instabilidade na auto-imagem, no temperamento e nas relações interpessoais. Finalmente, pessoas com **distúrbios de personalidade anti-social** mentem de maneira crônica, roubam e trapaceiam com pouco ou nenhum remorso. Uma vez que esse transtorno é responsável por grande parte dos crimes e violência, ele cria os maiores problemas para a sociedade.

Distúrbios esquizofrênicos

Como a esquizofrenia difere da desordem de personalidades múltiplas? No distúrbio de personalidades múltiplas, a consciência é dividida em duas ou mais personalidades distintas, cada uma das quais é coerente e intacta. Essa condição é diferente dos **distúrbios esquizofrênicos**, que envolvem perturbações marcantes em pensamento e comunicação, emoções inadequadas e comportamento bizarro durante anos. Pessoas com esquizofrenia perdem o contato com a realidade e em geral não podem ter vida normal a menos que façam um tratamento bem-sucedido com o uso de medicamentos. Elas freqüentemente têm **alucinações** (falsas percepções sensoriais) e **ilusões** (falsas crenças sobre a realidade). Os subtipos de distúrbios esquizofrênicos incluem a **esquizofrenia desorganizada** (o desrespeito infantil por convenções sociais), a **esquizofrenia catatônica** (a imobilidade, a mudez ou a excitação excessiva), a **esquizofrenia paranóide** (suspeita extrema relacionada a ilusões complexas) e a **esquizofrenia indiferenciada** (caracterizada por uma diversidade de sintomas).

Distúrbios na infância

Por que os estimulantes parecem acalmar crianças e adultos hiperativos? O DSM-IV dispõe de uma longa lista de distúrbios em geral diagnosticados pela primeira vez na infância ou na adolescência. Dois deles foram discutidos neste capítulo: a **distúrbio do déficit de atenção/hiperatividade (ADHD)** e o **autismo**. Crianças com ADHD distraem-se facilmente, são inquietas e impulsivas e estão quase constantemente em movimento. Os psicoestimulantes freqüentemente prescritos para ADHD parecem acalmar essas crianças porque aumentam a capacidade delas de concentrar a atenção nas tarefas de rotina. O autismo é um problema profundo identificado nos dois primeiros anos de vida. É caracterizado pelo fracasso em formar relações sociais normais, pelo prejuízo severo da fala e por comportamentos motores estranhos.

Diferenças culturais e de gênero no comportamento anormal

Quais fatores complexos contribuem para as diferentes taxas de comportamento anormal em homens e mulheres? Embora quase todos os distúrbios psicológicos afetem tanto homens quanto mulheres, há algumas diferenças de gênero no grau em que alguns deles são encontrados. Os homens têm mais probabilidade de fazer uso abusivo de drogas e de ter distúrbio de personalidade anti-social; as mulheres mostram índices mais altos de depressão, agorafobia, fobia simples, distúrbio obsessivo-compulsivo e distúrbio somatoforme. Em geral, diferenças de gênero têm menos probabilidade de ser vistas em distúrbios que apresentam forte componente biológico. Essa tendência também é vista interculturalmente — diferenças culturais são observadas em distúrbios não muito influenciados por fatores genéticos e biológicos. Essas diferenças de gênero e culturais apóiam a visão sistêmica de que forças biológicas, psicológicas e sociais interagem como causas do comportamento anormal.

PENSAMENTO CRÍTICO E APLICAÇÕES

1. Imagine que se proponha a construção de uma clínica psiquiátrica em um bairro residencial, mas que muitos dos moradores estejam assustados diante da perspectiva de morar próximo a pessoas mentalmente doentes, em recuperação. Eles poderiam de fato impedir a construção do imóvel? Por quê?

2. Os sentimentos de depressão e ansiedade indicam que a pessoa apresenta um distúrbio de temperamento?

3. Qual é a sua opinião sobre a reabilitação de criminosos, dado o fato de que o distúrbio de personalidade anti-social costuma ocorrer em 50 por cento das populações carcerárias?

13 Terapias

VISÃO GERAL

Terapias de insight
- Psicanálise
- Terapia centrada no cliente
- Gestalt terapia
- Desenvolvimentos recentes

Terapias comportamentais
- Usando técnicas de condicionamento clássico
- Terapias baseadas no condicionamento operante
- Terapias baseadas na modelação

Terapias cognitivas
- Terapia de inoculação do estresse
- Terapia racional-emotiva
- Terapia cognitiva de Beck

Terapias de grupo
- Grupos de auto-ajuda
- Terapia familiar
- Terapia de casal

Eficácia da psicoterapia

Tratamentos biológicos
- Terapias com medicamentos
- Terapia eletroconvulsiva
- Psicocirurgia

Tratamento e prevenção de distúrbios graves
- Desinstitucionalização
- Formas alternativas de tratamento
- Prevenção

Diversidade de cliente e tratamento
- Gênero e tratamento
- Cultura e tratamento

No Capítulo 1, introduzimos o conceito de **PSICOTERAPIA**, técnica para tratar distúrbios de personalidade e de comportamento. Literalmente, centenas de variações são praticadas por diferentes profissionais de saúde mental. Alguns tipos de psicoterapia ocorrem fora do consultório do terapeuta, quando os clientes confrontam seus medos na vida real. Outras psicoterapias atendem casais e famílias inteiras, e outras ainda tratam grupos de pessoas com problemas ou objetivos semelhantes. Apesar da imagem popular do analista clínico reservado, os psicoterapeutas são, em sua maioria, afetuosos, compreensivos e estão dispostos a oferecer ao menos algumas informações e orientações diretas.

Além de ter visões imprecisas de terapeutas, muitas pessoas ficam confusas com relação à eficiência da psicoterapia. Alguns dos que fizeram terapia argumentam que esta mudou sua vida; outros reclamam que ela fez pouca diferença. A percepção que o público tem da eficiência da psicoterapia é particularmente importante nesse momento em que os custos com assistência médica aumentaram expressivamente, e os tratamentos de distúrbios psicológicos estão sendo monitorados mais de perto, em termos de custos e resultados. O futuro da psicoterapia depende da demonstração de sua eficiência.

Neste capítulo, examinamos os principais tipos de terapias incluindo terapias individuais e de grupo. Eles são discutidos na ordem em que foram desenvolvidos: terapias de insight, que começaram no início do século XX; terapias comportamentais, que se tornaram populares nas décadas de 60 e 70; até as terapias cognitivas recentes. Também examinamos pesquisas que comparam a eficácia das diferentes abordagens e exploramos o papel da medicação e de outros tratamentos biológicos. Finalmente, discutimos questões importantes, relativas ao cuidado de pessoas seriamente perturbadas, e consideramos o fator da diversidade humana no oferecimento de tratamentos.

Terapias de insight

O que as terapias de insight têm em comum?

Várias psicoterapias usadas tanto na prática privada quanto em instituições são denominadas **terapias de insight**. Embora elas difiram em detalhes, seu objetivo comum é dar às pessoas maior consciência e compreensão de seus sentimentos, suas motivações e ações, na esperança de que isso as leve a um ajustamento melhor (Pine, 1998). Nesta seção, consideramos três importantes terapias de insight: psicanálise, terapia centrada no cliente e Gestalt terapia.

Psicanálise

Como a "livre associação" da psicanálise ajuda alguém a se tornar consciente de sentimentos ocultos?

A **psicanálise** é concebida para trazer sentimentos e motivos ocultos à consciência, de modo que se possa lidar com eles de modo mais efetivo.

Na psicanálise freudiana, o cliente é instruído a falar sobre o que lhe vem à mente, com o mínimo de preparação possível e sem inibir ou controlar os pensamentos e as fantasias. Esse processo é denominado **livre associação**.

Freud acreditava que o "fluxo de consciência" resultante forneceria *insights* na mente consciente da pessoa. Durante os primeiros estágios de psicanálise, o analista permanece impassível, quase sempre calado e fora da visão da pessoa. Na psicanálise clássica, o cliente deita-se em um divã, o analista neutro senta-se atrás dele. O silêncio do analista é um tipo de "tela branca" na qual a pessoa projeta pensamentos e sentimentos inconscientes.

Eventualmente, os clientes podem testar seu analista ao falar sobre desejos e fantasias que nunca revelaram a ninguém. Mas o analista mantém a neutralidade o tempo todo, mostrando pouco de seus próprios sentimentos e personalidade. Quando os clientes descobrem que seu analista não está escandalizado com as revelações nem as desaprova, tranqüilizam-se e transferem a ele seus sentimentos em relação a figuras de autoridade de sua infância. Esse processo é conhecido como **transferência**. Há *transferência positiva* quando a pessoa se sente bem com relação ao analista.

À medida que as pessoas continuam a expor seus sentimentos mais íntimos, começam a se sentir cada vez mais vulneráveis. Querem aprovação e afeto, porém o analista permanece calado. Sua ansiedade cresce. Ameaçados pelo silêncio do analista e por seus próprios pensamentos, os clientes podem se sentir enganados e talvez acusem o terapeuta de ser ganancioso. Ou podem suspeitar que ele esteja de fato aborrecido com suas revelações, ou esteja rindo deles pelas costas. Essa *transferência negativa* é considerada uma etapa crucial na psicanálise, uma vez que presumivelmente revela sentimentos negativos em relação a figuras de autoridade e resistência para revelar emoções reprimidas.

À medida que a terapia progride, o analista assume um papel mais ativo e começa a *interpretar* ou a sugerir significados alternativos para os sentimentos, as lembranças e as ações dos clientes. O objetivo da interpretação é ajudar as pessoas a obter o **insight** — tornar-se conscientes do que antes não estava em sua consciência. Quando o que era inconsciente se torna consciente, os pacientes podem começar a perceber como suas experiências de infância determinaram a maneira como eles se sentem e agem atualmente. Os analistas incentivam seus clientes a confrontar acontecimentos da infância e a se lembrar inteiramente deles. À medida que esses clientes revivem seus traumas de infância, se tornam capazes de *resolver conflitos* antes insolúveis. Desse modo, considera-se que resolver conflitos antigos fornece às pessoas a chance de rever e reconsiderar os sentimentos e as crenças subjacentes a seus problemas. Na sessão de terapia a seguir, o analista ajuda uma mulher a ter clareza sobre a razão pela qual ela tende a suprimir emoções e freqüentemente se comporta como doente. A mulher descobre uma relação entre esses comportamentos e os medos que sentia na infância a respeito de sua mãe, os quais ela transferiu para o analista.

Terapeuta (resumindo e fraseando de outro modo): Parece que você gostaria de se livrar de mim, mas tem medo da minha reação.

Paciente: Fico muito excitada com o que está acontecendo aqui. Sinto que estou me contendo para ser agradável. Às vezes gostaria de explodir, mas não ouso.

Terapeuta: Porque você teme minha reação, não é?

Paciente: A pior coisa seria se você não gostasse de mim. Você não falaria comigo de modo amigável; não sorriria; sentiria que não pode tratar de mim e me dispensaria do tratamento. Mas sei que não é esse o caso; sei disso.

Terapeuta: De onde você acha que vêm essas atitudes?

Paciente: Quando eu tinha nove anos, lia muito sobre os grandes homens da história. Citava-os de maneira teatral e queria ter uma espada ao meu lado; vestia-me como índio. Minha mãe me repreendia muitas vezes: "Não franza a testa; não fale demais. Sente-se direito". Eu fazia todas essas coisas. Era uma criança levada. Ela me dizia que eu ia me machucar. Então, aos 14 anos, caí de um cavalo e machuquei as costas. Tive de ficar na cama. Naquele dia minha mãe havia me dito para eu não andar a cavalo, que eu ia me machucar porque havia gelo no chão. Eu era uma criança teimosa, voluntariosa. Então fui contra a vontade dela e sofri um acidente que mudou minha vida, uma fratura nas costas. A atitude dela foi: "Eu a avisei". Fui engessada e fiquei na cama durante meses.

Terapeuta: Você foi punida, por assim dizer, por esse acidente.

Paciente: Mas ganhei a atenção e o amor de minha mãe pela primeira vez. Me senti muito bem. Tinha vergonha de dizer isto a você: antes de sarar, abri o gesso e tentei andar, para me machucar de novo, porque assim poderia ficar mais tempo na cama.

Terapeuta: Como isso está relacionado a seu impulso de ficar doente agora e de ficar tanto na cama?

Paciente: Ah... (*pausa*)

Terapeuta: O que você acha?

Paciente: Meu Deus, que coisa infantil, imatura (*pausa*). Deve ser isso. Quero que as pessoas me amem e sintam pena de mim. Ó, meu Deus. Que coisa absolutamente infantil! É isso, *é* isso. Minha mãe deve ter me ignorado quando eu era pequena, e eu queria tanto ser amada...

Terapeuta: De modo que deve ter sido ameaçador voltar a ser voluntariosa e não amada depois que você tirou o gesso (*interpretação*).

Paciente: Foi. Minha vida mudou. Eu me tornei dócil e controlada. Não podia ficar brava ou teimosa depois disso.

Terapeuta: Se você voltasse a ser teimosa comigo, talvez voltasse a ser como era antes, ou seja, ativa e teimosa, mas não amada.

Paciente (*excitada*): E, portanto, perderia seu amor. Eu preciso de você, mas, afinal, você não vai me rejeitar. Mas o padrão está tão estabelecido que a ameaça da perda de amor é grande demais com todos, e preciso me controlar para não agir de modo egoísta ou demonstrar raiva (Wolberg, 1977, pp. 560-561).

Apenas algumas pessoas que procuram terapia optam pela psicanálise tradicional, como o fez essa mulher. Como o próprio Freud reconheceu, a análise requer enorme motivação para mudar e uma capacidade de lidar de maneira racional com o que ela revelar. Além disso, a análise tradicional, três ou até cinco vezes por semana, pode levar cinco anos ou mais. Poucas pessoas podem arcar com esse tipo de tratamento. Menos ainda dispõem das capacidades verbal e analítica necessárias para discutir pensamentos e sentimentos de maneira detalhada. E muitas querem ajuda mais imediata para seus problemas. Além disso, para as pessoas com distúrbios severos, a psicanálise não é efetiva.

Atualmente muitos terapeutas acreditam que a psicanálise tradicional esteja ultrapassada. Desde que Freud inventou a psicanálise, por volta do início do século XX, a teoria psicodinâmica da personalidade mudou significativamente, como vimos no Capítulo 10, "Personalidade". Muitas dessas mudanças levaram a técnicas modificadas de psicanálise e também a diferentes abordagens terapêuticas. Por exemplo:, embora Freud considerasse que para entender o presente é preciso compreender o passado, a maioria dos neofreudianos incentiva seus clientes a lidar diretamente com os problemas atuais além de — ou como forma de — tratar de conflitos não resolvidos do passado. Os neofreudianos também são favoráveis a discussões cara a cara, e a maioria assume um papel ativo na análise desde o início, interpretando as afirmações do cliente de maneira livre e sugerindo questões para discussão.

Terapia centrada no cliente

Por que Carl Rogers denomina sua abordagem à terapia "centrada no cliente"?

Carl Rogers, fundador da terapia **centrada no cliente** (ou **centrada na pessoa**), apropriou-se de partes das visões dos neofreudianos, reexaminou-as e recolocou-as em uma abordagem radicalmente diferente. De acordo com Rogers, o objetivo da terapia é ajudar as pessoas a agir de modo pleno, abri-las a todas as suas experiências e a si mesmas. Essa consciência interior é uma forma de *insight*; porém, para Rogers, o *insight* de sentimentos atuais era mais importante que o *insight* de desejos inconscientes com origens em um passado distante. Ele denominou essa abordagem à terapia de *centrada no cliente* porque colocava a responsabilidade de mudança na pessoa dona do problema. As idéias de Rogers sobre terapia são bem específicas. Ele acreditava que a atitude defensiva, a rigidez, a ansiedade e outros sinais de desconforto originavam-se das experiências de consideração positiva condicional das pessoas. Elas haviam aprendido que o amor e a aceitação eram contingentes a se conformar ao que outras pessoas queriam que elas fossem. A regra cardinal na terapia centrada na pessoa é que o terapeuta expresse *consideração positiva incondicional* — ou seja, demonstre verdadeira aceitação dos clientes, não importando o que eles possam dizer ou fazer. Rogers pressentiu que esse era um primeiro passo, fundamental para fazer os clientes se aceitarem.

Em vez de adotar uma abordagem objetiva, os terapeutas rogerianos procuram entender as coisas do ponto de vista dos clientes. Eles também são enfaticamente *não diretivos*. Não sugerem razões pelas quais os clientes se sentem da maneira como o fazem ou de que modo poderiam lidar melhor com uma situação difícil. Em vez disso, tentam refletir sobre as afirmações dos clientes, às vezes fazendo perguntas e às vezes aludindo a sentimentos que os clientes não expressaram em palavras. Rogers sentia que, quando os terapeutas fornecem uma atmosfera de abertura e de respeito sincero, os clientes podem se encontrar, como o homem começa a fazer nesta sessão, quando explora sua falta debilitante de confiança.

Cliente: Acho que tenho problemas na escola... Veja, sou o diretor do Departamento de Ciências, então você pode imaginar que tipo de departamento é.

Terapeuta: Você parece sentir que, se está envolvido em alguma coisa, ela não pode ser tão boa. Isto é...

Cliente: Bem, não é que eu... É apenas que sou... Não acho que poderia dirigi-lo.

Terapeuta: Você não tem confiança em si?

Cliente: Não, não tenho nenhuma confiança em mim. Eu nunca tive confiança em mim. Eu... Como lhe disse... Mesmo quando era garoto eu sentia que não era capaz e sempre queria voltar para o grupo intelectual.

Terapeuta: Isso foi há muito tempo. Já passou há muito tempo.

Cliente: Sim, o *sentimento* é... Embora eu saiba que não é, é o sentimento que tenho de que... que não consegui que... que... que... as pessoas descobrirão que sou tolo ou... ou...

Terapeuta: Farsante.

Cliente: Superficial, sou superficial. Não há nada debaixo da aparência. Só generalidades superficiais, que...

Terapeuta: Não há nada realmente profundo e significativo para você (Hersher, 1970, pp. 29-32).

Rogers não estava interessado em comparar sua terapia com as demais, nem preocupado simplesmente com dados estatísticos de resultados (como a porcentagem de clientes que apresentaram melhora emocional). Em vez disso, ele queria descobrir aqueles processos da terapia centrada no cliente que estavam associados a resultados positivos. O interesse de Rogers no processo de terapia resultou em contribuições importantes e duradouras à psicologia. Por exemplo: as pesquisas têm mostrado que o afeto e a compreensão do terapeuta aumentam o sucesso — não importa a abordagem terapêutica usada (Frank e Frank, 1991).

Gestalt terapia

Como a Gestalt terapia difere da psicanálise?

A **Gestalt terapia** é em grande medida um desdobramento do trabalho de Frederick (Fritz) Perls no Instituto Esalen, na Califórnia. Perls começou sua carreira como psicanalista, porém mais tarde voltou-se veementemente contra Freud e as técnicas psicanalíticas. A Gestalt terapia enfatiza o aqui e o agora e incentiva as confrontações cara a cara.

Essa terapia destina-se a ajudar as pessoas a se tornar mais sinceras ou "verdadeiras" em suas interações no dia-a-dia. Pode ser conduzida com indivíduos ou em grupos ("grupos de encontro"). O terapeuta é ativo e diretivo, e a ênfase é dada na pessoa como um todo (o termo Gestalt significa "todo"). O papel do terapeuta é "preencher as lacunas na personalidade para tornar a pessoa inteira e completa novamente" (Perls, 1969, p. 2).

Os Gestalt terapeutas procuram tornar as pessoas cientes de seus sentimentos, por meio do uso de uma variedade de técnicas. Por exemplo dizem a elas para "ser donas de seus próprios sentimentos", conversando de maneira ativa, e não passiva ("Sinto raiva quando ele está por perto", em vez de "Ele me faz sentir com raiva quando está por perto"). Eles também pedem para as pessoas falarem a uma parte de si mesmas que imaginam estar sentada próximo a elas em uma cadeira vazia. Essa *técnica da cadeira vazia* e outras são ilustradas no trecho a seguir.

Terapeuta: Tente descrever do que você tem consciência a cada momento, da maneira mais completa possível. Por exemplo, do que você tem consciência agora?

Cliente: Tenho consciência de querer lhe dizer meu problema, e também de sentir uma certa vergonha — sim, sinto-me muito envergonhado neste momento.

Terapeuta: Tudo bem. Gostaria que você desenvolvesse um diálogo com seu sentimento de vergonha. Coloque sua vergonha na cadeira vazia aqui (indica a cadeira) e fale com ela.

Cliente: Você fala sério? Nem lhe disse meu problema ainda.

Terapeuta: Isso pode esperar — falo sério, e quero saber o que você tem a dizer à sua vergonha.

Cliente (*desajeitado e hesitante no início, para então ficar mais solto e envolvido*): Vergonha, odeio você. Eu queria que você me deixasse — você me deixa louco, sempre me lembrando de que tenho problemas, que sou perverso, diferente, inspiro vergonha — e até que sou feio. Por que você não me deixa?

Terapeuta: Tudo bem, agora vá até a cadeira vazia, assuma o papel da vergonha e responda para você.

Cliente (*vai até a cadeira vazia*): Sou sua companheira constante — não quero deixá-lo. Eu me sentiria sozinha sem você, e não o odeio. Tenho pena de você, e tenho pena de suas tentativas de se livrar de mim, porque você está fadado ao fracasso.

Terapeuta: Tudo bem, agora volte à sua cadeira original e responda.

Cliente (*outra vez ele mesmo*): Como você sabe que estou fadado ao fracasso? (*Muda espontaneamente de cadeira agora, já não precisando mais de orientação do terapeuta; ele mesmo responde, mais uma vez no papel da vergonha.*) Eu sei que você está fadado ao fracasso porque eu quero que você fracasse e porque eu controlo sua vida. Você não pode dar um passo sem mim. Pelo que sei, você nasceu comigo. Dificilmente você se lembrará de um único momento em que esteve sem mim, em que não sentisse medo de que eu pudesse aparecer e de repente lembrá-lo da repugnância que você provoca (Shaffer, 1978, pp. 92-93).

Desse modo, o cliente se torna mais ciente de sentimentos internos conflitantes e, com o insight, pode ser mais verdadeiro. Como vimos, a psicanálise, a terapia centrada no cliente e a Gestalt terapia diferem em suas técnicas, mas todas usam a conversa para ajudar as pessoas a se tornar mais cientes de seus sentimentos e conflitos e envolvem quantidades bastante substanciais de tempo. Agora voltaremos nossa atenção para desenvolvimentos mais recentes, que buscam limitar a quantidade de tempo gasta em terapia.

TESTE SUA APRENDIZAGEM

1. Qual das alternativas consiste no principal objetivo do trabalho dos problemas na psicanálise?
    a. livre associação
    b. transferência positiva
    c. contratransferência
    d. insight
2. As terapias de insight buscam dar às pessoas
    a. habilidades para mudar seu comportamento.
    b. uma compreensão mais nítida de seus sentimentos, motivos e ações.
    c. uma compreensão dos processos perceptivos.
    d. uma compreensão das influências biológicas sobre o comportamento.
3. Qual das alternativas não é um tipo de terapia de insight?
    a. Terapia centrada no cliente
    b. Psicanálise
    c. Gestalt terapia
    d. Terapia cognitiva de Beck
4. A _____ _____ é uma técnica psicanalítica na qual o cliente deixa os pensamentos fluir sem interrupção ou inibição.
5. O processo denominado _____ implica fazer os clientes projetar seus sentimentos em relação a figuras de autoridade em seu terapeuta.
6. Os terapeutas rogerianos mostram que valorizam e aceitam seus clientes, fornecendo-lhes consideração _____ _____.
7. Indique se as afirmações a seguir são verdadeiras (V) ou falsas (F).
    ____ a. A psicanálise baseia-se na crença de que os problemas são sintomas de conflitos internos que têm origem na infância.
    ____ b. O interesse de Rogers no processo de terapia foi uma via de exploração que não provou ser proveitosa.
    ____ c. Na Gestalt terapia, o terapeuta é ativo e diretivo.
    ____ d. A Gestalt terapia enfatiza os problemas do cliente no aqui e agora.

Respostas: 1. d. 2. b. 3. d. 4. livre associação. 5. transferência. 6. positiva incondicional. 7. a. (V); b. (F); c. (V); d. (V).

Desenvolvimentos recentes

Quais são alguns desenvolvimentos recentes nas terapias de insight?

Embora Freud, Rogers e Perls tenham criado as três principais formas de terapia de insight, outros desenvolveram centenas de variações sobre esse tema. A maioria envolve um terapeuta muito mais ativo e emocionalmente engajado com os clientes do que os psicanalistas tradicionais pensavam ser adequado. Esses terapeutas dão orientação e feedback diretos aos clientes, comentando o que estes lhes dizem em vez de simplesmente ouvi-los, de maneira neutra. A maioria dessas novas terapias também tem prazos bem mais curtos que a psicanálise tradicional. O insight permanece o objetivo da denominada **terapia psicodinâmica breve**, mas o tratamento em geral é por tempo limitado — por exemplo, até 25 sessões. Essa tendência se baseia em pesquisas que mostram que a maioria das pessoas (75 por cento) apresenta melhora nesse espaço de tempo (Howard, Kopta, Krause e Orlinsky, 1986), embora a terapia mais longa possa ser muitas vezes ainda mais benéfica (Seligman, 1995). Finalmente, com a tendência a um prazo de tempo limitado, as terapias de insight têm se voltado mais para os sintomas, tentando ajudar os clientes a corrigir os problemas *imediatos* em suas vidas. Elkas vêem as pessoas como menos vulneráveis em relação aos acontecimentos da primeira infância — concentram-se na situação de vida atual e nos relacionamentos do cliente.

Terapias comportamentais

Para os behavioristas, qual deveria ser o foco da psicoterapia?

As **terapias comportamentais** diferem bastante das abordagens orientadas para o insight. Elas se concentram em mudar o *comportamento* das pessoas, em vez de descobrir insights em seus pensamentos e sentimentos. As terapias do comportamento se baseiam na crença de que todo comportamento, tanto normal quanto anormal, é aprendido. Os hipocondríacos *aprendem* que recebem atenção quando estão doentes; os paranóicos *aprendem* a suspeitar dos outros. Essas terapias pressupõem ainda que os comportamentos não-adaptativos *sejam* o problema, e não sintomas de causas mais profundas, subjacentes. Se os terapeutas do comportamento conseguem ensinar as pessoas a se comportar de formas mais adequadas, acreditam que resolveram o problema. O terapeuta não precisa saber exatamente como ou por que um cliente aprendeu a se comportar de modo anormal pela primeira vez. Sua função é simplesmente ensinar-lhes maneiras novas, mais satisfatórias de se comportar com base em princípios da aprendizagem, estudados de maneira científica, como o condicionamento clássico, o condicionamento operante e a modelação.

Usando técnicas de condicionamento clássico

De que maneira o condicionamento clássico pode ser usado como base de tratamento?

Como você viu no Capítulo 5, "Aprendizagem", o *condicionamento clássico* envolve o emparelhamento repetido de um estímulo neutro com um que evoca uma determinada resposta reflexa. Finalmente, o estímulo anteriormente neutro passa a evocar sozinho a mesma resposta. A abordagem consiste em associações baseadas no sistema de estímulo-resposta. Diversas variações sobre condicionamento clássico têm sido usadas para tratar problemas psicológicos.

Dessensibilização, extinção e imersão A **dessensibilização sistemática**, um método para reduzir de maneira gradual o medo e a ansiedade, é uma das técnicas mais antigas de terapia do comportamento (Wolpe, 1990). O método funciona por meio da associação gradual de uma nova resposta (relaxamento) a estímulos que estejam provocando ansiedade. Por exemplo: um indivíduo que aspira a ser político poderia procurar terapia porque se sente ansioso ao falar para multidões. O terapeuta explora os tipos de multidões mais ameaçadores: um público de 500 pessoas é pior que um de 50? É mais difícil falar para homens que para mulheres? Há mais ansiedade em enfrentar estranhos que uma sala repleta de amigos? Dessas informações, o terapeuta desenvolve uma *hierarquia de medos* — uma lista de situações que comece com aquelas que provocam menos ansiedade para as que provocam mais ansiedade. O terapeuta, então, ensina o cliente a relaxar, o que inclui tanto técnicas mentais quanto físicas de relaxamento. Uma vez que a pessoa dominou o relaxamento profundo, ele começa a trabalhar na base da hierarquia de medos. A pessoa é orientada a relaxar, enquanto imagina a situação menos ameaçadora da lista e, então, a seguinte e assim por diante, até que a situação que desperta mais medo seja atingida e o cliente consiga permanecer calmo.

Inúmeros estudos mostram que a dessensibilização sistemática ajuda muitas pessoas a superar seus medos e fobias (Wolpe, 1990). A chave para seu sucesso pode não ser a aprendizagem de uma nova resposta condicionada de relaxamento, mas a *extinção* da resposta de medo estabelecida, por meio da mera exposição. Lembre-se do que vimos no Capítulo 5, "Aprendizagem": no condicionamento clássico, a extinção ocorre quando o estímulo aprendido, condicionado, é apresentado repetidamente sem o estímulo incondicionado seguinte. Assim, se a pessoa imagina repetidamente uma situação assustadora sem deparar de fato com perigo, o medo emparelhado com aquela situação deve declinar de maneira gradual.

A dessensibilização é mais efetiva quando os clientes confrontam de maneira gradual seus medos no mundo real, em vez de simplesmente em imaginação. As pessoas com medo mortal de voar, por exemplo, podem primeiro ir de carro até um aeroporto. Quando são capazes de fazer isso sem ansiedade, podem se aproximar de um avião em terra. Finalmente, podem fazer um vôo curto. Essa abordagem sensata de trabalhar passo a passo com base em uma hierarquia de medos na vida real provavelmente lhe seja familiar. Por exemplo: a sabedoria popular diz que, se você cai de um cavalo, a melhor maneira de superar seu medo de andar a cavalo é voltar a montar imediatamente e continuar a andar até que o medo passe. Esse é um exemplo de dessensibilização no mundo real.

A técnica de *imersão* é um método menos familiar e mais assustador de dessensibilização. Envolve a exposição de total intensidade a um estímulo temido, por um período prolongado de tempo (O'Leary e Wilson, 1987; Wolpe, 1990). Por exemplo, alguém com um medo intenso de cobras poderia ser obrigado a lidar com dúzias de serpentes, ou alguém com um medo incontrolável de aranhas poderia ser obrigado a tocar uma tarântula e deixar que ela subisse em seu braço. Se você pensa que a imersão é um método severo e desnecessário, lembre-se de como muitos distúrbios de ansiedade não tratados podem ser debilitantes (veja o Capítulo 12).

Condicionamento aversivo Outra técnica clássica de condicionamento é o **condicionamento aversivo**, em que a dor e o desconforto são associados ao comportamento que o cliente quer desaprender. O condicionamento aversivo tem sido usado com sucesso limitado para tratar o alcoolismo, obesidade, fumo e alguns distúrbios psicossexuais. Por exemplo: o gosto e o cheiro de álcool às vezes emparelhados a náusea e a vômito induzidos por medicamento. Depois de pouco tempo, os clientes sentem-se enjoados só de ver uma garrafa de bebida alcoólica. Um estudo de follow-up com quase 800 pessoas que completaram o tratamento de aversão a álcool verificou que 63 por cento mantiveram a abstinência contínua por pelo menos 12 meses (Wiens e Menustik, 1983). A eficácia dessa técnica no longo prazo tem sido questionada, uma vez que, eliminada a punição, o comportamento indesejado pode reaparecer. Além disso, o condicionamento aversivo é uma técnica controvertida em razão da sua natureza desagradável.

Terapias baseadas no condicionamento operante

Como o "contrato de comportamento" poderia mudar um comportamento indesejável?

No *condicionamento operante*, a pessoa aprende a se comportar de determinada maneira porque esse comportamento é reforçado, ou recompensado. Uma terapia baseada no princípio do reforço é denominada **contrato de comportamento**. O terapeuta e o cliente concordam com os objetivos comportamentais e com o reforço que o cliente receberá quando atingir tais objetivos. Esses objetivos e reforços são escritos freqüentemente em um contrato que tanto o cliente quanto o terapeuta se comprometem a cumprir, como se fosse um contrato legal. Por exemplo: um contrato para ajudar alguém a parar de fumar poderia conter: "Para cada dia que eu fumar menos de 20 cigarros, ganharei 30 minutos de tempo para ir jogar boliche. Para cada dia que eu exceder a meta, perderei 30 minutos do tempo que havia acumulado".

Outra terapia baseada no condicionamento operante é denominada sistema de vales. O **sistema de vales** em geral é usado em escolas e hospitais, onde as condições controladas são mais viáveis (O'Leary e Wilson, 1987). As pessoas são recompensadas com fichas ou pontos por comportamentos considerados adequados e adaptativos. Na ala de um hospital psiquiátrico, por exemplo, a aquisição de melhores hábitos de arrumação poderiam equivaler a pontos, que poderiam ser usados na compra de alimentos especiais ou em passes para fins de semana. O sistema de vales tem provado ser efetivo na modificação do comportamento de pessoas resistentes a outras formas de tratamento, como portadores de esquizofrenia crônica (Paul, 1982; Paul e Lentz, 1977). Entretanto, as mudanças positivas no comportamento nem sempre são generalizadas na vida diária fora do hospital ou da clínica, onde nem sempre o comportamento adaptado nem sempre é reforçado e o não-adaptativo é punido.

TESTE SUA APRENDIZAGEM

1. Ao contrário das terapias ____ _____, que procuram aumentar a autoconsciência dos clientes, as terapias _____ ensinam às pessoas maneiras mais adequadas de agir.
2. A terapia comportamental de _____ _____ treina o cliente a permanecer relaxado e calmo, mesmo na presença de um estímulo antes temido.
3. A terapia comportamental conhecida como condicionamento _____ desencoraja comportamentos indesejáveis associando-os ao desconforto.
4. O uso terapêutico de recompensas para incentivar o comportamento desejado baseia-se em uma forma de aprendizagem denominada _____ _____.
5. Quando o cliente e o terapeuta concordam com uma série de objetivos de comportamento estabelecidos por escrito e, ainda, com um programa específico de reforço a cada objetivo alcançado, estão usando uma técnica denominada _____ ___ _____.
6. A terapia baseada em condicionamento clássico implica a aprendizagem de comportamentos desejados por meio da observação de outros que desempenham aquelas ações. Essa afirmação é verdadeira (V) ou falsa (F)?
7. Um _____ _____ é uma técnica de condicionamento operante em que as pessoas ganham algum item tangível pelo comportamento desejado, item que então pode ser trocado por mais recompensas e privilégios básicos.
8. A extinção ocorre quando um estímulo condicionado é apresentado repetidamente sem o estímulo incondicionado presente. A afirmação é verdadeira (V) ou falsa (F)?
9. A técnica de _____ envolve exposição intensa e prolongada a algo temido.

Respostas: 1. de insight, comportamentais. 2. dessensibilização sistemática. 3. aversivo. 4. condicionamento operante. 5. contrato de comportamento. 6. (F). 7. sistema de vales. 8. (V). 9. imersão.

Terapias baseadas na modelação

Quais são alguns usos terapêuticos da modelação?

A **modelação** — o processo de aprender um comportamento por meio da observação do desempenho dos outros — também pode ser usada para tratar clientes com comportamentos problemáticos. Por exemplo, um grupo de pesquisadores ajudou certas pessoas a superar uma fobia de cobras, ao mostrar-lhes filmes em que modelos confrontavam cobras e se aproximavam gradualmente delas (Bandura, Blanchard e Ritter, 1969). Técnicas semelhantes têm conseguido reduzir fobias comuns, como o medo de tratamento odontológico (Melamed, Hawes, Heiby e Glick, 1975). Além disso, uma combinação de modelação e reforço positivo foi bem-sucedida em ajudar esquizofrênicos a aprender e a usar o comportamento adequado tanto dentro quanto fora do hospital (Bellack, Hersen e Turner, 1976). A modelação também tem sido usada para ensinar qualificações profissionais e respostas adequadas a problemas encontrados no trabalho às pessoas com retardamento mental (LaGreca, Stone e Bell, 1983).

Terapias cognitivas

Como as pessoas superam crenças irracionais e derrotistas sobre si mesmas?

As **terapias cognitivas** se baseiam na crença de que, se as pessoas conseguir mudar idéias distorcidas sobre si mesmas e sobre o mundo, poderão mudar também seus comportamentos-problema e tornar suas vidas mais agradáveis. A tarefa que os terapeutas cognitivistas enfrentam é identificar essas maneiras incorretas de pensar e corrigi-las. Esse foco na aprendizagem de novas maneiras de pensar partilha muitas semelhanças com as terapias comportamentais, que também se concentram na aprendizagem. De fato, muitos profissionais se consideram *terapeutas do comportamento cognitivo* — terapeutas que aplicam tanto terapias cognitivas quanto comportamentais (Brewin, 1996). Três formas populares de terapia cognitiva são a terapia de inoculação do estresse, a terapia emotivo-racional e a abordagem cognitiva de Aaron Beck.

Terapia de inoculação do estresse

Como a fala interior nos ajuda a lidar com situações difíceis?

À medida que vivemos, falamos constantemente a nós mesmos — propondo cursos de ação, comentando nosso desempenho, expressando desejos e assim por diante. A **terapia de inoculação do estresse** utiliza essa fala interior para ajudar as pessoas a lidar com situações estressantes (Meichenbaum e Cameron, 1982). O cliente é ensinado a suprimir qualquer pensamento negativo que evoque ansiedade e a substituí-lo por pensamentos positivos, "de enfrentamento". Uma estudante que sente ansiedade ao fazer provas enfrenta cada uma delas dizendo a si mesma: "Ah! não, outra prova! Estou tão nervosa! Tenho certeza de que não terei calma suficiente para me lembrar das respostas! Se eu estudasse mais! Se não passar neste curso, nunca me formarei!" Esse padrão de pensamento é altamente disfuncional porque apenas piora a ansiedade. Com a ajuda de um terapeuta cognitivo, a jovem aprende um novo padrão de fala interna: "Eu estudei muito para esta prova e sei bem a matéria. Li o livro-texto na noite passada e revi minhas anotações. Tenho condições de ir bem. Se algumas perguntas forem difíceis, não o serão todas, e, mesmo que a prova seja difícil, minha nota não depende de uma única prova". Então ela tenta a nova estratégia em uma situação real, teoricamente de estresse apenas moderado (como uma prova curta). Finalmente, a estudante está pronta para usar a estratégia em uma situação mais estressante (como um exame final). A terapia de inoculação do estresse transforma os padrões de pensamento do cliente em um tipo de vacina contra a ansiedade induzida por estresse.

Terapia racional-emotiva

Quais crenças irracionais muitas pessoas têm?

Outro tipo de terapia cognitiva, a **terapia racional-emotiva**, desenvolvida por Albert Ellis (1973), baseia-se na visão de que a maioria das pessoas que precisam de terapia mantém um conjunto de crenças irracionais e derrotistas de si mesmas. Elas acreditam que deveriam ser competentes em *tudo*, queridas por *todos*, tratadas *sempre* bem, rápidas para encontrar soluções de *todos* os problemas e assim por diante. Tais crenças envolvem conceitos absolutos — "obrigações" e "deveres" — que não permitem exceções, nem espaço para cometer erros. Quando as pessoas com crenças irracionais se confrontam com dificuldades da vida real, freqüentemente sentem angústia psicológica excessiva. Por exemplo, quando um universitário que acredita que deve ser querido por todos não é convidado a participar de um determinado clube de estudantes, pode ver a rejeição como uma catástrofe e ficar profundamente deprimido em vez de se sentir apenas desapontado.

Os terapeutas racionais-emotivos confrontam tais crenças disfuncionais de maneira intensa, por meio de uma variedade de técnicas, incluindo a persuasão, o desafio, as instruções e os argumentos teóricos (Ellis e MacLaren, 1998). Estudos têm mostrado que essa terapia freqüentemente dá às pessoas condições de reinterpretar suas crenças e experiências negativas de um modo mais positivo, o que diminui a probabilidade de ficarem deprimidas (Blatt, Zuroff, Quinlan e Pilkonis, 1996; Bruder *et al.*, 1997).

Terapia cognitiva de Beck

Como a teoria cognitiva pode combater a depressão?

Uma das formas mais importantes e promissoras de terapia cognitiva para tratar a depressão é conhecida simplesmente como **terapia cognitiva**. Às vezes é referida como "terapia cognitiva de Beck" — em homenagem a Aaron Beck, que a desenvolveu (1967) —, para evitar confusão com a categoria mais ampla de terapias cognitivas.

Beck acreditava que a depressão resulta de padrões inadequadamente autocríticos de pensamento sobre o self. Os depressivos têm expectativas irrealistas, superestimam seus fracassos, fazem generalizações negativas arrasadoras sobre si mesmos a partir de poucas evidências, observam apenas o feedback negativo do mundo externo e interpretam qualquer coisa menor que o sucesso total como fracasso. Essa cadeia negativa de pensamento pode freqüentemente seguir uma espiral para baixo, decorrente de pequenos contratempos, até que a pessoa conclui que não tem valor. De acordo com Beck, essa espiral de pensamentos negativos, distorcidos, está no cerne da depressão.

> **TESTE SUA APRENDIZAGEM**
>
> 1. Desenvolver novas maneiras de pensar que levem a um comportamento mais adaptativo está no cerne de todas as terapias _____.
> 2. Um terapeuta acredita que seu cliente tem crenças derrotistas de si mesmo como resultado de expectativas irrealistas. O foco da terapia é mudar essas crenças para outras mais racionais. O terapeuta provavelmente está usando técnicas de terapia _____-_____.
> 3. A terapia _____ _____ _____ treina o cliente a lidar com situações estressantes por meio da aprendizagem de um padrão mais positivo de fala interior.
> 4. A terapia racional-emotiva, fundada por Albert _____, supõe que a maioria das pessoas que precisam de terapia tem um conjunto de crenças irracionais e derrotistas.
> 5. Uma forma importante de terapia cognitiva usada para combater a depressão foi desenvolvida por Aaron _____.
> 6. O foco imediato em terapias cognitivas é ajudar os clientes a mudar seu comportamento. Essa afirmação é verdadeira (V) ou falsa (F)?
> 7. Qual das afirmações a seguir é uma crença irracional, de acordo com a terapia racional-emotiva?
>   a. Eu devo ser bom, não importa o que eu faça.
>   b. Todos devem gostar de mim.
>   c. Se esta pessoa me deixar, será a pior coisa que já aconteceu comigo.
>   d. Todas as alternativas acima.
>
> **Respostas:** 1. cognitivas. 2. racional-emotiva. 3. Inoculação do estresse. 4. Ellis. 5. Beck 6. (F). 7. d.

As suposições de Beck sobre a causa da depressão são muito semelhantes àquelas que fundamentam a terapia racional-emotiva, porém o estilo de tratamento difere consideravelmente. Os terapeutas cognitivos são muito menos desafiadores e confrontativos que os racionais-emotivos. Em vez disso, eles procuram ajudar os clientes a examinar cada pensamento disfuncional de maneira objetivamente científica, ao mesmo tempo em que lhes dão apoio ("Você tem *certeza* de que toda sua vida será totalmente arruinada se romper com Daniel? Qual é a evidência que você tem para concluir isso? Você não me disse uma vez o quanto estava feliz *antes* de conhecê-lo?"). Como a terapia racional-emotiva, a terapia cognitiva de Beck procura conduzir a pessoa a maneiras mais realistas e flexíveis de pensar.

Terapias de grupo

Quais são algumas vantagens das terapias de grupo?

Alguns terapeutas acreditam que tratar simultaneamente várias pessoas é melhor que tratar cada uma sozinha. A **terapia de grupo** permite tanto ao cliente quanto ao terapeuta ver como a pessoa interage com as outras. Se ela é extremamente ansiosa e calada, cronicamente autocrítica ou hostil e agressiva, essas tendências aparecerão rapidamente em um grupo.

Essa abordagem também apresenta outras vantagens. Um bom grupo oferece apoio social, um sentimento de que a pessoa não é a única no mundo com problemas. Os membros também podem ajudar uns aos outros a aprender novos comportamentos úteis (como expressar sentimentos, como discordar sem hostilizar os outros). As interações podem levar as pessoas a insights sobre seu próprio comportamento, como a razão pela qual elas são tão defensivas ou se sentem compelidas a reclamar o tempo todo. Finalmente, uma vez que na terapia de grupo vários clientes "dividem" um terapeuta, ela é mais acessível para cada participante que a terapia individual (Yalom, 1995).

Há muitos tipos de terapia de grupo. Alguns seguem as diretrizes gerais das terapias que já mencionamos. Outros são orientados para um objetivo muito específico, como parar de fumar, de beber ou de comer compulsivamente. E alguns têm um único objetivo, mas mais amplo — por exemplo, um casamento mais feliz. Atualmente, o *grupo de auto-ajuda* é uma forma bastante popular de terapia de grupo.

Grupos de auto-ajuda

Por que os grupos de auto-ajuda são tão populares?

Devido ao fato de que cerca de 40 a 45 milhões de note-americanos têm algum tipo de problema psicológico e de que o custo de tratamento individual é bastante alto, um número cada vez maior de pessoas que passam por crises existenciais está buscando grupos de auto-ajuda, de baixo custo. A maioria desses grupos compartilha um problema ou dificuldade comum, e os participantes se reúnem para oferecer apoio mútuo. Os Alcoólicos Anônimos talvez sejam o mais conhecido desses grupos de auto-ajuda, mas existem grupos para praticamente todos os problemas da vida.

Esses grupos funcionam? Em muitos casos, aparentemente sim. Os Alcoólicos Anônimos desenvolveram uma reputação por ajudar a lidar com o alcoolismo. A maioria dos membros expressa forte apoio ao grupo (Riordan e Beggs, 1987), e os estudos têm demonstrado que eles podem ser realmente eficazes (Galanter, 1984; Pisani, Fawcett, Clark e McGuire, 1993). Tais grupos também ajudam a impedir que distúrbios psicológicos mais sérios atinjam as pessoas que estão próximas dos limites de sua capacidade de lidar com o estresse. O apoio social que eles oferecem é particularmente importante nesta época em que o divórcio, a mobilidade geográfica e outros fatores têm reduzido a capacidade da família de confortar as pessoas.

Terapia familiar

Quem é o cliente na terapia familiar?

A **terapia familiar** é outra forma de terapia de grupo (Lebow e Gurman, 1995; Molineux, 1985). Os terapeutas familiares acreditam que seja um erro tratar um cliente em um vácuo, sem procurar conhecer seus pais, cônjuge e filhos, uma vez que, se um membro da família está tendo problemas, freqüentemente isso é sinal de que toda a família precisa de assistência. Os terapeutas familiares não procuram remodelar a personalidade dos cliente (Gurman e Kniskern, 1991). Em vez disso, os objetivos básicos da terapia familiar são aprimorar a comunicação da família, incentivar os membros a se tornar mais solidários, levá-los a partilhar responsabilidades e reduzir o conflito dentro do lar. Para atingir esses objetivos, todos os membros da família devem acreditar que se beneficiarão das mudanças em seu comportamento.

Embora esse tipo de terapia seja adequado especialmente quando há problemas entre marido e mulher ou entre pais e filhos, ele está sendo cada vez mais usado quando apenas um membro da família apresenta um distúrbio psicológico evidente, como esquizofrenia, agorafobia ou, em alguns casos, depressão (Lebow e Gurman, 1995). O objetivo do tratamento nessas circunstâncias é ajudar os membros mentalmente saudáveis da família a lidar de maneira mais efetiva com o impacto do distúrbio na unidade

---

COMPREENDENDO A NÓS MESMOS

Como encontrar ajuda

A idéia de que buscar ajuda para problemas psicológicos é sinal de que você está "louco" ou "não é suficientemente forte" para se virar sozinho é muito comum em nossa sociedade. Mas o fato é que dezenas de milhares de pessoas são ajudadas por aconselhamento psicológico e terapia todos os anos. Entre elas estão executivos de empresas, artistas, esportistas famosos, celebridades — e estudantes. A terapia é um auxílio comum, útil para lidar com a vida diária.

A faculdade é um momento de estresse e ansiedade para muitas pessoas. A pressão para fazer trabalhos, a competição por notas, a exposição a tipos diferentes de pessoas com visões não familiares, a tensão de se relacionar com companheiros — todos esses fatores tornam-se um fardo psicológico, principalmente para os estudantes que estão longe de casa pela primeira vez. A maioria das faculdades e universidades tem seus próprios serviços de aconselhamento, e muitos deles são tão sofisticados quanto as melhores clínicas no país. A maioria das comunidades também dispõe de programas de saúde mental.

familiar. Quando os membros bem ajustados lidam melhor com essa situação, isso pode, por sua vez, ajudar a pessoa que tem problemas. A terapia familiar também é necessária quando o progresso da pessoa em uma terapia individual é atrasado pela família (freqüentemente porque os outros têm problemas em se ajustar à melhora daquela pessoa).

Infelizmente, nem todas as famílias se beneficiam desse tipo de terapia. Às vezes os problemas são complicados demais. Em outros casos, membros importantes podem estar ausentes ou não estar dispostos a colaborar. Em outros casos ainda, um membro da família pode monopolizar as sessões, o que torna difícil para qualquer um ser ouvido. Em todas essas situações, é necessária uma abordagem terapêutica diferente.

Terapia de casal

Quais são algumas técnicas usadas na terapia de casal?

Uma terceira forma de terapia de grupo é a **terapia de casal**, que se destina a assistir os parceiros com dificuldades de relacionamento. Essa terapia em geral era denominada *terapia conjugal*, mas atualmente o termo "terapia de casal" é considerado mais adequado, uma vez que capta a vasta variedade de parceiros que podem buscar ajuda (Oltmanns e Emery, 1998).

A maioria dos terapeutas de casal se concentra em aprimorar padrões de comunicação e expectativas mútuas. No *treinamento de empatia*, por exemplo, cada parceiro aprende a partilhar seus sentimentos íntimos e a ouvir e compreender os sentimentos do outro antes de reagir a eles. Essa técnica exige que as pessoas passem mais tempo ouvindo, tentando captar o que está realmente sendo dito, e menos tempo refutando de maneira autodefensiva. Outros terapeutas usam técnicas comportamentais. Por exemplo: um casal poderia ser ajudado a desenvolver um esquema para trocar ações específicas de interesse, como ajudar nos afazeres de casa, reservar tempo para uma refeição especial juntos, ou lembrar ocasiões especiais com um presente ou cartão. Essa abordagem pode não soar muito romântica, mas seus proponentes dizem que ela pode romper um ciclo de insatisfação e hostilidade em um relacionamento e, por isso, é um passo importante na direção certa (Margolin, 1987). A terapia de casal para ambos os parceiros em geral é mais efetiva que a terapia para apenas um deles (Dunn e Schwebel, 1995).

TESTE SUA APRENDIZAGEM

1. Qual das alternativas a seguir é uma vantagem da terapia de grupo?
    a. O cliente tem a experiência de interagir com outras pessoas em um ambiente terapêutico.
    b. Muitas vezes ela revela os problemas de um cliente de maneira mais rápida que a terapia individual.
    c. Pode ser mais acessível que a terapia individual.
    d. Todas as alternativas acima.
2. Uma forma de terapia que considera que os problemas de um indivíduo estão associados a relacionamentos dentro do sistema familiar é denominada terapia _____.
3. A terapia conjugal agora é chamada de terapia _____ _____ para incluir uma variedade maior de parceiros que podem buscar ajuda juntos.
4. A terapia de grupo é sempre o tipo preferido de terapia. Essa afirmação é verdadeira (V) ou falsa (F)?
5. Uma forma bastante popular de terapia de grupo atualmente são os grupos de _____-_____.

Respostas: 1. d. 2. familiar 3. de casal. 4. (F). 5. de auto-ajuda.

Eficácia da psicoterapia

Em que medida uma pessoa que faz psicoterapia pode melhorar em relação a uma que não recebe nenhum tratamento?

Temos observado que algumas psicoterapias geralmente são efetivas, mas em que medida elas são melhores que o não-recebimento de tratamento? Os pesquisadores constataram que aproximadamente duas vezes mais pessoas melhoram com a terapia formal que sem nenhum tratamento (Borkovec e Costello, 1993; Lambert, Shapiro e Bergin, 1986). Além disso, muitas pessoas que não recebem terapia formal recebem ajuda terapêutica de amigos, religiosos, médicos e professores. Assim, o índice de recuperação para pessoas que *não* recebem nenhum tratamento terapêutico possivelmente é menor que um terço. Outras tentativas de estudar a efetividade da psicoterapia geralmente têm confirmado que a sua eficácia (Lipsey e Wilson, 1993; Shapiro e Shapiro, 1982; Wampold et al., 1997), embora seu valor pareça estar relacionado a inúmeros outros fatores. Por exemplo: a psicoterapia funciona melhor para problemas psicológicos relativamente moderados (Kopta, Howard, Lowry e Beutler, 1994) e parece fornecer os maiores benefícios a pessoas que realmente *querem* mudar (Orlinsky e Howard, 1994). Parece também que quem fez terapia de longo prazo apresenta melhora mais acentuada que aqueles que receberam tratamentos de curto prazo (Seligman, 1995). Essa última constatação é mostrada na Figura 13.1.

Outra questão importante consiste em saber se algumas formas de psicoterapia são mais efetivas que outras. A terapia do comportamento, por exemplo, é mais efetiva que a de insight? Em geral, a resposta parece ser "não muito" (Garfield, 1983; Michelson, 1985; Smith, Glass e Miller, 1980; Wampold et al., 1997). A maioria dos benefícios de tratamento parece se originar do fato de fazer *algum* tipo de terapia, independentemente do tipo específico.

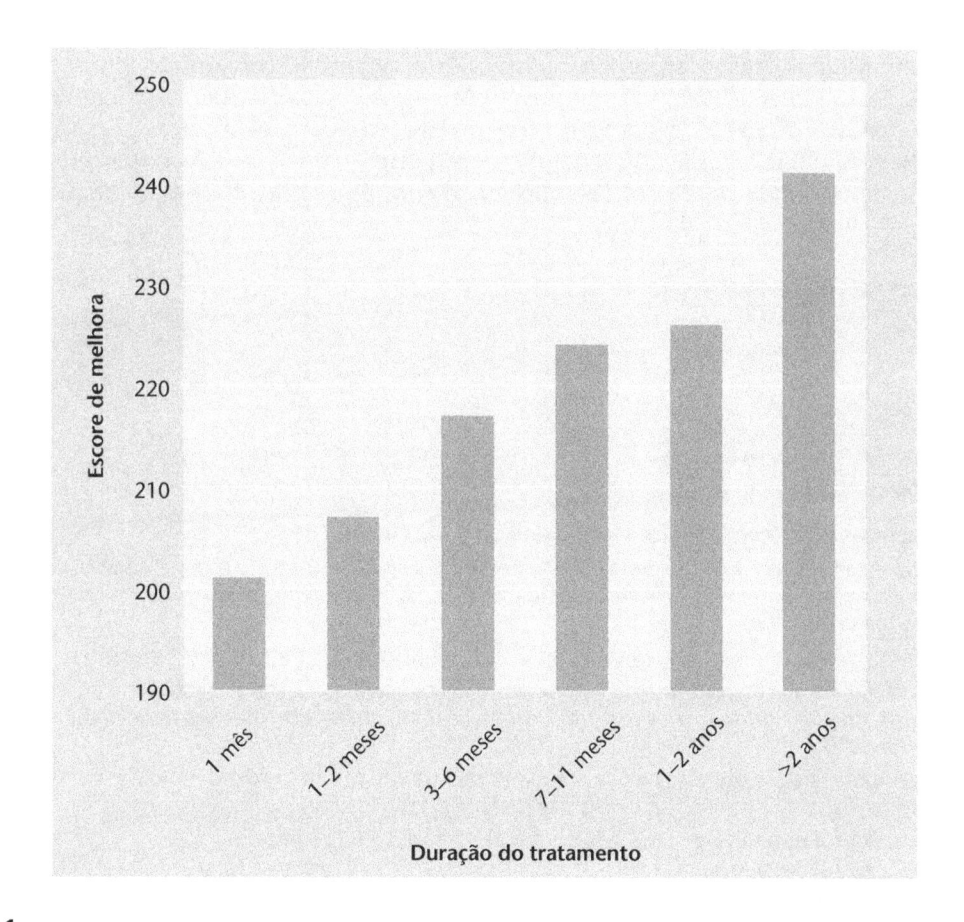

FIGURA 13.1

Duração da terapia e melhora. Um dos resultados mais notáveis do estudo da Consumer Reports (1995) sobre a efetividade da psicoterapia foi a forte relação entre a melhora relatada e a duração da terapia.

Fonte: adaptado de Seligman, M. E. P. (1995). "The effectiveness of psychotherapy: The *Consumer Reports* study", *American Psychologist*, 50, 965-974. Copyright © 1995 pela American Psychological Association. Adaptado com permissão.

Como vimos, as várias formas de psicoterapia baseiam-se em visões muito diferentes com relação ao que provoca os distúrbios mentais e, pelo menos à primeira vista, abordam o tratamento de tais distúrbios de maneiras diferentes. Por que, então, não há diferença em sua eficácia? Para responder a essa questão, alguns psicólogos têm concentrado sua atenção naquilo que as várias formas de psicoterapia têm em comum, em vez de enfatizar suas diferenças (Barker, Funk e Houston, 1988; Roberts, Kewman, Mercer e Hovell, 1993). Primeiramente, todas elas oferecem às pessoas uma explicação para seus problemas. Juntamente com essa explanação, freqüentemente vem uma nova perspectiva que fornece ao cliente ações específicas para ajudá-lo a enfrentar seus problemas de maneira mais efetiva. Em segundo lugar, a maioria das formas de psicoterapia oferece *esperança* às pessoas. Uma vez que a maioria das pessoas que buscam terapia tem baixa auto-estima e se sente deprimida e com moral baixo, a esperança e a expectativa de melhora aumentam seus sentimentos de valor próprio. E, em terceiro lugar, todos os principais tipos de psicoterapia estabelecem uma *aliança terapêutica* entre o cliente e seu terapeuta. Embora suas abordagens possam ser diferentes, os terapeutas eficientes são calorosos, solidários, têm interesse pelas pessoas e compreendem a importância de estabelecer um vínculo emocional forte com seus clientes, construído sobre o respeito e a compreensão mútuos (Blatt, Zuroff, Quinlan e Pilkonis, 1996). Em conjunto, esses fatores não específicos comuns a todas as formas de psicoterapia parecem, pelo menos em parte, explicar por que a maioria das pessoas que recebem qualquer forma de terapia mostra alguns benefícios, em comparação àquelas que não recebem nenhum tratamento terapêutico.

Ainda, alguns tipos de psicoterapia parecem ser particularmente adequados para determinadas pessoas e problemas (veja Nathan e Gorman, 1998). A terapia de insight, por exemplo, parece ser a mais adequada que busca profunda auto-compreensão, alívio de conflitos interiores e ansiedade, ou melhora no relacionamento com os outros. A terapia comportamental aparentemente é mais adequada para tratar de ansiedades específicas ou outros problemas comportamentais bem definidos, como disfunções sexuais. Por sua vez, a terapia familiar em geral é mais efetiva que o aconselhamento individual para o tratamento de abuso de drogas (Stanton e Shadish, 1997). As terapias cognitivas têm se mostrado efetivas para depressão (Elkin *et al.*, 1989; Robinson, Berman e Neimeyer, 1990; veja também Kopta, Lueger, Saunders e Howard, 1999) e parecem ser promissoras para distúrbios de ansiedade também (Howard, 1999). A tendência em psicoterapia é o **ecletismo** — ou seja, o reconhecimento do valor de um vasto pacote de tratamentos, e não o compromisso com uma única forma de terapia (Norcross, Alford e DeMichele, 1994).

TESTE SUA APRENDIZAGEM

1. Indique se as afirmações a seguir são verdadeiras (V) ou falsas (F).
   ___ a. Em estudos sobre a efetividade da psicoterapia, grupos de controle que não passaram por "nenhum tratamento" às vezes podem incluir inadvertidamente pessoas que tiveram alguma forma de ajuda.
   ___ b. O consenso entre estudos sobre a efetividade da psicoterapia é que esta é efetiva.
   ___ c. As terapias do comportamento têm se mostrado efetivas para tratar de fobias e ansiedades específicas, ao passo que as terapias cognitivas têm se mostrado efetivas para tratar da depressão.
2. A tendência entre psicoterapeutas de combinar técnicas de tratamento é denominada _____.
3. A maioria dos pesquisadores concorda que a psicoterapia ajuda cerca de _____ _____ das pessoas tratadas.
4. A psicoterapia funciona melhor para distúrbios relativamente _____, se comparados aos _____.

Respostas: 1. a. (V); b. (V) c. (V). 2. ecletismo. 3. dois terços. 4. moderados, severos.

Tratamentos biológicos

O que são tratamentos biológicos e quem pode administrá-los?

Os **tratamentos biológicos** — um conjunto de abordagens que inclui medicação, terapia eletroconvulsiva (também conhecida como eletroconvulsoterapia) e psicocirurgia — podem ser usados para tratar distúrbios psicológicos em conjunto com a psicoterapia, ou no lugar dela. Clientes e terapeutas optam pelos tratamentos biológicos por diversas razões. Em primeiro lugar, porque algumas pessoas são agitadas, desorientadas ou indiferentes demais para ser tratadas por psicoterapia. Em segundo lugar, o tratamento biológico é quase sempre usado para distúrbios que tenham forte componente biológico. Por último, é usado freqüentemente para pessoas perigosas a si mesmas e aos outros. Os únicos profissionais de saúde mental autorizados a medicar pacientes são os psiquiatras — que são médicos —, mas os terapeutas que não são médicos muitas vezes trabalham com médicos que prescrevem medicação para seus clientes. Em muitos casos em que tratamentos biológicos são usados, a psicoterapia também é recomendada. Por exemplo: a medicação e a psicoterapia usadas em conjunto funcionam melhor para tratar de depressão severa e para evitar uma recorrência que qualquer um dos tratamentos usados de maneira isolada (Keller *et al.*, 2000; Reynolds *et al.*, 1999).

Terapia com medicamentos

Quais são alguns medicamentos que tratam os distúrbios psicológicos?

A medicação é usada freqüente e efetivamente para tratar inúmeros problemas psicológicos (veja a Tabela 13.1). De fato, o Prozac, uma droga usadoa para tratar a depressão, hoje é um dos medicamentos mais vendidos, dentre todos os prescritos. Duas razões importantes para o uso disseminado de terapias com medicamentos atualmente são o desenvolvimento de vários medicamentos psicoativos muito eficazes e o fato de as terapias medicamentosas terem um custo menor que a psicoterapia. Outra razão, argumentada pelos críticos, é a "mentalidade" de nossa sociedade, de tomar remédio para resolver qualquer problema. Os medicamentos usados para tratar os distúrbios psicológicos são prescritos não apenas por psiquiatras, mas ainda mais comumente por médicos generalistas como clínicos gerais, pediatras e ginecologistas.

TABELA 13.1 PRINCIPAIS TIPOS DE MEDICAMENTOS PSICOATIVOS

Uso terapêutico	Estrutura química*	Nome de marca*
Antipsicóticos	Fenotiazinas	Torazina
Antidepressivos	Tricíclicos	Elavil
	Inibidores da MAO	Nardil
	ISRSs	Paxil, Prozac, Zoloft
Psicoestimulantes	Anfetaminas	Dexedrina
	Outros	Ritalina
Antimaníacos	Carbamazepina	Tegretol
Ansiolíticos	Benzodiazepinas	Valium
Sedativos	Barbitúricos	
Antipânico	Tricíclicos	Tofranil
Antiobsessivos	Tricíclicos	Anafranil

* As estruturas químicas e principalmente os nomes de marca relacionados nesta tabela são, freqüentemente, apenas um exemplo dos vários tipos de medicamento disponíveis para o uso terapêutico específico.
Fonte: Klerman *et al.*, 1994.

Medicamentos antipsicóticos Até meados da década de 50, as drogas não eram amplamente usadas para tratar os distúrbios psicológicos, uma vez que os únicos sedativos disponíveis induziam ao sono e à calma. Então, os principais tranqüilizantes, a *reserpina* e as *fenotiazinas*, foram introduzidos. Além de amenizar a ansiedade e a agressividade, ambos os medicamentos reduzem os sintomas psicóticos, como alucinações e ilusões; por essa razão, são denominadas **drogas antipsicóticas**. Os medicamentos antipsicóticos são prescritos basicamente para todos os distúrbios psicológicos severos, principalmente a esquizofrenia. São muito efetivos para tratar os "sintomas positivos" da esquizofrenia, como as alucinações, mas pouco efetivos para os "sintomas negativos", como o isolamento social. Eles bloqueiam os receptores do cérebro para dopamina, um importante neurotransmissor. Quanto mais eficazmente o medicamento bloquear esses receptores, mais efetivo ele será (Oltmanns e Emery, 1998).

Os antipsicóticos às vezes podem produzir efeitos notáveis (Grinspoon, Ewalt e Schader, 1972). Pacientes permanentemente amedrontados, irritados, confusos e atormentados por alucinações auditivas e visuais podem se livrar inteiramente de tais sintomas. Mas os medicamentos antipsicóticos também podem produzir inúmeros efeitos colaterais indesejáveis (Kane e Lieberman, 1992; McKim, 1997). Visão embaçada e constipação estão entre as queixas comuns, assim como problemas neurológicos temporários, como a rigidez muscular ou os tremores. Um efeito colateral potencial muito sério é a *discinesia tardia*, uma perturbação permanente do controle motor, particularmente da face (por exemplo, o estalo involuntário dos lábios), que pode ser amenizada apenas parcialmente com outros medicamentos (Diaz, 1997). O risco de discinesia tardia aumenta de acordo com o período de tempo em que os antipsicóticos são usados, um fato que leva a outro ponto importante. Os medicamentos antipsicóticos não curam a esquizofrenia; apenas aliviam os sintomas enquanto a pessoa está tomando o medicamento. Assim, a maioria dos esquizofrênicos deve tomar antipsicóticos durante anos — talvez para o resto da vida (Mueser e Glynn, 1995; Oltmanns e Emery, 1998).

Outro problema está no fato de que os antipsicóticos têm pouco valor no tratamento de problemas de ajuste social que os pacientes enfrentam fora de um ambiente institucional. E, uma vez que muitas pessoas que recebem alta não conseguem tomar medicamentos, é comum haver recaída. O índice de recaída pode ser reduzido se a terapia com medicamentos for combinada de maneira efetiva com a psicoterapia.

Medicamentos antidepressivos Um segundo grupo de drogas, conhecidas como *antidepressivos*, é usado para combater a depressão. Até o final da década de 80, havia apenas dois tipos principais de medicamentos antidepressivos: inibidores de monoamina oxidase (inibidores da MAO) e *tricíclicos* (assim denominados por suas propriedades químicas). Ambos aumentam a concentração dos neurotransmissores serotonina e norepinefrina no cérebro (McKim, 1997). Ambos são efetivos para a maioria das pessoas com depressão severa, mas produzem inúmeros efeitos colaterais problemáticos e graves. Os inibidores da MAO exigem cuidadosa restrição de dieta, uma vez que podem ser letais se combinados com alguns alimentos. Os tricíclicos, por sua vez, provocam freqüentemente visão embaçada, secura da boca, tontura, baixa pressão sangüínea, constipação e outros problemas. Em virtude da gravidade desses efeitos colaterais, prossegue a busca por medicamentos antidepressivos mais e seguros.

Em 1988, o Prozac chegou ao mercado. Essa droga reduz a recaptação de serotonina pelo sistema nervoso, aumentando assim a quantidade desse neurotransmissor ativo no cérebro a qualquer momento. Por essa razão, o Prozac faz parte de um grupo de drogas psicoativas conhecidas como inibidores seletivos de recaptação da serotonina (veja o Capítulo 2, "A natureza biológica do comportamento"). O Prozac produz menos efeitos colaterais que os inibidores da MAO ou os tricíclicos e tem sido anunciado na mídia popular como "a droga milagrosa" para o tratamento de depressão. Seu uso disseminado é considerado testemunho de sua eficácia. Devemos ser cautelosos, no entanto, para tirar essas conclusões. Sem dúvida, o Prozac tem ajudado muitas pessoas com depressão, mas freqüentemente em virtude de seu efeito placebo —, ou seja, o remédio funciona porque as pessoas acreditam que funcionará (Brown, 1998). Esse fato sublinha um ponto muito importante: o sucesso de um medicamento antidepressivo não significa que a depressão seja provocada por um "desequilíbrio químico no cérebro". O fato de que a aspirina alivia dores de cabeça não significa que a falta de aspirina seja a causa de dores de cabeça. Embora os antidepressivos desempenhem claramente um papel importante no tratamento de depressão, alguns terapeutas estão preocupados com o fato de um número excessivo de pessoas estarem procurando resolver seus problemas emocionais por meio de remédios e não pelos esforços de lidar de maneira mais efetiva com a vida. Além disso, como observamos anteriormente, a medicação e a psicoterapia funcionam melhor em conjunto contra a depressão severa do que se administradas isoladamente (Keller *et al.*, 2000).

Lítio O distúrbio bipolar, ou maníaco-depressivo, é tratado freqüentemente com carbonato de lítio. O lítio não é um medicamento, mas um sal que equilibra as oscilações de humor imprevisíveis e acentuadas. Embora seja efetivo em aproximadamente 75 por cento dos casos, o lítio freqüentemente é prescrito associado a antidepressivos, uma vez que seu efeito é lento (Solomon, Keitner, Miller, Shea e Keller, 1995). Não sabemos exatamente como o lítio age, mas estudos recentes com ratos indicam que ele pode estabilizar os níveis de neurotransmissores específicos no cérebro (Dixon e Hokin, 1998).

Outros medicamentos Várias outras medicações podem ser usadas para aliviar os sintomas de diversos problemas psicológicos (veja a Tabela 13.1). Os *psicoestimulantes*, por exemplo, aumentam o estado de alerta e excitação. Alguns psicoestimulantes, como a Ritalina, costumam ser usados para tratar crianças com distúrbio do déficit de atenção/hiperatividade (Adesman, 2000). Nesses casos, eles produzem um efeito tranqüilizante, em vez de estimulante. Como ocorre com os antidepressivos, alguns profissionais preocupam-se com o uso abusivo de psicoestimulantes. A Casa Branca chamou atenção para essa questão em março de 2000, quando citou pesquisas recentes que mostravam que o número de crianças entre dois e quatro anos de idade que ingerem estimulantes e antidepressivos mais que dobrou nos últimos anos (Zito *et al.*, 2000) (veja a Figura 13.2). *Ansiolíticos*, como o Valium, também costumam ser prescritos. Ao produzir de maneira rápida uma sensação de calma e euforia moderadas, esses medicamentos são usados freqüentemente para reduzir a tensão e o estresse geral. No entanto, uma vez que podem criar dependência, devem ser usados com cautela. Outra classe de medicamentos, os *sedativos*, produz tanto calma quanto tontura e é usada para tratar a agitação ou induzir o sono. Esses medicamentos também podem criar dependência. Finalmente, para reduzir episódios de pânico e aliviar os sintomas obsessivo-compulsivos, determinados tipos de *medicações antidepressivas* são efetivos (Klerman *et al.*, 1994).

Terapia eletroconvulsiva

Como a terapia eletroconvulsiva (também denominada eletroconvulsoterapia) atual difere daquela usada no passado?

A **terapia eletroconvulsiva (TEC)** é quase sempre usada para casos de depressão severa e prolongada que não respondem a outras formas de tratamento (Olfson, Marcus, Sackeim, Thompson e Pincus, 1998). Essa permaneceu em grande parte inalterada durante vários anos. Um eletrodo era colocado em cada lado da cabeça da pessoa, e uma corrente branda era ligada em intervalos curtos (cerca de 1,5 segundo). A corrente elétrica passava de um lado do cérebro a outro, produzindo uma breve convulsão, seguida por uma perda temporária de consciência. Os relaxantes musculares administrados antecipadamente evitavam contrações violentas perigosas. Quando os pacientes despertavam, vários minutos depois, normalmente tinham amnésia do período imediatamente anterior ao procedimento e permaneciam confusos durante cerca de uma hora. Com tratamentos repetidos, muitos se tornavam desorientados, mas essa condição em geral era sanada após o término do tratamento. Este em geral consistia de dez ou menos sessões de TEC.

Recentemente, uma modificação importante foi feita na terapia eletroconvulsiva. Nesse novo procedimento, chamado *TEC unilateral*, a corrente elétrica passa apenas por um lado do cérebro. O TEC unilateral produz menos efeitos colaterais, como prejuízo da memória e confusão, e é apenas um pouco menos eficaz que o método tradicional (Diaz, 1997; Khan, 1993). Outro método usa correntes elétricas menos potentes por durações mais curtas (apenas 0,004 de segundo), o que também parece atenuar a gravidade dos efeitos colaterais.

Ninguém sabe exatamente por que o TEC funciona, mas as evidências demonstram claramente sua eficácia. Além disso, o índice de mortalidade para pessoas tratadas com TEC é acentuadamente menor que entre as que apenas tomam antidepressivos (Henry, Alexander e Sener, 1995). O TEC ainda tem vários críticos, e seu uso permanece controvertido. O procedimento produz freqüentemente perda de memória

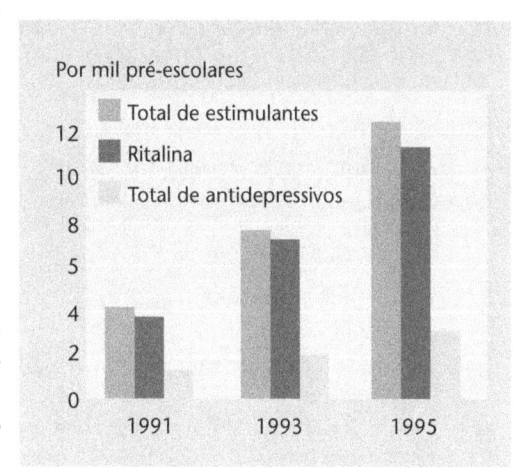

FIGURA 13.2

Uso de medicações psiquiátricas entre pré-escolares. Um estudo com 151.675 crianças da pré-escola em um grupo do Midwestern Medicaid, constatou que o uso de medicações psiquiátricas, particularmente estimulantes como a Ritalina, aumentou consideravelmente nos últimos anos.

Fonte: dados do *Journal of the American Medical Association*, figura da Associated Press como consta em The *Charlotte Observer*, 23 fev. 2000. Reimpresso com permissão.

e, com certeza, é capaz de prejudicar o cérebro. Por essas razões, o TEC é considerado de maneira adequada um "último recurso" — quando todos os outros métodos falharam.

Psicocirurgia

O que é psicocirurgia e como ela é usada atualmente?

A **psicocirurgia** refere-se à cirurgia do cérebro realizada para mudar o comportamento e o estado emocional da pessoa. Essa é uma medida drástica, principalmente pelo fato de ser difícil prever seus efeitos. Em uma *lobotomia pré-frontal*, os lobos pré-frontais do cérebro são removidos dos centros mais profundos,

TESTE SUA APRENDIZAGEM

1. Os únicos profissionais de saúde mental autorizados a fornecer terapia com medicamentos são _____.
2. Todas as terapias a seguir são biológicas, exceto
    a. a terapia racional-emotiva.
    b. a TEC.
    c. a terapia medicamentosa.
    d. a psicocirurgia.
3. O Prozac, os tricíclicos e os inibidores de monoamina oxidase são medicamentos usados para tratar a _____.
4. Uma razão para o uso disseminado da terapia com medicamentos é o custo inferior ao da psicoterapia. Essa afirmação é verdadeira (V) ou falsa (F)?
5. A maioria das drogas antipsicóticas
    a. aumenta a acetilcolina no cérebro.
    b. aumenta a serotonina no cérebro.
    c. inibe a função do hipotálamo.
    d. bloqueia os receptores de dopamina no cérebro.
6. Qual das afirmações a seguir é verdadeira em relação à psicocirurgia?
    a. Ela nunca produz efeitos colaterais indesejáveis.
    b. Ela é inútil no controle da dor.
    c. Ela é amplamente usada hoje.
    d. É difícil prenunciar seus efeitos.
7. A terapia eletroconvulsiva é considerada _____ efetiva no tratamento de casos de depressão severa.
    a. pouco
    b. moderadamente
    c. altamente
8. Relacione as seguintes medicações com o(s) neurotransmissor(es) que, acredita-se, cada uma influencia.
    ___ inibidores da monoamina oxidase   a. norepinefrina
    ___ tricíclicos   b. serotonina
    ___ Prozac   c. epinefrina
    ___ lítio
9. Levando em consideração seus efeitos colaterais negativos potenciais, a TEC é considerada um último recurso como tratamento. Essa afirmação é verdadeira (V) ou falsa (F)?
10. O distúrbio bipolar (também denominado psicose maníaco-depressiva) é freqüentemente tratado com ____.

Respostas: 1. psiquiatras. 2. a. 3. depressão. 4. (V) 5. d. 6. d. 7. c. 8. inibidores da monoamina oxidase (b); tricíclicos: (a) e (b); Prozac (b) lítio (b) e (c) 9. (V) 10. lítio.

abaixo deles. Essa técnica apóia-se no pressuposto de que os lobos frontais de pessoas extremamente perturbadas intensificam impulsos emocionais dos centros inferiores do cérebro (principalmente do tálamo e hipotálamo). Infelizmente, as lobotomias podem funcionar com uma pessoa e falhar completamente com outra — possivelmente produzindo efeitos colaterais indesejáveis e permanentes, como a incapacidade de inibir impulsos ou uma ausência quase total de sentimento.

As lobotomias pré-frontais raramente são realizadas hoje. De fato, muito poucos procedimentos psicocirúrgicos são feitos hoje em dia, exceto como medidas de último caso, para controlar condições médicas como psicoses intratáveis, epilepsia que não responde a outros tratamentos, distúrbios obsessivo-compulsivos severos (Baer, Rauch e Ballantine, 1995) e dor em doenças terminais.

Tratamento e prevenção de distúrbios graves

Como as pessoas com distúrbios psicológicos graves eram tratadas no passado?

Para as pessoas com doença mental, a hospitalização tem sido a opção de tratamento nos Estados Unidos nos últimos 150 anos. Vários tipos de hospitais oferecem tratamento para doentes mentais. Os hospitais gerais admitem muitos pacientes com distúrbios mentais, em geral para permanecer por períodos curtos, até ser liberados à família ou encaminhados para outros cuidados institucionais. Os hospitais particulares — com ou sem fins lucrativos — oferecem serviços aos beneficiários de planos de saúde. Para os veteranos de guerra com distúrbios psicológicos, por sua vez, há os hospitais Veterans Administration.

No entanto, quando a maioria das pessoas pensa em "hospitais psiquiátricos", grandes instituições dirigidas pelo Estado vêm à mente. Muitos desses hospitais públicos, muitos com capacidade para milhares de pacientes, foram construídos em áreas rurais no século XIX, de acordo com a idéia de que um ambiente no campo acalmaria os pacientes e restituiria sua saúde mental. Embora as intenções no estabelecimento desses hospitais fossem boas, durante a maior parte de sua história eles não forneceram cuidados nem terapia adequados para seus moradores. Perpetuamente com falta de verbas e de funcionários, os hospitais públicos foram freqüentemente pouco mais que depósitos para portadores de doenças mentais sérias, indesejados pela família. Exceto os novos ingressantes, que recebiam tratamento intensivo na esperança de ser liberados rapidamente, os pacientes recebiam pouca terapia e medicamentos, e a maioria passava os dias assistindo à televisão ou com o olhar vago. Sob essas condições, muitos pacientes ficaram totalmente apáticos e aceitaram o "papel de doentes".

O desenvolvimento de terapias com medicamentos eficazes, iniciado na década de 50, levou a inúmeras mudanças nos hospitais públicos (Shorter, 1997). Por um lado, as pessoas agitadas agora podiam ser sedadas com medicamentos. Embora estes produzissem freqüentemente letargia, seu uso era considerado um aprimoramento em relação às restrições físicas. Uma segunda mudança importante e mais duradoura, resultante das novas terapias com medicamentos, foi a ampla liberação de pessoas com distúrbios psicológicos severos de volta à comunidade — uma política denominada **desinstitucionalização**. Como você verá, porém, ela acabou criando novos problemas, tanto para pacientes quanto para a sociedade.

Desinstitucionalização

Quais são os problemas decorrentes da desinstitucionalização?

O advento dos medicamentos antipsicóticos na década de 50 criou um clima favorável para a desinstitucionalização. A prática de colocar pessoas em instalações mais humanas e menores, ou devolvê-las sob medicação a cuidados dentro da comunidade intensificou-se durante as décadas de 60 e 70. Por volta de 1975, 600 centros regionais de saúde mental norte-americanos respondiam pelo tratamento de 1,6 milhão de pacientes não internados.

Entretanto, recentemente, a desinstitucionalização criou sérios problemas. Pessoas liberadas freqüentemente encontram centros comunitários de saúde mental com recursos escassos — ou nem mesmo isso. Muitas dessas pessoas não estão preparadas para viver em sociedade e recebem pouca orientação para lidar com os mecanismos da vida diária. Aqueles que voltam para casa podem se tornar um peso para a família, principalmente quando não recebem o acompanhamento adequado. Os centros residenciais, como os lares de transição, variam em qualidade, mas muitos fornecem cuidados inadequados e muito pouco contato com o mundo exterior. A insuficiência de abrigos obriga muitos ex-pacientes a entrar em instituições não psiquiátricas — freqüentemente habitando casas em localidades isoladas, em meio à insegurança e à sujeira. Os pacientes ficam ainda mais oprimidos com o estigma social da doença mental, que pode ser o maior obstáculo à sua reabilitação. Além disso, embora se presuma que o tratamento ambulatorial seja uma política nacional objetiva e bem estabelecida em saúde mental, os planos de saúde costumam desestimular o tratamento de pacientes não internados, exigindo pagamentos adicionais substanciais e limitando o número de consultas.

Os efeitos integrais da desinstitucionalização são desconhecidos. Poucos estudos de acompanhamento têm sido feitos com os pacientes que recebem alta, em qual difíceis de ser acompanhados durante longos períodos. Mas é óbvio que a desinstitucionalização, embora seja um ideal valioso, tem produzido efeitos desastrosos em pacientes e na sociedade. Muitos pacientes que recebiam alta não recebiam acompanhamento ou eram incapazes de encontrar moradia e de cuidar de suas próprias necessidades. Como conseqüência, muitos acabavam morando nas ruas. Sem supervisão, paravam de tomar os medicamentos que haviam possibilitado sua alta e voltavam a ser psicóticos. Toda cidade norte-americana importante atualmente tem uma população de doentes mentais sem-teto que mora em abrigos temporários ou dorme na rua, em estações rodoviárias, parques e outros espaços públicos. Essa situação é trágica, não apenas para os próprios doentes, que se tornam presas fáceis de criminosos, como para a nossa sociedade, que fica cada vez mais desumana, uma vez que a população — que considera desagradável a presença constante de "loucos" em seu meio —, começou a perder a compaixão tanto pelos desabrigados quanto pelos doentes mentais e, assim, começou a pressionar as autoridades para "tirá-los da rua". A maioria dos profissionais de saúde mental atualmente concorda que muitos pacientes cronicamente doentes não deveriam ser liberados para viver "na comunidade" sem um planejamento melhor, mais recursos, mais apoio da comunidade e a possibilidade de re-hospitalização por períodos limitados caso necessário.

Formas alternativas de tratamento

Existem alternativas para a desinstitucionalização além da re-hospitalização dos pacientes?

Nas duas últimas décadas, Charles Kiesler vem defendendo a mudança de foco na institucionalização para formas de tratamento que evitem a hospitalização (Kiesler e Simpkins, 1993). Kiesler (1982b) examinou dez estudos controlados em que pessoas seriamente perturbadas foram encaminhadas de maneira aleatória a hospitais ou a um programa alternativo. Os programas alternativos assumiam várias formas: treinar os pacientes que moram em casa a lidar com as atividades diárias; encaminhá-los a um local pequeno, como uma casa, em que a equipe de profissionais e os moradores partilhasse responsabilidades domésticas; colocá-los em uma hospedaria que oferecesse terapia e intervenção em momentos de crise; fornecer-lhes terapia familiar e tratamento em hospitais-dia; propiciar a eles visitas de enfermeiros da saúde pública, combinadas com medicação; e oferecer aconselhamento intensivo a pacientes não internados, associado a medicamentos. Todas essas alternativas envolviam o contato profissional diário e a preparação adequada da comunidade para receber os pacientes. Embora os hospitais que participaram dos estudos oferecessem bons cuidados aos pacientes — provavelmente muito acima da média para instituições nos Estados Unidos —, nove dos dez estudos verificaram que o resultado era mais positivo em tratamentos alternativos que na hospitalização mais onerosa. Além disso, as pessoas que receberam tratamento alternativo apresentavam menos probabilidade de nova hospitalização posteriormente, o que sugere, assim, que hospitalizar pessoas com doença mental é um processo que se autoperpetua. Muitas dessas pessoas "podiam ser tratadas em ambientes alternativos de modo mais eficaz e acessível", conclui Kiesler (1982, p. 358).

Prevenção

Qual é a diferença entre prevenção primária, secundária e terciária?

Outra abordagem à doença mental séria consiste em, antes de mais nada, tentar evitá-la. Tal *prevenção* exige encontrar e eliminar as condições que provocam os distúrbios mentais ou contribuem para seu surgimento, além de substituí-las por condições que estimulam o bem-estar. A prevenção assume três formas: primária, secundária e terciária.

A **prevenção primária** refere-se aos esforços de aprimorar o ambiente geral, de modo que não surjam novos casos de distúrbios mentais. O planejamento familiar e o aconselhamento genético são dois exemplos de programas de prevenção primária. Eles ajudam os futuros pais a pensar em questões como a quantidade de filhos que querem ter e o momento de tê-los. Também fornecem testes para diagnosticar defeitos genéticos em embriões e encaminham os pais para tratamentos — incluindo a cirurgia fetal — que podem abrandar esses defeitos antes de o bebê nascer. Outros programas de prevenção primária visam a aumentar competências pessoais e sociais em uma extensa variedade de grupos. Por exemplo, há programas destinados a ajudar as mães a estimular habilidades de solução de problemas em seus filhos; outros para aumentar a competência e ajustamento entre os mais velhos. As campanhas atuais para educar jovens sobre drogas, violência e estupros são outros exemplos de prevenção primária (Avery-Leaf, Cano, Cascardi e O'Leary, 1995; Reppucci, Woolard e Fried, 1999).

A **prevenção secundária** implica identificar grupos com alto risco de desenvolver distúrbios mentais — por exemplo, crianças que sofrem agressão, pessoas que se divorciaram recentemente e aquelas que foram demitidas do emprego. A principal investida dessa prevenção secundária é a *intervenção* nesses grupos de alto risco — ou seja, detectar o comportamento não-adaptativo de maneira precoce e tratá-lo imediatamente. Uma forma de intervenção é a *intervenção na crise*, que inclui programas como linhas de atendimento direto a suicidas. Outra é o estabelecimento de locais de atendimento às pessoas em crise, por períodos limitados, nos quais o terapeuta possa oferecer aconselhamento e apoio diretos.

O principal objetivo da **prevenção terciária** é ajudar as pessoas a se ajustar à vida na comunidade depois de receberem alta de um hospital psiquiátrico. Por exemplo: os hospitais freqüentemente concedem passes para incentivar os internos a sair da instituição por períodos curtos, antes de receberem alta. Outras medidas de prevenção terciária são os lares de transição, nos quais os egressos, encontram apoio e treinamento de habilidades durante o período de transição entre a hospitalização e a plena integração na comunidade; e os programas noturno e em hospitais-dia, que oferecem terapia de apoio enquanto as pessoas vivem em casa e trabalham em tempo integral. A prevenção terciária também inclui esforços para educar a comunidade na qual a pessoa ingressará novamente.

Evitar distúrbios de comportamento tem sido o ideal da comunidade de saúde mental desde pelo menos 1970, quando o relatório final da Joint Commission on Mental Health of Children exigiu atenção na prevenção, ao se trabalhar com doentes mentais. Ironicamente, uma vez que os programas preventivos em geral são de longo prazo e indiretos, freqüentemente são os primeiros programas de saúde mental a ser eliminados em tempos de dificuldade econômica. Esses cortes, baseados na redução de custos, exemplificam o fato de se economizar em ninharias e gastar muito em outras coisas.

TESTE SUA APRENDIZAGEM

1. A prática de tratar pessoas com doenças mentais severas em instituições grandes, dirigidas pelo Estado, é conhecida como _____.
2. Muitas pessoas liberadas dos hospitais psiquiátricos acabaram sem casa e nas ruas. Essa afirmação é verdadeira (V) ou falsa (F)?
3. Quais das alternativas a seguir se referem a fatores que ajudaram a promover a desinstitucionalização nos EUA?
    a. o desenvolvimento de medicamentos antipsicóticos efetivos
    b. o estabelecimento de um trabalho em rede de centros comunitários de saúde mental
    c. cortes de orçamento federal na década de 60
    d. todas as alternativas acima
4. Tratamentos alternativos à hospitalização de pessoas com distúrbios mentais severos são menos efetivos que a hospitalização, mas têm o benefício de custar menos. Essa afirmação é verdadeira (V) ou falsa (F)?
5. Relacione os componentes a seguir com suas formas de prevenção adequadas.
    ___ lares de transição   a. prevenção primária
    ___ comerciais educativos de TV b. prevenção secundária
    ___ linhas diretas   c. prevenção terciária
    ___ intervenção na crise
    ___ aconselhamento genético

Respostas: 1. Institucionalização. 2. (V) 3. a e b. 4. (F) 5. lares de transição (c); comerciais educativos de TV (a); linhas diretas (b); intervenção na crise (b); aconselhamento genético (a).

Diversidade de cliente e tratamento

Há grupos particulares de pessoas que podem exigir abordagens especiais no tratamento de problemas psicológicos?

Uma questão importante deste livro é a diversidade humana, a ampla variedade de diferenças existentes entre os seres humanos. Embora todos tenhamos certeza de características humanas básicas, como indivíduos e como grupos também temos nossos próprios traços distintivos, nossas próprias maneiras distintivas de reagir ao mundo. Essas diferenças humanas influenciam o tratamento de problemas psicológicos? Duas áreas que os pesquisadores têm explorado para responder a essa pergunta são as diferenças de gênero e as diferenças culturais.

Gênero e tratamento

Como os estereótipos de gênero podem ser evitados no tratamento?

No Capítulo 12, "Distúrbios Psicológicos", vimos que há algumas diferenças significativas de gênero na prevalência de muitos distúrbios psicológicos. Em parte, isso ocorre porque as mulheres tradicionalmente se mostram mais dispostas a admitir que têm problemas psicológicos e que precisam de ajuda para resolvê-los. Além disso, a psicoterapia é mais aceita socialmente para mulheres que para homens (Williams, 1987). Entretanto, recentemente, o número de homens dispostos a buscar psicoterapia e aconselhamento tem aumentado (Pollack e Levant, 1998). Os pesquisadores atribuem esse aumento às mudanças pelas quais os homens estão passando na sociedade atual: espera-se cada vez mais que eles forneçam não apenas o suporte financeiro como também o emocional para suas famílias.

Se há diferenças de gênero na prevalência de distúrbios psicológicos, há diferenças de gênero também em seu tratamento? Na maioria dos aspectos, o tratamento dado a mulheres é o mesmo que o dado aos homens, um fato que se tornou um tanto controvertido recentemente (Enns, 1993). Uma vez que a maioria dos terapeutas é composta por homens e a maioria dos programas vocacionais e de reabilitação é orientada para homens, alguns críticos pregam a "igualdade de tratamento" ao argumentar que as mulheres que fazem terapia freqüentemente são incentivadas a adotar visões tradicionais, orientadas para homens, do que é "normal" ou "apropriado". Por exemplo: os terapeutas homens tendem a insistir para que as mulheres se adaptem ou se conformem passivamente ao seu meio. Eles também tendem a ser insuficientemente sensíveis ao fato de que muito do estresse que elas sentem origina-se da tentativa de enfrentar um mundo no qual não são tratadas com igualdade (Brown e Ballou, 1992). Por todas essas razões, recentemente tem havido um aumento no número de "terapeutas feministas". Esses terapeutas ajudam suas clientes a se tornar cientes da extensão em que seus problemas derivam de controles externos e de papéis sexuais inadequados, para que tenham mais consciência de suas necessidades e, objetivo, estejam atentas a eles e, também desenvolvam uma noção de orgulho por ser mulheres — em vez de aceitar o **status quo** ou se identificar passivamente com ele.

Embora na *maioria* dos aspectos as mulheres recebam os mesmos tipos de tratamento que os homens, há uma diferença muito importante: elas recebem uma parcela desproporcional dos medicamentos prescritos para distúrbios psicológicos. No geral, mais de 70 por cento de todas as prescrições de psiquiatras são para mulheres, embora elas respondam por apenas 58 por cento de suas consultas (Basow, 1986; Russo, 1985). Do mesmo modo, as mulheres recebem entre 70 a 80 por cento dos medicamentos antidepressivos, embora correspondam a apenas dois terços de todos os casos de distúrbios depressivos. Não sabemos ainda as razões para esse viés sexual em prescrições de medicamentos, mas este se tornou uma fonte de preocupação considerável. A disposição dos profissionais para prescrever medicamentos para mulheres pode incentivá-las a ver seus problemas como fruto de causas físicas. Além disso, essa prática responde, pelo menos em parte, pela tendência das mulheres de abusar da prescrição de medicamentos de maneira mais freqüente que os homens (Russo, 1985).

À medida que os pesquisadores continuam a explorar essas questões, a American Psychological Association estabeleceu um conjunto de orientações a respeito do tratamento de mulheres em psicoterapia:

1. A conduta da terapia deve ser livre de restrições baseadas em papéis definidos pelo gênero, e as opções exploradas entre clientes e profissionais devem ser isentas de estereótipos de papel sexual.

2. Os psicólogos devem reconhecer a realidade, a variedade e as implicações de práticas sexistas na sociedade e devem facilitar ao cliente o exame das opções ao lidar com tais práticas.

3. O terapeuta deve ter conhecimento das descobertas empíricas atuais sobre papéis sexuais, sexismo e diferenças individuais que resultam da identidade definida pelo gênero do cliente.

4. Os conceitos teóricos usados pelo terapeuta devem ser livres de tendências com relação a sexo e a estereótipos de papel sexual.

5. O psicólogo deve demonstrar a aceitação de mulheres como iguais aos homens, usando uma linguagem isenta de rótulos pejorativos.

6. O psicólogo deve evitar estabelecer como fonte de problemas pessoais o próprio cliente, quando estes podem ser atribuídos de maneira mais adequada a fatores situacionais ou culturais.

7. O psicólogo e um cliente plenamente informado devem concordar mutuamente com relação aos aspectos da relação terapêutica (como a modalidade de tratamento, os fatores relacionados a tempo e os acordos relativos ao pagamento).

8. Embora a importância da disponibilidade de informações precisas à família do cliente seja reconhecida, o privilégio de comunicação sobre diagnóstico, prognóstico e progresso é do cliente, e não do terapeuta.

9. Se processos autoritários são usados como técnica, a terapia não deve manter ou reforçar a dependência estereotipada de mulheres.

10. Os comportamentos assertivos do cliente devem ser respeitados.

11. O psicólogo cuja cliente estiver sujeita a violência na forma de abuso físico ou de estupro deve reconhecer e admitir que a cliente é vítima de um crime.

12. O psicólogo deve reconhecer e incentivar a exploração da sexualidade de uma cliente e reconhecer seu direito de definir suas próprias preferências sexuais.

13. O psicólogo não deve ter relações sexuais com uma cliente nem tratá-la como objeto sexual. (APA, 1978)

Cultura e tratamento

Como o terapeuta interage de maneira adequada com clientes de culturas diferentes?

Imagine o seguinte cenário: enquanto um cliente de origem indígena é entrevistado por um psicólogo, olha para o chão. Responde às perguntas de maneira educada, mas durante toda a consulta desvia o olhar, e nunca olha diretamente para o profissional. Sua linguagem corporal pode levar o psicólogo a supor que o homem está deprimido ou tem baixa auto-estima — a menos que ele saiba que, na cultura daquela pessoa, a esquiva do contato pelo olhar é sinal de respeito.

Esse exemplo mostra que nossas idéias do que constitui um comportamento normal estão vinculadas à cultura. Quando o psicoterapeuta e o cliente vêm de culturas diferentes, os mal-entendidos da fala, a linguagem corporal e os costumes são quase inevitáveis (Helms e Cook, 1999). Mesmo quando o cliente e o terapeuta têm a mesma nacionalidade e falam a mesma língua, pode haver diferenças expressivas se eles pertencerem a grupos raciais e étnicos diferentes (Casas, 1995). Por exemplo: algumas pessoas negras não confiam facilmente em um terapeuta branco — a tal ponto que essa desconfiança às vezes é confundida com paranóia. Por essa razão, muitos negros procuram um terapeuta negro, uma tendência que está se tornando mais comum à medida que um número maior de negros de classe média passa a fazer terapia (Williams, 1989).

Um dos desafios para terapeutas norte-americanos recentemente tem sido tratar refugiados de países estrangeiros, muitos dos quais fugiram de circunstâncias tão aterrorizantes em seu país que chegam aos Estados Unidos com distúrbio de estresse pós-traumático. Esses refugiados devem superar não apenas os efeitos do trauma passado, mas também os novos estresses de se estabelecer em um país estranho — o que freqüentemente inclui a separação de suas famílias, o desconhecimento da língua inglesa e a incapacidade de praticar suas ocupações tradicionais. Os terapeutas em tais circunstâncias devem aprender um pouco sobre a cultura de seus clientes. Freqüentemente, eles têm de conduzir entrevistas por meio de um intérprete — o que dificilmente é uma circunstância ideal para a terapia.

Além disso, os terapeutas ocidentais precisam reconhecer que alguns distúrbios que afligem as pessoas de outras culturas podem não existir na cultura ocidental. Por exemplo: *Taijin Kyofusho* (cuja tradução aproximada é 'medo de pessoas'), envolve um medo mórbido de que a linguagem corporal e as ações da pessoa possam ser ofensivas aos outros. Uma vez que esse distúrbio raramente é encontrado fora do Japão, os terapeutas norte-americanos precisam de treinamento especializado para identificá-lo.

Entretanto, em última instância, a melhor solução às dificuldades de atender a uma população multicultural é treinar muitos terapeutas de origens diferentes, de modo que os membros de minorias étnicas, culturais e raciais possam, caso desejar, escolher os terapeutas de seu próprio grupo (Bernal e Castro, 1994). Pesquisas têm mostrado que é mais provável que a psicoterapia seja efetiva quando o cliente e o terapeuta partilham uma formação cultural semelhante (Sue *et al.*, 1994). Da mesma forma, os esforços para evitar a doença mental na sociedade também devem ser sensíveis à diversidade cultural. Muitos programas de intervenção provaram ser malsucedidos porque não levaram em conta as normas e os valores culturais adequados do grupo que estava sendo atendido (Reppucci, Woolard e Fried, 1999). Para ser efetivas, as abordagens de tratamento devem refletir as crenças e práticas culturais do grupo étnico da pessoa.

TESTE SUA APRENDIZAGEM

Indique se as afirmações a seguir são verdadeiras (V) ou falsas (F).

_____ 1. É mais provável que os homens façam psicoterapia que as mulheres.

_____ 2. As mulheres recebem uma parcela desproporcional de medicamentos prescritos para problemas psicológicos.

_____ 3. Um ponto importante nas diretrizes APA a respeito do tratamento de mulheres em psicoterapia é o fato de que a terapia não tenha restrições baseadas em papéis e estereótipos de gênero.

_____ 4. Nossas idéias sobre o que constitui o comportamento normal estão vinculadas à cultura.

_____ 5. Profissionais de saúde mental treinados raramente interpretam de maneira incorreta a linguagem corporal de um cliente de outra cultura.

_____ 6. As pesquisas têm mostrado que é mais provável que a psicoterapia seja efetiva quando o cliente e o terapeuta partilham formações culturais semelhantes.

Respostas: 1. (F), 2. (V), 3. (V), 4. (V), 5. (F), 6. (V).

PALAVRAS-CHAVE

Psicoterapia, p. 461

Terapias de insight
Terapias de insight, p. 461
Psicanálise, p. 461
Livre associação, p. 462
Transferência, p. 462
Insight, p. 462
Terapia centrada no cliente (ou centrada na pessoa), p. 463
Gestalt terapia, p. 465
Terapia psicodinâmica breve, p. 466

Terapias comportamentais
Terapias comportamentais, p. 467
Dessensibilização sistemática, p. 467

Condicionamento aversivo, p. 468
Contrato de comportamento, p. 469
Sistema de vales, p. 469
Modelação, p. 469

Terapias cognitivas
Terapias cognitivas, p. 470
Terapia de inoculação do estresse, p. 470
Terapia racional-emotiva, p. 471
Terapia cognitiva, p. 472

Terapias de grupo
Terapia de grupo, p. 473
Terapia familiar, p. 473
Terapia de casal, p. 475

Eficácia da psicoterapia
Ecletismo, p. 478

Tratamentos biológicos
Tratamentos biológicos, p. 478
Drogas antipsicóticas, p. 479
Terapia eletroconvulsiva (TEC), p. 481
Psicocirurgia, p. 482

Tratamento e prevenção de distúrbios graves
Desinstitucionalização, p. 484
Prevenção primária, p. 485
Prevenção secundária, p. 485
Prevenção terciária, p. 485

REVISÃO DO CAPÍTULO

Terapias de insight

O que as terapias de insight têm em comum? A **terapia de insight** é uma importante categoria de tratamento para problemas psicológicos. As terapias de insight têm em comum o objetivo de fornecer às pessoas maior consciência e compreensão de seus sentimentos, suas motivações e ações, na esperança de que isso as leve a um ajustamento melhor. Três exemplos de terapias de insight são a psicanálise, a terapia centrada no cliente e a Gestalt terapia.

Como a "livre associação" da psicanálise ajuda alguém a se tornar consciente de sentimentos ocultos? A **psicanálise** baseia-se na crença de que problemas psicológicos originam-se de sentimentos e conflitos reprimidos durante a infância. Uma maneira de descobrir o que foi reprimido consiste em passar pelo processo da **livre associação**, em que o cliente revela os pensamentos ou fantasias que lhe vêm à mente sem prepará-los ou inibi-las. À medida que a terapia se desenvolve, o analista assume um papel mais ativo e começa a interpretar ou a sugerir significados para os sentimentos, as memórias e as ações de seus clientes.

Por que Carl Rogers denomina sua abordagem à terapia de "centrada no cliente"? A terapia de insight fundada por Carl Rogers fundamenta-se na idéia de que o tratamento para problemas psicológicos deve se basear na visão que o cliente tem do mundo, e não na visão do terapeuta. Por essa razão, é denominada **terapia centrada no cliente** ou **centrada na pessoa**. Nela a tarefa mais importante do terapeuta é oferecer consideração positiva incondicional aos clientes, de modo que eles aprendam a se aceitar.

Como a Gestalt terapia difere da psicanálise? A **Gestalt terapia**, que evoluiu do trabalho de Fritz Perls, destina-se a ajudar as pessoas a se tornar mais cientes de seus sentimentos e, assim, mais sinceras. Ao contrário de Freud, que permanecia calado e fora da visão de seus clientes enquanto estes se entregavam à livre associação para trazer à tona memórias do passado, Perls acreditava que a terapia devia enfatizar o aqui e o agora e as confrontações diretas. O Gestalt terapeuta, muito mais ativo e diretivo que o psicanalista, e concentra-se na pessoa *como um todo*.

Quais são alguns desenvolvimentos recentes nas terapias de insight? Terapeutas contemporâneos de insight são mais ativos que os psicanalistas tradicionais e dão orientação direta e feedback aos clientes. Também são mais centrados nos problemas imediatos dos clientes que em seus traumas de infância. Um desenvolvimento especialmente significativo é a tendência à **terapia psicodinâmica breve**, que reconhece que a maioria das pessoas pode ser tratada com sucesso dentro de um período de tempo limitado.

Terapias comportamentais

Para os behavioristas, qual deveria ser o foco da psicoterapia? As **terapias comportamentais** se baseiam na crença de que todo comportamento, normal ou anormal, é aprendido e que o objetivo da terapia é ensinar às pessoas maneiras mais satisfatórias de se comportar. Para os comportamentalistas, o foco da psicoterapia deve ser os próprios problemas e não os conflitos mais profundos, subjacentes, que presumivelmente estejam provocando tais problemas.

De que maneira o condicionamento clássico pode ser usado como base de tratamento? Quando as terapias procuram evocar novas respostas condicionadas a velhos estímulos, estão usando o condicionamento clássico como base para o tratamento. Um exemplo é uma técnica denominada **dessensibilização sistemática**, em que as pessoas aprendem a permanecer em um estado profundamente relaxado enquanto confrontam situações que temem. A imersão, que expõe pessoas fóbicas a situações temidas com grande intensidade por um período prolongado, é um método severo mas efetivo de dessensibilização. No **condicionamento aversivo**, o objetivo é eliminar o comportamento indesejado associando-o à dor e ao desconforto.

Como o "contrato de comportamento" poderia mudar um comportamento indesejável? As terapias baseadas no condicionamento operante incentivam ou desencorajam comportamentos, reforçando ou punindo-os. Na técnica denominada **contrato de comportamento**, o cliente e o terapeuta concordam com certos objetivos de comportamento e com relação ao reforço que o cliente receberá ao atingi-los. Para aprimorar seus hábitos de estudo por meio do uso do contrato de comportamento, você deve se recompensar com pizza ou com um filme por um certo número de horas que passou lendo e fazendo anotações com atenção. Em outra técnica, denominada **sistema de vales**, fichas que podem ser trocadas por recompensas são usadas como reforço positivo.

Quais são alguns usos terapêuticos da modelação? Na **modelação**, a pessoa aprende novos comportamentos por meio da observação do desempenho dos outros. A modelação tem sido usada para ensinar comportamentos insentos de medo a pessoas fóbicas, habilidades profissionais a pessoas com retardamento mental e maneiras mais adequadas de reagir àqueles que têm esquizofrenia.

Terapias cognitivas

Como as pessoas superam crenças irracionais e derrotistas sobre si mesmas? As **terapias cognitivas** não se concentram tanto nos comportamentos não adaptativos, mas sim em maneiras não adaptativas de pensamento. Mudando idéias distorcidas e derrotistas que as pessoas têm de si mesmas e do mundo, as terapias cognitivas incentivam habilidades para que tais pessoas lidem melhor com o problema e se ajustem.

Como a fala interior nos ajuda a lidar com situações difíceis? As coisas que dizemos a nós mesmos em nossa vida diária podem nos incentivar ao sucesso ou ao fracasso, a uma visão autoconfiante ou à ansiedade aguda. A **terapia de inoculação do estresse** tira vantagem desse fato, ensinando os clientes usar a fala interior como "treinamento" para situações estressantes.

Quais crenças irracionais muitas pessoas têm? A **terapia racional-emotiva** baseia-se na idéia de que os problemas emocionais das pessoas derivam de um conjunto de crenças derrotistas e irracionais que elas têm de si mesmas e do mundo. Elas pensam em termos absolutos — devem ser queridas por *todos*, competentes em *tudo*, tratadas *sempre* bem, *nunca* ser obstruídas por um problema. O terapeuta desafia essas crenças de maneira intensa, até que o cliente passe a ver como elas são irracionais e disfuncionais.

Como a terapia cognitiva pode combater a depressão? Aaron Beck acredita que a depressão resulte de padrões negativos de pensamento — padrões esses forte e inadequadamente autocríticos. A pessoa com tendência à depressão exagera esses fracassos e faz generalizações negativas arrasadoras sobre o *self*, baseadas em poucas evidências. A **terapia cognitiva** de Beck procura ajudar essas pessoas a pensar mais objetiva e positivamente sobre si mesmas e sobre suas situações de vida.

Terapias de grupo

Quais são algumas vantagens das terapias de grupo? A **terapia de grupo** se baseia na idéia de que problemas psicológicos são pelo menos em parte interpessoais e, portanto, são tratados de maneira mais adequada em grupo. As terapias de grupo oferecem um círculo de apoio para clientes, insights partilhados de problemas e a oportunidade de obter psicoterapia a um custo menor. Entre os vários tipos de terapia grupal estão os grupos de auto-ajuda, a terapia familiar e a terapia de casal.

Por que os grupos de auto-ajuda são tão populares? À medida que o custo da psicoterapia tem aumentado, os grupos de auto-ajuda, baratos ou até gratuitos têm se tornado cada vez mais populares. Em tais grupos, as pessoas dividem suas preocupações e seus sentimentos com outras que têm problemas semelhantes. Os Alcoólicos Anônimos, por exemplo, são um grupo de auto-ajuda muito efetivo.

Quem é o cliente na terapia familiar? A **terapia familiar** se baseia na idéia de que os problemas psicológicos de uma pessoa também são, em certa extensão, problemas da família. Portanto, o terapeuta trata de toda a família e não apenas da pessoa que diz estar com dificuldades. Os principais objetivos são aprimorar a comunicação e a empatia e reduzir o conflito dentro da família.

Quais são algumas técnicas usadas na terapia de casal? A **terapia de casal** concentra-se no aprimoramento de padrões de comunicação e interação entre casais. Como a terapia familiar, ela procura mudar as relações, e não apenas os indivíduos. O treinamento de empatia e trocas programadas de recompensas são duas das técnicas usadas para transformar uma relação hostil e não satisfatória.

Eficácia da psicoterapia

Em que medida uma pessoa que psicoterapia pode melhorar em relação faz uma que não recebe nenhum tratamento? A maioria dos pesquisadores concorda que a psicoterapia ajuda cerca de dois terços das pessoas tratadas. Embora haja determinado debate com relação até que ponto pessoas não tratadas também se recuperam, o consenso é: aquelas que recebem terapia em geral melhoram mais que aquelas que não o fazem. Entretanto, cada tipo de terapia funciona mais para alguns problemas que para outros. A tendência geral em psicoterapia ruma em direção ao **ecletismo**, isto é, o uso do tratamento que funciona melhor para um determinado problema.

Tratamentos biológicos

O que são tratamentos biológicos e quem pode administrá-los? Os **tratamentos biológicos** — que incluem medicação, terapia eletroconvulsiva e psicocirurgia — às vezes são usados quando a psicoterapia não funciona ou quando um cliente tem um distúrbio para o qual se sabe que o tratamento biológico é seguro e eficaz. A medicação, especialmente, é usada em conjunto com a psicoterapia com bastante freqüência. Os psiquiatras (que são médicos) são os únicos profissionais de saúde mental autorizados a oferecer tratamentos biológicos.

Quais são alguns medicamentos que tratam distúrbios psicológicos? Os medicamentos são a forma mais comum de terapia biológica. As **drogas antipsicóticas** são valiosas no tratamento da esquizofrenia. Elas não curam o distúrbio, mas reduzem seus sintomas, ainda que seus efeitos colaterais possam ser severos. Medicamentos antidepressivos aliviam a depressão, embora algumas também possam produzir sérios efeitos colaterais. Muitos outros tipos de medicações são usados para tratar os distúrbios psicológicos, incluindo medicações para mania e ansiedade e sedativos e psicoestimulantes para crianças com distúrbio de déficit de atenção/hiperatividade.

Como a terapia eletroconvulsiva (também denominada eletroconvulsoterapia) atual difere daquela usada no passado? A **terapia eletroconvulsiva (TEC)** é usada para casos de depressão severa que não respondem a outros tratamentos. Uma corrente elétrica passada rapidamente pelo cérebro do paciente produz convulsões e a perda temporária de consciência, mas depois a depressão costuma aflorar. Formas mais novas de TEC são aplicadas apenas em um lado do cérebro, usam correntes menos potentes e são ministradas por um período mais curto.

O que é psicocirurgia e como ela é usada atualmente? A **psicocirurgia** é a cirurgia do cérebro realizada para mudar o comportamento e o estado emocional da pessoa. Atualmente rara, é empregada apenas como uma última medida, em pessoas que têm problemas graves e intratáveis e não respondem a qualquer outra terapia.

Tratamento e prevenção de distúrbios graves

Como as pessoas com distúrbios psicológicos graves eram tratadas no passado? A institucionalização em grandes hospitais psiquiátricos era a abordagem mais comum ao tratamento de pessoas com graves distúrbios mentais. Os pacientes recebiam abrigo e determinado grau de tratamento, mas a grande maioria jmais tinha alta. Então, com o advento de medicamentos antipsicóticos, iniciou-se uma tendência para a **desinstitucionalização**, ou a integração de pessoas com graves distúrbios mentais de volta à comunidade.

Quais são os problemas decorrentes da desinstitucionalização? A idéia por trás da desinstitucionalização era que as pessoas seriam cuidadas em um ambiente comunitário, mas os centros comunitários de saúde mental e outros serviços de apoio provaram ser inadequados a essa tarefa. Como resultado, muitos ex-pacientes paravam de tomar a medicação, não tinham onde morar, voltavam a ter psicose e passavam a morar nas ruas. Assim, embora a desinstitucionalização tenha sido uma boa idéia em princípio, na prática ela não tem funcionado bem para muitos pacientes nem para a sociedade.

Existem alternativas para a desinstitucionalização além da re-hospitalização dos pacientes? Alternativas à hospitalização incluem morar no lar da família, com acompanhamento adequado a todos os membros; morar em pequenas habitações parecidas a lares, em que os moradores e os profissionais adequados dividem responsabilidades; e fornecer intenso aconselhamento a pacientes não internados ou freqüentes visitas de enfermeiros de saúde pública. A maioria dos tratamentos alternativos implica determinada medicação e boa preparação da família e da comunidade.

Qual é a diferença entre a prevenção primária, secundária e terciária? A prevenção refere-se aos esforços de reduzir a incidência de doença mental antes de ela surgir. A **prevenção primária** consiste em aprimorar o ambiente social por meio de assistência aos pais, educação e planejamento familiar. Já a **prevenção secundária** implica identificar grupos de alto risco e orientar o serviço para eles. A **prevenção terciária**, por sua vez envolve ajudar pacientes hospitalizados a voltar à comunidade.

Diversidade de cliente e tratamento

Há grupos particulares de pessoas que podem exigir abordagens especiais no tratamento de problemas psicológicos? Uma vez que os seres humanos diferem bastante uns dos outros, não é de surpreender que um conceito geral nem sempre seja adequado no tratamento de problemas psicológicos. Recentemente, as necessidades especiais de mulheres e pessoas de outras culturas têm ocupado particularmente a atenção dos profissionais de saúde mental.

Como os estereótipos de gênero podem ser evitados no tratamento? As mulheres têm mais probabilidade de fazer psicoterapia que os homens, e é mais provável que elas recebam medicação psicoativa. Uma vez que na terapia tradicional espera-se freqüentemente que as mulheres se adaptem aos estereótipos de gênero para ser consideradas "boas", muitas mulheres têm procurado "terapeutas feministas". A American Psychological Association estabeleceu diretrizes para assegurar que as mulheres recebessem tratamento desvinculado das idéias tradicionais sobre o comportamento adequado para os sexos.

Como o terapeuta interage de maneira adequada com clientes de culturas diferentes? Quando o cliente e o terapeuta têm diferentes formações culturais ou pertencem a diferentes grupos étnicos e raciais, podem surgir desentendimentos em psicoterapia. A APA estabeleceu diretrizes para ajudar os psicólogos a lidar de maneira mais efetiva com nossa população que apresenta diversidade étnica e cultural. Seguir essas diretrizes é um passo importante para evitar desentendimentos culturais.

PENSAMENTO CRÍTICO E APLICAÇÕES

1. Como você acha que a livre associação leva a insights na psicanálise tradicional?
2. Quais são algumas das principais diferenças entre as terapias de insight e as terapias de comportamento no tratamento de distúrbios psicológicos? Você concorda com a visão comportamental de que comportamentos indesejáveis são o problema, e não sintomas de alguma causa subjacente? Por quê?
3. De que maneira a terapia cognitiva se apóia na terapia comportamental?
4. Você considera a desinstitucionalização de pessoas com sérios distúrbios mentais uma boa idéia? Por quê?
5. A terapia medicamentosa leva a resultados melhores de psicoterapia, ou interfere na psicoterapia porque leva ao desaparecimento do desconforto que motivou a pessoa a buscar ajuda? Discuta as razões para sua resposta.

Psicologia Social

14

VISÃO GERAL

Cognição social
- Formando impressões
- Atribuição
- Atração interpessoal

Atitudes
- A natureza das atitudes
- Preconceito e discriminação
- Mudando atitudes

Influência social
- Influências culturais
- Conformidade
- Concordância
- Obediência

Ação social
- Desindividuação
- Comportamento de ajuda
- Grupos e tomada de decisão
- Comportamento organizacional

EM 1939, QUANDO OS ALEMÃES OCUPARAM VARSÓVIA NA POLÔNIA, O exército nazista isolou os judeus da cidade em um gueto cercado por arame farpado. Profundamente preocupada com o destino de seus amigos judeus, uma moça católica de 16 anos chamada Stefania Podgórska ia às escondidas ao gueto e levava alimentos, roupas e remédios. Quando o filho do ex-proprietário de seu apartamento, que era judeu, fugiu desesperadamente do gueto para evitar a deportação para um campo de concentração, Stefania concordou em escondê-lo no apartamento. Em determinada ocasião, ela e a irmã abrigaram 13 judeus no sótão, ao mesmo tempo em que dois soldados alemães montavam guarda em seu pequeno apartamento.

Em maio de 1991, crianças escondidas do Holocausto reuniram-se com seus amigos e parentes para prestar um tributo a 22 protetores cristãos que literalmente salvaram sua vida durante a Segunda Guerra Mundial.

Gustave Collet, um dos homenageados, era um soldado belga que, durante a Segunda Guerra Mundial, ajudou centenas de crianças judias, escondendo-as no santuário de uma igreja católica. De acordo com Gustave, "somos todos filhos do mesmo pai, e não há razão para haver diferenças".

Gisela Sohnlein, estudante e membro da resistência holandesa durante a Segunda Guerra Mundial, ajudou a salvar milhares de crianças judias. Em 1943, ela foi presa pelos soldados nazistas e passou um ano e meio em um campo de concentração. De acordo com Gisela, "não nos sentíamos salvadores. Éramos estudantes comuns fazendo o que tínhamos de fazer".

Wanda Kwiatkowska-Biernacka tinha 20 anos quando deu um falso testemunho de que um bebê judeu de um mês de idade era seu filho ilegítimo (Lipman, 1991).

Esses protetores seriam heróis, ou, como Gisela Sohnlein afirmou, estavam simplesmente fazendo o que tinha de ser feito? Por que eles fizeram o que milhões de outras pessoas não conseguiram fazer? O que levou tantas pessoas a consentir no assassinato de milhões de inocentes? Estariam seguindo ordens? O que gerou tanto ódio?

Os psicólogos sociais tratam de questões como essas. A **psicologia social** é o estudo científico da maneira como os pensamentos, sentimentos e comportamentos de uma pessoa são influenciados pelo comportamento e pelas características de outras pessoas, sejam eles reais, imaginados ou inferidos. Todas as questões deste capítulo — da mudança de atitude à tomada de decisão em grupo, da conformidade à ação coletiva — envolvem a influência de uma ou mais pessoas sobre as outras. Começamos este capítulo explorando as forças sociais que estão em jogo quando as pessoas formam impressões e fazem julgamentos umas das outras, além de examinar os fatores que influenciam a atração interpessoal.

Cognição social

O que formar impressões, explicar o comportamento dos outros e sentir atração interpessoal têm em comum?

Parte do processo de ser influenciado por outras pessoas implica organizar e interpretar informações sobre elas para formar primeiras impressões, tentar compreender seu comportamento e determinar em que medida somos atraídos por elas. Essa reunião e avaliação de informações sobre os outros é denominada **cognição social**. A cognição social é uma área de grande interesse para os psicólogos sociais.

Formando impressões

Como formamos nossas primeiras impressões sobre as pessoas?

Formar as primeiras impressões sobre as pessoas é mais complexo do que você pode pensar. Você deve dirigir sua atenção para vários aspectos da aparência e do comportamento da pessoa e então fazer uma avaliação rápida do significado dessas características. De que maneira esse processo ocorre? Que pistas você segue? E em que medida as impressões que você forma são precisas? O conceito de esquema ajuda a responder a essas perguntas.

Esquema Quando conhecemos alguém, observamos várias coisas nessa pessoa — roupas, gestos, maneira de falar, a constituição corporal, traços faciais. Então nos guiamos por essas pistas para encaixar a pessoa em uma categoria. Não importa se temos muito poucas informações ou se estas são contraditórias, não importa quantas vezes nossas impressões iniciais tenham sido erradas, mesmo assim classificamos as pessoas após conhecê-las em um encontro breve. Associado a cada categoria há um **esquema** — um conjunto de crenças e expectativas baseadas na experiência anterior que, presume-se, aplica-se a todos os membros daquela categoria (Fiske e Taylor, 1991). Os esquemas reforçam nossas impressões depois de termos classificado as pessoas em categorias. Por exemplo: se uma mulher está usando um avental branco e tem um estetoscópio em volta do pescoço, seria razoável classificá-la como médica. Associado a essa categoria há um esquema de várias crenças e expectativas: profissionais altamente treinados, que entendem de doenças e suas curas, qualificados para prescrever medicamentos e assim por diante. Ao aplicar esse esquema, você espera que essa mulher tenha esses traços.

Mas os esquemas também nos fazem cometer equívocos. Eles podem nos levar a "ver" coisas em uma pessoa que não observamos de fato. Por exemplo: quase todos nós associamos os traços de timidez e tranqüilidade e a preocupação com os próprios pensamentos com o esquema *introvertido*. Se observamos que Melissa é tímida, é provável que a classifiquemos como introvertida. Mais tarde podemos nos "lembrar" de que ela também parecia concentrada em seus próprios pensamentos. Em outras palavras, considerar Melissa introvertida nos isenta do problema de levar em conta todas as nuances sutis de sua personalidade. Mas esse tipo de pensamento pode levar facilmente a erros, se atribuímos a Melissa qualidades que pertencem ao esquema, mas não a ela.

Com o tempo, à medida que continuamos a interagir com as pessoas, acrescentamos novas informações sobre elas aos nossos arquivos mentais. Nossas experiências posteriores, no entanto, em geral não nos influenciam tanto quanto nossas primeiras impressões. Esse fenômeno é chamado de **efeito de primazia**. Por exemplo: se você já gosta de uma pessoa que conheceu recentemente, pode desculpar algo que o incomodará mais tarde. Por outro lado, se alguém lhe provoca *má* impressão inicial, evidências subseqüentes das boas qualidades daquela pessoa terão pouca influência na mudança de seus sentimentos. O efeito de primazia reflete um desejo de diminuir nosso esforço mental. Nós humanos temos sido chamados de "avarentos cognitivos" (Fiske e Taylor, 1991). Em vez de nos esforçar para interpretar cada detalhe que descobrimos em uma pessoa, somos avarentos em nossos esforços mentais: uma vez que formamos uma impressão de alguém, mantemo-na, mesmo que essa impressão tenha sido formada por conclusões precipitadas ou preconceituosas (Fiske, 1995).

Se as pessoas são especificamente aconselhadas a ter cautela com as primeiras impressões, ou se são estimuladas a interpretar informações sobre outras de maneira lenta e cuidadosa, o efeito da primazia pode ser enfraquecido ou mesmo eliminado (Luchins, 1957; Stewart, 1965). No entanto, em termos gerais, a primeira impressão é a que fica, e pode influenciar nosso comportamento até quando é imprecisa. Em um estudo, participantes disputaram uma competição em duplas (Snyder e Swann, 1978). Os pesquisadores disseram a um membro de cada dupla que seu (sua) parceiro(a) era hostil ou receptivo(a). Os participantes que foram levados a acreditar que seu parceiro era hostil se comportaram de modo diferente em relação a ele(a), se comparados aos participantes levados a acreditar que o parceiro era receptivo. Por sua vez, aqueles tratados como hostis começaram realmente a demonstrar hostilidade. De fato, essas pessoas continuaram a demonstrar hostilidade mais tarde, quando formaram pares com novos jogadores, que não tinham expectativas sobre elas. A expectativa de hostilidade, ao que parecia, produziu agressividade real, e esse comportamento persistiu. Quando provocamos o comportamento esperado de outra pessoa desse modo, nossa impressão se torna uma **profecia auto-realizadora**.

Pesquisas científicas consideráveis têm mostrado em que medida as expectativas do professor podem assumir a forma de uma profecia auto-realizadora e, assim, influenciar o desempenho do estudante na sala de aula (Cooper, 1993; Harris e Rosenthal, 1985; Osborne, 1997; Weinstein, Madison e Kuklinski,

1995). Esse resultado tem sido denominado *efeito Pigmalião*, em homenagem ao escultor que criou a estátua de uma mulher e então deu vida a ela. Embora a pesquisa não sugira que expectativas elevadas do professor possam transformar um estudante "F" em um estudante "A", ela mostra que tanto expectativas altas quanto baixas podem exercer uma poderosa influência no progresso do aluno. Por exemplo: um estudo comparou o desempenho de estudantes "em risco" encaminhados a classes regulares com o desempenho de estudantes encaminhados a classes experimentais que receberam uma intervenção durante um ano, destinada a aumentar as expectativas dos professores. Depois de um ano, os estudantes das salas de aula experimentais obtiveram notas mais altas em inglês e em história que o outro grupo. Dois anos depois, os estudantes experimentais tinham, também, menos probabilidade de abandonar a escola (Weinstein *et al.*, 1991).

Estereótipo Assim como os esquemas modelam as impressões que temos dos outros, o mesmo ocorre com os estereótipos. Um **estereótipo** é um conjunto de características presumidamente partilhadas por todos os membros de uma categoria social. Um estereótipo é, na realidade, um tipo especial de esquema, simplista mas mantido de maneira muito intensa e que não se baseia necessariamente em muita experiência direta. Um estereótipo pode envolver praticamente qualquer aspecto distintivo de uma pessoa — idade, sexo, raça, profissão, local de residência ou grupo ao qual é associada (Hilton e Von Hipple, 1996).

Quando nossa primeira impressão sobre uma pessoa é orientada por um estereótipo, tendemos a deduzir coisas sobre ela com base apenas em algum aspecto distintivo e, ao mesmo tempo, ignorar fatos inconsistentes com o estereótipo — não importa o quanto sejam evidentes. Como resultado, podemos perceber coisas sobre a pessoa de maneira seletiva ou imprecisa, perpetuando, assim, nosso estereótipo inicial. Por exemplo: uma vez que você classificou alguém como homem ou mulher, talvez conte mais com seu estereótipo daquele gênero que com suas próprias observações sobre as atitudes da pessoa. Pelo fato de as mulheres serem estereotipadas tradicionalmente como mais emotivas e submissas, e os homens como mais racionais e assertivos (Deaux e Kite, 1993; Williams e Best, 1990), talvez você veja mais esses traços em homens e mulheres do que eles realmente existem.

Estudos recentes (Macrae e Bodenhausen, 2000) indicam que selecionar pessoas em categorias não é automático ou inevitável. É mais provável que as pessoas apliquem esquemas estereotipados em um encontro casual que em uma situação estruturada, orientada para tarefas (como em uma sala de aula ou em um escritório); é mais provável que elas prestem mais atenção a sinais individuais do que a estereótipos quando estão procurando alcançar um objetivo; e que suprimam, consciente ou inconscientemente, estereótipos que transgridam as normas sociais. Por exemplo: um homem que age de acordo com esquemas estereotipados pode esperar que as mulheres que assumem papéis tipificados de acordo com o gênero — como uma enfermeira, uma secretária ou sua esposa — sejam afetuosas e gentis, mas pode não ter essas expectativas com relação a mulheres que conhece em sua vida profissional ou em seus papéis profissionais (como uma advogada, executiva ou técnica de conserto de telefone).

Atribuição

Como tentamos adivinhar as causas do comportamento alheio?

Suponha que você encontre um amigo no supermercado. Você o cumprimenta calorosamente, mas ele mal o reconhece, murmura um "Oi" e se afasta. Você se sente menosprezado e tenta imaginar por que ele agiu daquele modo. Ele se portou daquela maneira em razão de algum fator presente naquela situação? Você disse algo que o ofendeu? Ele ficou constrangido por encontrá-lo naquele momento e lugar? Ou o comportamento dele é atribuído de maneira mais correta a algo dentro dele — a algum traço pessoal como o mau-humor ou a arrogância?

Explicando o comportamento A interação social está repleta de ocasiões como essa — ocasiões que nos convidam a fazer julgamentos sobre as causas de um comportamento. Principalmente quando ocorre algo inesperado ou desagradável, perguntamo-nos o que aconteceu e tentamos compreender a cena. As observações de psicólogos sociais sobre a maneira como atribuímos causas a comportamentos formam a base da **teoria da atribuição**.

Um dos primeiros teóricos da atribuição, Fritz Heider (1958), argumentou que atribuímos comportamentos a causas internas ou externas, mas não a ambas. Assim, você poderia concluir que o atraso de um colega fosse provocado por sua preguiça (um fator pessoal, ou uma atribuição interna) *ou* pelo congestionamento de trânsito (um fator situacional, ou uma atribuição externa).

Como concluímos se devemos atribuir um determinado comportamento a causas internas ou externas a uma pessoa? De acordo com outro influente teórico da atribuição, Harold Kelley (1967), contamos com três tipos de informação sobre o comportamento: distintividade, consistência e consenso. Por exemplo, se sua professora lhe pedir para ficar após a aula para conversar com você, provavelmente você tentará imaginar o que está por trás dessa solicitação, fazendo-se três perguntas.

A primeira: em que medida a solicitação da professora é *distintiva*? Ela freqüentemente pede aos estudantes que fiquem para conversar (baixa distintividade) ou essa solicitação é incomum (alta distintividade)? Se ela freqüentemente pede aos estudantes para conversar com ela após a aula, você provavelmente conclui que ela tenha razões próprias para conversar com você. Mas se a solicitação dela é altamente distintiva, provavelmente você conclui que algo relacionado a você, e não a ela, esteja por trás da solicitação.

A segunda é: qual a *consistência* do comportamento da professora? Ela lhe pede regularmente para ficar e conversar (alta consistência), ou esta é a primeira vez que ela lhe pede isso (baixa consistência)? Se ela tem feito essa solicitação consistentemente, provavelmente você imaginará que essa ocasião seja como as outras. Mas se a solicitação dela é inconsistente com o comportamento anterior, provavelmente você desejará saber se algum acontecimento específico — talvez algo que você tenha dito na aula — motivou-a a solicitar uma conversa particular.

Finalmente, qual é o grau de *consenso* entre professores a respeito desse comportamento? Seus outros professores lhe pedem para ficar e conversar com eles (alto consenso), ou essa professora é a única a fazer tal solicitação (baixo consenso)? Se é comum seus instrutores pedirem para falar com você, a solicitação dessa professora provavelmente se deve a algum fator externo. Porém, se ela é a única a lhe pedir para falar, isso deve estar relacionado a ela particularmente — um motivo interno ou uma preocupação (Iacobucci e McGill, 1990).

Se você conclui que a professora tem suas próprias razões para querer falar com você, pode sentir uma leve curiosidade durante o resto da aula, até descobrir o que ela quer. Mas se você considera que fatores externos — como suas próprias ações — levaram à solicitação dela, pode ter receio de que haja algum problema com você e aguarda nervosamente até o final da aula.

Vieses Infelizmente, as atribuições causais que fazemos são freqüentemente vulneráveis a *vieses*. Por exemplo: imagine que você esteja em uma festa e veja um conhecido, Ari, atravessando a sala com vários pratos de comida e várias bebidas. Ao se aproximar de sua cadeira, ele derruba comida em si mesmo. Você pode atribuir isso às características pessoais de Ari — ele é desajeitado. Ari, no entanto, provavelmente fará uma atribuição muito diferente. Ele provavelmente atribuirá o acidente a um fator externo — estava carregando coisas demais. Sua explicação para esse comportamento reflete o **erro de atribuição fundamental** — a tendência a atribuir o comportamento dos outros a causas que estariam dentro deles mesmos (Gilbert e Malone, 1995; Ross, 1977; Ross e Nisbett, 1991).

O erro de atribuição fundamental faz parte do *viés ator-observador* — a tendência a explicar o comportamento de outros como provocado por fatores internos, ao passo que se atribui o *próprio comportamento a forças externas* (Fiske e Taylor, 1991). Assim, Ari, o ator, atribuiu seu próprio comportamento a uma fonte externa, ao passo que você, o observador, atribuiu o mesmo comportamento a uma fonte interna. Lembre-se dos exemplos usados para introduzir este capítulo — aqueles que arriscaram sua própria segurança para ajudar os outros na Europa ocupada pelos nazistas. Da perspectiva de um observador, tendemos a atribuir esse comportamento a qualidades pessoais. De fato, Robert Goodkind, presidente do conselho da fundação que homenageou essas pessoas, fez um apelo aos pais "para inculcarem em nossos filhos os valores de altruísmo e coragem moral conforme exemplificados pelos salvadores". Claramente, Goodkind estava fazendo uma atribuição interna ao comportamento heróico. Os próprios homenageados, entretanto, atribuíram suas ações a fatores externos: "Éramos estudantes comuns e fizemos o que tínhamos de fazer".

Uma classe relacionada de vieses é denominada **atribuição defensiva**. Esse tipo de atribuição ocorre quando estamos motivados a nos apresentar bem, seja para impressionar os outros ou para nos sentir bem (Agostinelli, Sherman, Presson e Chassin, 1992). Um exemplo de uma atribuição defensiva é o *viés da conveniência* — tendência a atribuir nossos sucessos a nossos atributos pessoais, enquanto imputamos nossos fracassos a forças externas além de nosso controle (Schlenker, Weigold e Hallam, 1990; Schlenker e Weigold, 1992). Os estudantes fazem isso o tempo todo. Eles tendem a considerar as provas em que vão bem como medidores acurados de suas capacidades, e aquelas em que vão mal como medidores ineficientes (Davis e Stephan, 1980). Do mesmo modo, é mais provável que os professores assumam responsabilidade pelos sucessos dos estudantes que por seus fracassos (Arkin, Cooper e Kolditz, 1980).

Um segundo tipo de atribuição defensiva origina-se da idéia de que as pessoas recebem o que merecem: Coisas ruins acontecem a pessoas ruins, e coisas boas acontecem a pessoas boas. Isso é denominado **hipótese do mundo justo** (Lerner, 1980). Quando a má sorte atinge alguém, costumamos chegar à rápida conclusão de que a pessoa mereceu isso, em vez de atribuir a responsabilidade a fatores situacionais. Por que nos comportamos desse modo? Uma razão consiste no fato de que essa atitude nos dá a ilusão reconfortante de que nunca acontecerá uma coisa dessas conosco. Ao atribuir a culpa de um terrível infortúnio de um acontecimento casual (algo que poderia acontecer conosco) à negligência da vítima (um traço que nós, evidentemente, não temos), iludimo-nos, acreditando que isso nunca poderia acontecer a nós (Chaiken e Darley, 1973).

Atribuição entre culturas Historicamente, a maior parte das pesquisas sobre a teoria da atribuição tem sido conduzida em culturas ocidentais. Os princípios básicos da teoria da atribuição também se aplicam a pessoas de outras culturas? A resposta é não. Em geral, habitantes do Leste Asiático têm mais probabilidade de atribuir tanto seu próprio comportamento quanto o comportamento dos outros a fatores situacionais externos que a disposições internas (Choi, Nisbett e Norenzayan, 1999). Por exemplo: em um estudo, estudantes japoneses que estavam estudando nos Estados Unidos em geral explicavam seus fracassos como falta de esforço (uma atribuição interna) e atribuíam seus sucessos à assistência que recebiam de outros (uma atribuição externa) (Kashima e Triandis, 1986). Esse processo é o inverso do viés da conveniência. Do mesmo modo, o erro de atribuição fundamental pode não ser universal. Em outras culturas, as pessoas têm menos probabilidade de atribuir comportamentos a características pessoais internas; elas colocam mais ênfase no papel de fatores situacionais externos para explicar tanto seu próprio comportamento quanto o dos outros (Cousins, 1989; Markus e Kitayama, 1991; Menon, Morris, Chiu e Hong, 1998; J. Miller, 1984).

Atração interpessoal

"Pessoas da mesma opinião vivem em união" e "os opostos se atraem"?

Um terceiro aspecto da cognição social relaciona-se com a atração interpessoal. Quando as pessoas se encontram, o que determina se elas gostarão umas das outras? Esse é um assunto de muita especulação e até de mistificação, com explicações populares que vão desde o destino até a compatibilidade de signos astrológicos. Os românticos acreditam que forças irresistíveis as impelem para o encontro inevitável com suas amadas, porém os psicólogos sociais têm uma visão mais objetiva. Eles verificaram que a atração e a tendência para gostar de alguém estão intimamente relacionadas a fatores como *proximidade, atração física, semelhança, troca* e *intimidade*.

Proximidade A **proximidade** em geral é o fator mais importante na determinação da atração (Berscheid e Reis, 1998). Quanto mais próximas as pessoas vivem umas das outras, maior a probabilidade de elas interagirem; quanto mais freqüente sua interação, mais tenderão a gostar umas das outras. Por outro lado, é menos provável que duas pessoas separadas por distância geográfica considerável se encontrem e, assim, elas têm pouca chance de desenvolver uma atração mútua. O efeito da proximidade tem menos a ver com a simples conveniência que com a segurança e o conforto que sentimos com pessoas e coisas que se tornaram familiares. As pessoas familiares são previsíveis e seguras — e, por isso, é mais fácil gostar delas (Bornstein, 1989).

Atração física A atratividade física pode influenciar de maneira poderosa as conclusões a que chegamos sobre o caráter de uma pessoa. Na realidade damos mais crédito a pessoas atraentes. Presumimos que elas sejam mais inteligentes, interessantes, alegres, boas, sensíveis, morais e bem-sucedidas que aquelas não percebidas como atraentes. Elas também são consideradas melhores cônjuges e com melhor desempenho sexual (Dion, 1972; Feingold, 1992; Zuckerman, Miyake e Elkin, 1995).

Não só tendemos a creditar uma riqueza de qualidades positivas a pessoas fisicamente atraentes, mas também tendemos a gostar mais delas que das menos atraentes. Uma razão para isso é que a atratividade física em si geralmente é considerada um atributo positivo (Baron e Byrne, 1991). Freqüentemente percebemos a beleza como um ativo valioso que pode ser trocado por outras coisas em interações sociais. Podemos também acreditar que a beleza produz um 'efeito irradiante' — que a boa aparência de um companheiro contribui para nossa própria imagem pública (Kernis e Wheeler, 1981).

Quaisquer que sejam suas origens, nossa preocupação com a atração física tem conseqüências concretas. Pessoas atraentes tendem a ser mais felizes, a ganhar mais dinheiro e, até, ter mais probabilidade de ser tratadas com tolerância pelos professores (McCall, 1997). Além disso, as pesquisas têm verificado que as mães de bebês mais atraentes tendem a demonstrar mais afeto a seus filhos e a brincar mais com eles que as mães de bebês não atraentes (Langlois, Ritter, Casey e Sawin, 1995). Em geral, tendemos a dar o benefício da dúvida a pessoas com boa aparência: se elas não atendem às nossas expectativas durante o primeiro encontro lhes damos uma segunda chance, pedimos ou aceitamos um segundo encontro, ou buscamos outras oportunidades de interação. Essas reações podem dar a pessoas atraentes vantagens substanciais na vida, além de levar a profecias auto-realizadoras. Pessoas fisicamente atraentes podem vir a se considerar boas ou amadas por ser tratadas permanentemente como se fossem assim. Por outro lado, pessoas não atraentes podem começar a se ver como más ou não amadas porque sempre foram dessa maneira — mesmo quando crianças. Mas o poder de atração não é tudo. Em teoria, as pessoas podem preferir indivíduos extremamente atraentes, mas na realidade em geral escolhem amigos e parceiros próximos de seu próprio nível de atratividade (Harvey e Pauwells, 1999).

Semelhança A semelhança de atitudes, interesses, valores, formações e crenças está subjacente na maior parte da atração interpessoal (P. M. Buss, 1985; Tan e Singh, 1995). Quando sabemos que alguém partilha nossas atitudes e interesses, tendemos a ter sentimentos mais positivos em relação àquela pessoa (Byrne, 1961). Quanto maior a proporção de atitudes que duas pessoas partilham, mais forte é a atração entre elas (Byrne e Nelson, 1965). Valorizamos a semelhança porque é importante para nós que os outros concordem com nossas opções e crenças. Ao comparar nossas opiniões com as alheias, elucidamos nossa compreensão e reduzimos nossa incerteza em relação às situações sociais. E descobrir que os outros concordam conosco fortalece nossas convicções e incentiva nossa auto-estima (Suls e Fletcher, 1983).

Se a semelhança é um determinante tão importante na atração, o que dizer da crença de que os opostos se atraem? As pessoas às vezes não são atraídas por outras completamente diferentes delas? Pesquisas extensas não confirmaram essa crença. Em relacionamentos de longo prazo, nos quais a atração desempenha um papel especialmente importante, uma maioria esmagadora de pessoas prefere se associar àquelas com quem se parecem (D. M. Buss, 1985).

Mesmo em alguns casos em que a atração parece estar baseada nas "diferenças", as qualidades importantes não são opostas mas complementares. Traços complementares são necessidades ou habilidades que se completam ou se equilibram (Dryer e Horowitz, 1997; Hendrick e Hendrick, 1992). Por exemplo: uma pessoa que gosta de cuidar dos outros ou de mimar os outros será mais compatível com um companheiro que adora receber tal atenção. Essas pessoas não são realmente opostas, mas suas capacidades e desejos se complementam, para a satisfação mútua. A complementaridade quase sempre ocorre entre pessoas que partilham objetivos e valores similares e estão dispostas a se adaptar umas às outras. É improvável que pessoas verdadeiramente opostas venham a se encontrar, muito menos que interajam por tempo suficiente para atingir tal compatibilidade.

Trocas De acordo com a *teoria da atração pela recompensa*, tendemos a gostar de pessoas que nos fazem sentir recompensados e valorizados. Mas a relação entre atração e recompensa é sutil e complexa. Por exemplo: a teoria da atração do ganho-perda de Aronson (1994) sugere que os *aumentos* no comportamento recompensador influenciam mais a atratividade que a constância de tal comportamento. Digamos que você tivesse de encontrar e conversar com alguém em três festas sucessivas, e que durante essas conversas, o comportamento dessa pessoa com você mudasse de uma indiferença polida a um flerte claro. Você tenderia a gostar mais dessa pessoa do que se ela tivesse começado imediatamente a elogiá-lo da primeira vez que conversaram e continuasse os elogios a cada vez que vocês se encontrassem. O inverso também é verdadeiro: tendemos a gostar menos de pessoas que mudam de opinião — de boa para má — que daquelas que exibem de maneira consistente uma opinião negativa sobre nós.

A teoria da atração pela recompensa se baseia no conceito de **troca**. Em interações sociais, as pessoas fazem trocas. Por exemplo: você pode concordar em ajudar um amigo a pintar seu apartamento e, em contrapartida, ele pode preparar um jantar para você. Toda troca envolve tanto recompensas (você recebe um jantar; ele tem o apartamento pintado) quanto custos (você tem de pintar primeiro; ele então prepara um jantar para você). Contanto que ambas as partes considerem suas interações mais recompensadoras que onerosas, as trocas continuarão (Clore e Byrne, 1974; Lott e Lott, 1974). As pessoas parecem "contar pontos" em suas interações, principalmente nos primeiros estágios dos relacionamentos (M. S. Clark e Mills, 1979).

As trocas funcionam desde que sejam justas e eqüitativas. Um relacionamento se baseia na **eqüidade** quando o que uma pessoa "tira do outro" é igual ao que ele recebe (Walster, Walster e Berscheid, 1978; van Yperen e Buunk, 1990). Quando as trocas são consistentemente injustas, aquele que obtém menos recompensas se sente enganado, e aquele que ganha mais tende a se considerar culpado. Isso pode minar a atração que uniu duas pessoas.

Intimidade   Quando gostar de alguém se torna algo mais? A *intimidade* é a qualidade da proximidade e da confiança sinceras, atingidas na comunicação com o outro. Quando as pessoas se comunicam, fazem mais do que simplesmente interagir — partilham sentimentos e idéias profundamente íntimos. Quando você conhece alguém, fala de questões "seguras" e superficiais, como clima, esportes ou atividades em comum. À medida que vocês se conhecem melhor, sua conversa passa a tratar de assuntos mais pessoais: suas experiências, lembranças, esperanças e medos, bem como seus objetivos e fracassos (Altman e Taylor, 1973).

TESTE SUA APRENDIZAGEM

1. O estudo científico que verifica como os pensamentos, sentimentos e comportamentos de uma pessoa são influenciados pelo comportamento e pelas características de outras pessoas, sejam estes reais, imaginados ou inferidos, é denominado _____ _____.

2. A _____ _____ refere-se ao processo de receber e avaliar informações sobre outras pessoas.

3. Relacionados a muitas categorias dentro das quais "rotulamos" pessoas estão conjuntos de crenças e expectativas denominados _____, que se supõe sejam aplicados a todos os membros de uma categoria. Quando essas categorias são bastante simplistas mas profundamente enraizadas, freqüentemente são denominadas _____.

4. Quando a primeira informação que recebemos em relação a uma pessoa pesa mais na impressão que formamos dela do que a última informação, estamos vivenciando o efeito de _____.

5. Compreender como inferimos sobre a razão pela qual as pessoas agem da maneira que o fazem faz parte da teoria da _____.

6. Para Fritz Heider, em geral atribuímos o comportamento de alguém a
   a. causas internas e externas ao mesmo tempo.
   b. causas internas ou externas, mas não ambas ao mesmo tempo.
   c. apenas causas externas.
   d. apenas causas internas.

7. Relacione os seguintes vieses na atribuição de causas a comportamento com suas definições apropriadas

   ___ erro de atribuição fundamental

   ___ viés ator/observador

   ___ viés da conveniência

   ___ hipótese do mundo justo

   a. atribuir o comportamento de outros a causas internas e o próprio comportamento a causas externas
   b. atribuir nosso sucesso a nós mesmos e nossos fracassos a fatores além de nosso controle
   c. supor que as pessoas devem merecer as coisas ruins que acontecem a elas
   d. tender a atribuir o comportamento dos outros a características pessoais

8. Qual das alternativas a seguir é uma fonte de atração interpessoal? (Pode haver mais do que uma resposta correta.)
   a. proximidade
   b. semelhança
   c. troca
   d. atração de opostos
   e. todas as alternativas acima

Respostas: 1. psicologia social. 2. cognição social. 3. esquemas, estereótipos. 4. primazia. 5. atribuição. 6. b. 7. erro de atribuição fundamental (d); viés ator-observador (a); viés da conveniência (b); hipótese do mundo justo (c). 8. a, b e c.

A comunicação íntima se baseia no processo de *auto-revelação* (Prager, 1995). Quando você conversa com amigos, expressa ou revela suas experiências pessoais e opiniões que poderia esconder de estranhos. Uma vez que você só consegue "se abrir" quando confia no ouvinte, você esperará — e geralmente é o que acontece — que a pessoa também lhe conte algo, para manter a conversa equilibrada. Por exemplo: depois de narrar algo que o deixou constrangido a seu colega de quarto, você pode esperar que ele revele um episódio semelhante; você pode até perguntar de maneira direta: "Alguma coisa assim já aconteceu com você?" Tal intimidade recíproca o mantém "compensado" e torna seu relacionamento emocionalmente mais satisfatório (Collins e Miller, 1994). O ritmo em que a revelação ocorre é importante. Se você "pula níveis" e revela muita coisa cedo demais — ou a alguém que não está preparado para dar uma resposta pessoal recíproca — o outro se retrairá, e a comunicação não prosseguirá. As pessoas se tornam mais íntimas e permanecem mais íntimas por meio de um padrão recíproco contínuo, em que cada uma procura conhecer a outra e permite que a outra a conheça (Harvey e Pauwells, 1999).

Atitudes

Por que as atitudes são importantes?

A frase "Eu não gosto da atitude dele" é comum. As pessoas são aconselhadas freqüentemente a "mudar de atitude" ou a "ajustar sua atitude". Uma **atitude** é uma organização relativamente estável de crenças, sentimentos e tendências em relação a algo ou a alguém — denominado objeto da atitude. As atitudes são importantes principalmente porque influenciam de maneira freqüente nosso comportamento. A discriminação, por exemplo, muitas vezes é provocada por atitudes preconceituosas. Os psicólogos gostariam de saber como as atitudes são formadas e como podem ser mudadas.

A natureza das atitudes

Quais são os três componentes principais das atitudes?

Uma atitude apresenta três componentes principais: *crenças avaliativas* sobre o objeto, *sentimentos* sobre ele e *tendências de comportamento* em relação a ele. As crenças incluem os fatos, as opiniões e nosso conhecimento geral. Os sentimentos abrangem o amor, o ódio, a estima ou a falta dela e sentimentos semelhantes. As tendências de comportamento referem-se a nossas inclinações para agir de determinada maneira em relação ao objeto — aproximar-se dele, evitá-lo e assim por diante. Por exemplo: nossa atitude em relação a um candidato político inclui nossas crenças sobre suas qualificações e posições a respeito de questões cruciais e nossas expectativas com relação à maneira como ele votará essas questões. Também temos sentimentos sobre o candidato — gostamos ou não dele, confiamos ou não nele. E, em virtude dessas crenças e sentimentos, somos inclinados a nos comportar de determinada maneira em relação ele — votar a favor ou contra sua candidatura, contribuir com tempo ou dinheiro para sua campanha, participar ou não de seus comícios e assim por diante.

Como veremos brevemente, esses três aspectos de uma atitude costumam ser consistentes entre si. Por exemplo: se temos sentimentos positivos em relação a algo, tendemos a ter crenças positivas sobre isso e a nos comportar positivamente em relação a isso. Essa tendência não significa, no entanto, que cada ação nossa reflita com exatidão nossas atitudes. Por exemplo: nossos sentimentos sobre ir ao dentista são muitas vezes negativos e, no entanto, a maioria de nós faz consultas anuais ao dentista. Vamos examinar mais de perto a relação entre atitudes e comportamento.

Atitudes e comportamento A relação entre atitudes e comportamento nem sempre é direta. Variáveis como a força da atitude, facilidade com que ela nos vem à mente, o quanto a ela se destaca em determinada situação e o quanto é relevante ao comportamento particular em questão ajudam a determinar se uma pessoa agirá de acordo com sua atitude (Eagly, 1992; Eagly e Chaiken, 1998; Kraus, 1995).

Os traços de personalidade também são importantes. Algumas pessoas associam suas ações a suas atitudes de maneira consistente (R. Norman, 1975). Outras têm a tendência a conter suas próprias atitudes para se comportar de maneira adequada em dada situação. Como resultado, as atitudes prenunciam melhor o comportamento para algumas pessoas que para outras (M. Snyder e Tanke, 1976). Os indivíduos com muito **automonitoramento** têm mais probabilidade de controlar suas atitudes para se comportar de acordo com as expectativas dos outros. Antes de falar ou agir, aqueles que se policiam muito observam a situação para ter pistas de como devem atuar. Então, tentam atender àquelas "exigências" em vez de se portar de acordo com suas próprias crenças ou sentimentos. Em contrapartida, pessoas que se policiam pouco se expressam e agem de modo muito consistente, mostrando pouca consideração por pistas situacionais ou restrições. Assim, alguém que se automonitora muito e discorda de um discurso que um convidado faz no jantar pode guardar seus pensamentos para si, na tentativa de ser educado e agradável, ao passo que uma pessoa com pouco automonitoramento que discordasse do orador poderia discutir abertamente com ele, embora isso pudesse estragar o acontecimento social (Snyder, 1987).

Desenvolvimento de atitude Como adquirimos nossas atitudes? De onde elas vêm? Muitas de nossas atitudes básicas têm origem em nossas primeiras experiências pessoais diretas. As crianças são recompensadas por meio de sorrisos e incentivo quando deixam seus pais satisfeitos, e punidas por meio da desaprovação quando os aborrecem. Essas primeiras experiências criam atitudes permanentes (Oskamp, 1991). As atitudes também são modeladas pela imitação. As crianças imitam o comportamento de seus pais e colegas, adquirindo atitudes mesmo quando ninguém está tentando modelá-las de maneira deliberada.

Mas os pais não são nossas únicas fontes. Os professores, os amigos e até as pessoas famosas são importantes na modelação de nossas atitudes. Novos membros de irmandades, por exemplo, podem modelar seu comportamento e atitudes de acordo com seus superiores. Um estudante que idolatra um professor pode adotar muitas de suas atitudes em relação a assuntos controvertidos, ainda que estas sejam contrárias às atitudes de seus pais ou amigos.

A mídia, em particular a televisão, também tem um enorme impacto na formação de atitudes. A TV nos bombardeia com mensagens — não apenas por meio de notícias e entretenimento, mas também por meio de comerciais. Sem experiência própria para avaliar a qualidade dessas mensagens, as crianças são extremamente suscetíveis à influência da televisão em suas atitudes.

Preconceito e discriminação

Como uma pessoa desenvolve o preconceito em relação a outra?

Embora os termos *preconceito* e *discriminação* sejam usados freqüentemente de modo intercambiável, eles na verdade se referem a conceitos diferentes. O **preconceito** — uma atitude — é uma visão injusta, intolerante ou desfavorável de um grupo de pessoas. A **discriminação** — um comportamento — é um ato injusto ou uma série de atos dirigidos contra pessoas de um determinado grupo. Discriminar é tratar uma classe inteira de pessoas de maneira injusta.

O preconceito e a discriminação nem sempre ocorrem juntos. É possível ter preconceito contra um determinado grupo sem se portar abertamente de maneira hostil ou discriminatória em relação a ele. Por exemplo: um lojista racista pode sorrir para um cliente negro para disfarçar opiniões que poderiam prejudicar seu negócio. Do mesmo modo, muitas práticas institucionais podem ser discriminatórias, embora não se baseiem no preconceito. Por exemplo: as normas que estabelecem uma altura mínima para policiais podem discriminar mulheres e determinados grupos étnicos — cuja altura média é inferior ao padrão arbitrário —, embora essas normas não se originem em de atitudes sexistas ou racistas.

Preconceito Assim como as atitudes em geral, o preconceito tem três componentes: crenças, sentimentos e tendências comportamentais. As crenças preconceituosas são praticamente sempre estereótipos negativos, e, como foi mencionado anteriormente, basear-se em estereótipos pode levar a pensamentos errôneos sobre as outras pessoas. Por exemplo: quando um empregador branco preconceituoso entrevista um negro, pode atribuir ao candidato ao emprego todos os traços associados ao estereótipo negro. As qualidades do candidato que não correspondam ao estereótipo provavelmente serão ignoradas ou rapidamente esquecidas (Allport, 1954). Desse modo, o empregador cujo estereótipo inclua a crença de que os negros são preguiçosos pode menosprezar o nível universitário do candidato, conquistado com esforço, ao pensar: "Eu nunca ouvi falar daquela faculdade. Deve ser uma escola fácil".

Esse pensamento, parecido ao erro de atribuição fundamental, é conhecido como *erro de atribuição final*. Esse erro refere-se à tendência que a pessoa com crenças estereotipadas sobre um grupo particular tem de creditar atribuições internas às falhas dos membros desse grupo e atribuições externas aos seus sucessos. No exemplo precedente, o empregador está creditando uma atribuição externa (uma escola fácil) ao sucesso acadêmico do negro que está buscando emprego. O outro lado do erro de atribuição final é creditar atribuições internas aos fracassos das pessoas que pertencem a grupos do qual não gostamos. Por exemplo: muitos norte-americanos brancos acreditam que as rendas médias mais baixas dos norte-americanos negros se devem a falta de capacidade ou a baixa motivação (Kluegel, 1990).

Juntamente com crenças estereotipadas, as atitudes preconceituosas em geral são caracterizadas por fortes emoções, como antipatia, medo, ódio ou repugnância. Por exemplo: ao saber que uma pessoa de quem gostam é homossexual, os heterossexuais de repente podem considerá-la indesejável, doente, pecadora ou pervertida. (Veja Herek, 2000.)

Origens do preconceito Muitas teorias procuram identificar as causas e origens do preconceito. De acordo com a **teoria da frustração-agressão**, o preconceito é o resultado das frustrações das pessoas (Allport, 1954). Como você viu no Capítulo 8, "Motivação e emoção", em algumas circunstâncias a frustração pode se transformar em raiva e hostilidade. As pessoas que se sentem exploradas e oprimidas freqüentemente não podem manifestar sua raiva contra um alvo identificável ou adequado; assim, deslocam sua hostilidade para aqueles que estão ainda mais "abaixo" na escala social. O resultado é o preconceito e a discriminação. As vítimas dessa agressão transferida se tornam *bodes expiatórios* e levam a culpa pelos problemas que estão ocorrendo.

Nos EUA, os negros têm sido bodes expiatórios para as frustrações econômicas de alguns brancos que têm renda inferior e se sentem impotentes para melhorar sua própria condição. Os latinos, os norte-americanos de origem asiática, os judeus e as mulheres também se tornam bodes expiatórios — às vezes também por parte dos negros. Como a bondade, a ganância e todas as demais qualidades humanas, o preconceito não se restringe a uma raça ou um grupo étnico específico.

Outra teoria estabelece a fonte de preconceito em uma **personalidade autoritária** ou intolerante (Adorno *et al.*, 1950). Pessoas autoritárias tendem a ser rigidamente convencionais. Partidárias do seguimento às normas e do respeito à tradição, elas são hostis com aqueles que desafiam as regras sociais (Stone, Lederer e Christie, 1993). Respeitam a autoridade e submetem-se a ela, bem como se preocupam com o poder e a resistência. Ao olhar para o mundo através de uma lente de categorias rígidas, elas não acreditam na natureza humana, temendo e rejeitando todos os grupos aos quais não pertencem, assim como suspeitam deles. O preconceito é apenas uma manifestação de sua desconfiança e suspeita.

Há também fontes cognitivas de preconceito. Como vimos anteriormente, os seres humanos são "avarentos cognitivos" que tentam simplificar e organizar seu pensamento social o máximo possível. A simplificação exagerada — *supersimplificação* — leva a pensamentos equivocados, estereótipos, preconceito e discriminação. Por exemplo: uma visão estereotipada das mulheres como indecisas ou fracas levará um empregador a ser contrário à contratação como gerente de uma mulher qualificada. A crença em um mundo justo — no qual as pessoas recebam o que merecem e mereçam o que recebem — também supersimplifica a visão que se tem das vítimas de preconceito como "merecedoras" de sua situação difícil (Fiske e Neubers, 1990).

Além disso, o preconceito e a discriminação podem ter suas origens nas tentativas que as pessoas fazem para se conformar. Se nos relacionamos a pessoas que expressam preconceitos, é mais provável que as aceitemos do que resistamos a elas. As pressões para a conformidade social ajudam a explicar por que as crianças absorvem de maneira rápida os preconceitos de seus pais e colegas muito antes de formar suas próprias crenças e opiniões com base na experiência. A pressão dos colegas muitas vezes torna 'legal' ou aceitável a expressão de determinadas visões tendenciosas — em vez de demonstrar tolerância aos membros de outros grupos sociais.

Racismo é a crença na inferioridade *nata* dos membros de determinados grupos étnicos e raciais. Os racistas acreditam que a inteligência, a engenhosidade, a moralidade e outros traços valorizados são determinados biologicamente e, portanto, não podem ser mudados. O racismo leva ao pensamento ou/ou: ou você é um de "nós" ou é um "deles". Nessa linha de raciocínio, um grupo *inclusivo* (de incluídos) é qualquer grupo de pessoas que têm noção de solidariedade entre si e exclusividade em relação aos não-membros. E um grupo *exclusivo* (de excluídos), por sua vez, é um grupo de pessoas que estão fora desse limite e são vistas como concorrentes, inimigas ou diferentes e indignas de respeito. Esses termos podem ser aplicados a equipes adversárias de esportes, gangues rivais e partidos políticos, ou a nações inteiras, regiões, religiões e grupos étnicos ou raciais. De acordo com o *viés do grupo inclusivo*, os membros se vêem não apenas como diferentes dos excluídos mas também como superiores a eles. Em casos extremos, os membros de um grupo inclusivo podem ver os membros excluídos como menos humanos e sentir um ódio que pode levar à violência, à guerra civil e até ao genocídio.

A maioria das formas declaradas de racismo nos Estados Unidos tem declinado nas últimas décadas. Por exemplo: nove de dez brancos dizem que votariam em um presidente negro. Apesar de muita retórica política, 49 por cento dos brancos dizem que apóiam a manutenção ou o aumento dos atuais programas de ação afirmativa (USA Today, 1997). Mas o racismo ainda existe em formas sutis. Por exemplo: mais de 60 por cento dos brancos dizem que aprovam o casamento inter-racial mas se sentiriam "mal" se alguém de sua família se casasse com um negro. Muitos brancos apóiam a integração racial nas escolas, mas ficam "incomodados" se a porcentagem de estudantes negros na classe de seu filho ou na escola se aproxima de 50 por cento (Jaynes e Williams, 1989). Assim, não é de surpreender que negros e brancos tenham visões diferentes em relação à maneira como os negros são tratados na sociedade norte-americana. Em uma pesquisa de 1997, dois de três brancos concordaram com a declaração "Os negros têm uma chance tão boa quanto os brancos... de ter o emprego para o qual estão qualificados"; aproximadamente a mesma proporção de negros discordou (veja a Figura 14.1 para outras diferenças apontadas pela mesma pesquisa).

Como podemos usar o conhecimento que temos de preconceitos, estereótipos e discriminação para reduzir o preconceito e sua manifestação? Três estratégias parecem promissoras: a reclassificação, o processamento controlado e a melhora do contato entre grupos (veja a Seção "Compreendendo o mundo que nos cerca" para uma discussão a respeito de como essas estratégias podem ser empregadas para reduzir o conflito étnico).

- Quando *reclassificamos*, procuramos expandir nosso esquema de um grupo particular — ou seja, conseguimos considerar que pessoas de raças ou gêneros diferentes partilham qualidades parecidas. Por exemplo, nos Estados Unidos, tanto católicos quanto protestantes tendem a se ver como cristãos e não como grupos concorrentes distintos (como ocorre na Irlanda do Norte). Se as pessoas conseguem criar *categorias superordenadas*, podem reduzir freqüentemente os estereótipos e o preconceito (Dovidio e Gaertner, 1999; Hewstone, Islam e Judd, 1993).

- Também é possível nos treinarmos para ser mais "atenciosos" com as pessoas diferentes de nós. Por exemplo: um grupo de estudantes de sexta série aprendeu a ser mais compreensivo com os deficientes depois que viu *slides* de pessoas deficientes e refletiu sobre a situação delas, respondendo a perguntas como "De que maneira um paraplégico poderia dirigir um carro?" O grupo mostrou muito menos preconceito em relação aos deficientes depois desse procedimento (Langer, Bashner e Chanowitz, 1985). Aparentemente, a tolerância pode ser ensinada. Alguns pesquisadores acreditam que nós aprendemos os estereótipos em nossa cultura, de modo que a diferença básica entre quem é preconceituoso e quem não é reside na capacidade de suprimir as crenças preconceituosas por meio do *processamento controlado* (Devine, 1989; Devine, Monteith, Zuwerink e Elliot, 1991).

Respostas de: ■ Negros ■ Brancos

Atualmente você tem amigos íntimos cuja cor da pele é diferente da sua...

Brancos? 59%
Negros? 75%

Atualmente você aprova ou desaprova o casamento entre negros e brancos?

Aprovam: 77% / 61%
Desaprovam: 16% / 30%

Os negros são tratados de maneira menos justa que os brancos....
(porcentagem que disse sim)

	Negros	Brancos
No emprego?	45%	14%
Nos transportes públicos?	25%	12%
Nas lojas do bairro?	42%	18%
Em lojas centrais ou em shopping centers?	46%	19%
Em restaurantes?	42%	16%
Pela polícia?	60%	30%

FIGURA 14.1

Atitudes raciais nos Estados Unidos. Como a figura mostra, negros e brancos têm opiniões diferentes a respeito da maneira como os negros são tratados no país.

Fonte: Gelles, R. J. e Levine, A. (1999). *Sociology: an introduction*, 6ª ed., Figura 9.7, p. 338; dados de USA Today, 11 de junho de 1997, p. 9a.

COMPREENDENDO O Mundo que Nos Cerca

Conflito étnico e violência

Com o final da Guerra Fria, os conflitos étnicos se tornaram a forma dominante de guerra (Mays *et al.*, 1998; Rouhana e Bar-Tal, 1998). Bósnia, Croácia, Timor Leste, Rússia, Turquia, Iraque, Irlanda, Israel, Sri Lanka... a lista de países destruídos por conflitos étnicos parece interminável, e as mortes de civis continuam a aumentar aos milhares. Por que surgem esses conflitos, e por que é tão difícil resolvê-los?

O conflito étnico não tem uma causa única. Em parte, ele "muitas vezes está enraizado em histórias de colonialismo, etnocentrismo, racismo, opressão política, abusos contra os direitos humanos, violência, injustiça social, pobreza e degradação ambiental" (Mays *et al.*, 1998, p. 737). Mas esses problemas estruturais são apenas uma parte da história — determinam basicamente quem luta com quem. O resto se encontra em processos psicológicos como lealdade intensa ao grupo, identidade pessoal e social, memórias partilhadas, polarização e preconceito profundamente enraizados e crenças sociais (Cairns e Darby, 1998; Mays *et al.*, 1998; Rouhana e Bar-Tal, 1998). Em outras palavras, problemas estruturais não produzem o mesmo efeito se as pessoas não estão preparadas para odiar e temer os outros. Esse ódio e medo determinam, em grande parte, a extensão em que o conflito étnico se torna violento (Des Forges, 1995; Ross, 1993; Smith, 1998).

Em um exame mais detalhado de algumas forças psicológicas em jogo, vemos que a *propaganda* freqüentemente desempenha um papel significativo, ao retratar os oponentes da maneira mais dramática possível, perpetuando assim o racismo, o preconceito e os estereótipos. Em Ruanda, por exemplo, os tutsis (que foram quase exterminados pela violência dos hutus) foram acusados durante anos pela mídia de ter cometido crimes horrendos e planejado o assassinato em massa dos hutus, embora nenhuma dessas acusações fosse

> Problemas estruturais não produzem o mesmo efeito se as pessoas não estão preparadas para odiar ou temer os outros.

verdadeira (Smith, 1998). Quando o conflito étnico perdura, as *memórias coletivas partilhadas* se tornam repletas de exemplos de violência, hostilidade e vítimas. Os preconceitos são, assim, reforçados, e as pessoas passam a ver cada vez mais o conflito como inevitável e suas diferenças como irreconciliáveis (Rouhana e Bar-Tal, 1998).

A *identidade pessoal e social* também pode contribuir para o conflito étnico. Pelo fato de os membros de um grupo contribuírem para sua auto-imagem, se os grupos aos quais você pertence são difamados ou ameaçados, então em determinada extensão você está sendo pessoalmente difamado ou ameaçado. Se você for incapaz de sair desses grupos, será pressionado a defendê-los, para preservar seu próprio sentimento de auto-estima (Cairns e Darby, 1998). Desse modo, o que começa como conflito étnico se torna de maneira rápida uma ameaça altamente pessoal.

Finalmente, as *crenças sociais* disseminadas sobre o conflito e as partes envolvidas também desempenham um papel essencial. Quatro crenças sociais especialmente importantes são "Nossos objetivos são justos", "O oponente não tem legitimidade", "Não podemos errar" e "Somos as vítimas" (Rouhana e Bar-Tal, 1998). Essas crenças sociais "fornecem um prisma social comum pelo qual os membros da sociedade vêem o conflito. Uma fez formadas, elas se tornam incorporadas no etos e se refletem na linguagem, nos estereótipos, nas imagens, nos mitos e nas memórias coletivas do grupo" (Rouhana e Bar-Tal, 1998, p. 765). O resultado é uma forma de "congelamento cognitivo" em que as pessoas buscam e processam de maneira seletiva as informações, de um modo que perpetua as crenças sociais. Esse congelamento cognitivo reforça o medo, a raiva e o ódio — emoções que são a base da violência étnica.

Desse modo, as tentativas de promover a paz não podem tratar apenas de problemas estruturais. Redistribuir recursos de maneira mais eqüitativa, reduzir a opressão e a vitimização e aumentar a justiça social são medidas essenciais, mas terão êxito apenas se os processos psicológicos importantes forem levados em conta. Esforços coletivos devem ser feitos para aumentar a tolerância e melhorar as relações entre os grupos, enquanto novos meios não vio-

> lentos para resolver os conflitos são desenvolvidos (Mays et al., 1998; Smith, 1998). As estratégias de reclassificação, o processamento controlado e o contato entre grupos (veja p. 507) têm ajudado a reduzir o nível de conflito étnico em alguns países (Smith, 1998). Mas mudanças cognitivas também devem ser feitas: crenças sociais devem ser mudadas, e novas crenças, mais consistentes com a resolução do conflito e com relações pacíficas, devem ser estimuladas. Além disso, técnicas multidisciplinares precisam ser desenvolvidas para que os programas funcionem plenamente em diferentes culturas. Como diz um grupo de especialistas: "É tão arriscado quanto etnocêntrico supor que métodos desenvolvidos em contextos ocidentais possam ser aplicados diretamente em diferentes culturas e contextos. As pesquisas sobre diferentes crenças e práticas culturais e suas implicações para a análise e prevenção de conflitos étnico-políticos são essenciais para que o campo da psicologia tenha sucesso em suas contribuições" (Mays et al., 1998, p. 739).

- Finalmente, podemos reduzir o preconceito e as tensões entre grupos reunindo-os (Pettigrew, 1998). Essa foi uma das intenções da famosa decisão da Suprema Corte dos EUA em 1954, no caso *Brown contra Board of Education of Topeka, Kansas*, que obrigou as escolas públicas a promover a integração racial. Porém, apenas promover o contato entre grupos não é suficiente (Taylor e Mogladdam, 1994). Essa atitude *pode* minar atitudes preconceituosas se determinadas condições são atendidas:

1. *Os membros do grupo devem ter o mesmo status*. Quando negros e brancos se reuniram pela primeira vez no exército e em abrigos públicos, eles tinham status relativamente iguais, por isso o preconceito entre eles foi bastante reduzido (Pettigrew, 1969). A dessegregação escolar não tem sido bem-sucedida porque a estrutura do sistema escolar norte-americano tende a ressaltar as vantagens econômicas e acadêmicas de crianças brancas, o que lhes dá vantagem sobre os estudantes negros (E. G. Cohen, 1984).

2. *As pessoas precisam ter contato direto com membros do outro grupo*. Colocar simplesmente estudantes negros e brancos juntos em uma sala de aula não muda as atitudes. O contato pessoal como aquele que ocorre entre amigos no almoço e depois da aula é mais efetivo.

3. *Os membros de dois grupos devem cooperar em vez de competir*. Talvez pelo fato de fornecer o tipo de contato pessoal mencionado, assim como o acordo mútuo e a igualdade de status, o trabalho em conjunto para atingir um objetivo ajuda a romper o preconceito. Equipes de esportes integradas são um exemplo disso. Técnicas de aprendizagem cooperativa também têm provado ser efetivas para superar o preconceito nas escolas (D. W. Johnson, Johnson e Maruyama, 1984; Madden e Slavin, 1983).

4. *As normas sociais devem incentivar o contato entre grupos*. Em muitos casos, a dessegregação na escola ocorreu em uma atmosfera bastante carregada. As crianças negras que chegavam de ônibus a suas novas escolas enfrentavam protestos de pais brancos irritados. Essas condições não promoveram um contato verdadeiro entre os grupos. Em situações em que o contato é incentivado pelas normas sociais, as atitudes preconceituosas são menos prováveis.

Em todas essas sugestões, o foco básico está na mudança de comportamento, e não diretamente das atitudes. Mas mudar o comportamento freqüentemente é um primeiro passo para mudar as atitudes. Isso não quer dizer que a mudança de atitude venha em seguida, de maneira automática. Alterar atitudes pode ser difícil pelo fato de elas estarem muitas vezes profundamente arraigadas. Assim, eliminar completamente atitudes mantidas de maneira profunda pode ser muito difícil. É por isso que os psicólogos sociais têm concentrado tanto esforço em técnicas que incentivam a mudança de atitude. A seção a seguir examina algumas das principais descobertas de pesquisas psicológicas sobre essa transformação.

Mudando atitudes
Quais fatores incentivam alguém a mudar uma atitude?

Um homem que assiste à televisão em uma tarde de domingo ignora dezenas de comerciais de cerveja, mas ouve um amigo que lhe recomenda uma determinada marca. Um discurso político convence uma mulher a mudar seu voto em favor do candidato, mas deixa sua vizinha determinada a votar contra ele. Por que uma recomendação pessoal tem maior poder persuasivo que um dispendioso comercial de televisão? Como duas pessoas com visões semelhantes podem captar mensagens completamente diferentes da mesma fala? O que faz uma tentativa de mudar atitudes fracassar e a outra ser bem-sucedida? Algumas pessoas são mais resistentes à mudança de atitude que outras? Começaremos a responder a essas perguntas examinando o processo de persuasão.

O processo de persuasão Para ser persuadido, você deve primeiro prestar atenção à mensagem; então, deve compreendê-la; e, finalmente, deve aceitá-la como convincente. Considere como a propaganda realiza a primeira etapa — captar sua atenção. À medida que a concorrência fica acirrada, os anunciantes concebem maneiras cada vez mais criativas de captar sua atenção. Por exemplo: as propagandas que despertam emoções, principalmente sentimentos que o impulsionam a agir, podem ser memoráveis e, assim, persuasivas (Engel, Black e Miniard, 1986). O humor também é uma maneira efetiva de mantê-lo vendo ou lendo um anúncio que você teria ignorado, se fosse diferente (Scott, Klein e Bryant, 1990).

Outros anúncios "prendem" o público ao envolvê-los em uma narrativa. Um comercial poderia começar com uma cena ou situação dramática — por exemplo, duas pessoas aparentemente "feitas" uma para a outra mas que não se olham — e deixar o observador atento para descobrir o que acontece. Alguns comerciais até apresentam personagens recorrentes e histórias em seqüência para que cada peça da série seja como o novo capítulo de uma novela. Até os anúncios que incomodam podem captar a atenção de maneira efetiva, uma vez que as pessoas tendem a prestar atenção a eles (Aaker e Bruzzone, 1985).

Com tantas estratégias inteligentes direcionadas para atrair e prender sua atenção, como você pode se proteger de influências indesejadas e resistir a apelos persuasivos? Uma técnica para resistir à persuasão é analisar os anúncios e identificar suas estratégias. Brinque de decifrar o "código" dos anunciantes em vez de se deixar seduzir pelos recursos do anúncio. E eleve os padrões para os tipos de mensagem que merecem sua atenção e seu compromisso.

O modelo de comunicação O segundo e o terceiro passos na persuasão — compreender e aceitar a mensagem — são influenciados tanto pela própria mensagem quanto pela maneira como ela é apresentada. O *modelo de comunicação* se concentra em quatro elementos-chave para atingir esses objetivos: a fonte, a mensagem em si, o meio de comunicação e as características do público. Os persuasores manipulam cada um desses fatores na esperança de mudar as atitudes do público.

A eficácia de uma mensagem persuasiva depende primeiro de sua *fonte*, o autor ou comunicador que apela para o público, para que este aceite a mensagem. Nesse caso a credibilidade faz grande diferença (McGuire, 1985). Por exemplo: é pouco provável que mudemos nossa atitude sobre os esforços antipoluentes da indústria do petróleo se o presidente de uma importante refinaria nos fala sobre eles, mas se ouvíssemos a mesma informação de uma comissão imparcial indicada para estudar a situação, nossa disposição seria outra.

A credibilidade da fonte é mais importante quando não estamos inclinados a prestar atenção à mensagem (Cooper e Croyle, 1984; Petty e Cacioppo, 1981, 1986a). Nos casos em que temos algum interesse na mensagem, ela em si desempenha um papel importante na determinação de mudarmos ou não nossas atitudes (Petty e Cacioppo, 1986b). Quanto mais argumentos uma mensagem apresentar para apoiar uma posição, mais efetiva ela será (Calder, Insko e Yandell, 1974). Os argumentos novos são mais persuasivos que a reutilização de velhas apresentações já ouvidas durante muito tempo. O medo às vezes também funciona bem, principalmente para convencer as pessoas, por exemplo, a tomar a vacina antitetânica (Dabs e Leventhal, 1966), dirigir com segurança (Leventhal e Niles, 1965) e cuidar dos dentes (Evans *et al.*, 1970). No entanto, se uma mensagem gerar um medo exagerado, afastará o público e será ignorada (Worchel, Cooper e Goethals, 1991). Além disso, as mensagens destinadas a convencer são mais bem-sucedidas quando apresentam ambos os lados de um argumento. Uma apresentação bilateral em geral faz com que o orador pareça menos tendencioso e, assim, aumenta sua credibilidade. Temos mais respeito e confiança por um comunicador que reconhece haver outro lado em uma questão controvertida.

Quando se trata de escolher um *meio* efetivo de persuasão, os textos escritos são melhores para fazer as pessoas compreender argumentos complexos, ao passo que as apresentações em videoteipe ou ao vivo são mais efetivas com um público que já capta a essência de um argumento (Chaiken e Eagly, 1976). No entanto, os apelos diretos ou as lições de nossa própria experiência são mais efetivos. Quem vende produtos de porta em porta, por exemplo, conta com o poder do contato pessoal.

Os fatores mais importantes para a mudança de atitude — e de controle mais difícil — têm que ver com o *público*. As atitudes são mais resistentes à mudança se (1) o público tem um forte compromisso com suas atitudes atuais, (2) aquelas atitudes são partilhadas por outros e (3) foram instiladas precocemente, durante a infância, por grupos importantes como a família. A *discrepância* entre o conteúdo da mensagem e as atitudes atuais do público também influencia a maneira como a mensagem será recebida. Até um ponto, quanto maior for a diferença entre os dois, maior será a probabilidade de mudança de atitude, contanto que a pessoa que esteja enviando a mensagem seja considerada especialista no assunto. Se a discrepância for grande demais, entretanto, o *público* poderá rejeitar totalmente a nova informação, ainda que ela venha de um especialista. Finalmente, determinadas características pessoais tornam algumas pessoas mais suscetíveis à mudança que outras. Pessoas com baixa auto-estima são influenciadas mais facilmente, principalmente quando a mensagem é complexa e de difícil compreensão. Já pessoas extremamente inteligentes tendem a resistir à persuasão porque são capazes de pensar em contra-argumentos com mais facilidade.

Na análise final, o meio mais efetivo para a mudança de atitudes — principalmente atitudes importantes, comportamentos ou estilos de vida — pode ser a autopersuasão (Aronson, 1999). Ao contrário das técnicas tradicionais, diretas, de persuasão, as pessoas são colocadas em situações em que são motivadas a mudar suas atitudes ou seus comportamentos. Por exemplo: muitos educadores esperavam que a integração na escola — em si — reduziria os preconceitos raciais. Porém, freqüentemente ocorreu o inverso: embora freqüentassem as mesmas escolas e classes, crianças negras e brancas tendiam a se "auto segregar". Quando os alunos eram divididos em pequenos grupos de estudo, culturalmente diversos, em que eram obrigados a colaborar, as atitudes mudavam — ainda que lentamente. Os insultos e comentários sarcásticos, freqüentemente baseados em questões étnicas, diminuíam. Pelo fato de ter aprendido tanto a ensinar aos outros quanto a ouvi-los, os estudantes saíram da experiência com menos estereótipos de grupo e reconhecendo melhor as diferenças individuais. E esse resultado, por sua vez, diminuiu a probabilidade de eles manterem estereótipos dos outros. Assim, trabalhar com indivíduos diversos que não se encaixavam às noções preconcebidas dificultou a manutenção do preconceito em virtude da dissonância cognitiva.

Teoria da dissonância cognitiva Uma das abordagens mais fascinantes para a compreensão do processo de mudança de atitude é a teoria da **dissonância cognitiva**, desenvolvida por Leon Festinger (1957). A dissonância cognitiva ocorre sempre que uma pessoa tem, ao mesmo tempo, duas cognições ou crenças contraditórias. "Sou um amigo leal e respeitoso" é uma cognição, assim como "Ontem contei uma fofoca deliciosa sobre meu amigo Cristiano". Essas duas cognições são dissonantes — uma implica o oposto da outra. De acordo com Festinger, a dissonância cognitiva cria uma tensão psicológica desagradável, o que nos motiva a procurar resolvê-la de alguma maneira.

Às vezes a mudança de atitude é a maneira mais fácil de reduzir o desconforto. Não posso mudar facilmente o fato de que contei uma fofoca sobre um amigo; portanto, é mais fácil mudar minha atitude com relação ao meu amigo. Se concluo que Cristiano não é realmente um amigo, mas apenas um conhecido, minha nova atitude agora condiz com meu comportamento — espalhar fofoca sobre alguém que *não* é um amigo não contradiz o fato de eu ser leal e respeitoso com aqueles que *são* meus amigos.

No entanto, o comportamento discrepante que contradiz uma atitude não traz necessariamente uma mudança de atitude, uma vez que há outras maneiras de a pessoa reduzir a dissonância cognitiva. Outra alternativa é *aumentar o número de elementos consonantes* — ou seja, os pensamentos consistentes entre si. Por exemplo: posso me lembrar das muitas vezes em que defendi Cristiano quando outros o criticaram. Assim, contar uma pequena fofoca parece ir menos de encontro a minha atitude em relação a Cristiano como amigo. Outra opção é reduzir a importância de uma ou de ambas as cognições dissonantes. Por exemplo: eu poderia dizer a mim mesmo: "A pessoa a quem contei a fofoca foi Tatiana, que não conhece Cristiano muito bem. Tatiana nem ligou e não irá passá-la adiante. Não foi grande coisa, e Cristiano não se aborreceria em razão disso". Ao reduzir o significado de minha ação desleal, reduzo a dissonância que sinto e assim torno menos necessária a mudança de minha atitude em relação ao colega.

Em primeiro lugar, por que alguém assumiria um comportamento que vai de encontro a uma atitude sua? Uma resposta está no fato de que a dissonância cognitiva faz parte da vida diária. Escolher simplesmente entre duas ou mais alternativas desejáveis leva inevitavelmente à dissonância. Suponha que você esteja em uma loja para comprar um computador e não consiga decidir entre um IBM e um Macintosh. Se você escolhe um deles, todas as suas características ruins e todos os bons aspectos do outro contribuem para a dissonância. Depois que você comprou um dos computadores, pode reduzir a dissonância ao mudar sua atitude: você poderia decidir que o outro teclado não era "muito bom" e que algumas das características "ruins" do computador que você comprou não são tão más assim.

Você também pode assumir um comportamento que não condiz com uma atitude porque se sente tentado a fazer isso. Talvez alguém lhe ofereça uma pequena gratificação ou recompensa: "Eu lhe pagarei 25 centavos só para você experimentar meu produto". Curiosamente, quanto maior a recompensa, menor a mudança na atitude que provavelmente resulte. Quando as recompensas são grandes, a dissonância é mínima e a mudança de atitude, se ocorre, é pequena. Aparentemente, quando as pessoas estão convencidas de que há uma boa razão para fazer algo que vai de encontro às suas crenças ("Eu faria quase tudo em troca de um grande incentivo em dinheiro"), elas sentem pouca dissonância, e suas atitudes provavelmente não mudam, ainda que seu comportamento possa mudar durante um tempo. Se as recompensas forem pequenas, entretanto — se não forem suficientes para induzir o comportamento que entra em conflito com a atitude —, a dissonância será enorme, e aumentará as chances de mudança de atitude: "Eu só ganhei 25 centavos para experimentar esse produto, por isso não foi o dinheiro que me atraiu. Devo gostar realmente desse produto". O truque é induzir o comportamento que vai de encontro a uma atitude e deixar que as pessoas se sintam pessoalmente responsáveis pelo ato dissonante. Assim, é mais provável que elas mudem suas atitudes do que se elas percebessem que foram claramente induzidas a agir de uma maneira que contradizia suas atitudes (J. Cooper, 1971; Kelman, 1974).

TESTE SUA APRENDIZAGEM

1. Uma _____ é uma organização bastante estável de crenças, sentimentos e tendências comportamentais dirigidos para algum objeto, como uma pessoa ou grupo.

2. A melhor maneira de prenunciar o comportamento é avaliar as atitudes. Essa afirmação é verdadeira (V) ou falsa (F)?

3. O preconceito está para _____ assim como a discriminação está para _____.
    a. uma atitude desfavorável; um ato injusto
    b. a tolerância; a opressão
    c. um ato injusto; uma atitude desfavorável
    d. a opressão; a tolerância

4. Qual das alternativas a seguir pode ser uma maneira efetiva de reduzir o preconceito (pode haver mais de uma resposta correta)?
    a. contatos de status igual
    b. contato individual
    c. projetos cooperativos em grupo
    d. normas sociais que incentivam o contato
    e. todas as alternativas acima

5. A mensagem que provavelmente resultará mais em uma mudança de atitude é aquela que implique
    a. medo intenso, de uma fonte extremamente confiável.
    b. medo intenso, de uma fonte moderadamente digna de crédito.
    c. medo moderado, de uma fonte extremamente digna de crédito.
    d. medo moderado, de uma fonte moderadamente digna de crédito.

6. Ao tentar mudar a opinião de alguém, em geral é melhor
    a. apresentar apenas o lado de um argumento.
    b. apresentar apenas críticas ao ponto de vista oposto.
    c. apresentar ambos os lados de um argumento.

7. A _____ _____ existe sempre que a pessoa tem duas crenças contraditórias ao mesmo tempo. O conflito cognitivo é resolvido freqüentemente por meio da mudança de atitude.

Respostas: 1. atitude. 2. (F). 3. a. 4. e. 5. c. 6. c. 7. dissonância cognitiva.

Influência social

Em quais áreas o poder da influência social é bastante evidente?

Em um determinado sentido, a psicologia social é o estudo da **influência social** — de como os pensamentos, os sentimentos e as ações das pessoas são influenciados pelo comportamento e pelas características dos outros. No entanto, em algumas áreas estudadas pelos psicólogos sociais, o poder dessa influência é mais evidente que o usual. Entre elas estão as influências da cultura e de conformidade, concordância e obediência.

Influências culturais

Como a cultura na qual você está inserido influencia sua maneira de se vestir ou se alimentar?

A cultura exerce uma influência enorme em nossas atitudes e nosso comportamento, e ela é, em si, uma instituição de pessoas. Desse modo, a cultura é uma importante forma de influência social. Considere por um momento diversos aspectos da vida diária originados da cultura:

- *Sua cultura dita a maneira de você se vestir.* Uma mulher saudita cobre a face antes de se aventurar a sair de casa; uma norte-americana mostra livremente o rosto, os braços e pernas; e em outras sociedades as mulheres saem completamente nuas (Myers, 1992).

- *A cultura especifica o que você come — e o que não come.* Os norte-americanos não comem carne de cachorro, os chineses não comem queijo e os hindus se recusam a comer carne de vaca. A cultura orienta ainda a maneira de se alimentar: com garfo, com palitos ou com as mãos.

- *Pessoas de diferentes culturas buscam diferentes quantidades de espaço pessoal.* Os latino-americanos, os franceses e os árabes ficam mais próximos uns dos outros na maioria das interações diretas que os norte-americanos, os ingleses ou os suecos (Aiello, 1987; E. T. Hall, 1966).

Em determinada extensão, a cultura nos influencia por meio da educação formal. Por exemplo: seus pais podem lembrá-lo periodicamente de que determinadas ações são consideradas "normais" ou "maneiras corretas" de se comportar. Porém, aprendemos com mais freqüência lições culturais por meio da modelação e da imitação, especialmente quando envolvem reforço. Somos recompensados (reforçados) ao fazer o que nossos companheiros e os outros cidadãos fazem na maioria das situações — ou seja, ao acompanhar a maioria. Esse processo de aprendizagem social é um dos principais mecanismos pelo qual uma cultura transmite suas lições e seus valores centrais. Ao comparar e adaptar nosso próprio comportamento ao dos outros, aprendemos as normas de nossa cultura. Uma **norma** é uma idéia ou expectativa partilhada culturalmente a respeito da maneira como as pessoas se comportam. Como nos exemplos precedentes, as normas estão arraigadas freqüentemente à tradição e são fortalecidas pelo hábito.

As culturas nos parecem estranhas se suas normas são muito diferentes das nossas. É tentador concluir que *diferente* significa "errado", simplesmente pelo fato de os padrões de comportamento não familiares poderem nos deixar constrangidos. Para transcender as diferenças e conviver melhor com pessoas de outras culturas, devemos encontrar maneiras de superar esse desconforto. Uma técnica para compreender as outras culturas é o *assimilador cultural*, uma estratégia para perceber as normas e os valores de outro grupo (Baron, Graziano e Stangor, 1991; Brislin, Cushner, Cherries e Yong, 1986). Essa técnica ensina pelo exemplo, ao pedir aos estudantes que expliquem por que um membro de outra cultura se comportou de determinada maneira. Por exemplo: por que os alunos de uma escola japonesa seguem silenciosamente seu professor em fila única por um parque em um adorável dia de primavera? Eles têm medo de ser punidos por má conduta, se não agir assim? Eles são naturalmente calmos e obedientes? Uma vez que você compreende que as crianças japonesas são criadas para valorizar as necessidades e os sentimentos dos outros em detrimento de suas preocupações egoístas, o comportamento obediente e organizado delas parece gerar menos perplexidade. Os assimiladores culturais nos incentivam a permanecer abertos em relação às normas e aos valores dos outros, desafiando truísmos culturais como "nossa maneira é a maneira certa".

Conformidade

O que aumenta a probabilidade de alguém se conformar?

A aceitação das normas culturais não deve ser confundida com a conformidade. Por exemplo: milhões de norte-americanos tomam café pela manhã, mas não o fazem porque estão se conformando. Eles tomam café porque, por meio da experiência cultural, aprenderam a gostar dele e a querer tomá-lo. A **conformidade**, por sua vez, implica um conflito entre um indivíduo e um grupo — um conflito que é resolvido quando o indivíduo abre mão de suas preferências ou crenças para seguir as normas ou expectativas do grupo maior.

Desde o início da década de 50, quando Solomon Asch conduziu o primeiro estudo sistemático sobre o assunto, a conformidade tem sido uma questão importante de pesquisa em psicologia social. Em uma série de experimentos, Asch demonstrou que, sob algumas circunstâncias, as pessoas se conformam a pressões do grupo, mesmo que essa ação as obrigue a negar evidências físicas óbvias. Seus estudos testaram ostensivamente o julgamento visual ao pedir aos participantes que escolhessem, em um cartão com várias linhas de comprimentos diferentes, a linha mais parecida à mostrada em um cartão de comparação (veja a Figura 14.2). As linhas foram traçadas deliberadamente de modo que a comparação fosse óbvia e a opção correta ficasse evidente. Todos os participantes, exceto um, eram cúmplices do experimentador. Em determinadas tentativas esses cúmplices davam deliberadamente uma resposta errada. Esse procedimento colocava o dissidente solitário em xeque: ele deveria se conformar ao que sabia ser uma decisão errada e concordar com o grupo, negando, assim, a evidência de seus próprios olhos, ou deveria discordar do grupo e arriscar-se às conseqüências sociais da não-conformidade?

De modo geral, os participantes se conformavam em cerca de 35 por cento das tentativas. No entanto, havia grandes diferenças individuais e, na pesquisa subseqüente, os experimentadores descobriram que dois conjuntos de fatores influenciavam a probabilidade de uma pessoa se conformar: as características da situação e as características da própria pessoa.

O *tamanho* do grupo é um fator situacional que foi estudado de maneira extensa. Asch (1951) verificou que a probabilidade de conformidade aumentava em um grupo no qual houvesse até quatro cúmplices. Acima desse número, não havia diferença na freqüência de conformidade.

Outro importante fator situacional é o grau de *unanimidade* no grupo. Se apenas um cúmplice rompesse o acordo da maioria e desse a resposta correta, a conformidade entre os participantes nos experimentos de Asch diminuiria de uma média de 35 por cento para cerca de 25 por cento (Asch, 1956). Aparentemente, ter um "aliado", mesmo que apenas um, reduz a pressão para a conformidade. O aliado nem tem de partilhar o ponto de vista da pessoa — o simples rompimento da unanimidade da maioria é suficiente para reduzir a conformidade (Allen e Levine, 1971).

A *natureza da tarefa* é ainda outra variável situacional importante. Por exemplo: tem sido demonstrado que a conformidade varia de acordo com a dificuldade e a ambigüidade de uma tarefa. Quando a tarefa é difícil ou está mal definida, a conformidade tende a ser maior (Blake, Helson e Mouton, 1956). Em uma situação ambígua, as pessoas ficam menos seguras de sua própria opinião e mais dispostas a se conformar à visão da maioria.

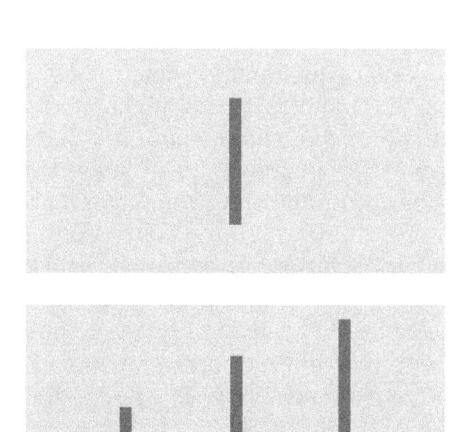

FIGURA 14.2
Experimento de Asch sobre conformidade. No experimento de Asch sobre conformidade, mostrava-se aos participantes um cartão de comparação como o mostrado ao lado, acima, e pedia-se que eles indicassem qual das três linhas no cartão de baixo era a mais parecida com a primeira. Os participantes escolhiam freqüentemente a linha errada para se conformar à decisão do grupo.

As características pessoais também influem no comportamento de conformidade. Quanto mais a pessoa é atraída para o grupo, espera interagir com seus membros no futuro, mantém um status relativamente baixo e não se sente completamente aceita, mais essa pessoa tende a se conformar. O medo de rejeição aparentemente motiva a conformidade quando a pessoa obtém pontuação alta em um ou mais desses fatores.

Às vezes nos equivocarmos em relação ao que pensamos ser as normas de grupo e nos conformamos ao que não é, de fato, uma norma. Por exemplo: a percepção, mais que a realidade, poderia influenciar a prática perigosa de "embriagar-se", discutida na Seção "Compreendendo a nós mesmos".

Diferenças culturais quanto à conformiade Um provérbio chinês diz que "se um dedo estiver machucado, toda a mão ficará doendo". Em uma cultura coletivista como a China, a comunidade e a harmonia são muito importantes. Embora os membros de todas as sociedades demonstrem uma tendência a se conformar, você poderia suspeitar de que os membros de culturas coletivistas se conformam de maneira mais freqüente à vontade de um grupo que os membros de culturas não coletivistas. Os psicólogos que estudaram essa questão usaram testes parecidos com aqueles usados por Asch em seus experimentos. Eles descobriram que os níveis de conformidade em culturas coletivistas são, de fato, freqüentemente mais altos do que aqueles encontrados por Asch. Em sociedades coletivistas tão diversas quanto as de Fiji, Zaire, Hong cong, Líbano, Zimbábue, Kuwait, Japão e Brasil, os índices de conformidade variaram de 25 a 51 por cento (P. B. Smith e Bond, 1994). O índice costuma ser mais alto nas sociedades agrárias (em que os membros dependem mais uns dos outros para a sobrevivência do grupo no longo prazo) que em sociedades de caça e coleta (em que as pessoas devem ser muito independentes para sobreviver (Berry, 1967).

Então, que conclusões podemos tirar sobre a conformidade? O fato de os índices de conformidade, segundo o teste de Asch, serem relativamente altos em várias culturas sugere que pode existir uma tendência universal para a conformidade. Mas ela muitas vezes é maior nas sociedades coletivistas, o que implica que a cultura pode reforçar (ou atenuar) essa tendência. Há ainda fatores situacionais que podem tornar a conformidade mais ou menos provável, e estes também podem variar de acordo com a cultura da pessoa. Por exemplo: os japoneses muitas vezes se opõem deliberadamente à opinião da maioria (mesmo que esta seja correta) quando os outros membros do grupo são estranhos — algo muito menos provável que eles façam quando o grupo é formado por amigos (Frager, 1970; Williams e Sogon, 1984). À medida que os psicólogos aprendem mais sobre as diferenças entre culturas, compreendem melhor o que é universal no comportamento humano e o que é determinado culturalmente.

Concordância

Como um vendedor poderia aumentar a concordância de um cliente em comprar um produto?

A conformidade é uma resposta à pressão exercida por normas que em geral não são declaradas. Em contrapartida, a **concordância** é uma mudança de comportamento em resposta a uma solicitação declarada de maneira explícita. Uma técnica para induzir a concordância é o chamado *efeito pé na porta*. Todo vendedor sabe que no momento em que um cliente potencial lhe permite iniciar seu discurso de vendas, as chances de fazer uma venda aumentam muito. O mesmo efeito está presente em outras áreas da vida: uma vez que as pessoas consentiram em uma pequena solicitação, é mais provável que elas concordem com uma solicitação maior.

No estudo mais famoso sobre esse fenômeno, Freedman e Fraser (1966) procuraram determinados moradores de Palo Alto, na Califórnia, e se passaram por membros de um comitê que fazia campanha para que as pessoas dirigissem com segurança. Eles pediram aos moradores que colocassem uma placa grande e feia que dizia "Dirija com cuidado" em frente à sua casa. Apenas 17 por cento concordaram em fazê-lo. Então, os pesquisadores pediram a outros moradores que assinassem uma petição pedindo mais leis de segurança no trânsito. Quando pediram a essas mesmas pessoas, mais tarde, que colocassem a placa feia em seus jardins, uma porcentagem surpreendente de 55 por cento consentiu. Concordar com a primeira pequena solicitação mais do que triplicou o índice de concordância com a solicitação maior.

Por que a técnica do pé na porta funciona tão bem? Uma explicação possível consiste no fato de que concordar com o ato simbólico (assinar a petição) realinha a autopercepção da pessoa como alguém mais fortemente favorável à causa. Quando lhe fazem a solicitação maior, ela se sente obrigada a concordar (Cialdini e Trost, 1998).

Outra estratégia usada comumente pelos vendedores é o blefe (Cialdini e Trost, 1998). O primeiro passo consiste em induzir a pessoa a concordar em fazer alguma coisa. O segundo é aumentar o custo da concordância. Entre revendedoras de carros novos, blefar funciona do seguinte modo: o vendedor con-

COMPREENDENDO A NÓS MESMOS

Crenças e embriaguez

Os amigos de Leslie Baltz, formanda na Universidade de Virginia, pensaram que ela estava seguindo a tradição da escola de tomar "um quinto no quarto ano" — tomar um quinto de um galão de bebida alcoólica para comemorar o último jogo de futebol americano em casa. Quando os amigos a encontraram inconsciente naquela noite, levaram-na depressa ao hospital. Ela morreu no dia seguinte, outra vítima de intoxicação por álcool (Winerip, 1998).

A embriaguez, definida como ingerir cinco ou mais doses de bebida alcoólica seguidas, tem sido considerada a causa número um de ocorrências médicas entre estudantes universitários (Wechsler, Fulop, Padilla, Lee e Patrick, 1997). Não apenas aqueles que se embriagam arriscam sua vida; a embriaguez também tem sido associada a índices mais altos de atitudes imprudentes ao volante, atividade sexual não planejada e sem prevenção, abuso físico e sexual, lesões não intencionais, problemas interpessoais, dificuldades cognitivas e físicas e fraco desempenho acadêmico (Wechsler, Davenport, Dowdall, Moeykens e Castillo, 1994).

> Quando os estudantes percebem que se embriagar é menos comum do que pensam, a probabilidade de eles fazerem o mesmo diminui.

As conseqüências do uso abusivo de álcool são tão alarmantes que iniciativas como a criação de forças-tarefas de combate ao álcool e programas de educação têm aumentado em universidades. No entanto, as tentativas de reduzir o alcoolismo por meio do ensino de habilidades sociais, do aumento da consciência de sistemas de apoio, do aprimoramento das habilidades para lidar com isso e da elevação da auto-estima têm obtido relativamente pouco sucesso. O que mais pode ser feito?

A solução pode ser bem simples: fazer os estudantes ter ciência de que a maioria de seus colegas *não* se satisfaz ao se embriagar e seguir sua tendência a se conformar com as normas sociais. Apesar de constituir um problema sério, a ingestão excessiva de bebida alcoólica não é tão comum como muitos estudantes acreditam ser. Em algumas pesquisas, os estudantes estimam que até 70 por cento de seus colegas de classe ingerem quantidades excessivas de bebida alcoólica (Gose, 1997). No entanto, uma pesquisa nacional indica que os dados reais podem ser mais próximos de 38 por cento (Winerip, 1998). Quando os estudantes percebem que se embriagar é menos comum do que pensam, a probabilidade de eles fazerem o mesmo diminui (Donaldson *et al.*, 1994; Gose, 1997; Haines e Spear, 1996; Hansen, 1993; Hansen e Graham, 1991).

---

vence o cliente a comprar um carro novo, fazendo um preço bem abaixo do oferecido pelos concorrentes. No entanto, uma vez que o cliente concordou em comprar o carro, os termos da venda mudam de maneira repentina (por exemplo, o valor prometido na negociação do carro usado do cliente é eliminado), de modo que no final o carro fica mais caro que o preço de outras concessionárias. Apesar dos custos adicionais, muitos clientes mantêm seu compromisso de compra. Embora o atrativo original fosse o preço baixo (o "blefe" que o vendedor propôs originalmente), uma vez comprometido o comprador mantém o vínculo com o carro, agora mais caro.

Em determinadas circunstâncias, pode ser mais provável que a pessoa que se recusou a concordar com uma solicitação concorde com uma segunda. Por exemplo: se dizer não à primeira solicitação o fez se sentir culpado, você pode dizer sim a outra coisa. Esse fenômeno tem sido caracterizado como *efeito porta na cara* (Cialdini, 1995). Em um estudo, os pesquisadores procuraram estudantes e lhes pediram que assumissem um compromisso razoavelmente grande: eles aconselhariam jovens delinqüentes em um centro de detenção durante dois anos. Quase todos recusaram, "batendo a porta" de maneira efetiva na cara do pesquisador. Mais tarde, quando lhes pediram que assumissem um compromisso bem menor — supervisionar crianças durante uma ida ao zoológico — muitos dos mesmos estudantes concordaram rapidamente. O efeito porta na cara pode funcionar pelo fato de as pessoas interpretarem a solicitação menor como uma concessão e se sentir pressionadas a concordar.

Obediência

Como o "poder da situação" influencia a obediência?

A concordância é um acordo de mudar o comportamento em resposta a uma solicitação. A **obediência** é uma concordância em relação a um comando. Assim como a concordância, a obediência é uma resposta a uma mensagem explícita; nesse caso, entretanto, a mensagem é uma ordem direta, geralmente de uma pessoa com autoridade, como um policial, diretor ou pai, que pode respaldar o comando com algum tipo de força, se necessário. A obediência é a corporificação da influência social em sua forma mais direta e poderosa.

Vários estudos feitos por Stanley Milgram, mencionados no Capítulo 1, "A ciência da psicologia", mostraram até que ponto muitas pessoas obedecem a alguém que detém a autoridade (Milgram, 1963). As pessoas que concordaram em participar do que acreditavam ser um "experimento de aprendizagem" administraram o que pensavam ser fortes choques elétricos aos "aprendizes". A pesquisa de Milgram tem sido repetida em diferentes culturas, com homens e mulheres (Smith e Bond, 1999). Quais fatores influem no grau em que as pessoas farão o que lhes mandam? Estudos em que os participantes eram ordenados a colocar uma moeda em um parquímetro por pessoas que usavam uniformes mostraram que um fator importante é o grau de poder atribuído à pessoa que está dando ordens. As pessoas obedeciam mais a um guarda cujo uniforme parecia igual ao de um policial que a um homem vestido como leiteiro ou civil. Outro fator é a vigilância. Se nos mandam fazer algo e então somos deixados a sós, é menos provável obedecermos do que se formos observados, principalmente se o ato nos parece antiético. Milgram, por exemplo, verificou que seus "professores" ficavam menos dispostos a dar choques severos quando o experimentador estava fora da sala.

Os experimentos de Milgram revelaram outros fatores que influenciam a disposição de uma pessoa a seguir os outros. Quando a vítima estava na mesma sala que o "professor", a obediência diminuía de maneira acentuada. Quando havia outro "professor" presente, que se recusava a dar choques, a obediência também diminuía. Mas quando a responsabilidade pelo ato era partilhada, de modo que a pessoa fosse apenas uma de muitas a fazê-lo, o grau de obediência era muito maior.

Por que as pessoas obedecem voluntariamente a uma figura de autoridade, mesmo que isso implique a violação de seus próprios princípios? Milgram (1974) sugeriu que essas pessoas passam a se ver como agentes dos desejos de outra pessoa e, portanto, como não responsáveis pelas ações obedientes ou suas conseqüências. Uma vez que essa mudança na autopercepção ocorreu, seguem a obediência pelo fato de ter renunciado, em suas mentes, ao controle de suas ações.

Uma explicação alternativa é que talvez participantes obedientes não sucumbam a forças situacionais, mas, sim, não consigam *perceber* a situação de maneira correta (Nissani, 1990). Assim, no estudo de Milgram, os participantes inicialmente tinham a crença de que o experimento era seguro e que o experimentador era confiável. A luta emocional real para os participantes obedientes, então, pode não ter sido o fato de decidir se deveriam obedecer a ordens maléficas, mas reconhecer que uma autoridade em quem confiaram provou ser traiçoeira.

Ação social

Nós nos comportamos de maneira diferente quando outras pessoas estão presentes?

Os vários tipos de influência social que acabamos de discutir podem acontecer mesmo quando ninguém mais está presente. Deixamos o volume de nosso rádio baixo quando nossos vizinhos estão dormindo, assentimos ao aviso da justiça quando recebemos uma intimação e obedecemos aos sinais de trânsito mesmo quando ninguém na rua nos obrigue a isso. Agora nos voltaremos para os processos que dependem da presença de outros. Especificamente, examinaremos processos que ocorrem quando as pessoas interagem individualmente ou em grupos. Uma dessas ações sociais é chamada *desindividuação*.

> **TESTE SUA APRENDIZAGEM**
>
> 1. Relacione os termos a seguir com suas definições apropriadas.
>   ___ influência social
>   ___ concordância
>   ___ obediência
>   ___ conformidade
>
>   a. submeter-se voluntariamente a normas sociais, mesmo às custas das próprias preferências
>   b. uma mudança de comportamento em resposta ao comando de outra pessoa
>   c. uma mudança de comportamento em resposta à solicitação explícita de outra pessoa ou de um grupo
>   d. quaisquer ações desempenhadas por uma ou mais pessoas com a finalidade de mudar as atitudes, os comportamentos ou os sentimentos dos outros
>
> 2. Uma _____ é uma idéia ou expectativa partilhada sobre a maneira de se comportar.
> 3. Solomon Asch descobriu que a probabilidade de uma pessoa se conformar [aumentava/diminuía] à medida que o grupo era formado por até quatro pessoas.
> 4. Quais dos seguintes fatores influem na probabilidade de uma pessoa concordar com algo?
>   a. o grau de unanimidade no grupo
>   b. a dificuldade ou ambigüidade da tarefa que o grupo enfrenta
>   c. a forte ligação com o grupo
>   d. a formação de gênero do grupo
> 5. As pesquisas mostram que a concordância muitas vezes é maior em culturas coletivistas que em não coletivistas. Essa afirmação é verdadeira (V) ou falsa (F)?
> 6. Uma vez que as pessoas concordaram com uma pequena solicitação, é mais provável que elas concordem com uma solicitação maior. Isso é denominado efeito _____ _____ _____ _____.
> 7. Muitas pessoas estão dispostas a obedecer a uma autoridade, mesmo que isso implique a violação de seus próprios princípios. Essa afirmação é verdadeira (V) ou falsa (F)?
>
> **Respostas:** 1. influência social (d); concordância (c); obediência (b); conformidade (a). 2. norma 3. aumentava 4. a, b e c. 5. (V). 6. pé na porta. 7. (V).

Desindividuação

Quais resultados negativos podem resultar da desindividuação?

Vimos vários casos de influência social em que as pessoas agem de modo diferente na presença de outros, em relação à maneira como o fariam se estivessem sozinhas. O que mais chama a nossa atenção e nos assusta com relação a esse fenômeno é o comportamento coletivo. Alguns exemplos violentos conhecidos são os espancamentos e linchamentos de negros nos EUA, o saque que às vezes acompanha os tumultos urbanos e a destruição gratuita de propriedades que desvirtuam protestos e passeatas os quais, sem isso, seriam pacíficos. Uma razão para tal comportamento é que as pessoas perdem sua noção pessoal de responsabilidade em um grupo, principalmente em um grupo sujeito a pressões intensas e à ansiedade. Esse processo é denominado **desindividuação**, uma vez que as pessoas não respondem como indivíduos, e sim como partes anônimas de um grupo maior. Em geral, quanto mais anônimas essas pessoas se sentem em um grupo, menos responsáveis se sentem como indivíduos.

Mas a desindividuação explica só em parte o comportamento coletivo. Outro fator contribuinte é o fato de que, em um grupo, uma pessoa dominante e persuasiva pode convencer as outras a agir de acordo com o *efeito bola de neve*: se o persuasor consegue convencer poucas pessoas, estas convencerão outras que, por sua vez, convencerão mais algumas até que o grupo se torne uma multidão inimaginável. Além disso, grandes grupos oferecem *proteção*; ao passo que o anonimato dificulta as pressões. Se duas, ou até dez pessoas começam a quebrar vitrines, provavelmente elas serão presas. Se milhares de pessoas fizerem isso, um número pequeno delas será pego ou punido.

Comportamento de ajuda

Quais fatores nos tornam mais inclinados a ajudar uma pessoa necessitada?

Pesquisas sobre a desindividuação parecem apoiar a noção inconveniente — e imprecisa — de que, ao se reunir, as pessoas se tornam mais destrutivas e irresponsáveis do que seriam individualmente. Porém, a sociedade humana depende da disposição que as pessoas têm de trabalhar juntas e se ajudar mutuamente. De fato, os exemplos de colaboração e solidariedade são tão abundantes quanto os exemplos de conflito e hostilidade humanos. Basta relembrar o comportamento dos habitantes de todos os EUA após os ataques terroristas de 11 de setembro de 2001 no World Trade Center e no Pentágono para descobrir centenas de exemplos de pessoas trabalhando juntas e se ajudando mutuamente (Ballie, 2001). Se, como vimos no Capítulo 8, "Motivação e emoção", nossa disposição de prejudicar os outros é influenciada por forças sociais, também o é nossa disposição de ajudar os outros.

Quais forças sociais podem promover o comportamento de ajudar? Uma das forças percebidas é o interesse próprio. Oferecemos uma carona de volta para casa a nosso chefe porque queremos que ele faça o mesmo conosco. Mas, quando uma ação útil não está relacionada a ganhos pessoais, é considerada um **comportamento altruísta**. Uma pessoa que age de modo altruísta não espera qualquer reconhecimento ou recompensa em retorno, exceto talvez o sentimento gratificante de ter ajudado alguém necessitado. Muitas pessoas realizam atos altruístas, incluindo as contribuições generosas feitas a estranhos de maneira anônima (M. L. Hoffman, 1977). (Veja a Seção "Compreendendo o mundo que nos cerca" para ter uma noção adicional dos fatores que influenciaram os cristãos a ajudar judeus vítimas do Holocausto.)

Em que condições é mais provável que o comportamento de ajuda ocorra? Como outras coisas que os psicólogos sociais estudam, a ajuda é influenciada por dois conjuntos de fatores: os pertinentes à situação e aqueles pertinentes ao indivíduo.

A variável situacional mais importante é a *presença de outras pessoas*. Em um fenômeno denominado **efeito do espectador**, a probabilidade de uma pessoa ajudar alguém com problemas *diminui* à medida que o número de espectadores presentes aumenta (Clarkson, 1996). Em um experimento, as pessoas que estavam preenchendo um questionário ouviam uma "emergência" gravada, na sala ao lado, repleta de ruídos de batida e gritos. Entre aqueles que estavam sozinhos, 70 por cento ofereceram ajuda à vítima mulher não vista, mas entre aqueles que estavam com uma companhia — um estranho que não fez nada para ajudar — apenas sete por cento ofereceram ajuda (Latané e Rodin, 1969).

Outro aspecto-chave da situação é sua *ambigüidade*. Qualquer fator que dificulte o reconhecimento de uma emergência verdadeira reduz a probabilidade de ações altruístas (Clark e Word, 1974). As *características pessoais* dos espectadores também influenciam o comportamento de ajuda. Nem todos os espectadores têm igual probabilidade de ajudar um estranho. Aumentar o grau de responsabilidade pessoal que uma pessoa sente por outra estimula a probabilidade de essa ajudar (Moriarty, 1975). O grau de empatia que sentimos por outra pessoa também influencia nossa disposição para ajudar (Krebs, 1975). O humor também faz diferença: é mais provável que uma pessoa com bom humor ajude outra necessitada do que alguém que está com humor neutro ou de mau-humor (Salovey, Mayer e Rosenhan, 1991; Isen e Levin, 1972). Além disso, o comportamento de ajuda aumenta quando as pessoas não *temem o constrangimento*, ao oferecer assistência que não é realmente necessária (McGovern, 1976). Finalmente, quando os outros estão vendo, as pessoas que necessitam muito de aprovação têm mais probabilidade de ajudar do que aquelas que não têm a mesma necessidade (Satow, 1975).

Diferenças culturais quanto ao comportamento de ajuda As pessoas freqüentemente supõem que haja uma "personalidade predisposta a ajudar" ou um conjunto de traços que determina quem ajuda e quem não ajuda. Isso é improvável. Várias condições, tanto individuais quanto situacionais, combinam-se para determinar quando a ajuda será oferecida. Do mesmo modo, há dúvidas sobre a existência de algo como uma "cultura prestativa" — ou seja, uma sociedade, uma nação ou um grupo cujos membros invariavelmente "ajudem mais" que outros. Os psicólogos têm se concentrado, porém, nos fatores culturais que tornam a ajuda mais ou menos provável de acontecer.

O individualismo/coletivismo é uma dimensão importante nessa área: parece razoável que os membros de culturas individualistas se sintam menos obrigados a ajudar outras pessoas que os de culturas coletivistas. Um estudo no qual participaram indígenas e norte-americanos investigou essa possibilidade

COMPREENDENDO O Mundo que Nos Cerca

Altruísmo e o Holocausto

Este capítulo começou com a história de uma menina católica de 16 anos, Stefania Podgórska, e outras, que esconderam crianças judias durante a ocupação nazista na Europa. Apenas poucos milhares de não-judeus arriscaram suas vidas para livrar os judeus da perseguição, da deportação e da morte. Por que eles fizeram o que milhões de pessoas não conseguiram fazer? Que qualidades os capacitaram para se comportar de modo altruísta e corajoso?

Em 1981, vários pesquisadores que se dedicaram a descobrir as respostas a essas perguntas reuniram seus esforços para publicá-las dois anos depois, no Altruistic Personality Project. Em 1985, o projeto havia publicado descobertas com base em entrevistas com 25 protetores e 50 sobreviventes, bem como em documentos históricos que diziam respeito às atividades de outros (Fogelman e Wiener, 1985). As pessoas com quem os pesquisadores falaram procediam de vários países e diferiam extensamente em educação e profissão. Os protetores, entretanto, partilhavam algumas características. A maioria tinha uma capacidade incomum de perseverança e forte crença em sua competência de arriscar-se e sobreviver ao perigo. Além disso, preferiam não se ver como heróis; consideravam seu comportamento meramente natural.

Embora nenhuma característica de personalidade sobressaísse, os pesquisadores iden-

> A maioria tinha uma forte crença em sua própria competência para se arriscar e sobreviver ao perigo.

tificaram alguns pontos comuns nesses protetores. Por exemplo: eles tendiam a se encaixar em um destes dois grupos — aqueles que foram motivados por valores morais profundamente enraizados e se sentiam eticamente inclinados a resgatar as vítimas, e aqueles que estavam pessoalmente ligados às vítimas e às vezes se identificavam com elas emocionalmente. Essas descobertas apóiam a afirmação da psicóloga social Carol Gilligan (1982) de que há fundamentalmente duas formas de raciocínio moral: uma baseada em uma noção de justiça e outra baseada em uma noção de responsabilidade e interesse.

Muitos dos protetores motivados moralmente apresentavam atitudes antinazistas intensas. Para alguns, a crença religiosa desempenhava um papel fundamental em suas vidas. Esses protetores também tendiam a ajudar as vítimas, independentemente de gostar ou não delas. Muitos deles pertenciam a famílias que tradicionalmente zelavam pelas pessoas que não faziam parte da família, e muitos afirmaram que seu comportamento era fortemente orientado pelos valores dos pais. Stefania, por exemplo, citou a crença de seus pais na tolerância religiosa.

Em contrapartida, protetores motivados emocionalmente em geral tinham fortes ligações pessoais com as pessoas a quem ajudavam — vizinhos, por exemplo. Alguns ajudavam pessoas que mal conheciam, mas com quem se identificavam. Em determinados casos, a solidariedade provinha da crença do protetor de que ele também era vulnerável à perseguição. "É fácil entender o que os judeus sentiam", explicou um ucraniano, "uma vez que os judeus e os ucranianos encontravam-se em situações semelhantes em toda parte" (Fogelman e Wiener, 1985, p. 63).

(Miller, Bersoff e Harwood, 1990). Os participantes foram apresentados a cenários com diferentes tipos de pessoas — um estranho, um amigo ou um parente próximo — cuja necessidade de ajuda era pequena, moderada ou extrema. Não houve diferenças culturais em casos de extrema necessidade; os membros de ambas as culturas relataram estar igualmente dispostos a ajudar. Mas os dois grupos diferiam em casos de pequenas necessidades. Quase três vezes mais índios (que pertencem a uma cultura coletivista) que norte-americanos (membros de uma cultura individualista) se sentiram obrigados a ajudar um amigo íntimo ou um estranho que pedia uma pequena ajuda. Entretanto, mesmo em culturas coletivistas, prever se a ajuda será oferecida ou não pode ser problemático (Triandis, 1994). Alguns membros de sociedades coletivistas relutam em oferecer ajuda a qualquer um que não pertença a seu grupo. Desse modo, é menos provável que ajudem estranhos. Outras culturas tratam um estranho como membro do grupo até que o status exato da pessoa seja determinado.

Grupos e tomada de decisão

De que maneira tomar uma decisão em grupo é diferente de tomar uma decisão por conta própria?

Em nossa sociedade, há uma tendência a deixar que decisões importantes sejam tomadas em grupo. No mundo dos negócios, decisões-chave são freqüentemente tomadas em volta de uma mesa de conferência, e não atrás de uma mesa individual. Em política, decisões importantes raramente são tomadas por apenas uma pessoa. Grupos de conselheiros, oficiais de gabinete, membros de comitê ou assessores se reúnem para deliberar e formular um curso de ação. Pela lei, um réu pode solicitar um julgamento pelo júri; inclusive, para alguns crimes sérios, a decisão em júri é exigida por lei. A Suprema Corte dos Estados Unidos, com nove membros, toma decisões em grupo sobre questões legais que atingem toda a nação.

Muitas pessoas confiam mais nas decisões tomadas em grupo que naquelas tomadas por indivíduos. No entanto, a dinâmica da interação social em alguns grupos às vezes conspira para tornar essas decisões *menos* confiáveis que aquelas tomadas por apenas uma pessoa. Os psicólogos sociais estão intrigados pela maneira como isso ocorre.

Polarização na tomada de decisão em grupo As pessoas freqüentemente supõem que um indivíduo que age sozinho tem mais probabilidade de correr riscos que um grupo o qual esteja considerando a mesma questão. Essa suposição permaneceu inalterada até o início da década de 60. Nessa época, James Stoner (1961) concebeu um experimento para testar a idéia. Ele pediu que cada participante aconselhasse pessoas imaginárias que tinham de escolher entre uma ação arriscada, mas potencialmente recompensadora, e uma alternativa conservadora, mas menos recompensadora. Em seguida, os participantes reuníram-se em pequenos grupos para discutir cada decisão e chegar a uma decisão unânime. Surpreendentemente, os grupos recomendaram de maneira consistente um curso mais arriscado de ação do que as pessoas sozinhas o fizeram. Esse fenômeno é conhecido como **mudança arriscada**.

A mudança arriscada é simplesmente um aspecto de um fenômeno de grupo mais geral denominado **polarização** — a tendência que as pessoas apresentam de tomar atitudes mais extremas, como resultado de uma discussão em grupo. A polarização começa quando, durante uma discussão, os membros do grupo descobrem que partilham mais visões do que pensavam partilhar. Então, para ser vistos de maneira positiva pelos outros, pelo menos alguns membros do grupo se tornam fortes defensores do que está se revelando ser o sentimento dominante do grupo. Argumentos inclinados a um ou outro extremo não só reafirmam às pessoas que suas atitudes iniciais eram corretas, mas também intensificam essas atitudes, de modo que o grupo como um todo assuma uma posição mais radical. Assim, se você quer que uma decisão de grupo seja tomada em uma direção cautelosa e conservadora, deve garantir, antes de mais nada, que os membros tenham visões cautelosas e conservadoras. Caso contrário, a decisão pode se polarizar na direção oposta.

A eficácia de grupos O provérbio "Duas cabeças pensam melhor do que uma" reflete a suposição comum de que um grupo de pessoas reunirá suas capacidades e chegará a uma decisão melhor que indivíduos que trabalham sozinhos. Na verdade, os grupos são mais efetivos que indivíduos somente em determinadas circunstâncias. Em primeiro lugar, seu sucesso depende da tarefa que eles estão examinando. Se os requisitos da tarefa correspondem às habilidades dos membros do grupo, é mais provável que este seja mais efetivo que qualquer indivíduo isolado.

No entanto, mesmo que a tarefa e os membros se ajustem perfeitamente, a maneira como esses membros *interagem* pode reduzir a eficiência do grupo. Por exemplo: indivíduos com alto status tendem a exercer mais influência, de modo que, se eles não tiverem as melhores habilidades para a resolução de problemas, as decisões podem ser prejudicadas (Torrance, 1954). Outro fator que influencia a interação e a eficiência do grupo é o seu tamanho. Quanto maior é ele, maior é a probabilidade de que haja dentro dele alguém com as habilidades necessárias para resolver um problema difícil. Por outro lado, é muito mais difícil coordenar as atividades de um grupo grande. Além disso, grandes grupos podem ter mais probabilidade de incentivar a *vadiagem social*, a tendência que os membros têm de exercer menos esforço, baseados na premissa de que os outros farão o trabalho. Finalmente, a qualidade da decisão do grupo também depende de sua *coesão*. Quando as pessoas gostam umas das outras e se sentem comprometidas com os objetivos coletivos, a coesão é alta. Nessas condições, os membros podem trabalhar muito pelo grupo, estimulados pelo moral alto. Porém, a coesão também pode minar a qualidade da tomada de decisão. De acordo com Irving Janis (1982), se o grupo cede ao *pensamento grupal*, a forte pressão para a conformidade evita que seus membros critiquem o aparecimento do consenso. Em um grupo desses, a amabilidade e o moral suplantam o julgamento. Os membros com dúvidas podem hesitar em expressá-las e como resultado podem tomar decisões desastrosas — como a invasão da Baía dos Porcos, a ocultação do Watergate ou a autorização de lançamento do ônibus espacial *Challenger* (Kruglanski, 1986).

Liderança de grupo   Todo grupo tem um líder, mas como os líderes se destacam? Durante muitos anos, a resposta predominante esteve na **teoria da grande pessoa**, segundo a qual os líderes são pessoas extraordinárias que assumem posições de influência e então modelam os acontecimentos em torno de si. De acordo com essa visão, pessoas como George Washington, Winston Churchill e Nelson Mandela eram "líderes natos" — que teriam guiado qualquer nação em qualquer momento da história.

Atualmente, a maioria dos historiadores e psicólogos considera essa teoria ingênua, uma vez que ignora os fatores sociais e econômicos. Uma teoria alternativa sustenta que a liderança surge quando a pessoa certa está no lugar certo e na hora certa. Por exemplo: no final da década de 50 e início da de 60, Martin Luther King Jr. surgiu para liderar o movimento dos negros pelos direitos civis. Martin Luther King era claramente uma "grande pessoa" — inteligente, dinâmico, eloqüente e altamente motivado. No entanto, se não tivesse vivido no momento certo (por exemplo, se tivesse vivido 30 anos antes), duvida-se que ele tivesse obtido tanto sucesso.

E provavelmente há muito mais aspectos envolvidos no fato de alguém se tornar um líder do que a teoria da grande pessoa ou a perspectiva do lugar certo no momento certo sugerem. De acordo com a denominada *visão transacional*, um número considerável de fatores interage para determinar a pessoa que será um líder. Os traços pessoais, determinados aspectos da situação em que o grupo se encontra e a qualidade da comunicação entre o grupo e o líder são considerações importantes.

Essas mesmas considerações também são essenciais para determinar em que medida um líder é efetivo. Por exemplo: características pessoais, como estilo de liderança, são significativas apenas em relação a outros aspectos do grupo e de sua situação. Esse ponto é enfatizado no *modelo de contingência* de Fred Fiedler para a eficiência do líder. De acordo com Fiedler (1978, 1993), alguns líderes são *orientados para tarefas* — ou seja, preocupam-se principalmente em alcançar os objetivos do grupo — ao passo que outros são *orientados para relacionamentos* — preocupam-se principalmente em estimular a coesão e a harmonia do grupo. Há um estilo mais efetivo de acordo com a situação, como a clareza das tarefas a serem realizadas, a qualidade das relações dos membros líderes e o grau de poder que o líder exerce. Quando a situação é muito favorável para o líder (quando as tarefas são claras, as relações com os membros é boa, muito poder é exercido), um estilo orientado para tarefas em geral é mais eficiente. Isso também ocorre quando as condições são muito *des*favoráveis (quando as tarefas são vagas, as relações com membros são fracas e pouco poder é exercido). De acordo com as pesquisas de Fiedler, um líder orientado para relacionamentos é bem-sucedido apenas quando as condições favoráveis a ele se situam entre esses dois extremos. Para Fiedler, não existe um líder ideal para todas as situações. "Simplesmente não é significativo falar de um líder efetivo ou não efetivo", escreve ele. "Podemos apenas falar de um líder que tende a ser efetivo em uma situação e não efetivo em outra" (Fiedler, 1967, p. 261).

Diferenças culturais quanto à liderança   A distinção entre os líderes orientados para tarefas e aqueles orientados para relacionamentos parece ser um princípio operacional importante na maioria dos grupos de trabalho nos Estados Unidos. Quem é indicado de maneira explícita como gerente ou chefe de tripulação tem o dever de garantir que o trabalho seja realizado; enquanto isso, em geral outra pessoa passa a agir de maneira informal como especialista orientado para relacionamentos — que conta piadas, lembra-se do aniversário de todos, atenua disputas e geralmente mantém o moral alto (Bales, 1951). No mundo ocidental, essa divisão de liderança funciona também de maneira freqüente em grupos sociais informais. No entanto, essa não é a única abordagem à liderança. Considere uma cultura coletivista que valoriza a colaboração e a interdependência entre seus membros. Em tal ambiente, é improvável que surjam indivíduos que atendam a funções específicas dentro de um grupo. Embora um membro possa ser chamado "o gerente", a necessidade de ter indivíduos com papéis claramente definidos como "este tipo de líder" ou "aquele tipo de líder" é menor. Todos os membros trabalham para realizar os objetivos do grupo.

A liderança em empresas norte-americanas atualmente está sendo transformada por meio da introdução de um estilo gerencial que obteve sucesso comprovado no Japão e em outras culturas coletivistas orientais (J. W. Dean e Evans, 1994; McFarland, Senn e Childress, 1993). Essa abordagem enfatiza a contribuição de todos os membros do grupo na tomada de decisão, a formação de equipes de trabalho pequenas que promovam a colaboração estreita e um estilo de liderança em que os gerentes recebam o mesmo tratamento que qualquer outro funcionário. No Ocidente, não é incomum os executivos terem vagas de estacionamento, refeitórios, clubes e academias em locais separados, além de escritórios e horários independentes. A maioria dos executivos japoneses considera esse estilo privilegiado de gerenciamento muito estranho. Em muitas culturas orientais, os gerentes e executivos partilham as mesmas instalações que seus funcionários, procuram vagas no estacionamento como todo mundo e almoçam e trabalham no mesmo ambiente que seus subordinados. É interessante que o modelo japonês se ajustou de maneira efetiva às duas abordagens de liderança — orientada para tarefas e orientada para relacionamentos — em um único estilo geral. Como parte do grupo, o líder pode trabalhar ao mesmo tempo para cumprir os objetivos do grupo e dirigi-lo, ao mesmo tempo em que também contribui para o moral elevado e o clima social bom. A associação desses papéis é uma estratégia efetiva para os líderes japoneses em locais de trabalho diversos como bancos, empresas de ônibus, estaleiros, minas de carvão e departamentos públicos (Misumi, 1985).

Comportamento organizacional

A psicologia pode ajudar a aumentar o rendimento e a satisfação do trabalhador?

Os lugares onde trabalhamos e as várias organizações às quais pertencemos modelam muito de nosso comportamento. A **psicologia organizacional** destaca a influência da interação humana em ambientes organizacionais grandes e complexos, com ênfase especial no comportamento no local de trabalho.

Produtividade Os psicólogos se concentram em problemas práticos, como a maneira de reduzir a rotatividade de funcionários, elevar o moral da equipe e aumentar a produtividade. Um dos primeiros estudos da relação entre a produtividade e as condições de trabalho foi conduzido no final da década de 20 por Elton Mayo e seus colegas, que aumentaram de maneira gradual a iluminação na fábrica da Western Electric Hawthorne em Cicero, Illinois. Os pesquisadores estavam verificando a hipótese de que uma iluminação melhor incentivaria o rendimento do funcionário. Mas seus resultados mostraram algo totalmente novo: a produtividade aumentou com a nova iluminação, com a iluminação em excesso e com a iluminação insuficiente. No que passou a ser conhecido como **efeito Hawthorne**, a eficiência dos funcionários aumentou independentemente do ajuste feito às suas condições, mas sim pelo fato de estarem recebendo atenção dos pesquisadores.

Os métodos da equipe de Mayo vêm recebendo críticas desde então (Parsons, 1974); porém, seu estudo foi um dos primeiros a enfatizar a importância de fatores psicológicos e sociais sobre o comportamento no local de trabalho. Desde a década de 1930, os psicólogos organizacionais/industriais têm procurado analisar os relacionamentos em termos mais específicos. Por exemplo: os funcionários cujas funções exigem uma variedade maior de habilidades têm mais probabilidade de considerar seu trabalho significativo e demonstrar motivação e satisfação maiores, e os funcionários cujas funções envolvem mais autonomia em geral produzem trabalho de melhor qualidade (Melamed, Ben-Avi, Luz e Green, 1995). Assim, a motivação, a satisfação e a produtividade no local de trabalho podem ser aprimoradas por meio de mudanças certas em componentes no emprego.

Pesquisas realizadas por psicólogos organizacionais/industriais também têm constatado que grupos de trabalho pequenos e coesos são mais produtivos que os grandes. Colocando essa idéia em prática, gerentes de linha de montagem desenvolveram o grupo de trabalho autônomo, substituindo a linha de montagem extensa por pequenos grupos de funcionários que produzem uma unidade inteira (um carro inteiro, por exemplo) e periodicamente alternam suas tarefas. Entre os benefícios adicionais extraídos dessa abordagem estão a maior satisfação do funcionário, a produção de qualidade superior e a queda no absenteísmo e na rotatividade (Pearson, 1992).

Comunicação e responsabilidade A maneira como as comunicações são conduzidas dentro de uma organização também tem um impacto sobre a eficiência organizacional e as atitudes dos membros. Um sistema em que os membros se comunicam com apenas uma pessoa que tem autoridade — sistema centralizado — costuma funcionar bem na solução de problemas simples. Os problemas complexos, por sua vez, são tratados melhor de maneira descentralizada, com a comunicação livre entre os membros do grupo (Porter e Roberts, 1976).

Os psicólogos organizacionais têm examinado também a questão de atribuir responsabilidade por decisões-chave a grupos de trabalho. Embora alguns grupos tomem decisões melhores que outros, a tomada de decisão em grupo em geral aumenta a satisfação dos membros (Cotton, 1993). Se as pessoas acreditam que contribuíram para uma decisão, ficam mais satisfeitas com o resultado e com os colegas. No entanto, o aumento do número de pessoas que participam do processo de tomada de decisão não leva a maior produtividade. Cada vez mais, as corporações estão procurando psicólogos organizacionais para orientar seus funcionários com relação a questões que variam desde ajudá-los a equilibrar o trabalho e a família até ensinar-lhes todos os níveis de habilidades de comunicação e a construção de redes de comunicação (Murray, 1999).

TESTE SUA APRENDIZAGEM

1. _____ é o processo pelo qual as pessoas se sentem anônimas em um grupo grande.
2. Em uma multidão, uma pessoa influente freqüentemente pode convencer as outras a se engajar em uma ação — na qual em outra circunstância não se engajariam — como resultado do efeito _____ _____.
3. O comportamento _____ consiste em ajudar outras pessoas sem expectativa de ganho pessoal.
4. De acordo com o efeito do espectador, a probabilidade de alguém ajudar outra pessoa com problemas aumenta com o número de espectadores passivos presentes. Essa afirmação é verdadeira (V) ou falsa (F)?
5. Se os membros do grupo tendem a assumir riscos, suas decisões em grupo provavelmente são mais arriscadas que as decisões tomadas individualmente. Esse fenômeno é conhecido como _____.
6. Uma mudança nas atitudes dos membros de um grupo em direção a posições mais extremas que aquelas que mantinham antes da discussão em grupo é denominada _____.
7. As decisões inadequadas tomadas para encobrir o Watergate, lançar a nave espacial Challenger e invadir a Baía dos Porcos se deveram, basicamente, a um processo chamado _____ _____.
8. O que é mais importante na determinação de quem irá liderar um grupo?
   a. as características pessoais de líderes potenciais
   b. a situação em que o grupo se encontra
   c. a interação de traços pessoais com fatores situacionais
9. A motivação, a satisfação e a produtividade no local de trabalho podem aumentar por meio de mudanças adequadas na estruturação das funções. Essa afirmação é verdadeira (V) ou falsa (F)?

Respostas: 1. desindividuação. 2. bola de neve. 3. altruísta. 4. (F). 5. mudança arriscada. 6. polarização. 7. pensamento grupal. 8. c. 9. (V).

PALAVRAS-CHAVE

Psicologia social, p. 495

Cognição social
Cognição social, p. 495
Esquema, p. 496
Efeito de primazia, p. 496
Profecia auto-realizadora, p. 497
Estereótipo, p. 497
Teoria da atribuição, p. 498
Erro de atribuição fundamental, p. 499
Atribuição defensiva, p. 499
Hipótese do mundo justo, p. 499
Proximidade, p. 500
Troca, p. 502

Eqüidade, p. 502

Atitudes
Atitude, p. 503
Automonitoramento, p. 505
Preconceito, p. 505
Discriminação, p. 505
Teoria da frustração-agressão, p. 506
Personalidade autoritária, p. 506
Racismo, p. 507
Dissonância cognitiva, p. 512

Influência social
Influência social, p. 514
Norma, p. 515

Conformidade, p. 515
Concordância, p. 518
Obediência, p. 518

Ação social
Desindividuação, p. 521
Comportamento altruísta, p. 521
Efeito do espectador, p. 521
Mudança arriscada, p. 524
Polarização, p. 524
Teoria da grande pessoa, p. 525
Psicologia organizacional, p. 526
Efeito Hawthorne, p. 526

REVISÃO DO CAPÍTULO

Cognição social

O que formar impressões, explicar o comportamento dos outros e sentir atração interpessoal têm em comum? Formar impressões, explicar o comportamento dos outros e sentir atração interperssoal são exemplos de cognição social. A **cognição social** é o processo de receber e avaliar informações sobre outras pessoas. É o meio pelo qual somos influenciados pelos pensamentos, sentimentos e comportamentos dos outros.

Como formamos nossas primeiras impressões sobre as pessoas? Quando formamos impressões sobre os outros, contamos com esquemas, ou conjuntos de expectativas e crenças sobre categorias de pessoas. As impressões também são influenciadas pela ordem em que a informação é adquirida. As primeiras impressões são as mais fortes (**efeito de primazia**), provavelmente porque preferimos não gastar muito esforço cognitivo analisando grandes quantidades de dados subseqüentes. Essa mesma preferência também nos incentiva a formar impressões por meio de esquemas simplistas, mas fortemente preservados, denominados **estereótipos**.

Como tentamos adivinhar as causas do comportamento alheio? A **teoria da atribuição** sustenta que as pessoas buscam compreender o comportamento humano atribuindo-o a causas que estariam dentro da pessoa ou na situação. Vieses na percepção podem levar ao **erro de atribuição fundamental**, em que enfatizamos demais os traços pessoais ao tentar desvendar as causas do comportamento alheio. A **atribuição defensiva** nos motiva a explicar nossas próprias ações de maneiras que protejam nossa auto-estima. Tendemos a atribuir nossos sucessos aos fatores internos e nossos fracassos aos externos. A **hipótese do mundo justo** pode nos levar a culpar a vítima quando coisas ruins lhe acontecem.

"Pessoas da mesma opinião vivem em união" e "os opostos se atraem"? Quando se trata de atração interpessoal, o provérbio "Pessoas com a mesma opinião vivem em união" é mais válido que "Os opostos se atraem". As pessoas com atitudes, interesses, formações e valores parecidos tendem a gostar umas das outras. A **proximidade** é outro fator que promove o afeto. Quanto mais estamos em contato com determinadas pessoas, mais tendemos a gostar delas. Também tendemos a gostar de pessoas que nos fazem sentir valorizados e recompensados, uma idéia baseada no conceito de **troca**.

Atitudes

Por que as atitudes são importantes? Uma **atitude** é uma organização relativamente estável de crenças, sentimentos e tendências em relação a alguma coisa ou a alguém — denominado objeto da atitude. As atitudes são importantes porque freqüentemente influenciam o comportamento. No entanto, não podemos inferir sempre as atitudes das pessoas a partir de suas ações.

Quais são os três componentes principais das atitudes? Os três componentes principais das atitudes são (1) crenças avaliativas sobre o objeto da atitude, (2) sentimentos sobre ele e (3) tendências comportamentais em relação a ele. Esses três componentes são freqüentemente (mas nem sempre) consistentes entre si.

Como uma pessoa desenvolve o preconceito em relação a outra? O **preconceito** é uma atitude negativa e injusta dirigida a um grupo e a cada um de seus membros, ao passo que a **discriminação** é o comportamento baseado no preconceito. Uma explicação do preconceito é a **teoria da frustração-agressão**, segundo a qual as pessoas que se sentem exploradas e oprimidas transferem sua hostilidade em relação a pessoas poderosas àquelas que são "inferiores" a elas na escala social. Outra teoria relaciona o preconceito à **personalidade autoritária**, um tipo de personalidade intolerante, caracterizado pelo respeito exagerado à autoridade e pela hostilidade em relação àqueles que transgridem as normas da sociedade. Uma terceira teoria propõe uma fonte cognitiva de preconceito — o pensamento simplista ou estereotipado em relação a categorias de pessoas. Finalmente, a conformidade aos preconceitos que se têm de um grupo social pode ajudar a explicar esse preconceito.

Quais fatores incentivam alguém a mudar uma atitude? As atitudes podem mudar em resposta a novas experiências, incluindo os esforços de persuasão. O primeiro passo na persuasão é obter a atenção do público. A tarefa seguinte é fazer o público compreender e aceitar a mensagem. De acordo com o modelo de comunicação, a eficácia da persuasão depende da fonte, da mensagem em si, do meio de comunicação e das características do público. As atitudes podem ainda ser mudadas quando novas ações, crenças ou percepções contradizem atitudes preexistentes, o que é chamado de **dissonância cognitiva**.

Influência social

Em quais áreas o poder da influência social é bastante evidente? A **influência social** é o processo pelo qual pensamentos, sentimentos e ações das pessoas são influenciados pelo comportamento e características alheios. Em algumas questões estudadas pelos psicólogos, o poder da influência social é até mais evidente que o usual. Entre elas estão os estudos de influências culturais e de conformidade, concordância e obediência.

Como a cultura na qual você está inserido influencia sua maneira de se vestir ou se alimentar? A cultura na qual você está inserido tem uma influência enorme em seus pensamentos e suas ações. Ela dita diferenças na dieta, nas roupas e no espaço pessoal. O fato de você comer pizza e repudiar carne de cobra, vestir jeans e camisa pólo em vez de sari ou tanga e se sentir constrangido quando os outros ficam muito próximos de você em uma conversa, é decorrência da sua cultura. No processo de adaptação de nosso comportamento ao dos outros, aprendemos as **normas** de nossa cultura, assim como suas crenças e valores.

O que aumenta a probabilidade de alguém se conformar? Submeter-se voluntariamente às preferências, às crenças ou aos julgamentos de um grupo maior denomina-se **conformidade**. As pesquisas de Solomon Asch e outros têm mostrado que tanto as características das situações quanto as da pessoa influenciam a probabilidade de conformidade. Há também influências culturais na tendência à conformidade — os membros de culturas coletivistas muitas vezes são mais inclinados à conformidade que os de culturas não coletivistas.

Como um vendedor poderia aumentar a concordância de um cliente em comprar um produto? A **concordância** é uma mudança no comportamento em resposta a uma solicitação explícita de outra pessoa. Uma técnica para incentivar a concordância é a abordagem pé na porta, ou seja, fazer com que as pessoas consintam em uma pequena solicitação aumenta a probabilidade de elas concordarem com uma solicitação maior. Por exemplo: um vendedor poderia fazê-lo concordar em experimentar um produto "gratuitamente" durante 30 dias para aumentar a probabilidade de você comprá-lo depois. Outra técnica é o blefe: oferecer inicialmente um preço baixo para obter o compromisso e então aumentar de maneira gradual o custo. A tática da porta na cara também funciona, ou seja, fazer inicialmente uma solicitação não razoável, que tende a ser recusada, mas que talvez gere culpa suficiente para se conseguir a concordância com outra solicitação mais provável.

Como o "poder da situação" influencia a obediência? O trabalho clássico de Stanley Milgram mostrou que muitas pessoas estavam dispostas a obedecer às ordens para administrar choques que poderiam lesar quem os recebesse. Essa **obediência** a uma autoridade era mais provável quando determinados fatores situacionais estavam presentes. Por exemplo: as pessoas consideravam a desobediência mais difícil quando a autoridade que deu a ordem estava por perto. Era mais provável também que elas obedecessem ao comando quando a pessoa que receberia o choque estivesse a alguma distância delas. De acordo com Milgram, a obediência é obtida pelas restrições da situação.

Ação social

Nós nos comportamos de maneira diferente quando outras pessoas estão presentes? A conformidade, a concordância e a obediência podem ocorrer mesmo quando não há ninguém presente; porém, outros processos de influência social dependem da presença de outros. Entre eles estão a desindividuação, o efeito do espectador, a tomada de decisão em grupo e o comportamento organizacional.

Quais resultados negativos podem resultar da desindividuação? A imersão em um grupo grande e anônimo pode levar à **desindividuação**, a perda da noção de responsabilidade que um indivíduo tem por suas ações. A desindividuação às vezes pode levar à violência ou a outras formas de comportamento irresponsável. Quanto maior é a noção de anonimato, mais esse efeito ocorre.

Quais fatores nos tornam mais inclinados a ajudar uma pessoa necessitada? Ajudar alguém necessitado sem expectativa de recompensa é chamado **comportamento altruísta**. O altruísmo é influenciado por fatores situacionais como a presença de outras pessoas. De acordo com o **efeito do espectador**, pessoa fica menos pronta a oferecer assistência quando outras que também podem ajudar estão presentes. Em contrapartida, ser a única pessoa a identificar alguém com problemas tende a incentivar a ajuda. Também incentivam a ajuda uma situação não ambígua de emergência e certas características pessoais, como a empatia pela vítima ou estar de bom humor.

De que maneira tomar uma decisão em grupo é diferente de tomar uma decisão por conta própria? Pesquisas sobre a **mudança arriscada** e o fenômeno mais amplo da **polarização** de grupo mostram que a tomada de decisão em grupo aumenta realmente as tendências em direção a soluções radicais, incentivando os membros a se inclinar para um risco maior ou a uma precaução maior. As pessoas que tomam deliberações em grupos também podem apresentar vadiagem social, uma tendência a exercer menos esforço, ao supor que os outros farão a maior parte do trabalho. E, em grupos muito coesos, há uma tendência ao pensamento grupal, ou uma indisposição a criticar o consenso mesmo quando este parece equivocado.

A psicologia pode ajudar a aumentar o rendimento e a satisfação do trabalhador? A **psicologia organizacional** estuda o comportamento em ambientes organizacionais como o local de trabalho. As pesquisas nessa área mostram que o rendimento e a satisfação do funcionário podem aumentar por meio de uma variedade de mudanças situacionais. Por exemplo: a produção pode aumentar simplesmente em virtude da atenção dos outros, um fenômeno denominado **efeito Hawthorne**. Conclusões de pesquisas têm levado as organizações a estabelecer grupos de trabalho autônomos para substituir arranjos menos eficientes de linhas de montagem. A produtividade e o moral também podem ser melhorados, aumentando-se a responsabilidade do funcionário e facilitando-se a comunicação no local de trabalho.

PENSAMENTO CRÍTICO E APLICAÇÕES

1. O que é profecia auto-realizadora? Como esse conceito se aplica às relações humanas? Você é capaz de pensar em exemplos de sua própria experiência em que as profecias auto-realizadoras parecem ter funcionado?
2. Pense em uma propaganda que influenciou sua decisão de compra. Que tipo de mensagem ela transmitia? Como essa mensagem foi comunicada? Por que você reagiu a ela? Você estava ciente, na época, de que a propaganda foi planejada para trazer à tona essa reação? A propaganda é inerentemente desonesta e manipuladora, ou às vezes serve a um propósito útil?

APÊNDICE

Mensuração e métodos estatísticos

VISÃO GERAL

Escalas de medida

Medidas de tendência central
- Diferenças entre média, mediana e moda

A curva normal
- Distribuições assimétricas

Medidas de variação
- Intervalo

- Desvio padrão

Medidas de correlação

Usando a estatística para fazer previsões
- Probabilidade

A maioria dos experimentos descritos neste livro envolvem medir uma ou mais variáveis e então analisar os dados estatisticamente. A elaboração e a contagem de pontos de todos os testes que discutimos também se basearam em métodos estatísticos. A **estatística** é um ramo da matemática. Fornece técnicas para se selecionar dados quantitativos e maneiras de se tirar conclusões a partir deles. A estatística nos permite organizar e descrever dados rapidamente; orienta as conclusões que tiramos e nos ajuda a fazer inferências.

A análise estatística é essencial para a condução de um experimento ou para a elaboração de um teste, mas ela só pode lidar com números — aliás, grupos deles. Logo, para usá-la, o psicólogo primeiro deve medir as coisas — contá-los e expressá-las em quantidades.

Escalas de medida

Não importa o que estejamos medindo — altura, ruído, inteligência, atitudes — temos de usar uma escala. Os dados que desejamos coletar determinam essa escala e, por sua vez, ela nos ajuda a determinar as conclusões que tiramos de nossos dados.

Escalas nominais Uma escala nominal é um conjunto de categorias nominadas ou numeradas arbitrariamente. Se decidimos classificar um grupo de pessoas pela cor de seus olhos, estamos usando uma **escala nominal**. Podemos contar quantas têm olhos verdes, quantas têm olhos castanhos e assim por diante, mas não podemos dizer que um grupo tem mais ou menos cores de olhos que o outro. As cores são simplesmente diferentes. Uma vez que uma escala nominal é mais um modo de classificar que de medir, ela é o tipo menos informativo de escala. Se desejamos comparar nossos dados mais precisamente, teremos de usar uma escala que nos dê mais indicações.

Escalas ordinais Se relacionamos cavalos na ordem em que eles terminam uma corrida, estamos usando uma **escala ordinal.** Nela, os dados são classificados do primeiro ao último de acordo com algum critério. Uma escala ordinal nos diz a ordem, mas nada sobre as distâncias entre o que é classificado em primeiro e segundo lugares ou em nono ou décimo. Não nos diz quanto o cavalo vencedor correu mais rápido que os demais. Se uma pessoa classifica suas preferências para vários tipos de sopa — primeiro sopa de ervilhas, então de tomate, de cebola e assim por diante — sabemos suas sopas prediletas e as de que ela gosta menos, mas não temos idéia do quanto ela acha a sopa de tomate melhor que a de cebola, ou se gosta muito mais da de ervilha que de qualquer outra. Uma vez que não sabemos as distâncias entre os itens classificados em uma escala ordinal, não podemos acrescentar nem subtrair dados ordinais. Se as operações matemáticas são necessárias, precisamos de uma escala mais informativa ainda.

Escalas intervalares Uma **escala intervalar** muitas vezes é comparada a uma régua quebrada em uma das pontas — só vai, digamos, de 5,5 a 12. Os intervalos entre 6 e 7, 7 e 8, 8 e 9 e assim por diante são iguais, mas não há zero. Um termômetro é uma escala intervalar — embora um certo registro em um termômetro em graus Fahrenheit ou centígrados especifique um certo estado de frio ou calor, não existe a ausência de temperatura. Um dia nunca é duas vezes mais quente que outro; é apenas tantos graus a mais.

Uma escala intervalar nos diz por quantas unidades de igual tamanho algo está acima ou abaixo de outra coisa do mesmo tipo, mas não nos diz quantas vezes uma coisa é maior, menor, mais alta ou mais gorda que outra. Um teste de inteligência não pode nos dizer que uma pessoa seja três vezes mais inteligente que outra, apenas que ele ou ela se classificou tantos pontos acima ou abaixo de alguém.

Escalas-razão Só podemos dizer que uma medida é duas vezes tão longa quanto outra ou três vezes mais alta quando usamos uma **escala-razão**, que tem um zero real. Por exemplo, se medimos a queda de neve em certa área em vários invernos, podemos dizer que um volume seis vezes maior de neve caiu durante o inverno em que medimos um total de quatro metros em relação a outro inverno em que apenas 0,60 metro caiu. Essa escala tem um zero — pode não nevar.

Medidas de tendência central

Em geral, quando medimos um número de casos de qualquer coisa — desde a popularidade de programas de televisão ao peso de meninos de oito anos, ou ao número de vezes que o nervo ótico de uma pessoa dispara em resposta à estimulação elétrica — conseguimos uma distribuição de medidas que variam da menor para a maior, da mais baixa para a mais alta. As medidas em geral agrupam-se em torno de algum valor próximo do meio. Esse valor é a **tendência central** de distribuição das medidas.

Suponha, por exemplo, que você queira manter dez crianças ocupadas jogando argolas em uma garrafa. Você dá três argolas a cada uma, o jogo tem seis rodadas e cada jogador ganha um ponto cada vez que acertar a argola no pescoço da garrafa. A pontuação mais alta possível é 18. A distribuição de pontos pode acabar da seguinte forma: 11, 8, 13, 6, 12, 10, 16, 9, 12, 3.

O que você diria rapidamente sobre o talento do grupo em termos do acerto de argolas? Primeiro, você poderia dispor as pontuações da mais baixa para a mais alta: 3, 6, 8, 9, 10, 11, 12, 12, 13, 16. Nessa ordem, a tendência central da distribuição de pontos se torna clara. Muitos dos pontos agrupam-se em torno dos valores entre 8 e 12. Há três maneiras de descrever a tendência central de uma distribuição. Em geral referimos a todas as três como a *média*.

A média aritmética também é chamada simplesmente **média** — a soma de todos os pontos do grupo dividida pelo número de pontos. Se você somar todos os pontos e dividir por 10, o número total de arremessadores de argolas, você encontrará a média para o grupo, que é 10.

A **mediana** é o ponto que divide uma distribuição ao meio — 50% dos pontos ficam acima da mediana, e 50% abaixo. No jogo de argolas, 5 pontuações em 10 ou abaixo, 5 em 11 ou acima. A mediana é, assim, a metade entre 10 e 11 — 10,5.

O ponto em que o maior número de pontuações ocorre é chamado de **moda**. Em nosso exemplo, a moda é 12. Mais pessoas somaram 12 pontos que qualquer outro número.

Diferenças entre média, mediana e moda

Se tomamos várias medidas de qualquer coisa, é provável que tenhamos uma distribuição de pontos em que a média, a mediana e a moda sejam as mesmas — os pontos que ocorrem mais freqüentemente (a moda) também serão o ponto em que a metade das pontuações está abaixo e metade está acima (mediana). E o mesmo ponto será a média aritmética (a média). Nem sempre isso ocorre, é claro, e pequenas amostras raramente são tão simétricas. Nesse caso, temos de decidir qual das três medidas de tendência central — a média, a mediana ou a moda — nos dirá o que queremos saber.

Por exemplo: um lojista quer saber a renda geral dos transeuntes, de modo que ele possa estocar a mercadoria certa. Ele poderia conduzir uma pesquisa grosseira, ficando à porta da loja por alguns dias, das 12h às 14h, e pedindo a uma de cada dez pessoas que passem para preencher um cartão marcando o quadrado que indica sua faixa de renda. Suponha que a maioria das pessoas marcasse renda entre $15.000 e $25.000 por ano. Um casal, entretanto, ganhava muito dinheiro — um parceiro marcou de

$100.000 a $150.000 e o outro, de $200.000 ou acima. A média para o conjunto de dados de renda seria puxada para cima por esses dois dados e não indicaria realmente ao lojista o que ele quer saber sobre seus clientes potenciais. Nesse caso, seria mais sensato ele usar a mediana ou a moda.

Suponha que em vez de encontrar duas pessoas com rendas tão altas, ele notasse que pessoas de dois grupos distintos de renda passavam pela loja — várias marcariam no campo $15.000-$17.000, e várias outras $23.000-$25.000. O lojista descobriria que essa distribuição era bimodal. Tinha duas modas — $16.000 e $24.000. Isso poderia ser mais útil para ele que a média, a qual poderia levá-lo a pensar que seus clientes eram uma unidade com uma renda média de aproximadamente $20.000.

Outra maneira de abordar um conjunto de escores é dispô-los em uma **distribuição de freqüência** — ou seja, selecionar um conjunto de intervalos e contar quantos pontos caem em cada intervalo. Uma distribuição de freqüência é útil para grandes grupos de números; coloca o número de escores individuais em grupos mais gerenciáveis.

Suponha que uma psicóloga esteja pesquisando sobre a memória. Ela pede a 50 universitários para memorizar 18 sílabas sem sentido, e então grava quantas sílabas cada um é capaz de lembrar duas horas mais tarde. Ela dispõe seus escores do mais baixo para o mais alto em uma distribuição classificatória:

2	6	8	10	11	14
3	7	9	10	12	14
4	7	9	10	12	15
4	7	9	10	12	16
5	7	9	10	13	17
5	7	9	11	13	
6	8	9	11	13	
6	8	9	11	13	
6	8	10	11	13	

Os escores variam de 2 a 17, mas é trabalhoso demais lidar com 50 medições individuais. Então, a psicóloga estabelece um conjunto de intervalos de dois pontos e conta o número de escores em cada intervalo:

Intervalo	Contagem	Frequência
1–2	|	1
3–4	|||	3
5–6	|||| |	6
7–8	|||| ||||	9
9–10	|||| |||| |||	13
11–12	|||| |||	8
13–14	|||| ||	7
15–16	||	2
17–18	|	1

Agora a psicóloga pode dizer, olhando rapidamente, quais foram os resultados de seu experimento. A maioria dos estudantes teve pontos próximos ao meio do intervalo, e muito poucos tiveram pontos em intervalos altos ou baixos. Ela pode ver esses resultados ainda melhor se usar a distribuição de freqüência para construir um gráfico de barras — um **histograma de freqüência**. Marcando os intervalos no eixo horizontal e as freqüências no vertical ela teria o gráfico mostrado na Figura A.1. Outra forma é construir um polígono de freqüência, o gráfico de uma reta. Um **polígono de freqüência** traçado a partir do mesmo conjunto de dados é mostrado na Figura A.2. Note que a figura não é uma curva suave, pois os pontos são ligados por linhas retas. Com muitos pontos, entretanto, e com pequenos intervalos, os ângulos seriam suavizados, e a figura se assemelharia a uma curva arredondada.

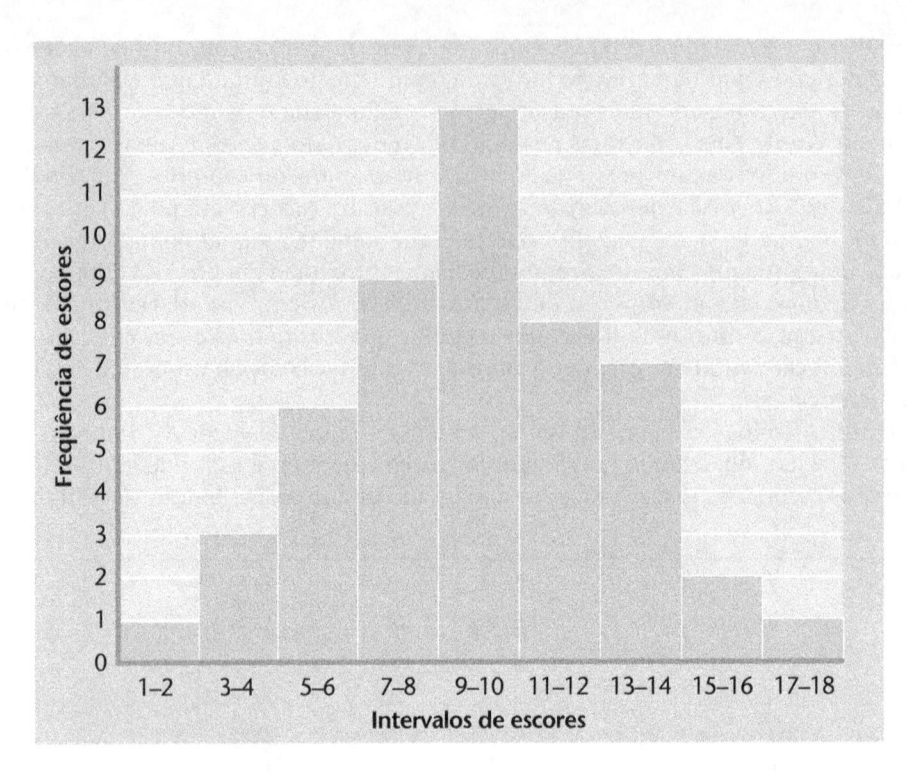

FIGURA A.1
Histograma de freqüência para um experimento de memória. As barras indicam a freqüência de escores dentro de cada intervalo.

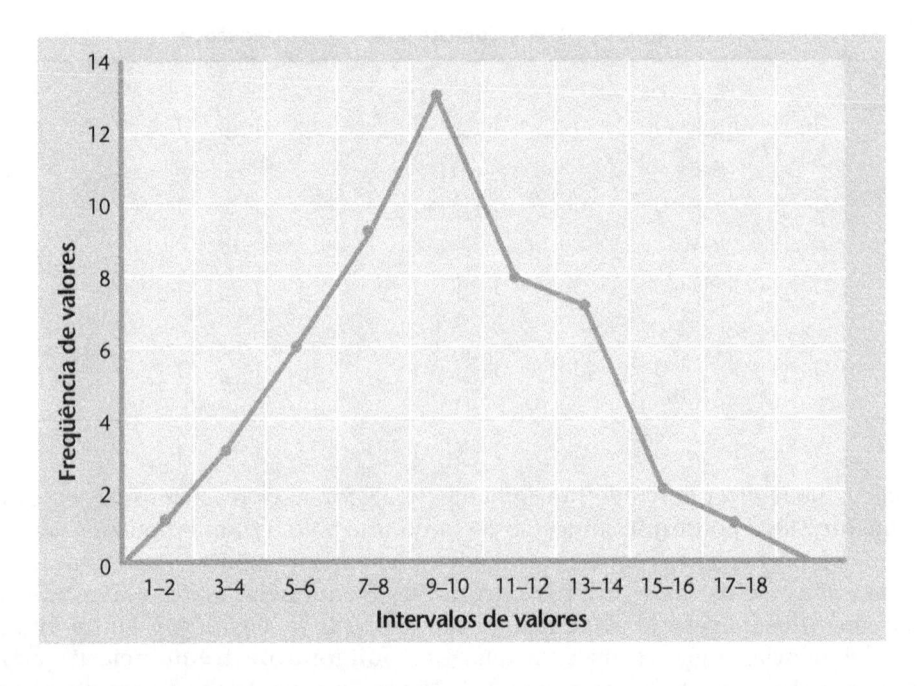

FIGURA A.2
Polígono de freqüência desenhado a partir dos dados usados na Figura A.1. Os pontos, representando a freqüência de escores em cada intervalo, são ligados por linhas retas.

A curva normal

Comumente, se tomamos medidas suficientes de quase tudo, temos uma *distribuição normal*. Jogar moedas é o exemplo favorito dos estatísticos. Se você jogasse dez moedas para o ar mil vezes e registrasse as caras e coroas em cada jogada, suas tabulações revelariam uma distribuição normal. Cinco caras e cinco coroas ocorreriam mais freqüentemente, seis caras/quatro coroas e quatro caras/seis coroas seriam a segunda ocorrência mais freqüente e assim por diante, até a rara ocorrência de todas caras ou todas coroas.

Colocando os pontos de uma distribuição normal em um gráfico tem-se um tipo particular de polígono de freqüência, chamado **curva normal**. A Figura A.3 mostra dados sobre a altura de mil homens. Superposta aos gráficos de barras que refletem os dados reais está uma curva normal "ideal" para os mesmos dados. Note que a curva é absolutamente simétrica — a inclinação esquerda espelha exatamente a inclinação à direita. Além disso, a média, a mediana e a moda caem no ponto mais alto da curva.

A curva normal é hipotética. Nenhum conjunto de medidas reais mostra uma gradação tão suave de um intervalo para o seguinte, ou uma forma tão puramente simétrica. Mas, visto que tantas coisas se aproximam tanto da curva normal, ela é um modelo útil para muita coisa que medimos.

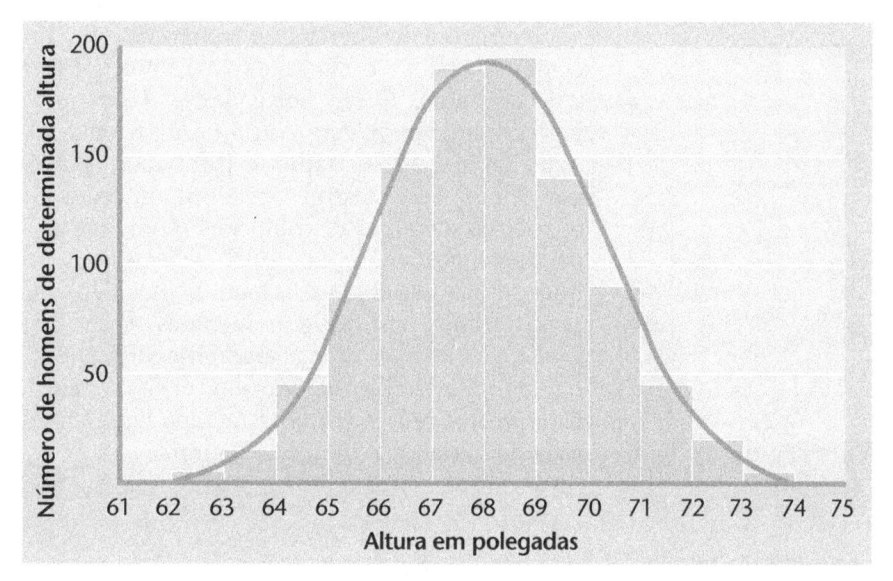

FIGURA A.3
Uma curva normal, baseada nas alturas de mil homens adultos.
Fonte: Hill, 1966.

Distribuições assimétricas

Se uma distribuição de freqüência é assimétrica — se a maioria dos pontos se acumula no extremo superior ou inferior — o polígono de freqüência será *assimétrico*. A elevação ficará em um ou outro lado, e uma das pontas da curva será desproporcionalmente longa.

Se, por exemplo, uma professora de matemática do Ensino Médio dá aos seus alunos um teste de aritmética da sexta série, esperaríamos que quase todas as notas fossem bem altas. O polígono de freqüência provavelmente seria parecido àquele da Figura A.4. Mas, se uma classe de sexta série fosse solicitada a fazer álgebra avançada, as notas provavelmente seriam bem baixas. O polígono de freqüência seria bem parecido àquele mostrado na Figura A.5.

Note, também, que a média, a mediana e a moda caem em pontos diferentes em uma distribuição assimétrica, ao contrário da curva normal, onde elas coincidem. Em geral, se você sabe que a média é maior que a mediana de uma distribuição, pode prever que o polígono de freqüência será assimétrico à direita. Se, ao contrário, a mediana for maior que a média, a curva será assimétrica para a esquerda.

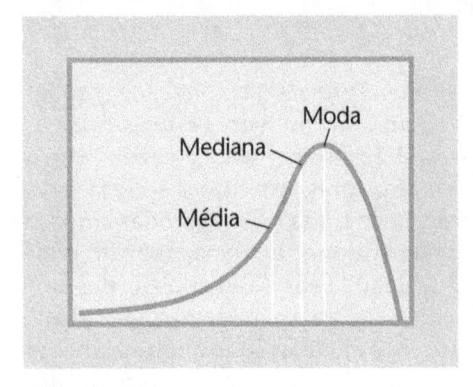

FIGURA A.4
Uma distribuição assimétrica. A maioria das pontuações são acumuladas no extremo superior da distribuição, fazendo a lombada deslocar-se para a direita. Visto que a ponta à esquerda é mais longa, dizemos que a curva é assimétrica para a esquerda. Note que a *média*, a *mediana* e a *moda* são diferentes.

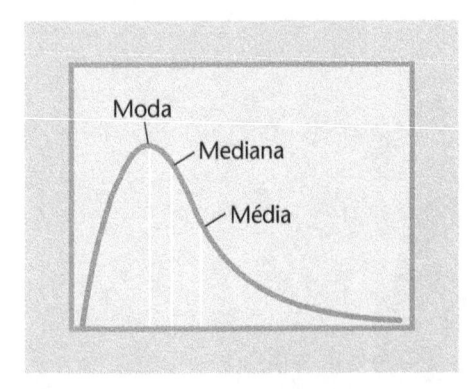

FIGURA A.5
Nesta distribuição, a maioria dos escores se acumula na ponta baixa, de modo que a curva é assimétrica para a direita. A *média*, a *mediana* e a *moda* não coincidem.

Medidas de variação

Às vezes, não basta saber a distribuição de um conjunto de dados e qual é sua média, mediana e moda. Suponha que um especialista em segurança de automóveis considere que os danos ocorridos em engavetamentos são grandes demais porque os pára-choques dos veículos não são todos da mesma altura. Não basta saber a altura média dos pára-choques. O especialista em segurança também quer saber sobre a variação nessa altura: o quanto o pára-choque mais alto é maior que a média? Como os pára-choques de todos os carros variam em relação à média? Os pára-choques mais recentes têm alturas mais aproximadas?

Intervalo

A medida mais simples de variação é o **intervalo** — a diferença entre a medida maior e a menor. Talvez o especialista de segurança tivesse medido os pára-choques de mil carros dois anos atrás e descoberto que o mais alto ficava a 18 polegadas acima do chão, e o mais baixo a 12 polegadas do solo. O intervalo era, pois, de seis polegadas — 18 menos 12. Este ano, o pára-choques mais alto continua a 18 polegadas do chão, e o mais baixo a 12. Portanto, o intervalo ainda é de seis polegadas. Além disso, nosso especialista em segurança descobre que as médias das duas distribuições são as mesmas — 15 polegadas acima do chão. Contudo, veja os dois polígonos de freqüência na Figura A.6 — ainda há algo que o especialista precisa saber, visto que as medidas se agrupam em torno da média de formas acentuadamente diferentes. Para descobrir como elas estão distribuídas em torno da média, nosso especialista precisa recorrer a uma medida ligeiramente mais complicada de variação — o desvio padrão.

Desvio padrão

O **desvio padrão**, em um único número, nos diz muito sobre quanto os escores em qualquer distribuição de freqüência estão dispersos em torno da média. Calculá-lo é uma das ferramentas estatísticas mais empregadas.

Para encontrar o desvio padrão de um conjunto de escores, primeiro encontramos a média. Então subtraímos o primeiro escore da média, elevamos a diferença ao quadrado e anotamos o resultado em uma coluna, para ser somado posteriormente. Fazemos o mesmo para todos os escores na distribuição. Então, somamos a coluna de diferenças elevadas ao quadrado, dividimos o total pelo número de escores na distribuição e encontramos a raiz quadrada daquele número. A Figura A.7 mostra o cálculo do desvio padrão para uma pequena distribuição de valores.

Em uma distribuição normal, seja a curva achatada ou acentuada, cerca de 68% dos escores ficam entre um ponto acima e um ponto abaixo da média (veja a Figura A.8). Outros 27% caem entre um ponto e dois pontos a cada lado da média, e 4% entre o segundo e o terceiro desvios padrões de cada lado. No geral, então, mais de 99% dos valores caem entre três pontos acima e três pontos abaixo da média. Isso torna o desvio padrão útil para comparar duas distribuições normais diferentes.

Agora, vamos ver o que ele pode indicar ao nosso especialista em segurança de automóveis sobre as variações da média nos dois conjuntos de dados. O desvio padrão para os carros medido dois anos atrás era de aproximadamente 1,4. Um carro com um pára-choque com 16,4 polegadas de altura estava 1 desvio padrão acima da média de 15; aquele com um pára-choque de 13,6 estava 1 desvio padrão abaixo da média. Visto que o engenheiro sabe que os dados caem em uma distribuição normal, ele pode

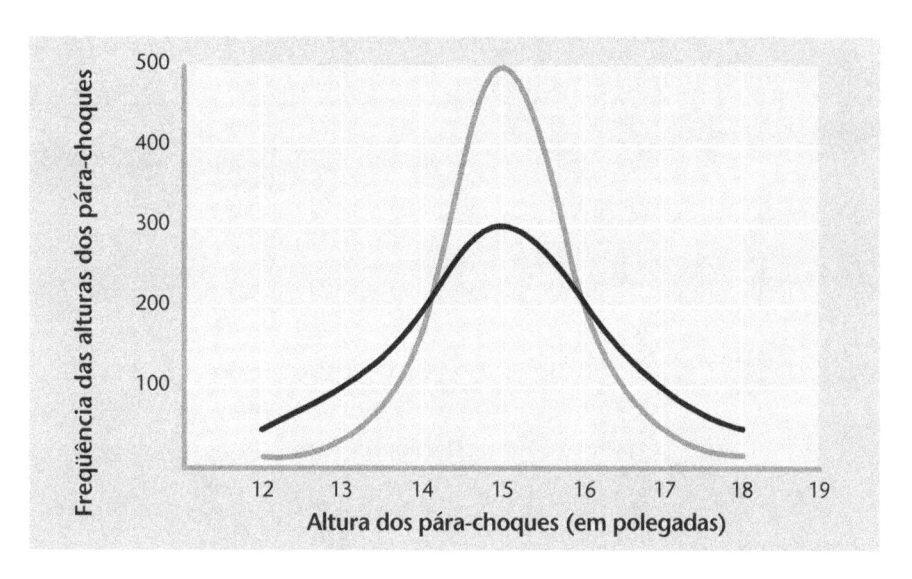

FIGURA A.6
Polígonos de freqüência para dois conjuntos de medidas de pára-choques com alturas diferentes. Ambas são curvas normais, e em cada distribuição a média, a mediana e a moda são 15. Mas a variação da média é diferente, fazendo uma curva ser achatada e deixando a outra com um pico muito mais acentuado.

imaginar que cerca de 68% dos mil carros caem entre essas duas alturas: 680 carros terão pára-choques entre 13,6 e 16,4 polegadas de altura. Para o conjunto mais recente de dados, o desvio padrão é ligeiramente menor que 1. Um carro com o pára-choque a cerca de 14 polegadas de altura está 1 desvio padrão abaixo da média; outro com pára-choque a aproximadamente 16 está 1 desvio padrão acima da média. Assim, nessa distribuição, 680 carros têm pára-choques entre 14 e 16 polegadas de altura. Isso diz ao especialista em segurança que os pára-choques estão ficando com a altura mais próxima, embora o intervalo de alturas ainda seja o mesmo (seis polegadas), e a altura média ainda seja 15.

Número de valores = 10		Média = 7
Escores	Diferença da média	Diferença ao quadrado
4	7 – 4 = 3	$3^2 = 9$
5	7 – 5 = 2	$2^2 = 4$
6	7 – 6 = 1	$1^2 = 1$
6	7 – 6 = 1	$1^2 = 1$
7	7 – 7 = 0	$0^2 = 0$
7	7 – 7 = 0	$0^2 = 0$
8	7 – 8 = – 1	$-1^2 = 1$
8	7 – 8 = – 1	$-1^2 = 1$
9	7 – 9 = – 2	$-2^2 = 4$
10	7 – 10 = – 3	$-3^2 = 9$

Soma dos números ao quadrado = 30
÷
Número de escores = 10
Variância = 3
Desvio padrão = $\sqrt{3}$ = 1,73

FIGURA A.7
Cálculo passo a passo do *desvio padrão* para um grupo de 10 valores com média de 7.

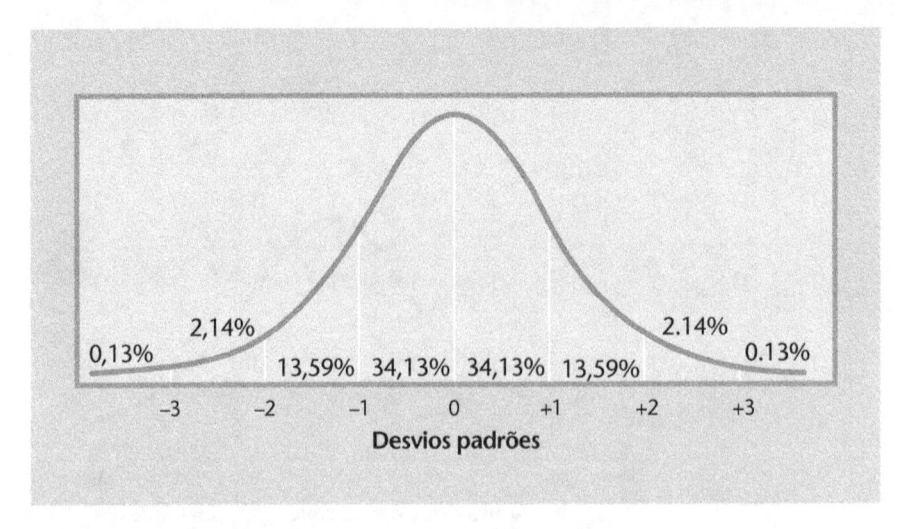

FIGURA A.8
Uma curva normal, dividida para mostrar a porcentagem de escores que caem dentro de cada *desvio padrão* da média.

Medidas de correlação

As medidas de tendência central e as de variação podem ser usadas para descrever um único conjunto de medidas — como as pontuação obtidas por crianças que arremessam argolas — ou para comparar dois ou mais conjuntos — como os dois conjuntos de alturas de pára-choques. Às vezes, entretanto, precisamos saber se os conjuntos de medidas estão associados de alguma forma — se estão *correlacionados*. O QI dos pais está relacionado ao dos filhos? A necessidade de realização se relaciona à de poder? A violência em programas de TV está relacionada ao comportamento agressivo?

Uma forma rápida de determinar se duas variáveis estão correlacionadas é desenhar um **diagrama de dispersão**. Atribuímos uma variável (x) ao eixo horizontal, a outra variável (Y) ao eixo vertical. Em seguida, traçamos a pontuação de uma pessoa em determinada característica ao longo do eixo horizontal, e sua pontuação na outra característica ao longo do eixo vertical. Na intersecção das duas pontuações, colocamos um ponto. Quando várias pontuações são traçadas dessa forma, o padrão indica se as duas características estão correlacionadas ou não.

Se os pontos em um diagrama de dispersão formarem uma linha reta que passa entre o canto inferior esquerdo e o canto superior à direita, como ocorre na Figura A.9a, temos uma correlação positiva perfeita — uma alta classificação em uma das características está sempre associada a uma alta classificação na outra. Uma linha reta que passa entre o canto superior à esquerda e o canto inferior à direita, como na Figura A.9b, é sinal de uma correlação negativa perfeita — uma alta pontuação em uma das características é sempre associada a um valor baixo na outra. Se o padrão formado pelos pontos tomar a forma de um charuto em qualquer uma das direções, como na Figura A.9c e d, temos uma correlação modesta — as duas características estão relacionadas mas não muito. Se os pontos se espalham por todo o gráfico, formando um círculo ou um padrão aleatório, como acontece na Figura A.9e, não há correlação entre as características.

Um diagrama de dispersão pode nos dar uma idéia geral sobre a correlação: se ela existe e se é forte ou fraca. Para descrever a relação entre as duas variáveis mais exatamente, porém precisamos de um **coeficiente de correlação** — uma medida estatística do grau de associação entre dois conjuntos de valores combinados — ou seja, em que extensão valores altos ou baixos em uma variável tendem a estar associados a valores altos ou baixos na outra. O coeficiente também fornece uma estimativa de como podemos prever, a partir do escore de uma pessoa em uma característica, como ele ou ela se classificará em outra. Se sabemos, por exemplo, que um teste de capacidade mecânica é altamente correlacionado com o sucesso em cursos de engenharia, podemos prever que o sucesso no teste também significaria o sucesso da pessoa como engenheiro.

Os coeficientes de correlação podem ir de +1,0 a –1,0. O valor mais alto possível (+1,0) indica uma correlação positiva perfeita — altos valores na primeira variável são sempre e sistematicamente relacio-

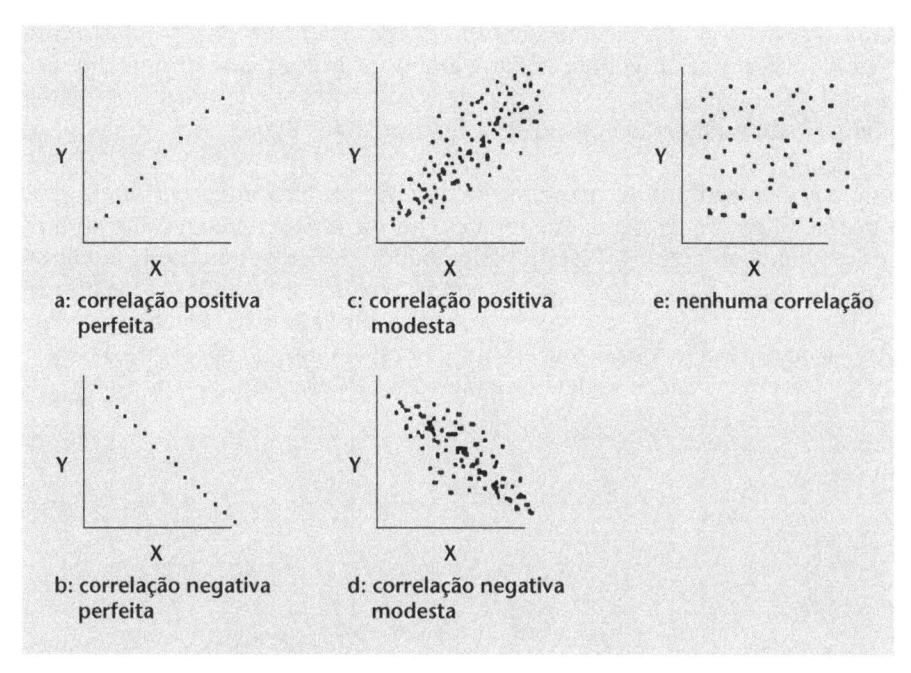

FIGURA A.9
Os diagramas de dispersão fornecem um quadro da força e da direção de uma correlação.

nados a altos valores na segunda. O valor mais baixo possível (−1,0) significa uma correlação negativa perfeita — altos valores em uma variável são sempre e regularmente relacionados a baixos valores na outra. Na vida, a maioria das coisas está longe de ser perfeita, de modo que a maioria dos coeficientes de correlação cai entre +1,0 e −1,0. Uma correlação menor que +0,20 é considerada muito baixa, de ± 0,20 a ± 0,40 baixa, de ± 0,40 a ± 0,60 moderada, de ±0,60 a ±0,80 alta, e de ±0,80 a ±1,0 muito alta. O coeficiente zero indica que não há correlação entre os dois conjuntos de valores — nenhuma relação regular entre eles.

A correlação não nos diz nada sobre causalidade. Se encontrássemos uma alta correlação positiva entre a filiação a um partido político e os níveis de renda, por exemplo, ainda não poderíamos dizer que ser rico faz as pessoas se filiarem a partidos ou que a filiação deixa as pessoas ricas. Não saberíamos ainda o que veio primeiro, ou se uma terceira variável explicaria tanto os níveis de renda quanto a participação política. A correlação nos diz apenas que encontramos uma associação entre duas características especificadas.

Usando a estatística para fazer previsões

Por trás do uso da estatística está a esperança de que possamos generalizar nossos resultados e usá-los para prever comportamentos. Esperamos, por exemplo, poder usar o registro de como um grupo de ratos anda por um labirinto hoje para prever como outro grupo se sairá amanhã, usar os escores de uma pessoa em um teste de aptidão para vendas para prever como ela ou ele venderá seguro de vida, medir as atitudes de um grupo relativamente pequeno de pessoas sobre controle de poluição para indicar quais são as atitudes do país todo.

Para tanto, antes de mais nada temos de determinar se nossas medidas são representativas e se podemos ter confiança nelas. No Capítulo 1 discutimos esse assunto quando consideramos o problema da amostragem adequada.

Probabilidade

Os erros baseados em procedimentos inadequados de amostragem são falha de alguém. Outros tipos de erros, porém, ocorrem aleatoriamente. No tipo mais simples de experimento, o psicólogo irá reunir uma amostra representativa, irá dividí-la aleatoriamente em dois grupos e então aplicará uma manipulação experimental a um dos grupos. Em seguida, medirá ambos os grupos e determinará se o escore do grupo experimental agora é diferente do escore do grupo de controle. Mas, mesmo se há uma grande diferença entre os dois valores, pode estar errado atribuí-la à manipulação. Efeitos aleatórios podem influenciar os resultados e introduzir erros.

A estatística dá ao psicólogo muitas maneiras de determinar exatamente se a diferença entre os dois grupos é realmente significativa, se algo além do acaso produziu os resultados e se os mesmos resultados seriam obtidos com sujeitos diferentes. Essas probabilidades são expressas como medidas de **significância**. Se o psicólogo calcula o nível de significância para os resultados como 0,05, ele ou ela sabe que há 19 chances entre 20 de os resultados não se deverem ao acaso. Mas ainda há 1 chance em 20 — ou uma probabilidade de 0,05 — de os resultados serem casuais. Um nível de significância de 0,01 significaria apenas 1 chance em 100 de que os resultados se devessem ao acaso.

GLOSSÁRIO

Abordagem sistêmica   Visão de que os fatores de risco biológicos, psicológicos e sociais interagem para produzir distúrbios psicológicos. Também conhecida como modelo biopsicossocial dos distúrbios psicológicos.

Abuso de substâncias   Um padrão de uso de drogas que diminui a capacidade de cumprir responsabilidades, o que resulta no uso repetido da droga em situações perigosas, ou leva a problemas de ordem legal relacionados ao uso de drogas.

Ácido desoxirribonucléico (DNA)   Molécula complexa que tem o formato de uma dupla hélice; principal ingrediente dos cromossomos e dos genes, constitui o código para todas as informações genéticas.

Ácido lisérgico dietilamida (LSD)   Droga alucinógena ou "psicodélica" que produz alucinações e delírios semelhantes aos do estado psicótico.

Acuidade visual   Capacidade de distinguir detalhes sutis visualmente.

Adaptação   Ajustamento dos sentidos ao nível de estimulação que estão recebendo.

Adaptação à luz   Diminuição da sensibilidade dos bastonetes e dos cones diante da luz intensa.

Adaptação ao escuro   Aumento da sensibilidade dos bastonetes e dos cones no escuro.

Afastamento   Esquiva de uma situação quando outras formas de enfrentamento não são práticas.

Agorafobia   Distúrbio de ansiedade que envolve diversos medos intensos — de multidão, lugares públicos e outras situações que exijam o distanciamento de uma fonte de segurança, como a casa.

Agressão   Comportamento que tem como intenção infligir danos aos outros; também o motivo para se comportar de modo agressivo.

Ajustamento   Uma tentativa de enfrentar o estresse.

Álcool   Substância química que consiste no ingrediente tóxico presente no uísque, na cerveja, no vinho e em outras bebidas fermentadas ou destiladas.

Algoritmo   Um método "passo a passo" para a resolução de problemas que garante a solução correta.

Alucinações   Experiências sensoriais na ausência de estimulação externa.

Alucinógenos   Um dos vários tipos de droga, como o LSD e a mescalina, que distorcem a percepção visual e auditiva.

Amnésia infantil   Dificuldade que os adultos têm de se lembrar de suas experiências ocorridas antes dos dois anos de idade.

Amnésia retroativa   Incapacidade de recordar acontecimentos precedentes a um acidente, mas sem perda da memória recente.

Amostra aleatória   Amostra na qual cada participante em potencial tem chances iguais de ser selecionado.

Amostra representativa   Amostra cuidadosamente selecionada a fim de que as características dos participantes correspondam rigorosamente às características do total da população.

Amplitude   É a magnitude de uma onda; é o principal determinante da altura do som.

Análise de meios e fins   Estratégia que visa reduzir a discrepância entre a situação presente e o objetivo desejado a uma série de pontos intermediários.

Análise fatorial   Técnica estatística que identifica grupos de objetos relacionados; utilizada por Cattell para identificar agrupamentos de traços.

Anorexia nervosa   Grave distúrbio alimentar associado ao medo intenso de ganhar peso e a uma visão distorcida do próprio corpo.

Anfetaminas   Drogas estimulantes que inicialmente produzem um "aumento súbito" da euforia, em geral seguido por um estado de exaustão e depressão.

Apego   Vínculo emocional que se desenvolve no primeiro ano de vida e faz com que o bebê se apegue às pessoas que cuidam dele e lhe fornecem segurança e conforto.

Apnéia   Distúrbio do sono caracterizado por dificuldades respiratórias durante a noite e sentimento de exaustão durante o dia.

Aprendizagem   Processo pelo qual a experiência ou a prática produzem uma mudança relativamente permanente no comportamento efetivo ou potencial.

Aprendizagem cognitiva   Aprendizagem que depende de processos mentais que não são diretamente observáveis.

Aprendizagem latente   Aprendizagem que não é imediatamente refletida em mudança de comportamento.

Aprendizagem por observação (ou vicária)   Aprendizagem pela observação do comportamento de outras pessoas.

Áreas de associação   Áreas do córtex cerebral nas quais as mensagens provenientes de sentidos separados são combinadas em impressões significativas e as mensagens enviadas pelas áreas motoras são integradas.

Arquétipos   Na teoria da personalidade de Jung, as formas de pensamento comuns a todos os seres humanos, armazenadas no inconsciente coletivo.

Atenção   A seleção de algumas informações entrantes para futuros processamentos.

Atitude   Organização relativamente estável de crenças, sentimentos e tendências de comportamento dirigidos para alguém ou para algo — o objeto da atitude.

Atribuição defensiva   A tendência de atribuir nossos sucessos a nossos esforços ou nossas qualidades, e nossos fracassos a fatores externos.

Audiência imaginária   Termo de Elkind para a ilusão que os adolescentes têm de que estão constantemente sendo observados por outros.

Auto-eficácia   De acordo com Bandura, a expectativa de que um esforço será bem-sucedido.

Automonitoramento   Tendência que um indivíduo tem de observar a situação em busca de pistas que ditem como ele deve se comportar.

Autonomia   Senso de independência; desejo de não ser controlado pelos outros.

Aversão condicionada ao sabor   Ato de evitar de modo condicionado certos alimentos, mesmo que tenha havido somente um emparelhamento de um estímulo condicionado com um estímulo não-condicionado.

Axônio   Fibra longa e única que se ramifica a partir do corpo da célula; envia mensagens.

Bainha de mielina   Cobertura branca e espessa encontrada em alguns axônios.

Balbuciação   Vocalizações do bebê, que consistem em repetir combinações de vogais com consoantes.

Barbitúricos   Classe de depressivos potencialmente letais, primeiramente prescritos por suas propriedades sedativas e anticonvulsivas; agora, prescritos apenas para tratamento de estados como epilepsia e atrite.

Bastonetes   Células receptoras da retina responsáveis pela visão noturna e pela percepção da claridade.

Behaviorismo   Escola da psicologia que estuda apenas comportamentos observáveis e mensuráveis.

Biofeedback   Técnica que usa instrumentos monitoradores para captar informações precisas sobre processos fisiológicos internos, como o índice da pressão sangüínea, a fim de educar as pessoas a ter controle voluntário sobre essas funções.

G.1

Bloqueador Processo pelo qual um condicionamento anterior impede o condicionamento de um segundo estímulo, mesmo quando os dois estímulos são apresentados simultaneamente.

Botão terminal (nó sináptico) Estrutura existente no final do ramo terminal de um axônio.

Botões gustativos Estruturas presentes na língua que contêm células receptoras do paladar.

Brainstorming Estratégia de resolução de problemas em que uma pessoa ou um grupo de pessoas produz numerosas idéias e avaliam-nas apenas depois que todas tiverem sido reunidas.

Brilho Indica o quão próxima uma cor está do branco em oposição ao preto.

Bulbo olfativo Centro olfativo do cérebro.

Bulimia Distúrbio de alimentação caracterizado pela ingestão compulsiva de comida seguida do vômito auto-induzido.

Caixa de Skinner Caixa freqüentemente usada para o condicionamento operante de animais; é limitada a respostas disponíveis e assim aumenta a probabilidade de que a resposta desejada ocorra.

Cegueira às cores Incapacidade parcial ou total de perceber matizes.

Célula receptora Célula especializada que responde a um determinado tipo de energia.

Células bipolares Neurônios que possuem apenas um axônio e um dendrito; no olho, conectam os receptores da retina às células ganglionares.

Células ganglionares Neurônios que conectam as células bipolares dos olhos ao cérebro.

Células gliais ou glias Células que formam a bainha de mielina; elas isolam e protegem os neurônios mantendo-os no lugar, além de lhes fornecer nutrientes, remover detritos e impedir que substâncias nocivas passem da corrente sangüínea para o cérebro.

Cerebelo Estrutura do cérebro posterior que controla certos reflexos e coordena os movimentos do corpo.

Cérebro posterior (rombencéfalo) Área que contém a medula, os *pons* e o cerebelo.

Cinco Grandes Cinco dimensões ou traços básicos que atualmente têm importância central na descrição da personalidade.

Cocaína Droga derivada da coca que, embora produza uma sensação de euforia pela estimulação do sistema nervoso simpático, também gera ansiedade, depressão e uma enorme dependência.

Cóclea Parte do ouvido interno que contém um fluido vibrátil o qual, por sua vez, faz com que a membrana basilar vibre.

Cognição Processo por meio do qual adquirimos e utilizamos o conhecimento.

Cognição social Conhecimento e compreensão do indivíduo a respeito do mundo social e das pessoas nele presentes (incluindo a si próprio).

Compensação Para Adler, esforço da pessoa em superar de maneira real ou ideal suas fraquezas pessoais.

Complexo de Édipo e Complexo de Electra Para Freud, ligação sexual ao progenitor do sexo oposto e ciúmes do progenitor do mesmo sexo; geralmente ocorre na fase fálica.

Complexo de inferioridade Na teoria de Adler, a fixação em sentimentos pessoais de inferioridade que resulta na paralisia emocional e social.

Comportamento altruísta Comportamento de ajuda que não está relacionado a um ganho pessoal.

Comportamento operante Comportamento designado para operar no ambiente a fim de obter algo desejado ou evitar algo desagradável.

Comportamento tipificado pelo sexo Formas sociais prescritas de comportamento que diferem homens e mulheres.

Compromisso Escolha da solução ou objetivo mais realista quando uma situação ou objetivo ideal não é prático.

Conceito Categoria mental para classificar objetos, pessoas ou experiências.

Concordância Mudança de comportamento em resposta a uma solicitação explícita de outra pessoa ou de um grupo.

Condicionamento aversivo Técnica de terapia comportamental destinada a eliminar padrões de comportamento indesejáveis, ensinando a pessoa a associá-los à dor e ao desconforto.

Condicionamento clássico (ou pavloviano) Tipo de aprendizagem no qual a reação naturalmente provocada por um estímulo passa a ser provocada por um estímulo diferente, anteriormente neutro.

Condicionamento de ordem superior Condicionamento baseado em uma aprendizagem prévia; o estímulo condicionado pode servir como estímulo não-condicionado em treinamentos futuros.

Cones Células receptoras da retina responsáveis pela visão de cores.

Conflito Existência simultânea de oportunidades, necessidades, objetivos ou demandas incompatíveis.

Conflito de aproximação-aproximação Para Lewin, o resultado da atração simultânea por duas possibilidades, nenhuma das quais com qualquer qualidade negativa.

Conflito de aproximação-esquiva Para Lewin, o resultado do confronto entre duas possibilidades indesejáveis, nenhuma das quais com qualquer qualidade positiva.

Conflito de esquiva-esquiva Para Lewin, o resultado de ser simultaneamente atraído e repelido pelo mesmo objetivo.

Conformidade Submeter-se voluntariamente a normas sociais, mesmo que seja em detrimento das preferências pessoais.

Confrontação Reconhecer diretamente uma situação estressante para encontrar uma solução para o problema ou alcançar um objetivo difícil.

Consciência Na teoria de Freud, todas as idéias, pensamentos e sentimentos dos quais normalmente não temos consciência.

Consciência desperta Estado mental que abrange os pensamentos, os sentimentos e as percepções que ocorrem quando estamos acordados e razoavelmente alertas.

Consciência do papel de gênero Conhecimento de qual comportamento é apropriado para cada gênero.

Consideração positiva condicional Na teoria de Rogers, a aceitação e o amor que dependem de determinado comportamento e da realização de determinadas condições.

Consideração positiva incondicional Na teoria de Rogers, a aceitação total e o amor de outra pessoa independentemente de nosso comportamento.

Constância da cor Tendência de percebermos as cores dos objetos que nos são familiares como sendo sempre as mesmas, apesar das mudanças na informação sensorial.

Constância de forma Tendência de ver a forma de um objeto como sempre a mesma, não importando o ângulo a partir do qual ele é visto.

Constância de gênero Percepção de que o gênero não muda com a idade.

Constância de tamanho Percepção de um objeto como sendo do mesmo tamanho, independentemente da distância a partir da qual é visto.

Constância perceptiva Tendência de perceber objetos como estáveis e inalteráveis, apesar das alterações na estimulação sensorial.

Contexto de aprendizagem Habilidade de tornar altamente eficaz a solução de problemas à medida que mais problemas forem solucionados.

Contingência Relação de dependência segura entre dois eventos, tais como um estímulo condicionado e um estímulo não-condicionado.

Contrato de comportamento Forma de terapia de condicionamento operante em que o cliente e o terapeuta estabelecem objetivos comportamentais e concordam quanto aos reforços que o cliente receberá ao atingir esses objetivos.

Controle do estímulo Controle das respostas por uma pista ou estímulo no ambiente.

Convergência Pista de profundidade visual que se origina nos músculos que controlam o movimento dos olhos à medida que eles se movem um na direção do outro a fim de enxergar um estímulo que esteja a uma pequena distância.

Coorte Grupo de pessoas nascidas durante o mesmo período histórico.

Córnea Camada protetora transparente localizada sobre a parte frontal do olho.

Corpo caloso Tira espessa de fibras nervosas que conecta o córtex cerebral direito ao esquerdo.

Córtex cerebral Superfície externa dos dois hemisférios cerebrais que regula a maioria dos comportamentos complexos.

Córtex motor primário Parte do lobo frontal responsável pelo movimento voluntário.

Córtex somatossensorial primário Área do lobo parietal onde as mensagens provenientes dos receptores sensoriais são armazenadas.

Criatividade Capacidade de produzir idéias ou objetos novos e socialmente valiosos.

Crise da meia-idade Período em que os adultos descobrem que não se sentem plenamente realizados em seus trabalhos ou em suas vidas pessoais e estabelecem uma mudança decisiva na carreira ou no estilo de vida.

Crise de identidade Período de intensa auto-exploração e tomada de decisão; faz parte do processo de formação de identidade.

Cromossomos Pares de estruturas em forma de filete encontradas dentro do núcleo das células e que contêm os genes.

Cultura Conjunto de bens tangíveis e de valores, atitudes, comportamentos e crenças passados de uma geração para outra.

Decibel Unidade de medida da altura dos sons.

Dendritos Fibras curtas que se ramificam a partir do corpo da célula e recebem mensagens.

Dependência da substância Padrão de uso compulsivo de drogas que resulta em tolerância, sintomas de abstinência ou outros tipos de sintomas específicos por pelo menos um ano.

Depressão Distúrbio de temperamento caracterizado por sentimentos exagerados de tristeza, falta de interesse em atividades e, às vezes, culpa excessiva ou sentimentos de inutilidade.

Depressivos Substâncias químicas que retardam o comportamento e o processo cognitivo.

Desamparo aprendido Falha ao seguir os procedimentos que evitam (ou ajudam a escapar de) um estímulo desagradável ou aversivo que ocorre como resultado da exposição prévia a um estímulo doloroso inevitável.

Desenvolvimento pré-natal Desenvolvimento que ocorre desde a concepção até o nascimento.

Desindividuação Em um grupo, perda da noção pessoal de responsabilidade.

Desinstitucionalização Política de tratar pessoas com distúrbios psicológicos graves na própria comunidade, ou em pequenos centros residenciais — como lares de transição (halfway houses) —, e não em hospitais públicos.

Deslocamento Transferência de motivos e emoções reprimidos de um objeto original para um objeto substituto.

Dessensibilização sistemática Técnica comportamental para reduzir o medo e a ansiedade associa de maneira gradual uma nova resposta (relaxamento) aos estímulos aterrorizantes.

Detectores de características Células especializadas do cérebro que reagem apenas a certos elementos do campo visual, tais como movimentos ou linhas de orientação específica.

Devaneios Mudanças de atenção que executamos aparentemente sem esforço, durante as quais nos afastamos da realidade e entramos em um mundo privado de faz-de-conta.

Diátese Predisposição biológica.

Dicromatas Pessoas que não enxergam tons vermelho-esverdeados ou amarelo-azulados.

Discriminação Ato ou série de atos injustos, tomados com relação a pessoas de determinado grupo.

Discriminação do estímulo Aprendizagem para responder a apenas um estímulo e inibir as respostas aos outros.

Disfunção sexual Perda ou deterioração das respostas físicas comuns de função sexual.

Disparidade retiniana Pista binocular relativa à distância que se baseia na diferença entre as imagens captadas pelas duas retinas quando os olhos focalizam um mesmo objeto.

Disponibilidade Heurística segundo a qual o julgamento ou a decisão baseia-se na informação mais facilmente encontrada na memória.

Dispositivo de aquisição da linguagem Mecanismo neural para a aquisição da linguagem que supostamente estaria "acoplado" ao cérebro humano.

Dissonância cognitiva Inconsistência percebida entre duas cognições.

Distorções cognitivas Respostas ilógicas e não-adaptativas aos primeiros acontecimentos negativos na vida, as quais geram sentimentos de incompetência e falta de valor, reativados sempre que surge uma nova situação que lembre os acontecimentos originais.

Distúrbio autista Distúrbio infantil caracterizado pela falta de instintos sociais e por comportamentos motores incomuns.

Distúrbio bipolar Distúrbio de temperamento em que períodos de mania e depressão se alternam, às vezes com períodos de humor normal intervenientes.

Distúrbio de ansiedade generalizada Distúrbio de ansiedade caracterizado por medos vagos mas intensos, prolongados, que não estão ligados a qualquer objeto ou circunstância particular.

Distúrbio de despersonalização Distúrbio dissociativo cuja característica essencial é o fato de a pessoa se sentir repentinamente mudada ou diferente de maneira estranha.

Distúrbio de identidade dissociativa (Também denominado distúrbio de personalidades múltiplas.) Distúrbio caracterizado pela divisão da personalidade em duas ou mais personalidades distintas.

Distúrbio de personalidade anti-social Distúrbio de personalidade que envolve um padrão de comportamento violento, criminoso, antiético ou explorador e a incapacidade de sentir afeto pelos outros.

Distúrbio de personalidade dependente Distúrbio de personalidade em que a pessoa é incapaz de fazer opções e tomar decisões de maneira independente, e não tolera ficar sozinha.

Distúrbio de personalidade esquiva Distúrbio de personalidade em que o medo que a pessoa tem da rejeição dos outros leva ao isolamento social.

Distúrbio de personalidade esquizóide Distúrbio de personalidade em que a pessoa se retrai e não tem sentimentos pelos outros.

Distúrbio de personalidade limítrofe Distúrbio de personalidade caracterizado por instabilidade acentuada na auto-imagem, no temperamento e nas relações interpessoais.

Distúrbio de personalidade narcisista Distúrbio de personalidade em que a pessoa tem uma idéia exagerada de auto-importância e necessita de admiração constante.

Distúrbio de personalidade paranóide Distúrbio de personalidade em que a pessoa suspeita e desconfia dos outros, sem razão para isso.

Distúrbio dismórfico corporal Distúrbio somatoforme em que a pessoa se preocupa tanto com sua feiúra imaginária que isso torna a vida normal impossível.

Distúrbio do déficit de atenção/hiperatividade (ADHD) Distúrbio infantil caracterizado pela falta de atenção, impulsividade e hiperatividade.

Distúrbio do pânico Distúrbio de ansiedade caracterizado por ataques de pânico recorrentes em que a pessoa de repente sente medo intenso ou pavor sem qualquer causa razoável.

Distúrbio obsessivo-compulsivo Distúrbio de ansiedade em que a pessoa se sente compelida a ter pensamentos perturbadores ou desempenhar rituais sem sentido.

Distúrbios de ansiedade Distúrbios em que a ansiedade é um aspecto característico — ou quando a tentativa de evitar a ansiedade parece motivar o comportamento anormal.

Distúrbios de conversão Distúrbios somatoformes em que uma incapacidade específica grave não tem causa física, mas, em vez disso, está relacionada a problemas psicológicos.

Distúrbios de identidade de gênero Distúrbios que envolvem o desejo de se tornar, ou a insistência em ser de fato um membro do outro sexo biológico.

Distúrbios de identidade de gênero em crianças Rejeição, na infância, do gênero biológico, juntamente com as roupas e o comportamento que a sociedade considera adequados àquele gênero.

Distúrbios de personalidade Distúrbios em que maneiras inflexíveis e não-adaptativas de pensar e se comportar, aprendidas desde cedo, provocam angústia à pessoa ou conflitos com os outros.

Distúrbios de temperamento Alterações no humor ou no estado emocional prolongado.

Distúrbios dissociativos Distúrbios em que alguns aspectos da personalidade parecem estar separados do resto.

Distúrbios esquizofrênicos Distúrbios severos em que há desordens de pensamentos, comunicações e emoções, incluindo ilusões e alucinações.

Distúrbios psicossomáticos Distúrbios em que há sintomas físicos reais provocados em grande parte por fatores psicológicos como estresse e ansiedade.

Distúrbios somatoformes Distúrbios em que há uma doença física evidente para a qual não há base orgânica.

Divisão parassimpática Parte do sistema nervoso autônomo; acalma e relaxa o corpo.

Divisão simpática Parte do sistema nervoso autônomo; prepara o corpo para agir rapidamente em caso de emergência.

Ecletismo Abordagem psicoterapêutica que reconhece o valor de um vasto pacote de tratamentos, em vez de ter um compromisso rígido com uma determinada forma de terapia.

Efeito de posição serial Descoberta de que, quando perguntados sobre uma relação de itens, lembramos mais facilmente os do início e os do fim da lista.

Efeito de primazia Fato de que as primeiras informações sobre alguém pesam mais que as posteriores para influir na impressão que se tem daquela pessoa.

Efeito do espectador A tendência da ajuda de um indivíduo em uma emergência diminuir à medida que o número de espectadores aumenta.

Efeito Hawthorne Princípio segundo o qual as pessoas irão alterar seu comportamento em virtude da atenção do pesquisador, e não necessariamente em razão de qualquer condição específica de tratamento.

Efeito placebo Alívio da dor que acontece quando a pessoa acredita que um comprimido ou procedimento irá diminuir sua dor. Aparentemente, a verdadeira causa desse alívio é a ação das endorfinas.

Ego Termo freudiano para a parte da personalidade que media as demandas do ambiente (realidade) e da consciência (superego) e os instintos do id; freqüentemente usado como um sinônimo de self.

Egocêntrico Indivíduo incapaz de ver as coisas de outro ponto de vista.

Embrião Ser humano em desenvolvimento, assim classificado durante o período que começa duas semanas após a concepção e termina três meses depois dela.

Emoção Sentimentos; como o medo, a alegria ou a surpresa que norteia o comportamento.

Emparelhamento intermitente Ato de emparelhar o estímulo condicionado e o estímulo não-condicionado em apenas uma porção de experimentos de aprendizagem.

Enquadramento Perspectiva da qual nós interpretamos as informações antes da tomada de decisão.

Epitélio olfativo Membranas nasais que contêm células receptoras sensíveis a odores.

Eqüidade Justiça da troca atingida quando cada parceiro no relacionamento recebe a mesma proporção de resultados em relação ao investimento.

Erro de atribuição fundamental Tendência que as pessoas têm de enfatizar exageradamente causas pessoais no comportamento alheio e de minimizar tais causas no próprio comportamento.

Escala de Inteligência Wechsler para adultos – terceira edição (WAIS-III) Teste de inteligência individual desenvolvido especialmente para adultos; mede tanto capacidades verbais como de desempenho.

Escala de inteligência Wechsler para crianças (WISC–III) Teste de inteligência individual desenvolvido especialmente para crianças em idade escolar; mede tanto capacidades verbais como de desempenho, além de se apresentar uma média da pontuação de QI.

Escalada Estratégia heurística de resolução de problemas em que cada passo leva ao objetivo final.

Espaço sináptico (ou fenda sináptica) Pequeno espaço vazio entre a extremidade do axônio de um neurônio e os dendritos ou o corpo do próximo neurônio.

Esquema Conjunto de crenças ou expectativas sobre algo, baseados em experiências anteriores.

Esquema de intervalos variáveis Esquema de reforçamento no qual a resposta correta é reforçada depois de intervalos variáveis desde o último reforço.

Esquema de intervalos fixos Esquema de reforçamento no qual a resposta correta é reforçada após um período desde o último reforço.

Esquema de razão fixa Esquema de reforçamento no qual a resposta correta é reforçada depois de um número fixo de respostas corretas.

Esquema de razão variável Esquema de reforçamento no qual um número variável de respostas deve ocorrer antes que se dê o reforço.

Esquema de reforçamento No condicionamento operante, a regra para determinar quando e como os reforços serão fornecidos.

Esquizofrenia catatônica Distúrbio esquizofrênico em que o comportamento motor perturbado é proeminente.

Esquizofrenia desorganizada Distúrbio esquizofrênico em que comportamentos bizarros e infantis são comuns.

Esquizofrenia indiferenciada Distúrbio esquizofrênico em que há claros sintomas esquizofrênicos que não atendem aos critérios para outro subtipo.

Esquizofrenia paranóide Distúrbio esquizofrênico caracterizado por suspeitas extremas e ilusões bizarras e complexas.

Estado alterado de consciência Estado mental que difere significativamente da consciência desperta normal.

Estágio concreto-operacional Na teoria de Piaget, o estágio do desenvolvimento cognitivo que vai dos sete aos 11 anos de idade, no qual o indivíduo pode levar em conta mais de uma coisa ao mesmo tempo e entender o ponto de vista de outra pessoa, ainda que o pensamento esteja limitado a problemas materiais.

Estágio formal operacional Na teoria de Piaget, o estágio do desenvolvimento cognitivo que vai dos 11 aos 15 anos de idade, no qual o indivíduo torna-se capaz de abstrair o pensamento.

Estágio pré-operacional Na teoria de Piaget, o estágio do desenvolvimento cognitivo que vai dos dois aos sete anos de idade, no qual a criança torna-se capaz de usar representações mentais e a linguagem para descrever, recordar e raciocinar, embora apenas de uma perspectiva egocêntrica.

Estágio sensório-motor Na teoria de Piaget, o estágio de desenvolvimento cognitivo que vai do nascimento aos dois anos de idade, no qual se desenvolve a permanência do objeto e aperfeiçoa-se a capacidade de formar representações mentais.

Estampagem Tendência de determinadas espécies a seguir a primeira coisa que se move (normalmente a mãe) logo após o nascimento.

Estereótipo Conjunto de características que se presume serem partilhadas por todos os membros de uma categoria social.

Estereótipos de gênero Crenças gerais sobre as características atribuídas a homens e mulheres.

Estimulantes Drogas, incluindo as anfetaminas e a cocaína, que estimulam o sistema nervoso simpático e produzem a sensação de otimismo e de energia ilimitada.

Estímulo condicionado (EC) Estímulo originalmente neutro que é emparelhado com um estímulo não-condicionado para finalmente produzir, sozinho, a reação desejada no organismo.

Estímulo não-condicionado (ENC) Estímulo que invariavelmente leva um organismo a reagir de determinado modo.

Estirão de crescimento Rápido aumento na altura e no peso que ocorre durante a adolescência.

Estruturalismo Escola de psicologia que enfatizava as unidades básicas da experiência e as combinações nas quais elas ocorrem.

Estresse Estado de tensão ou pressão psicológica

Estresse pós-traumático (PTSD) Distúrbio psicológico caracterizado por episódios de ansiedade, falta de sono e pesadelos resultantes de algum acontecimento perturbador.

Estressor Qualquer exigência do ambiente que cria um estado de tensão ou ameaça e requer mudança ou adaptação.

Estudo biográfico (retrospectivo) Método de estudo das mudanças no desenvolvimento pela reconstrução do passado da pessoa; usa entrevistas e infere o efeito dos fatos do passado no comportamento atual.

Estudo de caso Descrição e análise intensivas de uma única pessoa ou de algumas pessoas.

Estudo longitudinal Método de estudo das mudanças no desenvolvimento pela avaliação das mesmas pessoas em diferentes fases da vida.

Estudo transversal Método de estudo das mudanças no desenvolvimento pela comparação, ao mesmo tempo, de pessoas de diferentes idades.

Estudos de adoção Pesquisas realizadas com crianças que foram adotadas desde o nascimento por pais que não possuem nenhuma relação com elas, a fim de determinar a influência relativa da hereditariedade e do ambiente sobre o comportamento humano.

Estudos de família Estudos sobre hereditariedade realizados com seres humanos com base na pressuposição de que, se os genes são capazes de influenciar determinada característica, parentes próximos devem ser mais semelhantes quanto a essa característica que parentes distantes.

Estudos de gêmeos Estudos realizados tanto com gêmeos idênticos quanto com gêmeos fraternos; a fim de determinar a influência relativa que a hereditariedade e o ambiente têm sobre o comportamento humano.

Estudos de linhagem Estudos sobre a hereditariedade de características comportamentais realizados com animais que são cruzados, a fim de produzir linhagens geneticamente similares entre si.

Estudos de seleção Estudos que calculam a hereditariedade de uma característica por meio do cruzamento de animais com outros que possuam as mesmas características.

Etnicidade Herança cultural comum — incluindo religião, língua ou ancestrais — compartilhada por um grupo de indivíduos.

Expectativas Na visão de Bandura, o que a pessoa antecipa na situação ou como resultado do comportamento em determinados meios.

Extinção Diminuição da intensidade ou da freqüência, ou eliminação, da resposta aprendida em virtude da ausência do emparelhamento do estímulo não-condicionado com o estímulo condicionado (no condicionamento clássico).

Extrovertido Para Jung, pessoa que normalmente se concentra na vida social e no mundo exterior, e não na sua experiência interna.

Fábula pessoal Termo de Elkind para a ilusão que os adolescentes têm de sua singularidade, importância e invulnerabilidade.

Fase anal Segunda fase na teoria da personalidade de Freud, fase essa em que as sensações eróticas da criança estão centradas no ânus (retenção ou eliminação de fezes).

Fase fálica Terceira fase na teoria da personalidade de Freud, fase essa em que as sensações eróticas da criança estão centradas nos genitais.

Fase oral Primeira fase na teoria da personalidade de Freud, fase essa em que as sensações eróticas do bebê estão centradas na boca, nos lábios e na língua.

Fenômeno phi Ilusão de movimento provocada pela projeção seqüencial de luzes, como nos cartazes de teatro.

Ferormônios Moléculas químicas que transmitem informações entre os membros de uma espécie animal e influenciam seu comportamento.

Fetichismo Parafilia em que um objeto não humano é o método preferido ou exclusivo de atingir excitação sexual.

Feto Ser humano em desenvolvimento, assim chamado durante o período que começa três meses depois da concepção e termina com o nascimento.

Figura Entidade percebida como separada do fundo.

Fixação Para Freud, estacionamento parcial ou completo no mesmo ponto do desenvolvimento psicossocial individual.

Fixação funcional Tendência para perceber apenas um limitado número de usos para um objeto, interferindo assim no processo de resolução de um problema.

Fobia específica Distúrbio de ansiedade caracterizado por um medo intenso e paralisante de alguma coisa.

Fobia social Distúrbio de ansiedade caracterizado por medos excessivos, inadequados, relacionados a situações sociais ou ao desempenho diante de outras pessoas.

Fonemas Os sons básicos que criam qualquer linguagem.

Formação da identidade Termo de Erickson para o desenvolvimento de um senso do "eu" estável, necessário para que se faça a transição da dependência de outros para a dependência de si mesmo.

Formação reativa Expressão de idéias e emoções opostas às crenças e aos sentimentos reprimidos.

Formação reticular (FR) Rede de neurônios situada no cérebro posterior, no mesencéfalo e em parte da região anterior do cérebro, cuja função principal é alertar e excitar as partes superiores do cérebro.

Fóvea Área da retina que é o centro do campo visual.

Freqüência Número de ciclos por segundo existentes em uma onda; é o principal determinante do volume do som.

Frustração Sentimento que ocorre quando a pessoa é impedida de alcançar um objetivo.

Fundo Pano de fundo diante do qual uma figura aparece.

Gêmeos fraternos Gêmeos que se desenvolvem a partir de dois óvulos fertilizados em separado e que, portanto, possuem constituição genética distinta.

Gêmeos idênticos Gêmeos que se desenvolvem a partir de um único óvulo fertilizado e que, portanto, são idênticos quanto à sua constituição genética desde o momento da concepção.

Gene dominante Elemento de um par de genes que controla a manifestação de certa característica.

Generalização da resposta Produção de uma resposta um pouco diferente da resposta originalmente aprendida para dado estímulo.

Generalização do estímulo Transferência de uma resposta aprendida para um estímulo diferente, mas similar.

Gene recessivo Elemento de um par de genes que pode controlar a manifestação de certa característica apenas se formar um par com outro gene recessivo.

Gênero Conjunto de significados psicológicos e sociais associado ao fato de ser biologicamente macho ou fêmea.

Genes Elementos que controlam a transmissão das características; são encontrados nos cromossomos.

Genética Estudo de como as características são transmitidas de uma geração para a geração seguinte.

Genética comportamental Estudo da relação existente entre a hereditariedade e o comportamento.

Genoma humano Conjunto total dos genes dentro de uma célula humana.

Gestalt terapia Terapia de insight que enfatiza a totalidade da personalidade e procura despertar as pessoas novamente para suas emoções e sensações no aqui e agora.

Glândula pineal Glândula localizada mais ou menos no centro do cérebro, que aparentemente controla nosso nível de atividade ao longo do dia.

Glândula pituitária Glândula localizada na parte inferior do cérebro; produz a maior variedade de hormônios do corpo.

Glândula tireóide Glândula endócrina localizada abaixo do aparelho fonador; produz o hormônio tiroxina.

Glândulas adrenais Duas glândulas endócrinas situadas logo acima dos rins.

Glândulas endócrinas Glândulas do sistema endócrino que liberam hormônios na corrente sangüínea.

Gradiente de textura Pista monocular relativa à distância e à profundidade que se baseia no fato de que os objetos vistos a maiores distâncias parecem ser mais lisos e menos texturados.

Gramática Normas da linguagem que determinam como os sons e as palavras podem ser combinados e usados para comunicar significado dentro dessa linguagem.

Grupo de controle Em um experimento controlado, é o grupo que não fica submetido às alterações da variável independente; é utilizado para fins de comparação com o grupo experimental.

Grupo de pares Grupo de amigos da mesma idade que dão um ao outro apoio emocional e social.

Grupo experimental Em um experimento controlado, é o grupo que fica submetido às alterações da variável independente.

Harmonias Tons resultantes das ondas sonoras que são múltiplos do tom básico; principal determinante do timbre.

Herança poligênica Processo por meio do qual diversos genes interagem para produzir certa característica; é responsável por nossas características mais importantes.

Hertz (Hz) Ciclos por segundo; unidade de medida da freqüência das ondas sonoras.

Heurística Abordagem por aproximação que ajuda a simplificar e a solucionar problemas, embora não garanta uma solução correta.

Hipocondríase Distúrbio somatoforme em que a pessoa interpreta sintomas insignificantes como sinais de doença grave, na ausência de qualquer evidência orgânica de tal doença.

Hipotálamo Região da parte anterior do cérebro que controla a motivação e as reações emocionais.

Hipótese da relatividade lingüística Teoria de Whorf segundo a qual os modelos de pensamento são determinados pela língua que uma pessoa fala.

Hipótese do mundo justo Erro de atribuição baseado na suposição de que coisas ruins acontecem a pessoas ruins e coisas boas acontecem a pessoas boas.

Hipóteses Previsões específicas que derivam de uma teoria e são passíveis de ser testadas.

Holofrases Sentenças com uma só palavra comumente usadas pelas crianças com menos de dois anos de idade.

Homeostase Estado de equilíbrio e estabilidade no qual o organismo efetivamente funciona.

Hormônios Substâncias químicas liberadas pelas glândulas endócrinas; ajudam a controlar as atividades corporais.

Id Na teoria da personalidade de Freud, os impulsos e desejos inconscientes que buscam se expressar permanentemente.

Ideal do ego Parte do superego que consiste em padrões do que se gostaria de ser.

Identidade de gênero Conhecimento que uma garotinha tem de que é uma menina e que um garotinho tem de que é um menino.

Identificação Apropriação de características alheias para evitar a sensação de incompetência.

Ilusão autocinética Sensação de que um objeto estacionário está se movendo.

Ilusão perceptiva Ilusão que resulta de pistas enganosas presentes nos estímulos e que geram percepções incorretas ou impossíveis de existir.

Ilusões Crenças falsas sobre a realidade que não têm base em fatos.

Imagem Representação mental de uma experiência sensorial.

Impulso Estado de tensão ou estimulação que motiva o comportamento.

Impulso nervoso (potencial de ação) Descarga de uma célula nervosa.

Impulso primário Impulso inato, como a fome, que se baseia no estado psicológico.

Impulso secundário Impulso aprendido, como a ambição, que não se baseia no estado psicológico.

Incentivo Estímulo externo que induz o comportamento direcionado a um objetivo.

Inconsciente A ciência que temos acerca dos vários processos cognitivos, como dormir, sonhar, concentrar-se e tomar decisões.

Inconsciente coletivo Na teoria da personalidade de Jung, o nível do inconsciente que herdamos e é comum a todos os membros de uma espécie.

Inconsciente pessoal Na teoria da personalidade de Jung, um dos dois níveis do inconsciente; contém os pensamentos individuais reprimidos, as experiências esquecidas e as idéias que não foram desenvolvidas.

Influência social Processo pelo qual as pessoas influenciam individual ou coletivamente as percepções, atitudes e ações de alguém.

Insanidade Termo legal para caracterizar pessoas mentalmente perturbadas que não são consideradas responsáveis por suas ações criminais.

Insight Aprendizagem que ocorre rapidamente como resultado da compreensão de todos os elementos de um problema. Consciência de sentimentos e lembranças anteriormente inconscientes e da maneira como eles influem nos sentimentos e comportamentos atuais.

Insônia Distúrbio do sono caracterizado pela dificuldade de adormecer ou de permanecer dormindo ao longo da noite.

Instinto Comportamento inato e inflexível direcionado a uma meta, o qual é característico a toda uma espécie.

Intelectualização Pensar de maneira abstrata sobre um problema estressante como meio de se distanciar dele.

Inteligência Termo geral para se referir à(s) habilidade(s) envolvida(s) na aprendizagem e no comportamento adaptativo.

Inteligência emocional De acordo com Goleman, uma forma de inteligência que se refere à maneira como as pessoas efetivamente percebem e compreendem suas próprias emoções e as emoções dos outros, para poderem regular e administrar seu comportamento emocional.

Interferência proativa Processo pelo qual a informação que já estava na memória interfere na nova informação.

Interferência retroativa Processo pelo qual novas informações interferem na informação que já estava na memória.

Interneurônios (neurônios associados) Neurônios que transmitem mensagens entre um neurônio e outro.

Introvertido Para Jung, pessoa que normalmente se concentra em seus próprios pensamentos e sentimentos.

Inventário Multifásico de Personalidade de Minnesota (MMPI) O teste de personalidade objetivo mais utilizado, originalmente desenvolvido para detectar desordens psiquiátricas.

Íons Partículas eletricamente carregadas encontradas tanto dentro como fora do neurônio.

Íris É a parte colorida do olho.

Janela oval Membrana situada ao longo da abertura entre o ouvido médio e o ouvido interno, que conduz vibrações para a cóclea.

Lei de Weber Princípio que reza que a diferença apenas perceptível para qualquer sentido é uma fração ou proporção constante do estímulo que está sendo avaliado.

Lei de Yerkes-Dodson Estabelece que há um ótimo nível de ativação para o desempenho em qualquer tarefa: quanto mais complexa a tarefa, menor será o nível de ativação tolerado antes da deterioração do desempenho.

Lei do efeito (princípio do reforçamento) Teoria de Thorndike segundo a qual o comportamento que leva a uma recompensa será introjetado como comportamento aprendido; e o que leva a uma sensação ruim será eliminado.

Lei do tudo ou nada Princípio de que o potencial de ação de um neurônio não varia em intensidade; o neurônio dispara com intensidade total ou simplesmente não dispara.

Lentes Parte transparente do olho, situada dentro da pupila que encaminha a luz para a retina.

Levantamentos de pesquisa Técnica de pesquisa na qual questionários e entrevistas são ministrados a um grupo de pessoas selecionadas.

Libido Para Freud, a energia gerada pelo impulso sexual.

Limiar absoluto Quantidade mínima de energia que pode ser detectada como um estímulo em 50 por cento das vezes em que ocorre.

Limiar de diferença (diferença apenas perceptível) A menor mudança na estimulação capaz de ser detectada em 50 por cento das vezes em que ocorre.

Limiar de excitação Nível que um impulso deve ultrapassar para que um neurônio dispare.

Linguagem   Sistema flexível de comunicação que usa sons, regras, gestos ou símbolos para comunicar informação.

Livre associação   Técnica psicanalítica que incentiva a pessoa a falar sem inibição sobre pensamentos e fantasias que lhe vêm à mente.

Lobo frontal   Parte do córtex cerebral responsável pelo movimento voluntário; também é importante para a atenção, o comportamento dirigido para objetivos e experiências emocionais adequadas.

Lobo occipital   Parte do hemisfério cerebral que recebe e interpreta informações visuais.

Lobo parietal   Parte do córtex cerebral que recebe informação sensorial proveniente de todas as partes do corpo.

Lobo temporal   Parte do hemisfério cerebral que ajuda a regular a audição, a estabilidade e o equilíbrio, além de certas emoções e motivações.

Lócus de controle   Para Rotter, expectativa com relação ao fato de o reforçamento ser subordinado a um controle interno ou externo.

Luz   Pequeno segmento do espectro eletromagnético ao qual nossos olhos são sensíveis.

Maconha   Alucinógeno brando que produz "viagem", em geral caracterizada por sensações de euforia, de bem-estar e variações de humor que oscilam da alegria ao relaxamento; pode também provocar ansiedade e paranóia.

Mal de Alzheimer   Distúrbio neurológico, mais comumente encontrado na fase avançada da vida adulta; caracteriza-se por progressivas perdas de memória e cognitivas e por mudanças na personalidade.

Mania   Distúrbio de temperamento caracterizado por estados eufóricos, atividade física intensa, fala excessiva, distração e, às vezes, grandiosidade.

Mapa cognitivo   Imagem mental aprendida do ambiente espacial que deve ser resgatada para solucionar problemas quando os estímulos do ambiente mudam.

Martelo, bigorna, estribo   Três pequenos ossos presentes no ouvido médio que enviam as vibrações provenientes do tímpano para o ouvido interno.

Matiz   Aspecto da cor que corresponde a nomes como vermelho, verde e azul.

Maturação   Desdobramento do desenvolvimento biológico automático de um organismo devido à passagem do tempo.

Mecanismos de defesa   Técnicas de auto-defesa para reduzir o estresse, incluindo a negação, a repressão, a projeção, a identificação, a regressão, a intelectualização, a formação reativa, o deslocamento e a sublimação.

Medicamentos antipsicóticos   Medicamentos usados para tratar de distúrbios psicológicos muito graves, principalmente esquizofrenia.

Meditação   Um dos vários métodos para concentrar-se, refletir e voltar-se para os pensamentos, empreendidos a fim de interromper a atividade do sistema nervoso simpático.

Medula espinhal   Cabo complexo de neurônios que atravessa a espinha dorsal até a base, conectando o cérebro à maior parte do resto do corpo.

Membrana basilar   Membrana vibrátil situada na cóclea do ouvido interno; possui receptores sensoriais para o som.

Memória   Capacidade de se lembrar de coisas presenciadas, imaginadas ou aprendidas.

Memória de curto prazo (MCP)   Memória de trabalho; breve armazenamento e processamento seletivo das informações que vêm dos registros sensoriais.

Memória de longo prazo (MLP)   A porção da memória razoavelmente permanente, que corresponde a tudo o que "nós sabemos".

Memória de procedimento   Porção da memória de longo prazo que armazena informações relacionadas a habilidades, hábitos motores e outras tarefas perceptivas e motoras.

Memória emocional   Respostas emocionais aprendidas para vários estímulos.

Memória episódica   Porção da memória de longo prazo que armazena acontecimentos presenciados pessoalmente.

Memória explícita   Lembrança de uma informação que podemos rapidamente expressar em palavras e estamos cientes de ter guardado; tal informação pode ser intencionalmente recuperadas da memória.

Memória implícita   Lembrança de uma informação que não podemos expressar rapidamente em palavras e da qual não temos ciência; essa informação não pode ser intencionalmente recuperada da memória.

Memória instantânea   Lembrança vívida de certo acontecimento e dos incidentes relacionados a ele, até mesmo depois de um longo tempo passado.

Memória semântica   Porção da memória de longo prazo que armazena fatos e informações gerais.

Menarca   Primeiro ciclo menstrual.

Menopausa   Momento da vida da mulher no qual a menstruação cessa.

Mesencéfalo   Região que se situa entre os cérebros anterior e posterior; importante para a audição e a visão, é um dos vários locais do cérebro que reconhecem a dor.

Método científico   Abordagem ao conhecimento que se baseia na coleta de dados, geração de uma teoria para explicar os dados, produção de hipóteses possíveis de serem testadas com base nessa teoria e realização de testes empíricos de tais hipóteses.

Método experimental   Técnica de pesquisa na qual um investigador manipula deliberadamente eventos ou circunstâncias selecionados e depois mede os efeitos de tal manipulação no comportamento subseqüente a ela.

Mistura aditiva de cores   Processo de mistura de luzes de diferentes comprimentos de onda a fim de gerar novos matizes.

Mistura subtrativa de cores   Processo de mistura de pigmentos, em que cada um deles absorve alguns comprimentos de onda e reflete outros.

Mnemônica   Técnica que torna um material mais fácil de ser lembrado.

Modelação   Terapia em que a pessoa aprende comportamentos desejados por meio da observação do desempenho desses comportamentos por outras pessoas.

Modelagem   Reforçamento das aproximações sucessivas do comportamento que se deseja alcançar.

Modelo biológico   Visão de que os distúrbios psicológicos têm base bioquímica e fisiológica.

Modelo cognitivo-comportamental   Visão de que os distúrbios psicológicos resultam da aprendizagem de modos de pensar e se comportar não-adaptativos.

Modelo de compensação   Modelo de tomada de decisão racional em que as escolhas são sistematicamente avaliadas com base em vários critérios.

Modelo de processamento de informação   Modelo da informática usado para descrever a maneira como as pessoas codificam, armazenam e recuperam informações.

Modelo diátese-estresse   Visão de que as pessoas predispostas biologicamente a um distúrbio mental (aquelas com determinada diátese) tendem a manifestar esse distúrbio quando afetadas particularmente pelo estresse.

Modelo psicanalítico   Visão de que os distúrbios psicológicos resultam de conflitos internos inconscientes.

Monocromatas   Pessoas que não enxergam nenhuma cor.

Morfema   A menor unidade de significado da língua, tais como palavras simples, prefixos e sufixos.

Motivação extrínseca   Desejo de desempenhar um comportamento para obter uma recompensa externa ou evitar a punição.

Motivação intrínseca   As recompensas que se originam de um comportamento desempenhado.

Motivo   Necessidade ou desejo específico, como fome, sede ou sucesso, que direciona o comportamento a um objetivo.

Motivo de afiliação   Necessidade de estar com os outros.

Motivo de estímulo   Motivo inato, tais como a curiosidade ou o contato, que nos deixa aptos para explorar e mudar o mundo ao nosso redor.

Motivo de realização   Desejo de sobressair para superar obstáculos.

Movimento estroboscópico   Ilusão de movimento que resulta da projeção de uma série de imagens paradas em rápida sucessão, como nos filmes de cinema.

Movimento paralaxe   Pista monocular de distância segundo a qual os objetos que estão mais próximos do ponto de referência visual parecem se mover na direção oposta à do movimento da cabeça do espectador, e os objetos que estão mais distantes do ponto de referência parecem se mover na mesma direção que sua cabeça.

Mudança arriscada A maior disposição de um grupo — em comparação à um indivíduo — de assumir riscos substanciais.

Narcolepsia Distúrbio do sono hereditário caracterizado por cabeceios de sono durante o dia e súbita perda de tônus muscular referente à expressão de qualquer tipo de emoção.

Negação Recusa a reconhecer uma realidade dolorosa ou ameaçadora.

NEO-PI-R Teste de personalidade objetivo designado para avaliar os Cinco Grandes traços de personalidade.

Neonatos Bebês recém-nascidos.

Nervo (trato) Conjunto de axônios agrupados em feixes.

Nervo óptico Agrupamento de axônios das células ganglionares que envia as mensagens neuronais provenientes de cada olho até o cérebro.

Neurogênese Crescimento de novos neurônios.

Neurônios Células individuais que são as menores unidades do sistema nervoso.

Neurônios motores (eferentes) Neurônios que transmitem mensagens provenientes da medula espinhal ou do cérebro para os músculos e glândulas.

Neurônios sensoriais (aferentes) Neurônios que transmitem mensagens provenientes dos órgãos dos sentidos para a medula espinhal ou o cérebro.

Neurotransmissores Substâncias químicas liberadas pelas vesículas sinápticas que atravessam o espaço sináptico e atingem os neurônios adjacentes.

Norma Idéia ou expectativa partilhada a respeito da maneira como devemos nos comportar.

Obediência Mudança de comportamento em resposta a um comando de outra pessoa, normalmente uma autoridade.

Observação natural Método de pesquisa que implica o estudo sistemático do comportamento humano ou animal em ambientes naturais, e não em laboratório.

Ondas sonoras Mudanças de pressão provocadas quando as moléculas de ar ou fluido colidem entre si e em seguida se afastam novamente.

Opiáceos Drogas como o ópio e a heroína, derivadas da papoula, que entorpecem os sentidos e induzem a estados de euforia, bem-estar e relaxamento. Drogas sintéticas que se parecem com os derivados de ópio também são classificadas como opiáceos.

Órgão de Corti Estrutura presente na superfície da membrana basilar, que contém células receptoras para a audição.

Órgão vomeronasal (OVN) Localização dos receptores de ferormônios no topo da cavidade nasal.

Órgãos do tendão de Golgi Receptores sensíveis ao movimento dos tendões, que ligam os músculos aos ossos.

Padrões de desempenho Na teoria de Bandura, padrões que as pessoas desenvolvem para avaliar a adequação de seu próprio comportamento em uma variedade de situações.

Pâncreas Órgão que se situa entre o estômago e o intestino delgado; secreta insulina e glucagon para regular o nível de açúcar no sangue.

Panelinhas Grupos de adolescentes com interesses semelhantes e forte apego entre si.

Papilas gustativas Pequenas saliências da língua que contêm os botões gustativos.

Parafilias Distúrbios sexuais em que objetos ou situações não convencionais despertam excitação sexual.

Paratireóides Quatro pequenas glândulas que se situam dentro da tireóide; secretam paratormônios.

Participantes Indivíduos cujas reações ou respostas são observadas durante a realização de um experimento.

Pedofilia Desejo de ter relações sexuais com crianças como o método preferido ou exclusivo de atingir excitação sexual.

Pensamento contrafactual Pensamento sobre realidades alternativas e fatos que nunca ocorreram.

Pensamento convergente Pensamento direcionado a uma solução correta para o problema.

Pensamento divergente Pensamento que agrega os critérios de originalidade, criatividade e flexibilidade.

Percepção Processo de criação de padrões dotados de significado a partir da informação sensorial bruta.

Período crítico Período em que influências internas e externas surtem um maior efeito no desenvolvimento; em outros períodos, a mesma influência geraria pouco ou nenhum efeito.

Período refratário absoluto Período posterior à descarga durante o qual o neurônio não disparará novamente, não importando quão intensas as mensagens entrantes possam ser.

Período refratário relativo Período posterior à descarga durante o qual o neurônio está voltando a seu estado normal de polarização e disparará novamente apenas se a mensagem entrante for muito mais intensa que o nível normal.

Permanência do objeto Idéia de que as coisas continuam a existir mesmo quando estão fora do nosso campo de visão.

Persona Para Jung, nosso "eu" público, a máscara com a qual apresentamos nós mesmos aos outros.

Personalidade Padrão singular de pensamentos, sentimentos e comportamentos de um indivíduo que persiste através do tempo e das situações.

Personalidade autoritária Padrão de personalidade caracterizado pelo formalismo rígido, respeito exagerado à autoridade e hostilidade para com aqueles que desafiam as normas da sociedade.

Perspectiva aérea Pista monocular relativa à distância e à profundidade que se baseia no fato de que os objetos mais distantes possuem maior probabilidade de ser vistos sem clareza nem definição.

Perspectiva linear Pista monocular relativa à distância e à profundidade que se baseia no fato de que duas linhas paralelas parecem se encontrar no infinito.

Pesquisa correlacional Técnica de pesquisa baseada na relação que acontece naturalmente entre duas ou mais variáveis.

Pessoa em pleno funcionamento De acordo com Rogers, indivíduo cujo autoconceito se parece estreitamente com suas capacidades ou potencialidades inatas.

Pista biauricular Pista referente à localização do som que exige que os dois ouvidos trabalhem em conjunto.

Pista monauricular Pista referente à localização do som que exige o uso de apenas um ouvido.

Pistas binoculares Pistas visuais que exigem o uso dos dois olhos.

Pistas monoculares Pistas visuais que exigem o uso de apenas um olho.

Placebo Substância quimicamente inativa usada para comparação com drogas ativas nos experimentos que estudam os efeitos das drogas.

Plasticidade neuronal Capacidade do cérebro de mudar em resposta à experiência.

Polarização Estado de um neurônio quando seu interior está carregado negativamente em relação a seu exterior; por exemplo, quando o neurônio está em repouso.

Ponto cego Local da retina a partir do qual os axônios de todas as células ganglionares deixam o olho; no ponto cego não há receptores.

Pós-imagem Experiência sensorial que ocorre depois que um estímulo visual foi eliminado.

Potencial de gradação Mudança na carga elétrica em uma pequena área de um neurônio.

Potencial de repouso Carga elétrica existente ao longo de uma membrana neuronal devido ao excesso de íons positivos concentrados no exterior da célula e ao excesso de íons negativos no interior.

Precisão Capacidade de um teste para produzir resultados consistentes e estáveis.

Precisão das metades Método para determinar a precisão de um teste por meio de sua divisão em duas partes e da verificação da concordância entre as pontuações de ambas as partes.

Preconceito Atitude injusta, intolerante ou desfavorável em relação a um grupo de pessoas.

Predisposição Preparação biológica para aprender certas associações em razão das vantagens de sobrevivência que elas apresentam.

Predisposição mental Tendência para perceber e abordar problemas de determinadas maneiras.

Pressão Sensação que devemos acelerar, intensificar ou mudar a direção de um comportamento; também ocorre quando nos sentimos compelidos a melhorar nosso desempenho.

Prevenção primária Técnicas e programas para aprimorar o ambiente social de modo que não surjam novos casos de distúrbios mentais.

Prevenção secundária Programas para identificar grupos com alto risco de desenvolver distúrbios mentais, detectar seus comportamentos não adaptativos e tratá-los prontamente.

Prevenção terciária Programas para ajudar as pessoas a se ajustar à vida na comunidade depois de receberem alta de um hospital psiquiátrico.

Princípio da conservação Idéia de que a quantidade da substância não é alterada por mudanças reversíveis em sua aparência.

Princípio de realidade Para Freud, o meio pelo qual o ego procura satisfazer as demandas do instinto de maneira segura e eficaz no mundo real.

Princípio do disparo Aprimoramento da teoria da freqüência; sugere que os receptores situados no ouvido disparam em seqüência: um grupo responde e, em seguida, um segundo grupo, um terceiro, e assim por diante, de forma que o padrão completo de disparo corresponda à freqüência da onda sonora.

Princípio do prazer Para Freud, o meio pelo qual o ego procura obter a gratificação imediata de um instinto.

Procedimento duplo, cego Técnica experimental proveitosa em estudos sobre os efeitos das drogas em que nem os participantes nem os pesquisadores sabem quem ingeriu a substância ativa e quem ingeriu um placebo.

Projeção Atribuição dos próprios motivos, sentimentos ou desejos reprimidos a outras pessoas.

Protótipo De acordo com Rosch, modelo mental que contém as características típicas de um conceito.

Proximidade O quanto duas pessoas vivem próximas uma da outra.

Psicanálise Teoria da personalidade desenvolvida por Freud, assim como a forma de terapia que ele inventou.

Psicobiologia Área da psicologia que trata dos fundamentos biológicos do comportamento e dos processos mentais.

Psicocirurgia Cirurgia no cérebro realizada para mudar o comportamento e o estado emocional de uma pessoa; terapia biológica raramente usada hoje em dia.

Psicologia Estudo científico do comportamento e dos processos mentais.

Psicologia cognitiva Escola da psicologia que se dedica ao estudo dos processos mentais em sentido amplo.

Psicologia da Gestalt Escola da psicologia que estuda de que modo as pessoas percebem e experienciam objetos como padrões totais.

Psicologia da saúde Ramificação da psicologia que se concentra nas relações entre os fatores psicológicos, de um lado, e o bem-estar e a doença do outro.

Psicologia do desenvolvimento Estudo das mudanças que ocorrem nas pessoas desde o nascimento até a terceira idade.

Psicologia evolucionista Abordagem à — e também — uma subárea da psicologia que se preocupa com as origens evolucionárias de comportamentos e processos mentais, seu valor adaptativo e os propósitos aos quais eles continuam a servir.

Psicologia existencial Escola da psicologia que se concentra na falta de significado e na alienação da vida moderna e em como esses fatores levam à apatia e a problemas psicológicos.

Psicologia humanista Escola da psicologia que enfatiza a experiência nãoverbal e os estados alterados de consciência como meios de realizar todo o potencial humano de uma pessoa.

Psicologia organizacional (industrial) Área da psicologia que cuida da aplicação de princípios psicológicos aos problemas de organizações humanas, principalmente organizações de trabalho.

Psicologia positiva Área emergente da psicologia que enfoca as experiências positivas, incluindo o bem-estar subjetivo, a autodeterminação, a relação entre emoções positivas e saúde física, e os fatores que permitem que indivíduos, comunidades e sociedades prosperem.

Psicologia social Estudo científico de como os pensamentos, sentimentos e comportamentos de um indivíduo são influenciadospelos comportamentos ou características reais, imaginados ou inferidos de outras pessoas.

Psiconeuroimunologia (PNI) Um novo campo que estuda a interação entre o estresse e a atividade dos sistemas imunológico, endócrino e nervoso.

Psicoterapia Uso de técnicas psicológicas para tratar distúrbios de comportamento e de personalidade.

Psicótico (psicose) Comportamento caracterizado pela perda de contato com a realidade.

Puberdade O fim da maturação sexual, com acompanhamento do desenvolvimento físico.

Punição Qualquer coisa que reduza a probabilidade de que um comportamento se repita.

Punidor Estímulo que se segue a um comportamento e reduz a probabilidade de que esse comportamento se repita.

Pupila Pequena abertura da íris por meio da qual a luz entra no olho.

Quiasma óptico Ponto localizado próximo da base do cérebro no qual algumas fibras nervosas ópticas de cada olho cruzam para o outro lado do cérebro.

Quociente de inteligência (QI) Valor numérico dado à inteligência; é determinado a partir da pontuação em um teste específico; baseia-se em uma pontuação de cem para a média da população.

Raça Subpopulação de uma espécie, definida de acordo com uma característica identificável (localização geográfica, cor da pele, textura do cabelo, genes, traços faciais etc.).

Racismo Preconceito e discriminação direcionados a determinado grupo racial.

Receptores de distensão Receptores sensíveis à distensão e à contração muscular.

Recuperação espontânea Reaparecimento, sem treinamento, de uma resposta extinguida, após determinado período.

Reforçador Estímulo que se segue a um comportamento e aumenta a probabilidade de que esse comportamento se repita.

Reforçador negativo Qualquer evento cuja redução ou eliminação aumenta a probabilidade de que um comportamento atual venha a se repetir.

Reforçador positivo Qualquer evento cuja ocorrência aumente a probabilidade de que um comportamento atual venha a se repetir.

Reforçador primário Reforçador intrinsecamente recompensador, como a comida, a água e o sexo.

Reforçador secundário Reforçador cujo valor é adquirido pela associação com outros reforçadores primários e secundários.

Reforço vicário (ou punição vicária) Reforço ou punição experimentado pelo modelo que instigam o expectador a imitar o comportamento aprendido pela observação desse modelo.

Registros sensoriais Pontos de entrada para informações brutas que vêm dos sentidos.

Regras de apresentação Regras culturais específicas que normatizam como, quando e por que as expressões de emoções são apropriadas.

Regressão Reversão a comportamento e defesa infantis.

Repetição elaborativa Ligação de novas informações na memória de curto prazo a materiais já armazenados na memória de longo prazo.

Repetição mecânica Retenção na memória pela mera repetição indefinida de informações.

Representação do problema Primeiro passo para a solução de um problema; envolve a interpretação ou definição do problema.

Representações mentais Imagens mentais ou símbolos (tais como as palavras) usados para pensar em (ou lembrar-se de) um objeto, pessoa ou fato.

Representatividade Heurística segundo a qual a nova situação é julgada com base na semelhança com um modelo estereotipado.

Repressão Exclusão dos pensamentos, sentimentos e desejos desagradáveis da consciência.

Resposta condicionada (RC) Reação que o organismo produz após o condicionamento, quando o estímulo condicionado está presente.

Resposta não-condicionada (RNC) Reação que toma conta do organismo sempre que um estímulo não-condicionado ocorre.

Retina Revestimento do olho que contém células receptoras sensíveis à luz.

Retroação Estratégia heurística para a solução de problemas no qual se percorre o caminho; inverso, isto é, do objetivo desejado às dificuldades atuais.

Sacos vestibulares Sacos do ouvido interno sensíveis à gravidade e aos movimentos feitos verticalmente, para a frente e para trás.

Saturação Intensidade de um matiz.

Seleção natural Mecanismo proposto por Darwin em sua teoria da evolução, segundo a qual os organismos mais bem adaptados a seu ambiente tendem a sobreviver, transmitindo suas características genéticas às gerações seguintes, ao passo que os organismos cujas características são menos adaptativas tendem a desaparecer do planeta.

Sensação Experiência da estimulação sensorial.

Sentidos cinestésicos Sentidos dos movimentos musculares, postura e tensão sobre músculos e juntas.

Sentidos vestibulares Sentidos de equilíbrio e posição do corpo no espaço.

Sinapse Área composta pelo final do ramo terminal do axônio de um neurônio, o espaço sináptico e o dendrito ou corpo do próximo neurônio.

Síndrome alcoólica fetal Distúrbio que ocorre em crianças de mulheres que ingeriram álcool durante a gravidez; é caracterizado por deformidades faciais, problemas no coração, crescimento atrofiado e deterioração cognitiva.

Síndrome de adaptação geral (GAS) Para Selye, as três fases pelo qual o corpo passa em sua adaptação ao estresse: reação de alarme, resistência e exaustão.

Sistema de vales Terapia de condicionamento operante em que as pessoas ganham fichas (reforçadores) por comportamentos desejáveis e as trocam por itens desejados ou privilégios.

Sistema límbico Conjunto de estruturas importantes para a aprendizagem e para o comportamento emocional.

Sistema nervoso autônomo Parte do sistema nervoso periférico que transmite mensagens entre o sistema nervoso central e os órgãos internos.

Sistema nervoso central Divisão do sistema nervoso formada pelo cérebro e pela medula espinhal.

Sistema nervoso periférico Divisão do sistema nervoso que conecta o sistema nervoso central ao resto do corpo.

Sistema nervoso somático Parte do sistema nervoso periférico que envia mensagens provenientes dos órgãos dos sentidos até o sistema nervoso central, e entre o sistema nervoso central e os músculos esqueléticos.

Sítio receptor Local existente num neurônio receptor no qual um neurotransmissor específico se encaixa, tal qual uma chave numa fechadura.

Som Experiência psicológica provocada pelo cérebro em resposta às alterações da pressão do ar recebidas pelo sistema auditivo.

Sonhos Experiências visuais e auditivas vívidas que ocorrem principalmente durante os estágios de sono MRO.

Sono MRO (paradoxal) Estágio do sono caracterizado por movimentos rápidos dos olhos e aumento do número de sonhos.

Sono não-MRO (NMRO) Estágios do sono não-MRO — nos quais não ocorrem movimentos rápidos dos olhos — são alternados com o estágio MRO durante o ciclo de sono.

Sublimação Redirecionamento de motivos e sentimentos reprimidos para uma forma mais aceita socialmente.

Subobjetivos Objetivos intermediários, mais administráveis, usados em uma estratégia heurística para tornar mais fácil o alcance do objetivo final.

Superdotados Pessoas com QI superior certas e capacidades demonstradas ou potenciais, tais como a aptidão acadêmica, a criatividade e a capacidade de liderança.

Superego Para Freud, os padrões sociais e parentais que estão internalizados no indivíduo; a consciência e o ideal do ego.

Tálamo Região da parte anterior do cérebro que retransmite e traduz mensagens que chegam a partir dos órgãos dos sentidos, com exceção do olfato.

Temperamento Padrão característico de reações emocionais e; também funciona como auto-regulador emocional.

Tendência auto-realizadora De acordo com Rogers, a tendência dos seres humanos para satisfazer seus autoconceitos, ou imagens que eles têm de si mesmos.

Tendência realizadora Para Rogers, a tendência de todo organismo para realizar seu potencial biológico e se tornar o que ele tem a capacidade inerente de ser.

Tendências neuróticas Termo de Horney para designar estratégias irracionais que as pessoas usam para se defender de problemas emocionais e minimizar a ansiedade.

Teoria Explicação sistemática de um fenômeno; a teoria organiza os fatos conhecidos, habilita-nos a prever novos fatos e permite que exerçamos algum controle sobre o fenômeno.

Teoria biopsicossocial Teoria segundo a qual a interação de fatores biológicos, psicológicos e culturais influencia a intensidade e a duração da dor.

Teoria cognitiva Estabelece que a experiência emocional depende de uma percepção ou julgamento da situação em si.

Teoria da aprendizagem cognitivo-social Conjunto de teorias da personalidade que vêem o comportamento como o produto da interação de cognições, aprendizagem e experiência passadas e o ambiente imediato.

Teoria da ativação Teoria da motivação segundo a qual o organismo busca um nível ótimo de ativação.

Teoria da atribuição Teoria que trata da questão de como as pessoas fazem julgamentos sobre as causas do comportamento.

Teoria da freqüência Teoria que afirma que o volume é determinado por meio da freqüência com a qual as células ciliares da cóclea se disparam.

Teoria da frustração-agressão Teoria de que, em determinadas circunstâncias as pessoas frustradas em seus objetivos desviam sua ira do alvo verdadeiro e poderoso e a direcionam para outro alvo menos poderoso que pode ser atacado com mais segurança.

Teoria da grande pessoa Teoria segundo a qual a liderança é resultado de qualidades e traços pessoais que qualificam uma pessoa a guiar as outras.

Teoria da redução de impulsos Estabelece que o comportamento motivado tem como propósito a redução do estado de tensão ou estimulação corporal e o retorno do organismo à homeostase.

Teoria das inteligências múltiplas Teoria de Howard Gardner segundo a qual não existe apenas uma inteligência, mas várias delas, cada uma relativamente independente da outra.

Teoria de Cannon-Bard Estabelece que a experiência da emoção ocorre simultaneamente com a mudança biológica.

Teoria de James-Lange Estabelece que os estímulos provocam mudanças psicológicas no corpo; as emoções resultam dessas mudanças psicológicas.

Teoria de lugar Teoria segundo a qual o volume é determinado por meio da localização do ponto de maior vibração da membrana basilar.

Teoria do controle do portão de entrada Teoria segundo a qual um "portão neurológico" presente na medula espinhal controla a transmissão das mensagens de dor que seguem para o cérebro.

Teoria do processo oponente Teoria da visão de cores que afirma que três conjuntos de receptores de cores (amarelo-azul, vermelho-verde e preto-branco) reagem a fim de determinar as cores que vemos.

Teoria feminista Teoria que oferece uma ampla variedade de visões sobre os papéis sociais das mulheres e dos homens, os problemas e as recompensas desses papéis e as receitas para mudá-los.

Teoria funcionalista Teoria da vida mental e do comportamento que se preocupa com a maneira como um organismo usa suas capacidades perceptivas para funcionar no ambiente.

Teoria humanista da personalidade Qualquer teoria da personalidade que afirme a generosidade fundamental das pessoas e o esforço delas em direção a níveis altos de funcionamento.

Teorias psicodinâmicas Teorias da personalidade segundo as quais o comportamento resulta de forças psicológicas que interagem dentro do indivíduo, freqüentemente fora do alcance de sua percepção consciente.

Teoria triárquica da inteligência Teoria de Sternberg, segundo a qual a inteligência envolve habilidades mentais (aspecto componencial), insight e adaptabilidade criativa (aspecto experiencial) e compreensão do ambiente (aspecto contextual).

Teoria tricromática Teoria da visão de cores que afirma que toda a percepção de cores deriva da presença de três receptores de cores na retina (geralmente sensíveis ao vermelho, ao verde e ao azul).

Terapia centrada no cliente (centrada na pessoa) Forma não diretiva de terapia desenvolvida por Carl Rogers, que exige consideração positiva incondicional do terapeuta pelo cliente, com o objetivo de ajudá-lo a se realizar plenamente.

Terapia cognitiva (de Beck) Terapia que procura identificar e mudar padrões de pensamento inadequadamente negativos e autocríticos.

Terapia de casal Forma de terapia de grupo que pretende ajudar os parceiros a melhorar seus problemas de comunicação e interação.

Terapia de grupo Tipo de psicoterapia em que os clientes se reúnem regularmente para interagir entre si e ajudar uns aos outros a atingir insight em seus sentimentos e comportamentos.

Terapia de inoculação do estresse Tipo de terapia cognitiva que treina os clientes a lidar com situações estressantes, aprendendo um padrão mais adequado de fala interior.

Terapia de dessensibilização Técnica condicionada designada para reduzir gradualmente a ansiedade relacionada a um objeto ou a uma situação em particular.

Terapia eletroconvulsiva (TEC) Terapia biológica em que uma corrente elétrica moderada passa pelo cérebro por um período curto e freqüentemente produz convulsões e coma temporário; usada para tratar depressão severa e prolongada.

Terapia familiar Forma de terapia de grupo que vê a família – pelo menos em parte – como responsável pelos problemas do indivíduo e, assim, procura mudar os comportamentos de todos os membros da família para beneficiar a unidade familiar e também o indivíduo em dificuldades.

Terapia psicodinâmica breve Terapia de insight que tem prazo limitado e é voltada para ajudar os clientes a corrigir os problemas imediatos em suas vidas.

Terapia racional-emotiva Terapia cognitiva diretiva baseada na idéia de que a angústia psicológica dos clientes é provocada por crenças irracionais e derrotistas que eles têm sobre si mesmos; a tarefa do terapeuta é questionar essas crenças disfuncionais.

Terapias comportamentais Abordagens terapêuticas que se baseiam na crença de que todo comportamento, normal ou anormal, é aprendido, e que o objetivo da terapia é ensinar às pessoas maneiras novas, mais satisfatórias, de se comportar.

Terapias cognitivas Psicoterapias que enfatizam a mudança das percepções que os clientes têm de sua situação de vida como uma maneira de modificar seu comportamento.

Terapias de insight Uma variedade de psicoterapias individuais destinadas a dar às pessoas maior consciência e compreensão de seus sentimentos, suas motivações e suas ações, na esperança de que isso as leve a um ajustamento melhor.

Teste de Apercepção Temática (TAT) Teste projetivo composto de figuras ambíguas; pede-se às pessoas que escrevam uma história completa a partir dessas figuras.

Teste dos 16 Fatores da Personalidade Teste de personalidade objetivo criado por Cattell que mensura a pontuação a partir de dezesseis traços identificados.

Teste Rorschach Teste projetivo composto de manchas de tinta ambíguas; a maneira de interpretá-las revela aspectos da personalidade.

Testes culturalmente justos Testes de inteligência elaborados para eliminar o viés cultural por meio da minimização da avaliação de capacidades e valores que variam de uma cultura para outra.

Testes de desempenho Testes de inteligência que minimizam o uso da linguagem.

Testes objetivos Testes de personalidade administrados e avaliados conforme um procedimento padrão.

Testes projetivos Testes pessoais, tais como o teste das manchas de Rorschach; consistem de um material não estruturado ambíguo.

Timbre Qualidade ou textura do som; é gerado por harmonias.

Traços de personalidade Dimensões ou características nas quais as pessoas diferem de maneiras distintas.

Transferência Processo em que o cliente transfere para o analista sentimentos manifestados na infância relativos a figuras de autoridade.

Transição de meia-idade De acordo com Levinson, processo por meio do qual os adultos avaliam o passado e planejam novos objetivos para o futuro.

Tratamentos biológicos Grupo de abordagens — que inclui a medicação, a terapia eletroconvulsiva e a psicocirurgia — às vezes usadas para tratar distúrbios psicológicos em conjunto com a psicoterapia ou no lugar dela.

Treinamento de esquiva Aprendizagem do comportamento desejado para impedir a ocorrência de situações desagradáveis, como uma punição.

Tricromatas Pessoas que têm uma visão de cores normal.

Troca Conceito de que os relacionamentos baseiam-se em recompensas recíprocas entre os parceiros.

Validade Capacidade do teste para medir o que se propõe a medir.

Validade de conteúdo Refere-se ao fato de um teste ter uma amostra de questões adequada, que meça as habilidades e o conhecimento que devem ser medidos.

Validade de critérios Validade de um teste medida por uma comparação da pontuação nele obtida com medidas independentes do que o teste procura avaliar.

Variável dependente Em um experimento, é a variável que é medida a fim de sabermos de que modo ela se altera sob efeito da manipulação da variável independente.

Variável independente Em um experimento, é a variável manipulada, a fim de testar os efeitos sobre as outras variáveis dependentes.

Vesículas sinápticas Minúsculos sacos existentes em um botão terminal que liberam substâncias químicas durante a sinapse.

Viés da percepção tardia Tendência de visualizar os resultados como inevitáveis depois de já sabê-los.

Viés de confirmação Tendência para enxergar evidências que apóiem nossa crença e ignorar as que a contrariem.

Viés do observador Expectativas ou vieses do observador que podem distorcer ou influenciar a interpretação que ele faz daquilo que está sendo observado.

Viés do pesquisador São as expectativas do pesquisador que podem influenciar os resultados de um experimento ou sua interpretação.

Visão estereoscópica Combinação de duas imagens da retina que resultam em uma experiência tridimensional.

Volume Experiência auditiva que corresponde primordialmente à freqüência das vibrações sonoras, resultando em um tom mais alto ou mais baixo.

REFERÊNCIAS

Aaker, D.A. e Bruzzone, D.E. (1985). "Causes of irritation in advertising", *Journal of Marketing, 49*, 47-57.

Aaronson, D. e Scarborough, H.S. (1976). "Performance theories for sentence coding: some quantitative evidence", *Journal of Experimental Psychology: Human Perception and Performance, 2*, 56-70.

Aaronson, D. e Scarborough, H.S. (1977). "Performance theories for sentence coding: some quantitative models", *Journal of Verbal Learning and Verbal Behavior, 16*, 277-304.

Abbar, M., Courltet, P., Bellivier, F., Leboyer, M., Boulenger, J.P., Castelhau, D., Ferreira, M., Lambercy, C., Mouthon, D., Paoloni-Giacobino, A., Vessaz, M., Malafosse, A. e Buresi, C. (2001). "Suicide attempts and the tryptophan hydroxylase gene", *Molecular Psychiatry, 6*, 268-273.

Abramov, I. e Gordon, J. (1994). "Color appearance: on seeing red or yellow, or green, or blue", *Annual Review of Psychology, 45*, 451-485.

Achter, J.A., Lubinski, D. e Benbow, C.P. (1996). "Multipotentiality among intellectually gifted: 'it was never there and already it's vanishing'", *Journal of Counseling Psychology, 43*, 65-76.

Ackerman, D. (1995). *A natural history of the senses.* Nova York: Vintage.

Acredolo, L.P. e Hake, J.L. (1982). "Infant perception." In: Wolman, B.B. (ed.). *Handbook of developmental psychology.* Englewood Cliffs, NJ: Prentice Hall, p. 244-283.

Adams, G.R. e Gullota, T. (1983). *Adolescent life experiences.* Monterey, CA: Brooks/Cole.

Adams, J.L. (1980). *Conceptual blockbusting: a guide to better ideas.* 2. ed. Nova York: Norton.

Adams, K. e Johnson-Greene, D. (1995). *PET and neuropsychological performance among chronic alcoholics.* Dissertação apresentada no encontro anual da American Psychological Association, Nova York.

Adelmann, P.K. e Zajonc, R.B. (1989). "Facial efference and the experience of emotion", *Annual Review of Psychology, 40*, 249-280.

Ader, R. e Cohen, N. (1993). *Ps. of Psychology, 44*, 53-85.

Adesman, A. (2000, abr.). "Does my child need Ritalin?", *Newsweek*, p. 81.

Adler, N., Boyce, T., Chesney, M.A., Cohen, S., Folkman, S., Kahn, R.I. e Syme, S.L. (1994). "Socioeconomic status and health. The challenge of the gradient", *American Psychologist, 49*, 15-24.

Adorno, T.W., Frenkel-Brunswick, E., Levinson, D.J. e Sanford, R.N. (1950). *The authoritarian personality.* Nova York: Harper & Row.

Agostinelli, G., Sherman, S.J., Presson, C.C. e Chassin, L. (1992). "Self-protection and self-enhancement biases in estimates of population prevalence", *Personality and Social Psychology Bulletin, 18*(5), 631-642.

Agras, W.S. e Kraemer, H. (1983). "The treatment of anorexia nervosa. Do different treatments have different outcomes?", *Psychiatric Annals, 13*, 928-935.

Aiken, L.R. (1988). *Psychological testing and assessment.* 6. ed. Boston: Allyn & Bacon.

Ainsworth, M.D. (1989). "Attachments beyond infancy", *American Psychologist, 44*, 709-716.

Ainsworth, M.D., Blehar, M.C., Waters, E. e Wall, S. (1978). *Patterns of attachment.* Nova York: Halstead Press.

Ainsworth, M.D.S. (1977). "Attachment theory and its utility in cross-cultural research." In: Leiderman, P.H., Tulkin, S.R. e Rosenfields, A. (eds.). *Culture and infancy: variation in the human experience.* Nova York: Academic Press.

Albus, M. (1989). "Cholecystokinin", *Progress in Neuro-Psychoparmacology and Biological Psychiatry, 12*(supl.), 5-21.

Alexander, C.N., Robinson, P. e Rainforth, N. (1994). "Treating and preventing alcohol, nicotine, and drug abuse through transcendental meditation: a review and statistical meta-analysis", *Alcoholism Treatment Quarterly* [número especial], *11*(1-2), 13-87.

Allen, L.S. e Gorski, R.A. (1992). "Sexual orientation and size of the anterior commissure in the human brain", *Proceedings of the National Academy of Sciences, 89*, 7199-7202.

Allen, V.L. e Levine, J.M. (1971). "Social support and conformity: the role of independent assessment of reality", *Journal of Experimental Social Psychology, 7*, 48-58.

Alloy, L.B., Abramson, L.Y. e Francis, E.L. (1999). "Do negative cognitive styles confer vulnerability to depression?", *Current Directions in Psychological Science, 8*, 128-132.

Alloy, L.B., Abramson, L.Y., Whitehouse, W.G., Hogan, M.E., Tashman, N.A., Steinberg, D.L., Rose, D.T. e Donovan, P. (1999). "Depressogenic cognitive styles: predictive validity, information processing and personality characteristics, and developmental origins", *Behaviour Research and Therapy, 37*, 503-531.

Allport, G.W. (1954). *The nature of prejudice.* Nova York: Anchor.

Allport, G.W. e Odbert, H.S. (1936). "Trait-names: a psycholexical study", *Psychological Monographs, 47*(1, completo no n. 211).

Almagor, M., Tellegen, A. e Waller, N.G. (1995). "The big seven model: a cross-cultural replication and further explorations of the basic dimensions of natural language descriptors", *Journal of Personality and Social Psychology, 69*, 300-307.

Altabe, M.N. e Thompson, J.K. (1994). "Body image." In: *Encyclopedia of human behavior vol. 1.* San Diego, CA: Academic Press, p. 407-414.

Altman, I. e Taylor, D.A. (1973). *Social penetration: the development of interpersonal relationships.* Nova York: Holt, Rinehart e Winston.

Altman, L.K. (1995, 18 abr.). "Research dispels myth that brain in adults is unable to renew itself", *New York Times*, p. B9.

Aluja-Fabregat, A. e Torrubia-Beltri, R. (1998). "Viewing mass media violence, perception of violence, personality and academic achievement", *Personality and Individual Differences, 25*, 973-989.

Amen, D.G., Stubblefield, M., Carmichael, B. e Thisted, R. (1996). "Brain SPECT findings and aggressiveness", *Annals of Clinical Psychiatry, 8*(3), 129-137.

American Academy of Pediatrics. (1999, 2 ago.). *AAP discourages television for very young children.* Press release.

American Psychiatric Association (APA) (1994). *Diagnostic and statistical manual of mental disorders.* 4. ed. Washington, DC: American Psychiatric Press.

American Psychiatric Association (APA) (1994). *Diagnostic and statistical manual of mental disorders.* 4. ed. Washington, DC: Author.

American Psychological Association (APA) (2000, nov.). "Facts & figures", *Monitor on Psychology*, p. 10.

America's Children: Key National Indicators of Well-Being (2000). Um relatório da National Maternal and Child Health Clearinghouse. Encontrado no site http://childstats.gov, 10 nov.

Anastasi, A. e Urbina, S. (1997). *Psychological testing.* 7. ed. Upper Saddle River, NJ: Prentice Hall.

Anch, A.M., Browman, C.P., Mitler, M.M. e Walsh, J.K. (1988). *Sleep: a scientific perspective.* Englewood Cliffs, NJ: Prentice Hall.

Anderson, C.A. (1997). "Effects of violent movies and trait hostility on hostile feelings and aggressive thoughts", *Aggressive Behavior, 23*, 161-178.

Anderson, D.R. (1998). "Educational television is not an oxymoron", *Annals of Public Policy Research, 557*, 24-38.

Anderson, D.R., Huston, A.C., Wright, J.C. e Collins, P.A. (1998). "Initial findings on the long term impact of Sesame Street and educational television for children: The Recontact Study." In: Noll, R. e Price, M. (eds.). *A communications cornucopia: Markle Foundation essays on information policy.* Washington, DC: Brookings Institution, p. 279-296.

Anderson, S.W., Bechara, A., Damasio, H., Tranel, D. e Damasio, A.R. (1999). "Impairment of social and moral behavior related to early damage in human prefrontal contex", *Nature Neuroscience, 2*, 1032-1037.

Andrews, J.A. e Lewinsohn, P.M. (1992). "Suicidal attempts among older adolescents: prevalence and co-occurrence with psychiatric disorders", *Journal of the American Academy of Child and Adolescent Psychiatry, 31*, 655-662.

Angier, N. (1992, 20 maio). "Is there a male menopause? Jury is still out", *New York Times*, p. A1.

Angier, N. (1995, 20 jun.). "Does testosterone equal aggression? Maybe not", *New York Times*, p. 1.

Anshel, M.H., Porter, A. e Quek, J.-J. (1998). "Coping with acute stress in sports as a function of gender: an exploratory study", *Journal of Sport Behavior, 21*, 363-376.

Aranya, N., Kushnir, T. e Valency, A. (1986). "Organizational commitment in a male dominated profession", *Human Relations, 39*, 433-438.

Archer, J. (1996). "Sex differences in social behavior: Are the social role and evolutionary explanations compatible?", *American Psychologist, 51*(9), 909-917.

Arias, C., Curet, C.A., Moyano, H.F., Joekes, S. e Blanch, N. (1993). "Echolocation: a study of auditory functioning in blind and sighted subjects", *Journal of Visual Impairment and Blindness, 87*, 73-77.

Arkin, R.M., Cooper, H. e Kolditz, T. (1980). "A statistical review of literature concerning the self-serving attribution bias in interpersonal influence situations", *Journal of Personality, 48*, 435-448.

Arnett, J. (1991, abr.). *Sensation seeking and egocentrism as factors in reckless behaviors among a college-age sample*. Dissertação apresentada no encontro da Society for Research in Child Development, Seattle, WA.

Arnett, J. (1995). "The young and the reckless: adolescent reckless behavior", *American Psychological Society, 4*(3), 67-71.

Arnett, J.J. (1999). "Adolescent storm and stress, reconsidered", *American Psychologist, 54*, 317-326.

Arnett, J.J. (2000). "Emerging adulthood: a theory of development from the late teens through the twenties", *American Psychologist, 55*, 469-480.

Aronoff, G.M. (ed.) (1993). *Evaluation and treatment of chronic pain*. 2. ed. Baltimore, MD: Williams e Wilkins.

Aronson, E. (1994). *The social animal*. 7. ed. Nova York: Freeman.

Aronson, E. (1999). "The power of self-persuasion", *American Psychologist, 54*, 875-884.

Ary, D.V., Duncan, T.E., Duncan, S.C. e Hops, H. (1999). "Adolescent problem behavior: the influence of parents and peers", *Behaviour Research and Therapy, 37*, 217-230.

Asch, S.E. (1951). "Effects of group pressure upon the modification and distortion of judgments." In: Guetzkow, H. (ed.). *Groups, leadership, and men*. Pittsburgh: Carnegie Press.

Asch, S.E. (1956). "Studies of independence and conformity: I. A minority of one against a unanimous majority", *Psychological Monographs, 70*(9, completo no n. 416).

Ashley, R. (1975, 17 out.). "The other side of LSD", *New York Times Magazine*, p. 40ff.

Aslin, R.N. e Smith, L.B. (1988). "Perceptual development", *Annual Review of Psychology, 39*, 435-473.

Aspinwall, L.G. e Taylor, S.E. (1997). "A stitch in time: self-regulation and proactive coping", *Psychological Bulletin, 121*, 417-436.

Aston, R. (1972). "Barbiturates, alcohol and tranquilizers." In: Mule, S.J. e Brill, H. (eds.). *The chemical and biological aspects of drug dependence*. Cleveland, OH: CRC Press.

Atchley, R.C. (1982). "Retirement as a social institution", *Annual Review of Sociology, 8*, 263-287.

Aved, B.M., Irwin, M.M., Cummings, L.S. e Findeisen, N. (1993). "Barriers to prenatal care for low-income women", *Western Journal of Medicine, 158*(5), 493-498.

Avery-Leaf, S., Cano, A., Cascardi, M. e O'Leary, K.D. (1995). *Evaluation of a dating violence prevention program*. Dissertação apresentada na International Family Violence Research Conference, Durham, NH.

Azar, B. (1997b, dez.). "Maternal emotions may influence fetal behaviors", *APA Monitor*, p. 17.

Azar, B. (1999a, mar.). "'Decade of behavior' moves forward", *APA Monitor*, p. 16.

Baars, B.J. e McGovern, K. (1994). "Consciousness." In: Ramachandran, V.S. (ed.). *Encyclopedia of human behavior vol. 1*. San Diego, CA: Academic Press, p. 687-699.

Babkoff, H., Caspy, T., Mikulincer, M. e Sing, H.C. (1991). "Monotonic and rhythmic influences: a challenge for sleep deprivation research", *Psychological Bulletin, 109*, 411-428.

Baddeley, A.D. (1986). *Working memory*. Oxford: Clarendon Press.

Baddeley, A.D. (1987). "Amnesia." In: Gregory, R.L. (ed.). *The Oxford companion to the mind*. Oxford: Oxford University Press, p. 20-22.

Baddeley, A.D. (1994). "The magical number seven: still magic after all these years?", *Psychological Review, 101*, 353-356.

Baddeley, A.D. e Hitch, G.J. (1994). "Developments in the concept of working memory", *Neuropsychology, 6*, 485-493.

Baer, L., Rauch, S.L. e Ballantine, T. (1995). "Cingulotomy for intractable obsessive-compulsive disorder: prospective long-term follow-up of 18 patients", *Archives of General Psychiatry, 52*, 384-392.

Bailey, A., LeCouteur, A., Gottesman, I., Bolton, P., Simonoff, E., Yuzda, E. e Rutter, M. (1995). "Autism as a strongly genetic disorder: evidence from a British twin study", *Psychological Medicine, 25*(1), 63-77.

Baillargeon, R. (1994). "How do infants learn about the physical world?", *American Psychological Society, 3*(5), 133-140.

Balaguer, A. e Markman, H. (1994). "Mate selection." In: *Encyclopedia of human behavior vol. 3*, p. 127-135.

Bales, R.F. (1951). *Interaction Process Analysis: A method for the study of small groups*. Reading, MA: Addison Wesley.

Ball, J.D., Archer, R.P. e Imhof, E.A. (1994). "Time requirements of psychological testing: a survey of practitioners", *Journal of Personality Assessment, 63*, 239-249.

Ballie, R. (2001). "Teen drinking more dangerous than previously thought", *Monitor on Psychology, 32*, 12.

Bandura, A. (1962). "Social learning through imitation." In: Jones, M.R. (ed.). *Nebraska Symposium on Motivation*. Lincoln: University of Nebraska Press.

Bandura, A. (1965). "Influence of models' reinforcement contingencies on the acquisition of imitative responses", *Journal of Personality and Social Psychology, 1*, 589-595.

Bandura, A. (1973). *Aggression: a social learning analysis*. Englewood Cliffs, NJ: Prentice Hall.

Bandura, A. (1977). *Social learning theory*. Englewood Cliffs, NJ: Prentice Hall.

Bandura, A. (1986). *Social foundations of thought and action: a social cognitive theory*. Englewood Cliffs, NJ: Prentice Hall.

Bandura, A. (1997). *Self-efficacy: the exercise of control*. Nova York: Freeman.

Bandura, A., Blanchard, E.B. e Ritter, B. (1969). "Relative efficacy of desensitization and modeling approaches for inducing behavioral, affective, and attitudinal changes", *Journal of Personality and Social Psychology, 13*, 173-199.

Banich, M.T. (1998). "Integration of information between the cerebral hemispheres", *Current Directions in Psychological Science, 7*, 32-37.

Barbaree, H.E. e Marshall, W.L. (1991). "The role of male sexual arousal in rape: six models", *Journal of Consulting and Clinical Psychology, 59*, 621-630.

Barbaree, H.E. e Seto, M.C. (1997). "Pedophilia: assessment and treatment." In: Laws, D.R. e O'Donohue, W.T. (eds.). *Handbook of sexual deviance: theory and application*. Nova York: Guilford.

Barber, B.L. e Eccles, J.E. (1992). "Long-term influence of divorce and single parenting on adolescent family- and work-related values, behaviors and aspirations", *Psychological Bulletin, 111*, 108-126.

Barglow, P., Vaughn, B.E. e Molitor, N. (1987). "Effects of maternal absence due to employment on the quality of infant-mother attachment in a low-risk sample", *Child Development, 58*, 945-954.

Barinaga, M. (2000a, 3 mar.). "Asilomar revisited: lessons for today", *Science, 287*, 1584-1585.

Barker, S.L., Funk, S.C. e Houston, B.K. (1988). "Psychological treatment versus nonspecific factors: a meta-analysis of conditions that engender comparable expectations for improvement", *Clinical Psychology Review, 8*, 579-594.

Barkley, R.A. (1990). *Hyperactive children: a handbook for diagnosis and treatment*. 2. ed. Nova York: Guilford.

Barnett, R.C., Brennan, R.T. e Marshall, N.L. (1994). "Gender and relationship between parent role quality and psychological distress. A study of men and women in dual-earner couples", *Journal of Family Issues, 15*, 229-252.

Barnett, W.S. (1998). "Long-term effects on cognitive development and school success." In: Barnett, W.S. e Boocock, S.S. (eds.). *Early care and education for children in poverty*. Albany, NY: State University of New York Press, p. 11-44.

Baron, R.A. e Byrne, D. (1991). *Social psychology: understanding human interaction*. 6. ed. Boston: Allyn e Bacon.

Barret, G.V. e Depinet, R.L. (1991). "A reconsideration of testing for competence rather than for intelligence", *American Psychologist, 46*, 1012-1024.

Barrett-Connor, E. e Bush, T.L. (1991). "Estrogen and coronary heart disease in women", *Journal of the American Medical Association, 265*, 1861-1867.

Barrick, M.R. e Mount, M.K. (1991). "The big five personality dimensions and job performance: a meta-analysis", *Personnel Psychology, 44*, 1-26.

Barron, F. (1963). *Creativity and psychological health*. Princeton, NJ: Van Nostrand.

Barron, F. e Harrington, D.M. (1981). "Creativity, intelligence, and personality", *Annual Review of Psychology, 32*, 439-476.

Bartlett, F.C. (1932). *Remembering: a study in experimental and social Psychology*. Nova York: Macmillan.

Bartoshuk, L.M. e Beauchamp, G.K. (1994). "Chemical senses", *Annual Review of Psychology, 45*, 419-449.

Baruch, F. e Barnett, R. (1986). "Role quality, multiple role involvement, and psychological well-being in mid-life women", *Journal of Personality and Social Psychology, 51*, 578-585.

Basow, S.A. (1986). *Gender stereotypes: traditions and alternatives*. 2. ed. Pacific Grove, CA: Brooks/Cole.

Bassetti, C. e Aldrich, M.S. (1996). "Narcolepsy", *Neurological Clinics, 14*, 545-571.

Bauer, P.J. (1996). "What do infants recall of their lives? Memory for specific events by one to two-year-olds", *American Psychologist, 51*(1), 29-41.

Baumeister, R.F. e Leary, M.R. (1995). "The need to belong: desire for interpersonal attachments as a fundamental human motivation", *Psychological Bulletin, 117*, 497-529.

Baumrind, D. (1972). "Socialization and instrumental competence in young children." In: Hartup, W.W. (ed.). *The young child: reviews of research vol. 2*. Washington, DC: National Association for the Education of Young Children.

Baumrind, D. (1985). "Research using intentional deception", *American Psychologist, 40*, 165-174.

Bayley, N. (1956). "Individual patterns of development", *Child Development, 27*, 45-74.

Beatty, S.E. e Hawkins, D.I. (1989). "Subliminal stimulation: some new data and interpretation", *Journal of Advertising, 18*, 4-8.

Bechara, A. et al. (1997). "Deciding advantageously before knowing the advantageous strategy", *Science, 275*, 1293-1295.

Beck, A.T. (1967). *Depression: clinical, experimental and theoretical aspects*. Nova York: Harper (Hoeber).

Beck, A.T. (1976). *Cognitive therapy and emotional disorders*. Nova York: International Universities Press.

Beck, A.T. (1984). "Cognition and therapy", *Archives of General Psychiatry, 41*, 1112-1114.

Beck, R. (1983). *Motivation: theories and principles*. 2. ed. Englewood Cliffs, NJ: Prentice Hall.

Begley, S. (1999, 3 maio). "Why the young kill", *Newsweek*, p. 32-35.

Beirne-Smith, M., Patton, J. e Ittenbach, R. (1994). *Mental retardation*. 4. ed. Nova York: Macmillan.

Bellack, A.S., Hersen, M. e Turner, S.M. (1976). "Generalization effects of social skills training in chronic schizophrenics: an experimental analysis", *Behavior Research and Therapy, 14*, 391-398.

Belsky, J., Lang, M.E. e Rovine, M. (1985). "Stability and change in marriage across the transition to parenthood: a second study", *Journal of Marriage and the Family, 97*, 855-865.

Belsky, J. e Rovine, M. (1988). "Nonmaternal care in the first year of life and infant parent attachment security", *Child Development, 59*, 157-167.

Belsky, J., Spritz, B. e Crnic, K. (1996). "Infant attachment security and affective-cognitive information processing at age 3", *American Psychological Society, 7*(2), 111-114.

Bem, D.J. e Honorton, C. (1994). "Does psi exist? Replicable evidence for an anomalous information transfer", *Psychological Bulletin, 115*, 4-18.

Bem, S.L. (1989). "Genital knowledge and gender constancy in preschool children", *Child Development, 60*, 649-662.

Ben-Eliyahu, S., Yirmiya, R., Shavit, Y. e Liebeskind, J.C. (1990). "Stress-induced suppression of natural killer cell cytotoxicity in the rat: a naltrexone-insensitive paradigm", *Behavioral Neuroscience, 104*, 235-238.

Benin, M.H. e Agostinelli, J. (1988). "Husbands' and wives' satisfaction with the division of labor", *Journal of Marriage and the Family, 50*, 349-361.

Benjamin Jr., L.T. (2000). "The psychology laboratory at the turn of the 20th century", *American Psychologist, 55*, 318-321.

Bennett, D.A. e Knopman, D.S. (1994). "Alzheimer's disease: a comprehensive approach to patient management", *Geriatrics, 49*(8), 20-26.

Benson, H. (1975). *The relaxation response*. Nova York: William Morrow.

Benton, D. e Roberts, G. (1988). "Effect of vitamin and mineral supplementation on intelligence of a sample of schoolchildren", *Lancet, 1*, 14-144.

Berger, R.J. (1969). "The sleep and dream cycle." In: Kales, A. (ed.). *Sleep: Physiology and pathology*. Filadélfia: Lippincott.

Berkowitz, M.W. e Gibbs, J.C. (1983). "Measuring the developmental features of moral discussion", *Merrill-Palmer Quarterly, 29*, 399-410.

Berlin, B. e Kay, P. (1969). *Basic color terms: their universality and evolution*. Berkeley: University of California Press.

Bernal, M.E. e Castro, F.G. (1994). "Are clinical psychologists prepared for service and research with ethnic minorities?", *American Psychologist, 49*(9), 797-805.

Berry, J.W., Portinga, Y.H., Segall, M.H. e Dasen, P.R. (1992). *Cross-cultural psychology: research and applications*. Nova York: Cambridge University Press.

Berry, J.W. (1967). "Independence and conformity in subsistence level societies", *Journal of Personality and Social Psychology, 7*, 415-518.

Berscheid, E. e Reis, H.T. (1998). "Attraction and close relationships." In: Gilbert, D., Fiske, S.T. e Lindzey, G. (eds.). *Handbook of social psychology vol. 2*. 4. ed. Nova York: McGraw-Hill, p. 193-381.

Bertenthal, B.I., Campos, J.J. e Kermoian, R. (1994). "An epigenetic perspective on the development of self-produced locomotion and its consequences", *American Psychological Society, 3*(5), 140-145.

Bertrand, S. e Masling, J. (1969). "Oral imagery and alcoholism", *Journal of Abnormal Psychology, 74*, 50-53.

Betancourt, H. e López, S.R. (1993). "The study of culture, ethnicity, and race in American psychology", *American Psychologist, 48*, 629-637.

Bettencourt, B.A. e Miller, N. (1996). "Gender differences in aggression as a function of provocation: a meta-analysis", *Psychological Bulletin, 119*(3), 422-427.

Biddle, S. (2000). "Exercise, emotions, and mental health." In: Hanin, Y. (ed.). *Emotions in sport*. Champaign, IL: Human Kinetics, p. 267-291.

Birchler, G.R. e Fals-Stewart, W.S. (1994). "Marital dysfunction." In: *Encyclopedia of human behavior vol. 3*. San Diego, CA: Academic Press, p. 103-113.

Birren, J.E. (1983). "Aging in America: role for Psychology", *American Psychologist, 38*, 298-299.

Birren, J.E. e Fisher, L.M. (1995). "Aging and speed of behavior: possible consequences for psychological functioning", *Annual Review of Psychology, 46*, 329-353.

Bjorklund, D.F. (1989). *Children's thinking, developmental function and individual differences*. Pacific Grove, CA: Brooks/Cole.

Bjornson, C.R.R., Rietze, R.L., Reynolds, B.A., Magli, M.C. e Vescovi, A.L. (1999, 22 jan.). "Turning brain into blood: a hematopoietic fate adopted by adult neural stem cells in vivo", *Science, 283*, 534-537.

Blagrove, M. e Akehurst, L. (2000). "Effects of sleep loss on confidence-accuracy relationships for reasoning and eyewitness memory", *Journal of Experimental Psychology: Applied, 6*, 59-73.

Blake, R.R., Helson, H. e Mouton, J. (1956). "The generality of conformity behavior as a function of factual anchorage, difficulty of task and amount of social pressure", *Journal of Personality, 25*, 294-305.

Blakeslee, S. (1994, 5 out.). "Yes, people are right. Caffeine is addictive", *New York Times*.

Blanchard, E.B., Appelbaum, K.A., Radnitz, C.L., Morrill, B., Michultka, D., Kirsch, C., Guarnier, P., Hillhouse, J., Evans, D.D. e Jaccard, J. (1990). "A controlled evaluation of thermal biofeedback and thermal biofeedback combined with cognitive therapy in the treatment of vascular headache", *Journal of Consulting e Clinical Psychology, 58*, 216-224.

Blanck, D.C., Bellack, A.S., Rosnow, R.L., Rotheram-Borus, M.J. e Schooler, N.R. (1992). "Scientific rewards and conflicts of ethical choices in human subjects research", *American Psychologist, 47*, 959-965.

Blatt, S.J., Zuroff, D.C., Quinlan, D.M. e Pilkonis, P. (1996). "Interpersonal factors in brief treatment of depression: further analysis of the NIMH Treatment of Depression Collaborative Research Program", *Journal of Consulting and Clinical Psychology, 64*, 162-171.

Block, J. (1971). *Lives through time*. Berkeley, CA: Bancroft.

Block, J. e Robbins, R.W. (1993). "A longitudinal study of consistency and change in self-esteem from early adolescence to early adulthood", *Child Development, 64*, 902-923.

Blood, A.J. e Zatorre, R.J. (2001). "Intensely pleasurable responses to music correlate with activity in brain regions implicated in reward and emotion", *Proceedings from the National Academy of Sciences, USA, 98*, 11818-11823.

Bloom, L. (1970). *Language development: form and function in emerging grammar*. Cambridge, MA: MIT Press.

Blouin, J.L., Dombroski, B.A., Nath, S.K., Lasseter, V.K., Wołyniec, P.S., Nestadt, G., Thornquist, M., Ullrich, G., McGrath, J., Kasch, L., Lamacz, M., Thomas, M.G., Gehrig, C., Radhakrishnan, U., Snyder, S.E., Balk, K.G., Neufeld, K., Swartz, K.L., DeMarchi, N., Papadimitriou, G.N., Dikeos, D.G., Stefanis, C.N., Chakravarti, A., Childs, B. e Pulver, A.E. (1998). "Schizophrenia susceptibility loci on chromosomes 13q32 and 8p21", *Nature Genetics, 20*, 70-73.

Blum, J.M. (1979). *Pseudoscience and mental ability: the origins and fallacies of the IQ controversy*. Nova York: Monthly Review Press.

Blumenthal, A.L. (1975). "A reappraisal of Wilhelm Wundt", *American Psychologist, 30*, 1081-1088.

Blundell, J.E. e Halford, J.C.G. (1998). "Serotonin and appetite regulation: implications for the pharmacological treatment of obesity", *CNS Drugs, 9*, 473-495.

Bok, S. (1999). *Mayhem: violence as public entertainment*. Cambridge, MA: Perseus Books.

Bolles, R.C. (1972). "Reinforcement, expectancy, and learning", *Psychological Review, 79*, 394-409.

Bolos, A.M., Dean, M., Lucas-Derse, S., Ramsburg, M., Brown, G.L. e Goldman, D. (1990). "Population and pedigree studies reveal a lack of association between the dopamine D2 receptor gene and alcoholism", *JAMA, Journal of the American Medical Association, 264*, 3156-3160.

Bonanno, G.A. e Kaltman, S. (1999). "Toward an integrative perspective on bereavement", *Psychological Bulletin, 125*, 760-776.

Bond, M.H., Wan, K.C., Leung, K. e Giacolone, R.A. (1985). "How are responses to verbal insult related to cultural collectivism and power distance?", *Journal of Cross-Cultural Psychology, 16*, 111-127.

Boomsma, D.I., Koopmans, J.R., Van Doornen, L.J.P. e Orlebeke, J.M. (1994). "Genetic and social influences on starting to smoke: a study of Dutch adolescent twins and their parents", *Addiction, 89*, 219-226.

Booth-Kewley, S. e Friedman, H.S. (1987). "Psychological predictors of heart disease: a quantitative review", *Psychological Bulletin, 101*, 343-362.

Boring, E.G., Langfeld, H.S. e Weld, H.P. (1976). *Foundations of psychology*. Nova York: Wiley.

Borkovec, T.D. e Costello, E. (1993). "Efficacy of applied relaxation and cognitive-behavioral therapy in the treatment of generalized anxiety disorder", *Journal of Consulting and Clinical Psychology, 61*, 611-619.

Bornstein, R.F. (1989). "Exposure and affect: overview and meta-analysis of research, 1968-1987", *Psychological Reports, 106*, 265-289.

Botwin, M.D. e Buss, D.M. (1989). "The structure of act report data: is the five factor model of personality recaptured?", *Journal of Personality and Social Psychology, 56*, 988-1001.

Bouchard, C., Tremblay, A., Despres, J.P., Nadeau, A., Lupien, P.J., Theriault, G., Dussault, J., Moorjani, S., Pinault, S. e Fournier, G. (1990). "The response to long-term overfeeding in identical twins", *New England Journal of Medicine, 322*, 1477-1482.

Bouchard Jr., T.J. (1984). "Twins reared together and apart: what they tell us about human diversity." In: Fox, S.W. (ed.). *Individuality and determinism*. Nova York: Plenum, p. 147-178.

Bouchard Jr., T.J., Lykken, D.T., McGue, M., Segal, N.L. e Tellegren, A. (1990). "Sources of human psychological differences: The Minnesota study of twins reared apart", *Science, 250*, 223-228.

Bourgois, P. (1999). *Participant observation study of indirect paraphernalia sharing/HIV risk in a network of heroin injectors*. Encontrado no site http://165.112.78.61/CEWG/ethno.html, 17 set.

Bourne, L.E., Dominowski, R.L., Loftus, E.F. e Healy, A.F. (1986). *Cognitive process*. 2. ed. Englewood Cliffs, NJ: Prentice Hall.

Bouton, M.E. (1993). "Context, time and memory retrieval in the interference paradigms of Pavlovian conditioning", *Psychological Bulletin, 114*, 80-99.

Bouton, M.E. (1994). "Context, ambiguity and classical conditioning", *Current Directions in Psychological Science, 3*, 49-52.

Bower, G.H. e Mann, T. (1992). "Improving recall by recoding interfering material at the time of recall", *Journal of Experimental Psychology: Learning, Memory, and Cognition, 18*, 1310-1320.

Bowlby, J. (1982). *Attachment and loss*. 2. ed. Nova York: Basic Books. (O livro original foi publicado em 1969.)

Bradley, C. (1997). "Generativity-stagnation: development of a status model", *Developmental Review, 17*, 262-290.

Brainerd, C.J. (1978). "The stage question in cognitive-developmental theory", *Behavioral and Brain Sciences, 2*, 172-213.

Brainerd, C.J. (1996). "Piaget: a centennial celebration", *American Psychological Society, 7*(4), 191-225.

Brandon, T.H. (1994). "Negative affect as motivation to smoke", *Current Directions in Psychological Science, 3*, 33-37.

Braun, A.R., Balkin, T.J., Wesensten, N.J., Gwadry, F., Varga, M., Baldwin, P., Carson, R.E., Belenky, G. e Herscovitch, P. (1998, 2 jan.). "Dissociated pattern of activity in visual cortices and their projections during human rapid eye movement sleep", *Science, 279*, 91-95.

Bredemeier, B. e Shields, D. (1985, out.). "Values and violence in sports today", *Psychology Today*, p. 23-32.

Breetvelt, I.S. e Van Dam, F.S.A.M. (1991). "Underreporting by cancer patients: the case of response-shift", *Social Science and Medicine, 32*, 981-987.

Brenner, M.H. (1973). *Mental illness and the economy*. Cambridge, MA: Harvard University Press.

Brenner, M.H. (1979). "Influence of the social environment on psychopathology: the historic perspective." In: Barrett, J.E. (ed.). *Stress and mental disorder*. Nova York: Raven Press.

Breslau, N., Davis, G.C. e Andreski, P. (1995). "Risk factors for PTSD-related traumatic events: a prospective analysis", *American Journal of Psychiatry, 152*, 529-535.

Brewin, C.R. (1996). "Theoretical foundations of cognitive-behavior therapy for anxiety and depression", *Annual Review of Psychology, 47*, 33-57.

Brickman, P., Coates, D. e Janoff-Bulman, R. (1978). "Lottery winners and accident victims: is happiness relative?", *Journal of Personality and Social Psychology, 36*, 917-927.

Broadbent, D.E. (1958). *Perception and communication*. Nova York: Pergamon.

Brobert, A.G., Wessels, H., Lamb, M.E. e Hwang, C.P. (1997). "Effects of day care on the development of cognitive abilities in 8-year-olds: a longitudinal study", *Developmental Psychology, 33*, 62-69.

Brody, L. (1985). "Gender differences in emotional development: a review of theories and research." In: Stewart, A.J. e Lykes, M.B. (eds.). *Gender and personality: current perspectives on theory and research*. Durham, NC: Duke University Press, p. 14-61.

Broida, J., Tingley, L., Kimball, R. e Miele, J. (1993). "Personality differences between pro- and anti-vivisectionists", *Society and Animals, 1*, 129-144.

Bronfenbrenner, U. (1986). "Ecology of the family as a context for human development: research perspectives", *Developmental Psychology, 22*, 723-742.

Brooks-Gunn, J. (1993). *Adolescence*. Dissertação apresentada no encontro da Society for Research in Child Development, Kansas City, MO.

Brooks-Gunn, J. e Lewis, M. (1984). "The development of early visual self-recognition", *Developmental Review, 4*, 215-239.

Brown, B. e Grotberg, J.J. (1981). "Head Start: a successful experiment." *Courrier*. Paris: International Children's Centre.

Brown, L.S. e Ballou, M. (1992). *Personality and psychopathology: feminists reappraisals*. Nova York: Guilford.

Brown, R. (1958). *Words and things*. Nova York: Free Press/Macmillan.

Brown, W.A. (1998, 23 ago.). "The power of the placebo", *Charlotte Observer*, p. 1E.

Browne, A. (1993). "Violence against women by male partners: prevalence, outcomes and policy implications", *American Psychologist, 48*, 1077-1087.

Bruch, H. (1980). *The golden cage: the enigma of anorexia nervosa*. Nova York: Random House.

Bruder, G.E., Stewart, M.W., Mercier, M.A., Agosti, V., Leite, P., Donovan, S. e Quitkin, F.M. (1997). "Outcome of cognitive-behavioral therapy for depression: relation to hemispheric dominance for verbal processing", *Journal of Abnormal Psychology, 106*, 138-144.

Brumberg, J.J. (1988). *Fasting girls: the emergence of anorexia nervosa as a modern disease*. Cambridge, MA: Harvard University Press.

Brunner, H.G., Nelen, M., Breakefield, X.O., Ropers, H.H. e Van Oost, B.A. (1993a). "Abnormal behavior associated with a point mutation in the structural gene for monoamine oxidase A", *Science, 262*, 578-580.

Bushman, B.J., Baumeister, R.F. e Stack, A.D. (1999). "Catharsis, aggression, and persuasive influence: self-fulfilling or self-defeating prophecies?", *Journal of Personality & Social Psychology, 76*, 367-376.

Bushman, B.J. (1993). "Human aggression while under the influence of alcohol and other drugs: an integrative research review", *Current Directions in Psychological Science, 2*, 148-152.

Bushman, B.J. e Baumeister, R.F. (1998). "Threatened egotism, narcissism, self-esteem, and direct and displaced aggression: does self-love or self-hate lead to violence?", *Journal of Personality & Social Psychology, 75*, 219-229.

Bushman, B.J. e Cooper, H.M. (1990). "Effects of alcohol on human aggression: an integrative research review", *Psychological Bulletin, 107*, 341-354.

Buss, D.M. (1990). "The evolution of anxiety and social exclusion", *Journal of Social and Clinical Psychology, 9*, 196-210.

Buss, D.M. (1991). "Evolutionary personality psychology", *Annual Review of Psychology, 42*, 459-491.

Buss, D.M. (2000a). "The evolution of happiness", *American Psychologist, 55*, 15-23.

Buss, D.M. (2000b). *The dangerous passion: why jealousy is as necessary as love and sex*. Nova York: Free Press.

Buss, D.M. e Malamuth, N.M. (eds.). (1996). *Sex, power, conflict: evolutionary and feminist perspectives*. Nova York: Oxford University Press.

Buss, D.M. e Shackelford, T.K. (1997). "Human aggression in evolutionary perspective", *Clinical Psychology Review, 17*, 605-619.

Buss, D.M. (1985). "Human mate selection", *American Scientist, 73*, 47-51.

Buss, D.M. (1989). "Sex differences in human mate preferences: evolutionary hypotheses tested in 37 cultures", *Behavioral and Brain Sciences, 12*, 1-49.

Butcher, J.N. e Rouse, S.V. (1996). "Personality: Individual differences and clinical assessment", *Annual Review of Psychology, 47*, 87-111.

Butler, R.N. e Lewis, M.I. (1982). *Aging and mental health: positive psychological and biomedical approaches*. St. Louis, MO: Mosby.

Byne, W. (1994). "The biological evidence challenged", *Scientific American, 270*(5), 50-55.

Byrne, D. (1961). "Interpersonal attraction and attitude similarity", *Journal of Abnormal and Social Psychology, 62*, 713-715.

Cabeza, R. e Nyberg, L. (2000). "Imaging cognition II: an empirical review of 275 PET and fMRI studies", *Journal of Cognitive Neuroscience, 12*, 1-47.

Cacioppo, J.T. e Gardner, W.L. (1999). "Emotion", *Annual Review of Psychology, 50*, 191-214.

Cairns, E. e Darby, J. (1998). "The conflict in Northern Ireland: causes, consequences, and controls", *American Psychologist, 53*, 754-760.

Calder, B.J., Insko, C.A. e Yandell, B. (1974). "The relation of cognitive and memorial processes to persuasion in simulated jury trial", *Journal of Applied Social Psychology, 4*, 62-92.

Califano Jr., J.A. (1999, 24 ago.). "White-line fever: what an older and wiser George W. should do", *Washington Post*, p. A17.

Califano Jr., J.A. (2000, mar.). "It's the substance abuse, stupid! Opening remarks", National Center on Addiction and Substance Abuse (CASA) da Columbia University. Encontrado no site http://www.casacolumbia.org, 15 set. 2000.

Callahan, R. (2000, 13 jan.). "Tall Polish men have tall kids, study says", *Charlotte Observer*, p. 12A.

Cannon, W.B. (1929). *Bodily changes in pain, hunger, fear, and rage*. Ed. revisada. Nova York: Appleton-Century.

Capron, C. e Duyme, M. (1989). "Assessment of effects of socioeconomic status on IQ in a full cross-fostering study", *Nature* (Londres), *340*, 552-554.

Carlson, N.R. (2000). *Physiology of behavior*. 7. ed. Boston: Allyn & Bacon.

Carlson, V. (1994). "Child abuse." In: *Encyclopedia of human behavior vol. 1*. San Diego, CA: Academic Press, p. 561-578.

Carpenter, S. (2001). "Research confirms the virtue of 'sleeping on it'", *Monitor on Psychology, 32*, 49-51.

Carr, M., Borkowski, J.G. e Maxwell, S.E. (1991). "Motivational components of underachievement", *Developmental Psychology, 27*, 108-118.

Carskadon, M.A. e Dement, W.C. (1982). "Nocturnal determinants of daytime sleepiness", *Sleep, 5*(supl. 2), 73-81.

Carson, R.C. e Butcher, J.N. (1992). *Abnormal psychology and modern life*. Nova York: HarperCollins.

Carstensen, L. (1995). "Evidence for a life-span theory of socioemotional selectivity", *American Psychological Society, 4*(5), 151-156.

Carter, B. (1996, 7 fev.). "New report becomes a weapon in the debate over TV violence", *New York Times*.

Carter, R. (1998). *Mapping the mind*. Berkeley: University of California Press.

Casas, J.M. (1995). "Counseling and psychotherapy with racial/ethnic minority groups in theory and practice." In: Bongar, B. e Beutler, L.E. (eds.). *Comprehensive handbook of psychotherapy*. Nova York: Oxford University Press, p. 311-335.

Caspi, A. e Elder Jr., G.H., (1986). "Life satisfaction in old age: linking social Psychology and history", *Journal of Psychology and Aging, 1*, 18-26.

Caspi, A., Moffitt, T., Newman, D.L. e Silva, P. (1996). "Behavioral observations at age 3 years predict adult psychiatric disorders", *Archives of General Psychiatry, 53*, 1033-1039.

Cattell, R.B. (1965). *The scientific analysis of personality*. Baltimore: Penguin.

Cattell, R.B. (1971). *Abilities: their structure, growth, and action*. Boston: Houghton Mifflin.

Cattell, R.B. e Kline, P. (1977). *The specific analysis of personality and motivation*. Nova York: Academic Press.

Cavanaugh, J.C. (1990). *Adult development and aging*. Belmont, CA: Wadsworth.

Ceci, S.J. e Williams, W.M. (1997). "Schooling, intelligence, and income", *American Psychologist, 52*, 1051-1058.

Celis, W. (1994, 8 jun.). "More college women drinking to get drunk", *New York Times*, p. B8.

Centers for Disease Control and Prevention (1999). "Suicide deaths and rates per 100,000." Disponível no site http://www.cdc.gov/ncipc/data/us9794/suic.htm.

Chaiken, S. e Eagly, A.H. (1976). "Communication modality as a determinant of message persuasiveness and message comprehensibility", *Journal of Personality and Social Psychology, 34*, 605-614.

Chaikin, A.L. e Darley, J.M. (1973). "Victim or perpetrator? Defensive attribution of responsibility and the need for order and justice", *Journal of Personality and Social Psychology, 25*, 268-275.

Chait, L.D. e Pierri, J. (1992). "Effects of smoked marijuana on human performance: a critical review." In: Murphy, L. e Bartke, A. (eds.). *Marijuana/cannabinoids: neurobiology and neurophysiology*. Boca Raton, FL: CRC Press, p. 387-424.

Chance, P. (1992). "The rewards of learning", *Phi Delta Kappan, 73*, 200-207.

Chance, P. (1997). "Speaking of differences", *Phi Delta Kappan, 78*, 506-507.

Chassin, L., Pitts, S.C., DeLucia, C. e Todd, M. (1999). "A longitudinal study of children of alcoholics: predicting young adult substance use disorders, anxiety, and depression", *Journal of Abnormal Psychology, 108*, 106-119.

Cheour, M., Ceponiene, R., Lehtokoski, A., Luuk, A., Allik, J., Alho, K. e Näätänen, R. (1998). "Development of language-specific phoneme representations in the infant brain", *Nature Neuroscience, 1*, 351-353.

Cherlin, A. (1992). *Marriage, divorce, remarriage*. Boston, MA: Harvard University Press.

Cherry, C. (1966). *On human communication: a review, a survey, and a criticism*. 2. ed. Cambridge, MA: MIT Press.

Chipman, S.F., Krantz, D.H. e Silver, R. (1992). "Mathematics anxiety and science careers among able bodied college women", *Psychological Science, 5*, 292-295.

Choi, I., Nisbett, R.E. e Norenzayan, A. (1999). "Casual attribution across cultures: variation and universality", *Psychological Bulletin, 125*, 47-63.

Chomsky, N. (1965). *Aspects of the theory of syntax*. Cambridge, MA: MIT Press.

Chomsky, N. (1986). *Knowledge of language: it's nature, origins and use*. Nova York: Praeger.

Chwalisz, K., Diener, E. e Gallagher, D. (1988). "Autonomic arousal feedback and emotional experience: evidence from the spinal cord injured", *Journal of Personality and Social Psychology, 54*, 820-828.

Cialdini, R.B. (1995). "Principles and techniques of social influence." In: Tesser, A. (ed.). *Advanced social psychology*. Nova York: McGraw-Hill, p. 257-282.

Cialdini, R.B. e Trost, M. (1998). "Social influence: social norms, conformity, and compliance." In: Gilbert, D., Fiske, S.T. e Lindzey, G. (eds.). *Handbook of social psychology vol. 2*. 4. ed. Boston: McGraw-Hill, p. 151-192.

Cicchetti, D. e Toth, S.L. (1998). "The development of depression in children and adolescents", *American Psychologist, 53*, 221-241.

Clark, G.M. (1998). "Research advances for cochlear implants", *Auris Nasus Larynx, 25*, 73-87.

Clark, J.E. (1994). "Motor development." In: *Encyclopedia of human behavior vol. 3*. San Diego, CA: Academic Press, p. 245-255.

Clark, M.S. e Mills, J. (1979). "Interpersonal attraction in exchange and communal relationships", *Journal of Personality and Social Psychology, 37*, 12-24.

Clark, R.D. e Word, L.E. (1974). "Where is the apathetic bystander? Situational characteristics of the emergency", *Journal of Personality and Social Psychology, 29*, 279-287.

Clarkson, P. (1996). *To act or not to act: that is the question*. Londres: Whurr.

Clausen, J.A. (1975). "The social meaning of differential physical and sexual maturation." In: Dragastin, S.E. e Elder Jr., G.H. (eds.). *Adolescence in the life cycle: psychological change and social context*. Nova York: Wiley, p. 25-47.

Clay, R.A. (1999, jan.). "'Lean production' may also be a lean toward injuries", *APA Monitor*, p. 26.

Cloninger, S.C. (1993). *Theories of personality. Understanding persons*. Englewood Cliffs, NJ: Prentice Hall.

Clore, G.L. e Byrne, D. (1974). "A reinforcement-affect model of attraction." In: Huston, T.L. (ed.). *Foundations of interpersonal attraction*. Nova York: Academic Press, p. 143-170.

Cloud, J. (1998, 6 jul.). "Of arms and the boy", *Time*, p. 58-62.

Cohen, A. e Raffal, R.D. (1991). "Attention and feature integration: illusory conjunctions in a patient with a parietal lobe lesion", *Psychological Science, 2*, 106-110.

Cohen, E.G. (1984). "The desegregated school: problems in status, power and interethnic climate." In: Miller, N. e Brewer, M.B. (eds.). *Groups in contact: The psychology of desegregation*. Nova York: Academic Press, p. 77-96.

Cohen, S. (1996). "Psychological stress, immunity, and upper respiratory infections", *Current Directions in Psychological Science, 5*(3), 86-88.

Cohen, S. e Herbert, T.B. (1996). "Health psychology: psychological factors and physical disease from the perspective of human psychoneuroimmunology", *Annual Review of Psychology, 47*, 113-142.

Cohen, S. e Williamson, G.M. (1988). "Stress and infectious disease in humans", *Psychological Bulletin, 109*, 5-24.

Cohen, S., Frank, E., Doyle, W.J., Skoner, D.P., Rabin, B.S. e Gwaltney Jr., J.M. (1998). "Types of stressors that increase susceptibility to the common cold in healthy adults", *Health Psychology, 17*, 214-223.

Colegrove, F.W. (1982). "Individual memories", *American Journal of Psychology, 10*, 228-255. (Trabalho original foi publicado em 1899.) (Reimpresso em Neisser, V. (ed.). *Memory observed: remembering in natural contexts*. São Francisco: Freeman.)

Coleman, J., Glaros, A. e Morris, C.G. (1987). *Contemporary psychology and effective behavior*. 6. ed. Glenview, IL: Scott Foresman.

Coley, R.L. e Chase-Lansdale, L. (1998). "Adolescent pregnancy and parenthood: recent evidence and future directions", *American Psychologist, 53*, 152-166.

Collaer, M.L. e Hines, M. (1995). "Human behavioral sex differences: a role for gonadal hormones during early development?", *American Psychological Associations, 118*(1), 55-107.

Collins, N.L. e Miller, L.C. (1994). "Self-disclosure and liking: a meta-analytic review", *Psychological Bulletin, 116,* 457-475.

Collins, R.C. (1993). "Head start: steps toward a two-generation program strategy", *Young Children, 48*(2), 25-73.

Collins, W.A., Maccoby, E.E., Steinberg, L., Hetherington, E.M. e Bornstein, M.H. (2000). "Contemporary research on parenting: the case for nature and nurture", *American Psychologist, 55,* 218-232.

Collins, W.A., Maccoby, E.E., Steinberg, L., Hetherington, E.M. e Bornstein, M.H. (2001). "Toward nature WITH nurture", *American Psychologist, 56,* 171-172.

Compas, B.E., Hinden, B.R. e Gerhardt, C.A. (1995). "Adolescent development: pathways and processes of risk and resilience", *Annual Review of Psychology, 46,* 265-293.

Conger, J.J. e Petersen, A.C. (1991). *Adolescence and youth.* 4. ed. Nova York: HarperCollins.

Connelly, B., Johnston, D., Brown, I.D., Mackay, S. e Blackstock, E.G. (1993). "The prevalence of depression in a high school population", *Adolescence, 28*(109), 149-158.

Conrad, R. (1972). "Short-term memory in the deaf: a test for speech coding", *British Journal of Psychology, 63,* 173-180.

Conroy, J.W. (1996). "The small ICF/MR program: dimensions of quality and cost", *Mental Retardation, 34,* 13-26.

Conway, M.A. (1996). "Failures of autobiographical remembering." In: Hermann, D., McEvoy, C., Hertzog, C., Hertel, P. e Johnson, M.K. (eds.). *Basic and applied memory research: theory in context.* Nahwah, NJ: Erlbaum.

Cook, E.H., Courchesne, R.Y., Cox, N.J., Lord, C., Gonen, D., Guter, S.J., Lincoln, A., Nix, K., Haas, R., Leventhal, B.L. e Courchesne, E. (1998). "Linkage-disequilibrium mapping of autistic disorder, with 15q11-13 markers", *American Journal of Human Genetics, 62,* 1077-1083.

Cooper, H. (1993). "In search of a social fact. A commentary on the study of interpersonal expectations." In: Blanck, P. (ed.). *Interpersonal expectations: theory, research, and application.* Paris; Cambridge University Press, p. 218-226.

Cooper, J. (1971). "Personal responsibility and dissonance", *Journal of Personality and Social Psychology, 18,* 354-363.

Cooper, J. e Croyle, R.T. (1984). "Attitudes and attitude change", *Annual Review of Psychology, 35.*

Cooper, M.L., Frone, M.R., Russell, M. e Mudar, P. (1995). "Drinking to regulate positive and negative emotions: a motivational model of alcohol use", *Journal of Personality & Social Psychology, 69,* 990-1005.

Corder, B., Saunders, A.M., Strittmatter, W.J., Schmechel, D.E., Gaskell, P.C. e Small, D.E. (1993). "Gene dose of apolipoprotein E type 4 allele and the risk of Alzheimer's disease in late onset families", *Science, 261,* 921-923.

Coren, S., Porac, C. e Ward, L.M. (1984). *Sensation and perception.* 2. ed. Orlando, FL: Academic Press.

Cornelius, R.R. (1996). *The science of emotion: research and tradition in the psychology of emotions.* Upper Saddle River, NJ: Prentice Hall.

Cosmides, L., Tooby, J. e Barkow, J. (1992). *The adapted mind: evolutionary psychology and the generation of culture.* Nova York: Oxford.

Costa, P.T. e McCrae, R.R. (1995). "Domains and facets: hierarchical personality assessment using the Revised NEO Personality Inventory", *Journal of Personality Assessment, 64,* 21-50.

Costa Jr., P.T. e McCrae, R.R. (1992). *Revised NEO Personality Inventory (NEO-PI-R) and NEO Five-Factor Inventory (NEO-FFI) professional manual.* Odessa, FL: Psychological Assessment Resources, Inc.

Cotton, J.L. (1993). *Employee involvement: methods for improving performance and work attitudes.* Newbury Park, CA: Sage.

Council, J.R. (1993). "Context effects in personality research", *Current Directions, 2,* 31-34.

Cousins, N. (1981). *Anatomy of an illness as perceived by the patient.* Nova York: Bantam.

Cousins, S. (1989). "Culture and self-perception in Japan and in the United States", *Journal of Personality and Social Psychology, 56,* 124-131.

Cowan, N. (1988). "Evolving conceptions of memory storage, selective attention, and their mutual constraints within the human information-processing system", *Psychological Bulletin, 104,* 163-191.

Cox, D.J., Sutphen, J., Borowitz, S. e Dickens, M.N. (1994). "Simple electromyographic biofeedback treatment for chronic pediatric constipation/encopresis: preliminary report", *Biofeedback & Self Regulation, 19*(1), 41-50.

Craig, A.D. e Bushnell, M.C. (1994). "The thermal grill illusion: unmasking the burn of cold pain", *Science, 265,* 252-255.

Craighead, L. (1990). "Supervised exercise in behavioral treatment for moderate obesity", *Behavior Therapy, 20,* 49-59.

Craik, F.I.M. (1994). "Memory changes in normal aging", *Current Directions in Psychological Science, 3,* 155-158.

Craik, F.I.M., Moroz, T.M., Moscovitch, M., Stuss, D.T., Winocur, G., Tulving, E. e Kapur, S. (1999). "In search of the self: a positron emission tomography study", *Psychological Science, 10,* 26-34.

Cramer, P. (2000). "Defense mechanisms in psychology today: further processes for adaptation", *American Psychologist, 55,* 637-646.

Crandall, C.S. (1994). "Prejudice against fat people: ideology and self-interest", *Journal of Personality and Social Psychology, 66,* 882-894.

Crick, F. e Mitchison, G. (1995). "REM sleep and neural nets", *Behavioural Brain Research* [Número especial: *The function of sleep*], 69, 147-155.

Cronan, T.A., Walen, H.R. e Cruz, S.G. (1994). "The effects of community-based literacy training on Head Start parents", *Journal of Community Psychology, 22,* 248-258.

Cronbach, L.J. (1990). *Essentials of psychological testing.* 5. ed. Nova York: HarperCollins.

Crovitz, H.F. e Schiffman, H. (1974). "Frequency of episodic memories as a function of their age", *Bulletin of the Psychonomic Society, 4,* 517-518.

Crutchfield, R.A. (1955). "Conformity and character", *American Psychologist, 10,* 191-198.

Crystal, D.S. *et al.* (1994). "Psychological maladjustments and academic achievement: a cross-cultural study of Japanese, Chinese, and American high school students", *Child Development, 65,* 738-753.

Csikszentmihalyi, M., Rathunde, K. e Whalen, S. (1993). *Talented teenagers: the roots of success and failure.* Nova York: Cambridge University Press.

Culbertson, F.M. (1997). "Depression and gender: an international review", *American Psychologist, 52,* 25-31.

Cumming, E. e Henry, W.E. (1961). *Growing old: the process of disengagement.* Nova York: Basic Books.

Curle, C.E. e Williams, C. (1996). "Post-traumatic stress reactions in children: gender differences in the incidence of trauma reactions at two years and examination of factors influencing adjustment", *British Journal of Clinical Psychology, 35,* 297-309.

Cutler, D.M. (2001). "The reduction in disability among the elderly", *Proc. Natl. Acad. Sci., USA, 98,* 6546-6547.

Czeisler, C.A., Duffy, J.F. e Shanahan, T.L. (1999, 25 jun.). "Stability, precision, and near-24-hour period of human circadian pacemaker", *Science, 284,* 2177-2181.

D'Esposito, M., Zarahn, E. e Aguirre, G.K. (1999). "Event-related functional MRI: implications for cognitive psychology", *Psychological Bulletin, 125,* 155-164.

Dabbs, J.M. e Leventhal, H. (1966). "Effects of varying the recommendations in a fear-arousing communication", *Journal of Personality and Social Psychology, 4,* 525-531.

Daehler, M.W. (1994). "Cognitive development." In: *Encyclopedia of human behavior vol. 1,* p. 627-637.

Dahlström, W.G. (1993). "Tests: small samples, large consequences", *American Psychologist, 48,* 393-399.

Daley, S. (1991, 9 jan.). "Girls' self-esteem is lost on way to adolescence, new study finds", *New York Times,* sec. B.

Daly, M. e Wilson, M.I. (1996). "Violence against stepchildren", *American Psychological Society, 5*(3), 77-81.

Daniell, H.W. (1971). "Smokers' wrinkles: a study in the epidemiology of 'Crow's feet'", *Annals of Internal Medicine, 75,* 873-880.

Danielle, D.M., Rose, R.J., Viken, R.J. e Kaprio, J. (2000). "Pubertal timing and substance use: associations between and within families across late adolescence", *Developmental Psychology, 36,* 180-189.

Darwin, C.R. (1859). *On the origin of species.* Londres.

Davidson, R.J. (1992). "Emotion and affective style: hemispheric substrates", *Psychological Science, 3,* 39-43.

Davies, P.T. e Cummings, E.M. (1994). "Marital conflict and child adjustment: an emotional security hypothesis", *Psychological Bulletin, 166*(3), 387-411.

Davis, C.G., Wortman, C.B., Lehman, D.R. e Silver, R.C. (2000). "Searching for meaning in loss: are clinical assumptions correct?", *Death Studies, 24,* 497-540.

Davis, M.H. e Stephan, W.G. (1980). "Attributions for exam performance", *Journal of Applied Social Psychology, 10,* 235-248.

Dawes, R.M. (1994). *House of cards: the collapse of modern psychotherapy.* Nova York: Free Press.

DeKay, W.T. e Buss, D.M. (1992). "Human nature, individual differences and the importance of context: perspectives from evolutionary psychology", *Current Directions in Psychological Science, 1,* 184-189.

DeMaris, A. e Rao, K.V. (1992). "Premarital cohabitation and subsequent marital stability in the United States: a reassessment", *Journal of Marriage and the Family, 54*, 178-190.

DePaulo, B.M. e Pfeifer, R.L. (1986). "On-the-job experience and skill detecting deception", *Journal of Applied Social Psychology, 16*, 249-267.

DeWaal, F.B.M. (1999). "The end of nature versus nurture", *Scientific American, 281*(6), 94-99.

DeWitt, K. (1991, 28 ago.). "Low test scores renew debate on TV", *New York Times*, p. B8.

Dean Jr., J.W. e Evans, J.R. (1994). *Total quality: management, organization, and strategy*. St. Paul, MN: West.

Deaux, K. e Kite, M. (1993). "Gender stereotypes." In: Denmark, F.L. e Paludi, M.A. (eds.). *Psychology of women: a handbook of issues and theories*. Westport, CT: Greenwood, p. 107-139.

Deci, E.L., Koestner, R. e Ryan, R.M. (1999). "A meta-analytic review of experiments examining the effects of extrinsic rewards on intrinsic motivation", *Psychological Bulletin, 125*, 627-668.

Dehaene, S., Spelke, E., Stanescu, R., Pinel, P. e Tsivkin, S. (1999, 7 maio). "Sources of mathematical thinking: behavioral and brain-imaging evidence", *Science, 284*, 970-974.

Deikman, A.J. (1973). "Deautomatization and the mystic experience." In: Ornstein, R.W. (ed.). *The nature of human consciousness*. São Francisco: Freeman.

Dement, W.C. (1974). *Some must watch while some must sleep*. São Francisco: Freeman.

Des Forges, A.L. (1995). "The ideology of genocide", *Issue, 23*(2), 44-47.

Detweiler, J.B., Bedell, B.T., Salovey, P., Pronin, E. e Rothman, A.J. (1999). "Message framing and sunscreen use: gain-framed messages motivate beach-goers", *Health Psychology, 18*, 189-196.

Devine, P.G. (1989). "Stereotypes and prejudice: their automatic and controlled components", *Journal of Personality & Social Psychology, 56*, 5-18.

Devine, P.G., Monteith, M.J., Zuwerink, J.R. e Elliot, A.J. (1991). "Prejudice with and without compunction", *Journal of Personality & Social Psychology, 60*, 817-830.

DiFranza, J.R. e Lew, R.A. (1995). "Effect of maternal cigarette smoking on pregnancy complications and sudden infant death syndrome", *Journal of Family Practice, 40*(4), 385-394.

DiGiovanna, A.G. (1994). *Human aging: Biological perspectives*. Nova York: McGraw-Hill.

DiMatteo, M.R. e Friedman, H.S. (1982). *Social psychology and medicine*. Cambridge, MA: Oelgeschlager, Gunn, e Hain.

DiPietro, J.A., Hodgson, D.M., Costigan, K.A. e Johnson, T.R. (1996). "Fetal antecedents of infant temperament", *Child Development, 67*, 2568-2583.

Diamond, J. (1994). "Race without color", *Discover, 15*, 82-92.

Diaz, J. (1997). *How drugs influence behavior: neuro-behavioral approach*. Upper Saddle River, NJ: Prentice Hall.

Diener, E. e Suh, E. (1998). "Age and subjective well-being: an international analysis", *Annual Review of Gerontology and Geriatrics, 17*, 304-324.

Diener, E., Suh, E.M., Lucas, R.E. e Smith, H.L. (1999). "Subjective well-being: three decades of progress", *Psychological Bulletin, 125*, 276-302.

Dill, S. (1994, 16 jan.). "Babies' grunts may have meaning", Associated Press.

Dillon, S. (1994, 21 out.). "Bilingual education effort is flawed, study indicates", *New York Times*, p. A20.

Dinsmore, W.W., Hodges, M., Hargreaves, C., Osterloh, I.H., Smith, M.D. e Rosen, R.C. (1999). "Sildenafil citrate (Viagra) in erectile dysfunction: near normalization in men with broad-spectrum erectile dysfunction compared with age-matched healthy control subjects", *Urology, 53*, 800-805.

Dion, K.K. (1972). "Physical attractiveness and evaluations of children's transgressions", *Journal of Personality and Social Psychology, 24*, 285-290.

Dixon, J.F. e Hokin, L.E. (1998). "Lithium acutely inhibits and chronically up-regulates and stabilizes glutamate uptake by presynaptic nerve endings in mouse cerebral cortex", *Proceedings of the National Academy of Sciences, 95*, 8363-8368.

Doherty, W.J. e Jacobson, N.S. (1982). "Marriage and the family." In: Wolman, B.B. (ed.). *Handbook of developmental psychology*. Englewood Cliffs, NJ: Prentice Hall, p. 667-680.

Domhoff, G.W. (1996). *Finding meaning in dreams: a quantitative approach*. Nova York: Plenum Press.

Domjan, M. (1987). "Animal learning comes of age", *American Psychologist, 42*, 556-564.

Domjan, M. e Purdy, J.E. (1995). "Animal research in psychology: more than meets the eye of the general psychology student", *American Psychologist, 50*, 496-503.

Donatelle, R.J. e Davis, L.G. (1993). *Access to health*. 2. ed. Englewood Cliffs, NJ: Prentice Hall.

Dovidio, J.F. e Gaertner, S.I. (1999). "Reducing prejudice: combating intergroup biases", *Current Directions in Psychological Science, 8*, 101-105.

Downs, H. (1994, 21 ago.). "Must we age?", *Parade Magazine*, p. 3, 5, 7.

Dryer, D.C. e Horowitz, L.M. (1997). "When do opposites attract? Interpersonal complementarity versus similarity", *Journal of Personality and Social Psychology, 72*(3), 592-603.

Du, L., Faludi, G., Palkovits, M., Demeter, E., Bakish, D., Lapierre, Y.D., Sotonyi, P. e Hrdina, P.D. (1999). "Frequency of long allele in serotonin transporter gene is increased in depressed suicide victims", *Biological Psychiatry, 46*, 196-201.

Dubner, R. e Gold, M. (1998, dez.). *The neurobiology of pain*. Dissertação apresentada na National Academy of Sciences colloquium, Irvine, CA.

Duncan, J., Seitz, R.J., Kolodny, J., Bor, D., Herzog, H., Ahmed, A., Newell, F.N. e Emslie, H. (2000, 21 jul.). "A neural basis for general intelligence", *Science, 285*, 457-460.

Dunkle, T. (1982, abr.). "The sound of silence", *Science*, p. 30-33.

Dunn, R.L. e Schwebel, A.I. (1995). "Meta-analytic review of marital therapy outcome research". *Journal of Family Psychology, 9*, 58-68.

Dyk, P.K. (1993). "Anatomy, physiology and gender issues in adolescence." In: Gullota, T.P., Adams, G.R. e Montemayor, R. (eds.). *Adolescent sexuality: advances in adolescent development*. Newbury Park, CA: Sage, p. 35-36.

Eagly, A.H. (1992). "Uneven progress: social psychology and the study of attitudes", *Journal of Personality and Social Psychology, 63*(5), 693-710.

Eagly, A.H. e Carli, L.L. (1981). "Sex of researchers and sex-typed communications as determinants of sex differences in influenceability: a meta-analysis of social influence studies", *Psychological Bulletin, 90*, 1-20.

Eagly, A.H. e Steffen, V.J. (1986). "Gender and aggressive behavior: a meta-analytic review of the social psychological literature", *Psychological Bulletin, 100*, 309-330.

Eaves, L.J., Heath, A.C., Neale, M.C., Hewitt, J.K. e Martin, N.G. (1993). *Sex differences and non-additivity in the effects of genes on personality*. Manuscrito não publicado, citado em Mayer, F. S. e Sutton, K. (1996). *Personality: an integrative approach*. Upper Saddle River, NJ: Prentice Hall.

Eccles, J. *et al.* (1993). "Development during adolescence: the impact of stage-environment fit on young adolescents' experiences in school and families", *American Psychologist, 2*, 90-101.

Eckerman, C.O., Davis, C.C. e Didow, S.M. (1989). "Toddlers' emerging ways of achieving social coordinations with a peer", *Child Development, 60*, 440-453.

Eibl-Eibesfeldt, I. (1972). *Love and hate*. Nova York: Holt, Rinehart & Winston.

Eich, E., Macaulay, D., Loewenstein, R.J. e Dihle, P.H. (1997). "Memory, amnesia, and dissociative identity disorder", *Psychological Science, 8*, 417-422.

Eimas, P.D. e Tartter, V.C. (1979). "The development of speech perception." In: Reese, H.W. e Lipsitt, L.P. (eds.). *Advances in child development and behavior vol. 13*. Nova York: Academic Press.

Eisenberg, N. e Lennon, R. (1983). "Sex differences in empathy and related capacities", *Psychological Bulletin, 94*, 100-131.

Eisenberger, R. e Cameron, J. (1996). "Detrimental effects of reward", *American Psychologist, 51*, 1153-1166.

Eisenman, R. (1994). "Birth order, effect on personality and behavior." In: *Encyclopedia of human behavior vol. 1*, p. 401-405.

Ekman, P. (1994). "Strong evidence for universals in facial expressions: a reply to Russell's mistaken critique", *Psychological Bulletin, 115*(2), 268-287.

Ekman, P. e Davidson, R.J. (1993). "Voluntary smiling changes regional brain activity", *Psychological Science, 4*, 342-345.

Ekman, P. e Friesen, W.V. (1971). "Constants across cultures in the face and emotion", *Journal of Personality and Social Psychology, 17*, 124-129.

Ekman, P. e Friesen, W.V. (1975). *Unmasking the face*. Englewood Cliffs, NJ: Prentice Hall.

Ekman, P. e O'Sullivan, M. (1991). "Who can catch a liar?", *American Psychologist, 46*, 913-920.

Ekman, P., Friesen, W.V. e Ellsworth, P. (1972). *Emotion in the human face*. Elmsford, NY: Pergamon.

Ekman, P., Friesen, W.V., O'Sullivan, M., Chan, A., Diacoyanni-Tarlatzis, I., Heider, K., Krause, R., LeCompte, W.A., Pitcairn, T., Ricci-Bitti, P.E., Scherer, K., Tomita, M. e Tzavaras, A. (1987). "Universals and cultural differences in the judgments of facial expressions of emotion", *Journal of Personality and Social Psychology, 53*, 712-717.

Ekman, P., Sorenson, E.R. e Friesen, W.V. (1969). "Pancultural elements in facial displays of emotion", *Science, 164*, 86-88.

Elbert, T., Pantev, C., Wienbruch, C., Rockstroh, B. e Taub, E. (1995). "Increased cortical representation of the fingers of the left hand in string players", *Science, 270*, 305-307.

Eley, T.C. e Stevenson, J. (1999). "Exploring the covariation between anxiety and depression symptoms: a genetic analysis of the effects of age and sex", *Journal of Child Psychology e Psychiatry e Allied Disciplines, 40*, 1273-1282.

Eley, T.C., Bishop, D.V.M., Dale, P.S., Oliver, B., Petrill, S.A., Price, T.S., Saudino, K.J., Simonoff, E., Stevenson, J., Plomin, R. e Purcell, S. (1999). "Genetic and environmental origins of verbal and performance components of cognitive delay in 2-year olds", *Developmental Psychology, 35*, 1122-1131.

Eley, T.C., Lichenstein, P. e Stevenson, J. (1999). "Sex differences in the etiology of aggressive and nonaggressive antisocial behavior: results from two twin studies", *Child Development, 70*, 155-168.

Elkin, I., Shea, T., Watkins, J.T., Imber, S.D., Sotsky, S.M., Collins, J.F., Glass, D.R., Pikonis, P.A., Leber, W.R., Docherty, J.P., Fiester, S.J. e Parloff, M.B. (1989). "National Institute of Mental Health treatment of depression collaborative research program: general effectiveness of treatments", *Archives of General Psychiatry, 46*, 971-982.

Elkind, D. (1968). "Cognitive development in adolescence." In: Adams, J.F. (ed.). *Understanding adolescence*. Boston: Allyn & Bacon.

Elkind, D. (1969). "Egocentrism in adolescence." In: Grinder, R.W. (ed.). *Studies in adolescence*. 2. ed. Nova York: Macmillan.

Ellis, A. (1973). *Humanistic psychotherapy: the rational emotive approach*. Nova York: Julian Press.

Ellis, A. e Harper, R.A. (1975). *A new guide to rational living*. North Hollywood, CA: Wilshire Book Co.

Ellis, A. e MacLaren, C. (1998). *Rational emotive behavior therapy: a therapist's guide*. San Luis Obispo, CA: Impact.

Ellis, L. e Coontz, P.D. (1990). "Androgens, brain functioning, and criminality: the neurohormonal foundations of antisociality." In: Ellis, L. e Hoffman, H. (eds.). *Crime in biological, social, and moral contexts*. Nova York: Praeger Press, p. 36-49.

Engel, J.F., Black, R.D. e Miniard, P.C. (1986). *Consumer behavior*. Chicago: Dryden Press.

Epstein, R., Kirshnit, C.E., Lanza, R.P. e Rubin, L.C. (1984). "'Insight' in the pigeon: antecedents and determinants of an intelligent performance", *Nature* (Londres), *308*, 61-62.

Erdley, C.A. e D'Agostino, P.R. (1988). "Cognitive and affective components of automatic priming effects", *Journal of Personality and Social Psychology, 54*, 741-747.

Erikson, E.H. (1963). *Childhood and society*. 2. ed. Nova York: Norton.

Erikson, E.H. (1968). *Identity: youth in crisis*. Nova York: Norton.

Eriksson, P.S., Perfilieva, E., Björk-Eriksson, T., Alborn, A.M., Nordborg, C., Peterson, D.A. e Gage, F.H. (1998). "Neurogenesis in the adult human hippocampus", *Nature Medicine, 4*, 1313-1317.

Eron, L.D. (1982). "Parent-child interaction, television violence, and aggression of children", *American Psychologist, 37*, 197-211.

Esposito, M.D., Zarahn, E. e Aguirre, G.K. (1999). "Event-related functional MRI: implications for cognitive psychology", *Psychological Bulletin, 125*, 155-164.

Evans, L.I., Rozelle, R.M., Lasater, T.M., Dembroski, R.M. e Allen, B.P. (1970). "Fear arousal, persuasion and actual vs. implied behavioral change: new perspective utilizing a real-life dental hygiene program", *Journal of Personality and Social Psychology, 16*, 220-227.

Evans, R.B. (1999, dez.). "A century of psychology", *APA Monitor*, p. 14-30.

Eyer, J. (1977). "Prosperity as a cause of death", *International Journal of Health Services, 7*, 125-150.

Eysenck, H.J. (1947). *Dimensions of personality*. Londres: Routledge e Kegan Paul.

Eysenck, H.J. (1970). *The structure of human personality*. 3. ed. Londres: Methuen.

Eysenck, H.J. (1976). *The measurement of personality*. Baltimore, MD: University Park Press.

Eysenck, H.J. (1992). "Four ways five factors are not basic", *Personality and Individual Differences, 13*, 667-673.

Eysenck, H.J. (1993). "Commentary on Goldberg", *American Psychologist, 48*, 1299-1300.

Fagot, B.I. (1994). "Parenting." In: *Encyclopedia of human behavior vol. 3*. San Diego, CA: Academic Press, p. 411-419.

Fairburn, C.G. e Wilson, G.T. (eds.) (1993). "Binge eating: nature, assessment and treatment", Nova York: Guilford Press.

Fallon, A. e Rozin, P. (1985). "Sex differences in perceptions of desirable body states" *Journal of Abnormal Psychology, 84*, 102-105.

Fantz, R.L., Fagan, J.F. e Miranda, S.B. (1975). "Early visual selectivity." In: Cohen, L.B. e Salapatek, P. (eds.). *Infant perception: from sensation to cognition vol. 1*. Nova York: Academic Press.

Farber, S. (1981, jan.). "Telltale behavior of twins", *Psychology Today*, p. 58-62, 79-80.

Farthing, C.W. (1992). *The psychology of consciousness*. Englewood Cliffs, NJ: Prentice Hall.

Featherstone, R.E., Fleming, A.S. e Ivy, G.O. (2000). "Plasticity in the maternal circuit: effects of experience and partum condition on brain astrocyte number in female rats", *Behavioral Neuroscience, 114*, 158-172.

Fehr, B. (1994). "Prototype-based assessment of laypeople's views of love", *Personal Relationships, 1*, 309-331.

Feingold, A. (1992). "Good-looking oeioke are not what we think", *Psychological Bulletin, 111*, 304-341.

Feinson, M.C. (1986). "Aging widows and widowers: are there mental health differences?", *International Journal of Aging and Human Development, 23*, 244-255.

Feldman, R.S., Salzinger, S., Rosario, M., Alvarado, L., Caraballo, L. e Hammer, M. (1995). "Parent, teacher, and peer ratings of physically abused and nonmaltreated children's behavior", *Journal of Abnormal Child Psychology, 23*(3), 317-334.

Ferguson, C.A. e Macken, M.A. (1983). "The role of play in phonological development." In: Nelson, K.E. (ed.). *Children's language vol. 4*. Hillsdale, NJ: Erlbaum.

Feshbach, S. e Weiner, B. (1982). *Personality*. Lexington, MA: D.C. Heath.

Festinger, L. (1957). *A theory of cognitive dissonance*. Evanston, IL: Row, Peterson.

Fiedler, F.E. (1967). *A theory of leadership effectiveness*. Nova York: McGraw-Hill.

Fiedler, F.E. (1978). "The contingency model and the dynamics of the leadership process." In: Berkowitz, L. (ed.). *Advances in experimental social psychology vol. 11*. Nova York: Academic Press, p. 59-112.

Fiedler, F.E. (1993). "The leadership situation and the black box contingency theories." In: Chemers, M. e Ayman, R. (eds.). *Leadership theory and research: Perspective and directions*. San Diego, CA: Academic Press, p. 1-28.

Field, T.M. (1986). "Interventions for premature infants", *Journal of Pediatrics, 109*, 183-191.

Filipek, P.A., Semrund-Clikeman, M., Steingard, R.J., Renshaw, P.R., Kennedy, D.N. e Biederman, J. (1997). "Volumetric MRI analysis comparing subjects having attention-deficit hyperactivity disorder with normal controls", *Neurology, 48*, 589-601.

Finn, P.R., Sharkansky, E.J., Brandt, K.M. e Turcotte, N. (2000). "The effects of familial risk, personality, and expectancies on alcohol use and abuse", *Journal of Abnormal Psychology, 109*, 122-133.

Fischer, K.W. e Henke, R.W. (1996). "Infants' construction of actions in context: Piaget's contribution to research on early development", *Psychological Science, 7*(4), 204-210.

Fischhoff, B. (1975). "Hindsight e foresight: the effect of outcome knowledge on the judgment under uncertainty", *Journal of Experimental Psychology: Human Perception and Performance, 1*, 288-299.

Fischhoff, B. e Downs, J. (1997). "Accentuate the relevant", *Psychological Science, 8*, 154-158.

Fischman, J. (1985, set.). "Mapping the mind", *Psychology Today*, p. 18-19.

Fisher, S. e Greenberg, R.P. (1985). *The scientific credibility of Freud's theories and therapy*. Nova York: Columbia University Press.

Fiske, S.T. e Neuberg, S.L. (1990). "A continuum of impression formation, from category-based to individuating processes: influence of information and motivation on attention and interpretation." In: Zanna, M.P. (ed.). *Advances in experimental social psychology vol. 23*. Nova York: Academic Press, p. 399-427.

Fiske, S.T. e Taylor, S.E. (1991). *Social cognition*. 2. ed. Nova York: McGraw-Hill.

Flavell, J.H. (1999). "Cognitive development: children's knowledge about the mind", *Annual Review of Psychology, 50*, 21-45.

Flavell, J.F. (1986). "The development of children's knowledge about the appearance-reality distinction", *American Psychologist, 41*, 418-425.

Flavell, J.H. (1996). "Piaget's legacy", *Psychological Science, 7*(4), 200-204.

Flier, J.S. e Maratos-Flier, E. (1998). "Obesity and the hypothalamus: novel peptides for new pathways", *Cell, 92*, 437-440.

Flynn, J.R. (1999). "Searching for justice: the discovery of IQ gains over time", *American Psychologist, 54*, 5-20.

Flynn, J.R. (1987). "Massive IQ gains in 14 nations: what IQ tests really measure", *Psychological Bulletin, 101*, 171-191.

Fogelman, E. e Wiener, V.L. (1985, ago.). "The few, the brave, the noble", *Psychology Today*, p. 60-65.

Folkman, S. e Moskowitz, S.T. (2000). "Positive affect and the other side of coping", *American Psychologist, 55*, 647-654.

Folkman, S., Chesney, M.A. e Christopher-Richards, A. (1994). "Stress and coping in partners of men with AIDS", *Psychiatric Clinics of North America, 17*, 33-55.

Ford, W.C.L., North, K., Taylor, H., Farrow, A., Hull, M.G.R. e Golding, J. (2000). "Increasing paternal age is associated with

delayed conception in a large population of fertile couples: evidence for declining fecundity in older men", *Human Reproduction*, 15, 1703-1708.
Ford-Mitchell, D. (1997, 12 nov.). "Daydream your way to better health", *Ann Arbor News*, p. C3.
Forgatch, M.S. e DeGarmo, D.S. (1999). "Parenting through change: an effective prevention program for single mothers", *Journal of Consulting and Clinical Psychology*, 67, 711-724.
Frager, R. (1970). "Conformity and anticonformity in Japan", *Journal of Personality and Social Psychology*, 15, 203-210.
Freedman, J.L. e Fraser, S.C. (1966). "Compliance without pressure: the foot-in-the-door technique", *Journal of Personality and Social Psychology*, 4, 195-202.
Freud, S. (1900). "The interpretation of dreams." In: Strachey, J. (ed.). *The standard edition of the complete psychological works of Sigmund Freud vol. 5*. Londres: Hogarth Press.
Frezza, M., Padova, C. di, Pozzato, G., Terpin, M., Baraona, E. e Lieber, C.S. (1990). "High blood alcohol levels in women: the role of decreased gastric alcohol dehydrogenase activity and first-pass metabolism", *New England Journal of Medicine*, 322, 95-99.
Friedland, R.P., Fritsch, T., Smyth, K.A., Koss, E., Lerner, A.J., Chen, C.H., Petot, G.J. e Debanne, S.M. (2001). "Patients with Alzheimer's disease have reduced activities in midlife compared with healthy control-group members", *Proc. Natl. Acad. Sci, USA*, 98, 3440-3445.
Friedman, M.J., Schnurr, P.P. e McDonagh-Coyle, A. (1994). "Post-traumatic stress disorder in the military veteran", *Psychiatric Clinics of North America*, 17, 265-277.
Friedman, M. e Rosenman, R.H. (1959). "Association of specific overt behavior patterns with blood and cardiovascular findings: blood cholesterol level, blood clotting time, incidence of arcus senilis and clinical coronary artery disease", *JAMA, Journal of the American Medical Association*, 169, 1286-1296.
Friedman, M., Breall, W.S., Goodwin, M.L., Sparagon, B.J., Ghandour, G. e Fleischmann, N. (1996). "Effect of Type A behavioral counseling on frequency of episodes of silent myocardial ischemia in coronary patients", *American Heart Journal*, 132(5), 933-937.
Friman, P.C., Allen, K.D., Kerwin, M.L.E. e Larzelere, R. (1993). "Changes in modern psychology", *American Psychology*, 48, 658-664.
Frosch, C.A., Mangelsdorf, S.C. e McHale, J.L. (2000). "Marital behavior and the security of preschooler-parent attachment relationships", *Journal of Family Psychology*, 14, 144-161.
Frumkin, B. e Ainsfield, M. (1977). "Semantic and surface codes in the memory of deaf children", *Cognitive Psychology*, 9, 475-493.
Funder, D.C. (1991). "Global traits: a neo-allportian approach to personality", *Psychological Science*, 2, 31-39.
Funder, D.C. (1995). "On the accuracy of personality judgment: a realistic approach", *Psychological Review*, 102(4), 652-670.
Furstenberg Jr., F.F. Brooks-Gunn, J. e Chase-Lansdale, L. (1989). "Teenaged pregnancy and childbearing", *American Psychologist*, 44, 313-320.
Gabrieli, J.D., Desmond, J.E., Bemb, J.B., Wagner, A.D., Stone, M.V., Vaidya, C.J. e Glover, G.H. (1996). "Functional magnetic resonance imaging of semantic memory processes in the frontal lobes", *Psychological Science*, 7, 278-283.
Gage, F.H. (2000, 25 fev.). "Mammalian neural stem cells", *Science*, 287, 1433-1438.
Galanter, M. (1984). "Self-help large-group therapy for alcoholism: a controlled study", *Alcoholism, Clinical and Experimental Research*, 8(1), 16-23.
Gallistel, C.R. (1981). "Bell, Magendie, and the proposals to restrict the use of animals in neurobehavioral research", *American Psychologist*, 36, 357-360.
Garb, H.N., Florio, C.M. e Grove, W.M. (1998). "The validity of the Rorschach and the Minnesota Multiphasic Personality Inventory: results from meta-analysis", *Psychological Science*, 9, 402-404.
Garbarino, J. (1999). *Lost boys: why our sons turn violent and how we can save them*. NY: Free Press.
Garber, H. e Heber, R. (1982). "Modification of predicted cognitive development in high risk children through early intervention." In: Detterman, D.K. e Sternberg, R.J. (eds.). *How and how much can intelligence be increased?*. Norwood, NJ: Ablex, p. 121-137.
Gardner, H. (1982). *Developmental psychology*. 2. ed. Boston: Little, Brown.
Gardner, H. (1983a). *Frames of mind: The theory of multiple intelligences*. Nova York: Basic Books.
Gardner, H. (1993). *Multiple intelligences: the theory in practice*. Nova York: Basic Books.
Garfield, S.L. (ed.) (1983). "Special section: meta-analysis and psychotherapy", *Journal of Consulting and Clinical Psychology*, 51, 3-75.

Garfinkel, P.E. e Garner, D.M. (1982). *Anorexia nervosa: a multidimensional perspective*. Nova York: Brunner/Mazel.
Gécz, J. e Mulley, J. (2000). "Genes for cognitive function: developments on the X", *Genome Research*, 10, 157-163.
Geen, R.G. (1998). "Aggression and antisocial behavior." In: Gilbert, D., Fiske, S.T. e Lindzey, G. (eds.). *Handbook of social psychology vol. 2*. 4. ed. Boston: McGraw-Hill, p. 317-356.
Gelman, D. (1990, 29 out.). "A fresh take on Freud", *Newsweek*, p. 84-86.
Gelman, D. (1994, 13 jun.). "Reliving the painful past", *Newsweek*, p. 20-22.
Gergen, K.J. (1973). "The codification of research ethics — views of a Doubting Thomas", *American Psychologist*, 28, 907-912.
Gershon, E.S. (1990). "Genetics." In: Goodwin, F.K. e Jamison, K.R. (eds.). *Manic depressive illness*. Nova York: Oxford University Press, p. 373-401.
Getzels, J.W. (1975). "Problem finding and the inventiveness of solutions", *Journal of Creative Behavior*, 9, 12-18.
Getzels, J.W. e Jackson, P. (1962). *Creativity and intelligence*. Nova York: Wiley.
Gilbert, D.T. e Malone, P.S. (1995). "The correspondence bias", *Psychological Bulletin*, 117, 21-38.
Gilbert, E.H. e DeBlassie, R.R. (1984). "Anorexia nervosa: adolescent starvation by choice", *Adolescence*, 19, 839-853.
Gilbert, L.A. (1994). "Current perspectives on dual-career families", *Current Directions in Psychological Science*, 3, 101-105.
Gilligan, C. (1982). *In a different voice: psychological theory and women's development*. Cambridge, MA: Harvard University Press.
Gilligan, C. (1992). *Joining the resistance: girls' development in adolescence*. Dissertação apresentada no encontro da American Psychological Association, Montreal.
Gilovich, T. (1991). *How we know what isn't so: the fallibility of human reason in everyday life*. Nova York: Free Press.
Ginsberg, H. (1972). *The myth of the deprived child*. Englewood Cliffs, NJ: Prentice Hall.
Glassman, A.H. e Koob, G.F. (1996). "Neuropharmacology. Psychoactive smoke", *Nature*, 379, 677-678.
Glenner, G.G. (1994). "Alzheimer's disease." In: *Encyclopedia of human behavior vol 1*. San Diego, CA: Academic Press, p. 103-111.
Goerge, R.M. e Lee, B.J. (1997). "Abuse and neglect of the children." In: Maynard, R. A. (ed.). *Kids having kids: economic costs and social consequences of teen pregnancy*. Washington, DC: Urban Institute Press, p. 205-230.
Gold, M.S. (1994). "The epidemiology, attitudes, and pharmacology of LSD use in the 1990s", *Psychiatric Annals*, 24, 124-126.
Goldberg, L.R. (1993). "The structure of phenotypic personality traits", *American Psychologist*, 48, 26-34.
Goldsmith, H.H. e Harman, C. (1994). "Temperament and attachment: Individuals and relationships", *Current Directions in Psychological Sciences*, 3(2), 53-57.
Goldstein, E.B. (1999). *Sensation and perception*. 5. ed. Pacific Grove, CA: Brooks-Cole.
Goldstein, I., Lue, T.F., Padma-Nathan, H., Rosen, R.C., Steers, W.D. e Wicker, P.A. (1998). "Oral sildenafil in the treatment of erectile dysfunction. Sildenafil study group", *New England Journal of Medicine*, 338, 1397-1404.
Goleman, D. (1996, 26 fev.). "Studies suggest older minds are stronger than expected", *New York Times*.
Goleman, D. (1997). *Emotional intelligence*. Nova York: Bantam Books.
Golomb, J., Kluger, A., Leon, M.J. de, Ferris, S.H., Convit, A., Mittelman, M.S., Cohen, J., Rusinek, H., DeSanti, S. e George, A.E. (1994). "Hippocampal formation size in normal human aging: a correlate of delayed secondary memory performance", *Learning e Memory*, 1, 45-54.
Goode, E. (2000a, 8 ago.). "How culture molds habits of thought", *New York Times*, p. D1, D4.
Goode, E. (2000b, 14 mar.). "Human nature: born or made?", *New York Times*, p. F1, F9.
Goode, E. (2000c, 19 maio). "Scientists find a particularly female response to stress", *New York Times*. Disponível no site www.nytimes.com.
Goode, E. (2000d, 1 fev.). "Viewing depression as a tool for survival", *New York Times*, p. D7.
Gopnik, A. (1996). "The post-Piaget era", *Psychological Science*, 7(4), 221-225.
Gopnik, A., Neltzoff, A.N. e Kuhl, P. (1999). *The scientist in the crib: Minds, brains and how children learn*. Nova York: William Morrow.
Gordis, E. (1996). "Alcohol research: at the cutting edge", *Archives of General Psychiatry*, 53, 199-201.
Gose, B. (1997, 24 out.). "Colleges try to curb excessive drinking by saying moderation is okay", *Chronicle of Higher Education*, p. A61-A62.

Gosling, S.D. e John, O.P. (1999). "Personality dimensions in non-human animals: a cross-species review", *Current Directions in Psychological Science*, 8, 69-75.

Gottesman, I.I. (1991). *Schizophrenia genesis: the origins of madness*. Nova York: Freeman.

Gouzoulis-Mayfrank, E., Daumann, J., Tuchtenhagen, F., Pelz, S., Becker, S., Kunert, H.J., Fimm, B. e Sass, H. (2000). "Impaired cognitive performance in drug free users of recreational ecstasy (MDMA)", *Journal of Neurology, Neurosurgery and Psychiatry*, 68, 719-725.

Grady, D. (1997, 21 mar.). "Importance of a sleep disorder is played down in a British study", *New York Times*, p. A15.

Graham, K. (1997). *Personal history*. Nova York: Knopf.

Graham, S. (1992). "Most of the subjects were white and middle class", *American Psychologist*, 47, 629-639.

Grandey, A.A. (2000). "Emotional regulation in the workplace: a new way to conceptualize emotional labor", *Journal of Occupational Health Psychology*, 5, 95-110.

Green, J.P. e Lynn, S.J. (2000). "Hypnosis and suggestion-based approaches to smoking cessation: an examination of the evidence", *International Journal of Clinical e Experimental Hypnosis* [Número especial: *The status of hypnosis as an empirically validated clinical intervention*], 48, 195-224.

Greene, R.L. (1987). "Effects of maintenance rehearsal on human memory", *Psychological Bulletin*, 102, 403-413.

Greenfield, P.M. e Smith, J.H. (1976). *The structure of communication in early language development*. Nova York: Academic Press.

Greenwald, A.G. e Banaji, M.R. (1995). "Implicit social cognition: attitudes, self-esteem, and stereotypes", *Psychological Review*, 102, 4-27.

Greenwald, A.G. (1992). "New look 3: unconscious cognition reclaimed", *American Psychologist*, 47, 766-779.

Greenwald, A.G., Spangenberg, E.R., Pratkanis, A.R. e Eskenazi, J. (1991). "Double-blind tests of subliminal self-help audiotapes", *Psychological Science*, 2, 119-122.

Griffiths, R.A. e Channon-Little, L.D. (1995). "Dissociation, dieting disorders and hypnosis: a review. European Eating Disorders Review" [Número especial: *Dissociation and the eating disorders*], 3, 148-159.

Grinker, R.R. e Spiegel, J.P. (1945). *War neurosis*. Filadélfia: Blakiston.

Grinspoon, L., Ewalt, J.R. e Shader, R.I. (1972). *Schizophrenia: Pharmacotherapy and psychotherapy*. Baltimore: Williams e Wilkins.

Gruber, H.E. e Wallace, D.B. (2001). "Creative work: the case of Charles Darwin", *American Psychologist*, 56, 346-349.

Guérin, D. (1994). *Fussy infants at risk*. Dissertação apresentada no encontro da American Psychological Association, Los Angeles.

Guilford, J.P. (1967). *The nature of human intelligence*. Nova York: McGraw-Hill.

Gunne, L.M. e Anggard, E. (1972). *Pharmical kinetic studies with amphetamines — relationship to neuropsychiatric disorders*. International Symposium on Pharmical Kinetics, Washington, DC.

Gurvits, T.V., Gilbertson, M.W., Lasko, N.B., Orr, S.P. e Pitman, R.K. (1997). "Neurological status of combat veterans and adult survivors of sexual abuse PTSD", *Annals of the New York Academy of Sciences*, 821, 468-471.

Guthrie, R. (1976). *Even the rat was white*. Nova York: Harper & Row.

Guzder, J., Paris, J., Zelkowitz, P. e Marchessault, K. (1996). "Risk factors for borderline personality in children", *Journal of the American Academy of Child and Adolescent Psychiatry*, 35, 26-33.

Gwirtsman, H.E. (1984). "Bulimia in men: report of three cases with neuro-endocrine findings", *Journal of Clinical Psychiatry*, 45, 78-81.

Haberlandt, K. (1997). *Cognitive psychology*. Boston: Allyn e Bacon.

Hack, M., Breslau, N., Weissman, B., Aram, D., Klein, N. e Borawski, E. (1991). "Effect of very low birth weight and subnormal head size on cognitive abilities at school age", *New England Journal of Medicine*, 325, 231-237.

Haefele, J.W. (1962). *Creativity and innovation*. Nova York: Reinhold.

Haines, M. e Spear, S.F. (1996). "Changing the perception of the norm: a strategy to decrease binge drinking among college students", *Journal of American College Health*, 45, 134-140.

Hall, C.C.I. (1997). "Cultural malpractice: the growing obsolescence of psychology with the changing U.S. population", *American Psychologist*, 52, 642-651.

Hall, G.S. (1904). *Adolescence: its psychology and its relations to physiology, anthropology, sex, crime, religion and education vol. 1*. Nova York: Appleton-Century-Crofts.

Hall, J.A. (1984). *Nonverbal sex differences: communication accuracy and expressive style*. Baltimore: Johns Hopkins University Press.

Halpern, D.F. (1997). "Sex differences in intelligence: implications for education", *American Psychologist*, 52, 1091-1102.

Halpern, D.F. (1992). *Sex differences in cognitive abilities*. 2. ed. Hillsdale, NJ: Erlbaum.

Hameroff, S.R., Kaszniak, A.W. e Scott, A.C. (eds.). (1996). *Toward a science of consciousness: the first Tucson discussions and debates*. Cambridge, MA: MIT Press.

Hammen, C.L. (1985). "Predicting depression: a cognitive-behavioral perspective." In: Kendall, P. (ed.). *Advances in cognitive-behavioral research and therapy vol. 4*. Nova York: Academic Press, p. 29-71.

Hammen, C., Gitlin, M. e Altshuler, L. (2000). "Predictors of work adjustment in bipolar I patients. A naturalistic longitudinal follow-up", *Journal of Consulting & Clinical Psychology*, 68, 220-225.

Hampson, E. e Kimura, D. (1992). "Sexual differentiation and hormonal influences on cognitive function in humans." In: Becker, J.B., Breedlove, S.M. e Crews, D. (eds.). *Behavioral endocrinology*. Cambridge, MA: MIT Press.

Hampson, J. e Nelson, K. (1993). "The relation of maternal language to variation in rate and style of language acquisition", *Journal of Child Language*, 20, 313-342.

Hansel, C.E. (1969). "ESP: deficiencies of experimental method", *Nature*, 221, 1171-1172.

Hansen, W.B. (1993). "School-based alcohol prevention programs", *Alcohol, Health and Research World*, 17, 54-60.

Hansen, W.B. e Graham, J.W. (1991). "Preventing alcohol, marijuana, and cigarette use among adolescents: peer pressure resistance training versus establishing conservative norms", *Preventive Medicine*, 20, 414-430.

Harburg, E., Gleiberman, L., DiFranceisco, W., Schork, A. e Weissfeld, L.A. (1990b). "Familial transmission of alcohol use: III. Impact of imitation/non-imitation of parent alcohol use (1960) on the sensible/problem drinking of their offspring (1977)", *British Journal of Addiction*, 85, 1141-1155.

Hare, R.D. (1983). "Diagnosis of antisocial personality disorder in two prison populations", *American Journal of Psychiatry*, 140, 887-890.

Hare, R.D. (1993). *Without conscience: the disturbing world of the psychopaths among us*. Nova York: Pocket Books.

Harlow, H.F. (1949). "The formation of learning sets", *Psychological Review*, 56, 51-65.

Harlow, H.F. (1958). "The nature of love", *American Psychologist*, 13, 673-685.

Harlow, H.F. e Zimmerman, R.R. (1959). "Affectional responses in the infant monkey", *Science*, 130, 421-432.

Harrell, R.F., Woodyard, E. e Gates, A.I. (1955). *The effect of mother's diet on the intelligence of the offspring*. Nova York: Teacher's College, Columbia Bureau of Publications.

Harris, J.R. (1998). *The nurture assumption: why children turn out the way they do*. Nova York: Free Press.

Harris, J.R. e Liebert, R.M. (1991). *The child: A contemporary view of development*. 3. ed. Englewood Cliffs, NJ: Prentice Hall.

Harris, M. e Rosenthal, R. (1985). "Mediation of the interpersonal expectancy effect: a taxonomy of expectancy situations." In: Blanck, P. (ed.). *Interpersonal expectations: theory, research, and application*. Paris: Cambridge University Press, p. 350-378.

Hart, B. e Risley, T.R. (1995). *Meaningful differences in the everyday experience of young American children*. Baltimore: Brookes.

Hartmann, E. (1983). "Two case reports: night terrors with sleepwalking — a potentially lethal disorder", *Journal of Nervous & Mental Disease*, 171, 503-505.

Harvey, J.H. e Miller, E.D. (1998). "Toward a psychology of loss", *Psychological Science*, 9, 429-434.

Harvey, J.H. e Pauwells, B.G. (1999). "Recent developments in close-relationships theory", *Current Directions in Psychological Science*, 8, 93-95.

Hathaway, S.R. e McKinley, J.C. (1942). "A multiphasic personality schedule (Minnesota): III. The measurement of symptomatic depression", *Journal of Psychology*, 14, 73-84.

Hauri, P. (1982). *Sleep disorders*. Kalamazoo, MI: Upjohn.

Hay, M.S. e Ellig, T.W. (1999). "The 1995 Department of Defense sexual harassment survey: overview and methodology", *Military Psychology* [Número especial: *Sexual harassment*], 11, 233-242.

Hazan, C. e Shaver, P. (1987). "Romantic love conceptualized as attachment process", *Journal of Personality and Social Psychology*, 52, 511-524.

Hearst, E. (1975). "The classical-instrumental distinction: reflexes, voluntary behavior, and categories of associative learning." In: Estes, W.K. (ed.). *Handbook of learning and cognitive processes: vol. 2. conditioning and behavior theory*. Hillsdale, NJ: Erlbaum.

Heath, A.C., Cloninger, C.R. e Martin, N.G. (1994). "Testing a model for the genetic structure of personality: a comparison of the personality systems of Cloninger and Eysenck", *Journal of Personality and Social Psychology*, 66, 762-775.

Heath, A.C. e Martin, N.G. (1993). "Genetic models for the natural history of smoking: evidence for a genetic influence on smoking persistence", *Addictive Behavior*, 18, 19-34.

Heath, R.C. (1972). "Pleasure and brain activity in man", *Journal of Nervous and Mental Disease*, 154, 3-18.

Heatherton, T.F. e Baumeister, R.F. (1991). "Binge eating as escape from self-awareness", *Psychological Bulletin*, 110, 86-108.

Hebb, D.O. (1955). "Drives and the CNS (conceptual nervous system)", *Psychological Review*, 62, 243-254.

Heber, R., Garber, H., Harrington, S. e Hoffman, C. (1972). *Rehabilitation of families at risk for mental retardation*. Madison: University of Wisconsin, Rehabilitation Research and Training Center in Mental Retardation.

Hechtman, L. (1989). "Teenage mothers and their children: risks and problems: a review", *Canadian Journal of Psychology*, 34, 569-575.

Hedges, L.V. e Nowell, A. (1995). "Sex differences in mental test scores, variability, and numbers of high-scoring individuals", *Science*, 269, 41-45.

Heider, E.R. (1972). "Universals in color naming and memory", *Journal of Experimental Psychology*, 93, 10-20.

Heider, E.R. e Oliver, D.C. (1972). "The structure of the color space in naming and memory in two languages", *Cognitive Psychology*, 3, 337-354.

Heider, F. (1958). *The psychology of interpersonal relations*. Nova York: Wiley.

Helgesen, S. (1998). "Everyday revolutionaries: working women and the transformation of American life", Nova York: Doubleday.

Hellige, J.B. (1990). "Hemispheric asymmetry", *Annual Review of Psychology*, 41, 55-80.

Hellige, J.B. (1993). *Hemispheric asymmetry: what's right and what's left*. Cambridge, MA: Harvard University Press.

Helmreich, R. e Spence, J. (1978). "The work and family orientation questionnaire: an objective instrument to assess components of achievement motivation and scientific attainment. *Personality and Social Psychology Bulletin*, 4, 222-226.

Helms, J.E. (1992). "Why is there no study of cultural equivalence in standardized cognitive ability testing?", *American Psychologist*, 47, 1083-1101.

Helms, J.E., e Cook, D.A. (1999). *Using race and culture in counseling and psychotherapy: theory and process*. Needham Heights, MA: Allyn e Bacon.

Hendrick, S., e Hendrick, C. (1992). *Liking, loving and relating*. 2. ed. Pacific Grove, CA: Brooks/Cole.

Henriques, J.B. e Davidson, R.J. (1990). "Regional brain electrical asymmetries discriminate between previously depressed and healthy control subjects", *Journal of Abnormal Psychology*, 99, 22-31.

Henry, J.A., Alexander, C.A. e Sener, E.K. (1995). "Relative mortality from overdose of antidepressants",. *British Medical Journal*, 310, 221-224.

Henry, S. (1996, 7 mar.). "Keep your brain fit for life. Parade Magazine", p. 8-11.

Herek, G.M. (2000). "The psychology of sexual prejudice", *Current Directions in Psychological Science*, 9, 19-22.

Herrnstein, R.J. e Murray, C. (1994). *The bell curve*. Nova York: Free Press.

Hersher, L. (ed.) (1970). *Four psychotherapies*. Nova York: Appleton-Century-Crofts.

Herzog, H.A. (1995). "Has public interest in animal rights peaked?, *American Psychologist*, 50, 945-947.

Hetherington, E.M., Bridges, M. e Insabella, G.M. (1998). "What matters? What does not? Five perspectives on the association between marital transitions and children's adjustment", *American Psychologist*, 53, 167-184.

Hewstone, M., Islam, M.R. e Judd, C.M. (1993). "Models of cross categorization and intergroup relations", *Journal of Personality and Social Psychology*, 64, 779-793.

Hilgard, E.R., Hilgard, J.R. e Kaufmann, W. (1983). *Hypnosis in the relief of pain*. 2. ed. Los Altos, CA: Kaufmann.

Hill, C.E., Zack, J.S., Wonnell, T.L., Hoffman, M.A., Rochlen, A.B., Goldberg, J.L., Nakayama, E.Y., Heaton, K.J., Kelly, F.A., Eiche, K., Tomlinson, M.J. e Hess, S. (2000). "Structured brief therapy with a focus on dreams or loss for clients with troubling dreams and recent loss", *Journal of Counseling Psychology*, 47, 90-101.

Hilton, J. e Von Hipple, W. (1996). "Stereotypes", *Annual Review of Psychology*, 47, 237-271.

Hobson, J.A. (1994). *The chemistry of conscious states: how the brain changes its mind*. Boston: Little, Brown.

Hochberg, J. (1978). *Perception*. 2. ed. Englewood Cliffs, NJ: Prentice Hall.

Hochschild, A.R. (1983). *The managed heart*. Berkeley: University of California Press.

Hochschild, A. e Machung, A. (1989). *The second shift: working parents and the revolution at home*. Nova York: Viking.

Hoffman, H.S. e DePaulo, P. (1977). "Behavioral control by an imprinting stimulus", *American Scientist*, 65, 58-66.

Hoffman, M. (1991). "Unraveling the genetics of fragile X syndrome", *Science*, 252, 1070.

Hoffman, M.L. (1977). "Personality and social development", *Annual Review of Psychology*, 28, 295-321.

Hoffrage, U., Hertwig, R. e Gigerenzer, G. (2000). "Hindsight bias: a by-product of knowledge updating?", *Journal of Experimental Psychology: Learning, Memory & Cognition*, 26, 566-581.

Hogan, R., Hogan, J. e Roberts, B.W. (1996). "Personality measurement and employment decisions: questions and answers", *American Psychologist*, 51(5), 469-477.

Holden, C. (2000). "Asia stays on top, U.S. in middle in new global rankings", *Science*, 290, 1866.

Holland, C.A. e Rabbitt, P.M.A. (1990). "Aging memory: use versus impairment", *British Journal of Psychology*, 82, 29-38.

Hollister, L.E. (1986). "Health aspects of cannibis", *Pharmacological Reviews*, 38, 1-20.

Holmbeck, G.N. (1994). "Adolescence." In: *Encyclopedia of human behavior vol. 1*. San Diego, CA: Academic Press, p. 17-28.

Hopkins, B. e Westra, T. (1989). "Maternal expectations of their infants' development: some cultural differences", *Developmental Medicine and Child Neurology*, 31(3), 384-390.

Hopkins, B. e Westra, T. (1990). "Motor development, maternal expectation, and the role of handling", *Infants Behavior and Development*, 13, 117-122.

Hoptman, M.J. e Davidson, R.J. (1994). "How and why do the two cerebral hemispheres interact?", *Psychological Bulletin*, 116, 195-219.

Horn, J. (1983). "The Texas Adoption Project: adopted children and their intellectual resemblance to biological and adoptive parents", *Child Development*, 54, 268-275.

Horney, K. (1937). *The neurotic personality of our time*. Nova York: Norton.

Howard, R.C. (1999). "Treatment of anxiety disorders: does specialty training help?", *Professional Psychology: Research e Practice*, 30, 470-473.

Hoyert, D.L., Kochanek, K.D. e Murphy, S.L. (1999). "Deaths: final data for 1997", *National Vital Statistics Reports*, 47(9). Hyattsville, MD: National Center for Health Statistics.

Hsu, L.K. (1996). "Epidemiology of the eating disorder", *Psychiatric Clinics of North America*, 19(4), 681-700.

Huang, T. (1998, 3 fev.). "Weathering the storms", *Charlotte Observer*, p. 1-2E.

Hubel, D.H. (1963). "The visual cortex of the brain", *Scientific American*, 209, 54-62.

Hubel, D.H. e Livingstone, M.S. (1990). "Color and contrast sensitivity in the lateral geniculate body and primary visual cortex of the macaque monkey", *Journal of Neuroscience*, 10, 2223-2237.

Huebner, A.M., Garrod, A. e Snarey, J. (1990). *Moral development in Tibetan Buddhist monks: a cross-cultural study of adolescents and young adults in Nepal*. Dissertação apresentada no encontro da Society for Research in Adolescence, Atlanta, GA.

Hunt, E., Streissguth, A.P., Kerr, B. e Olson, H.C. (1995). "Mothers' alcohol consumption during pregnancy: effects on spatial-visual reasoning in 14-year-old children", *Psychological Science*, 6(6), 339-342.

Hunt, M. (1994). *The story of psychology*. Nova York: Anchor/Random House.

Huston, A.C., Watkins, B.A. e Kunkel, D. (1989). "Public policy and children's television", *American Psychologist*, 44, 424-433.

Hyde, J.S. (1984a). "Children's understanding of sexist language", *Developmental Psychology*, 20, 697-706.

Hyde, J.S. (1984b). "How large are gender differences in aggression? A developmental meta-analysis", *Developmental Psychology*, 20, 722-736.

Hyde, J.S. e Linn, M.C. (1988). "Gender differences in verbal ability: a meta-analysis", *Psychological Bulletin*, 104, 53-69.

Hyde, J.S., Fennema, E. e Lamon, S.J. (1990). "Gender differences in mathematics performance: a meta-analysis", *Psychological Bulletin*, 107, 139-155.

Iacobucci, D. e McGill, A.L. (1990). "Analysis of attribution data: theory testing and effects estimation", *Journal of Personality and Social Psychology*, 59(3), 426-441.

Inciardi, J.A. e Harrison, L.D. (1998). *Heroin in the age of crack cocaine*. Thousand Oaks, CA: Sage.

Inciardi, J.A., Surratt, H.L. e Saum, C.A. (1997). *Cocaine-exposed infants: social, legal, and public health issues*. Thousand Oaks, CA: Sage.

Irvine, A.B., Biglan, A., Smolkowski, K., Metzler, C.W. e Ary, D.V. (1999). "The effectiveness of a parenting skills program for parents of middle school students in small communities", *Journal of Consulting e Clinical Psychology*, 67, 811-825.

Isen, A.M. e Levin, P.F. (1972). "The effect of feeling good on helping: Cookies and kindness", *Journal of Personality and Social Psychology, 21*, 384-388.

Ito, T.A., Miller, N. e Pollock, V. (1996). "Alcohol and aggression: a meta-analysis on the moderating effects of inhibitory cues, triggering events, and self-focused attention", *Psychological Bulletin, 120*, 60-82.

Iwamasa, G.Y. e Smith, S.K. (1996). "Ethnic diversity in behavioral psychology: a review of the literature", *Behavioral Modification, 20*, 45-59.

Izard, C.E. (1992). "Basic emotions, relations among emotions, and emotion-cognition relations", *Psychological Review, 99*, 561-565.

Izard, C.E. (1971). *The face of emotion*. Nova York: Appleton-Century-Crofts.

Izard, C.E. (1980). "Cross-cultural perspectives on emotion and emotion communication." In: Triandis, H.C. e Lonner, W.J. (eds.). *Handbook of cross-cultural psychology vol. 3*. Boston: Allyn e Bacon.

Izard, C.E. (1994). "Innate and universal facial expressions: evidence from developmental and cross-cultural research", *Psychological Bulletin, 115*(2), 288-299.

Jacobs, G.H. (1993). "The distribution and nature of color vision among the mammals", *Biological Review of the Cambridge Philosophical Society, 68*, 413-471.

Jacobsen, P.B., Bovbjerg, D.H., Schwartz, M.D. e Andrykowski, M.A. (1994). "Formation of food aversions in patients receiving repeated infusions of chemotherapy", *Behaviour Research & Therapy, 38*, 739-748.

James, L. e Nahl, D. (2000). *Road rage and aggressive driving: steering clear of highway warfare*. Amherst, NY: Prometheus.

James, W. (1890). *The principles of psychology*. Nova York: Holt.

Jang, K.L., Livesley, W.J. e Vernon, P.A. (1996). "Heritability of the big five personality dimensions and their facets: a twin study", *Journal of Personality, 64*, 577-591.

Jang, K.L., Livesley, W.J., McCrae, R.R., Angleitner, A. e Riemann, R. (1998). "Heritability of facet-level traits in a cross-cultural twin sample: Support for a hierarchical model of personality", *Journal of Personality and Social Psychology, 74*, 1556-1565.

Janis, I. (1982). *Groupthink: Psychological studies of policy decisions and fiascoes*. 2. ed. Boston: Houghton Mifflin.

Janis, I.L., Mahl, G.G. e Holt, R.R. (1969). *Personality: dynamics, development and assessment*. Nova York: Harcourt Brace Jovanovich.

Janofsky, M. (1994, 13 dez.). "Survey reports more drug use by teenagers", *New York Times*, p. A1.

Janos, P.M. e Robinson, N.M. (1985). "Psychosocial development in intellectually gifted children." In: Horowitz, F.D. e O'Brien, M. (eds.). *Gifted and talented: developmental perspectives*. Washington, DC: American Psychological Association, p. 149-195.

Jaynes, G.D. e Williams, R.M. (eds.). (1989). *Common destiny: blacks and American society*. Washington, DC: National Academy Press.

Jaynes, J.H. e Wlodkowski, R.J. (1990). *Eager to learn: helping childrenbecome motivated and love learning*. São Francisco: Jossey-Bass.

Jenkins, L. (2000). *Biolinguistics*. Cambridge, England: Cambridge University Press.

Jensen, A.R. (1969). "How much can we boost IQ and scholastic achievement?", *Harvard Educational Review, 39*, 1-123.

Johnson, D. (1990). "Can psychology ever be the same again after the human genome is mapped?", *Psychological Science, 1*, 331-332.

Johnson, D.M. e Erneling, C.A. (eds.). (1997). *The future of the cognitive revolution*. Nova York: Oxford University Press.

Johnson, D.W., Johnson, R.T. e Maruyama, G. (1984). "Effects of cooperative learning: a meta-analysis." In: Miller, N. e Brewer, M.B. (eds.). *Groups in contact: the psychology of desegregation*. Nova York: Academic Press, p. 187-212.

Johnson, E.S., Levine, A. e Doolittle, F. (1999). *Fathers' fair share: Helping poor men manage child support and fatherhood*. Nova York: Russell Sage.

Johnson, H.G., Ekman, P. e Friesen, W.V. (1975). "Communicative body movements: American emblems", *Semiotica, 15*, 335-353.

Johnson-Greene, D., Adams, K.M., Gilman, S., Kluin, K.J., Junck, L., Martorello, S. e Heumann, M. (1997). "Impaired upper limb coordination in alcoholic cerebellar degeneration", *Archives of Neurology, 54*, 436-439.

Jones, C.J. e Meredith, W. (2000). "Developmental paths of psychological health from early adolescence to later adulthood", *Psychology & Aging, 15*, 351-360.

Jones, C.P. e Adamson, L.B. (1987). "Language use and mother-child-sibling interactions", *Child Development, 58*, 356-366.

Jones, F.D. e Koshes, R.J. (1995). "Homosexuality and the military", *American Journal of Psychiatry, 152*, 16-21.

Jones, M.A. e Krisberg, B. (1994) *Images and reality: juvenile crime, youth violence, and public policy*. São Francisco, CA: National Council on Crime and Delinquency.

Jones, M.C. (1924). "Elimination of children's fears", *Journal of Experimental Psychology, 7*, 381-390.

Junginger, J. (1997). "Fetishism." In: Laws, D.R. e O'Donohue, W.T. (eds.). *Handbook of sexual deviance: theory and application*. Nova York: Guilford.

Kadotani, H., Kadotani, T., Young, T., Peppard, P.E., Finn, L., Colrain, I.M., Murphy, G.M. e Mignot, E. (2001). "Association between apolipoprotein E C 4 and sleep-disordered breathing in adults", *Journal of the American Medical Association, 285*, 2888-2890.

Kagan, J. (1989). "Temperamental contributions to social behavior", *American Psychologist, 44*(4), 668-674.

Kagan, J. (1994, 5 out.). "The realistic view of biology and behavior." *Chronicle of Higher Education*.

Kagan, J. e Snidman, N. (1991). "Infant predictors of inhibited and uninhibited profiles", *Psychological Science, 2*(1), 40-44.

Kagan, J., Arcus, D. e Snidman, N. (1993). "The idea of temperament: where do we go from here?" In: Plomin, R. e McClearn, G.E. (eds.). *Nature, nurture, and psychology*. Washington, DC: American Psychological Association.

Kagan, J., Reznick, J.S., Snidman, N., Gibbons, J. e Johnson, M.O. (1988). "Childhood derivatives of inhibition and lack of inhibition to the unfamiliar", *Child Development, 59*, 1580-1589.

Kagitcibasi, C. (1997). "Individualism and collectivism." In: Berry, J.W., Poortinga, Y.H. e Kirpatrick, J. (eds.). *Person, self, and experience: exploring pacific ethnopsychologies*. Berkeley: University of California Press, p. 3-32.

Kahneman, D. e Tversky, A. (1996). "On the reality of cognitive illusions", *Psychological Review, 103*(3), 582-591.

Kalat, J.W. (1988). *Biological psychology* 3. ed. Belmont, CA: Wadsworth.

Kales, J.D., Kales, A., Soldatos, C.R., Caldwell, A.B., Charney, D.S. e Martin, E.D. (1980). "Night terrors: clinical characteristics and personality patterns", *Archives of General Psychiatry, 137*, 1413-1417.

Kamin, L.J. (1969). "Selective association and conditioning." In: Mackintosh, N.J. e Honig, W.K. (eds.). *Fundamental issues in associative learning*. Halifax: Dalhousie University Press.

Kaminski, M. (1999). T"he team concept: a worker-centered alternative to lean production", *APA Public Interest Directorate*. Disponível no site www.apa.org/pi/wpo/niosh/abstract22.html.

Kane, J. e Lieberman, J. (1992). *Adverse effects of psychotropic drugs*. Nova York: Guilford Press.

Kantrowitz, B., Rosenberg, D., Rogers, P., Beachy, L. e Holmes, S. (1993, 1 nov.). "Heroin makes an ominous comeback", *Newsweek*.

Kaplan, C.A. e Simon, H.A. (1990). "In search of insight", *Cognitive Psychology, 22*, 374-419.

Kashima, Y. e Triandis, H.C. (1986). "The self-serving bias in attributions as a coping strategy: a cross-cultural study", *Journal of Cross-Cultural Psychology, 17*, 83-98.

Kassebaum, N.L. (1994). "Head Start: only the best for America's children", *American Psychologist, 49*, 123-126.

Kassin, S.M., Tubb, V.A., Hosch, H.M. e Memon, A. (2001). "Cases of wrongful conviction often contain erroneous testimony by eyewitnesses. Experts agree that the current state of the literature strongly supports 7 conclusions about the accuracy of eyewitness identification". *American Psychologist, 56*, 405-416

Katz, R. e McGuffin, P. (1993). "The genetics of affective disorders." In: Fowles, D. (ed.). *Progress in experimental personality and psychopathology research*. Nova York: Springer.

Kaufman, L. (1979). *Perception: the world transformed*. Nova York: Oxford University Press.

Keck, J.O., Staniunas, R.J., Coller, J.A., Barrett, R.C. e Oster, M.E. (1994). "Biofeedback training is useful in fecal incontinence but disappointing in constipation", *Disorders of the Colon and Rectum, 37*, 1271-1276.

Keller, M.B., McCullough, J.P., Klein, D.N., Arnow, B., Dunner, D.L., Gelenberg, A.J., Markowitz, J.C., Nemeroff, C.B., Russell, J.M., Thase, M.E., Trivedi, M.H., Zajecka, J., Blalock, J.A., Borian, F.E., DeBattista, C., Fawcett, J., Hirschfeld, M.A., Jody, D.N., Keitner, G., Kocsis, J.H., Koran, L.M., Kornstein, R.M, Miller, I., Ninan, P.T., Rothbaum, B., Rush, A.J., Schatzberg, A.F. e Vivian, D. (2000). "A comparison of Nefazodone, the cognitive behavioral-analysis system of psychotherapy, and their combination for the treatment of chronic depression", *New England Journal of Medicine, 342*, 1462-1470.

Kelley, H.H. (1967). "Attribution theory in social psychology." In: Levine, D. (ed.). *Nebraska Symposium on Motivation*. Lincoln: University of Nebraska Press.

Kelly, J.B. (1982). "Divorce: The adult perspective." In: Wolman, B.B. (ed.). *Handbook of developmental psychology.*. Englewood Cliffs, NJ: Prentice Hall, p. 734-750.

Kelly, K. e Dawson, L. (1994). "Sexual orientation", *Encyclopedia of human behavior Vol. 4*. San Diego, CA: Academic Press, p. 183-192.

Kelman, H.C. (1974). "Attitudes are alive and well and gainfully employed in the sphere of action", *American Psychologist, 230*, 310-324.

Kendler, K.S., Neale, M.C., Kessler, R.C., Heath, A.C. e Eaves, L.J. (1992). "Generalized anxiety disorder in women: a population-based twin study", *Archives of General Psychiatry, 49*, 267-272.

Kernis, M.H. e Wheeler, L. (1981). "Beautiful friends and ugly strangers: radiation and contrast effects in perception of same-sex pairs", *Personality and Social Psychology Bulletin, 7*, 617-620.

Kessler, R.C. (1979). "Stress, social status, and psychological distress", *Journal of Health and Social Behavior, 20*, 259-272.

Kessler, R.C., McGonagle, K.A., Zhao, S., Nelson, C.R., Highes, M., Eshleman, S., Wittchen, H. e Kendler, K.S. (1994). "Lifetime and 12-month prevalence of DSM-III-R psychiatric disorders in the United States: results from the National Comorbidity Survey", *Archives of General Psychiatry, 51*, 8-19.

Kessler, R.C., Price, R.H. e Wortman, C.B. (1985). "Social factors in psychopathology: stress, social support, and coping processes", *Annual Review of Psychology, 36*, 531-572.

Kessler, R.C., Sonnega, A., Bromet, E., Hughes, M. e Nelson, C.B. (1995). "Post-traumatic stress disorder in the national Comorbidity Survey", *Archives of General Psychiatry, 52*, 1057.

Khan, A. (1993). "Electroconvulsive therapy: second edition", *Journal of Nervous and Mental Disease, 181*(9).

Kiesler, C.A. e Simpkins, C.G. (1993). *The unnoticed majority in psychiatric inpatient care*. Nova York: Plenum.

Kilpatrick, D.G., Acierno, R., Saunders, B., Resnick, H.S., Best, C.L. e Schnurr, P.P. (2000). "Risk factors for adolescent substance abuse and dependence: data from a national sample", *Journal of Consulting e Clinical Psychology, 68*, 19-30.

Kimberg, D.Y., D'Esposito, M.D. e Farah, M.J. (1997). "Cognitive functions in the prefrontal cortex-working memory and executive control", *Current Directions in Psychological Science, 6*, 185-192.

Kimmel, D.C. (1974). *Adulthood and aging*. Nova York: Wiley.

Kimura, D. e Hampson, E. (1994). "Cognitive pattern in men and women is influenced by fluctuations in sex hormones", *Current Directions in Psychological Science, 3* (2), 57-61.

Kingstone, A., Enns, J.T., Mangun, G.R. e Gazzaniga, M.S. (1995). "Right-hemisphere memory superiority: studies of a split-brain patient", *Psychological Science, 6*, 118-121.

Kinsey, A.C., Pomeroy, W.B. e Martin, C.E. (1948). *Sexual behavior in the human male*. Filadélfia: Saunders.

Kinsey, A.C., Pomeroy, W.B., Martin, C.E. e Gebhard, P.H. (1953). *Sexual behavior in the human female*. Filadélfia: Saunders.

Kirsch, I., Montgomery, G. e Saperstein, G. (1995). "Hypnosis as an adjunct to cognitive behavioral psychotherapy: a meta analysis", *Journal of Consulting and Clinical Psychology, 63*, 214-220.

Kish, S.J., Furukawa, Y., Ang, L., Vorce, S.P. e Kalasinsky, K.S. (2000). "Striatal serotonin is depleted in brain of a human MDMA (ecstasy) user", *Neurology, 55*, 294-296.

Kissane, D.W., Bloch, S., Miach, P., Smith, G.C., Seddon, A. e Keks, N. (1997). "Cognitive-existential group therapy for patients with primary breast cancer-techniques and themes", *Psychooncology, 6*(1), 25-33.

Klatzky, R.L. (1980). *Human memory: structures and processes*. 2. ed. São Francisco: Freeman.

Kleim, J.A., Vij, K., Ballard, D.H. e Greenough, W.T. (1997). "Learning-dependent synaptic modifications in the cerebellar cortex of the adult rat persist for at least four weeks", *Journal of Neuroscience, 17*, 717-721.

Kleinmuntz, D.N. (1991). "Decision making for professional decision makers", *Psychological Science, 2*, 135, 138-141.

Klerman, G.L., Weissman, M.M., Markowitz, J.C., Glick, I., Wilner, P.J., Mason, B. e Shear, M.K. (1994). "Medication and psychotherapy." In: Bergin, A.E. e Garfield, S.L. (eds.). *Handbook of psychotherapy and behavior change*. 4. ed.. Nova York: Wiley, p. 734-782.

Kling, K.C., Hyde, J.S., Showers, C.J. e Buswell, B.N. (1999). "Gender differences in self-esteem: a meta-analysis", *Psychological Bulletin, 125*, 470-500.

Klingenspor, B. (1994). "Gender identity and bulimic eating behavior", *Sex Roles, 31*, 407-432.

Klinger, E. (1990). *Daydreaming: using waking fantasy and imagery for self-knowledge and creativity*. Nova York: J.P. Tarcher.

Kluegel, J.R. (1990). "Trends in white's explanations of the black-white gap in socioeconomic status, 1977-89", *American Sociological Review, 55*, 512-525.

Knight, G.P., Fabes, R.A. e Higgins, D.A. (1996). "Concerns about drawing causal inferences from meta-analyses: an example in the study of gender differences in aggression", *Psychological Bulletin, 119*(3), 410-421.

Knutson, J.R. (1995). "Psychological characteristics of maltreated children: putative risk factors and consequences", *Annual Review of Psychology, 46*, 401-431.

Kobasa, S.C. (1979). "Stressful life events, personality, and health: an inquiry into hardiness", *Journal of Personality and Social Psychology, 37*, 1-11.

Koenig, H.G. (1997). *Is religion good for your health? The effects of religion on physical and mental health*. Binghamton, NY: Haworth Press.

Kohlberg, L. (1969). "Stage and sequence: the cognitive-developmental approach to socialization." In: Goslin, D.A. (ed.). *Handbook of socialization theory and research*. Chicago: Rand McNally.

Kohlberg, L. (1979). *The meaning and measurement of moral development* (Clark Lectures). Worcester, MA: Clark University.

Kohlberg, L. (1981). *The philosophy of moral development vol. 1*. São Francisco: Harper & Row.

Kohn, A. (1993). *Punished by rewards*. Boston: Houghton Mifflin.

Kokmen, E. (1991). "The EURODEM collaborative re-analysis of case-control studies of Alzheimer's disease: implications for clinical research and practice", *International Journal of Epidemiology, 20*(supl. 2), S65-S67.

Kolata, G. (1996a, 3 abr.). "Can it be? Weather has no effect on arthritis", *New York Times*, p. B9.

Kolata, G. (1996b, 27 fev.). "New era of robust elderly belies the fears of scientists", *New York Times*, p. A1.

Komatsu, L.K. (1992). "Recent views of conceptual structure", *Psychological Bulletin, 112*, 500-526.

Komiya, N., Good, G.E. e Sherrod, N.B. (2000). "Emotional openness as a predictor of college students' attitudes toward seeking psychological help", *Journal of Counseling Psychology, 47*, 138-143.

Kopta, S.M., Lueger, R.J., Saunders, S.M. e Howard, K.I. (1999). "Individual psychotherapy outcome and process research: challenges leading to greater turmoil or a positive transition?", *Annual Review of Psychology, 50*, 441-469.

Kopta, S.M., Howard, K.I., Lowry, J.L. e Beutler, L.E. (1994). "Patterns of symptomatic recovery in psychotherapy", *Journal of Consulting and Clinical Psychology, 62*, 1009-1016.

Koss, M.P. e Boeschen, L. (2000). "Rape." In: Kazdin, A. (ed.). *Encyclopedia of psychology vol.7*. Washington, DC and Oxford: APA and Oxford University Press, p. 1-6.

Krasne, F.B. e Glanzman, D.L. (1995). "What we can learn from invertebrate learning", *Annual Review of Psychology, 46*, 585-624.

Kraus, S.J. (1995). "Attitudes and the prediction of behavior: A meta-analysis of the empirical literature", *Personality and Social Psychology Bulletin, 21*, 58-75.

Krebs, D. (1975). "Empathy and altruism", *Journal of Personality and Social Psychology, 32*, 1134-1140.

Kringlen, E. (1981). *Stress and coronary heart disease. Twin research 3: epidemiological and clinical studies*. Nova York: Alan R. Liss.

Kroger, R.O. e Wood, L.A. (1993). "Reification, 'faking' and the Big Five", *American Psychologist, 48*, 1297-1298.

Krosnick, J.A. (1999). "Survey research", *Annual Review of Psychology, 50*, 537-567.

Kruglanski, A.W. (1986, ago.). "Freeze-think and the challenger", *Psychology Today*, p. 48-49.

Kuhl, P.K., Williams, K.A. e Lacerda, F. (1992). "Linguistic experience alters phonetic perception in infants by 6 months of age", *Science, 255*, 606-608.

Kulik, J. e Brown, R. (1979). "Frustration, attribution of blame, and aggression", *Journal of Experimental Social Psychology, 15*, 183-194.

Kunkel, D., Wilson, B.J., Linz, D., Potter, J., Donnerstein, E., Smith, S.L., Blumenthal, E. e Gray, T. (1996). *The national television violence study*. Studio City, CA: Mediascope.

Kupfermann, I. (1991). "Hypothalamus and limbic system motivation." In: Kandel, E.R., Schwartz, J.H. e Jessel, T.M. (eds.). *Principles of neural science*. 3. ed.. Nova York: Elsevier, p. 750-760.

Kurdek, L.A., Fine, M.A. e Sinclair, R.J. (1995). "School adjustment in sixth graders: parenting transitions, family climate, and peer norm effects", *Child Development, 66*, 430-445.

Kurdek, L.A. (1991). "Correlates of relationship satisfaction in cohabiting gay and lesbian couples: integration of contextual, investment, and problem-solving models", *Journal of Personality & Social Psychology, 61*(6), 910-922.

Kurdek, L.A. (1992). "Assumptions versus standards: the validity of two relationship cognitions in heterosexual and homosexual couples", *Journal of Family Psychology, 6*(2), 164-170.

LaGreca, A.M., Stone, W.L. e Bell III, C.R. (1983). "Facilitating the vocational-interpersonal skills of mentally retarded individuals", *American Journal of Mental Deficiency, 88*, 270-278.

LaRue, A. e Jarvik, L. (1982). "Old age and biobehavioral changes." In: Wolman, B.B. (ed.). *Handbook of developmental psychology*. Englewood Cliffs, NJ: Prentice Hall, p. 791-806.

Labouvie-Vief, G. (1986). "Modes of knowledge and the organization of development." In: Commons, M.L., Kohlberg, L., Richards, F.A. e Sinott, J. (eds.). *Beyond formal operations: 3. Models and methods in the study of adult and adolescent thoughts.* Nova York: Praeger.

Lacayo, R. (1998, 6 abr.). "Toward the root", *Time*, p. 38-39.

Lachman, S.J. (1984). *Processes in visual misperception: illusions for highly structured stimulus material.* Dissertação apresentada na 92ª convenção da American Psychological Association, Toronto, Canadá.

Lachman, S.J. (1996). "Processes in perception: psychological transformations of highly structured stimulus material", *Perceptual and Motor Skills, 83*, 411-418.

Lamb, J.A., Moore, J., Bailey, A. e Monaco, A.P. (2000). "Autism: recent molecular genetic advances", *Human Molecular Genetics, 9*, 861-868.

Lamberg, L. (1998). "New drug for erectile dysfunction boon for many, 'viagravation' for some", *JAMA: Medical News & Perspectives, 280*, 867-871.

Lambert, M.J., Shapiro, D.A. e Bergin, A.E. (1986). "The effectiveness of psychotherapy." In: Garfield, S.L. e Bergin, A.E. (eds.). *Handbook of psychotherapy and behavior change.* 3. ed.. Nova York: Wiley, p. 157-212.

Lambert, W.W., Solomon, R.L. e Watson, P.D. (1949). "Reinforcement and extinction as factors in size estimation", *Journal of Experimental Psychology, 39*, 637-641.

Lampl, M., Veidhuis, J.D. e Johnson, M.L. (1992). "Saltation and stasis: a model of human growth", *Science, 258*, 801-803.

Lande, R. (1993). "The video violence debate", *Hospital and Community Psychiatry, 44*, 347-351.

Landesman, S. e Butterfield, E.C. (1987). "Normalization and deinstitution of mentally retarded individuals: controversy and facts", *American Psychologist, 42*, 809-816.

Langer, E.J., Bashner, R.S. e Chanowitz, B. (1985). "Decreasing prejudice by increasing discrimination", *Journal of Personality and Social Psychology, 49*, 113-120.

Langlois, J.H., Ritter, J.M., Casey, R.J. e Sawin, D.B. (1995). "Infant attractiveness predicts maternal behaviors and attitudes", *Developmental Psychology, 31*, 464-472.

Lantz, M.S., Buchalter, E.N. e McBee, L. (1997). "The wellness group: a novel intervention for coping with disruptive behavior in elderly nursing home residents", *Gerontologist, 37*, 551-556.

Larimer, M.E., Lydum, A.R., Anderson, B.K. e Turner, A.P. (1999). "Male and female recipients of unwanted sexual contact in a college student sample: prevalence rates, alcohol use, and depression symptoms", *Sex Roles, 40*, 295-308.

Latané, B. e Rodin, J. (1969). "A lady in distress: inhibiting effects of friends and strangers on bystander intervention", *Journal of Experimental Social Psychology, 5*, 189-202.

Laumann, E.O., Gagnon, J.H., Michael, R.T. e Michaels, S. (1994). *The social organization of sexuality: sexual practices in the United States.* Chicago: University of Chicago Press.

Lazarus, R.S. (1993). "From psychological stress to the emotions: a history of changing outlooks", *Annual Review of Psychology, 44*, 1-21.

Lazarus, R.S. (1982). "Thoughts on the relations between emotion and cognition", *American Psychologist, 37*, 1019-1024.

Lazarus, R.S. (1991a). "Cognition and motivation in emotion", *American Psychologist, 46*, 352-367.

Lazarus, R.S. (1991b). "Progress on a cognitive-motivational-relational theory of emotion", *American Psychologist, 46*, 819-834.

Lazarus, R.S. (1991c). *Emotion and adaptation.* Nova York: Oxford University Press.

Lazarus, R.S., De Longis, A., Folkman, S. e Gruen, R. (1985). "Stress and adaptional outcomes", *American Psychologist, 40*, 770-779.

Leary, W.E. (1990, 25 jan.). "Risk of hearing loss is growing, panel says", *New York Times*, sec. B.

Leary, W.E. (1995, 21 abr.). "Young who try suicide may succeed more often", *New York Times*.

Lebow, J.L. e Gurman, A.S. (1995). "Research assessing couple and family therapy", *Annual Review of Psychology, 46*, 27-57.

Leccese, A.P. (1991). *Drugs and society.* Englewood Cliffs, NJ: Prentice Hall.

Lefcourt, H.M. (1992). "Durability and impact of the locus of control construct", *Psychological Bulletin, 112*, 411-414.

Leibowitz, H.W. e Owens, D.A. (1977). "Nighttime driving accidents and selective visual degradation", *Science, 197*, 422-423.

Leigh, R.J. (1994). "Human vestibular cortex", *Annals of Neurology, 35*, 383-384.

Lerman, C., Caporaso, N.D., Audrain, J., Main, D., Bowman, E.D., Lockshin, B., Boyd, N.R. e Shields, P.G. (1999). "Evidence suggesting the role of specific genetic factors in cigarette smoking", *Health Psychology, 18*, 14-20.

Lerman, H. (1996). *Gender bias in the diagnostic classification of mental disorders.* Nova York: Basic Books.

Lerner, M.J. (1980). *The belief in a just world: a fundamental delusion.* Nova York: Plenum.

Lerner, R.M. e Galambos, N.L. (1998). "Adolescent development: challenges and opportunities for research, programs and policies", *Annual Review of Psychology, 49*, 413-446.

Leshner, A.I. (1996). "Understanding drug addiction: implications for treatment", *Hospital Practice, 31*, 7-54.

Lev, M. (1991, maio). "No hidden meaning here: survey sees subliminal ads", *New York Times*, sec. C.

LeVay, S. (1991). "A difference in hypothalamic structure between heterosexual and homosexual men", *Science, 253*, 1034-1038.

LeVay, S. e Hamer, D.H. (1994, maio). "Evidence for a biological influence in male homosexuality", *Scientific American*, p. 44-49.

Levenson, M.R. e Aldwin, C.M. (1994). "Aging, personality, and adaptation." In: Ramachandran, V.S. (ed.). *Encyclopedia of human behavior vol. 1.* San Diego, CA: Academic Press, p. 47-55.

Levenson, R.W. (1992). "Autonomic nervous system differences among emotions", *Psychological Science, 3*, 23-27.

Leventhal, H. e Niles, P. (1965). "Persistence of influence for varying duration of exposure to threat stimuli", *Psychological Reports, 16*, 223-233.

Levine, S., Johnson, D.F. e Gonzales, C.A. (1985). "Behavioral and hormonal responses to separation in infant rhesus monkeys and mothers", *Behavioral Neuroscience, 99*, 399-410.

Levinson, D.J. (1978). *The seasons of a man's life.* Nova York: Knopf.

Levinson, D.J. (1986). "A conception of adult development", *American Psychologist, 41*, 3-13.

Levinson, D.J. (1987). *The seasons of a woman's life.* Nova York: Knopf.

Lewin, K.A. (1935). *A dynamic theory of personality.* Trad. de (K.E. Zener e D.K. Adams. Nova York: McGraw-Hill.

Lewin, T. (1994a, 18 maio). "Boys are more comfortable with sex than girls are, survey finds", *New York Times*, p. A10.

Lewin, T. (1995, 30 maio). "The decay of families is global study says", *New York Times*, p. A5.

Lewin, T. (1996, 27 mar.). "Americans are firmly attached to traditional roles for sexes, poll finds", *New York Times*, p. A12.

Lewy, A.J., Ahmed, S., Latham, J.J. e Sack R. (1992). "Melatonin shifts human circadian rhythms according to a phase-response curve", *Chronobiology International, 9*, 380-392.

Lichstein, K.L., Wilson, N.M. e Johnson, C.T. (2000). "Psychological treatment of secondary insomnia", *Psychology & Aging, 15*, 232-240.

Lichtenstein, E. (1999). "Nicotine Anonymous: community resource and research implications", *Psychology of Addictive Behaviors, 13*, 60-68.

Liem, R. e Liem, J.V. (1978). "Social class and mental illness reconsidered: the role of economic stress and social support", *Journal of Health and Social Behavior, 19*, 139-156.

Liggett, D.R. (2000). *Sport hypnosis.* Champaign, IL: Human Kinetics.

Lightdale, J.R. e Prentice, D.A. (1994). "Rethinking sex differences in aggression: aggressive behavior in the absence of social roles", *Personality and Social Psychology Bulletin, 20*, 34-44.

Lin, L., Umahara, M., York, D.A. e Bray, G.A. (1998). "Beta-casomophins stimulate and enterostatin inhibits the intake of dietary fat in rats", *Peptids, 19*, 325-331.

Lindsay, D.S. (1993). "Eyewitness suggestibility", *Current Directions in Psychological Science, 2*, 86-89.

Lindsay, D.S. e Johnson, M.K. (1989). "The eyewitness suggestibility effect and memory for source", *Memory & Cognition, 17*, 349-358.

Linn, R.L. (1982). "Admissions testing on trial", *American Psychologist, 37*, 279-291.

Lipman, S. (1991). *Laughter in hell: the use of humor during the holocaust.* Northvale, NJ: J. Aronson.

Lipsey, M. e Wilson, D. (1993). "The efficacy of psychological, educational, and behavioral treatment: confirmation from meta-analysis", *American Psychologist, 48*, 1181-1209.

Lipsky, D.K. e Gartner, A. (1996). "Inclusive education and school restructuring." In: Stainback, W. e Stainback, S. (eds.). *Controversial issues confronting special education: divergent perspectives.* Baltimore: Brookes, p. 3-15.

Liu, C., Weaver, D.R., Jin, X., Shearman, I.P., Pieschl, R.I., Gribkoff, V.K. e Reppert, S.M. (1997). "Molecular dissection of two distinct actions of melatonin on the suprachiasmatic circadian clock", *Neuron, 19*, 99-102.

Livingstone, M.S. e Hubel, D.H. (1988a). "Do the relative mapping densities of the magno- and parvocellular systems vary with eccentricity?", *Journal of Neuroscience, 8*, 4334-4339.

Livingstone, M.S. e Hubel, D.H. (1988b, 6 maio). "Segregation of form, color, movement, and depth: anatomy, physiology, and perception", *Science, 340*, 740-749.

Loehlin, J.C. (2001). "Behavior genetics and parenting theory", *American Psychologist*, 56, 169-170.
Loehlin, J.C., McCrae, R.R., Costa, P.T. e John, O.P. (1998). "Heritability of common and measure-specific components of the Big Five personality traits", *Journal of Research in Personality*, 32, 431-453.
Loehlin, J.C., Horn, J.M. e Willerman, L. (1997). "Heredity, environment, and IQ in the Texas adoption study." In: Sternberg, R.J. e Grigorenko, E. (eds.). *Intelligence: heredity and environment*. Nova York: Cambridge University Press.
Loehlin, J.C., Willerman, L. e Horn, J.M. (1988). "Human behavior genetics", *Annual Review of Psychology*, 39, 101-133.
Loewenstein, G. (1994). "The psychology of curiosity: a review and reinterpretation", *Psychological Bulletin*, 116, 75-98.
Loftus, E.F. (1993a). "The reality of repressed memories", *American Psychologist*, 48, 518-537.
Loftus, E.F. (1997). "Repressed memory accusations: devastated families and devastated patients", *Applied Cognitive Psychology*, 11(1), 25-30.
Loftus, E.F. e Hoffman, H.G. (1989). "Misinformation and memory: the creation of new memories", *Journal of Experimental Psychology: General*, 118, 100-114.
Loftus, E.F. e Palmer, J.C. (1974). "Reconstruction of automobile destruction: an example of the interaction between language and memory", *Journal of Verbal Learning and Verbal Behavior*, 13, 585-589.
Loftus, E.F. e Pickrell, J.E. (1995). "The formation of false memories", *Psychiatric Annals*, 25, 720-725.
Logue, A.W., Ophir, I. e Strauss, K.E. (1981). "The acquisition of taste aversions in humans", *Behavior Research and Therapy*, 19, 319-333.
Lorenz, K. (1935). "Der Kumpan in der Umwelt des Vogels", *Journal of Ornithology*, 83, 137-213, 289-413.
Lott, A.J. e Lott, B.E. (1974). "The role of reward in the formation of positive interpersonal attitudes." In: Huston, T.L. (ed.). *Foundations of interpersonal attraction.*. Nova York: Academic Press, p. 171-192.
Louie, T.A., Curren, M.T. e Harich, K.R. (2000). "'I knew we could win': hindsight bias for favorable and unfavorable decision outcomes", *Journal of Applied Psychology*, 85, 264-272.
Lubinski, D. (2000). "Scientific and social significance of assessing individual differences: 'Sinking shafts at a few critical points'", *Annual Review of Psychology*, 51, 405-444.
Lubinski, D. e Benbow, C.P. (2000). "States of excellence", *American Psychologist*, 55, 137-150.
Luchins, A. (1957). "Primacy-recency in impression formation." In: Hovland, C., Mandell, W., Campbell, E., Brock, T., Luchins, A., Cohen, A., McGuire, W., Janis, I., Feierbend, R. e Anderson, N. (eds.). *The order of presentation in persuasion*. New Haven, CT: Yale University Press.
Lykken, D. e Tellegen, A. (1996). "Happiness is a stochastic phenomenon", *Psychological Science*, 7, 186-189.
Lyness, S.A. (1993). "Predictors of differences between type A and B individuals in heart rate and blood pressure reactivity", *Psychological Bulletin*, 114, 266-295.
Lyons, M.J., True, W.R., Eisen, S.A., Goldberg, J., Meyer, J.M., Faraone, S.V., Eaves, L.J. e Tsuang, M.T. (1995). "Differential heritability of adult and juvenile antisocial traits", *Archives of General Psychiatry*, 52, 906-915.
Maas, J. (1998). *Power sleep: the revolutionary program that prepares your mind for peak performance*. Nova York: Villard.
MacDonald, T.K., Fong, G.T., Zanna, M.P. e Martineau, A.M. (2000). "Alcohol myopia and condom use: can alcohol intoxication be associated with more prudent behavior?", *Journal of Personality & Social Psychology*, 78, 605-619.
MacDonald, T.K., MacDonald, G., Zanna, M.P. e Fong, G. (2000). "Alcohol, sexual arousal and intentions to use condoms in young men: applying alcohol myopia theory to risky sexual behavior", *Health Psychology*, 19, 290-298.
MacLean, P.D. (1970). "The limbic brain in relation to the psychoses." In: Black, P. (ed.). *Physiological correlates of emotion*. Nova York: Academic Press, p. 129-146.
MacLeod, D.I.A. (1978). "Visual sensitivity", *Annual Review of Psychology*, 29, 613-645.
Maccoby, E.E. (1998). *The two sexes: growing up apart, coming together*. Cambridge, MA: Belknap Press.
Maccoby, E.E. (2000). "Parenting and its effects on children: on reading and misreading behavior genetics", *Annual Review of Psycholgy*, 51, 1-27.
Macionis, J.J. (1993). *Sociology*. 4. ed. Englewood Cliffs, NJ: Prentice Hall.
Mackavey, W.R., Malley, J.E. e Stewart, A.J. (1991). "Remembering autobiographically consequential experiences: content analysis of psychologists' accounts of their lives", *Psychology and Aging*, 6, 50-59.
Mackworth, N. (1965). "Originality", *American Psychologist*, 20, 51-66.
Macrae, C.N. e Bodenhausen, G.V. (2000). "Social cognition: thinking categorically about others",. *Annual Review of Psychology*, 51, 93-120.
Madden, N.A. e Slavin, R.E. (1983). "Effects of cooperative learning on the social acceptance of mainstreamed academically handicapped students", *Journal of Special Education*, 17, 171-182.
Maddi, S.R. (1989). *Personality theories: a comparative approach*. 5. ed. Homewood, IL: Dorsey.
Madsen, P.L. (1993). "Blood flow and oxygen uptake in the human brain during various states of sleep and wakefulness", *Acta Paediatrica Scandinavica*, 148(supl.), 3-27.
Maier, S.F., Watkins, L.R. e Fleshner, M. (1994). "Psychoneuroimmunology: the interface between behavior, brain and immunity", *American Psychologist*, 49(12), 1004-1017.
Maisto, A.A. e Hughes, E. (1995). "Adaptation to group home living for adults with mental retardation as a function of previous residential placement", *Journal of Intellectual Disability Research*, 39, 15-18.
Maloney, M.P. e Ward, M.P. (1976). *Psychological assessment: a conceptual approach*. Nova York: Academic Press.
Mandel, D.R., Jusczyk, P.W. e Pisoni, D.B. (1995). "Infants' recognition of the sound patterns of their own names", *Psychological Science*, 6, 314-317.
Manton, K.G. e Gu, X. (2001). "Changes in the prevalence of chronic disability in the United States black and nonblack population above age 65 from 1982 to 1999", *Proc. Natl. Acad. Sci, USA*, 98, 6354-6359.
Maquet, P., Laureys, S., Peigneus, P., Fuchs, S., Petiau, C., Phips, C., Aerts, J., Fiore, G.D., Degueldre, C., Meulemans, T., Luxen, A., Franck, G., Van der Linden, M., Smith, C. e Axel, C. (2000). "Experience-dependent changes in cerebral activation during human REM sleep", *Nature: Neuroscience*, 3, 831-836.
Marano, H.E. (1997, 1 jul.). "Puberty may start at 6 as hormones surge", *New York Times*, p. C1, C6.
Marcia, J.E. (1994). "The empirical study of ego identity." In: Bosna, H.A., Graafsma, T.L.G., Grotevant, H.D. e Levita, D.J. de (eds.). *Identity and development: An interdisciplinary approach*. Thousand Oaks, CA: Sage, p. 67-80.
Marcia, J.E. (1980). "Identity in adolescence." In: Adelson, J. (ed.). *Handbook of adolescent psychology*. Nova York: Wiley.
Marcus, G.F. (1996). "Why do children say 'breaked'?", *American Psychological Society*, 5(3), 81-85.
Margolin, G. (1987). "Marital therapy: a cognitive-behavioral-affective approach." In: Jacobson, N.S. (ed.). *Psychotherapists in clinical practice*. Nova York: Guilford, p. 232-285.
Marks, I.M. e Nesse, R.M. (1994). "Fear and fitness: an evolutionary analysis of anxiety disorders", *Ethology and Sociobiology*, 15, 247-261.
Marks, L.S., Duda, C., Dorey, F.J., Macairan, M.L. e Santos, P.B. (1999). "Treatment of erectile dysfunction with sildenafil", *Urology*, 53, 19-24.
Markus, H.R. e Kitayama, S. (1991). "Culture and self: implications for cognition, emotion, and motivation", *Psychological Review*, 98, 224-253.
Martin, S., (2001). "Substance abuse is nation's no. 1 health problem, but there is hope", *Monitor on Psychology*, 32, 10.
Martindale, C. (2001). "Oscillations and analogies", *American Psychologist*, 56, 342-345.
Martino, A. (1995, 5 fev.). "Mid-life usually brings positive change, not crisis", *Ann Arbor News*.
Maslach, C. e Leiter, M.P. (1997). *The truth about burnout*. São Francisco: Jossey-Bass.
Masling, J., Rabie, L. e Blondheim, S.H. (1967). "Obesity, level of aspiration, and Rorshach and TAT measures of oral dependence", *Journal of Consulting Psychology*, 31, 233-239.
Maslow, A.H. (1954). *Motivation and personality*. Nova York: Harper & Row.
Mason, F.L. (1997). "Fetishism: psychopathology and theory." In: Laws, D.R. e O'Donohue, W.T. (eds.). *Handbook of sexual deviance: theory and application*. Nova York: Guilford.
Massaro, D.W. e Cowan, N. (1993). "Information processing models: microscopes of the mind", *Annual Review of Psychology*, 44, 383-425.
Masters, W.H. e Johnson, V.E. (1966). *Human sexual response*. Boston: Little Brown e Co.
Matsumoto, D. (1996). *Culture and psychology*. Pacific Grove, CA: Brooks/Cole.
Matthews, D.B., Best, P.J., White, A.M., Vandergriff, J.L. e Simson, P.E. (1996). "Ethanol impairs spatial cognitive processing: new behavioral and electrophysiological findings", *Current Directions in Psychological Science*, 5, 111-115.
Matthews, K.A. (1988). "Coronary heart disease and type A behaviors: update on and alternative to the Booth-Kewley and

Friedman (1987) quantitative review", *Psychological Bulletin, 104,* 373-380.

Mattson, S.N., Riley, E.P., Gramling, L., Delis, D.C. e Jones, K.L. (1998). "Neuropsychological comparison of alcohol-exposed children with or without physical features of fetal alcohol syndrome", *Neuropsychology, 12,* 146-153.

Maurer, D. e Maurer, C. (1988). *The world of the newborn.* Nova York: Basic Books.

Mayer, J.D. e Geher, G. (1996). "Emotional intelligence and the identification of emotion", *Intelligence, 22,* 89-113.

Mayer, J.D. e Salovey, P. (1997). "What is emotional intelligence?" In: Salovey, P. e Sluyter, D. (eds.). *Emotional development, emotional literacy, and emotional intelligence.* Nova York: Basic Books.

Mays, V.M., Bullock, M., Rosenzweig, M.R. e Wessells, M. (1998). "Ethnic conflict: global challenges and psychological perspectives", *American Psychologist, 53,* 737-742.

Mazzoni, G.A.L., Lombardo, P., Malvagia, S. e Loftus, E.F. (1999). "Dream interpretation and false beliefs", *Professional Psychology: Research e Practice, 30,* 45-50.

McBurney, D.H. e Collings, V.B. (1984). *Introduction to sensation/perception.* 2. ed. Englewood Cliffs, NJ: Prentice Hall.

McCabe, P.M., Schneiderman, N., Field, T. e Wellens, A.R. (2000). *Stress, coping, and cardiovascular disease.* Mahwah, NJ: Erlbaum.

McCall, M. (1997). "Physical attractiveness and access to alcohol: what is beautiful does not get carded", *Journal of Applied Social Psychology, 27*(5), 453-462.

McCall, R.B. (1979). *Infants.* Cambridge, MA: Harvard University Press.

McCann, U.D., Szabo, Z., Scheffel, U., Dannals, R.F. e Ricaurte, G.A. (1998). "Positron emission tomographic evidence of toxic effect of MDMA ('Ecstasy') on brain serotonin neurons in human beings", *Lancet, 352,* 1443-1437.

McCann, U.D., Slate, S.O. e Ricaurte, G.A. (1996). "Adverse reactions with 3,4-methylenedioxymethamphetamine (MDMA; 'ecstasy')", *Drug Safety, 15,* 107-115.

McClearn, G.E., Plomin, R., Gora-Maslak, G. e Crabbe, J.C. (1991). "The gene chase in behavioral science", *Psychological Science, 2,* 222-229.

McClelland, D.C. (1958). "Methods of measuring human motivation." In: Atkinson, J.W. (ed.). *Motives in fantasy, action and society: a method of assessment and study.* Nova York: Van Nostrand.

McClelland, D.C. e Atkinson, J.W. (1948). "The projective expression of needs: I. The effect of different intensities of the hunger drive on perception", *Journal of Psychology, 25,* 205-222.

McCloskey, M. e Egeth, H.E. (1983). "Eyewitness identification: what can a psychologist tell a jury?", *American Psychologist, 38,* 550-563.

McClure, E.B. (2000). "A meta-analytic review of sex differences in facial expression processing and their development in infants, children, and adolescents", *Psychological Bulletin, 126,* 424-453.

McConnell, R.A. (1969). "ESP and credibility in science", *American psychologist, 24,* 531-538.

McCrae, R.R. e Costa Jr., P.T. (1996). "Toward a new generation of personality theories: theoretical contexts for the five-factor model." In: Wiggins, J.S. (ed.). *The five-factor model of personality: theoretical perspectives.* Nova York: Guilford Press, p. 51-87.

McCrae, R.R. e Costa Jr., P.T. (1997). "Personality trait structure as a human universal", *American Psychologist, 52,* 509-516.

McDaniel, M.A. e Frei, R.L. (1994). "Validity of customer service measures in personnel selection: a review of criterion and construct evidence." In: Hogan, R., Hogan, J. e Roberts, B.W. [1996]. "Personality measurement and employment decisions: questions and answers", *American Psychologist, 51*[5], 469-477.

McDaniel, M.A., Waddill, P.J. e Shakesby, P.S. (1996). "Study strategies, interest, and learning from text: the application of material appropriate processing." In: Herrmann, D., McEvoy, C., Hertzog, C., Hertel, P. e Johnson, M.K. (eds.). *Basic and applied memory research: theory in context.* Nahwah, NJ: Erlbaum.

McDonald, J.W. (1999). "Repairing the damaged spinal cord", *Scientific American, 281*(3), 65-73.

McElhatton, P.R., Bateman, D.N., Evans, C., Pughe, K.R. e Thomas, S.H.L. (1999). "Congenital anomalies after prenatal ecstasy exposure", *Lancet, 354,* 1441-1442.

McFarland, L.J., Senn, L.E. e Childress, J.R. (1993). *21st century leadership: dialogues with 100 top leaders.* Los Angeles: The Leadership Press.

McGeer, P.L. e McGeer, E.G. (1980). "Chemistry of mood and emotion", *Annual Review of Psychology, 31,* 273-307.

McGinnis, M. (1994). "The role of behavioral research in national health policy." In: Blumenthal, S., Matthews, K. e Weiss (eds.). *New research frontiers in behavioral medicine: Proceeding of the National Conference.* Washington, DC: NIH Publications.

McGovern, L.P. (1976). "Dispositional social anxiety and helping behavior under three conditions of threat", *Journal of Personality, 44,* 84-97.

McGrady, A. (1996). "Good news-bad press: applied psychophysiology in cardiovascular disorders", *Biofeedback and Self-Regulation, 21*(4), 335-346.

McGue, M. (1993). "From proteins to cognitions: the behavioral genetics of alcoholism." In: Plomin, R. e McClearn, G.E. (eds.). *Nature, nurture e psychology.* Washington, DC: American Psychological Association, p. 245-268.

McGuffin, P., Katz, R., Watkins, S. e Rutherford, J. (1996). "A hospital-based twin register of the heritability of DSM-IV unipolar depression", *Archives of General Psychiatry, 53,* 129-136.

McGuire, M.T., Wing, R.R., Klem, M.L., Lang, W. e Hill, J.O. (1999). "What predicts weight regain in a group of successful weight losers?", *Journal of Consulting & Clinical Psychology, 67,* 177-185.

McGuire, P.A. (1999, 6 jun.). "Psychology and medicine connecting in the war over cancer", *APA Monitor,* p. 8-9.

McGuire, S. (2001). "Are behavioral genetic and socialization research compatible?", *American Psychologist, 56,* 171.

McGuire, W.J. (1985). "Attitudes and attitude change." In: Lindzey, G. e Aronson, E. (eds.). *Handbook of social psychology.* Reading, MA: Addison Wesley.

McKay, R. (1997). "Stem cells in the nervous system", *Science, 276,* 66-71.

McKim, W.A. (1997). *Drugs and behavior.* 3. ed. Upper Saddle River, NJ: Prentice Hall.

McMillan, T.M., Robertson, I.H. e Wilson, B.A. (1999). "Neurogenesis after brain injury: implications for neurorehabilitation", *Neuropsychological Rehabilitation, 9,* 129-133.

McNamara, H.J., Long, J.B. e Wike, E.L. (1956). "Learning without response under two conditions of external cues", *Journal of Comparative and Physiological Psychology, 49,* 477-480.

McNeil, B.J., Pauker, S.G., Sox Jr., H.C. e Tversky, A. (1982). "On the elicitation of preferences for alternative therapies", *New England Journal of Medicine, 306,* 1259-1262.

Mead, M. (1935). *Sex and temperament in three primitive societies.* Nova York: Morrow.

Mednick, A. (1993, maio). "Worlds' women familiar with a day's double shift", *APA Monitor,* p. 32.

Mednick, S.A. (1962). "The associative basis of creativity", *Psychological Review, 69,* 220-232.

Meichenbaum, D. e Cameron, R. (1982). "Cognitive-behavior therapy." In: Wilson, G.T. e Franks, C.M. (eds.). *Contemporary behavior therapy: conceptual and empirical foundations.* Nova York: Guilford.

Melamed, B.G., Hawes, R.R., Heiby, E. e Glick, J. (1975). "Use of filmed modeling to reduce uncooperative behavior of children during dental treatment", *Journal of Dental Research, 54,* 797-801.

Melamed, S., Ben-Avi, I., Luz, J. e Green, M. (1995). "Objective and subjective work monotony: effects on job satisfaction, psychological distress, and absenteeism in blue-collar workers", *Journal of Applied Psychology, 80,* 29-42.

Melcher, T.P. (2000). "Clarifying the effects of parental substance abuse, child sexual abuse, and parental caregiving on adult adjustment", *Professional Psychology: Research & Practice, 31,* 64-69.

Mellers, B.A., Schwartz, A. e Cooke, A.D.J. (1998). "Judgment and decision making", *Annual Review of Psychology, 49,* 447-477.

Meltzoff, A.N. e Gopnik, A. (1997). *Words, thoughts and theories.* Boston, MA: MIT Press.

Meltzoff, A.N. e Moore, M.K. (1985). "Cognitive foundations and social functions of imitation and intermodal representation in infancy." In: Mehler, J. e Fox, R. (eds.). *Neonate cognition: beyond the blooming, fuzzing confusion.* Hillsdale, NJ: Erlbaum.

Melzack, R. (1980). "Psychological aspects of pain." In: Bonica, J.J. (ed.). *Pain.* Nova York: Raven Press.

Menon, T., Morris, M.W., Chiu, C.Y. e Hong, Y.Y. (1998). "Culture and the perceived autonomy of individuals and groups: American attributions to personal dispositions and Confucian attributions to group", Manuscrito não publicado, Stanford University.

Mershon, B. e Gorsuch, R.L. (1988). "Number of factors in the personality sphere: does increase in factors increase predictability of real-life criteria?", *Journal of Personality and Social Psychology, 55,* 675-680.

Mersky, H. (1992). "The manufacture of personalities: the production of multiple personality disorder", *British Journal of Psychiatry, 160,* 327-340.

Merzer, M. (1998) "Some pilots admit to midair naps." Reimpresso de *The Spokesman Review,* 21 jun., http://www.spokane.net/stories/1998/Jun/21/S410433.asp.

Meston, C.M. e Frohlich, M.A. (2000). "The neurobiology of sexual function", *Archives of General Psychiatry, 57,* 1012-1030.

Metcalfe, J., Funnell, M. e Gazzaniga, M.S. (1995). "Guided visual search is a left-hemisphere process in split-brain patient", *Psychological Science, 6,* 157-173.

Meyer, G.J., Finn, S.E., Eyde, L.D., Kay, G.G., Moreland, K.L., Dies, R.R., Eisman, E.J., Kubiszyn, T.W. e Reed, G.M. (2001). "Psychological testing and psychological assessment: a review of evidence and issues", *American Psychologist, 56*, 128-165.

Michael, R.P., Bonsall, R.W. e Warner, P. (1974). "Human vaginal secretions: volatile fatty acid content", *Science, 186*, 1217-1219.

Michael, R.T., Gagnon, J.H., Laumann, E.O. e Kolata, G. (1994). *Sex in America: a definitive survey*. Boston: Little, Brown.

Michelson, L. (ed.) (1985). "Meta-analysis and clinical psychology" [número especial], *Clinical Psychology Review, 5*(1).

Middaugh, S.J. (1990). "On clinical efficacy: why biofeedback does — and does not — work", *Biofeedback and Self-Regulation, 15*, 191-208.

Migliaccio, E., Giorgio, M., Mele, S., Pelicci, G., Reboldi, P., Pandolfi, P.P., Lanfrancone, L. e Pelicci, P.G. (1999). "The p66shu adaptor protein controls oxidative stress response and life span in mammals", *Nature, 402*, 309-313.

Milgram, S. (1963). "Behavioral study of obedience", *Journal of Abnormal and Social Psychology, 67*, 371-378.

Milgram, S. (1974). *Obedience to authority: an experimental view*. Nova York: Harper & Row.

Miller, J. (1984). "Culture and the development of everyday social explanation", *Journal of Personality and Social Psychology, 46*, 961-978.

Miller, J.G., Bersoff, D.M. e Harwood, R.L. (1990). "Perceptions of social responsibilities in India and the United States: moral imperatives or personal decisions?", *Journal of Personality and Social Psychology, 58*, 33-47.

Miller, P.A., Kliewer, W. e Burkeman, D. (1993, mar.). *Effects of maternal socialization on children's learning to cope with divorce*. Dissertação apresentada no encontro biannual da Society for Research in Child Development, New Orleans, LA.

Miller, T.Q., Turner, C.W., Tindale, R.S., Posavac, E.J. e Dugoni, B.L. (1991). "Reasons for the trend toward null findings in research on type A behavior", *Psychological Bulletin, 110*, 469-485.

Miller, T.Q., Smith, T.W., Turner, C.W., Guijarro, M.L. e Hallet, A.J. (1996). "A meta-analytic review of research on hostility and physical health", *Psychological Bulletin, 119*(2), 322-348.

Miller, W.R. e Brown, S.A. (1997). "Why psychologists should treat alcohol and drug problems", *American Psychologist, 52*, 1269-1279.

Milner, B. (1959). "The memory defect in bilateral hippocampal lesions", *Psychiatric Research Reports, 11*, 43-52.

Milton, J. e Wiseman, R. (1999). "Does psi exist? Lack of replication of an anomalous process of information transfer", *Psychological Bulletin, 125*, 387-391.

Minton, H.L. e Schneider, F.W. (1980). *Differential psychology*. Monterey, CA: Brooks/Cole.

Mischel, W. e Shoda, Y. (1995). "A cognitive-affective system theory of personality: reconceptualizing situations, dispositions, dynamics, and invariance in personality structure", *Psychological Review, 102*(2), 246-268.

Mistry, J. e Rogoff, B. (1994). "Remembering in cultural context." In: Lonner, W.W. e Malpass, R. (eds.). *Psychology and culture*. Boston: Allyn e Bacon, p. 139-144.

Misumi, J. (1985). *The behavioral science of leadership: an interdisciplinary Japanese leadership program*. Ann Arbor: University of Michigan Press.

Mittleman, M. (2000, mar.). *Association between marijuana use and cardiovascular disease*. Dissertação apresentada na conferência da American Heart Association, San Diego.

Moen, P., Kim, J. e Hofmeister, H. (2001). "Couples' work/retirement transitions, gender, and marital quality", *Social Psychology Quarterly, 64*, 55-71.

Moffitt, T.W. (1993). "Adolescence-limited and life-course-persistent antisocial behavior: a developmental taxonomy", *Psychological Review, 100*, 674-701.

Moghaddam, F.M., Taylor, D.M. e Wright, S.C. (1993). *Social psychology in cross-cultural perspective*. Nova York: Freeman.

Molineux, J.B. (1985). *Family therapy: a practical manual*. Springfield, IL: Charles C. Thomas.

Mollica, R.F. (2000). "Invisible wounds", *Scientific American, 282*(6), 54-57.

Moncrieff, R.W. (1951). *The chemical senses*. Londres: Leonard Hill.

Montgomery, G.H., DuHamel, K.N. e Redd, W.H. (2000). "A meta-analysis of hypnotically induced analgesia: how effective is hypnosis?", *International Journal of Clinical & Experimental Hypnosis* [Número especial: *The status of hypnosis as an empirically validated clinical intervention*], *48*, 138-153.

Moore, K.A., Morrison, D.R. e Greene, A.D. (1997). "Effects on the children born to adolescent mothers." In: Maynard, R.A. (ed.). *Kids having kids: economic costs and social consequences of teen pregnancy*. Washington, DC: Urban Institute Press, p. 145-180.

Moore, R.Y. (1999, 25 jun.). "A clock for the ages", *Science, 284*, 2102-2103.

Moore-Ede, M.C., Czeisler, C.A. e Richardson, G.S. (1983). "Circadian timekeeping in health and disease: I. Basic properties of circadian pacemakers", *New England Journal of Medicine, 309*, 469-476.

Moriarty, T. (1975). "Crime, commitment and the responsive bystander: two field experiments", *Journal of Personality and Social Psychology, 31*, 370-376.

Morin, C.M., Stone, J., McDonald, K. e Jones, S. (1994). "Psychological management of insomnia: a clinical replication series with 100 patients", *Behavior Therapy, 25*, 291-309.

Morris, C. (1990). *Contemporary psychology and effective behavior*. 7. ed. Glenview, IL: Scott, Foresman.

Moscicki, E.K. (1995). "Epidemiology of suicidal behavior", *Suicide and Life-Threatening Behavior, 25*, 22-35.

Moyers, F. (1996). "Oklahoma City bombing: exacerbation of symptoms in veterans with PTSD", *Archives of Psychiatric Nursing, 10*(1), 55-59.

Mroczek, D.K. e Kolarz, C.M. (1998). "The effect of age on positive and negative affect: a developmental perspective on happiness", *Journal of Personality & Social Psychology, 75*, 1333-1349.

Mueser, K.T. e Glynn, S.M. (1995). *Behavioral family therapy for psychiatric disorders*. Boston: Allyn e Bacon.

Muir, D.W. (1985). "The development of infants' auditory spatial sensitivity." In: Trehub, S. e Schneider, B. (eds.). *Auditory development in infancy*. Nova York: Plenum.

Mumford, M.D. e Gustafson, S.B. (1988). "Creativity syndrome: integration, application, and innovation", *Psychological Bulletin, 103*, 27-43.

Murray, B. (1999, out.). "Psychologists can boost the corporate bottom line", *APA Monitor*, p. 17.

Murray, H.G. e Denny, J.P. (1969). "Interaction of ability level and interpolated activity in human problem solving", *Psychological Reports, 24*, 271-276.

Murstein, B.J. (1986). *Paths to marriage*. Beverly Hills, CA: Sage.

Muth, E.R., Stern, R.M., Uijtdehaage, S.H.J. e Koch, K.L. (1994). "Effects of Asian ancestry on susceptibility to vection-induced motion sickness." In: Chen, J.Z. e McCallum, R.W. (eds.). *Electrogastrography: principles and applications*. Nova York: Raven Press, p. 227-233.

Myers, D.G. (1996). *Social psychology*. 5. ed. Nova York: McGraw-Hill.

Narayanan, L., Shanker, M. e Spector, P.E. (1999). "Stress in the workplace: a comparison of gender and occupations", *Journal of Organizational Behavior, 20*, 63-73.

Nathan, P.E. e Gorman, J.M. (1998). *A guide to treatments that work*. Nova York: Oxford University Press.

Nathan, P.E. e Langenbucher, J.W. (1999). "Psychopathology: description and classification", *Annual Review of Psychology, 50*, 79-107.

National Advisory Mental Health Council (1995). "Basic behavioral science research for mental health: a national investment emotion and motivation", *American Psychologist, 50*(1), 838-845.

National Household Survey on Drug Abuse (1998). "Summary of findings from the 1998 National Household Survey on Drug Abuse." Encontrado no site http://www.samhsa.gov/oas/nhsda/pe1996/rtst1013.htm#E8E26, 16 set. 2000.

National Institute of Health Consensus Development Conference (1996). "Integration of behavioral and relaxation approaches into the treatment of chronic pain and insomnia. NIH technology assessment panel." Descrito no *Journal of the American Medical Association, 276*(4), 313-318.

National Institute on Drug Abuse (1998). "Marijuana: facts parents need to know." Encontrado no site http://165.112.78.61/MarijBroch/Marijparentstxt.html, 12 set. 2000.

National Institute on Drug Abuse (2000a). "Marijuana." Encontrado no site http://165.112.78.61/Infofax/marijuana.html, 9 set. 2000.

National Institute on Drug Abuse (2000b). "Methamphetamine." Encontrado no site http://165.112.78.61/Infofax/methamphetamine.html, 14 set. 2000.

National Institute on Drug Abuse (2000c). "Origins and pathways to drug abuse: research findings (from 9/98)." Encontrado no site http://165.112.78.61/ICAW/origins/originsfindings998.html, 13 set. 2000.

National Research Council, Panel on Child Abuse and Neglect (1993). *Understanding child abuse and neglect*. Washington, DC: National Academy Press.

Neal, A. e Turner, S.M. (1991). "Anxiety disorders research with African Americans: current status", *Psychological Bulletin, 109*(3), 400-410.

Neher, A. (1991). "Maslow's theory of motivation: a critique", *Journal of Humanistic Psychology, 31*, 89-112.

Nehlig, A., Daval, J.L. e Debry, G. (1992). "Caffeine and the central nervous system: mechanisms of action, biochemical, metabolic and psychostimulant effects", *Brain Research Reviews, 17*, 139-170.
Neisser, U. (1982). *Memory observed: remembering in natural contexts.* São Francisco: Freeman.
Neitz, J., Geist, T. e Jacobs, G.H. (1989). "Color vision in the dog", *Visual Neuroscience, 3*(2), 119-125.
Nelson, C.A., Monk, C.S., Lin, J., Carver, L.C., Thomas, K.M. e Truwit, C.L. (2000). "Functional neuroanatomy of spatial working memory in children", *Developmental Psychology, 36*, 109-116.
Nelson, D.L. (1994). "Implicit memory." In: Morris, D.E. e Gruneberg, M. (eds.). *Theoretical aspects of memory.* Londres: Routledge, p. 130-167.
Nelson, D.L. (1999). "Implicit memory." In: Morris, D.E. e Gruneberg, M. (eds.). *Theoretical aspects of memory.* Londres: Routledge.
Ness, R.B., Grisso, J.A., Hirschinger, N., Markovic, N., Shaw, L.M., Kay, N.L. e Kline, J. (1999). "Cocaine and tobacco use and the risk of spontaneous abortion", *New England Journal of Medicine, 340*, 333-339.
Netting, J. (1999). "Wink of an eye", *Scientific American*, 26-27.
Neugarten, B.L. (1977). "Personality and aging." In: Birren, I. e Schaie, K.W. (eds.). *Handbook of the psychology of aging.* Nova York: Van Nostrand.
Neuron. Publicado on-line em 3 ago. 2001.
Newman, P.R. (1982). "The peer group." In: Wolman, B.B. (ed.). *Handbook of developmental psychology.* Englewood Cliffs, NJ: Prentice Hall, p. 526-536.
Niehoff, D. (1999). *The biology of violence (How understanding the brain, behavior, and environment can break the vicious circle of aggression).* NY: Free Press.
Nissani, M. (1990). "A cognitive reinterpretation of Stanley Milgram's observations on obedience to authority", *American Psychologist, 45*, 1384-1385.
Nixon, S.J. (1999). "Neurocognitive performance in alcoholics: is polysubstance abuse important?", *Psychological Science, 10*, 181-185.
Noga, J.T., Bartley, A.J., Jones, D.W., Torrey, E.F. e Weinberger, D.R. (1996). "Cortical gyral anatomy and gross brain dimensions in monozygotic twins discordant for schizophrenia", *Schizophrenia Research, 22*(1), 27-40.
Nolen-Hoeksema, S. (1999, out.). "Men and women handle negative situations differently, study suggests", *APA Monitor*.
Norcross, J.C., Alford, B.A. e DeMichele, J.T. (1994). "The future of psychotherapy: Delphi data and concluding observation", *Psychotherapy, 29*, 150-158.
Norman, R. (1975). "Affective-cognitive consistency, attitudes, conformity, and behavior", *Journal of Personality and Social Psychology, 32*, 83-91.
Norris, F.H. e Murrell, S.A. (1990). "Social support, life events, and stress as modifiers of adjustment to bereavement by older adults", *Psychology and Aging, 45*, 267-275.
Norris, P.A. (1986). "On the status of biofeedback and clinical practice", *American Psychologist, 41*, 1009-1010.
Novak, M.A. (1991, jul.). "'Psychologists care deeply' about animals", *APA Monitor*, p. 4.
O'Connell, A. e Russo, N. (eds.) (1990). *Women in psychology: a bibliographic sourcebook.* Westport, CT: Greenwood Press.
O'Connor, N. e Hermelin, B. (1987). "Visual memory and motor programmes: their use by idiot savant artists and controls", *British Journal of Psychology, 78*, 307-323.
O'Connor, T.G., McGuire, S., Reiss, D., Hetherington, E.M. e Plomin, R. (1998). "Co-occurrence of depressive symptoms and antisocial behavior in adolescence: a common genetic liability", *Journal of Abnormal Psychology, 107*, 27-37.
O'Leary, A. (1990). "Stress, emotion, and human immune function", *Psychological Bulletin, 108*, 363-382.
O'Leary, K.D. e Wilson, G.T. (1987). *Behavior therapy: application and outcome.* Englewood Cliffs, NJ: Prentice Hall.
O'Leary, S.G. (1995). "Parental discipline mistakes", *American Psychological Society, 4*(1), 11-14.
O'Leary, V.E. e Smith, D. (1988, ago.). *Sex makes a difference: attributions for emotional cause.* Dissertação apresentada no encontro da American Psychological Association, Atlanta, GA.
Offer, D. e Offer, J. (1975). *From teenager to young manhood.* Nova York: Basic Books.
Office of Educational Research and Improvement (1988). *Youth indicators, 1988.* Washington, DC: U. S. Government Printing Office.
Ogawa, S., Lubahn, D., Korach, K. e Pfaff, D. (1997). "Behavioral effects of estrogen receptor gene disruption in male mice", *Proceedings of the National Academy of Sciences of the U.S.A., 94*, 1476.
Ojemann, G., Ojemann, J., Lettich, E. e Berger, M. (1989). "Cortical language localization in left, dominant hemisphere: an electrical stimulation mapping investigation in 117 patients", *Journal of Neurosurgery, 71*, 316-326.
Olds, M.E. e Forbes, J.L. (1981). "The central basis of motivation: intracranial self-stimulation studies", *Annual Review of Psychology, 32*, 523-574.
Olfson, M., Marcus, S., Sackeim, H.A., Thompson, J. e Pincus, H.A. (1998). "Use of ECT for the inpatient treatment of recurrent major depression", *American Journal of Psychiatry, 155*, 22-29.
Oltmanns, T.F. e Emery, R.E. (1998). *Abnormal psychology.* 2. ed. Upper Saddle River, NJ: Prentice Hall.
Olton, D.S. e Samuelson, R.J. (1976). "Remembrance of places passed: spatial memory in rats", *Journal of Experimental Psychology, 2*, 97-115.
Omi, M. e Winant, H. (1994). *Racial formation in the United States: from the 1960s to the 1990s.* 2. ed. Nova York: Routledge.
Ones, D.S., Viswesvaran, C. e Schmidt, F.L. (1993). "Comprehensive meta-analysis of integrity test validation: findings and implications for personnel selection and theories of job performance", *Journal of Applied Psychology, 78*, 679-703.
Orbuch, T.L., House, J.S., Mero, R.P. e Webster, P.S. (1996). "Marital quality over the life course", *Social Psychology Quarterly, 59*, 162-171.
Orlinsky, D.E. e Howard, K.I. (1994). "Unity and diversity among psychotherapies: a comparative perspective." In: Bonger, B. e Beutler, L.E. (eds.). *Foundations of psychotherapy: theory, research, and practice.* Nova York: Basic Books.
Orlofsky, J.L. (1993). "Intimacy status: theory and research." In: Marcia, J.E., Waterman, A.S., Matteson, D.R., Archer, S.L. e Orlofsky, J.L. (eds.). *Ego identity: a handbook for psychosocial research.* Nova York: Springer-Verlag.
Ortar, G. (1963). "Is a verbal test cross-cultural?", *Scripta Hierosolymitana, 13*, 219-235.
Osborne, J.W. (1997). "Race and academic disidentification", *Journal of Educational Psychology, 89*, 728-735.
Oskamp, S. (1991). *Attitudes and opinions.* 2. ed. Englewood Cliffs, NJ: Prentice Hall.
Owens, J., Maxim R., McGuinn, M., Nobile, C., Msall, M. e Alario, A. (1999). "Television-viewing habits and sleep disturbance in school children", *Pediatrics, 104*, 27.
Ozer, D.J. e Reise, S.P. (1994). "Personality assessment", *Annual Review of Psychology, 45*, 357-388.
Pace, R. (1994, 28 jul.). "Christy Henrich, 22, gymnast plagued by eating disorders", *New York Times*, p. A12.
Paikoff, R.L. e Brooks-Gunn, J. (1991). "Do parent-child relationships change during puberty?", *Psychological Bulletin, 110*(1), 47-66.
Panksepp, J. (1998). "Attention deficit hyperactivity disorders, psychostimulants, and intolerance of childhood playfulness: a tragedy in the making?", *Current Directions in Psychological Science, 7*, 91-98.
Paris, S.G. e Weissberg, J.A. (1986). "Young children's remembering in different contexts: a reinterpretation of Istomina's study", *Child Development, 57*, 1123-1129.
Parker, J.G. e Asher, S.R. (1987). "Peer relations and later personal adjustment: are low-accepted children at risk?", *Psychological Bulletin, 102*, 357-389.
Parsons, H.M. (1974). "What happened to Hawthorne?", *Science, 183*, 922-932.
Patrick, C.J. (1994). "Emotion and psychopathy: startling new insights", *Psychophysiology, 31*, 319-330.
Patterson, C.J. (1994). "Lesbian and gay families", *Current Directions in Psychological Science, 3*(2), 62-64.
Patterson, D.R. e Ptacek, J.T. (1997). "Baseline pain as a moderator of hypnotic analgesia for burn injury treatment", *Journal of Consulting & Clinical Psychology, 65*, 60-67.
Patterson, G.R. e Bank, L. (1989). "Some amplifying mechanisms for pathologic processes in families." In: Gunnar, M.R. e Thelen, E. (eds.). *Systems and development: the Minnesota Symposia on Child Psychology vol. 22.* Hillsdale, NJ: Erlbaum.
Patterson, G.R., DeBaryshe, B.D. e Ramsey, E. (1989). "A developmental perspective on antisocial behavior", *American Psychologist, 44*, 329-335.
Paul, G.L. (1982). "The development of a 'transportable' system of behavioral assessment for chronic patients." Conferência, University of Minnesota, Minneapolis.
Paul, G.L. e Lentz, R.J. (1977). *Psychosocial treatment of chronic mental patients: Milieu versus social learning programs.* Cambridge, MA: Harvard University Press.
Pavlov, I.P. (1927). *Conditional reflexes.* Trad. de G.V. Anrep. Londres: Oxford University Press.
Pearlin, L.I. e Schooler, C. (1978). "The structure of coping", *Journal of Health and Social Behavior, 19*, 2-21.

Pearson, C.A.L. (1992). "Autonomous workgroups: an evaluation at an industrial site", *Human Relations*, 9, 905-936.
Pedlow, R., Sanson, A., Prior, M. e Oberklaid, F. (1993). "Stability of maternally reported temperament from infancy to 8 years", *Developmental Psychology*, 29, 998-1007.
Pellegrini, A.D. e Galda, L. (1994). "Play." In: *Encyclopedia of human behavior vol. 3*. San Diego, CA: Academic Press, p. 535-543.
Peplau, L.A. e Cochran, S.D. (1990). "A relationship perspective on homosexuality." In: McWhirter, D.P., Sanders, S.A. e Reinisch, J.M. (eds.). *Homosexuality/heterosexuality: the Kinsey scale and current research*. Nova York: Oxford University Press.
Perry, B.D. e Pollard, R. (1998). "Homeostasis, stress, trauma, and adaptation: a neurodevelopmental view of childhood trauma", *Child Adolescent Psychiatric Clinics of North America*, 7, 33-51.
Perry, D.G., Perry, L.C. e Weiss, R.J. (1989). "Sex differences in the consequences that children anticipate for aggression", *Developmental Psychology*, 25, 312-319.
Persky, H. (1983). "Psychosexual effects of hormones", *Medical Aspects of Human Sexuality*, 17, 74-101.
Persson-Blennow, I. e McNeil, T.F. (1988). "Frequencies and stability of temperament types in childhood", *Journal of the American Academy of Child and Adolescent Psychiatry*, 27, 619-622.
Pert, C.B. e Snyder, S.H. (1973). "The opiate receptor: demonstration in nervous tissue", *Science*, 179(6), 1011-1014.
Peskin, H. (1967). "Pubertal onset and ego functioning", *Journal of Abnormal Psychology*, 72, 1-15.
Petersen, R.C., Stevens, J.C., Ganguli, M., Tangalos, E.G., Cummings, J.L. e DeKosky, S.T. (2001). "Practice parameter: early detection of dementia: mild cognitive impairment (an evidence-based review)", *Neurology*, 56, 1133-1142.
Peterson, C. (2000). "The future of optimism", *American Psychologist*, 55, 44-55.
Peterson, C., Maier, S.F. e Seligman, M.E.P. (1993a). "Explanatory style and helplessness", *Social Behavior and Personality*, 20, 1-14.
Peterson, C., Maier, S.F. e Seligman, M.E.P. (1993b). *Learned helplessness: a theory for the age of personal control*. Nova York: Oxford University Press.
Peterson, C., Vaillant, G.E. e Seligman, M.E.P. (1988). "Explanatory style as a risk factor for illness", *Cognitive Therapy and Research*, 12, 119-132.
Petitto, L.A. e Marentette, P.F. (1991, 22 mar.). "Babbling in the manual mode: evidence for the ontogeny of language", *Science*, 251, 1493-1496.
Pettigrew, T.F. (1998). "Intergroup contact theory", *Annual Review of Psychology*, 49, 65-85.
Pettigrew, T.F. (1969). "Racially separate or together?", *Journal of Social Issues*, 25, 43-69.
Petty, R.E. e Cacioppo, J.T. (1981). *Attitudes and persuasion: classic and contemporary approaches*. Dubuque, IA: Wm. C. Brown.
Petty, R.E. e Cacioppo, J.T. (1986a). "The elaboration likelihood model of persuasion." In: Berkowitz, L. (ed.). *Advances in experimental social psychology vol. 19*. Orlando, FL: Academic Press.
Petty, R.E. e Cacioppo, J.T. (1986b). *Communication and persuasion: central and peripheral routes to attitude change*. Nova York: Springer-Verlag.
Phelps, J.A., Davis, J.O. e Schartz, K.M. (1997). "Nature, nurture, and twin research strategies", *Current Directions in Psychological Science*, 6, 117-121.
Phelps, L. e Bajorek, E. (1991). "Eating disorders of the adolescent: current issues in etiology, assessment, and treatment", *School Psychology Review*, 20, 9-22.
Phinney, J.S. (1996). "When we talk about American ethnic groups, what do we mean?", *American Psychologist*, 51, 918-927.
Piaget, J. (1967). *Six psychological studies*. Nova York: Random House.
Piaget, J. (1969). "The intellectual development of the adolescent." In: Caplan, G. e Lebovici, S. (eds.). *Adolescence: psychosocial perspectives*. Nova York: Basic Books.
Piaget, J. e Inhelder, B. (1956). *The child's conception of space*. Trad. de F.J. Langdon e E.L. Lunzer. Londres: Routledge & Kegan Paul.
Pillow, D.R., Zautra, A.J. e Sandler, I. (1996). "Major life events and minor stressors: identifying mediational links in the stress process", *Journal of Personality and Social Psychology*, 70, 381-394.
Pinker, S. (1994). *The language instinct: how the mind creates language*. Nova York: HarperCollins.
Pinker, S. (1997). *How the mind works*. Nova York: Norton.
Pinker, S. (1999). *Words and rules: the ingredients of language*. Nova York: Basic Books.
Pion, G.M., Mednick, M.T., Astin, H.S., Hall, C.C.I., Kenkel, M.B., Keita, G.P., Kohout, J.L. e Kelleher, J.C. (1996). "The shifting gender composition of psychology: trends and implications for the discipline", *American Psychologist*, 15(5), 509-528.
Piontelli, A. (1989). "A study on twins before and after birth", *International Review of Psycho-Analysis*, 16, 413-426.
Pisani, V.D., Fawcett, J., Clark, D.C. e McGuire, M. (1993). "The relative contributions of medication adherence and AA meeting attendance to abstinent outcome for chronic alcoholics", *Journal of Studies on Alcohol*, 54, 115-119.
Platt, J.J. (1997). *Cocaine addiction: theory, research, and treatment*. Cambridge, MA: Harvard University Press.
Plomin, R. (1994). *Genetics and experience: the interplay between nature and nurture*. Thousand Oaks, CA: Sage.
Plomin, R. (1997). "Identifying genes for cognitive abilities and disabilities." In: Sternberg, R.J. e Grigorenko, E. (eds.). *Intelligence: heredity and environment*. Nova York: Cambridge University Press.
Plomin, R. (1999). "Parents and personality", *Contemporary Psychology*, 44, 269-271.
Plomin, R. e Rende, R. (1991). "Human behavioral genetics", *Annual Review of Psychology*, 42, 161-190.
Plomin, R., Corley, R., DeFries, J.C. e Fulker, D.W. (1990). "Individual differences in television watching in early childhood: nature as well as nurture", *Psychological Science*, 1(6), 371-377.
Plomin, R., DeFries, J.C. e McClearn, G.E. (1990). *Behavioral genetics: a primer*. 2. ed. Nova York: Freeman.
Plomin, R., McClearn, G.E., Smith, D.L., Vignetti, S., Chorney, M.J., Chorney, K., Venditti, C.P., Kasarda, S., Thompson, L.A., Detterman, D.K., Daniels, J., Owen, M.J. e McGuffin, P. (1994). "DNA markers associated with high versus low IQ: the IQ quantitative trait loci (QTL) Project", *Behavior Genetics*, 24, 107-119.
Plous, S. (1996). "Attitudes toward the use of animals in psychology research and education: results from a national survey of psychologists", *American Psychologist*, 51(11), 1167-1180.
Plutchik, R. (1980). *Emotion: a psychoevolutionary synthesis*. Nova York: Harper & Row.
Plutchik, R. (1994). *The psychology and biology of emotion*. Nova York: HarperCollins.
Pollack, W.S. e Levant, R.F. (1998). *New psychotherapy for men*. Nova York: Wiley.
Pontieri, F.E., Tanda, G., Orzi, F. e DiChiara, G. (1996). "Effects of nicotine on the nucleus accumbens and similarity to those of addictive drugs", *Nature*, 382, 255-257.
Pope, H. (2000). *The Adonis complex: the secret crisis of male obsession*. Nova York: Free Press.
Porkka-Heiskanen, T., Strecker, R.E., Thakkar, M., Bjørkum, A.A., Greene, R.W. e McCarley, R.W. (1997). "Adenosine: a mediator of the sleep-inducing effects of prolonged wakefulness", *Science*, 276, 1265-1268.
Porter, L.S. e Stone, A.A. (1995). "Are there really gender differences in coping? A reconsideration of previous results from a daily study", *Journal of Social and Clinical Psychology*, 14, 184-202.
Porter, L.W. e Roberts, K.H. (1976). "Communication in organizations." In: Dunnette, M.D. (ed.). *Handbook of industrial and organizational psychology*. Chicago: Rand McNally.
Powell, N.B., Schechtman, K.B., Riley, R.W., Li, K., Troell, R. e Guilleminault, C. (2001). "The road to danger: the comparative risks of driving while sleepy", *Laryngoscope*, 111, 887-893.
Power, F.C. (1994). "Moral development." In: *Encyclopedia of human behavior vol. 3*. San Diego, CA: Academic Press, p. 203-212.
Powers, S.I., Hauser, S.T. e Kilner, L.A. (1989). "Adolescent mental health", *American Psychologist*, 44, 200-208.
Prager, K.J. (1995). *The psychology of intimacy*. Nova York: Guilford Press.
Prentky, R.A., Knight, R.A. e Rosenberg, R. (1988). "Validation analyses on a taxonomic system for rapists: disconfirmation and reconceptualization", *Annals of the New York Academy of Sciences*, 528, 21-40.
Prior, M., Smart, D., Sanson, A. e Obeklaid, F. (1993). "Sex differences in psychological adjustment from infancy to 8 years", *Journal of the American Academy of Child and Adolescent Psychiatry*, 32, 291-304.
Ptacek, J.T., Smith R.E. e Dodge, K.L. (1994). "Gender differences in coping with stress: when stressor and appraisals do not differ", *Personality and Social Psychology Bulletin*, 20, 421-430.
Puca, A.A., Daly, M.J., Brewster, S.J., Matise, T.C., Barrett, J., Shea-Drinkwater, M., Kang, S., Joyce, E., Nicoli, J., Benson, E., Kunkel, L.M. e Perls, T. (2001). "A genome-wide scan for linkages to human exceptional longevity identifies a locus on chromosome 4", *Proceedings from the National Academy of Sciences, USA*, 98, 10505-10508.
Puig, C. (1995, 27 fev.). "Children say they imitate anti-social behavior on TV: survey finds shows influence more than two-thirds."

Putnam, F.W. (1984). "The psychophysiological investigation of multiple personality: a review", *Psychiatric Clinics of North America*, 7, 31-39.

Putnam, F.W., Guroff, J.J., Silberman, E.D., Barban, L. e Post, R.M. (1986). "The clinical phenomenology of multiple personality disorder: review of 100 recent cases", *Journal of Clinical Psychology*, 47, 285-293.

Quadrel, M.J., Prouadrel, Fischoff, B. e Davis, W. (1993). "Adolescent (in)vulnerability", *American Psychologist*, 2, 102-116.

Quan, N., Zhang, Z.B., Demetrikopoulos, M.K., Kitson, R.P., Chambers, W.H., Goldfarb, R.H. e Weiss, J.M. (1999). "Evidence for involvement of B lymphocytes in the surveillance of lung metastases in the rat", *Cancer Research*, 59, 1080-1089.

Rabasca, L. (1999a, jun.). "Improving life for the survivors of cancer", *APA Monitor*, p. 28-29.

Rabasca, L. (1999b, nov.). "Is it depression? Or could it be a mild traumatic brain injury?", *APA Monitor*, p. 27-28.

Rabasca, L. (2000a, mar.). "Lessons in diversity [and] helping American indians earn psychology degrees", *Monitor on Psychology*, 50-53.

Rabasca, L. (2000b, abr.). "Self-help sites: a blessing or a bane?", *Monitor on Psychology*, p. 28-30.

Rabasca, L. (2000c, abr.). "Taking telehealth to the next step", *Monitor on Psychology*, p. 36-37.

Rabasca, L. (2000d, abr.). "Taking time and space out of service delivery", *Monitor on Psychology*, p. 40-41.

Ramey, S.L. (1999). "Head Start and preschool education: toward continued improvement", *American Psychologist*, 54, 344-346.

Rasika, S., Alvarez-Buylla, A. e Nottebohm, F. (1999). "BDNF mediates the effects of testosterone on the survival of new neurons in an adult brain", *Neuron*, 22, 53-62.

Ree, M.J. e Earles, J.A. (1992). "Intelligence is the best predictor of job performance", *Current Directions in Psychological Science*, 1, 86-89.

Reed, S.K. (1992). *Cognition: theory and applications*. 3. ed. Pacific Grove, CA: Brooks/Cole.

Reed, S.K. (1996). *Cognition: theory and applications*. 4. ed. Pacific Grove, CA: Brooks/Cole.

Reinisch, J.M. e Sanders, S.A. (1982). "Early barbiturate exposure: the brain, sexually dimorphic behavior and learning", *Neuroscience and Biobehavioral Reviews*, 6(3), 311-319.

Reinish, J.M., Ziemba-Davis, M. e Sanders, S.A. (1991). "Hormonal contributions to sexually dimorphic behavioral development in humans", *Psychoneuroendocrinology*, 16, 213-278.

Renner, M.J. e Mackin, R.S. (1998). "A life stress instrument for classroom use", *Teaching of Psychology*, 25, 46-48.

Renzulli, J.S. (1978). "What makes giftedness? Reexamining a definition", *Phi Delta Kappan*, 60, 180-184, 216.

Reppucci, N.D., Woolard, J.L. e Fried, C.S. (1999). "Social, community and preventive interventions", *Annual Review of Psychology*, 50, 387-418.

Reschly, D.J. (1981). "Psychology testing in educational classification and placement", *American Psychologist*, 36, 1094-1102.

Rescorla, R.A. (1966). "Predictability and number of pairings in Pavlovian fear conditioning", *Psychonomic Science*, 4, 383-384.

Rescorla, R.A. (1967). "Pavlovian conditioning and its proper control procedures", *Psychological Review*, 74, 71-80.

Rescorla, R.A. (1988). "Pavlovian conditioning: it's not what you think", *American Psychologist*, 43, 151-160.

Rescorla, R.A. e Solomon, R.L. (1967). "Two-process learning theory: relationships between Pavlovian conditioning and instrumental learning", *Psychological Review*, 74, 151-182.

Reuter-Lorenz, P.A. e Miller, A.C. (1998, nov.). "The cognitive neuroscience of human laterality: lessons from the bisected brain", *Current Directions in Psychological Science*, 7, 15-20.

Reyna, V.F. e Titcomb, A.L. (1997). "Constraints on the suggestibility of eyewitness testimony: a fuzzy-trace theory analysis." In: Payne, D.G. e Conrad, F.G. (eds.). *Intersections in basic and applied memory research*. Mahwah, NJ: Erlbaum.

Reynolds, C.F., Frank, E., Perel, J.M., Imber, S.D., Cornes, C., Miller, M.D., Mazumdar, S., Houck, P.R., Dew, M.A., Stack, J.A., Pollock, B.G. e Kupfer, D.J. (1999). "Nortriptyline and interpersonal psychotherapy as maintenance therapies for recurrent major depression", *Journal of the American Medical Association*, 281, 39-45.

Rhue, J.W., Lynn, S.J. e Kirsch, I. (1993). *Handbook of clinical hypnosis*. Washington, DC: American Psychological Association.

Richardson, G.S., Miner, J.D. e Czeisler, C.A. (1989-1990). "Impaired driving performance in shiftworkers: the role of the circadian system in a multifactional model", *Alcohol, Drugs & Driving*, 5(4), 6(1), 265-273.

Rieber, R.W. (1998, ago.). *Hypnosis, false memory and multiple personality: a trinity of affinity*. Dissertação apresentada no encontro annual da American Psychological Association, São Francisco, CA.

Rietze, R.L., Valcanis, H., Booker, G.F., Thomas, T., Voss, A.K. e Barlett, P.F. (2001). "Purification of pluripotent neural stem cell from the adult mouse brain", *Nature*, 412, 736-739.

Riger, S. (1992). "Epistemological debates, feminist voices", *American Psychologist*, 47, 730-740.

Rilling, M. (2000). "John Watson's paradoxical struggle to explain Freud", *American Psychologist*, 55, 301-312.

Rini, C.K., Dunkel-Schetter, C., Wadhwa, P.D. e Sandman, C.A. (1999). "Psychological adaptation and birth outcomes: the role of personal resources, stress, and sociocultural context in pregnancy", *Health Psychology*, 18, 333-345.

Riordan, R.J. e Beggs, M.S. (1987). "Counselors and self-help groups", *Journal of Counseling and Development*, 65, 427-429.

Ripple, C.H., Gilliam, W.S., Chanana, N. e Zigler, E. (1999). "Will fifty cooks spoil the broth? The debate over entrusting head start to the states", *American Psychologist*, 54, 327-343.

Roberts, A.H., Kewman, D.G., Mercer, L. e Hovell, M. (1993). "The power of nonspecific effects in healing: implications for psychosocial and biological treatments", *Clinical Psychology Review*, 13, 375-391.

Robins, L.N. e Regier, D.A. (1991). *Psychiatric disorders in America: the Epidemiologic Catchment Area Study*. Nova York: Free Press.

Robins, R.W., Gosling, S.D. e Craik, K.H. (1999). "An empirical analysis of trends in psychology", *American Psychologist*, 54, 117-128.

Robinson, A. e Clinkenbeard, P.R. (1998). "Giftedness: an exceptionality examined", *Annual Review of Psychology*, 49, 117-139.

Robinson, L.A., Berman, J.S. e Neimeyer, R.A. (1990). "Psychotherapy for the treatment of depression: a comprehensive review of controlled outcome research", *Psychological Bulletin*, 108, 30-49.

Rodier, P.M. (2000). "The early origins of autism", *Scientific American*, 282(2), 56-63.

Rodin, J. (1985). "Insulin levels, hunger, and food intake: an example of feedback loops in body weight regulation", *Health Psychology*, 4, 1-24.

Roese, N.J. (1997). "Counterfactual thinking", *Psychological Bulletin*, 121, 133-148.

Rofe, Y. (1984). "Stress and affiliation: a utility theory", *Psychological Review*, 91, 251-268.

Rofe, Y., Hoffman, M. e Lewin, I. (1985). "Patient affiliation in major illness", *Psychological Medicine*, 15, 895-896.

Rogers, C.R. (1961). *On becoming a person: a therapist's view of psychotherapy*. Boston: Houghton Mifflin.

Roitbak, A.I. (1993). *Glia and its role in nervous activity*. Saint Petersburg, Russia: Nauka.

Romeo, F. (1984). "Adolescence, sexual conflict, and anorexia nervosa", *Adolescence*, 19, 551-557.

Rosch, E.H. (1973). "Natural categories", *Cognitive Psychology*, 4, 328-350.

Rosch, E.H. (1978). "Principles of categorization." In: Rosch, E.H. e Lloyd, B.B. (eds.). *Cognition and categorization*. Hillsdale, NJ: Erlbaum.

Rosenthal, D. (1970). *Genetic theory and abnormal behavior*. Nova York: McGraw-Hill.

Rosenzweig, M.R. (1984). "Experience, memory, and the brain". *American Psychologist*, 39, 365-376.

Rosenzweig, M.R. (1996). "Aspects of the search for neural mechanisms of memory", *Annual Review of Psychology*, 47, 1-32.

Rosenzweig, M.R. e Leiman, A.L. (1982). *Physiological psychology*. Lexington, MA: D.C. Heath.

Ross, C.A., Norton, G.R. e Wozney, K. (1989). "Multiple personality disorder: an analysis of 236 cases", *Canadian Journal of Psychiatry*, 34, 413-418.

Ross, L. (1977). "The intuitive psychologist and his shortcomings: distortions in the attribution process." In: Berkowitz, L. (ed.). *Advances in experimental social psychology vol. 10*. Nova York: Academic Press.

Ross, L. e Nisbett, R.E. (1991). *The person and the situation*. Nova York: McGraw-Hill.

Ross, M.H. (1993). *The culture of conflict*. New Haven, CT: Yale University Press.

Rottenstreich, Y. e Tversky, A. (1997). "Unpacking, repacking, and anchoring: advances in support theory", *Psychological Review*, 104(2), 406-415.

Rotter, J.B. (1954). *Social learning and clinical psychology*. Englewood Cliffs, NJ: Prentice Hall.

Rouhana, N.N. e Bar-Tal, D. (1998). "Psychological dynamics of instractable ethnonational conflicts: the Israeli-Palestinian case", *American Psychologist*, 53, 761-770.

Rovner, S. (1990, 25 dez.). "The empty nest myth", *Ann Arbor News*, p. D3.

Rowan, A. e Shapiro, K.J. (1996). "Animal rights, a bitten apple", *American Psychologist*, 51(11), 1183-1184.

Rowe, D.C. (2001). "The nurture assumption persists", *American Psychologist*, 56, 168-169.

Ruberman, J.W., Weinblatt, E., Goldberg, J.D. e Chaudhary, B.S. (1984). "Psychological influences on mortality after myocardial infarction", *New England Journal of Medicine, 311*, 552-559.

Rubin, K.H., Coplan, R.J., Chen, X. e McKinnon, J.E. (1994). "Peer relationships and influences in childhood." In: *Encyclopedia of human behavior vol. 3*. San Diego, CA: Academic Press, p. 431-439.

Ruble, D.N., Fleming, A.S., Hackel, L.S. e Stangor, C. (1988). "Changes in the marital relationship during the transition to first time motherhood: effects of violated expectations concerning division of household labor", *Journal of Personality and Social Psychology, 55*, 78-87.

Ruffin, C.L. (1993). "Stress and health-little hassles vs. major life events", *Australian Psychologist, 28*, 201-208.

Russell, J.A. (1991). "Culture and the categorization of emotions", *Psychological Bulletin, 110*, 426-450.

Russell, T.G., Rowe, W. e Smouse, A.D. (1991). "Subliminal self-help tapes and academic achievement: an evaluation", *Journal of Counseling and Development, 69*, 359-362.

Russo, N.F. (1985). *A woman's mental health agenda*. Washington, DC: American Psychological Association.

Russo, N.F. e Denmark, F.L. (1987). "Contributions of women to psychology", *Annual Review of Psychology, 38*, 279-298.

Russo, N.F. e Sobel, S.B. (1981). "Sex differences in the utilization of mental health facilities", *Professional Psychology, 12*, 7-19.

Rutter, M.L. (1997). "Nature-nurture integration: an example of antisocial behavior", *American Psychologist, 52*, 390-398.

Ryan, R.M. e Deci, E.L. (2000). "Self-determination theory and the facilitation of intrinsic motivation, social development, and well-being", *American Psychologist, 55*, 68-78.

Sack, R.L., Brandes, R.W., Kendall, A.R. e Lewy, A.J. (2001). "Entrainment of free-running circadian rhythms by melatonin in blind people", *The New England Journal of Medicine, 343*, 1070-1077.

Sacks, O. (2000). *Seeing voices: a journey into the world of the deaf*. Nova York: Vintage.

Sadeh, A., Raviv, A. e Gruber, R. (2000). "Sleep patterns and sleep disruptions in school-age children", *Developmental Psychology, 36*, 291-301.

Salovey, P., Mayer, J.D. e Rosenhan, D.L. (1991). "Mood behavior." In: Clark, M.S. (ed.). *Review of personality and social psychology: Prosocial behavior vol. 12*. Newbury Park, CA: Sage, p. 215-237.

Salovey, P., Rothman, A.J., Detweiler, J.B. e Steward, W.T. (2000). "Emotional states and physical health", *American Psychologist, 55*, 110-121.

Salthouse, T.A. (1991). "Mediation of adult age differences in cognition by reductions in working memory and speed of processing", *Psychological Science, 2*(3), 179-183.

Sanford, R.N. (1937). "The effects of abstinence from food upon imaginal processes: a further experiment", *Journal of Psychology, 3*, 145-159.

Sarason, I.G. e Sarason, B.R. (1987). *Abnormal psychology: the problem of maladaptive behavior*. 5. ed. Englewood Cliffs, NJ: Prentice Hall.

Sarter, M., Berntson, G.G. e Cacioppo, J.T. (1996). "Brain imaging and cognitive neuroscience: toward strong inference in attributing function to structure", *American Psychologist, 51*, 13-21.

Satow, K.K. (1975). "Social approval and helping", *Journal of Experimental Social Psychology, 11*, 501-509.

Sattler, J.M. (1992). *Assessment of children*. 3. ed. San Diego: Jerome M. Sattler.

Savic, I., Berglund, H., Gulyas, B. e Roland, P. (2001). "Smelling of odorous sex hormone-like compounds causes sex differentiated hypothalamic activations in humans."

Scarr, S. (1993). "Ebbs and flows of evolution in psychology", *Contemporary Psychology, 38*, 458-462.

Scarr, S. (1999). "Freedom of choice for poor families", *American Psychologist, 54*, 144-145.

Scarr, S. e Weinberg, R. (1983). "The Minnesota Adoption Study: genetic differences and malleability", *Child Development, 54*, 260-267.

Schacter, D.L. (1999). "The seven sins of memory: insights from psychology and cognitive neuroscience", *American Psychologist, 54*, 182-203.

Schaie, K.W. (1984). "Midlife influences upon intellectual functioning in old age", *International Journal of Behavioral Development, 7*, 463-478.

Schaie, K.W. (1994). "The course of adult intellectual development", *American Psychologist, 4*, 304-313.

Schanberg, S.M. e Field, T.M. (1987). "Sensory deprivation stress and supplemental stimulation in the rat pup and preterm human neonate", *Child Development, 58*, 1431-1447.

Scherer, K.R. e Wallbott, H.G. (1994). "Evidence for universality and cultural variation of differential emotion response patterning", *Journal of Personality and Social Psychology, 66*, 310-328.

Schlenker, B.R. e Weigold, M.F. (1992). "Interpersonal processes involving impression regulation and management", *Annual Review of Psychology, 43*, 133-168.

Schlenker, B.R., Weigold, M.F. e Hallam, J.R. (1990). "Self-serving attributions in social context: effects of self-esteem and social pressure", *Journal of Personality and Social Psychology, 58*(5), 855-863.

Schoenthaler, S.J., Amos, S.P., Eysenck, H.J., Peritz, E. e Yudkin, J. (1991). "Controlled trial of vitamin-mineral supplementation: effects on intelligence and performance", *Personality and Individual Differences, 12*, 251-362.

Schwartz, B. (1989). *Psychology of learning and behavior*. 3. ed. Nova York: Norton.

Schwartz, G.E. (1974, abr.). "TM relaxes some people and makes them feel better", *Psychology Today*, p. 39-44.

Schwartz, P. (1994, 17 nov.). "Some people with multiple roles are blessedly stressed", *New York Times*.

Schwarz, E.D. e Perry, B.D. (1994). "The post-traumatic response in children and adolescents", *Psychiatric Clinics of North America, 17*, 311-326.

Schweickert, R. e Boruff, B. (1986). "Short-term memory capacity: magic number or magic spell?", *Journal of Experimental Psychology: Learning, Memory, & Cognition, 12*(3), 419-425.

Schweinhart, L.J., Barnes, H.V. e Weikart, D.P. (1993). *Significant benefits: the High/Scope Perry study through age 27* (Monografias da High/Scope Educational Research Foundation, n. 10.) Ypsilanti, MI: High/Scope Press.

Scott, C., Klein, D.M. e Bryant, J. (1990). "Consumer response to humor in advertising: a series of field studies using behavioral observation", *Journal of Consumer Research, 16*, 498-501.

Scott, K.G. e Carran, D.T. (1987). "The epidemiology and prevention of mental retardation", *American Psychologist, 42*, 801-804.

Scupin, R. (1995). *Cultural anthropology*. 2. ed.). Englewood Cliffs, NJ: Prentice Hall.

Seamon, J.G. e Kenrick, D.T. (1992). *Psychology*. Englewood Cliffs, NJ: Prentice Hall.

Sears, D.O. (1994). "On separating church and lab", *Psychological Science, 5*, 237-339.

Seeley, R.J. e Schwartz, J.C. (1997). "The regulation of energy balance: peripheral hormonal signals and hypothalamic neuropeptides", *Current Directions in Psychological Science, 6*, 39-44.

Segall, M.H., Lonner, W.J. e Berry, J.W. (1998). "Cross-cultural psychology as a scholarly discipline: on the flowering of culture in behavioral research", *American Psychologist, 53*, 1011-1110.

Seligman, J., Rogers, P. e Annin, P. (1994, 2 maio). "The pressure to lose", *Newsweek*, p. 60, 62.

Seligman, M.E.P. e Csikzentmihalyi, M. (2000). "Positive psychology", *American Psychologist, 55*, 5-14.

Seligman, M.E.P. (1995). "The effectiveness of psychotherapy: the Consumer Reports study", *American Psychologist, 50*(12), 965-974.

Seligmann, J. et al. (1992, 3 fev.). "The new age of Aquarius", *Newsweek*, p. 65.

Sell, R.L., Wells, J.A. e Wypij, D. (1995). "The prevalence of homosexual behavior and attraction in the United States, the United Kingdom and France: results of national population-based samples", *Archives of Sexual Behavior, 24*, 235-238.

Selman, R. (1981). "The child as friendship philosopher." In: Asher, S.R. e Gottman, J.M. (eds.). *The development of children's friendships*. Nova York: Cambridge University Press.

Selye, H. (1956). *The stress of life*. Nova York: McGraw-Hill.

Selye, H. (1976). *The stress of life*. Ed. revisada. Nova York: McGraw-Hill.

Semrud-Clikeman, M. e Hynd, G.W. (1990). "Right hemispheric dysfunction in nonverbal learning disabilities: social, academic, and adaptive functioning in adults and children", *Psychological Bulletin, 107*, 196-209.

Seppa, N. (1997, jun.). "Children's TV remains steeped in violence", *APA Monitor*, p. 36.

Shaffer, D.R. (1999). *Developmental psychology: childhood and adolescence*. Pacific Grove, CA: Brooks/Cole.

Shaffer, J.B.P. (1978). *Humanistic psychology*. Upper Saddle River, NJ: Pearson Education, Inc.

Shalev, A. e Munitz, H. (1986). "Conversion without hysteria: a case report and review of the literature", *British Journal of Psychiatry, 148*, 198-203.

Shapiro, D. e Shapiro, D. (1982). "Meta-analysis of comparative therapy outcome studies: a replication and refinement", *Psychological Bulletin, 92*, 581-604.

Shapiro, K. (1991, jul.). "Use morality as basis for animal treatment", *APA Monitor*, p. 5.

Shaw, P.J., Cirelli, C., Greenspan, R.J. e Tononi, G. (2000, 10 mar.). "Correlates of sleep and waking in drosophila melanogaster", *Science, 287*, 1834-1837.

Shaywitz, S.E., Shaywitz, B.A., Pugh, K.R., Fulbright, R.K., Constable, R.T., Mencl, W.E., Shankweiler, D.P., Liberman, A.M., Skudlarski, P., Fletcher, J.M., Katz, L., Marchione, K.E., Lacadie, C., Gatenb, C. e Gore, J.C. (1998). "Functional disruption in the organization of the brain for reading in dyslexia", *Neurobiology, 95*, 2636-2641.

Shepard, R.N. (1978). "Externalization of mental images and the act of creation." In: Randhawa, B.S. e Coffman, W.E. (eds.). *Visual learning, thinking, and communication*. Nova York: Academic Press, p. 138-189.

Sherman, R.A. (1996). *Unraveling the mysteries of phantom limb sensations*. Nova York: Plenum Press.

Shimamura, A.P., Berry, J.M., Mangels, J.A., Rusting, C.L. e Jurica, P.J. (1995). "Memory and cognitive abilities in university professors: evidence for successful aging", *Psychological Science, 6*(5), 271-277.

Shorter, E. (1997). *A history of psychiatry: from the era of the asylum to the age of Prozac*. Nova York: Wiley.

Shriver, M.D. e Piersel, W. (1994). "The long-term effects of intrauterine drug exposure: review of recent research and implications for early childhood special education", *Topics in Early Childhood Special Education, 14*(2), 161-183.

Siegel, L. (1993). "Amazing new discovery: Piaget was wrong", *Canadian Psychology, 34*, 239-245.

Simon, H.A. (1974). "How big is a chunk?", *Science, 165*, 482-488.

Simpson, H.B., Nee, J.C. e Endicott, J. (1997). "First-episode major depression. Few sex differences in course", *Archives of General Psychiatry, 54*(7), 633-639.

Singer, J.L. (1975). *The inner world of daydreaming*. Nova York: Harper Colophon.

Singer, J.L. e Singer, D.G. (1983). "Psychologists look at television: cognitive, developmental, personality, and social policy implications", *American Psychologist, 38*, 826-834.

Singh, G.K. e Yu, S.M. (1995). "Infant mortality in the United States: trends, differentials, and projections, 1950 through 2010", *American Journal of Public Health, 85*(7), 957-964.

Singular, S. (1982, out.). "A memory for all seasonings", *Psychology Today*, p. 54-63.

Sinnott, J.D. (1994). "Sex roles." In: *Encyclopedia of human behavior vol. 4*. San Diego, CA: Academic Press, p. 151-158.

Skaalvik, E.M. e Rankin, R.J. (1994). "Gender differences in mathematics and verbal achievement, self-perception and motivation", *British Journal of Educational Psychology, 64*, 419-428.

Skeels, H.M. (1938). "Mental development of children in foster homes", *Journal of Consulting Psychology, 2*, 33-43.

Skeels, H.M. (1942). "The study of the effects of differential stimulation on mentally retard children: a follow-up report", *American Journal of Mental Deficiencies, 46*, 340-350.

Skeels, H.M. (1966). "Adult status of children with contrasting early life experiences", *Monographs of the Society for Research in Child Development, 31*(3), 1-65.

Skinner, B.F. (1938). *The behavior of organisms*. Nova York: Appleton-Century-Crofts.

Skinner, B.F. (1953). "Some contributions of an experimental analysis of behavior to psychology as a whole", *American Psychologist, 8*(2), 69-78.

Skinner, B.F. (1957). *Verbal behavior*. Englewood Cliffs, NJ: Prentice Hall.

Skinner, B.F. (1987). "Whatever happened to psychology as the science of behavior?", *American Psychologist, 42*, 780-786.

Skinner, B.F. (1989). "The origins of cognitive thought", *American Psychologist, 44*, 13-18.

Skinner, B.F. (1990). "Can psychology be a science of mind?", *American Psychologist, 45*, 1206-1210.

Skrzycki, C. (1995, 24 nov.). "Is it pure or just pure nonsense?", *Washington Post*, p. F1, F4.

Sloan, R.P., Bagiella, E. e Powell, T. (1999). "Religion, spirituality, and medicine", *The Lancet, 353*, 664-667.

Slovic, P. (1995). "The construction of preference", *American Psychologist, 50*, 364-371.

Smith, B.W. (2000). "Noah revisited: religious coping by church members and the impact of the 1993 Midwest flood", *Journal of Community Psychology, 28*, 169-186.

Smith, C.T. (1985). "Sleep states and learning: a review of the animal literature", *Neuroscience e Biobehavioral Reviews, 9*, 157-168.

Smith, C.T. e Kelly, G. (1988). "Paradoxical sleep deprivation applied two days after end of training retards learning", *Physiology & Behavior, 43*, 213-216.

Smith, C.T. e Lapp, L. (1986). "Prolonged increase in both PS and number of REMS following a shuttle avoidance task", *Physiology & Behavior, 36*, 1053-1057.

Smith, D. (2000). "Smoking increases teen depression", *Monitor on Psychology, 31*, 58.

Smith, D. (2001). "Impairment on the job", *Monitor on Psychology, 32*, 52-53.

Smith, D.N. (1998). "The psychocultural roots of genocide: legitimacy and crisis in Rwanda", *American Psychologist, 53*, 743-753.

Smith, M.L., Glass, G.V. e Miller, T.I. (1980). *The benefits of psychotherapy*. Baltimore: Johns Hopkins University Press.

Smith, P.B. e Bond, M.H. (1999). *Social psychology across cultures: analysis and perspectives*. 2. ed. Boston: Allyn e Bacon.

Smith, P.B. e Bond, M.H. (1994). *Social psychology across cultures: analysis and perspectives*. Boston: Allyn e Bacon.

Smollar, J. e Youniss, J. (1989). "Transformations in adolescents' perceptions of parents", *International Journal of Behavioral Development, 12*, 71-84.

Snodgrass, S.E. (1992). "Further effects of role versus gender on interpersonal sensitivity", *Journal of Personality and Social Psychology, 62*, 154-158.

Snyder, M. (1987). *Public appearances/private realities: the psychology of self-monitoring*. Nova York: Freeman.

Snyder, M. e Swann Jr., W.B. (1978). "Behavioral confirmation in social interaction: from social perception to social reality", *Journal of Experimental Social Psychology, 14*, 148-162.

Snyder, M. e Tanke, E.D. (1976). "Behavior and attitude: Some people are more consistent than others", *Journal of Personality, 44*, 501-517.

Snyder, S.H. (1977). "Opiate receptors and internal opiates", *Scientific American, 236*, 44-56.

Solomon, D.A., Keitner, G.I., Miller, I.W., Shea, M.T. e Keller, M.B. (1995). "Course of illness and maintenance treatments for patients with bipolar disorder", *Journal of Clinical Psychiatry, 56*, 5-13.

Solomon, P.R., Hirschoff, A., Kelly, B., Relin, M., Brush, M., DeVeaux, R.D. e Pendlebury, W.W. (1998). "A 7 minute neurocognitive screening battery highly sensitive to Alzheimer's disease", *Archives of Neurology, 55*, 349-355.

Sommers, C.H. (1994, 3 abr.). "The myth of schoolgirls' low self-esteem", *Wall Street Journal*, p. 4.

Sommers-Flanagan, R., Sommers-Flanagan, J. e Davis, B. (1993). "What's happening on music television? A gender role content analysis", *Sex Roles, 28*, 745-754.

Sonstroem, R.J. (1997). "Physical activity and self-esteem." In: Morgan, W.P. (ed.). *Physical activity and mental health*. Filadélfia, PA: Taylor & Francis, p. 127-143.

Sorensen, R.C. (1973). *Adolescent sexuality in contemporary America*. Nova York: World.

Spellman, B.A. e Mandel, D.R. (1999). "When possibility informs reality: counterfactual thinking as a cue to causality", *Current Directions in Psychological Science, 8*, 120-123.

Sperling, G. (1960). "The information available in brief visual presentations", *Psychological Monographs, 74*, 1-29.

Sperry, R.W. (1964). "The great cerebral commissure", *Scientific American, 210*, 42-52.

Sperry, R.W. (1968). "Hemisphere disconnection and unity in conscious awareness", *American Psychologist, 23*, 723-733.

Sperry, R.W. (1970). "Perception in the absence of neocortical commissures." In: *Perception and its disorders* (Res. Publ. A.R.N.M.D., vol. 48). Nova York: The Association for Research in Nervous and Mental Disease.

Sperry, R.W. (1988). "Psychology's mentalists paradigm and the religion/science tension", *American Psychologist, 43*, 607-613.

Sperry, R.W. (1995). "The future of psychology", *American Psychologist, 5*(7), 505-506.

Spiegel, D. (1995). "Essentials of psychotherapeutic intervention for cancer patients", *Support Care Cancer, 3*(4), 252-256.

Spiegel, D. e Kato, P.M. (1996). "Psychological influences on cancer incidence and progression", *Harvard Review of Psychiatry, 4*, 10-26.

Spitzer, R.L., Skodal, A.E., Gibbon, M. e Williams, J.B.W. (1981). *DSM-III case book*. Washington, DC: American Psychiatric Association.

Spitzer, R.L., Skodal, A.E., Gibbon, M. e Williams, J.B.W. (1983). *Psychopathology: a casebook*. Nova York: McGraw-Hill.

Spoendlin, H.H. e Schrott, A. (1989). "Analysis of the human auditory nerve", *Hearing Research, 43*, 25-38.

Squier, L.H. e Domhoff, G.W. (1998). "The presentation of dreaming and dreams in introductory psychology textbooks: a critical examination with suggestions for textbook authors and course instructors", *Dreaming: Journal of the Association for the Study of Dreams, 8*, 149-168.

Squire, S. (1983). *The slender balance: causes and cures for bulimia, anorexia, and the weight loss/weight gain seesaw*. Nova York: Putnam.

Sridhar, K.S., Ruab, W.A. e Weatherby, N.L. (1994). "Possible role of marijuana smoking as a carcinogen in development of lung cancer at a young age", *Journal of Psychoactive Drugs, 26*, 285-288.

Stack, S. (1994). "Divorce." In: *Encyclopedia of human behavior vol. 2*. San Diego, CA: Academic Press, p. 153-163.

Stancliffe, R.J. (1997). "Community residence size, staff presence and choice", *Mental Retardation, 35*, 1-9.

Stanton, M.D. e Shadish, W.R. (1997). "Outcome, attrition, and family-couples treatment for drug abuse: a meta-analysis and review of the controlled, comparative studies", *Psychological Bulletin, 122,* 170-191.

Steele, C.M. e Josephs, R.A. (1990). "Alcohol myopia: its prized and dangerous effects", *American Psychologist, 45,* 921-933.

Steiger, H., Gauvin, L., Jabalpurwala, S., Seguin, J.R. e Stotland, S. (1999). "Hypersensitivity to social interactions in bulimic syndromes: relationships to binge eating", *Journal of Consulting Clinical Psychology, 67,* 765-775.

Steinberg, K.K. et al. (1991). "A meta-analysis of the effect of estrogen replacement therapy on the risk of breast cancer", *JAMA, Journal of the American Medical Association, 265*(15), 1985-1990.

Steiner, J.E. (1979). "Facial expressions in response to taste and smell stimulation." In: Reese, H.W. e Lipsitt, L.P. (eds.). *Advances in child development and behavior vol. 13.* Nova York: Academic Press.

Steinhauer, J. (1997, 6 jul.). "Living together without marriage or apologies", *New York Times,* p. A9.

Steinhausen, H.C., Willms, J. e Spohr, H. (1993). "Long-term psychopathological and cognitive outcome of children with fetal alcohol syndrome", *Journal of the American Academy of Child and Adolescent Psychiatry, 32,* 990-994.

Stern, L. (1985). *The structures and strategies of human memory.* Homewood, IL: Dorsey Press.

Stern, R.M. e Koch, K.L. (1996). "Motion sickness and differential susceptibility", *Current Directions in Psychological Science, 5,* 115-120.

Sternberg, R.J. (1999). "The theory of successful intelligence", *Review of General Psychology, 3,* 292-316.

Sternberg, R.J. (2001). "What is the common thread of creativity? Its dialectical relation to intelligence and wisdom", *American Psychologist, 56,* 360-362.

Sternberg, R.J. (1985). *Beyond IQ: a triarchic theory of human intelligence.* Nova York: Cambridge University Press.

Sternberg, R.J. (1986). *Intelligence applied.* Orlando, FL: Harcourt Brace Jovanovich.

Sternberg, R.J. e Kaufman, J.C. (1998). "Human abilities", *Annual Review of Psychology, 49,* 479-502.

Stevens, G. e Gardner, S. (1982). *Women of psychology: expansion and refinement vol. 1.* Cambridge, MA: Schenkman.

Stevenson, H.W. (1992). "Learning from Asian schools", *Scientific American,* 70-76.

Stevenson, H.W. (1993). "Why Asian students still outdistance Americans", *Educational Leadership,* 63-65.

Stevenson, H.W., Chen, C. e Lee, S.-Y. (1993). "Mathematics achievement of Chinese, Japanese, and American children: ten years later", *Science, 259,* 53-58.

Stevenson, H.W., Lee, S.-Y. e Stigler, J.W. (1986). "Mathematics achievment of Chinese, Japanese, and American children". *Science, 231,* 693-697.

Stewart, R.H. (1965). "Effect of continuous responding on the order effect in personality impression formation", *Journal of Personality and Social Psychology, 1,* 161-165.

Stickgold, R., Rittenhouse, C.D. e Hobson, J.A. (1994). "Dream splicing: a new technique for assessing thematic coherence in subjective reports of mental activity", *Consciousness and Cognition, 3,* 114-128.

Stiles, W.B., Shapiro, D.A. e Elliott, R. (1986). "Are all psychotherapies equivalent?", *American Psychologist, 41,* 165-180. (Veja Myers, 1992.)

Stock, M.B. e Smythe, P.M. (1963). "Does undernutrition during infancy inhibit brain growth and subsequent intellectual development?", *Archives of Disorders in Childhood, 38,* 546-552.

Stodghill, R. (1998, 15 jun.). "Where'd you learn that?", *Time,* 52-59.

Stone, W.F., Lederer, G. e Christie, R. (1993). "Introduction: strength and weakness." In: Stone, W.F., Lederer, G. e Christie, R. (eds.). *The authoritarian personality today: strength and weakness.* Nova York: Springer-Verlag.

Stoner, J.A.F. (1961). "A comparison of individual and group decisions involving risk." Tese de mestrado não publicada, School of Industrial Management, MIT.

Strickland, B.R. (1989). "Internal-external control expectancies. From contingency to creativity", *American Psychologist, 44,* 1-12.

Strickland, B.R. (2000). "Misassumptions, misadventures, and the misuse of psychology", *American Psychologist, 55,* p. 331-338.

Stumpf, H. e Stanley, J.C. (1998). "Stability and change in gender-related differences on the college board advanced placement and achievement tests", *Current Directions in Psychological Research, 7,* 192-196.

Subotnik, R.F. e Arnold, K.D. (1994). *Beyond Terman: contemporary longitudinal studies of giftedness and talent.* Norwood, NJ: Ablex.

Sue, S., Zane, N. e Young, K. (1994). "Research on psychotherapy with culturally diverse populations." In: Bergin, A.E. e Garfield, S.L. (eds.). *Handbook of psychotherapy and behavior change.* 4. ed.. Nova York: Wiley, p. 783-820.

Sullivan, E.V., Rosenbloom, M.J., Lim, K.O. e Pfefferbaum, A. (2000). "Longitudinal changes in cognition, gait, and balance in abstinent and relapsed alcoholic men: relationships to changes in brain structure", *Neuropsychology, 14,* 178-188.

Suls, J. e Fletcher, B. (1983). "Social comparison in the social and physical sciences: an archival study", *Journal of Personality and Social Psychology, 44,* 575-580.

Swan, N. (1998). "Brain scans open window to view cocaine's effects on the brain", *NIDA Notes, 13,* 12.

Tagano, D.W., Moran III, D.J., e Sawyers, J.K. (1991). *Creativity in early childhood classrooms.* Washington, DC: National Education Association.

Takaki, A., Nagai, K., Takaki, S. e Yanaihara, N. (1990). "Satiety function of neurons containing CCKK-like substance in the dorsal parabrachial nucleus", *Physiology & Behavior, 48,* 865-871.

Takami, S., Getchell, M.L., Chen, Y., Monti-Bloch, L. e Berliner, D.L. (1993). "Vomeronasal epithelial cells of the adult human express neuron-specific molecules", *Neuro Report, 4,* 374-378.

Tan, D.T.Y. e Singh, R. (1995). "Attitudes and attraction: a developmental study of the similarity-attraction and dissimilarity-repulsion hypotheses", *Personality and Social Psychology Bulletin, 21*(9), 975-986.

Tanner, J.M. (1978). *Foetus into man: physical growth from conception to maturity.* Cambridge, MA: Harvard University Press.

Tavris, C. (1992). *The mismeasure of woman.* Nova York: Simon & Schuster.

Taylor, D.M. e Moghaddam, F.M. (1994). *Theories of intergroup relations: international social psychological perspectives.* Westport, CT: Praeger.

Taylor, S.E. e Repetti, R.L. (1997). "Health psychology: what is an unhealthy environment and how does it get under the skin?", *Annual Review of Psychology, 48,* 411-447.

Taylor, S.E., Klein, L.C., Lewis, B.P., Gruenewald, T.L., Gurung, R.A.R. e Updegraff, J.A. (2000). "Biobehavioral responses to stress in females: tend-and-befriend, not fight-or-flight", *Psychological Review, 107,* 411-429.

Terman, L.M. (1925). *Mental and physical traits of a thousand gifted children: genetic studies of genius vol. 1.* Stanford, CA: Stanford University Press.

Testa, M., Livingston, J.A. e Collins, R.L. (2000). "The role of women's alcohol consumption in evaluation of vulnerability to sexual aggression", *Experimental & Clinical Psychopharmacology, 8,* 185-191.

Thelen, E. (1994). "Three-month-old infants can learn task-specific patterns of interlimb coordination", *American Psychological Society, 5*(5), 280-288.

Thelen, E. (1995). "Motor development: a new synthesis", *American Psychologist, 50*(2), 79-95.

Thomas, A. e Chess, S. (1977). *Temperament and development.* Nova York: Brunner/Mazel.

Thompson, J.K. e Thompson, C.M. (1986). "Body size distortion and self-esteem in asymptomatic, normal weight males and females", *International Journal of Eating Disorders, 5,* 1061-1068.

Thompson, P.M., Vidal, C., Giedd, J.N., Gochman, P., Blumnethal, J., Nicolson, R., Toga, A.W. e Rapoport, J.L. (2001). "Mapping adolescent brain changes reveals dynamic wave accelerated gray matter loss in very early-onset schizophrenia", *Proceedings from the National Academy of Sciences, USA, 98,* 11650-11655.

Thompson, R.A. e Ganzel, A.K. (1994). "Socioemotional development." In: Ramachandran, V.S. (ed.) *Encyclopedia of Human Behavior.* San Diego: Academic Press, p. 275-286.

Thorndike, E.L. (1898). "Animal intelligence", *Psychological Review Monograph, 2*(4, completo n. 8).

Thurstone, L.L. (1938). "Primary mental abilities", *Psychometric Monographs,* 1.

Tincoff, R. e Jusczyk, P.W. (1999). "Some beginnings of word comprehension in 6-month-olds", *Psychological Science, 10,* 172-176.

Tolman, E.C. e Honzik, C.H. (1930). "Introduction and removal of reward, and maze performance in rates", *University of California Publications in Psychology, 4,* 257-275.

Tomarken, A.J., Davidson, R.J. e Henriques, J.B. (1990). "Resting frontal brain asymmetry predicts affective responses to films", *Journal of Personality and Social Psychology, 59,* 791-801.

Tooby, J. e Cosmides, L. (1990). "The past explains the present: emotional adaptations and the structure of ancestral environments", *Ethology and Sociobiology, 10,* 29-50.

Torgersen, S. (1983). "Genetic factors in anxiety disorders", *Archives of General Psychiatry, 40,* 1085-1089.

Torrance, E.P. (1954). "Leadership training to improve air-crew group performance", *USAF ATC Instructor's Journal, 5,* 25-35.

Treaster, J.B. (1994, 1 fev.). "Survey finds marijuana use is up in high schools", *New York Times,* p. A1.

Treisman, A.M. (1960). "Contextual cues in selective listening", *Quarterly Journal of Experimental Psychology, 12*, 242-248.

Treisman, A.M. (1964). "Verbal cues, language and meaning in selective attention", *American Journal of Psychology, 77*, 206-219.

Triandis, H.C. (1994). *Culture and social behavior*. Nova York: McGraw-Hill.

Trice, A.D. (1986). "Ethical variables?", *American Psychologist, 41*, 482-483.

Tulving, E., Kapur, S., Markowitsch, H.J., Craik, F.I.M., Habib, R. e Houle, S. (1994). "Neuroanatomical correlates of retrieval in episodic memory: auditory sentence recognition"!, *Proceedings of the National Academy of Sciences of the U.S.A., 91*, 2012-2015.

Tupes, E.C. e Christal, R.W. (1961). "Recurrent personality factors based on trait ratings", *USAF ASD Technical Report*, n. 61-97.

Turk, D.C. e Salovey, P. (1985). "Cognitive structures, cognitive processes, and cognitive behavior modification: II. Judgments and inferences of the clinician", *Cognitive Therapy and Research, 9*, 19-34.

Turkheimer, E. (1991). "Individual and group differences in adoption studies of IQ", *Psychological Bulletin, 110*, 392-405.

Turnbull, C.M. (1961). "Observations", *American Journal of Psychology, 1*, 304-308.

U.S. Bureau of the Census (1990). *Statistical abstract of the United States*. 110. ed. Washington, DC: U. S. Government Printing Office.

U.S. House of Representatives (1997, 17 jul.). *The Subcommittee on Surface Transportation Hearing. Road rage: causes and dangers of aggressive driving*. Encontrado no site http://www.house.gov/transportation/press/presss31.htm, 21 nov. 2000.

Uchino, B.N., Uno, D. e Holt-Lunstad, J. (1999). "Social support, psychological processes, and health", *Current Directions in Psychological Science, 8*, 145-148.

Uchino, B.N., Cacioppo, J.T. e Kiecolt-Glaser, J.K. (1996). "The relationship between social support and physiological processes: a review with emphasis on underlying mechanisms and implications for health", *Psychological Bulletin, 119*(3), 488-531.

Uhl, G., Blum, K., Nobel, E.P. e Smith, S. (1993). "Substance abuse vulnerability and D2 dopamine receptor gene and severe alcoholism", *Trends in Neuroscience, 16*, 83-88.

Ulrich, R. e Azrin, N. (1962). "Reflexive fighting in response to aversive stimulation", *Journal of Experimental Analysis of Behavior, 5*, 511-520.

Underwood, G. (1994). "Subliminal perception on TV", *Nature, 370*, 103.

Underwood, G. (1996). *Implicit cognition*. Nova York: Oxford University.

Vaidya, C.J., Austin, G., Kirkorian, G., Ridlehuber, H.W., Desmond, J.E., Glover, G.H. e Gabrieli, J.D.E. (1998). "Selective effects of methylphenidate in attention deficit hyperactivity disorder: a functional magnetic resonance study". *Proceedings of the National Academy of Sciences, U.S.A., 96*, 8301-8306.

Vaillant, G.E. (1977). *Adaptation to life*. Boston: Little, Brown.

Vaillant, G.E. (2000). "Adaptive mental mechanisms: Their role in positive psychology", *American Psychologist, 55*, 89-98.

Valian, V. (1998). *Why so slow?: the advancement of women*. Cambridge, MA: MIT Press.

Valkenburg, P.M. e Van der Voort, T.H.A. (1994). "Influence of TV on daydreaming and creative imagination: a review of research", *Psychological Bulletin, 116*, 316-339.

Vallee, B.I. (1998). "Alcohol in the Western world", *Scientific American, 278*(6), 80-85.

Van Natta, P., Malin, H., Bertolucci, D. e Kaelber, C. (1985). "The influence of alcohol abuse as a hidden contributor to mortality", *Alcohol, 2*, 535-539.

Van Yperen, N.W. e Buunk, B.P. (1990). "A longitudinal study of equity and satisfaction in intimate relationships", *European Journal of Social Psychology, 54*, 287-309.

Vaughn, M. (1993, 22 jul.). "Divorce revisited", *Ann Arbor News*, p. C4.

Vgontzas, A.N. e Kales, A. (1999). "Sleep and its disorders", *Annual Review of Medicine, 50*, 387-400.

Virkkunen, M. (1983). "Insulin secretion during the glucose tolerance test in antisocial personality", *British Journal of Psychiatry, 142*, 598-604.

Volkow, N.D., Wang, G.J., Fischman, M.W., Foltin, R.W., Fowler, J.S., Abumrad, N.N., Vitkun, S., Logan, J., Gatley, S.J., Pappas, N., Hitzemann, R. e Shea, C.E. (1997). "Relationship between subjective effects of cocaine and dopamine transporter occupancy", *Nature, 386*, 827-830.

Von Hippel, W., Hawkins, C. e Narayan, S. (1994). "Personality and perceptual expertise: individual differences in perceptual identification", *Psychological Science, 5*, 401-406.

Von Hofsten, C. e Fazel-Zandy, S. (1984). "Development of visually guided hand orientation in reaching", *Journal of Experimental Child Psychology, 38*, 208-219.

Voyer, D., Voyer, S. e Bryden, M.P. (1995). "Magnitude of sex differences in spatial abilities: a meta-analysis and consideration of critical variables", *Psychological Bulletin, 117*(2), 250-270.

Vygotsky, L.S. (1978). *Mind in society: the development of higher mental processes*. Cambridge, MA: Harvard University Press. (Trabalho original publicado em 1930, 1933 e 1935.)

Wachs, T.D. e Smitherman, C.H. (1985). "Infant temperament and subject loss in a habituation procedure", *Child Development, 56*, 861-867.

Wadden, T.S., Vogt, R.A., Anderson, R.E., Bartlett, S.F., Foster, G.D., Kuebnel, R.H., Wilk, F., Weinstock, R., Buckenmeyer, P., Berkowitz, R.I. e Steen, S.N. (1997). "Exercise in the treatment of obesity: effects of four interventions on body composition, resting energy expenditure, appetite and mood", *Journal of Consulting and Clinical Psychology, 65*, 269-277.

Wagner, B.M. (1997). "Family risk factors for child and adolescent suicidal behavior", *Psychological Bulletin, 121*, 246-298.

Wahlsten, D. (1999). "Single-gene influences on brain and behavior", *Annual Review of Psychology, 50*, 599-624.

Waldman, H.B. (1996). "Yes, overall crime statistics are down, but juveniles are committing more criminal offenses", *ASDC J. Dent Child, 63*(6), 438-442.

Walk, R.D. e Gibson, E.J. (1961). "A comparative and analytical study of visual depth perception", *Psychological Monographs*, n. 75.

Wall, P.D. e Melzack, R. (1996). *The challenge of pain*. 2. ed. Harmondworth, UK: Penguin.

Wall, R.P. e Melzack, R. (eds.) (1989). *Textbook of pain*. 2. ed. Edinburgh: Churchill Livingston.

Wallerstein, J.S., Blakeslee, S. e Lewis, J. (2000). *The unexpected legacy of divorce: twenty-five year landmark study*. Nova York: Hyperion.

Walster, E., Walster, G.W. e Berscheid, E. (1978). *Equity: theory and research*. Boston: Allyn e Bacon.

Walters, E.E. e Kendler, K.S. (1995). "Anorexia nervosa and anorexic-like syndromes in a population-based female twin sample", *American Journal of Psychiatry, 152*, 64-67.

Walton, G.E. e Bower, T.G.R. (1993). "Newborns form 'prototypes' in less than 1 minute", *Psychological Science, 4*, 203-206.

Walton, G.E., Bower, N.J.A. e Bower, T.G.R. (1992). "Recognition of familiar faces by newborns", *Infant Behavior and Development, 15*, 265-269.

Waltz, J.A., Knowlton, B.J., Holyoak, K.J., Boone, K.B., Mishkin, F.S., Santos, M.M., Thomas, C.R. e Miller, B.L. (1999). "A system for relational reasoning in human prefrontal cortex", *Psychological Science, 10*, 119-125.

Wampold, B.E., Mondin, G.W., Moody, M., Stich, F., Benson, K. e Ahn, H. (1997). "A meta-analysis of outcome studies comparing bona fide psychotherapies: empirically, 'all must have prizes'", *Psychological Bulletin, 122*, 203-215.

Warr, P. e Perry, G. (1982). "Paid employment and women's psychological well-being", *Psychological Bulletin, 91*, 498-516.

Watkins, C.E., Campbell, V.L., Nieberding, R. e Hallmark, R. (1995). "Contemporary practice of psychological assessment by clinical psychologists", *Professional Psychological Research & Practice, 26*, 54-60.

Watson, J.B. (1924). *Behaviorism*. Chicago: University of Chicago Press.

Watson, J.B. e Rayner, R. (1920). "Conditioned emotional reactions", *Journal of Experimental Psychology, 3*, 1-14.

Watson, M.W. e Getz, K. (1990). "The relationship between Oedipal behaviors and children's family role concepts", *Merrill-Palmer Quarterly, 36*, 487-505.

Weaver, M.T. e McGrady, A. (1995). "A provisional model to predict blood pressure response to biofeedback-assisted relaxation", *Biofeedback and Self-Regulation, 20*(3), 229-240.

Webb, W.B. e Levy, C.M. (1984). "Effects of spaced and repeated total sleep deprivation", *Ergonomics, 27*, 45-58.

Webb, W.B. e Levy, C.M. (1984). "Effects of spaced and repeated total sleep deprivation", *Ergonomics, 27*, 45-58.

Wechsler, H., Davenport, A., Dowdall, G., Moeykens, B. e Castillo, S. (1994). "Health and behavioral consequences of binge drinking in college", *Journal of the American Medical Association, 272*, 1672-1677.

Wechsler, H., Fulop, M., Padilla, A., Lee, H. e Patrick, K. (1997). "Binge drinking among college students: a comparison of California with other states", *Journal of American College Health, 45*, 273-277.

Wechsler, H., Dowdall, G.W., Davenport, A. e DeJong, W. (2000). "Binge drinking on college campuses: results of a national study." Disponível no site www.hsph.havard.edu/cas.

Wedeking, C., Seebeck, T., Bettens, F. e Paepke, A.J. (1995). "MHC-dependent mate preferences in humans", *Proceedings of the Royal Society of London, B, 260*, 245-249.

Weinberg, M.K., Tronick, E.Z., Cohn, J.F. e Olson, K.L. (1999). "Gender differences in emotional expressivity and self-regulation during early infancy", *Developmental Psychology, 35*, 175-188.

Weinberger, D.R. (1997). "The biological basis of schizophrenia: new directions", *Journal of Clinical Psychiatry, 58*(supl. 10), 22-27.

Weinstein, R.S., Madison, W. e Kuklinski, M. (1995). "Raising expectations in schooling: obstacles and opportunities for change", *American Educational Research Journal, 32*, 121-160.

Weinstein, R.S., Soule, C.R., Collins, F., Cone, J., Melhorn, M. e Simantocci, K. (1991). "Expectations and high school change: teacher-researcher collaboration to prevent school failure", *American Journal of Community Psychology, 19*, 333-402.

Weinstein, S. (1968). "Intensive and extensive aspects of tactile sensitivity as a function of body part, sex, and laterality." In: Kenshalo, D.R. (ed.). *The skin senses*. Springfield, IL: Charles C. Thomas.

Weissman, M.M. (1993). "The epidemiology of personality disorders: a 1990 update", *Journal of Personality Disorders* (supl.), 44-62.

Weissman, M.M. e Olfson, M. (1995). "Depression in women: implications for health care research", *Science, 269*, 799-801.

Wells, G.L. (1993). "What do we know about eyewitness identification?", *American Psychologist, 48*, 553-571.

Werker, F.J. e Desjardins, R.N. (1995). "Listening to speech in the 1st year of life: experiential influences on phoneme perception", *American Psychological Society, 4*(3), 76-81.

Werker, J.F. (1989). "Becoming a native listener", *American Scientist, 77*, 54-59.

Werner, E.E. (1995). "Resilience in development", *American Psychological Society, 4*(3), 81-84.

Werner, E.E. (1996). "Vulnerable but invincible: high risk children from birth to adulthood", *European Child e Adolescent Psychiatry, 5*(supl. 1), 47-51.

Westen, D. (1998b). "Unconscious thought, feeling and motivation: the end of a century-long debate." In: Bornstein, R.F. e Masling, J.M. (eds.). *Empirical perspectives on the psychoanalytic unconscious*. Washington, DC: American Psychological Association, p. 1-43.

Whisman, M.A. e Kwon, P. (1993). "Life stress and dysphoria: the role of self-esteem and hopelessness", *Journal of Personality and Social Psychology, 65*, 1054-1060.

Whorf, B.L. (1956). *Language, thought, and reality*. Nova York: MIT Press-Wiley.

Wielkiewicz, R.M. e Calvert, C.R.X. (1989). *Training and habilitating developmentally disabled people: an introduction*. Newbury Park, CA: Sage.

Wiens, A.N. e Menustik, C.E. (1983). "Treatment outcome and patient characteristics in an aversion therapy program for alcoholism", *American Psychologist, 38*, 1089-1096.

Wierzbicki, M. (1993). *Issues in clinical psychology: subjective versus objective approaches*. Boston: Allyn e Bacon.

Wiggins, J.S. (ed.) (1996). *The five-factor model of personality: theoretical perspectives*. Nova York: Guilford Press.

Wilder, B.J. e Bruni, J. (1981). *Seizure disorders: a pharmacological approach to treatment*. Nova York: Raven Press.

Will, G. (1993, 6 abr.). "How do we turn children off to the violence caused by TV? Wise up parents", *Philadelphia Inquirer*, p. A1.

Williams, J.C., Paton, C.C., Siegler, I.C., Eigenbrodt, M.L., Nieto, F.J. e Tyroles, H.A. (2000). "Anger proneness predicts coronary heart disease risk: prospective analysis from the atherosclerosis risk in communities (ARIC) study", *Circulation, 101*, 2034-2039.

Williams, J.E. e Best, D.L. (1990). *Measuring sex stereotypes: a multinational study*. Newbury Park, CA: Sage.

Williams, J.E. e Best, D.L. (1990). *Sex and psyche: gender and self viewed cross-culturally*. Newbury Park, CA: Sage.

Williams, J.H. (1987). *Psychology of women: Behavior in a biosocial context*. 3. ed. Nova York: Norton.

Williams, L. (1989, 22 nov.). "Psychotherapy gaining favor among blacks", *New York Times*.

Williams, R.A., Hagerty, B.M., Cimprich, B., Therrien, B., Bay, E. e Oe, H. (2000). "Changes in directed attention and short-term memory in attention", *Journal of Psychiatric Research, 34*, 227-238.

Williams, R.B., Barefoot, J.C., Califf, R.M., Haney, T.L., Saunders, W.B., Pryor, D.B., Hatky, M.A., Siegler, I.C. e Mark, D.B. (1992). "Prognostic importance of social and economic resources among medically treated patients with angiographically documented coronary artery disease", *Journal of the American Medical Association, 267*, 520-524.

Williams, T.P. e Sogon, S. (1984). "Group composition and conforming behavior in Japanese students", *Japanese Psychological Research, 26*, 231-234.

Willis, S.L. (1985). "Towards an educational psychology of the elder adult learner: intellectual and cognitive bases." In: Birren, J.E. e Schaie, K.W. (eds.). *Handbook of the psychology of aging*. 2. ed. Nova York: Van Nostrand.

Willis, S.L. e Schaie, K.W. (1986). "Training the elderly on the ability factors of spatial orientation and inductive reasoning", *Psychology and Aging, 1*, 239-247.

Wilson, G.D. (1987). "An ethological approach to sexual deviation." In: Wilson, G.D. (ed.). *Variant sexuality: research and theory*. Londres: Croom Helm, p. 84-115.

Winerip, M. (1998, 4 jan.). "Binge nights: the emergency on campus", *Education Life* (supl. do *New York Times*), seção 4A, p. 28-31, 42.

Wing, H. (1969). *Conceptual learning and generalization*. Baltimore, MD: Johns Hopkins University.

Winn, P. (1995). "The lateral hypothalamus and motivated behavior: an old syndrome reassessed and a new perspective gained", *Current Directions in Psychological Science, 4*, 182-187.

Winner, E. (1998). *Psychological aspects of giftedness*. Nova York: Basic Books.

Winner, E. (2000). "The origins and ends of giftedness", *American Psychologist, 55*, 159-169.

Winson, J. (1990). "The meaning of dreams", *Scientific American, 263*(5), 94-96.

Witkin, A.H. *et al.* (1962). *Psychological differentiation*. Nova York: Wiley.

Wolberg, L.R. (1977). *The technique of psychotherapy*. 3. ed. Nova York: Grune & Stratton.

Wolf, S.S. e Weinberger, D.R. (1996). "Schizophrenia: a new frontier in developmental neurobiology", *Israel Journal of Medical Science, 32*(1), 51-55.

Wolfson, C., Wolfson, D.B., Asgharian, M., M'Lan, C.E., Ostbye, T., Rockwood, K. e Hogan, D.B. (2001). "Reevaluation of the duration of survival after the onset of dementia", *The New England Journal of Medicine, 344*, 1111-1116.

Wolpe, J. (1973). *The practice of behavior therapy*. 2. ed. Nova York: Pergamon.

Wolpe, J. (1982). *The practice of behavior therapy*. 3. ed. Nova York: Pergamon.

Wolpe, P.R. (1990). "The holistic heresy: strategies of ideological challenge in the medical profession", *Social Science & Medicine, 31*(8), 913-923.

Wolsko, C., Park, B., Judd, C.M. e Wittenbrink, B. (2000). "Framing interethnic ideology: effects of multicultural and color-blind perspectives on judgments of groups and individuals", *Journal of Personality & Social Psychology, 78*, 635-654.

Wood, J.M. e Bootzin, R.R. (1990). "The prevalence of nightmares and their independence from anxiety", *Journal of Abnormal Psychology, 99*, 64-68.

Wood, N.L. e Cowan, N. (1995). "The cocktail party phenomenon revisited: attention and memory in the classic selective listening procedure of Cherry (1953)", *Journal of Experimental Psychology: General, 124*, 243-262.

Wood, W., Wong., F.Y. e Chachere, J.G. (1991). "Effects of media violence on viewers' aggression in unconstrained social interaction", *Psychological Bulletin, 109*, 371-383.

Woods, S.C., Schwartz, M.W., Baskin, D.G. e Seeley, R.J. (2000). "Food intake and the regulation of body weight", *Annual Review of Psychology, 51*, 255-277.

Woods, S.C., Seeley, R.J., Porte Jr., D., e Schwartz, M.W. (1998). "Signals that regulate food intake and energy homeostasis", *Science, 280*, 1378-1383.

Woodward, K.L. e Springen, K. (1992, 22 ago.). "Better than a gold watch", *Newsweek*, p. 71.

Worchel, S., Cooper, J. e Goethals, G.R. (1991). *Understanding social psychology*. 5. ed. Pacific Grove, CA: Brooks/Cole.

Wortman, C.B. e Silver, R.C. (1989). "The myths of coping with loss", *Journal of Consulting & Clinical Psychology, 57*, 349-357.

Wright, J.C., Anderson, D.R., Huston, A.C., Collins, P.A., Schmitt, K.L. e Linebarger, D.L. (1999). "Early viewing of educational television programs: the short- and long-term effects on schooling", *Insights, 2*, 5-8.

Wright, R. (1994). *The moral animal: the new science of evolutionary psychology*. Nova York: Pantheon.

Wyatt, W.J. (1993, dez.). "Identical twins, emergenesis, and environments", *American Psychologist*, p. 1294-1295.

Wynn, K. (1995). "Infants possess a system of numerical knowledge", *American Psychological Society, 4*(6), 172-177.

Wyrwicka, W. (1988). "Imitative behavior: a theoretical view", *Pavlovian Journal of Biological Science, 23*, 125-131.

Yalom, I.D. (1995). *The theory and practice of group psychotherapy*. 4. ed. Nova York: Basic Books.

Yamamoto, K. e Chimbidis, M.E. (1966). "Achievement, intelligence, and creative thinking in fifth grade children: a correlational study", *Merrill-Palmer Quarterly, 12*, 233-241.

Yanovski, S.Z. (1993). "Binge eating disorder. Current knowledge and future directions", *Obesity Research, 1*, 306-324.

Yoder, J.D. e Kahn, A.S. (1993). "Working toward an inclusive psychology of women", *American Psychologist, 48*, 846-850.

York, J.L. e Welte, J.W. (1994). "Gender comparisons of alcohol consumption in alcoholic and nonalcoholic populations", *Journal of Studies on Alcohol, 55*, 743-750.

Young, M.W. (2000). "The tick-tock of the biological clock", *Scientific American, 282*(3), 64-71.

Zadra, A. e Donderi, D.C. (2000). "Nightmares and bad dreams: their prevalence and relationship to well-being", *Journal of Abnormal Psychology, 109*, 273-281.

Zajonc, R.B. (1984). "On the primacy of affect", *American Psychologist, 39*, 117-129.

Zajonc, R.B., Murphy, S.T. e Inglehart, M. (1989). "Feeling and facial efference: implications of the vascular theory of emotion", *Psychological Review, 96*.

Zaragoza, M.S. e Mitchell, K.J. (1996). "Repeated exposure to suggestion and the creation of false memories", *Psychological Science, 7*(5), 294-300.

Zaragoza, M.S., Lane, S.M., Ackil, J.K. e Chambers, K.L. (1997). "Confusing real and suggested memories: source monitoring and eyewitness suggestibility." In: Stein, N.L., Ornstein, P.A., Tversky, B. e Brainerd, C. (eds.). *Memory for everyday and emotional events*. Mahwah, NJ: Erlbaum.

Zigler, E. (1998). "By what goals should Head Start be assessed?", *Children's Services: Social Policy, Research, and Practice, 1*, 5-18.

Zigler, E. e Hodapp, R.M. (1991). "Behavioral functioning in individuals with mental retardation", *Annual Review of Psychology, 42*, 29-50.

Zigler, E. e Muenchow, S. (1992). *Head Start: the inside story of America's most successful educational experiment*. Nova York: Basic Books.

Zigler, E. e Styfco, S.J. (1994). "Head Start: criticisms in a constructive context", *American Psychologist, 49*, 127-132.

Zigler, E. e Styfco, S.J. (eds.) (1993). *Head Start and beyond*. New Haven, CT: Yale University Press.

Zigler, E. e Styfco, S.J. (2001). "Extended childhood intervention prepares children for school and beyond", *Journal of the American Medical Association, 285*, 2378-2380.

Zito, J.M., Safer, D.J., Reis, S. dos, Gardner, J.F., Boles, M. e Lynch, F. (2000). "Trends in the prescribing of psychotropic medications to preschoolers", *Journal of the American Medical Association, 283*, 1025-1030.

Zucker, R.A. e Gomberg, E.S.L. (1990). "Etiology of alcoholism reconsidered: the case for a biopsychosocial process", *American Psychologist, 41*, 783-793.

Zuckerman, M. (1979). *Sensation seeking: beyond the optimal level of arousal*. Hillsdale, NJ: Erlbaum.

Zuckerman, M. (1994). *Behavioral expressions and biosocial bases of sensation seeking*. NY: Cambridge University Press.

Zuckerman, M., Miyake, K. e Elkin, C.S. (1995). "Effects of attractiveness and maturity of face and voice on interpersonal impression", *Journal of Research in Personality, 29*, 253-272.

Zuger, A. (1998, 28 jul.). "A fistful of aggression is found among women", *New York Times*, p. B8

Zwislocki, J.J. (1981). "Sound analysis in the ear: a history of discoveries", *American Scientist, 245*, 184-192.

CRÉDITOS DAS FOTOS

Capítulo 1

Abertura: Pictor, Nova York; p. 10, (parte superior) Keystone Press Agency, (parte inferior) Biblioteca do Congresso Norte-Americano/Cortesia da Biblioteca do Congresso Norte-Americano; p. 11, Bildarchiv der Oesterreichische Nationalbibliothek; p. 12, Getty Images Inc.; p. 13, (parte superior) G. Paul Bishop, (parte inferior) Chris J. Johnson/Stock Boston; p. 16, Corbis; p. 17, dra. Elizabeth Loftus/Cortesia de Elizabeth Loftus; p. 19, Jerry Bauer/Carol Gilligan; p. 24, Bill Anderson/Photo Researchers, Inc.; p. 32, Alexandra Milgram/do filme *Obedience*, copyright © 1965 by Stanley Milgram e distribuído por Penn State Media Sales. Autorização concedida por Alexandra Milgram.

Capítulo 2

Abertura: Roger Tully/Getty Images, Inc.; p. 48, E.R. Lewis/Y.Y. Zeevi, T.E. Everhart/Edwin R. Lewis, professor emérito; p. 54, Dan McCoy/Rainbow; p. 68, CNRI/Science Photo Library/Science Source/Photo Researchers, Inc.; p. 69, Jean Claude Revy/Phototake NYC.

Capítulo 3

Abertura: Tom Schierlitz/Getty Images, Inc.

Capítulo 4

Abertura: Titor Hirsch/Photo Researchers, Inc.

Capítulo 5

Abertura: Azzara Steve/Corbis/Sygma; p. 182, Albert Bandura.

Capítulo 6

Abertura: G&V Chapman/Getty Images, Inc.

Capítulo 7

Abertura: Hillery Smith Garrison/AP/Wide World Photos.

Capítulo 8

Abertura: Corbis.

Capítulo 9

Abertura: Art Montes De Oca/Getty Images, Inc.; p. 302 (parte superior à esquerda) Spencer Grant/Getty Images, Inc., (parte superior central) Lew Merrim/Photo Researchers, Inc., (parte superior à direita) John Eastcott/The Image Works, (parte central à esquerda) Pearson Education/PH College, (parte inferior à esquerda) Myrleen Ferguson Cate/PhotoEdit, (parte inferior à direita) John Colleti/Stock Boston.

Capítulo 10

Abertura: Anne Rippy/Getty Images, Inc.; p. 350 (parte superior) Culver Pictures, Inc., (parte inferior) The Cartoon Bank © 2000 Mike Twohy de cartoonbank.com, todos os direitos reservados; p. 351, Biblioteca do Congesso.

Capítulo 11

Abertura: Kai Pfaffenbach/Getty Images, Inc.

Capítulo 12

Abertura: Robert Flynt/The Image Works; p. 422, Derek Pruitt/Getty Images, Inc.

Capítulo 13

Abertura: Jon Bradley/Getty Images, Inc.

Capítulo 14

Abertura: R. Crandall/The Image Works.

ÍNDICE

Abordagem sistêmica, 404, 423, 426
Abuso de substâncias, 136
Abusos na infância, 312
Ação social
   comportamento altruísta, 484
   comportamento de ajuda, 484-485
   desindividuação, 483-484
   efeito do espectador, 484
Acetilcolina (ACh), 45, 46
Ácido desoxirribonucléico (DNA), 68
Acuidade visual, 88
Adaptação à luz, 89
Adaptação ao escuro, 88-89
Adaptação sensorial
   auditiva, 95
   da pele (tato), 103
   definição de, 83
   no paladar, 101
   olfativa, 100
   visual, 88-90
Adenosina, 47, 127
ADHD. *Veja* Distúrbio do déficit de atenção (ADHD)
Adolescência, atividade sexual na, 317
Adolescência, desenvolvimento na
   desenvolvimento social, 318-322
   mudanças cognitivas, 318
   mudanças físicas, 315-318
   relacionamentos com colegas da mesma idade, 319-320
Adolescência, problemas da
   auto-estima, baixas na, 322
   depressão e suicídio, 322-323
   violência juvenil, 320-321, 323
Adrenalina, 67, 127, 385
Afasias, 58
Afastamento, 379, 381
Afeto, 406
Afirmação da morte, 334
Agorafobia, 411
Agressão
   aprendizagem, 276
   causas, 275-276
   definição de, 275
   diferenças entre os gêneros, 7, 277-279
   e cultura, 276-277
   e testosterona, 67
Agressividade no trânsito, 376
Agrupamento, 195
Ajustamento, 373
Álcool, 138, 139
Álcool, abuso de, e alcoolismo
   custos sociais, 140
   diferenças entre os gêneros, 140
   efeitos físicos, 139
   efeitos no comportamento, 139, 140
   embriaguez, 141, 481
   extensão do problema, 139
   sinais de, 142
   síndrome alcoólica fetal, 297-298
Alcoólicos Anônimos (AA), 443
Algoritmos, 227
Aliança terapêutica, 446
Alimentação, efeitos da cultura na, 268
Alucinações, 421
Alucinógenos, 146-147

American Psychological Association (APA — Associação Norte-Americana de Psicologia), 3, 17, 19, 21, 31, 32, 33, 247, 404, 454-455
American Psychological Society (APS — Sociedade Norte-Americana de Psicologia), 3
Amígdala, 56
Amnésia dissociativa, 415
Amnésia infantil, 211-212
Amnésia retroativa, 204
Amniocentese, 74
Amostra aleatória, 28
Amostra representativa, 28
Amostragem da população, na pesquisa, 28
Amplitude, 94
Análise de meios e fins, 228
Andrógênios, 66
Anfetaminas, 145
Anorexia nervosa, 268-269
Anosmia, 81
Ansiedade, 350
Ansiolíticos, 449
APA. *Veja* American Psychological Association (APA)
Apego, 310
Apnéia, 132
Aprendizagem cognitiva
   aprendizagem latente, 179
   contexto de aprendizagem, 181
   definição de, 178-179
   insight, 180-181
   mapas cognitivos, 179
   por observação ou vicária, 181
   teoria da aprendizagem social, 181-184
Aprendizagem latente, 179
Aprendizagem por observação, 181
Aprendizagem vicária, 181
Aprendizagem, 157
APS. *Veja* American Psychological Society (APS)
Áreas de associação, 54
Arquétipos, 349
Asiáticos
   e atribuições, 466
   e conformidade, 480
   e enjôos causados pelo movimento, 102
   sucesso educacional, 249
Assimiladores culturais, 478
Ataques de pânico, 411
Atenção, 192-194
Atitudes
   automonitoramento, 469-470
   componentes das, 469
   definição de, 469
   desenvolvimento de, 470
   e comportamento, 469-470
Atitudes, mudança de
   dissonância cognitiva, 476-477
   modelo de comunicação, 475-476
   persuasão, 475
Atração física, 466-467
Atração interpessoal
   atração física, 466-467
   eqüidade, 467-468
   intimidade, 468-469

   proximidade, 466
   semelhança, 467
   trocas, 467-468
Atribuição
   atribuição defensiva, 465-466
   entre culturas, 466
   erro de atribuição fundamental, 465
   hipótese do mundo justo, 466
   teoria da atribuição, 464-465
   vieses, 465-466
Audição
   adaptação, 95
   distúrbios, 98-99
   envolvimento bilateral do cérebro, 96
   ouvido, 95-96
   som, 94-95
   teorias, 96-99
Audiência imaginária, 318
Auto-eficácia, 361
Auto-hipnose, 151
Automonitoramento, 469-470
Autonomia, 311
Autonomia *versus* vergonha e dúvida, 311, 351
Aversão condicionada ao sabor, 161
Axônios, 42

Bainha de mielina, 42
Balbuciação, 308
Barbitúricos, 143
Bastonetes, 88
Bateria de Criatividade de Wallach e Kogan, 251
Behaviorismo, 12-13
Bigorna (ouvido médio), 95, 97
Biofeedback, 65, 166-168
Bissexualidade, 273
Blefe, 481
Bloqueador, no condicionamento, 171-172
Botão terminal, 45
Botões gustativos, 100-101
Botulismo, 47
Braile, leitura tátil do, 103
Brainstorming, 229
"Brancos", 140
Brilho, 92
Brincadeira solitária, 312
Brincadeiras coorporativas, 312
Brincadeiras paralelas, 312
Brown *versus* Conselho de Educação (1954), 21
Bulbo olfativo, 99, 100
Bulimia, 269

Cafeína
   descrição, como estimulante, 144
   neurotransmissores, efeito nos, 47
   quantidade, em produtos comuns, 144
Cafeinismo, 144
Caixa de Skinner, 164
Calor paradoxal, 102
Canais semicirculares, 102
Câncer, e estresse, 387
Capacidade espacial, 246
Caso de "H. M.", 24, 200, 202

543

Caso de Phineas Gage, 24, 54
CAT (tomografia axial computadorizada), 60
Catástrofes, 391
Categorias étnicas, 21
Cegueira a cores, 93
Células bipolares, 88
Células ganglionares, 90
Células gliais (ou glias), 42
Células receptoras
  definição de, 82
  nos olhos, 86, 88
Células-tronco, 49
Cerebelo, 52
Cérebro
  álcool, efeitos do, 140
  bulbo olfativo (olfato), 100
  cocaína, efeitos da, 146
  córtex cerebral, 53-55
  dor, sensação de, 103-104
  e audição, 95-96
  e paladar, 101
  e visão, 90-91
  especialização hemisférica, 56-59
  estruturas e funções, 52, 53
  linguagem, áreas que controlam a, 58-59
  memórias, armazenamento das, 202-204
  neurogênese, em adultos, 50
  núcleo central, 51-52
  plasticidade, 41, 48
  sensações da pele (tato), 102
  sentidos cinestésicos e vestibulares, 101-102
  sistema límbico, 55-56
  técnicas e ferramentas para o estudo do, 59-61
Cérebro posterior (*hindbrain*), 51
Cérebro, 53
Ciclo de resposta sexual, 272
Clarividência, 85
Cocaína
  cérebro, efeitos no, 146
  neurotransmissores, efeito nos, 47
  uso, histórico do, 146
Cóclea, 95, 97
Código de Regulamentações Federais do governo dos EUA, 32
Cognição
  definição de, 219
  linguagem, pensamento e cultura, interação entre, 223-224
  pensamento, 220-224
  solução de problemas, 224-228
Cognição social, 462
Comandos pós-hipnóticos, 151
Combates, 391
Compensação, 349
Complexo de Édipo, 348
Complexo de Electra, 348
Complexo de inferioridade, 349
Comportamento altruísta, 484
Comportamento determinado pelo sexo, 313-314
Comportamento emitido, 162
Comportamento operante, 163
Comportamento organizacional
  comunicação e responsabilidade, 488-489
  efeito Hawthorne, 488
  produtividade, 488
Comprimentos de onda, no espectro eletromagnético, 86
Compromisso, 379
Compulsões, 412
Conceitos, 222

Concordância, 480-482
Condicionamento aversivo, 439
Condicionamento clássico
  aplicação do, em seres humanos, 160
  aversão condicionada ao sabor, 161
  condicionamento de ordem superior, 177
  contingências, 171-172
  definição de, 157
  descoberta do, por Pavlov, 157-158
  distúrbios auto-imunes, tratamento de, 160-161
  elementos do, 158-159
  emparelhamentos, repetidos e intermitentes, 159-160
  extinção e recuperação espontânea, 173-175
  fatores comuns ao condicionamento operante e ao, 170-171, 177-178
  generalização e discriminação do estímulo, 175-176
  predisposição, 161
Condicionamento de ordem superior, 176-177
Condicionamento invertido, 171
Condicionamento operante
  acelerando o, 164-166
  biofeedback, 166-168
  conseqüências reforçadoras e punidoras, 163
  contingências, 172-173
  definição de, 161-162
  desamparo aprendido, 169
  descoberta do, por Thorndike, 161-162
  extinção e recuperação espontânea, 174-175
  fatores comuns ao condicionamento clássico e ao, 170-171, 177-178
  generalização e discriminação, 176
  modificação do comportamento, 165
  ponto sem volta, 165-166
  reforçadores primários e secundários, 177
  versus condicionamento clássico, 162-163
Condicionamento, 12
Cones, 88
Confiança *versus* desconfiança, 311, 351
Conflito de aproximação-aproximação, 376
Conflito de aproximação-esquiva, 377
Conflito de esquiva-esquiva, 376-377
Conflito, 376-377
Conformidade, 479-480
Confrontação, 379
Consciência
  alterada por drogas, 135-149
  definição de, 124, 125
  desperta, 124, 125
  devaneios, 125-126
  estados alterados de, 124, 125
  experiência consciente, 125
  meditação e hipnose, 150-152
  sonhos, 132-135
  sono, 126-132
Consciência do papel de gênero, 313
Consentimento informado, dos participantes de um experimento, 32
Consideração positiva condicional, 355
Consideração positiva incondicional, 355, 435
Constância de cor, 109
Constância de forma, 109
Constância de gênero, 313
Constância de luminosidade, 110

Constância de tamanho, 109
Constâncias perceptivas, 109-110
Contexto de aprendizagem, 181
Contingências, 171-173
  definição de, 171
  no condicionamento clássico, 171-172
  no condicionamento operante, 172-173
Contrato de comportamento, 439
Controle de peso, 270, 271
Controle do estímulo, 175
Convergência, 113
Coortes, 296
Cor, propriedades da, 92
Córion, retirada de amostras do, 74
Córnea, 86
Corpo caloso, 56
Córtex cerebral, 53
Córtex motor primário, 54
Córtex somatossensorial primário, 55
Criatividade
  definição de, 250
  e inteligência, relação entre, 251
  testes de, 251
Crise da meia-idade, 330
Crise de identidade, 319
Cristalino, 86
Cromossomos, 68
Cultura
  abuso e dependência de drogas, efeito no, 149
  agressão e, 276-277
  comportamento anormal, 425-426
  definição de, 21-22
  dor, efeito na sensação de, 104
  estudos transculturais, 22
  hábitos alimentares, 268
  inteligência, 247, 249
  linguagem e pensamento, interação entre, 223-224
  percepção, influência na, 117
  subculturas, 22
  tarefas de memória, 209, 211

DCC (doença cardíaca das coronárias), 386-387
Decibéis, 94
Dendritos, 42
Dependência de substâncias, 136
Depressão
  e doença cardíada das coronárias, 387
  e serotonina, 45
  explicação de, 406
  reconhecimento da, 408
Depressivos
  álcool, 139-142. *Veja também* Álcool, abuso de, e alcoolismo
  barbitúricos, 143
  definição de, 139
  opiáceos, 143
Desamparo aprendido, 169
Desemprego, 390
Desenvolvimento motor, 303-304
Desenvolvimento pré-natal, 297-298
Desindividuação, 483-484
Desinstitucionalização, 451
Desintegração temporal, 147
Deslocamento, 383
Despolarização, 43
Dessensibilização sistemática, 438-439
Detectores de características, 90-91
Devaneios, 125-126
Diabetes mellitus, 65-66
Diagnostic and Statistical Manual of Mental Disorders (DSM-IV), 404-405, 414, 424
Diátese, 404

Dicromatas, 93
Diferença apenas perceptível (dap), 84
Diferenças entre os gêneros
    ADHD, 424
    agressão, 7, 277-279
    álcool, efeitos do, 140
    auto-estima, durante a adolescência, 322
    comportamento anormal, 425
    depressão e suicídio, 406-407
    estresse, enfrentamento do, 384
    expectativa de vida, 331
    fetiches, 417
    inteligência, 246-247
    linguagem, efeitos na, 223-224
    na psicoterapia, 454-455
    pedofilia, 417
    prescrições de medicamentos, viés sexual em, 454
    sonambulismo, 131
Difusão de identidade, 319
Discinesia tardia, 448
Discriminação do estímulo
    definição de, 176
    no condicionamento clássico, 176
    no condicionamento operante, 176
Discriminação. *Veja* Preconceito e discriminação
Disfunção sexual, 417
Dismorfia muscular, 269-270
Disparada dos neurônios, 44-45, 82
Disparidade retiniana, 113
Disponibilidade, 232
Dispositivo de aquisição de linguagem, 309
Dissociação, 415
Dissonância cognitiva, 476-477
Distinção entre figura e fundo, 107
Distúrbio autista, 425
Distúrbio bipolar, 409
Distúrbio de ansiedade generalizada, 411-412
Distúrbio de despersonalização, 416
Distúrbio de identidade de gênero em crianças, 417
Distúrbio de identidade dissociativa, 415-416
Distúrbio de personalidade anti-social, 419
Distúrbio de personalidade dependente, 418-419
Distúrbio de personalidade esquiva, 419
Distúrbio de personalidade esquizóide, 418
Distúrbio de personalidade limítrofe (borderline), 419
Distúrbio de personalidade narcisista, 419
Distúrbio de personalidade paranóide, 418
Distúrbio dismórfico corporal, 415
Distúrbio do déficit de atenção (attention-deficit/hyperactivity disorder — ADHD)
    biofeedback, uso do, 166-167
    explicação de, 424
Distúrbio do estresse agudo, 412
Distúrbio do estresse pós-traumático (posttraumatic stress disorder — PTSD), 391-394, 412
Distúrbio do pânico, 411
Distúrbio obsessivo-compulsivo, 412
Distúrbio(s) de personalidade
    anti-social, 419
    causas de, anti-social, 419-420
    dependente, 418-419

esquiva, 419
esquizóide, 418
explicação de, 418
limítrofe (borderline), 419
narcisista, 419
paranóide, 418
Distúrbios alimentares
    anorexia nervosa, 268-269
    bulimia, 269
    diferenças entre os gêneros, 269-270
    fatores psicológicos, 270
Distúrbios de ansiedade
    causas dos, 412-413
    definição de, 410
    distúrbio de ansiedade generalizada, 411-412
    distúrbio de estresse agudo, 412
    distúrbio de estresse pós-traumático (PTSD), 412
    distúrbio do pânico, 411
    distúrbio obsessivo-compulsivo, 412
    fobias, categorias de, 411
Distúrbios de conversão, 414
Distúrbios de ereção (DE), 417
Distúrbios de excitação sexual feminina, 417
Distúrbios de identidade de gênero, 417
Distúrbios de temperamento
    definição de, 406
    depressão, 406, 408
    distúrbio bipolar, 409
    mania, 409
    suicídio, 406-407
Distúrbios dissociativos
    amnésia dissociativa, 415
    causas de, 415-416
    definição de, 415
    distúrbio de despersonalização, 416
    distúrbio de identidade dissociativa, 415-416
    fuga dissociativa, 415
Distúrbios esquizofrênicos
    esquizofrenia catatônica, 421
    esquizofrenia desorganizada, 421
    esquizofrenia indiferenciada, 421
    esquizofrenia paranóide, 421
    explicação de, 421
Distúrbios na infância
    autismo, 425
    distúrbio do déficit de atenção/hiperatividade (ADHD), 424
Distúrbios psicológicos
    abordagem sistêmica, 404
    alucinações, 421
    classificação, 404-405
    comportamento anormal, problemas na definição do, 401-402
    distúrbios de ansiedade, 410-413
    distúrbios de personalidade, 418-420
    distúrbios de temperamento, 406-410
    distúrbios dissociativos, 415
    distúrbios esquizofrênicos, 421-423
    distúrbios na infância, 424-425
    distúrbios psicossomáticos, 414-415
    distúrbios sexuais, 417-418
    distúrbios somatoformes, 414-415
    ilusões, 421
    insanidade, definição legal de, 421, 422
    modelo biológico, 403
    modelo cognitivo-comportamental, 404
    modelo diátese-stress, 404
    modelo psicoanalítico, 403-404
    prevalência dos, 405-406
    psicose, 421
    visões históricas, 403
Distúrbios psicossomáticos, 414

Distúrbios sexuais
    disfunção sexual, 417
    distúrbios de identidade de gênero em crianças, 417-418
    distúrbios de identidade de gênero, 417
    fetichismo, 417
    parafilias, 417
    pedofilia, 417
Distúrbios somatoformes, 414
Diversidade de cliente, e tratamento
    cultura e tratamento, 455-456
    gênero e tratamento, 454-455
Diversidade humana
    compreender a, importância de, 17-19
    cultura, 21-22
    e pesquisa, 29
    gênero, 19-20
    raça e etnia, 20-21
Diversidade *versus* universalidade, 6, 295-296
Divisão parassimpática, do sistema nervoso autônomo, 63-64
Divisão simpática, do sistema nervoso autônomo, 63
Divórcio e separação, 390
DNA. *Veja* Ácido desoxirribonucléico (DNA)
Doença cardíaca das coronárias (DCC), 386-387
Doença mental, tratamento e prevenção da
    alternativas, para a desinstitucionalização, 452
    desinstitucionalização, 451-452
    instituições de tratamento, história das, 451
    prevenção, 452-453
Dopamina, 45, 47
Dor, 103-104
    controle da, abordagens alternativas, 104
    e endorfinas, 45, 47, 104
    percepção da, 103-104
Doutrina das energias específicas de um nervo, 82
Drogas
    "drogas de clubes noturnos", 136
    estimulantes, 144-146
    estudo dos efeitos de, métodos para o, 136-137
    histórico de uso, pelas sociedades, 135-136
    psicoativas, 135
DSM-IV. *Veja Diagnostic and Statistical Manual of Mental Disorders* (DSM-IV)

Ecletismo, 446
Ecolalia, 425
Ecstasy (MDMA), 136, 145
EEG (Eletroencefalógrafo), 60
Efeito de posição serial, 197
Efeito de primazia, 197, 463
Efeito de recenticidade, 197
Efeito do espectador, 484
Efeito Hawthorne, 488
Efeito metrô, 232
Efeito pé na porta, 480
Efeito Pigmalião, 464
Efeito placebo, 104
Efeito porta na cara, 481-482
Ego, 346
Egocêntricas, crianças, 305
Electroencefalógrafo (EEG), 60
Elevação, 111
Embriaguez, 141, 481
Embrião, 297

Emoção, teorias da
    teoria de Cannon-Bard, 284
    teoria de James-Lange, 283
    teorias cognitivas, 284-285
Emoções, 421
    comunicação não-verbal, 285-286
    definição de, 262
    diferenças entre os gêneros, 287-288
    e cultura, 288-289
    primárias e secundárias, 282-283
Emparelhamento intermitente, 160
Emparelhamentos, repetidos e intermitentes, 159-160
Endorfinas, 45, 47, 104
Enfrentamento defensivo, 378
Enfrentamento direto, 379, 381
Enjôos causados pelo movimento, 102
Enquadramento, 233
Entrevistas pessoais estruturadas, 363
Entrevistas pessoais não-estruturadas, 363
Entrevistas pessoais, estruturadas e não-estruturadas, 363
Eqüidade, 467-468
Erro de atribuição final, 470-471
Erro de atribuição fundamental, 465
Escala de Comportamento Adaptativo (ECA), 247
Escala de Inteligência Wechsler para Adultos — terceira edição (WAIS-III), 238
Escala de Inteligência Wechsler para Crianças — terceira edição (WISC-III), 238
Escala de Orientação de Trabalho e Família (OTF), 279
Escala Vineland de Comportamento Adaptativo e Maturidade Social, 247
Escalada, 227
Espaço pessoal, 286
Espaço sináptico, 45
Espectro eletromagnético, 87
Esquecimento
    aprendizagem inadequada, 205
    deterioração do cérebro e lesões cerebrais, 204-205
    esquematização, reconstrução dos acontecimentos usando a, 206
    fatores situacionais, 205-206
Esquema de intervalos fixos, 172, 173
Esquema de intervalos variáveis, 172, 173
Esquema de razão fixa, 172, 173
Esquema de razão variável, 172, 173
Esquema, 199, 463-464
Esquemas de reforço, 172, 173, 174
Esquizofrenia catatônica, 421
Esquizofrenia desorganizada, 421
Esquizofrenia indiferenciada, 421
Esquizofrenia paranóide, 421
Esquizofrenia. *Veja também* Distúrbios esquizofrênicos
    definição de, 421
    dopamina, hipersensibilidade à, 47
    hereditariedade da, e estudos de família, 70-71, 421-423
Estabilidade emocional, 357
Estabilidade *versus* mudança, 6, 296
Estados alterados de consciência, 124, 125
Estágio fetal, 297
Estágio operacional-concreto (teoria de Piaget), 306
Estágio operacional-formal (teoria de Piaget), 306, 318
Estágio pré-operacional (teoria de Piaget), 305-306
Estágio sensório-motor (teoria de Piaget), 304-305

Estampagem, 310
Estereótipos, 464
Estereótipos de gênero, 19, 313
Estilo cognitivo, e influência na percepção, 116-117
Estilos de criação, 312
Estimulantes
    anfetaminas, 145
    cafeína, 144
    cocaína, 146
    definição de, 144
    nicotina, 144-145
Estimulantes de xantina, 144
Estímulo condicionado (EC), 158
Estímulo não-condicionado (ENC), 158
Estirão de crescimento, 315-316
Estresse
    agressividade no trânsito, 376
    ajustamento, 373
    auto-imposto, 377
    córtex e medula adrenal, 67
    definição de, 373
    distúrbio do estresse pós-traumático (PTSD), 391-394
    e as doenças cardíacas, 386-387
    e o câncer, 387
    e o sistema imunológico, 387
    extremo, fontes de, 389-391
    hipotálamo, 385
    Inventário do Estresse na Vida Universitária (CLSI), 374, 375
    resistência e resiliência, 378
    saúde, efeitos na, 4, 385-387
Estresse, enfrentando o
    enfrentamento defensivo, 381-383.
Veja também Mecanismos de defesa
    enfrentamento direto, 379, 381
    exercício, 388
    gênero, 384
    grupo de apoio, 388
    humor, 389
    na faculdade, 380
    status socioeconômico, 383-384
    técnicas de gerenciamento, 388-389
    treino de relaxamento, 388
Estresse, fontes de
    conflito, 376-377
    frustração, 376
    mudança, 374
    pressão, 376
    transtornos da vida cotidiana, 374, 376
Estribo (ouvido médio), 95, 97
Estrogênio
    habilidades cognitivas, efeito nas, 67
    redução na quantidade de, durante a menopausa, 67
Estruturalismo, 9-10
Estudos biográficos, 297
Estudos da seleção, 70
Estudos de adoção, 71
Estudos de caso, 24, 27
Estudos de família, 70
Estudos de gêmeos, 70, 243
Estudos de linhagem, 69-70
Estudos longitudinais, 296-297
Estudos sobre pacientes com "cérebro dividido", 56-58
Estudos transculturais, 22
Estudos transversais, 296
Estupro, 277, 278
Ética
    diretrizes da APA, 31-32
    na pesquisa e na experimentação, 29, 31-33
Exageração, 383
Exame de EEG, 60

Exame de tomografia por emissão de pósitrons (PET), 60, 137
Exercício, e redução do estresse, 388
Expectativas, 360
Expectativas, influência nas percepções, 116
Experimentos com o pequeno Albert, 12-13, 160, 176
Experimentos de Milgram
    e obediência, 482
    questões éticas, 29, 31
Expressões faciais, 286, 288-289
Extinção
    definição de, 173
    na dessensibilização sistemática, 438-439
    no condicionamento clássico, 173-174
    no condicionamento operante, 174-175
Extrovertidos, 349

Fábula pessoal, 318
Fala durante o sono, 131
Fala, processamento de cima para baixo, 221
Famílias em que os dois pais trabalham, 328-329
Fase anal, 347-348
Fase fálica, 348
Fase genital, 348
Fase oral, 347
Fatores biológicos
    abuso e dependência de drogas, 148-149
    distúrbio bipolar, 409
    distúrbios de ansiedade, 413
    distúrbios de temperamento, 409
    distúrbios somatoformes, 414
Fatores psicológicos
    distúrbios de ansiedade, 413
    distúrbios de temperamento, 409-410
    distúrbios somatoformes, 414-415
Fatores sociais, nos distúrbios de temperamento, 410
"Fechamento" da identidade, 319
Fenda sináptica, 45
Fenilcetonúria, 247-248
Fenômeno do coquetel, 193
Fenômeno dos membros fantasmas, 103
Fenômeno phi, 114
Feromônios, 100, 272
Fetichismo, 417
Feto, 297
Fixação funcional, 229
Fixação, 347
fMRI (representação por ressonância magnética funcional), 61
Fobias específicas, 411
Fobias sociais, 411
Fobias, 160, 411
Fonemas, 220
Formação de identidade, 319
Formação reativa, 383
Formação reticular (FR), 52
Fóvea, 86
FR. *Veja* Formação reticular (FR)
Frequência, 94
Frustração, 376
Fuga dissociativa, 415
Fumo, efeitos no feto, 298
Funcionalismo, 10-11
Fusos do sono, 128

Gêmeos fraternos, 70
Gêmeos idênticos, 70
Gene dominante, 68
Gene recessivo, 68
Generalização da resposta, 176

Generalização do estímulo
  definição de, 175-176
  no condicionamento clássico, 176
  no condicionamento operante, 176
Gênero, 19-20
Genes, 68
Genética comportamental
  animal, 69-70
  definição de, 67-68
  genética molecular, 71-72
  hereditariedade, 70
  humana, 70-71
  preocupação da, 67-68
Genética. *Veja também* Genética comportamental; Psicologia evolucionista
  questões éticas, 74-75
  traços herdados, 68-69, 359
Geneticistas comportamentais, 4
Genoma humano, 68, 71-72, 73
Genoma, 73. *Veja também* Genoma humano; Projeto Genoma Humano
Gestalt terapia, 436-437
Gestos simbólicos, 305
Glândula pineal, 65
Glândula pituitária, 66
Glândula tireóide, 65
Glândulas adrenais, 67
Glândulas endócrinas, 65
Glucagon, 65
Gônadas, 66
Gradiente de textura, 112
Gramática, 220
Gravidez e parto na adolescência, 317-318
Grupo de controle, 26
Grupo de pares, 313
Grupo experimental, 26
Grupos de auto-ajuda, 442, 443
Grupos, 484
  eficácia de, 486-487
  liderança, 487-488
  mudança arriscada, 486
  pensamento grupal, 486-487
  polarização, 486
  teoria da grande pessoa, 487
  tomada de decisão, polarização na, 486
  vadiagem social, 486

Habilidades excepcionais, 248
Harmonias, 95
Head Start, programa, 245
Hemisferectomia, 41
Herança poligênica, 68
Hereditariedade, 70
Heroína, 143
Hertz (Hz), 94
Heurística, 227-228
Hierarquia de medos, 438-439
Hierarquia de necessidades de Maslow, 265-266, 395
Hiperatividade, 424
Hipnose, 151-152
Hipocampo, 56
Hipocondríase, 414-415
Hipoglicemia, 66
Hipotálamo, 52
Hipótese do mundo justo, 466
Hipóteses, 7
Holofrases, 308
Homens da ciência americanos (Cattell), 17
Homeostase, 263
Hormônios
  definição de, 65
  desenvolvimento e comportamento, efeitos no, 65
Hz (Hertz), 94

Id, 345
Ideal do ego, 346
Identidade de gênero, 313
Identidade *versus* confusão de papéis, 319, 352
Identificação, 382
Ilusões físicas, 115
Ilusões perceptivas, 115
Ilusões visuais, 114-116
Ilusões, 421
Imagens com ressonância magnética (MRI), 60
Imagens, 221
Imersão, 439
Impressões, sobre as pessoas
  efeito de primazia, 463
  efeito Pigmalião, 464
  esquema, 463-464
  estereótipos, 464
  profecia auto-realizadora, 463
Imprimadura, 201
Impulso nervoso, 43-44
Impulso, 263
Impulsos primários, 263
Impulsos secundários, 263
Incentivos, 264
Inconsciente, 345
Inconsciente coletivo, 348-349
Inconsciente pessoal, 348
Individualismo *versus* coletivismo, 22, 277
Infância, desenvolvimento na desenvolvimento cognitivo, 304-306. *Veja também* Teoria de Piaget sobre o desenvolvimento cognitivo
  desenvolvimento da linguagem, 308-310
  desenvolvimento físico, 302-303
  desenvolvimento moral, 307-308
  desenvolvimento motor, 303-304
  desenvolvimento social, 310-314
  papéis sexuais, 313-314
  relações com outras crianças, 312-313
Influência social
  concordância, 480-482
  conformidade, 479-480
  definição de, 478
  influências culturais, 478
  normas de, 478
  obediência, 482
Iniciativa *versus* culpa, 311-312, 352
Insanidade, 421, 422
Insight, 180-181, 434
Insônia, 131-132, 133
Instinto da linguagem, 309
Instintos sexuais, 345
Instintos, 263
Insulina, 65
Integridade *versus* desespero, 353
Intelectualização, 382
Inteligência
  ambiente, efeitos do, 244
  cultura, 247, 249
  definição de, 235
  gênero, 246-247
  hereditariedade, efeitos da, 243
  nutrição pré-natal, importância da, 244
  programas de intervenção precoce, 244-245
  QI, como um modelo útil, 245-246
  retardamento mental, 247-248
  superdotados, 248, 250

Inteligência componencial, 236
Inteligência contextual, 236
Inteligência cristalizada, 236
Inteligência emocional (Goleman), 236-237
Inteligência experiencial, 236
Inteligência fluida, 236
Inteligência, teorias da
  inteligência cristalizada e inteligência fluida (Cattell), 236
  inteligência emocional (Goleman), 236-237
  teoria das inteligências múltiplas (Gardner), 236
  teoria de Spearman, 235
  teoria de Thurstone, 235-236
  teoria triárquica da inteligência (Sternberg), 236
Interferência proativa, 205
Interferência retroativa, 205
Interferência, 205
Interneurônios, 42, 62, 90
Interposição, 111
Intervenção na crise, 453
Intimidade *versus* isolamento, 324, 352
Intimidade, 468-469
Introversão-extroversão, 357
Introvertidos, 349
Inveja do pênis, 348
Inventário do Estresse na Vida Universitária (College Life Stress Inventory — CLSI), 374, 375
Inventário Multifásico de Personalidade de Minnesota (Minnesota Multiphasic Personality Inventory — MMPI), 364
Íons, 42
Íris, 86
Irmãos, 312-313

Janela oval, 95, 97
Jogos de fantasia, 305
Joint Commission on Mental Health of Children, 453

Labirinto de Porteus, 239
Lei de Weber, 84
Lei de Yerkes-Dodson, 264, 265
Lei do efeito, 163
Lei do tudo ou nada, 44
Levantamentos de pesquisa, 24-25, 27
Libido, 347
Limiar absoluto, 82-83
Limiar de diferença, 84
Limiar de dor, 103
Limiar de excitação, 44
Limites sensoriais, 82-84
Linguagem
  bilingüismo, e escola, 309-310
  cérebro, áreas de controle da, 58-59
  desenvolvimento da, teorias do, 309
  e pensamento, 220-221, 223-224
Linguagem corporal, 286-287
Lítio, 449
Livre associação, 11, 434
Lobo frontal, 54
Lobo occipital, 54
Lobo parietal, 54-55
Lobo temporal, 55
Lobotomia pré-frontal, 450-451
Lócus de controle, 360
Lócus externo de controle, 360, 378
Lócus interno de controle, 360, 378
LSD (ácido lisérgico dietilamida), 146, 147
Luto, 390
Luz visível, 87

Maconha, 147-148
Magnetoencefalografia (MEG), 60
Mal de Alzheimer
  discussão do, 334
  distúrbios dossociativos, 416
  esquecimento, explicações para o, 204-205
  gene do, identificação do, 71
  neurogênese, como tratamento, 49
  produção de ACh, decréscimo na, 45
Mal de Parkinson
  neurogênese, como tratamento, 49
  produção de dopamina, decréscimo na, 45
Mania, 409
Mapas cognitivos, 179
Martelo (ouvido médio), 95
Mascaramento, 192
"Maternalês", 308
Matizes, 92
Maturação, 303-304
MCP. *Veja* Memória de curto prazo (MCP)
Mecanismos de defesa
  definição de, 381
  deslocamento, 383
  formação reativa, 383
  identificação, 382
  intelectualização, 382
  negação, 381
  projeção, 381-382
  regressão, 382
  repressão, 381
  sublimação, 383
Medicamentos antidepressivos, 448
Medicamentos antipsicóticos, 448
Meditação transcendental (MT), 150
Meditação zen, 150
Meditação, 150-151
Medula espinhal, 61-63, 104
Medula, 51
MEG (magnetoencefalografia), 60
Melatonina, 65, 127-128
Membrana basilar, 95, 97fig
Memória autobiográfica, 211
Memória de curto prazo (MCP)
  agrupamento, 195
  codificação, para armazenamento, 195-196
  definição de, 194-195
  mantendo informações na, 196
  repetição mecânica, 196
  tarefas, 194-195
Memória de longo prazo (MLP)
  capacidade da, 197
  codificação, para armazenamento, 197
  definição de, 196
  efeito de posição serial, 197
  esquemas, 199
  explícita e implícita, 200-201
  mantendo informações na, 197-199
  repetição elaborativa, 198-199
  repetição mecânica, 197-198
  tipos de memórias, 199-200, 200
Memória dependente do estado, 206
Memória explícita, 200-201
Memória implícita, 200-201
Memória. *Veja também* Esquecimento
  amnésia infantil, 211-212
  armazenamento, no cérebro, 202-204
  autobiográfica, 211
  de curto prazo, 194-196. *Veja também* Memória de curto prazo (MCP)
  de longo prazo, 196-200. *Veja também* Memória de longo prazo (MLP)
  definição de, 191
  instantânea, 212
  melhorando a, 206, 208-209, 210
  papel dos neurônios na formação da, 202
  recuperada, após o esquecimento, 212-214
  testemunha ocular, confiabilidade da, 207-208
Memórias de procedimento, 199-200
Memórias emocionais, 200
Memórias episódicas, 199
Memórias instantâneas, 212
Memórias recuperadas, 212-214
Memórias semânticas, 199
Menarca, 317
Menopausa, 330-331
Mente *versus* corpo, 6
Mesencéfalo, 52
Metanfetaminas, 145
Método científico
  definição de, 7
  hipóteses e teorias, 7
  pensamento crítico, 8
Método experimental, 26
Métodos de pesquisa
  amostragem, importância da, 28
  distorções na mídia, 30, 75
  estudos de caso, 24, 27
  experimental, 26-28, 27
  levantamentos, 24-25, 27
  múltiplos métodos, 28
  observação natural, 23-24, 27
  pesquisa correlacional, 25-26, 27
  questões éticas, 29, 31-33
  vieses involuntários, 29
Mistura aditiva de cores, 92
Mistura subtrativa de cores, 93
MLP. *Veja* Memória de longo prazo (MLP)
Mnemônicas, técnicas, 208
Modelação, 440
Modelagem, 164
Modelo biológico, 403
Modelo biopsicossocial, 404
Modelo cognitivo-comportamental, 404
Modelo compensatório, 231-232
Modelo de comunicação, 475-476
Modelo de processamento de informação, 191
Modelo diátese-estresse, 404
Modelo psicoanalítico, 403-404
Monocromatas, 93
Morfemas, 220
Morte, estágios da, 334-335
Motivação
  hierarquia de necessidades de Maslow, 265-266, 395
  intrínseca e extrínseca, 264-265
  percepção, influência na, 116
  teoria da ativação, 263-264
  teoria da redução de impulsos, 263
  teoria dos instintos, 263
Motivação extrínseca, 264-265
Motivação intrínseca, 264-265
Motivo de afiliação, 280-281
Motivo de realização, 279
Motivos
  afiliação, 280-281
  agressão, 275-279
  de estímulo, 274-275
  definição de, 262
  exploração e curiosidade, 274-275
  fome, 267-268. *Veja também* Controle de peso; Distúrbios alimentares
  manipulação e contato, 275
  realização, 279
  sexo, 271-273. *Veja também* Orientação sexual

Movimento, 101-102, 114
Movimento aparente, 114
Movimento estroboscópico, 114
Movimento induzido, 115
Movimento paralaxe, 112
Movimento real, 114
MRI (imagens com ressonância magnética), 60
MRO (movimento rápido dos olhos), sono, 129, 130
MSI (representação por fonte magnética), 60
MT (meditação transcendental), 150
Mudança arriscada, 486

Narcolepsia, 132
National Advisory Mental Health Council, 264
Natureza *versus* criação, 6, 75, 296
Negação, 381
Negação da morte, 334, 335
Negros
  anemia falciforme, 4
  baixa expectativa de vida, 331
  casamento, adiamento do, 324
  distúrbios de ansiedade, 412-413
  estereótipos, 470
  hipertensão, risco maior de, 4
  maior taxa de mortalidade infantil, nos EUA, 298
Neonatos (recém-nascidos)
  audição, 301
  definição de, 298
  paladar e olfato, 302
  percepção de profundidade, 301
  reflexos, 298-299
  temperamento, 299-300
  visão, 300-301
NEO-PI-R, 364
Nervo auditivo, 95, 97fig, 99
Nervo ótico, 90
Nervo, 42
Neurociência cognitiva, 15
Neurogênese, 50
Neurônios. *Veja também* Neurotransmissores
  cérebro, efeitos do álcool no, 140
  componentes da célula, 42, 43fig
  e memória, 202
  impulsos eletroquímicos (nervosos), 42-45
  tipos de, pela função, 42
  transmissão sináptica, 45, 46
Neurônios aferentes, 42, 62, 63
Neurônios associados, 42, 62
Neurônios eferentes, 42, 62, 63
Neurônios motores, 42, 62, 63
Neurônios sensoriais, 42, 62, 63
Neuropsicólogos, 4
Neurótico, 412
Neurotransmissores
  ações dos, 45, 47
  definição de, 45
  drogas, comportamento e efeitos de, 47
  lista de, 46
Nicotina, 144-145
NMRO (não-MRO), sono, 129, 130
Nó sináptico, 45
Noradrenalina, 67, 385
Norepinefrina, 385
Normas de desenvolvimento, 303
Normas, 478
Nutrição pré-natal, 244, 297, 298

Obediência, 482
Observação direta, 363
  entrevistas pessoais, estruturadas e não-estruturadas, 363

Inventário Multifásico de
  Personalidade de Minnesota
  (MMPI), 364
 NEO-PI-R, 364
 precisão e validade, 362
 Teste de Apercepção Temática (TAT),
  365
 Teste dos 16 Fatores de Personalidade
  (16PF), 364
 Teste Rorschach, 365
 testes objetivos, 364
 testes projetivos, 365-366
Observação natural, 23-24, 27
Obsessões, 412
Olfato, 100
Olhos, estrutura dos, 86-88
Ondas delta, 128-129
Ondas sonoras, 94-95
Opiáceos, 143
Órgão de Corti, 95, 97
Órgãos do tendão de Golgi, 101
Orientação heterossexual, 273
Orientação homossexual, 273
Orientação sexual, 20, 273
A origem das espécies (Darwin), 72
Otimistas, 378
Ouvido
 conexões neurais, 96
 estruturas e funções, 95-96
Ouvido externo, 95
Ouvido médio, 95, 97, 99
Ovários, 66

**Padrão de comportamento Tipo A,
e doença cardíaca das coronárias,
386-387**
Padrões de desempenho, 361
Pais autoritários, 312
Pais autoritativos, 312
Pais permissivos, 312
Paladar, 100-101
Pâncreas, 65-66
Panelinhas, 320
Papéis de gênero, 19
Papilas gustativas, 101
Parafilias, 417
Paraíso perdido (Milton), 238
Parapsicologia, 85
Paratireóides, 65
Participantes, na pesquisa experimental,
 26
Pedofilia, 417
Pensamento
 conceitos, 222
 divergente e convergente, 230
 imagens, 221
 linguagem, 220-221
 linguagem, pensamento e cultura,
  interação entre, 223-224
Pensamento contrafactual, 233-234
Pensamento convergente, 230
Pensamento crítico, 8
Pensamento divergente, 230
Pensamento grupal, 486-487
Percepção de distância e profundidade
 pistas binoculares, 111, 112-113
 pistas monoculares, 111-112
Percepção extra-sensorial, 85
Percepção subliminar, 84-85
Percepção. *Veja também* Audição
 constâncias, 109-110
 de distância e profundidade. *Veja*
  Percepção de distância e profundidade
 definição de, 81, 104-106
 distinção de figura e fundo, 107
 extra-sensorial, 85

fatores pessoais influenciando a,
 116-117
ilusões visuais, 114-116
movimento, 114
organização, de experiências, 107
princípios da Gestalt, 110
sons, localizando, 113-114
subliminar, 84-85
Período de latência, 348
Período refratário absoluto, 44-45
Período refratário relativo, 45
Permanência do objeto, 304-305
Persona, 349
Personalidade
 definição de, 343
 percepção, influência na, 117
Personalidade autoritária, 471
Personalidade, ferramentas de
 avaliação da
Personalidade, teorias da, 363
 teorias da aprendizagem cognitivo-
  social, 360-362
 teorias de traços, 357-360
 teorias humanistas da personalidade,
  355-356
 teorias psicodinâmicas, 344-354
Perspectiva aérea, 111
Perspectiva linear, 111
Pesquisa correlacional, 25-26, 27
Pesquisa de múltiplos métodos, 28
Pesquisa experimental, 26-28, 27
Pessimistas, 378
Pessoa *versus* situação, 6
Pessoas em pleno funcionamento, 355
PET (exame de tomografia por emissão
 de pósitrons), 60-61, 137
Pistas biauriculares, 113-114
Pistas binoculares, 111, 112-113
Pistas monoauriculares, 113
Pistas monoculares, 111-112
Placebo, 137
Placenta, 297
Plasticidade neuronal, 48
PNI (psiconeuroimunologia), 387
Polarização, 42, 486
Ponto cego, 90
Posição da cultura aprendida, 288
Posição universalista, 288
Pós-imagens, 90, 93
Potencial de ação, 43-44
Potencial de gradação, 44
Potencial de repouso, 42
Precisão das metades, 240
Precisão, 240, 362
Preconceito e discriminação
 conflito étnico e violência, 473-474
 definição de, 470
 estratégias para a superação de, 472,
  474
 origens do, 471
 personalidade autoritária, 471
 racismo, 471-472
 teoria da frustração-agressão, 471
Predisposição, 161
Predisposição mental, 228
Premonição, 85
Pressão, 376
Prevenção primária, 452-453
Prevenção secundária, 453
Prevenção terciária, 453
Princípio da realidade, 346
Princípio de disparo, 97
Princípio do prazer, 345
Princípio do reforçamento, 163
Princípios da Gestalt de organização
 perceptiva, 110

Princípios da psicologia, os (James), 11
Princípios de conservação, 306
Procedimento *autoganzfeld*, 85
Procedimento duplo, cego, 137
Produtividade *versus* estagnação, 330, 353
Produtividade *versus* inferioridade, 313
Profecia auto-realizadora, 463-464
Projeção, 381-382
Projeto Genoma Humano, 71, 73
Proteína vinculada a odores, 100
Protótipo, 223
Proximidade, 466
Prozac, 447
Psicanálise, 345, 433-435
Psicobiologia, 41
Psicobiólogos, 4
Psicocirurgia, 450-451
Psicoestimulantes, 449
Psicologia
 carreiras em, 33-35
 como ciência, 7
 definição de, 2-3
 história e crescimento da, 9-16. *Veja
  também* Psicologia, fases históricas da
 minorias raciais e étnicas na, 21
 mulheres na, 16-17, 19-20
 principais áreas de estudo. *Veja*
  Psicologia, áreas da.
 questões permanentes, 6-7
Psicologia clínica e aconselhamento
 psicológico, 5
Psicologia cognitiva, 14-15
Psicologia da Gestalt, 14, 107
Psicologia da personalidade, 5
Psicologia da saúde, 373
Psicologia do desenvolvimento
 definição de, 4, 295
 e a revolução cognitiva, 14
 métodos de pesquisa utilizados na,
  296-297
Psicologia evolucionista
 críticas, 73-74
 definição de, 68
 dormir, explicação para a necessidade
  de, 126-127
 explicação de, 15, 72
 linguagem, 72
 seleção do parceiro sexual, 72
 seleção natural, 72
Psicologia existencial, 14
Psicologia experimental, 4-5
Psicologia feminista, 19-20
Psicologia fisiológica, 4
Psicologia humanista, 14
Psicologia positiva, 15-16
Psicologia social, 5, 462
Psicologia, áreas da
 divisões da APA, lista de, 3
 psicologia clínica e aconselhamento
  psicológico, 5
 psicologia da personalidade, 5
 psicologia do desenvolvimento, 4
 psicologia experimental, 4-5
 psicologia feminista, 19-20
 psicologia fisiológica, 4
 psicologia industrial e organizacional
  (I/O), 5
 psicologia social, 5
Psicologia, fases históricas da
 a revolução cognitiva, 14-15
 behaviorismo, 12-13
 estruturalismo, 9-10
 funcionalismo, 10-11
 perspectivas múltiplas, utilização
  atual de, 16
 psicologia da Gestalt, 14

psicologia evolucionista, 15
psicologia existencial, 14
psicologia humanista, 14
psicologia positiva, 15-16
teorias psicodinâmicas, 11
Psicólogos da adolescência, 4
Psicólogos da maturidade, 4
Psicólogos infantis, 4
Psiconeuroimunologia (PNI), 387
Psicoterapia
  definição de, 433
  eficácia da, 445-446
  terapias cognitivas, 440-442
  terapias comportamentais, 438-440
  terapias de grupo, 442-444
  terapias de insight, 433-438
Psicoticismo, 357
PTSD (distúrbio do estresse pós-traumático), 391-394
Puberdade, 316
Punição
  definição de, 168
  desvantagens, 168-169
  treinamento de esquiva, 169
  uso eficaz, 168
  vicária, 182
Punição vicária, 182
Punidoras, conseqüências, 163
Pupila, 86

QI. *Veja* Quociente de inteligência (QI)
Quiasma ótico, 90
Quociente de inteligência (QI), 237

Raça, 20-21
Racismo, 471-472
Reação lutar-ou-fugir, 385
Realização da identidade, 319
Receptores de distensão, 101
Recuperação de informações, 227
Recuperação espontânea
  definição de, 174
  no condicionamento clássico, 173-174
  no condicionamento operante, 174-175
Reflexo de caminhar, 299
Reflexo de deglutição, 298
Reflexo de orientação, 298
Reflexo de preensão, 299
Reflexo de sucção, 298
Reforçadores negativos, 166
Reforçadores positivos, 166
Reforçadores. *Veja também* Condicionamento operante; Reforço
  definição de, 163
  positivos e negativos, 166
  primários e secundários, 177
Reforço contínuo, 172
Reforço intermitente *versus* reforço contínuo, 172
Reforço vicário, 182
Reforço. *Veja também* Reforçadores
  esquema de, 172, 173, 174
  na vida diária, 172
  vicário, 182
Registros sensoriais
  atenção, 192-194
  definição de, 192
  informação, desaparecimento da, 192
  mascaramento, 192
Regras de apresentação, 289
Regressão, 382
Relações entre pais e filhos
  na adolescência, 321-322
  na infância, 310-311, 311-312
Relógio biológico, 127-128

Repetição elaborativa, 198-199, 205
Repetição mecânica, 196, 197-198
Representação mental, 305
Representação por fonte magnética (MSI), 60
Representação por ressonância magnética funcional (fMRI), 61
Representatividade, 232
Repressão, 381
Resiliência, 378
Resistência, 378
Resolução de conflitos, nos relacionamentos íntimos, 326-327
Resposta condicionada (RC)
  controle do estímulo, 175
  definição de, 158
  estabelecendo uma, 159-160
  extinção da, 173-174
Resposta não-condicionada (RNC), 158
Retardamento mental
  acompanhamento, 248
  causas do, 247-248
  definição de, 247
  desempenho extraordinário, 248
  níveis de, 247, 248
Retina, 86
Retroação, 228

Sabor, *versus* paladar, 100
Sacos vestibulares, 102
SAG (síndrome de adaptação geral), 385-386
Saturação, 92
Sedativos, 449
Seleção natural, 72
Semântica, 220
Semelhança, 467
Sensação
  definição de, 81, 82
  dor, 103-104
  limiares, 82-84, 103
Sensações da pele, 102-103, 105
Sensoriais, limiares, 82-84, 103
Sentenças, estrutura de, 220
Sentidos
  audição, 94-99
  cinestésicos e vestibulares, 101-102
  olfato, 100
  paladar, 100-101
  pele (tato), 102-103, 105
  visão, 86-93
Sentidos cinestésicos, 101
Sentidos químicos
  olfato, 100
  paladar, 100-101
Sentidos vestibulares, 102
Serotonina, 45
Sexo
  fatores biológicos, 271-272
  fatores culturais e ambientais, 272-273
Sexo e temperamento em três sociedades primitivas (Mead), 22
Sinapse, 45
Síndrome alcoólica fetal, 297-298
Síndrome de adaptação geral (SAG), 385-386
Síndrome de Down, 248
Síndrome de Korsakoff, 204
Síndrome do X frágil, 248, 425
Sintaxe, 220
Sintomas de abstinência, 136
Sistema de vales, 439
Sistema endócrino, 65-67
Sistema imunológico, e estresse, 387
Sistema límbico, 55-56, 135
Sistema nervoso autônomo, 51, 63

Sistema nervoso central (SNC), 51. *Veja também* Cérebro; Medula espinhal
Sistema nervoso periférico, 51, 63-65
Sistema nervoso somático, 51, 63
Sistema olfativo humano, 100
Sítios receptores, 45
SNC. *Veja* Sistema nervoso central (SNC)
Socialização, 311
Solução de problemas
  aumento de habilidade, 230
  estratégias, 227-228
  interpretação, 225-226
  obstáculos, 228-229
  representação do problema, 225
Som. *Veja também* Audição
  cérebro, caminho até o, 95-96
  definição de, 94
  localizando, 113-114
Sombreamento, 112
Sonambulismo, 131
Sonhos
  atividade do sistema límbico, 135
  como desejos inconscientes, 132-133
  definição de, 132
  função de processamento de informações, 139-140
  vida real, como reflexo da, 134
Sonhos, e sono MRO, 129
Sono
  ciclos circadianos e ritmos de, 127-129
  distúrbios do, 131-132
  estágios do, 128-129
  inadequado, 129-131
  MRO e NMRO, 129, 130
  necessidade de dormir, 126-127
  padrões de, efeito da idade nos, 129, 130
Sono paradoxal, 129
Subculturas, 22
Sublimação, 383
Subobjetivos, 227
Substância branca, 42
Substância cinzenta, 42
Sufismo, 150
Sugestões hipnóticas, 151
Suicídio
  adolescentes, aumento de índices entre, 406-407
  mitos, 407
Superdotados, 248, 250
Superego, 346
Surdez, 98-99

Tábula rasa, 12
Tabuleiro de Seguin, 239
Taijin Kyofusho, 455
Tálamo, 52
Tato, 102-103, 105
TEC unilateral, 449-450
Técnica da cadeira vazia, 436
Técnicas de registro por meio de microeletrodos, 59
Técnicas de registro por meio de macroeletrodos, 60
Telepatia, 85
Televisão, efeitos nas crianças, 314-315
Temperamento, 299-300
Tendência auto-realizadora, 355
Tendência realizadora, 355
Tendências neuróticas, 350-351
Tentativa e erro, 227
Teoria biopsicossocial, 104
Teoria da aprendizagem social, 181-184, 360-362
Teoria da atração pela recompensa, 467
Teoria da atribuição, 464-465

Teoria da freqüência, 97
Teoria da frustração-agressão, 471
Teoria da grande pessoa, 487
Teoria da redução de impulsos, 263
Teoria das inteligências múltiplas (Gardner), 236
Teoria de lugar, 97
Teoria de Piaget sobre o desenvolvimento cognitivo
 críticas à, 306
 estágio operacional-concreto (sete a 11 anos), 306
 estágio operacional-formal (adolescência-idade adulta), 306
 estágio pré-operacional (dois a sete anos), 305-306
 estágio sensório-motor (do nascimento aos dois anos), 304-305
 explicação da, 304
 metodologia de estudos de caso, uso da, 24
Teoria do controle do portão de entrada, 103-104
Teoria do desenvolvimento cognitivo. *Veja* Teoria de Piaget sobre o desenvolvimento cognitivo
Teoria do processo oponente, 93
Teoria feminista, 19
Teoria funcionalista, 11
Teoria triárquica da inteligência (Sternberg), 236
Teoria tricomática, 93
Teorias, 7
Teorias da aprendizagem cognitivo-social
 aprendizagem de comportamentos agressivos, em crianças, 182-184
 avaliando as, 361-362
 definição de, 360
 explicação de, 360-361
Teorias de traços
 avaliando as, 358, 360
 explicação de, 357
 modelo "Os Cinco Grandes", 358
Teorias humanistas da personalidade
 avaliando as, 356
 de Rogers, 355-356
 definição de, 355
Teorias psicodinâmicas
 avaliando as, 353-354
 de Adler, 349-350
 de Erikson, 351-353
 de Freud, 345-348
 de Horney, 350-351
 de Jung, 348-349
 definição de, 11, 344-345
Teóricos da aprendizagem social, 181
Terapeutas feministas, 454
Terapia centrada no cliente, 435-436
Terapia cognitiva, 441-442
Terapia com medicamentos
 ansiolíticos, 449
 discussão de, 447
 lítio, 449
 medicamentos antidepressivos, 448
 medicamentos antipsicóticos, 448
 psicoestimulantes, 449
 sedativos, 449
Terapia da dessensibilização, 160
Terapia de casal, 444
Terapia de inoculação do estresse, 441
Terapia eletroconvulsiva (TEC), 449-450
Terapia familiar, 443-444
Terapia psicodinâmica breve, 438
Terapia racional-emotiva, 441
Terapias cognitivas
 terapia cognitiva, 441-442
 terapia de inoculação do estresse, 441

terapia racional-emotiva, 441
Terapias comportamentais
 condicionamento aversivo, 439
 contrato de comportamento, 439
 dessensibilização sistemática, 438-439
 modelação, 440
 sistema de vales, 439
Terapias de grupo
 explicação de, 442
 grupos de auto-ajuda, 442, 443
 terapia de casal, 444
 terapia familiar, 443-444
Terapias de insight
 Gestalt terapia, 436-437
 psicanálise, 433-435
 terapia centrada no cliente, 435-436
 terapia psicodinâmica breve, 438
Terceira idade
 aposentadoria, 333
 comportamento sexual, 333
 estilo de vida, 332-333
 expectativa de vida, 331-332
 morte, 334-336, 390
 mudanças cognitivas, 333-334
 mudanças físicas, 332
 viuvez, 335-336
Terrores do sono, 131
Terrores noturnos, 131
Teste Califórnia de Maturidade Mental (TCMM), 239
Teste Christensen-Guilford, 251
Teste Culturalmente Justo de Inteligência de Cattell, 239
Teste de Apercepção Temática (TAT), 279, 365
Teste de Associações Remotas (TAR), 251
Teste de Desenho Goodenough–Harris, 239
Teste de Matrizes Progressivas, 239
Teste dos 16 Fatores da Personalidade (16PF), 364
Teste Rorschach, 365
Teste Torrance de Pensamento Criativo, 251
Testes culturalmente justos, 239
Testes de desempenho, 239
Testes de inteligência
 Escala de Inteligência Stanford-Binet (QI), 237-238
 Escalas de Inteligência Wechsler, 238
 precisão, 240
 sucesso, como medida de, 241-242
 testes culturalmente justos, 239
 testes de desempenho, 239
 testes grupais, 238-239
 validade, 240
 viés cultural e discriminação, 241
Testes grupais de inteligência, 238-239
Testes objetivos, 364
Testes Oseretsky de Proficiência Motora, 247
Testes projetivos, 365-366
Testículos, 66
Testosterona
 comportamento agressivo, relação com, 67
 e impulso sexual, 271-272
Timbre, 95
Tiroxina, 65
Tolerância à dor, 103
Tolerância a drogas, 136
 abuso e adicção, fatores que contribuem para, 148-149
 abuso e dependência de substâncias químicas, 136
 alucinógenos e maconha, 146-148
 características e efeitos, lista de, 138
 depressivos, 139-143

Tomada de decisão
 enquadramento, 233
 heurística, efeitos negativos da, 232-233
 modelo compensatório, 231-232
 pensamento contrafactual, 233-234
 versus resolução de problemas, 230
 viés da percepção tardia, 233
Tomografia axial computadorizada (CAT ou CT), 60
Traços de personalidade, 357
Traços herdados, 68-69
Transferência negativa, 434
Transferência positiva, 434
Transferência, 434
Transição da meia-idade, 330
Tratamentos biológicos
 explicação de, 447
 psicocirurgia, 450-451
 terapia com medicamentos, 447-449
 terapia eletroconvulsiva (TEC), 449-450
Treinamento de empatia, 444
Treinamento de esquiva, 169
Treino de relaxamento, 388
Tricomatas, 93
Troca, 467

Vadiagem social, 486
Validade de conteúdo, 240
Validade de critérios, 240
Validade, 240, 362
Valores, influência na percepção, 116
Variáveis, independentes e dependentes, 26
Variável dependente, 26
Variável independente, 26
Vesículas sinápticas, 45
Viagra, 417
Vida adulta
 formação de relacionamentos, 324
 menopausa, 330-331
 mudanças cognitivas, 329
 mudanças de personalidade, 329-330
 paternidade e maternidade, 324-325
 resolução de conflitos, nos relacionamentos íntimos, 326-327
 terminando um relacionamento, 325-327, 390
 trabalho, 327-329
Viés ator-observador, 465
Viés da conveniência, 465
Viés da percepção tardia, 233
Viés de confirmação, 232
Viés do observador, 23
Viés do pesquisador, 27
Vieses involuntários, em pesquisa, 29
Vieses, 465-466
Vila Sésamo (TV), 315
Visão
 adaptação, 88-90
 cérebro, funções do, 90-91
 de cores, 92-93. *Veja também* Visão de cores
 dos neonatos (recém-nascidos), 300-301
 impulso nervoso, criação de, 86-91
 olhos, estrutura dos, 86-88
 percepção de distância e profundidade, 111-114
Visão de cores
 em outras espécies, 93
 teorias, 92-93
Visão estereoscópica, 112
Visão noturna, 88, 89
Visualização, 230
Viuvez, 335-336
Volume, 94